Roesler

Gisbert Kranz
Sie lebten
das Christentum

Hochzeitsgeschenk von
Frau Dr. Wolf

Gisbert Kranz

Sie lebten das Christentum

Achtundzwanzig Biographien

Verlag Friedrich Pustet Regensburg

Meinen Kindern

URSULA

ANNAMARIA

MARGARITA

WINFRIED

1.–4. Tausend 1973
5.–7. Tausend 1975
8.–17. Tausend 1978 (Sonderausgabe)
18. Tausend 1978
19.–24. Tausend 1980 (Sonderausgabe)

4. Auflage 1980
ISBN 3-7917-0560-1 (kartoniert)
ISBN 3-7917-0413-3 (Leinen)

Gesamtherstellung: Friedrich Pustet, Regensburg
Printed in Germany 1980

INHALT

VORWORT

Dieser Band vereinigt 23 Biographien, die (meist in ausführlicherer Fassung) in den Jahren 1958 bis 1969, einzeln oder in Gruppen, als Zeitschriftenbeitrag oder als Buch, erschienen sind. Die jeweilige Erstveröffentlichung und die weiteren Drucke sind leicht zu ermitteln anhand des Registers in dem Buch von Dr. Heinz Martin Werhahn: *Gisbert Kranz – Das Werk. Einführung, Kritik, Bibliographie,* Kommissionsverlag J. A. Mayer, Aachen 1971. Diese Biographien werden hier in neuer, gestraffter Fassung, ohne den wissenschaftlichen Apparat der Erstausgaben, geboten.

Fünf weitere Biographien sind hier zum erstenmal gedruckt: Dag Hammarskjöld, Florence Nightingale, Heinrich Hahn, William Wilberforce und Karl Freiherr vom Stein. Daß der 1961 gewaltsam ums Leben gekommene Generalsekretär der Vereinten Nationen einen Platz unter den großen Repräsentanten christlicher Weltverantwortung verdient, ist noch zu wenig bekannt; um so lieber lasse ich die Reihe der Biographien mit einer Darstellung seines Lebens und Wirkens beginnen. Die Gestalt der Florence Nightingale ist im deutschen Sprachgebiet durch viele Bücher vorgestellt worden; gleichwohl vermute ich, daß die meisten Leser dieses Bandes über sie Dinge erfahren, die sie überraschen. Für das Leben Heinrich Hahns konnte ich gedruckte und ungedruckte Quellen benutzen, die den bisherigen Hahn-Biographen nicht bekannt waren. Die Lebensbeschreibung des Sklavenbefreiers Wilberforce ist die erste in deutscher Sprache seit 1890. Mancher wird verwundert sein, den Freiherrn vom Stein hier zu finden. Ich meine aber: Zu den Großen der Christenheit gehören nicht nur Kirchenmänner, deren Verdienste in den Handbüchern der Kirchengeschichte gerühmt werden, sondern auch manche (von Klerikern als „Laie" etikettierte) Gestalt der Profangeschichte. Meine Stein-Darstellung stützt sich auf die neue, eben erst zum Abschluß gekommene, monumentale Stein-Ausgabe, die viele bisher unveröffentlichte Briefe und Dokumente enthält. Wer sie gelesen hat, wird mir zustimmen, daß der Freiherr vom Stein mit manchen – offiziell oder inoffiziell – Kanonisierten verglichen werden darf.

Wie schon meine Darstellung der christlichen Literatur, die 1959 erstmals erschien, sich nicht auf eine einzige Konfession beschränkt, so ist auch dieses Buch über große Christen von ökumenischer Weite. Einer Begründung dafür bedarf es heute nicht mehr; doch ist dieses Unternehmen auf katholischer Seite ein Novum.

Aachen, am 1000. Geburtstag Heinrichs des Heiligen

Gisbert Kranz

„Das Christentum hat eine eindeutige Vorliebe für Personen und Ereignisse gegenüber Gedanken und Ideen.“

Harvey Cox, Das Fest der Narren, 1970

„Es gibt wohl nur eine Theologie, die noch überzeugt, das ist die Theologie des Martyriums oder sagen wir des persönlichen Beispiels; gedacht und geredet worden ist genug.“

Edzard Schaper, Die letzte Welt, 1956

EINLEITUNG

„Dieses Theologengeschwätz kann ich nicht mehr hören“, sagte mir neulich ein Freund, der, religiös interessiert, sich mit moderner Theologie beschäftigt hatte. Es war zwecklos, ihm zu erklären, daß die theologische Denk- und Deutungsarbeit doch eine notwendige Aufgabe sei. Da ihm aber daran lag, das Christentum gründlicher kennenzulernen, empfahl ich ihm, aus der Quelle selbst zu schöpfen und das Neue Testament zu lesen. Er winkte müde ab: Auch das habe er versucht. Diese Texte seien ihm zum großen Teil rätselhaft, und, alarmiert von modernen Exegeten, werde er bei der Lektüre den Verdacht nicht los, nur Märchen und Legenden vor sich zu haben. Ihn hungere nach wirklich geschehenen Tatsachen; und nicht Ideen vermöchten ihn zu überzeugen, nur Taten.

Ich konnte ihn verstehen. Ich kenne noch manche, die, ob sie mitten in einer Kirchengemeinschaft, am Rande oder *extra muros* stehen, ähnlich empfinden. Vermutlich sind es sehr viele heute, die meinen, die Christenheit werde so lange keinen Eindruck mehr auf die Welt machen, solange nicht aus einer diskutierenden eine handelnde Christenheit werde.

Diese Meinung ist keineswegs abwegig. Sie trifft sogar das Wesen des Christentums. Denn Christentum ist nicht Reden, sondern Tun: Vollzug aus der Kraft des von Gott mitgeteilten neuen Lebens. „Nicht im Reden besteht das Reich Gottes, sondern in Kraft“ (1 Kor 4,20; cf. 1 Thess 1,5). Das ist sozusagen der Kehrreim in der Predigt der Apostel. „Lieben wir nicht mit Worten und Zunge, sondern in Tat und Wahrheit“ (1 Joh 3,18). „Seid Täter des Worts und nicht nur Hörer, die sich selbst betrügen“ (Jak 1,22). „Was nützt es, wenn einer den Glauben hat, aber nicht seinem Glauben entsprechend handelt?“ (Jak 2, 14). Jesus selbst hat immer wieder darauf hingewiesen, daß man seine Worte nicht nur hören, sondern auch tun soll (Mt 7,24; Lk 11,28). „Nicht jeder, der zu mir Herr, Herr! sagt, wird ins Himmelreich kommen, sondern wer den Willen meines himmlischen Vaters tut“ (Mt 7,21). „Was nennt ihr mich Herr, Herr! und tut nicht, was ich sage?“ (Lk 6,46). Vor den Schriftgelehrten, bei denen Erkenntnis und Leben auseinanderklaffen, warnt Jesus: „Alles, was sie euch sagen, das tut und befolgt, nach ihren Werken aber richtet euch nicht; denn sie *sagen* nur, *tun* aber nicht“ (Mt 23,3).

Worin soll das Tun bestehen? Als Regel gibt Jesus diese Sätze: „Alles, was ihr wollt, daß euch die Leute tun, sollt auch ihr ihnen tun" (Lk 6,31). „Alles, was ihr einem von diesen meinen geringsten Brüdern getan habt, das habt ihr mir getan" (Mt 25,40). Dem notleidenden Nächsten ist nicht mit frommen Sprüchen geholfen, sondern mit helfender Tat. „Wenn ein Bruder oder eine Schwester nackt und ohne tägliche Nahrung wäre und einer von euch spräche zu ihnen: ‚Gott berate euch, wärmt euch und sättigt euch', ihr gäbet ihnen aber nicht, was der Leib braucht: was hülfe ihnen das?" (Jak 2,15–16).

Die besten Christen haben sich danach gerichtet. Wer die historischen Fakten ihrer Lebensläufe kennenlernt, sieht das verwirklichte Evangelium, den gelebten Glauben, das konkrete Christentum. Diese Menschen sorgten sich nicht bloß um das eigene Heil, sie kümmerten sich auch um das zeitliche und ewige Heil des Nächsten. Und da sie wußten, wie sehr das Leben des Einzelnen von den gesellschaftlichen und wirtschaftlichen Strukturen geformt wird, begnügten sie sich nicht mit dem Dienst an einzelnen Bedürftigen, mit Mildtätigkeit und Caritas, sondern arbeiteten an der Veränderung dieser sozialen Strukturen. Sie engagierten sich in Staat, Gesellschaft und Kirche, wirkten als Politiker und Reformer.

Weithin gilt Politik als ein schmutziges Geschäft, dem sich niemand widmen kann, ohne seinen Charakter zu verderben. Tatsächlich ist die Politik ein Feld, auf dem sich Lüge, Stolz, Habgier, Haß, Gewalttat, ja alle Laster tummeln. Kann ein Mensch sich sein Leben lang in dieser Luft bewegen, sich politisch betätigen und zugleich ein guter Christ sein? Er kann es. Er kann dabei sogar, wie die Lebensläufe dieses Buches beweisen, ein Heiliger werden.

Einige Denker haben gelehrt, Macht an sich sei böse. Hätten sie recht, so wäre jede politische Tätigkeit böse, denn die Macht ist das Instrument der Politik. Freilich liegt es in der Natur des Menschen, daß er die Macht mißbrauchen kann. Macht ist eine starke Versuchung. Dieser Versuchung nicht zu erliegen, gelingt nur wenigen Machthabern. So entstehen all jene Dinge, welche die Politik in Verruf gebracht haben: himmelschreiende Ungerechtigkeit, Unterdrückung, Gewalttat, Krieg. Ambrosius von Mailand hat in seiner politischen Laufbahn die Versuchung des Machthabers kennengelernt. Machtsüchtige seien nicht gerecht, schreibt er (im vierten Buch seines Lukaskommentars). „Noch verhängnisvoller wird das Strebertum gerade dadurch, daß es verführerisch Würden einzutragen verspricht. Und oft werden Menschen, die an keinem Laster Lust haben, die keine Habsucht verderben, keine Ausschweifung beirren konnte, durch Machtgier zu Verbrechern." Trotzdem erklärt dieser christliche Autor des vierten Jahrhunderts: „Nicht die Macht ist böse, sondern der, welcher die Macht mißbraucht ... Wer die Macht gut gebraucht, ist Gottes Diener ... Ist die Ausübung einer Amtsgewalt, die Hingabe an ein Ehrenamt also gut? Ja, wenn das Amt übertragen und nicht ergattert wurde." Und wenn die Macht ohne Eigennutz in Gerechtigkeit und Gottesfurcht ausgeübt wird.

Persönliche Lauterkeit und guter Wille genügen freilich nicht. Damit es Dienst am Menschen und Gottesdienst sein kann, muß politisches Handeln nicht nur die rechten Mittel wählen, sondern auch das rechte Ziel: den Frieden, der sich auf Gerechtigkeit gründet. Jede politische Entscheidung ist eine sittliche und religiöse Entscheidung. Denn entweder verstößt sie gegen die Gerechtigkeit: Dann mißachtet sie nicht nur die Menschen, sondern auch Gott, der will, daß Gerechtigkeit herrsche. Oder sie verwirklicht die Gerechtigkeit: Dann dient sie nicht nur den Menschen, sondern erfüllt auch den Willen Gottes. Das aber ist die Aufgabe des Christen: immer und überall den Willen Gottes zu tun.

Seitdem Machiavelli erklärte, Politik stehe jenseits von Gut und Böse, hat sich die Auffassung verbreitet, politische Entscheidungen dürften nicht von sittlichen und religiösen Grundsätzen beeinflußt werden. Der Satz „Religion ist Privatsache" gehört zu den Schlagworten, die Herr Jedermann kritiklos nachschwätzt. An dieser Entwicklung sind die Christen nicht schuldlos. Zu viele Gläubige hegten die irrige Meinung, das soziale, wirtschaftliche und politische Gebiet menschlicher Tätigkeit sei „ein weltlich Ding" oder gar dämonischer Natur, auf jeden Fall hoffnungslos verloren und nicht der Mühe wert, sich damit abzugeben. Über der Wahrheit, daß Gottes Reich nicht von dieser Welt ist, vergaßen sie die Wahrheit, daß es aber doch *in* dieser Welt verwirklicht werden muß. Sie begnügten sich damit, für sich persönlich die Zehn Gebote zu befolgen, dachten aber nicht mehr daran, daß diese Zehn Gebote für das ganze gesellschaftliche, politische und wirtschaftliche Leben gelten und daß Christus gesagt hat: „Mir ist alle Gewalt gegeben im Himmel *und auf Erden.*" Sie beschränkten sich darauf, Gott zu geben, was Gottes ist, obwohl Christus ihnen doch auch gebot, dem Kaiser zu geben, was des Kaisers ist. Ja, sie gaben Gott nicht einmal alles, was Gottes ist, indem sie darauf verzichteten, für den Sieg des göttlichen Willens auch im politischen Bereich zu kämpfen; indem sie, nur noch auf die Rettung ihrer eigenen Seele bedacht, sich in die bergenden vier Wände ihrer privaten Frömmigkeit zurückzogen. Statt weltdurchdringender Sauerteig zu sein, flüchteten sich diese Christen ängstlich in ein Ghetto und überließen den Staat, die Wirtschaft, die Kultur und die Technik anderen.

Zwar hat Christus seinen Jüngern gesagt, sie sollten sich in ihr Kämmerlein verschließen und im Verborgenen beten; aber er hat ihnen auch befohlen: „Geht in alle Welt und verkündigt die Frohbotschaft jeder Kreatur!" Das Christentum ist eine Religion der Innerlichkeit, gewiß, aber es ist auch ein Glaube, der seine Fahne inmitten der Welt aufrichtet. Es will die Welt nicht fliehen, sondern ihr dienen. Selbst die Erscheinungen des Mönchtums und der Mystik bilden hier keine Ausnahme. Der Mönch und der Mystiker verlassen die Welt, damit sie um so besser die Welt heiligen können. Es waren Mönche, welche die europäische Kultur begründeten, Mönche, die das Christentum zu anderen Völkern trugen. Ordensleute und Mystiker wie Bernhard von Clairvaux, Hildegard von Bingen, Albertus Magnus, Birgitta von Schweden, Caterina von Siena, Girolamo Savonarola, Ignatius von Loyola, Vinzenz von Paul, Florence Nightingale und Dag Hammarskjöld gewannen bedeutenden Einfluß auf das staatliche und soziale Leben, ja, einige von ihnen griffen entscheidend in die Weltpolitik ein. Klaus von Flüe wurde als Einsiedler und Mystiker der größte Staatsmann der schweizerischen Geschichte. Die Mystikerin Jeanne d'Arc führte einen Krieg, der Frankreich rettete, und begründete das Selbstbewußtsein ihrer Nation. Diese Christen haben das politische Engagement beispielhaft verkörpert. Unerschrocken redeten sie den Mächtigen ins Gewissen. Mutig griffen sie ein, wo es galt, Frieden und Gerechtigkeit zwischen den Klassen oder zwischen den Staaten zu wahren oder wiederherzustellen.

Bald wird der Kirche, wird den Christen vorgeworfen, *daß* sie sich politisch engagieren — sie sollten sich lieber nicht in Dinge einmischen, die sie nichts angehen. Bald wird umgekehrt der Kirche, den Christen vorgeworfen, daß sie sich *nicht* politisch engagieren -- der Papst hätte nicht schweigen dürfen, der Bischof oder der Präses, die Synode oder der Verband hätte protestieren müssen. Solche Vorwürfe stammen oft von Nichtchristen, die es gern sähen, wenn ihr politisches oder soziales Programm von christlicher Seite unterstützt würde, die aber entrüstet wären, wenn ihre Pläne auf den Widerstand des christlichen Gewissens stießen. Es gibt aber auch Kritik am politischen Engagement der Christen oder an politischer Abstinenz der Christen, die von Gläubigen stammt. So läßt der anglikanische Schriftsteller C. S. Lewis in seinem witzsprühenden Buch *Dienstanweisung für einen Unterteufel* den Oberteufel erklären: „Wir wollen keine Menschen, die ihr Christentum in ihr politisches Leben fließen lassen, denn die Gründung einer wirklich gerechten Gesellschaft wäre eine große Katastrophe. Anderseits sind wir sehr darauf angewiesen, die Menschen dahin zu bringen, das Christentum als ein Mittel zu mißbrauchen ... Hast Du einmal die Welt zum Ziel und den Glauben zum Mittel gemacht, dann hast Du Dein Opfer fest in den Klauen ... Wenn nur Versammlungen, Streitschriften, Politik, Bewegungen und Kreuzzüge ihm wichtiger sind als Gebet, Sakrament und Liebe, so ist er unser."

Die Kirchen selbst sind der Überzeugung, daß sie sich nie mit irgendeinem politischen oder sozialen System identifizieren und an der Bildung feindlicher Fronten beteiligen dürfen, daß sie aber auch nicht menschlicher Not gegenüber gleichgültig bleiben können. Die Neutralität, die einer Kirchengemeinschaft angemessen ist, wird der einzelne politisch tätige Christ gewöhnlich nicht praktizieren können; er wird sich einer Partei anschließen müssen; gebunden bleibt er aber letztlich nur an sein Gewissen. Totale politische Abstinenz ist den Christen weder als Gemeinschaft noch als Einzelnen möglich. Weil Christus es so lehrte, beten sie: „Dein Wille geschehe wie im Himmel *so auf Erden.*" Ihr Gebet wäre unaufrichtig, täten sie nicht das Ihrige, damit Gottes Wille in dieser Welt geschehe.

Jede Zeit enthält eine besondere Herausforderung an die Menschen. Die großen Christen haben die Herausforderung ihrer Zeit als einen Ruf Gottes erkannt und durch ihr Lebenswerk eine tatkräftige Antwort auf sie gegeben: Alfred der Große auf die Verwüstung Englands durch fremde Eroberer, Kaiser Heinrich II. auf die Bedürfnisse Deutschlands, König Ludwig IX. auf den Streit zwischen Kaiser und Papst, Jeanne d'Arc auf die Not Frankreichs, Klaus von Flüe auf die Händel der Schweizer, Thomas More auf den Tudor-Despotismus, Vinzenz von Paul auf die sozialen Nöte des siebzehnten Jahrhunderts, Stein auf den Imperialismus Napoleons, Wilberforce auf das Sklaverei-System der Kolonialmächte, Ozanam auf die kapitalistische Ausbeutung des Proletariats, Bosco und Wichern auf die Verwahrlosung der Jugend, Bodelschwingh auf die Not der sozial Gestrandeten, Florence Nightingale auf die Hilflosigkeit der Verwundeten und Kranken, Hammarskjöld auf die heißen und kalten Kriege seiner krisenreichen Epoche.

Wie auf politischem und sozialem Gebiet, so stellt jede Zeit auch auf kirchlichem Gebiet ihre besondere Herausforderung. Auch hier haben große Christen jeweils die praktische Antwort auf sie gegeben: Aurelius Augustinus auf die abergläubischen Bräuche und die Spaltung in der afrikanischen Kirche, Winfried Bonifatius auf die kirchlichen Zustände in Frankreich und in Deutschland, Bernhard von Clairvaux auf die Wirren in der politischen und kirchlichen Welt, Franz von Assisi und Albertus Magnus auf die Kriegslust und auf die Verweltlichung des feudalen Klerus, Birgitta von Schweden auf die Gefangenschaft des Papsttums in Avignon, Caterina von Siena auf das Abendländische Schisma, Girolamo Savonarola auf das skandalöse Renaissance-Papsttum, Ignatius von Loyola, Teresa von Avila und Carlo Borromeo auf den Verfall der katholischen Kirche, Wichern auf die Missionsbedürftigkeit des nicht mehr christlichen Deutschland.

Die Aufgabe, die Kirche zu reformieren, bestand zu allen Zeiten. Sie gilt auch für die Gegenwart, und sie wird immer neu zu lösen sein. Denn die Kirche ist göttlich und menschlich zugleich. Was göttlich an ihr ist, bleibt unveränderlich; was menschlich an ihr ist, unterliegt dem Wandel der Zeit. Ständig ist die Geschichte der Theologie, der Liturgie, der Volksfrömmigkeit und der Kirchenverfassung in Bewegung. Denn immer wieder muß die Kirche sich veränderten kulturellen, gesellschaftlichen und politischen Verhältnissen anpassen, muß sich reformieren, sich umgestalten. Anders könnte sie nicht ihren Auftrag erfüllen, die Menschen zu Gott zu führen.

Aber gerade dieses Eingebettet-Sein der Kirche in bestimmte Kulturverhältnisse, in bestimmte Formen der rechtlichen, sozialen und wirtschaftlichen Ordnung, auch in ein bestimmtes Volkstum mit seinen Sitten und Überlieferungen, so notwendig es ist, behaftet die Erscheinungsform der Kirche mit menschlichen Unvollkommenheiten. Die Anpassung an die Welt kann so weit gehen, daß sie das Gegenteil bewirkt von dem, was sie eigentlich beabsichtigte: Statt die Menschen zu Gott zu führen, erschwert sie vielen den Zugang zum ewigen Heil. Eine neue Reform tut dann not.

Die Kirche trägt einen kostbaren Schatz, aber in zerbrechlichen Gefäßen. Auf ihren Ämtern ruht göttlicher Glanz, doch die Träger dieser Ämter sind fehlbare Menschen, nicht selten vom Schmutz der Sünde besudelt. Christus verhieß seiner Kirche die Glorie, sagte ihr aber auch voraus, daß Ärgernisse kommen müssen. Sie gleiche einem Acker, auf dem auch Unkraut wächst, einem Netz, in dem sich auch schlechte Fische finden.

Die oft geäußerte Auffassung, Mißstände hätten sich erst in den späteren Epochen in die Kirche eingeschlichen, während die Urkirche ein ungetrübtes Bild vollkommener Übereinstimmung von Lehre und Leben biete, trifft nicht zu. Schon die Anfänge der Kirche, wie sie im Neuen Testament geschildert werden, zeigen neben großer Heiligkeit auch viel Allzumenschliches. In der Apostelgeschichte, in den Paulusbriefen und in der Apokalypse finden wir bereits alle Übel erwähnt, die auch später die Kirche auf ihrem Weg durch die Jahrhunderte begleiteten: Heuchelei in der Gemeinde von Jerusalem, engstirnigen Formalismus bei den Galatern, Irrlehren in Kolossä, Eifersucht zwischen verschiedenen Richtungen, Laster und haarsträubende Mißstände in Korinth, Lauheit in Laodicäa, religiösen Niedergang in Ephesus, Götzendienst in Pergamon und Thyatira, Veräußerlichung in Sardes, Ränke und Zwistigkeiten zwischen den Verkündern des Evangeliums. Paulus „widerstand dem Kephas ins Angesicht, weil er tadelnswert war", und rügte vor der Gemeinde die Handlungsweise des Petrus als „Verstellung". Petrus mußte ihm recht geben. Indem Paulus die Kirche von judaistischer Engherzigkeit befreite, wurde er der erste Reformator.

In seiner Erklärung zum Galaterbrief benützt Thomas von Aquin den Zusammenstoß der beiden Apostelfürsten, um das Verhältnis des Untergebenen zum Vorgesetzten im Lichte christlichen Gehorsams und christlicher Freiheit zu erläutern: „Hier hat jeder ein Beispiel: die Vorgesetzten das Beispiel der Demut, daß sie es tiefer Stehenden und Untergebenen nicht verübeln, wenn sie von ihnen zurechtgewiesen werden; die Untergebenen ein Beispiel des Eifers und des Freimutes, daß sie sich nicht scheuen, die Vorgesetzten zurechtzuweisen." Und August Adam bemerkt zu diesem in der Heiligen Schrift gewiß nicht zufällig überlieferten Vorfall: „So manche düstere Seite der

Kirchengeschichte könnte ungeschrieben bleiben, hätte jeder Nachfolger des demütigen Kephas in gewissen Stunden der Versuchung oder Schwäche einen mannhaften Paulus neben sich gehabt, der den edlen Freimut aufgebracht hätte, ihm ins Antlitz zu widerstehen." Manche Reformer widerstanden den Vertretern der kirchlichen Autorität bis zum Ungehorsam, so Hildegard von Bingen. Ignatius von Loyola und Mary Ward mußten im Kerker der Inquisition sitzen. Jeanne d'Arc und Girolamo Savonarola wurden als Ketzer hingerichtet. Das Engagement für die Kirche ist ebensowenig risikolos wie das für Staat und Gesellschaft. Und doch ist es vom Christen gefordert.

Die hier dargestellten großen Männer und Frauen der europäischen Geschichte sind nach Land, Epoche, Konfession, sozialer Herkunft, Beruf und Bildung sehr verschieden. Der erste gehört noch zur Antike, der letzte war unser Zeitgenosse. Neben Analphabeten stehen Hochgebildete, neben Arbeiterkindern Aristokraten, neben Katholiken Protestanten und Anglikaner, neben Bischöfen, Predigern und Missionaren Juristen und Volkswirtschaftler, Ärzte und Naturforscher, Universitätsprofessoren und Publizisten, Bauern und Hausfrauen, Könige und Staatsmänner, Krankenschwestern und Erzieher. Sechs stammen aus Deutschland, je fünf aus England, Frankreich und Italien, je zwei aus Spanien und Schweden, je einer aus der Schweiz, Dänemark und Römisch Afrika. Alle diese Besonderheiten und Unterschiede bedeuten Möglichkeiten und Grenzen zugleich für die Verwirklichung dessen, was diesen 28 Menschen gemeinsam ist: das christliche Leben.

Sie alle haben sich als Christen für die Besserung von Staat, Gesellschaft und Kirche eingesetzt. Sie sind Vorbilder christlicher Weltverantwortung. Das soll nicht heißen, jede Meinung, jeder Entschluß, jede Tat in ihrem Leben sei richtig gewesen. Wir machen keinen Hehl aus ihren Irrtümern und verschweigen nicht ihre Charakterschwächen. Aber trotz ihrer Mängel und Fehler, die oft die Mängel und Fehler ihrer Zeit und Umwelt waren, bleiben diese Gestalten in mancher Hinsicht auch für unsere Zeit vorbildlich. Selbst ihr Versagen, ihre Begrenztheit, ihr Scheitern ist lehrreich.

Keiner dieser Lebensläufe hat nur historisches Interesse. Denn in jedem ist der Ursprung enthalten einer Einrichtung, die heute noch besteht, oder einer Bewegung, die heute noch wirkt. Aurelius Augustinus, Bernhard von Clairvaux, Franz von Assisi, Birgitta von Schweden, Ignatius von Loyola, Teresa von Avila, Carlo Borromeo, Vinzenz von Paul und Giovanni Bosco gründeten Orden, die heute noch in aller Welt segensreich arbeiten. Die Gründungen von Winfried Bonifatius, Ozanam, Hahn, Wichern, Bodelschwingh und Florence Nightingale blühen heute noch fort. Davon abgesehen sind viele Ereignisse im Leben dieser christlichen Europäer von atemberaubender Aktualität.

DAG HAMMARSKJÖLD

(1905–1961)

Daß die Geistigen nicht zugleich die Mächtigen, die Mächtigen nicht zugleich die Geistigen sind, hat schon Platon beklagt. Geist und Macht sind in der Wirklichkeit meist so weit voneinander entfernt, daß sie sich auszuschließen scheinen. Doch besteht dazu, wie Ausnahmemenschen beweisen, keine innere Notwendigkeit. Dag Hammarskjöld bewegte sich geistig und ethisch auf höchstem Niveau, zugleich nahm er hohe politische Machtstellungen ein. Mit dem Deutschen Hieronymus Jaegen, dem Schweizer Carl Hilty, dem Italiener Contardo Ferrini und dem Japaner Tojohiko Kagawa steht der Schwede Dag Hammarskjöld in der Reihe christlicher Mystiker unserer Zeit, die politisch tätig waren. Doch während jene als Politiker nur regionale oder nationale Bedeutung hatten, gewann Hammarskjöld in seiner Stellung als Generalsekretär der Vereinten Nationen weltweiten Einfluß. In den letzten acht Jahren seines Lebens wurde kein Name auf der ganzen Erde so häufig genannt wie der seine. „Sein Leben und seine Leistung machen ihn zu einem der verehrungswürdigsten Menschen unserer Zeit" (W. A. Berendsohn).

Hammarskjölds Vater war während des Ersten Weltkriegs als schwedischer Ministerpräsident für die Lebensmittelrationierung verantwortlich. Man bedachte ihn deshalb mit dem Spottnamen „Hungerskjöld". Er war einer der bestgehaßten Männer des Landes. Früh erfuhr der junge Dag, daß politische Karriere nicht nur Ehre einbringt: „Ohrfeigen lehrten den Knaben, daß seines Vaters Name ihnen verhaßt war." Früh auch wurde der Junge aufmerksam auf die Dinge jenseits des schwedischen Horizontes: Sein Vater übernahm viele Aufgaben internationalen Charakters und wirkte als neutraler Vermittler in zwischenstaatlichen Konflikten, die zu Katastrophen hätten führen können. Das dritte, was Dag Hammarskjöld dem Elternhaus verdankte, war der christliche Glaube. Des Vaters Bibel und Psalmbuch waren abgenützt, und auch die Mutter war eine gläubige Altlutheranerin. In dem alten Wasa-Schloß zu Uppsala, wo die Familie wohnte und wo Dag Hammarskjöld den größten Teil seiner Kindheit und Jugend verbrachte, sah er öfters den Erzbischof Nathan Söderblom, welcher der nächste Freund der Familie war. Dieser große Ökumeniker und Friedensnobelpreisträger machte starken Eindruck auf Hammarskjöld, der in jungen Jahren daran dachte, Theologie zu studieren.

Was der Hochbegabte wirklich studierte, war Jura und Volkswirtschaft, doch las er auch viel theologische Literatur. Über Hammarskjölds Studentenzeit erzählt sein Jugendfreund, der Dichter Sven Stolpe: „Ich vertraute meinem Tagebuch die Bemerkung an, daß ich in ihm einen überlegenen jungen Mann gefunden hatte, einen Charakter ungewöhnlicher Reinheit mit einem hervorragenden Verstand, der außerdem ritterlich, höflich und ernst war ... Er lernte systematisch, ruhig und ohne Eile und daher äußerst erfolgreich ... Er war bescheiden, ein Muster von Takt und Höflichkeit und hatte für alles Verständnis. Während unserer gemeinsamen Spaziergänge entwarfen wir den Plan einer Verteidigung des Christentums, einer Art Apologie, der gegen die Uppsala-Philosophie gerichtet war ... Er war mit Pascal gut vertraut, und man brauchte ihm nur den Namen eines ihm unbekannten Heiligen zu nennen, um ihn zu veranlassen, sich Literatur über ihn zu verschaffen." Den deutschen Mystiker Eckhart hat Hammarskjöld bereits 1934 studiert, auch der schwedische Mystiker Bertil Ekman war ihm damals schon sehr vertraut. Zu Anfang der dreißiger Jahre hat er sich gründlich mit den Autoren des französischen Renouveau catholique, mit Claudel, Rivière, Bloy und Péguy, beschäftigt.

Neben den religiösen hatte Hammarskjöld schon in seiner Jugend ästhetische Neigungen. Sein Leben lang widmete er einen Teil seiner Freizeit esoterischer Poesie. Er las T. S. Eliot, übersetzte Saint-John Perse und schrieb selbst subtile Lyrik, die von W. H. Auden ins Englische übertragen wurde. Ein anderer Teil seiner Freizeit gehörte dem Naturgenuß. Er liebte Gebirgswanderungen und Radtouren. 1940 wurde er in die Leitung des Schwedischen Touristenverbandes gewählt, 1946 wurde er Vorsitzender des Schwedischen Gebirgsvereins. Er war Mitherausgeber einer Anthologie *Schwedische Natur* und schrieb selbst ausgezeichnete Naturschilderungen.

Dieser merkwürdige Nationalökonom und Jurist, der sich für Mystik und für hermetische Lyrik interessierte, war schon in seiner Universitätszeit sehr einsam. Die andern Studenten, denen seine Tiefe und sein Ernst fehlten, konnten den geistig und moralisch Überlegenen nicht verstehen. Wie mit seinen Kommilitonen, so ist es ihm später auch mit seinen Kollegen ergangen. Sie begriffen ihn nicht, wenn er auf religiöse oder metaphysische Einsichten zu sprechen kam – er hätte ebensogut Chinesisch reden können. Auf sein Anderssein und die dadurch bedingte Einsamkeit hat sich Hammarskjöld nie etwas eingebildet, er hat im Gegenteil darunter gelitten. Und doch hielten manche ihn für arrogant, und gelegentlich wurde behauptet, sein Umgang mit den Mitmenschen sei vom Intellekt beherrscht und ohne spontane Herzlichkeit gewesen. Die ihm von seiner Studentenzeit her am nächsten standen, urteilen anders.

Gunnar Myrdal, der bedeutende Nationalökonom, schreibt: „Was uns hier an der Hochschule an Dag Hammarskjöld am meisten auffiel, war seine leichte, fröhliche Art im Umgang mit Menschen. Er hat sie sich durch alle Jahre hindurch bewahrt. Er wirkte ganz besonders offen und natürlich, und es gibt viele, die ihn nur von dieser Seite kennengelernt haben und nur wissen, daß er ein angenehmer Gesellschafter sein konnte. In Wirklichkeit aber war er ein tief in sich zurückgezogener, einsamer und äußerst empfindsamer Mensch. Sein freundliches, fast etwas kühles Verhältnis zu den Menschen, denen er begegnete, war das Ergebnis einer strengen Selbstdisziplin ... Wer Dag Hammarskjöld kannte, hielt ihn nicht für gefühllos und kalt berechnend. Im Gegenteil: Sein Wesen war stets vom Gefühl beeinflußt, wenn er dies auch unter Kontrolle hielt."

Sven Stolpe bestätigt das: „Er ließ niemand seine Überlegenheit spüren und vermied es wohlerzogen, sich als Übermensch zu gebärden." Was auf einige als Hochmut wirkte, war in Wirklichkeit Zurückhaltung, ja Schüchternheit. Gewiß, harmloses Geplauder lag ihm nicht, er hatte eine starke Scheu davor, die Zeit mit leerem Geschwätz zu vertun, und wollte am liebsten alle Gespräche auf Wesentliches beschränken. Er selbst erkannte das als einen Fehler, und er sah auch die Gefahr, sich selbst zu bespiegeln, seine Isolierung zu genießen, vor den Menschen in die Bücher oder in die Berge zu flüchten. Das alles trat als Versuchung an den Einsamen heran.

Was ihn lange als Schmerz und Gefahr belastet hatte, begann er später mit andern Augen anzusehen. In sein Tagebuch notierte er am 29. 7. 1958 diesen Ruf zu Gott: „Gabst Du mir diese unentrinnbare Einsamkeit, damit ich Dir leichter alles schenken kann?" Hammarskjöld blieb sein Leben lang unverheiratet und hatte nie eine Beziehung zu einer Frau. Auch in dieser Einsamkeit erkannte er einen Sinn. Als Königin

Elisabeth II. Hammarskjöld einmal fragte, warum er nicht geheiratet habe, antwortete er, er finde es ungerecht, einer Frau zuzumuten, so oft allein zu sein, da er viele Stunden täglich zu arbeiten habe. Einem Freund, dem Maler Bo Beskow, schrieb Hammarskjöld am 12. 11. 1955: „Bei mir besteht wohl ein Teil des Preises, den man für eine Leistung zahlen muß, darin, daß man sich so vorbehaltlos wie möglich nur dann hingeben kann, wenn man dabei niemandem auch nur das geringste nimmt. Um wirklich sterben zu können – im Sinne des Evangeliums, das als Spiegel der menschlichen Lebensbedingungen so erschreckend realistisch ist –, kann in gewissen Situationen dieser paradoxe Egoismus erforderlich sein (Wer ist meine Mutter, mein Bruder usw.?)." Hammarskjöld kam sich vor wie ein Zölibatär, der, unbeschwert von allem, was die meisten Menschen bindet und ablenkt, vom Familienleben und von leidenschaftlichen Beziehungen, frei ist zu ungeteiltem Dienst. „Einmal verglich er sich mit einem katholischen Priester, der nicht heiraten dürfe, damit er jedem seine Liebe schenken könne" (S. Stolpe). Die Erfahrung der Einsamkeit bereitete Hammarskjöld vor auf jene Stellung, die er später einnehmen sollte und in der er weder einen Menschen über sich noch Menschen neben sich hatte.

Ein liberaler schwedischer Publizist, der Hammarskjöld sein Leben lang bekämpft hatte, bezeugte in seinem Nachruf, Hammarskjöld sei ihm „als ein Mensch von seltener Reinheit" erschienen. „Er erschien mir so frei vom Simplen und Niedrigen, wie man es nur werden kann; das Leben hatte ihn nicht beschmutzt, er war frisch, keusch in des Wortes psychischer und physischer Bedeutung." Hammarskjöld war die Jugendfrische zu eigen, die die Heiligen noch im hohen Alter ausstrahlten, und sie strömte aus derselben Quelle: aus einem Leben in Gott. Daß dieses ihn auch für den besonderen Dienst an der Menschheit stärkte, hat er durch Taten bewiesen und auch ausdrücklich gesagt. In seinem Tagebuch findet sich unterm 24. 2. 1957 die Notiz: „Leben in Gott ist keine Flucht aus dem Leben, sondern der Weg zur vollen Lebenseinsicht."

Nachdem er das Amt des Generalsekretärs der UNO angetreten hatte, erklärte er 1954 im amerikanischen Rundfunk: „Ein nie aufgegebenes Streben, offen und redlich einen persönlichen Glauben im Lichte von Erfahrung und ehrlichem Denken aufzubauen, hat mich im Kreise geführt: Nun erkenne ich wieder und unterschreibe ich ohne Einschränkung eben die Überzeugungen, die mir in einem Alter beigebracht wurden, in dem es mir unmöglich war, deren Gültigkeit zu werten und sie zu Blut von meinem Blut zu machen. Väterlicherseits erbte ich von Generationen von Soldaten und Beamten die Überzeugung, daß kein Leben größere Befriedigung bieten kann als jenes, das von selbstlosem Dienst für das eigene Land oder die Menschheit erfüllt ist. Ein solcher Dienst fordert, daß man alle persönlichen Interessen opfert; aber gleichzeitig verlangt er den Mut, ohne Wanken einzustehen für seine Überzeugungen von dem, was recht und gut ist in der Gesellschaft, was immer für eine Ansicht zufällig gerade in Mode sein mag. Mütterlicherseits erbte ich von Wissenschaftlern und Geistlichen den Glauben, daß im tiefsten Sinn des Evangeliums alle Menschen als Kinder Gottes gleich sind, und als unsere Herren in Gott behandelt werden sollen ... Wie der spanische Mystiker St. Johannes vom Kreuz sagt, ist der Glaube das Einswerden Gottes mit der Seele. Die Sprache der Religion ist eine Reihe von Formulierungen, die eine grundlegende geistige Erfahrung festhalten. Man darf sie nicht so betrachten, als beschriebe sie in philosophischen Ausdrücken die unsern Sinnen zugängliche Wirklichkeit. Es dauerte lange, ehe ich verstand, was das bedeutete. Als ich schließlich diesen Punkt erreicht hatte, wurde der Glaube, in dem ich erzogen war und der meinem Leben die Richtung gab, sogar dann, wenn mein Intellekt seine Gültigkeit bestritt, von mir als mein eigener Glaube anerkannt, mit eigenem Recht und durch meine freie Wahl. Ich fühle, daß ich diese Überzeugung bekräftigen kann, ohne die geforderte intellektuelle Redlichkeit preiszugeben, die geradezu der Schlüssel ist für seelische Reife. Die beiden Ideale, die meine Jugend beherrschten, traten mir in voller Harmonie, angepaßt den Forderungen der heutigen Welt, in der Ethik Albert Schweitzers entgegen, in der das Ideal des Dienens die Grundeinstellung zu den Menschen, wie die Evangelien sie verkünden, trägt und stützt. Die Erklärung, wie ein Mensch ein Leben im aktiven Dienst der Allgemeinheit in voller Harmonie mit sich selbst als Mitglied einer geistigen Brüderschaft leben kann, fand ich in den Schriften der großen Mystiker des Mittelalters. Für sie war Selbsthingabe der Weg zur Selbstverwirklichung. Sie fanden in der Einfalt des Geistes und in der Innerlichkeit die Kraft, jeden Anspruch zu bejahen, den ihnen die Bedürfnisse ihres Nächsten stellten, aber auch alles andere zu bejahen, was ihr Lebensschicksal für sie bereithielt, wenn sie ihre Pflicht, so wie sie sie auffassen, erfüllen. Liebe, dieses viel mißbrauchte und oft mißverstandene Wort, bedeutet ihnen ganz einfach einen Überfluß jener Kraft, von der sie sich erfüllt fühlten, wenn sie in wahrem Selbstvergessen lebten; und diese Liebe fand ihren natürlichen Ausdruck in einer unbedingten Pflichterfüllung und einem vorbehaltlosen Hinnehmen des Lebens, was auch immer es ihnen an Mühe, Leiden und – Glück bescherte. Ich weiß, daß die Entdeckung dieser Gesetze für unser inneres Leben und für unsere Tätigkeit ihre Bedeutung nicht verloren hat.“

In welchem Geiste der junge Hammarskjöld ins Leben trat, verrät ein Gedicht des Zwanzigjährigen:

> Lächelnd, offen, unbestechlich –
> der Körper frei und beherrscht.
> Ein Mann, der wurde, was er konnte,
> und war, was er war –
> stets gewillt, alles zu sammeln
> in einem schlichten Opfer.

Nach einem Studium der Volkswirtschaft, das er mit dem Lizentiat abschloß, absolvierte er noch das Studium der Rechtswissenschaft. Mit einer umfangreichen Abhandlung, *Die Konjunkturstreuung – eine theoretische und historische Untersuchung*, promovierte er zum Doktor der Staatswissenschaften.

Die Stationen seiner Laufbahn seien hier kurz genannt. Der Fünfundzwanzigjährige arbeitete als Sekretär der Arbeitslosenkommission der schwedischen Regierung an der Durchführung sozialer Reformpläne mit. 1932 wurde er Assistent im Finanzministerium, 1935 Sekretär in der Schwedischen Reichsbank. 1936 wurde Hammarskjöld, erst 31 Jahre alt, Staatssekretär im Finanzministerium. Er blieb zehn Jahre in diesem Amt und erarbeitete zusammen mit dem Sozialdemokraten Ernst Wigforss die Grundlagen der schwedischen Planwirtschaft. Zusätzlich übernahm er weitere Posten und wirkte seit 1941 als Präsident des Direktoriums der Reichsbank, von 1944 bis 1948 als Delegierter bei Wirtschaftsverhandlungen vor allem mit den Vereinigten Staaten von Amerika und mit Großbritannien. 1946 wurde er zum Gesandten und Finanzsachverständigen im Außenministerium ernannt. 1948 bis 1953 vertrat er Schweden als Hauptdelegierter bei der OEEC (Organisation für die wirtschaftliche Zusammenarbeit Europas). Von 1948 bis 1949 hatte er das Amt eines Vizepräsidenten des Exekutivkommitees der OEEC inne. 1949 wurde er zum Kabinettsekretär, 1951 zum Staatsrat ernannt. In dieser Stellung war er stellvertretender Außenminister; sein Aufgabenbereich umfaßte wirtschaftliche Fragen internationalen Charakters.

Man hat sich darüber gewundert, daß Hammarskjöld es fertigbrachte, viele Jahre als Konservativer Mitglied einer sozialdemokratischen Regierung zu sein. Über seine grundsätzliche Haltung hat er selbst freimütig vor aller Öffentlichkeit Auskunft gegeben. Nachdem er Minister ohne Portefeuille geworden war, veröffentlichte er einen Aufsatz in *Tiden* (1951) über das Berufsethos des Beamten. Darin heißt es: „Das grundlegende und selbstverständliche Gebot in der Ethik eines Staatsbeamten besteht darin, daß er der Gesellschaft und nicht einer Gruppe, einer Partei oder irgendwelchen Sonderinteressen dient."

Offen erklärt er in diesem Artikel, er besitze einen Maßstab von moralischen Werten, die in keiner der bestehenden Parteien zum Ausdruck kämen. Er teile die ethischen Überzeugungen Albert Schweitzers. Tatsächlich gibt es keine Partei, die gleichzeitig die liberalen, sozialradikalen, internationalistischen und konservativen Grundsätze vertrat, die Hammarskjöld miteinander verband: die Achtung vor dem einzelnen Menschen und die Forderung größtmöglicher Freiheit für den einzelnen, sein Leben nach eigenem Ermessen zu gestalten; gleiches Recht und gleiche Möglichkeiten für alle; Unterordnung der eigenen Interessen unter das Ganze, Loyalität gegenüber dem größeren Zusammengehörigkeitsbewußtsein, der Völkergemeinschaft; schließlich die Ehrfurcht vor den Versuchen früherer Generationen, die Probleme zu lösen.

Hammarskjölds Arbeitskraft war legendär. Wenige Stunden Schlaf genügten ihm. Henrik Klackenberg, der zehn Jahre lang sein Mitarbeiter im Finanzministerium war, schrieb: „Tapfer und gut — das sind moralische Werte, denen Dag Hammarskjöld besonders intensiv nachlebte ... Welche Bewunderung und Anerkennung auch immer seine reichen persönlichen Anlagen und seine einzigartige Tüchtigkeit weckten, so erinnere ich mich doch vor allem seiner moralischen Größe und unbestechlichen Rechtschaffenheit ..., seines nie versagenden Verantwortungsbewußtseins vor der Aufgabe. Die Betonung dieser Züge darf nicht zu dem Glauben führen, er sei von einem äußerlichen, strengen Moralismus erfüllt gewesen. Im Gegenteil, er besaß einen zwingenden Charme. Die Kollegen wurden gern seine persönlichen Freunde. Am wenigsten darf man bei Dag Hammarskjöld die rücksichtsvolle, ein wenig scheue Freundlichkeit und Wärme einer ungewöhnlich lebendigen und reich facettierten Persönlichkeit übersehen."

Andere hätten sich nach solchen Leistungen und Erfolgen selbstzufriedener Bewunderung ihres Ich hingegeben. Nicht so Hammarskjöld. Tief im Inneren des Einsamen regte sich Unzufriedenheit, ja Unruhe. In sein Tagebuch notierte er: „Ich forderte das Unmögliche: daß mein Leben einen Sinn habe." Noch war ihm nicht klar, wozu seine Einsamkeit, seine Askese gut sein könnte. Im Jahre 1952 schrieb er in sein Tagebuch: „Bete, daß deine Einsamkeit der Stachel werde, etwas zu finden, wofür du leben kannst, und groß genug, um dafür zu sterben." Erst später, im Rückblick, erkannte er, daß dies alles notwendig war, um ihn zu jenem großen Auftrag bereit zu machen, von dem aus sein ganzes Leben Sinn erhielt.

1953 wurde Hammarskjöld zum Generalsekretär der Vereinten Nationen gewählt. Für diese Aufgabe war seine Vorbildung ideal. Er kannte sich genau in der Wirtschaft, im Recht und in der Verwaltung aus, hatte sein diplomatisches Verhandlungsgeschick erprobt und war mit internationalen Problemen vertraut. Auch seine charakterlichen Fähigkeiten waren genau die, auf die es in diesem hohen Amt ankam: Arbeitskraft, Treue und die Kardinaltugenden Klugheit, Gerechtigkeit, Tapferkeit und Selbstzucht.

Am entscheidenden Tag, dem 7. April 1953, zitiert Hammarskjöld in seinem Tagebuch Thomas von Kempen: „In Gott sind sie verankert und gefestigt; darum überheben sie sich nicht im Stolz. Weil sie alles Gute, das sie empfangen haben, Gott allein zuschreiben, rühmen sie sich nicht voreinander. Sie wollen nur die Ehre, die von Gott allein kommt."

Nachdem er den Ruf angenommen hatte, war Hammarskjöld vollkommen glücklich. „Er wurde gleichsam ein anderer", schreibt Sven Stolpe. „Er fand seine ideale Aufgabe und erfüllte sie mit seiner ganzen Kraft – und mit einem Mal war er frei. Man konnte das aus seinem Blick lesen. Er hatte alle seine Schüchternheit und Zurückhaltung verloren, die man bei ihm als jungem Mann gewohnt war; plötzlich wurde er fest und warm ... Er leuchtete. Er wurde von seiner Aufgabe getragen." In den Jahren vor seiner Berufung konnte er gelegentlich frostig und stolz wirken, als ein abstoßender Narziß und ein raffinierter Ästhet. Jetzt aber ist er voll persönlicher Zuneigung und liebender Fürsorge. „Hammarskjöld blühte nach seiner Berufung auf, sprengte seinen Panzer und fand freundlich den Weg auch zu Privatpersonen."

Angesichts der bedrückenden Lage ist der kühne Schwung, mit dem Hammarskjöld das höchste Amt der UNO übernahm, erstaunlich. Die UNO war erst acht Jahre alt, und schon gab es kritische Beobachter, die meinten, sie sei außerstande, in den Machtkämpfen der Welt ihre Aufgabe zu erfüllen, und man sagte voraus, sie werde bald ebenso unrühmlich untergehen wie in den dreißiger Jahren der Völkerbund. Hammarskjölds Amtsvorgänger Trygve Lie hatte wenig Glück gehabt und sich lauter Feinde gemacht. Resigniert sagte er seinem Nachfolger: „Sie übernehmen den unmöglichsten Posten der Welt."

In dem eben vollendeten UNO-Gebäude zu New York hielt Hammarskjöld an seine Mitarbeiter eine erste Ansprache: „Ich bin hierhergekommen, um Ihnen allen zu dienen. Es ist mein Wunsch, alle Probleme unvoreingenommen anzupacken, und es ist Ihre Aufgabe, zu beurteilen, wie mir diese Arbeit gelingt, und mich bei Mißerfolgen zu korrigieren."

Allgemein erwartete man, der unbequeme Politiker Lie werde von einem Verwaltungsmann abgelöst, der nicht mehr tut, als er unbedingt muß, und es sich und andern bequem macht. „Aber schon bei seinen ersten Maßnahmen in Personalfragen – plötzlich war Hammarskjöld Chef von mehr als dreitausend Menschen – ging es um mehr als um die Verwaltung ... Sogar dem Gastland gegenüber hob er mit großer Bestimmtheit den internationalen Charakter des Sekretariats hervor. Außerdem verbot er allen Vertretern des FBI, des amerikanischen Bundeskriminalamtes, das UNO-Gebäude zu betreten und Verhöre anzustellen. Das Sekretariat unterstehe ausschließlich der Gesamtheit aller Auftraggeber, kein einzelner Staat könne ihm etwas vorschreiben, kein Druck sei erlaubt" (S. Söderberg).

Bald vertrat Hammarskjöld den Standpunkt, daß es dem Geist der UNO-Charta entspräche, wenn der Generalsekretär selbständig und ohne Weisung des Hauptorgans der Vereinten Nationen handele. Niemand widersprach. Geschickt verstand es Hammarskjöld, jede internationale Krise, jeden Angriff auf seine Amtsführung dazu zu benutzen, sich seine Befugnisse erweitern zu lassen. Er begrüßte diese Entwicklung nicht als einen persönlichen Machtzuwachs, sondern als eine Möglichkeit, sich in den kalten und heißen Kriegen noch wirkungsvoller für den Frieden einzusetzen. Energisch nahm er alle Möglichkeiten wahr, die sein Amt ihm erlaubte. Drohte an irgendeiner Stelle der Erde ein neuer Brand auszubrechen, so weilte er schon am Unruheherd, sammelte Eindrücke und knüpfte Verbindungen, lange bevor der Sicherheitsrat zusammentreten konnte.

Anfangs hatte er nur Erfolge. Seine Landsleute waren stolz auf ihn, und er wurde in die Schwedische Akademie gewählt. 1954 erreichte er in persönlichen Verhandlungen mit Tschu En-lai in Peking, daß China elf amerikanische Flieger aus der Gefangenschaft freigab. Auch die Suezkrise von 1956 wurde von Hammarskjöld erfolgreich gemeistert. Als Nasser den Suezkanal verstaatlichte und Israel den Gazastreifen besetzt hatte, griffen Großbritannien und Frankreich militärisch ein. Hammarskjöld forderte Einstellung der bewaffneten Aktionen. Großbritannien und Frankreich weigerten sich. Da erklärte Hammarskjöld vor der UNO, er müsse den Grundsätzen der UNO-Charta dienen. Die Frage nach Recht und Unrecht sei für ihn entscheidend. „Die Bedeutung dessen, was ich soeben gesagt habe, müßte allen einleuchten, ohne daß ich noch näher darauf eingehe. Sollten die Mitglieder jedoch der Ansicht sein, daß eine andere Auffassung von den Pflichten des Generalsekretärs den Interessen der Organisation dienlicher wäre, so ist es ihr verbrieftes Recht, dementsprechend zu handeln." Schließlich erklärten sich Großbritannien und Frankreich bereit, die Aufrechterhaltung des Friedens in der Kanalzone einer UNO-Truppe zu überlassen — falls eine solche aufgestellt werden könnte. In weniger als 48 Stunden schuf Hammarskjöld den rechtlichen und organisatorischen Rahmen für eine UNO-Truppe. Die ersten Einheiten marschierten März 1957 in den Gazastreifen ein. Nachdem die Suezkrise gelöst war, schrieb Hammarskjöld in sein Tagebuch: „Nicht dein eigener Einsatz hat das geschafft, nur Gott. Aber freue dich, wenn Gott deinen Einsatz für sein Werk brauchen konnte."

Gleichzeitig mit der Suezkrise ereignete sich der Volksaufstand in Ungarn, der von russischen Panzern niedergewalzt wurde. Auch in dieser Situation verhielt sich Hammarskjöld mutig und entschlossen. Gegen Ende einer dramatischen Nachtsitzung des Sicherheitsrates erklärte er, ebenso wie die französisch-britischen Aktionen in Ägypten müsse er auch den Einmarsch der Sowjettruppen in Ungarn verurteilen. Der von den Russen eingesetzte Ministerpräsident Kadar lehnte die Einreise von UNO-Beobachtern und den Besuch des Generalsekretärs ab. Da ließ Hammarskjöld Unterlagen über die russische Aggression in Ungarn sammeln und den Bericht veröffentlichen. Innerhalb weniger Wochen hatte er sich gegen drei ständige Mitglieder des Weltsicherheitsrats gestellt und riskiert, sich Frankreich, Großbritannien und die UdSSR zu Feinden zu machen.

Trotzdem schlug der Sicherheitsrat im September 1957 einstimmig vor, Hammarskjöld für weitere fünf Jahre zum Generalsekretär zu wählen. In der Generalversammlung wurde Hammarskjöld einstimmig wiedergewählt. „Er genoß ein Vertrauen wie kein anderer Mensch in der Welt des Kalten Krieges" (S. Söderberg). Nach seiner Wiederwahl notierte er in sein Tagebuch: „‚Das Beste und Herrlichste, wozu man in diesem Leben gelangen mag, ist, daß du schweigest und Gott da wirken und sprechen lassest.'

Einmal hast Du mich erfaßt, Schleuderer. *Jetzt* in Deinen Sturm. *Jetzt* gegen Dein Ziel!"

Im Sommer 1960 brach die Kongokrise aus, wenige Wochen, nachdem Belgien seine Kolonie in die Selbständigkeit entlassen hatte. Die Kongoarmee meuterte, die Provinz Katanga erklärte sich für unabhängig. Der kongolesische Regierungschef Lumumba bat die UNO um Beistand, und Hammarskjöld entsandte die Blauhelme der UNO in den Kongo. In den Wirren des Bürgerkrieges wurde Lumumba ermordet.

Hammarskjöld fiel bei dem Führer der Sowjetunion in Ungnade. Entschlossen, Hammarskjöld zu stürzen, trommelte Chruschtschow während einer Debatte in der UNO-Vollversammlung mit seinem Schuh auf den Tisch. Die Sowjetunion leitete eine gewaltige Hetzkampagne gegen den Generalsekretär ein. Hammarskjöld mußte erleben, daß er öffentlich als käuflich und unaufrichtig, ja sogar als Mörder Lumumbas geschmäht wurde. Chruschtschow schlug vor, den Generalsekretär durch ein Triumvirat zu ersetzen: je einen Vertreter für den Ostblock, den Westblock und die Neutralen. Er forderte Hammarskjöld auf, den Mut aufzubringen, zurückzutreten. Hammarskjöld erwiderte, er habe den größeren Mut, auf seinem Posten auszuhalten. Der Angriff sei nicht gegen seine Person gerichtet, auf die es ja gar nicht ankomme, sondern gegen die Organisation und ihren Geist. In der Überzeugung, daß die UNO vor allem für die jungen Staaten Asiens und Afrikas dazusein habe, erklärte er: „Weder die Sowjetunion noch eine der anderen Großmächte braucht die UNO zu ihrem Schutz, aber alle kleinen, unabhängigen Staaten. So gesehen ist die Organisation in erster Linie *ihre* Organisation, und ich bin der festen Meinung, daß sie sich ihrer mit Klugheit bedienen und sie führen können."

Der Entschließungsantrag der Sowjetunion, Hammarskjöld solle verabschiedet und die UNO-Truppen aus dem Kongo zurückgezogen werden, erhielt nur eine einzige Stimme: die der Sowjetunion. Doch bald verwarfen nicht nur Rußland, sondern auch Großbritannien und Belgien die Kongo-Aktion der UNO. Selbst in seinem Heimatland wurde Hammarskjöld verkannt und in der Presse angegriffen.

In einem letzten Versuch wollte Hammarskjöld alles daransetzen, um dem blutigen Kampf im Kongo ein Ende zu machen. Am 17. September startete er mit einem Flugzeug von Leopoldville, um in Ndola über einen Waffenstillstand zu verhandeln. Er erreichte sein Ziel nicht. Seine Leiche wurde neben dem ausgebrannten Wrack der Maschine gefunden. Die Leichen seiner Leibwächter waren mit Kugeln gespickt.

USA-Präsident John F. Kennedy, der zwei Jahre später selbst Opfer eines Attentats werden sollte, sagte in seiner Gedenkrede: „Dag Hammarskjöld hat durch die UNO sein ganzes tägliches Schaffen der Sache des Friedens und der Weltordnung geweiht. Seine Fähigkeit, sich ganz für die Sache aufzuopfern, ist fast legendär ... Sein Name wird einen hervorragenden Platz unter den Friedensstiftern der Geschichte einnehmen."

Indiens Premier Nehru erklärte: „Sein Tod ist, gerade zu diesem Zeitpunkt, als er einen von den Vereinten Nationen getroffenen Beschluß bezüglich des Kongo in die Tat umsetzte, ein schwerer Schlag." Äthiopiens Negus Haile Selassie sagte von Hammarskjöld: „Er hat sich für eine Sache geopfert, für die er sein Leben lang und besonders während der letzten Jahre unaufhörlich gewirkt hat, dafür, daß der Krieg aufhören und der Friede herrschen soll." Posthum wurde Hammarskjöld der Friedensnobelpreis verliehen.

Memoiren, die Staatsmänner zu hinterlassen pflegen, sind gewöhnlich Versuche, sich selbst zu rechtfertigen und die eigenen Leistungen ins günstigste Licht zu rücken. Nichts dergleichen sind die Manuskript-Blätter, die man nach Hammarskjölds Tod in seiner New Yorker Wohnung fand — zusammen mit einem Brief an seinen Freund, den schwedischen Kabinettssekretär Leif Belfrage. Darin heißt es: „Das Tagebuch wurde ohne den Gedanken daran begonnen, daß jemand es einmal zu Gesicht bekomme. Mein späteres Schicksal und alles, was über mich geschrieben und gesagt worden ist, hat jedoch die Lage verändert ... Wenn Du das Tagebuch für wert hältst, gedruckt zu werden, bist Du berechtigt, es zu veröffentlichen als eine Art ‚Weißbuch' meiner Verhandlungen mit mir selbst — und mit Gott."

Als dieses Buch 1963 unter dem Titel *Zeichen am Weg* erschien und bald auch in andere Sprachen übersetzt wurde, erregte es Staunen, wurde lebhaft diskutiert und von namhaften Autoren zum Thema mehrerer Bücher gemacht. Daß dieser Staatsmann, dessen Größe und Lauterkeit nach seinem Tode auch von seinen früheren Gegnern anerkannt wurde, ein christlicher Mystiker war — dieses Faktum konnte namentlich die atheistische Intelligenz Schwedens nicht verdauen. In einem Leitartikel des *Aftonbladet* hieß es: „Hammarskjöld war ein pflichttreuer Amtsträger und ein geschickter Diplomat. Aber das war er nicht infolge seiner Mystik, sondern unabhängig von ihr, vielleicht trotz ihr."

Dagegen schrieb 1964 der amerikanische Historiker Erich Goldman: „Unübersehbar ist die Tatsache, daß seine tief religiöse Verpflichtung einen großen Teil zu seiner durchschlagenden Wirksamkeit als Generalsekretär der UNO beitrug. Hammarskjöld fühlte sich auf ursprüngliche Weise über die Notwendigkeit schüchterner Neutralität erhaben. Er hatte weder dem Osten noch dem Westen zu dienen. Er diente Gott." Der Literaturhistoriker Hjalmar Sundén nannte *Zeichen am Weg* „ein Zeugnis vom lebendigen und wirkenden Gott in einer Zeit, da Gott für viele nicht mehr Gott ist, nur noch ein leeres Wort ohne Sinn".

Sven Stolpe urteilte: „Zehn Jahre lang haben alle modischen schwedischen Schriftsteller die Reinheit, das Opfer, die Selbstüberwindung als reine Perversitäten verhöhnt und das Christentum als lebensuntauglich und verlogen bezeichnet. Gleichzeitig hat sich die schwedische Literatur zu einer oft pornographischen Schilderung des Menschen, des Untermenschen, erniedrigt. In dieser großen Erniedrigung kam Hammarskjölds Buch wie ein leuchtendes Zeichen, wie ein Strom lebendigen geistigen Lebens, als ein Zeugnis dafür, daß alle die alten christlichen Worte sich mit Leben erfüllen können und daß der christliche Weg immer noch der Weg des Lebens ist."

Gegen Kritiker, die Hammarskjölds Frömmigkeit als eine außerkirchliche Allerweltsreligiosität kennzeichneten, betonte Sundén ihren kirchlichen Charakter. Hammarskjölds Meditationen über Christus, die seit 1950 aufgeschrieben wurden, geschehen im Anschluß an das Kirchenjahr, ganz im Sinne der *Nachfolge Christi* des Thomas von Kempen, die Hammarskjöld in einer alten französischen Ausgabe stets bei sich hatte und in der es heißt: „Bei den großen Festen sollen wir sozusagen unsere guten Übungen erneuern und innerlicher als sonst unsere Gebete verrichten." Für die Freunde, die Hammarskjöld näher kannten, war der kirchliche Charakter seiner Frömmigkeit, wie er sich in *Zeichen am Weg* kundtat, keine Überaschung. Ihnen war bekannt, „daß Hammarskjöld regelmäßig zur Kirche ging, in Stockholm selbstverständlich, aber auch in New York, wo er abwechselnd protestantische, griechisch-orthodoxe und vor allem katholische Gotteshäuser aufsuchte. Er sprach aber nie davon, auch versuchte er nie, Proselyten zu gewinnen" (S. Stolpe).

Man kann Hammarskjöld nichts vorwerfen, was er nicht weit schärfer in seinem Tagebuch selbst ausgesprochen hätte. In unbestechlicher Selbsterkenntnis prüft er sich, unerbittlich ringt er seine Dämonen nieder. Menschenverachtung, Selbstgefälligkeit, Solipsismus, die typischen Gefahren für einen Mann seiner Art und in seiner Lage – er kennt und nennt sie alle und sucht sie zu überwinden. Da heißt es zum Beispiel: „Ich schäme mich des gestrigen Tages ... wegen meines großen Fehlers, der Verleugnung dessen in mir, was mehr ist als ich – indem ich mich gehorsam fremden Forderungen anpasse." Neben schonungsloser Selbstkritik gibt es auch schalkhafte, selbstironische und humorvolle Züge bei Hammarskjöld. Im Lichte Gottes hatte er keine Täuschung über sich selbst.

Während er anfangs die politischen Aufgaben als Mittel zu seiner Selbstvervollkommnung ansah, kam er allmählich dazu, umgekehrt seine Selbstvervollkommnung nur als ein Mittel anzusehn, seine Aufgaben im Dienste der Menschheit besser zu erfüllen. „Ohne die Demut und Wärme, die du erreichen mußt in deinem Verhalten denen gegenüber, in deren persönliches Leben du hineingefügt bist, kannst du nichts tun für die Vielen ... Die Liebe bliebe machtlos gegen das Negative in dir, sofern sie sich nicht unter die Zucht menschlicher Nähe beugt ... Es ist besser, mit ganzer Seele *einem* Menschen Gutes zu tun, als ‚sich für die Menschheit zu opfern'."

1955 notiert er: „Wer durch ‚Gottes Vereinigung mit der Seele' verurteilt ist, Salz der Erde zu sein – weh ihm, wenn er seine Salzeskraft verliert." Mystik drängt zu Taten: „Das ‚mystische Erlebnis'. Jederzeit: *hier* und *jetzt* – in Freiheit, die Distanz ist, in Schweigen, das aus Stille kommt. Jedoch – diese Freiheit ist eine Freiheit unter Tätigen, die Stille eine Stille zwischen Menschen. Das Mysterium ist ständig Wirklichkeit bei dem, der inmitten der Welt frei von sich selber ist ... Der Weg zur Heilung geht in unserer Zeit notwendig über das Handeln." Es gilt, „mitten im Gelärm das innere Schweigen zu bewahren", damit man um so besser Gottes Willen vernehmen und tun kann. Immer wieder lesen wir in Hammarskjölds Tagebuch den Satz: „Dein Wille geschehe, nicht der meine!"

„Wer sich Gottes Hand überlassen hat, der steht den Menschen frei gegenüber", schreibt Hammarskjöld 1953, und sechs Jahre später: „In der Selbstvernichtung der Demut nichts zu sein und doch in der Kraft der Aufgaben ganz *ihr* Gewicht und *ihre* Autorität zu verkörpern, ist die Lebenshaltung der Berufenen ... Lob und Tadel, die Winde von Erfolg und Mißerfolg blasen spurlos über dieses Leben hinweg und ohne sein Gleichgewicht zu erschüttern. Dazu hilf mir, Herr –" Aus Erfahrung kannte Hammarskjöld das, was er schon 1951 so formuliert: „Das Unerlöste beim Machtmenschen. Und umgekehrt: Des Erlösten Macht."

Nein, wahrhaftig, nicht *trotz* seines Glaubens und seiner Gottverbundenheit wirkte Hammarskjöld, was er wirkte, sondern *wegen* seines Glaubens, wie er selbst schreibt: „Treue ohne andere Stütze in der Hoffnung auf Genugtuung, als er in einem Glauben, den die Wirklichkeit so gründlich zu widerlegen scheint, finden kann." Hammarskjöld schrieb dieses Gebet auf: „Gib mir einen reinen Sinn – damit ich Dich sehen kann;

einen demütigen Sinn – damit ich Dich hören kann; einen Sinn der Liebe – damit ich Dir dienen kann; einen Sinn des Glaubens – damit ich in Dir verbleiben kann!" In dieser vorbehaltlosen Hingabe wußte er sich als ein Werkzeug in Gottes Hand. Am 24. Dezember 1956 notiert er: „Freue dich, wenn du fühlst, daß, was du tatest, notwendig war; doch erkenne, daß du auch so nur ein Werkzeug warst für ihn, der durch dich ein Stückchen zu dem Ganzen fügte, das er gestaltet zu seinem Ziel."

Hammarskjöld glaubte sich von Gott zu seinem Dienst am Weltfrieden berufen. Sobald er sich seiner Berufung bewußt geworden war, hatte er keinen Zweifel daran, daß er als Jünger Jesu auch Leiden auf sich nehmen müsse, daß Nachfolge Christi ohne Kreuz nicht möglich sei. Schon 1949 schreibt er in sein Tagebuch: „Ich betete darum, Bürden zu tragen . . . und klagte, als sie mir auferlegt wurden . . . Glaubtest du an die Anonymität des Opfers? . . . O Caesarea Philippi!" In Caesarea Philippi erklärte Jesus seinen Jüngern, daß er viel leiden müsse und daß er von den Ältesten, Hohenpriestern und Schriftgelehrten verworfen würde. Als Petrus Jesus vor dem kommenden Leiden warnte, sprach Jesus zu seinen Jüngern: „Wenn jemand mit mir gehen will, muß er sich selbst verleugnen und sein Kreuz auf sich nehmen, und so soll er mir nachfolgen."

Nach seiner Wahl zum Generalsekretär der Vereinten Nationen schreibt Hammarskjöld: „Daß der Weg der Berufung auf dem Kreuz endet, weiß, wer sich seinem Schicksal unterstellt hat – auch wenn dieser Weg durch den Jubel von Genezareth führt und durch die Triumphpforte von Jerusalem." Später spricht er von der dunklen Nacht des heiligen Johannes vom Kreuz. „Es ist in der Nacht von Gethsemane, wo die Vereinigung vollendet wird; die letzten Freunde schlafen, die anderen wollen deinen Untergang, und Gott schweigt." Am 30. März 1956: „Die dritte Stunde. Und die neunte . . . Das ist *jetzt*. Und *jetzt* . . . Das *ist* jetzt!" Er zitiert Pascal: „Jesus wird im Todeskampf liegen bis zum Ende der Welt. In dieser Zeit darf man nicht schlafen."

Der Tod ist ein häufiges Thema in *Zeichen am Weg*. Seit 1950 beginnt Dag Hammarskjöld fast jedes Jahr mit dem Satz: „Bald kommt die Nacht." Immer wieder macht er sich Gedanken über seinen Tod. 1952: „Das Schwerste: *recht* zu sterben. – Ein Examen, dem keiner entgeht – wie viele bestehen es? Und du selbst, bete um Kraft für diese Prüfung – aber auch um einen milden Richter." An anderer Stelle: „Dein Leib soll mit dem Tod auf vertrautem Fuße stehen – in allen seinen denkbaren Formen und Graden –, da er ein selbstverständlicher, nahe bevorstehender und gefühlsmäßig gleichgültiger Schritt ist auf dem Weg zu dem Ziel, das du deines Lebens als würdig erachtet hast."

Auch in Briefen äußert er sich darüber, daß seine Politik nicht den Erfolg haben werde, mit dem er anfänglich gerechnet hatte, daß er eines Tages vielleicht gestürzt und beiseitegeschoben, vielleicht sogar getötet werde. Mit der Vorahnung seines gewaltsamen Todes verbindet sich der Opfergedanke, der sich wie ein Leitmotiv durch das Tagebuch hindurchzieht.

In Gedichten seiner letzten Jahre sieht er sich als Kämpfer in einer römischen Arena, der schließlich mit dem Netz gefangen, auf den Block gespannt und aufgeschlitzt wird, bis das Herz freiliegt; oder er sieht sich an einen Ort geführt, wo er erschossen werden soll; oder er sieht sich an eine Zielscheibe gebunden, festgenagelt von den ersten Pfeilen: „Was fürchte ich? Wenn sie treffen und töten, was ist dabei zu beweinen? Andere sind vorangegangen. Andere werden folgen."

Ein knappes Jahr vor seinem Tode schreibt Hammarskjöld das Gedicht:

Der Weg,
du sollst ihn gehen.
Das Glück,
du sollst es vergessen.
Der Kelch,
du sollst ihn leeren.
Der Schmerz,
du sollst ihn verbergen.
Die Antwort,
du sollst sie lernen.
Das Ende,
du sollst es ertragen.

FRIEDRICH VON BODELSCHWINGH

(1831–1910)

Friedrich von Bodelschwingh wurde 1831 in Tecklenburg in Westfalen als sechstes Kind des Landrats Ernst von Bodelschwingh geboren. Er wuchs auf in Koblenz und Berlin, wo sein Vater als Oberpräsident und Minister wirkte. Besuche Fliedners und Wicherns in seinem Elternhaus brachten den Jungen zum ersten Male mit der Arbeit der Inneren Mission in Berührung, der sein Leben gehören sollte.

Als der Vater während der Revolution 1848 sein Ministeramt verloren hatte, zog die Familie nach Velmede am Rand des westfälischen Bergbaugebietes. Friedrich machte am Gymnasium in Dortmund das Abitur und gab als Berufsziel „Bergfach" an. Er ist auch gelegentlich eingefahren und hat eine Schicht als Hauer durchgestanden. Dabei erlebte der künftige Sozialpolitiker die harten Bedingungen, unter denen die Bergarbeiter schuften mußten. Er sollte sie nicht vergessen. In einem Zeitungsaufsatz schrieb er 1868: „Wir alle, die wir so behaglich hinter unserm warmen Ofen sitzen und uns der billigen Steinkohlen freuen, sollten der Bergmannsbevölkerung mit mehr Teilnahme gedenken als bisher. An den Steinkohlen klebt viel Menschenblut, und noch mehr Menschenseelen, elendig dahinsterbende, verderbende Menschenseelen kleben daran. Man freut sich der Millionen Zentner Kohlen, die gefördert werden, aber die Millionen Flüche, die daran kleben, und die Millionen Tränen armer Bergmannsweiber und Kinder stehen nicht dabei vermerkt."

Nach einigem Überlegen entschloß sich der Abiturient Bodelschwingh, Landwirt zu werden, und arbeitete als Eleve auf einer Domäne im Oderbruch. Als Gutsverwalter in Pommern gewann er Einblick in die erdrückende Not vieler Landarbeiter und Tagelöhner. Er machte die Erfahrung, „daß mit bloß menschlichen Künsten der Gutmütigkeit gegen menschliches Elend nichts auszurichten ist". Im Handumdrehen hatte er in zwei armen Dörfern hundert Taler unter den Armen ausgegeben, doch wurden sie meist in Schnaps umgesetzt, und alles blieb in Schmutz und Lumpen, wie es war. „Hier schon lernte Bodelschwingh das A und O seiner späteren sozialen Arbeit, Bettel und Armut durch richtigen Arbeitseinsatz und damit verbundene nachgehende persönliche Fürsorge für das leibliche Wohl zu bekämpfen" (M. Gerhardt).

Ein Reitunfall verschaffte dem Vielbeschäftigten etwas Ruhe. Die Lektüre eines erbaulichen Traktates ließ in ihm den Gedanken keimen, Pastor zu werden, der sich dann innerhalb weniger Monate zu einem festen Entschluß entwickelte. Der bereits 23jährige begann an der Universität Basel das Studium der Theologie. Im Sommer 1855 machte er mit einem alten Schulfreund eine Wanderung durch die Schweiz und Oberitalien bis nach Genua. Diesem Freunde, der ein Ungläubiger war, schrieb er nach der Reise einen 52 Seiten langen Brief, um dessen Zweifelfragen zu beantworten. Der Brief verrät, daß Bodelschwingh ein schwacher Theologe war, bezeugt aber zugleich die entscheidende Triebkraft seines Lebens, die Liebe. Gott sei die Liebe, und die Liebe stehe jenseits aller Zweifel. Bodelschwingh beruft sich auf opferfähige Menschen wie August Hermann Francke, Oberlin, Wilberforce, Elisabeth Fry, „die an den Sterbebetten sitzen, die in die Gefängnisse kriechen, die die Waisen von der Straße auflesen, kurz, deren ganzes Leben statt leerer Worte wirklich ein lebendiges Liebe-atmen ist ... Daß es die Liebe gibt, das kann mir doch keine Macht der Welt aus dem Herzen reißen; ich kann niemals einen Augenblick zweifeln, daß meine schwersten Leiden aus meiner Selbstsucht und meine höchsten Freuden aus selbstverleugnender Liebe quellen – und wie ich mich selbst unaussprechlich geliebt weiß und das rein umsonst, so geht meines Herzens tiefste Sehnsucht dahin, auch endlich einmal so ganz umsonst lieben zu können, ohne auch nur daran zu denken, daß vollkommene Selbstverleugnung zugleich auch vollkommene Seligkeit ist."

Bodelschwingh setzte das Theologiestudium in Erlangen fort. Auf einer Fußwanderung nach Schwaben kam er in die Nähe von Bad Boll. Er hatte eine Abneigung gegen solche „Wallfahrtsorte", die oft aus bloßer Neugier besucht werden. Aber ein Gewitter nötigte ihn doch, völlig durchnäßt bei Blumhardt einzukehren. „Der liebe Vater Blumhardt", so erzählte er später, „hat sich dann auch des wider Willen zu ihm getriebenen jungen Studenten aufs väterlichste angenommen, und ich hatte solch ein Zutrauen zu ihm, daß ich ihm in allen Stücken mein Herz ausschütten konnte. Ich blieb einige Tage bei ihm, die mir von großem bleibendem Segen geworden sind und unser Gemeinschaftsband knüpften bis an das Ende seiner Tage."

Nachdem Bodelschwingh sein Theologiestudium in Berlin abgeschlossen hatte, wurde er Seelsorger der Deutschen in Paris. Unter den 1,7 Millionen Einwohnern der Weltstadt lebten etwa 60 000 Deutsche: Handwerker, besonders Schneider und Tischler, Kellner und Dienstboten. Die ärmste und zahlreichste Gruppe waren Pfälzer, die in den Fabriken und Steinbrüchen der Vorstädte arbeiteten oder als Lumpensammler nachts die Kehrrichthaufen durchwühlten, und Hessen, die als Gassenkehrer die Straßen reinigten. Dieser Armen wollte sich Bodelschwingh annehmen. Er bezog eine Wohnung in einer Mietskaserne auf dem Montmatre. Seine zwei spartanisch eingerichteten Zimmer dienten gleichzeitig als Schulstube, wo er den Kindern der deutschen Gassenkehrer Religionsunterricht gab. Außerdem hielt er Gottesdienste und Bibelstunden und wirkte in der Krankenseelsorge. 1858 wurde er in der lutherischen Kirche von Paris im Auftrage der preußischen evangelischen Landeskirche ordiniert.

Den Pastor der Gassenkehrer und Lumpensammler überkamen Glaubenszweifel, doch fand er, daß sie sich überwinden ließen, – zwar nicht durch Grübeln, wohl aber durch Handeln im Geiste der Nächstenliebe. „Mir ist von dieser Stunde an auch nie wieder ein Zweifel gekommen", schrieb er. In einem Brief bekannte er: „Die mich umgebende Not hat manche Not von meinem Herzen weggenommen . . . Ein Haufen armer Kinder, den ich mir von der Straße aufgelesen, . . . ja, diese armen Kinder sind meine Professoren geworden, die mir wirklich über einige Punkte der Dogmatik bessere Aufklärung verschaffen als mir die Universität sie geben konnte."

Ein halbes Jahr wollte Bodelschwingh sich in Paris aufhalten. Er blieb sechs Jahre. Zwar bot sich ihm eine Gelegenheit, diesem Jammer und Elend zu entfliehen, denn Bismarck, der preußische Gesandte in Paris, übermittelte ihm 1862 die Berufung zum Gesandtschaftsgeistlichen in Konstantinopel; doch Bodelschwingh lehnte ab. Auf einem Hügel hatte er inzwischen ein Holzhaus als Gemeindezentrum errichtet, das als Schule, Kirche, Lehrerwohnung und Pastorat diente; ein zweites kam bald hinzu. 1861 hatte er Ida von Bodelschwingh geheiratet und die Hochzeitsreise zu Fuß gemacht. Jetzt teilte seine Frau sein unbürgerliches Leben in Paris.

Was Bodelschwingh in Pommern bei seinem sozialen Wirken unter den Landarbeitern gelernt hatte, das übertrug er auf seine Gassenkehrergemeinde in Paris: daß es notwendig sei, für den *ganzen* Menschen, für seine leiblichen wie seine seelischen Bedürfnisse zu sorgen. Er holte einige Familien aus den schmutzigen und ungesunden Winkeln, in denen sie bisher gehaust hatten, heraus und bot ihnen gesunde, freundliche Wohnungen zu mäßigem Preis in der Nähe von Schule und Kirche. So entstand eine kleine deutsche Kolonie. Es war Bodelschwinghs erster Beitrag zur praktischen Lösung der Arbeiterwohnungsfrage in der Großstadt. Da die Geldmittel für die seelsorgliche und soziale Arbeit nicht von der armen Gemeinde selbst aufgebracht werden konnten, veranstaltete Bodelschwingh Sammlungen in Deutschland, wobei er sein Talent entfaltete, auf unwiderstehliche Weise die Leute zum Geben zu veranlassen. Und noch etwas lernte Bodelschwingh in Paris, das ihm später gut zustatten kam. Üble Erfahrungen mit Dieben, Dirnen, Schwindlern und verkrachten Existenzen gewöhnten ihn daran, den Menschen illusionslos zu sehen und doch die Hoffnung auf Gottes Sieg auch im schlimmsten Gauner nicht aufzugeben.

Den sechs Pariser Jahren folgten sieben Jahre, die Bodelschwingh als Landpfarrer im westfälischen Dellwig verbrachte. Auch hier versuchte er, mit allerlei Mißbräuchen resolut aufzuräumen und Böses durch Gutes zu ersetzen. So wurde das lärmende „Kleppen" mit den Glocken in der Neujahrsnacht abgelöst durch Choralgesang des Jungmännervereins vom Kirchturm herunter. Statt des Schützenfestes, das in Saufgelage ausartete, wurde ein Missionsfest gefeiert. Kindtaufen und Hochzeiten sollten nicht im Alkoholrausch enden, sondern schließen, wie sie begonnen: mit Gebet und Gesang; und wenn der Pastor nicht das Ende machen durfte, wollte er auch nicht den Anfang machen. Bodelschwingh wollte „die Volksfeste nicht unterdrücken, sondern veredeln". Nicht alles, was er sich in Dellwig vorgenommen hatte, konnte er durchsetzen. Besonders zu schaffen machten ihm Haß und Rachsucht in diesen westfälischen Bauern, die Machtkämpfe innerhalb der Gemeinde. Doch gelang es ihm, Grenzstreitigkeiten zu schlichten und Prozeßgegner zur Versöhnung zu bringen.

Auch publizistisch hat Bodelschwingh seine Grundsätze verfochten. Er gab ein evangelisches Sonntagsblatt heraus, den *Westfälischen Hausfreund*, und steuerte gelegentlich Schriftbetrachtungen, Erzählungen, Tagebuchblätter, Berichte und Kommentare zum Zeitgeschehen bei. Hier führte er den Kampf gegen den liberalen Zeitgeist und gegen die liberale Theologie, die alle Glaubenswahrheiten in Unverbindlichkeiten auflöste.

Breiten Raum nahm im *Westfälischen Hausfreund* die Behandlung der Arbeiterfrage ein. Die Bestrebungen von Schulze-Delitzsch und Lassalle wurden erörtert, und einen Vorkämpfer des Gedankens der genossenschaftlichen Selbsthilfe der Arbeiter, Victor Aimé Huber, ließ Bodelschwingh in seinem Blatte selbst zu Wort kommen. Huber kritisierte in seinem Aufsatz die Meinung vieler Christlich-Konservativer, es komme nur darauf an, in jedem Hause christlichen Glauben und Wandel zu Ehren zu bringen, „dann werde sich alles andere von selbst finden, ohne Gewerbefreiheit, Genossenschaftswesen, Arbeiterbewegung, Bildungsvereine und sonstigen liberalen und modernen Schwindel". Huber sah in dieser Haltung ein Versagen der Christen, die „mit falschen Schlagwörtern die Zumutung zurückweisen, sich an dieser zeitgemäßen Aufgabe zu beteiligen, und im Angesicht des zunehmenden Elends unserer Arbeiterwelt einen Vorwand zu suchen, um – nichts zu tun". Am Schluß des Aufsatzes hieß es: „In frommer Beschaulichkeit sich von dem Kampfplatz zurückzuziehen und über die schweren Schäden der Zeit zu wimmern, ist nicht die Aufgabe der Christen." Diese lüden schwere Verantwortung auf sich, wenn sie die Lösung der sozialen Frage den Atheisten überließen. „Diese Sätze Hubers gaben zugleich die Sicht wieder, die sich Bodelschwingh in bezug auf die soziale Frage erarbeitet hatte" (M. Gerhardt). 1869 veröffentlichte Bodelschwingh selbst einen Aufsatz „Die Arbeiterfrage". Wenn sich in den Menschen, die „zu einer Ware auf dem Sklavenmarkt der freien Konkurrenz heruntergesunken" sind, materialistische Gesinnung finde, so trage die Schuld daran der Materialismus und die Raffgier des Unternehmertums.

Im Januar 1869 traf Bodelschwingh ein schwerer Schlag. An Keuchhusten in Verbindung mit ansteckender Lungenentzündung starben ihm innerhalb von zwei Wochen alle seine Kinder. Bodelschwingh bestand diese Glaubensprobe in Gotteskraft wie ein Heiliger. Später hat er sich über den providentiellen Sinn dieses Verlustes geäußert: „Damals, als unsere vier Kinder gestorben waren, merkte ich erst, wie hart Gott gegen Menschen sein kann, und darüber bin ich barmherzig geworden gegen andere." In dieser harten Schule ungeheuren Schmerzes gewann Bodelschwingh ein tieferes Gottesbild und damit die letzte Reife, die ihn für die eigentlichen Aufgaben seines Lebens befähigte.

Im Jahre 1871 wurde Bodelschwingh als Pastor nach Bielefeld berufen. Dort bestanden seit kurzem zwei Werke christlicher Nächstenliebe, deren Werden er im *Westfälischen Hausfreund* von Anfang an mit besonderer Aufmerksamkeit verfolgt hatte: eine Heil- und Pflegeanstalt für Epileptische, gegründet 1867, und ein Diakonissenmutterhaus für das Arbeitsfeld der Krankenpflege, gegründet 1869. Beiden Anstalten sollte Pastor Bodelschwingh dienen. Der Vierzigjährige nahm den Ruf an und zog nach Bielefeld, wo er die zweite Hälfte seines Lebens blieb und fast vierzig Jahre hindurch eine bewundernswerte Wirksamkeit entfaltete. „Er brachte mit seine spartanische Anspruchslosigkeit für persönliche Dinge, seinen scharfen Blick für Zweckmäßiges, seine unerschöpfliche Tatkraft, seine Begabung, Mitarbeiter zu gewinnen und zu erziehen, und er brachte mit einen tiefen Glauben, eine immerwährende Güte und eine gleichbleibende Liebe für seine Kranken" (K. Pergande).

Die beiden Anstalten, die Bodelschwingh in Bielefeld übernahm, lagen weit auseinander und hatten nichts miteinander zu tun. Bodelschwingh schwebte eine pflegerische Arbeitsverbindung der Schwesternschaft des Diakonissenhauses mit der Epileptischen-Anstalt vor, die sich am besten auf gleichem Grund und Boden verwirklichen ließ. Schon bald nach seinem Amtsantritt leitete Bodelschwingh die organisatorische und bauliche Verbindung beider Anstalten in die Wege, und er hat dafür gesorgt, daß sie auch später stets eine Einheit bildeten.

Auf seinen Wunsch erhielt die Anstalt für Epileptische 1874 den alttestamentlichen Namen „Bethel" und das Schwestern-Mutterhaus 1876 den Namen „Sarepta". Auch alle später hinzukommenden Häuser, die Bodelschwingh unternehmungslustig in rascher Folge um Bethel herum bauen ließ, erhielten biblische Namen voll tiefsinniger Anspielungen. Alle diese Namen aus der biblischen Geschichte weisen eindringlich auf den Geist hin, aus dem diese Stadt der Nächstenliebe errichtet worden ist. Bodelschwingh lebte, wirkte und gründete ganz aus dem Geiste der Schriften des Alten und des Neuen Testamentes, die für ihn Gottes Wort waren, während sie manchen protestantischen Theologen damals nicht mehr als solches erschienen. Nur aus ungeschwächtem biblischen Glauben heraus konnten Bodelschwingh und seine Mitarbeiter ihr Leben im Dienste der Fallsüchtigen, Schwachsinnigen, Elenden und Sterbenden verschleißen. Der Nationalsozialismus, der Bibel und Christentum ablehnte, fand die Pflege solchen „lebensunwerten Lebens" (wie er es nannte) unvernünftig und hat später, als er an die Macht gekommen war, ganz konsequent Geisteskranke und Erbkranke zu Tausenden getötet. (Auch Bethel sollte geräumt werden, doch Fritz von Bodelschwingh, der kongeniale Sohn des alten Friedrich von Bodelschwingh, hat dies mit jener Liebe, die erfinderisch macht, verhindern können.) Die Nationalsozialisten waren konsequent, was man von jenen Theologen nicht sagen kann, die die Bibel als eine Sammlung von Mythen und Märchen ausgaben und doch wünschten, daß man den Armen in Liebe helfe. Nur übernatürliche Liebe, die mit Glaube und Hoffnung im Bunde steht, vermochte ein Werk wie Bethel zu schaffen und zu erhalten.

Natürlich drängt ein Besuch in Bethel viele Fragen auf. So wurde der alte Bodelschwingh einmal von einem Besucher gefragt: „Wie kann all dieses Elend, das sich in den Anstalten findet, von Gott zugelassen werden?" Bodelschwingh antwortete: „Man muß etwas zum Lieben haben." Er sah das Elend in der Welt als eine Herausforderung zu tätiger Nächstenliebe. Dabei war seine Liebe völlig unsentimental. Die Kranken und Notleidenden dauerten ihn von Herzen, aber er bejammerte sie nicht. Er liebte sie mit praktischem Verstand, d. h. er diente ihnen mit Einrichtungen, die ihnen eine wirkliche Hilfe waren.

Eines der Prinzipien Bodelschwinghs z. B. war die Arbeitstherapie. „Ich täte meinen Kranken das größte Unrecht, wenn ich ihnen die Verantwortung nähme und alles bei ihnen entschuldigen wollte." Bodelschwingh entriß sie dem Müßiggang und der Grübelei. Er drückte dem Bauern den Pflug in die Hand, stellte den Tischler an die Hobelbank, schickte den Schneider in die Werkstatt. Jedem wies er nach seiner Fähigkeit und nach seinem Krankheitsgrad seinen Platz an. Auch in der Verwaltung beschäftigte er Fallsüchtige. So gab er den Kranken das Bewußtsein, nützliche Glieder der Gemeinschaft zu sein. Denen, die nicht mehr arbeiten konnten, sagte er: „Ihr könnt noch die Hände falten." Damit waren die Schwächsten in die vorderste Reihe der Mitarbeiter gestellt, und niemand kam sich überflüssig vor. Nach und nach wurden der rasch wachsenden Anstalt allerlei Betriebe angegliedert, in denen die Insassen selbst arbeiteten: ein Hof mit Viehwirtschaft und Molkerei, eine Gärtnerei mit Samenhandlung, ein Ackerhof mit Gemüsebau, eine Tischlerwerkstatt, eine Schmiede, Werkstätten für Sattler, Maler, Schneider und Schuster, eine Buchbinderei und ein Verlag, eine Ziegelei. Alle diese Betriebe erfüllten neben erzieherischen und arbeitstherapeutischen Aufgaben auch ökonomische; sie wurden für den Anstaltsbedarf unentbehrlich.

Ein zweites Prinzip, das Bodelschwingh seiner Arbeit zugrundelegte, war das Familienprinzip. Er hatte bei Besuchen im Rauhen Hause in Hamburg gesehen, wie Wichern in der Erziehungsarbeit an verwahrloster Großstadtjugend mit Erfolg dieses Prinzip anwandte. Nun führte Bodelschwingh es auch in die Anstaltspflege der Epileptischen ein. Den Kranken sollte das Zusammenleben in familienhaften Gruppen soweit wie möglich einen Ersatz für das natürliche Familienleben bieten, aus dem sie ihr Leiden verbannt hatte.

Das dritte Prinzip, das in Bethel das Gemeinschaftsleben bestimmte, war die christliche Fröhlichkeit. Sie überstrahlte alles Leid, diese Fröhlichkeit der Erlösten, von der „Vater Bodelschwingh" selbst auf eine ansteckende Weise erfüllt war. Sie beseelte still den Alltag, sie wurde laut bei Festen und Feiern. Ein besonderes Erlebnis war das jährliche Bethelfest, das mit Posaunenchören, Liedern, Gebeten und Ansprachen als

Dank- und Jubelfest im Freien unter hohen Bäumen im Anblick der schönen Berglandschaft begangen wurde.

Ebenso rasch wie Bethel wuchs unter Bodelschwinghs Initiative Sarepta. Aus dem kleinen Anfang mit 27 Schwestern und acht Stationen, den Bodelschwingh 1872 vorgefunden hatte, war nach einem Jahrzehnt angespannter Arbeit ein Mutterhaus mit 263 Diakonissen geworden, die auf 83 Stationen tätig waren. Stationen gab es bald nicht nur an vielen Orten Westfalens, sondern auch in der Ferne: im großen Krankenhaus zu Bremen, in der Universitätsklinik und in der Charité von Berlin, im deutschen Hospital von London, in Paris und Metz, in Nizza und Davos. Die Tüchtigsten, die aus Sarepta hervorgingen, wurden Leiterinnen großer städtischer Krankenanstalten oder Gründerinnen neuer Diakonissenhäuser in Amsterdam, Oldenburg, Miechowitz und anderswo.

Innere Triebkraft dieses Werkes war Bodelschwinghs strenge Auffassung der Diakonie. Die Schwesternschaft sollte den neutestamentlichen Dienstgedanken verwirklichen, deshalb stellte Bodelschwingh höchste Anforderungen an die „christliche Erkenntnis" und die sittliche Reife der künftigen Diakonissen. Die Bewerberinnen sollten „seit längerer Zeit ihre Bekehrung durch ihre guten Werke betätigt haben", von Schwermut oder Trübsinn frei sein, vielmehr Freundlichkeit, Güte und ein liebreiches Wesen angezogen haben.

Die erstmals 1875 gedruckte „Berufsordnung für die Diakonissinnen des westfälischen Diakonissenhauses zu Bielefeld" setzte Löhes Diakonissenspruch voran: „Was will ich? Dienen will ich. – Wem will ich dienen? Dem Herrn Jesu in Seinen Elenden und Armen. – Und was ist mein Lohn? Ich diene weder um Lohn noch um Dank, sondern aus Dank und Liebe; mein Lohn ist, daß ich dienen darf. – Und wenn ich dabei umkomme? Komme ich um, so komme ich um, sprach Esther die Königin (Esther 4, 16), die doch Ihn nicht kannte, dem zulieb ich umkäme, und der mich nicht umkommen läßt ... Ich gehe mit Frieden und fürchte nichts." Diese heroische Haltung blieb nicht nur auf dem Papier. Die Zahl der jungen Diakonissen, die sich, etwa bei der Pflege an Typhuskranken den Tod holten, war groß.

Der zweite Hauptsatz der Berufsordnung lautete: „Alle Diakonie gründet sich auf den Dienst, den der Herr Jesus uns erwiesen hat und uns noch reichlich und täglich erweist; ist Dienst und Opfer dankbarer Gegenliebe gegen Ihn, der uns zuerst gedient und geliebt hat." In den Armen, Kranken, Gefangenen und Kindern dienten die Diakonissen dem Herrn.

Die diakonische Tatbewährung des Glaubens durch die Liebe sah Bodelschwingh am besten ermöglicht in der Gestalt „einer geistlichen Genossenschaft, eines heiligen Schwesternbundes unter Leitung der Kirche und im engen Anschluß an sie". Die Diakonissen von Sarepta legten auch Gelübde ab, die nach Bodelschwinghs Auffassung aber „nicht die Bedeutung haben, den Kreis unserer Pflichten zu erweitern, sondern nur die, uns unsere Pflichten zum lebendigen Bewußtsein zu bringen. Sie sind Rückerinnerungen und besondere Anwendungen des Taufbundes." Die Berufsordnung forderte auch, daß die Diakonisse „auf den Ehestand freiwillig verzichtete" und daß sie den Vorgesetzten Gehorsam erweise.

Für das schwesterliche Gemeinschaftsleben der Diakonissen untereinander sollte die gegenseitige Liebe oberstes Gesetz sein. Zur geistlich-aszetischen Bildung der Diakonissen gab Bodelschwingh manche Weisung. Er selbst arbeitete erziehlich und seelsorglich an den Schwestern u. a. durch monatliche Schwesterntage und durch den „Schwesternbrief" an die Diakonissen auf den auswärtigen Stationen. Während der vierzehntägigen Rüstzeit, die der Einsegnung voranging, widmete sich Bodelschwingh jeder einzelnen Schwester ganz persönlich. Auch sonst war er der väterliche Berater der Schwestern. Wenn eine Schwester vor der Aussendung auf eine neue Station zum Abschiednehmen zu ihm aufs Arbeitszimmer kam, kniete er mit ihr vor einem großen Kruzifix zu kurzem Gebet nieder und befahl „sie und sich selbst der vergebenden und gebenden Gnade dessen, in dessen Dienst sie beide standen".

Sollten die Pfleglinge recht gepflegt werden, so mußte auch für die Pflegerinnen gesorgt werden. Gern erzählte Bodelschwingh die Geschichte von der Kuh des alten Flattich, die eines Morgens tot im Stall lag: Jammernd kommt Frau Flattich zu ihrem Mann. Der aber sagt: „Das wundert mich gar nicht, daß die Kuh tot ist. Ich habe schon seit einiger Zeit gemerkt, daß du unsere Magd nicht recht gepflegt hast, darum hat die auch die Kuh nicht recht gepflegt, und so ist sie eingegangen." So sorgte Bodelschwingh dafür, daß die Schwestern auch Erholung hatten. Das Wichtigste war ihm dabei die innere Sammlung, ohne die der Geist erlahmen mußte.

Als Bildungsstätte der männlichen Diakonie wurde 1882 im Gelände von Bethel das Brüderhaus Nazareth eingeweiht und dem Organismus der Anstalt eingebaut. Die Gründung des eigenen Brüderhauses ermöglichte Bodelschwingh, ein neues Werk zu beginnen: die Fürsorge an den Wanderarmen.

Die soziale Not, die hier aufbrach, war eine Folge der Wirtschaftskrise der siebziger Jahre. Viele der nach dem deutschen Siege von 1871 gegründeten Unternehmen hatten bald Konkurs machen müssen. Die Landstraßen füllten sich mit Arbeitslosen, die plötzlich ihre Stelle verloren hatten. In der Gesellschaft alter Stromer verlotterten die brotlos Gewordenen bald. Da Landstreicherei und Bettelei nach dem Reichsstrafgesetzbuch mit Haft bestraft wurden, landeten sie schließlich im Gefängnis, wo die Gesellschaft mit Kriminellen sie noch tiefer hinabzog. So wurden Arbeiter zu Bettlern, Bettler aus Not zu Bettlern aus Gewohnheit, zu Trinkern, Dieben, Einbrechern und Verbrechern.

Die Landstreicherei wurde eine arge Landplage. In den acht Küchen von Bethel erhielten täglich 20 bis 25 Bettler ein warmes Mittagessen. Erst allmählich kam heraus, wie sie es dabei trieben. Sie wußten, daß es in Bethel kein Geld gab, wohl gelegentlich ein Kleidungsstück oder ein Paar Schuhe. Diese Sachen wurden beim Trödler verkauft, der Erlös in Branntwein umgesetzt. Mancher gerissene Kunde brachte es fertig, mehrmals hintereinander an verschiedenen Stellen mit ausgezogenem Hemd zu erscheinen, um sich ein neues zu ergaunern. Bodelschwingh stellte in der Nähe von Bielefeld eine Schnapsschenke fest, deren Wirt mehrere Schweine mästete allein mit den Butterbroten, die seine Landstreicher-Gäste bei gutmütigen Leuten zusammengebettelt hatten und die sie nun, außerstande, sie zu verzehren, bei ihm gegen Fusel umtauschten.

Bodelschwingh begann den paulinischen Grundsatz anzuwenden: „Wer nicht arbeitet, soll auch nicht essen" (2 Thess. 3,10). Wer an der Pforte um ein Mittagessen bettelte, bekam Spaten und Hacke in die Hand gedrückt und mußte erst eine Stunde im Gelände der Anstalt arbeiten, wo Wege anzulegen, Böschungen zu befestigen oder Fundamente auszuheben waren. Fortan erschienen nur noch zwei bis drei „Klinkenputzer".

Als eines Tages einer von denen, die lieber arbeiteten als bettelten, fragte, ob er nicht für immer in Bethel bleiben und arbeiten dürfe, antwortete Bodelschwingh: „Ja, wenn Sie fallsüchtig wären, dann könnte ich Sie behalten." Da stieß der Mann heraus: „Ich bin aber auch fallsüchtig." Dieses Wort zündete. Wahrhaftig, auch diese Wanderarmen waren, in einem anderen Sinne, fallsüchtig. Bodelschwingh suchte auch für sie Hilfe und fand sie in der Senne, südlich von Bethel. Der unfruchtbare Boden dieses öden Landstrichs ließ sich durch verhältnismäßig leichte Arbeit urbar machen. Hier konnten entkräftete Tippelbrüder sich wieder an Arbeit gewöhnen. Wie immer bei Bodelschwingh folgte dem Gedanken rasch die Verwirklichung. Bald hatte er die Arbeiterkolonie Wilhelmsdorf in der Senne gegründet.

Wilhelmsdorf war nur als Durchgangsstufe zur Rückkehr in ein geordnetes Arbeitsleben gedacht. Der Aufenthalt dauerte gewöhnlich nicht länger als drei Monate. Der vereinbarte Tagelohn war so niedrig, daß ein Arbeitswilliger, der anderswo Beschäftigung finden konnte, keine Lust verspürte, in die Kolonie einzutreten, doch hoch genug, daß ein fleißiger Mann sich innerhalb der paar Monate neben Unterkunft und Verpflegung auch Kleidung und Handwerksgerät verdienen konnte. Von Wilhelmsdorf aus wurden den Leuten geeignete Arbeitsstellen verschafft, so daß sie nach ihrer Entlassung sofort ein Unterkommen fanden.

Bodelschwingh hörte nicht mehr auf, sich für seine „lieben Brüder von der Landstraße" einzusetzen. „Arbeit statt Almosen!" Mit dieser Losung warb er unter den Besitzenden. Sie sollten sich von der Bequemlichkeit des Almosens lösen, das ja in seiner Auswirkung eine Unbarmherzigkeit darstellte, und stattdessen ein Werk wie Wilhelmsdorf unterstützten. „Wenn wir barmherziger werden wollen, müssen wir härter werden!" rief Bodelschwingh. Mit Freimut wandte er sich gegen den Widersinn polizeilicher Verordnungen, die den unverdorbenen Neuling von der Landstraße zum alten, von allen Lastern angefressenen Vagabunden in den Arrest steckten. „Die wenigsten Menschen wissen, was das heißt, zum erstenmal in ein Korrektionshaus gesperrt zu werden. Ich halte die Todesstrafe für eine leichtere Strafe als die erste Verurteilung zum Arbeitshaus."

„Einen Menschen zugrunde zu richten, ist unendlich viel kostspieliger, als einem Menschen rechtzeitig zu helfen", rechnete er den Industrieherren, Politikern und Ratsherren vor. „Was kostete ein einziger Bettler die Bevölkerung für Unsummen! Jahraus, jahrein schatzte er das Land ab, versoff sein Geld, ließ sich im Winter im Gefängnis durchfüttern, zog — und das war das teuerste — durch sein Wort und Beispiel einen nach dem andern hinter sich her in den Sumpf, die dann gleichfalls wieder den Bewohnern von Stadt und Land zur Last fielen. Da bedeutete es wirklich eine große Ersparnis, den entstehenden Kolonien eine Unterstützung zuteil werden zu lassen, sie dagegen dem zu versagen, der nur betteln, aber nicht arbeiten wollte."

Wilhelmsdorf war ein Anfang, der als Vorbild wirkte. Nach seinem Muster wurden bereits 1883 fünf weitere Kolonien, teils unter Mithilfe Bodelschwinghs, gegründet. Bis zum Jahre 1891 hatte sich die Zahl der Arbeiterkolonien, die nach dem Vorbild in der Senne in Deutschland entstanden waren, auf 22 erhöht. Unermüdlich war Bodelschwingh tätig, um weitere Fürsorgeeinrichtungen für die Wanderarmen ins Leben zu rufen. Dabei erfuhr er manchen Widerstand von seiten der Presse, von Politikern und auch aus evangelischen Kreisen. Daß er einen Kandidaten der Theologie als Fabrikarbeiter sich betätigen und drei Monate lang als „Kunde" auf die Walz gehen ließ, um konkretes Beobachtungsmaterial zu gewinnen, auf Grund dessen er die Lage besser beurteilen könne, und daß er, als die ungeschminkten Berichte des Kandidaten in der Öffentlichkeit unliebsames Aufsehen erregten, dessen Wanderschaft im „Reichsboten" verteidigte, trug ihm einen Rüffel vom Oberkirchenrat ein.

Im Jahre 1886 erlebte die rasch wachsende Industriestadt Bielefeld den ersten größeren Streik. Die Erregung war ungeheuer, und es wurde der Belagerungszustand verhängt. Es ging das Gerücht, Bodelschwingh habe der bestreikten Fabrik Kolonisten als Streikbrecher geschickt. Das war völlig aus der Luft gegriffen, wurde aber geglaubt. Zweimal wurden in jenen aufgeregten Tagen Gebäude in Bethel in Brand gesteckt, und man hörte den Ruf: „So ist's recht, daß Bodelschwingh brennt; warum hat er uns aus unsern Häusern vertrieben!" Das fiel Bodelschwingh schwer auf die Seele. Tatsächlich war im Laufe der Jahre im Hinterlande der Anstalt eine Besitzung nach der anderen aufgekauft worden, und die kleinen Leute, die dort zur Miete gewohnt hatten, waren gezwungen worden, in ungesunde Wohnungen in der Stadt zu ziehen.

So wurde Bodelschwingh auf das Wohnungsproblem aufmerksam, und er fühlte sich verpflichtet, zu seiner Lösung beizutragen. Er sorgte dafür, daß Arbeiterheimstätten um Bielefeld herum entstanden, Einfamilienhäuser in schöner Lage, jedes mit einem Garten. Sobald ein Drittel des Kaufpreises abgezahlt war, ging das Grundstück an den Erwerber über. Die Bedingungen waren zum Teil günstiger als bei den heutigen gemeinnützigen Wohnungsbaugesellschaften.

„Mehr Luft, mehr Licht und eine ausreichend große Scholle für den Arbeiterstand!" Mit dieser Losung kämpfte Bodelschwingh gegen viel Eigensucht und Unverständnis der besitzenden Klassen an. Er sprach mit westfälischen Großgrundbesitzern, die sich aber scheuten, die Arbeiter zu selbständig werden zu lassen. „Wenn ihr so weitermacht, dann habt ihr bald die Revolution", warnte Bodelschwingh die Uneinsichtigen.

Er bemühte sich, die Fabrikherren für den Gedanken der Arbeiterwohnungen zu gewinnen. 1891 hatte er eine Unterredung mit Krupp in Essen. Krupp gab die Zusage, in nächster Zeit 600 Häuser zu bauen, die seine Arbeiter als Eigentum erwerben könnten, ohne damit an seine Fabrik gebunden zu sein.

„Es ist ein schweres Unrecht, wenn man den kleinen Mann, der doch wie wir mit beiden Beinen auf der Erde steht und stehen muß, nur immer auf das Jenseits vertröstet." Das sagte Bodelschwingh, der in die Reihe der sozialen Vorkämpfer gehört. Zu Bethel wurde eine evangelisch-soziale Schule in Gestalt von Kursen für evangelische Gewerkschaftssekretäre ins Leben gerufen. Die Arbeiterführer sollten sich in der Stille von Bethel um die Bibel versammeln. Zur Eröffnung des ersten Kurses 1907 sprach Bodelschwingh selbst.

Mit dem Hofprediger Adolf Stoecker, einem anderen christlich-sozialen Vorkämpfer, verband Bodelschwingh die Überzeugung, daß den Arbeitern aus dem Geiste des Evangeliums geholfen werden müsse. Doch während Stoecker von dem Gedanken eines „christlichen Staates" nie loskam, erlag Bodelschwingh nicht dem Wunschbild dieser christlich-romantischen Ideologie. Bodelschwingh war der Ansicht, daß es nicht auf einen christlichen Staat, sondern auf Christen im Staat ankomme. Trotz der Unterschiede zwischen seinen und Stoeckers Ansichten war Bodelschwinghs Werk in Mitleidenschaft gezogen, als Stoecker beim Kaiser in Ungnade fiel. Denn daß die Christen, um des Dienstes an den armen Brüdern willen, politisch tätig werden mußten, davon war auch Bodelschwingh überzeugt.

Man kann sich denken, wie schwer getroffen Bodelschwingh wurde, als er 1896 in der Zeitung das Telegramm Wilhelm II. an Geheimrat Hinzpeter las: „Politische Pastoren sind ein Unding. Wer Christ ist, ist auch sozial; christlich-sozial ist Unsinn und führt zur Selbstüberhebung und Unduldsamkeit, beides dem Christentum schnurstracks zuwiderlaufend. Die Herren Pastoren sollen sich um die Seelen ihrer Gemeinden kümmern, die Nächstenliebe pflegen, aber die Politik aus dem Spiel lassen, dieweil sie das gar nichts angeht." Damit war der christlich-sozialen Sache schwerster Schaden zugefügt. „Diese Scharte war auch durch spätere kaiserliche Unterstützungen, die Bethel und andere christliche Liebeswerke erfuhren, nicht wieder auszuwetzen" (M. Gerhardt).

1897 besuchte das Kaiserpaar Bethel und sprach Worte der Anerkennung für Bodelschwinghs Werk. Im folgenden Jahre versuchte Bodelschwingh, durch einen Brief an die Kaiserin Einfluß auf den Kaiser zu gewinnen. Gegen die soziale Not schlägt er vor allem vor: Beschaffung von gesunden Eigenheimen für Arbeiterfamilien auf eigenem Grund und Boden; Beeinflussung der Arbeitgeber, sich ihrer Arbeiter besser anzunehmen; Gesetzgebung. Er suchte das Mißtrauen gegen sozialdemokratische Arbeiter zu zerstreuen. „Wollen Eure Majestät dem Kaiser nicht einmal sagen, daß es in Deutschland noch Hunderttausende von Familien gibt, die nur ein einziges Zimmer, ja vielfach nur ein einziges Bett haben ... Wenn morgens um halb sechs Uhr die Fabrikpfeifen hier rings umher ihre schrillen Töne erklingen lassen, so muß ich an Hunderte von Familienvätern denken, die jahraus, jahrein weit über eine Stunde wandern müssen bis zur Arbeitsstätte, wo sie, an das Rad der Maschine vom Morgen bis zum Abend angekettet, jeder Erheiterung der Familienfreude entbehren. Denn wenn sie morgens um halb fünf Uhr aufbrechen, schlafen die Kleinen noch, und wenn sie abends heimkommen, schlafen sie schon wieder. Die meisten Kinder ... sehen ihre Väter nur als Bestien; wenn dieselben die ganze Woche hindurch bis zur äußersten Erschöpfung gearbeitet, bleiben sie Sonntag morgens im Bett liegen, und nachmittags gehen sie in die Branntweinschenke, um hier mit Hilfe des Branntweins ihr trauriges Dasein zu vergessen ... Und wenn man nun die Fabrikherren anfaßt und ihnen zeigt, wie leicht sie es haben könnten, ihren Arbeitern ein freundliches Heim und die Nähe der Arbeitsstätte als Ersatz für die Leib und Seele ausdörrende Fabrikarbeit zu schaffen, ach, was bekommt man dann für Antworten! Oh, wenn ich Seiner Majestät ein Lied singen wollte von der unaussprechlichen Gleichgültigkeit – ich möchte sagen, von dem Fischblut der größten Zahl der Arbeitgeber, namentlich der zahllosen Aktiengesellschaften, die immer nur den armen Aktionär kennen, auch wenn sie 20% Dividende zahlen, und nie den armen Arbeiter, dann würde Seine Majestät gegen diese Leute in rechtem Zorn entbrennen ..."

Bodelschwinghs Versuche, durch Eingaben bei Ministerien und beim Kaiser eine Besserstellung der Arbeiter zu erreichen, schlug fehl. Er merkte schließlich, daß dieser Weg eine Sackgasse war. Den Reichskanzler Bülow hatte er als einen eitlen Schwätzer kennengelernt, und von Kaiser Wilhelm war er tief enttäuscht. Er sah ein, daß die Arena, in der allein eine soziale Gesetzgebung erkämpft werden konnte, eine andere sei: das Parlament.

So nahm er als 73jähriger ein Mandat im Preußischen Abgeordnetenhaus an. Zweier Fragen wollte er sich, wie er seinen Wählern mitteilte, in Berlin widmen, und sie waren es, weshalb er die Kandidatur angenommen hatte: „Die Frage der Ansiedlung des kleinen Mannes auf eigener Scholle und die Frage der gesetzlichen Regelung zur Abhilfe der Arbeitslosigkeit."

Im Berliner Landtag war der parteilose Abgeordnete Bodelschwingh in seinem langen schwarzen Rock, mit seinen dunklen Augen, das Gesicht von einem weißen Schifferbart umrahmt, die Schultern gebeugt, aber noch munteren Schrittes und stets gut gelaunt, bald eine beliebte Erscheinung. Er würzte seine Reden mit Humor, redete jeden, Abgeordnete wie Minister, mit „Du" an und erregte im Plenum Stürme der Heiterkeit.

In einer seiner Reden rief er den Abgeordneten zu: „Sie können Ihr Geld nirgends auch nur annähernd so sicher anlegen und zu so hohen Zinsen als bei dem kleinen Mann, der sich mit seiner Familie seinen Garten bestellt. Das ist die höchste und sicherste Anlage, die es gibt, sowohl bei ländlichen als industriellen Arbeitern." Er forderte eine Novelle zum Gewerbegesetz, die neuen Fabriken die Konzession versagt, „falls sie nicht jedem Familienvater die Möglichkeit gewähren, sich ein eigenes Heim auf eigener Scholle, und zwar nicht unter einem halben Morgen groß, zu beschaffen."

Auch für die Wanderarmen wollte Bodelschwingh die Fürsorge gesetzlich geregelt und gesichert sehen. Er ging in die städtischen Asyle Berlins, sah dort wüste, verkommene Gestalten, zerlumpt und betrunken, alte, aber auch viele junge. Er stellte fest, daß es unter ihnen – entgegen der Behauptung des Magistrats – Arbeitswillige gab. Er sprach mit ihnen von seinen Kolonien in der Senne und in den Mooren und versicherte, er werde vor den Toren Berlins auch solche Kolonien gründen, wo jedem, der ehrlich bemüht sei, ein neues Leben zu beginnen, dazu verholfen werden solle.

Jetzt begann Bodelschwingh seinen letzten Kampf. Scharf griff er den Berliner Magistrat an, weil er in seinen Asylen nicht nur Müßiggänger, sondern auch Verbrecher schlimmster Sorte großzog, weil er den Obdachlosen wohl Nachtquartier und Mahlzeit, aber keine Arbeit anbot. Er suchte Grundstücke, verhandelte und warb, und bald stand die Kolonie Hoffnungstal. Sie bot jedem Brot, Arbeit und ein geregeltes Leben. Jeder hatte – das war etwas völlig Neues – ein Einzelstübchen für sich, denn in Massenquartieren steckten die verdorbenen Alten die unverdorbenen Jungen an. Hoffnungstal erwies sich bald als zu klein, deshalb wurden weitere Kolonien, Lobetal und Gnadental, gegründet.

Auch dieses Werk blieb nicht ohne Gegnerschaft. Im Herrenhaus hielt Graf von der Schulenburg eine lange Rede, in der er zwar Bodelschwinghs und seiner Mitarbeiter edle Gesinnung rühmte, doch gleichzeitig die Arbeiterkolonien scharf und vernichtend angriff. Die jungen Gründungen seien ein völliger Mißerfolg, ihre Insassen Taugenichtse, Diebe, Faulenzer und Säufer, gefährlich für die ganze Umgebung. Jede finanzielle Unterstützung, die der Staat diesen Kolonien zukommen lasse, sei hinausgeworfenes Geld. Die Rede kam in alle Zeitungen und erregte ungeheures Aufsehen.

Bodelschwingh stellte sich schützend vor seine „Brüder von der Landstraße" und verfaßte einen offenen Brief an den Grafen. Darin heißt es: „Wenn Sie an unseren Kolonisten kein gutes Haar lassen, und zwar ohne jede Einschränkung, und über alle zugleich den Stab brechen, so kann ich nicht anders, ich muß diese Ihre allgemeine Verurteilung doch als ein recht schweres Unrecht bezeichnen. Ich bitte Sie, dabei sich zu erinnern, daß ich die Bewohner Hoffnungstals oft ‚meine Freunde und meine Brüder' genannt habe. Ich habe das in allem Ernst gemeint, und habe guten Grund, diese von

Ihnen so schwer angegriffenen Menschen um nichts geringer zu achten als mich selbst, ja daß ich in mehr als einer Beziehung an ihnen hinaufblicke. Ich versichere Sie, daß unsere Hoffnungstaler in mehr als einer Beziehung Ehrenmänner, Helden sind, die Größeres geleistet haben als ich von mir rühmen kann. Und ich will bei dieser Ehrenrettung keine Ausnahme machen, wie Sie bei Ihrer Anklage auch keine machen. Sie müssen zum ersten wissen, Herr Graf, daß unsere Kolonisten vom ersten bis zum letzten Freiwillige sind, nicht wie die Bewohner der Korrektionsanstalten zwangsweise hier untergebracht. Wie sie alle freiwillig gekommen sind, so können alle jeden Tag wieder gehen. Sie wollen aber alle lieber arbeiten als betteln und machen diesen Entschluß mit der Tat auch wahr. Dazu gehört ein tapferer Mut; denn um sich aus ihrer Umgebung in den tiefen Schlammgruben Berlins loszureißen, gilt es, ein nicht geahntes Maß von Spott und Zorn der alten Saufbrüder geduldig zu ertragen. Beides wird über alle reichlich ausgegossen, welche die Arbeit statt des Bettelns wählen und damit das Leben ihrer alten Sündengesellen verklagen. Ich glaube nicht, daß Sie, Herr Graf, und viele Ihrer Kollegen im Herrenhaus jemals auf Ihrem Lebenswege heißer gekämpft und um eine edle Sache mehr Schmach gelitten haben wie diese armen Leute. Ich wenigstens kann diesen Ruhm für mich nicht in Anspruch nehmen. Es kommt ein zweites hinzu. Es ist wahr, es sind todkranke Leute, diese Hoffnungstaler, dazu auch in ihrem Rechtsgefühl gekränkt und verbittert. Ich weiß, was ich sage. Ich habe jetzt über 25 Jahre lang mit solchen armen Leuten fast täglich verkehrt und ihr Seufzen gehört. Hunderttausende haben in Zeiten der Not um Brot für Arbeit gebeten, aber man hat ihnen beides versagt. Man hat sie, auch wenn sie genau an die rechte Tür klopften, als Vagabunden und Faulenzer hinausgestoßen und statt des Brotes Gift gegeben. Man hat sie durch Hunger zum Betteln gezwungen, sie zu Tausenden unschuldig ins Gefängnis gesteckt, bis auch Gefängnis und Landarmenhaus ihnen gleichgültig waren. Sie hatten nur noch ein einziges Verlangen, einen einzigen Tröster, das war der Alkohol, und selbst jeder Atemzug der Sehnsucht nach Freiheit war, wie es schien, bei ihnen erloschen. Wenn nun solch ein todkranker Mensch nach Jahren noch den Entschluß faßt: ich will dem Alkohol entsagen, so ist das eine Heldentat."

Diesen Leuten wolle Bodelschwinghs Einrichtung die Hand reichen. Gewiß hätten nicht alle der 1200 Streiter bereits den Sieg errungen, aber es sei doch eine ansehnliche Zahl. „Diese Sieger, und auch schon diese ehrlichen Streiter, sind es, die ich gern meine Freunde und Brüder von der Landstraße nenne und zu denen ich gern hinaufblicke. Sie verstehen nun wohl, Herr Graf, wie Sie mich bis aufs Blut verwundet haben mit Ihrer Anklage, und daß, wenn ich den Ehrbegriffen folgen wollte, die in unserem Stande leider noch herrschen, mir nichts anderes übrig bliebe, als Ihnen meinen Sekundanten zu schicken, um mit scharfen Waffen die Beleidigung meiner Brüder zu rächen. Da ich aber gottlob diesen Zwangsvorstellungen über Ehre ... nicht mehr unterworfen bin, also von Stahl und Eisen keinen Gebrauch machen kann, werden Sie es mir zugute halten, wenn ich dennoch – nicht mit stumpfen, sondern mit scharfen, aber geistigen Waffen – gegen Sie ins Feld ziehe."

Punkt für Punkt widerlegte Bodelschwingh die Anklagen. Er ließ den offenen Brief als Broschüre verbreiten. Graf von der Schulenburg sah sein Unrecht ein, versöhnte sich mit Bodelschwingh und spendete eine namhafte Summe für Gnadental.

Nachdem Bodelschwingh zwei Jahre dafür gekämpft hatte, kam 1907 ein preußisches Wanderarbeitsstättengesetz zustande, das die Fürsorge für Obdachlose und Heimatlose regelte. Es blieb freilich hinter dem zurück, was der Abgeordnete von Bethel angestrebt hatte. Nach seiner Ansicht lag hier eine Not vor, die nur durch Hilfe des Staates behoben werden konnte. Der angenommene Regierungsentwurf dieses Gesetzes dagegen betrachtete die Wanderarbeitsstätten als eine Sache der Armenpflege und sah deshalb eine Beteiligung des Staates an den Kosten nicht vor. Bethmann-Hollweg erklärte damals vor dem Landtag: „Ob solche Einrichtungen getroffen werden, hängt von dem freien Willen der Provinzen ab. Was aber gerade auf diesem Gebiet freier Wille vermag, das bezeugt mit seiner Person der wohl von uns allen gleich hoch geschätzte und verehrte Herr Abgeordnete von Bodelschwingh. Wenn sein in der Betätigung praktischen Christentums erprobter Geist die dürren Buchstaben dieser Vorlage mit Leben durchdringt, dann wird die Arbeit, die Sie auf diese lex Bodelschwingh verwenden wollen, nicht vergebens sein." Realist wie er war, hatte Bodelschwingh das Erreichbare bejaht. „Man muß sich mit dem jetzt Möglichen zufrieden geben und auf bessere Zeiten hoffen."

Nach der Verkündigung des preußischen Wanderarbeitsstättengesetztes begann Bodelschwingh sofort, das nächste Ziel anzustreben, nämlich eine reichsgesetzliche Regelung. Er ging in den Reichstag und sprach mit vielen Abgeordneten, setzte sich auch mit Bebel, Severing und Naumann, die er alle „Bruder" nannte, an einem sozialdemokratischen Tisch zusammen, schrieb Briefe an alle Mitglieder der zuständigen Reichstagskommission und des Bundesrates. Um mit den Abgeordneten des westfälischen Provinziallandtages wegen des Wanderarbeitsstättengesetzes ins Gespräch zu kommen, suchte er in aller Frühe das Hotel auf, in dem sie untergebracht waren, und brachte ihnen die Stiefel ans Bett.

Im Dezember 1908 verlieh die rechts- und staatswissenschaftliche Fakultät der Universität Münster an Bodelschwingh den Dr. rer. pol. h.c., „weil er durch heilbringende und vorbildhafte Werke seine und unsere Provinz Westfalen und ganz Deutschland hilfreich gefördert und geziert hat; weil er als erster dafür gesorgt hat, daß die auf den Landstraßen umherschweifenden Arbeiter durch ländliche Kolonien und Ackerbau zu arbeitsamer und nützlicher Lebensführung zurückgebracht wurden; weil er sich durch fünfundzwanzig Jahre hindurch in unermüdlicher Wohltätigkeit um den Besuch und die Verbesserung der Armenwohnungen bemüht hat; weil er mit dem Ziel, daß auch Arbeiter sich eigene Scholle, Häuschen und Garten erwerben könnten, mit hartnäckiger Beredsamkeit erreicht hat, daß das Rentengutsgesetz auf Arbeitergrundstücke ausgedehnt wurde."

Als Bodelschwingh 1910 starb, hatte er 67 Pflegehäuser, 30 Wirtschaftsgebäude und 80 Wohnhäuser gebaut, Tausende von Morgen Ödland in Gärten und Felder verwandelt, vorbildliche Arbeitersiedlungen eingerichtet, 2000 ständig betreuten Epileptischen und 3000 anderen ständig betreuten Pflegebefohlenen eine Heimat gegeben. Bethel war eine kleine Stadt geworden mit eigenem Postamt, mit Fernsprechzentrale, Badeanstalt, Schlachthof und Bauamt. Auch sonst hatte sich die Arbeit ausgeweitet.

Für den theologischen Nachwuchs gründete Bodelschwingh in Bethel eine theologische Hochschule, die sich betont absetzte von der liberalen Theologie, wie sie an den evangelischen theologischen Fakultäten herrschte, und die vom Staate unabhängig war. Sie begann ihre (vorwiegend bibeltheologische) Arbeit 1905. Im Jahre 1907 wurde ein Missionshaus gebaut als Zentrum einer Missionsgesellschaft, deren Vorsitzender

Bodelschwingh war. Bodelschwingh nahm sich vor allem der Ausbildung von Kandidaten für den Missionsdienst in Ostafrika an. Er trat für völlige Gleichberechtigung zwischen Farbigen und Weißen ein. Er organisierte Hilfe für die verfolgten Armenier und für die Buren in Südafrika.

Die treibende Kraft, die hinter all diesen Werken stand, war die Persönlichkeit Bodelschwinghs. Er war unermüdlich im Planen und im Durchführen von Plänen. Das Geld, das er für seine Unternehmungen, für Grundstückskäufe, Hausbauten, Neugründungen, Erweiterungen und Hilfsaktionen benötigte, brachte er aus freiwilligen Gaben zusammen. Er war ein Genie herzbewegenden Bittens. Wenn er in Wort oder Schrift von seinen Kranken oder von seinen lieben Brüdern von der Landstraße erzählte, unnachahmlich lebendige Bilder von erschütternden Einzelschicksalen zeichnete oder von dem Leben seiner ganzen Gemeinde berichtete, dann wurden die härtesten Herzen weich, und die Börsen öffneten sich. Freigebigkeit verband sich bei Bodelschwingh mit Sparsamkeit. Er duldete z. B. nicht, daß irgendwo überflüssigerweise elektrisches Licht brannte. Unablässig mahnte er, nichts zu verschwenden: „Je sorgsamer einer umgeht mit dem Worte Gottes, desto gewissenhafter wird er auch mit äußeren Dingen umgehn."

Von der nie erlahmenden Energie Bodelschwinghs schreibt sein Sohn Gustav: „Nichts Frömmelndes, nichts Weichliches lag in seiner Erscheinung, sondern urwüchsige männliche Kraft, mit harmloser Kindlichkeit vereint." Alle möglichen Anliegen wurden von nah und fern an ihn herangetragen. „Wo er sich einer Sache annahm, da setzte er seine ganze Person ein, unter Umständen auch seine ganze Leidenschaft. Denn jede Lieblosigkeit, namentlich wenn sie im äußeren Gewande der Frömmigkeit kam, konnte sein Innerstes aufs tiefste erregen und sein Angesicht glühend, bisweilen sogar weiß machen vor Zorn. Oft dauerte es Jahre, ja Jahrzehnte, bis im einzelnen Fall das Ziel erreicht war, aber was einmal angefangen wurde, das wurde auch durchgeführt mit großer Zähigkeit und in dem ritterlichen Sinn, der sich gerade der Schwachen am liebsten annimmt und den Kampf nicht scheut."

Wie den Heiligen überhaupt, blieben auch ihm Verleumdungen und Schmähungen nicht erspart. Bodelschwingh sah sich sogar genötigt, gegen ein Pamphlet gerichtlich vorzugehen. Widerspruch erfuhr er aber nicht nur von außen, sondern auch in Bethel selbst, wo er ein patriarchalisches Regiment führte. Bei seiner starken Persönlichkeit blieben Spannungen mit seinen Mitarbeitern, die ihre Selbständigkeit eingeschränkt sahen, nicht aus. Ein Mann wie Bodelschwingh, der so viel geleistet und gegen Widerstände verschiedenster Art durchgesetzt hatte, mußte in Gefahr kommen, seine Entscheidungen für Gottes Willen und alle gegensätzlichen Ansichten für die Folgen menschlicher Schwäche zu halten. Das führte zu Reibungen und Mißhelligkeiten. Nie aber hat er sich Gegnern oder Andersdenkenden gegenüber unfreundlich gezeigt oder einem Opponenten etwas nachgetragen. Auch kann man nicht sagen, er sei eigensinnig gewesen. Kähler bezeugt: „Für mich war es eins der größten Erlebnisse, daß ein so willensstarker und vom Leben in gewisser Weise ja auch verwöhnter Mensch doch eine solche Zucht der Selbstkritik hatte, um einen Entschluß ohne Erregung wieder zurückzunehmen. Das war überhaupt eine seiner größten Seiten, daß er sich immer ganz ehrlich von den Eindrücken der Wirklichkeit und von der Wucht der ihm entgegentretenden Gründe überzeugen ließ und sich niemals eigensinnig an seine Gedanken anklammerte, so zäh er auch seine Pläne verfolgte."

Neben Unwiderstehlichkeit und Energie war in seinem Charakter der vorherrschende Zug die verstehende und helfende Liebe. Gerade die unangenehmsten Kranken besuchte er besonders oft. Einmal wurde er von der leitenden Schwester gebeten, nicht zu einer Kranken zu gehen, sie sei zu unruhig. Bodelschwingh ging trotzdem hinein und erhielt von der Kranken eine derbe Ohrfeige. Da sagte er: „Liebes Kind, Gott segne dich. Du weißt nicht, was in deinem Kopfe vorgeht", legte ihr die Hand auf den Scheitel und segnete sie.

Seine Briefe an Kranke sind von großer Zartheit und einfühlender Liebe. Den Angehörigen einer Gemütskranken antwortete er auf die Frage, ob bei ihrer ablehnenden Haltung der geistliche Zuspruch fortgesetzt werden sollte: „Es gibt Zeiten und Zustände bei den Kranken, wo sie ein Wort Gottes oder ein Gebet durchaus nicht fassen können und es sie mehr aufregt wie beruhigt. In solchen Fällen ist man ja stets auf die Fürbitte angewiesen, welche keine geringere Macht hat, wenn sie im Glauben geschieht, ob nun die Person, für die wir beten, gegenwärtig ist oder nicht." Hier wird Bodelschwinghs furchtlose Haltung erkennbar. „Die Christlichkeit hat für ihn nicht darin bestanden, daß die Worte der Bibel im Munde geführt werden, sondern er sah mit nüchternem Blick, daß es Zeiten gibt, da der kranke Mensch das Wort Gottes entbehren muß. Aber dann ist ein Nächster neben ihm aufgerufen, die Fürbitte zu üben" (A. Adam).

Die Weite seiner verstehenden Liebe umfaßte auch die Angehörigen anderer Konfessionen. Als er gedrängt wurde, sich über die Zulassung des Jesuitenordens zu äußern, beantwortete er diese Frage anders als erwartet. Da er forderte, daß der Staat auf die Kirche keinen Zwang auszuüben habe, wollte er die Ordensniederlassungen katholischer Schwestern und Brüder ungehindert sehen. Er stimmte nicht in die übliche Kritik an der Gesellschaft Jesu ein. Gefährlicher als die Arbeit der Jesuiten sei eine Not innerhalb des Protestantismus selbst: die Flut glaubensloser Kritik, die sich von den theologischen Lehrstühlen der deutschen Universitäten über die Jugend ergösse. Das Nebeneinander der Konfessionen sei kein Übel, sondern eine Herausforderung zu edlem Wettkampf, in dem sich die Kirchen gegenseitig im Guten fördern. An den mächtigen Fortschritten der evangelischen Kirche sei „nicht zum geringsten Teile die katholische Kirche schuld, speziell die Jesuiten. Den großen Fleiß, den regen Eifer, die feine Klugheit, die beschämende Opferwilligkeit, mit dem die katholische Kirche ihrerseits in den Wettstreit eingetreten oder vielfach uns in demselben vorausgeeilt ist, verdankt sie vorzugsweise jesuitischem Einfluß." Bei diesem Wettkampf habe es auch gemeinsame Arbeit gegeben „auf gemeinsamem Boden des Glaubens an denselben Heiland, der für Evangelische und Katholische am Kreuz gestorben und für beide Gemeinschaften das Haupt im Himmel ist. Ich gedenke mit Freuden der alten Zeit, wo ich mit meinem lieben Kollegen, dem katholischen Priester D. Funke, gemeinsam auf den Schlachtfeldern Frankreichs gedient habe, wo so manche Katholiken, als noch keine Seelsorger für sie da waren, neben den Evangelischen auf den Knien lagen, um das Sakrament aus meiner Hand zu empfangen, ehe ihr letztes Stündlein kam, wo auch mein tapferer Kollege später so manchen evangelischen Sterbenden die letzten Dienste erwies und wir überhaupt nicht fragten noch fragen konnten: bist du evangelisch oder katholisch? Wir lagen auf einem Stroh nebeneinander, stärkten uns miteinander aus demselben Gotteswort und besprachen uns ... Auch nach dem Schluß des Krieges haben wir dann in Westfalen Werke der Barmherzigkeit in fröhlicher Gemeinschaft aufgerichtet. Das waren in der Tat schöne Zeiten, wo man in der Nähe der Ewigkeit, in der ja alle äußeren Schalen fallen werden, sich der *una sancta* – der einen heiligen Kirche von Herzen freuen konnte." Jetzt, wo die Ungläubigen zusammenhalten, sollten „auch alle gläubigen Christen beider Konfessionen, die an einen lebendigen, gekreuzigten und auferstandenen Heiland glauben, desto fester zusammenstehen, das Gemeinsame heranbahnen, das Trennende zurücktreten lassen und anstatt widereinander, miteinander den gemeinsamen Kampf führen." Man dürfe dem Jesuitenorden gegenüber nicht ungerecht sein. „Wenn man mit unparteiischen Augen alles zusammentragen wollte, was edle Glieder dieses Ordens, von dem großen Franz Xaver an, Gutes und Großes geleistet, wo würde man staunen über die Fülle aufopfernder Liebestaten ... Wir können es doch nicht leugnen, daß die katholische Kirche bis auf diese Stunde uns in vielen Stücken einen Halt bietet und ein Vorbild ist, das wir nicht wohl missen können ... Man kann es auch nicht leugnen, daß der zweite Artikel des Apostolikums von der wahren Gottheit des Heilandes in der katholischen Kirche durch alle Jahrhunderte treuer festgehalten ist als bei uns, wo der Rationalismus so große Verwüstungen angerichtet hat. Ich fühle mich persönlich heimatlicher in Gesellschaft ernster katholischer Männer, die sich des Bekenntnisses zum ewigen Gottessohn nicht schämen, als unter evangelischen Namen-Christen, denen dies Bekenntnis gleichgültig oder gar ein Ärgernis und eine Torheit ist."

Natürlich hatte Bodelschwingh als Lutheraner einiges an der katholischen Kirche auszusetzen. Doch bei aller Kritik schrieb er im Jahre 1867: „Ferne sei es uns zu verkennen, daß auch in der katholischen Kirche noch viele gute Kräfte enthalten sind, die gemeinsam mit der evangelischen Kirche gegen die Feinde aller Religion streiten, ja daß wir in manchen Stücken von ihr viel lernen können ... Wir wollen nicht vergessen, daß die katholische Kirche immerhin die Mutter der evangelischen Kirche war, von der wir abstammen, und wollen darum ja nicht ihren Sturz, sondern ihre Läuterung und Wiederaufrichtung auf dem Grunde des Evangeliums von Gott erbitten."

Bodelschwingh dachte ökumenisch. „Wo es Barmherzigkeit gegen arme Mitmenschen gilt, da müssen alle konfessionellen Scheidewände fallen!" Auch mit diesem Wort steht er ganz auf biblischem Boden, denn Jesu Gleichnis vom Samariter empfiehlt die Barmherzigkeit gegen Andersgläubige und gegen Angehörige anderer Völker. „Ich kenne nur einen Glauben, der in der Liebe tätig ist", sagte Bodelschwingh. „Der Name lutherisch kommt bei uns überhaupt nicht vor ... Wir müssen hier in unserer Anstalt ein weites Herz haben." Deshalb gab es in Bethel keine Spannungen zwischen Lutheranern, Reformierten und anderen Bekenntnissen.

Vor dem preußischen Abgeordnetenhaus sagte Bodelschwingh 1904 zum Zentrum gewandt: „Wir wollen unsere katholischen Brüder auch zur Mithilfe einladen. Wir wollen die Barmherzigkeit nicht allein pachten; wir haben auch unter Trappisten, Franziskanern usw. treffliche Hausväter ... Wir arbeiten ganz brüderlich zusammen, das freut mich sehr." Die Zusammenarbeit mit katholischen Vereinen und Einrichtungen war für Bodelschwingh selbstverständlich. Gustav von Bodelschwingh schreibt über die Wanderarmen-Fürsorge: „Es war für Vater eine ganz besondere Freude, daß sich hier beide Konfessionen trafen, um gemeinsam zu raten und zu taten." Diese Einstellung war damals keineswegs allgemein, sondern ungewöhnlich. Mit dem Bischof von Münster beriet Bodelschwingh die Anlage einer katholischen Kolonie.

Während der beiden Kriege, die Bodelschwingh als Feldprediger mitmachte, sah er, daß das Gebetbuch der katholischen Soldaten nichts enthielt, was nicht auch die evangelischen Soldaten hätten beten können, wie umgekehrt das evangelische Militärgebetbuch auch für Katholiken brauchbar war. Im Landtag sprach er sich dafür aus, für die katholischen und evangelischen Soldaten des Heeres ein einheitliches Gesangbuch zustandezubringen. „In unserem gemeinsamen Glaubensbekenntnis heißt es: ‚Ich glaube an eine heilige, allgemeine christliche Kirche.' Sie wird ein Gegenstand des Glaubens hienieden bleiben, bis die *una sancta*, die große Mutter aller Gläubigen, in ihrer Herrlichkeit erschienen sein wird."

In einem Briefe an den Kronzprinzen bezeugte Bodelschwingh von sich und seinen Mitarbeitern: „Wir wollen alle einen Glauben, der in der Liebe tätig ist und sich nicht mit auswendig gelernten Lehrsätzen begnügt; wir wollen alle ein Christentum, das nicht in Worten besteht, sondern in der Tat. Wir wollen vor allen Dingen kein Christentum, das andere, die nicht mit uns eines Glaubens sind, richtet, verdammt, sie verbittert und von sich stößt, sondern ein solches, das gerade diese mit besonderer Freundlichkeit und Liebe gewinnt ... Dienende Liebe üben, selbstlose, unverfälschte, weitherzige gegen jedermann, besonders gegen alle Mitmenschen, die durch Mangel an Liebe verbittert, gesunken, verkommen, verarmt oder die sonst krank und elend sind. Dies alles aber nicht, um irgendwelchen verborgenen, selbstsüchtigen Zweck zu erreichen oder einer äußeren Kirche Glanz und Ruhm zu verschaffen, sondern lediglich, um aus gottlosen, unglücklichen, verbitterten Menschen gottesfürchtige, glückliche, fröhliche, dankbare Menschen zu machen ... Das einzige Geheimnis, das wir haben, in welchem unsere Kraft und unser Sieg besteht, ist Ew. Kaiserlichen Hoheit unverborgen. Wir wissen nämlich, daß wir die Liebe, die selbstlose, entsagende, alles glaubende, hoffende, duldende, die wir für unseren Beruf brauchen, nicht aus eigenem Herzen schöpfen können, sondern aus Gottes Herzen, der seinen eigenen Sohn für uns in den Tod gegeben hat ... Ja, daß ich dies auch für mich glauben darf, daß ich es aus Gnade fest und fröhlich glauben kann, daß, der jetzt zur Rechten des Vaters sitzt, Jesus Christus, sein Leben für mich gelassen hat, darin liegt das ganze Geheimnis meines Glücks und meiner fröhlichen Arbeit."

FLORENCE NIGHTINGALE

(1820–1910)

Was soll ein junges Mädchen tun, wenn es sich zu einem bestimmten Beruf entschließt, dieser Entschluß aber bei seinen Eltern und seiner Familie auf den heftigsten Widerstand stößt? Soll es rebellieren? Oder soll es sich der Meinung seiner Umwelt fügen? Florence Nightingale tat in dieser Lage weder das eine noch das andere. Sie ging einen dritten Weg, der zwar unvergleichlich qualvoller war und acht Jahre ihres Lebens kostete, aber schließlich doch das Ziel erreichte und zu weit größeren Erfolgen führte.

Die Nightingales waren eine reiche und kultivierte Familie, die auf ihren stattlichen Gütern in Südengland oder während ausgedehnter Reisen (mit Dienerschaft und in einer eigenen Kutsche, die zehn Personen faßte und von sechs Pferden gezogen wurde) ein angenehmes Leben führte. Die ältere der beiden Töchter hieß Parthenope, weil sie in Neapel geboren war; die jüngere trug den damals ebenso ungewöhnlichen Vornamen Florence, nach ihrer Geburtsstadt am Arno. Der Vater, der es nicht nötig hatte, einen Beruf auszuüben, erteilte den Mädchen in seiner Privatbibliothek Unterricht in Griechisch, Latein, Deutsch, Französisch, Italienisch, Geschichte und Philosophie. Florence war schöner und intelligenter als ihre Schwester. Die Gelehrten und die jungen adeligen Herren, die bei den Nightingales verkehrten, wandten denn auch ihre Aufmerksamkeit vor allem ihr zu, die jeden durch ihr Wesen bezauberte. Ihre Mutter und der ganze Kreis hegten nicht den geringsten Zweifel, daß „Flo", wie es für junge Damen ihres Standes üblich war, eine gute Partie machen und als Schloßherrin dieses glänzende Leben fortführen werde.

Florence war noch nicht siebzehn, als sie ein entscheidendes Erlebnis hatte. In ihr Tagebuch schrieb sie: „Am 7. Februar 1837 sprach Gott zu mir und berief mich in seinen Dienst." Ihre Biographin gibt dazu folgenden Kommentar: „Es war keine innere Offenbarung. Sie hörte, wie Jeanne d'Arc, eine objektive Stimme, eine Stimme außerhalb ihrer selbst, die in menschlichen Worten zu ihr redete" (C. Woodham-Smith). Während aber Jeanne d'Arc von ihren Stimmen konkrete Befehle erhielt, blieb Florence Nightingale im ungewissen darüber, welcher Art der Dienst sei, zu dem Gott sie berief. Später sprach Gott noch mehrmals im Laufe ihres Lebens zu ihr, wie sie 1874 in ihrem Tagebuch feststellte, doch jetzt wußte sie nur, daß sie Gott gehörte. Ihr Weg lag noch im Dunkeln.

Zunächst einmal bereiste Miss Nightingale anderthalb Jahre mit ihren Eltern Frankreich, Italien und die Schweiz. Während der langen Aufenthalte in Nizza, Genua, Florenz, Genf und Paris genoß sie in vollen Zügen das Leben, war eine gefeierte Ballkönigin, gewann Verehrer, wurde bewundert von Gelehrten und Schriftstellern, die in ganz Europa einen Namen hatten. Ihre Mutter blickte stolz auf die Erfolge ihrer schönen und geistvollen Tochter in der intellektuellen und vornehmen Gesellschaft und machte sich große Hoffnungen auf ihre Zukunft.

Florence aber war nach der Rückkehr von der großen Reise alles andere als glücklich. Ihr Gewissen ließ ihr keine Ruhe. Zwei Jahre war es nun schon her, daß Gott zu ihr gesprochen hatte. Warum hatte Er nicht wieder gesprochen? Sicher deshalb (so fand sie), weil sie unwürdig war. Sie hatte Gott in Ballsälen und Salons vergessen, hatte sich dem Vergnügen hingegeben und der Lust, bewundert zu werden. Sie nahm sich vor, die Versuchung, in Gesellschaft glänzen zu wollen, zu überwinden, um sich für Gottes Dienst würdig zu machen. Es folgten sechs Jahre des Suchens und der Verwirrung. Welche Art Dienst forderte Gott von ihr? Ein sorgloses Leben in der High Society konnte es nicht sein. Einer Existenz in Luxus, Glanz und Muße vermochte sie keinen Sinn abzugewinnen. Sie hatte alles, worum viele sie beneidet hätten: Pferde, Hausbälle, Opernbesuche, Verehrer – doch schien ihr dies alles leer zu sein. In ihr Tagebuch schrieb sie: „Ich verlange heftig nach einer regelmäßigen Beschäftigung, nach etwas Vernünftigem, das des Tuns wert ist, statt meine Zeit mit Nichtigkeiten zu vertrödeln." Die Familie hielt sie für undankbar, weil ihr dieses behagliche Leben nicht genügte, und schalt sie als „sonderbar, querköpfig und eigensinnig". Florence war unglücklich darüber, daß sie anders war als andere, und bemühte sich redlich, den Anforderungen ihrer Umwelt zu entsprechen. Und doch fühlte sie sich wie in einem goldenen Käfig.

1842 wurde ihr eindringlich bewußt, daß es außer der reichen, glanzvollen Welt, in der sie sich bewegte, auch eine Welt des Elends, des Leidens und der Verzweiflung gab. Die Bevölkerung Englands litt in jenem Jahre unter Mißernten und Hungersnot. In den Hütten der Weber und Landarbeiter in der Nachbarschaft, die Florence aufsuchte, sah sie Sorge und Krankheit. Sie begann sich um die Armen zu kümmern, ihnen Essen, Kleidung, Medizin zu beschaffen und sich Gedanken über gesündere Wohnungen und über Volksbildung zu machen.

Alles, was sie tat, verrichtete sie sehr gründlich, sorgfältig und genau. Sobald sie aber ohne Beschäftigung war, gab sie sich einsamen Grübeleien und Tagträumen hin. Sie erkannte diese Neigung als eine große Versuchung und bekämpfte sie, freilich viele Jahre ohne Erfolg, so daß sie manchmal schier verzweifelt war. Sie verkehrte mit einer frommen Verwandten, führte mit ihr lange religiöse Gespräche und wechselte mit ihr endlose Briefe über die Vereinigung der Seele mit Gott, die Florence als eine notwendige Voraussetzung verstand für die Ausführung von Gottes Werk. Ihr wurde klar, daß Gott dienen den Menschen dienen heißt. Seltsame Vorstellungen suchten sie heim. Als sie einmal mit einem Besucher vor der vielfenstrigen Fassade des Herrenhauses stand, überlegte sie, wie sie das Gebäude in ein Hospital umwandeln könne.

Im Frühjahr 1844 wurde ihr endlich gewiß, wozu sie berufen war: Sie sollte in Hospitälern unter Kranken arbeiten. Als Dr. Howe, der amerikanische Philantrop, als Gast in ihrem Elternhaus weilte, fragte sie ihn unter vier Augen: „Halten Sie es für unpassend und ungehörig, wenn eine junge Engländerin sich Werken der Nächstenliebe in Hospitälern und anderswo widmet, wie es die katholischen Schwestern tun? Glauben Sie, das wäre etwas Schreckliches?" Er antwortete: „Meine liebe Miss Florence, es wäre ungewöhnlich, und in England hält man alles Ungewöhnliche für unpassend. Aber ich sage Ihnen: Gehen Sie vorwärts! Wenn Sie für diese Lebensaufgabe eine Berufung haben, dann handeln Sie nach Ihrer Eingebung, und Sie werden finden, daß niemals etwas Ungehöriges oder für eine Dame Unpassendes darin liegt, wenn man zum Wohle anderer seine Pflicht tut. Entscheiden Sie sich! Bleiben Sie dabei, wohin es Sie führen mag! Gott sei mit Ihnen!"

Sie zögerte, dem Ruf zu folgen. Zwar beschäftigte sie sich theoretisch mit Krankenpflege, nahm sich auch hier und da eines Kranken in der Umgebung an; aber sie tat noch keinen entschiedenen Schritt auf den praktischen Beruf hin. Gewissensbisse quälten sie deshalb. „Niemand hat so wie ich gegen den Heiligen Geist gefehlt", schrieb sie in jenen Jahren des Widerstrebens. Praktische Erfahrungen drängten ihren methodischen Geist vorwärts. Viermal half sie an einem Sterbebett, einmal bei einer schweren Geburt. Sie erkannte dabei, daß Zartgefühl, Mitleid und Geduld nicht ausreichten, eine erfolgreiche Pflegerin zu machen. Nötig war vor allem eine gehörige Menge Fachwissen, und das konnte sie am besten in einem Krankenhaus lernen.

Eines Tages erklärte die Fünfundzwanzigjährige ihren Eltern, sie wolle für drei Monate ins Hospital von Salisbury gehen, um dort Krankenpflege zu lernen. Außerdem gestand sie ihren Plan, eines Tages in einem Nachbardorf ein eigenes Krankenhaus zu gründen, zusammen mit „so etwas wie einem protestantischen Schwesternorden, ohne Gelübde, für gebildete Damen".

Die Erklärung wirkte, als sei eine Bombe in das Haus geschlagen. Die Mutter war empört, der Vater entsetzt, Parthenope fiel in Ohnmacht. Damals war es unvorstellbar, daß eine Frau aus gutem Hause unabhängig durch die Welt komme. Es gab keinen anderen Beruf für sie, als an der Seite eines Gatten die Honneurs zu machen. Und dann Krankenpflegerin! Darunter stellte man sich damals ein grobes altes Weib vor, unwissend, schmuddelig, oft brutal, versoffen und unzuverlässig. Dickens hat den Typ in seiner Mrs. Gamp geschildert. In der Tat wurde der Dienst an Kranken damals rohesten Wärterinnen überlassen. Krankenhauspflege galt als ein Beruf, den eine anständige Frau nicht ergreifen konnte. Wenn eine Dienstmagd Pflegerin wurde, nahm man an, sie habe sich etwas zuschulden kommen lassen. Manche Wärterinnen gaben sich abwechselnd mit Pflege und mit Prostitution ab. Man kann es schon verstehen, daß die Familie Nightingale sich gebärdete, als ob Florence „studienhalber in ein Bordell eintreten wollte" (I. F. Görres).

Vorerst streckte Florence die Waffen. Gott hatte sie zum Dienst an den Kranken berufen. Wenn ihre Umwelt mit ihrem Entschluß nicht einverstanden war, so mußte das, meinte sie, daran liegen, daß sie noch nicht würdig genug war. Geduldig spielte sie also weiter tagsüber die gehorsame Haustochter. Vor Morgengrauen aber studierte sie insgeheim Blaubücher über öffentliches Gesundheitswesen und Jahresberichte von Krankenhäusern. Bei Kerzenlicht füllte sie viele Hefte mit Massen von Fakten über das Sanitätswesen in England und in andern Ländern. Durch den preußischen Gesandten von Bunsen, der im Hause Nightingale verkehrte, bekam Florence die *Jahresberichte der Diakonissenanstalt in Kaiserswerth* zu lesen. Die Lektüre ließ ihr Herz höher schlagen. Diese Gründung des evangelischen Pastors Theodor Fliedner war, was sie suchte: eine Schule, in der junge Mädchen die Krankenpflege erlernen können und zu einer Art Ordensschwestern ohne Gelübde herangebildet werden.

Im Winter 1847 bis 48 weilte Florence mit ihrer Familie in Rom. Sie war begeistert von der Stadt, von Michelangelo, vom Papst. Sie lernte Sidney Herbert, den vollkommenen Gentleman, und seine junge Frau kennen, machte mit beiden zu Pferd Ausflüge in die Umgebung Roms und führte mit ihnen lange Gespräche. Zu beiden faßte Florence eine tiefe Zuneigung, die für ihr späteres Leben und Wirken bedeutsam werden sollte. Den tiefsten Eindruck ihres römischen Aufenthalts aber gewann sie im Kloster der Dames du Sacré Cœur an Santa Trinità dei Monti, wo sie fast täglich weilte. Die Schwestern dort unterhielten eine sehr fortschrittliche Waisenhausschule. Florence studierte die Einrichtungen und erhielt manche Anregung. Die Seele des Ganzen war Madre Santa Colomba, die ein intensives mystisches Leben mit erfolgreicher Tätigkeit verband. Diese Ordensfrau riet Florence, sich völlig dem Willen Gottes zu unterwerfen. Florence schrieb alle Aussprüche der Mystikerin auf und machte im Kloster zehntägige Exerzitien. Am Schluß dieser geistlichen Übungen glaubte sie wieder Gottes Stimme zu hören, die von ihr forderte, ihren Willen völlig zu unterwerfen und sich nicht gegen ihre Umwelt aufzulehnen.

Es fiel Florence schwer, diesem Befehl zu folgen. Nach England zurückgekehrt, konnte sie sich mit dem untätigen Leben als Haustochter nicht abfinden. Ihre fromme Verwandte schrieb ihr, alles, auch eine Party oder ein Empfang, könne zur Ehre Gottes getan werden. Florence schrieb zurück: „Wie kann es zur Ehre Gottes sein, wenn es so viel Elend gibt in der Welt, das wir heilen könnten, statt in Luxus zu leben!" Sie gab eine Reihe von Unterrichtsstunden in der Schule des Nachbardorfes über das Leben Christi, hatte aber das Gefühl, daß sie zur Lehrerin nicht tauge. Ihr Dasein schien ihr manchmal unerträglich zu sein.

Der Mann, der sie seit neun Jahren umwarb und den sie anbetete, drängte sie zur Entscheidung. Heiraten wäre nur eine Fortsetzung ihres bisherigen müßigen, verwöhnten Lebens gewesen. Sie wußte sich zu anderem berufen und sagte Nein, mochte ihr Herz dabei fast brechen. (Sie hat noch mehrmals Heiratsanträge von ausgezeichneten Männern bekommen und sie stets abgelehnt.) Aber noch sah sie keine Möglichkeit, das zu verwirklichen, um dessentwillen sie dieses Opfer gebracht hatte. Die Leere wuchs, und mit ihr die Qual.

Mit einem befreundeten Ehepaar unternahm Miss Nightingale 1849 bis 50 eine Ägyptenreise. Sie fuhr mit einer Barke tausend Kilometer den Nil hinauf. Stärker als Abu Simbel und die andern Tempel des Niltals wirkten auf sie die Sklavenmärkte und die elenden Dörfer. In Florences Innerem spielte sich ein Drama ab. Sie war manchmal niedergedrückt bis zur Verzweiflung, doch gab es auch lichte Augenblicke. In ihrem Tagebuch lesen wir: „22. 2.: Gott sprach wieder zu mir, auf den Stufen der Säulenhalle in Karnak ... 7. 3.: Gott rief mich heute morgen und fragte mich, ob ich Gutes für Ihn tun wolle, für Ihn allein, ohne selbst Ruhm davon zu genießen? ... 1. 4.: Unfähig, auszugehn, wünschte aber, es gehe mir ganz wie Gott es will. Ich habe es gern, wenn Er handelt genau wie Er es will, ohne mir den Grund zu sagen ... 12. 5.: Heute bin ich dreißig. In diesem Alter begann Christus seine öffentliche Wirksamkeit. Jetzt keine Kindereien mehr! Keine Liebe mehr! Keine Gedanken an Ehe mehr! Herr, laß mich jetzt nur an Deinen Willen denken, was Du mir zu tun gebietest! Herr, Dein Wille, Dein Wille! 18. 5.: Morgen ist Pfingsten. Ich habe meine ganze Geschichte nachgelesen, eine Geschichte voll schmerzlicher Leiden, voller Fehler und verblendender Eitelkeit. Ich habe um meiner selbst willen nach großen Dingen getrachtet. ... 21 5.: ... Nun bin ich dreißig ... Nun laß mich nur den Willen Gottes tun, laß mich nicht Großes um meiner selbst willen begehren!"

In Alexandria verbrachte sie lange Zeit bei den Schwestern des heiligen Vinzenz von Paul. Sie rühmt den Fleiß der Vinzentinerinnen bei der Betreuung der Waisen und Kranken: „Es waren nur neunzehn Schwestern da, aber sie schienen die Arbeit von neunzig zu machen." Die Rückreise ging über Athen, wo sie Schulen und Waisenhäuser besichtigte, Berlin, wo sie Spitäler besuchte, und Kaiserswerth, wo sie zwei Wochen bei der Familie Fliedner wohnte und die Diakonissenanstalt, über die sie schon viel gelesen hatte, endlich persönlich sehen konnte. Sie war von Fliedners Werk so begeistert, daß sie noch auf der Rückreise in Gent ein kleines Buch darüber schrieb, das 1851 in London erschien, natürlich anonym.

Zu Hause fühlte sie sich wieder frustriert. Wenn sie nur ein Wort von Krankenhäusern wagte, gab es Szenen und hysterische Anfälle. Oft wünschte sie sich tot. Die ständigen Vorwürfe von seiten ihrer Mutter und ihrer Schwester Parthe lasteten schwer auf ihrem Gewissen. „Was soll aus mir werden?" schreibt die Einunddreißigjährige. „Ich kann kaum den Mund öffnen, ohne der lieben Parthe Verdruß zu bereiten – alles, was ich sage oder tue, ist für sie ein Anlaß zu Ärger." Von ihrer Mutter schrieb sie in ihr Tagebuch: „O liebe, gute Frau! Wenn ich spüre, wie sehr sie über mich enttäuscht ist, ist es, als sei ich im Begriff, wahnsinnig zu werden. Welch ein Mörder bin ich, daß ich ihr Glück störe! Was bin ich, daß ihr Leben für mich nicht genug ist? ... Gott, warum kann ich nicht mit diesem Leben zufrieden sein, mit dem so viele Menschen zufrieden sind?"

Nach langen zermürbenden Auseinandersetzungen sah sie ein, daß jeder Versuch, bei ihrer Familie Verständnis für ihre Berufung zu finden, vergeblich sei. „Ich muß mir einiges nehmen", schrieb sie in ihr Tagebuch, „damit ich leben kann. Ich muß es *nehmen*, man wird es mir nicht schenken ... So lange hat man mich wie ein Kind behandelt, und so lange habe ich es geduldet, daß man mich wie ein Kind behandelte." Sie setzte es durch, nach Kaiserswerth zu gehen. Aber sie durfte es nur im geheimen tun, niemand aus dem Bekanntenkreis sollte es erfahren. Gern wäre sie mit dem Segen ihrer Mutter gegangen, aber den bekam sie nicht.

Zum zweiten Male weilte Florence Nightingale in Kaiserswerth, diesmal für ein Vierteljahr. Die Gründung Fliedners umfaßte damals (1851) ein Hospital mit hundert Betten, eine Kinderschule, ein Haus für gefallene Mädchen, ein Waisenhaus und eine Normalschule zur Ausbildung von Lehrerinnen. Zur Anstalt gehörten 116 Diakonissinnen, von denen 67 in andere Teile Deutschlands gesandt waren. Die englische Lady teilte mit einfachen Bauern- und Handwerkertöchtern das spartanische Leben, arbeitete und war glücklich. Beim Abschied bat sie Pastor Fliedner um seinen Segen. Als sie zu ihrer Familie wieder zurückkehrte, wurde sie behandelt, als sei sie „gerade aus dem Gefängnis gekommen" oder als habe sie „ein Verbrechen begangen".

Im Sommer 1852 kam Miss Nightingale durch ihre Sozialarbeit in Berührung mit Manning, dem späteren Kardinal, der damals als katholischer Priester in den Slums von Ost-London wirkte. Sie schloß bald Freundschaft mit ihm und wechselte viele, endlos lange Briefe mit ihm. „Wenn Sie wüßten", schrieb sie ihm, „welche Heimat die katholische Kirche mir sein würde! Alles, was ich wünsche, fände ich in ihr. Alle meine Schwierigkeiten wären beseitigt. Ich muß mühsam hier und da Krumen auflesen, von denen ich lebe; sie gäbe mir tägliches Brot. Die Töchter des heiligen Vinzenz würden mir ihre Arme öffnen." Und wiederum: „Was für eine Ausbildung gibt es für Frauen in der anglikanischen Kirche, verglichen mit jener der katholischen Nonne? Es gibt nichts, das man mit der Ausbildung vergleichen könnte, welche die Sacré Cœur Schwestern oder die Vinzentinerinnen Frauen bieten." Schließlich fragte sie: „Warum kann ich nicht sofort in die katholische Kirche eintreten, die beste Form der Wahrheit, die ich je gekannt? Der gordische Knoten, den ich nicht auflösen kann, wäre durchgehauen." Aber Manning, sonst Proselytenmacher, riet ihr ab.

Ihre Freundschaft mit Manning blieb aber ungetrübt. Manning wollte ihre Meinung hören „über die Haltung der Arbeiter zum Christentum". Durch Kontakte mit Sozialisten und Freidenkern hatte sich Florence ein Bild zu machen versucht über die Ursachen des Unglaubens in der Arbeiterklasse. Sie antwortete: „Die intelligentesten und gewissenhaftesten unter den Arbeitern haben überhaupt keine Religion." In den Industriestädten seien die Arbeiter meist Atheisten. Damals, im Sommer 1852, begann sie ein Buch zu schreiben, mit dem sie Freidenkern christliche Wahrheiten in neuer Formulierung nahebringen wollte. Aus Gesprächen mit Arbeitern wußte sie, daß man gewisse christliche Vokabeln vermeiden mußte, sonst würde niemand mehr zuhören. Unter dem Titel *Anregungen für die Wahrheitssucher unter Englands Handarbeitern* erschien das Buch 1860 in drei Bänden als Privatdruck.

Das Buch enthält unter anderem die religiöse Motivation ihres Tatendrangs. Gott dienen, das heißt für Florence Nightingale: gegen das Böse in der Welt kämpfen. Es habe keinen Zweck, um Verschonung vor Seuche und Pest zu beten, solange man die Kloaken in die Themse laufen lasse. Gottes Wille solle geschehen, aber er geschehe nicht ohne die Arbeit des Menschen.

Manning vermittelte Miss Nightingale Kontakte mit katholischen Schwestern-Konventen in Dublin und Paris. In Dublin besichtigte sie Krankenhäuser; in Paris weilte sie kurze Zeit bei den Barmherzigen Schwestern des heiligen Vinzenz von Paul, die ein Waisenhaus, eine Kinderbewahranstalt, ein Hospital und ein Pflegeheim für alte, kranke Frauen unterhielten. Natürlich waren Florences Mutter und Schwester dagegen, und sie machten auch Szenen, als Florence 1853 das Angebot erhielt, als Oberin das Harley-Street-Hospital zu übernehmen. Der Vorwurf, sie bereite der Familie Schande, und die üblichen hysterischen Anfälle vermochten Florence jetzt nicht mehr festzuhalten. Sie war innerlich frei geworden. Sechzehn Jahre waren seit dem ersten Ruf Gottes vergangen. Acht Jahre Kampf, von dem sie oft gemeint hatte, er werde sie vernichten, hatten sie langsam aber stetig zu einem Charakter gehämmert, der ein Höchstmaß an Sanftmut mit einem stählernen Willen verband. Jetzt war sie imstande, mit tausend Teufeln fertigzuwerden.

Schon in wenigen Monaten führte Florence Nightingale in dem Harley-Street-Hospital etliche Neuerungen durch: Heißwasserleitungen in allen Stockwerken, Speiseaufzüge und ein Läutewerk mit Nummerntafel. Ohne diese technischen Hilfen zur Arbeitseinsparung „würde die Krankenschwester in ein paar Beine verwandelt". Ferner forderte Miss Nightingale gegen erheblichen Widerstand des Kuratoriums, daß das Krankenhaus nicht nur Angehörigen der anglikanischen Staatskirche offenstehe, sondern Mitgliedern aller Konfessionen, und daß jeder Kranke von dem Geistlichen seiner Glaubensgemeinschaft besucht werden dürfe.

1854 brach der Krimkrieg aus, in dem England und Frankreich Rußlands Griff nach Konstantinopel abwehrten. Mit Empörung lasen die Engländer in *The Times* mehrere Berichte vom Kriegsschauplatz, in denen auf die Leiden der kranken und verwundeten Soldaten aufmerksam gemacht und festgestellt wurde, daß für die Versorgung der Verwundeten nicht die nötige Vorsorge getroffen worden sei. Es fehle in den britischen Lazaretten an ausgebildetem Personal. Die Franzosen seien mit ihren Feldlazaretten den Engländern weit überlegen. „Ihre medizinischen Einrichtungen sind äußerst gut, ihre Ärzte sind zahlreicher, und außerdem haben sie die Hilfe der Barmherzigen Schwestern ... Diese frommen Frauen sind ausgezeichnete Krankenpflegerinnen." Der englische Nationalstolz bäumte sich wütend auf. Die *Times* eröffnete eine Spendenaktion für die Verwundeten und Kranken an der Front. Ein Leserbrief in *The Times* fragte zornig: „Warum haben wir keine Barmherzigen Schwestern?"

Diesen Leserbrief las Sidney Herbert, der Kriegsminister. Es wurmte ihn, daß Privatleute für die Betreuung jener zahlten, die ihr Blut für das Land vergossen hatten. Er schrieb seiner alten Freundin Florence Nightingale einen langen Brief, in dem er sie bat, die Leitung einer Schwesternschar zu übernehmen und mit ihnen die Lazarette in der Türkei zu betreuen. „Sie würden natürlich volle Befehlsgewalt über alle Schwestern haben, und ich denke, ich könnte Sie der vollen Unterstützung und Mitarbeit von seiten der Ärzte versichern, und Sie hätten auch unbeschränkte Vollmacht, die Regierung um alles anzugehen, was Sie für den Erfolg Ihrer Sendung für nötig erachten." Der Brief kreuzte sich mit einem Schreiben Florences an Sidney Herbert, in dem sie sich anbot, mit Krankenschwestern auf den Kriegsschauplatz zu gehen.

Innerhalb von vier Tagen stellte Florence die Expedition zusammen. Lady Canning, die ihr dabei half, schrieb: „Sie hat solche Kraft und Geschicklichkeit und ist so sanft, klug und ruhig. Sogar jetzt ist sie in keiner Hetze oder Eile, obwohl sie so viel zu tun hat." Aus zahllosen Bewerberinnen wählte Florence zehn katholische Schwestern, acht anglikanische Schwestern, sechs Pflegerinnen aus dem St. Johns-Haus, vierzehn Pflegerinnen aus verschiedenen Krankenhäusern, insgesamt 38 Frauen. Mit diesen landete sie nach einer strapazierenden Reise in Skutari, einer Vorstadt von Konstantinopel auf der asiatischen Seite des Bosporus.

Was sie jetzt zu sehen bekam, war die Hölle. Eine riesige baufällige Kaserne, eilig in ein Lazarett verwandelt, empfing sie mit unbeschreiblichem Schmutz. Die Fußböden waren so verfault, daß sie nicht geschrubbt werden konnten; die Wände wimmelten von Ungeziefer. Im Binnenhof stand ein See von Schlamm voller Abfälle, Müll und Kadaver. Aus Kloaken stiegen Giftschwaden hoch, Ventilation gab es nicht. Miss Nightingale hatte in vielen Großstädten Europas die übelsten Slumwohnungen gesehen, aber in einer solchen Luft wie hier war sie nie gewesen. Hier wurden die Verwundeten von den Schlachtfeldern der Krim auf den Fußboden niedergelegt, in ihren zerfetzten, verschmutzten und blutgetränkten Uniformen. In dichten Reihen lagen sie in den Korridoren. Ratten flitzten umher und machten sich an den Bewegungsunfähigen zu schaffen. Es fehlte an allem. Es gab keine Betten, Laken und Hemden, keine Waschbecken, Handtücher und Seife, keine Tabletts, Teller und Bestecke, keine Tragbahren und Schienen, kein Verbandszeug, keine Medikamente. Küche und Wäscherei waren, gelinde gesprochen, unzulänglich.

In diesem Kasernen-Lazarett wurden Miss Nightingale und ihren entsetzten Schwestern Räume zugewiesen, die man in England nicht einmal den anspruchslosen irischen Landarbeitern als Unterkunft anzubieten gewagt hätte. Die Ärzte wollten die Frauen überhaupt nicht an die Kranken und Verwundeten heranlassen, weil es so etwas in der britischen Armee noch nie gegeben hatte: daß Frauen in einem Kriegslazarett Soldaten pflegten. Wochenlang mußte Florence und ihre Schar untätig bleiben, während Hunderte starben, die mit ihrer Hilfe vielleicht hätten gerettet werden können. Trotzdem hatte Florence den strikten Befehl gegeben, keine Schwester dürfe einem Kranken etwas reichen ohne ärztliche Verordnung. Nur so konnte sie das Vertrauen der Ärzte gewinnen, von deren Mitarbeit der Erfolg des Unternehmens abhing. Allmählich sahen die Ärzte ein, daß Miss Nightingale nicht vorhatte, sich in ihren Zuständigkeitsbereich einzumischen. Sie durfte zunächst die Küche reorganisieren, wo es ihr bald gelang, mehr Abwechslung in die Verpflegung zu bringen und zusätzlich stärkende Rationen zu beschaffen. Später stellte sich ihr der französische Küchenchef Alexander Soyer zur Verfügung, der einer ihrer glühendsten Bewunderer wurde und dessen kulinarischem Genie und Organisationsgeschick es gelang, für eine große Zahl von Menschen große Mengen von Essen in bester Form bereitzustellen. Sodann richtete Florence eine Wäscherei ein, damit die Bettwäsche und die Hemden endlich in heißem Wasser gewaschen werden konnten. Es gelang ihr nach einigen Wochen, einige Sauberkeit im Kasernen-Lazarett herzustellen. An dem erschreckenden Zustand der Abortanlagen, der Wasserversorgung und der Abwässerung vermochte sie zunächst nichts zu ändern.

Bald konnten die Ärzte nicht umhin, sich der Schwestern als Helferinnen in der Krankenpflege zu bedienen; denn die Lage wurde katastrophal. Ströme von Verwundeten wurden aus den Schlachten von Balaklawa und Inkerman eingeliefert. Das Riesengebäude war schon überfüllt. Auf eigene Kosten ließ Florence einen baufälligen Flügel durch 200 Arbeiter instandsetzen und reinigen, so daß für 800 weitere Betten Platz geschaffen war. Die sich durch den ganzen Winter hinziehende Belagerung von Sebastopol brachte Massen von Soldaten mit Erfrierungen, Cholera und Ruhr. Weihnachten 1854 lagen allein im Kasernen-Lazarett zweieinhalbtausend Mann. Auch die anderen Lazarette in Skutari, um die Florence sich zu kümmern hatte, waren überfüllt. Die Sterblichkeitsziffer war erschreckend hoch: 42%. Im Januar und Februar 1855 starben im Kasernen-Lazarett 2315 Mann. Die meisten erlagen nicht den Wunden oder Krankheiten, mit denen sie eingeliefert worden waren, sondern den Seuchen, die sie sich in diesem furchtbaren Lazarett zugezogen hatten. Bis Anfang 1855 waren auch sieben Ärzte und drei Schwestern gestorben.

Die Lady Superintendent – so lautete Florences Titel – war oft zwanzig Stunden an einem Stück auf den Beinen. Die Soldaten verehrten sie wie eine Heilige. Wenn sie einen Krankensaal betrat, verstummten die Flüche, und es wurde still wie in einer Kirche. Jeden, der niedergedrückt war, heiterte sie durch ihr freundliches Wesen auf. Die schwersten Fälle pflegte sie selbst. Sie blieb bei denen, die im Sterben lagen, denn sie wollte keinen allein sterben lassen. Mehreren Tausend Männern hat sie persönlich das Sterben erleichtert. Nachdem sie nach Anbruch der Dunkelheit mit einer Lampe die sechs Kilometer langen Reihen der Liegenden entlang gegangen war und überall nach dem Rechten gesehen hatte, begann ihre Schreibarbeit: Briefe an Hinterbliebene, Listen, Formulare, Materialanforderungen, offizielle Berichte, außerdem, auf Bitten Sidney Herberts, mehr als dreißig lange Briefe mit einer Fülle detaillierter und sorgfältig ausgedachter Reformvorschläge, manche vom Umfang einer Broschüre – das alles mit eigener Hand bei schlechtem Licht in ihrem ungeheizten Verschlag geschrieben.

Den anfänglichen Widerstand der Ärzte hatte Florence bald durch ihr diplomatisches Geschick und ihren Charme überwunden, und es entwickelte sich unter diesen härtesten Bedingungen eine kameradschaftliche Zusammenarbeit. Nicht so schnell fertig wurde sie mit dem Widerstand sturer Offiziere und schwerfälliger Heeresbeamten. Unter dem schlecht organisierten System der Kommiß-Bürokratie war die Versorgung der Lazarette in Skutari ebenso wie der Krim-Armee zusammengebrochen. In dem Durcheinander von Stellen und Kompetenzen blühte der Stumpfsinn, und die menschliche Unzulänglichkeit feierte Triumphe. Das hätte sie nicht gedacht, daß sie hier erbittert um Nachtgeschirre und Entlausungsmittel kämpfen mußte. Tausend Hemden wurden im Lazarett benötigt, sie waren auch vorhanden, aber niemand wollte sie herausrücken, da keiner seine Zuständigkeit zu überschreiten wagte. Anfang Dezember 1854 kamen 20000 Pfund Zitronensaft für die Truppen an, aber sie konnten erst im Februar ausgegeben werden. In der gleichen Zeit waren 173000 Rationen Tee auf Lager, von denen die Soldaten nichts sahen. Warum? Weil es keinen Befehl gab, Zitronensaft und Tee in die Tagesration einzuschließen. Mancher Mangel war durch Dummheit, mancher auch durch Gaunerei verursacht. Ganze Schiffsladungen verschwanden auf rätselhafte Weise. Eine Riesenmenge Stiefel traf ein, von denen kein Paar paßte, da sie alle unmöglich kleine Größen hatten. Kriegsgewinnler in der Heimat machten ein Vermögen, indem sie sonst nicht absetzbare Ausschußware an das Heer verkauften.

Kein Wunder, daß es an den notwendigen Dingen fehlte. Wo die Dienststellen versagten, sprang Miss Nightingale ein. Obwohl ihr vor ihrer Abreise vom Kriegsministerium gesagt worden war, an Medikamenten und Verbandstoff sei alles reichlich vorhanden, hatte sie in Marseille einen großen Vorrat eingekauft. Den konnte sie jetzt gut gebrauchen. Was sonst fehlte, kaufte sie in Konstantinopel ein: Bettpfannen, Schrubber, Eßbestecke, Badewannen. Sie hatte reichlich Geld zur Verfügung: den *Times*-Fond, ihr eigenes Einkommen und sogar Geld von der Regierung. So konnte sie die Lazarette ausstatten und obendrein die unzulänglich gekleidete Armee, die über ein Jahr lang Sebastopol belagerte, mit Mänteln versorgen.

Als ob es noch nicht genug gewesen wäre, daß sie sich mit hilflosen Behörden abzuplagen hatte, wurde ihre Arbeit noch erheblich beeinträchtigt durch Unbotmäßigkeit und Zank unter ihren Schwestern. „Ich nehme den Rang eines Brigadegenerals in der Armee ein, weil vierzig britische Frauen, mit denen ich zu tun habe, schwieriger zu behandeln sind als viertausend Mann.“ Einige Schwestern, die sich der Disziplin nicht fügten, schickte sie nach Haus. Andere erwiesen sich als unfähig, wieder andere hatten es nur auf Liebeleien abgesehen. Von gewissen vornehmen Pflegerinnen schrieb Florence: „Sie passen besser in den Himmel als in ein Lazarett. Sie schweben wie Engel ohne Hände zwischen den Patienten umher und besänftigen ihre Seelen, lassen aber ihre Körper schmutzig und vernachlässigt.“ Am Ende des Krieges unterstanden ihr 125 Schwestern; doch oft genug fürchtete sie um den Ruf ihrer Mission. Ihre Hoffnung war gewesen, im Krimkrieg würde es sich erweisen, daß Krankenschwestern unter solchen Umständen Männer pflegen können, und dann wäre ein schweres Vorurteil beseitigt und dem Beruf der Krankenpflegerin in Friedenszeiten eine ehrenvolle Bahn eröffnet. Aber mehr als einmal hatte sie während des Krieges das Gefühl, ihr Unternehmen sei gescheitert.

Dabei hatte sie Ungeheures geleistet. Sie hatte in einem halben Jahr erreicht, daß die schlimmsten Mißstände in den Lazaretten in Skutari beseitigt wurden und die Sterblichkeitsziffer stark zurückging. Nachdem sie in den Lazaretten der Etappe Ordnung geschaffen, unternahm sie drei Reisen auf die Krim, wo sie Truppenverbandsplätze und Feldlazarette inspizierte. Zu Pferd reiste sie von Lazarett zu Lazarett, bis sie am Krimfieber erkrankte. Doch bald machte sie sich wieder an die Arbeit. Sie sah die Soldaten als arme Opfer an, die sie verteidigen und schützen mußte. Deshalb lehrte sie Offiziere und Beamte, die Soldaten nicht mehr wie Vieh, sondern wie Menschen zu behandeln. Sie ließ von England Schreibmaterial, Spiele, Fußbälle und Bücher kommen, richtete Soldatenheime, Lesehallen und Cafés ein und sorgte dafür, daß die Soldaten ihren überschüssigen Wehrsold, statt ihn zu vertrinken, ihren Familien nach Hause schicken konnten.

Das alles hatte Florence Nightingale gegen eine Welt von Widerständen durchgesetzt durch die Gewalt ihrer Sanftmut. Ein Beobachter schrieb von der Krim: „Miss Nightingale ist eine bezaubernde Person, keiner von uns kann sie genügend bewundern. Eine vollendete Frau, die jeden gewinnt und beherrscht. Der gröbste Beamte wird weich beim Klang ihrer feinen Stimme. Alle gehorchen ihren Befehlen sofort." Ein anderer Mitarbeiter schrieb rückblickend: „Sie war immer ruhig und selbstbeherrscht. Sie war in allem eine vollkommene Dame, nie anmaßend. Ich habe sie nie mit veränderter Stimme sprechen hören." Eine andere Augenzeugin bestätigt ihre Selbstbeherrschung: „Sie ist so besonders sanft in Stimme, Auftreten und Bewegung, daß man, wenn man in ihrer Nähe ist, die Unbeugsamkeit ihres Charakters nicht spürt." Florence Nightingale hat in jener Hölle von Grauen, Schikane und Sturheit nie den Kopf verloren. Krach zu schlagen, hatte sie nicht nötig. Als die Wärter sich weigerten, die großen Abortkübel der Kranken zu leeren, pflanzte sie sich stumm neben einem vollen Kübel auf und stand so lange, bis die Kerle beschämt nachgaben.

Obwohl sie gedemütigt, schikaniert und verleumdet wurde, zeigte sie keine Empfindlichkeit bei persönlichen Beleidigungen und Bosheiten. An eine Schwesternschülerin, die wegen gekränkter Würde den Dienst aussetzen wollte, schrieb sie: „Glauben Sie vielleicht, ich hätte irgendwo Erfolg gehabt, wenn ich ausgeschlagen, Widerstand geleistet hätte und mich hätte erbittern lassen? Man hat mich nicht in Spitäler hineingelassen, in die mich der Oberkommandierende befohlen hatte, ich mußte bis in die Nacht vor der Tür im Schnee stehn. Man hat mir zehn Tage lang für meine Pflegerinnen die Rationen verweigert. Und am Tag nachher bin ich mit den Beamten, die dies anzettelten, genauso gut Freund gewesen wie vorher und habe alles ignoriert des Werkes wegen."

Nach dem Friedensschluß im März 1856 ging sie nach Balaklawa und blieb dort bis Juli, als die Lazarette aufgelöst waren. Erst als der letzte Soldat heimgekehrt war, reiste sie nach Hause. Sie war inzwischen eine Nationalheldin geworden. Die genesenen Heimkehrer hatten allenthalben ihren Ruhm verkündet. Fantasiebilder von ihr und pathetische Lebensbeschreibungen wurden in Massen verbreitet, Schiffe und Rennpferde erhielten ihren Namen, Tausende Mädchen wurden auf den bisher nicht üblichen Namen Florence getauft, die Königin zeichnete sie mit einem eigens für sie geschaffenen Orden aus, Dichter schrieben Gedichte auf sie, und zahllose Volkslieder verherrlichten ihre Taten. Die Regierung wollte sie im Triumph auf einem Kriegsschiff heimholen lassen. Regimenter sollten ihr mit klingendem Spiel entgegenmarschieren, ganze Städte wollten ihr Ovationen darbringen. Um all diesen Ehrungen zu entgehen, reiste Florence allein und inkognito nach England. Ihr erster Weg nach der Landung war zum Kloster der Nonnen von Bermondsey, wo gerade Exerzitien waren. Florence verbrachte einen Tag in Schweigen und Gebet.

Man stellt sich Florence Nightingale als Krankenschwester am Krankenbett vor. Aber seit ihrer Rückkehr von der Krim nach England, die restlichen 54 Jahre ihres Lebens, hat sie nie mehr Kranke gepflegt, obwohl sie darin doch ihren Lebensberuf gesehen hatte. Was hatte es gekostet, diesen Lebensberuf zu verwirklichen! Jetzt sollte sie dies alles aufgeben, um fortan gegen dieselbe Bürokratie, der sie in Skutari machtlos gegenübergestanden hatte, einen endlosen, zermürbenden Papierkrieg zu führen.

Florence hatte die Hölle gesehn. „Ich kann es nie vergessen", schrieb sie immer wieder. Im Krimkrieg waren siebenmal soviel Soldaten an Krankheit gestorben wie an Verletzungen. Durch das unglaublich primitive Gesundheitswesen waren mehr Menschen umgekommen als durch russische Kugeln und Bajonette. „Neuntausend meiner Kinder liegen aus Gründen, die man hätte verhindern können, in ihren vergessenen Gräbern", schrieb Florence ein Jahr nach dem Ende des Krimkrieges. „Aber ich kann es nie vergessen." Unter ihren Augen waren Tausende Menschen gestorben als Opfer eines Systems, das immer noch herrschte. Täglich mordete dieses System in den Kasernen und Militärhospitälern Englands ebenso sicher das Leben junger Männer wie in Skutari. Das Blut der Opfer von Skutari schrie „nicht nach Rache, sondern nach Erbarmen mit den noch Lebenden". Schon gleich nach ihrer Rückkehr von der Krim schrieb Miss Nightingale: „Für jene, die im Dienste ihres Landes gelitten haben und gestorben sind, können wir nichts mehr tun. Sie brauchen unsere Hilfe nicht mehr. Ihr Geist ist bei Gott, der ihn gab. Uns bleibt nur, dafür zu kämpfen, daß ihre Leiden nicht vergeblich waren – aus der Erfahrung zu lernen, damit solche Leiden in Zukunft durch Vorsorge und gute Einrichtungen verringert werden."

Obwohl von den ungeheuren Strapazen des Krieges noch geschwächt, machte sich Florence sofort an die Arbeit. Nie trat sie in der Öffentlichkeit auf, nie hielt sie Reden. Einladungen, Empfänge zu ihren Ehren, Interviews lehnte sie ab. Nur eine Einladung der Königin Viktoria nach Balmoral nahm sie an. Sie kam mehrere Male auf das Schloß, und mehrmals wurde sie von der Königin besucht. Jedesmal hatte sie lange Gespräche mit der Queen, die ganz von ihr bezaubert war. Noch wichtiger war es, den Kriegsminister zu gewinnen. Sidney Herbert war von Lord Panmure abgelöst worden, einem schwerfälligen Mann, der ungern eine Initiative ergriff und dem Florence den Spitznamen „der Büffel" gab. Ihn zu bezaubern, war schier unmöglich, doch Miss Nightingale gelang auch dies. Auf ihr Betreiben beantragte er die Bildung einer Königlichen Kommission, die dann auch zustandekam. Sidney Herbert wurde ihr Vorsitzender. Miss Nightingale durfte als Frau nicht Mitglied einer Royal Commission sein, doch bat der Kriegsminister sie um ein Gutachten für diese Kommission. Auch die Dienstanweisung für die Mitglieder der Kommission stammte aus der Feder von Miss Nightingale, und sie wurde vom Minister ohne Änderung angenommen.

Florence selbst hielt sich klugerweise im Hintergrund, aber ihre Freunde in der Kommission und im Ministerium wurden von ihr eingepaukt und waren ihr Mundstück. In kürzester Zeit beschaffte und bearbeitete Florence eine Riesenmenge von Berichten, Statistiken und Vergleichsmaterial aus anderen Ländern. Zum erstenmal in der Geschichte wurden Ernährung und Unterkunft des Soldaten in Friedenszeiten wissenschaftlich untersucht. Die Ergebnisse waren erschütternd. Die Sterblichkeitsziffer unter den jungen Soldaten in den Kasernen war in Friedenszeiten doppelt so hoch wie die in der Zivilbevölkerung; an einigen Orten war sie sogar fünfmal so hoch – obwohl es sich bei den Soldaten um lauter junge, ausgesucht kräftige Männer handelte, die Zivilbevölkerung aber Alte, Schwache und Kranke umfaßte. Die Jugend holte sich in den Kasernen den Tod. Es war, schrieb Miss Nightingale, als ob man Jahr für Jahr anderthalbtausend der gesundesten jungen Männer erschösse.

Miss Nightingales Denkschrift, die auf über tausend eng bedruckten Seiten die skandalösen Zustände enthüllte, ging – natürlich nicht ohne aufregende Hindernisse und Verzögerungen – in die Denkschrift der Kommission ein. Florence verfocht die Ansicht, daß die Erhaltung der Gesundheit durch vorbeugende Maßnahmen ebenso wichtig sei wie die Wiederherstellung der Gesundheit. Es war nicht damit getan, daß die Übelstände erwiesen und die notwendigen Maßnahmen zu ihrer Abhilfe auf dem Papier dargestellt worden waren. Es galt, die Pläne auch in die Tat umzusetzen. Die Notwendigkeit der Reform war unabweisbar. Doch „der Büffel" lehnte es ab, etwas zu tun.

Jetzt brach Florences Gesundheit zusammen. Schon auf der Krim hatte sie Dysenterie, Rheuma, Krimfieber, Ischias, Ohrenleiden, dauernde Erkältungen und Erschöpfungszustände gehabt. Sie war in einem zerrütteten Zustand nach England zurückgekehrt, hatte dann aber trotz Nervenleiden, Herzattacken und Ohnmachtsanfällen geschuftet wie zehn Mann. Sie hatte zahllose Kasernen und Militärhospitäler besichtigt. Aber jetzt lag sie auf den Tod darnieder. Sie erholte sich, aber fortan bis an ihr Ende verbrachte sie ihr Leben auf dem Sofa oder im Bett, und kaum einmal verließ sie ihre Wohnung. Sie litt an Neuralgien, Arthritis, Magen- und Gallengeschichten, und jahrelang glaubte man, sie werde jeden Augenblick sterben.

Die Ärzte verschrieben ihr absolute Ruhe. Ihre Familie beschwor sie, sich zu schonen. Sie aber wollte nichts von Ruhe wissen. Sie hatte eine Aufgabe, sie mußte arbeiten, koste es was es wolle. Sie war geradezu besessen von ihrem Auftrag und trieb ihre Mitarbeiter unerbittlich an. Konnte sie nicht mehr zu den Mächtigen gehen, nun wohl, dann mußten die Mächtigen zu dem kranken Fräulein Nightingale kommen und sich von ihr sagen lassen, was sie zu tun hätten und was sie verkehrt gemacht hätten. Und so geschah es auch.

Ihr Wesen wandelte sich. Die Eigenschaften, die ihre Bekannten an ihr früher gerühmt hatten, ihre Geduld, ihr Wohlwollen, ihre außerordentliche Güte und Freundlichkeit, schwanden. Ihr scharfer, durchdringender Geist, ihr eiserner Arbeitswille und ihre Ausdauer traten stärker hervor, und neu hinzu kamen Zorn und Wut, die sich in flammenden Ausbrüchen Luft machten, wenn sie ihr Werk wieder einmal von Borniertheit oder Bosheit behindert sah.

Nach vielen Enttäuschungen schöpfte Florence erneut Hoffnung, als 1859 Sidney Herbert wieder Kriegsminister wurde. Er war ihr alter Freund und seit langem ihr überzeugter Mitstreiter für die Reform. Er übte selbstlose Pflichttreue und hatte feste Grundsätze. Dieser erfahrene Staatsmann schrieb: „Täglich bin ich immer mehr davon überzeugt, daß in der Politik, wie in allem, nichts recht sein kann, das nicht in Einklang steht mit dem Geist des Evangeliums." Er unterschrieb Verfügungen und Erlasse im Sinne der Gesundheitsreform, doch ihre Ausführung wurde von der sich sträubenden, ständig quertreibenden Ministerialbürokratie vereitelt. Das Dickicht verworrener Kompetenzen ermöglichte es jedem Beamten, Verordnungen von oben mit gutem Gewissen zu sabotieren. Der Verwaltungsapparat erwies sich als ein Hindernis für die Gesundheitsreform. Wer diese wollte, mußte zuerst das Kriegsministerium reformieren.

Florence Nightingale und Sidney Herbert packten also die Reform des War Office an. Bald aber erhob sich ein neues Hindernis: Sidney Herbert war schwer krank und wurde immer schwächer. Er zwang sich trotzdem zur Arbeit, schaffte es aber nicht. Die Ärzte forderten absolute Ruhe. Florence protestierte: Sie liege seit Jahren auf den Tod und habe trotzdem gearbeitet; ihr Fall beweise, daß die Ärzte zu schwarz sähen. Jetzt, wo es ums Ganze gehe, dürfe Sidney Herbert nicht nachlassen. Unerbittlich trieb sie ihn an, die Reform des Kriegsministeriums zu beendigen, und Frau Herbert unterstützte sie dabei. Doch Sidney Herbert erlag seinem Leiden. Seine letzten Worte waren: „Die arme Florence ... die arme Florence ... unser gemeinsames Werk unvollendet."

Florence brach zusammen und lag viele Wochen schwer krank und wie betäubt darnieder. In diesem einen Jahr 1861 hatte sie ihre fünf besten Mitarbeiter verloren. Sie haderte mit Gott. Als sie wieder etwas zu Kräften gekommen war, schrieb sie auf Bitten Gladstones eine Würdigung Sidney Herberts: Er sei „der erste Kriegsminister gewesen, der sich ernstlich die Aufgabe gesetzt habe, Menschenleben zu retten".

Weiter ging die Arbeit. In einem einzigen Jahr z. B. wurde Miss Nightingale unter anderem beschäftigt mit einer neuen Dienstanweisung für Apotheker, Vorschlägen für die Ausstattung von Militärhospitälern, einem Plan für die Revision der Heeresrationen, Instruktionen für Stabsärzte, Vorschriften für die Behandlung von Gelbfieber, Lieferantenwesen in den Kolonien, einem verbesserten Verpflegungsplan für Truppentransportschiffe, Vorschlägen für Stellenbesetzungen in den Militärhospitälern von Netley und Chatham, Anweisungen zur Behandlung von Cholera. Das alles erledigte sie neben der Hauptarbeit für die Verbesserung der Truppenunterkünfte. Sie kümmerte sich um den Bau von Latrinen, Pferdeställen, Kasernen und Lazaretten. Für den Sanitätsdienst des Heeres entwarf sie ein Kostenberechnungssystem, das um 1865 eingeführt wurde und noch achtzig Jahre später in Gebrauch war. 1947 hat ein Parlamentsausschuß mehrere Systeme, die in anderen Abteilungen erst vor wenigen Jahren eingeführt worden waren, als unzulänglich verworfen, dieses eine aber als bewundernswert bezeichnet und sich nach dem Urheber erkundigt. Man bekam die Antwort: „Miss Nightingale."

Als die Meuterei der Truppen in Indien ausbrach, erklärte sie sich trotz ihres schlechten Gesundheitszustands bereit, sofort dorthin zu reisen und Dienst zu tun. Daran war nun nicht zu denken. Aber ihre Aufmerksamkeit wurde auf das indische Gesundheitswesen gelenkt. Sie begann eine riesige Korrespondenz mit Eingeborenen und Beamten in Indien, forderte von allen Militärstationen in Indien Berichte an und analysierte sie. Das Aktenmaterial über die indischen Verhältnisse, das sie durcharbeitete, umfaßte viele Tonnen von Papier, füllte ein ganzes Zimmer in ihrem Hause und benötigte bei jedem Umzug allein zwei Möbelwagen. Ihr zusammenfassender Bericht war provozierend und sollte es auch sein. Die Todesrate der britischen Truppen in Indien betrug 69 pro mille. Alle zwanzig Monate starb in Indien von jedem Regiment eine Kompanie – nicht an Tropenkrankheiten, sondern an Baumängeln der Kasernen, an Schmutz und schlechtem Wasser. Florence Nightingale wurde eine Expertin für indische Probleme. Bewässerung, Ackerbau, Kanalisation, Transport, Bodenreform und Steuern. Sie versuchte die Gesetzgebung, Verwaltung und Personalpolitik zu beeinflussen, manchmal mit Erfolg, manchmal vergeblich.

An Enttäuschungen fehlte es ihr nie. Mehrere Male fegte ein plötzlicher Wechsel des Kabinetts ihre schon weit der Verwirklichung nahegebrachten Pläne zur Seite. Wie oft schrieb sie in Briefen und auf Tagebuchblättern, sie sei „völlig gescheitert"! Schon auf der Krim hatte sie solche Anfälle von Schwermut. Sie sah immer nur das nicht Erreichte, nie die errungenen Erfolge, die doch wahrhaftig beträchtlich waren.

Dank ihrer Bemühungen sank die Sterblichkeit in der Heimatarmee, die 1857 noch 17,5‰ betrug, stetig bis auf 2,4‰ im Jahre 1911. Ihr Rat wurde gesucht von ausländischen Regierungen, so während des amerikanischen Bürgerkrieges 1862–64 und während des Deutsch-Französischen Krieges von 1870–71 von beiden Seiten. Obwohl sie nie in Indien gewesen, ließen sich neuernannte Gouverneure und Vizekönige von ihr in ihren Amtsbereich einweisen, denn niemand verfügte über eine so umfassende und zugleich detaillierte Kenntnis der indischen Dinge wie Miss Nightingale. Die Army Medical School, die auf ihre Veranlassung hin gegründet worden war und künftige Truppenärzte ausbildete, wurde in Deutschland und Frankreich nachgeahmt. Henri Dunant erklärte 1872: „Obgleich ich als der Gründer des Roten Kreuzes und als Schöpfer der Genfer Konvention bekannt bin, kommt doch alle Ehre der Schaffung der Konvention einer Engländerin zu. Was mich während des Krieges von 1859 dazu brachte, nach Italien (auf das Schlachtfeld von Solferino) zu gehen, war das Werk der Florence Nightingale in der Krim."

Lange hatte Miss Nightingale gemeint, die Zivilkrankenhäuser seien in einem wesentlich besseren Zustand als die Militärhospitäler. Sie war entsetzt, als sie gewahr wurde, daß sie „genauso schlimm oder noch ärger" waren. Auch sie hatten eine viel zu hohe Sterblichkeitsziffer, weil sie die elementarsten Grundsätze der Hygiene mißachteten und eine Menge typischer „Hospitalkrankheiten" hervorriefen, mit denen die Patienten erst nach ihrer Einlieferung angesteckt wurden und die ihren Tod verursachten. Florence war der Meinung, die Abhilfe dieser Übelstände liegt nicht in Gebet und Selbstaufopferung, sondern in besserer Durchlüftung, größerer Sauberkeit, besserer Entwässerung und besserer Ernährung.

Bald dehnte sich ihre Arbeit auch auf das zivile Gesundheitswesen aus. Sie verfaßte ein Buch über Hospitäler, in dem sie von der Farbe der Krankenzimmerwände bis zur Warmhaltung von Speisen alle zu verbessernden Dinge behandelte. Sie erstattete Gutachten über Krankenhauspläne in Berlin, Lissabon und Holland. Sie kümmerte sich um die Organisation von Wochenpflege, Hebammenschulung, Armenhauskrankenpflege, ländlicher Gesundheitspflege, Hauspflege und der Pflege für arme Wöchnerinnen. Sie schrieb *Bemerkungen über Krankenpflege*, ein Buch, das viele Auflagen erlebte und ins Deutsche, Französische und Italienische übersetzt wurde. „Es ist ein Buch von großem Charme, mitfühlend, vernünftig, intim, voll von geistvollen und beißenden Sätzen und im Besitz einer beachtlichen Frische ... Man kann es heute noch mit Vergnügen lesen" (C. Woodham-Smith).

Mit den 45 000 Pfund Sterling, welche das englische Volk am Ende des Krimkrieges für sie gesammelt hatte, gründete Florence Nightingale 1860 in London eine Schwestern-Schule, an der künftige Krankenpflegerinnen ihre Berufsausbildung erhielten. Die Schule sollte technisches Können vermitteln und Charaktere bilden. Jedes eintretende Mädchen wurde von Florence persönlich geprüft und weiter beobachtet. Mit den Krankenpflegerinnen, die nach ihrer Ausbildung eine Stelle angetreten hatten, blieb Florence brieflich in Verbindung. Sie hörte nie auf, ihren Schülerinnen die geistliche Natur ihrer Berufung vor Augen zu halten und sie nicht nur zu einem hohen Leistungsstandard anzuspornen, sondern auch zu einem Wandel in der Gegenwart Gottes. Ihre persönliche Fürsorge für die Schülerinnen war rührend. Trat eine Pflegerin eine neue Stelle an, so sandte Florence Blumen dorthin. Kranken Pflegerinnen ließ sie besondere Gerichte zubereiten. Manchmal schickte sie erholungsbedürftige Schwestern auf ihre Kosten an die See oder aufs Land. Schon 1887 hatten alle fünf Erdteile Oberinnen aus der Nightingale-Schule.

Trotz ihrer Erfolge schrieb die Einundsechzigjährige in einem Brief an eine Freundin: „Ich möchte noch ein wenig arbeiten, ein wenig *besser* arbeiten, bevor ich sterbe."

Nie war sie mit dem Erreichten zufrieden. Selbstgefälliges Ausruhn auf Lorbeeren kannte sie nicht.

Nach dem Tode Sidney Herberts trat Benjamin Jowett in ihr Leben, dessen Mitgefühl und Verständnis sie gerade damals sehr gebrauchen konnte. Dieser Professor für Griechisch war einer der beliebtesten Lehrer in Oxford, weil er sich um jeden Studenten ganz persönlich kümmerte und ihm freimütig und liebevoll zugleich seine abzulegenden Charakterfehler sagte. Wer sein Schüler war, wurde sein lebenslanger Freund. Jowett war auch ein frommer Theologe und anglikanischer Geistlicher, und er wurde Miss Nightingales bester Vertrauter, ja eine Art Seelenführer. Von ihm nahm sie Kritik an. Er allein durfte ihr sagen, sie solle ruhiger werden, sie solle die Welt nicht mit aller Gewalt zu ändern suchen, sie solle nicht dauernd übertreiben, sie solle nicht andere Menschen verachten.

Unter seinem Einfluß vollzog sich bei ihr ein auffallender Wandel. Bisher war sie absolut sicher, daß sie recht handelte; jetzt aber kommen ihr Zweifel. In einem Brief bekennt sie, sie fühle sich wie ein Vampir, der Sidney Herbert das Blut ausgesogen habe. An Jowett schrieb Florence, sie sei demütig und verwirrt. „Sie haben recht in dem, was Sie von mir sagen ... Ich will versuchen, Ihre Ratschläge anzunehmen. Ich habe meine überlegene Ruhe vor einigen Jahren verloren." Wer hätte sie damals nach der Katastrophe von Skutari nicht verloren? Aber so konnte es nicht weitergehen, Florence sah es ein. Ihr Zorn hatte ein Ausmaß angenommen, der ihre Arbeit eher hinderte als vorantrieb. Humorvoll stellte die Siebenundvierzigjährige fest: „Ich werde ein ganz zahmes Biest, von einer Dame zu reiten oder zu lenken, wie die Roßhändler von ihren boshaftesten Tieren sagen." Die Güte, die sie als junge Frau ausgezeichnet hatte, kam wieder zurück. Ihr Umgang mit Menschen wurde wieder warm und herzlich. Sie brachte es sogar fertig, sich mit ihrer Mutter und ihrer Schwester, die ihr das Leben so schwer gemacht hatten, zu versöhnen.

Diesem seelischen Wandel entsprach ein körperlicher. Wer sie als Zwanzig- oder Fünfunddreißigjährige kennengelernt hatte und ihre gertenschlanke, hohe Gestalt im Gedächtnis behielt, war erstaunt, sie jetzt als eine stämmige, rundliche Matrone mit breitem, freundlichem Gesicht wiederzusehn. Sie spielte gern mit Kindern und freute sich, wenn junge Leute sie besuchten. Sechs Katzen durften nach Herzenslust in ihrem Zimmer umherwandern, sie hatte ihren Spaß an ihnen, und es störte sie nicht, wenn sich eine ihr bei der Arbeit um den Hals schlang und eine andere ihre Pfoten auf ihren Papieren abdruckte.

Mit Jowett führte sie gern theologische Gespräche. Sie hatte Zweifel, glaubte nicht alles, was die anglikanische Kirche, der sie ihr Leben lang angehörte, glaubt. Trotzdem fragte sie ihn eines Tages, ob er ihr einen besonderen Gefallen tun wolle. Ob er nach London käme und ihr, trotz ihrer abweichenden Ansichten, die Eucharistie spenden wolle? Er zögerte nicht.

Florence war in dieser Freundschaft nicht nur die Nehmende. Sie half Jowett bei seinen Predigten, bei der Revision seines Platon-Werkes und bei anderen wissenschaftlichen Arbeiten mit Anregung und Kritik. Sie erteilte ihm besorgte Mahnungen für seine Lebensführung. Und sie war es, die Jowett mit der Mystik bekannt machte. „Miss Nightingale war eine Mystikerin ... Wie die heilige Elisabeth von Thüringen war sie eine Verwalterin, und wie die heilige Elisabeth führte sie neben ihrer geschäftigen Aktivität ein verborgenes Leben mystischer Erfahrung" (C. Woodham-Smith): Sie hatte zwei katholische Mystikerinnen kennen und lieben gelernt. Madre Santa Colomba in Rom und Reverend Mother Bermondsey in Skutari. Beide Ordensfrauen waren zugleich hervorragende Organisatoren und glühende mystische Seelen. Daß mystisches Leben und Geschäftstüchtigkeit sich nicht ausschließen müssen, fand Florence auch in den klassischen Büchern der Mystik bestätigt. Seit ihrem 28. Lebensjahre las sie regelmäßig die katholischen Mystiker, besonders Teresa von Avila, Johannes vom Kreuz, Angela von Foligno, Juliana von Norwich und Johanna Franziska von Chantal.

Unter Florence Nightingales Papieren finden sich zahllose geistliche Betrachtungen, die sie viele Jahre hindurch aufgezeichnet hat. Meditationen in der Sprache der Mystik über das Einwohnen Gottes in der Seele. Da lesen wir etwa: „Religion ist nicht Andacht, sondern Arbeiten und Leiden aus Liebe zu Gott." – „Wir können nur durch Ihn handeln und sprechen und denken. Was wir nötig haben, ist die Entdeckung jener Gesetze, die uns in den Stand setzen, stets in bewußter Übereinstimmung mit Ihm zu handeln und zu denken ... Es wird keinen Himmel geben, wenn wir ihn nicht machen. Und es ist eine sehr kümmerliche Theodizee, die uns lehrt, daß wir uns nicht für *diese* Welt bereiten sollen, sondern für eine andere. Müssen wir Gott nicht schon hier ‚besitzen', wenn wir Ihn im Jenseits ‚besitzen' wollen?" – „Gott, du weißt, daß ich durch all diese schrecklichen zwanzig Jahre von dem Glauben unterstützt wurde, daß ich mit dir arbeite, der du jeden zur Vollkommenheit führst, auch unsere armen Schwestern."

Mit Mother Bermondsey führte Florence einen umfangreichen Briefwechsel über das mystische Leben. Nach 1872 machte sie Auszüge aus den Schriften der mittelalterlichen Mystiker und sandte sie Jowett, der zunächst nichts von diesen Dingen, die ihm nicht lagen, wissen wollte. Aber allmählich bekehrte sie ihn. Sie begann, eine Anthologie aus Texten der mittelalterlichen Mystiker zusammenzustellen, die sie selbst übersetzte. „Miss Nightingale hat ihr Buch über die Mystiker nie beendet; aber sie tat etwas viel Besseres: Sie lebte es" (Sir Edward Cook). Ihren Schwesternschülerinnen suchte sie nahezubringen, daß Krankenschwester eine religiöse Berufung sei und heiligen Eifer erfordere; Routine genüge nicht. Um ihnen Vorbilder zu zeigen, suchte sie in der Geschichte der Heiligen nach vorbildlichen Gestalten, die in der Caritas gewirkt hatten. Das lebendige Vorbild war sie selbst, die ihre Aufgabe als Gottes Willen ergriff und sich im Dienste ihrer Sendung verzehrte.

Als ihr Freund General Gordon, dessen pietistische Art der Frömmigkeit ihr nicht behagte, dessen heiligmäßiges Leben sie aber bewunderte, in Khartum besiegt und ermordet worden war, schrieb Florence in einem Brief von dem Glauben, den sie mit Gordon teilte. Leiden, Enttäuschungen, Mangel an Erfolg – das sei der Tribut, den Gott zu zollen das größte Privileg der Seele sei. Gordons Tod zeige „den Triumph des Scheiterns, den Sieg des Kreuzes".

Als die Zeitungen 1907 meldeten, daß Miss Nightingale als erste Frau den *Order of Merit,* Englands höchste Auszeichnung, erhalten habe, waren die meisten überrascht; sie dachten, sie sei schon vor einem halben Jahrhundert verstorben. So sehr war ihre bahnbrechende Arbeit im Dienste der Menschheit im Verborgenen geschehn. Aus aller Welt regnete es jetzt Auszeichnungen auf sie herab. Von diesen Ehrungen hat sie nichts mehr wahrgenommen, denn seit 1901 war sie blind und geistig abwesend. Erst 1910 starb sie, neunzig Jahre alt.

GIOVANNI BOSCO

(1815–1888)

Giovanni Boscos Leben begann kümmerlich. Er war der Sohn eines Bauern zu Becchi, einem Dorf bei Turin. Noch nicht zwei Jahre alt, verlor er seinen Vater. Mama Margareta trug nun allein die Last des großen Haushaltes. Früh mußte Giovanni bei der Feldarbeit mit anpacken, Hanfseile ausfasern und die Kühe hüten. Das quicklebendige und gescheite Kerlchen war beliebt bei groß und klein.

Beim Spiel mit den Altersgefährten zeigte der Junge schon jene Haltung, die für sein späteres Lebenswerk charakteristisch werden sollte. Als er einmal von einer Art Hockey mit verbeultem Kopf nach Hause kam, fragte ihn die Mutter: „Warum gehst du mit diesen Jungen? Du weißt doch, daß sie grob sind." Giovanni antwortete: „Gerade deshalb gehe ich doch mit ihnen. Sie sind bestimmt ruhiger und netter, wenn ich mit ihnen spiele. Sie hüten sich dann vor schlechten Worten. Wenn ich bei ihnen bin, machen sie, was ich will, und streiten fast gar nicht." Ganz elementar äußert sich hier der Drang, wilde Burschen zum Guten zu beeinflussen. In seinen „Erinnerungen" schrieb Don Bosco selbst: „Der Wunsch, Kinder und Jugendliche um mich zu sammeln und sie religiös zu unterweisen, tauchte bereits in mir auf, als ich erst fünf Jahre alt war. Das war der einzige Wunsch, den ich kannte: mich zeitlebens der Jugend widmen zu dürfen. Die Arbeit an der Jugend schien mir die einzige Aufgabe zu sein, deretwegen ich überhaupt auf der Welt war."

Im Alter von neun Jahren wurde sich Giovanni Bosco auch schon über die Methode seiner Jugendarbeit klar, bezeichnenderweise in einem Traum: „Während ich schlief, sah ich mich plötzlich in einem geräumigen Hof. Jungen spielten und vergnügten sich, einige lachten, viele fluchten. Das Fluchen ärgerte mich. Ich rannte unüberlegt zu den Fluchern hin, hieb mit den Fäusten ein und versuchte, sie durch Worte zum Schweigen zu bringen. Plötzlich sah ich einen feinen, vornehm gekleideten Herrn neben mir stehen ... Er gab mir den Befehl, mich an die Spitze der Bubenschar zu stellen. ‚Aber', so riet er mir, ‚nicht mit Faustschlägen! Du mußt sie mit Sanftmut und Liebe als Freunde gewinnen.' ... Eine majestätische Frau nahm mich bei der Hand und sagte: ‚Schau hierher!' Da bemerkte ich, daß alle Jungen verschwunden waren. An ihrer Stelle aber wurde es lebendig von durcheinanderlaufenden Hunden, Katzen, Zicklein, Bären und vielen anderen Tieren. Die Frau erklärte: ‚Das wird dein Feld sein. Hier mußt du arbeiten. Werde demütig! Werde tapfer! Werde widerstandsfähig! Du mußt für meine Kinder tun, was du jetzt mit diesen Tieren geschehen siehst.' Und tatsächlich, als ich wieder hinsah, waren aus den wilden Tieren lauter Lämmer geworden, die sich ganz sanft benahmen und zutraulich näherten ... Dann wachte ich auf ... Ganz bestürzt lag ich da. Ich hatte das Gefühl, als ob meine Hände noch weh taten von den Prügeln, die ich ausgeteilt hatte. Auch glaubte ich noch die Ohrfeigen zu spüren, die mir die Burschen versetzt hatten."

Mit elf Jahren äußerte Bosco den Wunsch, Priester zu werden, und begründete ihn mit den Worten: „Ich möchte meinen Kameraden näherkommen und sie im Religiösen begeistern. Die Jungen sind bestimmt nicht schlecht, aber sie werden es, weil sich niemand um sie kümmert." Die letzte Feststellung war nur zu wahr: Eine Schulpflicht gab es noch nicht, und für den italienischen Klerus jener Zeit begann die Seelsorge erst beim Erwachsenen. Mit den Halbwüchsigen gaben sich die Geistlichen nicht ab. Der junge Bosco hatte das selbst schmerzlich erfahren und seiner Mutter geklagt: „Wenn ich Priester wäre, würde ich anders handeln. Ich würde mich den Jungen nähern und sie zu mir rufen. Ich würde ihnen meine Liebe zeigen und meine Freude, wenn sie diese Liebe erwidern. Ich würde ihnen gute Ratschläge geben, ihnen ein gutes Wort schenken ... Nie will ich für sie unzugänglich sein. Ich will nicht auf sie warten, sondern will sie von mir aus ansprechen."

So stand dem jungen Giovanni Bosco erstaunlich früh und erstaunlich klar die große Aufgabe seines Lebens vor Augen. Die Gewißheit seiner Berufung gab ihm Sicherheit und Kraft, alle Schwierigkeiten zu überwinden, die sich ihm in den Weg stellten, und mit bewundernswerter Gradlinigkeit seinem Ziele zuzusteuern.

Giovanni begann damit, die Kameraden der Nachbarschaft und die Jungen der umliegenden Dörfer um sich zu sammeln. Bei der Fröhlichkeit seines Wesens fiel ihm das nicht schwer. Wo er auftauchte, war er bald von einer Schar umringt. Er konnte wundervoll Geschichten erzählen, war ein hervorragender Akrobat und beherrschte die verblüffendsten Zauberkunststückchen. Um für seine Tricks die nötigen Geräte kaufen zu können, verdiente er nebenher Geld, indem er Pilze und Kräuter sammelte, Schlangen fing oder Vogelkäfige und Strohhüte anfertigte. Zäh und unverdrossen trainierte und experimentierte er. Ein paar Mal stürzte er bei Seiltanzproben so hart, daß man glaubte, er müsse sich das Genick gebrochen haben. Doch der Junge stand auf und übte weiter, als sei nichts geschehen. Dank dieser Ausdauer wurde er bald für die berufsmäßigen Taschenspieler und Gaukler eine gefährliche Konkurrenz. Er gab regelrechte Vorstellungen, zu denen sich auch Erwachsene einfanden. Mitten im Programm unterbrach er und sagte seinen Zuschauern mit der größten Selbstverständlichkeit: „Das Spannendste und Tollste kommt noch. Aber zuvor wollen wir miteinander beten." Manchmal hielt er in der Pause eine Predigt, oder er ließ ein Kirchenlied singen. Die ganze Belustigung war nur ein Mittel, Menschen zu Gott zu führen.

Giovanni hatte nicht die Absicht, sein Leben lang ein Gaukler Gottes zu bleiben. Er wollte Priester werden und begann unter unsäglichen Schwierigkeiten das vorbereitende Studium. Täglich lief er acht Kilometer, um bei einem Geistlichen Lateinstunden zu nehmen. Um keine Zeit zu verlieren, lernte er die Grammatik unterwegs im Gehen, denn zu Hause mußte er gleich wieder an die Arbeit in Stall und Feld. Am liebsten hütete er das Vieh, weil er dabei ein Buch nach dem anderen verschlingen konnte. Er übernahm die Kühe seiner Kameraden, die lieber spielen gingen, und verschaffte sich so ungestörte Ruhe. Dieses für einen Bauernjungen ungewöhnliche Verhalten mußte auffallen. Wie es in solchen Fällen zu gehen pflegt, faßte die für Geistiges verständnislose Masse die Absonderung des Studierenden als Hochnäsigkeit auf. Die Jungen wollten Giovanni zwingen, mit ihnen zu spielen, und als er sich weigerte, verprügelten sie ihn. Die Erwachsenen lachten den Büchernarren aus und höhnten: „Wenn du schon kein Don Bosco wirst, so kannst du ja immerhin ein Don Boc werden", was soviel heißt wie „Einfaltspinsel". Viele der Dörfler konnten weder lesen noch schreiben und empfanden dies keineswegs als einen Mangel. Wenn sie den Wissensdurstigen sahen, fragten sie sich, ob denn dieser Dreikäsehoch etwas Besseres sein wollte als sie. Von seinem älteren Stiefbruder Antonio erfuhr Giovanni sogar hartnäckigen Widerstand. Der bloße Anblick eines Buches versetzte den Vierschrötigen in Wut. Bei jeder Gelegenheit rempelte Antonio seinen kleinen Bruder an: „Was brauchen wir Latein im

Haus? Hier gibt's nur Platz zum Schaffen und Arbeiten! ... Das feine Herrchen will studieren! Glaubst du, wir haben Lust, vor Hunger zugrunde zu gehen, nur um deine Studienkosten zahlen zu können? Wir brauchen keine Doktoren. Geh graben und hacken!" Obwohl Giovanni zu Haus kräftig mitarbeitete und die Mutter ihn in Schutz nahm, schimpfte Antonio weiter, bis es eines Tages zu einem stürmischen Auftritt kam. Bosco erzählt darüber: „Ohne äußeren Grund herrschte Antonio die Mutter und den Bruder Giuseppe an: ‚Jetzt reicht es mir aber! Ich verlange, daß nun endgültig Schluß gemacht wird mit der Grammatik. Ich bin groß und stark geworden und habe solche Bücher nie gesehen!' In diesem Augenblick übermannte mich der Ärger und der Schmerz. Unbesonnen hielt ich ihm entgegen: ‚Mit solchen Reden bist du auf dem Holzweg. Weißt du nicht, daß unser Esel stärker ist als du? Und der ging auch nie zur Schule. Willst du dich mit ihm vergleichen?' Antonio geriet daraufhin so in Wut, daß nur meine flinken Beine mich vor einer Tracht Prügel retteten."

Jetzt konnte der dreizehnjährige Giovanni es zu Hause nicht mehr aushalten. Er ging in die Fremde und verdingte sich als Jungknecht auf einer Meierei. Obwohl er die Freizeit der Grammatik widmete, kam sein Studium nicht recht voran. Nach zwei Jahren nahm ihn ein Priester zu sich in sein Haus, sorgte für seinen Unterhalt und gab ihm Unterricht. Doch wenige Monate später starb der Wohltäter.

Inzwischen war Giovanni fünfzehn Jahre alt geworden. Er trat in die Lateinschule zu Castelnuovo d'Asti ein. Täglich legte er zwanzig Kilometer Schulweg zu Fuß zurück. Aus Sparsamkeit trug er seine Schuhe in der Hand und lief barfuß. Frau Bosco sah bald ein, daß dieses beschwerliche Pendeln keine Dauerlösung war, und gab ihren Giovanni in Pension bei einem Schneider am Schulorte. In der Klasse wurde der große Junge, der zwischen lauter jüngeren Schülern saß, von den Kameraden gehänselt und vom Lehrer als ein Tölpel behandelt. Doch bald hatte er durch seine Fröhlichkeit die Freundschaft seiner Mitschüler und durch seine überraschenden Glanzleistungen die Achtung seines Lehrers gewonnen.

Noch größere Erfolge errang Bosco auf dem Gymnasium in Chieri. Das Schulgeld wurde dem Begabten bald erlassen. Am meisten staunten alle über sein Gedächtnis. Beim Examen war Bosco fähig, jede beliebige Seite aus irgendeinem lateinischen Autor ohne Fehler auswendig vorzutragen und zu übersetzen. Anscheinend flog ihm alles nur so zu, denn der Hochbegabte brauchte seine Studien nicht auf die vorgeschriebenen Fächer zu beschränken. Er las die italienischen und lateinischen Klassiker so gründlich, daß er sein Leben lang über eine solide Kenntnis der Literatur verfügte. Auch in der Musik war er bald sehr beschlagen, beherrschte den Gregorianischen Choral und spielte Violine, Klavier, Cembalo und Orgel. Trotz seines Fleißes und seiner ausgedehnten Lektüre fand man Bosco keineswegs dauernd über Büchern. Er hatte unter seinen Mitschülern einen „Klub der Fröhlichen" gegründet, mit dem er nun oft im Freien war. Wieder imponierte er den Jungen durch seine Kunststücke: Er konnte ebensogut auf ein laufendes Pferd aufspringen und auf dem Sattel stehend dahingaloppieren wie lustige Verse mit Melodien dazu verfassen. Nebenher erlernte er damals das Schuhmacher-, Schreiner- und Schmiedehandwerk und legte die Meisterprüfung als Schneider ab. Als Piccolo in einem Kaffeehaus erwarb er noch weitere Fähigkeiten: Er konnte Getränke mixen, Liköre und Pralinen herstellen und Gefrorenes bereiten. Er wußte sich überall nützlich zu machen, mauerte, band Bücher ein, fabrizierte Geräte und bastelte Spielzeug. So hatte er außer der Erteilung von Nachhilfestunden Möglichkeiten genug, sich den Lebensunterhalt zu verschaffen.

Als der Sechsundzwanzigjährige die Priesterweihe empfing, hatte er sich allen Schwierigkeiten zum Trotz zu seinem Ziele durchgerungen. Nächst der Gnade verdankte er den Erfolg seiner zähen und überlegten Zielstrebigkeit. Sie half ihm auch auf dem ferneren, ungleich schwierigeren Lebensweg. Wie ein Symbol dieses Charakterzuges wirkt die Erinnerung an ein Volksfest in Montafia: „Man hatte einen Klettermast aufgestellt. Wertvolle Sachen hingen oben an der Spitze. Immer wieder versuchten die Burschen hinaufzuklettern. Aber es war zu schwierig. Bis zu einem Drittel der Höhe ging es den meisten gut, einige schafften die Hälfte. Giovanni schaute zuerst lange zu und erkannte, daß die angewandte Technik falsch war: Die Kletterer gönnten sich keine Zeit. Ihre Hast brachte sie um den Erfolg. Deshalb wartete Giovanni, bis er sich ganz ruhig fühlte. Dann startete er mit langsamer Bedächtigkeit. Ab und zu umklammerte er mit den Beinen die Stange und verharrte ein wenig. So konnten Hände und Arme ausruhen. Die vielen Zuschauer lachten und lärmten, weil sie bei jedem Anhalten glaubten, jetzt beginne das Abrutschen. Als Giovanni aber den Höhenrekord brach, wurden alle still. Je näher der Junge der Spitze kam, desto bedenklicher schwankte die Stange. Zur Geschicklichkeit gehörte nun schon ein besonderer Mut, um bis zur Spitze durchzuhalten. Endlich war's geschafft. Der Sieger bewies auch jetzt noch seine Besonnenheit: Er nahm sich nur das Wertvollste: einen Beutel mit zwanzig Lire, die größte Wurst und ein Taschentuch. Dann ließ er sich langsam herunter und verschwand unauffällig" (C. Salotti).

Der junge Priester ging nach Turin. Hier tat sich eine völlig neue Welt auf. Der bisher nur an ländliche Verhältnisse Gewöhnte erlebte das Elend des industriellen Proletariats. Die wachsende Großstadt mit ihren Baumwollfabriken, Webereien, Strohflechtereien und ihrer Eisenindustrie sog immer neue Massen vom Lande heran. „Abends sieht man Scharen von Arbeitern, die von der Arbeit zurückkommen und in die stickigen Dachstuben oder in die Schlupfwinkel unterirdischer Räume steigen und sich dort gleichsam aufeinanderschichten, um die Miete gemeinsam zahlen zu können ... Es befinden sich auch Kinder dort, die, verwaist oder von ihren Eltern verlassen, die verdorbene Luft dieser schmutzigen Löcher einatmen." Wo die Menschen zusammengequetscht dahinvegetierten, mußten die Jungen verkommen. Halbwüchsige vagabundierten zerlumpt und verdreckt durch die Straßen, flegelten die Vorübergehenden an, bettelten und stahlen. Ganze Banden lieferten sich gegenseitig oft blutige Schlachten. In den Gefängnissen fand Bosco Scharen von Burschen im Alter von zwölf bis achtzehn Jahren in großen Räumen zusammengepfercht. Sie brüsteten sich mit ihren Untaten und tauschten ihre Erfahrungen aus. „Wie war ich erstaunt, daß viele von ihnen das Gefängnis verließen mit dem festen Vorsatz, ein besseres Leben zu beginnen. Doch schon bald wurden sie wieder an den Strafort zurückgebracht, den sie erst vor Tagen verlassen hatten. Ich merkte, daß viele nur deshalb in diese peinliche Lage geraten waren, weil sie sich selbst überlassen blieben. Ich kam zu dem Schluß: Wenn diese Burschen draußen einen Freund hätten, der sich ihrer liebevoll annähme, ihnen zur Seite stünde, sie in der Religion unterrichtete; wer weiß, ob sie dann nicht fernzuhalten wären vom Verderben oder ob sich die Zahl der Rückfälligen nicht vermindern ließe."

Das war Boscos Arbeitsfeld, von dem er vor langer Zeit schon geträumt. Es galt, die gefährdeten Jugendlichen auf den rechten Weg zu bringen. Jugend ist bereit, sich vom ersten besten führen und formen zu lassen; es kommt darauf an, daß dieser Erste wirklich auch der Beste ist. Wenn er es dann versteht, die Sympathie der Jungen zu gewinnen, kann er ihre unbegrenzte Hingabefähigkeit fruchtbar machen zu ihrem eigenen Heile. Don Bosco faßte den Vorsatz: „Liebe und Güte des heiligen Franz von Sales sollen mich in allem leiten." Seine unverwüstliche Heiterkeit zog bald viele Straßenjungen an. Bei diesem Priester ging's immer lustig zu, und niemand langweilte sich, da jeder zu tun bekam. Bosco schaffte Turngeräte an und trieb mit den Burschen Sport. Er veranstaltete Preisspiele und Ausflüge. Er gab ihnen Unterricht. Er sang und musizierte mit ihnen. Er besorgte ihnen Arbeitsplätze und besuchte sie in ihren Betrieben. Kurz – er war ihr Freund. Sein Zimmer stand jedem offen.

Bald zählte die Schar achtzig Jungen. Aber es fehlten passende Räume und Spielplätze. Der Weg zwischen den Mauern zweier benachbarter Spitäler, dann der Hof einer Friedhofskirche, später ein gemietetes Zimmer bei den Dora-Mühlen und die Straße davor, endlich eine Drei-Zimmer-Wohnung – das waren nur unzureichende Notbehelfe. Die Anwohner beschwerten sich jedesmal in so heftiger Weise über die lärmenden „Flegel", daß Don Bosco mit seiner Gefolgschaft immer wieder hinausgeworfen wurde und seine Zelte woanders aufschlagen mußte. Mehrmals wurde die Polizei alarmiert, und die Obrigkeit griff mit Verboten ein. Schließlich pachtete Bosco eine abgelegene Wiese, wo er die inzwischen auf fünfhundert angewachsene Schar an Sonntagen beschäftigte. Unter freiem Himmel sprach er zu den Jungen, hörte Beichte, sang, betete und spielte mit ihnen und gab ihnen zu essen. Mit den Signalen einer Trompete hielt er alle in mustergültiger Ordnung. Von dieser Wiese aus zog man mit Trommel, Violine und Gitarre zu Ausflügen in die hügelige Umgebung der Stadt. Alle folgten ihrem Führer blindlings auf das geringste Zeichen.

Verwundert liefen die Leute an Fenster und Türen, wenn Bosco mit seiner Bande auftauchte. Die einen entrüsteten sich, daß ein Priester mit den Jungen spielte, als wäre er ihresgleichen. Andere tippten sich vielsagend an die Stirn. Selbst seine geistlichen Mitbrüder kamen zu der Überzeugung, er könne im Kopf nicht richtig sein. Nur ein Irrsinniger könne sich eine solche Last aufhalsen und trotz aller Proteste sich weigern, sie abzuwerfen. Die Konfratres legten ihm nahe, die Schar auf etwa zwanzig zu beschränken, doch Bosco wollte davon nichts wissen. Sollten die übrigen 480 vor die Hunde gehen? „Wo willst du denn deine Jungen auf die Dauer unterbringen?" fragten sie ihn. Bosco antwortete: „Im Oratorium." – „Wo ist dein Oratorium?" – „Ich schaue es schon vollendet: eine Kirche, ein Haus, einen umzäunten Spielplatz. Dies alles ist da und ich sehe es." – „Wo sind diese Dinge?" – „Das kann ich noch nicht sagen, aber sie bestehen wirklich und sie werden für uns da sein."

Noch andere Priester kamen und versuchten, Bosco von seinen Hirngespinsten abzubringen. Doch der Unentwegte antwortete mit visionärer Sicherheit: „Die göttliche Vorsehung hat mir diese Jugend geschickt, und ich werde keinen einzigen abweisen. Ich habe die feste Gewißheit, daß die Vorsehung mir alles verschafft, was die Jungen brauchen. Wir werden geräumige Gebäude haben für Schulen und Schlafsäle. Wir werden auch Werkstätten jeder Art bekommen, so daß die Buben nach Belieben ein Handwerk lernen können. Wir werden einen prächtigen Hof und eine geräumige Halle für die Freizeit haben. Wir werden eine großartige Kirche haben, dazu Kleriker, Katecheten, Assistenten, Werkmeister, Lehrer. Wir werden auch Priester haben, die Schule halten . . ." – „Ja, wollen Sie denn einen neuen Orden gründen?" – „Und wenn ich diesen Plan hätte?" – „Welches Gewand werden Sie Ihren Ordensmitgliedern geben?" – „Ich will, daß die Glieder meines Ordens wie die Maurergesellen hemdsärmelig umherlaufen." Schallendes Gelächter brach los. „Kein Zweifel, er spinnt. Er ist das Opfer eines Wahns."

Nachdem auch ein Beauftragter des Ordinariates Don Bosco geprüft hatte, kam man auf dem Konveniat überein, den Armen in eine Nervenheilanstalt zu bringen. Zwei Priester erhielten den Auftrag, alles Erforderliche zu veranlassen. Sie suchten Bosco auf, unterhielten sich eine Weile mit ihm und schlugen endlich vor: „Du bist übermüdet und brauchst dringend eine Ausspannung. Wir laden dich ein, mitzukommen. Unser Wagen wartet unten." An der Kutsche wollte man Bosco zuerst einsteigen lassen, doch dieser wehrte ab: „Aber nein, das wäre ja unhöflich, vor euch einzusteigen. Bitte, geht ihr voran!" Kaum saßen die beiden Priester in dem geschlossenen Wagen, als Bosco den Schlag zuwarf und dem Kutscher zurief: „Fahr schnell, man erwartet die beiden!" Der Krankenwagen, dessen Tür und Fenster von innen nicht geöffnet werden konnten, rollte los und lief bald durch die weitaufstehenden Tore der Irrenanstalt, die sich sofort hinter ihm schlossen. Die Wärter umstellten den Wagen, bereit, den irregewordenen Priester in Empfang zu nehmen. Wie staunten sie, als sie beim Öffnen des Wagenschlages gleich zwei Schwarzröcke vorfanden, von denen jeder behauptete, er sei nicht der Kranke. Alles Reden half den Hereingefallenen nichts, denn daß die Eingelieferten beteuerten, sie seien völlig normal, war man gewohnt. Beide wurden in eine Beruhigungszelle gesteckt, bis der Fall geklärt war.

Jetzt ließ man Don Bosco in Ruh, aber das Mißtrauen wuchs, niemand half ihm, und schließlich wurde ihm die Wiese gekündigt. Am Palmsonntag 1846 durfte sich Bosco zum letzten Mal mit seinen Jungen auf der Wiese aufhalten. Während die Burschen liefen und lärmten, ging er niedergeschlagen am Rande auf und ab. Er fühlte sich am Ende, aufgerieben von den gewaltigen Anstrengungen, bedrückt von der Verständnislosigkeit und Feindschaft seiner Umwelt. Man lachte ihn aus, man verklagte ihn, und jetzt zog man ihm den Boden unter den Füßen weg. Der Erschöpfte konnte nur noch beten, Gott möge ihm und seinen Jungen helfen.

Da näherte sich ihm ein Stotterer: „S—suchen Sie einen P—platz für ein L—l—laboratorium? – Wie? Ein Oratorium? Egal! Ein Platz ist vorhanden. Herr Pinardi will ihn verpachten. Kommen Sie mit!" Bosco ging und sah einen langen, etwas angeschlagenen Schuppen, in dem früher ein Schuster gearbeitet hatte, jetzt aber Ratten und Fledermäuse sich sammelten. Doch Pinardi war zu Reparaturen und Änderungen bereit, der Vertrag kam zustande, und schon am Ostersonntag wurde der hergerichtete Raum als Kapelle, der Streifen Land daneben als Spielplatz festlich eingeweiht. Am Abend des vergnügten Tages riefen siebenhundert Jungen: „Es lebe Don Bosco!"

Neue Schwierigkeiten kamen bald. Wiederholt wurde Bosco vom Stadtpräsidenten aufs Rathaus zitiert. In einer Zeit, in der allenthalben in Italien Aufstände und Revolutionen ausbrachen, erregten die kriminell gefährlichen Scharen dieses verdächtigen Außenseiters Besorgnis. Bosco aber verteidigte sich und seine Jungen ohne Furcht. Als Drohungen nichts nutzten, versuchte es der Stadtpräsident mit Güte: „Was liegt Ihnen an diesen Taugenichtsen? Lassen Sie die Bengel doch laufen! Laden Sie sich doch keine solche Verantwortung auf!" Bosco gab nicht nach. Jetzt wollte der Stadtpräsident die

Schließung des Oratoriums durch einen förmlichen Beschluß des Rechnungshofes erzwingen und berief zu diesem Zweck die Mitglieder dieser Behörde zu einer außerordentlichen Sitzung. Die Mehrheit pflichtete der Meinung des Stadtpräsidenten bei. Da erhob sich der Finanzminister und verlas einen allerhöchsten Bescheid des Königs Albert: „Es ist mein Wille, daß diese sonntäglichen Versammlungen gefördert und beschützt werden. Sind Unordnungen zu befürchten, so suche man nach Mitteln, ihnen zuvorzukommen und sie zu verhindern."

Das Oratorium war gerettet. Doch fortan mußte Bosco sich eine polizeiliche Überwachung gefallen lassen. Später erzählte er über diese Zeit: „Es war ein beglückendes Bild: mehrere hundert Jungen saßen ruhig da und hörten zu. Hinter ihnen in Uniform sechs städtische Polizisten, je zwei und zwei an drei Stellen der Kapelle verteilt ... Oh, sie leisteten mir treffliche Dienste als Assistenten, obgleich sie nur gekommen waren, um auf mich aufzupassen. Es wäre schön gewesen, diese Schutzleute zu malen, wenn sie ... mit dem Taschentuch das Gesicht bedeckten, um voreinander ihre Rührung zu verbergen, oder wenn sie den Jungen gleich auf den Knien vor dem Beichtstuhl warteten, bis sie an die Reihe kamen. Manchmal habe ich damals mehr für sie als für meine Jungen gepredigt."

Die nächste Gefahr drohte dem Oratorium von Bosco selbst: Er war völlig erschöpft und erkrankte auf den Tod. Jetzt zeigte sich die Liebe der Jungen in rührender Weise. In langen Reihen standen sie vor dem Spital Schlange, um ihren großen Freund noch einmal zu sehen. Sie bestürmten den Himmel, daß Don Bosco ihnen erhalten blieb. Tatsächlich wurde Bosco wieder gesund. Doch für ein Vierteljahr mußte er sich von seinen Jungen trennen und sich in Becchi von seiner Mutter wieder zu Kräften bringen lassen. Die wackere Mama Margareta entschloß sich, von jetzt an ihrem Sohn in Turin den Haushalt zu führen. Mit einem Wäschekorb wanderten Mutter und Sohn nach Turin, zu Fuß, denn Geld hatten sie keins. Achthundert Jugendliche bereiteten ihm einen begeisterten Empfang. Völlig mittellos, doch voll Gottvertrauen setzte Bosco das begonnene Werk fort.

Seine sagenhafte Vielseitigkeit kam ihm jetzt sehr zustatten. Nicht genug, daß er Unterricht gab und für Arbeit und Erholung sorgte, flickte er selbst die Jacken, Hemden und Hosen der Jungen, schneiderte neue Anzüge, schnitt den Buben die Haare, besohlte Schuhe und stand mit umgebundener Schürze in der Küche, um seinen Schützlingen eine leckere Polenta zu bereiten. Bald hatte er nicht nur an Sonntagen, sondern Tag und Nacht Jungen bei sich: Das Oratorium wurde ein Übernachtungsheim für heimatlose Jugendliche, von denen die meisten bei Bosco bleiben wollten. Aus ihnen wählte er die Tüchtigsten, um sie zu Assistenten, Katecheten und Lehrern auszubilden. Planmäßig zog er sich einen Stab von Mitarbeitern heran. Bald konnte er sein Grundstück vergrößern, Erweiterungsbauten errichten, eine Abendschule, eine Gewerbeschule und ein eigenes Gymnasium gründen. Der baufällige Schuppen war einem ganzen Komplex von Gebäuden gewichen, in dem 800 Jungen wohnten, die eine Hälfte Handwerkslehrlinge, die andere Hälfte Gymnasiasten. Fast alle empfingen ihren Lebensunterhalt ganz oder teilweise von Don Bosco.

Vorbildliche soziale Einrichtungen schuf Bosco mit den Lehrwerkstätten des Oratoriums. Nach Richtlinien, die er selbst festlegte, wurden hier Schuhmacher, Schneider, Setzer, Drucker, Buchbinder, Kunstschreiner, Schlosser und Landwirte ausgebildet. Ehe die ersten Meister angestellt wurden, machte Bosco selbst den ausbildenden Handwerksmeister. Praktische Arbeit in der Werkstätte und theoretische Unterweisung im Lehrsaal wechselten miteinander ab. Bosco legte Wert darauf, stets die modernsten Maschinen und Apparate in seinen Betrieben zu haben. Er wollte, daß seine Häuser Gas und Elektrizität in Dienst nahmen, und freute sich über jede neue technische Erfindung und Entdeckung. Stolz zeigte er Besuchern seine Druckerei: „Auf diesem Gebiet will ich stets an der Spitze des Fortschritts stehen."

Das meiste, was seine Druckerei hervorbrachte, stammte aus seiner eigenen Feder. Don Bosco war Schriftsteller, Verleger und Hersteller in einer Person. Als Autor zeigte er sich erstaunlich fruchtbar und vielseitig. Neben Kurzgeschichten, Erzählungen und Lustspielen gelangen ihm zahlreiche populärwissenschaftliche Werke: eine Geschichte Italiens, eine Geschichte der Kirche, eine Abhandlung über den Weinbau, eine volkstümliche Darstellung des neu eingeführten Dezimalsystems und Heiligenleben. Besondere Bedeutung gewannen seine Broschüren über aktuelle Themen: Diese Kampfschriften waren kühn und packend geschrieben, oft in Dialogform, etwa als Zwiegespräch zwischen einem Friseur und einem Theologen. Eine Darstellung von Glaubensfragen trug den Titel: *Der Katholik, der sich in seiner Religion auskennt.* Ein Welterfolg wurde Boscos Buch *Der kluge Junge.* Zu seinen Lebzeiten erreichte dieses Werk allein eine Auflage von 6 100 000 Stück, nicht eingerechnet die vielen Übersetzungen in andere Sprachen. Verdienstvoll und segensreich wie seine verlegerische Arbeit war auch seine Tätigkeit als Leiter der „Gesellschaft zur Verbreitung katholischer Bücher" und als Gründer der „Italienischen Jugendbibliothek". Zu erstaunlich niedrigen Preisen oder gar kostenlos brachte er gutes Schrifttum in Massen unters Volk.

Im Jahre 1859 gründete Bosco die Salesianische Gesellschaft für die „Arbeit unter gefährdeten und verwahrlosten Jugendlichen". Unter seiner Leitung verbreitete sich der Orden bald über Italiens Grenzen hinaus und faßte Fuß in Frankreich, Spanien, England, Belgien, Patagonien, Uruguay, Brasilien, Chile und Ekuador. Bosco selbst sah etwa 2 500 Priester aus den salesianischen Häusern hervorgehen. Vierzehn von seinen Schülern wurden Bischöfe.

Wenn man liest, daß Don Bosco neben all den genannten Leistungen und Arbeiten oft achtmal an einem Tage predigte, stundenlang im Beichtstuhl saß, eine Korrespondenz mit mehreren Hundert Briefen täglich bewältigte, zahllose Besucher anhörte und viele Reisen unternahm, um Kirchen, Schulen, Jugendheime und Internate zu bauen – so faßt man sich an den Kopf: Wo nahm dieser Mann nur die Zeit her? Wie kam er zu dem nötigen Geld?

Die erste Frage beantwortet der Satz, der über Boscos Zimmertür stand: „Jeder Augenblick ist kostbar." Don Bosco nützte eisern die Zeit. Selbst in der Eisenbahn schrieb er. Müdigkeit schien er nicht zu kennen. „Gott hat mich so geschaffen, daß die Arbeit, anstatt mich anzustrengen, mir Entspannung bietet." Legte ihm jemand nahe, er müsse sich erholen, so erwiderte er: „Ich werde mich ausruhen, wenn ich einige Kilometer über dem Mond sein werde. Der Teufel ist rastlos tätig; darf ich da müßig sein?" Übrigens kam ihm seine geniale Konzentrationsfähigkeit zustatten: Er war imstande, mehrere Briefe gleichzeitig zu diktieren, ohne etwas durcheinanderzuwerfen.

Die zweite Frage, woher er eigentlich das Geld nahm, um so große Werke zu gründen und zu unterhalten, stellte eines Tages auch Cavour. Don Bosco antwortete lächelnd: „Ich vertraue einzig auf die göttliche Vorsehung. Und wenn diese Vorsehung Ihnen jetzt den guten Gedanken eingäbe, mir eine Unterstüzung zu gewähren, würde ich ihr von Herzen danken." Ebenso wollte Ministerpräsident Lanza wissen, wie Bosco seine Unternehmungen finanzierte. Der Heilige antwortete: „Man muß mit Dampf fahren." – „Was heißt das?" – „Nun, wie die Lokomotive puf, puf, puf macht, geht's bei uns: Schulden, Schulden, Schulden!" – „Aber einmal müssen Sie doch zahlen!" „Dafür sorgt eine Bank, die nie bankrott macht: die göttliche Vorsehung. Allerdings braucht meine Lokomotive ein eigenes Feuer: den Glauben an Gott. Ohne den kann man nichts erreichen."

So erstaunlich seine organisatorischen Leistungen sind – die eigentliche Größe Don Boscos liegt nicht in ihnen, sondern in dem Beispiel erzieherischer Kunst, das er gab. „Was ihn weit über die Theoretiker, Problematiker und Kathedergrößen der Erziehung erhebt, ist sein unmittelbarer Dienst am Leben" (F. Dilger). Damals glaubten die Erzieher, ihre Autorität den Zöglingen gegenüber nur durch den Stock aufrechterhalten zu können. Bosco dagegen zeigte, daß echte Erfolge in der Erziehung nur durch Liebe möglich sind. Seine Grundregel lautet: „Trachte danach, daß man dich gern hat, dann wird man dir auch mit Leichtigkeit gehorchen."

In den salesianischen Heimen sollten die Jungen die gleiche Atmosphäre finden wie in einem guten Elternhaus bei Vater und Mutter. Wenn der Heranwachsende bei seinem Erzieher Liebe, Verständnis, Anteilnahme und Hilfsbereitschaft spürt, wird er sich ihm gern anvertrauen, sich in seinen Nöten von ihm helfen lassen und seinen Weisungen folgen. „Der Erzieher sollte das gern haben, was seine Zöglinge lieben, um dadurch Einfluß auf ihr Herz und ihren Verstand zu gewinnen und sie dann sanft und fest dem Guten zuzuführen. Nur wer in herzlicher Vertraulichkeit unter den Jungen und für die Jungen zu leben versteht, kann ihr Wesen, ihre Anstrengungen und ihre Wünsche kennenlernen ... In jedem Jugendwerk der Salesianer müssen alle ein Herz und eine Seele bilden. Der Direktor ist der Vater, die Oberen sind die älteren Brüder, die Jugendlichen die jüngeren Brüder. Die Liebe und das Vertrauen, welche alle Glieder einer solchen Familie umschließen müssen, verbinden in gegenseitigem, ungehindertem Verkehr Vorgesetzte und Untergebene. Die einen erziehen in väterlicher Weise, die anderen lassen sich als Söhne führen. Die Jugend aufrichtig lieben und sich bei ihr beliebt machen, das ist der stärkste Befehl Don Boscos" (C. Salotti).

Freilich: Güte allein genügt nicht. Ihr muß sich eine unauffällige Wachsamkeit zugesellen. Diese Wachsamkeit ist nicht so sehr darauf bedacht, Übertretungen der Hausordnung festzustellen, sondern vielmehr darauf, Übertretungen von vornherein zu verhindern. „Bedenkt stets, daß die Jungen mehr aus natürlicher Lebhaftigkeit als aus Böswilligkeit Fehler begehen. Sie erregen unseren Unwillen mehr, weil sie schlecht beaufsichtigt werden, als deshalb, weil sie böse sind. Man muß immer bei ihnen sein, sich an ihren Spielen beteiligen. Man muß sie gehörig beaufsichtigen, ohne daß es die Buben merken. Es muß ihnen einfach unmöglich gemacht werden, etwas Verkehrtes zu tun."

Das alte System des Druckes lehnte Bosco ab: „Das repressive oder gewalttätige, zwingende System besteht darin, daß man den Jugendlichen Gesetze bekanntgibt und dann darüber wacht, um Übertretungen festzustellen und zu bestrafen. Bei dieser Erziehungsweise müssen die Vorgesetzten in ihren Worten und in ihrem Gehabe immer streng, ja drohend sein. Sie müssen auch jede Vertraulichkeit meiden. Zur Erhöhung seiner Autorität darf ein Vorgesetzter sich nur selten bei seinen Untergebenen zeigen. Er tritt meist nur in Erscheinung, wenn es zu drohen oder zu strafen gibt. Diese Erziehungsweise ist leicht, wenig mühevoll und nützt vielleicht beim Militär oder bei Erwachsenen, die schon fähig sein sollten, alles zu wissen und zu beachten, was den Gesetzen und Vorschriften entspricht. Davon verschieden, ja ich möchte sagen entgegengesetzt, ist das Präventivsystem, das vorbeugend und verhütend vorgeht. Dieses System besteht darin, daß man die Gebräuche und Satzungen eines Heimes bekanntgibt, dann aber darüber so wacht, daß die Jugendlichen immer das Auge ihres Direktors oder seiner Stellvertreter über sich wissen. Diese sollen wie liebevolle Väter mit den Jugendlichen sprechen, ihnen in jeder Beziehung Führer sein, ihnen raten, sie gütig zurechtweisen. Mit einem Wort: Die Erzieher sollen es den Jugendlichen unmöglich machen, Fehler zu begehen. Dieses System stützt sich vor allem auf die Vernunft, die Religion und das Wohlwollen. Es schließt daher jede gewaltsame Züchtigung aus und sucht ohne Strafen auszukommen."

Inmitten der strengen Pensionate des neunzehnten Jahrhunderts, die oft mehr Kasernen oder Kadettenanstalten glichen, wirkte das Oratorium wie eine Oase in der Wüste. Dort herrschten Zwang und dumpfer Drill, hier Freiheit und Fröhlichkeit. Don Bosco wußte, daß Jungen gern lachen und laufen und daß dies zu ihrer körperlichen und seelischen Entwicklung unbedingt nötig ist. Darum ließ er ihnen den erforderlichen Spielraum. „Man gewähre weitreichende Freiheiten, lasse sie nach Lust laufen, springen und reden ... Zu bestimmten Stunden verlange ich Stillschweigen. Sonst dürfen meine Jungen schreien und singen wie sie Lust haben. Ich sage ihnen nur: Laßt mir wenigstens die Mauern stehen! Besser ist ein gesunder Krach als ein böses und verdächtiges Stillschweigen." An Lärm fehlte es im Oratorium wahrhaftig nicht. Besonders, wenn Bosco nach längerer Abwesenheit zurückkam, war der Jubel ungeheuer. Ein Besucher schrieb in einem Brief: „Im Oratorium scheinen sie nicht mehr alle ganz normal zu sein. Einer singt, einer flötet, einer schreit. Alle sind so froh, daß es keiner mehr in seiner Haut aushalten kann. Auch die Glocken sind nicht einen Augenblick still ... Don Bosco ist wieder da, und deshalb ist es keinem mehr möglich, ruhig zu bleiben ... Sie können sich vorstellen, was neunhundert Jungen fertigbringen, wenn sie vergnügt sind. Wenn Sie hier wären, blieben Sie einen Monat taub davon."

Weit entfernt, seine Jungen einheitlich zu dressieren, ließ Bosco jeden nach seiner Eigenart seinen Tätigkeitsdrang entfalten. Große Aufmerksamkeit schenkte er der musischen Erziehung. Hier war er bahnbrechend und nahm Ideen vorweg, die erst ein halbes Jahrhundert später anfingen, sich in der Pädagogik allgemein durchzusetzen. „Turnen, Musik, Gesang, Bühnenspiele, Spaziergänge und festliche Stunden sind höchst wirksame Mittel, die Disziplin zu bewahren, Sittlichkeit und Gesundheit zu fördern." Von Anfang an ermunterte Bosco zu Sport, besonders zu Ballspielen. Er wollte keinen Drill mit Rekordleistungen, sondern frohes, unbekümmertes Spiel, das wirklich erholsam war und eine gesunde Müdigkeit auslöste. Er ließ den Hof seines Oratoriums in Turin mit Säulenhallen umgeben, damit man auch bei Regen sich in frischer Luft tummeln konnte. Das Oratorium hatte ein Blasorchester, einen Chor mit tausend Knaben und eine Musikschule, in der zum erstenmal in Italien gemeinschaftlicher Musikunterricht erteilt wurde. „Ein Oratorium ohne Musik ist ein Körper ohne Seele", erklärte Bosco. Es gab auch regelmäßige Bühnenaufführungen der Spielschar. Manche Stücke hat Bosco selbst dafür geschrieben. „Das Theater soll erfreuen, erziehen und belehren ... Man sorge, daß die Stoffe fröhlich seien und geeignet zur Erholung und Unterhaltung ... Eine zu ernste Szene wird ausgelassen."

Leib und Seele zugleich zu erquicken, unternahm Bosco mit seinen Jungen gern und oft Ausflüge und Wanderungen. Ein Höhepunkt waren die jährlichen Herbstfahrten. Zwei bis vier Wochen wanderte man zu Fuß. Unterwegs wurden Städte, Festungen, Schlösser und Kirchen besichtigt und im unmittelbaren Erleben die Kenntnis der Geographie, Geschichte und Kunst vertieft. Jedesmal durften hundert Jungen, die Bosco selbst ausgewählt hatte, mitgehen. Bei der Rückkehr war die Zahl stets noch größer, da viele Jungen vom Lande sich unterwegs Bosco anschlossen.

Bosco verstand es auch, Feste zu feiern. Jeder Anlaß war ihm willkommen, um den Jungen mit einer festlichen Stunde eine Freude zu machen. Er verhielt sich anders als so viele Jubilare, die sich an ihrem Ehrentag an einen unbekannten Ort zurückziehen, alle Festvorbereitungen zuschande machen und ihre Freunde enttäuschen. Giovanni Bosco verlegte eigens die Feier seines Namenstages vom ungünstigen 27. Dezember auf den 24. Juni, damit all seine Jungen ein großartiges Fest daraus machen konnten. Es ging ihm dabei nicht um seine Person, sondern um die Freude der Jungen, die denn auch jedesmal hoch aufschäumte. Gutes Essen und Trinken, Gesang, Lampionbeleuchtung, Musik, Theater, lustige Gesellschaftsspiele – nichts fehlte, und es wurde jedesmal ein wundervoller Tag.

Bei all diesen Veranstaltungen machten die Jungen natürlich begeistert mit. Jeder bekam etwas zu tun, die Vorbereitungen setzten oft monatelang vorher ein, und an Beschäftigung fehlte es nie. Der erzieherische Wert lag darin, daß alles gemeinsame Planen, Üben und Basteln die Gemeinschaft der Jungen festigte und die guten Kräfte in jedem förderte. Der Drang zur Selbsttätigkeit konnte sich auch in Gruppen und Vereinen mit ihren vielen Ämtern und Pöstchen entfalten. Der Beitritt war freiwillig, und die Versammlungen wurden von den Jungen selbst geleitet. Nicht allein in der Freizeit, auch in der Schule und im Unterricht regte Bosco die Selbsttätigkeit der Schüler an. Die Begabteren mußten den Schwächeren helfen. Immer wieder ermunterte Bosco alle zur Verantwortung für einander.

Selbst nach Veranlagung und Herkunft belastete Burschen verstand Bosco in brauchbare Menschen zu verwandeln. An gefährdeten Jugendlichen bewährte sich seine erzieherische Kunst aufs eindruckvollste. Er handelte nach dem Grundsatz: Vertrau dem Jungen, auch wenn er es nicht verdient, dann machst du ihn vertrauenswert! Und selbst wenn er nicht liebenswert ist, liebe ihn und zeig ihm deine Liebe, dann wird er liebenswert! Von den vielen Berichten, die überlieferten, wie Bosco auf diese Weise die rauhesten Kerle änderte, sei nur einer hier wiedergegeben:

Im Turiner Gefängnis hatte er den Insassen Exerzitien gegeben. Er überraschte den Gefängnisdirektor mit der ungewöhnlichen Bitte, alle dreihundert Delinquenten für einen Tag zu einem Ausflug nach Stupinigi zu beurlauben. Bosco wollte mit den Häftlingen frühmorgens aufbrechen und vor Anbruch der Dunkelheit wieder zurück sein. Der Direktor mochte geglaubt haben, Don Bosco sei übergeschnappt, jedenfalls lehnte er ab. Auch der Provinzpräfekt sprach natürlich ein entschiedenes Nein. „Sie glauben doch nicht im Ernst, daß auch nur einer von diesen schweren Jungen zurückkommt?" Bosco aber ließ nicht locker und wandte sich an die höchste Instanz, den Minister Rattazzi. Dieser Herr gehörte anscheinend zu jenen Leuten, die Sinn für ausgefallene Sachen haben. Er genehmigte den Ausflug, meinte aber, es müßten unbedingt Carabinieri in Zivil unauffällig folgen, für alle Fälle. Doch von solchen Vorsichtsmaßnahmen wollte der Priester nichts wissen. Schließlich überließ der Minister, freilich mit gemischten Gefühlen, die ganze Verantwortung dem Seelsorger. Bosco eilte ins Gefängnis und verkündete den Gefangenen, daß sie den nächsten Tag in Freiheit und Sonne verbringen sollten. Der Jubel war ungeheuer. „Aber", fügte Don Bosco hinzu, „ich habe mein Wort gegeben, daß ihr euch alle gut führt ..., daß ihr alle zurückkommt ... Kann ich sicher sein, daß keiner einen Fluchtversuch unternehmen wird?" „Ja, ja!" brüllte es ringsum, und die Stärksten stießen schon Drohungen aus gegen jene, die es wagen sollten, nicht bei der Stange zu bleiben. Es wurde ein glorreicher Tag für die dreihundert Häftlinge. Sie waren wirklich wie Lämmer und rührend nett zu Don Bosco, den sie als Helden des Tages feierten. Am Abend im Gefängnis fehlte kein einziger. Staunend rief der Minister: „Nun sagen Sie mir, warum hat der Staat nicht die Macht über die Jungen, die Sie ausüben?" – „Exzellenz", antwortete Bosco, „der Staat kann nur befehlen und strafen. Wir Priester dagegen wenden uns an das Herz. Unsere Kraft ist das lebendige Wort Gottes."

Eines Tages besuchte der englische Minister Lord Palmerston das Turiner Oratorium, das inzwischen eine Sehenswürdigkeit geworden war. Er staunte über die Zucht im Studiersaal, wo Hunderte von Buben ihre Schulaufgaben machten, ohne sich zu mucksen. „Seine Verwunderung wuchs noch mehr, als man ihm erklärte, daß dies immer so sei, daß man das ganze Jahr hindurch kaum eine Störung zu beklagen habe und daß kein Grund vorhanden sei, Strafen anzudrohen oder gar zu verhängen. Darauf bat der Minister: ‚Sagen Sie mir, wie ist es möglich, solch ein Stillschweigen, solche Disziplin herzustellen?' – ‚Herr, die Mittel, die wir anwenden, können Sie nicht gebrauchen.' – ‚Warum nicht?' – ‚Weil sie nur uns Katholiken zu Gebote stehen: Die häufige Beichte, die öftere Kommunion und die tägliche Mitfeier des Meßopfers.' – ‚Da haben Sie recht. Aber kann man nicht etwas anderes dafür hernehmen?' – ‚Wenn man die Religion nicht in die Erziehung einbezieht, muß man zu Drohungen und zum Stock seine Zuflucht nehmen.' – ‚Tatsächlich! Das werde ich in London erzählen: Entweder Religion oder den Stock.'"

Don Bosco war unbestritten der erfolgreichste Erzieher des neunzehnten Jahrhunderts. Weniger bekannt ist, daß er auch in den politischen Kämpfen jener Zeit eine beachtliche Rolle spielte. Zwar war er kein Politiker, und er hütete sich, in den Dienst einer bestimmten Partei zu treten. Die eigentliche politische Leistung seines Lebens lag in der Erziehung der jungen Generation: Denn durch sie erneuerte er die Gesellschaft. Aber gerade weil Schulen und Erziehungseinrichtungen ihrer Natur nach eine politische Bedeutung haben, wurde er als Gründer und Leiter des Oratoriums und der Salesianer von selbst in die politischen Auseinandersetzungen hineingezogen. Das geschah um so mehr, als er katholischer Priester, die Staatsregierung aber antiklerikal war.

In Italien erwachte damals der nationale Gedanke. Das Volk, zerrissen in viele Kleinstaaten, strebte zur politischen Einheit. Daß in Neapel die Bourbonen, in Mailand die Habsburger herrschten, erregte den Unwillen der Patrioten. Ihre Losung hieß: Fort mit der Fremdherrschaft! Italien den Italienern! Als den größten Gegner der italienischen Einheit empfanden die Nationalisten den Papst, weil er es ablehnte, sich dem Krieg gegen das katholische Österreich anzuschließen, aber auch, weil er als absolutistischer

Monarch dem Liberalismus abgeneigt war. Die nationale Einheitsbewegung wurde aber vom Liberalismus getragen. Daß der Papst seine weltliche Herrschaft mit Hilfe französischer Truppen zu erhalten suchte, vermehrte den nationalen Haß gegen das Oberhaupt des Kirchenstaates. Bei den im Untergrund wühlenden Geheimbünden gesellte sich zu den republikanischen Motiven noch die Feindschaft gegen die Religion.

Turin war als Hauptstadt des jungen Königreiches Italien Wiege und Mittelpunkt der Bewegung, die zur Vernichtung des Kirchenstaates drängte. Giovanni Bosco konnte diese Entwicklung aus nächster Nähe verfolgen. So sehr er die Sehnsucht der Italiener nach politischer Einheit teilte, so sehr schmerzte ihn der Preis, den die Bewegung dafür forderte. Bald sah Turin Vorzeichen schlimmer Kämpfe: Erzbischof Franzoni wurde von der Regierung in Festungshaft gebracht und endlich aus dem Königreich ausgewiesen; zehn Jahre mußte er seine Diözese von Lyon aus leiten. Der erzbischöfliche Palast wurde vom Pöbel gestürmt und das Servitenkloster von einem aufgewiegelten Mob überfallen.

Bosco trat unerschrocken für den verbannten Erzbischof und die vertriebenen Mönche ein. Das lenkte die Aufmerksamkeit der antiklerikalen Machthaber auf den Jugendführer. Man verdächtigte ihn staatsgefährlicher Beziehungen zu den Jesuiten und zum Vatikan. 1860, am Vortag von Pfingsten, erschienen Beamte der Staatspolizei im Oratorium und führten eine Haussuchung durch. Eine Abteilung Bereitschaftspolizei umzingelte das Gebäude und besetzte alle Ausgänge. Bosco berichtete später: „Sie hielten mir die Hände auf den Rücken und durchsuchten meine Kleider. Jede Tasche wurde umgestülpt, mein Notizbuch wurde gelesen, meine Geldbörse ausgeleert. In den Kleidersäumen, sogar im Birett vermutete man verbotene Schriften." Man schnauzte ihn an und stieß ihn, wühlte im Papierkorb, öffnete Schränke, Koffer, Kassetten und drehte jeden Gegenstand um. Die Szene war widerlich, doch Bosco bewährte wieder einmal seinen unverwüstlichen Humor. Als die Beamten in seiner Nebenkammer vor einem verschlossenen Schrank standen, bat er: „Bitte, öffnen Sie hier nicht. Ich habe hier vertrauliche, sozusagen geheime Sachen." – „Dann öffnen Sie um so schneller, oder wir zertrümmern den Schrank!" Beschämt stellte der Polizeikommissar fest, daß der Schrank nichts anderes enthielt als lauter unbezahlte Rechnungen. „Warum halten Sie mich zum besten?" herrschte der Kommissar Bosco an. „Wieso?" erwiderte Bosco ruhig. „Ich wollte nur nicht, daß meine Schulden allen bekannt werden. Ich wünsche nur, Gott gäbe Ihnen jetzt den guten Gedanken, für mich die eine oder andere Rechnung zu bezahlen." Vor dem Bücherbord wollte man wissen, was das für Bücher seien. „Das wird Sie kaum interessieren", bemerkte Bosco harmlos; „das sind Bücher von Jesuiten!" – „Die müssen wir alle sofort beschlagnahmen", rief einer. Ein anderer wandte ein: „Schau erst, was drin steht." Man kam zu dem Ergebnis: „Zum Kuckuck mit diesen Büchern! Alles Latein! Lateinische Bücher müßten von Staats wegen verboten werden. Was steht denn darin?" Mit behaglicher Breite erzählte Bosco ein Heiligenleben, das in dem Band dargestellt wurde, den der Kommissar gerade in der Hand hielt. Schließlich wehrte man ab: „Sie halten uns da eine Predigt. Wenn Sie so weitermachen, müssen wir alle zum Beichten gehen." Schlagfertig versetzte Bosco: „Großartig. Heute ist ohnehin Samstag. Auf zur Beichte! Dabei wird wahrscheinlich mehr Nutzen herauskommen als bei der Durchsuchung." Nach einigem Hin und Her wurde ein Termin für die Beichte verabredet, zu dem auch tatsächlich einige Polizeiführer kamen. Nachdem Bosco mit den Herren eine Flasche „auf das Wohl der Durchsuchung" geleert, bestand er darauf, daß ein ordnungsgemäßes Protokoll aufgesetzt wurde. Darin wurde festgehalten, daß die fünfstündige, peinlich genaue Haussuchung nichts Verdächtiges zutage gefördert hatte.

Vierzehn Tage später erschien eine andere Untersuchungskommission. Sie fragte eine Reihe von Jungen in hinterhältiger Weise aus, um festzustellen, ob die Zöglinge des Oratoriums gegen die Regierung verhetzt würden. Man scheute sich nicht, die Buben zu fragen, was Don Bosco ihnen in der Beichte sage. Die Untersuchung ergab das Gegenteil von dem, was man zu gern bestätigt haben wollte.

Um solche Schikanen ein und für allemal abzustellen, begab sich Bosco zum Innenminister Farni. Der Minister beschuldigte Bosco, er habe Artikel für eine päpstlich eingestellte Zeitung verfaßt, politische Versammlungen von Reaktionären im Oratorium veranstaltet und sich mit Feinden der nationalen Bewegung verbunden. Bosco verwahrte sich entschieden gegen diese falschen Behauptungen. Da drohte der Minister: „Sie geben sich die bedenklichste Blöße, so mit einem Minister zu sprechen. Ein Wort von mir genügt, und Sie werden sofort ins Gefängnis abgeführt." Gelassen antwortete Bosco: „Solche Drohungen schrecken mich nicht. Außerdem sind Eure Exzellenz zu gerecht und zu ehrenhaft, um einen schuldlosen Bürger, der seit zwanzig Jahren in Turin Leben und Vermögen zum Wohl der Mitbürger opfert, in den Kerker werfen zu lassen. Und wenn es so wäre, hätte ich Mittel und Wege, meine Rechte geltend zu machen. Ich brauche nur zu veröffentlichen, was zwischen uns vorgefallen ist, und aller Welt zu wissen zu geben, daß es einen Minister unseres Königreiches gab, der seine Macht dazu benützte, Kinder eines Waisenhauses einzuschüchtern, um die Heimat armer Jugendlicher zu vernichten ... Ich bettele nicht um Gnade, ich verlange Gerechtigkeit! Und diese Gerechtigkeit fordere ich nicht meinetwegen, sondern für meine armen Jungen." Es kam zu einem heftigen Wortwechsel. Plötzlich öffnete sich die Tür, und der Ministerpräsident Graf Cavour betrat den Raum. Mit seiner gewohnten Jovialität rief er: „Was ist denn hier los? Ordnet die Angelegenheiten doch in freundschaftlicher Weise! Was liegt denn Schreckliches vor?"

Bosco erklärte: „Herr Graf, man will das Jugendwerk vernichten, das Sie selbst so oft besucht, gelobt und unterstützt haben. Die armen Burschen, die von Plätzen und Straßen weg aufgenommen wurden, die man zu einem arbeitsamen und ehrbaren Leben angeleitet hat, die sollen wieder in die Verlassenheit zurückgestoßen werden, wieder in Gefahr geraten, schlecht zu werden und unterzugehen. Zugleich wird derselbe Priester, den Eure Exzellenz so oft gelobt haben, hier wie ein Aufwiegler und Bandenhäuptling behandelt. Man kann mir keinen stichhaltigen Grund angeben, warum ich nun verfolgt, belästigt und öffentlich der Ehre beraubt werde. Man schadet damit meinem Werke, denn es konnte bis heute nur erhalten werden, weil der gute Ruf, den wir besaßen, uns viele Wohltäter zuführte. Dazu kommt, daß in meinem eigenen Haus Regierungsbeamte vor den Jugendlichen die Religion, die Sakramente und die Sittlichkeit verlachten und verhöhnten. Früher oder später wird Gott dafür seine Strafe verhängen." Cavour beschwichtigte: „Niemand von uns ist Ihnen übelgesinnt. Aber, bester Don Bosco, man hat Ihr gutes Herz mißbraucht und es zu einer Politik verleitet, die schlimme Folgen zeitigen wird ... Sie sind für den Papst, die Regierung ist gegen den Papst. Folglich müssen Sie doch gegen die Regierung sein." Bosco entgegnete: „In Fragen der Religion stehe ich zum Papst. Das hindert mich keineswegs, gleichzeitig ein guter Staatsbürger zu sein ... Seit zwanzig Jahren lebe ich bereits in Turin und habe immer in der Öffentlichkeit gewirkt, gesprochen und geschrieben. Ich fordere jedermann auf, mir auch nur ein Wort, eine Tat, eine Zeile zu zitieren, die eine Verurteilung der Staatsbehörden verdienen." Jetzt schaltete sich wieder Farini ein: „Sie werden uns nie weismachen, daß Sie unsere Ideen teilen." Da rief Bosco: „Aber, bester Herr Minister! In Zeiten angeblich erkämpfter Meinungsfreiheit will man es einem Bürger verübeln, wenn er sich privat nach eigenem Belieben eine Meinung bildet? Soll die neue Herrschaft so weit getrieben werden, daß man ihre Idee jedem aufzwingt und jeden mit Ketten daran fesselt?" Nach längeren Gesprächen schieden die Männer mit herzlichem Händedruck. Bosco nahm das Versprechen der Minister mit, daß sie ihn fortan nicht mehr belästigen wollten. So hat er noch mehrmals drohendes Unheil von seiner Gründung abgewandt.

König Viktor Emmanuel II. stand wie sein Vater, König Karl Albert, dem Oratorium wohlwollend gegenüber. Oft sprach er für das Werk Boscos Lob und Anerkennung aus und unterstützte es mit namhaften Geldsummen. Trotzdem scheute Bosco sich nicht, den König mit unerschrockenen Briefen zu warnen, als die Regierung ein Gesetz zur Aufhebung und Enteignung der Klöster und Kirchengüter beriet. Viktor Emmanuel nahm die Briefe Boscos sehr ernst. Er fühlte sich im Gewissen beunruhigt und kam zweimal ins Oratorium, um Bosco zu sprechen. Nach erbitterten Kämpfen in der Abgeordnetenkammer und im Senat passierte das Gesetz beide Häuser des Parlaments und wurde dem König zur Unterschrift vorgelegt. Noch einmal mahnte Bosco den König in einem Briefe, der nicht die Sprache eines Untertans, sondern eines Propheten führte. Doch der König unterschrieb das Gesetz, das 334 Klöster aufhob. Es war nun ein Vorläufer vieler anderer, die der Kirche den Todesstoß versetzen sollten.

Zu vielen italienischen Politikern, auch zu führenden Antiklerikalen, stand Bosco in enger Beziehung. Gioberti, Rattazzi und Crispi waren seine Freunde. Besonders herzlich war Boscos Umgang mit Cavour, dem Schöpfer des neuen Italien. Oft lud der Ministerpräsident ihn an seine Tafel ein. Trotz der kirchenpolitischen Gegensätze waren sich beide menschlich sympathisch. Denn sie hatten in ihrem Charakter manches gemeinsam. „Beide waren unermüdliche Arbeiter, mutig und ausdauernd auf die Erreichung ihrer Ziele bedacht; dabei gemütvoll, witzig, unbefangen in ihrem Bemühen, Verächter jeder kleinlichen Gesinnung, bereit, die kleinen Unannehmlichkeiten des Lebens heiter und geistvoll hinzunehmen, und begabt mit einem erstaunlichen Gespür für das Praktische" (F. Crispolti). Daß Bosco zu Kirchenfeinden ein menschlich gutes Verhältnis hatte, nahm man ihm in kirchlichen Kreisen zwar oft übel. Doch im Verkehr mit den führenden Männern des neuen Staates ist Bosco nie den Lockungen der Machthaber erlegen. Als Cavour ihm eine Million Lire versprach, wenn er das Oratorium zu einer juristischen Person erklären lasse, lehnte Bosco ab. Er wollte unabhängig bleiben und nicht durch Geschenke in Gefahr geraten, der Regierung gefügig zu werden. Seine Haltung flößte manchem Minister Achtung ein.

Papst Pius IX. (wie später auch Leo XIII.) wandte sich oft an Bosco, um seine Hilfe in schwierigen Fragen in Anspruch zu nehmen. Im Vatikan wie in den Ministerien ging Bosco bald ein und aus, hier wie dort herzlich und vertrauensvoll empfangen. Er griff auch wiederholt von sich aus in die politischen Verhandlungen ein und vermittelte zwischen dem Heiligen Stuhl und der nationalen Regierung. Seine kluge Verhandlungsweise, sein Freimut, seine Unerschrockenheit und seine natürliche Höflichkeit trugen viel zur Entspannung bei. In einem Punkte erreichte er auch einen schönen

Erfolg. Durch die politischen Veränderungen waren in Norditalien über hundert Bischofssitze verwaist. Dank der Bemühung Boscos kam eine Einigung zwischen Kirche und Staat in dieser Angelegenheit zustande: 1867 wurden 34, 1871 weitere 40 neue Bischöfe für Italien ernannt, von denen viele Don Bosco selbst vorgeschlagen hatte.

Auch in den Jahren nach der Eroberung Roms war Bosco rastlos als Vermittler zwischen Vatikan und Quirinal tätig. Die Aussöhnung war schon ziemlich weit gediehen, und schon schrieben die italienischen Zeitungen über die Rolle Don Boscos bei den Verhandlungen, als Bismarck, der in Preußen den Kampf gegen die katholische Kirche begonnen hatte, intervenierte. Der Minister Vigliani erklärte Bosco: „Bismarck hat telegraphiert. Er will keinen Waffenstillstand im Kampf mit dem Papst. Er drückte sein Befremden darüber aus, daß die Regierung mit einem Priester verhandle, während er sich bemühe, das nationale Italien zu stützen. Er versichert, sein Herr, der Kaiser, sei höchst ungehalten. Er droht, wenn Verhandlungen auf eine Aussöhnung hin fortgesetzt würden. Was wollen wir machen? Preußen hat unser Geschick in seinen Händen."

Erst 1929 kam die Aussöhnung zwischen Italien und dem Heiligen Stuhl zustande. Am Tage darauf feierte Papst Pius XI. Don Bosco als Apostel der Versöhnung zwischen Kirche und Staat und erklärte: „Die Beilegung des bedauerlichen Zwistes nahm das Denken und Fühlen Don Boscos ganz in Anspruch ... Don Bosco wünschte dabei nicht eine beliebige Verständigung ... Er wünschte vielmehr eine Verständigung, durch die vor allem die Ehre Gottes, die Ehre der Kirche und das Heil der Seelen gesichert und gewahrt blieben. Wir haben dies aus seinem eigenen Munde vernommen."

Wie bedeutsam Boscos Aktivität war, erhellt aus der Tatsache, daß er sich die Feindschaft dunkler und mächtiger Kreise zuzog. Seine Widersacher versuchten sogar, ihn durch gedungene Mörder zu beseitigen. An einem Sonntagnachmittag des Frühjahrs 1848 wurde, während er in der Kirche Katechismusunterricht erteilte, ein Schuß auf Bosco abgegeben. Die Kugel durchlöcherte seinen Talar und schlug in die Wand ein. Bosco blieb unverletzt. Er beruhigte die entsetzten Jungen mit einem Scherzwort und setzte gelassen seinen Unterricht fort. Von Augenzeugen wird noch ein Dutzend weiterer Verschwörungen, Überfälle, Attentate und Mordversuche berichtet. Mit Gift, Dolch, Knütteln und Pistolen suchten immer wieder gedungene Banditen den Verhaßten umzubringen. Doch Bosco, der nie eine Waffe bei sich trug, kam dank seiner Geistesgegenwart und Gewandtheit, zuweilen auch durch eine glückliche Fügung, jedesmal davon.

Daß ein Mann wie Don Bosco den erbitterten Haß politischer und weltanschaulicher Gegner auf sich lenkte, erstaunt uns nicht. Doch schmerzt es zu sehen, wie dem Heiligen selbst von jener Seite Schwierigkeiten und Nachstellungen bereitet wurden, von der er eher Hilfe zu erwarten hatte. Er, der zahlreiche Broschüren schrieb zur Verteidigung des angegriffenen Papsttums, wurde bei der Index-Kongregation in Rom angeklagt, er habe die päpstliche Autorität untergraben wollen. Nur dem persönlichen Eingreifen Papst Pius' IX. ist es zu verdanken, daß es nicht zu einer Verurteilung kam. Zehn Jahre lang mußte Bosco von dem Erzbischof von Turin, Gastaldi, dem er selbst zu seiner Stellung verholfen hatte, zahllose Quälereien und Verleumdungen erdulden. Kardinal Salotti hat in seiner Biographie auf Grund umfangreichen Aktenmaterials ausführlich darüber berichtet. Die Belästigungen und Beleidigungen bedrückten Bosco um so mehr, als sie seine Seelsorgsarbeit sehr hinderten und einschränkten. Doch er durfte es noch erleben, daß er glänzend gerechtfertigt wurde.

In welch großer Achtung Bosco beim Papst stand, zeigt die Denkschrift, die er Leo XIII. unterbreitete. Bosco schrieb darin unter anderem: „Man will die Steine des Heiligtums sprengen ... Der oberste Lenker der Kirche ist verpflichtet, dagegen Vorkehrungen zu treffen ... Das Grundübel ist der Mangel an Arbeitern im Weinberg des Herrn. In den Familien der Besitzenden gibt es kaum noch Priesterberufe. Daher muß der Priesternachwuchs mit größter Sorgfalt in den ärmeren Bevölkerungsschichten gesucht werden, gewissermaßen zwischen Hacke und Hammer ... Die neuzeitlichen religiösen Gemeinschaften wurden durch die Not der Zeit auf den Plan gerufen. Sie müssen durch ihre karitativen und sozialen Werke die Ideen jener bekämpfen, die den Menschen nur als etwas Materielles gelten lassen ... Nur durch Werke, deren Augenzeugen sie geworden sind, werden Gottlose gezwungen, zu glauben."

Der Kraftmensch, der mit seinen „kleinen, zarten und sehr weichen Händen" ein Hufeisen bog, noch im hohen Alter Walnüsse mit zwei Fingern aufknackte und noch als Dreiundfünfzigjähriger fünfhundert Jungen im Wettlauf überholte, war natürlich stets ein Held der Jugend. Die Erwachsenen staunten noch mehr über sein phänomenales Gedächtnis, das viel, genau und lange festhalten konnte. Noch in seinen letzten Lebensjahren war Bosco fähig, ganze Gesänge Dantes und Tassos auswendig vorzutragen. Auf alle Zeitgenossen, die ihn näher kennenlernten, wirkte er als ein geistig überlegener Mensch. Der gelehrte Jesuit Josef Franco bezeugte: „Ich hatte Gelegenheit, oft und lange mit Don Bosco zu verhandeln. Er machte zunächst nicht den Eindruck außergewöhnlicher Geistigkeit, er schien vielmehr von einfacher, gutmütiger Natur zu sein. Begann Don Bosco aber seine Gedanken zu entwickeln, dann erwies er sich als ein Mann von erlesenem Urteil, von bewundernswerter Klugheit und von lauterer Absicht. Er zierte seine Reden nicht, sprach ruhig und ausgeglichen, so daß man das Gesagte ohne Korrektur sofort hätte drucken können. Ich kenne keinen Menschen, der mir je so imponiert hätte wie Don Bosco."

Pius XI. erklärte 1927: „Er war überragend an geistiger Größe ... erstaunlich ausgestattet mit Kraft und Stärke des Verstandes ... Er hätte das Zeug gehabt, ein wirklicher Gelehrter, ein schöpferischer Denker zu werden ... Wir verbrachten einige Tage unseres Lebens bei ihm, unter seinem Dach, am gleichen Tisch mit ihm. Wir hatten ferner wiederholt das Vergnügen, uns längere Zeit mit ihm zu unterhalten, obwohl er in geradezu unvorstellbarer Weise beansprucht war. Aber das war eine der eindrucksvollsten Eigenschaften Don Boscos: eine erstaunliche Ruhe und eine unbeschränkte Herrschaft über die Zeit. Er konnte alle, die sich an ihn wandten, mit solcher Ruhe anhören, als hätte er sonst nichts zu tun."

Durch Boscos Hände gingen achtzig Millionen Lire, doch er selbst blieb arm. Sein Zimmer war dürftig, seine Kleidung anspruchslos, seine Nahrung kümmerlich. Er schlief nie mehr als fünf Stunden. Samstags arbeitete er die ganze Nacht hindurch. Viele Jahre machte er alle kleineren Reisen zu Fuß. Manchmal legte er an einem Vormittag vierzig Kilometer zurück. Benützte er die Bahn, so fuhr er immer in der billigsten Klasse.

Man versteht, daß dieser originelle und liebenswürdige Mensch von kleinen Leuten wie von den Großen des Geistes verehrt wurde: gehörte er ja zu den einen wie zu den andern. Die Dichter Silvio Pellico und Alessandro Manzoni waren seine Freunde, Victor Hugo bewunderte ihn, Antonio Rosmini förderte seine Werke.

Was aber die Menschen am meisten zu ihm hinzog, das war seine Heiligkeit. Giovanni Bosco lebte ganz im Göttlichen, und die mit ihm verkehrten, spürten das. Er strahlte Kräfte aus, die ihre Quellen nicht in der Natur, sondern in der Übernatur hatten. Don Rua, der siebenunddreißig Jahre an der Seite Boscos lebte, bekannte: „Es machte mir mehr Eindruck, Don Bosco in seinen Handlungen, auch den geringsten, zu beobachten, als wenn ich ein Andachtsbuch gelesen hätte." Viele Schüler des Heiligen bezeugen, daß sie in seiner Gegenwart nicht anders als gut sein konnten. Sein Anblick verscheuchte jeden unreinen Gedanken. Alle fühlten sich bei ihm geborgen. Sie hatten erlebt, daß Don Bosco mit aller Bestimmtheit und Genauigkeit Ereignisse voraussagte, die niemand wissen konnte; daß er in ihren Herzen die geheimsten Gedanken las; daß er Dinge sah, die hundert Meilen entfernt geschahen. Für sie bestand kein Zweifel, daß Bosco von Gott erleuchtet war. Seine hellseherischen Fähigkeiten äußerten sich auch in „erschütternden Träumen, voll Gewalt und Bildkraft, durchleuchtet von der Furchtbarkeit göttlichen Wissens und Richtens, von einzigartiger Weisheit und Klarheit" (C. Burg).

Als Bosco schon die Siebzig überschritten hatte, unternahm er noch Reisen nach Marseille, Paris, Barcelona. Überall wurde der Heilige in triumphalen Empfängen enthusiastisch gefeiert. Tausende drängten sich vor der Tür seiner jeweiligen Wohnung, um nach stundenlangem Warten ihm ein paar Worte sagen zu können. Wie einst den Aposteln brachte man ihm Kranke, damit er sie heile. Er predigte in überfüllten Kathedralen, hörte Beicht und nahm die größten Anstrengungen auf sich. Dabei hatte längst ein erschreckender Kräftezerfall eingesetzt. Sein Körper war völlig erschöpft. Ein Arzt, der ihn gründlich untersucht hatte, erklärte: „Medizinisch gesehen müßte er eigentlich schon tot sein. Trotzdem arbeitet er alle Tage in unerhörter Weise weiter, ißt kaum und lebt doch. Er ist für mich das größte Wunder."

Heute sehen wir den heiligen Johannes Bosco umgeben von einem Kranze von Heiligen, auf welche Licht von seinem Lichte fällt: Giuseppe Benedetto Cottolengo und Giuseppe Cafasso, seine Freunde, Maria Mazzarello, die erste Generaloberin der von Bosco gegründeten Maria-Hilf-Schwestern, und Domenico Savio, sein Schüler. Wenn jährlich am 31. Januar in allen katholischen Kirchen des Erdkreises sein Fest gefeiert wird, spricht der Priester zu Beginn der Eucharistie die biblischen Worte: „Gott gab ihm Weisheit und außergewöhnliche Klugheit und ein Herz weit wie der Meeresstrand."

JOHANN HINRICH WICHERN

(1808–1881)

Unter den christlichen Erziehern und Sozialreformern des neunzehnten Jahrhunderts nimmt Johann Hinrich Wichern als „Bahnbrecher auf vielen Gebieten" (H. Lilje) einen hervorragenden Platz ein. Die großen Werke, die er gründete, das Rauhe Haus und die Innere Mission, bestehen noch heute und wirken immer noch segensreich; sein Geist wird auf den Evangelischen Kirchentagen immer wieder beschworen. Jeder, der sich seiner sozialen Verantwortung bewußt ist, kann aus dem Gelingen und Scheitern in seinem Wirken vieles lernen.

Die entscheidende Kraft, aus der Wichern ein Leben der tätigen Liebe lebte, war sein Glaube. Nur von daher ist Wichern und sein Werk zu verstehen und zu würdigen. Dieser Christusglaube blieb nicht unangefochten, denn der rationalistische Geist, den Wichern auf dem Hamburger Gymnasium Johanneum einatmete, brachte ihm Glaubenszweifel; sie konnten ihn aber nicht erschüttern. Seine innere Entwicklung verlief ohne Bruch als ein stetiges Wachsen und Reifen von der Kinderfrömmigkeit zum festen Mannesglauben. Die Erfahrung bitterer materieller Not und plötzlicher Hilfe, die Wichern in seinen jungen Jahren mehrmals machte, bestärkten ihn in dem Glauben, daß Gottes Liebe mit ihm sei und ihn führe. Diese Erlebnisse auffallender Gebetserhörungen ermutigten ihn zu seinen späteren Wagnissen, denn er hatte es erfahren, daß Gottvertrauen kein ungedeckter Scheck ist.

Zu dieser Gabe des Glaubens gesellte sich als Erbe seines Vaters, der es vom Küfer und Mietkutscher bis zum kaiserlichen Notar und vereidigten Übersetzer aus zehn Fremdsprachen gebracht hatte, die zähe Energie, die zu entfalten Wichern schon früh Gelegenheit hatte. Als er fünfzehn Jahre alt war, verlor er seinen Vater und stand mit Mutter und sechs Geschwistern in wirtschaftlicher Not. Jetzt erlebte er die Armut, die ein Hauptthema seiner Lebensarbeit werden sollte, am eigenen Leibe. Die verwitwete Mutter arbeitete jetzt als Wäscherin, konnte aber damit allein die achtköpfige Familie nicht ernähren. Auf Johann Hinrich als dem Ältesten lastete die Verantwortung, zum Unterhalt der Familie beizutragen. Bisher war ihm das Lernen „unendlich schwer" gefallen, ja, er schien seinen Lehrern „ungeheuer beschränkt" zu sein. Jetzt aber nahm er, von Notwendigkeit und Wille zugleich angetrieben, einen Aufschwung. Er gab bald selbst Stunden in Latein und Griechisch, erteilte Klavierunterricht und lernte noch bis zwei Uhr nachts. Mit achtzehn trat er als Hilfslehrer in eine private Internatsschule ein, gab wöchentlich 43 Stunden Unterricht, außerdem noch sieben Privatstunden, und hörte daneben noch sieben Kollegs. Vor zwei Uhr nachts kam er selten ins Bett, zum Schlafen blieben nur vier Stunden. Die Folge dieser forcierten Lebensweise waren drückende Kopfschmerzen, die er nie mehr loswerden und sein Leben lang als Kreuz schleppen sollte.

Der junge Hilfslehrer verbrachte den größten Teil des Tages mit seinen Jungen, denn auch die Aufsicht über die Hausarbeiten und die Freizeitgestaltung mit Turnen, Spielen, Spaziergängen und Liederkreisen oblag ihm. Er war darauf bedacht, jeden der ihm anvertrauten Knaben in seiner Individualität zu erfassen und nicht nur geistig, sondern auch sittlich und religiös zu führen. Sein Tagebuch gibt Aufschluß darüber, wie liebevoll er sich um jeden einzelnen mühte, sich in die Seele jedes ihm Anvertrauten hineinversetzte und für jene am meisten betete, die ihm die größte Sorge machten. So sehr war seine ganze Erziehungsarbeit von seiner Frömmigkeit durchblutet, daß seine pädagogische Entwicklung von seiner religiösen Entwicklung nicht getrennt werden kann.

In seinem Tagebuch gab er sich streng über seine Erziehungsfehler Rechenschaft. „Entsetzlich auffahrend bin ich heute gegen einen Knaben gewesen. Nicht als wenn ich ihm unrecht getan hätte ... Ich hätte nur nicht zornig sein müssen. So müssen wir uns beim Erziehen selbst erziehen." Häufig klagte er sich des Stolzes, der leichten Verletzlichkeit und des Jähzorns an. Seine Heftigkeit war ein Charakterfehler, mit dem er sein Leben lang zu kämpfen hatte. Gerade an diesem Punkt erfuhr Wichern seine Sündhaftigkeit, und er lernte, daß ein friedvolles Leben mit den Mitmenschen nicht ohne Verzeihen möglich ist. Der Neunzehnjährige stellte sich die Frage, „wie das Christentum mit dem Leben zu verbinden ist". In der Theorie fand er das leicht, aber nicht in der Praxis. Christentum und Leben zu verbinden – das war die Aufgabe, die er sich selbst stellte und fortan seiner Umwelt vor Augen hielt. Was er andern predigte, suchte er selbst zu verwirklichen, und da er aus Erfahrung wußte, wie schwer das ist, lernte er, mit andern wie mit sich selber Geduld zu haben.

Die Tätigkeit an der Privatschule, die 1¾ Jahr dauerte, war für Wichern eine erste Probezeit für seinen künftigen Erzieherberuf, den er damals als ihm von Gott bestimmt erkannte. Von einer Predigt, die ihn tief ergriff, schreibt er: „Für meinen Umgang mit den Kindern soll sie mir unvergessen bleiben. Die Kleinen, die Geringen, die Schwachen hat Gott zu seinem Eigentum erwählt. Ich habe heute über mich und meine Zukunft wieder ernstlich nachgedacht. O könnte die Menschenfischerei mein Handwerk werden mein Leben lang! Das Was ist mir klar; aber das Wie liegt mir im Dunkel. Herr, lenke meine Seele, daß sie dir allein gehorsam bleibe!"

Einflußreiche Hamburger Patrizier ebneten dem strebsamen jungen Mann den Weg zum Theologiestudium. Der zwanzigjährige Wichern ging nach Göttingen, später nach Berlin. „Neben der Heiligung soll dem Theologen das Streben nach Ausbildung des wissenschaftlichen Sinnes das erste Bedürfnis sein", schreibt er damals. Bisher hatte er fast ausschließlich aszetische Bücher gelesen, jetzt aber versuchte er ernsthaft, sich solide Grundlagen in der Dogmatik anzueignen. Seine Neigung freilich gehörte nicht dem Theoretischen, sondern dem Praktischen, nicht dem Abstrakten, sondern dem Anschaulich-Konkreten. In Berlin hörte er Schleiermacher und Hegel, doch stärker als diese Denker zog ihn der Kirchenhistoriker Neander an, dem er auch persönlich als häufiger Gast in seinem Hause nähertreten durfte und der ihm in Wort und Beispiel zeigte, daß das Christentum nicht Lehre, sondern Leben aus Gott ist. Durch Neander machte Wichern die Bekanntschaft des Barons von Kottwitz, der sein Vermögen für die in Not geratenen schlesischen Weber geopfert und in Berlin eine Armenanstalt nach dem Prinzip der Selbsthilfe für Arbeitslose und Gebrechliche errichtet hatte. Auch Dr. Julius, einen Pionier der Gefängnisreform, lernte er im Hause Neanders kennen. Wichern entflammte für die Probleme, zu deren Lösung er sein ganzes Leben hingeben sollte. Es erschütterte ihn, neben der Pracht der Hauptstadt eine Welt von Armut, Elend und Schande zu entdecken: „In einem einzigen Hause wohnen oft fast so viele Familien, als Zimmer im Hause sind, eng zusammengepreßt. Dabei kann kein Familienleben und keine Sittlichkeit bestehen, und die Erziehung der Kinder muß den tiefsten Schaden leiden."

Nach seinem Examen 1832 begann Wichern seine öffentliche Wirksamkeit als Oberlehrer, d. h. Leiter, der St. Georger Sonntagsschule in Hamburg, deren Arbeit er neu-organisierte. Wieder nahm er sich gewissenhaft jedes einzelnen Kindes an und besprach alle Erfahrungen und Beobachtungen mit den Lehrern und Lehrerinnen auf den monatlichen Konferenzen. Auf Hausbesuchen bei den Eltern der Kinder kam er in die Hinterhöfe der Hamburger Altstadt, in Kellerwohnungen und Bodenkammern voll Schmutz, Unrat und Gestank. In den Gassen traf er zerlumpte Jungen, die herumlungerten, bettelten oder sich als Zuhälter betätigten. Er sprach sie an, erkundigte sich nach ihren Eltern und entschloß sich, auch diese in ihren Behausungen aufzusuchen. Er blickte in Zustände, die ihn entsetzten. Er sah, wie Menschen im Sumpf der Trunksucht und Prostitution verkamen.

Gegen diese Brutstätten des Lasters und des Verbrechens etwas zu unternehmen, überstieg die Kraft eines einzelnen. Wichern tat sich deshalb mit andern jungen Männern zusammen, um regelmäßig die Armen zu besuchen und ihnen Hilfe zu bringen. In diesem Kreise tauchte der Gedanke auf, ein Haus zu gründen, in dem die Jugend den verderblichen Einflüssen entzogen und so vor dem Untergang gerettet werden könnte. Wichern wurde von den Freunden gebeten, sich dieses Planes anzunehmen.

Bald stand der Fünfundzwanzigjährige als Redner vor einer großen Versammlung, zeichnete ein schonungsloses Bild der Not und des Elends und rief: „Ob den Erwachsenen noch gründlich zu helfen sei und wie, lassen wir dahingestellt sein; daß dem jungen Volk noch geholfen werden könne, glauben und wissen wir." Dann entwarf er vor den Hörern seinen Plan: Man müsse gefährdete Kinder aus ihrer bösen Umgebung herausholen und in eine gesunde Umwelt einpflanzen. Das Rettungshaus dürfe keine Kaserne sein. Die Jungen sollten in familienartigen Gruppen zu Zwölf wie Geschwister Leben und Arbeit teilen, und jede Gruppe sollte in einem Familienhaus für sich wohnen, geleitet von einem älteren „Bruder". Die Häuser mit Spielplätzen und Gärten sollten ein kleines Dorf bilden, um den Betsaal als Mittelpunkt geschart. Dem Ganzen sollte ein „Hausvater" vorstehen. Alles war von Wichern bis ins einzelne in origineller Weise und mit methodischer Sicherheit durchdacht.

1833 wurde der Plan nach allerlei Hindernissen und Widerständen durch großzügige Spenden und Geschenke Wirklichkeit. Syndikus Sieveking hatte ein ausgedehntes Grundstück geschenkt mit einem strohbedeckten Bauernhaus, Scheune, Brunnen, Gewächshaus, Fischteich, herrlichem Baumbestand und angrenzendem Feld. Es lag östlich vor Hamburg, im Süden von Wandsbek. Hier nahm Wichern als Vorsteher mit seiner Mutter und seiner Schwester als seinen ersten Helfern Wohnung. Den uralten Namen „Das Rauhe Haus", dessen Ursprung unbekannt ist, behielt er für seine Rettungsanstalt bei, obwohl dadurch ungute Vorstellungen wachgerufen wurden, die aber zur Wirklichkeit des Rauhen Hauses keineswegs paßten.

Bis zum Schluß des ersten Jahres 1833 waren im Rauhen Hause vierzehn Jungen im Alter von fünf bis achtzehn Jahren aufgenommen worden. Im ersten Jahresbericht schreibt Wichern von ihnen: „Bis auf einen waren sie sämtlich in gänzlicher Verwahrlosung und Verwilderung aufgewachsen. Acht von diesen vierzehn waren außer der Ehe geboren, die ehelichen aber, bis auf zwei, unter dem Einfluß verbrecherischer oder trunksüchtiger Eltern oder sonst in einem unehrbaren Hauswesen groß geworden. Durch Bettelei und andere Anleitung hatten mehrere es bis zur Gewohnheit des hartnäckigsten Lügens und im Stehlen bis zu dem Grade gebracht, daß einer derselben sich in seinem zwölften Jahre schon zu 92 Diebstählen vor der Polizei bekannte. Mit sieben von diesen Knaben hatten Eltern, Armenpfleger und Schullehrer oder selbst die Obrigkeit es vergebens versucht, sie zu bändigen ... Nur wenige hatten früher nicht auf Steinhaufen, Blockwagen, Saaltreppen viele ihrer Nächte zugebracht."

Wie brachte Wichern es fertig, diese mißtrauischen, widerwilligen, zum Abschütteln jeder Bindung entschlossenen Burschen umzuerziehen? Jedem Neuaufgenommenen trat er mit den Worten entgegen: „Mein Kind, dir ist alles vergeben! Sieh um dich her, in was für ein Haus du aufgenommen bist! Hier ist keine Mauer, kein Graben, kein Riegel, nur mit *einer* Kette binden wir dich hier, diese heißt Liebe, und ihr Maß ist Geduld." Dem Neueintretenden sollte ein neuer Anfang ermöglicht werden, deshalb wurde ihm nicht nur gesagt, daß ihm alle seine bisherigen Vergehen völlig und für immer vergeben sein sollten, sondern auch, daß keiner seiner Kameraden etwas von seinem Vorleben erfahren sollte und daß er selbst mit niemandem außer dem Hausvater über die Vergangenheit reden durfte. Wichern hat dann auch tatsächlich nicht mehr an das Vergangene gerührt und den, der die Vergebung angenommen hatte, als einen neuen Menschen behandelt.

Diese von unwiderstehlichem Freiheitsdrang beseelten Burschen, die so lange jeder Zucht entronnen waren, mußten lernen, sich in die Gemeinschaft einzufügen. Wichern suchte ihren Freiheitstrieb nicht zu ersticken, sondern in den rechten Boden zu verpflanzen und von innen heraus zu bilden. Er lehrte sie die freie innere Entscheidung, das selbständige Ja zu einer Sache als einen echten Ausdruck der Freiheit. Das Beste, das er den Jungen zu geben hatte, die Botschaft von der Gnade Gottes, mußte von jedem einzelnen in Freiheit angeeignet werden. Statt zu zwingen, vertraute Wichern. Wo andere ängstlich sind, wagte er. Er dressierte nicht, sondern ließ wachsen. Um das Vertrauen seiner Zöglinge zu gewinnen, vertraute er ihnen zuerst selbst. „Dieses wechselseitige Gewähren und Riskieren, dieses Geben und Nehmen von Vertrauen ist das wesentliche Geheimnis und der eigentliche Angelpunkt in Wicherns Pädagogik. Wir müssen dabei bedenken, was für Kinder es waren, denen er vertraute! Aber seine Offenheit entwaffnete auch die abgebrühtesten unter ihnen immer wieder" (R. Grunow). Wichern blieb nicht dabei stehen, daß die Jungen zu *ihm* Vertrauen hatten; er wollte sie nicht an sich binden, sondern an Gott. Zu *Gott* sollten sie Vertrauen fassen.

Im Rauhen Hause stand alles offen. Wichern wagte es sogar, das Geld unverschlossen zu lassen. Natürlich kam es vor, daß solches Vertrauen mißbraucht wurde. Aber erst im zweiten Jahre, Weihnachten 1834 geschah es zum ersten Male, daß einer der Jungen weglief. Er hatte seine Weihnachtsgeschenke empfangen und sich dann davongestohlen. Es ist charakteristisch, wie Wichern sich in dieser Lage verhielt. Er eilte sofort in die Stadt, fand den Ausreißer zwischen den Buden auf dem Gänsemarkt und brachte ihn schweigend wieder zurück. Die Kameraden empfingen den Jungen unwillig. Wichern ließ den Erschrockenen zuerst allein und im Ungewissen über das, was nun kommen würde. Die älteren Jungen sollten bestimmen, was mit dem Schuldigen zu geschehen habe. Alle stimmten darin überein, daß er bestraft werden müsse, und harte Strafen wurden ausgedacht. Als aber die jungen, unerbittlichen Richter aufgefordert wurden, dem Weinenden selbst die Strafe zu verkünden, verstummten sie verlegen. Plötzlich trat einer hervor, dem wohl seine eigenen früheren Vergehen eingefallen waren, und sagte: „Ich will ihm gern vergeben." Alle stimmten dem zu und blickten erwartungsvoll auf Wichern. Der ließ nun das Wort Gottes unmittelbar in die Situation hineinreden. Er las und erklärte die Geschichte von der Ehebrecherin aus dem Johannes-Evangelium. „Wer von euch ohne Schuld ist, der hebe den ersten Stein! – Hat dich niemand verdammt? So verdamme ich dich auch nicht. Geh und sündige nicht mehr!" Damit war die Sache entschieden. Alle drängten sich zu dem Schuldigen und reichten ihm die Bruderhand der Versöhnung, und schöner als vorher erklangen die Weihnachtslieder. Der Entlaufene wurde fortan morgens früh ohne Aufsicht zum Milchholen ausgeschickt und kam jedesmal wieder. Als Wichern ihn nach einem Jahr den Wagen anspannen ließ, damit er Mehl von der Mühle hole, und ihm das Geld gab, sagte der Junge: „Ich kann es nicht vergessen, was mir damals geschah, nachdem ich weggelaufen war, daß Sie mir nämlich sogleich alles Vertrauen wieder schenkten."

Ein Hauptmittel, die Jungen zu bändigen, war die Arbeit. Sie reinigten das Gelände und die Zimmer, flickten ihre Kleidung, schnitzten Holzpantoffeln, arbeiteten im Garten. Jedem wurde Verantwortung für bestimmte Hausgeschäfte übertragen. Die Winterabende dienten dem Unterricht. Morgens und abends wurde eine einfache Andacht gehalten. Im ersten Frühjahr wurde gegraben, gepflanzt, gesät und gehackt. Ein zweites Haus wurde gebaut und ein Backofen errichtet, in dem die Jungen das Brot für die Hausgemeinschaft selbst backen konnten. Die ersten Werkstätten entstanden. Viehställe wurden gebaut, eine Bienenzucht angelegt.

1835 heiratete Wichern, und seine Frau wurde die Mutter nicht nur seiner Kinder, sondern auch aller Kinder des Rauhen Hauses, zu denen jetzt auch eine Anzahl Mädchen gehörten. In den nächsten Jahren entstanden weitere Häuser, eine Buchdruckerei und ein eigener Verlag, eine Buchbinderei, Steindruckerei, Stereotypengießerei und Holzschneiderei.

Für das, was Wichern im wachsenden Rauhen Haus leistete, erntete er Anerkennung, aber auch Feindseligkeit. Manche meinten, er werde die Taugenichtse mit Singen und Beten entweder verrückt oder zu Heuchlern machen. In gewissen Tageszeitungen wurde das Rauhe Haus als Brutstätte der „Muckerei" in gemeinster Weise angegriffen. Wer an Ort und Stelle die Verhältnisse in Augenschein genommen hatte, wußte es besser.

Das Leben im Rauhen Hause war auf einen fröhlichen Ton gestimmt. Auch diese Freudigkeit ging von Wichern aus, der trotz seiner dauernden Kopfschmerzen und seines heftigen Temperamentes im Grunde seines Herzens nicht nur ein gütiger, sondern auch ein froher Mensch war. Er sorgte dafür, daß seine Jungen immer wieder etwas zu feiern hatten. Da gab es den Stiftungstag, das Kirschenfest, das Apfelfest, das Liederfest, das Erntefest mit Topfschlagen, Vogelschießen, Sacklaufen und Wurstspringen, den Wandertag, die Richtfeste neuer Häuser, die Feste des Kirchenjahres. Alle diese Feste schufen neue Erinnerungen in den Seelen der Jugendlichen, welche die alten düsteren Erinnerungen entmachteten.

Wichern war überzeugt, der Niedergang eines Volkes beginne damit, daß Familien sich trennen, getrennt werden oder verwildern. Ein Aufstieg komme nur durch Gesundung der Familie. Deshalb änderte Wichern seine anfängliche Meinung, man müsse die Zöglinge des Rauhen Hauses völlig von ihren Familien trennen. Er kam zu der Überzeugung, es müsse alles Erdenkliche geschehen, um die Jungen des Rauhen Hauses zu einer neuen Liebe zu ihren Eltern, die Eltern zu einem neuen Verantwortungsbewußtsein gegenüber ihren Kindern zu führen. Die Trennung der Kinder von den Eltern sei nur als eine Notmaßnahme anzusehen, als ein Übel, das zeitlich begrenzt und durch ständige Kontakte gemildert werden müsse. An einem Sonntagnachmittag jeden Monat, später öfter, konnten die Zöglinge des Rauhen Hauses Besuche von Eltern und Geschwistern empfangen. Befürchtete Wichern anfangs, der unheilvolle Einfluß der meist zerrütteten oder verwahrlosten Familie könnte sich fortsetzen, wenn die Kontakte nicht möglichst unterblieben, so dachte er später auf Grund seiner Erfahrungen eher an die Möglichkeit, daß von den im Rauhen Hause gewandelten Jungen ein segensreicher Einfluß auf die Familien ausgehe.

Es war vorgesehen, daß die Burschen im Konfirmationsalter aus dem Rauhen Hause entlassen wurden. Wichern brachte sie dann bei soliden Handwerksmeistern unter. In väterlicher Treue blieb er mit den Entlassenen in Verbindung. Die bei Hamburger Meistern in Lehre stehenden sammelte er alle vierzehn Tage in einem Lokale um sich zu einem Aussprachekreise. Obwohl die Teilnahme daran freiwillig war, fehlte nie jemand ohne Entschuldigung. Denen, die als Gesellen oder Seeleute in die Ferne gezogen waren, blieb Wichern mit Briefen nahe. Es gab auch Widerborstige, die vor der Zeit das Rauhe Haus verlassen mußten. Doch kam manchmal nach Jahren von einem solchen fast ohne Hoffnung entlassenen Sorgenkind aus Amerika oder Australien ein Brief, der bekundete, daß ihm in der Einsamkeit der Prärie das Verständnis dafür aufgegangen war, was ihm im Rauhen Hause zuteil geworden, und der seine Bitte um Vergebung übers Meer herüberbrachte.

Bei seiner Arbeit im Rauhen Hause wurde Wichern von Gehilfen aus dem Lehrer- und Handwerkerstand unterstützt. Sie wurden „Brüder" genannt, und wie ältere Brüder standen sie den Jungen mit Rat und Tat bei. Von Anfang an hatte Wichern den Gedanken, zur Ausbildung weiterer Brüder eine Anstalt zu gründen und diese mit dem Rauhen Hause organisch zu verbinden. Nicht nur Nachwuchs an Hilfskräften für das Rauhe Haus wollte er hier heranbilden, er dachte auch an andere Rettungshäuser, die anderswo entstehen würden, an Armenschulen, Stadtmissionen, Waisenhäuser, Gefängnisse, an Vagabundenfürsorge, an die Kolonien deutscher Auswanderer in den Vereinigten Staaten, kurz: an alle möglichen Dienste der Barmherzigkeit.

Die Brüderanstalt kam am Ende des ersten Jahrzehnts des Rauhen Hauses zustande. Schon 1845 befanden sich in ihr 35 junge Männer in Ausbildung, 25 waren bereits auf verschiedenen Arbeitsfeldern in Deutschland, in der Schweiz, in Rußland und in Nordamerika tätig. Von allen Seiten verlangte man von Wichern geschulte Brüder, auch aus Holland, England, Frankreich, der Türkei und den Balkanstaaten kamen Anforderungen.

Was Wichern bei der Gründung der Brüderanstalt eigentlich vorschwebte, verrät der Titel ihrer ersten Publikation von 1843: *Erste Nachricht über das Gehülfeninstitut als Seminar für innere Mission.* Der Ausdruck „Innere Mission" ist wohl Wicherns eigene Schöpfung. Bereits 1836 schrieb er vom „Aufbau des Reiches Gottes durch innere Mission". Der Gedanke begann anscheinend 1827 in ihm zu keimen, als er in einem Gespräch das Wort hörte: „Es sind bei uns noch genug Heiden zu bekehren." Was Ivo Zeiger nach dem Zweiten Weltkriege feststellte, „Deutschland ist Missionsland", das verkündete Wichern schon hundert Jahre vorher. Die praktische Folgerung aus diesem Sachverhalt hieß für Wichern „Innere Mission". Zum erstenmal erhob er den fordernden Ruf nach Innerer Mission in dem ereignisreichen Jahre 1848.

Marx und Engels hatten das Kommunistische Manifest veröffentlicht; die Revolution hatte sich gegen die Herrschaft von Adel, Klerus und Industriemagnaten aufgelehnt; die Nationalversammlung in der Frankfurter Paulskirche hatte die demokratischen Kräfte in Deutschland aufgerufen. Diese Situation eines politischen und sozialen Umbruchs forderte die Kirche heraus, Stellung zu beziehen. So tagte im Herbst 1848 in Mainz der erste deutsche Katholikentag, auf dem Ketteler, damals noch Pfarrer in Hopsten, zum erstenmal vor einer großen Öffentlichkeit sprach, während in Wittenberg der erste Evangelische Kirchentag zusammentrat, auf dem Wichern, damals noch Kandidat in Horn, mit einer zündenden Stegreifrede die evangelische Christenheit aufrüttelte. Die Stunde war da, in der er hoffen durfte, die seit langem in ihm herangereiften Gedanken würden offene Ohren finden. Wichern erklärte, „daß die Kirche in Bezug auf die Praxis eine große Schuld zu tilgen und ein Neues zu beginnen habe". Die Erneuerung und Einigung des zersplitterten evangelischen Kirchentums sei nicht durch Erörterungen über dogmatische und juristische Fragen zu erreichen, sondern nur durch gemeinsames Tun. „Wenn die Kirche für alles christliche Leben im Volk der Quell sein will, so muß der künftige Kirchenbund die Innere Mission in sein Programm aufnehmen." Die Innere Mission habe es nicht nur mit den Armen und Ungebildeten zu tun, sondern ebensosehr mit der Rettung der Reichen und Gebildeten, sofern sie sich vom Evangelium abgewendet haben. Es gebe „inmitten der getauften Christenheit eine Gesinnung und Lebensgestaltung, welche nicht christlich, sondern heidnisch ist". Die Kirche sollte Gebrauch machen von dem Recht auf freie Vereinsbildung, das die Revolution erkämpft hatte, denn dadurch sei ihr der Weg geöffnet, das Evangelium wieder in die Volksmassen zu tragen. „Kommen die Leute nicht in die Kirche, so muß die Kirche zu den Leuten kommen ... Wir müssen Straßenprediger haben, vornehmlich in den großen Städten. Die Straßenecken müssen Kanzeln werden." Der evangelischen Kirche soll „die rettende Liebe das große Werkzeug werden, womit sie die Tatsache des Glaubens erweist".

Noch auf demselben Kirchentag 1848 wurden die organisatorischen Fragen der Inneren Mission erörtert und ein Zentralausschuß beschlossen, der nach Wicherns Worten „nicht zu herrschen, sondern zu dienen, zu helfen" habe. Er konstituierte sich bald darauf. Im ersten Paragraphen der Statuten heißt es: „Die Innere Mission hat zu ihrem Zweck die Rettung des evangelischen Volkes aus seiner geistlichen und leiblichen Not durch die Verkündigung des Evangeliums und die brüderliche Handreichung der christlichen Liebe ... Sie umfaßt nur diejenigen Lebensgebiete, welche die geordneten Ämter der evangelischen Kirche mit ihrer Wirksamkeit ausreichend zu bedienen nicht imstande sind, so daß sie diesen in die Hände arbeitet." Die Innere Mission erhoffe „eine solche Durchbildung der kirchlichen Fürsorge für alles bis dahin Verlassene, Vergessene, Versäumte und Verlorene ..., daß zuletzt keiner mehr bleibt, dem nicht das Wort Gottes in rechter Weise, dem nicht die Hilfe zuteil würde, deren er zur Wiedergewinnung und Bewahrung des ewigen Lebens bedarf."

Auf den folgenden Kirchentagen und Kongressen erhob Wichern immer wieder seine Stimme. Die Probleme, die er behandelte, sind die gleichen, die heute, hundert Jahre später, abermals diskutiert werden und die evangelische wie die katholische Christenheit als noch ungelöst beschäftigen. Auf dem Kirchentag in Stuttgart 1869 hielt Wichern das Hauptreferat über die „Aufgaben der evangelischen Kirche, die ihr entfremdeten Angehörigen wiederzugewinnen". Ursache dafür, daß so viele der Kirche den Rücken gekehrt haben, sei die Tatsache, daß die evangelischen Kirchen von Fürsten und staatlichen Obrigkeiten etabliert und dirigiert werden. Durch äußeren Zwang sei viel Unwahrheit in das kirchliche Leben eingedrungen. Die Konfirmation sei zu einem pompösen Familienfest herabgesunken; die Treue, welche die Konfirmanden dem Herrn der Kirche gelobten, werde von den meisten nicht gehalten. Nur zwei bis drei Prozent der Kirchenglieder besuchten den Gottesdienst. „Die Tatsache ist eine erschreckende, aber können wir uns darüber verwundern? Es kann dies Resultat einer alljährlich sich vollziehenden Kirchenaktion kein anderes sein, und wird kein anderes werden, bis die Kirche selbst in diesem Prozeß andere Wege betritt." Das Glaubensbekenntnis und das Treuegelübde, an das sich die Zulassung zum Abendmahl knüpft, dürfe nicht durch Herkommen und Erziehung erzwungen sein. Es müsse ein freiwilliger Akt sein, an kein bestimmtes Lebensalter gebunden. Dann könnte eine echte Kommuniongemeinde entstehen, eine Kernschar bewußter Christen, während die Masse der übrigen Getauften eine Missionsgemeinde bildeten. Auch diese dem Glauben entfremdeten, verirrten oder gar kirchenfeindlichen Menschen gehören, weil sie getauft sind, zur Kirche. „Auch sie nenne ich Brüder." Die Kommuniongemeinschaft müsse sich der Missionsgemeinschaft annehmen.

Das war die Aufgabe, die Wichern der Inneren Mission stellte: die evangelische Christenheit, soweit sie nicht mehr wahrhaft gläubig ist, zu einem lebendigen Christentum zu bekehren. Im Jahre 1857 erklärte er: „Die Innere Mission ist die Fortsetzung oder Wiederaufnahme der ursprünglichen Missionsarbeit in der christlichen Welt zur Überwindung des in derselben noch ungebrochen gebliebenen oder wieder mächtig gewordenen Juden- oder Heidentums." An anderer Stelle schrieb Wichern: „Die Innere Mission bezweckt die Rettung der von Christo entfremdeten und zum Teil bis jetzt unchristlich gebliebenen oder wieder antichristlich gewordenen Massen innerhalb der Christenheit, und zwar ohne Unterschied der Stände." Eine religiöse und soziale Wiedergeburt des ganzen Volkes sollte von ihr ausgehen. „Der Grundsatz, nur denjenigen zu dienen, welche das Amt aufsuchen und begehren, nur denjenigen zu predigen, welche in die Kirchengebäude kommen, ist fast der allgemeine geworden, und die Folge liegt vor Augen: Jene Tausende bleiben ohne das Wort, ohne Licht und ohne Leben. Wenn jener Grundsatz richtig wäre, hätte nie eine christliche Kirche zustandekommen können, hätte am Ende Christus selbst im Himmel bleiben müssen, statt uns hier aufzusuchen."

Nach Wichern sollte die Kirche mitten in der Welt stehen und sich weder auf einen kleinen Kreis von Erwählten noch auf das „rein Religiöse" beschränken. In Stuttgart 1869 kritisierte Wichern das religiöse Leben der Zeit, das sich mit dem „Erbaulichen" begnüge und sich vor jeder Berührung mit der Welt, der Politik, der Arbeiterfrage fürchte. Nur ein Ringen um das Heil der Welt werde den Draußenstehenden die Augen für Christus öffnen und den Glauben an ihn wecken. „Jede Lebensgestaltung von der Familie an bis in alle Ordnungen des gesellschaftlichen und staatlichen Lebens hinaus, jede Tätigkeit und jeder Beruf ist nicht nur fähig, sondern bestimmt, zu einem Träger der Arbeit für das Reich Gottes verklärt zu werden."

Das wurde von Wichern und den Brüdern den Jungen des Rauhen Hauses vorgelebt, indem sie mit ihnen in Werkstatt und Feld zusammenarbeiteten. „Es kommt uns nämlich", sagte Wichern, „darauf an, den Kindern die Wahrheit des Evangeliums, die sie im Unterricht lernen, in Fleisch und Blut zu übersetzen. Wir wollen sie nicht bloß lehren, daß das Wort Gottes Geist und Kraft und alles durchdringender Sauerteig ist, wir wollen es ihnen auch tatsächlich zeigen; wir wollen es ihnen darlegen in der Form, in welcher sie künftig selbst als Christen diesen Glauben bestätigen sollen. Wir hoffen, sie durch die Tat zu überführen, daß der Dienst im Reich des Herrn nicht den Beruf einzelner Auserwählter, besonders Bevorzugter, sondern den Beruf aller derer ausmacht, die im Glauben das ewige Leben empfangen haben; sie sollen erfahren, daß das gerade die Herrlichkeit des neuen Lebens ist, daß es nichts Menschliches ausschließt, sondern ohne Ausnahme alle menschliche Ordnung, alle irdischen Verhältnisse und Ordnungen in sich einschließt. Gerade darum ist uns die anspruchslose Form unserer Berufsarbeit so teuer und jedes Tagewerk heilig. Wir glauben mit der lebendigen evangelischen Christenheit, daß gerade hierin sich das Bekenntnis des allgemeinen Priestertums vor allem herrlich betätigt."

Innere Mission sollte nach Wichern „die Entfaltung und Betätigung aller Glaubens- und Lebenskräfte der ganzen wahrhaftigen Christenheit in Kirche, Staat und allen Gestalten des sozialen Lebens sein". Sonst „wäre die Pflicht der Christen die Flucht aus der Welt", „müßten wir andern Händen das ganze Bereich des öffentlichen Lebens überlassen, während doch Paulus sagt: Alles ist euer, ihr aber seid Christi".

Daß hier die Aufgabe der christlichen Laien liege, hat Wichern deutlich erkannt. Theologisch begründete er die apostolische, missionarische und weltgestaltende Aktivität der Laien mit dem allgemeinen Priestertum der Gläubigen. Praktisch erwies er sie als notwendig durch die Tatsache, daß die kirchlichen Amtsträger nicht mehr überall Zugang fanden, daß das Amt für die Verbreitung des Evangeliums nicht mehr ausreichte. Auf dem Kirchentag in Kiel 1867 sprach Wichern über den „Beruf der Nichtgeistlichen für die Arbeit im Reiche Gottes und den Bau der Gemeinde" in den Großstädten des industriellen Zeitalters. Und auf dem Kirchentag in Stuttgart 1869 führte Wichern aus, nicht nur der Pfarrer solle das Recht zur Verkündigung haben. Laien pflegten eine Sprache zu reden, die der einfache Mann besser verstehe als die der gelehrten Prediger. Das Charisma sei nicht an soziale Stellung und wissenschaftliche Bildung gebunden. Die Kirche solle „Laienprediger" autorisieren, die auf Straßen und Märkten predigen müßten.

Es war Wicherns Wunsch, die gläubigen Laien sollten sich zu sozial aktiven Gemeinschaften zusammenschließen, ohne aufzuhören, Glieder der Kirche zu sein. Diese Vereine für Innere Mission selbst aber sollten von der Kirchenleitung und Gemeindeverwaltung unabhängig bleiben. Wicherns Kampf für das Recht der freien Vereinsbildung innerhalb der evangelischen Kirche war kein Kampf gegen die Kirche. Trotzdem rief er Gegner auf den Plan, namentlich von seiten der lutherischen Orthodoxie. Das *Zeitblatt für die Angelegenheiten der lutherischen Kirche in Hannover* behauptete, die Innere Mission sei der Ruin der Kirche, da sie die kirchlichen Ämter beseitige, Schwarmgeisterei treibe und Christus verachte. Auch fehle ihr die Grundlage des Bekenntnisses. Wichern aber ließ sich nie durch seine Gegner in eine Position hineindrängen, die ihn zu einer schwärmerischen Theologie und zu einer Freikirche geführt hätte. Er sah die Innere Mission nicht im Gegensatz zum Amt der Kirche. Diese bleibe mit Wortverkündigung und Sakramentenausteilung das Zentrum der Kirche. Wichern schwebte eine neue Begegnung von „Charisma und Amt" vor.

Er befürwortete die Wiedereinführung eines speziellen kirchlichen Amtes der Liebespflege, des Diakonates. „Die Diakonie ist die den Armen zugewandte Liebespflege." Christus, der von sich sagte, er sei gekommen, zu „dienen", sei die Offenbarung der Diakonie, die in Liebe wirbt um Arme, Krüppel, Lahme, Blinde und solche, die von den Straßen und Zäunen gesammelt werden. In einer Lage, in der die Kirche von den Armen vergessen wird und die Armen in der Kirche vergessen werden, müsse die Kirche die freie Diakonie und das Amt des Diakonats wieder einführen.

Auf dem Kirchentag zu Berlin 1853 sprach Wichern über eine Erneuerung des Diakonats in der Kirche: „Diakone werden geboren aus Gott, sie sind Männer der Freiheit, die aus dem Glauben ersteht und mächtig in der Liebe ist ... Bis unsere Kirche nicht dahin kommt, neue Ämter zu schaffen, wird ihr auch nicht geholfen werden können ... Unser Herr Jesus, wenn er durch Berlin ginge ..., stellte sich auf den Markt und predigte." Mit Recht hat man gesagt, Wichern sei durch seine Brüderanstalt und die Innere Mission der Vater der männlichen Diakonie in der evangelischen Kirche geworden, so wie Theodor Fliedner, der Begründer der Kaiserswerther Diakonissen, und Wilhelm Löhe, der Begründer der Neuendettelsauer Schwestern, die Väter der weiblichen Diakonie geworden sind.

Karitative und volksmissionarische Aufgaben sah Wichern immer im Zusammenhang. Für die letzteren nannte er als Mittel: Bibelgesellschaften, Bibelstunden, Bibellesetafeln, Hausandachten, Büchereien, Verlage, volksmissionarisches Schrifttum, Sonntagsblätter, Kolporteure, Straßenprediger, Evangelisten. „Es muß das Evangelium wieder von den Dächern gepredigt werden, es muß auf den Märkten und Straßen frei angeboten werden, wenn die Massen nicht anders zu erreichen sind; dies muß in neuer Weise geschehen, damit wieder alle die Predigt hören." In London hatte Wichern die Methoden der Stadtmission kennengelernt. Nach ihrem Vorbild gründete er in Hamburg eine Stadtmission. In einer Rede umriß er die Arbeit: „Gesetzt, man fände einen geeigneten Mann, z. B. einen Handwerker oder sonst einen einfachen Bürgersmann, der das christliche Bedürfnis des Volkes, das Verlangen desselben nach Hülfe kenne, der aber auch befähigt und geübt sei, das Wort Gottes richtig zu handhaben und auszuteilen ... Man gäbe ihm in einem der größeren Wohnhöfe seinen Wohnsitz; sein Geschäft sei eine Art Buchhandel fürs Volk; seine Wohnung enthalte eine Leihbibliothek für dasselbe; er selber sei Kolporteur und befähigt, dem Fragenden Anleitung zum Verstehen des Gelesenen zu erteilen; seine Wohnung wird dann die Kirche des Hofes." Als hauptamtliche Stadtmissionare arbeiteten in Hamburg Brüder des Rauhen Hauses. Wichern nannte sie ironisch „Hofprediger". Sie gingen nicht nur den anständigen Armen und unverschuldet in Not Geratenen nach, sondern gerade den sittlich Verkommenen. Der Hamburger Verein für Innere Mission packte die verschiedensten Aufgaben an: Dienstbotenschulen, Mädchenasyle, Magdalenenstifte, christlicher Verein junger Kaufleute, Fürsorge für entlassene Sträflinge, Lehrer-Union, Auswandererfürsorge, Herberge zur Heimat, Seemannsmission, Bibelstunden.

Für den Gedanken der Inneren Mission wurde Wichern ein unermüdlicher Propagandist. Von seinen publizistischen Arbeiten im Dienste der Inneren Mission sind vor allem die *Fliegenden Blätter* zu nennen, die von 1844 an vierzehntägig, seit 1854 monatlich erschienen. Das „Vorwort über den Zweck der Fliegenden Blätter" bekennt sich zur Sachlichkeit: „Der Zweck der Erbauung im gewöhnlichen Sinne ist gänzlich ausgeschlossen." Die Zeitschrift brachte Erörterungen über soziale Fragen und kirchliche und politische Informationen. Um für die Aufgaben der Inneren Mission zu werben und die Gründung von Vereinen für Innere Mission zu fördern, unternahm Wichern viele Reisen. Seine Reden fanden mancherorts ein überwältigendes Echo, doch begegnete ihm oft auch Unverständnis. Bei einer Konferenz in Berlin, auf der es um das Gefängnis in Moabit ging, machte ein Pastor die Bemerkung, der langjährige Umgang mit solchem Auswurf der Menschheit stumpfe ab und ziehe den Geist herab. Wichern entgegnete mit Humor, die Richtigkeit dieser Behauptung sähe man ja am besten an ihm, Wichern, selbst.

Viele Jahre lang widmete Hinrich Wichern seine beste Kraft den Strafgefangenen. Auf Grund besonderer Abmachungen wurden Brüder des Rauhen Hauses im Gefängnisdienst des Königreiches Preußen eingesetzt. In der Hoffnung, der Sache des Reiches Gottes so besser dienen zu können, auch unter dem Einfluß der schon damals nicht mehr zeitgemäßen Vorstellung, Thron und Altar müßten zusammenstehen, ging Wichern eine Bindung an das preußische Königshaus ein, die sich eher als hinderlich erweisen sollte. Nicht, daß Wichern sich Illusionen hingegeben hätte. Den König Friedrich Wilhelm IV. erkannte er schon nach der ersten anderthalbstündigen Audienz als einen Schwärmer und Phantasten, und von seinen Räten sagte er, sie seien „das Bild der Ratlosigkeit, während sie doch Rat für alles haben sollten". Mit dem König und dem Innenminister erörterte Wichern seine Pläne zur Reform der Gefängnisse. Er wurde mit der Inspektion beauftragt und enthüllte schonungslos die unverantwortlichen Zustände, die Schludrigkeit der Aufseher und die Verlogenheit der offiziellen Berichte. „Die Oberflächlichkeit, sittliche Stumpfheit und Unfähigkeit dieser Beamten macht alles unmöglich, was notwendig ist; ja die Schlepperei einer hundertfach verbarrikadierten Bürokratie macht die Niederträchtigkeit zum Gesetz und zur Tugend ... Die Verbrecherwelt ist gewiß voll großer Greuel, aber die Verwaltungsmaschine ist fast ein noch größerer Greuel." Im Untersuchungsgefängnis in Köln sah Wichern die Häftlinge in Gruppen von zwanzig ohne alle Beschäftigung, ohne Lektüre monatelang eingesperrt auf ihr Urteil warten, darunter eine Horde von zwanzig Jungen, auf engstem Raum zusammengequetscht. Im Kreisgefängnis in Königsberg sah er 42 Menschen in vier Räumen eingepfercht in Dunkelheit und entsetzlichem Gestank. „Und das ist ein Untersuchungsgefängnis, d. h. ein Gefängnis für solche, von denen doch manche als unschuldig wieder entlassen werden müssen." Anderswo sah Wichern hundert in einem Raum, Männer, Weiber und Kinder durcheinander, zum Teil im eigenen Kot. Der Staat versagte hier, und die Kirche kümmerte sich nicht um die Elenden.

Ausgehend von dem Worte Jesu: „Ich war gefangen, und ihr habt mich besucht", forderte Wichern von der Kirche Predigt und Heilige Schrift für die Gefangenen, ferner Besuche von Gemeindemitgliedern bei ihnen und Fürsorge für die entlassenen Sträflinge. Vom Staat verlangte er Reorganisation des Aufsichtspersonals, Trennung der Geschlechter, Durchführung der Einzelhaft, hygienische, sanitäre und medizinische Versorgung, Arbeit und Verdienst der Gefangenen, Unterricht und Büchereien, besondere Behandlung der Jugendlichen, Gottesdienst und Seelsorge, kurz: Humanisierung des Strafvollzugs.

Wichern wurde Vortragender Rat im Preußischen Ministerium des Innern und Oberkonsistorialrat im Oberkirchenrat in Berlin. Da er die Leitung des Rauhen Hauses beibehielt, war seine Arbeitskraft auf lange Zeit zwischen Hamburg und Berlin geteilt. Der karge Gewinn, den Wichern mit dieser ungeheuren Belastung erkaufte, stand in keinem Verhältnis zum Opfer. Wichern gründete in Berlin das Evangelische Johannesstift zur Ausbildung von Brüdern, dem ein Rettungshaus angegliedert wurde, und die Stadtmission. Im Sinne Wicherns und mit Hilfe seiner Brüder wurde das Gefängnis

Moabit in eine Musteranstalt umgewandelt. Aber um die Reform im ganzen Reich durchführen zu können, bedurfte Wichern breiterer Unterstützung. Das Wohlwollen des Königs und des Ministers nutzte wenig, solange es ihm nicht gelang, die entscheidende Instanz, nämlich den Landtag, für seine Pläne zu gewinnen. Er fand für die Gefängnisreform im Landtag keine Mehrheit. Die Liberalen und die „fortschrittliche" Linke wollten nicht zulassen, daß „Betbrüder" und „Heuchler" in den Strafanstalten Einfluß erlangten. Wichern mußte seine Hoffnungen auf die Heranbildung einer neuen Aufsehergeneration für alle preußischen Gefängnisse begraben. Wohl konnte er während seiner restlichen Amtszeit im Ministerium noch einige Erfolge erkämpfen. Die grundsätzliche Anerkennung der Einzelhaft und die Herabsetzung des Strafmaßes sind wesentlich durch Wicherns Verdienst in das Strafgesetzbuch für das Deutsche Reich von 1872 gekommen.

„In den Streit der Konfessionen mischt sie sich nicht", schreibt Wichern in seiner Denkschrift von der Inneren Mission. Ihre Liebestaten gehen über die Grenzen der Konfession, welche innerhalb des Protestantismus bestehen, hinweg, nach dem Vorbilde des barmherzigen Samariters. Wichern hoffte sogar, daß die Werke der Liebe die getrennten Brüder wieder vereinigen werde, ja, er vertrat die Ansicht, sie allein seien imstande dazu.

Auf einer Generalsynode in Berlin erlebte Wichern viele fruchtlose Diskussionen über dogmatische Fragen. Seiner Frau schrieb er darüber: „Das Resultat war, daß zuletzt keiner den anderen verstand. Das sind nun die Vertreter einer evangelischen Kirche, und in solcher Kirche will man eine dogmatische Einheit erzielen. Ist nicht jede dogmatische Einigung (als dogmatische) eine Täuschung?" Im Anschluß an die Synode tagte eine Pastoralkonferenz, in der Wichern das Wort ergriff. Er begann mit einem „Protest gegen alles bisher Gesagte". Es sei doch merkwürdig, daß so viele Männer „nicht eins hätten werden können über biblische Wahrheiten, die jedes einfältige Christenkind zu fassen vermöge". Daraus folge, „daß nicht dogmatische Bestimmungen und Formulierungen die Einheit seien oder bezeugen oder hervorrufen könnten, daß aber gewisser, mächtiger, weltüberwindender und alles verbindend die Praxis sei, daß hehr und gewiß, klar und rein über all jenen Spitzfindigkeiten der lebendige Christus stehe".

Wichern, der Mann nicht der Theologie, sondern der Tat, wollte den zerklüfteten deutschen Protestantismus einigen nicht durch die Lehre, sondern durch die Tat der Liebe. Vielleicht läßt sich sein Impetus vergleichen mit dem des Papstes Johannes XXIII., der dem Konzil, das ein Schritt auf dem Wege zur Wiedervereinigung der Christenheit sein wollte, nicht dogmatische, sondern pastorale Aufgaben stellte.

Wichern war überzeugt, daß die Kirche ökumenischen Charakter trage und die Grenzen zwischen Konfessionen und Nationen sprenge. Er drückte diesen Sachverhalt mit dem Wort „evangelische Katholizität" aus. In einer Rede von 1857 sagte er, „daß die Innere Mission die evangelische Katholizität der Kirche für sich in Anspruch nimmt. Innere Mission ohne den Glauben an die evangelische Katholizität der Kirche und ohne die Betätigung dieses Glaubens ist undenkbar ... Im Geiste dieser Arbeit der barmherzigen suchenden Liebe, welche nur auf das eine sieht, daß die, die Gott nicht haben, ihn finden möchten, ... liegt, daß sie unterlassen muß, den Kampf und Zwist derer, die wirklich Brüder untereinander sind, zu wecken, zu nähren oder zu schüren. Kampf muß sein; die Güter der göttlichen Erkenntnis des wahrhaftigen ewigen Lebens werden nicht gewonnen ohne schmerzliches Ringen; aber soweit dieser Kampf ein gemeinsamer Kampf von Brüdern ist, soll er, muß er ein Kampf im Geiste des Friedens sein, ein Kampf, in welchem die Bruderliebe nicht verletzt werden darf. Wir wissen und beklagen, wieviel dies dennoch geschieht. Gerade dadurch entstehen am meisten die Risse und Zerklüftungen ... Die Innere Mission soll und kann eines der mächtigsten Zeugnisse für die wahre Katholizität der Kirche bieten ... Je mehr das Werk der Inneren Mission Raum gewinnt, desto mehr muß auch in unserer Kirche der tödliche Zank ein Ende nehmen."

Die Einigungstendenz, welche die Innere Mission nach Wicherns Meinung für die evangelische Christenheit habe, übertrug er auch auf das Verhältnis der evangelischen zur katholischen Kirche. Er war immer bereit, von dem Guten, das er in der katholischen Kirche sah, zu lernen. Daß er als Student Mystiker las, nicht nur protestantische wie Johann Arndt, Spener und Hamann, sondern auch katholische wie Tauler, Thomas von Kempen, Geiler von Kaisersberg und Fénelon, wurde ihm zwar von einigen einflußreichen Protestanten sehr verdacht und trug ihm in gewissen Kreisen den Ruf ein, ein „gefährlicher Schwärmer" zu sein, doch hat er sich dadurch nicht davon abhalten lassen, sich auch an katholischen Persönlichkeiten, Unternehmungen, Einrichtungen und Gebräuchen zu freuen, wenn er in ihnen den Geist des Evangeliums erkannte. Man sprach schon von „einer ausgesprochenen Vorliebe Wicherns zum katholischen Gottesdienst, dem er auf seinen Reisen des öfteren beigewohnt hat" (R. Grunow).

Aus Bonn schrieb er 1852 an seine Frau: „Es ist ein entsetzlicher Verlust, daß die Reformation die Orden über Bord geworfen, statt sie im evangelischen Geist zu reformieren, was sie gekonnt hätte, wenn sie eine Ahnung gehabt hätte von dem Wert dessen, was so zertrümmert wurde. Die Orden sind nicht ein Institut der römischen Kirche, sondern der wahren katholischen Kirche; soweit unsere evangelische Kirche dieser ‚katholischen' Kirche angehört, muß sie dieselben wieder aus sich erzeugen können." Die katholischen Mönche, Ordensfrauen, Barmherzigen Schwestern und Barmherzigen Brüder nennt Wichern als Vorbilder für die Innere Mission. In seinem Aufsatz *Die Innere Mission eine christlich-soziale Aufgabe* (1847) schreibt er: „Es gehört zu den großartigsten geschichtlichen Erscheinungen, was die römische Kirche innerhalb der kirchlichen Grenzen in dieser Beziehung durch ihre männlichen und weiblichen Orden geleistet hat und noch leistet ... Mehr geschichtlicher Ernst würde das blinde und darum ungerechte Vorurteil gegen diese Bestrebungen der alten abendländischen Kirche, an das man sich protestantischerseits leider nur zu sehr gewöhnt hat, zerstreuen. Wir glauben an einen Kern christlicher Gesinnung in allen Konfessionen, weil wir in allen den lebendigen Christus glauben." Den heiligen Vinzenz von Paul stellte Wichern als Vorbild christlicher Liebe zu den Gefangenen hin.

In Stuttgart bekannte Wichern 1857 vor dem Kongreß für Innere Mission: „Es ist ein Zeugnis der inneren Freiheit, mit der uns Christus befreit hat, daß wir ... freimütig öffentlich und gern bezeugen, daß wir Brüder in Christus auch in jener (katholischen) Kirche finden, die das Werk der Inneren Mission, wenngleich in ihrer Weise, tun. Und so will auch ich es nicht verschweigen, wie manche solcher Brüder auch mir nicht bloß vor langen Zeiten auf den Wegen innerhalb der römischen Kirche begegnet sind. Wer könnte anders, als diesen Brüdern und Schwestern die Bruderhand auch im Bewußtsein, am gleichen Werke des Reiches Gottes zu arbeiten, reichen? Denn was in diesen hier gemeinten Kreisen uns entgegentritt, ist nichts anderes als das Zeugnis, daß Christus die alleinige Gerechtigkeit, daß Christus und er allein der Grund und die Hoffnung alles Lebens ist."

Entscheidende Anregungen zur Gefängnisreform verdankte Wichern einem Katholiken, nämlich dem Arzte Dr. Nikolaus Heinrich Julius, der in England und Amerika soziale Probleme studiert hatte und sich in Deutschland den Armen und dem reformbedürftigen Gefängniswesen widmete. Wichern lernte ihn während seines Studiums in Berlin kennen. Gleich das erste Gespräch, das er mit diesem gläubigen Katholiken führte, drehte sich um die ethische Aufgabe des Staates beim Strafvollzug, um die Frage, wie der Zweck der Besserung im Gefängnis erreicht werden könne, und um die Verpflichtung der Kirche für die Strafgefangenen.

Praktische Zusammenarbeit mit Vertretern der katholischen Kirche leistete Wichern in Oberschlesien, wo eine Typhusepidemie 9000 Kinder zu Waisen gemacht hatte. Um diese Kinder vor Verwahrlosung zu schützen, organisierte Wichern zusammen mit katholischen Stellen ein umfassendes Hilfswerk. In einem Briefe schrieb er damals, es werde „an dieser Stelle eine Annäherung und Verbindung zwischen katholischer und evangelischer Kirche geschaffen, wie sie in der Art wohl kaum existiert hat". Wichern verhandelte mit dem Fürstbischof Melchior von Diepenbrock und dem Domherren Heyden in Ratibor. Er wünschte sehnlichst, daß in Oberschlesien als Sammelpunkte der für die Jugend erforderlichen Hilfe katholische Waisenhäuser und eine katholische Brüderanstalt entstehen würden, und arbeitete dafür detaillierte Pläne aus, die Diepenbrocks Zustimmung fanden. Der Fürstbischof äußerte Wichern gegenüber sogar seine Absicht, „die von ihm zu wählenden pädagogischen Kräfte zu eingehender Orientierung nach dem Rauhen Hause zu senden". Tatsächlich kehrten bald sieben katholische Lehrer, von Diepenbrock abgeordnet, als Gäste ins Rauhe Haus ein, um Leben und Arbeitsweise dort zu studieren und daraus einiges zu lernen, was für ihre Arbeit in Oberschlesien nützlich sein könnte.

Den Vorwurf, die Kirche und die bürgerliche Gesellschaft habe im vorigen Jahrhundert an der Industriearbeiterschaft versagt, hat Wichern selbst erhoben und – gegen seine Absicht – durch sein eigenes Werk in gewissem Maße bestätigt. Die Revolution des Jahres 1848 verstand er als ein Gericht Gottes für die Schuld, die die herrschenden Klassen und die Kirche auf sich geladen hatten. Denn warum konnte der Kommunismus so mächtig werden? „Die höheren Stände haben ihn großgezogen durch die Beförderung des Unglaubens in ihrer Umgebung ..., durch die Frivolität ihrer Sitten ..., durch die Habsucht bei der Verwaltung ihres Eigentums und die eigensüchtige und übermütige oder doch herzlose Behandlung der Geringen im Volke." Wichern klagt „über die grenzenlosen bisherigen Versäumnisse am Proletariat von seiten der Kirche" und meint, es wäre „ohne ein solches ungeheures Versäumnis an den niedrigen Ständen im Volk eine solche Verwüstung des Volkes nicht möglich geworden". Diese Schuld müsse durch Buße gesühnt werden. Umkehr könne nur durch Wiedergutmachung erfolgen. „Es gilt, durch Taten das weltgeschichtliche Zeugnis zu geben, daß das Christentum, welches die Kirche bewahrt und weitergibt, eine Macht ist, die Völker vom Untergang zu retten ... Die Zeit der Doktrinen ist vorüber, die Zeit der Taten ist da!" Gott rufe durch die Strafgerichte die Christenheit, sich der Proletarier anzunehmen. „Versäumt die Kirche dies Gebot, sollte man fortfahren, sich mit bisherigen Doktrinen zu rechtfertigen, geschähe es nicht, daß die einzelne Stimme nach

Hilfe als Gottes Stimme zum Herzen des Ganzen dringe, um aus diesem Herzen Taten der Rettung hervorzulocken, – so würden noch schwerere Gerichte und durch sie Auflösung und Zerstörung erfolgen, vor deren Wehe Gott uns und unsere Kinder bewahren möge."

Diese Rede betrachtet die Dinge nicht ökonomisch und soziologisch, sondern ethisch und religiös. Wicherns Ausdrucksweise – „höhere Stände", „niedrige Stände", „Behandlung" – verrät, wie sehr seine Sicht überholten Denkmodellen verpflichtet war. Aber es war doch ein prophetischer Ruf, der die Gewissen aufrütteln konnte. „Wicherns bleibendes Verdienst besteht darin, die evangelische Kirche Deutschlands auf ihre soziale Verantwortung hingewiesen und mit der Inneren Mission ein Instrument zur Behebung der schreiendsten Übelstände und zur Linderung der größten Not geschaffen zu haben" (W. Bredendiek). Aber auch nur der größten Not! Die Quelle des Übels wurde mit ihren Mitteln nicht beseitigt, es wurden lediglich Symptome behandelt und Schmerzen gelindert. Wenn Wichern die Lösung der sozialen Frage als eine Aufgabe der Inneren Mission bezeichnete, so war das gutgemeint, doch wenig realistisch. Wenn er von „Proletariern" sprach, hatte er weniger die Industriearbeiterschaft im Sinn, sondern mehr das Hamburger Lumpenproletariat. Die Verwirklichung seiner praktischen Vorschläge konnte höchstens zur Eingliederung vieler Verwahrloster in die bürgerliche Gesellschaft führen, nie aber zur Lösung der Arbeiterfrage. Die dumpfe Not der Männer, Frauen und Kinder, die täglich vierzehn Stunden für Hungerlöhne und Elendsquartiere arbeiten mußten und in Krankheit und Alter unversorgt blieben, hatte andere Ursachen als den Abfall der Massen vom Christentum (der war eher die *Folge* der Not). Das war Wichern nicht hinreichend deutlich. Deshalb konnte eine Neuchristianisierung des Volkes durch die volksmissionarische und karitative Arbeit der Inneren Mission das Proletariat nicht aus seiner Lage befreien. Wichern sah die Lage mit dem Blick nicht eines Volkswirtschaftlers, sondern eines Seelsorgers: „Suchen die Proletarier nicht mehr die Kirche, so muß die Kirche anfangen, die Proletarier zu suchen." Aber nicht einmal Wicherns Versuch, den vierten Stand in der Kirche zu halten oder für die Kirche zurückzugewinnen, hatte nennenswerten Erfolg.

Zeitweilig hatte Wichern allerdings das unbestimmte Gefühl, nur eine radikale Änderung der Gesellschaftsordnung könne helfen. Schon 1844 schrieb er an seine Frau: „Wir haben wenig Ursache, die Fundamente unserer sozialen Organisation, an deren absoluten Wert wir gleichsam von Natur glauben, für die einzig möglichen anzusehen; vielmehr ist die Möglichkeit einer Reorganisation als die im Kommunismus enthaltene, aber im Prinzip vergiftete Wahrheit berechtigt, das Nachdenken in Anspruch zu nehmen." Gelegentlich dachte Wichern auch an eine soziale Gesetzgebung des Staates. Aber im Grunde war der Proletarier für ihn der notleidende Mitmensch, dem mildtätig geholfen werden mußte, nicht der Staatsbürger, der auf höheren Lohn, kürzere Arbeitszeit, Krankenversicherung und Altersversorgung einen Anspruch hat. Was Wichern erschütterte und zum Handeln trieb, waren die Folgen der Not für die Seelen, kaum ihre Ursache, die Ungerechtigkeit des kapitalistischen Wirtschaftssystems. Deshalb war, was er unternahm und was er forderte, Karitas, nicht soziale Gerechtigkeit. Ihn erfüllte Liebe zum Leidenden, nicht Empörung über die Ungerechtigkeit.

Wichern erkannte die Möglichkeiten, die das Recht auf freie Vereinsbildung eröffnete. Er schrieb, es gebe „bis jetzt nur Verbindungen *für* Hilfsbedürftige . . . Ein neuer Schritt, der noch getan werden muß, ist: christliche Assoziationen *der Hilfsbedürftigen selbst* für deren soziale (Familie, Besitz und Arbeit betreffende) Zwecke zu veranlassen." Die Kirche und die Innere Mission sollten helfen, den Arbeiterstand christlich zu organisieren. Das waren gute Vorschläge, die leider kaum verwirklicht wurden, solange Wichern lebte. Die Innere Mission blieb, wie Wichern selbst erklärte, „Assoziation der Wohlhabenden für der Hilfe Bedürftige", nicht Assoziation der Hilfebedürftigen selbst. Sie war wohlwollende Patronage, Almosen von oben herab, und ihre Förderer kamen hauptsächlich aus dem preußischen evangelischen Adel, aus konservativen Kreisen. Im Unterschied zu Ketteler fehlte Wichern der Blick für die Bedeutung des Parlamentes, für die Macht des Stimmzettels, für die Notwendigkeit, daß die Christen ihre staatsbürgerlichen Rechte wahrnehmen und selbst sich dafür einsetzen, daß eine gerechte soziale Gesetzgebung zustandekomme. Sein Bild vom Staat war nicht demokratisch, sondern monarchistisch-patriarchalisch.

Wichern leugnete nicht, daß der Sozialismus berechtigte Anliegen verfocht. In seiner Denkschrift gab er zu, „daß das, was der Sozialismus und Kommunismus im tiefsten Grunde seines Strebens und Bewegens verbirgt, die entstellten, aber doch wahrheittragenden Züge des Angesichts einer tiefgebeugten, schmerzerfüllten Menschheit sind, die sich in sozialer Beziehung nach Erlösung sehnt". Doch da Wichern „ohne Kenntnis der Volkswirtschaft und der Faktoren des modernen Staates" (Fr. Naumann) war, konnte er für die Arbeiterbewegung und für die theoretischen Arbeiten von Lassalle, Marx und Engels kein Verständnis aufbringen. Er selbst war kein Theoretiker, seine Schriften zu gesellschaftlichen, ökonomischen und politischen Fragen sind wenig originell und ziemlich trivial. Im Sozialismus sah er vor allem den Atheismus, weshalb er alle Brücken, die es von der Sache her doch gab, zu ihm abbrach.

Die sozialen Ansätze, die sein Programm barg, hat Wichern nie zur Entfaltung gebracht, geschweige denn zu verwirklichen gesucht. Den Proletariern Hilfe in ihren sittlichen und religiösen Nöten zu bringen, schien ihm vordringlicher, als ihnen legalen Schutz vor Ausbeutung durch die Unternehmer zu verschaffen. Die wirtschaftlichen und sozialpolitischen Fragen kamen darüber zu kurz. Das ist nicht eine Kritik, die dem Historiker als Weisheit post festum einfällt, das haben schon Zeitgenossen bemerkt. Viktor Aimé Huber, der die fortschrittlichsten sozialen Gedanken verfocht, forderte immer wieder die Innere Mission auf, der Arbeiterfrage die nötige Beachtung zu schenken. Wichern veröffentlichte Aufsätze von Huber in den *Fliegenden Blättern* und widmete seiner Schrift über die *Wohnungsnot der kleinen Leute* einen zustimmenden Aufsatz; Baugesellschaften, Bausparkassen, staatliche 7 c-Gelder und sonstige Förderung des sozialen Wohnungsbaus werden hier schon theoretisch vorweggenommen. Aber zu einer dauernden fruchtbaren Zusammenarbeit zwischen dem christlichen Sozialreformer Huber und Wichern kam es leider nicht. „Hubers dringender Warnruf – in letzter Stunde gesprochen –, das Feld nicht ganz dem Gegner zu überlassen, verhallte ungehört. Die Gelegenheit zu produktiver sozialer Betätigung unter den Fabrikarbeitern ... hatte der Zentralausschuß damit nicht ohne Wicherns Schuld wieder einmal verpaßt. Stattdessen entfachte Lassalle eine neue Bewegung unter der Arbeiterschaft, die der Kirche und der Inneren Mission entschlossen den Rücken kehrte" (M. Gerhardt).

Der alternde Wichern durfte auf manches Erreichte mit Genugtuung zurückblicken, doch in seinem Bewußtsein überwog der Kummer über vieles Gescheiterte oder Mißlungene. Enttäuschungen über mangelndes Verständnis von seiten jener, bei denen er am ehesten auf Förderung seiner Anliegen hoffen zu können glaubte, Zerwürfnisse mit einigen seiner Mitarbeiter und schwere Schicksalsschläge in seiner Familie beugten ihn. Seine Arbeitskraft, der er viel zu viel zugemutet hatte, wurde 1866 durch einen Schlaganfall gemindert und 1874 durch einen neuen Schlaganfall vernichtet. Nach siebenjähriger Leidenszeit starb er am 7. April 1881.

Wie stark Wichern auf die fünfzig Jahre Jüngeren wirkte, zeigte der Aufsatz, den Friedrich Naumann, ein führender Kopf der Christlich-Sozialen um die Jahrhundertwende, zu Wicherns hundertstem Geburtstag schrieb. Darin bekennt Naumann, „daß wir damals in unserer Jugend glücklich waren, von der Wärme erfaßt zu werden, die von ihm (Wichern) ausging". Naumann war gleich nach seinem theologischen Examen als Oberhelfer ins Rauhe Haus eingetreten und hatte in den Jahren seiner Arbeit dort Eindrücke empfangen, die für sein ganzes Leben entscheidend wurden. In seiner kirchlichen, politischen und publizistischen Tätigkeit versuchte er, einige Versäumnisse Wicherns nachzuholen. So hat die Liebeskraft, die in Wichern lebendig war, bis in unsere Zeit manche evangelische Christen dazu entflammt, mit geeigneteren oder vervollkommneten Mitteln die gleichen Ziele anzustreben.

HEINRICH HAHN

(1800–1882)

Wenn man neben dem Marktbrunnen vor dem Aachener Rathaus steht und dem Blick des erzenen Kaisers Karl folgt, gewahrt man in einer Gruppe von Wohnhäusern aus dem Spätmittelalter und dem Barock das Haus Pontstraße 2. Hier wurde am 29. August 1800 Heinrich Hahn geboren.

„Heinrich Hahn? Nie gehört!" werden die meisten Leser sagen. Wer war Heinrich Hahn? Ein Arzt, ein Kommunalpolitiker – das wäre eine lexikalische Auskunft, die das Wichtigste an diesem Manne ungesagt läßt. Heinrich Hahn war vor allem ein Gerechter im biblischen Sinne, der unermeßlich viel Gutes getan hat und dessen man in Aachen noch heute, fast ein Jahrhundert nach seinem Tode, jährlich an seinem Sterbetage gedenkt.

Sein Vater besaß ein kleines Manufakturwarengeschäft, die Vorfahren waren im 17. Jahrhundert im niederländischen Limburg ansässig gewesen. Die kernige Frömmigkeit dieses Vaters hat den heranwachsenden Heinrich Hahn entscheidend geprägt.

Nachdem der Junge die unter der Franzosenherrschaft eingerichtete Primär- und Sekundarschule in Aachen besucht hatte, verbrachte er fast zwei weitere Jahre gymnasialer Ausbildung am Kaiserlichen Lyzeum in Bonn – in grauer Uniform, unter militärischer Zucht –, dann, nach dem Zusammenbruch von Napoleons Herrschaft, fünf Jahre am Königlichen Athenäum in Brüssel. 1818 begann er an der Universität Gent das Studium der Medizin. Noch keine 22 Jahre alt, promovierte er zum Doktor der Medizin, der Chirurgie und Geburtshilfe. Da er sich als praktischer Arzt in seiner inzwischen preußisch gewordenen Vaterstadt niederlassen wollte, entsprach er den Anforderungen der preußischen Gesetze, indem er in Berlin ein Jahr als Regimentschirurg diente und abermals medizinische Examina ablegte.

Unter seinen Kollegen genoß Heinrich Hahn bald großes Ansehen. Schon seine lateinische Doktordissertation *Über die Beziehungen, durch die unsere Organe unter sich und mit den umgebenden Körpern verbunden werden*, die 1822 in Gent erschien, wurde stark beachtet, ebenso sein französischer Aufsatz *Über den Gebrauch der Thermalquellen von Aachen und Burtscheid bei Behandlung der chronischen Krankheiten*. Seine französischen Arbeiten über tuberkulöse Gehirnhautentzündung wurden von Fachkollegen im In- und Ausland viel gerühmt. Für seine wissenschaftlichen Leistungen auf medizinischem Gebiete erhielt Dr. Hahn manche Auszeichnungen, u. a. die Goldmedaille der Medizinischen Gesellschaft von Bordeaux, die Ernennung zum Korrespondierenden Mitglied der Gesellschaft für Medizin und Naturwissenschaft in Brüssel, die Ernennung zum Wirklichen Mitglied des Vereins für Heilkunde in Preußen mit dem Sitz in Berlin, die Wahl zum Ehrenmitglied der Königlichen Akademie der Medizin für Belgien und den Ehrendoktor der Universität Löwen.

Bei aller Gelehrsamkeit war Hahn in erster Linie ein Mann der Praxis, der aus dem Volke kam und stets mit den Nöten des Volkes verbunden blieb. Selbst aus seinen wissenschaftlichen Schriften wird das deutlich.

In seinem Buch *Die Meningitis tuberculosa, vom klinischen Gesichtspunkt betrachtet* (französisch 1853, deutsch 1857) widmet Hahn ein ganzes Kapitel dem Wohnungselend des Industrieproletariats. In den ungesunden Arbeiterwohnungen der Fabrikstädte sieht Hahn die Hauptursache der Tuberkulose. „Dort verfaulen gleichsam zahlreiche Familien in engen, oft feuchten oder dunklen, stinkenden Gelassen. Jede Familie hat nur *ein* Zimmer, das gleichzeitig Küche, Wohnstube und gemeinsames Schlafzimmer ist. Die Eltern schlafen gewöhnlich auf einem elenden Lager, und die Kinder liegen hier und dort auf dem Boden ausgestreckt oder höchstens auf einem Bund Stroh. Wir waren mehr als einmal Zeuge einer solch traurigen Lage. Ja, wir haben bis drei Familien zusammengedrängt gesehen, in einer einzigen Kammer, in der Kreidestriche am Boden die Grenzen der Wohnungen bezeichneten." Die Luft in diesen Elendslöchern, in denen oft auch Hunde und Katzen liegen, sei „von Ausdünstungen, von Urin und Exkrementen verpestet". „Deshalb sieht man die zahlreichen Kinder dieser armen Familien, die solche Klüfte bewohnen, früh mit skrofulösen und tuberkulösen Leiden behaftet. Nur wenige von ihnen erreichen das Erwachsenenalter ... Es wäre zu wünschen, daß die Regierungen energische Maßregeln treffen, um der Arbeiterklasse gesunde Wohnungen zu verschaffen. Das würde Tausenden Kindern, die jetzt langsam vergiftet kläglichst zugrundegehen, Gesundheit und Leben sichern."

Am Schluß seines Buches über die Meningitis tuberculosa forderte Hahn soziale und politische Reformen zugunsten der Arbeiter. „Wenn es erwiesen ist, daß in sehr vielen Fällen, selbst in den letzten Stadien der Krankheit, die Meningitis tuberculosa geheilt werden kann, so ist es nicht weniger gewiß, daß trotz der verständigsten Sorgfalt die Meningitis tuberculosa fortfahren wird, alle Tage und in allen Ländern eine außerordentlich große Zahl von Opfern zu fordern, solange es nicht gelingt, die Lage der arbeitenden Klasse zu verbessern. Ganz bestimmt begegnet man dem Leiden bei dieser Klasse am häufigsten. Wie will man die Meningitis tuberculosa zu heilen versuchen ... bei Kindern, die sich unter Einflüssen entwickeln, welche die Tuberkelbildung hervorrufen? Es ist unstreitig sehr tröstend für den Arzt, imstande zu sein, dem einen oder dem anderen Kinde das Leben zu retten, indem er wochenlang gegen eine äußerst schwere Krankheit ankämpft. Aber diesen Trost wird er nur bei jenen Familien finden, die eine bessere soziale Stellung haben, sehr selten bei den armen Klassen. Hier wäre außerordentlich viel zu tun, aber nur durch vorbeugende Maßnahmen im großen wird es sich erreichen lassen. Wenn man bedenkt, daß die Meningitis tuberculosa jedes Jahr in Preußen gegen 30 000 Kinder wegrafft, so erhält man eine Vorstellung von dem Verlust, den diese schreckliche Krankheit der Gesellschaft fortwährend zufügt, ... und zugleich von der Wohltat, die man stiften würde, wenn man das Los der Arbeiter besserte ... Wir appellieren bei dem Geist des Christentums zugunsten Tausender armer Kinder, die dahinsiechen in vergifteter Luft, ohne Sorge für Reinlichkeit, genügende Nahrung und hinlänglich schützende Kleidung. Wir verlangen vor allem, daß die Staatsmänner und alle, die einige Macht in der Gesellschaft haben, die Schwere und Ausdehnung des Übels wenigstens zur Kenntnis nehmen ... Ihr Männer von Einfluß, Ihr werdet doch Unberechenbares leisten, wenn Ihr für die Kleinkinder geräumige, gut gelüftete Verwahrschulen baut, wenn Ihr die Erziehung der älteren Kinder überwacht; wenn Ihr verhindert, daß diese Kinder über ihre Kräfte und ihr Alter hinaus zu Handarbeiten verwendet werden; wenn Ihr die Arbeitsstunden in den Fabriken regelt; wenn Ihr die Einrichtung der Arbeitsräume nicht der Willkür überlaßt; ... wenn Ihr zur Herrichtung neuer Wohnungen für Arbeiterfamilien ermutigend zur Hand geht."

Auf der 25. Versammlung der Gesellschaft deutscher Naturforscher und Ärzte 1847 hielt Dr. Hahn als Sektionsführer der neugebildeten anthropologisch-psychiatrischen

Sektion einen Vortrag, in dem er darlegte, „daß die Bildung einer solchen Sektion nicht allein wegen des wissenschaftlichen Interesses, sondern auch wegen des bedeutenden sozialen Nutzens, der unmittelbar daraus hervorgeht, höchst wünschenswert erscheinen mußte". Auch hier erwies sich Hahn als ein Wissenschaftler, der sich seiner gesellschaftlichen Verantwortung bewußt ist.

Auch in anderer Hinsicht ist die Rede Heinrich Hahns auf dem Kongreß der deutschen Naturforscher und Ärzte beachtlich. Denn nachdrücklich weist Hahn auf die Bedeutung der Psychiatrie für das Gesamtgebiet der Medizin hin. Wenn man bedenkt, daß die Psychiatrie damals erst in ihren Anfängen stand und just auf jenem Kongreß erstmals nach außen hin als eine selbständige Wissenschaft auftrat, muß man sagen, daß die Rede Hahns, der selbst kein Psychiater war, von Weitblick zeugt und in die Zukunft wies.

Von 1824 an bis kurz vor seinem Tode im Jahre 1882 wirkte Heinrich Hahn als praktischer Arzt in Aachen. Seine Patienten kamen aus allen Schichten der Bevölkerung. Oft wurde er nach auswärts gerufen, um Kranken in Eupen, Maastricht, Maaseyk oder Düren zu helfen. Da er zugleich Badearzt war, ließen sich auch viele Ausländer, die zur Kur in Bad Aachen weilten, von ihm beraten: Franzosen, Engländer, Belgier, Holländer, Schweden und Russen, darunter hohe Persönlichkeiten.

Vor allem aber stand Dr. Hahn den Armen zur Verfügung. Sie behandelte er umsonst. Für sie war ihm nichts zuviel. Als 1832 in Aachen die Cholera wütete, ging er fast jede Nacht drei- bis viermal zu Kranken, meist mittellosen Leuten. Er sorgte für Einrichtungen, die es auch Arbeitern ermöglichten, von den Aachener und Burtscheider Heilquellen Gebrauch zu machen.

Seit 1838 wirkte Dr. Hahn auch als Arzt des Josephinischen Instituts, eines Hospizes für alte und kranke Leute, benannt nach der Gründerin, der französischen Kaiserin Josephine. Mit dieser Anstalt war seit 1844 eine Schule für arme Kinder, Waisen und Findelkinder verbunden. 1864 zählte das Institut 245 Greise und 270 Kinder. 43 Jahre hindurch diente Heinrich Hahn dem Haus als Arzt und Fürsorger, und was er während dieser Zeit allein hier an aufopfernder Liebe verschwendet hat, ist anderswo verzeichnet. Durch seine Vermittlung übernahmen Borromäerinnen die Pflege im Josephinischen Institut. Er warb für Spenden, er mühte sich um das Gedeihen, er war gleichsam der Vater des Hauses.

Wie hoch Heinrich Hahn über seinen Beruf dachte, ergibt sich aus einem Abschnitt seines ungedruckten Werkes *Die christliche Liebe*, wo es — im Zusammenhang mit Ausführungen über die geistlichen Werke der Barmherzigkeit — heißt: „Weniger mit bürgerlichen Ehren umgeben, aber nicht weniger wohltätig, wenn er im christlichen Sinne ausgeübt wird, ist der Stand des Arztes. Der christliche Arzt tritt an das Krankenbett von dem Gedanken durchdrungen, daß sein Beruf ein Beruf der christlichen Liebe ist. Nicht das Geldinteresse, nicht das Interesse seiner Ehre bilden das Motiv seines Tuns und Lassens; nicht die böse Absicht, seinen Kollegen zu schaden, lauert hinter seiner Rede; sondern lediglich das Wohl des Kranken leitet seine Handlungen und legt ihm Worte des Trostes, der Aufmunterung und der herzlichsten Teilnahme auf die Zunge. Er kennt keinen Unterschied zwischen Armen und Reichen, zwischen Gebildeten und Ungebildeten, zwischen Guten und Bösen. Wie die Sonne ihre erwärmenden und belebenden Strahlen ohne Unterschied über alle Menschen ausgießt, so dringen auch die Strahlen seiner milden und heilsamen Wirksamkeit in die Hütten der Armen wie in die Paläste der Reichen, überall wohltuend, tröstend, erhebend, belehrend und, wo möglich, helfend. Zwar ist er durch seinen Beruf zunächst zur Erteilung des ärztlichen Rates hingewiesen. Soviel aber seine Stellung und die Umstände es irgend erlauben, bestrebt er sich auch mit Schonung und Liebe, dem Kranken Geduld, Ergebung in den Willen Gottes und wahrhaft christliche Gesinnungen einzuflößen. In dieser Weise reiht sich sein Wirken an die Wirksamkeit des Seelsorgers, dessen Bemühungen er unterstützt. Jedenfalls sorgt er namentlich bei katholischen Kranken mit ängstlicher Gewissenhaftigkeit, daß der Tod sie nicht überrascht, bevor sie mit den heiligen Sakramenten der Sterbenden versehen worden seien."

Dieser Auffassung vom Arztberuf suchte Heinrich Hahn in seinem Wirken gerecht zu werden. Ein Zeitgenosse schreibt 1886, vier Jahre nach Dr. Hahns Tode, in der Zeitschrift des Aachener Geschichtsvereins: „Er war ein strebsamer, die Entwicklung seiner Wissenschaft eifrig verfolgender Arzt, dem Scharfblick und rasches Erfassen als glückliche Naturanlage zur Seite stand, der durch die eigene Ruhe und Sicherheit dem Kranken Vertrauen einflößte und, trotz kühler Formen und etwas trockenem, wortkargen Wesen, warme Empfindung für die Leidenden sich bewahrte."

Mit 28 Jahren heiratete Heinrich Hahn. Aus der Ehe gingen ein Sohn und neun Töchter hervor – ebensoviele Ansprüche an die väterliche Liebe. Nach den noch erhaltenen Briefen Hahns an seine Kinder und nach den Äußerungen seiner Kinder über ihn muß er ein prachtvoller Vater gewesen sein, sorgsam bedacht auf ihre geistige und religiöse Bildung, dabei gern zu Spiel und Scherz bereit. Von Reisen schreibt er ihnen bald auf Französisch, bald auf Deutsch oder Öcher Platt; fröhliche Verse wechseln mit ernsten Betrachtungen.

Man sollte meinen, die große Familie und der weite Kreis der Patienten hätten Hahns Leben so vollständig ausgefüllt, daß ihm für anderes weder Zeit noch Kraft geblieben sei. Doch Heinrich Hahn gehörte zu jenen Menschen, deren Liebe unerschöpflich ist und sich nach vielen Seiten zugleich ergießen kann.

Mehr aus Pflichtbewußtsein als aus Neigung nahm Dr. Hahn aktiv am politischen Leben teil. Was ihn dazu trieb, war nicht zuletzt seine tägliche Erfahrung mit den Nöten der Armen. Er sah, daß er in seiner Eigenschaft als Arzt allein nicht imstande war, die Zustände einer Industriestadt, deren Bevölkerung zur Hälfte aus Proletariern bestand, zum Besseren zu wenden. Von der dritten Steuerklasse, der untersten wahlberechtigten Schicht, gewählt, trat er 1846 in den Stadtrat von Aachen ein, dem er bis 1881, d. h. bis kurz vor seinem Tode, angehören sollte.

Hahns politische Gegner waren die Vertreter der reichen Oberschicht. Er selbst kämpfte in seiner ganzen politischen Tätigkeit besonders für das Wohl der Armen und Niedergedrückten. So setzte er sich als Ratsherr für die Freischulen ein, an denen die Kinder der Fabrikarbeiter kostenlos Unterricht erhielten. Weiter bemühte er sich um das Bade- und Gesundheitswesen. Unter anderem gehörte er den Ausschüssen für Schulwesen, Stadtbibliothek und Stadtarchiv an.

Im Stadtverordnetenkollegium verfocht Dr. Hahn mit Nachdruck die Unabhängigkeit der Ratsherren gegen Übergriffe der Verwaltung, welche die Verhandlungen zu leiten und die durch Abstimmung gefaßten Beschlüsse auszuführen, nicht aber zu durchkreuzen hatte. Als ein neuer Oberbürgermeister die Geschäftsordnung ändern und die Rechte des Stadtrats beschneiden wollte, trat Dr. Hahn ihm scharf entgegen. Das Sitzungsprotokoll vom 11. 4. 1876 berichtet: „Er könne nicht begreifen, wie Herr C. dafür plädieren könne, daß dem Gemeinderate die ihm durch das Gesetz gebotenen Rechte verkürzt werden sollen. Die Sprache, die der Herr Vorsitzende geführt habe, sei eine solche, daß sie in unserer Zeit, wo man so sehr für das Recht der Selbstverwaltung der Gemeinden streite, unerhört erscheinen müsse. Der Vorsitzende habe erklärt: ‚Ich werde den Antrag nicht zur Abstimmung bringen, ich schließe die Diskussion.' Das sei eine Sprache, die sich besser für die Türkei als für Preußen eigne. Herr L. habe einen dringlichen Antrag gestellt, und statt nun über die Dringlichkeit abstimmen zu lassen, erkläre der Vorsitzende: ‚Ich lasse nicht abstimmen.' Wohin soll ein solches Verfahren führen? Wenn der Vorsitzende in dieser Weise unser Beherrscher sei, so können wir einpacken und nach Hause gehen."

Solche Zivilcourage wurde ihm um so eher möglich, als er finanziell unabhängig war. Durch Fleiß hatte er, der aus bescheidenen Verhältnissen stammte, es zu Wohlstand gebracht; für seine jahrzehntelange Mühe im Dienste der Stadt erhielt er nicht die geringste Entschädigung. Durch freimütiges Auftreten setzte er nicht die wirtschaftliche Grundlage seiner Familie aufs Spiel. Aber es gab andere Risiken, die ihn hätten versuchen können, ein ebensolcher Leisetreter zu sein wie andere in seiner Lage. Aus der Tiefe seines Gerechtigkeitsgefühls fand er kräftige Worte, wenn es darum ging, Unrecht zu bekämpfen. Zu Ehrverletzungen aber, wie sie im politischen Streit nur zu häufig vorkommen, ließ er sich nicht hinreißen. Sein Biograph Franz Baeumker spricht von „seiner ruhigen, streng sachlichen, aber doch gefühlsbetonten Art". Als Hahn seine eigene Ehre 1867 einmal öffentlich gekränkt sah, hat er sich ebenso öffentlich zur Wehr gesetzt.

Für die Session 1859–1861 wurde Heinrich Hahn als Mitglied des Hauses der Abgeordneten in den Preußischen Landtag gewählt, als Abgeordneter für den Stadt- und Landkreis Aachen-Eupen. Er trat der Fraktion des Zentrums bei. Im Parlament hielt Hahn Reden u. a. gegen ungerechte Doppelbesteuerung, für Reformen im Militärkrankenwesen, gegen schulische Benachteiligung der polnischen Bevölkerung im damals preußischen Posen.

Am 6. Mai 1861 nahm Dr. Hahn in einer einstündigen Rede vor dem Abgeordnetenhaus gegen einen Antrag Stellung, der im Interesse der Großindustrie auf Kosten der kleinen Handwerker die unbeschränkte Gewerbefreiheit einführen wollte.

Gleich im ersten Satz seiner Rede erklärte Hahn, die vorliegenden Anträge bewiesen beträchtliche Interessengegensätze zwischen den Klassen. Die großen Industriellen wollten nichts anderes als größere Profite durch Erweiterung des Marktes, und das suchten sie dadurch zu erreichen, daß sie die kleinen Handwerksbetriebe durch die großen Fabriken verschlingen ließen. Hahn stützt sich auf seine Aachener Erfahrungen: In Aachen (damals einer Stadt mit 58 000 Einwohnern, von denen 26 000 Fabrikarbeiter waren) habe es noch zu Anfang des 19. Jahrhunderts viele Weber- und Tuchscherermeister gegeben, die zwar keine Reichtümer sammeln, sich aber einen anständigen Wohlstand verschaffen konnten. Als mit der französischen Okkupation die Gewerbefreiheit ins Land gekommen sei, seien aus diesem gleichmäßig wohlhabenden Handwerkerstand einige wenige Familien rasch Fabrikanten geworden und zu großem Reichtum emporgestiegen, während die Masse verarmte und in die Klasse der Arbeiter hinuntergedrückt worden sei.

„Sie sind dahin gekommen, daß sie bei ihren ehemaligen Standesgenossen sich Arbeit verschaffen mußten. Und die Zahl derjenigen, welche auf diese Weise ins Unglück gestürzt sind, hat sich derart vermehrt, daß die Nachfrage nach Arbeit bedeutend geworden ist und daß die Löhne allmählich herabgedrückt worden sind. Meine Herren! Der Fabrikarbeiter, der ehemals irgend im Wohlstand gelebt hat, der ist doppelt unglücklich; man darf aber sagen, daß fast alle unglücklich sind, denn der Lohn ist nimmer derart, daß sie etwas vor sich bringen können, und ich kann sagen, daß ich Gelegenheit gehabt habe, unzählige Fabrikarbeiter in ihren Wohnungen zu besuchen, daß ich sie aber überall elend angetroffen habe."

Bewegend schilderte Hahn die schlechte Ernährung des Proletariats, die ungesunden, überfüllten Wohnungen, die unter solchen Verhältnissen unausbleibliche Zerrüttung des Familienlebens, schließlich die Folgen dieser Zustände auch für die Gemeinden, für den Staat und die Gesellschaft. Das alles seien die Folgen der vom Großkapital gewünschten unbeschränkten Gewerbefreiheit.

„Wir leugnen es, daß eine unbedingte Gewerbefreiheit überhaupt eine Freiheit sei ... Es wird nach meiner Überzeugung keine Gewerbe*freiheit* erzielt, sondern eine Gewerbe-Anarchie ... Man bietet dem Handwerkerstande Freiheit, und man bringt ihm Knechtschaft. Er soll mit dem großen Kapital konkurrieren und seine Kräfte in ungleichem Kampfe verzehren. Es würde aber daraus ein Verzweiflungskampf entstehen, und die Sache könnte sich im Laufe der Zeit gegen diejenigen wenden, die im Interesse des Kapitals und der größeren Industrie die Beseitigung des Handwerks erzielen wollen."

Hahn schloß mit dem Satz: „Ich bitte Sie, gegen die Anträge der Kommission zu stimmen und womöglich jeden weiteren Antrag auf unbedingte Gewerbefreiheit uns vom Halse zu schaffen."

Über die Wirkungen der Rede äußerte sich Hahn in einem Brief an Frau und Kinder: „Ich erregte bei den reichen Bankiers, Kaufleuten und Fabrikanten großen Anstoß. Wegen eines Ausdrucks wollte ein Fabrikant mich zur Ordnung rufen lassen und parlamentierte deshalb mit dem Präsidenten, der nicht der Meinung war und mich nicht unterbrach ... Die Abstimmungen haben begonnen und fallen gegen die Handwerker und zu Gunsten der großen Industrie aus."

Zwei Tage später nahm Hahn in der gleichen Frage noch einmal im Parlament das Wort, nachdem Reichensperger ihm noch zugeflüstert hatte: „Nicht zu lang! Kurze und recht harte Schläge!" Hahn berichtet in einem Brief: „Wie ich aus den wiederholten Bravos nicht allein der Katholiken, sondern auch der gesamten Linken entnehmen konnte, ist mir das auch gelungen; die Rechte dagegen war stark aufgeregt gegen mich."

Ein zweites Mandat für den Landtag wollte Hahn nicht mehr annehmen, aus Rücksicht auf seinen Beruf, seine große Familie und seine kommunalpolitische Arbeit, wohl auch aus Rücksicht auf ein anderes Werk, das ihn sehr beschäftigte und von dem jetzt die Rede sein muß.

Ein zwanzigjähriges Mädchen gründete 1819 unter Arbeiterinnen einer Seidenfabrik in Lyon einen Verein zur Unterstützung der Missionen. Diese Gründung der Pauline Maria Jaricot vereinigte sich 1822 mit einem ähnlichen Verein, den Madame Petit ins Leben gerufen hatte, zu einer Organisation, die sich rasch auf viele Länder ausdehnte und später „Werk der Glaubensverbreitung" hieß. Die Mitglieder verpflichteten sich, für die katholische Missionsarbeit täglich zu beten und wöchentlich einen Sou zu geben. Der Grundgedanke der Pauline Maria Jaricot war: „Kleine Beiträge, aber von vielen; täglich ein kurzes Missionsgebet, aber von Millionen." Je zehn Mitglieder bildeten eine Gruppe, innerhalb derer das Missions-Jahrbuch zirkulierte, das durch Berichte von Missionaren aus aller Welt für das Anliegen der Glaubensverbreitung Begeisterung weckte und wachhielt.

Ein solches Heft der französischen Missionsannalen entdeckte Dr. Hahn bei einem Krankenbesuch, wahrscheinlich im Jahre 1830. Hahn, der gern und oft französische Bücher las, nahm es zur Hand, las, fing Feuer und ließ sich weitere Hefte der Annalen schicken. Eines Tages hatte er einen Plan, und er machte sich daran, ihn zu verwirklichen.

Mit Freunden versuchte er, einen Missionsverein im Rheinland zu gründen, und zwar im Anschluß an den Verein in Lyon. In dieser Absicht nahm er einen Briefwechsel mit der Lyoner Zentrale auf. Ferner sandte er an den Erzbischof Spiegel von Köln eine Adresse mit der Bitte, den Anschluß an den Lyoner Missionsverein zu erlauben. Die Adresse war von hundert Aachener Bürgern unterschrieben.

In einem langen Begleitbrief an den Erzbischof brach Hahn allen denkbaren Einwänden im voraus die Spitze ab, vor allem dem Bedenken, „ob es nicht besser wäre, unsere Sorgen und unsere Almosen zur Vermehrung *inländischer* Bildungsanstalten zu verwenden" – einem Bedenken, das man ja auch heute noch hören kann. Hahn schildert die opfervolle und erfolgreiche Arbeit von Missionaren in Nordamerika und in Asien und fragt: „Wie werden wir uns nun gegen diese Männer verhalten? Werden wir ihnen sagen: In unserm eigenen Lande haben wir Arme zu verpflegen, Unwissende zu belehren, kirchliche und Unterrichtsanstalten zu gründen und zu unterhalten; dazu, und nur dazu verwenden wir unsere Gaben? Oder werden wir nicht vielmehr eingestehen müssen, daß die Christen als solche nur *einen* gemeinschaftlichen Vater haben, der da ist Gott, und *eine* Mutter, die katholische Kirche, die uns alle aus ihrem Schoß geboren, daß wir also in dem Sinne nur *ein* gemeinschaftliches Vaterland anerkennen müssen und daß, indem wir unsere Verwandten und Landsleute bei Verteilung unserer Almosen reichlicher bedenken, wir auch entfernt Bedrängte nicht vergessen dürfen? Dergleichen Betrachtungen haben zur Bildung der europäischen Missionsvereine Anlaß gegeben. Dieselben Betrachtungen haben in uns den Wunsch rege gemacht, dem wirksamsten dieser Vereine beizutreten."

Aus diesem Text ergeben sich die Beweggründe Hahns für seine Aktivität zugunsten der Missionen. Sie sind getragen von einem wahrhaft katholischen, d. h. übernationalen, universalen Geist. Ganz im Gegensatz zu dem hochsinnigen, weitdenkenden Brief des Laien steht die kleinliche, enggeistige Antwort des Erzbischofs, die das Unternehmen mit der Begründung ablehnte, die Erzdiözese Köln sei zu arm, um Gelder für die Bedürfnisse ausländischer Kirchen erübrigen zu können. Auch ein gleichzeitiges Gesuch an die staatliche Behörde drang nicht durch.

Heinrich Hahn ließ sich nicht entmutigen. Auf sein Betreiben wurde 1837 in Aachen eine Bruderschaft vom heiligen Franziskus Xaverius errichtet. Sie war ein Umweg zum angestrebten Ziel. Vom Innenministerium wurde sie als staatsfeindlich verdächtigt, von der Geheimpolizei bespitzelt. Erst nach langwierigen Verhandlungen in den Jahren 1841 und 1842 erlangte sie als Xaverius-Verein die staatliche und kirchliche Genehmigung. Die Statuten dieses Vereins wurden nach dem Muster des Lyoner Vereins gebildet, und die preußische Regierung genehmigte, daß die vom Xaverius-Verein gesammelten Gelder durch die Lyoner Zentralstelle verteilt wurden.

Vier Jahrzehnte lang war Heinrich Hahn Mitglied und Sekretär des fünfköpfigen Verwaltungsrates. Ihm vor allem ist es zu verdanken, daß sich der Xaverius-Verein im Erzbistum Köln und in Preußen, namentlich in den polnischen Landesteilen, ausdehnte. Zweimal reiste Hahn nach Posen, um den Xaverius-Verein dort einzuführen, ferner, obgleich krank, nach München, Wien, Graz und Prag, um Bischöfen und anderen einflußreichen Herren die Einführung des Xaverius-Vereins zu empfehlen und ihnen dafür seine Hilfe anzubieten.

Wenn ein Historiker geurteilt hat, das Hauptverdienst des Xaverius-Vereins habe darin bestanden, verschiedene private Missionsvereine in Deutschland organisatorisch zusammengefaßt und ihnen eine gesetzliche Form gegeben zu haben, so muß man hinzufügen, daß dies, unbeschadet der Leistungen anderer, vor allem der unermüdlichen Arbeit Heinrich Hahns zu verdanken ist. Diese Arbeit geschah freilich größtenteils in der Stille. Hahn hat sich immer bescheiden im Hintergrund gehalten. Er ist nie Präsident des Vereins gewesen, nur der Sekretär. Aber seine Hand besorgte die Hauptarbeit.

Allerdings ist ihm nicht ganz gelungen, was er sich vorgenommen hatte: die einheitliche Organisation aller deutschen Missionsvereine und ihr Anschluß an die Lyoner Zentrale. In Bayern und in Österreich hatten sich von nationalen Interessen bestimmte, selbständige Missionsvereine gebildet, und es gelang Hahn nicht, diese Zersplitterung rückgängig zu machen. Hahn nennt die nationalistischen Vorurteile jener, die sich daran stießen, daß sich die Leitung des Werkes in Frankreich befand, als das erste der Hindernisse.

In einem Brief von 1858 berichtet Hahn dem Zentralrat in Lyon über „die Schwierigkeiten, denen das Werk der Glaubensverbreitung noch immer begegnet", und stellt fest, „daß es nationale Eifersucht ist ..., die die Quelle aller Schwierigkeiten bildet. Ein Überblick über die Kirchengeschichte und ganz besonders über die Missionsgeschichte läßt unglücklicherweise sehen, daß dieses auflösende und zerstörende Element immer bestanden hat ... Diese historischen Tatsachen zeigen allzu sehr, wie schwierig es den Menschen ist, sich von nationalen Vorurteilen loszureißen und die Forderungen der politischen Interessen beiseite zu setzen, um frei die katholische Idee in ihrer ganzen Ausdehnung und bei jeder Gelegenheit zu umfassen."

Wie die weitere Entwicklung zeigt, hat Heinrich Hahn recht daran getan, den deutschen Xaverius-Verein mit der Lyoner Zentrale und so mit dem weltweiten Missionswerk zu verknüpfen. Die Lyoner Organisation war von allen ähnlichen tatsächlich die wirksamste. Bereits 1857 wurden ihre Jahrbücher in 176 000 Exemplaren in neun Sprachen verbreitet. Das Werk besteht heute noch. Der Mittelpunkt des Allgemeinen Glaubensvereins wurde 1921 von Lyon nach Rom verlegt, doch das Generalsekretariat des deutschen Zweiges, der heute „Missio" heißt und seit 1972 auch den bayrischen Ludwigsverein umfaßt, befindet sich immer noch in Aachen, von wo das Werk durch Heinrich Hahns Initiative seinen Ausgang genommen hatte.

Dieser Laie war, stärker als mancher Priester seiner Zeit, von der Wahrheit durchdrungen, daß Mission eine der wichtigsten Lebensfunktionen der Kirche ist und deshalb jeder Christ die Pflicht hat, auf irgendeine Weise etwas dafür zu tun. Wie kann jemand, der von der Heilsnotwendigkeit des Glaubens überzeugt ist, Christi Befehl, in alle Welt zu gehen und alle Völker zu lehren, nicht ernstnehmen? Müssen nicht alle, denen die Gnade des Glaubens zuteil wurde, die heroischen Anstrengungen der Missionare durch Gebet und Opfer unterstützen?

Heinrich Hahn, der nie über Mitteleuropa hinausgekommen ist, umspannte mit seinem Geiste alle Erdteile. Er, der in seinem ganzen Leben keine einzige Missionsstation persönlich gesehen hat, war mit seinem Herzen allen verbunden. Davon zeugt nicht allein seine vierzigjährige Arbeit im Xaverius-Verein, davon zeugen auch die vielen Schriften, die er über die Aufgaben und Hoffnungen der Mission verfaßt hat, und sein fünfbändiges Werk *Geschichte der katholischen Missionen*, das 1857–1863 bei DuMont-Schauberg in Köln erschien und die erste umfassende Missionsgeschichte ist. Kein anderer hat im katholischen Deutschland des 19. Jahrhunderts so viel Mühe, Zeit und Kraft aufgewandt, um für den Missionsgedanken zu werben, wie der Aachener Arzt Dr. Heinrich Hahn.

Hahns Missionsgeschichte ist mit einem anderen seiner guten Werke verknüpft: Den gesamten Ertrag dieser fünf Bände ließ er dem katholischen Krankenhaus für Rheinländer und Westfalen in Berlin zukommen, das auf seine Initiative, als eine Abteilung des St. Hedwig-Krankenhauses, gegründet wurde. Dr. Hahn selbst führte die Verhandlungen mit Wilhelm Emanuel von Ketteler, der damals Propst an St. Hedwig in Berlin war, und sammelte unermüdlich Gelder für das Berliner Krankenhaus.

Wir können hier unmöglich alle guten Werke von Heinrich Hahn aufzählen. Er war in manchen kirchlichen Vereinen und Bruderschaften führend tätig. Unter anderem wirkte er 28 Jahre lang als Vorstandsmitglied des Borromäus-Vereins zur Verbreitung guter Bücher. Eine noch erhaltene Rede von Hahn zeigt, daß er sich über das katholische Bildungsdefizit völlig klar war und die breiten Massen des katholischen Volkes an das gute Buch heranführen wollte. Nach seinen Worten hatte der Borromäus-Verein die Aufgabe, „diejenigen, welche die Mehrzahl ausmachen, nämlich solche, die aus Gleichgültigkeit fast gar nicht lesen, aus ihrem Schlummer zu wecken".

Mit Erfolg bemühte sich Hahn, zur Betreuung verkommener oder sittlich gefährdeter Frauen und Mädchen die Schwestern vom Guten Hirten nach Aachen zu holen, und er war dann bis an sein Lebensende Präses des Verwaltungsrats des Klosters. Als während des Kulturkampfes alle katholischen Orden, die nicht in der Krankenpflege tätig waren, ausgewiesen wurden, rettete Hahn durch geschickte Verhandlungen den Fortbestand des Klosters vom Guten Hirten und den Verbleib der Nonnen.

Was Heinrich Hahn für die zehn Aachener Frauenklöster getan hat, bezeugten diese selbst in einem kunstvoll auf Pergament geschriebenen Glückwunschschreiben zu seinem goldenen Doktorjubiläum. Es beginnt mit den Worten: „Seit einem halben Jahrhundert sieht die Stadt Aachen in ihren Mauern einen ihrer Söhne wandeln, von dem in Wahrheit gesagt werden kann, was von unserm höchsten Vorbild und Meister geschrieben steht: ‚Er ging umher in Wohltun und Heilen, denn Gott war mit ihm.' War er ja auch stets mit Gott, ein katholischer Christ von alter, echter Art, ein Mann des Glaubens."

Nach Aufzählung seiner Verdienste um Staat und Kirche heißt es von den Frauenklöstern: „Sie alle haben unter den Laien keinen tätigeren Gönner ihrer kirchlichen Anstalten, keinen kräftigern Förderer ihrer gemeinnützigen Zwecke, selbst keinen treuern Pfleger der Gesundheit ihrer Mitglieder gefunden ... Alle diese Häuser der Barmherzigkeit bezeugen ihm durch ihre unterschriebenen Oberinnen, daß er sich um sie alle insgesamt und um jedes insbesondere durch Rat und Tat hochverdient gemacht, daß er zur Erhaltung der ältern, zur Gründung der jüngern ernstlich mitgewirkt hat." Um die Tragweite dieser Laudatio zu ermessen, muß man sich vor Augen halten, was alles diese Ordensfrauen auf den Gebieten der Armenpflege und der Fürsorge, der Erziehung und des Unterrichts, der Krankenpflege und des Hospitalwesens, der Kindergärten, der Waisen- und der Invalidenhäuser geleistet haben.

Zehn Oberinnen haben dieses Dokument der Dankbarkeit unterzeichnet, darunter zwei berühmte Aachenerinnen: Franziska Schervier, die 1845 die Armen-Schwestern vom heiligen Franziskus gründete, welche unter anderem in der häuslichen Krankenpflege, unter den Armen, in Krankenhäusern und in Altersheimen arbeiteten, und Clara Fey, die 1844 die Schwestern vom Armen Kind Jesus gründete, welche arme Kinder betreuten und später auch in Schulen wirkten. In den Familien Schervier und Fey ging Dr. Hahn als Hausarzt ein und aus, und der Gründung dieser neuen Orden hat Hahn im Stadtrat und auch sonst die Wege gebahnt, hat ihre Entwicklung gefördert und sie gegen Feinde verteidigt. Zwei seiner Töchter nahmen mit seinem Segen bei den Damen von Sacré Cœur den Schleier.

Die guten Wünsche für einen heiteren und friedlichen Lebensabend, die dem 71jährigen Jubilar von den Nonnen dargebracht wurden, sind freilich kaum in Erfüllung gegangen. Obwohl Heinrich Hahn es konnte und durfte, hat er sich nicht zur Ruhe gesetzt, sondern seine Kräfte noch zehn weitere Jahre bis zu seinem Tode in den Dienst der Stadt und der Kirche gestellt – Jahre, die durch den Kulturkampf besonders aufregend waren. Wenn seine Angehörigen ihn baten, sich doch mehr Ruhe zu gönnen, antwortete er nur: „Die Ruhe bewahre ich mir für das Jenseits auf."

Seine Zeit wurde fast ganz vom Dienst an den Menschen verbraucht. Für sich selbst blieb er anspruchslos. Obwohl er es sich hätte leisten können und es ihm eine große Freude gewesen wäre, hat er sich nie die Zeit genommen, eine Reise zu den Orten zu machen, die ihm besonders lieb sein mußten. Er hat weder Lyon noch Rom noch Jerusalem je gesehen. Wozu auch? Die Post nach Lyon klappte vorzüglich, und mit Jenem, an den die heiligen Stätten der größten christlichen Wallfahrtsorte erinnern, konnte Heinrich Hahn kaum inniger verbunden sein.

Denn Gebet und Betrachtung – *dazu* nahm er sich Zeit. Das beweist unter anderem sein umfangreiches Manuskript *Die christliche Liebe in der katholischen Kirche, gegenüber den sittlichen Gebrechen der Menschen, aus dem religiösen, sozialen und politischen Gesichtspunkte dargestellt.* Heinrich Hahn hat diese sechzehn Hefte mit insgesamt 1919 Seiten, die heute in einem Stahlschrank bei Missio in Aachen liegen, um 1850–1853 geschrieben. Die vielen Ergänzungen, Streichungen und Änderungen verraten die Mühe, die er sich damit gemacht hat. Das Thema, „die sozialen Früchte der zur Tätigkeit gelangten christlichen Liebe", und die Art der Ausführung, besonders die Meditationen über das 13. Kapitel des Ersten Korintherbriefes, zeigen, aus welcher Quelle Heinrich Hahn die Kraft zu seinen guten Werken schöpfte: aus der göttlichen Liebe, die sich in die Menschenherzen ergießt, um durch sie alle sozialen und politischen Lebensbereiche zu heilen und zu erwärmen und so zu verhindern, daß die Welt dem moralischen Kältetod erliegt.

FRÉDÉRIC OZANAM

(1813–1853)

Frédéric Ozanam gehörte zu der „glühenden, bleichen, nervösen Generation", die Musset treffend schilderte, „zwischen zwei Schlachten gezeugt, von bangenden Müttern geboren", jener Generation, die heranwuchs, um nach der Revolution des Jahres 1830 in das politische und literarische Leben Frankreichs eine fruchtbare Unruhe hineinzutragen. Sein Dasein begann im Frühjahr 1813, als ein fünfundzwanzigjähriger Krieg sich dem Ende näherte, in Mailand, dessen Hospitäler die Verwundeten nicht fassen konnten. Sein Vater hatte als Husarenoffizier unter Bonaparte den italienischen Feldzug mitgemacht und in den späteren unruhigen Jahren mehrmals Wohnsitz und Beruf gewechselt. Als nach dem Zusammenbruch des napoleonischen Imperiums Frankreich die Stadt Mailand verloren hatte, mußte die Familie Ozanam nach Lyon umsiedeln. So kam der zweijährige Frédéric in eine Großstadt, die wie wenige andere geeignet war, den Heranwachsenden mit den Nöten der Zeit vertraut zu machen.

Das besiegte Frankreich erlitt in jenen Jahren alle Verwirrungen einer Nachkriegszeit: erbitterte Kämpfe zwischen Royalisten und Republikanern; eine nichtabreißende Kette von Verschwörungen, Attentaten, Regierungsstürzen; wachsende Unzufriedenheit, von Aufwieglern und radikalen Geheimbünden geschürt. Das Industrieproletariat forderte seine Rechte und entfesselte immer wieder Streik und Aufruhr. Die Apostel widerchristlicher Heilslehren fanden in dem glaubenslos gewordenen Volk begeisterten Anhang. Philosophen und Schriftsteller bekämpften bald mit Hohn, bald mit Haß die Kirche als einen Schwindel zur Verdummung des Volkes, als ein Komplott der Pfaffen mit den Kapitalisten zur Ausbeutung der Arbeiter, als eine Brut finstersten Aberglaubens, der die aufgeklärte Wissenschaft längst den Todesstoß versetzt habe. Andere erklärten, die christliche Religion habe in früheren Zeiten der Menschheit bewundernswerte Dienste geleistet, sei aber heute nicht mehr fähig, die Kultur voranzuführen und müsse deshalb einer fortschrittlicheren Lehre weichen. Das Gebrodel dieser verschiedenen Strömungen war in Lyon besonders deutlich zu vernehmen. Die gärende Unzufriedenheit unter den Arbeitern nahm in dieser Stadt mit ihrer ausgedehnten Industrie und ihrem lebhaften Handelsverkehr gefährlichen Charakter an. Die Erregung wuchs, bis sie sich in den Jahren 1831 und 1834 in blutigen Aufständen Luft machte.

Das Erlebnis all dieser Nöte drängte den wachen Geist des hochbegabten Ozanam, der mit sechzehn Jahren seine ersten literarischen Versuche veröffentlichte, sich schon als Gymnasiast mit den Bewegungen der Zeit geistig auseinanderzusetzen. Durch seinen Vater, der als Arzt oft in die Elendsviertel ging, und durch seine Mutter, die einem Verein von Arbeiterfrauen vorstand, wöchentlich bedürftige Kranke besuchte und gelegentlich ihren Sohn auf diese Gänge mitnahm, gewann Frédéric Einblick in die Lage der Arbeiterschaft. Ozanam war im katholischen Glauben erzogen worden. Doch bald, wie er später bekannte, „drang das Geräusch einer andersgerichteten, glaubenslosen Welt zu mir. Ich lernte all die schrecklichen Zweifel kennen . . . Verzweifelt stützte ich mich auf geheiligte Dogmen, doch ich glaubte zu fühlen, wie sie unter meinen Händen zerbröckelten." In dieser Krise half dem Ringenden sein Philosophielehrer Abbé Noirot. Er gewann durch sein liebenswürdiges Wesen das Herz des Jungen und feite seinen Geist ein und für allemal gegen die modernen Irrlehren. Sein Einfluß auf Ozanam war so stark, daß der junge Mann nicht nur eine felsenfeste Überzeugung gewann, sondern zugleich sich entschloß, andere für diese erkannte Wahrheit zu gewinnen. „Ich versprach Gott, mein Leben dem Dienste der Wahrheit zu weihen." Fortan war Ozanam von jenem missionarischen Elan beschwingt, der bis ans Ende seines Lebens der Motor seines Schaffens blieb.

Wir haben noch seinen hochgemuten Brief, geschrieben ein halbes Jahr nach der Julirevolution an zwei befreundete Studenten in Paris. Noch sitzt er in der Kanzlei eines Advokaten zu Lyon, um die zwei Jahre Praktikum zu absolvieren, vor deren Ablegung er sein Jurastudium nicht beginnen darf. Die spießbürgerliche Sattheit und Beschränktheit der ihn umgebenden Bourgeoisie fordert seinen Unwillen heraus: „In der Provinz plagt man sich nicht mit Denken ab ... Ringsum erblickt man industrielles und materielles Leben. Jeder ist auf seine persönliche Bequemlichkeit erpicht und darauf, daß es ihm selbst leidlich wohl ergeht. Hat sein Gott, der Bauch, sich Genüge getan und ist der feuerfeste Geldschrank wohlgefüllt, so macht man in Politik beim Ofenfeuer oder beim Billard. Man redet sich von Freiheit etwas zusammen, versteht aber nichts davon ... Hat man materielle Ordnung, eine bescheidene Freiheit, Brot und Geld: was will man mehr! Man ist der Revolutionen müde. *Ruhe* möchte man haben. Mit einem Wort: Unsere Provinzleute leben nicht im Gestern, nicht im Morgen, sie kennen nur das Heute." Den jungen Mann bewegen ganz andere Dinge: „Ich fühle, die Vergangenheit zerfällt, die Grundlagen des alten Gebäudes sind zerbrochen, und eine furchtbare Erschütterung hat das Angesicht der Erde verändert. Aber was wird aus diesen Trümmern neu erblühen? Soll die Gesellschaft unter den Ruinen umgestürzter Throne begraben bleiben? Oder kann sie verjüngt, schöner und prächtiger wiedererstehen? Das ist die große Frage. Weil ich auf die Vorsehung vertraue und nicht an meinem Vaterland verzweifle, glaube ich an eine Art Wiedergeburt. Aber wie wird die Form, welches das Gesetz dieser neuen Gesellschaft sein? ... Man muß unter den Ruinen der alten Welt den Eckstein suchen, auf dem man die neue erbauen soll ... Dies ist das Bedürfnis, das ich in der Gesellschaft bemerkte. In mir selbst nahm ich ein ganz Ähnliches wahr: Es tat mir etwas Dauerhaftes not, woran ich mich halten und worin ich Wurzel fassen konnte, um gegen den Strom des Zweifels zu schwimmen. Und nun, meine Freunde, ist meine Seele von Trost und Freude erfüllt. Denn gerade durch die Kraft ihrer Vernunftgründe hat sie genau den Katholizismus wiedergefunden, in dem ich einst durch den Mund einer trefflichen Mutter belehrt ward, ... den Katholizismus mit all seiner Größe, mit all seiner Liebenswürdigkeit!"

Der Siebzehnjährige weiß genau, was er will: „Mein Entschluß ist gefaßt, meine Lebensaufgabe steht mir klar vor Augen und – noch ein Freundeswort: Ich möchte wünschen, ihr machtet mit!" Begeistert schreibt er davon, wie er den wiederentdeckten Katholizismus allen künden will, die sich in den Stürmen der Zeit verirrt haben. Schon schaut er aus nach Gleichgesinnten, und im Geist sieht er sich bereits als Führer einer welterobernden Elite: „Hochbeglückt bin ich, wenn einige Freunde sich um mich sammeln wollen! Wir sollten dann unsere Bemühungen vereinen! Gemeinsam müßten wir ein Werk schaffen. Andere könnten sich uns anschließen, und vielleicht würde eines Tages die ganze menschliche Gesellschaft unter diesem sicheren Schutz sich wieder einen. Der Katholizismus würde sich plötzlich in seiner vollen Jugendkraft auf der Welt erheben, sich an die Spitze des neuen Zeitalters stellen, um es zur Gesittung, zum

Glück zu führen. O meine Freunde, ich fühle mich innerlich bewegt, während ich dies vor euch ausspreche. Ich bin tief erfüllt von geistiger Freude, denn das Werk ist herrlich, und ich bin jung."

Ergraute Häupter möchten solchen jugendlichen Überschwang milde belächeln. Doch Ozanams Enthusiasmus ist kein Strohfeuer, das nach kurzem Auflodern rasch zusammensinkt. Dieser Siebzehnjährige hat einen langen Atem: „Ich warte geduldig ab, halte mich still für mich, studiere viel, damit ich einmal unter die Menschen treten und ihnen etwas sein kann. Ich habe so einen Plan, und Herr Noirot macht mir immer wieder Mut zum Ausführen. Ihr, meine Kameraden, könntet ihn wohl auch zu dem euren machen. Noch sind wir ja zu jung, und die belebende Kraft der Wissenschaft muß uns erst noch gehörig nähren, bis wir ihre reifen Früchte der Menschheit darbieten können. Nur zu! Indes der Sturmwind manchen Baum knickt, wachsen wir unbemerkt und still heran. Auf einmal sind wir fertige Männer voll Mut und Kraft, mit der Übergangszeit ist's dann vorbei: Man wird uns nötig haben." Der „Plan" hat schon konkrete Form angenommen. Es handelt sich natürlich um ein umfangreiches literarisches Werk. Vielleicht steht dem angehenden Gelehrten sein Vater als Vorbild vor Augen, der als medizinischer, pädagogischer und militär-wissenschaftlicher Schriftsteller Erfolg hatte und unter anderem ein fünfbändiges Werk über die Geschichte der Volksseuchen Europas veröffentlichte, dessen erster Teil sogar 1820 in deutscher Übersetzung bei Cotta in Stuttgart erschien. Der junge Ozanam will etwas viel Größeres, und er sieht schon klar das Ziel: eine monumentale Kulturgeschichte, welche die sieghafte Wahrheit des von vielen für tot erklärten Christentums beweist. Auch der Weg liegt deutlich vor ihm: „Will ich ein Buch schreiben mit fünfunddreißig Jahren, so muß ich mit achtzehn die zahlreichen Vorarbeiten beginnen. In der Tat: ein Dutzend Sprachen kennen, um die Quellen und Urkunden zu Rat zu ziehen, die Erdgeschichte und Sternkunde einigermaßen verstehen, um die nach der Zeitfolge und Weltentstehung geordneten Systeme der Völker und Weisen prüfen zu können, endlich die Universalgeschichte in ihrer ganzen Tragweite und die Geschichte der religiösen Anschauungen in ihrer ganzen Tiefe studieren: das ist es, was ich zu tun habe, um meine Idee zu verwirklichen." Er hat schon begonnen: Neben seiner Sekretärarbeit lernt er Deutsch, Hebräisch und Sanskrit. Dieser zielbewußte Wille, dieser unverdrossene Fleiß geben seinem religiösen Enthusiasmus Macht.

Kaum hatte die Postkutsche den schmächtigen Studenten nach Paris gebracht, da schienen die hochstrebenden Flügel seiner Seele geknickt zu sein. „Wie bin ich doch gegenwärtig so allein", schrieb er nach Hause, „so mißmutig und ohne jeden Trost von außen! Schon fühle ich die ganze Traurigkeit und öde Leere meiner Lage." Die Pension, in der er Unterkunft fand, behagte ihm gar nicht: Die Hauswirtin habe etwas von einer hinterlistigen Klatschbase an sich, und die anderen Mieter fielen ihm mit ihrem lauten und ordinären Benehmen auf die Nerven. Auch Paris stoße ihn ab: „Es gefällt mir nicht, weil da nicht das wahre Leben, weil da kein Glaube und nicht die echte Liebe ist. Es ist wie ein großer Kadaver, dessen eisige Kälte mich durchschauert." Besonders erschreckte ihn der Zustand der Universität, die eine Hochburg des Unglaubens und der Sittenlosigkeit war. Doch dieser Anfall von Melancholie ging bald vorüber, und nach einer Woche schon begann er, seine Träume zu verwirklichen. Es ist erstaunlich: Immer wieder in seinem Leben suchten Anwandlungen von Schwermut den empfindsamen Menschen heim, doch immer wieder überwand er sie in gläubiger Hoffnung.

Diesmal kam ihm ein äußerer Umstand zu Hilfe. Als er einen Besuch bei seines Vaters Freund Ampère machte, bot ihm dieser kurzerhand an, sein Haus- und Tischgenosse zu sein. Welch ein Vorteil für den aufstrebenden jungen Mann! André Marie Ampère, Professor der Mathematik, Astronomie und Physik, der die Elektrodynamik begründete, war schon damals berühmt. Dieses Genie hatte nach manchen Irrwegen zum katholischen Glauben zurückgefunden. Ozanam lebte auf angesichts seiner Herzenswärme und väterlichen Zuneigung. Was ihn am meisten packte, war die tiefe Frömmigkeit dieses großen und doch so demütigen Mannes. Seine bloße Existenz schon widerlegte die Meinung, Religion und Wissenschaft seien unvereinbar. In welch innigem Verhältnis Ampère und Ozanam standen, zeigt die Tatsache, daß man im Nachlaß beider Männer Manuskripte fand, die halb von dem einen, halb von dem andern geschrieben sind.

Außer dem Haus Ampères, in dem Ozanam zwei Jahre wohnte, bot Paris ihm noch andere Anregungen. Da war der Salon der Madame Récamier, der immer noch schönen und geistvollen Freundin Chateaubriands. Da waren vor allem die Abendgesellschaften des jungen Grafen Montalembert, die Ozanam wie „eine Quelle des Lebens" vorkamen. Wie erquickte es ihn, inmitten einer weithin glaubenslos gewordenen Umwelt diesen edlen Geist sich offen zum katholischen Glauben bekennen zu hören, zu dem auch er erst unter Kämpfen gekommen war! Bei Montalembert verkehrten die bedeutendsten Männer Frankreichs, Gelehrte, Politiker, Künstler. Hier traf Ozanam den Kritiker Sainte-Beuve, den romantischen Dichter Alfred de Vigny und Chateaubriand, mit dem er Freundschaft schloß. Der weltberühmte Autor des *Genius des Christentums* hatte in großartiger Prosa den Katholizismus als den Hort hoher Menschlichkeit, Freiheit und Schönheit dargestellt und die Losung ausgegeben: „Christus allein wird die moderne Menschheit retten." Ozanam sah auch Lacordaire und Lamennais, die wie Chateaubriand zuerst Jünger Rousseaus und Atheisten gewesen waren und jetzt in hinreißender Sprache für den katholischen Glauben warben.

Ozanam überredete manche seiner Kommilitonen, mit ihm zu den Abenden bei Montalembert oder zu den Konferenzen Lacordaires zu gehen. So erfüllte sich sein Wunsch, den er kurz nach seiner Ankunft in Paris abermals geäußert hatte: „Ich wünsche mich mit jungen Leuten zu umgeben, die denken wie ich. Ich weiß wohl, daß es hier solche gibt, aber sie sind zerstreut, und schwierig ist die Aufgabe eines Menschen, der um eine Fahne Streiter sammeln will." Bald konnte er einem Freund schreiben: „Unsere Reihen sind zahlreicher, als wir glaubten. Ich habe hier junge Männer gefunden, stark im Denken und reich an edler Gesinnung, die ihr ganzes Forschen der hohen Aufgabe weihen, die auch die unsrige ist." Schon nach einem Jahr hatte Ozanam sechzig Gesinnungsfreunde um sich geschart, die einander im Glauben stärkten. Wöchentlich versammelte sich dieser Kreis zu einem Diskussionsabend, wo auch Nicht-Christen zu Wort kamen. Kein Gegenstand war von diesen Debatten ausgenommen, doch wurden hauptsächlich geschichtsphilosophische und religiöse Fragen erörtert.

Auch nach außen trat die Gruppe hervor, und bei jeder Aktion war es Ozanam, der sie anregte und leitete. Wenn Professoren in ihren Vorlesungen das Christentum angriffen, zwangen Ozanam und seine Freunde durch Protestkundgebungen sie zum Rückzug.

Folgenreicher war ein anderer Schritt, den Ozanam unternahm. Er wandte sich im Juni 1833 mit einer von ihm verfaßten Bittschrift, die hundert Unterschriften trug, an

Msgr. Quelen, den Erzbischof von Paris. Als dies keinen Erfolg hatte, ging der Unentwegte mit einer zweiten Bittschrift, die von zweihundert jungen Leuten unterzeichnet war, abermals zum Erzbischof. Er wünschte nichts Geringeres als die Einführung einer neuen Art von Predigten. Auf der Kanzel von Nôtre-Dame sollten Vortragszyklen über zeitgemäße Themen gehalten werden. Sie sollten nachweisen, daß die Bedürfnisse des einzelnen und der Gesellschaft nirgendwo besser als im Christentum befriedigt würden. Nach zwei Audienzen stellte der Erzbischof dem jungen Studenten sieben Priester vor, mit denen er verhandeln möge. So kamen die berühmt gewordenen Predigten in Nôtre-Dame zustande, eine Einrichtung, die das Jahrhundert überdauerte. Trotz beträchtlicher Widerstände wurde Lacordaire mit diesen Kanzelreden beauftragt. Fünftausend Zuhörer lauschten ihm hingerissen. „Es kam uns vor", schrieb Ozanam, „als wenn wir Zeugen der Auferstehung wären, nicht des Katholizismus – denn der Katholizismus stirbt nie –, wohl aber der religiösen Auferstehung der heutigen Gesellschaft." Vor allem dank dieser Predigten schlug die öffentliche Meinung innerhalb weniger Jahre zugunsten der Kirche um. Während der Juli-Revolution noch hatte die Menge, darunter auch Studenten, gegen den als Handlanger des Königtums verhaßten Klerus gewütet, die Kathedrale von St. Germain-Auxerrois gestürmt und die heiligen Bücher und Gefäße in die Seine geworfen. Fünf Jahre später bildeten die Predigten Lacordaires das Tagesgespräch der Pariser Salons, wurden katholische Bücher große Mode, durften Akademiker sich offen als Katholiken bekennen, ohne befürchten zu müssen, wegen ihrer „Rückständigkeit" verspottet zu werden.

Diese Erfolge wurden noch überboten durch ein anderes Werk, das Ozanam damals mit seinen Studienfreunden gründete, ein Werk, das heute über achtzig Länder verbreitet ist und den Namen Ozanams am meisten bekanntgemacht hat. Von ihm wird noch die Rede sein.

Mit Recht hat man gesagt, in den dreißiger Jahren sei an der Universität Paris eine Art Jugendbewegung entstanden. Was diese akademische Jugend auszeichnete, das war die glühende Bereitschaft, alle Kräfte in den Dienst der Gesellschaft zu stellen, und der Wille, Religion und Kultur zu einer neuen fruchtbaren Begegnung zu führen. Die treibende Kraft dieser Bewegung war Ozanam. Er hat mit seinem Lebenswerk Entscheidendes dazu beigetragen, die drei Hauptprobleme, vor die sich die Kirche in den letzten 150 Jahren gestellt sah, zu lösen: das Verhältnis von Glaube und Wissenschaft, von Kirche und Demokratie, von Kirche und Arbeiterschaft.

„Man will mich zum Haupt der katholischen Jugend dieses Landes machen", schrieb Ozanam damals in einem Briefe. Dagegen wehrte er sich zwar, doch blieb er die Seele der Bewegung. Das ist um so erstaunlicher, als Ozanam, wie ihn seine Freunde schildern, keineswegs etwas von vornherein Einnehmendes in seinem Wesen hatte. Lacordaire erzählt: „Ich entsinne mich nicht, daß mir an ihm etwas Besonderes aufgefallen wäre. Jugendschönheit eignete ihm nicht." Er war mittelgroß, von schwachem Körperbau und hundert Unpäßlichkeiten unterworfen, zudem sehr kurzsichtig und bleich. Sein langes, dunkles Haar hing wenig gepflegt in Strähnen bis tief in die Stirn. Sein Ausdruck war gewöhnlich ernst, manchmal melancholisch, sein Anzug etwas nachlässig, sein Auftreten linkisch und unbeholfen. Doch wenn sich dieser schüchterne junge Mann beim Sprechen erwärmt hatte, konnte „das Feuer der Augen" seine Zuhörer hinreißen. Paul Lamache erzählt in seinen Erinnerungen: „Ozanam war der Mann der zündenden Anregung, frühreifen Wissens, vorstürmenden und erobernden Freimutes mit großen

Gedanken und erhabenen Gefühlen voller Zauberkraft. Er war für viele unter uns der ‚primus inter pares'." Der Bescheidene liebte es nicht, im Rampenlicht zu stehen. Doch wo es galt zu handeln, war er der erste, und er verstand es, müde und verschlafene Geister aufzuwecken und zu Taten anzuspornen. So endete er seine Rede auf jene, die als Missionare starben, mit einem zündenden Appell: „Und nun sagt an, was tun *wir* denn in dieser Zeit? Glaubt ihr denn, Gott habe den Christen eine zweifache Bestimmung auferlegt: den einen die Pflicht, im Dienste der Kultur und der Kirche zu sterben, den andern aber die behagliche Ruhe, gleichsam die Hände in den Schoß zu legen oder sich auf Rosen zu betten? Auf! Zeigen wir, daß wir nicht verweichlicht sind und nicht an eine solche Arbeitsteilung glauben, die ja eine Schande für uns wäre!"

Die Aktionen, die der junge Student in Paris unternahm, standen nicht im Mittelpunkt seines Strebens. In kurzer Zeit entwickelte sich der Hochbegabte zu einem ausgezeichneten Gelehrten. Da er sich nicht auf sein juristisches Fachstudium beschränkte, beherrschte er bald neben Latein und Griechisch auch Hebräisch und Sanskrit und hatte eine ebenso ausgedehnte wie tiefe Kenntnis der deutschen, englischen, spanischen und italienischen Sprache und Literatur. Er gewann sein Wissen nicht allein aus Büchern, sondern auch auf Reisen nach Deutschland, Italien, England und Spanien. Sein Fleiß war bewundernswert. Er arbeitete nicht leicht. Wie gewissenhaft und selbstkritisch er zu Werke ging, beweisen seine Manuskripte, die eine Fülle von Änderungen und Nachträgen aufweisen. Ein sechzehnstündiger Arbeitstag war ihm nicht zu viel. Man staunt, daß er den wenigen Jahren, die ihm gegönnt waren, insgesamt 297 veröffentlichte Schriften und Aufsätze abringen konnte. Noch erstaunlicher als die äußere Ausdehnung seines wissenschaftlichen Schaffens ist dessen innere Weite: Unsere heutigen Universitäten haben vier bis fünf Lehrstühle für das umfangreiche Gebiet, das Ozanam allein beherrschte.

Trotz der Unterbrechung seiner Studien durch seine Tätigkeit als Anwalt am Königlichen Gerichtshof zu Lyon konnte er schon bald dem Titel eines Doktors der Rechtswissenschaft den Titel eines Doktors der Philosophie hinzufügen. Als Sechsundzwanzigjähriger erhielt er die Professur für Handelsrecht in Lyon. Er lehrte mit solchem Erfolg, daß man ihm ein bestechendes Angebot machte: Er sollte zu der Professur für Handelsrecht auch den Lehrstuhl für ausländische Literatur an der Lyoner Akademie übernehmen, bei einem hohen Jahreseinkommen. Ozanam aber zog es vor, mit einem weit geringeren Einkommen Lehrer der akademischen Jugend in der Hauptstadt zu werden. Nachdem er eine Prüfung als erster von acht Kandidaten bestanden hatte, erhielt er die Professur für auswärtige Literatur an der Universität Paris. Nach langer Zeit war er der erste Christ, der an der Sorbonne einen Lehrstuhl einnahm. Bald genoß der junge Forscher einen europäischen Ruf. Zahllose Ehrungen und Anerkennungen wurden ihm zuteil. Die Académie française verlieh ihm den Prix Bordin und den Prix Gobert. Vier ausländische Akademien wählten ihn zum Mitglied. Sein wissenschaftliches Hauptwerk erschien in deutscher und englischer Sprache und in drei verschiedenen italienischen Übersetzungen.

Unter Ozanams Händen weitete sich die Literaturgeschichte zur Kulturgeschichte, die er bereits ganz modern auffaßte: „Die historische Forschung hat nicht nur die politischen und militärischen Ereignisse zu sammeln, sondern auch die Ereignisse des Denkens, die Revolutionen des menschlichen Geistes." Auch komme es nicht allein auf das bloße Aneinanderreihen der Tatsachen an, sondern auf eine Darstellung ihrer inneren Zusammenhänge. Indem Ozanam die Methode der genetischen Darstellung und der philologischen Quellenkritik anwandte, wurde sein Werk „die erste Kulturgeschichte Frankreichs im eigentlich modernen Sinne" (H. Rischke). Während aber andere Forscher durch den Nachweis des Werdens aller gesellschaftlichen und religiösen Ordnungen zu einem zweifelnden Relativismus kamen, benutzte Ozanam (darin Newman ähnlich) das Prinzip der Entwicklung zum Beweis der absoluten Geltung des Christentums.

Diesem einen großen Ziele waren sämtliche historische Arbeiten Ozanams gewidmet. Er bezeichnete seine Einzelforschungen als Bruchstücke einer weit ausgedehnteren Arbeit über die Geschichte des Mittelalters vom fünften bis zum Ende des dreizehnten Jahrhunderts, deren letzter Sinn es sein sollte, „darzustellen, wie das Christentum es verstand, auf den Trümmern des Römerreiches mit den Stämmen, die sich darauf niedergelassen, eine neue Gesellschaft zu bilden, fähig, die Wahrheit zu besitzen, das Gute zu tun und das Schöne zu finden ... Ich kenne nichts, was besser die Göttlichkeit des Christentums beweist, als daß es den menschlichen Geist in jenen barbarischen Zeiten durch die Fluten der Völkerwanderung hindurch gerettet hat". Ozanam hat als erster in Frankreich die Kernfrage der nachantiken Geistesgeschichte eingehend behandelt, die Frage nämlich nach dem Verhältnis der Kirche zum Kulturfortschritt der Menschheit. Dabei wies er nach, daß das Christentum weder der Kunst noch der Wissenschaft feindlich gegenübersteht, daß die Kirche die eigentliche Begründerin und Förderin der abendländischen Kultur ist und daß Kultur und Glaube keine unvereinbaren Gegensätze sind.

Es verstand sich bei seiner Zielsetzung von selbst, daß Ozanam sein wissenschaftliches Interesse jener Epoche zuwandte, deren gesamte Lebensformen vom Geiste des Christentums geprägt zu sein schienen. Seit dem Aufkommen der Romantik entzündeten sich schwärmerische Gefühle an einem pittoresken Mittelalter, das mehr einem Wunschtraum als der geschichtlichen Wirklichkeit glich. Es war an der Zeit, diese vergangene Welt so darzustellen, wie sie wirklich war. Ozanam hat zu dieser Aufgabe wesentliche Beiträge geleistet.

Die Rehabilitierung des Mittelalters wurde zu einer Rehabilitierung des Katholizismus im öffentlichen Bewußtsein. Doch im Gegensatz zur romantischen Mode hielt Ozanam sich frei von einer einseitigen Überschätzung jener Epoche. Ausdrücklich erklärte er, es sei verkehrt, die Schwächen des Mittelalters entschuldigen und nur Licht in ihm sehen zu wollen. Das Christentum habe sich nur allmählich durchgesetzt, nur langsam die heidnischen Sitten der Germanen überwunden und nicht ohne Kämpfe das wertvolle Erbe der Antike überliefert und vervollkommnet. Keineswegs sei das Mittelalter eine Zeit der unumschränkten Herrschaft des Christentums, vielmehr stecke es noch voll barbarischer Elemente. „Das Übermaß der Bewunderung, die man dem Mittelalter zuwendet, hat seine Gefahren. Man wird dadurch nur edle Geister gegen eine Epoche einnehmen, von der man auch das offenbarste Unrecht rechtfertigen will. Das Christentum erscheint alsdann verantwortlich für alle Mißbräuche, die in einem Zeitalter vorkamen, in welchem man es als die Beherrscherin aller Herzen darstellt. Man muß das Böse ins Auge fassen, wie es war, das heißt in seiner ganzen Abscheulichkeit, gerade um die Dienste der Kirche besser würdigen zu können, deren Ruhm es ausmacht, in jenen Jahren nicht geherrscht, sondern gekämpft zu haben."

Ozanam übte nicht nur durch seine wissenschaftlichen Werke, sondern auch durch seine Vorlesungen und seinen Umgang mit den Studenten einen starken Einfluß aus. Lacordaire berichtet, daß er „das Bedürfnis in sich hatte, seine Seele seinen Hörern mitzuteilen". Er selbst bekannte: „Nächst den unendlichen Tröstungen, die ein Katholik am Fuße des Altares findet, nächst den Freuden der Familie, kenne ich kein größeres Glück, als vor begabten und empfänglichen jungen Leuten zu sprechen." Der Literaturhistoriker Jean-Jaques Ampère, Mitglied der Académie française, Sohn des großen Physikers und Freund Ozanams, dessen Gesammelte Werke er nach seinem Tode herausgab, schrieb: „Wer Ozanam nicht öffentlich sprechen hörte, kennt die ganz persönliche Eigenart seiner Begabung nicht. Mühevolles Vorbereiten, beharrliches Forschen in den Urtexten, mit großer Kräfteanstrengung erworbenes Wissen – und darauf vortrefflicher Vortrag aus dem Stegreif, packend und bilderreich im Ausdruck: das war Ozanam als Dozent. Es ist schwer, die beiden Vorzüge des Professors: Inhaltsfülle und Formvollendung, gediegenes Können und Redekunst in gleicher Stärke zu vereinigen . . . Ozanam leistete beides und hat sich dabei verzehrt." Sein Schüler Sarcey, der spätere einflußreiche Publizist, berichtete, Ozanam sei zwar kein Meister der schönen Geste und zeige manchmal nervöse Ermüdung. „Doch er trägt in sich das heilige Feuer. In diesem Manne lebt eine solche innere Überzeugung, daß er ohne alle Kunstmittel und trotz seiner Fehler packt und überzeugt." Der junge Renan schrieb: „Ich gehe niemals aus diesen Vorlesungen, ohne gefestigt und entschlossen für alles Große zu sein." Noch später, als er der gefeierte Orientalist geworden war, gestand Renan: „O dieser Ozanam – wie wir ihn alle liebten!" Und der Dichter Lamartine bekannte: „Um Ozanam lag ein Hauch von Menschenliebe ausgebreitet . . . Jeder einzelne seiner Atemzüge nahm einem das eigene Herz und gab dafür das seinige." Ein Student vertraute Ozanam eines Tages an: „Was viele Predigten nicht fertigbrachten, das haben Sie mit einer Vorlesung an einem einzigen Tage erreicht: Sie haben mich zum Christen gemacht."

In dem blassen, schöngeistigen Literaturhistoriker möchte man kaum einen Politiker vermuten. Und doch spielte Ozanam in den politischen Kämpfen seiner Zeit eine nicht zu unterschätzende Rolle. Gerade die Geschichte war es, die ihm das richtige Verständnis für die gärende Gegenwart gab. Die Umwälzungen waren gefährlich für die Throne; aber waren sie auch gefährlich für die Kirche? Ozanam wußte, daß die Kirche schon manchen Umsturz überlebt hatte. Den heraufkommenden Dingen, die ängstliche Gemüter erschreckten, sah er deshalb ohne Furcht entgegen. Was ihn mit Besorgnis erfüllte, war eher die Tatsache, daß viele Katholiken sich so eng mit der Monarchie verbündet hatten, daß antiklerikale Politiker die Fehler des Königtums der Kirche ankreideten. Ozanam wollte verhindern, daß noch einmal wie in der Zeit des Terrors mit den Thronen auch die Altäre gestürzt wurden. Darum ergriff er in zahllosen Zeitungsartikeln Partei für die freiheitlichen Ideen und trat in die Reihen der sogenannten „liberalen Katholiken". Durch seine publizistische Tätigkeit wurde er, nach dem Urteil Lacordaires, „der bedeutendste Laie der katholischen Bewegung".

Die Kirche hatte die revolutionären Ideen von 1789 bisher abgewehrt. Ozanam verurteilte zwar die Schreckensherrschaft und die kirchenfeindlichen Gesetze; doch die

Prinzipien „Freiheit, Gleichheit, Brüderlichkeit" erschienen ihm als der vollendete Ausdruck der Forderungen des Evangeliums. Diese Ansicht war ebenso bezeichnend für die französische Romantik wie für die liberalen Katholiken. Sie fand noch in der Revolution von 1848 ihren Niederschlag in dem Segnungsgebet, das der Erzbischof von Quimper, Graveran, über die Freiheitsbäume sprach: „Unter diesem Baume blühe die christliche Freiheit, gedeihe das gleiche Recht der Bürger, herrsche die Liebe der Brüderlichkeit."

Als Lamennais „eine religiöse Demokratie" forderte, „gegründet auf dem Bund von Katholizismus und Freiheit", machte sich Ozanam, wie sein Jugendfreund Curnier erzählt, dieses Programm begeistert zu eigen. Er stand überzeugt auf dem Boden der Demokratie und neigte mehr zu den Parteien der liberalen Opposition als zu denen der bürgerlichen Rechten. Der Monarchie stand er stets abweisend gegenüber. Schon 1834 verglich er sie mit einem Invaliden, der zwar ruhmbedeckt, aber wegen seines Holzbeines nicht fähig sei, mit der neuen Generation Schritt zu halten. In einem Brief schrieb er: „Was ich von der Geschichte weiß, macht mich glauben, daß die Demokratie das natürliche Ziel des politischen Fortschritts ist und daß Gott die Welt dorthin führt." Selbst wenn die Republik vernichtet würde, werde der Geist der Demokratie nicht mehr untergehen und immer wieder die republikanische Staatsform als die natürlichste und beste herbeiführen. Neuordnung durch Gewalt lehnt Ozanam ab: „Wenn man abgeschlagene Köpfe in die Fundamente der Republik wirft, werden sie nicht dauern."

Ozanam war der Meinung, es sei nur gut für die Kirche gewesen, daß die Französische Revolution das feudalistische System zerschlug, da ein demokratischer Staat die Freiheit der Kirche eher gewährleiste als eine absolutistische Monarchie. Er sah, daß die Freiheit, die der Liberalismus predigte, auch für die Kirche geltend gemacht werden könne und müsse. So beteiligte er sich an dem Kampf, den Lamennais, Lacordaire und Montalembert um die Emanzipation der Kirche vom Staat, besonders um die Freiheit des Unterrichts und der Presse führten. Für die Freiheit des kirchlichen Unterrichts trat er entschieden, aber in vornehmer und sachlicher Form ein. Als Feind der Staatsallmacht verwarf er das Staatskirchentum, wie es der Gallikanismus anstrebte. Nach der Einkerkerung des Erzbischofs von Köln, Droste-Vischering, wandte sich Ozanam öffentlich gegen den preußischen Absolutismus und den österreichischen Josephinismus. Und als nach 1848 der Gallikanismus aufzuleben schien, äußerte er die Befürchtung, die Anhänger Louis Napoléons könnten mit der Monarchie auch die Verbindung von Thron und Altar wiederherstellen.

Es war für Ozanam ein Erlebnis, 1847 vor dem Quirinal in Rom 50 000 Arbeiter und Bürger zu sehen, die mit brausendem Jubel Papst Pius IX. dankten, weil er ihnen politische Freiheiten, ein Parlament und eine Verfassung geschenkt hatte. Ozanam sah in diesem Ereignis ein Symbol des Bundes zwischen Christentum und Freiheit. Gleich nach seiner Rückkehr erklärte er: „Diese Tat des Papstes bezeichnet, so Gott will, das Ende der tiefen Zerrissenheit, an der seit sechzig Jahren die europäische Gesellschaft leidet." Der liberal gesinnte Pius IX. erschien ihm als „der Papst-Reformator", als der Vertreter des Prinzips der Freiheit. Seinen Aufsatz *Hoffnungen und Gefahren des Christentums* schloß Ozanam mit den Sätzen: „Auf! Wenden wir uns jener Demokratie zu, jenem Volke, das uns nicht kennt! Begleiten wir dieses Volk nicht nur mit unseren Predigten, sondern auch mit unseren Wohltaten! Helfen wir ihm nicht bloß mit Almosen . . ., sondern auch mit Einrichtungen, welche die Menschen befreien und bessern!" Einem Freund, der daran Anstoß nahm, schrieb Ozanam: „Vom Volke wollte ich sprechen, das zu große Not und zu wenig Rechte hat, das mit Recht einen größeren Anteil am Staatsleben fordert. Ich wollte Garantien für die Arbeit und gegen die Not."

Zwei Tage später, am 24. Februar 1848, brach in Paris die Revolution aus. Nachdem der erste Sturm sich gelegt hatte und die Vorlesungen an der Universität wieder begannen, erklärte Ozanam seinen Hörern: „Ich bin glücklich, beim Rückblick auf meine sechsjährige Vorlesungstätigkeit heute auch nicht ein Wort zurücknehmen zu müssen. Immer haben Sie mich als einen leidenschaftlichen Freund der Freiheit gekannt, als einen Freund der Reformen, die den Menschen dadurch sittlich bessern, daß sie ihn höher stellen; als einen Freund der Gleichheit und Brüderlichkeit."

Seit langem war sich Ozanam darüber im klaren, daß sich in der Erhebung des Volkes gegen die Monarchie noch etwas anderes kundtat als bloß der Drang nach demokratischer Freiheit. Nach den aufregenden Februartagen des Jahres 1848 schrieb er: „Hinter der politischen Revolution gibt es eine soziale Revolution. Hinter der Frage der Republik, die fast nur die Literaten interessiert, gibt es die Fragen, die das Volk interessieren, für die es zu den Waffen greift: die Fragen der Organisation der Arbeit, der Freizeit, des Lohnes."

Bereits als Achtzehnjähriger hatte sich Ozanam in einer Schrift, die zuerst in Fortsetzungen in einer liberalen Lyoner Zeitung, dann als Broschüre erschien, mit der überspannten Lehre des utopischen Sozialisten Saint-Simon auseinandergesetzt. Lamartine hatte damals Ozanam herzlich beglückwünscht als „einen Mitkämpfer in dem heiligen Kampf, den die religiöse Philosophie in diesem Jahrhundert gegen eine materialistische Reaktion führt." Diese Schrift enthielt, wie Ozanam später erklärte, „den Keim der Ideen, die sein ganzes Leben beschäftigen sollten". Wie Ballanche und Lamennais forderte er eine „soziale Wiedergeburt". Eine Umgestaltung der Gesellschaft könne nur erreicht werden, wenn die Bedürfnisse des Volkes in die Mitte aller kulturellen und politischen Arbeit gestellt würden. Den notleidenden Volksklassen unbedingt zu helfen, sei eine Forderung, die gerade die Christen erfüllen müßten. „Jeder muß sich opfern zum Wohle aller", so rief Ozanam 1834 seinen jungen Freunden zu.

Ozanam schöpfte seine Kenntnis der sozialen Frage unmittelbar aus dem Leben, aus den Erfahrungen, die er schon in seiner Jugend in Lyon und Paris sammeln konnte. In einem Zeitungsaufsatz schrieb er: „Zum Studium der sozialen Wohlfahrt und wohltätiger Reformen ist es nicht so sehr erforderlich, über den Büchern zu sitzen und Redner anzuhören, man muß vielmehr die Treppen der Armenhäuser hinaufsteigen. Man muß an den Betten der Armen sitzen, man muß mit ihnen frieren. Hat man den Armen in seinem Heim, in der Schule, im Krankenhaus, in der Werkstätte, in der Stadt und auf dem Lande studiert und beobachtet, hat man sich so mit allen Einzelheiten des schrecklichen Problems vertraut gemacht, erst dann beherrscht man das ganze Problem, erst dann kann man an seine Lösung denken."

Über den Ernst der Lage täuschte er sich nicht: „Die Frage, welche die Menschen unserer Tage scheidet, ist keine Frage politischer Formen: Es ist eine soziale Frage. Es dreht sich darum, wer das Übergewicht erlangt, der Geist der Ichsucht oder der Geist des Opfers, ob die Gesellschaft nur eine große Ausbeutung zum Vorteil der Stärkeren oder die Aufopferung des einzelnen für das Wohl aller, besonders für den Schutz der Schwachen sein wird. Es gibt so manche Menschen, die zu viel haben und immer mehr haben wollen; es gibt noch viel mehr andere, die nicht genug haben, die nichts haben und nehmen wollen, wenn man ihnen nicht geben will. Zwischen diesen beiden Menschenklassen bereitet sich ein Kampf vor, und dieser Kampf droht furchtbar zu werden: Auf der einen Seite steht die Macht des Geldes, auf der andern die der Verzweiflung. Zwischen diese feindlichen Heere muß man sich stürzen, wenn nicht, um den Zusammenstoß zu verhindern, so doch, um ihn abzuschwächen."

Während das Bürgertum noch den Schlaf der Sattheit schlief, während die Katholiken noch weithin vor den drohenden Zeichen der Zeit die Augen verschlossen, rüttelte Ozanam seine Zeitgenossen auf. In Zeitungsartikeln zeichnete er erschütternde Bilder des Großstadtelends und rief die Reichen auf, hier helfend einzugreifen. Auch in Briefen und Gesprächen beschwor er seine Freunde, sich der Not des Proletariats zuzuwenden. So schrieb er an seinen geistlichen Bruder: „Gib Dich mit den Arbeitern ebenso ab wie mit den Reichen! . . . Hätten sich in den letzten zehn Jahren mehr Christen und besonders mehr Geistliche um die Arbeiter gekümmert, so könnten wir jetzt zuversichtlicher in die Zukunft blicken."

Ozanam war realistisch genug, um sich kein irdisches Paradies zu erhoffen. Doch blieb er von der Möglichkeit einer tiefgreifenden Besserung der sozialen Verhältnisse überzeugt. Er selbst hat zahlreiche konkrete sozialpolitische Forderungen erhoben, die manche Ideen Kettelers und Leos XIII. vorwegnahmen. In seiner Vorlesung über Handelsrecht ging er auf die Beziehungen zwischen Arbeitgeber und Arbeitnehmer ein. Er forderte Arbeiterverbände und die Pflege der Solidarität. Auch an eine Vergesellschaftung der Unternehmen dachte er, denn wenn der Arbeiter Eigentümer der Produktionsmittel sei, habe er ein größeres Interesse an seiner Arbeit und bringe eine bessere Leistung zustande. Vom Staat verlangte Ozanam eine ausreichende soziale Gesetzgebung, welche die Arbeitsruhe regelt, den Familienlohn garantiert und die Altersversorgung der Werktätigen sichert. Mit einer Besserung der materiellen Lebensbedingungen allein sei die soziale Frage noch nicht gelöst. Denn das Elend der Arbeiterklasse sei vor allem geistiger und sittlicher Art, müsse deshalb in erster Linie mit geistigen und sittlichen Mitteln behoben werden. Einem Proletariat, das in dumpfer Unwissenheit dahinvegetiert und sich hemmungslos dem Alkohol hingibt, könne der Staat aber insoweit helfen, als er die materiellen Voraussetzungen schafft. Er soll statt der Nahrungsmittel die alkoholischen Getränke besteuern und Einrichtungen der Erwachsenenbildung schaffen. Für die Arbeiter müsse der Staat „écoles d'adultes" und „Sorbonnes populaires", Fortbildungsschulen und Volkshochschulen, einrichten. Der Sohn eines Arbeiters habe den gleichen Anspruch auf Bildungsmöglichkeiten wie der Sohn eines Akademikers. In dieser Weise könne der Staat dazu beitragen, die Arbeiterklasse geistig und sittlich zu heben.

Ozanam beschränkte sich nicht darauf, bloß mit der Feder für die Gerechtigkeit zu kämpfen, er wollte auch etwas tun. Freilich spürte er, daß seine Anlagen in eine andere Richtung wiesen: „Ich bin kein Mann der Aktion. Ich bin weder für die Tribüne noch für eine öffentliche Stellung geboren." Trotzdem hat dieser stille Gelehrte von seiner Studentenzeit an bis zu seinem Tode einen großen Teil seiner Kraft eingesetzt, um den Notleidenden praktisch zu helfen und persönlich in die Wohnungen der Arbeiter zu gehen. Und trotz seiner Scheu nahm er öffentliche Stellungen an, wenn das Wohl des Volkes ihn rief. Gerade im Revolutionsjahr 1848 entfaltete er eine aufopfernde Tätigkeit. Er fühlte sich verpflichtet, sich an der Bildung des neuen Staatswesens zu beteiligen, und ließ sich bei den Wahlen für die Nationalversammlung als Kandidat für Lyon aufstellen, erhielt aber wegen mangelnder Propaganda zu wenig Stimmen. Bereitwillig stellte er sich der Bürgerwehr zur Verfügung, die für die öffentliche Sicherheit zu sorgen hatte. In der Hoffnung, die Arbeiterschaft sei für die Ideen der katholischen Demokraten empfänglicher als die Bourgeoisie und das Kapital, begab er sich in die revolutionären Klubs, um für diese Ideen zu werben. Und in der Überzeugung, daß eine parlamentarische Demokratie ein wohlinformiertes und zu selbständigem Urteilen erzogenes Volk voraussetzt, gründete er im März 1848 mit Lacordaire eine republikanische Zeitung mit dem Titel *L'Ere Nouvelle*, die Neue Zeit. Im gleichen Monat rief Ozanam eine Vereinigung von Professoren ins Leben, die für die Arbeiterschaft Abendvorträge halten sollte. Er veröffentlichte ein Flugblatt, um die Professoren zu veranlassen, sich für die Sonntagsruhe einzusetzen. So suchte er auch seine Kollegen für soziale Fragen zu interessieren.

Ozanams Optimismus wurde bald Schlag auf Schlag erschüttert. Die Reihe der Enttäuschungen begann im Juni mit der Niedermetzelung von 4000 Menschen während der Straßenschlacht in Paris. Ozanam beschwor den Erzbischof Affre, als Friedensstifter zwischen die Kämpfenden zu treten. Er versprach sich davon einen moralischen Sieg der Katholiken und günstige Bedingungen für die bedrängten Barrikadenkämpfer. Tatsächlich erklärte sich der Erzbischof bereit. General Cavaignac machte ihn zwar auf die Gefahr eines solchen Wagnisses aufmerksam. Doch der Erzbischof entgegnete: „Mein Leben hat wenig Wert, ich will es ohne Bedauern opfern.“ Mit den Insignien seiner Würde erschien er mitten im Straßenkampf. Ozanam gab ihm bis zu den Barrikaden das Geleit. Der Erzbischof begann zu sprechen – da streckte ihn eine Kugel auf das Pflaster. Ozanam berichtete später: „Ich stand damals in nächster Nähe der Unglücksstelle, mußte ich ja dem Märtyrerbischof die Unterhändlerfahne vorantragen.“ Der sterbende Hirte konnte nur noch stöhnen: „Rächet mich nicht! Es ist genug Blut geflossen. Möge mein Blut das letzte sein.“

Eine schwere Enttäuschung bereitete Ozanam die Entwicklung der Dinge im Kirchenstaat. Auch in Rom war eine Revolution ausgebrochen, die den Papst zur Flucht nach Gaeta zwang. Daß der anfangs so liberal gesinnte Pius sich nach diesen Ereignissen zum Gegner der Demokratie wandelte, führte Ozanam auf den unheilvollen Einfluß seiner reaktionären Umgebung zurück.

Im August 1848 zog sich Lacordaire von der Redaktion der *Ere Nouvelle* zurück. Ozanam trug jetzt die Last seiner Zeitung allein. Wie schmerzte es ihn, als Montalembert und andere an dem Blatte scharfe Kritik übten. Ozanam mußte es erleben, des Irrglaubens und einer Aufweichung des Katholizismus bezichtigt zu werden. Schon im April 1849 stellte die *Ere Nouvelle* ihr Erscheinen ein.

In der letzten Nummer schrieb Ozanam gelassen sein letztes Wort zur Politik: „Die Schwierigkeiten, denen die Zeitung unterliegt, sind von der Vorsehung gewollt zur Befruchtung ihrer Lehren, genauso wie der Schnee, der den Bauer vom Acker vertreibt, die Saat aber sprießen läßt.“ Wahrhaftig, Ozanams Saat ging auf. Die folgende Zeit hat seine Lehren glänzend gerechtfertigt.

Im Jahre 1849 hatte Ozanam sich zwar von der Politik zurückgezogen, doch unermüdlich blieb er in seiner praktischen Tätigkeit für die Notleidenden. Der äußere Rahmen dieser Arbeit war die Vinzenz-Konferenz, die er selbst als zwanzigjähriger Student gegründet hatte. In seiner Bescheidenheit lehnte er es stets ab, das Verdienst der Gründung für sich in Anspruch zu nehmen: „Wir können uns in Wahrheit den Titel von Gründern nicht geben. *Gott* hat es so gewollt, und *Er* hat unseren Verein ins Leben gerufen." Von Ozanams Versuchen, seinen Hauptanteil am Ursprung des Bundes zu verkleinern, schrieb später Brac de la Perrière: „Unser guter Ozanam hat im Übermaß seiner persönlichen Demut unsere Gründungsgeschichte gehörig verdreht. Der liebe Gott mag ihm diese seine Uneigennützigkeit gutgeschrieben haben, aber vermutlich hat er ihm ein Fingerchen gemacht, weil er das Gegenteil von dem gesagt und geschrieben, was die ganze Wahrheit war."

Kurz vor seinem Tode hat Ozanam in einer Rede in Florenz berichtet, wie die Vinzenz-Konferenz unter den Studenten der Pariser Universität entstand: „Wir waren damals von einer Sintflut philosophischer Irrlehren bedroht und fühlten das dringende Bedürfnis, unseren Glauben mitten in jenen Angriffen zu festigen ... Einige unserer Studiengenossen waren Materialisten, einige Saint-Simonisten, andere Fourieristen, wieder andere Deisten. Als wir Katholiken uns bemühten, diesen verirrten Brüdern die Wunder des Christentums ins Gedächtnis zu rufen, sagten sie: ‚Ihr habt recht, wenn ihr von der Vergangenheit redet: Das Christentum hat früher tatsächlich Wunderbares gewirkt. Aber jetzt ist es tot. Und ihr, die ihr euch rühmt, Katholiken zu sein, was *tut* ihr denn? Wo sind die Werke, die euren Glauben beweisen, daß wir ihn achten und annehmen können?' Sie hatten recht: Dieser Vorwurf war nur zu sehr verdient. Damals riefen wir aus: Wohlan! Ans Werk! Unsere Taten sollen im Einklang stehen mit unserem Glauben! Aber was tun, um wahre Katholiken zu sein, wenn wir nicht tun, was Gott am meisten gefällt? Wir müssen also unsern Nächsten eine Hilfe sein, wie Jesus Christus es gewesen, und darum: Stellen wir unseren Glauben unter den Schutz der barmherzigen Liebe!"

Ozanam sagte: „*Wir* riefen: Ans Werk!" Genauer wäre es gewesen, wenn er statt „wir" „*ich*" gesagt hätte. Denn er war es, der, des bloßen Debattierens müde, seine Freunde zur Aktion aufrief. Nach einem heftigen Diskussionsabend sagte er auf dem Heimweg den ihn begleitenden Gefährten: „Es ist wirklich an der Zeit, mit dem Wort auch die Tat zu verbinden. Die Lebenskraft unseres Glaubens muß sich in Werken der Liebe erweisen! *Reden* wir nicht so viel von Caritas! Lieber wollen wir sie *üben* und den Armen wirklich helfen!" Ozanams Bruder Alfons hat uns diese Worte überliefert. Und Paul Lamache berichtet: „Ich sehe es noch vor mir, dieses Leuchten in den Augen Ozanams! Noch klingt mir seine Stimme ins Ohr – sie zitterte vor seelischer Erregung in jener Abendstunde, und ich höre, wie er uns ... den Plan einer Vinzenz-Konferenz, eines katholischen Liebesbundes auseinandersetzt. Für das, was er wollte, fand er so warme, so bewegte Worte! Man hätte kein Herz, hätte keinen Glauben mehr haben müssen, um da abseits zu stehen! Sofort mußte man solch einem Vorschlag beipflichten." Noch am gleichen Abend brachten die Studenten den Rest ihres Brennholzes einer armen Frau. „Dieses Holz", so sagte später Julien, „war gleichsam ein Symbol, das in der ganzen Welt ein Riesenfeuer der Nächstenliebe entzünden sollte."

1833 kam die erste Vinzenz-Konferenz offiziell zustande. Ihr gehörten sechs Studenten an: fünf Juristen und ein Mediziner. Der Druckereibesitzer und Zeitungsherausgeber Bailly stellte der Gruppe für ihre Zusammenkünfte seine Redaktionsstube zur Verfügung. Dankbar wählten die Studenten ihn zum Vorsitzenden. Ozanam selbst trat bescheiden in den Hintergrund.

Im folgenden Jahre stellte sich die Konferenz unter den Schutz des heiligen Vinzenz von Paul. „Wir lesen", schrieb Ozanam in einem Briefe, „in unseren Versammlungen das Leben des heiligen Vinzenz von Paul, um uns inniger mit seinem Beispiel und seinem Erbe vertraut zu machen ... Er ist ein Typus, den wir in uns selbst nachschaffen müssen, wie er seinerseits das göttliche Beispiel, das Jesus Christus ist, an sich verwirklicht hat. Das ist ein Leben, wie man es gleichsam fortsetzen, ein Herz, an dem man sein Herz erwärmen soll, ein Geist, bei dem man Lichtquellen sucht, ein Vorbild für die Erde und ein Schirmherr im Himmel."

Die Berichte von den Ursprüngen der Vinzenz-Konferenz erwecken den Eindruck, als sei die Vereinigung aus einem plötzlichen Einfall entstanden. Den Freunden Ozanams mußte es in der Tat so vorgekommen sein, und sie dachten auch nicht daran, den Verein über die Zahl der ersten sechs Mitglieder hinaus zu erweitern. In Wirklichkeit aber hatte Ozanam von vornherein eine Ausdehnung ins Auge gefaßt. Die Vinzenz-Konferenz sollte die Verwirklichung jenes kühnen Planes sein, den zwei Jahre vorher der Siebzehnjährige in einem Briefe als seine Lebensaufgabe bezeichnete: Gleichgesinnte um sich zu scharen, um Frankreich und die Welt durch den Glauben zu erneuern. Die werktätige Liebe sollte das Band sein, das den Bund zusammenhielt. So schrieb Ozanam in einem Brief aus dem Gründungsjahr: „Wir in Paris sind wie Wandervögel, die sich nur für ein paar Wochen vom heimatlichen Neste fernhalten, und über uns schwebt der Vogel Unglaube, der Geier gottfremder Gedankenwelt, und will uns zur Beute machen ... Es handelt sich vor allem darum, für diese schwachen Wandervögel ein schützendes Obdach zu finden, ... für die jungen Katholiken einen Verein zu gegenseitiger Ermutigung zu bilden ... Dort müssen die Älteren die Neuankömmlinge empfangen und ihnen eine Art moralischer Gastfreundschaft gewähren. Das stärkste Band einer wahren Freundschaft ist tätige Liebe. Und diese Liebe kann nicht im Herzen mehrerer leben, ohne sich nach außen kundzugeben. Sie ist ein Feuer, das ohne Nahrung erlischt, und das Lebensbrot der Liebe ist das stille Wohltun." Noch deutlicher äußert sich Ozanam über seine Absichten in einem Briefe aus dem Jahre 1834: „Wir sind noch zu jung, um am sozialen Kampfe teilzunehmen. Sollen wir aber deshalb mitten in einer leiderfüllten Welt untätig bleiben? Nein, es gibt für uns eine Vorschule: Bevor wir für das öffentliche Wohl wirken, können wir versuchen, einzelnen wohlzutun; bevor wir Frankreich neugestalten, können wir einigen seiner Armen zu Hilfe eilen ... Ich wünschte, alle jungen Leute von Kopf und Herz täten sich zu einem Werke der Liebe zusammen. Durch alle Lande sollte sich ein umfassender, edler Verein bilden zur Unterstützung der ärmeren Volksklassen. Ich werde Dir mitteilen, was in dieser Hinsicht seit dem vorigen Jahr in Paris geschehen." Und in einem anderen Briefe aus dem gleichen Jahre erklärt er: „Wir sind genötigt, uns auszubreiten, um soviel junge Leute wie nur irgend möglich in unseren Kreis aufzunehmen ... Das größte Verdienst unseres kleinen Pariser Vereins wird sein, den Anstoß zur Bildung ähnlicher Vereinigungen gegeben zu haben. Ein Faden reicht hin, um ein Linnen anzufangen." 1841 schreibt Ozanam seiner Braut von der Vinzenzarbeit, die sich schon auf 25 Konferenzen in Paris und 30 Konferenzen im übrigen Frankreich ausgedehnt habe: „Sollte man nicht einige Hoffnung auf diese starke Einheit setzen, wie sie sich hauptsächlich in den größeren Städten, an den höheren Schulen und überall findet, wo das Licht der Wissenschaft hindringt? Sollte sie keinen Einfluß gewinnen auf ein Geschlecht, das zu freiem Beruf und einflußreichen Lebensstellungen bestimmt ist? Und wenn die Sittenlosigkeit vorzeiten von den bevorzugten Klassen ausging, ... können wir da nicht glauben, daß Gottes Vorsehung *uns* berufen hat zur sittlichen Erneuerung unseres Vaterlandes? Wenn acht Jahre hinreichten, unser Häuflein von sechs auf zweitausend anwachsen zu lassen! Wenn einige aus uns ohne die Hilfe von Intrigen und Begünstigungen sich bereits zu führenden Stellungen in der Gesellschaft emporgearbeitet haben, so daß wir überall die Advokatur und Heilkunde, die Gerichtspraxis und die Lehrstühle innehaben!"

Man kann die Vinzenz-Konferenz, so wie sie von ihrem Gründer beabsichtigt war, nur dann recht verstehen, wenn man sie im engsten Zusammenhang mit der wissenschaftlichen und sozialpolitischen Wirksamkeit Ozanams sieht. Das eigentliche Motiv Ozanams war bei diesem Werke dasselbe wie bei all seinen anderen Werken: der Wille, die Gesellschaft aus dem Glauben zu erneuern; oder anders ausgedrückt: Liebe zur leidenden Menschheit. Die historische Bedeutung der Vinzenz-Konferenzen liegt darin, daß hier „zum ersten Male versucht wurde, die Ideen des religiösen Sozialismus in die Tat umzusetzen" (H. Rischke). Die Gründung Ozanams ist die erste größere karitative Laienorganisation. Sie wurde Vorbild für viele ähnliche Vereine. Von Laien ausgegangen, aus Laien gebildet und durch Laien geführt, war sie in ihrer Absicht, durch soziale Arbeit ein Zeugnis für die Lebenskraft des Glaubens zu geben, eine beispielhafte Verwirklichung der Idee des Laienapostolats.

Ozanams Vinzenz-Konferenzen stießen von Anfang an auf Gegnerschaft und Anfeindungen. Schon bei der Gründung in Paris äußerten einige Geistliche Bedenken gegen das Unternehmen dieser scheinbar recht eigenmächtigen Katholiken. Da der neue Verein an den Kern der innenpolitischen Fragen gerührt hatte, war es nur natürlich, daß bald die meisten der politischen Freunde Ozanams sich der Neugründung anschlossen, darunter auch Montalembert. Dieser Umstand aber mag dazu beigetragen haben, daß die Vinzenz-Konferenzen bald in Regierungskreisen und im konservativen Teil des Klerus als Organ gefährlicher politischer Strömungen und liberaler Neigungen verdächtigt wurden. Nicht zu Unrecht witterte man, daß dieser Bund im Grunde mehr sein wollte als ein reiner Wohltätigkeitsverein. Doch die Vorstellungen, die manche Außenstehenden sich von den Absichten der Vinzenzbrüder machten, litten teils an einem Mangel, teils an einem Überwuchern der Phantasie. Die einen hielten die Vinzenz-Konferenz für eine häretische Sekte, die andern für einen anarchistischen Geheimbund. War bei all diesen Kritikern der letzte Grund ihrer Gegnerschaft die Angst, so gab es wieder andere, die aus purer Eifersucht und Konkurrenzneid die Vinzenzbrüder verleumdeten.

Ozanam gab in einem Briefe ein anschauliches Bild von seinen Feinden und deren Machenschaften: „Gewichtige, hochorthodoxe Herren, die reinsten Kirchenväter; gelehrte Häupter, die zwischen Zeitungslektüre und Kontorgezänk, zwischen Obst und Käse große Sprüche machen; Leute, in deren Augen jeder, der von Paris kommt, von vornherein ein Tunichtgut ist; Oppositionsmenschen, die aus ihrer politischen Meinung einen dreizehnten Glaubensartikel machen, für sich die Liebeswerke in Pacht haben und sich mit unserem Herrn und Heiland bescheidentlich auf die gleiche Stufe stellen: Wer nicht für uns ist, der ist gegen uns! Sie können gar nicht glauben, lieber Freund, mit was für armseligen Schimpfreden, mit welch spitzfindigen Kleinigkeiten und Plackereien diese Leute gegen uns verfahren – sicher im allerbesten Glauben von der Welt. Die Angesehensten unter ihnen haben sich von der großen Masse mit fortreißen lassen, und ich kann nur sagen: Wir haben viel leiden müssen selbst von solchen, die uns liebten."

Es gab auch Leute, die den Verein überhaupt nicht ernst nahmen und mit einer Art von spöttischem Bedauern betrachteten. Doch weder Argwohn noch Haß noch Verachtung haben Ozanam jemals entmutigen können. Kurz vor seinem Tode sagte er: „Ich erinnere mich daran: Anfangs meinte einer meiner guten Freunde, der einen Augenblick durch die Lehren von Saint-Simon beirrt war, in einem Gefühl von Mitleid: ‚Was denkt ihr denn zu tun? Ihr seid sechs arme junge Leute und bildet euch ein, dem Elend in einer Stadt wie Paris Abhilfe schaffen zu können! Und wenn ihr auch noch so viele wäret, ihr würdet nie etwas Großes fertigbringen. Wir aber, wir arbeiten Ideen und ein System aus, das die Welt verbessern und alles Elend für immer ausrotten wird! Wir werden in *einem* Augenblick für die Menschheit leisten, was ihr in mehreren Jahrhunderten nicht zustande bringt. Wo hinaus die Theorien liefen, die bei meinem Freunde jene Täuschung verursachten, weiß man. Wir aber, die er bemitleidete, sind jetzt in Paris allein statt sechs zweitausend, und wir besuchen fünftausend Familien, also etwa zwanzigtausend Menschen, den vierten Teil der Armen, die in den Mauern dieser ungeheuren Stadt hausen. Konferenzen gibt es in Frankreich allein fünfhundert, und wir haben sie auch in England, Spanien, Belgien und Amerika, bis nach Jerusalem ... So kann ein demütiger Anfang zu Großem führen. So hat Gott unser Werk zu dem seinen gemacht und es mit seinem Segen über die ganze Erde ausbreiten wollen."

In Deutschland kam schon 1845 die erste Vinzenz-Konferenz in München zustande. Die Anregung zur Gründung ging von Mitgliedern des Kreises um Görres aus. Auf dem ersten deutschen Katholikentag in Mainz machte August Reichensperger in einer besonderen Rede auf Ozanams Werke aufmerksam. Bis 1849 entstanden Konferenzen in Neuburg an der Donau, Augsburg, Koblenz, Mainz, Freiburg, Breslau, Köln, Düsseldorf. Auch in protestantischen Kreisen Deutschlands wurde man auf die Bedeutung des Vinzenz-Vereins für die religiöse Neubelebung aufmerksam, wie eine Schrift von Bethmann-Hollweg, *Die Gesellschaft des Heiligen Vinzenz von Paul, ein Verein für innere Mission*, 1849, zeigt. Im Jahre 1852 gab es in Deutschland bereits 160 Konferenzen. Ebenso schnell wuchs das Werk in Italien, obwohl es hier Schwierigkeiten gab. So widersetzte sich der Großherzog von Toskana lange einer Einführung des verdächtigten Vereins in sein Gebiet, und erst in einer persönlichen Aussprache mit der Großherzogin-Witwe gelang es Ozanam, die Bedenken zu zerstreuen. Zu den eifrigsten Förderern der italienischen Vinzenz-Konferenzen gehörten Silvio Pellico und Don Bosco. Trotz aller Widerstände verbreitete sich der volkstümliche Verein überraschend schnell. Anderthalb Jahre nach Ozanams Tod gab es schon dreitausend Konferenzen in vierundzwanzig Ländern.

Im Mittelpunkt der Vinzenzarbeit stand (und steht noch heute) der persönliche Besuch der Armen. Die Vinzenzbrüder trugen ihnen Lebensmittel, Kleidungsstücke und Heizmaterial ins Haus. Von Anfang an waren sie darauf bedacht, außer der leiblichen Hilfe auch seelischen Trost zu bringen. Sie nahmen sich des Säuglingsschutzes und der Fürsorge für Minderjährige und Gefangene an, unterrichteten arme Kinder in den Elementarfächern und in Religion, hielten Vorträge und Lehrgänge für Arbeiter und Soldaten, erteilten jungen Handwerkern Nachhilfe in der Rechtschreibung, verbreiteten gute Schriften und richteten Leihbüchereien ein. Die erforderlichen Mittel wurden durch regelmäßige Sammlungen auf den Konferenzen und durch Spenden aufgebracht. Ozanam bestand darauf, daß die Gaben ohne Unterschied der Person verteilt wurden. Als ein protestantischer Prediger ihm eine Geldsumme zur beliebigen Verwendung für die Armen gegeben hatte und ein Vereinsmitglied den Antrag stellte, das Geld zunächst für die armen Katholiken, die zahlreicher seien, und dann den Rest für einige bedürftige Protestanten zu verwenden, widersprach Ozanam erregt: „Meine Herren! Wenn dieser Antrag angenommen wird, wenn man es nicht beherzigt, daß die Mitglieder unseres Vereins den Armen ohne Unterschied des Glaubens wie der Staatsangehörigkeit helfen sollen, so werde ich augenblicklich die Gabe den Protestanten wieder zurückbringen und ihnen sagen: Nehmt sie zurück, wir sind eures Vertrauens nicht wert."

Ein anderes Mal sagte Ozanam: „Wenn das Christentum das Almosengeben zu einer Pflicht gegenüber den Armen macht, so besteht diese Pflicht auch gegenüber dem unbekannten Armen, der Christus heißt, der da arm ist in der Person aller Armen."

Alles sollte aus dem Geiste der Liebe hervorquellen, der religiösen Liebe, die er bei den humanitären Vereinen vermißte: „Die Philanthropie, die sogenannte Menschenliebe, kommt mir vor wie ein dünkelhaftes Dämchen, bei dem die guten Handlungen gleichsam ein Schmuckstück sind und das mit besonderer Vorliebe sich selbst im Spiegel betrachtet. Die christliche Liebe dagegen ist eine zärtlich betreuende Mutter, die ihre Blicke auf das Kindchen heftet, das sie an der Brust trägt; sie denkt nicht mehr an sich und vergißt ihre Schönheit über ihrer Liebe."

Für solche selbstvergessene Liebe gab Ozanam den Seinen das beste Beispiel. Auch als Universitätsprofessor blieb er, rastlos für die Ausbreitung tätig, die Seele seines Werkes. Dabei hielt er seine Person stets im Hintergrund. Obwohl ihm mehrmals das Präsidium angeboten wurde, wollte er höchstens Vizepräsident sein. Als in Paris die Cholera täglich bis zu dreihundert Opfer forderte, schuftete er ohne Furcht vor Ansteckung für die Kranken in geradezu heroischer Weise. Von der Eitelkeit, die bei gelehrten Autoren so häufig anzutreffen ist, war er völlig frei. Bevor er zu seiner Vorlesung ging, betete er um die Gnade, nichts zu sagen, um Menschenbeifall zu erhaschen, sondern nur im Dienste der Wahrheit zu reden. Seinen Studenten stand der Professor jeden Morgen von acht bis zehn Uhr zur Verfügung. Freundlich empfing er seine Besucher, geduldig hörte er ihnen zu. Léonce Curnier bezeugt von ihm: „Man näherte sich ihm nicht, ohne besser zu werden. Den Reichtum seines Geistes und Herzens offenbarte er in einer bescheidenen Schlichtheit."

Es verdient bemerkt zu werden, daß Milde keineswegs in seiner Natur lag. Ozanam bekennt, er sei in seiner Jugend leicht erregt, eigensinnig und zornig gewesen. Er hatte ein höchst nervöses, leidenschaftliches Temperament. In seiner Reizbarkeit und Ungeduld erkannte er seinen Hauptfehler, den er entschlossen und mit Erfolg bekämpfte. Es ist aber charakteristisch, welche Anlässe ihn in Harnisch brachten. Einmal fuhr er aus der Haut, als er von einem dünkelhaften Staatsanwalt gehänselt wurde, weil er sich als Pflichtverteidiger am Lyoner Gericht mit großem Eifer der Sache eines Armen angenommen hatte. Der Vertreter der Anklage meinte, es sei doch überflüssig, sich um einen kleinen Klienten so große Mühe zu geben, zumal die Verteidigung in diesem Falle bloß eine Formsache sei. Der junge Anwalt entgegnete ihm, er habe eine zu hohe Auffassung von der Gerechtigkeit, um die Verteidigung eines Armen für eine Komödie zu halten. In einem Brief schrieb er: „Wenn ich sehe, wie die Justiz von Schmutz umgeben ist, so ist dies für mich ein Anlaß zu einer sich jeden Augenblick erneuernden Entrüstung." Was ihn empörte, war nicht ein Unrecht gegen ihn selbst, sondern das Unrecht gegen andere. Daß sich die Neigung zu leicht aufflammendem Zorn in seinem späteren Leben verlor, war keine Folge von Resignation, sondern ein Sieg selbstüberwindender Liebe. Diese Liebe ist eine Art höherer Objektivität, die noch im Kampfe dem Gegner in einer Weise gerecht wird, die nur ein Christ vollziehen kann.

In der Verteidigung wie im Angriff war Ozanam, ohne etwas von der Wahrheit preiszugeben, so schonend wie möglich. Über seine Schriften und Reden urteilt Lacordaire: „Keine Spur von Zorn oder Rachsucht ist darin zu entdecken. Da ist nichts von zunehmender Bitterkeit, nichts von trotziger Geringschätzung, nichts von höhnischer Ironie zu finden. Er bedurfte solch kleinlicher Mittel keineswegs, wenn er belehren, wenn er etwas besser machen wollte ... Er schwang sein Geistesschwert wie einer, der Macht hat, und doch wieder tat er es mit der Hand eines Edelmütigen, weil Liebe ihn leitete. Statt einer Anklage hatte Ozanam eher ein Bedauern; er verzieh, statt zu verdammen. Er fürchtete, einer Seele den Todesstoß zu geben, die doch wieder aufleben kann." In diesem Zartgefühl empfahl er die Zweifler und Gottesleugner dem Mitleid und bat, man solle sie durch schroffes Verhalten nicht zum Äußersten treiben. Es habe immer zwei Richtungen in der Kirche gegeben: Die eine wolle in Milde die Außenstehenden gewinnen; die andere wolle streng die Unversehrtheit des Glaubensgutes verteidigen. Die eine möchte den ganzen Reichtum der Gaben Gottes nach außen tragen; die andere sei bestrebt, die Gläubigen vor eindringenden Irrtümern zu bewahren. Die eine freue sich, daß es Christen in allen Lagern gibt; die andere wünsche eine katholische Kampfpartei. Beide Richtungen seien nötig, beide ergänzten sich. Man brauche den Kreuzzug der Polemik *und* das Werben der Liebe. „Ich bewundere jene, die da ruhmvoll in der Bresche kämpfen, aber für meine Freunde und auch für mich muß ich unbedingt dem Dienst des Friedens den Vorzug geben, der zwar weniger in die Augen fällt, aber nicht weniger gefährlich ist."

Der Ozanam der letzten Jahre erweckt keineswegs den Eindruck eines gebrochenen Mannes. Obwohl ein schweres Nierenleiden seinen ohnehin schwachen Körper niederwarf, behielt sein Geist die alte Spannkraft. Freunde legten ihm nahe, die Professur niederzulegen. „Nein", erwiderte Ozanam, „ich habe meine Pflicht zu tun! Was haltet ihr von einem Soldaten, der sich vor der Schanze fürchtet oder aus Todesangst das Kampffeld flieht? Ich muß auf meinem Posten bleiben und werde dort fallen, wo ich sterben muß."

Als man dem Bettlägerigen sagte, die akademische Jugend von Paris erwarte sehnlichst seine Wiederkehr, raffte er sich noch einmal auf. Weder Gattin noch Freunde noch Arzt konnten ihn zurückhalten. Totenbleich stand er im Hörsaal. Es war seine letzte Vorlesung. Sie schloß mit den Worten: „Unser Leben gehört Ihnen bis zum letzten Hauch, und Sie sollen es haben." Zu seinem Nierenleiden trat eine hartnäckige Brustfellentzündung. Doch sobald sich sein Befinden etwas besserte, erwachte der alte Tätigkeitsdrang. Von Biarritz aus unternahm er eine Reise nach Spanien. Schwere Rückfälle trieben ihn nach Paris zurück. Bald war der Rastlose wieder in Spanien, dann in Pouy, dann in Toulouse. Weiter ging die Fahrt über Montpellier, Marseille, Nizza, Genua nach Pisa und Florenz. Überall besuchte der Kranke die örtlichen Vinzenz-Konferenzen, hielt Reden, gründete neue Konferenzen. Er arbeitete in Bibliotheken, steckte noch voller Pläne, wollte unter anderem ein Leben Savonarolas schreiben. Doch in seinen Gliedern hatte er schon den Tod.

Erst vierzig Jahre zählte er, als seine unaufhaltsame Auflösung ihm zur Gewißheit wurde. Da offenbarte der Mann seine ganze heldenhafte Größe. Kein Verzweifeln, kein Sich-Aufbäumen gegen den Beschluß der Vorsehung, vielmehr vollkommene Ergebung. Er wollte Gott dienen durch Anspannung all seiner Kräfte. Nun, da Gott es anders wollte, diente er durch Leiden. Er verzichtete darauf, seine Werke und die Erziehung seiner Tochter zu vollenden. Gelassen nahm er den Tod entgegen.

Seine Frau, die ihn pflegte, schrieb an Freunde: „Gott will ihn anscheinend noch läutern, bevor er ihn zu sich nimmt. Je mehr sein Körper durch seine Leiden geschwächt wird, um so schöner wächst und entwickelt sich seine Seele. Nie war sein Herz warmfühlender, nie sein Geist lebhafter. Kein Wort der Klage!" Täglich las er in der Bibel, und was ihn tröstete, notierte er auf Blätter, die später gesammelt wurden zu dem schönen „Buch für die Kranken". Es schließt mit den Worten: „Ich komme, Herr, wenn du mich rufst . . . Wolltest du mich für die Tage, die ich noch zu leben habe, ans Krankenbett fesseln, sie wären zu kurz, dir für jene Tage zu danken, die ich gelebt habe. Und sind diese Zeilen die letzten, die ich jemals schreibe, so sollen sie ein Lobgesang sein auf deine Güte."

WILLIAM WILBERFORCE

(1759–1833)

Nicht immer schlägt der Sohn in seinem Leben die Richtung ein, die der Vater als selbstverständlich für ihn vorgesehen. Wenn es nach dem Kaufmann Wilberforce in Hull gegangen wäre, hätte sein Sohn William sein Geschäft übernommen. Der aber verzichtete darauf und kandidierte, zwanzig Jahre alt, als Unabhängiger und als Gegner des Krieges mit Amerika für einen Sitz im Unterhaus. Er erhielt ebensoviele Stimmen wie seine beiden Opponenten zusammen und zog als Abgeordneter für Hull ins Parlament ein. Damit begann eine Laufbahn, die für die Menschheit folgenreich werden sollte.

In anderer Hinsicht schien der junge Wilberforce seinem Vater nachzuschlagen. Die Familie war keineswegs durch besondere Frömmigkeit ausgezeichnet. Für ein paar Jahre wohnte der junge William bei Verwandten, die als Methodisten ein intensives religiöses Leben pflegten, und wurde von ihnen beeinflußt. Nachdem er zu Beginn seiner Pubertät ins Elternhaus zurückgekehrt war, wo man diesen methodistischen Einfluß nicht mochte, wurde ihm die Frömmigkeit bald wieder abgewöhnt. Als Student in Cambridge führte er ein flottes Leben mit viel Geselligkeit und Vergnügungen und war überall dabei, wo es hoch herging, und als er als neugewählter Parlamentarier nach London kam, wurde er sofort Mitglied von fünf Clubs. Wegen seiner Fröhlichkeit war er überall beliebt, und man schätzte ihn als Sänger und Mimiker. Er gab sich auch dem Glücksspiel hin, doch als er eines Nachts eine große Summe gewonnen hatte von Männern, für die der Verlust empfindlich war, gab er das Spielen ein für allemal auf.

Im Unterhaus war seine kleine Gestalt bald eine vertraute Erscheinung. Der Abgeordnete Wilberforce fehlte bei keiner Sitzung und war immer pünktlich auf seinem Platz. Körperlich schwach, verfügte er doch über einen starken Geist. In diesem großen Gremium tüchtiger Oratoren glänzte er bald als einer der besten Redner. Obwohl parteipolitisch neutral, unterstützte er meist den liberalen William Pitt den Jüngeren, den er schon in seiner Studentenzeit kennengelernt hatte und mit dem er bald innige Freundschaft schloß. Seit 1783 führte Pitt das Kabinett und bemühte sich um eine Parlamentsreform, bei der Wilberforce ihm zur Seite stand. Den Wahlkampf von 1784 gewann Wilberforce abermals. Als Abgeordneter für Yorkshire kam er ins Unterhaus zurück.

Im Jahre 1785 geschah im Leben des jetzt 26jährigen eine entscheidende Wendung. Durch Zufall kam ihm auf einer Frankreichreise ein religiöses Buch in die Hand: *Entstehung und Fortschritt der Frömmigkeit,* von dem nonkonformistischen Theologen Philip Doddridge. Die Lektüre bewog ihn, das griechische Neue Testament zu studieren und mit seinem Reisebegleiter, einem anglikanischen Geistlichen, stundenlang über religiöse Fragen zu sprechen. Diese Eindrücke wurden wohl noch vertieft durch eine Begegnung mit Lavater in der Schweiz. Als ein innerlich gewandelter Mensch kehrte Wilberforce nach England zurück. Den letzten Teil der Parlamentsferien benutzte er dazu, Einkehr zu halten. Bisher war Wilberforce wohl zur Kirche gegangen, hatte aber kein bewußtes religiöses Leben geführt und sich nicht um das Wissen bemüht, das zum Heil notwendig ist. Er hatte, wie die meisten seiner Zeitgenossen, das Christentum zwar nicht für eine Fabel gehalten, sich aber wenig darum gekümmert, seine Vorschriften genauer kennenzulernen. Jetzt las er Pascal und andere religiöse Schriftsteller und begann, täglich einige Stunden der Meditation, der Selbsterforschung und dem Gebet zu widmen. Diese Übung behielt er fortan sein ganzes Leben bei. Auch begann er ein geistliches Tagebuch zu führen in der Absicht, sein Inneres besser zu prüfen und festzustellen, ob er Fortschritte mache. Im Bewußtsein, früher seine Zeit schlecht genutzt zu haben, fing er an, Versäumnisse seiner Ausbildung nachzuholen und mit größerer Konzentration zu studieren. Zugleich trennte er sich vom Umgang mit oberflächlichen Weltmenschen und suchte Verkehr mit gläubigen Christen.

Vor allem wurde ihm der Umgang mit dem anglikanischen Geistlichen John Newton wichtig. Dieser namhafte Theologe und Schriftsteller hatte einst ein abenteuerliches Leben auf See geführt, zuerst auf einem Kriegsschiff, später als Kapitän eines Sklavenschiffes. Mit 23 Jahren hatte er sich zu einem religiösen Leben bekehrt, und zehn Jahre später hatte er sich zum Priester weihen lassen. Durch die *Olney Hymns*, die er zusammen mit seinem Freund, dem Dichter William Cowper, geschrieben hatte, lebt das Andenken dieses großen Christen heute noch fort. Er wurde Wilberforces Seelenführer. Unter seinem Einfluß schloß sich der zu einem neuen Leben Erwachte der evangelikalen Richtung innerhalb der anglikanischen Staatskirche an, die etwa mit dem deutschen Pietismus zu vergleichen ist.

In sein Tagebuch schrieb er damals: „Der Stolz ist mein größtes Hindernis, und es besteht zweierlei Gefahr: daß er mich veranlaßt, von einem christlichen Leben abzustehen, aus Furcht vor der Welt, vor meinen Freunden usw.; oder, wenn ich doch beharrlich im christlichen Leben bleibe, daß er mich dahinbringt, mir etwas darauf einzubilden." Er entschloß sich, den nächsten Freunden seine Veränderung offen mitzuteilen. Ihre Reaktion war verschieden. Der eine meinte, das sei eine vorübergehende Anwandlung; ein anderer warf Wilberforces Brief wütend ins Feuer; wieder andere meinten, er könne, da sein Leben bisher ohne Laster war, jetzt nur ein Asket werden, und sie bedauerten es, auf seine Gesellschaft und seine politische Unterstützung künftig verzichten zu müssen.

Wilberforce aber dachte nicht daran, seine politische Tätigkeit aufzugeben. In einem Brief Anfang 1786 erklärt er, die Pflicht der Nächstenliebe sei für einen öffentlich wirkenden Städter anders zu verwirklichen als für einen Privatmann auf dem Dorfe. Er habe nicht vor, sich in eine Einsiedelei zu verschließen: das wäre Fahnenflucht. Gott habe ihm seine Stellung in der Welt angewiesen, und er hoffe, daß Christus ihn stärke, sie gut auszufüllen.

Als Wilberforce im Frühjahr 1786 zur Parlamentsarbeit zurückkehrte, tat er es nicht mehr nur, um sich vor andern Menschen auszuzeichnen und Beifall zu finden, sondern aus höheren Motiven. Er wollte aus Liebe zu Gott der Wohlfahrt der Menschen dienen. Dieser Haltung ist er sein Leben lang treu geblieben. In sein Tagebuch schrieb er 1795: „Wahres Christentum besteht nicht in Gefühlen, sondern darin, daß wir fleißig Gottes Werk tun."

Während der Parlamentsferien 1796 legte er seine Auffassung von einem Christentum der Tat in einem Buch nieder, das sein Manifest sein sollte. Es erschien 1797 unter dem Titel: *Das religiöse Verhalten nomineller Christen in den höheren und mittleren Klassen Englands gegenübergestellt dem wahren Christentum.* Das Werk hatte einen unerwarteten Erfolg. In sechs Monaten waren 7500 Stück verkauft, bis 1824 erschienen in England 15 Auflagen, in Amerika 25 Auflagen, außerdem Übersetzungen ins Französische, Italienische, Spanische, Niederländische und Deutsche. Dieses Buch, in dem ein Laie, ein Politiker, die Alltagspraxis am Evangelium maß, trug viel zur Wiederbelebung des religiösen Geistes um die Jahrhundertwende bei.

Sein Leben lang war Wilberforce bemüht, den Grundsätzen, die er in diesem Buche darstellte, gerecht zu werden. Er hörte nie auf, nach Vervollkommnung zu streben. Der Dreiundvierzigjährige schrieb in sein Tagebuch: „Wieviel Verderbnis hat das Unterhaus mich entdecken lassen in mir selbst! Welche Liebe zur Wertschätzung von seiten der Welt, Eitelkeit, irdische Gesinnung! Wie anders sollte die Haltung eines wahren Christen sein! ... Wir können, ich kann heilig werden. Vorwärts, meine Seele! Kämpfe kräftiger! Gott und Christus werden ihre Hilfe nicht verweigern."

Täglich mehrere Male zu beten, und zwar lang und innig, war für Wilberforce selbstverständlich. Dieser ungemein aktive Politiker nahm sich viel Zeit, sich mit Gott im Gebet zu vereinigen. Hier war sein Lebensgrund, der Quell seiner Kraft. Natürlich trug er alle seine Probleme zu Gott, betete auch für Freunde und Verwandte, für sein Land, für Pitt und die Minister, für seine politischen Gegner und nicht zuletzt für die unterdrückten Neger in Afrika und Amerika.

Seine lautere Gesinnung und sein makelloser Wandel sicherten ihm im Parlament und im öffentlichen Leben überhaupt Respekt und Einfluß. Ihn konnte man nicht, wie andere Politiker, unter Hinweis auf dunkle Punkte in seinem Leben erpressen, denn es gab keine. Und da dieser sich offen zu Christus bekennende Parlamentarier ein stets heiterer, zu Späßen aufgelegter und allen Menschen freundlich begegnender Mann war, konnte auch niemand ihn einen Mucker und Miesmacher nennen. Ein Zeitgenosse rühmte an Wilberforce „die enge Verbindung zwischen den strengsten Grundsätzen und der fröhlichsten, ungezwungensten Wesensart", und Madame de Staël erklärte: „Wilberforce ist der beste Gesprächspartner, den ich in diesem Lande getroffen habe. Ich habe immer gehört, er sei der frömmste, nun finde ich, er ist der witzigste, geistreichste Mann in England." Leslie Stephen urteilte: „Der Charme seines Wesens ermöglichte es ihm, die Rolle des Sittenrichters zu spielen, ohne grämlich und muffig zu wirken."

So vielseitig die politische und soziale Aktivität Wilberforces war – zwei Ziele bezeichnete schon der Achtundzwanzigjährige, der sich soeben zu einem Handeln aus christlicher Verantwortung entschlossen hatte, als die vordringlichsten: „Gott hat mir zwei große Aufgaben gestellt: die Abschaffung des Sklavenhandels und die Reform der Sitten meines Landes." Im Unterhaus beantragte er, allerdings vergeblich, eine Strafrechtsreform: „Der barbarische Brauch des Henkens ist zu lange geübt worden ... Die wirkungsvollste Art, die großen Verbrechen zu verhüten, ist, die kleineren Vergehen zu bestrafen und den Geist der Leichtfertigkeit zu bekämpfen, der jede Art von Laster hervorruft. Ich weiß, daß man durch Regelung des äußeren Verhaltens zunächst nicht das Herz der Menschen ändert, aber schließlich wird es doch durch dieses Mittel beeinflußt." Wilberforce gründete eine Vereinigung, die gegen Sonntagsentheiligung, Fluchen, Trunkenheit und pornographische Literatur kämpfte. Doch wichtiger als seine Bemühungen um die moralische Erneuerung Englands wurde das, was er für die Abschaffung der Sklaverei geleistet hat.

Um 1480 begannen die Portugiesen, von der Küste Guineas aus Negersklaven auszuführen, und seit 1506 ließen die Spanier in ihren amerikanischen Kolonien Neger arbeiten. Da sich die einheimischen Indios für die schwere Arbeit auf den Plantagen als zu schwach erwiesen, holten die Kolonialherren das „Menschenmaterial" aus Afrika. Im Innern des Schwarzen Erdteils überfiel man ganze Dörfer, fing alle Arbeitsfähigen, jagte die Schwarzen wie wilde Tiere, trieb sie zu Tausenden an die Westküste, verfrachtete sie dichtgepackt auf Schiffe und importierte diese gewinnbringende Ware in die amerikanischen Kolonien. Obwohl Papst Paul III. dieses Verbrechen verurteilte und verbot, schwoll der Sklavenhandel gewaltig an und überstieg in kürzester Zeit den des Altertums und des Orients. In dreieinhalb Jahrhunderten wurden dreißig Millionen Afrikaner nach Amerika verschleppt; ebenso viele gingen auf den Sklavenjagden und Transporten zugrunde. Auf diesem furchtbaren Geschäft, das Millionen Kinder von ihren Eltern, Millionen Männer von ihren Frauen auf immer trennte und sie alle der Heimat und der Freiheit beraubte, auf diesem niederträchtigen Verbrechen beruhte der Reichtum zahlloser Familien und Staaten, die sich christlich nannten.

Seit 1562 beteiligten sich auch die Engländer am Sklavenhandel. Im Frieden von Utrecht 1713 wirkten sie sich das Recht aus, auf dreißig Jahre 144 000 Negersklaven in die spanischen Kolonien einzuführen. Doch kämpften Quäker, Methodisten, Philanthropen und andere christlich oder humanitär gesinnte Gruppen für die Abschaffung des Sklavenhandels und der Sklaverei überhaupt. Im Unterhaus waren seit 1783 bereits Sidmouth und Wellesley für die Abschaffung der Sklaverei eingetreten, doch an der überwältigenden Gegnerschaft gescheitert.

Wilberforce wurde 1787 auf den Sklavenhandel von Afrika nach Amerika aufmerksam gemacht. Die Sache war ihm nicht neu. Schon als vierzehnjähriger Junge hatte er für eine Tageszeitung Artikel gegen die Sklaverei geschrieben. Jetzt hörte er von einem Missionar Erlebnisberichte über das Los der Sklaven in den Kolonien, und John Newton erzählte ihm von seinen Erfahrungen auf einem Sklavenschiff. Wilberforce sah sich veranlaßt, sich ausführlicheres Informationsmaterial zu beschaffen. Bekannte baten ihn, sich der soeben organisierten Antisklaverei-Bewegung anzuschließen. Seine politischen Freunde traten an ihn heran, er möge diese Sache als ihr Wortführer vor das Parlament bringen. In seiner Bescheidenheit meinte er zuerst, er sei nicht der geeignete Mann für diese Aufgabe, doch nach einiger Bedenkzeit entschloß er sich während eines Aufenthalts im Hause seines Freundes Pitt, das ehrenvolle Anerbieten anzunehmen. Seit 1788 war er der anerkannte Führer der Bewegung für die Abolition.

Der Abschaffung des Sklavenhandels standen massive kommerzielle Interessen entgegen. Eine beträchtliche Opposition formierte sich. Doch unerschrocken stürzte sich Wilberforce mit Feuer in den Kampf. Schon gratulierten sich seine Freunde, daß sie ihn für die Sache gewonnen hatten, als er plötzlich auf den Tod erkrankte. Da er sich nicht mehr mit Geschäften abgeben konnte, ließ er sich von Pitt das Versprechen geben, die Angelegenheit vor das Unterhaus zu bringen, was auch geschah. Ein erster Gesetzentwurf, der die Zahl der Sklaven beschränkte, die auf einem Schiff transportiert werden durften, passierte trotz scharfer Opposition beide Häuser.

Die Ärzte hatten Wilberforce schon aufgegeben, aber eine mäßige Anwendung von Opium brachte ihn wieder auf die Beine. Seine Gesundheit blieb immer heikel, und seine ganze Lebensleistung mußte er einem schwachen Körper abringen. Nur eine tägliche Dosis Opium, die stets gleich blieb, konnte ihn fortan aufrecht halten. Wenn er reiste, nahm er aus Furcht vor feuchten Laken lieber ein Bett, in dem schon jemand wochenlang geschlafen hatte. In der Erkenntnis, daß er die Sklavenfrage nur bewältigen werde, wenn er seine Kräfte konzentriere und auf manche Vergnügungen verzichte, begann er eine strenge Askese zu üben.

Am 12. Mai 1789 sollte Wilberforce seine Rede über den Sklavenhandel im Unterhaus halten. Ein Freund schrieb ihm vorher: „Ich werde wohl in den Zeitungen lesen, daß Du von westindischen Plantagenbesitzern verhackstückt, von afrikanischen Händlern am Spieß gebraten und von Kapitänen aus Guinea gefressen wurdest. Aber hab keine Furcht, denn – ich will Dein Epitaph schreiben."

Am Abend des entscheidenden Tages, als alles vorüber war, schrieb Wilberforce in sein Tagebuch: „Gesundheitlich sehr schlecht zurecht. Kam in die Stadt, jämmerlich unfähig zur Arbeit, aber Gottes Gnade befähigte mich, meine Rede so zu halten, daß sie zufriedenstellte – 3½ Stunden – ich hatte meinen Stil nicht vorbereitet, nicht einmal meinen ganzen Stoff durchgearbeitet, aber da ich mit dem Gegenstand wohlvertraut war, kam ich voran. Wie müßte ich noch daran arbeiten, wenn es Gott gefällt, fähig zu werden, die Leute davon zu überzeugen, daß ich es ernst meine, und sie geneigt zu machen, mir zuzustimmen!"

Dieser bescheidene Tagebucheintrag läßt nicht im geringsten die Wucht des Ereignisses ahnen. Die Wirkung der Rede war gewaltig. Pitt, Fox und andere rühmten sie, und selbst Burke sagte in seiner anschließenden Rede: „Das Haus, die Nation, ja Europa sind dem ehrenwerten Mitglied zu großem und tiefem Dank verpflichtet, daß er diese Angelegenheit höchst meisterhaft, eindrucksvoll und beredt vorgebracht hat. Die Grundsätze wurden so gut dargestellt und mit so großer Kraft und Ordnung begründet, daß diese Rede jeder anderen mir bekannten aus der Neuzeit gleichkommt und vielleicht nicht einmal von dem übertroffen wird, was an griechischer Redekunst auf uns gekommen ist."

In seiner Rede, mit der Wilberforce die Parlamentsdebatte über den Sklavenhandel eröffnete, entwaffnete er zunächst die westindische Opposition, indem er den Sklavenhandel als eine nationale Schande hinstellte. Er breitete das Tatsachenmaterial aus und stellte die zerstörenden Folgen des Sklavenhandels für Afrika, für seine Opfer und für die Kolonien dar. Die zwölf grundsätzlichen Beschlüsse gegen den Sklavenhandel, die er mit Unterstützung von Pitt, Fox und Burke beantragte, wurden angenommen. Die Plantagenbesitzer aber erhielten Erlaubnis, auch ihren Standpunkt darzustellen und Beweismaterial vorzulegen.

Wilberforce hatte dreieinhalb Stunden vor dem Unterhaus geredet. Man hat nachgewiesen, daß eine Stunde öffentlichen Redens ebenso viel Körperkraft verbraucht wie fünf Stunden Maurerarbeit. Begreiflich, daß die Freunde besorgte Anfragen wegen seiner Gesundheit an Wilberforce richteten und ihn anflehten, sich doch ja zu schonen. Er aber hatte keine Zeit, sich jetzt um seine Gesundheit zu kümmern. Die nächsten Wochen mußte er ständig bei Ausschußsitzungen des Unterhauses anwesend sein und zwischen den Sitzungen zahllose Gespräche führen, Unmengen von Akten durcharbeiten und viele Briefe schreiben, alles für die große Sache, immer am Rande des gesundheitlichen Zusammenbruchs. Ende Mai wurde die Sklavenhandelsangelegenheit auf das nächste Jahr vertagt.

In der Zwischenzeit versuchte Wilberforce, auch Frankreich, wo gerade die Revolution ausgebrochen war, für die Abschaffung des Sklavenhandels zu gewinnen. Im Januar 1790 wurde die Frage des Sklavenhandels vom Unterhaus einer Kommission übertragen, in der Wilberforce mitarbeitete. Er hatte Tausende von Aktenseiten zu lesen – mit seinen kranken Augen, über deren Schwäche er immer wieder klagte. Entschieden bestritt er die Behauptung der Sklavenhändler, die Neger seien eine minderwertige Rasse, unfähig zur Bildung, behaftet mit geistigen und sittlichen Mängeln. Er sammelte planmäßig Tatsachenmaterial, um zu beweisen, daß die schwarze Rasse der weißen in jeder Hinsicht gleichwertig sei, wenn man ihr nur die Chancen gäbe, sich zu entwickeln.

1791 sollte Wilberforce den Gesetzesantrag zur Abschaffung des Sklavenhandels einbringen. Wieder war eine Fülle von Arbeit zu leisten. Selbst sonntags verzichtete er auf Ruhe und Kirchgang. Der Erfolg vierjähriger Mühen stand jetzt auf dem Spiel. Die Opposition war gewachsen, und die Verteidiger des Sklavenhandels hatten in Flugschriften einen Teil der öffentlichen Meinung für sich gewonnen.

Da erhielt Wilberforce einen Brief des von ihm hochverehrten John Wesley: „Wenn nicht die göttliche Macht Sie zu einem Athanasius contra mundum erhoben hat, sehe ich nicht, wie Sie Ihr glorreiches Unternehmen durchführen können: Kampf gegen diese verruchte Schurkerei, die ein Skandal ist für die Christenheit, für England und für die menschliche Natur. Wenn nicht Gott Sie für genau diese Sache erhoben hat, werden Sie durch den Widerstand von Menschen und Teufeln zermürbt werden. Aber wenn Gott für Sie ist, wer kann dann gegen Sie sein? Sind sie alle zusammen stärker als Gott? Seien Sie nicht müde, das Rechte zu tun! Gehen Sie vorwärts im Namen Gottes!" Wenige Tage später starb Wesley. Für Wilberforce waren die letzten Worte dieses heiligmäßigen Mannes eine Ermutigung auf seinem schweren Weg.

Die Rede, mit der Wilberforce die Debatte im Unterhaus eröffnete, bewies unwiderleglich, daß der Sklavenhandel ebenso grausam wie unpolitisch sei. Sie schloß mit den Worten: „In jeder Hinsicht ziemt es Großbritannien, bei diesem Werk voranzugehen. Dieser schuldbeladene Handel wird zur Hälfte von britischen Untertanen unternommen. Da wir groß im Verbrechen waren, laßt uns beizeiten Buße tun. Es kommt ein Tag der Vergeltung, wann wir Rechenschaft ablegen müssen über alle Talente, Fähigkeiten und Gelegenheiten, die uns anvertraut wurden. Möge es sich dann nicht erweisen, daß unsere überlegene Kraft dazu verwendet wurde, unsere Mitgeschöpfe zu unterdrücken." Es fand sich nur eine Minderheit von 88 Stimmen für die Vorlage; 163 stimmten gegen sie.

Die Unruhen in St. Domingo und der Ausbruch des Terrors in Frankreich (1792) gaben den Gegnern der Abolition Auftrieb. Die Nutznießer des Sklavenhandels verstanden es, der Öffentlichkeit weiszumachen, da die Jakobiner Abolitionisten seien, seien alle Abolitionisten Jakobiner. Folglich wurde Wilberforce als „Jakobiner" beschimpft, was sogar in dem Augenblick einen Schein von Berechtigung erhielt, als das revolutionäre Frankreich ihm das Ehrenbürgerrecht verlieh. Selbst Pitt, der bisher die Sache der Abolition unterstützt hatte, bekam Bedenken. Wilberforce mobilisierte die öffentliche Meinung mit Versammlungen und Resolutionen. Sein Antrag auf sofortige Abschaffung des Sklavenhandels wurde im Unterhaus abermals abgelehnt. Es fand sich aber eine Mehrheit von 238 zu 85 Stimmen für eine schrittweise Abschaffung bis 1796.

Man beglückwünschte Wilberforce von allen Seiten; er indessen empfand keine Siegesstimmung, sondern fühlte sich verletzt und gedemütigt. „Ich will niemals selbst eine parlamentarische Erlaubnis für Raub und Mord beantragen", schrieb er in einem Brief. Er sah jetzt seine Aufgabe darin, dafür zu sorgen, daß die Frist möglichst abgekürzt werde und daß in der Zwischenzeit dem Sklavenhandel soviele Beschränkungen wie möglich auferlegt würden.

Die Nutznießer des Sklavenhandels versuchten jetzt, die Abschaffung zu verzögern, und dies gelang ihnen. 1793 lehnte das Unterhaus es ab, die Entscheidung des Vorjahres zu bestätigen, und wies auch einen neu eingebrachten Gesetzesentwurf zurück. 1794 passierte Wilberforces Antrag das Unterhaus, scheiterte aber im Oberhaus. 1795 fiel der Antrag, den der unentwegte Wilberforce wieder vorgebracht hatte, schon im Unterhaus durch. 1796 wurde ein neuer Antrag bei der dritten Lesung mit knapper Mehrheit, 74:70, abgelehnt, weil, wie Wilberforce klagte, viele seiner Anhänger statt im Unterhaus in der Oper waren, um einer Premiere beizuwohnen. 1797 unternahmen seine Gegner einen Gegenzug: Sie beantragten, die Abschaffung solle den Kolonien überlassen bleiben. Das wurde abgelehnt. Doch auch Wilberforces Anträge der nächsten Jahre 1797, 98 und 99 fanden wegen der verbreiteten Angst vor dem Jakobinertum keine Mehrheit. 1799 wurde wenigstens eine Begrenzung des Sklavenhandels beschlossen. Trotz aller Mißerfolge und Rückschläge war Wilberforce überzeugt, daß seine Sache mehr und mehr Anhänger finde und daß die Abschaffung des Sklavenhandels nur noch eine Frage der Zeit sei.

Während Wilberforce seine Gegner, die Verteidiger des Sklavenmarktes, stets höflich behandelte, wurde er selbst beschimpft und beleidigt. Zeitweise war sogar sein Leben bedroht, und er konnte nicht ohne bewaffnete Begleitung reisen. Vor den Neuwahlen 1802, als er schon achtzehn Jahre Parlamentsarbeit hinter sich hatte, fragte er sich, ob er nicht besser die politische Arena verlassen solle. Ein ruhiges Leben auf dem Lande sagte ihm mehr zu als das rastlose Hin und Her in London. „Ich lechze nach Ruhe und Zurückgezogenheit." Würde er nicht auch als Schriftsteller viel Gutes tun können? Im Wahlkampf um seinen Sitz im Unterhaus zu kämpfen — das erschien ihm „wie ein Ringen um die Erlaubnis, weiter als Galeerensklave das Ruder zu bewegen, mit Fesseln an den Füßen und Peitschenschlägen auf den Rücken". Aber er schreckte davor zurück, dem Drang nach Ruhe nachzugeben: Es wäre Selbstsucht und Verrat an der Sache, der er sich verschrieben hatte. Wiedergewählt, kehrte der kleine, schwache Mann auf die Galeere zurück, um andere von den Galeeren zu befreien.

Zeitweise konnte die Sache der Abolitionsbewegung hoffnungslos erscheinen, denn statt zurückzugehen, wuchs der Sklavenhandel. Die Vereinigten Staaten hatten in ihrer Unabhängigkeitserklärung die Sklaveneinfuhr verboten; aber auf den Druck der Südstaaten, die ihre Baumwoll-, Zucker- und Reisplantagen nicht ohne Negersklaven bewirtschaften zu können glaubten, wurde dieses Verbot 1787 bis zum Jahre 1808 zurückgenommen. Im Hinblick auf das 1808 wieder in Kraft tretende Verbot wurde der Sklavenhandel in den Jahren zwischen 1804 und 1808 verstärkt. Einige der Südstaaten suchten ihren Bedarf für die Jahre nach 1808 im voraus zu decken. Carolina allein führte zwischen 1804 und 1808 rund 50 000 Sklaven ein.

Mit unerschütterlicher Gleichmäßigkeit stellte Wilberforce jedes Jahr aufs neue seinen Antrag auf Abschaffung, und jedesmal wurde er von der Opposition besiegt. Als ein Abgeordneter im Unterhaus erklärte, es gehe „nicht um Recht oder Unrecht, sondern um Interessen", war Wilberforce empört. Er wandte sich gegen „den Geist einer Krämer-Nation, die nur noch Profit und Verlust, Tara und Refaktie kennt, das Kontobuch zu seinem Sittenkodex macht und Cockers Arithmetik anstelle von Ciceros *De officiis* nimmt". An anderer Stelle schrieb er: „Die Welt ist so beschaffen, daß weder

Nationen noch Individuen mehrere verschiedene Moralen haben können, zwischen denen sie nach Belieben wechseln dürfen: für das Privatleben altruistische Grundsätze, für Politik und Handel aber egoistische Grundsätze."

Endlich, im Jahre 1807, wurde Wilberforces Zähigkeit belohnt: Mit 283 gegen 16 Stimmen kam der Gesetzentwurf, der den britischen Sklavenhandel ab 1808 verbot, im Unterhaus durch. Wilberforce wurde vom ganzen Hause mit Ovationen überschüttet. Ein Redner sprach von Napoleon, der die Menschenrechte mit Füßen trete, um sein Reich zu vergrößern, und den trotz allen Pompes, mit dem er sich umgebe, sein Machthunger nicht schlafen lasse, während heute abend ein Mann nach zwanzigjährigem Kampf um die Verwirklichung der Menschenrechte zufrieden sein Haupt aufs Kissen legen dürfe mit dem Gedanken: Der Sklavenhandel ist nicht mehr.

Das war rhetorisch wirkungsvoll, entsprach aber nicht ganz der Lage. Wilberforce sah keinen Anlaß, auf seinem Kissen auszuruhen. Es blieb noch viel zu tun. Einen neuen Kampf mußte er kämpfen, bis 1811 der Sklavenhandel zum Kapitalverbrechen in Großbritannien erklärt wurde. Aber was nutzte es, wenn die Engländer das Sklavengeschäft aufgaben, die andern Nationen aber es fortsetzten? Wilberforce versuchte das Kabinett zum Einschreiten gegen den Menschenhandel anderer Staaten zu bewegen. Tatsächlich bemühte sich die britische Regierung, die übrigen seefahrenden Nationen und Kolonialmächte zur Abolition zu bringen und die gleichmäßige Durchführung des Verbots auf völkerrechtlichem Wege zu sichern. Seine überlegene Stellung im Kriege gegen das napoleonische Frankreich nutzte Großbritannien, um sich in Bündnis- und Friedensverträgen mit anderen Mächten entsprechende Zusagen machen zu lassen. 1810 bis 1812 schafften Venezuela, Chile und Argentinien den Sklavenhandel ab, 1813 folgte Schweden. 1814 verpflichteten sich Frankreich, Spanien, Portugal, Holland und Dänemark vertraglich, den Negerhandel einzustellen.

Auf Wilberforces Veranlassung brachte Lord Castlereagh die Abolition auf dem Wiener Kongreß zur Sprache, erreichte aber nur eine prinzipielle Erklärung der Mächte gegen den Sklavenhandel. In den Jahren nach 1815 wechselte Wilberforce Briefe mit Humboldt, Lafayette, Talleyrand, dem Zaren Alexander, dem Papst und anderen Staatsmännern, damit das Los der Negersklaven erleichtert und die Sklaverei allmählich abgeschafft werde. 1823 veröffentlichte er ein Buch: *Ein Appell an die Religion, die Gerechtigkeit und die Menschlichkeit aller Einwohner des britischen Weltreiches zugunsten der Negersklaven in den westindischen Kolonien.* Es war ein Manifest für die Emanzipation der Sklaven. Mit Freude bemerkte Wilberforce die Fortschritte der Sache. 1816 wurden die Sklaven auf Ceylon emanzipiert; 1817 und 1818 erklärten sich Portugal, Spanien und Holland bereit, ihre Schiffe kontrollieren zu lassen; und 1822 verbot Spanien den Sklavenhandel. Großbritannien hatte sich großzügig gezeigt: Spanien wurde für seinen Verzicht auf Sklavenhandel mit 400 000, Portugal mit 300 000 Pfund Sterling entschädigt.

Trotzdem führten Spanier, Portugiesen und auch Franzosen den Sklavenhandel jahrzehntelang illegal fort. Noch bis zum Anfang des zwanzigsten Jahrhunderts hatten die europäischen Staaten immer wieder Anlaß, Gesetze gegen den Sklavenhandel zu erlassen, und Männer wie Kardinal Lavigerie und Charles de Foucauld mußten den Kampf, den William Wilberforce so tapfer geführt hatte, mit andern Mitteln fortsetzen.

Für jede menschliche Not hatte Wilberforce ein offenes Auge, ein offenes Herz und eine offene Hand. Als er Cheddar besuchte, war er tief beeindruckt – nicht von den berühmten Felsen, sondern von dem Elend der Dörfler. Er freundete sich mit Hannah More an, der gefeierten Schriftstellerin, die so viel für die religiöse Erziehung des Volkes unternahm. Wilberforce unterstützte ihre menschenfreundlichen Bemühungen mit reichlichen Geldzuwendungen. Er war es, der sie anregte, Erzählungen zu schreiben, die religiöse Charaktere und sittliche Grundsätze anschaulich darstellen.

Als in den Jahren nach 1796 die Lage der Arbeiter besonders drückend wurde, sammelte er umfangreiches Informationsmaterial über Löhne, Akkordarbeit, Folgen der Enclosures, Lebensgewohnheiten der Arbeiterfamilien, ihren Fleisch- und Bierkonsum, Vereinsleben, Invaliden- und Altersversorgung der Arbeiter, Schulbildung der Arbeiterkinder. Er forderte, der Lohn solle so hoch sein, daß ein Arbeiter nicht nur sich selbst, sondern auch Frau und vier bis fünf Kinder ernähren könne.

Für die durch Napoleons Krieg in Not geratenen Deutschen organisierte Wilberforce 1814 ein Hilfswerk. Er gewann die Erzbischöfe von Canterbury und York, einige Herzöge, Bischöfe und andere einflußreiche und zahlungskräftige Leute für diese Sache. Sie alle erschienen auf einer Versammlung in London. Madame de Staël, die anwesend war, berichtete darüber: „Der geliebteste und geachtetste Mann von ganz England, Mr. Wilberforce, hatte Mühe, sich Gehör zu verschaffen, so sehr übertönte der Beifall seine Stimme."

Als Abgeordneter für Yorkshire erhielt Wilberforce täglich einen Korb voll Briefe. Er benötigte mehrere Stunden, sie zu beantworten, aber er tat es, und zwar, „aus christlicher Höflichkeit", mit eigener Hand. Auch auf diese Weise hat er manche Not gelindert. Lord Clarendon erzählt: „Ich war einmal bei ihm, als er gerade einen wichtigen Antrag für das Unterhaus vorbereitete. Während er angelegentlichst beschäftigt war, sprach ein Armer vor, der in Gefahr war, wegen einer kleinen Schuld ins Gefängnis zu kommen. Er konnte niemand finden, der für ihn bürgte. Wilberforce mochte nicht sein Bürge werden ohne Nachforschung ... Aber nichts konnte ihn dazu bringen, den Mann fortzuschicken. ‚Seine Habe', sagte er, ‚wird verkauft werden, und der arme Kerl wird völlig ruiniert sein.' Ich glaube, am Ende bezahlte er selbst die Schuld. Aber ich erinnere mich noch gut, wie seine Arbeit unterbrochen wurde und er sie nicht eher wieder aufnehmen wollte, bis dem Manne geholfen war."

Wo immer geistige oder leibliche Not an ihn herantrat, verschenkte er großzügig seine Zeit und sein Geld. Auf Anforderung des Königs Henry schickte er Lehrer nach Haiti, um die Volksbildung unter den Eingeborenen zu heben. Viel tat er für die christliche Mission in Indien und für die schulische und ärztliche Betreuung der Afrikaner in Sierra Leone. Er wurde Mitbegründer der Bibelgesellschaft, die für die Verbreitung der Heiligen Schrift sorgte und Christen verschiedener Bekenntnisse zu ökumenischer Zusammenarbeit brachte.

Daß dieser energische, geistvolle und redegewandte Mann seinen Gegnern höchst lästig fiel, versteht sich. Aber auch die ihm nahestanden, begriffen ihn manchmal nicht. 1813 zog er sich den Tadel vieler seiner religiösen Freunde zu, weil er im Parlament in einer gewichtigen Rede für die Emanzipation der Katholiken eingetreten war, von der er noch fünf Jahre zuvor nichts hatte wissen wollen.

Seine schwache Gesundheit zwang den alternden Kämpen, seine parlamentarische

Arbeit allmählich einzuschränken. 1812 tauschte er auf Anraten seiner Freunde den riesigen Wahlkreis Yorkshire gegen den kleinen Wahlkreis Bramber. Auf Drängen seines Arztes schied er 1825 ganz aus dem Parlament, zum großen Bedaueren vieler, die ihn wegen seiner unparteiischen Haltung hochschätzten und ihn als das Gewissen der Nation verehrten. In Rede und Schrift war er immer noch tätig, vor allem für die Negersklaven.

In seinem 71. Lebensjahr wurden ihm zwei Prüfungen auferlegt. Er hatte in Middlesex ein Haus erworben, und da die nächste Kirche eine Stunde entfernt war und das Dorf seelsorglich nicht betreut wurde, entschloß er sich, auf eigene Kosten eine Kirche zu bauen. Dieses Unternehmen stieß auf den Widerstand des Pfarrers, der sogar eine Flugschrift voll Verleumdungen gegen Wilberforce veröffentlichte. Erst wenige Tage nach Wilberforces Tod konnte die neue Kirche eröffnet werden.

In derselben Woche, in der das Pamphlet gegen ihn erschien, traf ihn ein zweiter Schlag. Sein Leben lang hatte er weit unter seinem Einkommen gelebt, nicht um zu sparen, sondern um das Erübrigte zu verschenken. „Glaub mir", sagte er seinem ältesten Sohn, „es liegt ein besonderer Segen darauf, freigebig gegen die Armen zu sein, – auch für die Kinder dessen, der freigebig ist. Ich zweifle nicht, daß es meinen Kindern, selbst in dieser Welt, besser geht im Hinblick auf wirkliches Glück, als wenn ich von dem, was abgegeben wurde, zwanzig- oder dreißigtausend Pfund gespart hätte." Um seinem Ältesten einen beruflichen Start zu geben, nahm Wilberforce beträchtliches Kapital auf, steckte es in ein landwirtschaftliches Unternehmen und verlor alles. Er mußte sein Haus in Middlesex aufgeben und sich fortan sehr einschränken. Sechs Personen erboten sich, dem plötzlich Verarmten diese finanzielle Last abzunehmen; er aber meinte, das sei nicht nötig. Nur für seinen Kirchenbau nahm er Geld an. Fortan wohnte er abwechselnd bei seinem zweiten und seinem dritten Sohn. Beide waren verheiratet und hatten eine Pfarrstelle, der eine auf der Insel Wight, der andere in Kent. „Meine Bücher und meinen Garten werde ich am meisten entbehren", sagte er; dann aber fügte er, wehmütig sich der vielen Gastfreunde erinnernd, die er in seinem Hause bewirtet hatte, die Worte hinzu: „Ich gestehe, ich empfinde es doch ein wenig, daß es mir nicht mehr möglich ist, meine Freunde zu einem Essen oder zum Übernachten unter meinem eigenen Dach einzuladen."

Obwohl er noch ganz unter dem Eindruck dieser unerquicklichen Dinge stand, übernahm er im Mai 1830 den Vorsitz bei der großen Kundgebung der Antisklaverei-Gesellschaft in London. Trotz der Nackenschläge blieb sein Gemüt heiter und ungebrochen. Er vermochte immer noch lustig zu plaudern, entzückte jeden, der seine Gesellschaft genießen durfte, und setzte Besucher durch die Vielseitigkeit seines Wissens in Staunen. Noch in seinem hohen Alter war er von knabenhafter Frische. Bei Spaziergängen auf dem Lande sang er gern ein Lied. Er freute sich an den Enkeln und war dankbar für alles, was ihm in seinem Leben Gutes widerfahren. Als er sich von einer vorübergehenden Krankheit erholte, sagte er: „Ich kann kaum verstehen, warum ich noch so lange leben darf. Es muß wohl deshalb sein, damit man sieht, daß ein Mensch ohne Vermögen ebenso glücklich sein kann wie mit einem Vermögen."

Wilberforce stammte aus einer Familie, die seit 26 Generationen keinen einzigen Geistlichen hervorgebracht hatte; von seinen vier Söhnen aber empfingen drei die heiligen Weihen. Robert Isaac glänzte als Oxford-Dozent und anglikanischer Archdeacon, schloß Freundschaft mit Manning und trat später in die römisch-katholische Kirche ein;

Samuel wurde einer der angesehensten Bischöfe der anglikanischen Kirche und verfaßte viele Bücher, unter anderem, zusammen mit seinem älteren Bruder, eine fünfbändige Biographie seines Vaters; Henry William wurde anglikanischer Geistlicher, Freund Newmans und römisch-katholischer Schriftsteller.

Noch wenige Monate vor seinem Tod sprach William Wilberforce auf einer Versammlung in Maidstone, um eine Petition für die Sklavenbefreiung zu beantragen. Die letzte Nachricht, die der Sterbende erhielt, war die, daß der Gesetzentwurf für die Befreiung der Sklaven und die Entschädigung der Sklavenbesitzer die zweite Lesung im Unterhaus passiert habe. „Gott sei Dank", sagte er, „daß ich diesen Tag noch erlebt habe, an dem England bereit ist, zwanzig Millionen Pfund für die Abschaffung der Sklaverei zu zahlen." Die Unterzeichnung des Gesetzes zur Sklavenemanzipation durch den König hat Wilberforce nicht mehr erlebt. Wenige Wochen vorher ist er in London gestorben. In Gegenwart der Bischöfe, der Regierung und eines Mitglieds der Königsfamilie wurde er in der Westminster-Abtei begraben, neben den größten Männern seiner Nation.

KARL FREIHERR VOM STEIN

(1757–1831)

Karl vom Stein entstammte einem nassauischen Geschlecht, das keinem Fürsten, sondern unmittelbar dem Kaiser unterstand. Das Bewußtsein der Selbständigkeit war stark in ihm. Der begüterte Reichsfreiherr hätte es sich leisten können, ein behagliches Leben zu führen; doch zog er es vor, auch andern das Gut der Selbständigkeit zu erkämpfen. In England sah er es verwirklicht, aber noch nicht in Deutschland.

Nach dem Studium des Staatsrechts und einer Bildungsreise trat Stein als Beamter in preußische Dienste. Er verabscheute Bürokratie, „das Nichtige des toten Buchstabens und der Papiertätigkeit". So war er glücklich, im Bergbau anfangen zu können, wo es nicht nur Akten zu studieren, sondern auch Reisen und Besichtigungen zu unternehmen galt. Mit 24 Jahren schon wurde er Oberbergrat. Zehn Jahre lang verwaltete er Bergbau, Industrie und Landwirtschaft an der Ruhr. Dann wurde er Präsident der Clevischen und Märkischen Kammer mit dem Auftrag, für die Förderung der Fabriken und des Bergbaus auch dieser Territorien zu sorgen, schließlich Oberpräsident in Minden, später in Münster. Er vereinfachte den Verwaltungsapparat, belebte den Außenhandel, führte neue technische Errungenschaften in die Industrie ein, baute das Straßen- und Kanalnetz aus, regulierte die Weser und ergriff zahlreiche soziale Maßnahmen. Seiner Tüchtigkeit und Rechtschaffenheit zollte man überall hohen Respekt.

Die Leistungen Steins entsprangen weithin seiner eigenen Initiative, wurden unabhängig von der Zentralbehörde ausgeführt und stützten sich auf das selbständige Mitwirken der Beteiligten. Stein kommandierte nicht einfach drauflos, sondern beriet sich zuerst mit erfahrenen Eingesessenen. Er hätte Druck ausüben können, verzichtete aber auf Frondienste des Landvolkes, die man bis dahin für unerläßlich gehalten hatte. Überhaupt war Stein anders als so viele preußische Beamte, die mit Arroganz und Kommißallüren die rheinische und westfälische Bevölkerung tyrannisierten und bevormundeten. Er hatte Verständnis für die Bergleute aus Hörde, die ihn baten, ihre Knappschaftskasse nicht durch einen preußischen Beamten, sondern durch den von ihnen gewählten Knappschaftsältesten in eigene Verantwortung verwalten zu lassen. Obwohl eine solche Regelung dem Prinzip der preußischen Staatsaufsicht widersprach, unterstützte Stein ihr Anliegen. Bisher waren die Knappschaftsältesten vom Bergamt eingesetzt worden. „Es ist aber", erklärte Stein, „der Sache angemessener, wenn die Bergleute sich diejenigen wählen können, denen sie ihr Interesse anvertrauen." Dies war die erste Selbstverwaltung, die Stein ins Leben rief.

Westfalen besaß damals lebenskräftige parlamentarische Institutionen. Der clevemärkische Landtag hatte seine Grundrechte durch das Zeitalter der absolutistischen Monarchie hindurchgerettet: Er trat regelmäßig zusammen, bewilligte Steuern und wirkte bei Gesetzen mit. Die Ständeverfassung des Münsterlandes sah Selbstverwaltung vor bis zu den Ämtern, Kirchspielen und Bauernschaften hinab. Die Dörfer wählten selbst ihre Bauernschaftsältesten, die Erbentage die Landräte. Adel und Bauern berieten gemeinsam die kommunalen Angelegenheiten. Auf Steins staatsbürgerliches Denken hatten diese Institutionen starken Einfluß. „Der Staatsmann ist ohne die Erfahrungen, die ihm in den Selbstverwaltungseinrichtungen Westfalens begegneten, nicht zu verstehen" (E. Bach). Als Münster und Paderborn 1802 preußisch wurden, setzte er sich energisch für die Erhaltung der Selbstverwaltung ein. Aber die Zentralbehörde lehnte seine Vorschläge ab: Sie seien „unvereinbar mit den Prinzipien der preußischen Staatsverwaltung" und förderten „einen regen Geist von Selbständigkeit und Anmaßlichkeit gegenüber Regierungsmaßnahmen". Stein widerspach, doch Berlin entschied gegen ihn. Es gelang ihm aber wenigstens, auf der unteren Ebene die Selbstverwaltungseinrichtungen zu erhalten, indem er die Kreistage beibehielt und sie dort, wo sie noch nicht bestanden, einführte.

Noch auf anderem Gebiete wurde Stein bereits in seiner westfälischen Zeit ein Vorkämpfer der Selbständigkeit. Als er nach Minden kam, erlebte er zum erstenmal die Leibeigenschaft des Landvolks. Die Hörigen hatten den Gutsherren unentgeltlich allerlei Dienste zu leisten. Sie durften gezüchtigt werden. Wollten sie heiraten, so mußten sie Erlaubnis einholen. Starb ein Höriger, so fiel die Hälfte seiner beweglichen Habe an den Herrn. Die Folge war, daß kein Höriger Kredit hatte. Stein berichtete darüber nach Berlin und erklärte, dieses System sei unsittlich und unwirtschaftlich. Er forderte, die Bauern von diesen Fesseln zu befreien und ihnen das Eigentumsrecht an den von ihnen bewirtschafteten Höfen gegen eine Entschädigung der Grundbesitzer zu übertragen. Den Kampf um die Bauernfreiheit führte Stein viele Jahre hindurch. Als er Westfalen verließ, hatte er erst einem kleinen Teil der westfälischen Bauern die Unabhängigkeit erstritten.

1804 wurde Stein Minister der Finanzen, des Handels und der Gewerbe. Er beseitigte Schlendrian in seiner Behörde, setzte unfähige oder der Korruption überführte Beamte ab und machte sich bald „bei den Bösen unbeliebt, bei den Guten beliebt". Als er nach Jahren auf diese Zeit zurückschaute, erwähnte er unter seinen Leistungen: „Verminderung des unnützen Schreibwerks, indem ich eine Masse von unnützem leeren Papierkram ganz einstellte und die Selbständigkeit der unteren Behörden vermehrte."

Stein mußte seine Reformen durchführen, während der Staat von Kriegsgefahr bedroht war. Napoleon wollte England überfallen, England aber schloß ein Bündnis mit Schweden, Rußland und Österreich. Preußen blieb unentschieden, verhandelte nach beiden Seiten und suchte sein Heil in der Neutralität. Als Napoleon bei Austerlitz die russischen und österreichischen Armeen geschlagen hatte, war Preußen isoliert und der Willkür des Eroberers preisgegeben. Wer trug die Schuld an dieser Lage?

Stein erkannte, daß die Form der obersten Zentralbehörde sinnvolle Entscheidungen verhinderte. Der König war völlig in der Hand von Kabinettsräten, die, obwohl ohne Sachkenntnis und Verantwortung, alles entschieden und jede selbständige Arbeit der verantwortlichen Minister ausschlossen. Eindrucksvoll stellte Stein die Mängel dieses Systems in einer Denkschrift dar. Hart und scharf wurde er, als er fragte, ob denn menschliche Qualitäten die Unzulänglichkeit der Organisation wettmache, und die Antwort gab, das sei keineswegs der Fall. Er nannte die einzelnen Kabinettsräte mit Namen und gab jedem eine Charakteristik, die an Deutlichkeit nichts zu wünschen übrig ließ: Aufgeblasen, übermütig, physisch und moralisch gelähmt und abgestumpft, frivol, unrein, niedrig, moralisch verderbt, in Orgien und Ränken verkommen, süßlich und geschmeidig, listige Verräter und abgestumpfte Wollüstlinge — das sind die Ausdrücke, mit denen Stein die Räte schilderte. Wir wissen, daß er nicht übertrieb. Stein forderte: Weg mit dem Kabinett! Die Verantwortung den Ministern, die ungehindert Zutritt zum König haben! Die Denkschrift schloß mit den mahnenden Worten: „Sollten S. Kgl. M. sich nicht entschließen, die vorgeschlagenen Veränderungen vorzunehmen, sollten Sie fortfahren, unter dem Einfluß des Kabinetts zu handeln, so ist es zu erwarten, daß der preußische Staat entweder sich auflöst oder seine Unabhängigkeit verliert und daß die Achtung und Liebe der Untertanen ganz verschwindet. Die Menschen, die uns an den Rand des Abgrundes gebracht, werden uns ganz hineinstoßen."

Der König war unbelehrbar. Die Schlacht von Jena und Auerstedt offenbarte mit einem Schlage die Schwäche des absolutistischen Staates Preußen. Die Armee war in Ausrüstung und Führung veraltet. Das Volk, ohne lebendige Verbindung mit dem Staat, der es stets bevormundet hatte, stand teilnahmslos beiseite. Widerstandslos ergaben sich die Festungen. Ungehindert marschierte Napoleon nach Berlin. Der Kommandant der Hauptstadt erließ die Proklamation: „Der König hat eine Bataille verloren. Ruhe ist die erste Bürgerpflicht." Sieben Minister schworen dem Feind die Treue. Der König floh nach Osten.

In dieser verzweifelten Lage verlor Stein nicht die Nerven. Er rettete die ihm anvertrauten Kassen, die zur Fortsetzung des Krieges benötigt wurden, nach Königsberg und folgte trotz Krankheit dem König nach. Es kam zu dramatischen Auftritten zwischen dem König und Stein. Der schwache Friedrich Wilhelm III., von Napoleon eingeschüchtert, wollte um jeden Preis Frieden schließen und hielt am Kabinett fest. Stein protestierte scharf und freimütig. Der König hielt das für respektlos und nannte Stein „einen widerspenstigen, trotzigen, hartnäckigen und ungehorsamen Staatsdiener". Daraufhin bat Stein um seine Entlassung.

Während seiner erzwungenen Ruhe zu Nassau erhielt er die Nachricht vom Frieden zu Tilsit. Preußen verlor mehr als die Hälfte seines Gebietes und seiner Bevölkerung. Eine Riesensumme wurde ihm als Kriegsentschädigung auferlegt. Die Besten verloren alle Hoffnung. Nicht so Stein: „Ob und wie Gott helfen wird, wer kann das jetzt schon wissen? Aber festes Hoffen und Vertrauen auf Gott muß die Bessern aufrichten und jetzt mehr als je treu und fest unter sich zusammenhalten. Nur wer sich selbst aufgibt und in mutloser Untätigkeit dem Geschicke überläßt oder unterwirft, der ist ganz und für immer verloren."

Der König hatte Stein entlassen, aber nach einem halben Jahre berief er ihn wieder. Stein zögerte keinen Augenblick, dem Ruf zu folgen. Vergessen waren die Bitterkeit und die Schmach der Entlassung. Er sah nur die Not Deutschlands, die seiner Kraft bedurfte. Ihm wurde die Leitung sämtlicher inneren und äußeren Angelegenheiten übertragen. Was er wollte, stand klar vor seiner Seele. In der Nassauer Mußezeit hatte er eine Denkschrift verfaßt, die sein Reformprogramm enthielt: Abbau des absolutistischen, bürokratischen Staates, Einführung der Selbstverwaltung.

Steins erste Tat war die Bauernbefreiung. Ein Edikt von 1807 verkündete: Jeder Preuße, ob adelig oder nicht, ist von nun an zum Erwerb von Grundeigentum berechtigt. „Nach dem Martinitage 1810 gibt es nur noch freie Leute." Die ganze ständische Gesellschaftsordnung war damit aus den Angeln gehoben. Ein weiteres Gesetz von 1808 verlieh sämtlichen Insassen der königlichen Domänen „das volle uneingeschränkte Eigentum ihrer Grundstücke". 47 000 Familien allein in Ost- und Westpreußen wurde die Wohltat dieses Gesetzes zuteil. Der Adel hatte sich dagegen gesträubt: „Der Bauer würde etwas bekommen, wozu er kein Recht hat, der Gutsherr aber verlieren, was ihm und seinen Vorfahren rechtmäßig gehört hat." Stein erklärte dagegen: „Freie Menschen arbeiten besser und kräftiger als Erbuntertanen, die nur eines unangemessenen Lohnes ihrer Arbeit gewiß sind. Bei gleicher Arbeit wird also nach aufgehobener Erbuntertänigkeit weniger, nicht mehr Gesinde notwendig sein." So wurde „der letzte Rest der Sklaverei" vernichtet.

1808 erging die Städteordnung, Steins bedeutendstes Werk. Frei von staatlicher Bevormundung wählten von nun an die städtischen Gemeinden ihre Magistrate und Stadtverordneten. Die Bürgerschaft erhielt die ungeteilte Verwaltung ihres Gemeinwesens. Die staatliche Aufsicht hatte nur auf den Vollzug der Staatsgesetze zu achten. Die Polizei war Sache des Magistrats. Die Städteordnung zerriß die Fesseln der Staatsallmacht, doch brachte die neue Freiheit auch Pflichten. Sie setzte Opfer des einzelnen für die Gemeinschaft voraus. Stein wollte Mitregierung des Volkes aus Mitverantwortung. Er wollte die Zuständigkeit nicht der Geburt, des Geldes oder der Partei, sondern nur der Befähigung, die jedem zugänglich ist, der sich darum bemüht. An die Stelle von Befehl und Reglement, die Gehorsam und Unterwerfung fordern, sollte der Aufruf treten zu freier selbstverantwortlicher Tätigkeit der einzelnen für das Gemeinnützige. Der Staat sollte Vertrauen erweisen, um dadurch Vertrauen zu gewinnen. Die Mitarbeit erziehe den Bürger zu größerem Gemeinsinn.

„Hier geht es um die Bildung eines ganz neuen Typs des politischen Menschen, des Staatsbürgers überhaupt, den Stein zuerst in die deutsche Geschichte hineingestellt hat" (E. Botzenhart). Wie ungewohnt diese uns längst selbstverständlich gewordenen Grundsätze damals waren, beweist der Widerstand, den die Städteordnung fand. Die Bürger begriffen nicht, welches Geschenk ihnen gemacht worden war, und blieben zunächst gleichgültig. Die Beamten klagten über die neuen republikanischen Grundsätze. Die heftigste Opposition kam vom Adel, der am meisten von seinen Machtbefugnissen verlor.

Nur vierzehn Monate standen Stein zur Verfügung. Was er in dieser Zeit schuf, war ungeheuer. Zwar blieb mancher Plan Torso. Aber die Reform wirkte anregend bis heute. In dem Abschiedsschreiben an seine Beamten erklärte Stein, auf das Erreichte zurückblickend: „Es kam darauf an, ... den Kampf der Stände unter sich, der uns unglücklich machte, zu vernichten und gesetzlich die Möglichkeit aufzustellen, daß jeder im Volke seine Kräfte frei in moralischer Richtung entwickeln könne." Stein weist auf das hin, was noch zu tun bleibt. Unter anderem wünscht er eine repräsentative Beteiligung des Volkes auch an der Zentralregierung. „Damit aber alle diese Einrichtungen ihren Zweck, die innere Entwicklung des Volkes, vollständig erreichen, ... muß der religiöse Sinn des Volks neu belebt werden. Vorschriften und Anordnungen allein können dieses nicht bewirken. Doch liegt es der Regierung ob, mit Ernst diese wichtige Angelegenheit zu beherzigen, durch ... Verbesserung der theologischen Vorbereitungsanstalten" und anderes. Am meisten erwartet Stein von einer neuen Erziehung der Jugend. Würden Liebe zu Gott und zum Vaterland, bisher oft vernachlässigt, sorgfältiger gepflegt, so könne man hoffen, ein moralisch kräftiges Geschlecht aufwachsen zu sehn.

Bewundernswert ist, daß Stein sein Reformwerk durchführte in einer Zeit, als der größte Teil Preußens vom Feind besetzt, der Rest bedroht und von Kontributionslasten bedrückt war. Deutschland litt unter den Verwüstungen, die der Krieg gebracht hatte, und unter der Willkür der fremden Offiziere. Die Befreiung seines Landes war Steins nächstes Ziel.

Ganz Europa stöhnte unter dem Joch Napoleons. Als der Korse versuchte, auch Spanien zu erobern, erhob sich das spanische Volk und jagte die Franzosen davon. Ein Signal für die unterdrückten Völker! Stein schrieb damals: „Die Erbitterung nimmt in Deutschland täglich zu ... Die spanischen Angelegenheiten machen einen sehr lebhaften Eindruck und beweisen, was wir längst hätten glauben sollen. Es wird sehr nützlich sein, sie möglichst auf eine vorsichtige Art zu verbreiten, denn sie zeigen, was eine Nation vermag, die Kraft und Mut besitzt."

Seinen Überlegungen zu einer Erhebung Preußens gegen Napoleon läßt Stein die nüchterne Erklärung folgen: „Man muß die Möglichkeit des Mißlingens fest im Auge halten und wohl erwägen,... daß es pflichtmäßiger gehandelt ist, mit den Waffen in der Hand zu unterliegen, als sich geduldig in Fesseln schlagen oder gefangen halten zu lassen. Man muß sich mit dem Gedanken der Entbehrung jeder Art und des Todes vertraut machen, wenn man die Bahn betreten will, die man jetzt zu gehen sich vornimmt. Hat man auf diese Art sein Inneres vorbereitet und treten günstige Umstände ein, so fange man in Gottes Namen die Sache an."

Der Brief wurde aufgefangen und kam in die Hand Napoleons. Der Despot fühlte, daß Stein mit seiner moralischen Kraft sein gefährlichster Gegner war. Stein mußte sein Amt niederlegen. Napoleon veröffentlichte einen Ächtungsbefehl, der Stein zum Feind Frankreichs erklärte, seine Güter beschlagnahmte und ihn selbst zu verhaften befahl. Dazu wurde Stein mitgeteilt, daß Napoleons Truppen Befehl hätten, falls sie seiner habhaft würden, ihn zu erschießen. Stein floh nach Böhmen. Beim Übergang über das Gebirge den Sternenhimmel betrachtend, erinnerte er sich einer Predigt Schleiermachers über das Wort Jesu: „Fürchtet euch nicht vor denen, die den Leib töten können. Fürchtet euch vielmehr vor dem, der Leib und Seele verderben kann zur Hölle."

Fortan galt Steins ganze Kraft dem Kampf gegen Napoleon, gegen den „Egoismus des sich selbst vergötternden und die Menschheit in Staub tretenden Despoten", „gegen den Menschenverderber und seine Räuberbanden". Drei Jahre lebte Stein im Exil in Böhmen. Da holte Napoleon zum Schlag gegen Rußland aus. Kein Land wagte es, sich ihm für den neuen Feldzug zu versagen. Preußen, Österreich und viele deutsche Fürsten verbündeten sich mit ihm und gewährten Waffenhilfe. Vom Zaren berufen, ging Stein nach Petersburg, und es gelang ihm, gegen alle Machenschaften der Kamarilla, allein durch die Kraft seiner Persönlichkeit, Einfluß auf den russischen Herrscher zu gewinnen. Stein war es, der beim Vorrücken des Feindes immer wieder seinen Widerstandsgeist stärkte und die künftigen Aktionen gegen Napoleon finanziell, organisatorisch, militärisch und propagandistisch vorzubereiten half. Nachdem Napoleon Moskau erobert hatte, trat die Wende ein. Das napoleonische Herr wälzte sich unter schwersten Verlusten durch die Eisfelder Rußlands nach Westen. Aber selbst jetzt wagte kein deutscher Fürst von Napoleon abzufallen. Der Zar neigte dazu, sich mit der Befreiung seines eigenen Landes zufrieden zu geben. In dieser höchsten Gefahr erreichte Stein, daß der zum vorzeitigen Frieden entschlossene russische Kanzler abgesetzt wurde und der Zar seine Truppen weiter nach Westen marschieren ließ.

Stein fuhr ins befreite Ostpreußen und sorgte unter unendlichen Schwierigkeiten für die Einberufung des Landtags, der die allgemeine Wiederbewaffnung von Landwehr und Landsturm beschloß. Die so eingeleitete Volkserhebung gegen Napoleon geschah gegen die Befehle des preußischen Königs, der am Bündnis mit Napoleon noch festhielt. Obwohl schwer krank, eilte Stein nach Breslau, um den zaudernden König zum Bündnis mit Rußland zu bewegen. Er wurde kalt empfangen und schnöde behandelt. Aber er erreichte sein Ziel. Österreich, England und Schweden schlossen sich Rußland und Preußen an, und Napoleon wurde bei Leipzig geschlagen. An seine Frau schrieb Stein: „Preisen wir den Himmel, daß wir zu der kleinen Zahl derjenigen gehören, die sich nicht vor dem abscheulichen Tyrannen gebeugt haben, und daß wir nicht zu den zahlreichen Helfershelfern seiner Verbrechen gehören." Als Präsident des Zentralverwaltungsrats unternahm es Stein, die eroberten Gebiete zu mobilisieren. Als die Verbündeten die Grenze Frankreichs erreicht hatten, drohte wieder Stillstand. Auch diesmal war es Stein, der die Verbündeten überzeugte, daß man Napoleon völlig niederwerfen müsse. Eine französische Provinz nach der andern wurde erobert. Stein hatte diese Gebiete zu verwalten. In tiefer Bewegung auf die schwersten Stunden seines Lebens zurückblickend und voll Dank gegen Gottes Vorsehung schrieb er: „Ich richte jetzt Regierungen in Frankreich ein, trotz Napoleons, seines Achtbefehls, seiner Polizei und seiner Bajonette." Als Stein schließlich mit den Verbündeten in Paris einrückte, war die Freiheit errungen. Napoleon wurde nach Elba verbannt. Nun kam es darauf an, daß die Früchte des Sieges nicht verlorengingen.

Steins nächstes Ziel war deshalb „die Wiedergeburt Europas" und innerhalb dieser europäischen Ordnung die Einheit Deutschlands, die Preußen und Österreich umspannen sollte. Alles, was Stein für Preußen getan oder erstrebt hatte, wollte er nun für ganz Deutschland verwirklichen. Die Einheit sollte nicht auf Kosten der Selbständigkeit gehen. Das Volk sollte auf allen Ebenen an der Regierung teilnehmen. Es sollte nicht nur Gegenstand der Regierung sein, sondern Träger, nicht Untertanen, sondern Bürger. Es sollten vermählt sein Nation und Staat, Freiheit und Autorität, Selbständigkeit und Einheit. „Ich habe nur ein Vaterland, das heißt Deutschland. Mir sind die Dynastien vollkommen gleichgültig... Mein Wunsch ist, daß Deutschland groß und stark werde und seine Selbständigkeit, Unabhängigkeit und Nationalität wiedererlange." In diesem Geiste trat Stein für die Bildung eines Reichstags ein und für die Wiederherstellung des Kaisertums. Doch stieß er auf heftige Opposition. Die Kleinstaaterei feierte fröhliche Urständ.

Die schlimmsten Widersacher Steins waren die deutschen Fürsten. Ihnen gegenüber konnte er nur Ekel empfinden. Die einen nannte er faul, falsch und knickerig, die andern vom Sultansfieber moralisch entnervt, alle zusammen Despoten. „Sie achten weder die Meinungen noch die Sitten noch die Gebräuche noch die heiligsten von ihnen selbst und von ihren Vorfahren eingegangenen Verpflichtungen. Sie haben die intermediären Klassen zertreten, erniedrigt, beschimpft. Sie überhäufen das Volk mit Abgaben und Fronen. Sie verschonen nur jene, die ihren Leidenschaften schmeicheln." In seiner Prager Denkschrift von 1813 schrieb Stein: „Fünfzehn Millionen Deutsche sind der Willkür von 36 kleinen Despoten preisgegeben." Die gesinnungslose Kriecherei der Fürsten Napoleon gegenüber und ihre Beteiligung an dessen Raubzügen fand Stein höchst verwerflich und widerlich. Jetzt, nach der Niederwerfung des Tyrannen, erklärte er, keiner der deutschen Fürsten, die Napoleon zu Königen und Herzögen gemacht, habe ein Recht auf Souveränität. Es sei die größte Torheit, Fürsten kleiner Staaten wieder in ihre früheren Besitztümer einzusetzen. Ein starkes Kaiserreich werde von der ganzen Nation begehrt, „seitdem sie in unwürdiger Weise von denen verraten ist, die hätten verstehen müssen, für sie zu sterben; seitdem sie in den Fürsten nur noch Feiglinge sieht, die das Blut ihres Volkes verkaufen, um ihr schmachvolles Dasein zu verlängern." Auf dem Wiener Kongreß warb Stein für die Bildung einer einheitlichen starken Reichsgewalt, die dem deutschen Volk nach außen Kraft und Geschlossenheit, nach innen Freiheit vom Druck des kleinstaatlichen Absolutismus verschaffen sollte. Aber der Einheitswille kam gegen den Egoismus der Fürsten, die um ihre Rechte feilschten, nicht an.

Mitten in das Getreibe des Kongresses, in dieses Spiel der Intrigen und Lüste, platzte die Nachricht, daß Napoleon, um dessen zertrümmertes Imperium man sich stritt, von Elba aufgebrochen war, um die Herrschaft über Frankreich zurückzugewinnen. Auf Steins Initiative beschlossen die verbündeten Mächte folgende Erklärung: „Napoleon Bonaparte hat sich aus den bürgerlichen und gesellschaftlichen Beziehungen ausgeschlossen und, als Feind und Störer der Weltruhe, der öffentlichen Bestrafung preisgegeben." Alle unterzeichneten die Achterklärung, auch der Vertreter Frankreichs. Napoleon wurde bei Waterloo endgültig geschlagen.

Enttäuscht über den Entwurf der Bundesakte, die von der angestrebten Reichseinheit so gut wie nichts übrigbehielt, verließ Stein die Bühne der Weltgeschichte, obwohl ihm verschiedene Rollen angeboten wurden. Er kehrte in sein geliebtes Westfalen zurück, wo er das Gut Kappenberg erwarb, dessen Ausbau und Verbesserung er sich für den Rest seines Lebens widmete. „Gutsbesitz", so schreibt er einmal seinem Schwiegersohn, dem Grafen Kielmannsegge, „gibt nicht allein Recht zum Genuß des Einkommens, sondern legt auch Pflichten auf gegen das Land, gegen die zum Gute Gehörigen." In diesem Sinne war Stein auf seinem neuen Boden tätig.

Zugleich begründete er unter großzügigem Einsatz seiner Kräfte und Geldmittel das Unternehmen der Monumenta Germaniae Historica, die vielbändige Quellensammlung zur alten deutschen Geschichte. Stein selbst prüfte mittelalterliche Handschriften im Vatikan und in anderen Bibliotheken, gewann einen Stab von Forschern für diese Sache und wurde zum Organisator einer imposanten wissenschaftlichen Gemeinschaftsarbeit.

Dieser Rückzug aufs Land und in die Welt der Bücher und des Mittelalters könnte wie eine Flucht aus der Gegenwart wirken, wenn wir nicht wüßten, daß Stein seine letzten fünfzehn Jahre noch in den verschiedensten Bereichen des öffentlichen Lebens aktiv war. Er nahm teil an den Angelegenheiten der Gemeinde, des Kreises und der Provinz. Drei westfälischen Landtagen präsidierte er als Landtagsmarschall. Er bemühte sich um die Selbstverwaltung und setzte sich für die ersten Eisenbahnen ein. Wach verfolgte er die politische und geistige Entwicklung in Deutschland und in anderen Staaten. Er begrüßte das Aufkommen der jungen Völker Südamerikas und die freiheitlichen Bewegungen in verschiedenen Ländern. Anläßlich der Juli-Revolution erklärte er dem Prinzen Wilhelm von Preußen, die Massen erhöben sich jetzt, weil Preußen nichts getan habe, um die berechtigten Wünsche des Volkes zu erfüllen und das Versprechen des Königs, eine Verfassung zu geben, einzulösen. Den Aufstand der Bevölkerung in Hessen-Kassel und Braunschweig hat Stein, unter Berufung auf das Widerstandsrecht, gebilligt. Geschichtsstudium und Kritik der Gegenwart gehen bei Stein Hand in Hand. Der Geschichtsschreibung erkannte er die Aufgabe zu, „das Gegenwärtige aus dem Vergangenen zu entwickeln, um ihm eine Bürgschaft der Dauer zu geben für die Zukunft".

Daß Steins gewaltige Leistung vor allem die Frucht eines großen Charakters ist, haben die Biographen und Historiker von jeher betont. Was Stein vom Staatsmann forderte, besaß er selbst in Fülle: „Er muß die Kraft des Charakters besitzen, welche ihm in ruhigen Zeiten den Fleiß zur Arbeit, die Hartnäckigkeit, alles, was auf seine Ausbildung einwirkt, zu verfolgen, in den Zeiten der Tätigkeit die nötige sittliche Kraft gibt, um die Anstrengungen des Geistes und des Körpers zu ertragen, welche der Drang der Umstände erheischt."

Karl von Stein hatte ein feuriges Herz, eine rasche Auffassung, einen kühnen Verstand. Zielstrebige Energie – das ist der erste Eindruck, den seine Persönlichkeit macht. „Er war kein Grübler – ‚metaphysische Hirngespinste' waren ihm zuwider –, kein Räsoneur, sondern, zuweilen übereilt zufahrend und leidenschaftlich schroff, der Mann der elementar vorstoßenden Tat, der die Möglichkeit des Handelns brauchte" (W. Steffens). Ein Freund erzählt: „Vor nichts zurückbeben, geschwindestes Handeln, regestes Schaffen war sein Element . . . *Gradaus!* und *Graddurch!* war sein Wahlspruch; Mut und Wahrheit fanden immer die rechte Stellung und die rechte Rede, diese hätten nimmer krumme, verschlungene Pfade gehen, für alle Schätze der Welt Ja und Nein nimmer willkürlich wechseln können." Redlichkeit – das ist der zweite Eindruck von Steins Persönlichkeit.

Ernst Moritz Arndt, der Stein in seinen schwersten Jahren sehr nahe stand, hat die vulkanische Wucht dieses kernigen Mannes anschaulich geschildert und bei aller Verehrung die unerfreulichen Seiten seines stürmischen Temperaments nicht verhehlt: „Heftig, auch hart ist er oft gewesen, gegen die Heuchler und Schurken unerbittlich, gegen Schwache und Blöde zuweilen verletzend; auch Zorn hat ihn übereilt; Groll und Rache aber hat sein edler Mut nie gekannt." Wo er gute Menschen durch seine Heftigkeit verletzt hatte, machte er es wieder gut.

Stein war sich über seine Fehler („meine Reizbarkeit und meine Neigung zur Bitterkeit") im klaren und bemühte sich (wie er am 7. 1. 1828 schreibt) mit Hilfe Gottes um seine religiös-sittliche Vervollkommnung. Der Siebenundzwanzigjährige schrieb an seine Schwester Marianne: „Geduld gegen meinen Vater muß ich Dir predigen, ohnerachtet ich selbst wenig habe und täglich heftiger und reizbarer werde." Der Fünfunddreißigjährige schrieb anläßlich seiner Verlobung: „Ich hoffe, daß das Harte, Heftige und Übereilte, so in meinem Charakter liegt, durch den Anblick dieses wohlwollenden und sanften Geschöpfes gemildert werde." Aber noch der Einundsiebzigjährige bekennt in einem Brief an die Gräfin Reden: „Meine Fortschritte in der Geduld sind sehr schwach, und ich habe tägliche Veranlassung, mir Vorwürfe über Heftigkeit, Unduldsamkeit zu machen." Der Vierundfünfzigjährige mahnt seine kleine Tochter: „Du mußt mir auch sagen, ob Du weniger auffahrend und launigt geworden bist: Das, meine liebe Therese, ist Dein großer Fehler, Du mußt ihn bekämpfen, ich habe ihn auch und suche ihn zu unterdrücken. Wenn Du recht aufmerksam auf Dich bist, Gott um Beistand bittest, um den Fehler abzulegen, so wird es Dir wohl gelingen."

Daß Stein seine Neigung zum Jähzorn und seine anderen Fehler überhaupt erkannte, daß er sie verurteilte und bekämpfte, ist auf seine christliche Erziehung zurückzuführen. „Dank meiner frommen Eltern und besonders meiner vortrefflichen Mutter ward mir frühe Liebe und Achtung für die Lehre und das Leben des Heilands eingeflößt", schreibt Stein am Anfang seiner kurzen Autobiographie. Schon der Fünfunddreißigjährige gestand im Hinblick auf seine Mutter: „Jede Abweichung von ihrem segensvollen Beispiel ist für mich ein Schritt zum Verderben und eine Quelle bitterer Reue." Freimütig bekannte er Arndt: „Ohne meine fromme Mutter und meine ebenso fromme gute Schwester Marianne hätte ein Erzbösewicht aus mir werden können." Stein verglich seinen Werdegang mit dem seines unglücklichen Bruders, der in Verbrechen und Laster sank, ein von der Polizei verfolgter Flüchtling wurde und schließlich unter falschem Namen siech und erblindet kümmerlich sein Leben fristen mußte: „Welch ein Unterschied zwischen meiner Stellung und der des armen Blinden! Und doch waren die Grundlagen unseres Lebens dieselben: Geburt, Vermögen, Erziehung. Unsere Lebensläufe begannen in derselben Richtung, und wie sehr sind sie auseinandergegangen!" Bei Karl vom Stein war es der Mutter und der älteren Schwester Marianne, der Äbtissin zu Homberg, gelungen, die ungebärdigen Kräfte zu bändigen und sie auf das Gute zu lenken. Dieser christliche, lutherische Einfluß wurde, als Stein schon die Dreißig überschritten hatte, vertieft durch seinen Umgang mit dem Prediger der reformierten Gemeinde in Hamm, dem späteren Bischof Friedrich Eylert. Stein besuchte regelmäßig seine Gottesdienste und sprach mit ihm oft über Glaubensfragen.

Wie Arndt bezeugt, war es seine Frömmigkeit, durch die Stein „seine gewaltige Natur bändigte und sänftigte". Er war „ein Mann des Glaubens ... Daher war er in seinem innersten Wesen von Herzen demütig und bescheiden; daher hatte er den Glauben aller guten Menschen, daß der Mensch nichts könne ohne Gott ... Er glaubte als ein frommer Christ an seinen Erlöser und baute alle seine Hoffnung auf die durch ihn gewonnenen und verheißenen unvergänglichen Güter. Er war ein gläubiger und fester Christ; *darum* war er ein dankbarer Sohn, ein zärtlicher Gatte und Vater, ein treuer Freund, ein streng sittlicher Hausherr und Hausvater, ein rastlos tätiger und arbeitsamer Bürger – und durch diesen seligen Glauben und durch die hochstrebende und überweltliche Richtung seines Sinnes, die ihn in keinem Augenblick seines inhaltvollen Lebens verlassen hat, sind Eigenschaften und Anlagen, welche leicht in unbändigen Stolz und Trotz und in übermenschliche Härte hätten ausarten können, ... zu allem Guten gewendet und zu fester Männlichkeit und würdiger Tapferkeit besänftigt und gemildert worden." 1819 schrieb Stein an Gagern: „Ein unbeugsamer Nacken, ein stürmisches, unruhiges Gemüt, das findet seinen Zaum und eine Befriedigung seiner Sehnsucht in den Lehren der Offenbarung; ihm ist die Heilige Schrift entweder nichts oder eine Zuschrift aus der Ewigkeit."

Mit Recht betont Erich Botzenhart, daß Stein ohne die christliche Prägung seines Wesens „überhaupt nicht richtig und völlig begriffen werden kann": Der Glaube formte seinen Charakter, der Glaube bot ihm die letzten Antriebe und Maßstäbe seines politischen Handelns. Sein Leben lang war Stein überzeugter lutherischer Christ. „In der Religiosität eines sich erneuernden Protestantismus liegen die letzten Wurzeln seiner Kraft" (E. Botzenhart).

Für Stein war „Politik in hohem Maße eine Angelegenheit des Charakters und des sittlichen Bewußtseins ... Er würde nicht zugegeben haben, daß die Politik nach einem allzu geläufigen Wort den Charakter verderbe ... Für ihn konstituierte vielmehr der Charakter recht eigentlich das Politische" (H. Rothfels). Und er war der Meinung, daß aktive Teilnahme am politischen Geschehen die Charakterbildung günstig beeinflusse.

Die Kardinaltugenden Klugheit, Gerechtigkeit, Tapferkeit und Maß, deren Bilder Stein an seinem Schloß in Nassau anbringen ließ, hat er auch gelebt. Ohne sie wären seine Kräfte in die Irre gegangen; ohne sie hätte er sich nicht so uneigennützig dem Gemeinwohl geopfert; ohne sie hätte er nicht die Ausdauer gehabt, gegen zahllose Widerstände anzukämpfen, um das Rechte zu verwirklichen; ohne sie wäre er den Versuchungen, denen ein Politiker ausgesetzt ist, erlegen. „Stein fehlte der politische Machttrieb, was für handelnde Politiker ungewöhnlich ist" (Th. Mommsen). „Jede Form von Herrschsucht, von Willen zur Macht, lag ihm fern, selbst in jenem Mindestmaß, in dem es im Dienste höherer Zwecke für große geschichtliche Wirksamkeit kaum entbehrlich erscheint ... Nur in kollegialer Einbettung unter Gleichgesinnten, höchstenfalls als primus inter pares, fühlte er sich wohl und am Platze" (A. Rüstow).

Was Stein selbst vorbildlich lebte, durfte er auch von andern fordern. Als Niebuhr davor zurückschreckte, einen ihm angebotenen wichtigen, aber lästigen Posten anzunehmen, schrieb ihm Stein: „Die Vorsehung hat Sie zu etwas Besserem, Edlerem bestimmt als zum bloßen Genuß häuslicher Freuden ... Sie sollen Ihre Geistes- und Willenskräfte ... zum Wohl des Vaterlandes im Kampf für Wahrheit und Recht anwenden ... Vergessen Sie sich, verleugnen Sie sich, beten Sie in Demut, daß Er, von dem alle Kraft entquillt, Ihnen Stärke und Mut gebe." Ein andermal schreibt Stein: „Beharrlichkeit, Mut und Einigkeit und Vertrauen auf Gott führen immer zu einem wichtigen großen Resultat." An Graf Itzenplitz schrieb Stein 1824: „Überhaupt kommt es im Leben mehr auf das Wollen, den Charakter, als auf das Wissen an; jenes kann durch Streben nach religiöser Veredelung gestärkt und gerichtet werden. Ein höchst mittelmäßiger, wenig unterrichteter, aber innig treuer und frommer Mann, der Weihbischof von Droste, war der einzige unter einigen dreißig von Napoleon zusammenberufenen Bischöfen, ... der die Stimme erhob wegen Freilassung des Papstes, dem nur wenige beitraten, und ihr Mut bewog Napoleon, die Synode aufzulösen. Mir schien es immer das sicherste Mittel, um eine Sache gelingen zu machen, damit anzufangen, daß man sich selbst vergißt, und nur der Sache lebt."

An Männer in politischer Verantwortung legte Stein besonders strenge sittliche Maßstäbe an. Als Herzog Karl August von Weimar eines Tages in seiner Gegenwart in einem größeren Kreise schlüpfrige Geschichten erzählte und den Unwillen Steins bemerkte, rief er diesem zu: „Sie haben doch auch wohl nicht immer wie Josef gelebt." Stein erwiderte: „Wenn das wäre, so ginge das niemand etwas an; aber immer habe ich Abscheu vor schmutzigen Gesprächen gehabt und halte es nicht für passend, daß ein deutscher Fürst dergleichen vor jungen Offizieren so ausführe." Der Herzog verstummte, und es folgte eine Totenstille.

Den Staatskanzler Hardenberg nannte Stein, wie Arndt erzählt, „schlechthin den Liederlichen. ‚Dieser alte, eitle, entnervte Sünder, was gibt er für ein Beispiel! Und bei so einem alten Kerl mit schneeweißem Kopf, der hurt und buhlt, wie kann bei dem ein Funke von Kraft und Stärke übrigbleiben? Wo bleibt da die Klemme des Willens, der Charakter?" In seiner Autobiographie urteilt Stein über Hardenberg: „Es fehlte seinem Charakter sowohl an einer moralischen, religiösen Basis als an Größe, intensiver Kraft und Festigkeit, ... daher seine Schwäche, sein Übermut im Glück, seine weinerliche Weichheit in Widerwärtigkeiten ... Seine Lieblingsunterhaltung waren unzüchtige Reden; der vertraute Umgang mit nichtswürdigen Weibern ... machte ihn noch verächtlicher ... Nach dem Großen und Guten strebte er nicht um des Großen und Guten willen, sondern als Mittel zu eigenem Ruhm, daher begriff er es nicht, erreichte es nicht und ging dahin, nicht beachtet, nicht betrauert."

An Napoleon verabscheute Stein „die gänzliche Abwesenheit leitender moralischer Grundsätze und Gefühle": „Das große Elend, das sich über Europa verbreitet hat, fließt aus dieser moralischen Verwilderung." Nicht nur der Mensch Napoleon war Stein zuwider, auch seine Machtpolitik verurteilte er aus sittlichen Gründen. In seinem kurzen Abriß der geschichtlichen Ereignisse seiner Epoche vermerkt Stein besonders die Verhaftung des Papstes durch Napoleon und Napoleons Exkommunikation durch den Papst.

Stein war der Überzeugung, daß der Politiker nicht allein als Privatmann sittlich integer sein müsse, sondern auch in seinem politischen Handeln. Politische Maßnahmen liegen für Stein nie außerhalb der sittlichen Ordnung, denn auch in ihnen geht es um Gut und Böse. Wie im privaten Familienleben müsse auch im politischen Leben der Egoismus überwunden werden: der Egoismus des einzelnen Menschen und der einzelnen Gruppe zugunsten des Wohls der Gemeinde und des Landes, der Egoismus der Kleinstaaten zugunsten ganz Deutschlands, der Egoismus der einzelnen Nationen zugunsten der Völkergemeinschaft. Stein lehnte den imperialistischen Machtstaat ab, der andere Länder zu unterwerfen sich berechtigt wähnt. Darum arbeitete er für den deutschen Befreiungskrieg, bejahte den Freiheitskampf der Spanier und der Griechen und verurteilte die Teilung Polens und die Unterdrückung Irlands. Jeder Staat finde seine Schranken an den Aufgaben und Rechten der anderen Staaten.

Das sind sittliche Postulate, Zielvorstellungen für politisches Handeln. Nur dann kann eine Politik gut genannt werden, wenn ihre Ziele sittlich gut sind; sind sie es nicht, so ist die Politik böse und verwerflich. Nicht der Erfolg war für Stein Maßstab des Handelns, sondern Recht und Pflicht. Deshalb konnten Napoleons anfängliche Erfolge ihn nicht blenden, sein Urteil über den Despoten blieb unbestechlich. Er hielt Napoleons Politik in ihren Zielen und in ihren Mitteln für böse.

Denn auch die Mittel der Politik sollten nach Steins Überzeugung sittlich einwandfrei sein. Die Winkelzüge und Lügen, ohne die viele Politiker nichts erreichen zu können glauben, verschmähte Stein. Arndt bezeugt: „An Wahrhaftigkeit, Redlichkeit, Offenheit hat kein Mensch ihn übertroffen; er sah und wandelte strack und gerad vor sich hin. Das war sein Glaube, daß durch Wahrheit, Einfalt und Redlichkeit alle Dinge allein gewonnen werden sollen und erhalten werden können und daß kein Weg, der irgend krumm sein muß, Segen bringe. Das war sein Spruch: Es darf nichts getan werden, was nicht grad und offen getan werden kann. Also: Offener Weg, hohe Zwecke und reine Mittel zu den Zwecken."

Stein hat allerdings Napoleon gegenüber in der äußersten Not der Selbstverteidigung „List gegen Verruchtheit und Gewalttätigkeit" für erlaubt gehalten. 1808 stand der preußische Minister vor der Alternative: Anschluß an Napoleon oder offener Widerstand. Dieser erschien ihm für den Augenblick als ein völlig aussichtsloser Verzweiflungsstreich, jener aber als eine verächtliche, ehrlose Unterwerfung, ja geradezu als ein Pakt mit dem Bösen. Stein riet seinem König zu einem Scheinvertrag, der den Tyrannen täuschen sollte und im gegebenen Augenblick gebrochen werden müsse. Dem mit Willkür, Lüge und Gewalt herrschenden Rechtsbrecher gegenüber sei man nicht zur Einhaltung eines Vertrages verpflichtet. Es steht fest, daß dem grundehrlichen Stein dieser Rat nicht leichtgefallen ist. Man hat angesichts dieser Entscheidung von einem Konflikt zwischen Privatmoral und Staatsmoral gesprochen und gemeint, in äußerster Not habe Stein die Norm des Sittengesetzes doch der Staatsräson preisgegeben. Aber wer so urteilt, übersieht, daß das Sittengesetz gebietet, auch die konkreten Umstände beim Handeln zu berücksichtigen.

Von sich selbst und von jedem Staatsmann verlangte Stein, „die von ihm erkannte Wahrheit zur Wirklichkeit zu bringen". So wie die Welt beschaffen ist, setzt das Mut zum Wagnis voraus und die Fähigkeit, „sein Gepäck hinter sich zu werfen", wie Stein 1812 zu Arndt sagte. Dabei handelte er nicht wie ein Glücksspieler auf Teufel-komm-heraus, sondern aus der Sicherheit eines unbestechlichen Gewissens. 1809, als alle seine Pläne gescheitert zu sein schienen, bekannte er: „Ich glaube fest an eine gebieterische Pflichterfüllung, an einen höheren Beruf, an eine Einheit und Konsequenz im Charakter und an eine Vorsehung – ob dieser Glaube mich zu einem ruhigen, behaglichen Leben führt, das weiß ich nicht. Er erhält aber meinen inneren Frieden und gibt mir einen sehr ruhigen Blick in die Zukunft." 1802 schrieb Stein einem Kollegen: „Der Beifall des Gewissens ist besser als der Beifall eines Ministers."

Als Sohn des Jahrhunderts der Aufklärung traute Stein der Kraft der menschlichen Vernunft und des menschlichen Willens sehr viel zu; aber nicht alles, denn als Christ wußte er um die Folgen der Urschuld. Zwar teilte er nicht Luthers Auffassung, durch die Erbsünde sei die Menschennatur *völlig* verdorben; aber daß der Mensch in allem Denken und Tun auf Gottes Hilfe angewiesen ist, glaubte er fest. Gegen Theologen, die dem Zeitgeist zuliebe diese Glaubenswahrheit leugneten, konnte er sich ereifern: „Armes, durch Leidenschaften gepeitschtes, lügenhaftes Menschengeschlecht, von dem unsere rationalistischen Pfaffen versichern, es sei frei von der Erbsünde. Diese sind die getreuen Gehülfen der Jakobiner: denn indem sie alle Achtung vor der geoffenbarten Religion untergraben, zerstören sie die Grundlagen jedweder gesetzlichen Ordnung." Schon als junger Beamter hatte Stein mit Schmerz beobachtet, wie durch die Mitschuld des Philosophen von Sanssouci der Geist der französischen Aufklärung in Deutschland eindrang. „Der Baum des Unglaubens, den Friedrich der Große und die Berliner Gelehrten pflanzten, trägt jetzt seine verderblichen Früchte", urteilte er beim Zusammenbruch Preußens 1806. Drei Jahre später schrieb Stein aus langer politischer Erfahrung: „Die Aufklärung allein hat die Sittlichkeit der Menschen nicht verbessert, wir finden vielmehr oft reiche und aufgeklärte Völker entmutet – ein frommer, reiner, tapferer Sinn, der erhält die Staaten, nicht Reichtum und Aufklärung." Die Forderung, Politik von der Religion zu trennen, lehnte Stein ab, da solche „Freiheit" die Menschen aller äußeren wie inneren Stützen zum sittlichen Handeln beraube und einem tyrannischen Machthaber gegenüber wehrlos mache. Der in seiner Städteordnung für den Provinziallandtag vorgesehene Gottesdienst vor der Wahl der Tagung war ihm alles andere als eine Feierlichkeit, die zu nichts verpflichtet.

Im Frühling 1816 sagte Stein einem Freund: „Wir haben viel gewonnen, aber vieles sollte auch anders sein. Gott regiert die Welt ... Ich sehne mich heraus. Diese Welt ist einmal so, daß man auf der geraden Straße meist nicht vorwärts kann und doch auf der krummen nicht fahren soll. Es bleibt dabei: Die Umstände und Verhältnisse stoßen und treiben die Menschen; sie handeln und meinen, *sie* tun es. Gott entscheidet." Das ist eine Relativierung menschlichen Handelns sub specie aeternitatis, auch Resignation, gewiß. Merkwürdigerweise äußert Stein die Sehnsucht, aus dem irdischen Getümmel befreit zu sein, nicht erst in seinem hohen Alter, sondern schon in den frühen Jahren seiner öffentlichen Tätigkeit. Diese Stimmung des paulinischen Satzes in seiner Grabinschrift – „Ich habe Lust abzuscheiden und bei Christo zu sein" – liegt über seinem ganzen Lebenslauf. Und trotzdem hat sie seine Tatkraft nicht gelähmt, denn bis zu seinem Tode war er auf vielen Gebieten rührig. Nein, nicht trotz, sondern gerade wegen seiner Distanz zum Irdischen gelang es ihm, das Irdische zu meistern.

Sosehr Stein sich um Förderung des wirtschaftlichen und technischen Fortschritts durch den Staat bemühte, hat er immer wieder erklärt, daß die Hauptaufgabe des Staates nicht die Hebung des Wohlstands, sondern (man beachte die Reihenfolge!) „die religiöse, sittliche, geistige und körperliche Entwicklung eines tüchtigen Volkes" sei. In den letzten politischen Manifesten, die Stein bei seinem Sturz hinterlassen hatte, war die Sorge für Glaube und Kirche als eine der wesentlichen noch zu lösenden Aufgaben der Reform herausgestellt. Der christliche Glaube, „dieser Lebensquell, aus welchem Kraft zu allen Menschen- und Bürgerpflichten entspringt", sollte wiederbelebt werden. Dabei ging es nicht darum, Glaube und Kirche in den Dienst staatlicher Interessen zu stellen. Der Staat war für Stein keineswegs das Höchste. Im Gegenteil: Der Staat sollte dem, was mehr ist als er selbst, dienen, nicht zuletzt dadurch, daß er die Erziehungsarbeit der Kirche fördere. Stein gehörte nicht zu jenen berechnenden Machthabern und Reichen, die, obwohl selbst ungläubig, mit Nachdruck fordern, die Religion müsse dem Volk erhalten bleiben, — nicht weil sie wahr und heilsnotwendig sei, sondern (so meinet man) weil sie die Position der Mächtigen und Reichen stütze. Er war kein Staatsmann im Sinne Machiavellis, der aus taktischen Gründen sich nach außen religiös gibt, ohne es im Herzen zu sein.

Arndt bezeugt: „Stein war ein wahrhaftig frommer Mann, wie er ganz ein tapferer und redlicher Mann war ... Mundchristen wurden ihm leicht verdächtig als Gleisner und Scheinheilige. Er nannte sich einen frommen Christen, und er war es ... Er sah und glaubte Gott in allem ... Es ist gewiß, dieser sehr ernst und stark geborene Mensch hat wie sein großer Schulmeister Doktor Martin Luther wohl von Jugend auf Gott als einen Gewaltigen und Gottes Geschicke als gewaltige Dinge gefühlt. Ich sage: Das ist gewiß, denn er hat mir hundertmal die augenscheinlichen und handgreiflichen Zeichen davon gegeben ... Nach der Kirche sonntäglich ... bei unsern Spaziergängen ... gerieten wir auch wohl zuweilen in ein kleines Zwiegespräch über die unbekannten ewigen Dinge ... Einmal fielen mir einige Verse aus Cicero *De senectute* ein ... Ich sagte sie ihm her, aber er jagte mich damit weg mit den Worten: ‚Gehen Sie mir mit ihren alten Heiden! Ich habe an meinem Katechismus genug und, wenn ich mehr haben will, an meinem Sankt Johannes und Sankt Paulus.'"

Nach dem Zeugnis derer, die ihm am nächsten standen, war Stein ein Mann des Gebetes. „Stein sprach alles mit Gott ab. Das Kleinste wie das Größte legte er geduldig auf die Knie seines Gottes" (E. M. Arndt). „Nach dem Ankleiden widmete er täglich eine Viertel- oder halbe Stunde dem Gebet und stiller Betrachtung und duldete darin keine Störung" (G. H. Pertz). Einen Freund bat er, ihn nicht am Karfreitag zu besuchen. Als Direktor der Kriegs- und Domänenkammer in Hamm ging er, im Unterschied zu den übrigen Herren, regelmäßig sonntags zur Kirche. „Die Mysterien der christlichen Religion sowohl in ihren Glaubenslehren wie in ihrer Geschichte waren ihm heilig, und er behandelte sie mit Scheu und Ehrfurcht. Besonders war das Mysterium des heiligen Abendmahls ihm wichtig; er versenkte sich in seine Tiefe, sooft er — alle Jahre mehrere Male bis an sein Ende — im Gefühle des Todes und der Unsterblichkeit es feierte" (F. Eylert). Als nach einem Gottesdienst in Frankfurt eine Dame begeistert meinte: „Das war eine schöne Predigt!" fertigte er sie ab: „Schöner Roman! So sagt man nicht! Es war eine christliche, eine erbauliche Predigt." In Nassau baute Stein den Ritterturm, „worin er wohnen, denken, schreiben, studieren, beten wollte", und ließ außen die Inschrift anbringen: „Nicht mir, sondern Deinem Namen gebührt die Ehre." In Kappenberg hielt er, da die nächste evangelische Kirche zu weit entfernt war, mit den Seinen Hausandachten. Wenn er gute Predigten entbehren mußte, las er stattdessen Erbauungsbücher.

Steins Glaube hob sich deutlich ab von dem verwässerten Christentum vieler seiner Zeitgenossen, das bei den Aufklärern auf ein paar Vernunftwahrheiten, bei den Romantikern auf schwärmerische Gefühle reduziert war. Schon als Student in Göttingen lehnte er die modische Philosophie ab, die an die Stelle der Offenbarung „die Ansichten des dünkelhaften menschlichen Verstandes" setze. Die exegetischen Kapriolen der rationalistischen Theologen nannte er „naturphilosophisches Gewäsch", „christlich-atheistisches Rotwelsch". Dem Minister Eichhorn gegenüber äußerte er die Hoffnung, die aufgeklärten Geistlichen würden „zu der Einfachheit der christlichen Lehre zurückkehren; denn die einfache Lehre des Christentums, auf die sich Glaube, Liebe, Hoffnung gründen, will das deutsche Volk zur Richtschnur im Leben, zum festen Hort und Anker im Tod". Er rechnete es dem Generalvikar Freiherr von Fürstenberg hoch an, daß er den Münsterländern in ihrem christlichen Glauben „den Besitz eines unschätzbaren Kleinods erhalte, dessen Verlust alle unsere Philosophismen nicht ersetzen". Dagegen fand er es unerträglich, Professoren, Prediger und Religionslehrer zu sehen, die sich von der Kirche bezahlen lassen, um unkirchliche Lehren zu verbreiten, z. B.: „Christus sei ein ausgezeichneter Prophet, kein Sohn Gottes, kein Erlöser, kein Mitteiler der Rechtfertigung, er stand nicht von den Toten auf." Immer wieder äußerte sich Stein unwillig „gegen langweilige kalte Prediger, die ihr schales Machwerk oft mit lächerlicher Gebärde und großer Selbstgefälligkeit vortragen", „gegen das hohle, leere, verderbliche Geschwätz der Rationalisten". Er hielt an den grundlegenden Wahrheiten des Glaubens fest. In Theremins Predigten bezeichnete er mehrere ihn besonders ansprechende Stellen, z. B. diese: „Ich glaube, daß wir eine Offenbarung haben, die etwas anderes ist als Vernunfterkenntnis; daß Christus wahrer Gott und wahrer Mensch ist; daß sein Tod uns mit Gott versöhnt hat; daß Tugend und Seligkeit, die ohne ihn unerreichbar bleiben, die Früchte der Erlösung sind."

Stein kümmerte sich auch um das Heil seiner Umwelt. Seinen Töchtern empfahl er religiöse Bücher wie die Werke Lavaters und Fénelons, Sailers Moral, auch hagiographische Literatur wie Katerkamps Leben der Fürstin Amalie von Gallitzin, das Leben des heiligen Franz von Sales und der heiligen Teresa von Avila, damit sie sähen, „wie Menschen es sich zum Geschäft des ganzen Lebens gemacht haben, ihr Inneres zu veredeln und zu bessern". Er bemühte sich seelsorglich um seinen Bruder Gottfried, das schwarze Schaf der Familie, und sorgte für die geistliche Betreuung der Leute auf seinen Gütern. Als Oberpräsident setzte er durch, daß in Münster nicht nur für das Militär, sondern für die ganze Stadt eine evangelische Gemeinde gegründet wurde. In Kappenberg sorgte er für die Errichtung einer katholischen Pfarrkirche, da die Katholiken der Umgebung seelsorglich schlecht versorgt waren.

Als Moderator der Generalsynode der Grafschaft Mark nahm Stein regen Anteil an der Gestaltung des religiösen Lebens in der evangelischen Kirche. Obwohl ein mit mannigfachen politischen, wirtschaftlichen und wissenschaftlichen Aufgaben beschäftigter Laie, nahm er sich die Zeit, sich um die Neuordnung der Liturgie zu kümmern. Er plädierte für eine neue Agende, weil sie die Liturgie von den momentanen Launen einzelner Geistlicher unabhängig mache. Für ein neues Gesangbuch schlug er 1830 folgende Grundsätze vor: „Das Gesangbuch muß mit dem allgemeinen christlichen Glaubensbekenntnis übereinstimmen ... Man wähle Lieder bis zu dem Anfang des 18. Jahrhunderts, denn das spätere Zeitalter, auch großenteils das unsrige, ist kein religiöses, es ist ein wissenschaftliches, industrielles, kommerzielles, politisierendes, geschwätziges, frech absprechendes und höchst eitles Zeitalter."

Die rechte Glaubensverkündigung lag ihm besonders am Herzen. 1830 schreibt er: „Mit dem höchsten Unwillen vernimmt man die Frechheit, mit der die Hallischen Professoren W. und G. den zum Unterricht der jungen Gottesgelehrten bestimmten Katheder mißbrauchen, um die wesentlichsten Wahrheiten der christlichen Religion zu verwerfen, z. B. die Wunder des Heilands, seinen Tod, seine Auferstehung." In langen Briefen und ausführlichen Gutachten läßt Stein sich aus über die notwendigen Mittel, die reine Lehre des Evangeliums zu erhalten und der Zersetzung des Glaubens zu wehren.

Nachdrücklich trat Stein für die Gründung eines Prediger-Seminars in Soest ein, dessen Hauptzweck die Ausbildung der Kanzelberedsamkeit sein solle. Für diese, schreibt Stein in einer Denkschrift, „ist die trockene, kalte, in metaphysische Untersuchungen sich vertiefende Vernunft nicht empfänglich. Ein so gebildeter geistvoller Mann wird belehrende Vorträge halten, aber nicht auf die Gemüter wirken. Der große Haufe von mittelmäßigen Kanzelrednern dieser Art ist der ungebildeten Klasse *unverständlich,* der halbgebildeten *langweilig* und der gebildeten *unerträglich.* Wozu also ihre Kanzelberedsamkeit, die die Kirche verödet? Für den Vortrag eines selbst höchst gewöhnlichen, aber demütigen, frommen, für das Seelenheil seiner Gemeinde besorgten Predigers sind die Zuhörer immer empfänglich: durch den in ihm herrschenden frommen Sinn, durch die Einwirkung des Geistes Gottes, durch die Kraft des Gebets." Damit „das zukünftige Predigerseminar kein Brennspiegel zur Aufsammlung der Strahlen des Rationalismus" wird, schlägt Stein in seiner Denkschrift das gemeinschaftliche, klösterliche Leben vor. „Klosterzucht und gemeinsames Leben hatten einen sehr hohen Wert, wo sie in ihrer Reinheit bestanden, und betätigen ihn noch, wo sie in der Art fortdauernd bestehen. Deutschland verdankt seinen und fremden, besonders britischen Klöstern, die höchsten geistigen Güter ... Wem sind die hochgefeierten Namen St. Kolumban, Gallus, Bonifatius, Ludger, Ansgar, Rimbert unbekannt? Und diese Männer, die Wohltäter Deutschlands, bildeten sich in Klöstern, lernten hier sich selbst aufopfern und die wohltätigen Lehren des Heilands unter unsern rohen Vorfahren verbreiten." Stein schließt seine Denkschrift für das Predigerseminar mit dem Satz: „Da die Macht des Bösen wächst, so muß man ihr einen kräftigeren Damm entgegensetzen als moralische Phraseologie und das Spinnengewebe der falschen Theologasterei." Stein ließ es nicht nur bei Ratschlägen bewenden; er stiftete für das künftige Predigerseminar die gleiche Summe wie für die Monumenta Germaniae Historica, nämlich 5000 Taler, nach heutiger Währung 120 000 DM.

In Gesprächen mit Bodelschwingh, dem Vater des durch Bethel berühmten Pastors, äußerte Stein wiederholt, „daß es zu seinen Lieblingsideen gehöre, in der protestantischen Kirche eine der barmherzigen Schwesternschaft ähnliche Einrichtung begründet zu sehn" (G. H. Pertz). Durch Bodelschwingh gelangte diese Kunde an Amalie Sieveking in Hamburg, die Stein ihren Plan zu einer solchen Gründung mitteilte und sich seinen Rat erbat. Stein antwortete ihr, es werde für sie sehr belehrend sein, nach Lothringen zu reisen und die dortigen Häuser der Kongregation des heiligen Karl Borromäus kennenzulernen. Stein selbst habe diese und auch Häuser der deutschen Vinzentinerinnen besucht, und ihm sei besonders aufgefallen „der Ausdruck von innerem Frieden, Ruhe, Selbstverleugnung, frommer Heiterkeit der Schwestern, ihre stille, geräuschlose Wirksamkeit, die liebevolle, segenbringende Behandlung der Kranken".

Großen Anteil nahm Stein an dem Clemens-Hospital der Barmherzigen Schwestern in Münster. Er setzte sich dafür ein, „daß das Institut dieser Kongregation eine größere Ausdehnung in Deutschland erhalte und daß man ihm Krankenhäuser, Irrenhäuser, selbst Zuchthäuser ... anvertraue". Daß Stein fest im lutherischen Bekenntnis stand, hinderte ihn nicht, sich über jedes Zeichen kräftigen religiösen Lebens auch in der katholischen Kirche zu freuen und es zu fördern. Wie sein Briefwechsel mit dem Erzbischof Spiegel von Köln und anderen Katholiken zeigt, sah er in jedem Gläubigen, gleich welcher Konfession, einen Bundesgenossen im Kampf gegen den Unglauben. Der bornierte Satz *Catholica non leguntur* galt für ihn nicht: Er liebte die Schriften des Bischofs Sailer, äußerte sich tiefbeeindruckt über dessen Borromäus-Biographie und empfahl (1811) die Vorlesungen des Konvertiten Friedrich Schlegel, weil sie den Glauben stärkten. Als Stein nach Münster kam, besuchte er auch den Dichter Stolberg, der zwei Jahre zuvor vom Protestantismus zum Katholizismus übergetreten war, und schrieb: „Stolberg bleibt mir immer achtungsvoll wegen seiner reinen Liebe zur Wahrheit und wegen der Resignation, mit der er ihr so viel aufopfert." Die heftigen Angriffe, die Stolberg wegen seiner Konversion über sich ergehen lassen mußte, nannte Stein „hart, brutal, einseitig". „Warum erlauben sie Stolberg nicht, seiner Überzeugung gemäß zu leben? Er glaubt in der katholischen Religion Ruhe und Bestimmtheit zu finden, er findet in ihr das reine ursprüngliche Christentum; warum ihn mit Wut und Schimpfen verfolgen?" Stolbergs *Geschichte der Religion Jesu* gehörte zu Steins Lieblingsbüchern. Stein begrüßte die Katholikenemanzipation in England, verurteilte die Unterdrückung der irischen Katholiken, lehnte die intolerante Behandlung der katholischen Minderheit in Preußen ab und erklärte: „Wir müssen friedlich nebeneinander wohnen, die Verschiedenheiten allmählich ausgleichen." Steins ökumenische Gesinnung äußert sich 1821 in einem Brief an Karoline von Romberg. Da beklagt er konfessionellen Hader, „Bitterkeit, Mißtrauen, Spaltung, da alles auf Verträglichkeit, ruhiges Beieinanderleben hinwirken sollte. Denn durch *Annäherung* wird der Weg zur *Vereinigung* gebahnt und dieses Ziel erreicht ... Mir ist die dumme Intoleranz vieler Protestanten so verhaßt als vieler Katholiken Proselytenmacherei ... Lassen Sie uns Gott im Geist und in der Wahrheit anbeten, den Glauben haben, der durch die Liebe tätig ist, und unsere Mißbilligung gegen die Äußerung der Leidenschaft, der Eitelkeit, der Rechthaberei aussprechen."

Von seiner verstorbenen Gattin schrieb Stein: „Der Inhalt ihres ganzen Lebens war Glaube, der durch die Liebe tätig ist." Das kann man auch von seinem Leben sagen. Seine Liebe zu Gott und zu den Menschen bewährte er als Beamter und Staatsmann durch heroische Pflichterfüllung, als Privatmann durch hochherzige Fürsorge für Notleidende. Gern besuchte er Kranke, half vorzugsweise jungen Bedürftigen und entlassenen Sträflingen und opferte viel für die Heidenmissionen. Er stand mit Pfarrer Theodor Fliedner in Kaiserswerth in Verbindung, unterstützte dessen Werk zur Betreuung der Gefangenen und führte es auch in Münster ein. Steins Maxime lautete: „Exempel und tätiges Christentum sind die besten Waffen, die Lehre Jesu zu verteidigen."

In seinem Glauben fand er Halt, als Gicht, Erblindung des rechten Auges und andere körperliche Leiden ihn heimsuchten. „Ergebung in den väterlichen Willen dessen, der sie uns sendet, löst vom Irdischen. Krankheit gehört zu den Erziehungsanstalten, die das ganze Leben ausfüllen; also wollen wir sie mit Dank annehmen und nach ihrer Bestimmung benutzen." Den Tod hatte Stein seit langem kommen sehen. Am 23. Juni 1831, als Krankheitsbeschwerden zunahmen, äußerte er zu seiner Vorleserin: „Ich fürchte den Tod nicht. Was ich in Gottes Augen gelte, weiß ich; ich bin ein armer Sünder, nur das Verdienst meines Erlösers wird mir die ewige Seligkeit erwerben." Am Abend wünschte er, statt des gewöhnlichen Vorlesens aus historischen oder staatswissenschaftlichen Büchern, eine Todesbetrachtung zu hören. Bei Erwähnung der christlichen Geduld seufzte er: „Ach ja, Geduld!" Die letzten Tage war er so sanft und liebevoll, wie man ihn nie gesehn. Am 29. Juni, seinem letzten Tag, nahm er, im Bette liegend, von jedem seiner Beamten und Diener einzeln Abschied, geistig hell und klar. Er dankte, „mahnte zu religiösem, sittlichen Leben, treuem Fleiße, verzieh und erbat Gegenverzeihung" (G. H. Pertz). Dann verlangte er nach dem Geistlichen. „Herr Pfarrer", so grüßte er den Eintretenden, „ich erscheine vor Ihnen als ein armer Sünder. Ich wünsche meinem Erlöser meine Sünden zu bekennen und mich mit Ihm auszusöhnen und bitte um das heilige Abendmahl." Mit großer Andacht nahm er es. Wenige Stunden später setzte ein Lungenschlag seinem irdischen Leben ein Ende. Eine von den vielen Armen, die Stein immer wieder großzügig beschenkt hatte, sagte beim Empfang der Todesnachricht weinend: „Wenn der nicht im Himmel ist, kommt keiner hinein."

NIELS STENSEN

(1638–1686)

Im Jahre 1957 veröffentlichte die Akademie der Wissenschaften in der Sowjetunion *De solido intra solidum*, das bahnbrechende Werk eines Naturforschers aus dem siebzehnten Jahrhundert, in russischer Übersetzung. Im gleichen Jahre wurde an der bischöflichen Kurie zu Osnabrück der kanonische Prozeß zur Seligsprechung eines Priesters eröffnet, der eine Zeitlang Weihbischof von Münster war und als Seelsorger in Norddeutschland wirkte. Niemand wird vermuten, diese beiden Ereignisse könnten eine Beziehung zueinander haben. Und doch ist der geniale Naturforscher dieselbe Person wie der heiligmäßige Bischof: Niels Stensen.

Er war ein Goldschmiedssohn aus Kopenhagen. Schon früh legte er seine sprachliche und musische Begabung an den Tag. Außer seiner dänischen Muttersprache konnte er später Englisch, Französisch, Italienisch, Deutsch, Holländisch, Latein, Griechisch und Hebräisch geläufig sprechen, lesen und schreiben. Wir haben noch zwei lateinische Gedichte, die er in seiner Studentenzeit verfaßte: einen Nachruf auf eine Dame und einen humorvollen Festhymnus zu einer Hochzeit. Stensens eigentliche Liebe galt indessen der Mathematik und der Anatomie. Drei Jahre studierte er Medizin bei dem Anatomen Bartholin in Kopenhagen, dann einige Monate bei Bacmeister in Rostock und bei Blasius in Amsterdam, schließlich drei Jahre bei Sylvius in Leiden. Im Alter von 22 Jahren machte Stensen seine erste Entdeckung. Er fand den äußeren Ausführungsgang der Ohrspeicheldrüse, der nach ihm *ductus Stenonianus* genannt wird. Im Laufe seiner weiteren Studien gewann er neue Erkenntnisse über Drüsen und Muskeln. Auch der Embryonallehre wies er neue Wege.

Die frühen Erfolge verdarben seinen Charakter nicht. Einige Erlebnisse ließen ihn schon zeitig die Eitelkeit irdischen Ruhms durchschauen. Die Entdeckung des *ductus Stenonianus*, die er selbst bescheiden nur eine *inventicula*, einen „kleinen Fund" nannte, wurde ihm streitig gemacht, und es entstand eine unerquickliche literarische Auseinandersetzung, bei der aber die maßgebenden Fachgelehrten auf seine Seite traten. Als er auf einen freigewordenen Lehrstuhl der Universität seiner Vaterstadt hoffte, wurde ihm ein anderer Bewerber vorgezogen, und er machte die bittere Erfahrung, daß Berufungen zuweilen mehr von nebensächlichen Umständen und persönlichen Beziehungen als von wissenschaftlichen Fähigkeiten abhängen.

In den Niederlanden verkehrte Stensen freundschaftlich mit den bekanntesten Gelehrten der Zeit, so mit dem Anatomen Swammerdam und dem Philosophen Spinoza. Als er 1664 zu einem einjährigen Aufenthalt nach Frankreich reiste, hatte der Name des sechsundzwanzigjährigen Forschers bereits internationalen Ruf.

Stensens Pariser Vorlesung über die Anatomie des Gehirns wurde eine Sensation. Sie beginnt mit folgenden Worten: „Statt Ihnen Befriedigung Ihrer Wißbegierde bezüglich der Anatomie des Gehirns zu versprechen, lege ich hiermit das aufrichtige und öffentliche Geständnis ab, daß ich davon nichts verstehe. Ich möchte von ganzem Herzen wünschen, der einzige zu sein, der so zu sprechen genötigt ist, denn ich könnte mit der Zeit von dem Wissen der anderen profitieren. Es würde ein großes Glück für das Menschengeschlecht sein, wenn dieser Körperteil, der am empfindlichsten von allen ist und sehr häufigen und sehr gefährlichen Krankheiten ausgesetzt ist, so gut bekannt wäre, wie viele Philosophen und Anatomen sich einbilden." Stensen wendet sich dann gegen jene oberflächlichen Gelehrten, die von der Anordnung der Gehirnteile mit einer Sicherheit sprechen, „als ob sie bei der Komposition dieser wunderbaren Maschine zugegen gewesen und in alle Pläne ihres großen Baumeisters eingedrungen wären". Sie erwecken den Eindruck, als ob für die moderne Forschung nichts mehr zu tun übrig bleibe. Gegenüber dieser unangebrachten Selbstsicherheit bekennt Stensen offen: „Es gibt noch keine Sektionstechnik, mit deren Hilfe man den Verlauf der Gehirnfasern etwa bis zu den peripheren Nerven verfolgen könnte. Weil also die Anatomie noch nicht zu dieser Stufe der Vollkommenheit gelangt ist, um eine wahre Dissektion des Gehirns vornehmen zu können, so wollen wir fernerhin uns nicht mehr schmeicheln, vielmehr in aller Offenheit unsere Unwissenheit bekennen. Sonst würden wir ja doch zunächst nur uns selbst und später auch andere täuschen, falls wir versprächen, ihnen die wirkliche Bildung des Gehirns zu zeigen."

Dieser ersten Überraschung folgte sofort die zweite. Mit einigen nüchternen Feststellungen hob Stensen die cartesianische Philosophie, die damals sehr in Mode stand, aus den Angeln: Zwar habe er sich stets an das Prinzip des Descartes gehalten, kritisch und exakt vorzugehen, und er wolle sich auch weiterhin „bemühen, den Gesetzen der Philosophie zu folgen, die uns lehren, die Wahrheit zu suchen, indem wir an ihrer Sicherheit zweifeln, und nicht eher zufrieden zu sein, als bis man durch Evidenz und Demonstration seine Ansicht bestätigt findet". Aber gerade durch diese Methode sei er zu sicheren Ergebnissen gekommen, die bewiesen, daß die anatomischen Voraussetzungen der cartesianischen Lehre über das Verhältnis von Leib und Seele falsch seien. Stensen bemerkte dazu, der Urheber dieser Philosophie habe hier seine eigene Methode vergessen und etwas als sicher vorausgesetzt, was er noch nicht bewiesen hatte.

Ein Hörer Stensens, der Schriftsteller Jean Chapelain, berichtet: „Herr Stensen, ein Däne, hat in der Kunst der Anatomie die schönsten bisher gesehenen Versuche gemacht, so daß er die Descartisten, diese hartnäckigen Dogmatiker, gezwungen hat, über den Irrtum ihres Patriarchen bezüglich der Zirbeldrüse und ihrer Funktion in Gegenwart der angesehensten Herren dieser Stadt einig zu werden... Aber das ist nicht das einzige, womit dieser dänische Gelehrte Bewunderung hervorrief." Was die französische Zuhörerschaft tief beeindruckte, war seine Bescheidenheit, seine Vorsicht im Urteil und sein außergewöhnlich ernstes Streben nach Sicherheit der Erkenntnis.

In Montpellier traf Stensen mit den englischen Naturforschern Croone, Ray und Lister zusammen, die zu den Begründern der systematischen Zoologie gehören. Bald waren Stensens Entdeckungen auch in der Londoner Royal Society bekannt und geschätzt. Lister berichtet: „Ich hatte die Ehre, einer anatomischen Vorlesung über besondere Sektionen und Demonstrationen beizuwohnen, die von dem Dänen, Herrn Steno, im Studierzimmer des Lords Ailesbury ausgeführt wurden. Die Demonstrationen waren präzis und tüchtig, und ich bewunderte dabei am meisten die Genialität und große persönliche Bescheidenheit des Mannes, die auf dem Hintergrund der großen Unverschämtheit eines ebenfalls anwesenden französischen Doktors und Professors um so klarer hervortraten. Nachher besuchte ich Herrn Steno, den ich ungemein einnehmend und angenehm im Gespräch fand, und ich erkannte in ihm ebensosehr einen feinen und ehrenhaften als gelehrten Mann."

Im Jahre 1666 zieht Stensen nach Italien. In Florenz bieten sich ihm günstige Arbeitsgelegenheiten, und der Großherzog Ferdinand II. de' Medici wird ihm ein freigebiger Gönner. In der Arnostadt und auf wissenschaftlichen Exkursionen in das Toskanische Hügelland entwickelt sich Stensen zum „Pionier der exakten Geologie". Er seziert den Kopf eines Haifischs und stellt fest, daß die in Italien gefundenen Zungensteine Haifischzähne sind. „Er studiert die Fundorte, und es wird ihm gewiß, daß die versteinerten Reste von Seetieren nur durch das Meer an ihren Platz gelangt sein können, daß dieses also einst eine andere Ausdehnung gehabt haben müsse. Die Erde, so folgert er, hat eine Geschichte, und diese Feststellung drängt sofort zu der weiteren Frage, welchen Veränderungen sie überhaupt unterworfen sei und wie solche zustande kämen" (Vierneisel). Ferner macht er „seine für die Mineralogie so außerordentlich wichtigen Beobachtungen am Bergkristall, die ihn zuerst die Unveränderlichkeit der Kantenwinkel und das Wachstum des Kristalles von außen her erkennen lassen" (Spangenberg). So wurde Stensen der Begründer oder doch Vorläufer der Geologie, Kristallographie und Paläontologie.

Die heutige Fachwissenschaft rühmt „die ungemeine Vorsicht und Zurückhaltung, die sich Stensen bei allen seinen Untersuchungen auferlegte. Bevor er seiner Sache nicht ganz sicher ist, gibt er darüber kein wie immer geartetes Urteil ab. Formeln wie ‚es könnte sein' oder ‚möglicherweise' sind ihm fremd. Er spricht nur bei genauer Kenntnis der Sache und läßt im übrigen die Tatsachen für sich sprechen. Darin ist er ein durchaus moderner Wissenschaftler ... Stensens ganze streng wissenschaftliche Methode wirkte in der Naturgeschichte genauso revolutionär wie etwa Galilei in der Physik. Es ist darum verständlich, daß sie nicht sofort auf Verständnis in weiten Kreisen stieß ... Aber die Grundlagen für die Kristallkunde, die von Stensen in seiner still-bescheidenen Art gelegt worden waren, erwiesen sich als tragfähig genug, darauf das stolze Gebäude der Kristallographie aufzubauen" (Tertsch). Auch die unauffällige Art, in der Stensen seine Entdeckungen veröffentlichte, trug dazu bei, daß die wahre Größe dieses Forschers erst späteren Generationen sichtbar wurde: „Glückliche Funde, die der Genialität sehr nahe kommen, sind in wenigen Zeilen aufgezeichnet, zuweilen in einer Zeile zwischen anderen weniger wichtigen. So ist es nicht erstaunlich, daß gewisse Funde unbeachtet blieben und andere Gelehrte sie von neuem gemacht haben und im guten Glauben sich für die ersten Entdecker hielten" (Rome). Stensen gilt heute als „eine der größten Gestalten der Wissenschaftsgeschichte des siebzehnten Jahrhunderts" (Gotfredsen). Er war „ein Exponent des Neuen, Aktuellen, das damals an der Front der Forschung lag. Er war gleichzeitig in bezug auf Methode und Gesichtspunkte in vielen Beziehungen weit seiner Zeit voraus. Er hatte eine funktionelle und quantitative Schau, die erst im neunzehnten und zwanzigsten Jahrhundert allgemein wurde" (Spärck). Sein Hauptwerk erschien 1923 in Ostwalds Reihe *Klassiker der exakten Wissenschaft.*

Man hat darauf aufmerksam gemacht, daß „Stensens ganzes Naturinteresse, seine Aufgeschlossenheit für die lebenden Organismen und später für den Bau und die Bildung der Erdkruste ein ästhetisches und künstlerisches Element der Freude über die Schönheit, Harmonie und Zweckmäßigkeit" enthält (Spärck). Der Geist der Frühaufklärung spricht aus seinen Worten: „Nichts scheint bei den Lebewesen so winzig zu sein, was nicht zu ihrem Gebrauch bestimmt wäre, nichts ist so gering, was nicht die Weisheit des Schöpfers überzeugend vor Augen führt ... Wer glaubt denn, daß jener, den die vollkommensten Künstler, wenn auch mit ungleichem Erfolg, nachzuahmen suchen, irgendwo eine unnütze Arbeit getan und etwas vergeblich hervorgebracht habe? Wer wird nicht vielmehr zu dem Urteil kommen, daß auch im Kleinsten ein größtes, ja bewundernswertes Kunstwerk verborgen ist?"

In seiner Antrittsvorlesung im Theatrum anatomicum zu Kopenhagen sprach Stensen mit Bewunderung von der Eleganz und dem Ebenmaß der Hand des vor ihm liegenden Leichnams: „Wenn bereits ein winziger Teil der Oberfläche des Menschenkörpers so anziehend ist und den Beschauer mit solcher Bewunderung erfüllt, welche Schönheiten werden wir erst sehen, welches Entzücken empfinden, wenn wir den ganzen Wunderbau des Körpers, wenn wir auch die Seele, der so viele und so kunstvolle Werkzeuge zu Diensten stehn, wenn wir die Abhängigkeit aller dieser Teile von jener Ursache, die alles weiß, was wir nicht wissen, vollständig durchschauen könnten! Schön ist, was wir sehen, schöner, was wir wissen, weitaus das Schönste, was wir nicht kennen." Anderthalb Jahrhunderte später sollte Goethe diesen Satz wiederholen.

Von plattem Utilitarismus ist Stensen weit entfernt: „Man irrt und behandelt die Anatomie unter ihrer Würde, wenn man sie zu einer Dienerin macht, die nur Krankheiten vorbeugen oder heilen soll . . . Dies aber ist der wahre Zweck der Anatomie, die Zuschauer durch das wunderbare Kunstwerk des Leibes zur Würde der Seele und folgerichtig durch das Wundervolle in beiden zur Kenntnis und Liebe des Schöpfers emporzuheben." So wurde die Naturwissenschaft kein Hindernis, sondern eine Förderin für Stensens Frömmigkeit.

Wie selbstverständlich für Stensen Wissenschaft und Glaube zusammengehörten, zeigt ein Heft, das er in seiner Kopenhagener Studentenzeit schrieb. Es beginnt mit den Worten „Im Namen Jesu" und bringt zwischen Auszügen aus wissenschaftlichen Werken von Kepler, Galilei, Kircher und Descartes, Notizen über Experimente und Wiedergaben von Gesprächen auch Betrachtungen wie diese: „Es sündigen gegen Gottes Größe jene, die nicht die Werke der Natur selbst betrachten wollen, sondern, mit der Lektüre anderer zufrieden, allerlei Einbildungen erdichten und fabrizieren; so entbehren sie nicht nur die anziehende Betrachtung der Wunder Gottes, sondern verlieren auch Zeit, die man auf Notwendiges und zum Wohle des Nächsten verwenden könnte, und sie behaupten vieles, das Gottes nicht würdig ist . . . Gott sieht alles und sieht es im voraus, und alles kommt von ihm und ist zur Ehre seines Namens . . . Überlassen wir alles der Vorsehung Gottes und seien wir nicht besorgt für den kommenden Tag. Mißtrauen wir nicht seiner Hilfe. Suchen wir durch Arbeit für uns und die Armen den Unterhalt. Gebrauchen wir die Gabe Gottes, aber mißbrauchen wir sie nicht . . . Gib, o Gott, daß wir immer den Tod vor Augen haben!"

Am Schluß seiner Abhandlung über Geburtsvorgänge bei Tieren bemerkt Stensen: „Wieviele Beweise für die göttliche Weisheit und Güte hätte man aufgrund der einzelnen Dissektionen vorbringen können, wenn die Zeit, die der Annehmlichkeit des vorliegenden Objekts und dem eitlen Gefallen an der ehrenvollen Entdeckung gewidmet ist, ganz der Betrachtung des Schöpfers bei so schönen und kunstvollen Dingen gewidmet worden wäre! Weil wir beim Untersten stehen bleiben, verschließen wir uns den Zugang zu Höherem."

Wie hoch Stensen von seinem Forscherberuf dachte, zeigen die Worte, die er an sich selbst richtet: „Gott hat dir Gelegenheit gegeben, viele Menschen kennenzulernen, hochgestellte und niedrige; er hat dich vieles in der Natur entdecken lassen, um Irrtümer der Philosophen und Ärzte zu beheben; er hat dir Einblick gewährt in viele

Glaubensprobleme und dir Kenntnis einiger Sprachen gegeben. Wenn du in all diesem nur dich selbst suchst, dein persönliches Glück, deinen eigenen Vorteil, deine eigene Ehre, so suchst du Vergängliches, die Eitelkeit der Eitelkeiten. Wenn du aber dadurch an der Verherrlichung Gottes arbeitest, erfüllst du den Willen des Allerhöchsten und dienst der ewigen Freude."

Die Dinge des Glaubens nahm Stensen nicht minder ernst und genau wie die Dinge der Natur. In Florenz trat er 1667 zur katholischen Kirche über. Da er wegen seiner Konversion oft angegriffen wurde, sah er sich gezwungen, öffentlich Rechenschaft über seinen Glaubenswechsel abzulegen. So sind wir über die Beweggründe genau unterrichtet. Als der lutherisch erzogene Däne in Holland und Frankreich andere Auffassungen vom Christentum kennenlernte, gerieten seine bisherigen Überzeugungen ins Wanken, und er rang um eine neue Grundlage. Der Cartesianismus versprach Sicherheit; doch seine Irrtümer über Herz und Hirn veranlaßten Stensen, auch seine übrigen Lehren kritisch zu betrachten: „Wenn Männer, die von vielen als Götter angesehn wurden, in einer so klaren, leichten und experimentell zugänglichen Sache derartig Falsches behauptet haben, wer wird mir die Gewißheit geben, daß sie größeren Glauben verdienen, wenn sie ihre Dogmen über Gott und die Seele vortragen, über die man ja nicht Experimente anstellen kann?" In einem Briefe an Leibniz bemerkt Stensen, es sei offensichtlich, wie Gott ihn durch die anatomischen Entdeckungen zum Verzicht auf philosophische Überschätzung gebracht und nach und nach genötigt habe, die christliche Demut zu lieben, was die würdigste Liebe sei, deren eine vernünftige Seele fähig ist, da es eine Liebe sei, „die uns dazu treibt, zu erkennen, was wir vor Gott und vor uns selber sind."

Stensen bekennt, schon lange vor seiner Konversion Zeichen göttlicher Führung an sich erfahren zu haben, und zwar so offenkundige, daß er begann, sich ganz auf die Vorsehung zu verlassen. Unter solchen Erfahrungen habe er sich folgendes Gebet zu eigen gemacht: „Du, ohne dessen Willen weder ein Haar vom Haupte noch ein Blatt vom Baume noch ein Vogel aus der Luft fällt, weder dem Geist der Gedanke, der Zunge die Stimme noch der Hand die Handlung versagt, du hast mich bisher auf mir unbekannten Wegen geführt. Führe mich doch auch fortan auf dem Pfade der Gnade, ob sehend oder blind. Denn dir ist es leichter, mich dorthin zu führen, wohin du willst, als mir, das zu verlassen, wohin mich mein Sehnen zieht."

In Frankreich lernte Stensen katholische Persönlichkeiten kennen von tiefer Frömmigkeit und Gelehrsamkeit zugleich. In Paris stand er in Beziehung zur Gräfin Hedwig von Rantzau, die nach dem Tode ihres Gatten Ordensschwester geworden war, ferner zu dem geistvollen Fräulein La Perriquot, die zum Kreise um Pascal gehörte. Stensen nennt diese Dame eine von den Personen, durch die ihm Gott „besondere Gnaden" vermittelt habe und deren sich Gott bedient habe, „um ihn für den späteren Stand vorzubereiten". Auch in Florenz hatten zwei Frauen großen Einfluß auf Stensens Weg zur Kirche hin: Auf den Rat der Schwester Maria Flavia, die in der Apotheke des Klarissenklosters Dienst tat, betete Stensen täglich um Erkenntnis der Wahrheit; und auf den Rat der Donna Lavinia Arnolfini, der Gattin des Gesandten von Lucca, die inmitten des höfischen Glanzes nach christlicher Vollkommenheit strebte, widmete er seine Vormittage der Lektüre katholischer Bücher.

In Italien lernte er auf Schritt und Tritt katholisch geprägtes Leben kennen. Ein aufrüttelndes Erlebnis war die Fronleichnamsprozession in Livorno. Ihn durchfuhr der

Gedanke: „Entweder ist jene Hostie nur ein gewöhnliches Stück Brot, und seine Verehrer sind Toren, oder hier ist der wahre Leib Christi, und weshalb erweise nicht auch ich ihm Ehre?" Es kamen ihm Zweifel, ob ein so großer Teil der Christenheit sich täusche, wenn er an die wirkliche Gegenwart des Herrn in der Eucharistie glaubt. So empfing er „die erste Anregung, aufrichtig nach der Wahrheit zu forschen, die Gott seiner Kirche offenbart hat". Er sprach mit Theologen und prüfte die biblischen Quellen zu diesem Dogma mit derselben Gewissenhaftigkeit, mit der er seine naturwissenschaftlichen Forschungen unternahm.

Stensen selbst erzählt: „Um die Ungewißheit, die meine Seele wegen des Geheimnisses der Eucharistie quälte, zu heben, verwandte ich alle nur mögliche Sorgfalt auf die Untersuchung der Wahrheit, voll Vertrauen, daß Gott meinen Geist schon erleuchten werde, um die Wahrheit zu erkennen, die ich aufrichtigen Herzens suchte. Doch die Erziehung, die ich seit meiner Jugend im lutherischen Glauben erhalten hatte, machte ebenfalls ihren Einfluß geltend und suchte mich zum Gegenteil und zu hartnäckigem Festhalten an meinen alten Anschauungen zu bewegen. Nicht zufrieden, über diesen Gegenstand mit gelehrten Personen unter den Katholiken gesprochen zu haben, wollte ich mir auch durch das Studium der Originaltexte der Heiligen Schrift und der ältesten Schriftsteller in aller Ruhe Aufklärung verschaffen. Besonders benützte ich eine ausgezeichnete Sammlung von sehr alten griechischen und hebräischen Schriften, um nicht so ohne weiteres mich auf die lateinischen Übersetzungen verlassen zu müssen, sondern sie mit den Originaltexten in den beiden Sprachen vergleichen zu können. Kurz, nach häufigem Besprechen mit anderen, nach vielem Lesen, nach langer Prüfung und aufmerksamem Vergleichen des Gelesenen und Gehörten konnte ich mich nicht länger der Überzeugung verschließen, daß in der Tat die Römisch-Katholischen die Wahrheit lehren, die Lutheraner dagegen im Irrtum befangen leben." Noch zögerte der Däne, den Schritt über die Schwelle zu tun. Immer wieder betete er: „Gott, gib mir deine Gnade und die Gunst der Menschen. Wenn du eine Änderung meines Lebens wünschest, gib mir die Hand; wenn du es nicht wünschest, laß Hindernisse eintreten!" Was der moralischen Gewißheit über die Wahrheit des katholischen Glaubens noch nicht gelang, bewirkte die göttliche Gewißheit als Werk der Gnade. Sie erst brachte die Entscheidung. Sie überflutete den ans Ziel seines Suchens Gelangten mit solcher Seligkeit, daß die Zeichen der inneren Freude seinen Bekannten auffielen. Wie Pascal kann Stensen genau die Stunde der Gnade nennen: Es war um die Vesperzeit des Allerseelentages 1667, als „auf einmal so viele Beweise und Umstände zusammentrafen, daß ich endlich in der klaren Erkenntnis, Gott selbst fasse mich bei der Hand und führe mich zu seiner Kirche, bekennen mußte: ‚Du, o Herr, hast meine Bande zerrissen.'"

Der Übertritt des berühmten Naturforschers zur katholischen Kirche erregte bei Katholiken freudige Zustimmung, bei Protestanten scharfe Ablehnung. Man unterstellte ihm niedrige Motive und nannte ihn ein Opfer jesuitischer Verführungskünste. Leibniz dagegen bemerkte gelassen, Stensen, „ein Mann von anerkannter Gelehrsamkeit und berühmt besonders durch seine anatomischen Schriften", habe diesen Schritt „nach reiflicher Überlegung getan und nachdem er sich eine genaue Kenntnis der Kontroversfragen durch gründliches Studium des alten Schrifttums und der Ansicht neuerer Autoren erworben hatte. Ich habe keinen Zweifel an der Aufrichtigkeit und Ehrlichkeit des Mannes. Denn die Klugen werden nicht durch Beispiele, sondern durch Vernunftgründe bewegt, und wenn Stensen das getan hat, was er nach seiner Meinung tun mußte, so gebe ich so viel zu, daß seine Argumente in ausreichender Weise so beschaffen waren, daß sie einen gelehrten und geistvollen Mann gefangennehmen konnten." Einem Freunde schrieb Leibniz: „Ich kann Ihnen versichern, daß ich weit davon entfernt bin, Herrn Stensen zu tadeln. Ich bekenne, daß ich ihn hochschätze und, wenn es erlaubt ist, es auszusprechen, daß ich ihn liebe. Denn ich glaube in ihm einen Eifer zu erkennen, der von wahrhafter Liebe beseelt ist ... Es gibt nur wenige, welche die Liebe Gottes höherstellen als alles andere, und das ist ja gerade das Prinzip jeder Religion. Diese Liebe wächst in dem Maße, als die Erleuchtung zunimmt."

Nach seiner Konversion verstärkte Stensen sein Streben nach Vollkommenheit so sehr, daß alle, die ihn kennenlernten, sich voll Bewunderung über seine Güte äußerten. Der Naturforscher und Arzt Francesco Redi nannte ihn „einen Mann von nicht gewöhnlicher Vollkommenheit". Ähnlich lautet das Urteil des Erzbischofs Nerli von Florenz: Nach seiner Bekehrung habe Stensen sich eine sehr strenge Lebensregel gegeben und sie so genau beachtet, daß er in kurzer Zeit eine hohe Stufe der Vollkommenheit erreichte: „Ein Mann des Gebetes, beständiger Einigung mit Gott, ganz sich selbst vergessend und ganz der Liebe zu seinen Mitmenschen hingegeben, besonders den Kranken und Gefangenen."

Um sein Glaubenswissen zu vertiefen, aber auch um sich den Lutheranern gegenüber verteidigen zu können, fuhr Stensen in seinen theologischen Studien fort. Die Angriffe protestantischer Kirchenmänner und Professoren gegen den „Abtrünnigen" veranlaßten ihn, seine ersten theologischen Abhandlungen zu veröffentlichen, die den Unterscheidungslehren gewidmet waren. Wissenschaftliche Sorgfalt und Achtung vor der Person des Gegners sind die Hauptmerkmale dieser Arbeiten, die „Stensen unter den Kontroverstheologen des siebzehnten Jahrhunderts einen ehrenvollen Platz" sichern (M. Bierbaum).

Aus eigener Erfahrung wußte der gelehrte Konvertit, daß viele etwas als katholisch verurteilen, was die Katholiken selbst ablehnen. Dieser Irrtum komme aus zwei Quellen: Die Gegner der katholischen Kirche geben Sätze, die nicht katholisch sind, als katholisch aus, oder sie erklären Wörter in katholischen Lehrsätzen in einem nichtkatholischen Sinne, zum Beispiel „gute Werke", „Verdienste", „Ablaß", „Heiligenverehrung". Das Haupthindernis für eine Wiedervereinigung im Glauben sei nicht die katholische Lehre an sich, sondern die Masse von Vorurteilen und die Unkenntnis dieser Lehre, auch der Kurzschluß, daß wirklich bestehende Mißbräuche und Irrtümer unter Katholiken der katholischen Lehre zur Last gelegt werden.

Hier sah Stensen eine Aufgabe, der er sich mit Eifer widmete. In Schriften und Gesprächen bemühte er sich, Andersdenkende von der Wahrheit des katholischen Glaubens und von der Richtigkeit seines Weges zu überzeugen. Es gelang ihm, manche zur Heimkehr in die katholische Kirche zu bewegen. Daß er kein Fanatiker war, der um jeden Preis Proselyten machen wollte, zeigt sein Verhalten gegen Personen, die zu konvertieren gedachten. „Gott ist mein Zeuge, daß ich mit so großer Vorsicht bei Konversionen vorgehe, daß ich sogar einen Mann, den ich selbst zum Ausscheiden aus dänischen Diensten veranlaßt hatte, weil er mir sein Verlangen nach dem Glauben gestand, nicht in die Kirche aufnehmen wollte. Als ich nämlich aus seinem Lebenswandel erkannte, daß er nicht Gott suchte, habe ich mich von ihm zurückgezogen." Von Zwangskonversionen, wie sie aus Frankreich gemeldet wurden, wollte Stensen nichts wissen: „Jemand zwingen, den Glauben zu bekennen und zu den Sakramenten zu gehen, wie kann man das entschuldigen? Der Glaube ist ein Geschenk Gottes." Was der Mensch tun kann, um einen Suchenden der Gnade des wahren Glaubens zu öffnen, ist außer dem persönlichen Beispiel und dem Gebet die Darlegung der Wahrheit und die Widerlegung des Irrtums. So wies er seinen alten Freund Spinoza auf die Mängel seiner Philosophie hin und erklärte, allein das Christentum vermittle die wahre Philosophie, indem es Gottes Würdiges über Gott und dem Menschen Angemessenes über den Menschen lehre und seine Anhänger zur wahren Vollkommenheit des Lebens führe.

Die naturwissenschaftlichen Forschungen setzte Niels Stensen nach seiner Konversion fort. Das Hauptwerk *De solido intra solidum* erschien erst zwei Jahre danach, und ihm folgten noch sechs weitere naturwissenschaftliche Schriften. Eine Studienreise führte den Forscher durch verschiedene Länder. In Tirol besuchte er die Salinen von Hall und die Gruben von Schwaz, im Lande Salzburg Smaragdgruben im oberen Habachtal. In Nürnberg besprach er sich mit den Naturforschern der Akademie. Von Wien aus reiste er zu Gold- und Silberbergwerken in Ungarn, von Prag aus nach Joachimsthal und andern mineralogisch wichtigen Plätzen im Erz- und Riesengebirge. Als der König von Dänemark ihn als Anatom nach Kopenhagen berief und ihm ein Jahresgehalt von 400 Talern und Religionsfreiheit zusicherte, nahm Stensen an. Zwei Jahre dozierte er in Kopenhagen. Dann zog er es vor, nach Florenz zurückzukehren und die angebotene Stelle eines Erziehers des Erbprinzen von Toskana anzunehmen.

Jetzt geschah die zweite große Wende in seinem Leben. Der Siebenunddreißigjährige legte das Skalpell aus der Hand, ließ ein großes geologisches Werk, dessen zielstrebig angelegte Materialsammlung fast vollendet war, liegen und wurde Priester.

Viele äußerten ihr Bedauern über den vorzeitigen Abbruch einer so glänzenden wissenschaftlichen Laufbahn. Der Verzicht auf seine bisherige erfolgreiche Tätigkeit wird Stensen nicht leicht gefallen sein. Und doch kam der überraschende Schritt nicht unvorbereitet. Von Anfang an war Stensen bestrebt gewesen, über die sinnlich erfaßbare Wirklichkeit hinaus vorzustoßen zu einer sicheren Erkenntnis der übernatürlichen Wirklichkeit. Sein metaphysischer Hunger war nun gestillt, er glaubte der Naturstudien nicht mehr zu bedürfen. Das letzte Jahrzehnt seines Lebens stellte er ausschließlich in den Dienst der Kirche. Freilich hat er noch als Apostolischer Vikar in Celle eine Tiersektion vorgenommen und noch zwei Jahre vor seinem Tode in Hamburg eine Studie über das Gehirn und die Nerven abgefaßt, doch das sind Ausnahmen. Sein literarisches Schaffen gehörte fortan der Theologie, sein Leben dem Apostolat. Notwendig war dieses Aufgeben der Naturwissenschaft nicht. Manche von Stensens Zeitgenossen wie Athanasius Kircher waren Priester und Forscher zugleich.

Dem Pater Kircher hat Stensen in einem Briefe die Beweggründe seines Berufswechsels dargelegt: „Wenn ich die Wohltaten Gottes gegen mich zu würdigen versuche, sind sie nach meiner Meinung so groß, daß ich nicht anders kann als mit vollem Verlangen, soweit es meine Schwachheit gestattet, Gott das Beste auf die beste Weise zu schenken. Weil ich die priesterliche Würde erkenne und weil dadurch täglich Danksagungen für Wohltaten, Bitten um Sündenvergebung und anderes Gottwohlgefällige am Altare vollzogen werden, habe ich darum gebeten und die Erlaubnis erhalten, für mich und andere dem ewigen Vater das unbefleckte Opfer darzubringen." An anderer Stelle bekannte Stensen: „Seitdem es Gott gefiel, mich in seiner Kirche mit Personen näher befreundet werden zu lassen, die sich dem Studium der christlichen Vollkommenheit hingeben, verlieh er mir auch das Verlangen nach derselben Vollkommenheit und gab mir die Kraft, die Fesseln zu sprengen, in denen mich andere Studien gefangenhielten. Ich wünschte alle meine Sorgen einzig diesem Studium zuzuwenden, damit ich aus Liebe zu Gott in allem Seinen Willen tun und auch andere zu derselben wahren Gottesliebe führen könne."

Zwei Jahre nach Stensens Priesterweihe bat Herzog Johann Friedrich von Braunschweig-Lüneburg Innozenz XI., ihm Stensen als Hofkaplan und Apostolischen Vikar zu senden. Der gewissenhafte Papst, der es mit der Auswahl der Bischofskandidaten sehr ernst nahm, ließ den Vorgeschlagenen zu sich kommen, um ihn näher kennenzulernen. Stensen legte den Weg von Florenz nach Rom zu Fuß zurück und wurde vom Papst in Audienz empfangen. Der asketische und reformeifrige Innozenz XI. erkannte in dem Dänen eine verwandte Seele. Noch am gleichen Tage ernannte er den Neununddreißigjährigen zum Bischof und zum Apostolischen Vikar für die Missionen in Norddeutschland und Skandinavien, für ein riesiges Gebiet also, in dem aber nur wenige Katholiken lebten.

Nach seiner Bischofsweihe reiste Stensen nach Hannover, wo er seinen Wohnsitz nehmen sollte. In der Nähe des herzoglichen Schlosses, das mit dem Pomp von Versailles wetteifern wollte, bezog er eine schlichte Behausung. Er trat nicht mit dem Glanz eines Kirchenfürsten auf, sondern in der Armut eines Apostels. Kleidung und Tisch hielt er einfach. Sein Lebensstil war asketisch. Sein Haushalt bestand aus lauter Konvertiten, die er für die Kirche gewonnen hatte. Einer von ihnen, der livländische Kavalier Johann von Rosen, vormals Hauptmann in der herzoglichen Garde, hat aus unmittelbarer Anschauung Stensens Leben beschrieben.

Wenn der Apostolische Vikar nicht gerade auf Reisen war, um die Firmung zu spenden, Priester zu weihen und Klöster zu visitieren, betreute er die kleine katholische Gemeinde zu Hannover, die aus Hofbeamten, Soldaten, Künstlern und Handwerkern, meist Ausländern bestand. Er hielt die Gottesdienste in der Schloßkapelle und predigte in französischer, italienischer oder deutscher Sprache. Seine besondere Sorge galt den Armen. Ehrengeschenke des Herzogs wollte er nicht für sich behalten, sondern ausschließlich zugunsten Notleidender verwenden.

In Hannover mochte Stensen sich vorgekommen sein wie auf einer winzigen Insel. Abgesehen von den wenigen Katholiken am Hofe war rundum alles protestantisch. Trotzdem verharrte der Apostolische Vikar nicht in gettoartiger Isolation, sondern pflegte Kontakte mit der Umwelt. Besonders verkehrte er mit dem großen Leibniz, der sich kurz vor Stensens Ankunft als Hofrat und herzoglicher Bibliothekar in Hannover niedergelassen hatte. Der Philosoph, ein gläubiger evangelischer Christ, schätzte „die ausgezeichneten Leistungen" Niels Stensens in verschiedenen Wissenschaften und nicht minder seine „Frömmigkeit und sittliche Rechtschaffenheit". Er führte mit dem Bischof viele Gespräche über philosophische und theologische Fragen. Beide Männer litten unter der Glaubensspaltung und sehnten sich nach einer Wiedervereinigung der getrennten Christenheit. Auch zu Molanus, dem evangelischen Unionstheologen, und zu Bischof Spinola, dem unermüdlichen Arbeiter für die Una sancta, trat Stensen in Beziehung. Auf Bitten Spinolas nahm er 1679 an Unionsverhandlungen teil. In Celle führte er in Gegenwart angesehener Persönlichkeiten Glaubensgespräche mit dem dortigen Generalsuperintendenten, fand aber, daß sich der Graben zwischen den Konfessionen so sehr verbreitert hatte, daß man einander nicht mehr verstehen konnte. In zwei verschiedenen Sprachen, so mochte es ihm vorgekommen sein, redete man aneinander vorbei. Resigniert schrieb Stensen: „Durch eine lange Erfahrung, sowohl an mir selbst vor meiner Konversion als an andern nach meiner Konversion, bin ich zu der Überzeugung gekommen, die Zeit sei verloren, in welcher man über die Lehre disputiert... Denn weder verstehen die Nichtkatholiken die katholischen Begriffe, noch kann sich der Katholik sagen, er habe den wahren Sinn der nichtkatholischen Begriffe erfaßt." Tatsächlich ist ein theologisches Gespräch, ja jedes Gespräch erst dann fruchtbar, wenn über den Sinn der verwendeten Wörter und Begriffe Übereinstimmung besteht. Andernfalls entstehen scheinbare Zerwürfnisse, weil die Gesprächspartner für dieselbe Sache verschiedene Namen verwenden, oder scheinbare Einmütigkeit, weil sie verschiedene Dinge mit demselben Namen bezeichnen. Hier ist eine Vorarbeit zu leisten, deren Schwierigkeiten Stensen trotz seiner Sprachbegabung und seiner Herkunft aus dem Luthertum sich nicht gewachsen fühlte, für die wohl auch die Zeit noch nicht reif war. Die Aufgabe wurde inzwischen von vielen Theologen angepackt, doch selbst heute bleibt hier das meiste noch zu tun.

Stensen war mehr Praktiker als Theoretiker. Bezeichnend dafür ist seine Schrift *Scrutinium reformatorum.* Es gibt, so führt Stensen hier aus, zwei Arten von Reformatoren: Reformatoren des Lebens und Reformatoren der Lehre. Die Ergebnisse der Lebensreform — Bekehrung nicht bloß zu den Geboten, sondern auch zu den „evangelischen Räten" — machen deutlich, daß sie von Gott stammt. Die Ergebnisse der Lehrreform dagegen — vor allem die Uneinigkeit — zeigen, daß diese Reform nur von Menschen stammen kann. Stensen war stark beeinflußt durch die Schriften und das Beispiel des heiligen Karl Borromäus. Bald sollte er Gelegenheit finden, auf einem anderen Felde im Geiste des großen Reformators zu wirken.

Nach zweieinhalbjähriger Tätigkeit in Hannover wurde Stensen zum Weihbischof von Münster ernannt. Aus einem rein protestantischen Gebiet kam er in eine rein katholische Stadt. Doch konnte hier „unter dem Druck veralteter Traditionen frisch pulsierendes Leben nicht recht hoch kommen. Das hing zum Teil mit der Tatsache zusammen, daß die Bischöfe von Münster seit Jahrhunderten zugleich weltliche Landesherren des Gebietes waren. Der Rat des Bischofs, das Domkapitel, war dem Adel vorbehalten" und hielt „an alten Vorrechten und Anschauungen fest, die mit den Reformdekreten des Trienter Konzils wenig in Einklang standen" (M. Bierbaum). Die vierzig Domherren stellten politisch und wirtschaftlich eine Macht dar: Sie hatten große Einkünfte, und sie wählten aus ihrem Kreis den Landesherrn. Darum wurden „die Domherrenstellen mehr unter dem Gesichtspunkt politischer und wirtschaftlicher Macht als echter priesterlicher Berufung begehrt und vergeben" (M. Bierbaum). Mit Bedauern bemerkte Stensen, daß im Hohen Dom zu Münster vom gemeinsamen Chorgebet „kaum noch ein Schatten" vorhanden war. Um ein gutes Beispiel zu geben, nahm der neue Weihbischof, obwohl er dem Domkapitel nicht angehörte, an Sonn- und Feiertagen am Chordienst im Dom teil.

Bezeichnend für die Lage war der Kampf, den der vor zwei Jahren gestorbene Fürstbischof Christoph Bernhard von Galen gegen seinen Domherrn von Mallinkrodt geführt hatte. Da die Stadt Münster auf seiten des Domherrn stand, wurde sie vom Fürstbischof belagert und bombardiert. Galen hatte eines der ersten stehenden Heere

Europas geschaffen, mit 21 000 Mann. Mit seinen Truppen führte der geistliche Barockpotentat mehrere Kriegszüge, um sein Territorium zu erweitern. Sein Nachfolger wurde Ferdinand II. Reichsfreiherr von Fürstenberg. Nicht zufrieden damit, daß er entgegen den Bestimmungen des Tridentinums zugleich das Fürstbistum Münster und das Fürstbistum Paderborn besaß, wollte er auch noch die reichsunmittelbare Fürstabtei Corvey an sich reißen, obwohl bereits Christoph von Bellinghausen zum Fürstabt gewählt worden war. Stensen trat für Bellinghausen ein, erwirkte die Bestätigung des Gewählten durch den Papst und durfte ihm selbst die Weihe erteilen.

Jetzt war Stensen der Weihbischof Fürstenbergs, der sich fast nur um Paderborn kümmerte, so daß die Sorge für das Bistum Münster auf Stensens Schultern lag. Fürstenberg übertrug ihm einige Vollmachten der kirchlichen Regierungsgewalt, so die Pflicht, Pfarreien und Klöster zu visitieren. Stensen reiste durch das Münsterland, Emsland und Südoldenburg, auch durch das Paderborner Bistum bis ins Weserbergland hinein. Nicht selten ging er zu Fuß. Oft wanderte er sechs bis sieben Stunden am Tage. Er firmte, weihte Kirchen und Altäre, spendete die Priesterweihe und predigte dreimal täglich. Sein Kaplan Schmael berichtet: „Seine Worte überzeugten nicht nur durch das Gewicht einer vernünftigen Begründung, sondern auch durch ihre Güte, Milde und Demut und durch die große Würde und außerordentliche Bescheidenheit in seinem ganzen Auftreten." Im Ratsprotokoll der Stadt Ahaus ist zu lesen: „Anno 1682, den 5., 6. und 7. Juli, ist der neue Bischof ... in Ahaus gewesen, wo er jeden Tag predigte, firmte und auch, meistenteils zu Fuß, von einem Ort zum andern reiste und so beispielhaft und in Speise und Trank so nüchtern lebte, daß er einem Heiligen gleichgehalten wurde." Rosen, Stensens ständiger Begleiter, berichtet: „Als er nach Münster gekommen war, vermehrte er seine Strengheiten. Er fastete nun montags, mittwochs, freitags und samstags bis zum Abend. Galt es einen wichtigen Entschluß zu fassen, so fastete er vorher."

Vom Fürstbischof erhielt Stensen das Dekanat der Kollegiatkirche Sankt Ludgeri als eine Pfründe, die ihm zusätzliche Einnahmen verschaffen sollte, deren Amtsobliegenheiten er aber, wie es damals üblich war, gegen geringes Entgelt andern überlassen konnte. Stensen jedoch nahm seine neuen Pflichten ernst. Er versah die Seelsorge der Pfarrei von St. Ludgeri und nahm regelmäßig am Chorgebet des Kapitels teil. Als ihm nach einiger Zeit klar wurde, daß er unmöglich zugleich die Arbeit eines Dechanten und die eines Weihbischofs verrichten konnte, verzichtete er freiwillig auf sein Dekanat. Wie wenig er, im Unterschied zu anderen Kirchenmännern jener Zeit, darauf bedacht war, Einkünfte zu häufen, zeigt seine außergewöhnliche Freigebigkeit den Armen gegenüber. Er schenkte fast alles weg. „Als ihm nichts mehr übrigblieb, verkaufte er seinen kostbaren Bischofsring und seine Karosse, um den Armen zu helfen" (Rosen). Der protestantische Historiker Adolf Ditlev Jörgensen schreibt in seiner Stensen-Biographie: „Der Beredsamkeit dieses Lebenswandels gegenüber muß alles kleinliche Gezänk der Konfessionen schweigen; es ist die einfältige Größe des apostolischen Zeitalters selbst, die uns hier entgegentritt ... Wie er war, hatte er die Verheißung des Christentums: Selig, die nach der Gerechtigkeit hungern und dürsten, denn sie werden gesättigt werden."

In den Frauenstiften Ringe und Rosenthal suchte Stensen den Ordensgeist zu erneuern und eingerissene Unsitten wie Bruch der Klausur, Gastereien und Zank abzustellen. Seine Mahnbriefe an die Schwestern kommen aus väterlicher Liebe, mit der sich Klugheit und Festigkeit paaren. Er beteuert, er wolle bei seinen Forderungen sein Gewissen „nur nach Gottes Willen und der Seelen Seligkeit richten, nicht aber nach Gewohnheiten, die vor der Welt rühmlich und ehrbar erscheinen mögen, vor Gottes Augen aber tadelnswert sind". An anderer Stelle schreibt er: „Es tadeln mich die Menschen oder loben mich, das hilft mir nicht; wann ich der Welt Freund suchte zu seyn, müßte ich mich Christi Feind erkleren ... Sie wollen sich doch alle befleißigen der wahren Einigkeit und gedenken, wo Liebe und Friede ist, da ist Gott, und wo Unfriede und Zanck ist, da regiert Sathan. Der Friede Jesu sey in aller ihrer Herzen."

An die Oberin des Klosters Ringe schreibt Stensen, sie solle sich stets vor Augen halten und auch ihren Untergebenen immer wieder einschärfen, daß Gott die Ordensschwestern nicht deshalb in die Weltabgeschiedenheit des klösterlichen Lebens berufen habe, damit sie sich allein um ihr eigenes Seelenheil kümmerten, sondern damit sie vom ganzen Bistum den Zorn Gottes abwenden und den Segen Gottes herabrufen. „Ihr tägliches Zunehmen in der Vollkommenheit der göttlichen Liebe ist ein Zunehmen der Gnaden für das Land." Aus diesem Brief spricht Stensens Bewußtsein von der Gemeinschaft der Kirche und der Solidarität aller ihrer Glieder, zugleich seine Sorge für das Bistum.

Auch bei den Bauern des Münsterlandes fand Stensen manche Unsitten, die zu einem christlichen Leben nicht passen. In einem längeren lateinischen Schreiben an einen Pfarrer eifert er gegen die Trinkgelage bei Taufen, Hochzeiten und Kirchweihfesten, die durch die Teilnahme des Klerus noch unterstützt wurden: „Das ist es, was ich so sehr beklage, daß die heiligsten Tage am schmählichsten entweiht werden, indem wir sie mit Gott anfangen und mit dem Teufel beschließen und den Segen vom Morgen in einen Fluch am Abend verwandeln. Jedermann weiß, daß an größeren Festtagen dem Teufel mehr geboten wird als Gott. Was nützt es da, frage ich, Gott am Morgen um neue Gnaden zu bitten und sie am Abend mit Füßen zu treten?" Stensen erinnert an „die Regel der ersten Christen, die den Armen und Kranken Erquickungen schickten, die Armen zu Mittag einluden; dem Körper gestatteten sie nur das Notwendigste, der Seele aber den Überfluß aller geistigen Freuden."

Die größte Sorge Stensens war der Klerus, der weit hinter dem Ideal des Priestertums zurückblieb. Die Bistumssynoden, die ein Mittel der Erneuerung des kirchlichen Lebens sein sollten, hatten, wie Stensen bemerkte, „von einer Synode nichts als nur den Namen an sich". Ein Dokument seines Reformeifers in Münster ist die pastoralaszetische Schrift, die er eigens für die Pfarrer verfaßte und auf Kosten des Großherzogs von Toskana drucken ließ. Was Stensen will, zeigt schon der Titel: *Klarer Nachweis dafür, daß der Pfarrer verpflichtet ist, alle anderen Beschäftigungen beiseite zu lassen und für seine Vollkommenheit zu sorgen, damit er die ihm Anvertrauten zum ewigen Heile führt.*

Stensen beschuldigt in dieser Schrift die Geistlichen der Sorglosigkeit, Unwissenheit und des Mangels an Aufopferung. Vom Seeleneifer der ersten Jahrhunderte sei nichts mehr zu spüren. Sie seien um Alltäglichkeiten bekümmert und vergäßen das eine Notwendige. Der Seelsorger könne seine Aufgabe nur erfüllen, wenn er selbst nach Vollkommenheit strebe und das innere Leben pflege. „Aber da wir uns ganz der Bequemlichkeit des äußeren Menschen hingeben, so erkennen wir weder, was wir zu tun haben, noch erfüllen wir das Wenige, was wir erkennen ... Wie kann der Hirt die andern auf dem schmalen Weg führen, wenn er selbst die breite Straße nicht verlassen hat? Wie wird er andere von schlechter Umgebung zurückhalten, wenn er selbst sich Trinkgelagen hingibt, die Garküchen häufig besucht und im Haus etwas treibt, was ihn allen verdächtig macht? Wie wird er andere zur Vereinigung mit Gott erheben, wenn er selbst davon nichts erlebt hat?" Stensen erklärt nachdrücklich, der Pfarrer dürfe sich nicht damit begnügen, sich derer anzunehmen, die von selbst zu ihm kommen; er müsse vielmehr jeden einzelnen seiner Pfarrangehörigen aufsuchen, um ihn zur Vollkommenheit zu führen. „Wahrlich, es tut mir sehr weh, wenn ich daran denke, daß Laien, obschon mit weltlichen Arbeiten überhäuft, auf dem Wege Gottes so erleuchtet sind, daß sie wissen, der Sünder könne nicht von selbst suchen, was zu seinem Heile notwendig ist, sondern müsse mit großer Liebe von andern aufgesucht werden ... Den Pfarrern dagegen, denen dieses von Amts wegen obliegt, fehlt es so an Glaubenslicht und Liebe, daß sie meinen, die Sünder sollten von selbst kommen, wenn sie sich bessern wollen. Oh, möchten doch die Seelenhirten vom Eifer der Weltleute lernen! Viele Seelen würden gerettet werden, die jetzt verloren gehen, weil niemand sie aufsucht. Wenn Gott nicht Ordensleute aus ihrer Klostereinsamkeit den Pfarrern zu Hilfe gerufen hätte, die dann aus Liebe das taten, was die Pfarrer aus Gerechtigkeit hätten tun sollen, dann wäre es um den christlichen Glauben in der ganzen Welt geschehen gewesen ... Weil die meisten Pfarren durch Gunst oder für Geld oder durch andere Mittelchen erlangt werden, unter Ausschluß der wirklich von Gott Berufenen, ist die Verpflichtung, die Christen zur Vollkommenheit zu führen, zu einer oberflächlichen und bezahlten Seelsorge ausgeartet."

Stensens Forderung, die Pfarrer sollten sich nur um die Seelsorge kümmern und „alle anderen Beschäftigungen beiseite lassen", hat bis heute nichts an Aktualität eingebüßt. Papst Johannes XXIII., ein Bewunderer Stensens, warnte 1962 vor der Gefahr, daß bei Priestern der priesterliche Geist verarme, indem sie sich berufsfremden Aufgaben hingeben. Es war ganz im Sinne Stensens, wenn der Papst sagte: „Die priesterliche Tätigkeit ist an erster Stelle hingeordnet auf die Feier des Meßopfers, auf die Predigt, auf die Sakramentenspendung, auf den Beistand der Kranken, auf Katechetik und religiöse Unterweisung. Alles, was nicht zu diesen Pflichten in Beziehung steht, muß beiseite gestellt werden."

In einer Predigt bemerkt Stensen, er habe öfter über das Elend in der Kirche nachgedacht und unter den schwersten Übeln dieses feststellen müssen: Nicht Gott, sondern die Eltern berufen ihre Söhne zum geistlichen Stand, damit sie ihren Verwandten nützlich sein können. Nicht die Ehre Gottes und das Heil der Menschen geben für die Berufswahl den Ausschlag, sondern weltliche Vorteile: Ehre, Reichtum und Macht. Hier sei eine „wahre Reform der kirchlichen Zucht" nötig. In einem Schreiben an Papst Innozenz XI. erklärt Stensen, in einem Gebiet, wo geistliche und weltliche Herrschaft in der Person des Oberhirten vereinigt ist und wo die mächtigen Familien der Einkünfte und der Macht wegen die Weihe ihrer jüngeren Söhne durchzusetzen suchen, sei es sehr schwierig, ungeeignete Kandidaten vom Empfang der Weihe auszuschließen. Stensen hatte die Hauptquelle der kirchlichen Mißstände erkannt. Sie erfüllte ihn mit schwerer Sorge. Ein Zeitgenosse bezeugt: „Wenn Priester zu weihen waren, zitterten seine Hände und sein Herz aus Furcht, er könnte einem die Hand auflegen, der die Kirche mit Ärgernis erfüllen würde. Darum fastete er drei Tage zuvor, speiste die Armen und diente ihnen mit eigenen Händen." Seine Gegner meinten, diese Bedenken seien lächerliche Skrupel.

Während andere sagten, er tue zu viel, peinigte ihn selbst das Gefühl, er tue zu wenig. An Donna Lavinia schrieb er: „Die geistige Not dieser Gegenden spottet jeder Beschreibung. Gott erbarme sich unser! Er möge auch gegen mich barmherzig sein und mich aus der Gefahr herausziehen, ihn in einer Stellung zu beleidigen, in der man bei Welt- und Ordensleuten so viel Verderbnis in der Erziehung und im Lebenswandel sehen muß. In dieser Lage ist es sehr schwer, sich von der Teilnahme an fremden Sünden fernzuhalten, sei es, daß man Leute zu den Weihen zuläßt, die es nicht verdienen, sei es, daß man sich nicht bemüht, vorhandene Übelstände nach Kräften aufzudecken und jeden nach dem Gesetz der brüderlichen Zurechtweisung zu ermahnen ... Beten Sie für mich, daß mir Gott die Kraft verleihe, ... alle meine Unachtsamkeiten und Lauheit, die ich mir in meiner Stellung zuschulden kommen ließ, abzubüßen, bevor ich vor seinem Richterstuhl erscheine."

Man wundert sich nicht, daß der Weihbischof mit seinen Reformplänen beim Kapitel auf Widerstand stieß. Aber man muß es doch bedauern, daß die Spannungen zu einem offenen Konflikt mit dem Generalvikar und dem Domkapitel führten. Da die Vollmachten zwischen Weihbischof und Generalvikar in der Praxis nicht immer leicht abzugrenzen waren und Stensen in kirchenrechtlichen Fragen wenig bewandert und unsicher war, mochte er wohl seinen Gegnern gegenüber sich zuweilen formal ins Unrecht gesetzt haben. Wie dem auch sei – beim Tode des Fürstbischofs Ferdinand übernahm der von den Domherren bestellte Kapitelsvikar die Regierung des Bistums und wies Stensen an, sich auf bischöfliche Weihehandlungen zu beschränken und die begonnenen Visitationen abzubrechen.

Der Konflikt erreichte seinen dramatischen Höhepunkt bei den Vorbereitungen für die Bischofswahl. Um die eigene Macht zu sichern, plante das Domkapitel, den Kurfürsten Maximilian Heinrich von Bayern zum Bischof von Münster zu wählen. Dieser Prälat vereinigte bereits das Erzbistum Köln und die Bistümer Lüttich und Hildesheim in seiner Hand, obwohl das Konzil von Trient die Pfründenhäufung verboten hatte. „Durch direkte oder indirekte Bestechung, Versprechen von Präbenden und Ämtern und manchmal durch versteckte Drohungen wurden die Wahlpläne des Domkapitels gefördert" (G. Scherz). Stensen erfuhr von den Machenschaften. Da er nicht Mitglied des Kapitels war, konnte er nicht unmittelbar eingreifen. Er fühlte sich aber im Gewissen verpflichtet, gegen eine Wahl zu protestieren, die mit simonistischen Umtrieben vorbereitet wurde und dem geistlichen Wohl des Bistums nur schaden konnte. In einem ausführlichen Bericht unterrichtete er Papst Innozenz XI. Der Einladung des Kapitels zum Heilig-Geist-Amt, das der Bischofswahl vorauszugehen pflegte, folgte Stensen nicht. Es erschien ihm wie ein Hohn, den Heiligen Geist um Beistand anzurufen zu einer Wahl, die längst entschieden war. Ostentativ verließ er in der Frühe jenes Tages die Stadt, der er drei Jahre selbstlos gedient, für immer.

An die römische Kurie schrieb Stensen: „Wenn Gott uns nicht einen Fürstbischof schickt, der mit Autorität und Eifer die Reform des Klerus unternimmt, muß jeder Weihbischof entweder sich nach dem Kapitel richten oder sich zurückziehn ... Man füllt die Kirche immer weiter mit Ärgernis gebenden Geistlichen und Ordensleuten und die Erde mit ihrem Fluch ... Gott ist mein Zeuge: Wüßte ich ein Heilmittel und fände ich einen Weg, den offenbaren Sünden zu entgehen, die ich aus dreijähriger Erfahrung in der ganzen Diözese entdeckt habe (in der es nur ganz wenige Flecken gibt, wo ich nicht persönlich gewesen bin), ich gäbe alle meine Kräfte, mein Blut und mein Leben daran."

Ein anderer Brief Stensens enthält „das klassische Urteil über die kirchenpolitische Lage seiner Zeit" (G. Scherz): „Ich weiß, daß man die Häufung von Benefizien und Bistümern in diesen Gegenden gewöhnlich mit dem Vorwand entschuldigt, man müsse die katholische Sache gegen die Macht der Nichtkatholiken verteidigen. Allein ich bin durch dreijährige Erfahrung belehrt worden, daß die gesteigerten Einkünfte der einzelnen weder den Glanz noch die Macht der katholischen Sache mehren, sondern daß man weit eher durch Überhebung in der Kleidung und Dienerschaft, durch Aufwand an Gebäuden und bei Tisch, durch Gastmähler und Trinkgelage, durch simonistischen Erwerb einer Fülle von Präbenden, durch Geschenke an Verwandte, durch sehr schwere Besteuerung der Armen und andere manchmal noch schwerere Verfehlungen die katholische Lehre und den katholischen Namen nicht bloß bei den Unsern, sondern auch bei den Nichtkatholiken verächtlich macht . . . Deshalb werde ich in jener Torheit der christlichen Einfalt bestärkt, daß jedes politische Vertrauen in Menschen und Mächte eitel ist, wenn es sich um die Erhaltung der katholischen Kirche handelt, da Gott seinem Geiste die ganze Ehre vorbehalten hat, damit sich das Fleisch nicht rühme. Wahrlich, ein Franz von Assisi und ein Ignatius von Loyola haben jeder zu seiner Zeit der heiligen Kirche mehr Glanz und Kraft zugeführt als alle Heere und Schätze aller Fürsten zusammen."

Ein zweites Mal ging Stensen jetzt als Apostolischer Vikar der nordischen Missionen in die niederdeutsche Diaspora. Er nahm seinen Wohnsitz in Hamburg, wo sich in der Kapelle der französischen Gesandtschaft eine kleine Gemeinde von rund zweihundert katholischen Seeleuten, Händlern und Reisenden zum Gottesdienst zu versammeln pflegte. Von diesem Stützpunkt aus unternahm Stensen Reisen durch sein Vikariat.

Rosen berichtet: „Ich fand ihn ohne eigenes Haus, ohne Bedienung, entblößt von allen Bequemlichkeiten des Lebens, mager, bleich, abgezehrt, dabei jedoch so heiter, daß schon sein Antlitz Andacht einflößte. Er war wie ein Armer gekleidet, bedeckt mit einem alten Mantel, den er Sommer und Winter trug. So lebte er als ein wahrer Armer in vollständiger Hingabe an Gottes Vorsehung, von der er von Tag zu Tag Leben und Unterhalt erwartete . . . Und wirklich ließ ihn die Vorsehung nicht im Stich. Seine Strengheiten waren auf das äußerste gestiegen. Ich begreife in der Tat nicht, wie er solch ein hartes Leben neben den anstrengenden Arbeiten seines Amtes und dem langen Gottesdienste während der Heiligen Tage aushalten konnte. Nachts schlief er nur wenige Stunden angekleidet auf einem Stuhle. Wurde er von seinem gewöhnlichen Übel – sehr heftigen Leibschmerzen – heimgesucht, so legte er sich auf etwas Stroh, ohne sich auszukleiden. Seinen armseligen Mantel oder eine alte Decke breitete er dann über sich. Das waren nämlich alle seine Habseligkeiten. Damit behalf er sich auch auf seinen Reisen, besonders im Winter. Obgleich er von Natur sehr empfindlich gegen Kälte und deshalb oft ganz durchfroren war, konnte er doch nie bewogen werden, einen Muff oder Handschuhe zu gebrauchen. Er besaß eine wunderbare Geschicklichkeit, seine Leiden zu verheimlichen, um so allem Mitleid und Beistand zu entgehen."

Wir hören von seiner heroischen Aufopferung, doch nichts von greifbaren Erfolgen. Streit zwischen Stensen und den Jesuiten in Hamburg erschwerte die Arbeit. Zwei Jahre lang litt der Apostolische Vikar unter unerquicklichen Auseinandersetzungen über Zuständigkeiten. Stensens Kaplan Schmael berichtete der Propagandekongregation in Rom, der Apostolische Vikar sei von den eigenen Glaubensgenossen mehr verfolgt worden als von den Lutheranern und habe auch bei den Missionaren nicht das nötige Verständnis gefunden. Rosen, der als Laie der engste Mitarbeiter des Bischofs war, bezeugt: „Er ertrug dieses alles mit einer wunderbaren Geduld, ohne sich je über jemand zu beklagen. Vielmehr suchte er bei jeder sich darbietenden Gelegenheit denen Gutes zu erweisen, die ihn verfolgten ... Er gab mir diesen Satz des heiligen Ignatius von Loyola zu erwägen: ‚Tu von deiner Seite alles. Im Hinblick auf den Ausgang bewahre die Gleichförmigkeit mit dem Willen Gottes.' Er fügte dann hinzu: ‚Ihr sollt nicht begehren, alles nach dem ersten besten Plan und Entschluß leiten zu wollen, sondern zu jeder Zeit Gottes Willen ergründen und ihm folgen.'"

Die Briefe, die Stensen von Hamburg an Großherzog Cosimo III. von Toskana schrieb, verraten seine Sehnsucht nach körperlicher und seelischer Erholung und nach ungestörten theologischen Studien. Als der Papst dem Erschöpften einen Urlaub in Italien gewährte, rüstete er sich freudig zur Reise. Doch plötzlich verzichtete er: „Gott habe ihm gerade in dem Augenblick, als er abreisen sollte, begründete Aussicht gegeben, in Mecklenburg-Schwerin einige Missionsstationen gründen zu können. Er wolle sich daher an Ort und Stelle begeben, um zu sehn, was er zur Ehre Gottes und zum Troste der Katholiken tun könne" (Rosen).

Tatsächlich berief Herzog Christian Louis von Mecklenburg, der in Paris zur katholischen Kirche übergetreten war, Bischof Stensen nach Schwerin. Dort bezog der selbstlose Apostel eine dürftige Wohnung, die nicht einmal ein Bett enthielt. Er schlief in Decken auf der Erde und aß wenig. Alle Abzeichen seiner bischöflichen Würde legte er ab, auch beim Gottesdienst. Er wollte nur „einfacher Missionar" sein und hütete sich, „irgend etwas zu tun, das einem Akte der Autorität gleichsähe". An die Oberin des Klosters Ringe schrieb er: „Wer den Geist Christi hat, wird das lieben, was Jesus geliebt hat, und das hassen, was Er gehasset hat. Dem ist Jesus noch nicht geboren, der nicht an der Armut Freude findet ... Müssen wir nicht jene für arm halten, die keine Beschwerlichkeit der Armut fühlen? Zerrissene Tücher, offene Höhle, Heu und Krippe waren nicht allein notwendige Zeichen der äußersten Armut, sondern ließen auch die Beschwerlichkeit der Armut empfinden."

Die Einsamkeit in der protestantischen Umgebung muß dem katholischen Priester schwer geworden sein. Vom Herzog, der stets abwesend war, erhielt er keine Unterstützung. Schließlich sah er, daß die Hoffnungen, die er auf Schwerin gesetzt hatte, gescheitert waren. Neben diesem neuen Mißerfolg peinigten ihn Nierensteine. Und doch schrieb er zwischen den qualvollen Anfällen seiner Krankheit an Fräulein von Galen: „Man muß sich nimmer der Melancholey ergeben, Kind Gottes, noch verlangen, dem Creutz durch den Todt entzogen zu werden, sondern suchen, im Creutz Jesum zu finden, der wird alle Bitterkeit süß machen. Will man aber durch äußerliche, sinnliche Ergötzlichkeit die innerliche Betrübnis verändern, das ist nicht Christum nachfolgen."

Unter furchtbaren Leiden siechte Stensen dem Tode zu. In einem letzten Briefe trug er seinem fürstlichen Gönner Cosimo Medici, der ihn stets unterstützt hatte, drei Bitten vor: Der Großherzog möge eine Schuld von 300 Talern für ihn begleichen, seine Freunde versorgen und sein Begräbnis bezahlen. Über die letzten Tage des Bischofs berichtet Rosen als Augenzeuge: „Stensen mußte nun die schlimmsten Schmerzen aushalten. Und doch wiederholte er immer wieder, daß er sich ganz in Gottes Willen ergebe. Er hörte nicht auf mit Lobpreis und Gebet. Er bekam hin und wieder Besuche von Lutheranern, die sich an seinem hohen Geist erbaut hatten. Wie erstaunten diese, als er immer wieder vor ihnen betonte, daß er es als die größte Gnade seines Lebens betrachte, daß Gott ihn in seine heilige Kirche berufen habe ... Als einige Andersgläubige erlebten, daß Stensen in ihrer Anwesenheit offen ein allgemeines Sündenbekenntnis ablegte und sich anklagte, als wäre er der größte Sünder, machte das mehr Eindruck, als es jemals einer Predigt gelungen wäre."

Gern hätte Stensen die Sterbesakramente empfangen, doch der nächste Priester weit und breit war in Lübeck. Ehe der Herbeigerufene eintraf, starb der Bischof. Er ist nur 48 Jahre alt geworden. Sein Nachlaß bestand lediglich aus einem einfachen Kreuz mit Reliquien von Ignatius von Loyola, Franz Xavier und Filippo Neri, einem abgenutzten Anzug, einem alten Mantel, zwei Hemden aus Sackleinen und einigen kleinen Taschentüchern.

Der Großherzog von Toskana ließ die Leiche nach Florenz holen und in San Lorenzo in der Fürstengruft der Medici beisetzen. Der Internationale Geologen-Kongreß, der 1881 zu Bologna tagte, kam nach Florenz, um am Grabe Stensens einen Lorbeerkranz niederzulegen. Die Geologen aus aller Welt setzten 1883 über seinem Grabe ein Denkmal, dessen Inschrift ihn als „vir inter geologos et anatomicos praestantissimus" und als Begründer der wissenschaftlichen Geologie feiert.

VINZENZ VON PAUL

(1581–1660)

Das Porträt des alten Vinzenz von Paul zeigt ein Gesicht mit knolliger Nase, großen Ohren und struppigem Schusterbärtchen. Die Schultern sind gebeugt, denn sie trugen die Not von Millionen. Doch aus den Runzeln leuchten strahlende Augen, und die feinen Lippen umspielt ein Lächeln. Es ist, als sähen wir die Güte und die Heiterkeit in Person. Bei der Betrachtung dieses auf dem Gipfel der Heiligkeit angelangten Greises tun wir indessen gut, uns zu vergegenwärtigen, daß Vinzenz einen beschwerlichen Weg zu steigen hatte, ehe er die Höhe der Vollendung erreichte. Seine weltüberlegene Heiterkeit und seine selbstlose Güte sind Eigenschaften, die erst allmählich unter Kämpfen und Leiden in ihm heranreiften. Zwar will die Legende aus Gründen einer falschen Erbaulichkeit uns glauben machen, Vinzenz habe schon in jungen Jahren alle jene Vorzüge und Tugenden besessen, die wir am reifen Mann bewundern. Es heißt, das Kind habe sich durch ein Leben des Gebetes und der Mildtätigkeit ausgezeichnet, und ein phantasievolles Gemälde des achtzehnten Jahrhunderts stellt ihn dar als anmutigen Hirtenknaben inmitten einer lieblichen Landschaft. Die geschichtlich verbürgten Tatsachen jedoch lassen die Jugend unseres Heiligen in einem weniger romantischen Licht erscheinen.

Vinzenz gehörte von Geburt jenem Stande an, der damals so verachtet war, daß La Bruyère ihn mit schmutzigen Tieren auf eine Stufe stellte. Er entstammte einer kinderreichen Bauernfamilie, die von früh bis spät schuftete, um sich kümmerlich von Mais und Hirse ernähren zu können. Sie war zu arm, um sich eine Magd zu halten. Vinzenz mußte die Schweine und Schafe hüten. Die Gegend im südwestlichsten Zipfel Frankreichs, unweit der Pyrenäen und des Ozeans, war alles andere als fruchtbar, teils sumpfig und ungesund. Auch die Zeiten waren keineswegs idyllisch. Blutige Ereignisse fielen in Vinzenz' Kindheit: Katholiken und Hugenotten metzelten einander nieder, und selbst die engere Heimat blieb von der plündernden und mordenden Soldateska nicht verschont.

Einen jungen Menschen, der ohnehin von Natur gallig, melancholisch, ja griesgrämig war, mußten diese Verhältnisse niederdrücken. Vinzenz litt unter seiner Veranlagung, und er hatte hart an sich zu arbeiten, um die angeborene Herbheit zu überwinden. Wenn manche Biographen behaupten, der Junge sei von sonniger Art gewesen und habe alle Herzen im Sturm erobert, übersehen sie die Zeugnisse, die dagegen sprechen. Der Heilige selbst nannte sich „stachelig wie ein Brombeerstrauch" und bekannte: „Ich wandte mich an Gott und bat ihn inständig, mir dieses trockene und abstoßende Wesen umzuwandeln und mir einen freundlichen und milden Geist zu verleihen. Durch die Gnade Gottes und einige Achtsamkeit habe ich es fertiggebracht, die Strudelblasen meiner Natur zurückzudrängen. Ich habe mein finsteres Wesen ein wenig abgetan." Noch der Dreißigjährige wurde von seelischen Leiden gequält. Eine Bedrücktheit bemächtigte sich seiner, die sich bis zu Glaubenszweifeln steigerte. Vier Jahre soll er ohne Freude gewesen sein.

Trotz aller inneren und äußeren Schwierigkeiten war der junge Vinzenz zu geweckt, um sich in dumpfer Trägheit hängen zu lassen. Der Zwölfjährige, entschlossen, etwas aus sich zu machen, besuchte die Lateinschule zu Dax, büffelte fleißig und verdiente sich nebenher den Unterhalt als Hauslehrer bei den Kindern des Rechtsanwaltes De Comet. Dem war das pfiffige Bürschlein aufgefallen, und er veranlaßte den Vater, Vinzenz studieren zu lassen, natürlich Theologie. Der Alte sah die Vorteile ein, verkaufte ein Paar Zugochsen und schickte seinen Jungen mit dem Erlös auf die Universität Toulouse. Er war der Ansicht, die Investition werde sich lohnen, wenn sein Sohn später, vielleicht als Prior, in den Genuß einer einträglichen Pfründe komme und die Familie unterstützen könne. Alle bekannten Tatsachen sprechen dafür, daß auch Vinzenz an nichts anderes dachte als an eine ehrenvolle Laufbahn, die ihn zu Wohlstand und Ansehen brachte. So sehr war er von seinen Zukunftshoffnungen erfüllt, daß er sich schon in einem höheren Stande sah und, wenn er seinen ärmlich gekleideten, hinkenden Vater durch die Stadt begleitete, sich seiner schämte. Später hat Vinzenz es immer wieder als einen Beweis seiner Erbärmlichkeit erzählt.

Wir finden es menschlich verständlich, daß der begabte junge Mann, um endlich aus der Armut und Verachtung herauszukommen, mit ganzer Kraft nach einer Würde strebte, die ihm Reichtum und Ehre verhieß. Doch bemerken wir eine höhere Komik, wenn wir verfolgen, wie das oft greifbar nahe Glück bei jedem Versuch, es zu erhaschen, ihm entwischte. Später schrieb er darüber: „Es war alles nur, um mir die launenhafte Unbeständigkeit des Schicksals zu zeigen, als es seine Gunst in Ungunst, sein Glück in Unglück wandelte."

Kaum hatte der Student sein erstes Semester beendet, als sein Vater starb. Er mußte das kostspielige Kolleg, in dem er wohnte, verlassen und sich mit einer billigen Bude behelfen. Um über Wasser zu bleiben, machte er ein kleines Schülerpensionat auf, das für die nächsten Jahre seine Haupteinnahmequelle blieb. Mit neunzehn Jahren schon ließ er sich zum Priester weihen, doch da er noch keine Stelle bekam, setzte er seine Studien fort und schlug sich weiter mit Privatstunden durch. Inzwischen spähte er eifrig nach einer freigewordenen Stelle aus. Eines Tages bot ihm der Bischof von Dax eine Pfarre an. Aber an der päpstlichen Kurie wurde sie ihm streitig gemacht. Kurz entschlossen reiste Vinzenz nach Rom, erreichte aber nichts. Statt das Rennen aufzugeben, wollte er noch höher hinaus. Unter seinen Schülern waren Söhne einflußreicher Herren. Vinzenz ließ seine Beziehungen spielen. 1605 begab er sich nach Bordeaux. Anscheinend bemühte er sich dort bei dem ihm wohlgesinnten Herzog von Epernon, einem Onkel zweier seiner Schüler, um nichts Geringeres als um einen Bischofssitz. Der Ehrgeizige setzte alle Ersparnisse ein, doch wieder war es ein Fehlschlag.

Um seine Taler erleichtert und obendrein mit Schulden belastet, kam er nach Toulouse zurück. Hier schien ihm wieder das Glück zu winken. Er fand ein Testament vor, in dem eine Witwe ihm ihr Vermögen vermacht hatte. Allerdings hatte die Sache einen Haken: Die Erbschaft bestand aus Schuldforderungen, und der Schuldner war nach Marseille durchgebrannt. Ohne Zaudern stürzte sich Vinzenz in weitere Schulden, um dem „Taugenichts" nachreisen zu können. Er hoffte eine Summe einzuziehen, die groß genug war, seine alten und neuen Schulden zu tilgen und zugleich die Kosten für die Weiterverfolgung seiner Ambitionen zu decken. Tatsächlich gelang es ihm, den Betrüger zu packen. Er ließ ihn in den Schuldturm setzen und zwang ihn, 300 Taler in bar herauszurücken. Doch schon überfiel ihn wieder das Unglück. Lassen wir ihn selbst erzählen:

„Ich stand im Begriff, zu Land wieder abzureisen, als ein Edelmann, mit dem ich zusammen logiert hatte, mich überredete, bei dem guten Wetter mit ihm bis Narbonne zu

Schiff zu fahren. Ich tat es, um eher dort zu sein und meine Taler zu sparen oder, besser gesagt, um nie hinzukommen und alles zu verlieren. Der Wind war so günstig, daß wir am gleichen Tage die fünfzig Meilen bis Narbonne hätten zurücklegen können, wenn Gott nicht drei türkischen Brigantinen erlaubt hätte, auf uns Jagd zu machen und uns anzugreifen ... Zwei oder drei der Unsrigen wurden getötet, alle übrigen verwundet. Auch ich bekam einen Pfeilschuß, der mir für den Rest meines Lebens als Uhr dienen wird. Wir wurden gezwungen, uns den Räubern, die schlimmer als Tiger waren, zu ergeben. In ihren ersten Wutausbrüchen rissen sie unseren Steuermann in tausend Stücke, weil sie außer vier oder fünf Ruderern auch einen ihrer Führer verloren hatten. Darauf legten sie uns in Ketten, versorgten ziemlich grob unsere Wunden, machten unzählige Überfälle ... und nahmen endlich, nach sieben oder acht Tagen, mit Waren beladen, Kurs nach Nordafrika ..., wo sie uns zum Verkauf ausstellten ... Sie zogen uns bis auf die Haut aus, gaben jedem ein Paar Hosen und einen groben Leinenkittel nebst Mütze und spazierten mit uns durch Tunis ... Sie ließen uns mit der Kette um den Hals fünf oder sechs Runden durch die Stadt machen. Dann führten sie uns aufs Schiff, damit die Händler kämen und sehen könnten, wer brauchbar sei und wer nicht, und um zu zeigen, daß unsere Wunden keineswegs tödlich waren. Danach führten sie uns wieder auf den Platz, wo die Händler uns auf die gleiche Art besichtigten, wie man sie beim Kauf eines Pferdes oder Ochsen anwendet. Sie ließen uns den Mund öffnen und unsere Zähne zeigen, klatschten uns auf die Schenkel, befühlten unsere Wunden, ließen uns im Schritt, im Trab, im Galopp gehen, dann Lasten tragen, dann miteinander kämpfen, um die Kräfte eines jeden zu prüfen, und tausend andere Roheiten mehr. Ich wurde an einen Fischer verkauft, der aber bald genötigt wurde, sich meiner zu entledigen, weil ich für nichts so wenig zu gebrauchen war wie für das Meer."

Vinzenz' nächster Herr war ein alter Arzt und Alchemist, bei dem er allerlei Rezepte und Künste lernte. Nach einem Jahr geriet der Sklave in die Hände eines ehemaligen Mönchs aus Nizza, der zum Islam abgefallen war und mit drei Eheweibern auf einem Gut im glühendheißen Gebirge am Rande der Wüste hauste. Der Sklave bekehrte seinen Herrn und floh mit ihm in einem Kahn nach Südfrankreich.

In Avignon fand Vinzenz das Interesse des Vizelegaten. „Er erwies mir die Ehre seiner Liebe, und das einiger alchemistischer Geheimnisse wegen, die ich ihm beibrachte ... Er versprach, mir eine gute Pfründe zu verschaffen." So schrieb der Befreite freudig bewegt an seinen Gönner M. De Comet. Sieben Monate später schickte er einen zweiten Brief: „Ich bin in Rom. Der Vizelegat aus Avignon, der mein Weiterkommen wünscht, unterhält mich, weil ich ihm reichlich kuriose Zauberkunststückchen gezeigt habe, die ich während meiner Sklaverei bei dem alten Türken lernte ... Er will mir eine anständige Pfründe in Frankreich besorgen." Nur deshalb ließ sich der Abenteurer von dem Vizelegaten nach Rom mitnehmen, weil er hier ein Sprungbrett für seine Karriere erhoffte. In dringenden Briefen bat er seinen Gönner in der Heimat um einige Papiere, die für eine Bewerbung unerläßlich waren. Nach langer Wartezeit, die er mit Studien nutzbringend ausfüllte, erhielt er sie, doch stellte sich heraus, daß sie wegen formaler Mängel ungültig waren. Wieder zerschlugen sich alle seine Erwartungen.

1609 kam er nach Paris, ein bettelarmer Priester ohne Beziehungen, immer noch beseelt von dem Wunsch, endlich festen Boden unter den Füßen zu bekommen. In einem Vorort mietete er ein dürftiges Zimmerchen, das er, um zu sparen, mit einem Landsmann teilte. Der Strebsame hörte wieder Vorlesungen und erwarb das Lizentiat für kanonisches Recht. Doch abermals verfolgte ihn das Pech. Vinzenz wurde krank und mußte das Bett hüten. Das Tropenfieber, das er sich in seiner zweijährigen Gefangenschaft zugezogen, sollte ihm sein Leben lang zu schaffen machen. Wie er nun mit dem Gesicht zur Wand auf seinem Lager lag, brachte ihm ein Apothekenbote Medizin, suchte ein Glas und entwendete dabei unbeobachtet aus dem offenen Schrank des abwesenden Stubenkameraden einen Geldbeutel. Als der Kamerad zurückkam und sein Geld vermißte, schrie er den Kranken an, er solle das Gestohlene herausgeben. Vinzenz antwortete seelenruhig, er habe nichts genommen und auch nicht gesehen, daß einer etwas fortnahm. Der Geschädigte glaubte es nicht und bezichtigte Vinzenz öffentlich des Diebstahls. Erst sechs Jahre später bekannte der Schuldige und befreite Vinzenz von dem schimpflichen Verdacht. Ein weiterer Schlag traf den Armen, als sein Wohltäter De Comet starb. Ohne Unterstützung, ohne Empfehlung, ohne in die Augen fallende Gaben, ein schwerfälliger Mann niederer Herkunft, belastet mit schwerem Verdacht, von seinen Irrfahrten körperlich und seelisch erschöpft, gab Vinzenz es auf, Karriere zu machen. Er wollte nur noch Ruhe und ein bescheidenes Auskommen.

In dieser Stimmung schrieb er damals seiner Mutter: „Der Aufenthalt, den ich in Paris noch nehmen muß, um mein Weiterkommen zu betreiben, das mein Unglück mir zerrissen, ärgert mich, weil ich nicht zu Ihnen kommen und Ihnen helfen kann, wie ich sollte. Aber ich hoffe sehr auf Gottes Gnade, daß er meine Mühe segnen und mir bald die Möglichkeit geben wird, mich in Ehren zurückzuziehen, um den Rest meiner Tage bei Ihnen zu verbringen ... Ich wünschte, mein Bruder ließe den einen oder den anderen meiner Neffen studieren. Mein Mißgeschick und der geringe Dienst, den ich dem Hause nur erweisen konnte, nehmen ihm vielleicht den Willen. Aber er möge sich klarmachen, daß das augenblickliche Unglück ein kommendes Glück voraussetzt."

Sein Traum von Glück war bescheiden geworden: eine geruhsame, etwas banale Existenz. „Aber Gottes Hand lag auf ihm; als sei sie es überdrüssig, ihn so lange laufen gelassen zu haben, packt sie ihn hart an und führt ihn andere Wege, um dort die wenigst banale ‚Karriere' zu beginnen, die es gibt: die ‚Karriere' der heroischen Tat und der Heiligkeit" (J. Calvet).

Die Wandlung bahnt sich unmittelbar nach dem Brief an die Mutter an, auf eine merkwürdige Weise. Man würde es nicht vermuten, daß der Weg zur Heiligkeit so beginnt. In der Nähe von Vinzenz' Wohnung hatte Königin Marguerite ihre Residenz errichtet. Eines Tages lernte Vinzenz ihren Sekretär kennen, der ihm eine Stelle als Aumônier an ihrem Hofe vermittelte. Man darf sich von diesem Posten keine allzu glänzende Vorstellung machen. Die Königin hielt *mehrere* Aumôniers, deren Amt es war, die Almosen zu verteilen und für den Hofstaat die Messe zu lesen. Die Stellung brachte wenig ein, und Vinzenz, obwohl jetzt vor äußerster Not gesichert, blieb arm.

Marguerite de Valois, die geschiedene Gattin Heinrichs IV., eine Königin ohne Krone, war eine exzentrische Erscheinung, wie sie nur das Barockzeitalter hervorbringen konnte, berüchtigt wegen ihrer zahllosen verwegenen Liebesabenteuer und tollen Skandale, zugleich berühmt wegen ihrer außerordentlichen Gelehrsamkeit und Frömmigkeit. Die besten Wissenschaftler, Musiker und Dichter scharten sich bewundernd um diese Frau, die Platon auf griechisch las und fließend lateinisch sprach. Bayle charakterisierte das schillernde Treiben in ihrem prächtigen Palais mit folgenden Worten: „Es war ein Mischmasch von Buhlereien, Andachten und Studien."

Der schlichte Bauernsohn aus der Gascogne ließ sich vom Glanz des Hofes nicht blenden und verzichtete bewußt darauf, seine Dienstwohnung im Palast zu beziehen. Um so lieber widmete er sich den Aufgaben, die sein Amt erheischte, besuchte die Kranken in den Hospitälern und verteilte die Almosen der Königin, die ein Drittel ihres Vermögens den Armen zukommen ließ. Auf diese Weise wuchs Vinzenz in jene Arbeit hinein, welche die eigentliche Sendung seines Lebens werden sollte. Jetzt „fand er in sich einen noch ungehobenen Schatz: sein menschliches Zartgefühl für die Unglücklichen" (J. Calvet). Es wurde so mächtig in ihm, daß er in wenigen Wochen den Traum von Wohlhabenheit und Muße völlig vergessen hatte. Und dies, obwohl ihm plötzlich die Mittel in den Schoß fielen, ihn zu erfüllen. Er erhielt das langersehnte Benefizium, die Einkünfte einer Abtei, nicht bedeutend, doch genug, um manches zu erübrigen. Das floß aber nicht seiner Familie zu, sondern dem Hospital, das dem Palais gegenüberlag. Obendrein wurden ihm unerwarteterweise 15 000 Livres zum Geschenk gemacht, ein Vermögen. Am nächsten Tag schon gab er die ganze Summe dem Hospital.

Was war mit ihm geschehen? Er hatte aufgehört, an sich zu denken. Aber erinnerte er sich nicht mehr seiner armen Verwandten? Doch. Aber sie hatten ihr, wenn auch bescheidenes, Auskommen. Die Elenden von Paris standen ihm jetzt näher. Ungeachtet seiner früheren Absichten und Versprechen, der Erwartungen seiner Geschwister, ja der allgemeinen Gepflogenheit des damaligen Klerus lehnte er es ab, der Familie finanziell unter die Arme zu greifen. Auch den Gedanken, sich in der Heimat niederzulassen, wies er jetzt weit von sich. Nur ein einziges Mal noch in seinem Leben, 1623, kehrte er zu einem kurzen Besuch in sein Heimatdorf zurück und begrüßte seine Angehörigen. „Acht oder zehn Tage hatte ich bei ihnen zugebracht, um ihnen die Wege ihres Heils zu zeigen und sie von der Begier nach Unterstützung frei zu machen. Ich ging so weit, ihnen zu sagen, daß sie von mir nichts zu erwarten hätten, ja daß, hätte ich Koffer voll Gold und Silber, ich ihnen nichts geben würde, weil ein Geistlicher, der etwas besitzt, es Gott und den Armen schuldet ... Am Tage meiner Abreise fiel es mir so schwer, meine armen Verwandten verlassen zu müssen, daß ich auf dem ganzen Weg nichts tat, als weinen ... Dem folgte der Gedanke: Du sollst ihnen helfen, ihnen ein besseres Leben verschaffen." Vinzenz überwand diese Anwandlung, die er als eine Versuchung empfand. Doch gelang es ihm, „zugleich seine Zärtlichkeit für die Seinen und seine Liebe zur Armut zu befriedigen": Zugunsten seiner Verwandten verzichtete er auf sein väterliches Erbe.

Sein Amt als Almosenpfleger der Königin gab nur den äußeren Anstoß zu Vinzenz' tiefgreifender Wandlung. Innerlich wurde sie gefördert durch die Schriften des heiligen Franz von Sales, den er später persönlich kennenlernte, vor allem durch den unmittelbaren Einfluß Bérulles. Ausgezeichnet in vielerlei Hinsicht, Aristokrat, Staatsmann, Diplomat, Gelehrter und Mystiker zugleich, vor allem ein Heiliger, besaß Bérulle alle Eigenschaften, die Vinzenz fehlten, in vollkommener Weise. Kein Wunder, daß Vinzenz bei der ersten Begegnung von ihm hingerissen war und ihn zum Führer wählte. Bérulle hatte im Geiste Filippo Neris den französischen Zweig der Oratorianer gegründet, war deren erstes Oberhaupt und wurde so ein Bahnbrecher der Kirchenreform in Frankreich. Ein Jahr weilte Vinzenz bei ihm als Schüler. Von ihm lernte er das unbedingte Vertrauen auf die göttliche Vorsehung. In diesem Vertrauen begann Vinzenz von jetzt an seine erstaunlichen Werke, die bald die Welt umspannten.

Sie entstanden keineswegs nach einem von ihm vorher geplanten Programm. Sie beruhten nicht einmal immer auf seinen eigenen Ideen. Nie hat er sie gesucht, stets wartete er, bis ein Wink ihn rief. Hellhörig lauschte er auf die Signale der Vorsehung, der er in wacher Bereitschaft zur Verfügung stand. Er handelte, sobald sich eine Gelegenheit bot. Eine „zufällig" erfahrene örtliche Not, der Wunsch eines Freundes, die Bitte eines Bischofs – solche Anlässe genügten, um Vinzenz in Bewegung zu bringen. Keine stürmischen Aktionen begann er dann, sondern bedächtige Versuche. Es fiel ihm nicht ein, weltweite Institute zu gründen, er wollte nur lokale Bedürfnisse befriedigen. Als aus diesen kleinen Anfängen wie von selbst die großen Werke gewachsen waren, versicherte er immer wieder, nicht er, sondern Gott habe sie gegründet. Er habe „nie daran gedacht". Er habe „ganz schlicht und einfach" getan, was gerade zu tun war. Die Anfänge geschahen ohne Aufsehen, ohne Hast, ohne Überstürzung. Man muß erst Erfahrungen sammeln, denn sonst könnte das Werk mißlingen. Man muß langsam Schritt für Schritt gehen, denn so kommt man am schnellsten zum Ziel. Man muß warten, bis die Dinge reif sind, gepflückt zu werden, denn in Geduld wird man die Seele besitzen, und diese Tugend des Bauern ziemt auch dem Priester. In solch zögerndem Vortasten spielte Vinzenz seinen Willen auf den Willen der Vorsehung ein, die seiner Meinung nach „nie etwas von uns fordert, was der Vernunft widerstreitet": „Es ist nicht nötig, der Vorsehung vorauszueilen. Aber sobald die Vorsehung den Weg geöffnet hat, braucht man nicht mehr im Schritt zu gehen, sondern sollte laufen." So setzte Vinzenz, was er zaghaft begonnen, kühn und zäh fort. Er scheute sich nicht, Prozesse zu führen, um gewisse Ansprüche durchzusetzen, brachte es aber auch fertig, verlockende Angebote, die man ihm zum Nutzen seiner Werke machte, zurückzuweisen, denn „die Übereinstimmung mit dem Willen Gottes ist ein größeres Gut als jeder zeitliche Vorteil". Einen so standhaft auf Gott bauenden Menschen konnten Sorgen und Enttäuschungen nicht zermürben.

Diese Haltung war es, die Vinzenz' mannigfachen karitativen Werken Dauer und Einheit verlieh. Hinzu kam, daß Vinzenz alles so absichtslos und scheinbar zufällig Begonnene bald in bewunderungswürdiger Weise organisierte. Bewunderungswürdig, weil er die Organisation nicht als ein starres System den Dingen aufzwang, sondern aus den Anforderungen der Lage entwickelte und den jeweiligen besonderen Verhältnissen anzupassen verstand. Bewunderungswürdig vor allem deshalb, weil er alle Organisation vom Geiste glühender Liebe getragen und beseelt sein ließ. Vinzenz' Liebe war nicht die allgemeine, gefühlsmäßige Menschenliebe der Humanität, sondern christliche Liebe. Er liebte den Menschen um Gottes willen, und zwar den einzelnen Menschen, so wie er ihm begegnete. Wie schwer fällt es uns, in dieser widerwärtigen Person da, in diesem Lasterhaften, in diesem Schurken das göttliche Ebenbild, die unsterbliche Seele, das Kind Gottes, den Bruder in Christo, ja Christus selbst zu sehen und ihn wirklich von Herzen als unseren Nächsten zu lieben wie uns selbst! Und doch ist diese Liebe das höchste Gebot und die Summe christlicher Sittlichkeit. Vinzenz besaß sie in vollkommener Weise. Seine Liebe kam aus dem Herzen, überließ sich aber nicht dem Überschwang blinder Gefühle, sondern paarte sich mit nüchternem Wirklichkeitssinn und Menschenkenntnis. Er kannte die Gaunerei und Niederträchtigkeit arbeitsscheuer Kunden, welche die Großherzigkeit milder Menschen mit schamloser Berechnung auszunutzen pflegen. Sein Mitleid wußte klug zu unterscheiden und gab jedem das, wessen er bedurfte: dem einen Arbeit, dem andern Almosen. Er bemühte sich nicht bloß um die leiblichen, sondern zugleich um die seelischen Nöte. Als Realist hatte er stets die ganze Wirklichkeit und all ihre Erfordernisse vor Augen. Deshalb wußte er, daß es zwecklos ist, dem Hungernden das Evangelium zu predigen, bevor man ihn gesättigt hat, aber auch, daß es dem Menschen wenig nützt, wenn man seinen Leib aufrichtet, seine Seele aber darniederliegen läßt. „Lieben wir Gott, aber auf Kosten unserer Arme und im Schweiße unseres Angesichts!" Indem Vinzenz von Paul nach dieser Losung handelte, wurde er nach Wicherns Urteil auf dem Gebiete der Karitas „der Unerreichte in allen Landen".

Der Wille der göttlichen Vorsehung – das war für Vinzenz in diesen ersten Jahren der Wille Bérulles. Auf sein Geheiß nahm er die arme Landpfarre Clichy; auf sein Geheiß verließ er sie nach einem Jahre wieder und ging in das Haus des Grafen Gondi, des Oberbefehlshabers der königlichen Flotte. Dieser mächtige Herr stellte den Zweiunddreißigjährigen als Erzieher seiner Söhne und als Seelsorger seiner Untergebenen an. Seine Gemahlin wählte Vinzenz zum Seelenführer. Übergewissenhaft, wagte sie vor lauter Ängstlichkeit keine selbständige Entscheidung mehr und klammerte sich krampfhaft an ihren Beichtvater an, der ständig in ihrer Nähe sein mußte. Vinzenz suchte die Skrupulantin von sich abzulenken, indem er ihr riet, sich der Armen und Kranken auf ihren Gütern tätig anzunehmen. Mit ihr zusammen besuchte er die Landsitze der Familie Gondi. Dabei stellte er fest, daß die Dorfleute in religiöser Hinsicht sehr vernachlässigt waren. Bestürzende Erfahrungen veranlaßten Vinzenz, 1617 eine Volksmission abzuhalten. Sie hatte einen überwältigenden Erfolg. Hier wartete ein Arbeitsfeld, das seinen Tatendrang herausforderte. Die leeren Konversationen im Salon dagegen ödeten ihn an, die tägliche Lektion empfand er als eine ihm ungemäße Aufgabe. Daher nahm er, als Bérulle ihm die freigewordene Pfarre von Châtillon-les-Dombes anbot, ohne Zögern an und verließ die Gondis.

Er fand eine Gemeinde, die völlig aus den Fugen war. Die Hälfte der Bewohner waren Hugenotten geworden. Kirche und Krankenhaus lagen verwahrlost. Es gab weder Unterricht noch Predigt. Dabei lebten sechs Geistliche am Ort; doch sie kümmerten sich nur um ihr Einkommen, lungerten in den Kneipen herum und lebten mit fragwürdigen Haushälterinnen zusammen. Vinzenz nahm Wohnung in einem Privathaus, verzichtete auf eine Magd und besorgte alle häuslichen Arbeiten selbst. Die Leute staunten, daß auf einmal die Kirche wieder in guter Ordnung war und daß ihr neuer Pfarrer regelmäßig zelebrierte und predigte. Das Gotteshaus füllte sich wieder, die verlotterten Priester besannen sich wieder auf ihre Pflichten, die Lauen wurden wieder eifrig, kurz – Vinzenz' Beispiel zündete. Selbst hartnäckige Sünder bekehrten sich, einzig von der Kraft seiner Güte überwältigt. So heilte er einen duellwütigen Baron so gründlich von seiner Leidenschaft, daß er seinen Degen zerbrach und den Rest seines Lebens Werken der Barmherzigkeit widmete.

Auffällig ist, daß zahlreiche Hugenotten zur katholischen Kirche zurückkehrten. Einer der ersten war der kalvinistische Bürger, bei dem Vinzenz wohnte. Diese Erfolge errang Vinzenz nicht durch Diskussionen. Davon hielt er wenig: „Wenn man mit jemandem disputiert, so merkt dieser, daß man die Oberhand behalten will. Darum bereitet er sich eher zum Widerstand vor als zur Erkenntnis der Wahrheit." Vinzenz überzeugte die Protestanten nicht durch Worte, sondern durch Taten, durch die Heiligkeit seines Lebens. Übrigens sah er in den Andersgläubigen nicht Feinde, sondern Brüder: Er verabscheute es, ihnen unduldsam gegenüberzutreten, vielmehr näherte er sich ihnen mit menschlichem Verständnis, Hochachtung, Gerechtigkeit und Liebe. Diese loyale Haltung, uns heute selbstverständlich, war in jener Zeit der erbitterten Religionskriege und der wüsten Streitschriften etwas Neues und Ungewohntes. Als Vinzenz später Oberer einer Kongregation war, untersagte er seinen Priestern, mit händelsüchtigem Geiste die strittigen Fragen auf der Kanzel zu behandeln, den evangelischen Pfarrern mißtrauisch zu begegnen und die Protestanten irgendwie zu verletzen. Auch legte er es keineswegs darauf an, Proselyten zu machen. Er bremste den Bekehrungseifer seiner Missionare und wiederholte ihnen, daß es ihre Aufgabe sei, die Fehler der *Katholiken* zu bessern, nicht die der Protestanten.

Den Priestern im überwiegend evangelischen Sedan schrieb er: „Sie werden sagen: Kann ich einen Katholiken von einem Protestanten bedrängt sehen, ohne mich für ihn zu verwenden? Ich antworte, daß diese Bedrängnis sicher nicht grundlos ist und daß sie um irgendeiner Sache willen geschieht, die der Katholik dem Hugenotten vielleicht schuldet oder einer Beleidigung oder Schädigung wegen, die er ihm zugefügt hat. Setzen wir nun einen dieser beiden Fälle: Ist es da nicht richtig, daß der Hugenotte sein Recht fordert? Ist der Katholik weniger richtbar, bloß weil er Katholik ist, oder haben Sie mehr Ursache, sich in seine Angelegenheiten zu mischen, als unser Herr hatte, die Angelegenheiten des Mannes, der sich bei ihm über seinen Bruder beschwerte, nicht zu berühren? Ja, aber die Richter sind doch Hugenotten! Das ist richtig, aber sie sind auch Rechtsgelehrte und urteilen nach den Gesetzen, Sitten und Verordnungen, und außer zu ihrem Gewissen bekennen sie sich zur Ehre ... Ich muß Ihnen sagen, daß ich durchaus dagegen bin, daß Sie sich da einmischen."

In Châtillon-les-Dombes hörte Vinzenz eines Sonntagmorgens, daß in einem abgelegenen Gehöft alle krank lagen und in unbeschreiblicher Verwahrlosung. Niemand sei imstande, den andern zu helfen. In seiner Predigt rief Vinzenz die Gemeinde zur Hilfe auf. Sofort machten sich Scharen von Frauen mit Lebensmitteln auf den Weg. Es galt, diesen Strom von Hilfsbereitschaft sinnvoll zu lenken. Also beriet Vinzenz mit den Frauen, wie das Hilfswerk am besten zu organisieren sei. Um zu verhindern, daß die Kranken jetzt Überfluß hätten und dann wieder darbten, regte er an, die Frauen sollten sich verabreden, abwechselnd den Suppentopf hinzutragen. Auch sollte die Wohltätigkeit sich nicht dieser einen Familie allein zuwenden, während andere Bedürftige unversorgt blieben. Nachdem er drei Monate lang Erfahrungen gesammelt, schrieb er eine Satzung und gründete eine Karitasbruderschaft, die nur arme Kranke zu betreuen hatte. Er ahnte nicht, daß er damit einen Baum gepflanzt hatte, der sich weit verzweigen sollte.

Es spricht für die außerordentliche Anziehungskraft und Beliebtheit unseres Heiligen, daß die Gondis, höchst unglücklich über Vinzenz' Fortgang, alle Hebel in Bewegung setzten, den unentbehrlich gewordenen Seelsorger in ihr Haus zurückzuholen, und daß, als es ihnen durch Bérulles Vermittlung endlich gelang, im fassungslosen Châtillon sich herzzerreißende Abschiedsszenen abspielten.

Graf Gondi war General der Galeeren. Die Kriegsschiffe brauchten Ruderer. Man nahm dazu Kriminelle. Sie wurden wie Tiere behandelt und oft viel länger auf der Ruderbank festgehalten, als die Strafe dauern sollte. Ehe sie zu einem der Seehäfen transportiert wurden, hielt man sie in Pariser Gefängnissen eingesperrt. Vinzenz hörte von den grauenhaften Zuständen dort und ging hin, sich selbst davon zu überzeugen. Was er sah, übertraf alle Gerüchte.

In düsteren Verliesen, deren feuchtgrüne Gewölbe vom Schimmel überzogen waren, oder in vergitterten Zellen, durch deren scheibenlose Fenster wenig Licht, doch Wind, Schnee und Regen hereindrangen, lagen die halbnackten Galeerensklaven zusammengepfercht, mit Halseisen an die Mauer gefesselt, mit anderthalb Zentner schweren Ketten beladen, von Ungeziefer bedeckt, von Ratten, Fledermäusen und Spinnen umwimmelt, die Bärte bis zum Bauch hinabgewachsen, vor Hunger ihr Stroh fressend, bald vor Wut schäumend, bald in einem Anfall von Wahnsinn ein furchtbares Gelächter ausstoßend. Es war die Hölle. Monatelang kümmerte sich niemand um die Verdammten. Manche verstümmelten sich, um für den Dienst auf den Galeeren unbrauchbar zu sein. Andere zerschlugen sich den Kopf auf den Steinen.

Wie staunten die Gefangenen, als Vinzenz zu ihnen niederstieg, ihre gräßlichen Flüche überhörte, mit einem wehen Lächeln ihnen die Arme entgegenstreckte, sie seine Freunde, seine Kinder nannte, mit behutsamen Händen ihre Wunden verband, das Ungeziefer von ihrer Haut entfernte und ihnen Speis und Trank eingab! Er setzte sich zu ihnen, als ob er nichts anderes zu tun hätte. Er versprach wiederzukommen und stürzte zitternd vor Erregung zu Gondi, um ihm die Zustände, in denen seine Untergebenen körperlich und geistig verfaulten, schonungslos zu melden. Diese vertierten Menschen mußten jeden Glauben an Gott verlieren. Auch sie hatten eine unsterbliche Seele. Wollte der Galeerengeneral es verantworten, daß sie in Haß und Verzweiflung zugrunde gingen? Vinzenz appellierte an seine Barmherzigkeit und Ehre, besser für sie zu sorgen und nicht zuzulassen, daß sie ohne Hilfe und Trost seien.

Tatsächlich bevollmächtigte der General den Priester, alle Maßnahmen zu treffen, die das Los der Sträflinge erleichtern konnten. Vinzenz setzte ein großes, gesundes Haus in der Vorstadt instand, holte die Gefangenen aus ihren stinkenden Löchern und brachte sie dort unter. Er pflegte, unterwies und tröstete sie. Manche in der Pariser Gesellschaft hielten Vinzenz für verrückt, weil er glaubte, Räuber und Mörder, den Auswurf der Menschheit, bessern zu können. Doch der Erfolg gab ihm recht. Die Verbrecher zeigten sich erschüttert, viele bereuten, mancher bekehrte sich. Der Hof sah es und nannte Vinzenz staunend „charmeur des tigres", Bezauberer von Tigern. Eine Zeitlang wurde es Mode, die Kerker zu besuchen, um sich von den schönen Resultaten dieses Monsieur Vincent zu überzeugen. Vinzenz, den seine Liebe stets erfinderisch machte, nutzte das erwachte Interesse und rief das allgemeine Mitleid auf zu einem Hilfswerk für diese Unglücklichen. Die großen Damen öffneten ihre Schatullen; der Bischof von Paris empfahl die Sträflinge seinen Diözesanen; Gondi beschloß, das Hilfswerk von der Hauptstadt aus auf alle Bagnos in der Provinz auszudehnen; und der König ernannte 1619 den Urheber dieser Bewegung zum General-Almosenier der Galeeren, dem die gesamte Seelsorge auf den Schiffen unterstand. Das neue Amt veranlaßte Vinzenz, alle Bagnos des Königreiches zu besichtigen. Er ging nach Marseille, wo der Bau eines Hospitals für kranke Galeerensträflinge begonnen wurde, und nach Bordeaux, wohin er gleich zwanzig Geistliche zur Galeerenseelsorge mitnahm. Es ist nicht ausgeschlossen, daß er die Schiffe Gondis auf ihrer Expedition gegen die türkischen Korsaren im Mittelmeer begleitete.

Die Rudermannschaft einer Galeere bestand aus 250 Sträflingen, die Tag und Nacht mit ihrem linken Fuß an der Ruderbank angekettet waren. Bei Tag bedienten sie zu je fünf Mann die siebzehn Meter langen Ruder, angefeuert durch die Antreiber, deren Ochsenziemer und Peitschen unaufhörlich auf ihre nackten Rücken niedersausten. Bei Nacht schliefen sie zerschlagen auf den Planken zwischen den Bänken. Vinzenz schob sich durch die Reihen der Sträflinge, sah jedem in die Augen, hörte geduldig ihre Klagen, liebkoste ihre abrasierten Schädel und umarmte sie unter Worten von einer Milde, die sie weich machte. Solange er da war, wagte niemand, seine „Kinder" zu schlagen, deshalb blieb er solange wie möglich. Ehe er ging, mahnte er die Stockmeister und Rudermeister, die armen Kerle schonend zu behandeln.

Der zeitgenössische Biograph Louis Abelly berichtet, der inkognito in Marseille angekommene Vinzenz habe eines Tages auf einer Galeere einen Sträfling bemerkt, der verzweifelte, weil man ihn soeben von Frau und Kindern losgerissen. In einer plötzlichen Eingebung habe Vinzenz mit dem Unglücklichen getauscht und sich statt seiner an die Ruderbank anschmieden lassen. Dem Befreiten sei die Flucht gelungen. Collet meldet ergänzend: „Erst nach einigen Wochen wurde Vinzenz erkannt; es wäre nicht so bald geschehen ohne die Komtesse de Joigny. Diese war beunruhigt, da sie überhaupt keine Nachricht mehr von ihm erhielt, und stellte Nachforschungen an, denen sich zu entziehen ihm nun schwierig wurde. In Marseille erinnerte man sich an dieses Ereignis noch zwanzig Jahre später." Von den neueren Biographen haben einige diese heroische Tat nicht glauben wollen und sie für eine Erfindung oder ein Mißverständnis erklärt; andere aber halten an ihrer Möglichkeit fest. Gegen Ende seines Lebens wurde Vinzenz gefragt, ob die Wunden an seinen Beinen von den Ketten herrührten, die er freiwillig auf sich genommen hatte, als er den Platz jenes Sträflings einnahm. Der Bescheidene lächelte nur und brachte das Gespräch auf etwas anderes. Wie entrüstet hätte er die Vermutung abgestritten, wenn sie falsch gewesen wäre! Es widerstrebte seiner Demut, die Sache einzugestehen, seiner Wahrheitsliebe, sie zu leugnen. Doch dieses Lächeln und dieses Schweigen sind, wie Henri Lavedan sagt, das rührendste Geständnis.

Als Seelsorger der Herrschaftsgebiete der Gondis hielt Vinzenz weitere Volksmissionen an verschiedenen Orten. Um die großen Erfolge zu befestigen, gründete er überall eine Bruderschaft zur Pflege der Armen und Kranken nach dem Muster der Charité zu Châtillon-les-Dombes. Madame de Gondi schlug Vinzenz vor, die Mission zu einer ständigen Einrichtung zu machen und zu diesem Zweck einige Priester um sich zu scharen. Nach allerlei Schwierigkeiten war endlich ein baufälliges Haus gefunden, das den Missionspriestern als Heim und Stützpunkt zugewiesen wurde. 1625 hinterlegte die Familie Gondi 45 000 Franken zu Vinzenz' treuen Händen. Dafür sollte er Jahr um Jahr sechs Priester für die Mission auf dem Lande ausbilden. Zwei Monate nach diesem Kontrakt starb Frau von Gondi unter dem Beistand ihres Seelenführers. Ihr Gemahl trat in das Oratorium Bérulles ein.

Die junge Missionskongregation erlebte gleich in ihren ersten Anfängen verdrießliche Auseinandersetzungen mit Gegnern. Sie wurde von den Pariser Pfarrern mißtrauisch betrachtet. Doch Vinzenz beruhigte die Herren: Nicht Pfründen wünschten sie, sondern Arbeit. Auch in Rom gab's Widerstände. Erst vierzehn Jahre nach ihrer Gründung wurde die Mission vom Papst bestätigt. Trotz aller Hindernisse gedieh das Werk. Die Kongregation wuchs, wurde bekannt, und bald wurden die Missionare überallhin von Bischöfen angefordert. Sie folgten willig jedem Ruf, packten ihre Habseligkeiten auf einen Handkarren, zogen zu Fuß in ein Dorf und predigten dort zwei oder drei Monate, wenn man jene vertraulichen Gespräche über die elementarsten Dinge der Religion überhaupt Predigten nennen will. Jede Mission gipfelte in Generalbeichten der ganzen Gemeinde; jede ließ eine wohlorganisierte Karitasbruderschaft, vielleicht auch einen Kindergarten oder eine Schule, am Ort zurück. Nach und nach wurden so die Dörfer ganz Frankreichs geistig erneuert. Denn die Mission, die in der Umgebung von Paris klein begonnen hatte, dehnte sich allmählich auf andere Provinzen, ja schließlich auf fremde Länder aus.

1631 gründete Vinzenz ein Haus in Rom, dessen Priester in der Campagna, in Genua, Turin und auf Korsika mit großem Erfolg wirkten. Die Königin von Polen ehemaliges Mitglied der Pariser Karitasbruderschaft, berief die Missionare nach Warschau und führte alle vinzentinischen Werke und mit ihnen die katholische Reformbewegung in ihr Land ein. Vinzenz erlebte aus der Ferne mit, wie Priester und Schwestern sich in Pest und Krieg heroisch für die Notleidenden aufopferten und alle ihre Häuser durch die brandschatzende schwedische und russische Soldateska verloren. Bis nach Irland und Schottland, zu den Oreaden und Hebriden schickte der Unentwegte seine Missionare, mußte sie aber vor den Gewalttätigkeiten der Truppen Cromwells zurückziehen. Als Ludwig XIII. ihn bat, Priester zu den Christensklaven in Nordafrika zu entsenden, sagte er gern zu, hatte er ja die Leiden der Gefangenschaft am eigenen Leib erfahren. Doch auch in Algier und Tunis gab es Hindernisse und Reibereien. Hier opferte die Kongregation ihre ersten Märtyrer. Vinzenz aber blieb unermüdlich, das Los der Sklaven zu erleichtern. Um eine Verbindung zwischen den Gefangenen und ihren Angehörigen daheim zu schaffen, gründete er eine Post und eine Bank. Er dachte sogar daran, die Christen aus den Händen der Sarazenen mit Gewalt zu befreien, verhandelte deswegen mit Mazarin, dem König und dem Generalleutnant Paul und brachte ein militärisches Unternehmen gegen Algier zustande. Paul belagerte die Stadt mit seinem Geschwader, konnte sie aber nicht nehmen. Vinzenz war über dem mißlungenen Zug gestorben. Erst 1830 hat Frankreich seinen Traum verwirklicht und dem Piratentum und der Sklaverei ein Ende gemacht, indem es Algier eroberte.

Als man von Vinzenz Missionare für Madagaskar verlangte, war er auch dazu bereit. Ja, er glaubte, man müsse sich beeilen, dem Christentum neue Reiche zu erobern, denn über kurz oder lang werde Frankreich abgefallen sein. Obwohl ein Missionar nach dem andern dem mörderischen Klima, Eingeborenenaufständen, Schiffbrüchen oder Seeräubern zum Opfer fiel, schickte er, als sei nichts geschehen, zuversichtlich immer wieder neue Kräfte, um die Toten zu ersetzen. Kein Schicksalsschlag konnte ihn entmutigen. In Paris erzog er persönlich vier kleine Neger von Madagaskar, um aus ihnen Apostel für die Insel zu machen. Bis zuletzt sorgte er sich um jenes ferne Land. Noch kurz vor seinem Tode beschwor er die Seinen: „Manch einer der Gesellschaft wird sagen, man solle Madagaskar aufgeben. Das Fleisch und Blut reden diese Sprache, man solle niemanden mehr hinschicken, aber ich bin sicher, der Geist redet anders. Wie, meine Herren, sollen wir unseren guten Monsieur Bourdaise (Missionar auf Madagaskar) allein lassen? Ich bin sicher, daß der Tod jener Herren doch einige erstaunt. Gott hat sechstausend Menschen aus Ägypten geholt, ungerechnet Frauen und Kinder, um sie ins Land der Verheißung zu führen. Und doch sind von dieser großen Zahl nur zwei dorthin gelangt ... Gott hat unsere Brüder in jenes Land gerufen, und so sterben eben die einen auf dem Wege und die andern bald nach der Ankunft. Meine Herren, angesichts dessen haben wir das Haupt zu beugen und die wunderbare und unbegreifliche Führung unseres Herrn anzubeten. Waren sie nicht von Gott gerufen? ... Ich bitte Sie, liegt dort nicht eine wahre Berufung? Meine Herren und meine Brüder, sollte es, nachdem wir das wissen, möglich sein, daß wir so feigen Herzens wären, diesen Weinberg des Herrn aufzugeben, wohin seine göttliche Güte uns gerufen hat – bloß weil fünf oder sechs gestorben sind? Und sagen Sie mir, wäre das nicht eine schöne Armee, die, weil sie zwei- oder drei-, vier- oder fünftausend Mann verloren hat, alles im Stich läßt? Ein schöner Anblick wäre eine solche Armee – feige und fliehend! ... Eine schöne Missionsgesellschaft, die das Werk Gottes fünf oder sechs Toter wegen verließe! Feige, am Fleisch und am Blut hängende Gesellschaft! Nein, ich glaube niemals, daß auch nur ein einziger der Gesellschaft so wenig Mut hat und nicht sofort bereit ist, die Plätze der Toten auszufüllen. Ich zweifle nicht, daß die Natur am Anfang etwas zittert. Aber der Geist behält die Oberhand und sagt: Ich will es. Gott hat mir diesen Wunsch gegeben. Nichts wäre imstande, mich diesen Entschluß aufgeben zu lassen."

Im Jahre 1632 wurde Vinzenz St. Lazare angeboten, ein weitläufiger Gebäudekomplex mit ansehnlichem Grundbesitz. Im Augenblick diente das Haus als Anstalt für entgleiste Jungen und Geisteskranke. Ein Ordensoberer, dem es um Repräsentation zu tun ist, hätte freudig zugegriffen. Anders Vinzenz: „Ihr Vorschlag erschreckt mich. Er geht so hoch über unsere Pläne hinaus, daß ich gar nicht wage, ihn zu überlegen. Wir sind arme Priester. Wir leben in völliger Anspruchslosigkeit. Wir sind erst im Werden und nur eine Handvoll Leute. Wir wollen nicht großartig hervortreten." Dreißigmal kam der Stifter auf seinen Vorschlag zurück, um Vinzenz zur Annahme des Geschenkes zu bewegen. Vinzenz' Weigerung mutet geradezu bockig an. Doch ist sie bezeichnend für seine Vorsicht. Er hatte seine Gründe: Das Haus war zu groß, seine Ausstattung zu vornehm, seine Unterhaltung zu kostspielig. Er fürchtete, seine Gesellschaft könnte hier den Geist der Demut verlieren und zugleich in wirtschaftliche Schwierigkeiten geraten. Nur das Drängen seiner Freunde bestimmte Vinzenz, endlich einzuwilligen. Bald schon erwies sich St. Lazare eher als zu klein. Es wimmelte in ihm wie in einem Bienenkorb. Es wurde Mittelpunkt eines weithin ausstrahlenden religiösen Lebens.

Was aber nützten alle Volksmissionen, solange es an eifrigen und gutausgebildeten Seelsorgern mangelte! Aus Erfahrung kannte Vinzenz den geistigen und sittlichen Tiefstand des Klerus. Pflichtvergessene Priester konnten die Früchte der Mission nicht erhalten. Man mußte das Übel an der Wurzel bekämpfen: Die Kirche mußte zuerst in den Priestern erneuert werden, und zwar in den jungen Priestern und Priesteramtskandidaten. Für sie veranstaltete er in St. Lazare Exerzitien, die bald durch den Erzbischof von Paris verpflichtend gemacht und in anderen Diözesen Frankreichs und des Auslandes nachgeahmt wurden. Sie waren so erfolgreich, daß bald auch Laien daran teilnahmen, jedesmal mehr als achthundert. Diese vierzehntägigen Kurse waren freilich nur ein Behelf. Eine wirkliche Ausbildung des Klerus konnte nur ein längerer Aufenthalt ermöglichen. Vinzenz ging deshalb dazu über, Seminarien zu gründen, die es bis dahin in Frankreich noch nicht gegeben hatte. So wurde St. Lazare das erste französische Priesterseminar und Vorbild für die folgenden.

Es kam Vinzenz nicht darauf an, Wissenschaftler und große Theologen auszubilden, sondern fromme und fleißige Pfarrgeistliche. Deshalb waren seine Seminare nicht Schulen der Gelehrsamkeit, sondern der Seelsorgepraxis. Großen Wert legte Vinzenz darauf, die rechte Verkündigung des Wortes zu lehren. Die Kanzelredner jener Zeit prunkten mit entlegenem gelehrtem Wissen, häuften gesuchte Zitate aus antiken Autoren und ließen ganze Feuerwerke von Figuren abprasseln, um ihre Eitelkeit am Ah! und Oh! der Zuhörerschaft zu befriedigen. Vinzenz griff diese gezierte Eloquenz mit Spott und Ironie an. Mit hohlen Phrasen haschten jene Prediger nach Effekt: „Und wozu das? Auf was ist es abgesehen? Wollen Sie es wissen, meine Brüder? Auf sich selber. Man soll von ihnen reden, man sucht Lobsprüche, man verlangt von Erfolg zu hören, daß wir wahre Wunder wirkten, daß man uns in den Himmel hebe. Das ist der Punkt, das Ungeheuer, der türkische Affe. Menschliche Erbärmlichkeit! Verfluchter Stolz! . . . Das heißt sich selber predigen, nicht Jesus Christus und für die Seelen . . . Was soll all diese Prahlerei? Will einer zeigen, daß er ein guter Redner ist, ein guter Theologe? . . . Seine Predigt erhobenen Tones vorzutragen nach Art eines schwülstigen Redners, der hoch über die Köpfe wegredet – erreicht diese Art von Predigern ihr Ziel? Sprechen sie überzeugend von der erbarmenden Liebe? Ist das Volk ergriffen? Kommt es hinterher zur Beichte? Nicht im geringsten." Was Vinzenz statt dieser pomphaften Barock-Rhetorik vorschlug, nannte er, „die kleine Methode": In vertrauter Sprache, die der geringste der Zuhörer verstehen kann, und mit Beispielen, die aus ihrer Arbeitswelt stammen, soll der Priester den Gläubigen sagen, worin die Tugend besteht und wie man sie erlangen kann. Er soll nicht mit theatralisch donnernder Stimme, sondern in ruhigem Unterhaltungston sprechen. Einem Missionspriester schrieb er: „Ich höre, Sie wenden so viel Kraft auf, wenn Sie zum Volk reden, und das schwäche Sie sehr. Im Namen Gottes, Monsieur, haushalten Sie mit Ihrer Gesundheit und mäßigen Sie Ihre Worte und Gefühle! Ich habe Ihnen früher gesagt, unser Herr segne die in vertraulich-einfachem Ton gehaltenen Reden, weil er in dieser Weise gelehrt und gepredigt hat, und weil diese natürliche Redeweise leichter ist als die andere, gezwungene. Das Volk schätzt sie höher und hat mehr davon."

Eine weitere höchst segensreiche Einrichtung schuf Vinzenz mit den Dienstagskonferenzen für den Pariser Klerus. Sie entwickelten sich aus zwanglosen freundschaftlichen Zusammenkünften in St. Lazare zu regelmäßigen Arbeitsgemeinschaften, die der gegenseitigen Anregung dienten. Während die Kongregation der Missionspriester, die man nach ihrem Mutterhause auch Lazaristen nannte, sich der *ländlichen* Seelsorge widmete, nahm sich die Dienstags-Gesellschaft des Apostolates in den *Städten* an. Bald gab es Konferenzen in vielen Großstädten Frankreichs. So wurde Vinzenz „das nationale Oberhaupt einer Priesterelite" (J. Calvet), die einen neuen Geistesfrühling in diesem Lande herbeiführte. Von 250 Teilnehmern der Dienstags-Konferenzen gingen bis zu Vinzenz' Tode zweiundzwanzig von ihm vorgeschlagene Bischöfe hervor.

Mit St. Lazare übernahm Vinzenz eine weitere Aufgabe: die Irrenfürsorge. „Wir haben sie nicht gesucht, sie ist uns von der Vorsehung gegeben." Als man daran dachte, die Geisteskranken anderswo unterzubringen, führte er ihretwegen sogar einen Prozeß, weil er überzeugt war, daß sie bei ihm besser aufgehoben seien. Seinen Priestern zeigte er mit eindringlichen Gründen den Sinn dieser Tätigkeit: „Es ist nichts Geringes, wenn man glaubt, man sei für solche Betroffene bestimmt, denn man erweist Gott einen Gefallen. Ja, es ist eines der Werke, die ihm am angenehmsten sind . . . Unsere Regel ist unser Heiland selber, der sich umgeben wollte mit Irren, Besessenen, Tollen, Verrückten . . . Von allen Seiten brachte man sie zu ihm, damit er sie befreie und heile, was er mit großer Güte tat. Warum wären wir also zu tadeln, daß wir versuchen, ihn nachzuahmen in einem Tun, das ihm, wie er bezeugt hat, selbst wohlgefiel? Hat er die Geisteskranken und Wahnsinnigen empfangen, warum sollten wir es nicht tun? Wir werden sie nicht suchen. Man bringt sie zu uns." Medizinhistoriker haben in archivalischen Forschungen die Bedeutung unseres Heiligen auf diesem Gebiete erwiesen, und Professor Werner Leibbrand hat in seinem umfangreichen Werk über Vinzenz von Paul dessen Verdienste um die Psychiatrie dargestellt. Leibbrand rückt „die besondere praktisch ärztliche Begabung dieses großen Mannes ins rechte Licht geschichtlichen Zusammenhangs" und kommt zu dem Ergebnis: „Seine irrenärztlichen Bestrebungen sind lange vor dem Zeitalter der sogenannten Aufklärung und Humanität eine Befreiungstat." Leibbrand nennt Vinzenz „den großen Irrenreformator des siebzehnten Jahrhunderts" und rühmt seinen „genialen, der Zeit weit vorauseilenden Blick für die Organisation der Irrenpflege". Wir wissen, daß Vinzenz eine beachtliche medizinische Bibliothek besaß, die neben den Klassikern der alten Medizin moderne Werke zur Anatomie, Physiologie und Hygiene enthielt. Er kannte die letzten wissenschaftlichen Forschungsergebnisse, wußte sich aber, wie Leibbrand feststellt, „von geistigen Gebundenheiten der Zeit zu befreien". Seine Anstalt war bahnbrechend, „in der Art der Organisation, in der Form der praktischen Tätigkeit etwas durchaus Einzigartiges".

Mit den Missionen breiteten sich auch die Karitasbruderschaften aus. Sie fanden ihre Zentrale in der Pariser Charité de l'Hôtel-Dieu. Hohe Damen der Aristokratie und des Großbürgertums hatten, entsetzt über die grauenhaften Verhältnisse in dem Pariser Hospital, unter Vinzenz' Leitung diese Organisation zur planmäßigen Betreuung der Kranken gegründet. Nach und nach übernahmen die Frauen auch andere Liebeswerke. Sie wurden Vinzenz' Generalstab für seine ausgedehnten Feldzüge gegen die Nöte des ganzen Landes. Anfangs zählte die Gesellschaft 800 Mitglieder. Die Wappen ganz Frankreichs waren hier vertreten, Fürstinnen, Präsidentinnen, Trägerinnen erlauchter Namen. Ein Bauer aus der hintersten Provinz beherrschte diese vornehme Gesellschaft mit wunderbarer Macht. Jedesmal, wenn irgendwo eine Katastrophe ausgebrochen war, rief er sie zusammen, schilderte ihnen mit bewegten Worten die Not und erhielt von ihnen alles, was er wollte. Die Damen bewiesen eine großartige Freigebigkeit. Bereitwillig halfen sie mit ihrer Börse und mit guten Worten. Wenn es aber galt, Hand und Nase in Schmutz und Elend zu stecken, waren sie weniger einsatzbereit. Sie hatten keine Zeit oder fanden es unter ihrem Stande, in eine Mansarde hinaufzusteigen, um einer bettlägerigen Mutter Suppe einzulöffeln, das Bett zu machen, die Stube zu putzen, die Nachtgeschirre zu leeren und die verwahrlosten Kinder zu baden und zu kämmen. Zu solchen unangenehmen Diensten schickten sie lieber ihre Mägde, die den Auftrag mehr schlecht als recht, jedenfalls ohne Liebe erledigten.

Das war freilich nicht nach Vinzenz' Sinn. Er überlegte, wie den armen Kranken wirksamer gedient werden könnte. Es waren Menschen nötig, die, von keinerlei anderen Pflichten behindert, sich ausschließlich den Werken der Barmherzigkeit widmen konnten und geeignet waren, dies mit der ganzen Hingabe ihrer Liebeskraft zu tun. Vinzenz griff einen Gedanken auf, den sein inzwischen verstorbener Freund Franz von Sales bereits vergeblich zu verwirklichen gesucht hatte. Es war eine revolutionäre Idee, und Vinzenz war sich der Schwierigkeiten, die ihre Durchführung bereiten mußte, durchaus bewußt. Aber was konnte ihn abschrecken, nachdem er in langen Überlegungen sicher erkannt hatte, daß dieser Plan dem Willen der göttlichen Vorsehung entsprach! So sah das Jahr 1633 den Beginn jenes großartigen Werkes, das Vinzenz' Namen am meisten berühmt gemacht hat: die Gründung der „Töchter der christlichen Liebe", auch Barmherzige Schwestern genannt.

Es waren kräftige Mädchen vom Lande, flink und beherzt, die niedrigsten Arbeiten anpackend, um vier aus dem Bett und spät hinein, unermüdlich sich tummelnd, dennoch immer frohgelaunt, schlicht, demütig, genügsam. Sie hatten keine eigene Tracht, sondern kleideten sich mit demselben derben, mattfarbenen Stoff wie die Bäuerinnen. Sie trugen keinen Schleier, nur ein Kopftuch, denn der Arme sollte ihr Antlitz sehen. Für Betrachtungen, Gebetsstunden und Bußübungen hatten sie keine Zeit: „Die Armen seien euer Brevier, eure Litaneien! Das genügt. Ihretwegen laßt alles! Dieses tun heißt, Gott um Gottes willen verlassen." Sie lebten auch nicht in klösterlicher Klausur, da sie ständig unterwegs sein mußten: „Ihr habt als Kloster die Häuser der Kranken, als Zelle eine Kammer, als Kapelle eure Pfarrkirche, als Kreuzgang die Straßen der Stadt, als Klausur den Gehorsam, als Gitter die Furcht Gottes, als Schleier die heilige Bescheidenheit ... Behandelt die Armen gut, denn sie sind eure Herren. Oh, welch große Herren sind das für den Himmel! Es wird ihre Sache sein, uns dort die Tore zu öffnen."

Diese völlig neuartige Kongregation von Laienschwestern setzte sich durch. Vinzenz gab ihr als Oberin Frau Louise Le Gras, geborene Marillac. Sie stammte aus adeligem Hause, hatte den Sekretär der Maria de Medici geheiratet, ihn aber bald nach der Geburt ihres Sohnes verloren. Vinzenz war ihr Seelenführer geworden und hatte sie in kluger Leitung zu hohen Tugenden geführt. Er mäßigte ihre strenge Askese und befreite sie von ihrer Gewissensängstlichkeit, indem er sie auf praktische Liebestätigkeit hinlenkte. Energisch hielt er sie davon ab, in einen Orden einzutreten, da Gott sie zu einem besonderen Werk ausersehen habe. Dieser Frau vertraute er seine „Töchter der christlichen Liebe" an. Unter seiner Aufsicht baute sie die Genossenschaft auf und entwickelte sich dabei zu einer selbständigen Persönlichkeit, deren menschliche Ausgeglichenheit bezaubert. Die Kirche hat sie 1934 heiliggesprochen.

Die „Töchter der christlichen Liebe" wuchsen langsam aber stetig. Erst zehn Jahre nach ihrer Gründung erhielten sie aus Vinzenz' Händen feste Regeln, und erst 1655 wurden sie von Rom bestätigt. Inzwischen hatten sie sich fast überall niedergelassen, wo es Karitasbruderschaften gab. Die schlichten Schwestern arbeiteten mit den Damen der Karitas Hand in Hand. Sie folgten den Lazaristen in ferne Länder und trugen später als Vinzentinerinnen den Namen und Geist ihres Gründers überallhin. Ihre Flügelhaube sah man auf Schlachtfeldern und in Lazaretten, in Schulen und Kindergärten, in Hospitälern und Waisenhäusern, in Obdachlosenasylen, auf den Missionsstationen Chinas und Afrikas, in den Hütten der Armen auf der ganzen Erde. Mit über 40 000 Mitgliedern sind die Barmherzigen Schwestern heute die größte religiöse Frauengenossenschaft der Welt. Neben ihnen gibt es noch viele andere Schwesternkongregationen, die zwar nicht von Vinzenz selbst gegründet wurden, die aber seinen Namen tragen und in seinem Geiste wirken.

Es ist kaum zu glauben, aber wir sind noch nicht zu Ende mit der Aufzählung der „wunderbaren Werke des Herrn Vinzenz". Dieser Priester hatte ein Auge und ein Herz für jede Art menschlicher Not und war unermüdlich in der Erfindung neuer Hilfswerke. Ein großes Übel der Zeit, von dem die Chroniken in bitteren Klagen häufig berichten, war das Bettlerunwesen. Vinzenz sah, daß die Bettelei die Trägheit und mit ihr alle Laster gedeihen läßt. Für Faulpelze, die sich auf den Knochen der anderen ausruhen wollten, hatte er nichts übrig. Aber was sollte man angesichts Tausender Bettler, welche die Städte unsicher machten, unternehmen? Vinzenz empfahl, Werkstätten einzurichten, in denen Jugendliche und Männer durch ehrliche Arbeit sich den Lebensunterhalt und ein Recht auf Fürsorge für ihr Alter verdienten. Für körperlich Hinfällige, die zur Arbeit nicht mehr taugten, gründete er ein Altersheim, das Louise Le Gras mustergültig verwaltete. In Maçon, einer Stadt mit über 300 Bettlern, gelang es ihm, die Bettlerplage zu unterdrücken. Für Tippelbrüder, die von Hunger und Müdigkeit gebrochen unter freiem Himmel sich schlafen legten, errichtete er Hospize und Herbergen. „Es sollte ihnen ein Asyl geöffnet werden, in dem man ihnen eine Suppe und eine Schlafstatt und am folgenden Morgen, wenn man sie weiterschickte, zwei Sous geben würde."

Eine delikate Aufgabe übertrug Vinzenz der heiligen Louise, als er die Findlinge ihrem Schutz empfahl. Jährlich wurden Hunderte dieser verstoßenen Säuglinge an den Kirchentüren von Paris ausgesetzt. Man las die armen Würmer auf, gab sie an Engelmacherinnen, die sie zugrunde gehen ließen, oder verkaufte sie wie Sklaven an Bettler, die sie verstümmelten, um das Mitleid der Angebettelten und folglich ihre Einnahmen zu steigern. Vinzenz rief die Damen auf, hier helfend einzugreifen. Sie zeigten Abneigung, ja Widerwillen, sich mit diesen unehelichen Kindern abzugeben. Doch der Heilige überwand ihre Vorurteile, indem er herzzerbrechend von diesen Kleinen sprach: „Ihre Not ist grenzenlos, denn sie sind von Vater und Mutter verlassen. Und wenn sich schon die Öffentlichkeit um sie kümmert, dauert diese äußere Not weiter an. Da nicht genug Mittel zu ihrem Unterhalte da sind, überläßt man sie einfach dem ersten besten, bei dem sie dann vor Hunger und an Krankheit sterben. Sie sterben alle. Es ist eine Schande für Paris, daß man hier den Türken gleich Menschen wie Vieh verschachert. Denn man verkauft die Kinder für dreißig Franken ... Sie befreien heißt, sie von der gleichen Grausamkeit befreien, die Herodes gegen die unschuldigen Kinder übte; denn es ist ebenso grausam, diese Geschöpflein verbrecherischen Menschen auszuliefern, die sie sterben lassen, die einen durch Hunger, die andern durch Brechen der Arme und Beine. Unser Herr wollte, es solle von ihm heißen, er sei zur Welt gekommen, um emporzuheben den um Hilfe schreienden Armen und die verlassene Waise. Diese Kinder sind in Wahrheit Gottes Kinder, denn niemand sonst erfüllt Vaterpflichten an ihnen. Er ist ihnen Vater und Mutter und um sie besorgt. Er hat Freude an ihrem Gezwitscher, ja er achtet gern auf ihr Schreien und Weinen ... Es ist eine hohe Ehre, die Kinder des lieben Gottes zu erziehen, ein Glück, eine Berufung für Auserwählte, ein heiliges Werk." Wieder brachte Vinzenz' von der Liebe entflammte Beredsamkeit die Herzen, die Börsen und die Hände in Bewegung. Er organisierte den „Dienst der Findelkinder" und gab, praktisch und zärtlich zugleich, bis ins einzelne gehende Anweisungen über Pflege, Ernährung, Unterricht, Erziehung und handwerkliche Ausbildung. Er baute Unterkünfte für die Kleinen, und die Damen betreuten sie gemeinsam mit den Barmherzigen Schwestern. Mehrmals drohte das Werk zusammenzubrechen. Jedesmal wurde es durch Vinzenz' Eingreifen gerettet: „Die Kinder leben, wenn Sie Ihre liebevolle Pflege weiterführen. Sie sterben und gehen unweigerlich zugrunde, wenn Sie sie verlassen."

Nachdem König Ludwig XIII. in den Armen Vinzenz' gestorben war, übernahm für die Zeit der Minderjährigkeit Ludwigs XIV. die Königin Anna von Österreich die Regentschaft. Sie wählte Vinzenz zu ihrem Beichtvater und berief ihn in den Conseil de Conscience, den Rat für kirchliche Angelegenheiten. Manche Anekdoten überliefern, wie Vinzenz sich mit natürlicher Schlichtheit und Würde zugleich in diesem hochadeligen Kreise bewegte. Als eines Tages Prinz Condé ihn aufforderte, sich neben ihn zu setzen, habe Vinzenz bemerkt: „Zu viel Ehre für den Sohn eines Schweinehirten." In einer anderen Sitzung soll Mazarin, der Präsident des Rates, das zerschlissene Zingulum Vinzenz' in die Hände genommen und lachend den Umstehenden gezeigt haben: „Sehen Sie, meine Herren, in welchem Aufzug Monsieur Vincent bei Hofe erscheint!" Daß Mazarin den einfachen Priester auf alle Weise verächtlich zu machen suchte, hatte seine Gründe. Ein Italiener niedriger Herkunft, listig, geschmeidig und skrupellos, hatte er es bis zum Kardinal, zum Vertrauten der Königin Anna und zum absoluten Beherrscher der französischen Innen- und Außenpolitik gebracht. Die Kirche war ihm gleichgültig. Er bediente sich ihrer lediglich als einer Figur in seinem politischen Schachspiel. Einzig auf Macht und Reichtum bedacht, hatte er dreißig Abteien in seinen Besitz bekommen. In allem war er das Gegenteil von Vinzenz. Mazarin spürte bald, daß diesem völlig selbstlosen Menschen gegenüber weder Streicheln noch Drohen Erfolg hatte. Oft sah er seine Pläne von Vinzenz durchkreuzt. Kein Wunder, daß der Kardinal zum Gegenspieler des Heiligen wurde. In seinen geheimen Tagebüchern tritt Vinzenz' Name häufig auf, als der Name eines Feindes, dessen Einfluß er auszuschalten suchte.

Eine der wichtigsten Aufgaben des Conseils war die Besetzung der Bischofsstühle. Vinzenz kämpfte erfolgreich gegen den Mißbrauch an, Kindern oder skandalösen Personen, die keine Weihen hatten, nur weil sie Söhne mächtiger Familien waren, Bistümer und Abteien als Quellen arbeitslosen Einkommens zu übertragen. Er drückte seine Forderung durch, niemand dürfe zum Bischof ernannt werden, der nicht ein bestimmtes Alter erreicht hat, mindestens ein Jahr Priester ist und bewiesen hat, daß er das Amt ausfüllen kann. Jahrelang war Vinzenz Herr über die Ernennungen geistlicher Würdenträger. Interessenten bemühten sich auf alle Weise, den unerbittlichen Mann ihren eigensüchtigen Wünschen geneigt zu machen. Doch Vinzenz, ausschließlich auf das Wohl der Kirche und das Heil der Seelen bedacht, blieb unbestechlich. Indem er für die Anstellung würdiger Bischöfe sorgte, hat er der Kirche Frankreichs den größten Dienst erwiesen.

Mazarin war, wie sein Vorgänger Richelieu, ein hartgesottener Politiker, dem der Krieg ein normales Mittel war, ehrgeizige Ziele zu erringen. Daß Frankreich jahrzehntelang von Schlachten zerrissen, zertrampelt und verbrannt wurde, verdankt es diesen beiden unwürdigen Kardinälen. Sie stürzten das Land in die Hugenottenkriege, in den Dreißigjährigen Krieg, in den Spanisch-Flandrischen Krieg und in den Frondekrieg. Erst 1659, kurz vor seinem Tod, erlebte Vinzenz das Ende der Waffengänge. Man ermißt erst die ganze Größe seiner Leistungen, wenn man bedenkt, daß sie auf dem Hintergrund namenlosen Wirrwars erstanden. Während Richelieu und Mazarin ihre Armeen zum Morden und Plündern durch das Land jagten, sandte Vinzenz seine friedlichen Truppen aus – die Damen der Karitas, die Missionspriester, die Barmherzigen Schwestern –, um die Wunden zu heilen, die jene Soldateska geschlagen. Ganze Aktenbände berichten über das Elend der vom Kriege heimgesuchten Provinzen, zugleich aber auch über die großzügigen Aktionen, mit denen Vinzenz es zu lindern suchte. Dieser kleine Priester brachte für die verelendeten Landschaften mehr Geld auf, als die Banken ganz Frankreichs damals besaßen. Er selbst berichtet: „Das in die Grenzgebiete geschickte Getreide hat vielen Familien das Leben wiedergegeben. Sie hatten kein Korn mehr, um zu säen. Keiner wollte ihnen welches leihen. Das Land blieb brach liegen, und die Gegenden dort wurden durch Tod und Flucht der Bewohner zu Wüsten. Bis zu 22 000 Pfund Saatgut wurde in einem Jahr gegeben, um die Menschen im Sommer zu beschäftigen, im Winter zu ernähren." Mit dem Saatkorn lieferte Vinzenz Pflüge und Werkzeug. Er schickte ganze Züge mit Lebensmitteln und Bekleidung, organisierte die Flüchtlingsfürsorge in Paris, machte St. Lazare zum Asyl und zum Lebensmittelmagazin, richtete Volksküchen ein, für welche die Schwestern immer neue Rezepte für die zugleich kräftigsten und sparsamsten Eintopfgerichte erfanden, veröffentlichte hygienische Merkblätter, wie man der Seuchengefahr vorbeugen könne, schickte erschütternde Berichte über das Elend in die weniger betroffenen Provinzen und ins Ausland und steigerte so die Gebefreudigkeit. Seine Lazaristen und Schwestern reinigten die Straßen in den Städten, bestatteten die Massen unbeerdigter Soldaten, deren Leichen auf offenem Felde verwesten und die Luft verpesteten, pflegten die Verwundeten und waren auf dem Plan, als Epidemien und Überschwemmungen die Not ins Ungemessene vermehrten. Alles das wurde von Vinzenz in souveräner Ruhe angeordnet, überwacht und gelenkt, damit nichts verschleudert wurde und jede Hilfe zeitig an die richtige Stelle gelangte. Wir besitzen noch zahlreiche ergreifende Dankbriefe, die bezeugen, was der Heilige für Frankreich geleistet hat. Die Behörden von Rethel schrieben 1651 an Vinzenz: „Niemand hat bis heute Mitgefühl mit unserm Unglück gehabt außer Ew. Hochwürden und Ihre Mitarbeiter. Seit zwei Jahren erfährt die Champagne und besonders diese Stadt nur Liebestaten, die Sie gewähren. Das ganze Land wäre heute verlassen, alle zurückgebliebenen Einwohner verhungert, wenn Sie nicht mit der Sendung eines Ihrer Häuser zuvorgekommen wären ... Das ganze Land ist Ihnen bis ins Letzte verpflichtet." Der Generalstatthalter von St. Quentin schloß seinen Brief mit dem Satz: „Das alles verpflichtet mich in meinem Rang und in meiner Dankbarkeit, Sie zu bitten, auch weiterhin der Vater des Vaterlandes zu sein, um das Leben all der zahllosen armen Sterbenden und Trauernden zu retten, denen Ihre Priester in so würdiger Weise beistehen."

Vinzenz bekämpfte nicht nur die Not, er ging auch mutig gegen ihre Urheber an. Den Kardinal Richelieu beschwor er: „Geben Sie uns den Frieden, Monseigneur! Haben Sie Mitleid mit uns! Geben Sie Frankreich den Frieden!" Natürlich blieb der Appell erfolglos. Hungersnot des Volkes war für Richelieu kein Grund, seine Politik umzuwerfen, ebensowenig für seinen gerissenen Schüler und Nachfolger. Als sich Parlament, Prinzen und Volk zur Fronde gegen den verhaßten Mazarin zusammenschlossen, der königliche Hof aus Paris nach St. Germain floh und die Hauptstadt von den Regierungstruppen belagert wurde, wagte Vinzenz in äußerster Not einen gefährlichen Schritt. Der fast Siebzigjährige stieg zu Pferd, durchbrach mit nur einem Begleiter die Linien der Fronde, durchquerte schwimmend unter Lebensgefahr die eisigen Fluten der über die Ufer getretenen Seine und eilte zur Königin, um ihr Erbarmen für das ausgehungerte Paris zu erflehen. In harten Worten schilderte er die Lage und Stimmung der Bevölkerung und verlangte den Rücktritt Mazarins. Später bedauerte er es, durch sein zu stürmisches Vorgehen die Sache verdorben zu haben. Beide Parteien verdächtigten ihn als einen Verräter. In seiner Abwesenheit wurde St. Lazare vom Mob geplündert, in Brand gesteckt und von der Behörde unter dem Vorwand der Repressalie beschlagnahmt. Erst nach Friedensschluß konnte Vinzenz nach Paris zurückkehren.

Doch die blutigen Wirren waren noch nicht zu Ende. Als Mazarin die Prinzen als Führer der Opposition verhaften ließ, brach ein neuer Bürgerkrieg aus. Diesmal mußte Mazarin fliehen. Er fand Zuflucht in Schloß Brühl bei Köln, sammelte dort ein Heer von 7000 Söldnern und kam in siegreichem Feldzug nach Frankreich zurück. Inzwischen aber hatte der mit Spanien verbündete Condé Paris genommen und verteidigte es gegen die königlichen Truppen unter Turenne. Da entschloß sich Vinzenz, ein zweites Mal einzugreifen. Es ging ihm nicht um Politik, sondern um ihre Opfer, die armen Leute der von Artillerie zerschlagenen Bannmeile von Paris. Mit Friedensvorschlägen Condés erschien er vor der Königin und vor Mazarin in St. Denis. Abgewiesen, schrieb er an Papst Innozenz X. und flehte ihn an, den Frieden zu vermitteln. Ja er forderte in einem ebenso klugen wie mutigen Brief Mazarin persönlich auf, zurückzutreten und so den Bürgerkrieg zu beenden.

Mazarin zog sich für eine Weile zurück, kehrte aber bald, nachdem Ludwig XIV. in Paris eingezogen war, mit aller Macht wieder. Den Erzbischof-Koadjutor von Paris, Kardinal Retz, einen Freund Vinzenz' aus dem Haus Gondi, ließ er, weil er zur Opposition gehalten, verhaften und einkerkern. Retz entfloh auf abenteuerliche Weise, gelangte nach Rom und fand Aufnahme im Haus der Lazaristen. Der wutentbrannte Mazarin wies daraufhin die Missionspriester aus. Vinzenz suchte den Minister auf, stand ihm abermals Aug in Aug gegenüber und setzte seinen Willen durch.

Gegen Ende seines Lebens zählten die Lazaristen 622 Priester, die „Töchter der christlichen Liebe" 600 Schwestern in 30 Diözesen. Sie trugen eine Fülle von Aufgaben. Dies alles lastete auf Vinzenz' Schultern bis zuletzt. Er schlief nur vier bis fünf Stunden; die übrigen 20 Stunden eines Tages waren nichts als Arbeit. Kaum nahm er sich Zeit zum Essen. Von St. Lazare aus leitete er seine Werke durch einen gewaltigen Briefwechsel. Man versichert, er habe in fünfzig Jahren 50 000 Briefe geschrieben. Über 3000 sind noch erhalten. In diesen Schreiben äußert er sich über die verschiedensten und kompliziertesten Gegenstände mit einer Klarheit, die überrascht. Oft zeigt er Humor, Ironie, Spötterei, immer Grazie und grenzenlose Liebe. In allem gibt er sich ganz. Den gleichen Eindruck hat man, wenn man die Niederschriften der Konferenzen liest, die er mit seinen Priestern oder seinen Schwestern hielt. Wie ein Vater seine Kinder, so scharte er sie um sich zu vertraulichem Gespräch. Er hielt keine „Predigten" oder „Vorträge", sondern plauderte, schwatzte, fragte seine Hörer, um Auskunft oder Bestätigung zu erhalten, oder überließ ihnen das Wort. Er verfügte über eine außergewöhnliche Beweglichkeit der Gesichtszüge und Hände und pflegte seine Worte mit allen Registern der Mimik und Gestik zu begleiten. Ihm eignete eine unerhörte Kraft zu locken und zu gewinnen. Niemand konnte seinem Zauber widerstehen. Man wurde nicht müde, ihm zuzuhören, wenn er hinreißend über die Armut, über das Vertrauen in die göttliche Vorsehung oder über die Demut sprach. Der da lehrte – man spürte es –, lebte, was er lehrte. Seine Anspruchslosigkeit war erstaunlich, seine Demut in den letzten Jahren so groß, daß sie befremdete. Wer sollte nicht erschrecken, wenn er in heftigen Ausbrüchen sich einen „Esel" nannte, „einen Ignoranten von der letzten Bank, einen nichtigen Tropf, den größten Sünder der Welt"! Mit beschwörender Gebärde rief er: „Von so einem miserablen Menschen soll man überhaupt nicht reden!" Es schien, als suche er in solch übersteigerter Demut einen Schutz vor dem Stolz. Wahrlich, seine Erfolge hätten ihm zu Kopf steigen können: Er hatte zahllose Werke geschaffen, von denen jedes einzelne genügt hätte, seinen Namen unsterblich zu machen. Er war Seelenführer von Königinnen, Fürstinnen und Heiligen; Vater der Armen, der Kranken, der Gefangenen, der Galeerensträflinge, der Sklaven, der Altersschwachen, der Bettler, der Findelkinder, der Geisteskranken; Stifter der Karitasbruderschaften, der Priesterkonferenzen, der Dames de la Charité, der Barmherzigen Schwestern und der Lazaristen; Oberer dieser Kongregationen und des Ordens der Heimsuchung; Leiter der Missionen in Frankreich, Italien, Polen, Irland, Schottland, Afrika, Madagaskar; Gründer von Priesterseminarien, Schulen, Krankenhäusern, Heimen aller Art; Erneuerer des französischen Klerus und Episkopats; Reformer der Predigt; Retter Frankreichs aus Elend, Hunger und Krieg.

Bei alledem war er Gott so nahe gekommen, daß er alles Irdische, selbst seine eigene Person und seine eigenen Werke, mit einem anderen Maßstab zu messen begann, als wir ihn anzulegen pflegen, die wir vielleicht nach Heiligkeit streben, aber nicht heilig sind. Man muß schon selbst sehr heilig sein, um die Verachtung zu verstehen, mit der dieser Heilige von sich sprach. Als er 1660 starb, achtzig Jahre alt, geschah es geräuschlos, unauffällig, schlicht und einfach wie seine kleine Methode.

CARLO BORROMEO

(1538–1584)

In den blauen Wassern des Lago Maggiore spiegeln sich die Borromeischen Inseln. Einst waren sie nackter Fels, jetzt erheben sich Parks darauf mit Palmenhainen und Orangenspalieren. Damit dieses Paradies entstand, mußte erst in mühsamer Arbeit Mutterboden auf das kahle Gestein gebracht werden. Das war das Werk der Familie Borromeo.

Am südlichen Ende des Sees liegt die Burg Arona. Dort wurde Carlo Borromeo geboren, der Größte seines Geschlechtes. Wie heute noch seine Riesenstatue aus der Landschaft ragt, so ragte er unter allen Kirchenfürsten seiner Epoche hervor. Die Kultivation der Borromeischen Inseln war nicht sein Werk, sondern die Arbeit einer späteren Generation. Er hatte eine dringendere Kultivation zu unternehmen. Seine Aufgabe war, die Kirche Norditaliens, die wenig mehr als ein unfruchtbarer Felsen war, in ein blühendes Paradies zu verwandeln.

Von seinen Eltern, dem Grafen Giberto II. und der Margarete De'Medici, erbte Carlo die Gradheit des Charakters. Standesgemäß erzogen, wurde er früh vertraut mit dem Schönen, das die Kunst seines Jahrhunderts zu bieten hatte. Früh lernte er aber auch die Übel und Mißstände seiner Zeit kennen. Seinen Werdegang berichten, heißt soviel wie alle Mißbräuche aufzählen, die in der Kirche damals gang und gäbe waren. Aber es kennzeichnet seine Haltung, wie er sich diesen Mißbräuchen gegenüber verhielt.

Damals pflegten die Eltern den Lebensweg ihrer Kinder schon in deren zartestem Alter zu bestimmen. Sie wählten für sie Beruf, Stand und Ehegespons. Bei den Borromei war das nicht anders. Sie verfügten wie jede bedeutende Familie über kirchliche Pfründen. Sollte ein Sohn der Familie die Einkünfte dieser Kirchenämter genießen, so mußte er den Nachweis erbringen, daß er dem geistlichen Stande angehörte. Er brauchte nicht Priester zu sein; die Tonsur genügte. Da Carlo die Einkünfte der Abtei von Arona bekommen sollte, ließen seine Eltern dem siebenjährigen Jungen schon die Tonsur verleihen und durch einen Notar eine Urkunde darüber ausstellen. An sich war Carlo als Kleriker nun verpflichtet, auch das geistliche Gewand zu tragen. Doch diese kirchenrechtliche Vorschrift wurde allgemein mißachtet. Viele Geistliche, die es allein der Einkünfte wegen waren, legten den Talar nur an, wenn offizielle Anlässe es unbedingt erforderten. So ging auch Carlo weiter in Samt und Gold mit einem kleinen Degen an der Seite, wie ihn ein Gemälde aus jenen Jahren darstellt. Aber es wird überliefert, daß er schon früh daran dachte, nicht bloß eine glanzvolle Karriere in der Kirche zu machen, sondern ein wirklicher Diener Gottes zu werden. Er nahm die Laufbahn, für die ihn sein Vater bestimmt, sehr ernst und spürte einen echten Beruf zum Priestertum.

Mit zwölf Jahren wurde er Kommendatarabt. Seit dem Mittelalter pflegte man die Einkünfte von Abteien Adeligen zu überlassen, wobei sich der Begünstigte lediglich zu gewissen täglichen Übungen der Frömmigkeit verpflichten mußte. Dieser Mißbrauch erregte in weltlich gesinnten Laien die Begier, sich auf diese bequeme Weise zu bereichern. Die mit der Kommende verbundenen Pflichten vernachlässigten sie oder ließen sie gegen geringe Entlohnung durch andere erfüllen. Für die Klöster bedeutete das in wirtschaftlicher, disziplinärer und geistlicher Hinsicht einen beträchtlichen Schaden. Carlo aber machte auch hier eine Ausnahme. Sobald er Abt von San Gratiniano geworden, verzichtete er auf die Einkünfte seiner Abtei zugunsten der Armen. Er verzichtete aber nicht auf seine Pflichten. So bewies schon der Knabe Verantwortungsbewußtsein, Uneigennützigkeit und soziale Gesinnung – das Gegenteil dessen, was damals unter seinesgleichen üblich war. Er kümmerte sich um sein verkommenes Kloster und ließ, als er einmal die Mönche bei einem Gelage überraschte, ein Strafgericht über sie ergehen. Anfangs spotteten die alten Ordensmänner über den Jungen, der stets ins Stottern kam, wenn er sich ereiferte. Carlo aber wußte sich Respekt zu verschaffen und griff unnachgiebig durch. Auf einen groben Klotz gehört ein grober Keil. Diese frühe Erfahrung kam ihm später zustatten, als es galt, die Lasterbrut in manchem Kloster auszuräuchern.

Den Sechzehnjährigen schickte der Vater auf die Universität Pavia. Er sollte nicht Theologie, sondern Jura studieren. In Pavia herrschte damals ein tolles Studententreiben. Dem jungen Borromeo lag es nicht, wie seine Kommilitonen mit losen Mädchen durch die Tavernen zu ziehen. Er zog es vor, sich auf sein Studium zu konzentrieren, und vergaß nie, wie es ihm vorgeschrieben war, sein Brevier zu beten.

Drei Jahre später erhielt er die Nachricht von seines Vaters Tod. Der Graf hinterließ verworrene Vermögensverhältnisse. Der älteste Sohn Federico war der Lage nicht gewachsen. Also sprang Carlo ein. Der noch nicht Zwanzigjährige übernahm die Teilung des Erbes, führte Prozesse, versorgte Mutter und Geschwister und setzte sich ein für das Recht auf die Regierung der Rocca, das man den Borromei streitig machte. Das alles tat er mit so viel Geschick und Umsicht, daß selbst jene darüber staunten, die bisher für seine eigenwillige Haltung nur ein mitleidiges Lächeln übrig hatten. Trotz dieser Unterbrechung konnte der Zielstrebige schon im nächsten Jahr sein Studium abschließen. Summa cum laude promovierte er zum Doktor beider Rechte.

Noch im gleichen Monat wurde der Bruder seiner Mutter, Kardinal Medici, zum Papst gewählt. Er nannte sich Pius IV. Alles beeilte sich, dem jungen Neffen zu gratulieren. Welch ungeheure Vorteile winkten ihm! War es doch seit langem üblich, daß die Päpste ihre Verwandten an ihren Hof zogen und mit hohen Ämtern betrauten. Angesichts der kurialen Intrigen glaubten sie, zuverlässige Mitarbeiter nur unter ihren Blutsverwandten finden zu können. Meist aber wurde dieses Vertrauen mißbraucht. Die Nepoten des letzten Papstes hatten es sogar so schlimm getrieben, daß die Wut des Volkes sich in einem Aufstand Luft machte. Trotzdem fand alle Welt es selbstverständlich, daß der neue Pontifex seine Neffen befördern werde. Auf die deutlichen Anspielungen seiner Freunde erklärte Borromeo stolz, er werde sich nicht vordrängen: Nur falls der Papst ihn rufe, wolle er nach Rom gehen.

Nun, der Papst rief ihn und überhäufte ihn sofort mit Ämtern. Obwohl Borromeo weder Theologie studiert noch die Weihen empfangen hatte, war er mit einundzwanzig Jahren u. a. Apostolischer Protonotar, Großpönitentiar, Chef der Verwaltung des Kirchenstaates, Kanzler der Kirche, Erzbischof von Mailand, Kardinal, Protektor verschiedener Orden und Staaten. In ihm dürfen wir den ersten Kardinalstaatssekretär der Kirchengeschichte sehen. Er hielt die Fäden der päpstlichen Innen- und Außenpolitik. Durch seine Hand ging der gesamte Briefverkehr mit Königen und Bischöfen. Er verfügte über eine Macht sondergleichen.

Seine Residenz war der Palazzo Colonna. Sein Hofstaat bestand aus 150 Personen. Wir besitzen noch seine vertraulichen Briefe aus jener Zeit. Sie verraten einen herrischen Geist. Borromeo erteilt Befehle, die keinen Zweifel daran aufkommen lassen, daß er sie mit allen Einzelheiten pünktlich und genau ausgeführt sehen will. Er pocht auf seine Adelsvorrechte. Ungeduldig wartet er auf das bestellte Familienwappen. Am Tage seiner Ernennung zum Kardinal schreibt er an seine Schwester Camilla, sie müsse fortan zwei Gesellschaftsdamen mehr haben und, wohlgemerkt, nur solche von Adel und gutem Ruf. Auch bleibt er nicht unempfindlich für das, was seine oder seiner Familie Einkünfte vermehren konnte: „Sagt der Signora Camilla, sie solle sich freuen: Unser Herr (der Papst) hat mir drei Abteien verliehen im Gesamtertrag von etwa 12 000 Skudi." Er leistet sich den Luxus erlesener Kunstsammlungen: geschnittene Steine, Statuen, Medaillen, Gobelins. Er entspannt sich beim Ballspiel und Schach und liebt die Jagd auf Großwild, die besondere Kraft und Geschicklichkeit erfordert.

In all diesen Dingen unterschied Borromeo sich nicht von den andern Kirchenfürsten. Doch das blieb am Rande. Im Mittelpunkt seines Lebens stand die Arbeit. Er sah seine zahlreichen Ämter nicht bloß als Geldquelle an, sondern als eine große Verantwortung. Die Unerfahrenheit seiner Jugend, die Mannigfaltigkeit seiner Pflichten und die Schwierigkeit der politischen Lage machten es ihm keineswegs leicht, seine Aufgaben zu erfüllen. Der Vorgänger seines Onkels, der schroffe Carafa, hatte sich überall so verhaßt gemacht, daß bei seinem Tode alle Mächte Europas mit dem Vatikan in Konflikt lagen und das römische Volk sich in Rebellion erhob. Das war das Erbe, das Borromeo als Kardinalstaatssekretär antrat. Es galt, delikate Aufgaben zu lösen, um die Dinge wieder ins Lot zu bringen. Hier erwies sich der junge Kardinal als ein vorzüglicher Diplomat und als ein Mann von außerordentlicher Geschicklichkeit in Regierungsgeschäften. Sein Erfolg war beispiellos. Die zeitgenössischen Chronisten sind darin einig, daß noch niemals an der römischen Kurie die Geschäfte so rasch erledigt wurden wie unter Borromeo.

Wie er einer solchen Menge von Verpflichtungen nachzukommen vermochte, ist fast unbegreiflich. Er war ein Phänomen an Arbeitskraft. Er hatte Talent zum Regieren. Klug wählte er seine Mitarbeiter und Ratgeber, vereinfachte den Geschäftsgang, rationalisierte den Betrieb und teilte die Zeit genau ein. „Das Geheimnis des Erfolges", so verrät er in einem seiner Briefe, „liegt in dem beharrlichen Willen des Schaffenden. Zuerst gilt es, mit Klugheit zu überlegen, dann aber mit Kraft auszuführen und niemals während der Arbeit die Arme sinken zu lassen." Welcher Ausdauer und Willenskraft er fähig war, zeigt auch der Erfolg der zähen Anstrengungen, mit denen er seinen Zungenfehler bekämpfte: Er wurde später einer der größten Kanzelredner des Jahrhunderts.

Übrigens pflegte er nur fünf Stunden zu schlafen. So fand er neben all seinen Geschäften noch Zeit zu Gebet und Studium. Wie beschlagen er auch in beiden Rechten war, in Philosophie und Theologie besaß er fast keine Kenntnisse. Diese Lücke füllte er jetzt aus, indem er fleißig die Scholastiker und die Stoiker studierte. In den Gärten des Vatikans versammelte er an späten Abenden hervorragende Geister um sich. Daraus entstand eine Akademie, die auch viele Kardinäle zu Mitgliedern zählte. In diesem Kreise hielt man Vorträge und Diskussionen über verschiedene wissenschaftliche Themen. Einige dieser Vorträge wurden später gedruckt unter dem Titel *Vatikanische Nächte*. So gingen die Zusammenkünfte in die Geistesgeschichte ein.

Der Eifer Borromeos war so ungewöhnlich, daß er Aufsehen, Spott und Unwillen erregte. Die Berichte ausländischer Gesandten aus Rom sind voll Verwunderung über seinen Arbeitsernst. Rom war damals eine Stadt, in der, wie Montaigne bemerkte, niemand arbeitete und alle müßig gingen. Selbst unter den Männern der Kirche dachten manche noch wie jener frühere Renaissancepapst, der sagte: „Gott hat uns das Papsttum verliehen, also wollen wir's genießen!" Borromeo war anders. Ihn verlockte seine hohe Stellung nicht zu Müßiggang und Wohlleben. Während die Neffen der früheren Päpste sich bemüht hatten, unter dem Schutz ihres Onkels ein Fürstentum zu erwerben, erlag Borromeo dieser Versuchung nicht. Er blieb in all seinem Wirken unbestechlich und tadellos. Freilich war er nicht gleichgültig gegen das Ansehen seiner Familie. Wachsam nahm er jede Gelegenheit wahr, den Einfluß seiner Verwandten zu mehren. Gestützt auf die Gunst des Papstes gelang es ihm, allen seinen Geschwistern zu glänzenden Heiraten zu verhelfen. So waren die Borromei mit den bedeutendsten Häusern Italiens, den Gonzaga, Della Rovere und Colonna, durch die Bande des Blutes verbunden. Die größten Hoffnungen rankten sich um Carlos Bruder Federico, den der Papst zum Generalkapitän der Römischen Kirche und Philipp II. zum Befehlshaber der spanischen Flotte und zum Fürsten von Oria erhoben hatte.

Da starb plötzlich Federico. Er hatte noch keine Kinder. Mit einem Mal war der Traum von Ruhm und Größe vernichtet. „Dieser Schlag ist so schrecklich, daß keine menschliche Erwägung mich trösten kann ... Dieser Verlust, ich gestehe es, hat mich um einen großen Schritt in der Gnade Gottes, des Herrn, weitergebracht. Dieses Ereignis hat mich mehr als sonst etwas unser Elend und die wahre Seligkeit der ewigen Heimat lebendig fühlen lassen." Borromeo entschloß sich, sein Leben zu ändern. Zwar drängten ihn Verwandte und Kardinäle, doch zu heiraten und die Familie der Borromei fortzupflanzen. Noch war er ja frei. Doch er schlug alle diese von menschlichen Berechnungen eingegebenen Ratschläge in den Wind, indem er sich zum Priester und bald darauf zum Bischof weihen ließ. Fortan lebte er eingezogener, nahm seinen Leib und seinen Geist in noch strengere Zucht und entsagte den irdischen Eitelkeiten. Einen großen Teil seines Gefolges entließ er. Der heilige Filippo Neri wurde sein vertrautester Ratgeber und Freund.

Pius IV. wandte seine Aufmerksamkeit bald nach seinem Regierungsantritt dem Konzil von Trient zu. Schon 1545 eröffnet, war es 1560 immer noch nicht beendet. Seine Aufgabe bestand darin, die strittigen Glaubensfragen zu klären, die Mißstände in der Kirche zu beseitigen und das kirchliche Leben neu zu ordnen. Pest und Krieg hatten es mehrmals unterbrochen. Alle, die durch eine Reform nur verlieren konnten, wandten jedes Mittel an, den Abschluß des Konzils zu verhindern. Die Protestanten fürchteten, verurteilt zu werden. Die Fürsten mußten ihre Zustimmung geben; ohne ihre Förderung konnte die Kirchenversammlung nicht durchgeführt werden. Spanien erhob Anspruch auf eine Vormachtstellung, der Kaiser verlangte die Abhaltung in einer deutschen Stadt, Frankreich drohte mit einem Nationalkonzil. Auch die Frage der Verpflegung und Beherbergung der über tausend Teilnehmer machte zu schaffen.

Nach langwierigen Verhandlungen hatte Borromeo die diplomatischen und organisatorischen Schwierigkeiten überwunden: Die Kirchenversammlung trat wieder zusammen. Zweifellos hat Borromeo von Rom aus den Verlauf der Sitzungen in Trient aufmerksam verfolgt. Doch haben, wie neue Forschungen nachwiesen, die früheren Biographen übertrieben, wenn sie behaupteten, das Konzil sei Borromeos Werk. „Daß er die treibende Kraft des Konzils gewesen, ist legendär" (H. Jedin).

Selten war ein Kongreß so uneins wie dieser. Trotzdem wurde das Tridentinum

1563 in überraschender Einmütigkeit beendet. Die Bahn war frei für ein neues religiöses und sittliches Leben. „Dank dem Konzil von Trient befand sich der Katholizismus dem Protestantismus gegenüber in der Kraft erneuter Jugend" (L. v. Ranke). Freilich mußte, was zunächst nur auf dem Papier stand, lebendige Tat werden. Dazu bedurfte es energischer, heiligmäßiger Persönlichkeiten. Carlo Borromeo wurde der eifrigste Vollstrecker der Tridentiner Beschlüsse.

Wer reformieren will, muß bei sich selbst anfangen. Borromeo wußte das und handelte danach. „Es würde wenig nützen", schrieb er, „Reformgesetze zu erlassen, wenn wir sie dann nicht selber beobachten würden." Nach Rom zurückgekehrt, begann er sofort in großen Kirchen zu predigen. Es war damals unerhört, daß ein Kardinal sich so weit herabließ, zum Volk zu sprechen. Das Konzil aber hatte die Bischöfe dazu verpflichtet. Es hatte auch die Häufung vieler Pfründen in einer Hand verboten. Folglich gab Borromeo zahlreiche Titel und Ämter in die Hand des Papstes zurück. Weiter hatte das Tridentinum die Residenzpflicht eingeschärft. Die Bischöfe mußten sich in ihren Diözesen, die Pfarrer in ihren Pfarreien aufhalten. Das war seit langem nicht mehr Brauch, eben wegen der Pfründenhäufung. Wer gleichzeitig Bischof von vier Bistümern war, konnte sich nicht um alle kümmern. So hatte Mailand seit achtzig Jahren keinen Bischof mehr gesehen und war infolgedessen verwahrlost. Borromeo selbst hatte es bisher, da seine anderen Ämter ihn an der Kurie festhielten, durch einen Vikar verwalten lassen. Das ging nicht länger an. Obwohl der Papst den bewährten Kardinal ungern von Rom fortziehen ließ, setzte Borromeo es endlich durch, das Staatssekretariat abgeben und in sein Bistum gehen zu dürfen.

In Mailand sorgte er zunächst dafür, daß in seinem eigenen Haus der rechte Geist herrschte. Etwa hundert Personen lebten in Gemeinschaft mit ihm: Diener, Sekretäre, die Beamten des Ordinariats. Er verfaßte eine so strenge Lebensordnung für seine Hausgenossen, daß Besucher äußerten, er habe seinen Palast in ein Kloster verwandelt; doch herrsche darin eine solche Herzlichkeit, daß man nie Unzufriedenheit oder Streit höre. Seine Mahlzeiten nahm der Erzbischof allein, da er niemandem zumuten wollte, seine karge Kost zu teilen. Gäste aber wurden gut bewirtet. „Der Bischof muß gastfreundlich sein", sagte er seinen Verwaltern, „das ist die größte Ehre, die er vor Gott und den Menschen haben kann." Ständig war ein Priester bei ihm, den er ausdrücklich beauftragt hatte, ihn zu überwachen und auf die geringsten Fehler aufmerksam zu machen.

Nachdem der Erzbischof in dieser Weise seine persönlichen Verhältnisse geregelt hatte, ging er daran, seine Diözese, die sehr im argen lag, in Ordnung zu bringen. Dem Klerus, oft ohne theologische Ausbildung und nur auf fette Pfründen erpicht, fehlte es an Wissen und priesterlichem Geist. So hatten die Geistlichen kein Ansehen und keinen Einfluß im Volk. Ihre Rechte wurden ihnen von den spanischen Statthaltern bestritten, und ihre Pflichten hatten sie, da seit langem kein Bischof mehr sie daran erinnert hatte, vergessen. Infolgedessen war das religiöse Leben im Volk verkümmert. Man ging kaum noch zu den Sakramenten, der religiöse Unterricht war mangelhaft. Laien wußten nicht einmal das Vaterunser, Priester nicht die Absolutionsformel. Auf Schritt und Tritt begegnete Borromeo unglaublichen Mißständen. Viele Kirchen, die er aufsuchte, um dort in Ruhe zu beten, verließ er erschreckt. In San Satiro hielten geistliche und weltliche Herren gerade ein Festessen ab: Sie tranken johlend einander zu und sangen. Er hörte, es sei üblich, daß Bruderschaften ihre Schmausereien in den Gotteshäusern veranstalteten. San Maurizio sah er bei einem Hochamt zwar voller Menschen, doch niemand achtete auf die Handlung am Altar oder auf die Predigt. In Gruppen stand man umher und unterhielt sich laut und mit viel Gelächter. Die Damen waren offenbar nur gekommen, ihre prunkvollen Frisuren und Garderoben zu zeigen. Männer traten betrunken, Frauen auffallend geschminkt an die Kommunionbank. In anderen Kirchen wurde getanzt oder Getreide gedroschen. Er stellte fest, daß Prozessionen zu richtigen Karnevalsumzügen geworden waren, bei denen sich das Lächerliche mit dem Anzüglichen verband. Mit den Übungen der Religion vermischte sich oft schmutzige Gewinnsucht. In einem Ort fabrizierte man falsche päpstliche Bullen und Breven, um sie betrügerisch zu verkaufen.

Um mit solchen Skandalen aufzuräumen, gab's Arbeit in Fülle. Zunächst galt es, sich von den Verhältnissen in sämtlichen Pfarreien der Diözese ein genaues Bild zu machen. Zu diesem Zweck unternahm der Erzbischof Visitationen. Seit langem außer Brauch gekommen, waren sie durch Trient wieder vorgeschrieben. Borromeo entschloß sich, auch den letzten und ärmsten Sprengel seines Bistums persönlich zu besichtigen. Er wanderte zu Fuß oder ritt zu Pferd durch die fieberbrütenden Reissümpfe der Lombardei und drang durch vereiste Schluchten in die höchsten Alpennester vor. Einen eisenbeschlagenen Stock in der Hand und Schuhwerk mit eisernen Haken an den Füßen, ging er auf steilen Gebirgspfaden unentwegt voran, auch wenn seine Begleiter nicht mehr mitkommen konnten. Sein Gepäck schleppte er manchmal selbst. Milch und Kastanien oder Brot und Wasser genügten zur Zehrung, eine Bank als Nachtlager. Waren zu wenig Betten vorhanden, so verzichtete er zugunsten seiner Begleiter und nahm mit dem Heuboden vorlieb. Vor allem bemühte er sich um die schweizerischen Teile seines Bistums, in die der Protestantismus eindrang. Vom Tessin bis nach Basel gewann er der Kirche die meisten Gemeinden zurück. Er kämpfte täglich um das Vertrauen des Volkes, spendete die Sakramente, setzte untaugliche Pfarrer ab, schlichtete Fehden und zwang die Raubritter, ihre Beute herauszurücken und den Landfrieden einzuhalten.

Borromeo visitierte auch andere Diözesen. Er war nicht nur Oberhirte von Mailand, sondern zugleich auch Metropolit einer Kirchenprovinz. Fünfzehn Bistümer unterstanden ihm. Trient hatte vorgeschrieben, daß die Bischöfe einer Kirchenprovinz sich alle drei Jahre unter dem Vorsitz des Erzbischofs versammeln sollten, um die auf den Visitationen festgestellten Bedürfnisse ihrer Diözesen zu erörtern. Schon einen Monat nach seinem Einzug in Mailand berief Borromeo seine Suffragane zum ersten Provinzialkonzil. „Ich bin entschlossen", schrieb er an Pius IV., „die in Trient beschlossene Reform bei den Prälaten zu beginnen. Es wäre das der beste Weg, um in unseren Diözesen Gehorsam zu erreichen. Wir müssen zuerst marschieren, unsere Untergebenen werden uns um so lieber folgen." Der Kardinal bestand darauf, die tridentinischen Bestimmungen genau durchzuführen, und berief alle drei Jahre ein Provinzialkonzil, insgesamt sechs. Manche Bischöfe suchten sich zu drücken. Borromeo aber setzte sich durch. Für seine eigene Diözese hielt er elf Synoden ab, auf denen der Klerus des Bistums zusammenkam, um neue Verordnungen des Bischofs entgegenzunehmen. Indem er die allgemein gehaltenen Erlasse des Tridentinums für die besonderen Verhältnisse des Bistums genauer ausführte, bewährte sich Borromeo als Gesetzgeber.

Seine Wirkung erstreckt sich auf die ganze Kirche und bis in unsere Zeit. Gleich vom ersten Provinzialkonzil Borromeos verlangten die Bischöfe allenthalben Abdrucke.

In kurzem waren seine Dekrete über die ganze Christenheit verbreitet. Mit Recht nannte Bischof Valier von Verona Borromeo den „Lehrmeister der Bischöfe". Borromeos Anweisungen für die Amtsführung der Bischöfe und Pfarrer, genannt *Akten der Mailänder Kirche*, wurden später noch oft herausgegeben. Franz von Sales erklärte, sie seien für den Bischof unentbehrlich. Niels Stensen ließ sich diese Bände von Italien nach Deutschland kommen und legte ihre Grundsätze seiner bischöflichen Tätigkeit zugrunde. Der heilige Kardinal Gregor Barbarigo führte die Werke Borromeos auf den Reisen durch sein Bistum immer mit sich. Papst Paul V. bezeugte, sie seien in beständigem Gebrauch der Geistlichkeit und böten reiche Belehrung über die Kirchenregierung: „Da dieses Werk eine Schatzkammer der Gelehrsamkeit und wahrer kirchlicher Disziplin ist, bitten wir den Klerus, seinen Inhalt in die Tat umzusetzen ... Wir haben uns vorgenommen, in Zukunft keinen Bischof zu ernennen, ohne ihm aufzugeben, sich dieses Buch anzuschaffen und seine höchst nützlichen Anordnungen zum Besten seines Sprengels zu befolgen." Zur Vorbereitung des Vatikanischen Konzils 1869–70 wurde ein Konsultor eigens mit dem Studium der Dekrete Borromeos beauftragt. Noch in unserem Jahrhundert benutzen die Bischöfe der katholischen Welt diese Sammlung pastoraler Regierungsweisheit als die beste Dienstanweisung. So zum Beispiel beeinflußte sie die Neuordnung des kirchlichen Lebens in England und Amerika. Der heilige Reformpapst Pius X. rühmte in einem aufsehenerregenden Rundschreiben Borromeo als das große Vorbild eines kirchlichen Reformators. Achille Ratti, der spätere Pius XI., besorgte 1890 bis 1899 die letzte wissenschaftliche Ausgabe der Mailänder Kirchengesetze in vier Bänden. „Der Geschichtsschreiber des Pontifikates Pius' XI. wird die Antwort auf manche Fragen in diesen Akten finden" (W. Schamoni). Der Reformpapst Johannes XXIII., der ein gelehrtes Werk über die Visitationen Borromeos veröffentlichte, bekannte sich gleich nach seinem Regierungsantritt zu diesem heiligen Reformator als seinem Vorbild.

Borromeo sah, daß die Reform des Volkes nur mit einem disziplinierten und wissenschaftlich gebildeten Klerus durchzuführen war. Daran fehlte es freilich. Wer damals Geistlicher wurde, war meist nicht von apostolischem Eifer getrieben, sondern von der Begier auf ein angenehmes Leben. Männer, die einige Jahre auf einer Universität durchzechten und von den Grundwahrheiten des Glaubens keine Ahnung hatten, wurden durch einflußreiche Verwandte in Kirchenämter gebracht. Hier räumte Borromeo auf. Wer Pfarrer werden oder bleiben wollte, mußte ein theologisches Examen ablegen. Niemand durfte mehr als eine Stelle innehaben. Mangelhaft gebildeten älteren Seelsorgern gab der Erzbischof in einem Mailänder Hause Gelegenheit, ihre Kenntnisse zu vervollständigen. Um den Priesternachwuchs solide auszubilden, gründete er Seminare. Er bemühte sich, tüchtige Ordenspriester als Mitarbeiter für die Reform zu gewinnen, so die Oratorianer seines Freundes Filippo Neri und die Jesuiten. Er stiftete selbst eine Genossenschaft von Weltpriestern, die Oblaten vom heiligen Ambrosius, um sich zuverlässige, fromme Helfer heranzuziehen.

Was Borromeo für den Klerus tat, sollte dem Volk zugute kommen. Ihm galt seine eigentliche Sorge. Vor allem mußte die erschreckende Unwissenheit in religiösen Dingen beseitigt werden. Darum rief er die Laien auf, sich der verwahrlosten Jugend anzunehmen. Fast 2000 Männer und Frauen erklärten sich auf seinen ersten Ruf bereit, Religionsunterricht zu erteilen. Borromeo organisierte diese Laienkatecheten in der „Bruderschaft der christlichen Lehre" und verfaßte für sie Satzungen und Regeln, die ein „Meisterstück pädagogischer Weisheit" sind (D. Petry). Er gab einen Katechismus heraus und richtete die sonntägliche Christenlehre ein, die nicht nur für Kinder, sondern auch für Erwachsene bestimmt war. Um die sozialen Nöte zu beheben, gründete er zahlreiche teils bahnbrechende Einrichtungen: Schulen zur Bekämpfung des Analphabetentums, Heime für gefallene Mädchen und reuige Dirnen, Waisenhäuser mit gewerblichen Schulen, Heime für alte und invalide Leute, Spitäler für Bettler und verschämte Arme, Leihhäuser zur Unterdrückung des Wuchers, Einrichtungen für die Arbeitslosen, unentgeltliche Rechtshilfe für Bedürftige. Seine soziale Gesetzgebung eilte in manchem seiner Zeit weit voraus. Er setzte sich auch mit seinen persönlichen Mitteln für die Linderung der Not ein, spendete reichlich Almosen und lebte so bedürfnislos, daß er nur abgetragene Kleider trug und allen Luxus aus seinem Haus verbannte. Das Fürstentum Oria, das er von seinem Bruder Federico geerbt, verkaufte er und schenkte den ganzen Erlös den Armen.

Die Reform, so nötig sie war, stieß auf viele Schwierigkeiten. Doch Carlo Borromeo gehörte zu jenen Männern, denen es Freude macht, auf Hindernisse zu stoßen. Die Gegner kamen von allen Seiten. Der Widerstand reichte vom spanischen Statthalter, der ihn schikanierte, bis zu den Chorsängern des Domes, die eines Tages wegen einer disziplinären Bestimmung streikten. Das Volk, aufgestachelt von jenen, die von den alten Mißbräuchen profitierten, verhielt sich gegen die Reformen seines Erzbischofs gleichgültig oder gar feindselig. Borromeo war unpopulär.

Jahrelang bemühte er sich, die Ausschreitungen des Mailänder Karnevals einzudämmen. Der zügellose Trubel pflegte bis weit in die Fastenzeit hinein anzudauern. Als der Erzbischof dies durch Verbote unterband, schickte der Senat der Stadt Mailand eine Gesandtschaft nach Rom, um sich beim Papst über ihn zu beschweren und nach Möglichkeit seine Entfernung von Mailand zu erreichen. Die zehn Punkte der Klageschrift enthüllen die kleinlichen Machenschaften, mit denen die Gegner des Kardinals dessen Reform zum Scheitern bringen wollten. Sie waren so lächerlich, daß selbst das Volk jene Gesandten einfach „Karnevalsbotschafter" nannte.

Ein anderer Punkt jener Klageschrift berührte eine Geschichte, die schon weiter zurücklag. Als Borromeo nach seiner Ankunft in Mailand den riesigen Dom besichtigte, hörte er plötzlich merkwürdige Geräusche. Er wandte sich um und sah zu seiner Überraschung einen Reiter gemächlich durch die Kirche traben. Ein Eselsgespann folgte ihm durch das offene Seitenportal. Menschen schlenderten plaudernd oder lachend daher, andere eilten geschäftig mit Lasten durch die heilige Halle. Borromeo erfuhr, daß die Leute, um den Umweg um das lange Gebäude herum abzuschneiden, die Kirche als Straße benutzten. Es handele sich um ein altes Gewohnheitsrecht. Der Erzbischof, entschlossen, diesen unmöglichen Brauch auf keinen Fall zu dulden, gab sofort seine Befehle. Am nächsten Tag standen die Leute schimpfend vor verschlossenen Seitenportalen. Sie beschwerten sich beim Magistrat. Der trug die Sache dem Statthalter vor. Albuquerque sah eine willkommene Gelegenheit, dem neuen Erzbischof zu zeigen, wer Herr der Stadt sei. Er richtete an Borromeo das Ersuchen, die Tore wieder zu öffnen. Der Kardinal antwortete verbindlich und freundlich, er werde die Tore geschlossen lassen. Der Herzog geriet in Zorn – vergebens. Er hatte es nicht mit einer Kreatur Spaniens zu tun. Als man eines Nachts die verschlossenen Seitentüren des Domes gewaltsam aufgebrochen hatte, ließ Borromeo sie kurzerhand zumauern.

Ein weiterer Klagepunkt der „Karnevalsbotschaft" war dieser: Der Erzbischof sei zu streng gegen die Geistlichen und Klöster vorgegangen. Die armen Mönche und Nonnen könnten einem richtig leid tun. Gewiß, die Maßnahmen, die Borromeo getroffen hatte, um mit den lockeren Sitten in den Klöstern aufzuräumen, paßten den Insassen dieser Klöster am wenigsten. Sie waren in den Orden getreten, um ein bequemes Leben zu genießen, und nun störte dieser „übereifrige" Prälat ihre Ruhe und verlangte von ihnen allen Ernstes, die Regeln streng zu befolgen. Sie leisteten dem Reformator heftigen Widerstand.

Am weitesten gingen darin die Humiliaten. Das war ein Bußorden aus dem zwölften Jahrhundert, der sich aber später von der Buße auf die einträgliche Industrie der Wollverarbeitung verlegt hatte. Sein Reichtum war so groß, daß er Städten und Fürsten Geld leihen konnte. Je mehr die wirtschaftliche und finanzielle Macht des Ordens anwuchs, um so mehr sank sein geistlicher Hochstand. Die Pröpste lebten wie große Herren in Saus und Braus. 170 Ordensmitglieder verpraßten die reichen Einkünfte von 94 Klöstern und entzogen sich mit Geschick und Gewalt jeder Rechenschaft. Von allen Orden bedurfte dieser am meisten der Reform. Borromeo sah sich als Erzbischof von Mailand, in dessen Gebiet das Mutterhaus und die meisten Häuser des Ordens lagen, und als Kardinalprotektor der Humiliaten genötigt, einzuschreiten. Seine ersten Anordnungen blieben unausgeführt. Als Papst Pius V. dem Erzbischof den formellen Auftrag gab, die Humiliaten zu reformieren, griff er energischer durch. Scheinbar fügte sich die Ordensversammlung. Doch unterirdisch brodelte es. Eine finstere Verschwörung wurde ausgebrütet: Pater Farina übernahm es, den Erzbischof zu töten. Drei von Borromeo abgesetzte Pröpste versprachen ihm Lohn und Hilfe bei der Flucht. Farina aber verlangte viel Geld. Sollten sie es aus dem eigenen Kloster stehlen und den Eindruck erwecken, man habe von außen eingebrochen? Oder sollte man den Propst, der den Geldschrank bewahrte, erdrosseln und einen Selbstmord vortäuschen? Schließlich stahlen die Verschwörer die goldenen Kelche aus der Kirche. Farina floh mit dem Erlös daraus nach Corfu, ohne den geplanten Mordanschlag zu versuchen. Nach zwei Jahren aber kehrte er zurück. Er lauerte dem Erzbischof mehrere Male auf, fand jedoch die Gelegenheit jedesmal ungünstig. Endlich traf er den Kardinal in seiner Hauskapelle, zu der jeder Zutritt hatte, als er am Altare kniend mit seinen Leuten eine Andacht hielt. Farina gab einen Schuß auf ihn ab. In der allgemeinen Aufregung entkam er. Borromeo war mitten im Rücken getroffen, doch war die Kugel, ohne ihn verletzt zu haben, zu Boden gefallen. Ein Wunder! rief das Volk. Alle Großen Europas sandten Glückwunschschreiben. Der Attentäter wurde entdeckt, vor Gericht gestellt und mit seinen Komplizen hingerichtet. Der Orden der Humiliaten wurde vom Papst aufgehoben.

Einen anderen Konflikt hatte Borromeo mit den Kanonikern von Santa Maria della Scala. Dieses Kollegiatstift stand auf dem Grundstück, auf dem sich heute Mailands berühmtes Theater erhebt. Die Kanoniker, die von ihren reichen Einkünften ein üppiges, wenig erbauliches Leben führten, stellten sich natürlich gegen die Reformideen Borromeos. Dabei beriefen sie sich auf ihre Exemtion: Sie seien unmittelbar dem Heiligen Stuhl unterstellt. Wo Unordnung herrscht, hat man natürlich lieber einen Vorgesetzten, der weit weg wohnt und nichts ahnt. Tatsächlich besaß die Scala eine Exemtionsbulle. Doch enthielt sie die Klausel: „vorausgesetzt, daß der Erzbischof von Mailand zustimmt." Das war indes nie geschehen. Borromeo prüfte die Rechtslage genau und vergewisserte sich auch in Rom. Dann kündigte er den Kanonikern die Pastoralvisitation an. Sie antworteten frech, sie würden ihn einfach nicht empfangen. Der Kardinal geduldete sich noch zwei Monate. Endlich erschien er in Prozession mit der ganzen vorgeschriebenen Feierlichkeit vor der Stiftskirche. Kaum hatten die Kanoniker bemerkt, daß der Erzbischof den ihre Kirche umgebenden Friedhof betreten wollte, als sie wütend herausstürzten und die Vorreiter des Kardinals mit Gewalt zurückdrängten. Borromeo schildert selbst den wüsten Auftritt: „Bei meiner Ankunft sah ich, wie die Meinigen, die durch das Tor des Friedhofs einzogen, von verschiedenen Personen mit Waffen und auf andere Weise zurückgeworfen wurden. Daher entschloß ich mich, von meinem Maultier abzusteigen, nahm das Kreuz in die Hand und konnte mit großer Mühe ein wenig eintreten. Als ich aber drinnen war, wurden viele Schwerter gegen mich gezogen. In ihrer Mitte befand sich der Ökonom, und alle kamen mit Waffen, Schreien und anderen skandalösen Gewalttätigkeiten mir entgegen. So drängten sie mich hinaus, indem sie mich dabei mit einem Torflügel stießen." In einem anderen Briefe erwähnt er, daß der Bewaffneten über fünfzig waren. Die Kanoniker hatten in der Voraussicht seines Erscheinens Bewaffnete angeworben. Vor dem verriegelten Tor sprach Borromeo gegen die Stiftsherren die Exkommunikation aus. Rom legte den Rebellen eine Sühne auf: Sie mußten öffentlich und feierlich Genugtuung leisten, indem sie in Prozession zum Dom zogen und dort kniend den Erzbischof um Verzeihung baten. Der Heilige gewährte sie ihnen mit den Worten: „Ich bin euer Bruder."

Auch mit den weltlichen Behörden, vor allem mit den spanischen Statthaltern, erlebte Borromeo manche Auseinandersetzung. Da die früheren Erzbischöfe nicht in Mailand residierten, hatte sich die weltliche Autorität manche Rechte angemaßt, ohne seitens der kirchlichen Obrigkeit Widerspruch zu finden. Borromeo wahrte den Statthaltern Philipps II. gegenüber tatkräftig seine Zuständigkeiten. Er ließ alle jene Gerechtsame wieder in Kraft treten, die durch langjährige Abwesenheit der Erzbischöfe außer Übung gekommen, doch nie durch Gesetz außer Kraft gesetzt waren, so das Recht des Erzbischöflichen Stuhles, einen eigenen Gerichtshof und eigene Gerichtssoldaten zu halten. Daraufhin verbot der Statthalter, Herzog von Albuquerque, „bei Strafe des Lebens und der Gütereinziehung allen Schreibern, Notaren, Advokaten, Vollstreckern, Abgesandten, Trompetern und Leuten jeglicher Art, die am geistlichen Gericht angestellt sind", Amtshandlungen gegen Laien vorzunehmen. Um dieser Verordnung Nachdruck zu verleihen, ließ er einen Gerichtsdiener des Erzbischofs wegen unbefugten Waffentragens verhaften, foltern und des Landes verweisen. Keineswegs eingeschüchtert, wandte sich Borromeo nach Rom und Madrid und erreichte den vollständigen Widerruf der Verordnung.

Ein späterer Statthalter ließ die Burg Arona besetzen und befahl, bei allen Versammlungen der Bruderschaften und bei jeder Christenlehre müsse stets ein Vertreter der Regierung anwesend sein. Dem Erzbischof lag gewiß viel an der Burg Arona, mehr aber an der Freiheit religiöser Versammlungen. Er war gleichgültig gegen die Verletzung seiner persönlichen Adelsrechte, aber unerbittlich in der Verteidigung der Rechte der Kirche. Deshalb ließ er dem Statthalter sagen, keine Macht, selbst der Tod nicht, würden ihn bestimmen, auf ein Recht der Kirche zu verzichten, zu dessen Wahrung er als Bischof sich verpflichtet fühle. Ohne weiteres exkommunizierte er den Statthalter und den Polizeipräsidenten. Der Statthalter wehrte sich, indem er ein Spottgedicht auf den Kardinal verbreitete, die Prozession verbot, den Eingang zum erzbischöflichen Palais militärisch besetzen ließ und die Korrespondenz des Kardinals auffing. Madrid berief den Statthalter ab. Der Nachfolger aber nahm den Kampf wieder auf, brüskierte den Kardinal mit Taktlosigkeiten, verleumdete ihn und bereitete ihm lauter Schikanen. Den Reformbemühungen des Oberhirten arbeitete er offen entgegen.

Die spanischen Machthaber sahen in Borromeo einen Feind der spanischen Interessen und suchten auf diese Weise, ihn mürbe zu machen. Tatsächlich verteidigte Borromeo die italienischen Belange gegen die Ansprüche der Fremden. Als Philipp II. 1563 in Mailand die spanische Inquisition einzuführen versuchte, widersetzte sich das Volk, und der Kardinal unterstützte es. Während die römische Inquisition als kirchliche Einrichtung die Reinerhaltung des Glaubens bezweckte, diente die spanische Inquisition als staatliche Einrichtung unter dem Vorwand der Religion dem Schutz des königlichen Absolutismus gegen politische Feinde. Ihr grausames Verfahren übertraf an Unmenschlichkeit die italienische Inquisition. Als der spanische König einige Jahre später Papst Pius V. bewog, im Inquisitionsprozeß auch die anonyme Denunziation, wie sie bei der spanischen Inquisition gang und gäbe war, zuzulassen, schrieb Borromeo einen langen Brief an den Papst. Darin legte er freimütig die Gründe dar, die ihn bestimmten, jenes Verfahren abzulehnen: Es sei Gesetz in Mailand, „daß keine Anklage angenommen werden darf, ohne daß der Name des Klägers genannt sei, sonst ist der Prozeß null und nichtig". Das Mailänder Volk vermute, daß „in diesem Staate die Inquisition nach spanischer Art eingeführt werden solle, nicht so sehr aus Eifer für die Religion, als vielmehr im Interesse der Staatsmacht". Kühn verteidigte Borromeo die politische Freiheit Mailands, und zwar mit Erfolg. Ein italienischer Bischof urteilte: „Es war das Verdienst des heiligen Carl, wenn in Mailand unter spanischer Herrschaft nicht eines jener berüchtigten Inquisitionstribunale errichtet wurde, in denen auf Grund anonymer Denunziationen und summarischer Verfahren nichts anderes bezweckt wurde als die Wahrung der königlichen Macht und die Einziehung der Güter höchst ehrenwerter Edelmänner. Es ist nicht auszudenken, was aus uns geworden wäre, wenn die spanische Inquisition sich in unser Land eingenistet hätte; vielleicht hätte sie die Verwirklichung unserer staatlichen Ideale um Jahrhunderte verzögert" (C. Orsenigo).

Aus dem kalten Krieg, den die weltlichen Machthaber von Mailand gegen den Erzbischof führten, ließen sich noch Hunderte Schikanen berichten. Man darf nicht glauben, Borromeo habe bei diesen Widerständen immer die Rückendeckung des Papstes gehabt. Im Gegenteil, sogar in Rom machte man ihm Schwierigkeiten. Die Kühnheit einzelner Reformen, die Neuheit gewisser Bräuche, die Strenge einiger seiner Gesetze boten gewissen Wühlern Anlaß, Papst und Kardinäle gegen den Erzbischof von Mailand aufzuhetzen. Er sei herrschsüchtig, unverträglich, arrogant, zu scharf, ohne Liebe. Borromeos Agent in Rom schrieb ihm: „Hier glaubt man alles, was man gegen Sie sagt, und man ist der Meinung, daß Sie von Ihren Diözesanen nicht geliebt werden." Da Borromeo mit jedem neuen Statthalter in Streit lebte, sah die Kurie in ihm einen grundsätzlichen Spanienfeind. Spanien aber war das Land, auf das sich die Kirche am meisten verlassen konnte, und der mächtige Philipp II. galt als Beschützer des Papsttums. Wie unangenehm und unerwünscht, mit dieser befreundeten Macht in diplomatische Verwicklungen zu geraten! Man absolvierte also in Rom den Statthalter, der in Mailand exkommuniziert worden war, ohne davon dem Erzbischof Mitteilung zu machen. Die Kardinäle im Vatikan schüttelten die Köpfe: Dieser Eigenbrötler! Er machte alles anders als Rom, hielt eigensinnig am ambrosianischen Ritus fest, der sich in vielem vom römischen Ritus unterschied, und verbot den Priestern das Tragen von Bärten und weltlicher Kleidung. Borromeos Agent schrieb es brühwarm nach Mailand: „Man sagt, Ew. Herrlichkeit seien den römischen Bräuchen überhaupt abhold, da Sie diese überhaupt nicht nachahmen wollen, nicht in der Liturgie, nicht in der Kleidung, nicht in der Barttracht. Man sieht Sie hier als Feind alles dessen an, was zu Rom geschieht." Kein Wunder, daß die Kurie den Erzbischof auf die Approbation seiner Provinzialkonzilien wer weiß wie lange warten ließ. Die kirchliche Bürokratie arbeitete nicht schneller als die weltliche, aber Borromeo spürte doch, daß hinter diesen Verzögerungen noch anderes steckte, und machte seinem Herzen Luft, indem er seinem römischen Agenten schrieb: „Diese hochmögenden Herren halten Kongregationen über Kongregationen und verschwenden unendlich viel Zeit ... Und die Bischöfe sehen, wie ihre Verordnungen ohne Not und ohne Grund selbst in den geringsten Dingen zensuriert werden; und doch befinden sie sich an Ort und Stelle, kennen die Sitten und die besonderen Bedürfnisse ihrer Kirche und wissen aus Erfahrung, was zur guten Regierung ihrer Herde notwendig und nützlich ist. Jene dagegen, die nicht nur weit vom Schuß stehen, sondern zum großen Teile noch gar keine persönliche Kenntnis von der Leitung einer Diözese haben, könnten sich nicht leicht ein Urteil bilden."

Als ihm die Hinauszögerung der Approbation zu lange dauerte, ging er persönlich nach Rom, um die Sache zu beschleunigen. Gregor XIII. erkundigte sich bei dem zuständigen Kurienkardinal über die Gründe des langen Aufschubs und der vielen Änderungen. Da brachte man ein ganzes Bündel von Klageschriften, die insgeheim von Mailand nach Rom geschickt worden waren. Dem Erzbischof war es ein leichtes, sich gegen all diese Anklagen und Verdächtigungen zu verteidigen. Der Papst erklärte: „Es ist in diesem Konzil nichts, das nicht heilig, der kirchlichen Disziplin entsprechend und von großem Nutzen für die Seelen wäre." Glänzend rehabilitiert kehrte Borromeo nach Mailand zurück.

Die Mailänder sollten Gelegenheit haben zu erkennen, was sie in ihrem Erzbischof besaßen. Als 1570 eine große Hungersnot ausbrach, wurde Borromeo der Wohltäter und Vater des Vaterlandes. Monatelang speiste er täglich nicht weniger als 3000 Arme. Gleichzeichtig versorgte er noch die Klöster, Spitäler und Armenhäuser. Zur Zeit der bittersten Kälte ließ er im erzbischöflichen Palast große Kessel mit warmen Speisen aufstellen, die portionsweise verteilt wurden. Er verschaffte vielen Arbeitslosen Arbeit. Er rief den Adel und die Reichen zur Mithilfe auf. Er war der einfallsreiche Organisator.

Die Haltung des Führers in Katastrophen ist eine Probe auf seinen Charakter. Das zeigte sich, als 1576 eine Pest die Stadt heimsuchte. Der Statthalter erließ ein Verbot an die Adeligen, die Stadt zu verlassen, floh dann aber selbst aufs Land und verkroch sich an einem sicheren Ort. Borromeo dagegen, der gerade auswärts weilte, kehrte sofort in seine Stadt zurück und verließ sie erst wieder, als jede Gefahr vorüber war.

Die Pestkranken mußten sich, unter Androhung von Feuer und Galgen, sofort ins Lazarett begeben. Das war ein weiter, eingezäunter Platz, verwahrlost, ohne Betten, ohne jede Bequemlichkeit. Wer einmal darin war, ließ alle Hoffnung fahren. Weder Behörden noch Ärzte betraten diese Hölle. Dafür plünderten sogenannte Monatti die Kranken aus und hielten, angeblich um der Ansteckung vorzubeugen, lärmende Saufgelage ab. Als Borromeo das Mißtrauen des Volkes gegen das Lazarett bemerkte, begab er sich dorthin, wurde aber abgewiesen: Der Besuch sei zu gefährlich für seine Gesundheit. In Wirklichkeit wollte man keinen Zeugen der tollen Zustände in diesem Massenlager. Da erhob der Kardinal mächtig seine Stimme: Es sei unerträglich, ohne jede ärztliche Pflege und ohne jeden priesterlichen Beistand sterben zu müssen. Er verlangte freien Zutritt für Priester. Das Gesundheitsamt, der Lage nicht mehr gewachsen, übertrug dem Erzbischof unumschränkte Vollmachten.

Borromeo war der rechte Mann, Ordnung ins Lazarett zu bringen. Er hatte das Vertrauen des Volkes; er besaß einen raschen und sicheren Blick für das, was nottat; er verfügte über eine Anzahl Männer, die nach seinem Beispiel jeder Gefahr die Stirn boten. Sofort ernannte er einen wackeren Kapuziner zum Direktor des Lazaretts. Der räumte mächtig auf, gefürchtet von den Halunken, geliebt von den armen Kranken. Doch brachte er es nicht fertig, daß auch nur ein einziges Mal ein Arzt oder ein Beamter den Platz der Todgeweihten betrat. Dafür kam der Erzbischof fast täglich. Ihm halfen viele beherzte Priester. Ein Augenzeuge berichtet: „Der Kardinal geht sehr oft ins Lazarett und tröstet die Kranken, ermuntert die Angestellten, besichtigt den Friedhof, in dem die an der Pest Gestorbenen bestattet werden, begibt sich in die Baracken, in die verschlossenen Häuser, spricht mit allen, tröstet alle. Für alle sorgt er, so gut er kann, auch in leiblicher Hinsicht mit dem, was er bei sich zu Haus findet. Er hat jetzt selbst nichts mehr zum Leben und ist ganz arm geworden ... Eine andere Tröstung hat diese Stadt nicht. Es ist fast, als erwecke er mit seiner Gegenwart die Leute zum Leben. Es wäre das größte Unheil, wenn Gott ihn aus diesem Leben abberiefe."

Als das Lazarett nicht mehr ausreichte, ließ Borromeo sechs weitere Barackenlager vor der Stadt errichten. Schließlich genügten auch diese nicht mehr. Die ganze Stadt wurde zum Lazarett. Grauenhafte Szenen spielten sich ab. Borromeo erwarb etwa hundert medizinische Bücher und studierte sie, fand aber wenig, was in dieser Lage helfen konnte. Es mußte aber gehandelt werden. Er erließ Verordnungen, um alles, was Ursache der Ansteckung sein konnte, zu verhindern. In den Kirchen sollten die Leute nicht dichtgedrängt stehen, Kranke sollten von Gesunden getrennt sein. Jeder, der mit Kranken umging, galt als pestverdächtig, mußte sich absondern und einen Stab vor sich hertragen. Das tat er auch selbst. Er befahl, alle Katzen und Ratten zu töten. Häuser, in denen Pestkranke gewesen, waren durch ein Kalkkreuz zu kennzeichnen; die Bewohner mußten es verlassen, keiner durfte zurück. Wenn Borromeo Kranken die Kommunion gespendet, hielt er seine Finger über eine Kerzenflamme. Er achtete auf sorgfältige Reinigung aller Gegenstände, die mit Pestkranken in Berührung gekommen waren; exkommunizierte jene, die mit den Kleidern von Angesteckten Handel trieben; verbot Gebetszettel und Ringe, die man als Talismane gegen die Krankheit trug; wies die Pfarrer an, in den Kirchen Spucknäpfe mit gelöschtem Kalk bereitzustellen und ordnete an, wann und wie sie zu reinigen seien. Ähnliche Vorschriften Borromeos finden sich zu Hunderten. Seine hygienischen Maßregeln waren den Meinungen und Bräuchen der Zeit in vielen Einzelheiten überlegen und nehmen moderne Vorschriften der öffentlichen Gesundheitspflege vorweg. Sie blieben auch nicht ohne Wirkung. Während in dem bedeutend kleineren Venedig die Pest in der gleichen Zeit rund 40 000 Personen hinraffte, hatte Mailand nicht mehr als 17 324 Tote. Borromeo und sein ganzes Haus blieben ohne Ansteckung.

Außer zu natürlichen Mitteln nahm der Erzbischof auch zu übernatürlichen Mitteln seine Zuflucht, um der Seuche Herr zu werden. Als die Pest auf dem Höhepunkt war, veranstaltete er öffentliche Andachten und Prozessionen. Barfuß, einen Strick um den Hals, ein schweres Holzkreuz auf der Schulter, aller Abzeichen seiner Würde entledigt, ging er durch die Straßen der heimgesuchten Stadt. Er predigte, betete und spendete Tausenden die Sakramente.

Nach einem Jahr durfte Mailand wieder aufatmen. Der Statthalter Ayamonte, der geflohen war, konnte dem Erzbischof nicht verzeihen, daß dessen Heldengeist seine eigene Schwäche um so offenbarer machte. Er verklagte ihn in Rom: Borromeo habe sich in der Pestzeit gegen die Anordnungen der weltlichen Behörde aufgelehnt, sei trotz Verbot in die Häuser Pestkranker gegangen und habe auch seine Geistlichen hingeschickt und dadurch die Bewohner Mailands gefährdet. Borromeo wurde nach Rom zitiert, um sich zu verantworten. Ayamonte streute aus, der Erzbischof werde abgesetzt werden und nicht zurückkommen. Da wurde das Volk unruhig. Es hatte seinen Bischof lieben gelernt und stand auf seiner Seite.

Borromeos Reise nach Rom glich einem Triumphzug. Fürsten und weltliche Behörden, Bischöfe, Priester und Volk drängten sich bei seinem Durchzug durch Italiens Städte, ihm zu huldigen. In Rom zeichneten ihn Papst und Kardinäle aus. Die glänzendste Anerkennung wurde ihm zuteil, als er nach Mailand zurückkam. Eine Welle echter Freude ergoß sich über das Volk, weil der Erzbischof allen böswilligen Gerüchten zum Trotz doch heimkehrte. Eine große Menge zog ihm achtzehn Kilometer entgegen. Allen Feinden zum Trotz hatte er sein Volk erobert – nicht für sich, sondern für Christus.

Die Gesamtleistung Borromeos ist gigantisch. In kurzer Zeit hatte er, gegen zähe Widerstände, sein verödetes Bistum in einen blühenden Garten verwandelt. Wie brachte er das nur zustande? Er konnte sich auf hervorragende natürliche Anlagen stützen: „Er war mit starkem Willen, scharfem Verstande und angeborener Gradheit begabt. Bereits in der Jugend offenbarte sich in ihm der Herrscher. Stets klar und bestimmt in seinen Ansichten, fest in seinen Entschlüssen, ausdauernd in der Ausführung seiner Absichten, ... war er zum Regieren geboren" (C. Orsenigo). Doch die natürliche Begabung allein kann sein Werk nicht erklären. Das Geheimnis seiner Erfolge ist seine Heiligkeit: ein Geschenk der Gnade und ein Ergebnis der Willensanstrengung zugleich. Aus dem stolzen Grafensohn, der sich den Ruhm seiner Familie höchst angelegen sein ließ, wurde der Bischof, der seinen Familiennamen ablegt und aus seinem angestammten Wappen nur das Wort „humilitas" beibehält. Der Kirchenfürst, dem man, nicht immer ohne Anlaß, herrisches und rücksichtsloses Wesen vorwarf, beweist oft genug Demut und Rücksichtnahme: In einem Kloster hilft er in der Küche beim Spülen des Geschirrs, und um ja keinen zu wecken, huscht der Frühaufsteher mit den Schuhen in der Hand durch das Zimmer seiner Diener. Der Nepote, der seine Erholung auf der Jagd und im Spiel suchte, gönnt sich später seine einzigen Ruhepausen in geistlichen Exerzitien. Der junge, elegante Kardinal in Rom, der sehr auf seine Würde und Bequemlichkeit bedacht war, verwandelte sich in einen Apostel, der ohne Rücksicht auf sich selbst nur noch für seine große Aufgabe schuftete: die Reform der Kirche.

Carlo Borromeo, der die größte Kirchenprovinz Italiens regierte, war ein Herkules an Arbeitseifer. Seine fieberhafte Tätigkeit umfaßte unter anderem Visitationen, Audienzen, Sitzungen, Predigten, Gottesdienste, die laufende Verwaltungsarbeit, die Vorbereitung seiner 17 Konzilien, die Abfassung volkstümlicher Schriften. Man konnte von ihm sagen, die Grenzen seiner bischöflichen Wirksamkeit seien so weit wie die ganze katholische Kirche. Er stand in brieflicher Verbindung mit Lissabon und Madrid, Paris und London, Amsterdam und Köln, Wien und Prag, Krakau und Wilna, Malta und Kairo. Seine Korrespondenz füllt 268 Folianten in der Bibliotheca Ambrosiana zu Mailand und zählt 35 000 Briefe.

Selbst in seiner kargen Freizeit beschäftigte er sich, wie ein Hausgenosse erklärte, „mit nichts anderem als mit Studieren, Beten, Schreiben, Ausarbeiten". Nachts hatte er immer Licht auf seinem Zimmer. Selbst auf Reisen nahm er in besonders konstruierten Koffern eine Menge Bücher mit, um unterwegs, wie ein anderer der Hausgenossen sich ausdrückte, „keine Unze Zeit zu verlieren". Um das umfassende Pensum, das er sich vorgenommen, zu bewältigen, kürzte er den Schlaf und versäumte die Mahlzeiten. Er meinte: „Die Bischöfe müssen es machen wie die Heerführer im Kriege: Die Tüchtigsten schlafen sitzend auf einem Stuhl." Als Bett benützte er gewöhnlich einen Strohsack; Kissen und Decke waren ebenfalls aus Stroh, die Bettlaken aus grobem Sackleinen. Er wollte nie, daß man sein Lager erwärmte, und sagte: „Es gibt ein sicheres Mittel, das Bett immer warm zu finden: Man suche es erst auf, wenn der Körper durch langes Wachen kälter ist als das Bett." Solche Entbehrungen machten sich natürlich dann tagsüber bemerkbar. Einmal bemerkte ein Prälat: „Wenn ich der Beichtvater des Kardinals Borromeo wäre, würde ich ihm zur Buße aufgeben, während der Nacht zu schlafen, damit er am Tage wachbleibt, besonders wenn er einer Predigt beiwohnt." Das zielte auf Borromeos Verhalten während der Predigt eines berühmten Theologen. Aber der Tadel war unbegründet; denn während des anschließenden Mahles kam das Gespräch auf die Predigt, und da wußte Borromeo so genau über sie zu berichten, daß alle erstaunt waren.

Seine Nahrung glich der eines Hungerkünstlers. Auf einer Visitation in der Schweiz bestellte er für sein Gefolge ein solides Abendessen, während er für sich nur ein Glas Wasser verlangte. Dennoch, versichert einer der Mitvisitatoren, stand er am folgenden Morgen munterer auf als alle anderen. Überhaupt zeigte sein Körper trotz strengen Fastens eine erstaunliche Widerstandsfähigkeit gegen Strapazen. Er vollbrachte Bravourstückchen an Kühnheit und Ausdauer. Die Erinnerung an seine Bergtouren ist heute noch in Volksliedern Graubündens lebendig. In seinem Palais ließ er auch in den kalten Monaten kein Feuer machen, außer für Gäste. Pelzmantel und Handschuhe verschmähte er, mochten seine Hände noch so aufgesprungen sein.

Solche Strenge zog ihm den Tadel seiner Freunde zu. Er entgegnete: „Um andern Licht zu machen, verzehrt die Kerze sich selber." 1571 schrieb ihm der Kardinal von Como: „Ew. Erlaucht zu bitten, ein bißchen mehr für Ihre Gesundheit zu tun, wäre soviel wie einem Tauben etwas vorsingen. Darum verlege ich mich in Zukunft nur mehr darauf, Gott zu bitten, daß er Sie am Leben halte." 1576 wußte sich Borromeos Leibarzt nicht anders zu helfen, als daß er die Bischöfe des Provinzialkonzils bat, auf ihren Metropoliten einzuwirken, daß er sich in seinen Kasteiungen etwas mäßige. Ihnen gab der Kardinal nach, doch nur für eine kurze Weile. 1581 schrieb ihm sein Beichtvater aus Rom: „Ich werde mich beeilen zurückzukehren, denn ich vernehme, daß Ew. Erlaucht sich übermäßig mit Anstrengungen, Fasten und Nachtwachen belasten, und daß Ihre Gesundheit sehr erschüttert ist. Ich bin jedenfalls der Ansicht, daß Sie durch übermäßige Kasteiungen sich der Kräfte berauben, die Ihnen zur Erfüllung Ihres arbeitsreichen Amtes notwendig sind." Als Gregor XIII. hörte, Borromeo sei krank und weigere sich, ärztliche Behandlung anzunehmen, befahl er ihm unter Sünde, den Ärzten zu gehorchen. Borromeo beklagte sich darüber in einem langen Brief an den Kardinal von Como: Man habe seine Krankheit bedeutend übertrieben, sein Zustand habe sich sehr gebessert. Außerdem „kann die Pflege des Leibes nicht Lebenszweck eines Bischofs sein. Ein guter Arzt kann keine andere Lebensweise verordnen als jene, die er in seinen Büchern geschrieben findet; diese ist sehr verschieden von jener, welche die Bücher der Buße und der Kirchenzucht verzeichnen".

Mochte er den Bogen überspannen — niemand konnte mehr zweifeln, daß der Erzbischof nichts für sich selbst wollte. Mochte sein Körper zum Skelett abmagern, — seine Seele nahm zu an Kraft. Sein zur Härte neigender Charakter gewann eine solche Milde und Freundlichkeit, daß das Volk ihn als einen Heiligen ansah. Wo er hinkam, strömten die Leute aus der ganzen Gegend zusammen, ihn zu sehen. Ein Augenzeuge schreibt: „Es war, als sei ein Apostel Christi wieder auf die Erde zurückgekehrt." Und ein Protestant meinte: „Wenn alle Bischöfe und Priester gewesen wären wie dieser, wäre es nicht zur Glaubensspaltung gekommen."

Zwei Jahrzehnte rastloser Tätigkeit, brennenden Eifers und heroischer Selbstverleugnung hatten seine Kräfte frühzeitig verzehrt. Er erkrankte schwer und mußte sich legen. Sein Agent in Rom schrieb ihm: „Diese Krankheit ist eine wahre Fügung Gottes, denn so werden Sie sich gegen Ihren Willen jene Ruhe gönnen, die Sie immer verabscheut haben."

Leider täuschte sich hier der Briefschreiber. Denn Borromeo verstand auch während der Krankheit zu arbeiten. Zum Entsetzen seiner Diener ließ er sein Bett in den Audienzsaal tragen und leitete hier mehrere Versammlungen. Als er den Tod nahen fühlte, verdoppelte er seine Abtötungen und Gebete. Unter Fieberschauern unternahm er seine letzte Reise zu Fuß, zu Pferde, zu Schiff, predigte von Anfällen geschüttelt, eröffnete ein Kolleg, hielt Konferenzen und Gottesdienste — ein ausgemergelter, vom Tod gezeichneter Mann. Lächelnd verschied er am 3. November 1584, erst 46 Jahre alt.

Sein Grab wurde sofort Ziel einer ständigen Wallfahrt. 1610 erklärte ihn der Papst zum Heiligen. Sein Name wird bei allen Völkern verehrt. Kirchen, Altäre und Anstalten sind ihm geweiht. Selbst Städte, Flüsse, Meerbusen und Berge — allein in Nord- und Südamerika über fünfzig — sind benannt nach San Carlo und verkünden Gottes Ruhm in seinem Heiligen.

TERESA VON AVILA

(1515–1582)

Es gibt einige Menschen, denen die Geschichtsschreibung den Beinamen „der Große" verlieh: Feldherren, Kaiser, Könige und Päpste; Persönlichkeiten, die für ihr Land oder für die Welt von überragender Bedeutung wurden. Auch Teresa von Avila wird manchmal „die Große" genannt. Ihren Ruhm gewann sie nicht auf einem Thron oder auf Schlachtfeldern. Und doch war sie eine Herrscherin und Kämpferin. Von ihr strahlte eine geistige Macht aus, die das moderne Europa wesentlich mitprägte. Ihre eigentliche Größe liegt freilich nicht darin. Sie beruht vielmehr auf ihrer Heiligkeit. Das ist eine Qualität, die nur Gott einem Menschen verleihen kann, die aber gleichwohl mühsam erkämpft werden muß. Es ist ja nicht so, daß die Heiligen schon in den Windeln die Fülle der Tugend besaßen. Gerade der Weg Teresas beweist das nachdrücklich: Dieser Weg war nicht leicht, ging auch nicht stetig aufwärts, sondern oft genug bergab.

Teresa wuchs auf in Avila. Diese trutzige Stadt ragt auf einer kahlen, steinigen Höhe von 1200 Metern, umringt von einer zyklopischen Mauer, befestigt mit achtundachtzig runden Türmen. Alles ist hier auf Kampf gestellt. Inmitten der Bastionen wuchtet selbst die Kathedrale als ein Bollwerk mit Wehrgängen und Zinnen, bewacht von Löwen aus Granit. In dem Stadtviertel, in dem das Vaterhaus der Heiligen stand, trifft man noch die Wappenschilder ihrer Vorfahren, den springenden Löwen der Cepeda und den rauchenden Turm der Ahumada, ehrenhafte Symbole kriegerischer Kühnheit, im Kampf erworben und zu neuem Kampf anspornend. Die Ahnen fochten wie Löwen gegen die Mauren und steckten ihre Burg lieber in Brand, als daß sie dem Feind in die Hände fiel. Der Heldengeist war in dem altadeligen kastilischen Geschlecht, dem Teresa entstammte, noch lebendig. Sieben ihrer Brüder brachen als Konquistadoren nach Amerika auf und halfen Peru, Argentinien und Chile zu erobern; zwei ließen dabei ihr Leben. Spanien erlebte in jener Zeit den Gipfel seiner politischen Macht und die Hochblüte seiner Kultur. Teresa war ein echtes Kind dieser Epoche und dieses Volkes: stolz, hochbegabt und darauf brennend, Großes zu leisten.

Aus ihrer Kindheit wird eine Begebenheit überliefert, die schon früh wesentliche Züge ihres Charakters verriet: Leidenschaft, Selbständigkeit und Heroismus. Geschichten von Märtyrern und von den Freuden des Himmels entflammten sie. Noch keine sieben Jahre alt, überredete sie ihren vier Jahre älteren Bruder, mit ihr eines Nachts heimlich aus dem Elternhaus zu fliehen, um bei den Mauren den Märtyrertod zu finden. Rascher und sicherer sei die ewige Seligkeit nicht zu erwerben. Ein Onkel aber griff die beiden Ausreißer auf der Straße auf und brachte sie mit Gewalt zurück. So rasch und sicher sollte Teresa den Himmel nicht gewinnen.

Im Backfischalter verloren sich die frommen Anwandlungen der Kindheit. Statt der Märtyrerlegenden verschlang sie jetzt – gegen den Willen ihres Vaters, deshalb im Verborgenen – mit Heißhunger die damals so beliebten Ritterromane, deren sensationelle Handlung sich stets um Männerkampf und Frauenliebe drehte. Sie gestand, sie sei „nur zufrieden gewesen, wenn sie immer wieder neue erhalten konnte". Sie schrieb sogar selbst einen solchen phantastisch-romantischen Abenteuerroman. Längst hatte sie es aufgegeben, im Garten in selbstgebauter Klause auf den Knien liegend Nonne zu spielen. Statt dessen stürzte sie sich in mondäne Vergnügungen. Sie war eine vielbewunderte Schönheit geworden. Das kastanienbraune Haar fiel in natürlichen Locken. Ihre blütenweiße Haut war auf den Wangen gerötet. Wenn sie lachte, brachten ihre lebendigen schwarzen Kugelaugen jeden zum Lachen. Drei kleine Muttermale gaben ihrem sonst ebenmäßigen Gesicht einen besonderen Reiz. Ihre feinen Hände bewegten sich mit Anmut. Als ein Herr beim Anblick ihrer zierlichen Füße ihr eine Schmeichelei sagte, erwiderte sie ohne Erröten: „Schauen Sie gut hin, Caballero, denn Sie werden sie jetzt das letzte Mal zu sehen bekommen."

Teresa war sich ihrer Schönheit bewußt und bemühte sich, sie zur Geltung zu bringen. Die gefallsüchtige junge Dame saß oft stundenlang vor dem Spiegel und probierte Parfums, Schminken und modischen Schmuck. „Ich begann, mich viel um meine Garderobe zu kümmen und zu wünschen, daß ich andern durch meine äußere Erscheinung gefallen möge." Eins ihrer Kleider ist von einer Bekannten beschrieben worden: Es war orangegelb mit Borten aus schwarzem Samt. Ein Karmeliter, der sie kurz vor ihrem Tode kennenlernte, erzählt: „Sie gestand oft ihre einstigen kleinen Fehler in überaus heiterer und anmutiger Weise. Eines Tages ... sagte sie zu mir: ‚Wissen Sie, mein Vater, man hat mir in meinem Leben drei Lobsprüche erteilt. Man sagte, ich sei klug, heilig und schön. Von diesen drei Lobsprüchen glaubte ich zwei und meinte sie zu verdienen. Ich glaubte, daß ich klug und schön sei. Das war eine große Eitelkeit.'" Noch in ihrem Alter brach gelegentlich diese Eitelkeit hervor. Als ein Karmeliterbruder ihr Porträt gemalt hatte, brummte sie: „Gott vergebe Euch, Fray Juan! Was habe ich nicht unter Euren Händen zu erdulden gehabt! Was fällt Euch ein, mich derart häßlich und triefäugig zu malen!"

Da sie nicht nur schön, sondern auch geistvoll und charmant war, zog sie alle Blicke auf sich. Diese Anziehungskraft behielt sie ihr Leben lang. Fray Luis de Léon schreibt, sie habe jedem, der sich ihr näherte, „den Kopf verdreht", und er fügt hinzu: „Die Sorgfalt, die sie auf ihr Äußeres verwandte, ihre feinsinnige Gesprächsführung, ihre sanften und züchtigen Umgangsformen steigerten noch ihre Schönheit, so daß das Weltkind und der Heilige, der Mann der Gesellschaft und der Asket, die Ältesten und die Jüngsten von ihr gefangengenommen, bezaubert wurden ... Als Kind und als junges Mädchen, im Laienstand und als Nonne wirkte sie auf alle, die sie sahen, wie der Magnet auf das Eisen." Sie selbst gestand noch in ihren späteren Jahren: „Unser Herr hat mir die Gnade erwiesen, jedermann, wo immer es sei, zu gefallen."

Der Fünfzehnjährigen freilich wurde diese Anziehungskraft gefährlich. Sie drohte auf eine abschüssige Bahn zu geraten. Was sie damals trieb, hat sie später selbst voll Reue aufgezeichnet, und bei ihrer gewohnten Sachlichkeit und Wahrheitsliebe haben wir keinen Grund anzunehmen, ihr Bericht sei übertrieben. Das junge Mädchen wurde umschwärmt und angehimmelt von einer Schar junger Vettern. Unternehmungslustig und gesellig, wie sie war, machte sie alles mit, was ihnen einfiel. „Wir steckten ständig zusammen. Sie hatten mich sehr gern. Ich sprach zu ihnen von allen Dingen, die ihnen gefallen konnten, und hörte ihnen zu, wenn sie mir von ihren Liebhabereien und Streichen erzählten, die nicht immer Lob verdienten. Schlimmer noch war, daß sich die Seele dem zuwandte, was Ursache all ihres Unglücks war." Es handelte sich um eine ängstlich geheimgehaltene Liebelei, die sie „blind von Leidenschaft" machte. „Ich war sehr anstellig darin, in allem das Böse zu tun ... Überdies hatten wir Mägde, bei denen ich Beistand in allen unrechten Dingen fand ... Ihre Gewinnsucht machte sie blind ... Mein Vater liebte mich so sehr, und ich konnte mich so gut verstellen, daß er mir so viel Schlimmes, wie wirklich vorhanden war, gar nicht zutraute. Ich fiel daher bei ihm nicht in Ungnade. Man hegte Verdacht, hatte aber keine Gewißheit. Ich fürchtete so sehr, meine Ehre zu verlieren, daß ich alles tat, um das Geheimnis zu wahren." Es war keine harmlose Tändelei, sondern ein Spiel mit dem Feuer: „Ich hatte eine Verwandte, die uns oft besuchte und von der ich allerlei böse Dinge lernte ... Ich liebte es, mit diesem Mädchen zusammen zu sein ... Sie machte alle meine Tollheiten mit und brachte mir neue bei ... Bevor ich sie kennenlernte, hätte ich mir nie vorstellen können, daß ich Gott preisgeben oder eine Todsünde begehen könnte ... Ich ließ es mich auch in meinen moralischen Anwandlungen nicht die geringste Mühe kosten, ein wirklich sittsames Leben zu führen ... Meine intimen Beziehungen zu diesem Mädchen sollten zu einer solchen Veränderung meines Wesens führen, daß ich schließlich kaum noch den natürlichen Drang nach Tugend verspürte. Ich ließ mich von ihr und noch von einer anderen Bekannten, die den gleichen Vergnügungen frönte, sehr zu meinem Nachteil beeinflussen ... Mir blieb nur die Angst um den Verlust meiner Ehre, die mich bei allem quälte, was ich tat. Wenn ich glaubte, kein Mensch könne etwas davon erfahren, stürzte ich mich kopfüber in irgendwelche Tollheiten, die für meine Ehre wie für meinen Gott eine Beleidigung waren ... Die Angst vor dem Verlust meiner Ehre war weit größer noch als meine Furcht vor Gott. Ja, diese Angst um meinen Ruf saß so tief, daß sie mich davor bewahrte, meine Ehre völlig zu verlieren ... Gott behütete mich so gut, daß er mich gegen meinen Willen daran hinderte, mich zugrunde zu richten."

Nach einiger Zeit trat wieder ihre religiöse Neigung hervor. Ihr Widerwille gegen das Klosterleben wich allmählich einem starken Interesse dafür. Eine Zeitlang schwankte sie zwischen Ehe und Ordensberuf. Sie hatte gewaltige seelische Widerstände zu überwinden, erlitt Fieber und Ohnmachten, ja mußte, wie sie es ausdrückt, eine wahre Schlacht durchkämpfen, die drei Monate in ihr tobte. Endlich entschied sie sich für das Ordensleben. „Ich entschloß mich, meinem Vater mich zu erklären, und das war fast ebensoviel wie das Ordensgewand nehmen. Denn ich betrachtete es als einen Ehrenpunkt, bei dem Entschluß zu bleiben, für den ich mich einmal bestimmt hatte." Der Vater verweigerte die Zustimmung. Teresas Frömmigkeit bestürzte ihn jetzt ebensosehr wie vorher ihre Weltlichkeit. Da verließ, obwohl der Abschied ihr Herz zerriß, die Neunzehnjährige heimlich das Elternhaus, um in den Konvent der Karmelitinnen zu Avila einzutreten.

In der ersten Zeit war Teresa eine eifrige Nonne. Dann aber kühlte die Glut ihrer Frömmigkeit merklich ab, und Teresa wurde lau. Das Kloster handhabte die Ordensregel sehr locker. Eine Klausur gab es nicht. Der Verkehr mit der Welt ging weiter. Täglich empfing Doña Teresa de Ahumada, wie sie noch immer genannt wurde, die Besuche von Verwandten und Freunden, um mit ihnen stundenlang zu schwatzen und Neuigkeiten aus der Welt zu hören. Diese Zerstreuungen verhinderten die innere Sammlung, die der Verkehr mit Gott als notwendig voraussetzt. In dieser Umwelt konnte aus der lebenslustigen Teresa so schnell keine Braut Christi werden. Noch gehörte ihr Herz nicht ungeteilt Gott. Ein Riß ging durch ihr Wesen. Sie fühlte, daß sie nicht das war, was sie hätte sein können und was sie auch hätte sein sollen. Später hat sie sich deshalb in der Beschreibung ihres Lebens Vorwürfe gemacht: „Ich führte ein höchst qualvolles Leben ... Auf der einen Seite rief mich Gott, auf der andern folgte ich der Welt. Während ich große Freude an allen göttlichen Dingen hatte, fesselten mich die weltlichen. Ich schien damals zwei so entgegengesetzte und sich so feindlich gegenüberstehende Dinge wie das geistliche Leben und die sinnlichen Freuden, Genüsse und Unterhaltungen miteinander vereinigen zu wollen ... Ich fand keinen Genuß in Gott und hatte auch keine Freude an der Welt. Gab ich mich weltlichen Vergnügungen hin, so peinigte mich die Erinnerung an das, was ich Gott schuldig wäre; beschäftigte ich mich mit Gott, so ließen mir die weltlichen Neigungen keine Ruhe." Diese Zerrissenheit ließ sie innerlich keinen Schritt vorwärts kommen. „Ich trieb auf einem ungestümen Meer herum, beständig fallend und mich wieder erhebend, leider aber nur, um danach aufs neue zu fallen." Der Aufstieg, um den sie wie eine Ertrinkende rang, wollte ihr nicht gelingen. Immer wieder sah sie sich zurückgeworfen.

Sie litt unter dem Zwiespalt ihrer Existenz auch körperlich. Sie begann, Blut zu spukken, Nervenstörungen stellten sich ein, und auch Herz und Magen wurden in Mitleidenschaft gezogen. Die Ärzte erkannten nicht den seelischen Ursprung dieser Leiden und standen vor einem Rätsel. Ihr Zustand verschlimmerte sich. Drei Jahre war sie wie gelähmt. Schließlich fiel sie in einen starrkrampfähnlichen Zustand und lag wie tot. Im Klosterhof schaufelte man schon ihr Grab; an ihrem Lager brannten Sterbekerzen. Am vierten Tage erwachte sie wieder und entging um ein Haar dem Schicksal, lebendig begraben zu werden. Teresa erklärte später: „Weil ich selbst keine Buße übte, darum hat mir Gott so viele Krankheiten geschickt." Wahrheitsliebend wie sie war, stellte sie sachlich fest, daß sie „eine sehr schlechte Nonne" gewesen sei und die Regeln „am wenigsten gehalten habe". Ihre Sünde war, daß sie, obwohl von Gott zu Großem bestimmt, fast zwanzig Jahre diesem Ruf nicht folgte. Vielseitig begabt, doch seelisch ungeordnet, war Teresa unfähig, ihre Kräfte auf ein Ziel zu sammeln. So verpufften all ihre Anläufe im Leeren. Schon hatte sie die Mitte ihres Lebens überschritten, und noch immer hatte sie aus dem ihr anvertrauten Talent nichts gemacht. Obwohl sie so lange schon im Kloster lebte, war sie Gott nicht nähergekommen.

Dann aber kam der große Umschwung, plötzlich, wie es oft geschieht, wenn Gott von einer Seele Besitz ergreift. Eines Tages erblickte Teresa eine Statue des blutüberströmten Heilands an der Geißelsäule, eines jener unerhört realistischen Werke spanischer Kunst. Sie war so erschüttert, daß sie auf der Stelle Umkehr gelobte. Die Lektüre der *Bekenntnisse* Augustins, der ja auch erst nach vielen Umwegen zu Gott fand, unterstützte ihre Bekehrung. Teresa hat ihr entscheidendes Erlebnis selbst erzählt: Mit einem Male fühlte sie sich ganz von Gott durchdrungen. „Es war mir ganz und gar unmöglich, daran zu zweifeln, daß Er in mir weile und ich ganz in Ihm versenkt sei." Sie fühlte ihre Seele dabei so erhoben, daß sie außer sich zu sein schien. „Das Leben, das ich bisher geführt habe, war mein Leben. Das, was jetzt für mich begann, ist das Leben Gottes in mir."

Es folgte ein rascher und steiler mystischer Aufstieg, der Teresa bis zur höchsten Stufe der Gottvereinigung führte, die — soweit wir unterrichtet sind — ein Mystiker je auf Erden erreicht hat. Schauungen über Schauungen enthüllten ihr die Geheimnisse des Glaubens. Das Göttliche stürmte mit solcher Gewalt auf sie ein, daß sie oft von äußerstem Schmerz und äußerster Wonne zugleich überwältigt wurde. Wie eine Tote lag sie dann, abgestorben jeder sinnlichen Empfindung für die Außenwelt, aufgetan allein dem unerhörten Licht in ihrem Innern. Eine unendliche Freude durchströmte sie in solchen Ekstasen. Sie selbst spricht von einer „glorreichen Verrücktheit" und bekennt: „Schon oft war ich wie von Sinnen und berauscht von göttlicher Liebe." In einem Briefe schreibt sie: „Ich gehe fast wie eine Betrunkene umher." Zuweilen sah man sie in der Kirche meterhoch über dem Boden schweben, wobei ihr Antlitz eigenartig leuchtete.

Ihr selbst waren solche Vorkommnisse, die ganz ohne ihre Absicht, ja gegen ihren Willen eintraten, äußerst unangenehm. Sie bat Gott, er möge sie lieber auf einem anderen Wege führen. Vergebens setzte sie nahenden Entrückungen Widerstand entgegen. Es war ihr, als ob ein Adler sie packe und mit sich emporreiße. In die größte Verlegenheit geriet sie, wenn andere dabei zuschauten. In einem Briefe schreibt sie: „Wieder haben mich Verzückungen befallen ... Zuweilen finden diese öffentlich statt, auch beim Chorgebet, und das ist für mich recht peinlich. Dagegen hilft aber kein Sträuben, und man kann dies auch nicht verheimlichen. Ich empfinde danach eine so tiefe Beschämung, daß ich mich, ich weiß nicht wohin, verkriechen möchte. Ich habe Gott gebeten, diese Gnaden mir doch nicht mehr in der Öffentlichkeit zu gewähren ..., denn sie bereiten viel Ungelegenheiten." Teresa wollte die übernatürlichen Gunstbezeugungen nicht zur Schau stellen und scheute sich davor, daß fremde Neugier in ihr Verhältnis zu Gott eindrang. Das unterscheidet die echte Mystikerin von visionären Schwindlerinnen, die mit ihren angeblichen Offenbarungen hausieren gehen.

Vor allem die Tatsache, daß Teresa sich selbst sehr mißtraute und sich immer wieder fragte, ob sie nicht von ihrer Einbildungskraft getäuscht werde, beweist die Echtheit ihrer Mystik. Diese Frau gehörte keineswegs zu jenen, die sich dem bunten Spiel der Phantasie widerstandslos hingeben. Sie behielt stets ein kritisches Urteil. Sie warnte davor, die erste beste Seifenblase der Einbildungskraft für eine Vision zu halten. Sie zählte Beispiele von Täuschungen in dieser Hinsicht auf und fügte hinzu, es sei ihr unverständlich, wie manche Leute sich einreden könnten, etwas zu sehen, was sie in Wirklichkeit nicht sehen. Sie war sich auch darüber klar, daß übertriebenes Fasten und Nachtwachen Zustände herbeiführen können, die von Unkundigen mit Verzückungen verwechselt werden, in Wirklichkeit aber nichts anderes als „Weiberohnmachten" sind, die sich mit gutem Essen und längerem Schlaf kurieren lassen. Von einem Theologen schreibt sie: „Er ist ein großer Gegner aller Privatoffenbarungen, und er schenkt selbst jenen der heiligen Birgitta keinen Glauben ... Ich hatte eine besondere Vorliebe für Männer, die solcher Ansicht waren. Ich dachte mir nämlich, sie könnten, wenn ich in einer Täuschung befangen wäre, mich sicherer davon befreien als andere."

Übrigens bildete sich die vom Sturmwind des Heiligen Geistes Geschüttelte auf ihre auffällige Begnadigung nichts ein. Weit entfernt von geistigem Hochmut, erklärte sie, Gott führe sie auf einem so ungewöhnlichen Weg, weil ihre Schwäche einer außerordentlichen Stütze bedürfe. Trotz ihrer Bescheidenheit und Demut, erhob sich im Kloster eine Verfolgung gegen Teresas Offenbarungen. Man verdächtigte die Begnadete, ihre Visionen stammten nicht von Gott, sondern vom Teufel. Doch vier Heilige, Franz Borja, Ludwig Bertran, Petrus von Alcantara und Johannes vom Kreuz, erklärten endlich ihre mystischen Zustände für echt. Der Protestant Nigg schreibt: „Ihre Visionen mußten die schärfste kritische Prüfung über sich ergehen lassen. Von der Kirche wurden sie nicht auf leichtgläubige Art einfach hingenommen. Sie haben aber in diesem Prozeß ihre Echtheit unwiderleglich bewiesen."

Die Visionen und außergewöhnlichen Zustände bedeuten in Teresas mystischem Leben nicht die Hauptsache. Die Heilige selbst hat sie stets als unwesentliche Dinge behandelt und nie für wertvoller gehalten als das gewöhnliche Gebet des einfachen Christen. Dies muß gerade heute betont werden, wo man, auch außerhalb der Kirche, den

Phänomenen der Mystik eine starke Neugier entgegenbringt, die freilich, statt in die Tiefe einzudringen, am Sensationellen und Äußerlichen haftenbleibt. Das eigentliche Wesen der Mystik ist nichts anderes als das, was den Kern jeder Frömmigkeit ausmacht, wenngleich es in ihr in besonders intensiver Weise erscheint: das Bestreben nämlich, jederzeit den menschlichen Willen mit dem göttlichen ganz zu vereinen. Ja, das ist das Wesen der Heiligkeit überhaupt: den Willen Gottes zu tun, auch wenn der eigene Wille anderswohin strebt. Teresa hat diese Einsicht so ausgedrückt:

„Der höchste Grad der Vollkommenheit besteht offenbar nicht in ... erhabenen Verzückungen, auch nicht in Visionen ..., sondern nur in einer solchen Gleichförmigkeit unseres Willens mit dem göttlichen Willen, daß wir alles, was wir als seinen Willen erkennen, mit unserm ganzen Willen umfassen, und daß wir das Bittere und das Schmerzliche, wenn wir erkennen, daß Seine Majestät es will, ebenso freudig hinnehmen wie das Angenehme."

Teresa nannte ihre Lebensbeschreibung *Buch der Erbarmungen Gottes*. Mit diesem Titel wollte sie zum Ausdruck bringen, daß im mystischen Leben Gott der Handelnde ist, die Seele aber von sich aus nichts hinzutun kann, als sich in strenger Zucht zu halten. Für Teresa ist Mystik ein innerliches, übernatürliches Gebet, das nicht von des Menschen, sondern von Gottes Initiative abhängt. Verharrt denn der so Begnadete in völliger Passivität? Wer einmal in Rom war, kennt vielleicht die Statue Berninis in S.Maria della Vittoria: Ein schöner, halbnackter, sehr sinnlich lächelnder Engel will Teresa mit dem Pfeil der Gottesliebe verwunden. Die Heilige ist in Verzückung zusammengebrochen, wehrlos; der linke Arm hängt ermattet herunter, stöhnend öffnet sich der Mund. Diese profanierende Darstellung hat nichts mit der wirklichen Teresa zu tun und verkennt das Eigentliche ihrer Mystik. Solcher Einseitigkeit steht unsere Heilige fern; sie bietet vielmehr das Bild einer großartigen Synthese. Sie bleibt nicht nur beschaulich, passiv, innerlich, persönlich-privat, ins Seelenkämmerlein zurückgezogen, sondern drängt, wie alle echten Mystiker, nach aktivem Leben, nach öffentlichem Wirken in der Gemeinschaft, nach Apostolat und nach tätiger Karitas. Erst im Handeln trägt die mystische Schau ihre Frucht, erst in äußeren Werken manifestiert sich die Gottesliebe: „Gottes Schwert drang ein in mich. Große Tat gab davon Kunde", sang Teresa. Gott, der den Menschen in der mystischen Vereinigung ergreift, läßt ihn nicht erschlaffen, sondern stärkt und spornt ihn zu Taten. Schon Meister Eckhart erklärte: „Aus der schönen Muße der Gottversunkenheit gilt es, zu dem Armen hinzueilen, der nach Suppe schreit." In dieser Gesinnung ist die Spanierin dem Deutschen verwandt: „Mache dir, wenn du siehst, daß du einer Kranken irgendeine Linderung verschaffen kannst, nichts daraus, deine Andacht aufzugeben, um ihr diese Linderung zu bringen."

Teresas Leben beweist, daß Ekstasen und Visionen für die Welt keineswegs unbrauchbar machen. Im Gegenteil: Daß Teresa ein praktisches Talent, eine außergewöhnliche Organisatorin und ein Finanzgenie war, verdankt sie, nach ihren eigenen Worten, ihren Visionen: „Erhabene Gedanken tragen viel dazu bei, erhabene Taten zu vollbringen." Der Wert der Erkenntnis besteht darin, daß sie die tätige Liebe fördert: „Es kommt nicht darauf an, viel zu denken, sondern viel zu lieben ... Die Liebe aber besteht nicht in wonnigen Gefühlen der Andacht, sondern in dem festen Entschluß, in allen Stücken Gott gefallen zu wollen." Die Gottesliebe äußert sich in der Nächstenliebe: „Wie könnte Maria, die stets zu Füßen des Herrn sitzt, ihn ernähren, wenn ihre Schwester ihr nicht zu Hilfe käme?" Maria und Martha, Betrachtung und

Werktätigkeit müssen vereint sein. „Handeln heißt beten." „Dies ist der Zweck des Gebetes, dies der Zweck der geistlichen Vermählung: Taten hervorzubringen, immer Taten."

Teresa wurde erfüllt von einem verzehrenden Eifer, Seelen zu retten, die Menschheit zu erneuern: „Könnte ich doch dazu beitragen, daß Gott noch mehr geliebt und gepriesen werde, wenn auch nur von einer einzigen Seele und für einen Augenblick! Ich würde es für wichtiger halten, als wenn ich selbst schon im Besitz der himmlischen Herrlichkeit wäre . . . Ich dachte nach, was ich wohl tun könnte. Ich kam auf den einfachen und nächsten Gedanken, damit anzufangen, daß ich mich in meinem eigenen Berufe vervollkommnete und meine Ordensregel mit größter Treue befolgte." Teresa hatte erkannt, daß jeder, der die Welt revolutionieren will, bei sich selbst beginnen muß. Doch der innere Kampf, der die erste Hälfte ihres Lebens beherrschte, war nur das Vorgefecht für den ungeheuren Kampf, den sie mit der äußeren Umwelt zu bestehen hatte und der die zweite Hälfte ihres bewegten Lebens füllte.

Teresa wollte „die Ordensregel mit größter Treue befolgen". Doch sie wurde gewahr, daß der Karmeliterorden, im zwölften Jahrhundert auf dem Berge Karmel in Palästina entstanden, im Anfang des fünfzehnten Jahrhunderts zu einer gelockerten Regel übergegangen war. Sie erfuhr, daß die alte Regel weder Einkommen in Form von Stiftungen und Renten noch feine Kleidung erlaubte und daß sie häufigere Fasten und Klausur vorschrieb. Da fühlte sie sich angetrieben, zur ursprünglichen Strenge zurückzukehren, und das nicht nur für ihre Person allein, sondern mit Genossinnen, die sie um sich sammeln wollte. In der Überzeugung, daß es „für Eltern besser sei, ihre Töchter zu verheiraten, als in Klöster ohne strenge Zucht eintreten zu lassen", begann sie die Reform.

Ihre Mitschwestern freilich, meist als unversorgte Töchter vornehmer Familien ohne echten Beruf in den Orden eingetreten, ohne Vollkommenheitsstreben, teils sogar außerhalb der Klostermauern lebend, wollten von Reform nichts wissen. Entrüstet wiesen sie die Zumutung, ihre Bequemlichkeit aufzugeben, zurück und säumten nicht mit Drohungen und Beschwerden.

Doch Teresa überwand alle Widerstände. Ihr Beichtvater, der heilige Petrus von Alcantara und vor allem Christus selbst, ermutigten sie. Nachdem sie die Erlaubnis des Papstes und des Bischofs von Avila erhalten hatte, begann sie ohne einen Pfennig den Bau eines kleinen Klosters am Rande Avilas. 1562 wurde es eröffnet. Entschlossen, fortan in der Strenge des alten Ordens zu leben, zog sie ihre Schuhe aus und nannte sich fortan Teresa von Jesus.

Die Neugründung erregte in der Stadt einen gewaltigen Sturm. Man hatte genug Klöster mit Almosen zu ernähren und sah in dem neuen Konvent eine zusätzliche Belastung. Die Existenz der vier reformierten Nonnen erschien der Bevölkerung als eine so unerhörte Zumutung, daß sich eine wütende Menge vor dem Klösterchen zusammenrottete und gewaltsam einzudringen suchte. Auch die städtischen Behörden wurden alarmiert, und es begann ein Prozeß, dessen siebzehn Sitzungen sich über ein halbes Jahr hinzogen.

„Zwei oder drei Tage nach der Gründung des Klosters versammelten sich einige Gemeinderäte, der Bürgermeister und Mitglieder des Domkapitels und erklärten einmütig, die neue Stiftung sei durchaus nicht zu dulden, weil offenbar das allgemeine

Wohl darunter leiden müßte." So erzählt Teresa in ihrer Lebensbeschreibung. Die Reden, die auf dieser Versammlung gehalten wurden, verraten jenen spießbürgerlichen Geist, der noch immer sich vor neuartigen Einrichtungen verschlossen hat. Der Bürgermeister sagte in seiner Rede: „Jeder kennt die Neuerung, die soeben in unserer Stadt durch die Errichtung eines Klosters der unbeschuhten Karmelitinnen entstanden ist. Ich habe ‚Neuerung' gesagt; denn es genügt schon der Name dieses Wortes, um sofort zu erkennen, daß diese Niederlassung Nachteile mit sich bringt, die in hohem Grade Furcht und Mißtrauen hervorrufen müssen. In der Tat, wer wüßte nichts von all den Unruhen, welche die Neuerungen im Staate zeitigten, von den Spaltungen, zu denen sie Anlaß geben, von der Aufregung, die sie allenthalben verursachen? Und das alles, weil es wirklich in der Natur einer Neuerung liegt, Unordnung und Aufruhr zu schüren, die guten Gewohnheiten zu schädigen und die Wirksamkeit der bestehenden Gesetze zu hemmen. So verhält es sich mit jeder Neuerung überhaupt. Jene aber, die uns gegenwärtig beschäftigt, hat noch das Besondere, daß sie unter dem Schleier der Frömmigkeit und der Verbesserung auftritt; allein gerade dadurch wird sie um so gefährlicher."

Auf diese Rede entgegnet ein Pater: „Diese Niederlassung ist neu, hat man gesagt. Das ist wahr. Sie hat in der Öffentlichkeit den Eindruck erweckt, den gewöhnlich alles Neuartige erzeugt. Doch das ist kein Grund, in einer Versammlung so ernster und verständiger Männer diesem Eindruck nachzugeben mit der Ausrede, alles Neue sei schon wegen seiner Neuheit tadelnswert. Sind etwa die andern Orden anders entstanden? Sind nicht die Reformen, die wir tagtäglich vor Augen haben oder die schon vor uns eingeführt wurden, gerade in dem Augenblicke hervorgetreten, wo man am wenigsten an sie dachte? Ist nicht die christliche Kirche selbst durch ihren göttlichen Stifter wiederholt erneuert worden? Eins ist sicher: Wenn wir uns alle von der Angst vor diesem eitlen Gespenst, Neuerung genannt, einnehmen ließen, wäre es nie möglich, in der Kirche etwas Neues einzuführen, mag es noch so nützlich und vorteilhaft sein." Das neue Kloster, das man schon einreißen wollte, durfte stehenbleiben.

In den nächsten Jahren folgte Gründung auf Gründung. Begeistert schlossen sich viele Seelen Teresa an. Einen bedeutenden Helfer gewann sie in dem heiligen Juan de la Cruz, der als Mystiker, Kirchenlehrer und Klassiker der spanischen Dichtung in die Geistesgeschichte eingehen sollte. Als sie ihm 1567 zum ersten Male begegnete, war Teresa zweiundfünfzig, Juan fünfundzwanzig Jahre alt. Sie befand sich gerade auf einer ihrer unzähligen Reisen. Juan, unzufrieden mit den Zuständen im Karmeliterorden, eröffnete ihr, daß er den Kartäusern beizutreten gedenke. In der größeren Strenge und Stille dieses Ordens glaubte er, sich besser nach innen wenden zu können. Sie erklärte, im Karmel könne er ebensogut finden, was er suche. Freilich bedürfe der Orden einer Reform: Er möge ihr dabei zur Seite stehen. So begann die tiefe Seelenfreundschaft zwischen den beiden Heiligen.

Wir kennen in der Geschichte der Heiligen manche Freundschaft zwischen Mann und Frau: Hieronymus und Paula, Benedikt und Scholastika, Franz von Assisi und Klara, Franz von Sales und Johanna Franziska von Chantal. Immer ist in diesen Verbindungen der Mann der Führende: Er gibt Rat und Weisung; er ist's, der den Anstoß zur Gründung eines Frauenordens gibt. Bei der Freundschaft zwischen Teresa und Juan aber verhält es sich umgekehrt: Hier führt die Frau, und sie ist es, die zur Gründung männlicher Reformklöster anregt. Natürlich war der studierte Juan nicht allein der

Empfangende. Auch in diesem Seelenbunde vollzog sich ein gegenseitiges Geben und Nehmen. Teresa war ihm Mutter und Tochter zugleich, Juan ihr Vater und Sohn zugleich. In Gesprächen und gemeinsamer Arbeit lernte sie seine Güte, seinen Tiefsinn und seine Lauterkeit immer besser schätzen. Wenn er abwesend war, vermißte sie ihn. „Wohl ist er klein von Wuchs", schrieb sie, „aber, wie ich glaube, groß vor Gott ... Er ist noch jung, hat indes schwerste Bußen bestanden. Offenkundig erhält und schützt ihn der Herr. Obgleich sich hier bei den Geschäften so manche Gelegenheit zur Selbstüberwindung bot und ich manchmal ärgerlich gegen ihn war, haben wir doch niemals eine Unvollkommenheit an ihm wahrgenommen. Er hat Mut. Weil er aber allein ist, bedarf er sehr der Tröstungen des Herrn, damit er die Angelegenheit mit Eifer betreibt."

Im Auftrag Teresas begründete Juan de la Cruz den Männerorden der Unbeschuhten Karmeliter. Wiederholt berief sie ihn zum Vorsteher neuer Klöster, die in landschaftlich schönen Gegenden lagen; denn dies, so wußte sie, würde ihm guttun. Er war ja ein Dichter, der wie die Schönheit Gottes auch die Schönheit der Natur zu besingen wußte. Teresa nahm gern Rücksicht auf die seelische Zartheit ihres Freundes. Doch fand sie bald heraus, daß Juan zu sehr Poet war, um die organisatorisch-praktischen Dinge der Reform meistern zu können. Wie tief auch sein geistiger Einfluß ging, diesen Aufgaben war der unbeholfene, menschenscheue Mönch kaum gewachsen. Gelegentlich spottete Teresa über die Fehlschläge des kleinen Paters, von dessen Hand sie gleichwohl die Hostie erschüttert empfing. Juan war eine jener feinen, innerlichen Naturen, die nur in der Abgeschiedenheit stiller Täler, in der Einsamkeit der Zelle und in der Beschauung der Geheimnisse Gottes sich wohl fühlen, doch tief unglücklich sind, sobald sie in das Getümmel einander bekämpfender Menschen geraten. In den heftigen Auseinandersetzungen, die bald um die Reform entbrennen sollten, hat er wohl am furchtbarsten gelitten.

Von ganz anderem Schlage war Pater Jeronimo Gracian, den Teresa 1575 kennenlernte: dick, kahlköpfig, robust, ein vorzüglicher Prediger und gelehrter Theologe, ein Mensch von bezauberndem Wesen und kindlicher Fröhlichkeit. Nach der ersten Begegnung mit ihm schrieb Teresa: „In meinen Augen ist er ein ganz vollkommener Mann ... Ich habe in der Tat nie eine so hohe Vollkommenheit, verbunden mit solcher Anmut, gesehen." Als Apostolischer Visitator des Karmeliterordens in Andalusien wurde er ihr engster Mitarbeiter. Die Briefe, die sie an ihn richtete, kennzeichnet ein vertrauensvoller Ton. Sie umsorgte ihn wie eine Mutter, war um seine Gesundheit bekümmert und gab Anordnungen, daß er genug aß und schlief. Aber auch dieser starken Persönlichkeit gegenüber wahrte Teresa ihre Selbständigkeit, als Situationen entstanden, denen er nicht gewachsen war und die sie allein meistern konnte. Einmal schickte sie ihn sogar fort, als er ihr mehr Last als Hilfe schien. Im allgemeinen jedoch war Gracian als unentwegter Kämpfer für die Reform eine Stütze, auf die Teresa sich verlassen durfte.

Gleich im ersten Jahre ihrer Bekanntschaft hatten sie eine starke Probe zu bestehen. Teresas Reformdrang stieß auf wilden Widerstand von allen Seiten. 1575 kam es zum offenen Kampf. Die milde Richtung der beschuhten Karmeliter tobte gegen die strenge Richtung der unbeschuhten. Das Generalkapitel erklärte alle Unbeschuhten als Apostaten und Exkommunizierte, hob vier Neugründungen auf und entzog der Gründerin die Vollmachten. Man erreichte, daß Teresa in ein Kloster eingesperrt wurde und keine

Neugründungen mehr vornehmen durfte. Man verschrie sie als „Landstreicherin und unruhiges Frauenzimmer", legte ihre Schriften der Inquisition vor und umgab sie mit Spitzeln. Ihre Briefe wurden von den Beschuhten abgefangen; um belastendes Material gegen sie zu finden, schnüffelte man sie durch, so daß Teresa sich genötigt sah, in ihrer Korrespondenz Decknamen und Tarnadressen zu verwenden. Die nächsten Jahre waren voll von Drohungen, Feindseligkeiten, Mißhandlungen, Verleumdungen und Intrigen aller Art.

In welchem Geiste Teresa die Verfolgung ertrug, bezeugen ihre Briefe: „Ganz unvermutet kamen die Untersuchungsrichter ... Gott erwies mir die Gnade, mich noch zu freuen ... Es ist etwas Großes um die Sicherheit des Gewissens und um die Freiheit des Geistes." Vor fünfzehn Jahren hatte sie geschrieben: „Ich wünschte selbst, es möchte mein Leben inmitten der größten Leiden und Verfolgungen dahinfließen." Jetzt war ihr Wunsch erfüllt, und sie liebte Schmach und Elend, da sie dem Gekreuzigten ähnlich machten. „Die beste und stärkste Lanze zur Eroberung des Himmels ist die Geduld in Prüfungen." Das hinderte sie freilich nicht, gelegentlich ihrer Entrüstung Luft zu machen: „Es ist etwas Entsetzliches um die Ungerechtigkeiten, die hierzulande gang und gäbe sind. Wenig Wahrheit, lauter Lügen ... Dieses hier ist wie eine Hölle. Alles geschieht ohne Gerechtigkeit."

1577 erreichten die Verfolgungen ihren Höhepunkt. Gracian wurde vom General des Ordens exkommuniziert. Die Beschuhten hatten ihn in Rom verleumdet. Teresa verteidigte ihn in einem Schreiben an König Philipp II. Ein päpstlicher Nuntius erschien in Avila mit dem Vorsatz, Teresas Wahl zur Priorin zu hintertreiben oder zu annullieren. Jede Nonne, die für Teresa stimmte, wurde von ihm exkommuniziert. Den heiligen Juan de la Cruz ließ er in Einzelhaft setzen. Am nächsten Morgen entfloh Juan, gelangte in seine Zelle, vernichtete dort den Briefwechsel mit Teresa, wurde jedoch aufs neue gefaßt und nach Toledo geschleppt. Die „milden" Ordensbrüder kerkerten ihn dort ein und schlugen ihn täglich mit Peitschen.

Teresa wandte sich in einem Briefe an Philipp II. um Hilfe: „Die ganze Stadt ist empört. Jeder fragt sich, wie dieser Mann zu solcher Macht kommt. Er ist kein Prälat... Was mich betrifft, so bin ich betrübt, unsere Geistlichen in den Händen derartiger Leute zu sehen. Ich würde sie lieber unter den Mohren wissen, denn diese würden vielleicht mehr Erbarmen üben ... Dieser große Diener Gottes, Bruder Juan, ist so geschwächt von all dem, was er erlitten, daß ich für sein Leben fürchte. Um der Liebe Gottes willen beschwöre ich Eure Majestät, ihn in Freiheit zu setzen."

Es kam noch schlimmer. Ein Dekret des Nuntius unterstellte die Unbeschuhten den Ordensoberen der Beschuhten. Für die Reform bedeutete das den Todesstoß. Man kann sich die Stimmung der Mutter Gründerin vorstellen: Ihre besten Mitstreiter Gracian und Juan waren eingekerkert. Monatelang blieb sie ohne Nachricht von ihnen und in Ungewißheit über ihr weiteres Schicksal. Sie selbst war in ihrer Freiheit eingeschränkt, von aller Welt verlassen und verleumdet. Zu allem Unglück stürzte sie auch noch eine Treppe hinab und brach sich den linken Arm.

Juan de la Cruz wies inzwischen mutig das Ansinnen von sich, der Reform abzuschwören. Weder Drohungen noch Mißhandlungen vermochten seine Standhaftigkeit zu erschüttern. Nach neunmonatiger Dunkelhaft entfloh er seinen Peinigern, indem er seine Decke und sein Hemd in Streifen zerriß, ein Seil daraus machte, sich aus einem Fenster herabließ und, als das Seil nicht bis zur Erde reichte, in die Tiefe sprang. Teresa versteckte ihn. Mittlerweile war die öffentliche Meinung auf den erbitterten Kampf aufmerksam geworden. Der König und der Adel traten für die Verfolgten ein. Endlich durften Teresa und Juan sich wieder frei bewegen. 1580 machte ein Dekret des Papstes die Unbeschuhten von den Beschuhten unabhängig und bestätigte ihre Satzungen. Gracian wurde zum ersten Provinzial der Unbeschuhten ernannt.

Bis in die letzten Tage ihres Lebens blieb Teresa mit Reisen, Gründungen und Geschäften mannigfacher Art belastet. Dabei war ihre Gesundheit schlechter als je. Leiden, Bitterkeit und Enttäuschungen, vor allem Eigenmächtigkeiten einiger ihrer Priorinnen vergällten ihr die letzten Monate. Selbst Verwandte und einige ihrer besten Nonnen schafften ihr Verdruß. Es war ihre letzte Läuterung. Als sie starb, hatte sie, die „arme Barfüßernonne", eine kranke, schwache Frau, gegen eine Welt von Gegnern und meist unter dramatischen Umständen insgesamt siebzehn Frauenklöster und fünfzehn Männerklöster gegründet.

Ihr Einfluß beschränkte sich nicht auf ihren Orden, vielmehr dehnte er sich auf die ganze Kirche aus. Sie erlebte nicht nur die Fäulnis und Sittenverderbtheit, die sich in ihrem Lande eingenistet hatten. Sie spürte auch die ungeheuren Umwälzungen, welche die ganze Christenheit bedrohten: „O Christen, es ist Zeit, daß ihr euren König verteidigt und in einer so großen Verlassenheit euch um ihn schart! Denn klein ist die Zahl der Getreuen, die ihn noch umgibt, groß dagegen die Schar jener, die Luzifer folgen. Das Schlimmste aber ist, daß diese äußerlich als Freunde des Herrn sich ausgeben, insgeheim aber ihn verraten, so daß er fast niemand mehr findet, auf den er sich verlassen kann." Sie hatte natürlich keinen Überblick über die kirchenpolitische Lage Europas. Aber ihre Schau ging durch die Oberfläche des Geschehens hindurch in die Tiefe. Darum beschwor Teresa ihre Schwestern: „Das Übel soll nicht weitergreifen, und ich möchte nicht täglich mehr Seelen zugrunde gehen sehen. O helft mir doch vom Herrn diese Gnade erflehen; denn dazu hat er euch an diesem Ort vereinigt, dies ist euer Beruf, das soll euer Geschäft und euer Verlangen sein, dafür sollen eure Tränen fließen, dahin eure Gebete ziehen ... Die Welt steht in Flammen; man will Christus sozusagen aufs neue verurteilen, da man tausend falsche Zeugnisse wider ihn erhebt; man will seine Kirche vernichten: Und wir sollten die Zeit mit Bitten um Dinge verbringen, wodurch wir vielleicht, wenn Gott sie gewährte, Ursache wären, daß eine Seele weniger in den Himmel käme? Nein, meine Schwestern, jetzt ist keine Zeit, mit Gott über geringfügige Dinge zu verhandeln."

Diese Reformatorin hatte erkannt, daß politische Machtpositionen, christliche Kampfparteien oder katholische Mehrheiten die Kirche nicht retten, wenn nicht die Gebete und Sühnopfer der Gläubigen die Gnade Christi herabrufen. Die Priorin Marie de Jesús sagt von den Töchtern Teresas: „Die öffentlichen Ereignisse beschäftigten sie lebhaft im Hinblick auf Christus und sein Reich. Während der öffentlichen Wahlen verrichteten sie harte Bußübungen; besondere Gebete und Hilferufe stiegen zum Himmel empor." Das ist die Lehre und das Beispiel des Karmel: Die *entscheidende* Waffe ist das Gebet. Nur vom Gebet her gewinnen die anderen Mittel ihre Kraft.

Jeder einzelne Mensch ist in seinem eigentlichen Wesen unaussprechbar. Die Schwierigkeit, das Geheimnis einer Persönlichkeit zu begreifen, steigert sich, wenn es sich um einen genialen Menschen handelt. Sie wächst ins Unfaßbare, wenn man vor einem Heiligen steht. So ist es unmöglich, ein Bild zu entwerfen von einem Menschen, der zugleich genial und heilig war. Von Teresa lassen sich nur einzelne Züge ihrer sichtbaren Erscheinung nachzeichnen. Doch das Vordergründige, zumal es sich als ein Spannungsgefüge von Gegensätzen erweist, deutet auf die unsagbare, nur zu erahnende Tiefe hin.

Zunächst muß man sich Teresa im gewöhnlichen Alltag vorstellen. Alle ihre Klöster entstanden ja nicht von selbst. Es mußten Grundstücke erworben, Häuser gekauft oder gebaut werden. Es galt, die Finanzierung zu sichern, Genehmigungen seitens der Städte und der bischöflichen Ordinariate einzuholen, das Wohlwollen der anderen Orden zu gewinnen. (Diese waren oft ihre Gegner, da sie fürchteten, die Almosen würden spärlicher hereinkommen, wenn eine Neugründung sie teilweise in andere Beutel zog.) Es waren geeignete Persönlichkeiten für die neuen Niederlassungen auszuwählen und Priorinnen zu bestellen. Es mußten die Wünsche der Stifter mit den Ordenssatzungen in Einklang gebracht werden. Kurz – es waren tausend Schwierigkeiten bei jeder einzelnen Gründung zu bewältigen. Alles das leistete die madre fundadora höchstpersönlich, mehr noch: Sie entwarf selbst Baupläne, übernahm die Bauleitung, nähte selbst die Ordenskleider für die neuen Schwestern, sorgte für Sauberkeit und Hygiene und kümmerte sich um die kleinsten Einzelheiten. Lachend stellte sie fest, sie habe in diesen Häusern Gottes jedes Gewerbe gelernt, sei sogar zu einer „Händlerin und Geschäftemacherin" geworden. Ein solches Organisationstalent ist bei einer Frau erstaunlich. Noch bewundernswerter erscheint Teresa, wenn man bedenkt, daß sie meist in einer feindlichen Umwelt zu arbeiten hatte. Das setzte Energie und diplomatische Gewandtheit voraus und noch viele andere Tugenden.

Sie war von stahlharter Entschlossenheit. Wozu sie sich entschieden hatte, das führte sie gegen alle Widerstände durch. Mit Recht stellte Marcelle Auclair fest, „das Schlüsselwort ihres Lebens" sei gewesen „determinación, Entscheidung". Immer wieder lesen wir in ihren Schriften: „Ich entschloß mich ... Ich entscheide ... Es kommt vor allem darauf an, entschlossen zu beginnen ... Die Seele, die entschlossen beginnt, hat schon einen guten Teil ihres Weges hinter sich ... Ein entscheidender Entschluß, nicht anzuhalten, bevor das Ziel erreicht ist, mag kommen, was will; geschehen, was mag; Kummer darüber empfinden, wer will; murren, wer mag – ganz gleich, ob man unterwegs umkommt, ob das Herz bei der Prüfung versagt, ja, ob sogar die Welt darüber zugrunde geht ..."

Immer wieder verriet sie ihr heißblütiges Temperament: „Wenn ich etwas begehre, so habe ich von Natur die Gewohnheit, mein Begehren mit einiger Heftigkeit zu äußern." Sie gestand: „Es war alleweil mein Fehler, daß ich mich nur mit einer Flut von Worten verständlich machen konnte." Ihr Beichtvater rief aus: „Du lieber Gott! Eher würde ich mich mit allen Gottesgelehrten der Welt als mit dieser Frau in Disputationen einlassen!" Den Ordensgeneral, der voll Zorn gegen sie von Rom herbeigeeilt war, redete sie in Grund und Boden, bis er schließlich alles tat, was sie wollte. Sie stand in dem Rufe, alles durchzusetzen, was sie sich vorgenommen. Ein Bischof, dem man mitteilte, Teresa plane die Gründung eines neuen Klosters, bemerkte trocken: „Dann ist es schon gegründet."

Ihre Zuversicht wurde durch Hindernisse nur gesteigert. Tauchten bei einer Gründung Schwierigkeiten auf, so nahm sie diese als Zeichen dafür, daß es sich um ein gutes Werk handele, das Satan zu verhindern suche. Als einmal eine Gründung unerwartet glatt und ohne Hindernisse vor sich gegangen war, schöpfte sie Verdacht, dieses Kloster werde sich wenig durch Frömmigkeit und Tugend auszeichnen, und hegte lange Zeit

Mißtrauen gegen den Konvent. – Der Bau einer größeren Kirche stellte sich als unerläßlich heraus. Teresa rief den Verwalter: „Wieviel haben wir noch in der Kasse?" „Noch einen Pfennig." Das freute sie sehr, und sie begann sofort mit den Bauarbeiten. – „Teresa von Jesus und drei Dukaten ist nichts, aber Teresa von Jesus, drei Dukaten und Gott ist alles." – Ein Kloster sollte neugebaut werden. Sie fragte die Unternehmer: „Wie lange ...?" „Sechs Monate." „Unmöglich! In vierzehn Tagen ziehen wir ein!" Sie packte mit an, und in vierzehn Tagen stand das Haus schlüsselfertig.

Von ihrer Unerschrockenheit sagt sie selbst: „Gott hat mir einen Mut gegeben, der den einer Frau übersteigt." Sie beugte sich nicht vor den Großen dieser Welt, widerstand Fürsten und führte selbst dem König gegenüber eine offene Sprache: „Erinnert Euch daran, Sire, daß auch Saul die Salbung empfing und er trotzdem verworfen wurde." Sie fürchtete selbst die Teufel nicht: „Kommt nur alle her! Ich bin Gottes Dienerin und würde gern sehen, was ihr mir antun könnt!" Über die Gründung des Klosters in Toledo schreibt sie in einem Briefe: „Ich weiß aus Erfahrung, daß der Teufel diese Klöster nicht leiden kann und deshalb immer Verfolgungen gegen uns heraufbeschwört. Allein, der Herr ist der Allmächtige, und vor ihm muß der Teufel mit Schande abziehen. Hier erfuhren wir von den angesehensten Personen der Stadt den größten Widerspruch ... Wenn man uns alle, die sich an dem Unternehmen beteiligen, auch steinigen würde, wie es in Avila bei der Stiftung des St.-Josef-Klosters bald geschehen wäre, dann stünde es um die Sache doch gut, und ich bin überzeugt, daß weder das Kloster noch wir, die wir solches zu erdulden hätten, etwas verlieren, sondern im Gegenteil recht viel gewinnen würden ... Haben Sie keine Sorge!" – „Mir wird man nie etwas abgewinnen, wenn ich sehe, daß es gegen mein Gewissen ist, und wenn darüber auch die Welt in Trümmer ginge." Teresa war eine Kampfnatur: „Es ist gewiß, daß es in diesem Leben nirgends eine vollkommene Sicherheit gibt, und nie dürfen wir uns für sicher halten; denn wir stehen unablässig im Krieg und sind umringt von vielen Feinden."

Wie ausgeprägt ihr Selbstbewußtsein war, veranschaulicht ihr Brief an den Oberen eines anderen Ordens: „Schon lange hat mich nichts so gekränkt wie das Schreiben, das ich heute von Euer Gnaden empfing. Denn meine Demut geht nicht so weit, daß es mir erwünscht wäre, daß man mich für hochmütig hält ... Niemals hatte ich solche Lust, einen Brief von Euer Gnaden zu zerreißen. Ich versichere Euch, daß Ihr Euch recht gut darauf versteht, Kränkungen zuzufügen und mir zu verstehen zu geben, wie wenig ich darstelle." Sie duldete keine Behandlung, die sie als Geringschätzung ihrer Person auslegen konnte. „Es ist kein kleines Kreuz, wenn man seinen Verstand jemandem unterordnen muß, dem es an Verstand fehlt. Mir persönlich ist das niemals gelungen, und ich glaube auch nicht, daß es notwendig ist."

Blieben wir bei der Betrachtung dieser Eigenschaften stehen, so gewännen wir von unserer Heiligen nur ein einseitiges Bild. Denn Teresa, die sich nicht scheute, ihre eigenen schriftstellerischen Arbeiten mit starken Worten zu loben oder überschwenglich ihre Befriedigung auszudrücken, wenn ein anderer sie lobte, ist dieselbe Teresa, die es fertigbrachte, auf die Bemerkung ihres Beichtvaters, das seien Kinkerlitzchen, ihr soeben beendetes Manuskript ins Feuer zu werfen. Teresa, die mit ungewöhnlicher Energie ihre Sache mit Briefen und Eingaben durchfocht bis zum äußersten, ist dieselbe Teresa, die sich sofort im heiligen Gehorsam unterwarf, als das Generalkapitel des Ordens die Reform des Ordens verbot. Diese Frau vereinigte in sich lauter Gegensätze zu einer imponierenden Einheit. Sie war stolz und demütig zugleich.

Sie war auch Maria und Martha zugleich. Die Mystikerin nahm gern den Besen in die Hand, kochte fabelhaft, und ihr Spinnrad stand nie still, auch wenn Besuch kam. Ihre Klöster sollten sich nach ihrem Willen nicht durch Betteln und Almosen, sondern durch Arbeit, durch Spinnen, Weben und Nähen ernähren. Teresa schloß sich von dieser Handarbeit nicht aus. Sie konnte Gottes Gegenwart überall empfinden. „Meine Töchter, bedenket, daß der Herr auch in der Küche inmitten der Töpfe euch nahe ist." Mit beiden Füßen stand sie fest auf der Erde.

Ihre Richtlinien über die Aufnahme von Postulantinnen zeigen ungewöhnliche Klugheit. Sie drang auf strenge Auslese und hielt nur solche Bewerberinnen für geeignet, die Tugendstreben, Intelligenz und eine Mitgift besaßen. Von der letzten Bedingung sah sie unter Umständen ab. Lieber nahm sie eine Gescheite *ohne* als eine Dumme *mit* Aussteuer. Aber Personen mit körperlichen Gebrechen duldete sie auf keinen Fall; das sei für die Mitschwestern eine zu große Abtötung. Eine wies sie zurück, weil sie einäugig war, eine andere, weil ein Mal ihr Gesicht entstellte, eine dritte, weil sie unter Melancholie litt. „Es ist weit besser, die Stiftung eines Klosters zu unterlassen, als darin Melancholische aufzunehmen. Denn derartige Nonnen sind der Ruin der Klöster."

Bei allem, was sie tat, zeigte sich ein Zug ins Große, Geniale, Heroische. Sie legte das schwerste Gelübde ab, das sich denken läßt: stets das Vollkommenere und Gottwohlgefälligere zu tun. Sie begnügte sich nicht mit dem Durchschnittlichen, sondern strebte immer nach dem Höchsten. Ihr Reformeifer war dabei weit entfernt von Fanatismus. Von gesundheitsschädlichen Fasten und außergewöhnlichen Bußübungen hielt sie nichts. Zu den überspannten Abtötungen einer Frau bemerkte sie unwillig: „Ich beneide sie um ihre Tugenden; aber um eines beneide ich sie nicht, daß sie nämlich in keiner Weise ihre Bußübungen einschränken will, obwohl ihre Beichtväter erklärt haben, daß diese übermäßig seien." Einem ihrer Korrespondenten gab sie den Rat: „Gehen Sie zuweilen in frischer Luft spazieren, wenn Sie in gedrückter Stimmung sind. Denn ... wir müssen gegen unsere Schwäche in der Weise ankämpfen, daß die Natur nicht darunter erliegt ... Es ist nun einmal notwendig, daß wir unsere Seele sanft führen."

Für sich persönlich freilich hielt sie sich an ihren Wahlspruch: „Entweder leiden oder sterben!" Von ihrem siebzehnten Lebensjahr bis zu ihrem Tode war sie fast dauernd krank. In ihren Briefen erwähnt sie immer wieder Rückenschmerzen, heftiges Kopfweh, Fieberanfälle, Schüttelfrost, Halsentzündung, Seitenstechen, Zahnweh, Schlaflosigkeit, Augenschwäche, fürchterlichen Schnupfen, Katarrh, Rheuma, häufiges Erbrechen, Ohrensausen, Leiden an Herz, Galle, Leber, Magen und Nieren. Sie berichtet, daß sie liegen muß, sich nicht rühren kann, zur Ader gelassen wurde, ein Abführmittel einnehmen mußte, Pillen schluckte. Einmal schreibt sie scherzend: „Ich sorge nur dafür, daß ich mich pflege ... Ich befinde mich in einem Zustand, bei dem es den Anschein hat, ich sei nur gekommen, um mich vor der Bußübung zu drücken und an nichts anderes zu denken als an die Pflege meines Leibes." Öfter aber finden sich in ihren Briefen Sätze wie diese: „Ich verspreche Ihnen, daß ich ... auf meine schlechte Gesundheit keine Rücksicht nehmen werde ... Wir haben uns ja um nichts anderes zu kümmern, als daß wir jenem nachzufolgen trachten, der so ganz unschuldig unaufhörlich in Leiden lebte." – „Mein Kranksein ... hindert mich nicht viel, wenn es mir auch Leiden verursacht." –

„Der Herr gibt mir fortwährend schlechte Gesundheit, und wenn ich trotzdem alles tun kann, muß ich zuweilen darüber lachen.“

Ihre Ausdauer war in der Tat erstaunlich. Trotz ihrer mannigfachen Beschwerden war sie viel auf Reisen, um Neugründungen in die Wege zu leiten oder Klöster zu visitieren. „So zuwider mir auch dieses Umherreisen ist, so ist doch der Nutzen, den diese Klöster unter dem Volke überall stiften, so groß, daß es Gewissenssache für mich ist, so viele zu gründen als ich kann. Auch segnet der Herr diese Unternehmungen so, daß ich immer wieder neuen Mut gewinne.“ – „Dieses Reisen ist etwas, das mir in diesem Leben am meisten zuwider ist und mir die größten Leiden verursacht, zumal ich bei alledem noch sehen muß, daß man es mir übel deutet. Oft habe ich mir schon gedacht, wie weit besser es für mich wäre, wenn ich in meiner Einsamkeit bleiben könnte und mir vom General diese Stiftungen nicht befohlen wären. Sehe ich dann aber wieder, wie eifrig dem Herrn in diesen Klöstern gedient wird, so mache ich mir aus allem wenig. Seine Majestät wolle mich so leiten, daß ich ihren Willen vollführe ... Wenn es sich nicht um eine Stiftung handelt, ist mir das Reisen sehr peinlich. Hätte ich keinen Auftrag, so würde ich nie reisen.“ Ein Vergnügen waren diese Touren wahrhaftig nicht. Bald rumpelte sie in einem knarrenden Ochsenkarren in sengender Hitze auf miserablen Wegen durch Wolken weißen Staubs; bald ritt sie auf einem Maultier in Winterkälte über Gebirge und durch überschwemmtes Gelände, gezwungen, in üblen Spelunken zwischen Messerhelden und Dirnen zu nächtigen. Die Tapferkeit dieser Frau ist bewundernswert. Fröhlich tat sie die Strapazen vieler Jahre mit dem Wunsche ab: „Möge Gott uns recht viel Gelegenheit geben, für ihn zu leiden, und sei es auch nur durch Plagen von Flöhen, Poltergeistern und Reisebeschwerden.“

Nichts konnte ihre Heiterkeit trüben. Da sie im Tode nichts Schreckenerregendes sah, wurde ihr das Siegel mit dem Totenkopf und zwei gekreuzten Knochen auf die Dauer verhaßt. Als eine Nonne starb, untersagte sie Trauergesänge und komponierte freudige Lieder, welche die Schwestern sangen, während sie den Sarg umtanzten. Auf die Nachricht vom Hingang ihrer heißgeliebten Schwester Maria schrieb sie: „Es war mir eine große Freude, als ich ihren Tod erfuhr.“ Anläßlich eines anderen Trauerfalles erklärte sie: „Ich weiß nicht, wie wir über jene, welche die ewige Ruhe besitzen sollen, weinen können.“ Sie freut sich, daß Schwester Beatrix „eines so seligen Todes gestorben und in die ewige Ruhe eingegangen ist. Da wundere ich mich nur, wie man über ein so großes Glück nur trauern kann. Muß man nicht vielmehr die Dahingeschiedene beneiden?“ Beim Tode ihres lieben Bruders schrieb sie statt einer Kondolenz: „Ich freue mich über sein Scheiden aus diesem armseligen Leben und über die Sicherheit seines jetzigen Zustandes. Es ist dies keine bloße Redensart.“ Sie selbst starb in größter Heiterkeit mit verklärtem Antlitz.

Von dieser Fröhlichkeit, die auch im Angesicht des Todes nicht aufhört, wünschte sie ihre Klöster erfüllt zu sehen. Trübselige Nonnen mochte sie nicht: „Ich fürchte eine mißvergnügte Nonne mehr als eine Menge böser Geister.“ Sie duldete keine traurigen Gesichter in ihrer Umgebung: „Gott bewahre mich vor Heiligen mit verdrießlicher Miene!“ Sie schwang in ihren Erholungsstunden das Tamburin, lachte und tanzte mit dem Temperament einer Spanierin, dichtete aus dem Stegreif Verse, begleitete den Gesang ihrer Schwestern mit Flötenspiel und steckte auch die griesgrämigsten Seelen mit ihrer frohen Laune an. Als jemand sie einmal deshalb tadeln wollte, gab sie ihm zur Antwort: „All das ist notwendig, um das Leben ertragen zu können.“

Auffällig ist Teresas Naturliebe. Sie freut sich über die vortreffliche landschaftliche Lage des Klosters in Sevilla: „Der Garten ist sehr anmutig, die Aussicht ausgezeichnet." Aus Toledo meldet sie froh: „Ich habe eine hübsche Zelle, deren Fenster in den Garten geht." Einer Priorin rät sie: „Bezüglich des Hauses, das man an Sie verkaufen will, ist es meiner Ansicht nach von großer Bedeutung, daß es eine schöne Aussicht und einen Garten hat." In ihren Briefen äußert sie immer wieder ihre Vorliebe für lebendiges Wasser, das auf der vom Gluthauch versengten kastilischen Hochebene so kostbar ist: „Wir reisten oft am Ufer von Flüssen, deren Anblick mich sehr ergötzte." Aus Alba de Tormes schreibt sie: „Ich habe eine Einsiedelei, von der aus man auf den Fluß sieht. Auch wo ich schlafe, habe ich dieselbe Aussicht und kann sie sogar von meinem Bette aus genießen, was mir ein außerordentliches Vergnügen bereitet." Vom Karmel in Salamanca berichtet sie: „Die Nonnen wohnen am Ufer eines Flusses ... Eine so herrliche Aussicht ist doch für sie die beste Unterhaltung. In der ganzen Stadt hat ihr Haus die schönste Aussicht, und die hiesigen Nonnen beneiden sie sehr darum." Teresa bekennt: „Für mich war es von Nutzen, wenn ich Feld, Wasser oder Blumen anblickte. Diese Dinge weckten mich auf und verhalfen mir zur Sammlung." Denn die Bilder der Natur sind dieser Mystikerin Gleichnisse des übernatürlichen Lebens.

Teresas Frömmigkeit hat nichts von Düsterkeit, Weltverneinung und Engherzigkeit an sich, atmet vielmehr Freude an allem. Was der jungen Nonne unmöglich zu sein schien, gelang der reifen Frau: Gott zu lieben, ohne die Erde zu verachten. Das setzte freilich voraus, daß sie zunächst jedes Irdische um Gottes willen preisgab. „Suchet zuerst das Reich Gottes, und alles übrige wird euch hinzugegeben werden!" „Alles ist euer, ihr aber gehört Christus!" Teresa konnte ebensogut lange Fasten halten wie geröstete Speckschnitten essen. Als einmal ihr Leibgericht aufgetragen wurde, machte eine Nonne eine geringschätzige Bemerkung über diese heilige Person, die solchen Genüssen frönte. Teresa aber gab lachend die prachtvolle Antwort: „Lobe lieber die Freundlichkeit deines Herrn und merke dir: Wenn Rebhuhn, dann Rebhuhn, wenn Buße, dann Buße." Von ihren Verwandten nahm sie gern ein Glas Eingemachtes und andere kleine Gaben entgegen, um ihnen dann mit ein paar schelmischen Zeilen zu danken: „Ich muß über mich selbst lachen, daß ich Ihnen für die Sendung von Backwerk nichts zu geben weiß als einen Bußgürtel." Dieses über den Dingen schwebende Lachen durchklingt all ihre Briefe: „Wir haben sehr gelacht über ..."; „Ich mußte laut lachen, als ich hörte ..." – diese häufigen Wendungen bekunden die Freiheit ihrer herrlichen Seele, die Leiden und Verfolgungen nicht beugen konnten.

Die Kämpfe und Krankheiten hinterließen auf ihrem Antlitz keine Spuren. Bis in ihr hohes Alter blieb sie schön. Mit fünfundsechzig noch hatte sie einen frischen Teint und ein erstaunlich jugendliches Aussehen. Das Geheimnis der Harmonie ihrer Persönlichkeit liegt in den Worten, mit denen sie sich selbst zu stärken pflegte: „Nichts soll dich ängstigen, nichts dich erschrecken. Alles geht vorüber. Gott allein bleibt derselbe. Geduld erreicht alles. Wer Gott besitzt, dem kann nichts fehlen. Gott allein genügt."

In allen Zügen ihres reichen Wesens werden ihre natürlichen Ursprünge, ihre Verbundenheit mit Volk, Land und Zeit sichtbar. Den Reichtum dieser natürlichen Gaben steigerten die übernatürlichen Gaben Gottes. Der von Natur edle Mensch Teresa wurde durch die Liebe Gottes über die Natur erhoben in den Rang des Heiligen. Wie jeder andere Heilige beweist auch die Gestalt Teresas, daß Gott – um mit den Worten der Liturgie zu sprechen – „den Menschen wunderbar erschaffen, aber noch wunderbarer erneuert" hat, daß – wie der heilige Thomas lehrt – die Gnade die Natur nicht vergewaltigt und zerstört, sondern voraussetzt und vollendet.

Von der gewaltigen Persönlichkeit der heiligen Teresa besitzen wir heute noch einen treuen Spiegel in ihren Schriften, die neun Bände füllen. Ihre Werke wollen teils über ihre Seelenzustände aufklären, teils ihre Nonnen belehren und erbauen. Sie alle wurden geschrieben im Auftrag ihrer Beichtväter oder Oberen: Beschreibungen ihres Lebens, ein Bericht über ihre Gründungen, Anweisungen über Klosterleitung, geistliche Lieder, vor allem aszetische Bücher und Werke über Mystik. Man glaubt es kaum, daß diese Schriften inmitten so vieler Arbeiten, Krankheiten und Kämpfe entstanden, in Eile hingeworfen oder diktiert, während ihre Hände mit Arbeiten für den Unterhalt ihrer Klöster beschäftigt waren, oft unterbrochen, nie noch einmal durchgelesen und verbessert. Ihr Gesamtwerk ist von einer wunderbaren Weite: So hymnisch sie in ihren Dichtungen das Lob des Allmächtigen singt, so natürlich-schlicht plaudert sie in ihren Briefen. Eine ungeheure Korrespondenz, von der noch etwa 450 Briefe erhalten sind, verband sie mit dem König, den Fürsten, Bischöfen und Gelehrten. Aller Welt vertraut und niemand scheuend, schrieb sie, wie sie sprach, und man versteht, wenn man ihre Briefe liest, daß sie mit allen Menschen fertig wurde. Voll prächtigen Humors, mit inniger Herzenswärme und erstaunlichem Reichtum der Gedanken, sind ihre Schriften wahre Kleinodien. Spanien verehrt in Teresa von Avila nicht nur seine Landesheilige, sondern auch eine Klassikerin seiner Sprache und Literatur.

In ihrer Ursprünglichkeit und Genialität gewannen ihre Schriften unerhörten Einfluß auf das Geistesleben Europas. Das gilt vor allem von ihren Arbeiten zur Mystik. Sie veranlaßten Bossuet zu dem Urteil: „Teresa allein hat in der Mystik dieselbe Bedeutung wie Thomas von Aquin in der Dogmatik." Im Jahre 1970 verlieh ihr die Kirche den Titel eines Kirchenlehrers. Auch in der evangelischen Christenheit wurden Teresas Schriften gern gelesen; sie wirkten auf Johann Arndt, Thomasius, Arnold, Leibniz, Tersteegen, Hilty und viele andere protestantische Autoren. Der englische Historiker Macaulay nannte in einem seiner berühmten Essays Teresa von Avila „das Herz der katholischen Reform"; sie gehöre der Menschheit.

IGNATIUS VON LOYOLA

(1491–1556)

„Ihr müßt wissen, daß Pater Ignatius zwar ein guter Mensch und sehr tugendhaft ist. Aber er ist ein Baske: Was der sich einmal in den Kopf gesetzt hat – und so weiter." So charakterisierte einer der ersten Jesuiten den Stifter und General seines Ordens. Tatsächlich war Ignatius ein echter Sohn seines merkwürdigen Volkes, dessen Symbole Eiche und Eisen sind und dessen Menschen Unamuno „eingezogen und störrisch" nennt. Ohne eine unbändige Willenskraft hätte er sein gewaltiges Lebenswerk nie zustande gebracht; freilich auch nicht ohne außergewöhnliche Gnaden Gottes. Denn so vorzügliche Gaben die Natur ihm auch mitgab, es brodelte doch manches in seinem Blute, das erst überwunden oder gebändigt werden mußte.

Iñigo stammte aus uraltem baskischen Adel. Seine Vorfahren hatten sich in so viele blutige Fehden und Untaten verwickelt, daß ein baskischer Historiker sagte: „Die Loyola waren eine der verhängnisvollsten Familien, die unser Land zu ertragen hatte." Diese kraftstrotzenden Männer war nicht sehr auf die Zucht der Sitten bedacht. „Von Iñigos Vater und von seinen Brüdern Juan und Martin sind testamentarisch je zwei uneheliche Abkömmlinge bekannt" (H. Rahner). Ein dritter Bruder, Pero, war ein wenig vorbildlicher Pfarrer und hinterließ vier Kinder. So etwas fiel damals nicht besonders auf. Wir wundern uns daher nicht, daß die Sitten des jungen Iñigo sich kaum von denen seiner Umwelt unterschieden. Sein Vertrauter Polanco sagt deutlich: „Er war mutwillig im Spiel, in Frauengeschichten, in Raufhändeln und Waffentaten. Er war versucht und besiegt vom Laster des Fleisches." Wir besitzen sogar noch Akten eines dunklen Prozesses, in welchem dem vierundzwanzigjährigen Iñigo „nächtliche Exzesse, bedeutende und schwere Vergehen, planmäßig und hinterlistig begangen", zur Last gelegt werden. Iñigo wurde erzogen im Geiste des späten Rittertums, das von seiner einstigen Höhe längst herabgesunken war. Von seinem dreizehnten bis zu seinem sechsundzwanzigsten Lebensjahre weilte der Junker erst als Page, dann als Höfling im Gefolge des königlichen Großschatzmeisters Don Juan Velazquez de Cuellar. Er kam an den Königshof zu Valladolid und trat schließlich als Offizier in die Garde des spanischen Vizekönigs von Navarra. Ein Zeitgenosse berichtet, Iñigo sei „ein lustiger und eleganter Geselle, ein Freund von Kleiderprunk und Wohlleben" gewesen. „Sein Stolz war das modisch gepflegte blonde Haar, und alles galt die Eleganz der Fingernägel" (H. Rahner). Ein Aktenstück der Zeit schildert den jungen Stutzer: „Er ist gewohnt, in Panzer und Brünne einherzugehen, trägt die Haare lang bis zur Schulter, geht in einem zweifarbigen, geschlitzten Gewand und einem bunten Barett." Seine Phantasie erfüllten die bald kriegerischen, bald galanten Abenteuer des Amadis und der andern Helden der Ritterromane. Er selbst gestand später: „Er fand Gefallen daran, sich in den Waffen zu üben, und nährte ein starkes, aber eitles Verlangen, sich Ruhm zu erwerben." Francis Thompson bemerkt richtig: „Ehrgeiz, jene letzte Schwäche edler Geister, ist wohl der Schlüssel zu Ignatius' Charakter." Er wollte immer hoch hinaus. Von seiner romantischen Liebe zu einer hohen Frau bekannte er später: „Die Dame war nicht von gewöhnlichem Adel, keine Gräfin und keine Herzogin, sondern ihr Stand war höher." Man vermutet in dieser Herzensdame die Infantin Catarina, eine Schwester Karls V.

Als der Krieg zwischen Frankreich und Spanien ausbrach, freute sich der Draufgänger über diese Gelegenheit, sich hervorzutun und Karriere zu machen. 1521 war Pamplona von dem anrückenden Franzosenheer bedroht. Die Befestigungen waren noch nicht vollendet, die Besatzung und Artillerie schwach. Der Kommandant und die Offiziere wollten sich der Übermacht ergeben. Doch Iñigo, der jüngste im Offizierskorps, appellierte an die Hidalgo-Ehre und riet dringend zum Widerstand, da Verstärkung zu erhoffen sei. Seine Kameraden bezweifelten das, hielten es für zwecklos, sich zu opfern, und zogen ab. In loderndem Zorn über so viel Feigheit blieb Iñigo mit der kleinen Garnison, um die Seele des Kampfes zu werden. Den Degen schwingend, erschien er auf den Wällen. Doch was vermag der Mut eines einzelnen gegen die Kriegsmaschine der neuen Zeit? Eine Kanonenkugel zerschmetterte sein rechtes Bein, und mit Iñigo fiel die Zitadelle. Die Franzosen behandelten ihn mit Achtung, bemühten sich, das gebrochene Bein einzurichten, und trugen ihn auf einer Tragbahre zum Schloß Loyola. Dort stellten die Ärzte fest, daß die Knochen nicht richtig zusammengewachsen waren und nochmals gebrochen werden müßten, wenn er nicht dauernd verunstaltet bleiben wolle. Obwohl die Operation ohne Betäubung vorgenommen wurde, ertrug Iñigo sie ohne Schmerzenslaut. Nur die zusammengepreßten Fäuste verrieten, was er litt. Die nächsten Tage rang er mit dem Tod. Doch sein zäher Lebenswille setzte sich durch. Als die Wunden geheilt waren, stellte sich heraus, daß sein rechtes Bein kürzer war als das linke und daß ein Knochenstück unter dem Knie heraustrat. Mußte Iñigo ein hinkender Krüppel werden, seine militärische Laufbahn aufgeben und die Gunst der Frauen verlieren? Damit er die eleganten, wie angegossen sitzenden Offiziersstiefel weitertragen konnte, ließ er den hervorstehenden Knochen absägen, und damit er wieder tanzen, reiten und fechten konnte, das zu kurz gewordene Bein mit einer eisernen Streckmaschine verlängern. Wochenlang lag er regungslos in diesem Apparat.

Aus Langeweile bat er um einen Ritterroman. Da dergleichen nicht aufzutreiben war, gab man ihm das *Leben Christi* des Ludolf von Sachsen und eine Heiligenlegende. Diese erbauliche Lektüre war zwar nicht nach seinem Geschmack, aber Gefangene und Kranke lesen alles, und so blätterte er gleichgültig in den frommen Büchern. Nach und nach jedoch erregte die ihm unbekannte Welt der Heiligen sein Erstaunen. Er entdeckte, daß die Heldentaten der Heiligen sich mit den Aventüren des Amadis messen konnten. Mehr noch: Diese Menschen hatten nur Gott gesucht, während er nur sich selbst suchte. Der Gegensatz überraschte und beunruhigte ihn. Mit wachsender Neugier las er weiter und fragte sich schließlich: „Warum sollte ich nicht können, was ein Sankt Dominikus oder ein Sankt Franziskus gekonnt?" Er sank in langes Sinnen. Gelegentlich fiel er in irdische Liebesträume und in Gedanken an eine weltliche Karriere zurück. Dabei machte er die Entdeckung, daß solche Vorstellungen ihn leer und unbefriedigt ließen, während die Betrachtung göttlicher Dinge ihn erquickte. Iñigo liebte keine Halbheiten. Er entschied sich, fortan ganz für Gott zu leben, als ein Soldat Christi für das Gottesreich zu kämpfen und so einen höheren, unvergänglichen Lorbeer zu erwerben. Eines Tages war er unauffällig aus dem väterlichen Schloß verschwunden.

Auf einem Maultier ritt Iñigo zum Berge Montserrat, den einst die Gralsburg und jetzt ein Heiligtum Unserer Lieben Frau bekrönte. Hier vollzog er seine Abkehr von der Welt nach jenem Ritus, wie er ihn aus den Ritterromanen kannte: Er legte eine Lebensbeicht ab, schenkte dem Kloster sein Maultier, einem Bettler seine reichen Kleider und der Madonna als Weihegabe seine Waffen und verbrachte unverwandt stehend eine ganze Nacht vor dem schwarzen Gnadenbilde. In dieser Nachtwache wurde Iñigo zum Ritter Gottes. Am andern Morgen, nach der Frühmesse, brach er auf zur Wallfahrt ins Heilige Land.

In Manresa wollte er kurze Zeit Rast machen. Es kam aber zu einem Aufenthalt von zehn Monaten, der für Iñigo von entscheidender Bedeutung wurde. Bettelnd zog er durch die Gassen, bekleidet mit einem Kittel von grobem Sackleinen, umgürtet mit einem Hanfstrick, an den Füßen Bastsandalen und in der Hand den Pilgerstab mit der Kürbisflasche. Haar und Nägel ließ der ehemalige Dandy wuchern, zur Buße für die frühere Eitelkeit. Die Gassenjungen johlten, wenn sie den struppigen Kauz erblickten, und riefen hinter ihm her: „Vater Sack!" In dornbewachsenen Höhlen kasteite er sich mit Marterwerkzeugen und Fasten so erbarmungslos, daß er zweimal auf den Tod erkrankte und von frommen Frauen gesundgepflegt werden mußte. In Manresa hat Iñigo seine vorher so robuste Gesundheit für immer zugrunde gerichtet und sich ein lebenslanges, qualvolles Gallenleiden zugezogen. Auch seine Seele wurde damals gepeinigt. Versuchungen und Skrupel überfielen ihn. Er empfand eine Öde, Leere und Verzweiflung in seinem Herzen, die ihn bis an den Rand des Selbstmords brachte. Aus diesen Erfahrungen hat Ignatius später die Lehre gezogen, daß übertriebene Abtötung den Körper zu praktischer Arbeit unfähig macht und im religiösen Leben ein Hindernis bildet. Bei dem Temperament dieses Mannes, der immer aufs Ganze ging, war es nicht erstaunlich, daß er von einem Extrem ins andere fiel, ehe er die gesunde Mitte fand.

Eines Tages, so berichtete Ignatius später selbst, habe er in der Nähe der Stadt während einer Stunde mehr gelernt als alle Gelehrten der Welt ihn hätten lehren können. Er hatte sich an das Ufer des Flusses Cardoner gesetzt und in die Wellen geblickt. „Da begannen die Augen seines Geistes sich zu öffnen. Nicht als ob er irgendein Gesicht geschaut hätte, sondern es wurde ihm die Erkenntnis und das Verständnis vieler Dinge über das geistliche Leben, über Glauben und Theologie geschenkt. Das war von einer so großen Erleuchtung begleitet, daß ihm alles neu schien . . . Und es war ihm, als sei er ein anderer Mensch geworden." Im Lichte dieser Erleuchtung entdeckte er auch, daß es, um Gott zu gefallen, nicht auf asketische Exzesse ankommt. Er schnitt also wieder Haare und Nägel und tauschte den Sack mit einem Talar. Fortan kümmerte er sich nicht bloß um sein eigenes Heil, sondern auch um das Seelenheil anderer. Ihretwegen schrieb er seine Erfahrungen und Erkenntnisse nieder, und so entstand zu Manresa ein Büchlein, das zu den merkwürdigsten Schriften der Welt gehört.

Ignatius nennt sein Werk *Geistliche Übungen, darauf hinzielend, daß man sich selbst überwinde und sein Leben ordne, ohne sich durch irgendwelche ungeregelte Neigungen bestimmen zu lassen.* Die Übungen gehen aus von der Frage nach dem Ziel des Menschen. „Der Mensch ist dazu geschaffen, daß er Gott, seinen Herrn, lobe, ihm Ehrfurcht erweise, ihm diene und dadurch seine Seele rette. Was es sonst auf Erden gibt, ist um des Menschen willen erschaffen; es soll ihm helfen, sein Ziel zu erlangen. Daraus folgt, daß der Mensch es so weit benützen muß, als es ihm zu seinem Ziele hilft, und so weit davon lassen muß, als es ihn daran hindert." Tut er das nicht, so sündigt er. Die Betrachtungen der Exerzitien wollen Abscheu vor der Sünde wecken, die Seele von den Fesseln befreien und in der Nachfolge Christi zur Freiheit der Kinder Gottes führen. Christus König will in allen Herzen herrschen und sein geistiges Reich auf die ganze Welt ausdehnen. Er ruft jeden auf, in seinem Stand und Beruf am Reiche Gottes mitzuarbeiten. Die Exerzitien sprechen Phantasie, Verstand und Willen an. Doch in kluger Weise sorgen sie dafür, daß die Ergriffenheit nicht in krankhafte Erregtheit ausartet, der Eifer sich nicht überstürzt, der Leib durch Bußstrenge nicht Schaden leidet. Sie geben nüchterne Lebensregeln, etwa über die rechte Berufswahl, über die Verwendung der Einkünfte, über Maßhalten in Speise, Trank und Schlaf. Das Werk hat unermeßliche Wirkungen ausgestrahlt. Es formte den Geist der Gesellschaft Jesu und wies dem Leben Tausender die Richtung.

Apostolischer Eifer drängte Ignatius nach Jerusalem. Als ein verspäteter Kreuzritter wollte er das Heilige Land den Ungläubigen entreißen, nicht durch Waffen, sondern durch Predigt und Martyrium. Ohne Geld brach er auf, und nach abenteuerlicher Fahrt gelangte er ans Ziel. Er hätte gern sein ganzes Leben dort zugebracht, um die Mohammedaner zu bekehren. Doch der Franziskaner-Provinzial befahl ihm gemäß einer päpstlichen Anordnung die Heimkehr. Ernüchtert entschloß sich Ignatius, in der Heimat apostolisch zu wirken. Dazu bedurfte es aber einer theologischen Ausbildung. Der ehemalige Offizier setzte sich also, trotz seiner dreiunddreißig Jahre, mit neunjährigen Knaben auf die Bank der Lateinschule zu Barcelona, um erst einmal die Grundlagen zum Studium zu erwerben.

So energisch Ignatius auch anfing, er sollte seine Universitätsausbildung erst nach zwanzig Semestern abschließen. Dies überrascht nicht, wenn man die Bedingungen bedenkt, unter denen er studierte. Er stand nicht mehr in dem Alter, in dem man leicht lernt. Er war bisher in keinem Fach geschult worden. Er besaß als Mann der Tat zur Wissenschaft weder eine besondere Anlage noch eine lebhafte Neigung. Viel lieber hing er dem Gebet und frommen Betrachtungen an. So sah er sich immer wieder von der lateinischen Grammatik abgelenkt. Überdies war er oft gezwungen, seine Studien zu unterbrechen, um sich den Lebensunterhalt zu erbetteln. Auch erwies sich der Mangel an methodischer Anleitung, die noch heute manchen Studenten seine Zeit nutzlos vertun läßt, als eine außerordentliche Erschwernis: Ignatius begann alle Zweige der Wissenschaft auf einmal und brachte es deshalb in den ersten Jahren in keinem Fach zu soliden Kenntnissen. Das größte Hindernis aber bestand darin, daß Ignatius in seinem Drang nach apostolischer Arbeit es nicht lassen konnte, Arme zu besuchen, Kranke zu pflegen, Kindern den Katechismus zu erklären und Erwachsenen die Exerzitien zu geben.

Diese verfrühte seelsorgerische Tätigkeit hinderte nicht nur seine Studien, sie trug ihm auch viel Scherereien ein. In Barcelona wäre er beinahe umgebracht worden, weil er ein ganzes Kloster, dessen Nonnen junge Verehrer bei sich zu empfangen pflegten, reformierte: Die Galane, ihres Vergnügens beraubt, schworen Rache und dingten ein paar maurische Sklaven, die Ignatius und seinem Begleiter auflauerten und beide derart zusammenschlugen, daß der Begleiter starb und Ignatius bewußtlos nach Haus getragen werden mußte.

„In Barcelona entstand in ihm der Wunsch, einige Männer zu einem Bund zu vereinigen, die dann gleichsam die Trompeten Jesu sein könnten." Tatsächlich gewann er drei Jünger, die ihm an die Universität Alcalá folgten. Hier erregte der rührige Mann mit seiner einheitlich gekleideten Jüngerschar die Aufmerksamkeit der Inquisition. Ignatius' Bekehrungseifer wandte sich Frauen aus dem einfachen Volke zu, und was sich dabei an sonderbaren Vorfällen zutrug, ließ auf seltsame Seelsorgsmethoden schließen. Unter Verdacht, ein sektiererischer Schwarmgeist zu sein, wurde Ignatius verhaftet und 42 Tage im Gefängnis festgehalten. Als untadelhaft in Wandel und Lehre wurde er schließlich entlassen. Doch wurde ihm unter Strafe der Exkommunikation verboten, vor Beendigung seiner Studien öffentlich zu predigen oder Versammlungen abzuhalten.

Ignatius war aber nicht gewillt, sich den Mund verschließen zu lassen. Er ging nach Salamanca, wo das Verbot nicht galt, da diese Universität in einer anderen Diözese lag. Seine Jünger waren ihm schon vorausgegangen. Kaum hatte der Unentwegte am neuen Ort seine apostolische Tätigkeit begonnen, als er abermals eingekerkert wurde. 22 Tage lag er in Ketten. Als ein einflußreicher Besucher ihn durch seine Vermittlung zu befreien vorschlug, lehnte Ignatius ab: „Ganz Salamanca hat nicht so viele Handschellen und Fußfesseln, wie ich für Gott zu tragen mich sehne." Fachtheologen prüften sein Exerzitienbuch und legten ihm in Verhören verzwickte Fragen vor. Sie konnten seine Grundsätze nicht verwerfen; aber es paßte ihnen nicht, daß dieser ungelehrte Laie sie aufstellte. Wieder verbot man ihm, vor Abschluß seiner Studien über moraltheologische Gegenstände zu predigen. Da entschloß sich Ignatius, nach Paris zu gehen. Diesmal folgten ihm seine Jünger nicht. Der erste Versuch, eine religiöse Gemeinschaft zu gründen, war ebenso gescheitert wie sein Studium.

An der Sorbonne fing Ignatius noch einmal ganz von vorn an. Diesmal schaffte er es: Nach dreieinhalb Jahren erwarb er „mit Lob und Ehren" den akademischen Grad eines Magisters. Doch auch in Paris gab's manche Aufregung. Von seinen Gönnerinnen in Spanien hatte er sich eine Summe Geldes zustecken lassen, die groß genug war, um die Kosten eines Jahres in Paris zu bestreiten. Ein Kommilitone aber verjubelte die anvertrauten Dukaten. Um Almosen für seinen Unterhalt zu sammeln, zog Ignatius in den Sommerferien nach Antwerpen, Brügge und London. Gelegentlich schickte er auch Brandbriefe nach Spanien, um seine Freundinnen zu bitten, ihm aus den Schulden zu helfen.

Vom Apostolat konnte er auch in Paris nicht lassen. Bald hatte er wieder einen Kreis von Jüngern um sich. Als eines Tages drei spanische Studenten nach Beendigung der Exerzitien ihre ganze Habe verkauften, den Erlös unter die Armen verteilten und sich in das Hospiz St. Jakob zurückzogen, gerieten ihre Kameraden und Professoren außer sich: Ignatius habe diese armen Kerle verrückt gemacht, er sei ein Ketzer, ein Zauberer, der auf den Scheiterhaufen gehöre. Wieder erlebte Ignatius einen Zusammenstoß mit der Inquisition. Wieder ging die Sache glimpflich aus. Doch seine Jünger waren ihm abspenstig gemacht.

Bei seiner unwiderstehlichen Anziehungskraft konnte es nicht ausbleiben, daß er bald unter seinen Studienfreunden neue Anhänger fand. Mit diesen ging er statt zu den Disputationen und Vorlesungen in die Kirche. Abermals zog ein Gewitter herauf. Der erzürnte Rektor des St.-Barbara-Kollegs beschloß, an Ignatius jene Strafe zu vollziehen, die für einen unbotmäßigen Studenten vorgesehen war. Schon standen die Studenten in Erwartung der öffentlichen Auspeitschung im Speisesaal versammelt. Da trat der Rektor mit Ignatius ein, kniete weinend vor dem Delinquenten nieder, bat ihn um Verzeihung und machte die ganze Versammlung, die Ignatius' Erniedrigung sehen sollte, zu Zeugen seines persönlichen Sieges.

Noch ein viertes Mal geriet Ignatius mit den Behörden in Konflikt. Er wurde der Häresie angeklagt. Zwei Inquisitoren stellten seine Unschuld fest. Ignatius forderte eine schriftliche Bestätigung seiner Rechtgläubigkeit und erhielt ein ehrenvolles Zeugnis.

An der Pariser Universität gewann Ignatius jene neun Gefährten, welche die Keimzelle seines Ordens wurden. Fast alle hatten sie bereits den philosophischen Doktorhut: der sanfte Savoyarde Favre, der glänzend begabte, feurige Xavier aus baskischem Uradel, der besinnliche Portugiese Rodriguez; dann drei Spanier: der gelassene Laynez, der kluge Salmerón, der rauhe, den Mund stets etwas vollnehmende Bobadilla; schließlich drei Franzosen: Le Jay, Cordure, Broët.

Ein Beispiel für die überlegene Art, mit der Ignatius Menschen zu gewinnen verstand, bietet die Entstehung der Freundschaft mit seinem Stubengenossen Francisco Xavier. Zuerst mochte Franz den älteren Ignatius überhaupt nicht. In seinen Augen war er ein Volksverräter. Denn während Xaviers Brüder für die baskische Unabhängigkeit kämpften, hatte Ignatius auf der Seite der Spanier gestanden, die nach ihrem Siege Schloß Xavier schleiften, die Brüder drei Jahre gefangenhielten und den Wohlstand der Familie vernichteten. Der leichtlebige Franz verabscheute auch die betonte Frömmigkeit dieses „Sonderlings", die arg nach Scheinheiligkeit zu riechen schien; und die verzweifelten Anstrengungen dieses bemoosten Semesters, endlich einmal richtig Latein zu lernen, mußten ihn, den Überflieger, zum Spott reizen. Daß Ignatius aber seine anzüglichen Witze mit Humor quittierte, nichts übelnahm und kein Spaßverderber war, machte ihn schon sympathischer. Daß sich der alte Kumpan auch als hilfreicher Kamerad erwies, der ihm in Geldverlegenheiten unter die Arme griff und dafür bis nach Flandern betteln ging, rührte ihn. Vollends eingenommen war er, als Ignatius den Vorlesungen des jungen Dozenten Xavier eine Menge zahlender Hörer zuführte und sich selbst zu Füßen des fünfzehn Jahre jüngeren Landsmannes setzte. Das Großartige an Ignatius' Menschenführung ist, daß er die Liebe, die der Charme seiner Persönlichkeit erregte, von sich fortlenkte auf Christus hin. Das Mittel dazu waren die Exerzitien. Der Sohn „aus bestem Hause" verzichtete auf die Domherrnpfründe, die ihm angeboten wurde, und stellte sich mit unbedingter Hingabe Gott zur Verfügung, zu jedem Dienst und zu jedem Schicksal bereit. Franz Xavier wurde des Ignatius größter geistlicher Sohn. Den andern erging es ähnlich. Alle gaben eine glänzende Laufbahn auf, um sich begeistert und unternehmungslustig mit Ignatius ins Unbekannte zu wagen.

Am 15. August 1534 traf Ignatius sich mit sechs seiner Gefährten in der Dionysius-Kapelle auf dem Montmartre zur heiligen Messe. Die Männer gelobten, Armut und Keuschheit zu beobachten, nach Jerusalem zu pilgern und am Heil der Seelen zu arbeiten. So wurde auf dem Martyrerberg der Grundstein der Gesellschaft Jesu gelegt. Immer noch hing Ignatius an seinem alten, phantastischen Plan, das Heilige Land zu erobern. Aber schon war er skeptischer geworden und sah Schwierigkeiten voraus: Falls sich die Reise nach Jerusalem bis zu einem bestimmten Zeitpunkt nicht durchführen lasse, wollten sie nach Rom ziehen und sich dem Papst zur Verfügung stellen.

Bald mußte sich Ignatius von seinen Gefährten trennen, um auf ärztlichen Rat in der Heimat seine geschwächte Gesundheit wiederherzustellen. Aus dem Erholungsurlaub wurde eine Apostelreise, von deren Früchten nur erwähnt sei, daß Ignatius im loyolischen Herrschaftsgebiet zur Verhinderung des Bettelns die städtische Armenpflege einführte, die bis dahin in Spanien unbekannt war.

Nach anderthalb Jahren traf er in Venedig wieder mit den Seinen zusammen. Doch aus der Jerusalemfahrt wurde vorerst nichts. Wegen des drohenden Krieges zwischen Venedig und den Türken lief zum erstenmal seit 38 Jahren kein Pilgerschiff aus. Man beschloß, die Priesterweihe zu empfangen und die Wartezeit zu apostolischer Arbeit auszunutzen. Ignatius verteilte seine Magistri auf einige wichtige Städte in Oberitalien, wo sie predigten, in der Seelsorge wirkten und unter den Studenten neue Gefährten gewannen.

Als die vorgesehene Frist abgelaufen und die Pilgerreise völlig unmöglich geworden war, begab sich Ignatius mit Favre und Laynez nach Rom. „Das Erdreich hier ist arm an guten Früchten und überwuchert von schlechten", schrieb er in einem Brief. Sogleich machten sich die Magistri an die Arbeit, hielten im Auftrag des Papstes Vorlesungen an der Sapienza, gaben Exerzitien, erteilten Kindern Unterricht, besuchten Spitäler, hörten Beichte und predigten in Kirchen und auf Plätzen. Die Römer rieben sich verwundert die Augen, als sie nach Ostern Männer die Kanzel besteigen sahen, die keine Mönchskutte trugen. Sie waren Predigten nur während des Advents und der Fastenzeit und nur von Ordenspriestern gewohnt. Neu war auch, daß diese Fremden keinen Wert legten auf rhetorischen Prunk. Bald hatten Ignatius und die Seinen das Vertrauen des Volkes und einflußreicher Herren gewonnen. „Wäre unsere Zahl auch viermal so groß, wir wären nicht imstande, allen Wünschen Rechnung zu tragen." Als der portugiesische Gesandte im Auftrag seines Königs Johannes III. um sechs Missionare für Indien bat, rief Ignatius: „Jesus, Herr Gesandter! Wen wollen Euer Gnaden mir übriglassen für den Rest der Welt?"

Mitten in diese verheißungsvollen Anfänge fuhr ein Sturm, der das Werk des Ignatius zu vernichten drohte. In der Stadt trat ein redegewaltiger Prediger auf, der Irrlehren verbreitete und viel Anhang fand. Nachdem Ignatius ihn vergeblich unter vier Augen gemahnt hatte, ließ er seine Mitarbeiter ihn von der Kanzel herab widerlegen. Der Irrlehrer geriet in Wut und drehte den Spieß um: Die eigentlichen Ketzer seien diese seltsamen „Reform-Priester". Seine Verleumdungen fanden weithin Glauben. Da drang Ignatius auf gerichtliche Untersuchung. Es war ihm ein leichtes, den Kronzeugen seiner Gegner Lügen zu strafen. Darauf gaben die andern eine Ehrenerklärung ab und wollten die Sache begraben sehen. Ignatius aber, dessen gedeihliches Wirken einen tadellosen Leumund voraussetzte, bestand auf formellem Abschluß des Prozesses. Als die Gegner Schwierigkeiten machten und Ränke spannen, wanderte Ignatius entschlossen nach Frascati, wo Papst Paul III. eben weilte, und informierte in einstündiger Audienz den obersten Richter der Kirche. Das Verfahren wurde wiederaufgenommen, und nach acht bewegten Monaten endlich fiel das Urteil: Die Verleumdeten wurden für völlig schuldlos erklärt.

„Als die Gefährten 1538 in Rom wieder zusammentrafen, hatten sie noch nicht vor, eine dauernde Vereinigung oder einen Orden zu gründen." So schreibt Polanco. Einer äußerte sich sogar ausdrücklich gegen die Gründung eines Ordens, „weil schon dieser Name ‚Orden' beim Volk keinen guten Klang mehr hat". Im nächsten Jahre aber wurde, wie Laynez berichtet, nach langen Beratungen „einmütig beschlossen, wir wollten eine Gesellschaft bilden, die von Bestand wäre und nicht mit unseren Personen zu Ende ginge". Nach manchen Widerständen seitens einiger Kardinäle erließ Paul III. 1540 die Bestätigungsbulle für die Gesellschaft Jesu. Einige Monate später wählten die Mitglieder der Gesellschaft Ignatius zu ihrem ersten General und legten in seine Hände die Ordensgelübde ab. Ignatius zog sich in seine niedrige Kammer im neuen Profeßhaus zurück, um die Konstitutionen zu entwerfen. Jahrelang arbeitete er mit unendlicher Sorgfalt und unter beständigem Gebet daran. Es wurde ein bewunderungswürdiges Gesetzeswerk, mit dem er seiner Gründung die Form gab.

„Der Zweck dieser Gesellschaft ist, mit dem Beistand der göttlichen Gnade nicht allein dem Heile und der Vervollkommnung der *eigenen* Seele obzuliegen, sondern auch dem Seelenheile und der Vervollkommnung des *Nächsten* mit allem Eifer sich hinzugeben." So heißt es in der Einleitung der Konstitutionen. Nie hatte es zuvor einen Orden gegeben, der die Seelsorge so nachdrücklich zu seiner Aufgabe erklärte. Zwar gab es schon früher Orden, die den Dienst in Hospitälern und Gefängnissen, die Heidenmission und die Jugenderziehung ausübten. Aber die Gesellschaft Jesu ist der erste Orden, der alle diese Werke seinen Mitgliedern ausdrücklich zur Pflicht macht, der erste Orden mit einem apostolischen Programm. Mit ihm wollte Ignatius dem Papst für die Verteidigung und Ausbreitung der Kirche eine hochqualifizierte und leicht bewegliche Hilfstruppe bieten. Die Auswahl der Mitglieder, ihre Ausbildung und ihre Lebensweise sollte ganz auf diesen Zweck zugeschnitten sein. Es kam Ignatius darauf an, vor allem die Elite der Jugend an den Universitäten und im Adel zu gewinnen; denn er war der Ansicht, was den Menschen zu Großem in der Welt tauglich mache, befähige ihn auch zu Großem im geistlichen Leben. Der Ordensnachwuchs sollte in eigenen Kollegs eine gründliche wissenschaftliche Ausbildung erhalten, bei der alles, was den Erfolg der Studien beeinträchtigen könnte, vermieden werden müsse: Der Lehrplan wird stufenweise aufgebaut, das vorgeschriebene Gebet beschränkt, seelsorgliche Arbeit verboten und die finanzielle Sicherung vorgeschrieben. Alle Zerstreuungen, Ablenkungen und Unregelmäßigkeiten, die seinen eigenen Studiengang so mühsam gemacht hatten, wollte Ignatius durch diese Anordnungen seinen Jüngern ersparen. Klausur und Chorgebet, bisher selbstverständliche Merkmale des Ordenslebens, schaffte Ignatius für seine Gesellschaft ab, da sie ihren Aufgaben nicht gemäß waren. Auch sollten die Jesuiten keine besondere Ordenstracht haben, denn das Mönchsgewand war vielen Laien ein Greuel geworden und bedeutete eher ein Hindernis als eine Förderung der apostolischen Arbeit. Vielmehr sollten sie sich in der Kleidung dem Landesbrauch anpassen. Während Ignatius so seinem Orden in der äußeren Lebensweise die größte Freiheit gab, faßte er ihn zugleich durch das besonders betonte Prinzip des Gehorsams zu größter Festigkeit zusammen.

Die Idee eines solchen Ordens war völlig unmittelalterlich, ja, revolutionär. Doch sie war das, was die Kirche dringend brauchte. Der zähe Baske setzte sie durch und behauptete sie erfolgreich gegen alle Angriffe. Ein Kardinal sagte einmal: „Den Nagel, den Iñigo einschlägt, zieht niemand heraus." Immerhin versuchten es manche, den „Nagel" herauszuziehen, bekamen es aber mit einem General zu tun, der wachsam darauf achtete, daß die Gesellschaft ihr eigentümliches Gepräge nicht verliere. Jede Zumutung, die Societas Jesu mit dem einen oder dem anderen Orden zu verschmelzen, wies er energisch zurück. Und als man mehrere Patres zu Bischöfen machen wollte, setzte er alle Hebel in Bewegung, um das zu verhindern. An Kaiser Ferdinand schrieb er: „Würden annehmen, das hieße unsere eigenen Totengräber sein. Ich stehe nicht an, es auszusprechen: Wollte ich Mittel ausfindig machen, um die Gesellschaft zu zerschmettern und völlig zu vernichten, ich wüßte kein erfolgreicheres, als daß wir Würden annähmen ... Wir wollen jederzeit bereit sein, in beliebige Weltgegenden zu ziehen, um jeweils da zu arbeiten, wo es der Papst uns aufträgt. Der Geist der Gesellschaft ist es, in aller Einfachheit und Niedrigkeit von Stadt zu Stadt, von Ort zu Ort zu ziehen, ohne sich an einen bestimmten Ort binden zu lassen ... Die Einfachheit preisgeben, das hieße unseren Ordensgeist zerstören ... *Die* Gunst, die uns an einen einzelnen Ort bindet, ist das Verderben für die Gesamtheit ... Wenn jetzt einer der Unsern eine Bischofswürde annähme, ... dann gäben wir selber reichlich Anlaß zu Murren und Lästerreden ... Ist doch die Welt so schlecht, daß der bloße Verkehr von Unsrigen an einem Hofe (sei es bei Papst oder Fürsten, Kardinälen oder Edelleuten) schon die Meinung aufbringen könnte, wir verfolgten ehrgeizige Absichten." Nie erlaubte Ignatius einem Mitglied der Gesellschaft, einen angebotenen Kardinalshut oder eine angebotene Bischofsmitra anzunehmen, ja, er versperrte den Professen durch ein eigenes Gelübde ein für allemal den Weg zu den hohen Kirchenämtern. Wenn man bedenkt, daß viele Bischöfe und Kardinäle damals den weltlichen Fürsten an Macht, Reichtum und Lasterhaftigkeit nicht nachstanden, begreift man, daß Ignatius in der Annahme von Würden eine Gefahr für den guten Ruf der Gesellschaft sah. Er lehnte sie um der Ehre und um der Freiheit willen ab.

Außer der Arbeit an der inneren Gestalt des Ordens lastete die Verantwortung für die äußere Tätigkeit der Seinen auf den Schultern des Generals. Kaum war die Gesellschaft gegründet, als die ersten Jesuiten schon in alle Welt verstreut waren: nach Portugal, Indien, Deutschland, Süditalien, Spanien, Frankreich, Irland, Brasilien. „Geht, setzt alles in Feuer und Flammen!" Mit diesen Worten hatte Ignatius seine Brüder entsandt. Aus seiner bescheidenen Zelle in Rom lenkte er ihre erstaunlichen Werke. Der junge Orden kämpfte an zwei Fronten zugleich: angreifend in den neuentdeckten Ländern jenseits der Ozeane, verteidigend in dem alten Europa, wo der Bestand der Kirche durch die Protestanten bedroht war. Ignatius hatte keine Furcht, die Gesellschaft könnte in so verschiedenartigen Bestrebungen ihre Kräfte verzetteln. Dank seiner klugen Organisation und Führung war sie überall erfolgreich. Während Xavier in Indien und Japan dem Christentum eine Bresche schlug, wurden die Jesuiten in Europa die Hauptträger der Kirchenreform. Ignatius hatte erkannt, daß es vor allem auf die gründliche Unterweisung des Volkes und der Jugend in der christlichen Lehre ankomme. Das setzte einen sorgfältig ausgebildeten Klerus voraus. Dazu wiederum waren Kollegien und Priesterseminare nötig. All diesen Anforderungen kamen die Jesuiten nach. Besonders wichtig erschien es Ignatius, die geistig und politisch führenden Schichten anzusprechen. Bald waren Jesuiten als Beichtväter an Fürstenhöfen und als Professoren an den Hohen Schulen eine vertraute Erscheinung.

Ein Schwerpunkt der Reformtätigkeit der Gesellschaft Jesu war Deutschland. 1540 hatten die Jünger des Ignatius dort zum erstenmal Fuß gefaßt. Favre gewann Petrus Canisius als den ersten deutschen Jesuiten. Später sandte Ignatius Bobadilla, Salmerón und Le Jay nach Deutschland. Es entstanden Kollegien und Hochschulen des Ordens in Köln, Wien, Prag und Ingolstadt. Bei all diesen Unternehmungen war Ignatius die treibende Kraft. 1552 faßte er einen neuen Plan, von dem er Le Jay nach Wien schrieb: „den Plan, hier in der Heiligen Stadt ein deutsches Kolleg zu gründen, in das ausgewählte Jünglinge von guter Anlage und der Gewähr christlicher Frömmigkeit und Tugend aufgenommen werden sollen, damit sie hier eine gute Erziehung und umfassende wissenschaftliche Bildung erhalten. Sie sollen unter dem Protektorat des Papstes und einiger Kardinäle und unter der Leitung unserer Gesellschaft so in dem Kolleg zu leben haben, daß es ihnen an nichts Nötigem mangelt, sei es in Wohnung oder Kleidung, in der Kost, an Büchern oder überhaupt an irgend etwas, was Studierenden nützen kann. Wenn sie dann an Wissenschaft und Tugend einen achtenswerten Stand erzielt haben, denkt man sie mit kirchlichen Ämtern ausgestattet in die Heimat zu entsenden. Die besonders Hervorragenden kommen als Kandidaten für Bischofssitze und andere kirchliche Würden in Betracht. Allgemein, soweit es hier überhaupt Leute gibt, denen das Heil Deutschlands am Herzen liegt, hat man darin das wirksamste und beinah einzige Mittel erkannt, um die wankende, leider vielfach schon zerrüttete Religion in jenem Lande zu erneuern und zu stützen. Es ist unbedingt vonnöten, möglichst viele tüchtige und treue Männer, die desselben Blutes und derselben Sprache sind, zur Verfügung zu haben, Männer, die durch das Beispiel eines heiligen Eifers und gesunder Lehre in gleicher Weise ausgezeichnet und imstande sind, durch Predigt und Erklärung des Wortes Gottes sowie durch Privatgespräche den Schleier der Unwissenheit und Sünden von den Augen ihrer Volksgenossen wegzunehmen und sie für das Licht des heiligen katholischen Glaubens empfänglich zu machen." Das Germanicum kam noch im gleichen Jahre zustande und blieb der „Augapfel" des Heiligen. Kaum drei Jahre nach der Gründung schrieb Ignatius an den Prior der Kölner Kartause: „Ich zweifle nicht, daß der fromme Wunsch all derer erhört wird, welche die deutsche Jugend mit Lehrern versorgt wissen möchten, die deren hervorragende Anlagen für Wissenschaft und Tugend zur Entfaltung bringen. Bis jedoch die Zeit gekommen ist, wo die göttliche Vorsehung die Gemüter für die Errichtung von Kollegien auf deutschem Boden empfänglich macht, wollen wir uns mit allem Eifer in der Ewigen Stadt der Ausbildung der deutschen Jugend widmen, soweit sie zum Dienst der heiligen Kirche berufen ist. Gottes Güte hat uns auch bereits eine ganze Anzahl hervorragend begabter junger Leute geschickt, die entweder im Germanicum studieren oder sich in unsere Gesellschaft gemeldet haben ... Schon sind 70 bis 80 Deutsche hier."

Den nach Deutschland gesandten Patres gab Ignatius eingehende Instruktionen mit und wies sie besonders auf die Bedeutung der Presse hin: „Broschüren und Flugschriften ..., und zwar gut und kurz geschriebene, die von vielen gekauft werden können ..., zur Massenverbreitung der gesunden Lehre ..., von gelehrten Männern verfaßt und doch der Fassungskraft der breiten Massen angepaßt", seien ebenso wichtig wie ein kurzer Katechismus. „Die Vervielfältigung von Schulen der Gesellschaft über viele Gegenden, hauptsächlich an den Punkten, wo sich ein guter Zulauf von Schülern erwarten läßt, wäre das beste Mittel, um der Kirche in ihrer bedrängten Lage zu Hilfe zu kommen." Von den Niederlassungen des Ordens aus solle man auch Lehrer in das Hinterland schicken, damit sie dort an Sonntagen Christenlehre hielten. In den Methoden der Propaganda müsse man von den Gegnern lernen, deren Agenten ungemein rührig seien, während die Katholiken schliefen. Ignatius beklagt die „Nachlässigkeit und Unwissenheit der Katholiken, besonders der Geistlichen", die den Gegnern den Erfolg so leicht mache. „Die geringfügigste Wirksamkeit in Deutschland ist wichtiger als noch so großartige in anderen Ländern." Immer war Deutschland in den Gedanken und Gebeten des Heiligen. Das Gebet für Deutschland legte er allen Mitgliedern des Ordens auf.

Bei aller Sorge für die Länder jenseits der Alpen und der Meere ließ Ignatius' Anteilnahme an den Geschicken Italiens und Roms nicht nach. Wo immer in Rom sich neues Leben regte, war Ignatius der Urheber oder der Förderer. So baute er ein Haus für bekehrte Juden, ein anderes für reuige Dirnen und gefährdete Mädchen. Er verstand es, alles, was Rang und Geld in der Stadt hatte, für seine Werke einzuspannen. Eine seiner besten Helferinnen war die berühmte Vittoria Colonna. Durch seinen Einfluß beim Papst veranlaßte Ignatius zahllose Maßnahmen zur Reform der Kirche. Soweit die Ordensgeschäfte ihm Zeit ließen, setzte er sich persönlich für alle möglichen Anliegen ein, scheute keinen Weg und keine Mühe, wo ein Werk „zur größeren Ehre Gottes" getan werden konnte. Auf dem Blumenmarkt und im Bankviertel hielt er Katechesen für jung und alt, „und er ließ sich im Sprechen auch nicht stören, wenn die Gassenjungen mit Äpfeln nach ihm warfen". Mitten in den Regenstürmen des November und trotz Krankheit wanderte er ins Neapolitanische, um Juana d'Aragon, die Herzogin von Paliano und Schwägerin Vittoria Colonnas, die ihren Gemahl verlassen hatte, zur Rückkehr zu überreden. Dieser Ehezwist, über den Kaiser und Papst sich erzürnten und ganz Europa klatschte, hatte eine hochpolitische Natur angenommen, und das Heil nicht nur *einer* Seele stand dabei auf dem Spiel. Wegen des Seelenheiles vieler war es auch, daß Ignatius sich mit politischen Fragen befaßte. So reiste er 1548 nach Tivoli und nach Città Sant' Angelo, um die beiden sich befehdenden Städte zu versöhnen, und erzielte den Friedensschluß. Auch in dem jahrelangen ernsten Konflikt zwischen Papst Paul III. und König Johann III. von Portugal vermittelte er den Frieden. Wenig bekannt ist, daß Ignatius einen ebenso großartig-kühnen wie realistisch-nüchternen Plan entwarf zur Aufstellung einer europäischen Flotte, die unter Führung Kaiser Karls V. die Angriffe des Islam wirksam abwehren könnte. Alle Einzelheiten, selbst die Frage der Finanzierung, werden darin ausführlich erörtert. Begreiflich, daß dieser unheimlich aktive Ignatius viel von sich reden machte. Das meiste von dem, was seine Feinde von ihm und seinen Jesuiten behaupteten, war freilich falsch. Nur einmal hatte ein Mann, der sich beim Papst über ihn beschwerte, den Nagel auf den Kopf getroffen: „Diese Priester wollen die ganze Welt reformieren!"

Wie hat Ignatius eine so große Arbeitsfülle bloß bewältigt? Polanco, sein Sekretär, sagt uns: „Er bekam von Gott außergewöhnliche natürliche Gaben, denn er hatte sehr viel Schneid, schwierige Sachen anzupacken, und Ausdauer, sie durchzufechten." Diese Eigenschaften waren an ihm um so hervorstechender, als er „oft so stark an seinen Magenschmerzen litt, daß er sich nicht mehr rühren konnte und völlig hilflos war. Er fühlt sich aber immer dann besser, wenn eine wichtige Aufgabe anfällt; dann fängt er an, Tag und Nacht zu schaffen." Nichts war ihm zu unbedeutend, keine Mühe zu groß. Dauernd überlegte, feilte und verbesserte er, wenn er ein Schriftstück verfaßte. In dieser zähen Kleinarbeit brachte er sein gewaltiges Lebenswerk langsam aber sicher voran. Er schrieb einmal: „Die Dinge dieser Welt ohne Sorgfalt zu tun, bedeutet nicht viel; aber die Dinge Gottes ohne Sorgfalt zu tun, das ist unerträglich." Auch an sich selbst arbeitete er mit Stetigkeit, um in jeder Hinsicht vollkommen zu werden. Seinen jüngsten Schüler Ribadeneira bat er, ihn auf italienische Sprachfehler aufmerksam zu machen: „Achte fleißig auf mich, wenn ich rede, und notiere alles, was nicht richtig ist, damit du mich verbessern kannst." Durch fortwährende Selbstbeobachtung lernte er es, seine Gefühle und seine Gesten völlig zu beherrschen. Was Ignatius erreichte, das erreichte er durch eine ungeheure Anspannung des Willens.

Sein Tag war genau eingeteilt. Die ersten vier Stunden eines jeden Morgens gehörten der Betrachtung und dem Gebet. Vormittags empfing er Besuche oder ging in geschäftlichen Angelegenheiten aus. Auf der Straße trug er einen Sombrero und einen Mantel, und mit derselben Diskretion, mit der er jetzt in der Kleidung auf Sauberkeit und Ordnung achtete, versuchte er auch sein Hinken zu verbergen. Er nahm an der gemeinsamen Mittagstafel teil und begab sich nach dem Mahl mit den Patres in ein anderes Zimmer zur Erholungsstunde. Eine Sanduhr wurde aufgestellt und gab der Unterhaltung das zeitliche Maß. Der Nachmittag war dem Briefwechsel gewidmet. Nach dem Abendessen nahm er die Berichte der Oberen entgegen, erteilte Anweisungen, besprach noch einiges mit seinem Sekretär und ging dann, auf seinen Stock gestützt, in seinem Zimmer auf und ab, manchmal laut betend. Dem Schlaf gönnte er nur vier Stunden.

Man hat die Gesellschaft Jesu im Hinblick auf den Offiziersberuf ihres Gründers, auf die straffe Organisation, auf die Betonung des Gehorsams, auf ihren ersten Namen und auf die Amtsbezeichnung ihres Oberhauptes oft einen vom militärischen Geist geprägten Orden genannt. Diese landläufige Auffassung bleibt an einigen Äußerlichkeiten haften, die nicht einmal alle richtig verstanden werden: Das Wort „Compañia" hatte keinen speziell militärischen Sinn, es bedeutete einfach: Brotsgemeinschaft, Lebensgemeinschaft. Den Titel „General" führten schon vor Ignatius die obersten Vorsteher der meisten religiösen Orden. Und den „Kadavergehorsam" forderte schon Franz von Assisi. Das alles ist keineswegs „typisch jesuitisch" und hat mit Militarismus nichts zu tun. Auch wäre es sehr oberflächlich, in Ignatius einen „soldatischen" Mann zu sehen. Oder gibt es Disziplin nur bei Soldaten? Er war seinem Orden kein militärischer Befehlshaber, sondern ein Vater. So empfanden es die Seinen, die von ihm nur als von „unserem guten Vater" sprachen. Papst Paul IV., dem alles, was aus Spanien kam, verhaßt war, erklärte zwar, Ignatius sei „ein Tyrann". Aber man kann nichts Tyrannisches an ihm entdecken.

Gewiß hatte Ignatius dem Orden seinen Geist aufgeprägt, doch war er dabei nicht selbstherrlich vorgegangen. Alle Fragen der Verfassung wurden gemeinsam beraten und durch Abstimmung entschieden. Das Amt des Generals nahm er erst nach langem Sträuben an, und als er es später wegen seiner Krankheit niederlegte, nahm er es nur auf entschiedenes und einmütiges Drängen der Seinen wieder auf. Er begann seine Generalswürde damit, daß er einige Tage in der Küche half und 46 Tage Kindern Katechismusunterricht gab. Stets war er bereit, sich den Erfahrungen der Provinziale zu beugen und an den Satzungen des Ordens Änderungen zu treffen, wo immer sich die Anordnungen nicht als schmiegsam genug erweisen sollten. Er befahl nur, wo es nötig war. Als Menschenkenner paßte er sich der Eigenart des einzelnen Untergebenen an. Den einen, so bezeugt Ribadeneira, behandelte er mit der zärtlichen Liebe der Mutter, den andern mit der kräftigen Liebe des Vaters. Wenn er bedeutendere Ämter und Aufträge verteilte, sah er oft auf die Neigung der Untergebenen. Niemand ging anders von ihm weg als zufrieden und fröhlich. Man gehorchte ihm nicht aus Furcht, sondern aus Liebe. Stets war er gegen die Anwendung von Gewalt. Auch Ketzern gegenüber lehnte er physische oder moralische Gewaltmittel ab. „Nie durfte später ein Jesuit Mitglied eines Inquisitionsgerichtes sein" (W. Nigg). Er wollte nicht unterdrücken, sondern überzeugen, und zwar durch die Kraft seines persönlichen Beispiels.

Einen Spiegel seines Wesens besitzen wir heute noch in den 7000 Briefen, die von Ignatius erhalten blieben. Da finden wir Briefe zur Kirchenreform an Päpste und Kardinäle, Briefe zur Politik an Könige und Staatsmänner, Briefe über die Angelegenheiten des Ordens an die Seinen und Briefe über die Sorgen, mit denen Aristokraten oder kleine Leute, Männer oder Frauen sich vertrauensvoll an ihn wandten. Diese Schreiben verfaßte ein Menschenkenner, der sich in allen Schichten zu bewegen wußte. Ignatius war sehr klug, doch nicht das, was sich manche Leute unter einem „schlauen Jesuiten" vorstellen. Was auch immer er sagte oder tat, alle Welt durfte es hören oder sehen. Ignatius war von Natur wortkarg. Doch man würde ihn völlig verkennen, wollte man in seiner Zurückhaltung ein Zeichen von Herzenskälte sehen. Gegen dieses Mißverständnis wehrte sich Ignatius selbst: „Wer meine Liebe an dem mißt, was ich davon äußere, der würde sich sehr täuschen." Es ist wahr: „Seine Liebe war wortlos, und wir würden vergeblich in seinem Briefwechsel nach frei strömenden Worten der Herzlichkeit oder Freundschaft suchen. Gerade denen, die er am meisten liebte, gab er am wenigsten ein Zeichen der Zuneigung" (H. Rahner). Aber Gonçalves bezeugt, daß Ignatius bei aller Sprödigkeit und Strenge „doch so sehr zur Liebe neigte, daß er gleichsam die verkörperte Liebe war und darum von allen insgesamt in der ganzen Gesellschaft Jesu so geliebt wurde, daß jeder sich sozusagen besonders geliebt fühlte von ihm ... Wenn er jemand zu Besuch empfing, zeigte er ihm eine so heitere Freude, als wollte er ihn in die Mitte seiner Seele nehmen." Diese strahlende Liebenswürdigkeit, diese alles umfassende Güte bestätigen manche Zeitgenossen: Sie war es, die seine Jünger anzog und band. Sie war es, die ihm die lebenslange Freundschaft vieler Männer außerhalb des Ordens eintrug. Selbst der doch völlig anders geartete Filippo Neri hatte Ignatius herzlich lieb.

Besonders zärtlich war des Heiligen Liebe zu den Kranken, für die er alles tat. Er sagte, Gott habe ihn mit viel Krankheit heimgesucht, damit er Verständnis für die Krankheit anderer habe. Einem Kranken schickte er Novizen, die ihn durch Gesang aufheitern mußten. Den Pflegern gab er eingehende Instruktionen, damit ihren Schutzbefohlenen nichts fehle. Ribadeneira fügt diesem Bild des Stifters noch einen weiteren Zug hinzu: „Unter allen Tugenden, die unser Vater hatte, war eine, in der er sich besonders auszeichnete: die Tugend der Dankbarkeit. Darin war er einfach wunderbar. Er legte den höchsten Wert darauf, in allem, was nur möglich war, den frommen Verehrern und den Wohltätern der Gesellschaft es gleichzutun oder sie gar zu übertreffen. Er hielt sie auf dem laufenden über die guten Fortschritte des Ordens, er lud sie sich zu Gast, machte ihnen Besuche, half ihnen, wo er nur konnte, ja, er übernahm für sie besondere Geschäfte, die ganz gegen seine Neigung waren, nur um sie zufriedenzustellen." Alle, die ihn kannten, stimmen überein im Lobe seiner unendlichen Bescheidenheit und Selbstlosigkeit. Er verzichtete auf seine eigene Bequemlichkeit, um andern gefällig und angenehm zu sein, und suchte nichts als das Heil des Nächsten.

Wie so viele Persönlichkeiten, die tatkräftig für die Kirche wirkten, war auch Ignatius ein Mystiker. Wir verstehen weder den Menschen noch sein Werk, wenn wir uns dessen nicht bewußt bleiben. Innig gottverbunden, handelte er aus Gott, mit Gott und für Gott. Seit Manresa waren seine Augen entzündet von vielem Weinen über die außerordentlichen Gnaden, mit denen der Herr ihn überschüttete. Sein geistliches Tagebuch, von dem durch Zufall ein Bruchstück erhalten blieb, berichtet immer wieder von Tränen. Über seine mystischen Gnaden pflegte er nicht zu reden. Visionen gegenüber war er sehr zurückhaltend: Darin liege nicht das Wesen der Heiligkeit. Als ein Pater ihm begeistert von den „göttlichen Eingebungen" einer gewissen Nonne erzählte, versetzte Ignatius, ein Jesuit solle nie derartiges reden und nie solch übereiltem Urteil Glauben schenken. Tatsächlich wurde die betreffende Nonne auch bald als Betrügerin entlarvt. Streng tadelte der General einen Pater, der zu den Novizen über Visionen und Privatoffenbarungen gesprochen hatte. Das Verlangen nach Visionen verurteilte er aufs strengste. Alle Gnadengaben haben nach ihm nur insofern Wert, „als sie uns zu größerer Hingabe an den Dienst Gottes befähigen". Als ein visionärer Pater seine Privatoffenbarungen einsandte, schrieb Ignatius zurück: „Dieser Geist der Wahrsagerei ... muß mit gutem Grund als verdächtig gelten. Damit scheint der Teufel alle narren zu wollen, die er für fromme Schwärmerei empfänglich findet." Ignatius zählte Beispiele aus Vergangenheit und Gegenwart auf: „Nach solchen Mustern wird man mit Recht mißtrauisch und läßt lieber seine Finger davon."

Dieses gesunde Mißtrauen gegen alle als mystisch zur Schau gestellten Phänomene teilt er mit den großen Mystikern ebenso wie die Fähigkeit, so gegensätzliche Dinge wie Aktivität und Kontemplation zu verbinden. Sein Vertrauter Nadal schrieb über den ehrfürchtig geliebten, fast scheu bewunderten Vater: „Die Gnade, in der Schau der heiligsten Dreifaltigkeit frei beten und ruhen zu können, hat unser Vater als großes Privileg in einzigartigem Ausmaß erhalten. Ebenso die Gnade, daß er in allen Dingen, Handlungen, Gesprächen die Gegenwart Gottes wahrnahm und so beschaulich in der Tätigkeit war. Er pflegte dies in das Wort zu kleiden: ‚Wir sollen in allen Dingen Gott finden.' Wir aber sahen mit tiefer Bewunderung und süßem Herzenstrost, wie diese Gnade, dieses Licht in seiner Seele wie ein Schimmer über sein Antlitz ausgegossen war und sich in der Klugheit und Sicherheit all seiner Handlungen kundgab."

Karl Rahner hat treffend die Frömmigkeit des Ignatius eine „Mystik der Weltfrömmigkeit" genannt. Sie befähigte den Heiligen, in einem tieferen Sinn als die Weltmenschen der Renaissance die Dinge dieser Welt freudig zu bejahen. Als Laynez einmal versicherte, er würde sofort die Erde mit dem Himmel vertauschen, entgegnete ihm Ignatius: „Ich zöge an deiner Stelle vor, noch länger hier unten zu bleiben und für Gottes Ehre zu wirken." Aus der gleichen Gesinnung warnte er auch vor einer Überschätzung des Gebetes. Beten sei nur *eine* Weise, Gott zu loben. Treue Arbeit sei auch Gotteslob. Wir sollen „Gott finden in allen Verrichtungen und Arbeiten". Wer alles tut „für Gottes größeren Dienst, für den ist alles Gebet". Was Ignatius von den Seinen forderte und was er selbst verwirklichte, ist die Bereitschaft, Gott so oder anders zu dienen, ohne Rücksicht auf sich selbst. So wird der Mensch ein gefügiges Werkzeug „zu Gottes größerer Ehre". „Wahre dir in allen Dingen die Freiheit des Geistes. Schiele in nichts auf Menschenrücksicht, sondern halte deinen Geist innerlich so frei, daß du auch stets das Gegenteil tun könntest." Ribadeneira sagt von Ignatius: „Wo es sich um eine Sache im Dienste Gottes handelte, wandte er alle menschlichen Mittel mit solcher Tatkraft und Umsicht an, als ob aller Erfolg einzig davon abhinge; gleichzeitig vertraute er so auf Gott und stellte alles so der göttlichen Vorsehung anheim, als ob alle menschlichen Mittel nichts verschlügen."

Zu den natürlichen Mitteln gehört vor allem eine gute Gesundheit. Es wäre nach des heiligen Ignatius Überzeugung falsch, dieses hohe Gut durch eine überspannte Askese zu verlieren. Er selbst hatte in diesem Punkt „durch Irrtum gelernt". Der reifgewordene Ignatius erklärte: „Für das Reich Gottes ist eine außerordentliche Gesundheit mit nur einer Unze Heiligkeit nützlicher als nur eine Unze Gesundheit mit einer außerordentlichen Heiligkeit." Vor allem bei den Studierenden verwarf er jedes Übermaß in Fasten und Beten: „Wenn Ihnen auch das Studium nicht Zeit zu langem Beten läßt, so können Sie viel durch das Verlangen ausgleichen: Indem Sie alles nur für den Dienst Gottes tun, machen Sie aus allem ein Gebet." An den gegen sich sehr strengen Franz von Borja schrieb er: „Was Fasten und Abstinenz betrifft, so wäre ich dafür, Sie würden sich für den Dienst unseres Herrn Ihre Körperkräfte gesund erhalten und noch stärken, anstatt sie zu schwächen." Einen seiner Jünger, der mit sichtlichem Appetit sein Mittagsmahl verzehrte, rief er vom Tische auf, nicht um ihn zu tadeln, sondern um ihn zu ermuntern, „daß er fortfahre, sich gut zu ernähren, um kräftig zu werden und Gott und seinem Orden dienen zu können." Er selbst genoß einen einfachen, aber gut bereiteten Tisch und meinte, sein geistliches Wohlbefinden stehe in geradem Verhältnis zu seinem leiblichen. Er sorgte, daß die Studenten genügend frische Luft und Bewegung hatten. Im Gegensatz zu den Gewohnheiten der Zeit und des Landes, doch in Übereinstimmung mit Heiligen wie Caterina von Siena und Filippo Neri, hielt er auf Reinlichkeit.

Er liebte frohe Gesichter um sich. „Lacht und werdet stark!" rief er seinen Brüdern zu, und einem sagte er: „Ich freue mich, daß ich dich immer lachend sehe. Solange du der Regel treu bist, kannst du nie zu fröhlich sein." Einen andern, der sehr niedergedrückt war, heiterte er auf, indem er ihm einen baskischen Volkstanz vorführte. Er selbst war ein froher Mensch, „der kleine Spanier, der ein bißchen hinkt und so fröhliche Augen hat". Der Heilige, der den Garten liebte und die Blumen, der in Sommernächten gern auf dem Balkon seines Studierzimmers saß und den Sternenhimmel betrachtete, wollte „Gott in allem finden, ihn in allem lieben und alles in ihm".

Von dieser Haltung aus gewinnen wir auch ein tieferes Verständnis für die Klugheit des Heiligen im Verkehr mit Menschen. Seine Klugheit bestand in einer wunderbaren Anpassungsfähigkeit an den jeweils vor ihm stehenden Menschen. Es handelt sich hier um mehr als bloß um ein taktisch-diplomatisches Sichanschmiegen. „Weil er Gott in allem schaut und liebt und Gott in jedem besonders, darum ist sein Auge so hell, sein Ohr geschärft und seine Hand so zart, um jeden andern in seinem Eigenen zu verstehen und zu fassen" (O. Karrer). Er will „jedes Wort und jede Gebärde angepaßt" wissen in ehrfürchtiger Liebe. Ergreifend schön sagt er von dieser „christlichen Liebe", daß sie „ständig gerichtet sei, alle Äußerungen des Mitmenschen eher richtig zu deuten als sie zu verurteilen". Auch seinen intimsten Freunden erschien Ignatius nicht anders als er hier lehrte. Er habe diese Regeln von sich abgeschaut, sagten sie. Selbst seinen Feinden gegenüber bewies Ignatius diese von der Liebe geformte Klugheit. Als der spanische Inquisitor Barbaran die Drohung ausstieß, er wolle alle spanischen Jesuiten als Ketzer auf den Scheiterhaufen bringen, ließ Ignatius ihm folgendes mitteilen: „Wenn er sagt, er wolle alle Unsrigen, die sich von Perpignan bis Sevilla fänden, verbrennen lassen, so wünsche ich ihm zur Antwort, es möchten er und alle seine Freunde und Bekannten, nicht nur zwischen Perpignan und Sevilla, sondern so viele ihrer auf der ganzen Welt sein mögen, vom Feuer des Heiligen Geistes ergriffen und verzehrt werden, damit sie alle zu Vollkommenheit gelangen und dereinst hocherhoben seien in der Herrlichkeit der göttlichen Majestät."

Die Klugheit verlangte aber auch, sich gegen Verleumdungen zur Wehr zu setzen. An Feindschaft hat es dem Stifter der Jesuiten ja nie gefehlt. In Spanien trat der glänzende Redner Melchior Cano aus dem Predigerorden gegen die Jesuiten auf, die er in heftigster Weise als Heuchler und Vorläufer des Antichrist schmähte. Ignatius, „wie es seine Art war, traf in aller Ruhe seine Gegenmaßnahmen, um gegebenenfalls für einen ernsten Kampf gewappnet zu sein" (Polanco). In einem Briefe berichtet er selbst darüber: „In Salamanca ist es . . . zu starkem Widerspruch gegen uns von seiten einiger Dominikaner gekommen, wobei mir jene mehr von gutem Eifer als von der gebührenden Sachkenntnis geleitet scheinen. Da nun nach bereits zehn Monaten noch keine Ruhe eingetreten, im Gegenteil ... die Verschärfung über alles Maß gediehen ist, sehe ich mich gezwungen, Gegenvorkehrungen zu treffen. Ich berufe mich hierfür auf das Beispiel ... vieler heiliger Lehrer ... Der heilige Thomas lehrt: ‚Wir müssen bereit sein, Schmähungen zu ertragen, wenn es dem Guten dient. Manchmal aber wird es für uns notwendig, eine gegen uns erhobene Beschimpfung zurückzuweisen ... Daher sagt der heilige Gregor: Jene, bei denen es vor allem auf das Beispiel und den guten Ruf ankommt, müssen womöglich die Auslassungen ihrer Verleumder in Schranken halten, damit sich nicht die Seelen von ihnen fernhalten, die sonst aus ihrem Zuspruch Nutzen ziehen könnten.' ... Dementsprechend gedenken wir uns um der größeren Ehre Gottes willen zu verhalten. Zunächst werden wir jenen in aller Freundlichkeit den Brief eines Kardinals zuschicken, der bei ihnen etwas gelten dürfte. Dann unterbreiten wir ihnen ein Schreiben ihres Ordensgenerals. Wenn aber keines von diesen beiden Mitteln etwas hilft, so sind wir um Gottes und des Nächsten willen verpflichtet, dem Feinde der menschlichen Natur tüchtig zu Leibe zu gehen, da er sogar gelehrten Ordensleuten den Kopf verdreht ...: Wir werden mit einem Prozeß anrücken, daß es nur so blitzt, und mit einem Breve des Papstes ... Widerwärtigkeiten sind für uns die beste Schule."

In der Verfolgung sah Ignatius ein Zeichen der Auserwählung und eine Garantie des Erfolges für den Orden. Darum hat er, wie seine engsten Mitarbeiter bezeugen, um immerwährende Verfolgung für seine Gesellschaft gebetet. Das Gebet ist gründlich erhört worden. Vor allem die beiden letzten Jahre seines Lebens mußte der General furchtbare Stürme über seine Gesellschaft niederfahren sehen. Fast schien es, seinem ganzen Werke drohe der Untergang. Um so imponierender ist die Gelassenheit, mit der Ignatius den Gefahren ins Auge sah. „Wenn schlechte Nachrichten kommen, wird Ignatius gesund", pflegten seine Mitarbeiter zu sagen. Der erste Schlag kam aus Frankreich. Jahrelang schon kämpften der Erzbischof von Paris und das Parlament gegen das geplante Jesuitenkolleg zu Paris. Da erging Ende 1554 ein Dekret der theologischen Fakultät von Paris, seiner geliebten alten Alma mater, das von Verleumdungen nur so strotzte und einer Verdammung gleichkam. Daß die Sorbonne, die angesehenste gelehrte Körperschaft Europas, in so vernichtender Weise den jungen Orden verurteilte, rief überall Erregung hervor. Auf Kanzeln wurde gegen die Jesuiten gehetzt. Plakate wurden gegen sie angeschlagen. Ja, 1555 verbot ihnen der Bischof unter Strafe der Exkommunikation jede Ausübung der Seelsorge. Diesmal tat Ignatius nichts. Er schien von dem ganzen Wirbel völlig unberührt. Die angesehensten Patres in Rom schlugen ihm vor, man müsse gegen das Dekret schreiben und die falschen Anklagen widerlegen. Ignatius aber entgegnete mit größter Ruhe, die Gesellschaft Jesu werde noch lange bestehen und die Universität Paris ebenfalls. Es sei daher nicht gut, durch eine unmittelbare Antwort den Gegensatz zu verschärfen. Er behielt recht: Die Sache gab sich, das Dekret geriet in Vergessenheit, und kurz vor seinem Tode erlebte Ignatius noch die Gründung des ersten französischen Kollegs.

Der zweite Schlag fiel 1555 in Rom. Diesmal verlor sogar der gelassene Ignatius für einen Augenblick die Fassung. Kardinal Carafa bestieg als Paul IV. den Stuhl Petri. Er war Mitbegründer und Oberer des für die Erneuerung der Kirche bedeutsamen Theatinerordens, ein Eiferer für die Reform, strebte also dem gleichen Ziele zu wie Ignatius. Trotzdem verfärbte sich des Heiligen Gesicht, als er die Nachricht von Carafas Wahl erhielt. Später bekannte er einigen Vertrauten, alle Knochen im Leibe hätten ihm damals gezittert. Ignatius stand seit zwanzig Jahren auf sehr gespanntem Fuße mit Carafa. 1536 hatte er, eben frisch von der Universität gekommen, die Stirn gehabt, dem bejahrten Kirchenfürsten Verbesserungsvorschläge für dessen Theatiner zu unterbreiten. Der cholerische Kardinal hatte die sachliche Kritik übel aufgenommen und war seitdem nicht gut auf Ignatius zu sprechen. Trotz der Gemeinsamkeit des Zieles waren die beiden charakterlich grundverschiedenen Männer noch mehrmals heftig zusammengestoßen. Kein Wunder, daß der neue Papst die Jesuiten mit Mißtrauen behandelte. „Als bei der stets wachsenden Spannung zwischen Spanien und Rom sich das Gerücht verbreitete, die Jesuiten, die fast alle Spanier waren, häuften Waffen auf, um gegebenenfalls ihren Landsleuten zu Hilfe zu kommen, ließ Paul IV. eine Haussuchung bei ihnen abhalten ... Der Gouverneur von Rom hatte von der Untersuchung absehen wollen, wenn Ignatius ihm sein Wort gebe, daß keine Waffen im Haus seien. Ignatius dankte höflich für dies Vertrauen, bestand aber darauf, daß man in aller Form das Haus von oben bis unten durchsuche. Dadurch wurde der Verdacht dann gründlich beseitigt" (L. v. Pastor). Schlimmer noch als dieser Zwischenfall war die Tatsache, daß der Papst für das Deutsche Kolleg gar kein Verständnis zeigte und die von seinem Vorgänger gezahlte jährliche Unterstützung einstellte, ausgerechnet auch noch zu einem Zeitpunkt, als Rom von einer Teuerung heimgesucht wurde. Dadurch geriet das Germanicum an den Rand des Abgrundes. Obwohl Ignatius kein Geld besaß und auch nichts borgen konnte, blickte er in unerschütterlichem Gottvertrauen in die Zukunft. Als selbst die eifrigsten Förderer des Germanicums entmutigt das Unternehmen aufgeben wollten, erklärte der Unentwegte, dann nehme er das Haus allein auf seine Schultern; eher lasse er sich als Sklaven verkaufen, als daß er seine Deutschen aufgebe.

Diese Kämpfe der letzten Jahre bestand der Heilige mit bereits sehr geschwächtem Körper. Er ging auf die Siebzig zu, und die Krankheiten, vor allem das unsäglich qualvolle Gallensteinleiden, wurden immer schlimmer. Schon 1550 hatte er sich dem Ende nahe geglaubt. 1551 wollte er sein Generalsamt niederlegen, da er meinte, er könne es nicht mehr schaffen. Fast das ganze Jahr 1554 lag er zu Bett. Seine letzten Kräfte waren erschöpft. Ignatius spürte den Tod kommen. Aber war das ein Grund, die Pflichten des Alltags fahrenzulassen? In dem Maße, in dem sein Werk sich ausgedehnt hatte, war auch seine Arbeit ins Unermeßliche gewachsen. Vor sechzehn Jahren hatte er in Rom begonnen. Zehn unbekannte Ausländer, vom Volk wegen ihres schlechten Italienisch verlacht, von Neidern verketzert – das waren die Anfänge der Gesellschaft. Jetzt war der Orden über alle Weltteile verbreitet, zählte 110 Kollegien und Häuser mit 1500 Mitgliedern. Als Theologen hatten die Jesuiten auf dem Konzil zu Trient geglänzt, als Prediger an den europäischen Höfen und Universitäten Aufsehen erregt, als Missionare in Asien, Afrika und Amerika gewirkt, als Jugenderzieher eine neue Generation bewußter Katholiken herangebildet, als Schriftsteller den Glauben verteidigt. Das alles hatte sich entwickelt trotz Widerspruch, Verleumdung und Verfolgung. Und es entwickelte sich weiter unter den immer wachsamen Augen des Generals.

Der Ruhmesglanz des großartigen Werkes hatte den Gründer selbst ganz in den Schatten gestellt. „Wie kein anderer hat er es verstanden, hinter seine Schöpfung zurückzutreten" (R. Fülöp-Miller). So ist er auch schließlich gegangen: still, inmitten der drängenden Geschäfte unbemerkt. Am 30. Juli 1556 war man im Profeßhaus in Rom mit Arbeit überlastet. Am folgenden Morgen ging nämlich das Schiff nach Spanien ab. Bis dahin mußte die Post für die Ordensniederlassungen in Spanien, Portugal, Brasilien, Indien und Japan abgefertigt sein. Ignatius kränkelte wieder seit einigen Tagen. Niemand hielt den Zustand des Fünfundsechzigjährigen für bedenklich. Ein unbedeutendes Unwohlsein – von so geringfügigen Wehwehchen pflegte man im Haus kein Aufhebens zu machen. Ignatius hatte denn auch noch gearbeitet, über einem langen Brief gesessen, Akten studiert und Verhandlungen geführt. Am Abend rief er Polanco, und als er sich mit ihm allein sah, bat er ihn, zum Papst zu eilen und für ihn und einen andern schwerkranken Pater den Sterbesegen zu holen. Der Sekretär meinte überrascht, so krank sei er doch nicht; die Ärzte hätten von seiner baldigen Gesundung gesprochen; ob er nicht den Auftrag bis zum andern Morgen verschieben dürfe, da er in dieser Nacht noch die überseeische Post zu erledigen habe. „Schön", sagte Ignatius gleichmütig, „wie Sie wollen. Ich überlasse mich ganz Ihnen." Um Mitternacht hörte ihn der Bruder in der Kammer nebenan noch beten. Am nächsten Morgen fand man ihn in den letzten Zügen. Einsam hatte er den Todeskampf durchgekämpft. Bestürzt eilte der Krankenwärter zum Beichtvater, Polanco zum Papst. Doch als beide zurückkamen, war Ignatius schon tot.

Er hatte sich bescheiden hinweggestohlen und auf Sakramente, Trauerversammlung um sein Sterbebett und jede Stifterpose verzichtet, obwohl die Vorahnung seines Endes ihm dazu Gelegenheit gegeben hätte. „Er ist dahingegangen", schrieb Polanco, „ohne uns zu segnen, ohne einen Nachfolger zu bezeichnen, ohne die Satzungen bestätigen zu lassen, ohne irgendeine jener feierlichen Gesten, mit denen sonst die Diener Gottes heimgehen: in einen Tod, wie jedermann ihn stirbt." Und sein Vertrauter Nadal notierte beim Empfang der Trauerbotschaft in sein Tagebuch: „In der Art, wie der Vater Ignatius starb, gab sich eine wundersame Demut kund. Es war, als hätten ihn, der sich selbst stets völlig vergaß, nun auch alle andern völlig vergessen." In dieser Selbstvergessenheit, in der Ignatius ganz hinter der Sache, hinter dem Werke zur größern Ehre Gottes verschwand, bewies er die höchste Form der Liebe. Das ist die Größe seines Lebens: daß er sich wandelte von der Selbstsucht seiner Jugend zu jener vollkommenen Selbstlosigkeit, in der er starb. Er machte sein Wort wahr: „Wenn einmal unser Herz sich gewandelt hat, was Wunder, daß dann durch uns auch die Welt gewandelt wird."

THOMAS MORE

(1478–1535)

Alle, die Leben und Werk des Thomas More studierten, gleich welcher Nation, Partei oder Konfession, bekannten staunend den überzeitlichen Rang dieses europäischen Staatsmannes. Vor mehr als einem Menschenalter erklärte Chesterton: „Thomas More ist heutzutage wichtiger als zu irgendeiner Zeit seit seinem Tode, vielleicht sogar wichtiger als in der großen Stunde seines Sterbens. Es kann dahin kommen, daß man ihn den größten Engländer überhaupt nennt." Tatsächlich ist seit diesem Ausspruch die Bedeutung Mores für unsere Zeit von Jahr zu Jahr gestiegen. Uns fasziniert nicht nur der Reiz seiner Persönlichkeit, „obschon es wenige historische Gestalten geben dürfte, die durch Adel des Geistes und Herzens, durch ihre schöne Menschlichkeit so anziehend sind wie gerade diese" (G. Smolka). Viel mehr packt uns die Aktualität seines Schicksals. Sind es ja unsere Fragen, die gestellt werden, unsere Werte, um die gekämpft wird. „More wurde getötet, doch seine Grundsätze müssen am Ende triumphieren. Wenn nicht, so ist die Kultur Europas zum Untergang verurteilt" (R. W. Chambers).

Thomas More war der Sohn eines angesehenen Londoner Juristen. Dem Brauch der Zeit gemäß wurde der Knabe als Page einem großen Herrn übergeben, damit er sich die Manieren eines Gentleman aneigne. Im Hause des Erzbischofs von Canterbury, des Lordkanzlers und Kardinals Morton, fiel der Zwölfjährige durch Witz und Schlagfertigkeit auf. Als er auf der Privatbühne zwischen Schauspielern auftrat und improvisierte Rollen gab, waren alle Zuschauer höchst belustigt, und der Kardinal bemerkte zu seinen Gästen: „Dieses Kind wird einmal ein wunderbarer Mann."

Mit dem neunzehnjährigen Studenten der Rechtswissenschaft schloß Erasmus von Rotterdam, der größte europäische Gelehrte der Zeit, lebenslange Freundschaft. Mores Geist war so durchdringend und von so erstaunlich schneller Fassungskraft, daß er neben der Arbeit in seinem Fach griechische Studien trieb, Kirchenväter las und Vorträge über Augustins Gottesstaat hielt. Die besten Gelehrten Englands, doppelt so alt wie er, saßen voll neidloser Bewunderung ihm zu Füßen. Allgemein sah man in ihm einen neuen Stern am Himmel irdischen Ruhms. Colet nannte ihn „*das* Genie Englands", so viele hervorragende Geister die Insel auch sonst besitze.

Kaum einer wußte, daß derselbe junge Mann viel bei den Londoner Kartäusern verkehrte, betete, fastete, nur vier Stunden schlief, ein härenes Bußhemd trug und daran dachte, Mönch zu werden. Zwanzig Jahre später schrieb Erasmus, More sei beinah Priester geworden, habe aber sein Verlangen nach dem Ehestand nicht unterdrücken können. More war ein Mann starker Leidenschaften. Erasmus spricht von frühen Liebesgeschichten in Ausdrücken, die nichts anderes bedeuten, als daß Mores Jugend nicht völlig makellos war. More hat dem nie widersprochen, obwohl es die letzten fünfzehn Jahre seines Lebens hindurch in einer Auflage nach der andern in ganz Europa veröffentlicht wurde.

Er wurde ein tüchtiger Rechtsanwalt. Mit sechsundzwanzig Jahren saß er als Abgeordneter im Parlament. Dort brachte er es fertig, einen Antrag König Heinrichs VII. auf Bewilligung einer großen Summe zum Scheitern zu bringen. Es sei ungerecht, die Leute mit neuen Steuern zu belasten. Die Rede trug ihm Beliebtheit beim Volk, doch die Ungnade des Königs ein. More hielt es für angezeigt, sich für die nächsten Jahre bis zum Tode Heinrichs VII. aus der Öffentlichkeit zurückzuziehen. Er widmete sich humanistischen Studien und der Schriftstellerei, übersetzte das Leben des Pico della Mirandola, des Freundes Savonarolas, und dachte daran, eine Familie zu gründen.

Roper erzählt uns, wie sein Schwiegervater Thomas More auf Freiersfüßen ging: „Er begab sich häufig zum Landsitz eines Master Colt. Dieser Herr aus Essex hatte ihn oft dorthin eingeladen, da er drei Töchter hatte. . . . Eigentlich mochte More am liebsten die zweite Tochter, die er für die schönste und begabteste hielt. Doch als er bedachte, daß es die Ältere kränken müsse, die jüngere Schwester ihr vorgezogen zu sehen, wandte er aus Mitleid seine Aufmerksamkeit dieser zu und heiratete sie." Nach vier Jahren hatten sie vier Kinder. Nach fünf Jahren mußte More sie begraben.

Innerhalb eines Monats nach dem Hingang seiner ersten Frau heiratete er zum zweitenmal, und zwar die schon nicht mehr junge Kaufmannswitwe Alice Middleton, die sieben Jahre älter war als er. Er brauchte für seine kleinen Kinder eine Mutter. Alice schenkte ihm keine Kinder, brachte aber eine Tochter aus ihrer ersten Ehe mit. More pflegte von Dame Alice zu sagen, sie sei „neither a pearl nor a girl". Einen Brief an Erasmus beschloß er mit den Worten: „Dame Alice läßt Dich grüßen und dankt dafür, daß Du ihr ein langes Leben wünschest. Sie selbst wünscht sich das auch, damit sie ihren Mann um so länger piesacken kann." Erasmus schrieb gegen Ende eines seiner Besuche: „Ich hab England satt, und Mores Frau hat mich satt." Kein Wunder: die witzige lateinische Konversation dieses Gastes mit ihrem Gatten muß sie sehr gelangweilt haben. Denn sie konnte kein Latein. Mores Versuche, ihr etwas wissenschaftliche Bildung beizubringen, scheiterten auf der ganzen Linie. Nur das Spiel auf dem Virginal lernte sie von ihm. Von ihren Gardinenpredigten wurden uns einige überliefert. More gleicht Sokrates, mit dem er so oft verglichen wurde, auch darin, daß er eine Xanthippe hatte. Immerhin war sie eine wachsame, tüchtige Hausfrau und Wirtschafterin, die dem großen Anwesen energisch vorzustehen wußte. Zu ihrem Haushalt gehörten außer ihren fünf Kindern ein Neffe, eine Adoptivtochter, ihr Schwiegersohn, ihr Schwiegervater und eine zahlreiche Dienerschaft, dazu dauernd wechselnder Logierbesuch. Obwohl sie alt, stumpf und materialistisch war, liebte More sie herzlich. Sie führte eine deftige Sprache, und More zahlte ihr mit gleicher Münze heim. In aller Fröhlichkeit konnten sie sich gegenseitig aufziehen, wobei er ihre Putzsucht, sie seine Gelehrsamkeit verspottete.

Mores Frau, seine Kinder und Schwiegersöhne waren sehr eigenwillige Persönlichkeiten, und doch gab es nie Streit und Unfrieden in Chelsea. Übereinstimmend schildern die Zeitgenossen den Hausherrn als hilfsbereiten, uneigennützigen, freundlichen, umgänglichen und milden Menschen. Sein Schwiegersohn Roper bekennt, er habe in den mehr als sechzehn Jahren, die er in Mores Haus wohnte, ihn nicht ein einziges Mal erregt gesehen. Dabei war Roper während dieser Jahre eine Zeitlang Lutheraner. More blieb gegen ihn wie auch sonst gegen Andersgläubige tolerant und geduldig. Sein Heim stand den Armen ebenso offen wie erlauchten Gästen. Hier wohnte für drei Jahre Holbein, dem More die Wege in England ebnete und dem wir gute Bildnisse des Heiligen und seiner Familie verdanken. Hier weilte zwei Jahre lang der große Erasmus. Man fand den Hausherrn in lustigem Gespräch, das jeden erheiterte, mit den Frauen scherzend, was er besonders gern tat. Oder er fütterte gerade seine Tiere, von denen er eine ganze Sammlung hatte: Vögel, Affen, Füchse, Biber, Wiesel. Oder er überprüfte die Lektionen seiner Töchter, denen er, was damals unerhört war, dieselbe wissenschaftliche Erziehung gab wie seinem Sohn. (Mit welchem Vaterstolz erfüllte es ihn, wenn er die literarischen Leistungen seiner Ältesten loben hörte!) Bald gab es eine Hausmusik, bald eine Hausandacht. Im Umgang zeigte er sich ganz ungezwungen. An Ulrich von Hutten schrieb Erasmus über seinen Gastgeber: „Es ist kaum zu glauben, wie gering er die konventionellen Formen achtet, nach denen man sonst allgemein den Bildungsgrad schätzt. Er verlangt sie von niemand und ist darin weder bei privaten noch bei öffentlichen Anlässen ängstlich, wenngleich er sich ihrer durchaus zu bedienen weiß, wenn es ihm darauf ankommt... Niemand wird weniger vom Urteil der Allgemeinheit bestimmt, wiederum ist niemand weniger vom allgemeinen Urteil entfernt... Der Ausdruck seines Gesichts entspricht seinem Wesen. Seine Züge zeigen beständig eine liebenswürdige Heiterkeit und verraten eine gewisse natürliche Bereitschaft zum Lachen. Um es ganz offen zu sagen: Er ist mehr geneigt zur Heiterkeit als zu Ernst und Würde, wenngleich weit entfernt von Albernheit... Schon als Knaben erfreute ihn das Scherzen dermaßen, daß man geradezu meinen konnte, er sei dafür geboren. Doch hat er sich darin nie gehen lassen bis zur Lächerlichkeit. Auch schätzte er nie das Bissige. Als Jüngling hat er kleine Komödien geschrieben und mitaufgeführt. Einen Witz weiß er, auch wenn er auf ihn selbst zielt, immer sehr zu schätzen, da er die größte Freude an treffender und geistvoller Schlagfertigkeit hat. Daher auch bei dem Jünglinge schon die Lust am witzig-zugespitzten Epigramm und die besondere Vorliebe für Lukian, wie er ja auch mich angeregt hat, das *Lob der Torheit* zu schreiben... Sucht man ein vollkommenes Beispiel wahrer Freundschaft, so kann man es nirgends besser finden als bei More. Er ist im Umgang und Benehmen von so ungewöhnlicher Liebenswürdigkeit, daß keiner in so gedrückter Stimmung sein kann, daß er ihn nicht aufzuheitern vermöge. Nichts ist so unerfreulich, daß er ihm nicht seine Schärfe zu nehmen weiß. Keinen ließ er je traurig weggehen."

Was Erasmus an Mores Charakter besonders hervorhebt, ist seine Heiterkeit. Auch andere Freunde bezeichnen es als Mores hervorstechendste Eigenschaft, daß er gern zu Schabernak aufgelegt war. Seine unverkennbare Neigung zu Humor, Satire, Ironie bedeutet aber nicht, daß er die Welt verharmloste. Im Gegenteil bezeugt gerade sie seinen unbestechlichen Blick, der hinter allem Scheine das wahre Wesen sah und durch die Oberfläche der Dinge auf ihren Grund drang. Dieser Politiker wußte kühl die Tatsachen zu werten. Ihn täuschte kein äußerer Glanz. Seine Heiterkeit war nüchtern, sobria hilaritas, wie Erasmus sie nannte. Sie verband sich mit tiefem Ernst, so daß More nichts leichter, aber auch nichts schwerer nahm, als es wirklich war.

Früh schon gewahrte er die Übel in Staat und Kirche. 1504 schrieb er an Colet: „Manche Prediger kommen auf die Kanzel von Sankt Paul, die einer allgemeinen Besserung das Wort reden. Aber das Leben dieser blendenden Rhetoren steht in einem schreienden Gegensatz zu dem, was sie verkünden." Man begreift, mit welcher Freude More den griechischen Satiriker Lukian übersetzte, der den Widerspruch zwischen Leben und Lehre der Philosophen mit Witz kritisierte. Er selbst schrieb lateinische Epigramme gegen die königliche Tyrannei. Seine glänzendste literarische Attacke gegen die Tudor-Despotie führte er in *Utopia*, das More mit einem Schlage zum weltberühmten Autor machte.

Wenige Bücher wurden so mißverstanden. Spaß nahm man für Ernst, gewichtige Überzeugung für witzig-leichtes Spiel. Der Verfasser hatte, wie bezeugt ist, im Umgang die Gewohnheit, Ernstes mit Lachen, Lächerliches mit Ernst zu sagen. Das mag auch hier eine Ursache der Mißverständnisse sein. Dem Werke Mores verdanken wir das Wort „utopisch", mit dem wir heute etwas Traumhaftes, Phantastisches bezeichnen, etwas, das zu schön ist, um verwirklicht werden zu können. Der Staat der Utopier ist aber gar nicht „utopisch": Er ist weder ein bequemes Paradies noch ein unmöglich zu verwirklichendes Wunschbild, sondern ein streng geordnetes Gemeinwesen, dessen Grundsätze teils schon verwirklicht, teils als konkretes Ziel praktischer Politik angesehen wurden. *Utopia* war im achtzehnten Jahrhundert das Handbuch der Deisten und aufklärerischen Staatsphilosophen, im neunzehnten Jahrhundert der Radikalen und der Liberalen, im zwanzigsten Jahrhundert der Sozialisten und der Imperialisten. Ist Thomas Morus wirklich der geistige Vater aller dieser verschiedenen Richtungen? Enthält *Utopia* wirklich das Programm des liberalistischen oder kommunistischen Fortschritts, der den christlichen Glauben als überwunden hinter sich läßt? Tatsächlich sind die Utopier keine Christen. Utopia sei aber, so behauptet man, Mores Ideal. Also halte der Verfasser von der christlichen Religion nichts. Die Tatsache, daß der heilige Thomas Morus zahlreiche Bücher verfaßte, die den katholischen Glauben verteidigen, bereitet seinen sozialistischen und liberalistischen Jüngern keine Schwierigkeiten: Jene christlichen Schriften habe More in den letzten Jahren seines Lebens geschrieben, als er seinen alten Idealen untreu, bigott, fanatisch und reaktionär geworden sei. Das ist falsch. Auch von dem jungen More haben wir religiöse Schriften; ein Bruch wird weder in seinem Leben noch in seinem literarischen Werk sichtbar. More war immer und ohne Einschränkung ein überzeugtes Glied jener Kirche, für deren Glauben er starb. Auch *Utopia* fügt sich dem einheitlichen Bild seiner geistigen Persönlichkeit zwanglos ein.

Der Staat Utopia gründet sich, wie More betont, auf die natürliche Vernunft allein und bleibt unbelehrt vom Licht der göttlichen Offenbarung. Er kennt nicht die drei christlichen Tugenden, Glaube, Hoffnung und Liebe, sondern nur, wie Platons idealer Staat, die vier Tugenden Klugheit, Gerechtigkeit, Tapferkeit und Maß. Das ist keineswegs Mores höchstes Ideal. Aber More will zeigen, welchen Grad der Vollkommenheit schon ein heidnischer Staat erreichen kann, und im Kontrast zu diesem vorzüglichen heidnischen Staat die Verkommenheit der modernen „christlichen" Staaten mit ihren wahnsinnigen Kriegen, ihrer ungerechten Verteilung der Güter und all ihren himmelschreienden Verbrechen besonders deutlich machen.

Mit *Utopia* protestierte er gegen den heraufkommenden Individualismus, gegen die Selbstherrlichkeit der Reichen, gegen die räuberische Wirtschaftspolitik und den Machiavellismus der Fürsten, gegen die Despotie des totalen Staates. Fast alles, was Heinrich VIII. später tat, ist schon im voraus in *Utopia* verurteilt: Heinrich beutete das Volk aus und machte es arm, zerstörte die englische Kultur, brachte ganze Künste zum Erliegen, verwüstete über 500 Klöster mit ihren herrlichen Bauten, Bibliotheken und Kunstschätzen, unterdrückte die Religionsfreiheit, führte sinnlose Kriege, verachtete die Rechte seiner Untertanen, trat die Rechte anderer Völker mit Füßen, machte die Einheit Europas zuschanden und zerriß die Einheit der Kirche. Er zerstörte alles das, was More besonders teuer war. Wenn More dies voraussah, warum trat er dann bald nach der Abfassung seines Buches trotzdem in Heinrichs Dienst?

More wurde in den Dienst des Königs gezogen, ohne es ursprünglich zu wollen. Er hatte nicht nach solchen Ehren gestrebt, sie wurden ihm aufgenötigt. Wiederholt wurde er mit diplomatischen Aufträgen ins Ausland gesandt. Er entledigte sich dieser Aufträge mit größtem Geschick, doch ohne Freude. Aus Calais schrieb er an Erasmus: „Du bist ein Weiser, weil Du Dich nicht in die aufreibenden Lappalien der Fürsten verwikkeln läßt. Es beweist Deine Liebe zu mir, daß Du mich ihrer ledig wünschst. Du wirst kaum glauben, wie wenig Lust ich habe. Nichts könnte mir verhaßter sein als diese Mission." Der Humanist hatte ganz andere Interessen und zur Politik keine Neigung. Als Erasmus einem Bekannten brieflich mitteilt, More sei „ins Hofleben gezogen worden", bemerkt er bedauernd dazu: „Wir werden keine weiteren Neuigkeiten mehr von Utopia hören, die uns zum Lachen bringen, und ich weiß, daß More lieber lachen möchte als in Amt und Würden gehen." More selbst gesteht in einem Brief, das Hofleben sei ihm eine Last: „Jeder weiß, daß ich nicht zum Hofe kommen mochte, und der König zieht mich deshalb oftmals auf. Ich sitze so unbequem wie ein linkischer Reiter im Sattel." Karrieremachen lag More nicht. Seine Frau, so erzählt ein Zeitgenosse, schimpfte ihn deshalb aus: „Was hast du vor, daß du keine Lust hast, dich nach vorn zu schieben wie andere Leute doch auch? Willst du immer noch am Feuer sitzen und mit einem Stock Gänschen in der Asche machen wie die Kinder?" – „Ich bitte dich, was würdest *du* tun?" – „Du lieber Himmel! Geh vorwärts mit den Ersten! Denn meine Mutter – Gott hab sie selig – sagte immer, es ist besser zu herrschen als beherrscht zu werden. Und deshalb, bei Gott, würde *ich* nicht, ich garantiere dir, so dumm sein, mich beherrschen zu lassen, wo ich herrschen könnte." – „Wahrhaftig, Frau", sagte ihr Gatte, „das kann man wohl sagen, darin hast du wohl recht: denn ich habe dich noch nie gewillt gefunden, dich beherrschen zu lassen."

More sah die Sache anders an als seine ehrgeizige Frau. Für ihn bedeutete ein hohes Amt nicht größere Freiheit, sondern größere Unfreiheit. In der Rahmenerzählung von *Utopia* schlägt Giles dem hochgebildeten Globetrotter Hythloday vor, seine Fähigkeiten in den Dienst eines Königs zu stellen. Er selbst und seine Familie könnten dadurch glänzende Vorteile gewinnen. Hythloday erklärt, er wolle nicht Sklave eines Königs werden. Giles entgegnet, das habe er auch nicht gemeint: Er solle nicht eines Königs Sklave, sondern Minister werden. Hythloday antwortete, die Fürsten machten zwischen beidem keinen Unterschied. Der Parteienklüngel am Hofe, die Atmosphäre von Neid, Selbstsucht und Kriecherei schrecke ihn ab, politisch tätig zu werden. Seine Unabhängigkeit als Privatmann sei ihm lieber als die teuer erkaufte Ehre eines Staatsmannes. More widerspricht und beruft sich auf Platon, der gesagt hat, die Staaten könnten nur glücklich werden, wenn die Philosophen Könige oder die Könige Philosophen würden. Da dies nicht der Fall sei, müßten wenigstens Philosophen die Könige beraten. Hythloday zeigt demgegenüber an Beispielen, wie wenig zugänglich die Könige solch philosophischem Rat sind. More gibt zu, daß man für vernünftigen Rat wenig Dank erwarten könne und der Rat auch nicht beachtet würde. In einer prophetischen Stelle zählt Hythloday einige Methoden auf, mit denen Heinrich VIII. während der nächsten dreißig Jahre seine Untertanen ausbeutete, um sich selbst zu bereichern. „Was glaubst du wohl, was für Hörer meine Warnungen vor solcher Politik finden würden?" – „Zweifellos taube Hörer", antwortete More. „Doch aus diesem Grunde darfst du das Gemeinwohl nicht im Stich lassen. Du darfst das Schiff im Sturm nicht verlassen, weil du es nicht beherrschen und die Winde unterdrücken kannst ... Vielmehr mußt du darauf bedacht sein, das, was du nicht zum Guten wenden kannst, so zu ordnen, daß es nicht sehr schlecht wird. Denn es ist unmöglich, daß alles gut wird auf der Welt, es sei denn, alle Menschen wären gut, und das ist in absehbarer Zeit nicht zu erwarten."

More sah nüchtern die Grenzen des in der Politik Möglichen, zugleich aber auch die Pflicht, innerhalb dieser Grenzen tätig zu sein. Er hatte keine Illusionen. Er wußte um die Gefahr. Seine Neigungen zielten in eine ganz andere Richtung. Trotzdem opferte er Freiheit und Sicherheit, Wissenschaft und Kunst und trat als Geheimrat und Sekretär in Heinrichs Dienst. Nicht Gewinnsucht oder Ehrgeiz trieb ihn dazu, sondern Pflichtbewußtsein und Hoffnung gegen alle Hoffnung. Das ist die christliche Haltung zur Politik.

More wurde Diener des Königs, weil er ein Diener des Volkes sein wollte. Wie beim König, so war er auch beim Volk sehr geschätzt. Schon als Unter-Sheriff und Anwalt hatte er sich beliebt gemacht. Auch als königlicher Rat blieb er bei den Londonern in Ansehen. Allein durch die Macht seiner Persönlichkeit brachte er eine Volkserhebung zum Stillstand und erreichte vom König Verzeihung für die Aufständischen. Wie schnell er arbeitete, beweist folgendes Ereignis: Als er das Lordkanzleramt übernahm, waren noch zahlreiche Fälle unerledigt, die schon seit zwanzig Jahren schwebten. Als er eines Tages einen Fall erledigt hatte und rief: „Der nächste, bitte!", meldete man ihm, daß kein Fall mehr anstehe. So etwas hat es in der Geschichte dieses Amtes und wahrscheinlich in der Geschichte der Bürokratie überhaupt weder vorher noch nachher gegeben. Noch nach hundert Jahren sang man's auf den Straßen Londons.

Nach übereinstimmendem Urteil waltete More als höchster Richter des Landes unbestechlich und gerecht. Er urteilte ohne Ansehen der Person und entschied einmal sogar gegen seine eigene Frau zugunsten eines armen Weibes. Als ein gerechter Richter lebte er in der Erinnerung des Volkes fort. Das elisabethanische Drama *Sir Thomas More*, das zum Teil von Shakespeare verfaßt wurde, spiegelt die öffentliche Meinung Londons etwa sechzig Jahre nach Mores Tod wider. Obwohl London zu diesem Zeitpunkt eine entschieden protestantische Stadt geworden ist, obwohl zwei Generationen hindurch die offizielle Propaganda das Andenken Mores geschmäht hat, verehren die Londoner in More immer noch das Ideal eines Staatsmanns: furchtlos, aufrecht, schlagfertig, scharfsinnig, leutselig, humorvoll, gerecht. Das Stück läßt eine Frau aus dem Volke dem Helden auf seinem Gang zum Schafott nachrufen: „Farewell, the best friend that the poor e'er had" (Lebwohl! Der beste Freund, den je die Armen hatten).

„Zwölf Jahre lang diente More dem König, eh seine Laufbahn dadurch gekrönt wurde, daß er Wolsey im Kanzleramte folgte. Allem Anschein nach war sein Leben während dieser Jahre eins von ständig wachsender Auszeichnung und Macht. In Wirklichkeit aber sahen diese Jahre die Hoffnungen, die More für sein Land und für die Christenheit gehegt hatte, eine nach der anderen vernichtet. Und mit jedem fallenden Hieb können wir Mores eigene Vernichtung ein Stück nähergerückt sehen. Das Kanzleramt, das der Welt als Gipfel einer erfolgreichen Karriere hatte erscheinen können, war in Wirklichkeit der letzte von vielen aufeinanderfolgenden Schicksalsschlägen" (R. W. Chambers). More sah die Dinge kommen. Das Rad der Fortuna war ihm schon in seiner Jugend ein vertrautes Bild: All die Zeit, welche die an das Rad gebundenen Männer zur Höhe steigen, nähern sie sich dem Augenblick, in dem die Umdrehung des Rades sie in die Tiefe stürzen muß. Der junge More schrieb die Verse:

> Das Haupt, das jüngst noch lag bequem und sanft,
> liegt später statt auf Kissen auf dem Block.

1521: Der Herzog von Buckingham wird verhaftet. Sein einziges Verbrechen ist, königliches Blut in den Adern zu haben. Heinrich fürchtet um die Nachfolge und läßt seinen Verwandten hinrichten. Damit beginnt die Reihe der Justizmorde, die sich bis zum Tode Heinrichs fortsetzen wird.

Der König schreibt eine theologische Streitschrift gegen Luther. (Dafür empfängt er später vom Papst den Titel „Verteidiger des Glaubens".) In diesem Buch betont er die Autorität des Papstes in stärksten Ausdrücken. More warnt: „Der Papst ist ein Fürst wie Ihr und hat Bündnisse mit anderen Fürsten. Es kann vielleicht später einmal geschehen, daß Euer Gnaden und er verschiedener Meinung über einen Bündnispunkt werden und daß ein Bruch mit ihm und ein Krieg zwischen Euch und ihm entsteht. Deshalb halte ich es für besser, diese Stelle zu ändern und etwas vorsichtiger von seiner Autorität zu handeln." Heinrich entgegnet: „Nein, das soll nicht geschehen! Wir sind so sehr dem Heiligen Stuhl verbunden, daß wir ihn nicht zu viel ehren können ... Wir wollen seine Autorität bis zum Äußersten unterstützen." – Das Papsttum ist seit langem in die europäischen Kriege verstrickt und kämpfte bald gegen Venedig, bald gegen Frankreich, bald gegen den Kaiser. Heinrich schlug sich zu Beginn seiner Regierung als ein junger, nach Kriegsruhm dürstender Fürst auf des Papstes Seite und stürzte sich in die kontinentalen Händel. Den von seinem sparsamen Vater angehäuften Reichtum verschleuderte er in sinnlosen Feldzügen zugunsten des Papstes. More mißbilligt nicht nur diese irrsinnige Politik, sondern noch mehr Heinrichs Versuch, seine falsche Politik mit theologischen Beweisen zu stützen; es könnten nämlich eines Tages die theologischen Beweise mit dieser Politik zusammenbrechen. Tatsächlich wird Heinrich, nachdem er zwanzig Jahre die weltliche Herrschaft des Papstes unterstützte, dessen geistliche Oberhoheit bekämpfen, während More, der Heinrich riet, sich nicht zu sehr an den italienischen Herrscher zu binden, für den geistlichen Primat des Papstes sein Leben hingeben wird. Es wirkt fast komisch, wenn Heinrich sich später von seinem Gegner seine eigenen Argumente entgegenhalten lassen muß: „Ich selbst war eine Zeitlang nicht der Meinung, der Primat des Heiligen Stuhles sei eine göttliche Einrichtung, bis ich über diese Angelegenheit jene Dinge las, die Eure königliche Hoheit in ihrem berühmten Buch gegen die Irrlehren Martin Luthers geschrieben hat."

More erhält den hohen Posten des Unterschatzkanzlers und den Adelstitel. Auf der Höhe des Glücks schreibt er sein grimmigstes Buch: *Die vier letzten Dinge.* Darin sagt er: „Als einige der alten, berühmten Philosophen gefragt wurden, was Philosophie sei, antworteten sie, es sei die Betrachtung und Vorübung des Todes ... Nun, wenn das die ganze Bemühung der Philosophie ist, können wir innerhalb kurzer Zeit vorzüglich belesen in der Philosophie sein ... Denn, wenn man's recht besieht, ist die Welt ein Kerker, und ich selbst bin ein Gefangener, der zum Tod verurteilt ist, dem ich nicht entrinnen kann ... Kein Vernünftiger wird sich deshalb etwas einbilden und sich höher schätzen, weil er eine Würde oder eine Macht hat in dieser Welt: Ist er ja nicht besser dran als ein Gefangener, den der Kerkermeister zum Aufseher über seine Mitgefangenen gemacht hat, bis der Richtkarren auch für ihn kommt."

1523: More wird zum Speaker der Commons gewählt. Seine Aufgabe besteht darin, Sprachrohr des Parlaments dem König gegenüber zu sein. In seiner Antrittsrede erklärt er, daß die Debatte nicht zum Ziele führen könne, wenn nicht die Mitglieder frei sind, ihre Meinung zu sagen, selbst wenn sie unbeabsichtigterweise dem König mißfallen sollte. Es ist die erste überlieferte Verteidigungsrede für die Redefreiheit im

Parlament. Der Zweck dieses Parlaments ist, neue Steuern zu beschließen, um Geld für den Krieg in Frankreich zu beschaffen. Das Parlament ist gegen diese Zumutung des Königs, und More hat die delikate Aufgabe, dem eigensinnigen Herrscher das beizubringen.

1525: Der König, immer noch begierig, Frankreich zu erobern, erscheint als unerwarteter Gast zum Mittagessen in Chelsea und spaziert nach dem Mahl eine Stunde lang im Garten umher, den Arm vertraulich um die Schulter Mores, zum größten Entzücken Ropers: „Sobald Seine Hoheit fort waren, sagte ich voll Freude zu Sir Thomas More, wie glücklich er sei, mit dem der König so vertraulich plauderte." More entgegnete: „Ich finde Seine Hoheit wirklich einen sehr guten Herrn, und ich glaube, er begünstigt mich wie keinen anderen Untertan im Reich. Trotzdem, Sohn Roper, kann ich dir sagen: Ich habe keine Ursache, darauf stolz zu sein. Denn wenn mein Kopf ihm eine Burg in Frankreich gewinnen könnte, würde er ihn sicher abschlagen."

1527: Zum erstenmal bittet der König More um Rat in einer Angelegenheit, die von weltgeschichtlicher Bedeutung werden wird. Es handelt sich um die Frage, ob Heinrichs Ehe gültig ist oder nicht. Heinrich hatte Katharina, die Witwe seines verstorbenen Bruders, geheiratet. Nach dem Alten Testament ist das verboten. Der Papst hatte aber von diesem Ehehindernis dispensiert. Konnte der Papst dispensieren? Katharina hatte einen Sohn nach dem anderen geboren, doch war er entweder totgeboren oder bald nach der Geburt gestorben. War das eine Strafe Gottes für den Inzest? Das Gewissen Heinrichs zeigt sich beunruhigt. (Es gibt für ihn aber noch andere, nicht ausgesprochene Gründe, die Ehe für ungültig erklären zu lassen, Gründe freilich, die kirchenrechtlich nicht zählen: Heinrich sehnt sich nach einem männlichen Erben, der die Dynastie sichert; Katharina kann ihm offensichtlich keinen mehr geben. Heinrich haßt das feindliche Spanien; Katharina ist eine Tochter des spanischen Königs. Heinrich liebt mit Leidenschaft Anne Boleyn; sie will sich nicht ergeben, wenn er sie nicht heiratet.) Was antwortet More? Zunächst sagt er dem König, er sei nicht zuständig, eine theologische und kirchenrechtliche Frage zu entscheiden. Doch Heinrich besteht darauf, Mores Ansicht zu hören. Da bittet More um Zeit, berät sich mit verschiedenen Bischöfen, studiert die Kirchenväter und teilt endlich dem König das Ergebnis mit: Der Papst dispensierte zu Recht. Die Ehe ist gültig.

1529: Kardinal Wolseys Versuch, als päpstlicher Legat die Eheangelegenheit im Sinne Heinrichs zu regeln, scheitert ebenso wie seine im Volk unbeliebte Außenpolitik. Die Weigerung des Papstes und das Versagen des Kardinals bringen den König in Wut. Er stürzt Wolsey und ernennt an seiner Stelle More zum Lordkanzler. Ausgerechnet More, so glaubt er, könne ihm bei seinem Kampf mit der Kirche helfen. Noch verwunderlicher ist, daß der kirchlich gesinnte More das Kanzleramt annimmt. Wie kann er einem König dienen, dessen Hauptanliegen er ablehnt? Rastell, Mores Neffe, erklärt später, More habe das Amt zunächst zurückgewiesen. Der König sei darauf sehr wütend gewesen und habe ihn gezwungen anzunehmen. Die Ernennung war so gut wie ein Befehl. Einmal in des Königs Dienst, war More kein freier Mann mehr. Zwar erklärte er Heinrich mehr als einmal, er stehe in der Ehefrage nicht auf seiner Seite und könne ihm dabei nicht dienen. Heinrich versprach ihm feierlich, er wolle ihn zu nichts nötigen, was seinem Gewissen widerspreche. Jetzt wiederholt der König dieses Versprechen.

Es gibt einen anderen Grund, weshalb More das Amt nicht zurückweisen kann:

Vielleicht ist er in der Lage, noch in elfter Stunde einige von den Katastrophen zu verhindern, die er kommen sieht. Immer besteht noch die Pflicht, „das, was man nicht zum Guten wenden kann, so zu ordnen, daß es nicht sehr schlecht wird". Über seine Lage hegt More keinen Zweifel. In seiner öffentlichen Rede zur Amtseinführung erklärt er ganz offen: „Ungern bin ich an den Hof in die Dienste des Königs gekommen, wie Seine Hoheit dies selbst weiß; diese Würde aber zu übernehmen, war am meisten wider meinen Willen. Wenn ich auf jenen ehrwürdigen Sitz blicke und bedenke, wer zuletzt hier gesessen, wenn ich mir jenes Mannes ... lang anhaltendes Glück sowie nach schrecklichem Sturze sein ruhmloses Abtreten ins Gedächtnis rufe, so kann mich meines Vorgängers Beispiel belehren, wie äußerst schwierig und wie wenig angenehm mein neues Amt ist ... Vor allzu großem Wohlgefallen an meiner Erhebung und daß mich der Schimmer der neuen Würde nicht verblende, warnt mich der Fall eines so großen Mannes. So besteige ich denn jenen Sitz, auf welchem Mühen und Gefahren lagern und Sicherheit nicht gefunden wird. Je erhobener er ist, desto tiefer der zu befürchtende Fall, daran mahnt mich die Betrachtung der Würde an sich und des Vorgängers Schicksal."

1530: Als Heinrichs Hinweis, der Papst sei ihm zur Dankbarkeit verpflichtet, nicht zieht, wendet der König Druckmittel an. Doch der Papst bleibt fest und will die Ehe nicht für ungültig erklären. Heinrich bricht in maßlose Erbitterung aus: Zwanzig Jahre hat er die Schlachten des Papstes geschlagen, und nun verweigert ihm dieser italienische Fürst einen kleinen Gefallen! Die Auseinandersetzung zwischen Staat und Kirche verläuft nun so, wie sie fortan bis in unsere Gegenwart geführt wird. Erster Schritt: Der Nationalstaat, in der Person des absoluten Monarchen oder des Diktators zentralisiert, nimmt der Kirche alle äußeren Instrumente, Rechtsgrundlagen und Einkünfte. Zweiter Schritt: Man greift den Klerus an. In diesem Fall heißt es, er habe Wolseys Amtsanmaßungen geduldet. Nun, hätte Wolsey nicht Heinrichs Deckung gehabt, so hätten Klerus und Volk schon längst kurzen Prozeß mit ihm gemacht. Jetzt muß aber der Klerus büßen. Die eingeschüchterten Bischöfe versuchen, sich mit einer Riesensumme loszukaufen. Heinrich knüpft seine Verzeihung an die Bedingung, daß sie ihn als alleiniges Oberhaupt der englischen Kirche anerkennen. Die Kirchenversammlung von Canterbury beschließt dies 1531 auf Antrag des Erzbischofs Warham, doch mit der Einschränkung „soweit es das Gesetz Christi erlaubt". Die rettende Klausel hatte der greise Bischof von Rochester, John Fisher, beantragt.

1531: Heinrichs führende Lords richten ein gemeinsames Schreiben an den Papst, in dem sie erklären, viele europäische Universitäten hielten des Königs Ehe für ungültig. (Tatsächlich hatte Cranmer, ein Günstling der Anne Boleyn, mit kräftigen Handsalben die entsprechenden Gutachten beschafft.) Der Papst möge sich dem Urteil der Fachmänner anschließen. Auffälligerweise fehlt unter den Unterschriften Mores Name. Doch kann der Lordkanzler nicht umhin, im Namen des Königs dem Parlament die Meinung Heinrichs zur Ehefrage zu verkündigen. Als ein Mitglied des Hauses ihn nach seiner eigenen Meinung fragt, erwidert er, die habe er schon oft dem König erklärt, und sagt weiter nichts. Die Antwort macht Mores Mißbilligung offenkundig.

1532: Das durch allerlei Intrigen und Druckmittel gefügig gewordene Parlament beschließt, daß die Annaten, d. h. die von jedem neugewählten Bischof nach Rom abzuliefernden Einkünfte des ersten Amtsjahres, fortan der Krone verfallen. Am 15. Mai verzichten die Bischöfe auf das Recht, ohne königliche Zustimmung kanonische Gesetze zu erlassen. Das bedeutet den Bruch mit Rom. Am nächsten Tag tritt More vom Kanzleramt zurück. Als Grund kann er den Ausbruch eines alten Brustleidens angeben, so daß ein Skandal vermieden wird. Er will den König nicht unnötig reizen.

Fortan führt More den Kampf für die Kirche durch Streitschriften gegen die Protestanten. Die Bischöfe Englands sammeln eine große Summe als Anerkennung dafür. More nimmt nicht einen Pfennig. Es soll nicht heißen, er sei ein bezahlter Schreiberling, daher hätten seine Argumente keinen Wert. Dabei hat er mit dem Rücktritt alle seine Einkünfte verloren und ist so arm, daß er aus Mangel an Brennstoff mit Farnkraut heizen muß. Als eine polizeiliche Haussuchung veranstaltet wird, sind die Beamten so erstaunt, keine gehorteten Schätze zu finden, daß sie glaubten, ein Zimmer übersehen zu haben, und eine zweite Durchsuchung vornehmen. Doch More ist nicht einer jener Emporkömmlinge, die ihr Amt benutzen, sich zu bereichern. Der Versuch, dem ehemaligen Kanzler Amtsverfehlungen nachzuweisen, bringt seine Rechtschaffenheit ans hellste Licht.

Seinen Kindern macht More jetzt mit größter Gelassenheit deutlich, daß sein Aufstieg zu Wohlstand beendet sei und die Entwicklung nun umgekehrt verlaufen werde. „Doch am Ende können wir immer noch mit Sack und Pack zusammen betteln gehen und hoffen, daß gute Leute aus Barmherzigkeit uns ihr Almosen geben, und an jeder Tür Salve Regina singen und so immer noch zusammenbleiben und miteinander fröhlich sein." More bereitet seine Familie auf das Kommende vor und beginnt „mit Frau und Kindern zu sprechen von den Freuden des Himmels und den Qualen der Hölle, von den Leben heiliger Märtyrer, von ihrem schmerzlichen Martyrium, von ihrer wunderbaren Geduld und von ihrem Leiden und Tod, den sie lieber erlitten, als daß sie Gott beleidigten, und wie glückselig es sei, aus Liebe zu Gott Beschlagnahme der Güter, Einkerkerung und Verlust von Land und Leben zu erdulden; ferner, daß, falls er seine Frau und seine Kinder ihn ermutigen sähe, für eine gute Sache zu sterben, dies ihn wahrhaftig so trösten würde, daß er aus lauter Freude darüber fröhlich dem Tod entgegeneilen würde" (Roper).

1533: Erzbischof Cranmer, gefügiges Werkzeug des Königs, erklärt Heinrichs Ehe mit Katharina für nichtig. Wenige Tage darauf wird Anne Boleyn in der Westminster-Abtei gekrönt. More ist eingeladen, bleibt aber zu Haus. Als Freunde ihn deshalb zur Rede stellen, erklärt er ihnen: „Ich kann's nicht hindern, wenn man mich versehrt und verschlingt; doch solange Gott mir gnädig bleibt, will ich dafür sorgen, daß man mich nie entehrt und bezwingt." Seinem Schwiegersohn Roper sagt er: „Gebe Gott, daß diese Dinge nicht in kurzer Zeit mit Eiden bekräftigt werden müssen." In Lehre und Kult bleibt die englische Kirche vorerst katholisch, bis auf den einen Punkt des Primats. Ja, Heinrich fühlt sich veranlaßt, zum Beweis seiner Rechtgläubigkeit einige Ketzer zu verbrennen. Gleichzeitig aber tut er alles, jene Katholiken zu vernichten, die seinem Willen widerstanden, vor allem Fisher und More.

Mores Widerstand bleibt auch weiterhin passiv. Weihnachten 1533 veröffentlicht der Königliche Rat ein Buch, das die Ehe Heinrichs mit Anne Boleyn rechtfertigt. More wird angeklagt, ein Pamphlet dagegen geschrieben und Schritte zu dessen Veröffentlichung unternommen zu haben. More lehnt die Anklage entrüstet ab: Er habe stets offen seine Meinung geäußert, wenn der König ihn gefragt, doch nie öffentlich gegen ihn polemisieren wollen. Man läßt die Sache fallen und findet eine viel schwerere Anklage: Einverständnis mit dem Hochverrat der Nonne von Kent. Diese angeblich mit göttlichen Offenbarungen Begnadete prophezeite, wenn Heinrich eine andere Frau heirate, bleibe er keinen Monat länger König. Anhänger verbreiteten das. Der Monat ist vorbei, Heinrich immer noch auf dem Thron. Die falsche Prophetin und ihre Jünger werden verhaftet, unter Anklage des Hochverrats gestellt und durch Parlamentsgesetz zum Tode verurteilt. Mores und Fishers Namen werden in das Gesetz eingefügt: Sie hätten von dem Hochverrat gewußt, ihn aber nicht angezeigt. Darauf steht Enteignung und Kerker. More kann sich glänzend rechtfertigen: Schon ehe die Visionen der Nonne die Politik berührt hatten, war More mit ihrer Prüfung beauftragt worden. Er fand in den angeblichen Offenbarungen nichts, was nicht „eine ganz einfache Frau aus ihrem eigenen Verstand heraus sagen könnte". Als später ein Anhänger der Nonne More die politischen Prophezeiungen mitteilen wollte, lehnte er es ab, sie auch nur zu hören. Außerdem schrieb er der Nonne, sie möge sich aus der Politik heraushalten. Diese Tatsachen teilt More dem König brieflich mit. Er bittet, sich vor dem Oberhaus öffentlich verteidigen zu dürfen. Das paßt dem König nicht. More wird vor einen Ausschuß geladen. Auf die Klage geht man gar nicht ein. Statt dessen verlangt man, er solle billigen, was Parlament, Bischöfe und Universitäten bereits gebilligt haben. More entgegnet, der König kenne seine Ansicht und habe versprochen, ihn nie mehr mit dieser Angelegenheit zu behelligen. Als freundliche Worte ihn nicht bewegen, wird man drohend: Im Namen des Königs erklärt man More, er habe Verrat begangen, indem er den König dazu verleitet habe, das Buch gegen Luther zu schreiben. More beweist das Gegenteil und sagt: „My Lords, diese Einschüchterungen sind Argumente für Kinder, nicht für mich." Der Bruch ist offenkundig. More aber fährt, wie Roper berichtet, „sehr fröhlich" nach Haus.

Bei der dritten Lesung des Hochverratsgesetzes, in dem Mores Name steht, bittet das Oberhaus den König, den Angeklagten vor dem Hause hören zu dürfen. Die Räte des Königs haben aber Angst, dem ersten Juristen des Landes Gelegenheit zu öffentlicher Verteidigung zu geben. Durch einen Kniefall bewegen sie den erbosten König, Mores Namen aus dem Gesetz zu streichen. More bemerkt dazu, die Not sei nicht aufgehoben, nur aufgeschoben. Der Herzog von Norfolk warnt More: „Herr More, es ist gefährlich, mit Fürsten zu streiten. Deshalb möchte ich, Ihr kämet dem König etwas entgegen. Denn, bei Gott, des Königs Zorn bringt Tod." – „Ist das alles, Mylord?" versetzt More. „Meiner Treu, dann gibt es zwischen Ew. Gnaden und mir keinen größeren Unterschied, als daß ich heute sterbe und Ihr morgen."

Im März 1534 wird ein Gesetz erlassen, das die Nachfolge auf Heinrichs und Annes Nachkommen beschränkt. Jeder Untertan kann gezwungen werden, einen Eid auf dieses Gesetz zu leisten. Verweigerer sollen durch Kerker und Enteignung bestraft werden. More hat keine rechtlichen Bedenken gegen die Nachfolge an sich, wohl aber gegen die Präambel des Gesetzes, welche Heinrichs erste Ehe für ungültig erklärt, und gegen die Eidesformel, die eine Verwerfung der päpstlichen Autorität enthält. Für den 13. April wird er vor den Lordkanzler und den Erzbischof von Canterbury geladen, um den Eid zu schwören. Bevor er zum Lambeth-Palast geht, beichtet er, hört die Messe und kommuniziert, wie er es immer vor wichtigen Unternehmungen tut. Dann verabschiedet er sich von seiner Familie.

Nach fünf bangen Tagen erhalten seine Angehörigen aus dem Tower, dem Staatsgefängnis, einen langen Brief: „Als ich vor den Lords in Lambeth war ... und man mir den Grund meiner Vorladung erklärt hatte, ... verlangte ich den Eid zu sehen, den sie mir unter dem großen Siegel zeigten. Dann verlangte ich das Nachfolgegesetz zu sehen, das mir in einer gedruckten Rolle ausgehändigt wurde. Nachdem ich sie still für mich gelesen und den Eid mit dem Gesetz verglichen hatte, legte ich ihnen dar, daß es nicht meine Absicht sei, das Gesetz oder wer immer es gemacht habe, wie auch den Eid und wer immer ihn schwören würde, noch auch das Gewissen irgendeines Menschen zu verurteilen. Aber was mich angehe, so spreche mein Gewissen in dieser Sache so, daß ich mich zwar nicht weigern würde, auf die Nachfolge zu schwören, aber den Eid, den man mir vorlege, den könne ich nicht schwören, ohne meine Seele der ewigen Verdammnis auszusetzen ... Daraus sagte mir Mylord, der Kanzler, es täte ihnen allen sehr leid, mich so reden zu hören und zu sehen, daß ich den Eid verweigerte. Und sie sagten alle, ich sei der erste, der ihn abgelehnt habe, was des Königs Hoheit großen Argwohn und großen Unwillen gegen mich fassen lassen würde. Und dabei zeigten sie mir die Rolle und ließen mich die Namen der Lords und der Gemeinen sehen, die geschworen und schon unterschrieben hatten. Als ich dessen ungeachtet ablehnte, ... setzten sie mir wegen meiner Störrigkeit zu. Aber ich wollte nicht darlegen, welcher besondere Teil des Eides mein Gewissen beschwere ... Denn wenn ich den Grund eröffnen würde, so würde ich damit Seine Hoheit nur noch weiter aufbringen, was ich keineswegs möchte ... Mich dünket doch, es sei keine Störrigkeit, die Gründe unerörtert zu lassen wenn ich sie nicht ohne Gefahr erörtern könne. Mylord von Canterbury griff nun meine Bemerkung auf, ich verurteile nicht das Gewissen jener, die schwören. Es schiene also, daß ich es nicht für sicher halte, daß ich nicht gerechterweise schwören könne. Aber, so sagte Mylord, Ihr wißt doch als sicher, daß Ihr verpflichtet seid, Eurem Könige zu gehorchen. Und deshalb seid Ihr verpflichtet, den Zweifel Eures ungewissen Gewissens hinsichtlich des Eides fallen zu lassen und den sicheren Weg einzuschlagen, Eurem Fürsten zu gehorchen und zu schwören ... Ich antwortete, ich selber glaube nicht, daß ich das könne, weil dies nach meinem Gewissen einer der Fälle sei, in dem ich verpflichtet bin, meinem Fürsten nicht zu gehorchen ... Auch hätte ich mir mein Gewissen nicht plötzlich oder flüchtig gebildet, sondern in langer Muße und eifrigem Studium der Sache. Und wahrhaftig, wenn dieser Gedankengang schlüssig wäre, hätten wir einen einfachen Weg, alle Schwierigkeiten zu vermeiden. Stünden die Doktoren einmal in einer Sache in ernsten Zweifeln, so würde das Geheiß des Königs genügen, die Zweifel nach der Seite zu klären, die ihm gefällt. Da sagte Mylord von Westminster, ich hätte doch Grund zu fürchten, daß ich irre, wenn ich sähe, daß der Große Rat des Reiches entgegengesetzt wie ich entschieden hat; ich solle daher mein Gewissen ändern. Darauf antwortete ich: Wenn auf meiner Seite niemand anders wäre als ich allein und das ganze Parlament auf der andern, dann würde ich wohl sehr fürchten, mich allein gegen so viele zu stellen. Es ist aber doch so, daß ich in den Dingen, deretwegen ich den Eid verweigere, einen ebenso großen, ja, einen größeren Rat auf meiner Seite habe. Ich bin also nicht verpflichtet, mein Gewissen zu ändern und es gegen den allgemeinen Rat der Christenheit nach dem Rate eines einzigen Reiches auszurichten ... Ich überlasse jedermann seinem eigenen Gewissen. Und mich dünkt wahrhaftig, daß es dann nur vernünftig ist, daß jedermann mich auch meinem überläßt." Dieser hier nur in Auszügen mitgeteilte Brief zeugt von einer wunderbaren Überlegenheit des Geistes. Der Todeskandidat More ist gelassen genug, allerlei Beobachtungen zu machen und sie auf eine sarkastische oder ironische Weise mitzuteilen.

Die gleiche Heiterkeit bezeugt auch ein weiterer Brief an die Seinen, ein mit Kohle geschriebener Zettel: „Gott Dank, ich bin in guter Gesundheit des Leibes und in gutem Frieden des Gemütes, und von weltlichen Dingen begehre ich nicht mehr als ich habe. Ich bitte Ihn, Er möge euch alle fröhlich machen in der Hoffnung auf den Himmel." Im Kerker plagen ihn Ratten und Mäuse, seine alten Brustschmerzen, ein neues Steinleiden und Krämpfe in den Beinen. Trotzdem erklärt er seiner Lieblingstochter Meg: „Vermutlich glauben jene, die mich hier hineingesteckt, mir etwas sehr Unangenehmes zugefügt zu haben. Aber ich versichere dir, hätte ich nicht Frau und Kinder, so würde ich mich schon längst in einen noch engeren Raum zurückgezogen haben ... Mir kommt's so vor, als mache Gott mich zu seinem Liebling, setze mich auf seinen Schoß und liebkose mich." Die Schriften, die er im Tower verfaßt, sind sorgloser als alles andere, was er in Freiheit schrieb. Welch ein Unterschied zwischen dem grimmigen Traktat über die vier letzten Dinge, verfaßt auf der Höhe seines Glücks, und dem fröhlichen *Zwiegespräch über den Trost*, geschrieben im Kerker!

Inzwischen versuchen Freunde und Verwandte, More umzustimmen. Er solle nicht so skrupulös sein. More entgegnete: „Da ich nur noch Gott ansehe, macht es mir wenig aus, wenn die Menschen sagen, es sei nicht das Gewissen, sondern ein törichter Skrupel." Alle haben geschworen, hält man ihm vor, sogar die gelehrtesten Männer des Reiches. More stellt fest: „Es ist wohlbekannt, daß einige der besten Gelehrten vor der Vorlegung des Eides das Gegenteil von dem behauptet haben, was sie nun in dem Eide beschworen ... Den Grund ihrer Wandlung habe ich nie gehört ... *Mir* scheint heute noch alles so wie früher."

Seine Frau Alice besucht ihn und fährt ihn mit kräftigen Worten an: „Sapperlot, Master More, ich wundere mich, daß Ihr, der Ihr bisher immer für einen so weisen Mann gehalten worden seid, jetzt so den Narren spielen wollt, hier in diesem stinkigen Gefängnis zu liegen und zufrieden zu sein, daß Ihr so zwischen Mäusen und Ratten eingeschlossen seid, wo Ihr doch draußen in Freiheit sein könntet, ... wenn Ihr bloß das tun wolltet, was alle Bischöfe und die besten Gelehrten des Reiches getan haben. Und da Ihr ja zu Chelsea ein ganz schönes Haus habt, Eure Bibliothek, Eure Galerie, Euren Garten, Eure Obstbäume und alle anderen Bequemlichkeiten so nett um Euch, wo Ihr in der Gesellschaft von mir, Eurer Frau, Eurer Kinder und des Gesindes fröhlich sein könnt, überlegt, was zum Kuckuck das bloß heißen soll, daß Ihr immer noch so dumm seid und hier sitzen bleibt." Nachdem er sie eine Weile ruhig angehört, sagt er ihr mit heiterem Gesicht: „Bitte, gute Frau Alice, sagt mir eins: Ist nicht dies Haus dem Himmel ebenso nah wie meins?" Worauf sie, die solche Reden nicht mag, nach ihrer ungebildeten Art antwortet: „Papperlapapp! Papperlapapp! Mensch, hört denn dieser Blödsinn niemals auf?" Auch die Lords bearbeiten ihn immer wieder mit Versprechungen und mit Drohungen. More bleibt fest. Nicht als ob er keine Angst habe. Er selbst gesteht: „Ich kenne wenige, die so zagen Herzens sind wie ich." Seiner Tochter sagt er: „Ich habe in dieser Sache den Rat Christi nicht vergessen, daß ich, bevor ich begänne, diese Burg zum Schutze meiner Seele zu bauen, erst nachdenken und berechnen solle, was der Preis dafür sei. Manche schlaflose Nacht, während mein Weib schlief und glaubte, ich schliefe auch, habe ich ausgerechnet, welche Gefahren für mich möglich wären, und ich bin sicher, daß keine viel größeren kommen können. Und als ich darüber nachsann, da war mir das Herz sehr schwer. Und doch danke ich unserem Herrn dafür, daß ich niemals daran gedacht habe, mich zu ändern, und sollte auch das Äußerste von dem geschehen, was meine Furcht mir vorstellte." Meg entgegnet: „Es ist nicht dasselbe, über etwas nachzudenken, das *vielleicht* kommt, und etwas zu sehen, das *sicher* kommt, wie du es noch tun wirst... Und dann wirst du vielleicht anders denken, doch dann wird es zu spät sein." — „Zu spät?" rief More. „Ich bitte unsern Herrn, es möge in der Tat zu spät sein, wenn ich mich jemals so ändern sollte. Denn ich weiß wohl, daß diese Änderung nicht gut für meine Seele sein kann, die Änderung, die aus der Furcht kommt." Er fürchtet, man könne ihn durch die Folter zwingen zu schwören. Doch er vertraut auf Gott.

Übrigens weiß er als Jurist genau, daß seine Einkerkerung ungesetzlich ist, und sagt das auch. Man droht ihm, das Parlament tage noch, und deutet an, es könne die Gesetzeslücke schließen, um jedes Verfahren gegen ihn zu legalisieren. Das geschieht dann auch 1535 durch einige Gesetze, die zum Teil ausdrücklich gegen More gerichtet sind. Das Suprematiegesetz erklärt den König zum Obersten Haupt der Kirche von England, ohne Fishers Klausel. Das Hochverratsgesetz stellt jede böswillige Äußerung gegen die Suprematie des Königs unter Strafe des Bauchaufschlitzens und Ausweidens. Das Gesetz kommt nur durch Einschüchterung des Parlaments zustande. Ebenso eingeschüchtert ist das Gericht, das auf Grund dieses Gesetzes widerstrebend einige Kartäuser zum Tode verurteilt. Das ist der Präzedenzfall, der More den Kopf kosten soll.

Am Tag nach der Verurteilung der tapferen Kartäusermönche besuchen des Königs Räte More im Tower, weisen ihn auf das neue Gesetz hin und fragen, wie er zur Suprematie des Königs stehe. More berichtet selbst über diese Verhandlung in einem Brief an seine Tochter Meg: „Ich antwortete, ich hätte darauf vertraut, daß des Königs Hoheit niemals befehlen würde, mir eine solche Frage vorzulegen... Nun habe ich meinen Sinn von all solchen Sachen freigemacht und will weder königliche noch päpstliche Ansprüche erörtern.. Der Sekretär fragte mich, ob ich glaube, des Königs Gnaden könne von mir die Dinge, die in dem Gesetz enthalten sind, nicht unter denselben Strafen erzwingen wie bei andern Leuten." (Das war eine Anspielung auf die Kartäuser.) „Er sagte weiter, daß mein Verhalten in dieser Sache wahrscheinlich auch andere so störrig gemacht habe. Ich antwortete darauf, daß... ich nie einem Menschen nach der einen oder der anderen Seite hin Rat erteilt habe. Mehr könne ich nicht tun, welche Strafen mir das auch zuziehe... Ich tue niemandem etwas Böses, ich sage nichts Böses, ich denke nichts Böses, sondern wünsche allen Gutes. Und wenn das nicht genug ist, einen Menschen am Leben zu erhalten, dann habe ich wahrhaftig kein Verlangen weiterzuleben. Ich bin schon am Sterben, und seitdem ich hierherkam, war ich schon mehrere Male in dem Zustande, daß ich innerhalb einer Stunde sterben zu müssen glaubte. Und Gott sei Dank war ich niemals traurig darum, sondern eher tat es mir leid, wenn ich sah, daß der Anfall vorüberging. So ist also mein armer Leib dem König zur Verfügung. Gott gebe, daß mein Tod ihm Gutes brächte."

Die Kartäuser werden nach fürchterlichen Foltern bestialisch hingerichtet. More sieht sie zum Richtplatz gehen. Wenig später wird der greise Fisher, der einzige englische Bischof, der standhaft geblieben war, enthauptet. Die Kardinalswürde, die der Papst dem Eingekerkerten noch verliehen hatte, konnte ihn nicht retten.

Die juristische Lage für More ist nun so: Durch seine Eidesverweigerung hat er Freiheit und Güter eingebüßt, aber sein Leben ist durch sie nicht bedroht. Um ihn zum Tod verurteilen zu können, muß man ihm Hochverrat nachweisen. Deshalb versucht man auf alle mögliche Weise, ihm eine Äußerung gegen die Suprematie des Königs zu entlocken – vergeblich. More schweigt. So ist er nicht nur moralisch unanfechtbar, sondern auch juristisch. Er hat keinem Menschen, auch nicht den nächsten Verwandten, etwas gegen den angemaßten Titel des Königs gesagt. Er hat sich bei der Verweigerung des Eides jeder Begründung enthalten. Er hat geschwiegen, und „wegen dieses meines Schweigens kann mich kein Gesetz auf der Welt gerechter- und rechtlicherweise bestrafen". Denn Stillschweigen kann nie Hochverrat sein. Der erfahrenste Jurist Englands ist nicht zu übertölpeln. So nehmen die Richter ihre Zuflucht zu einem falschen Zeugnis. Rich erklärt unter Eid, More habe ihm gegenüber ausdrücklich geleugnet, der König sei Haupt der Kirche. More bestreitet das. Die beiden andern Personen, die bei dem fraglichen Gespräch zugegen waren, können sich an nichts erinnern. Trotzdem genügt den Richtern jene Aussage, More schuldig zu sprechen. Zweifellos hat Rich einen Meineid geleistet.

Als Lordkanzler Audeley das Urteil zu verkünden beginnt, unterbricht ihn More: „Mylord, als ich in der Justiz war, pflegte man in einem solchen Fall den Gefangenen vor der Urteilsverkündung zu fragen, ob er etwas gegen eine Verurteilung einzuwenden habe." More erhält das Wort. Jeder im Saal hält den Atem an. „Da ich Euch entschlossen sehe, mich zu verurteilen (Gott weiß, wie), will ich nun mein Gewissen offenlegen und frei meine Meinung erklären ... Diese Verurteilung stützt sich auf ein Parlamentsgesetz, das den Gesetzen Gottes und seiner heiligen Kirche schnurstracks zuwiderläuft. Die höchste Leitung der Kirche oder eines Teils der Kirche kann sich kein weltlicher Fürst durch irgendein Gesetz aneignen, da sie rechtmäßig dem Bischof von Rom zusteht." More beruft sich auf Bibel, Worte Christi und Pauli, Kirchenväter und die gesamte christliche Tradition. Wie eine Stadt kein Gesetz machen könne gegen die Gesetze des ganzen Landes, ebensowenig könne ein Land ein Gesetz machen gegen die ganze Christenheit. „Deshalb bin ich nicht gebunden, mein Gewissen zu richten nach dem Konzil eines einzigen Reiches gegen das allgemeine Konzil der Christenheit. Denn auf meiner Seite habe ich von den erwähnten heiligen Bischöfen gegen jeden Bischof von Euch über hundert, auf meiner Seite gegen *ein* Konzil oder Parlament von Euch (Gott weiß, was für eins) alle Konzilien der letzten tausend Jahre, auf meiner Seite gegen dies eine Königreich alle andern christlichen Reiche." More spricht aus dem Bewußtsein, daß das Christentum keine nationale, sondern eine übernationale Angelegenheit ist. Was kümmert es ihn, daß er in England eine überwältigende Mehrheit gegen sich hat? Sein Blick geht über den Horizont seines Landes und seiner Zeit weit hinaus. Er redet mit unerhörter Wucht. Die Richter sind tief betroffen. Doch der König hat befohlen. Sie verurteilen More zu der gesetzlich vorgesehenen Strafe: Er soll gehängt, bei noch lebendigem Leibe abgeschnitten, seiner Eingeweide beraubt und gevierteilt werden. Heinrich wandelt die Strafe um in Enthauptung.

More bleibt mannhaft bis zuletzt. Er tröstet, die ihn beweinen. Selbst dem abgebrühten Kommandanten des Tower laufen die Tränen die Backen herunter, wie er später gesteht: „Ich fand mein Herz so schwach und seins so stark, daß er *mich* tröstete, der ich doch hätte *ihn* trösten müssen." Als More die wackelige Leiter zum Schafott hinaufsteigt, sagt er dem Offizier: „Ich bitt Euch, Herr Leutnant, bringt mich sicher hinauf. Für mein Herunterkommen will ich schon selber sorgen." Den Henker ermutigt er: „Kopf hoch, Mann! Reiß dich zusammen und hab keine Angst, deine Pflicht zu tun! Mein Hals ist sehr kurz; paß also auf, daß du nicht schief haust, damit du deine Ehre wahrst." Als er den Kopf auf den Block legt, macht er noch einen Scherz. Den Gefängnisbart sorgfältig zur Seite schiebend, murmelt er: „Der wenigstens hat keinen Hochverrat begangen."

Es war in England üblich, daß Verurteilte vor der öffentlichen Hinrichtung vom Schafott noch eine Rede an die Zuschauer hielten. Heinrich hatte More ausdrücklich gebeten, nicht viele Worte zu machen. Das hatte More auch nicht nötig. Die vier Sätze, die er vor der Hinrichtung sprach, sind gewichtig genug. In wenigen Tagen waren sie in ganz Europa bekannt: „Ich leide den Tod in dem Glauben und für den Glauben der heiligen katholischen Kirche. Betet für mich in dieser Welt, und ich will beten für euch in jener Welt. Betet für den König, damit es Gott gefalle, ihm gute Ratgeber zu schenken. Ich sterbe als des Königs treuer Diener, doch Gottes zuerst."

Warum hat More nicht sofort frei heraus seine Meinung gesagt? Hatte er Angst? Glaubte er, sich retten zu können? Nun, More kannte den König, das Parlament und seine Richter. Er wußte, daß sie das Recht beugen würden, wenn sie ihn nicht anders töten könnten. Warum aber hat er sich dann vierzehn Monate lang im Kerker bearbeiten lassen? Er wollte seinen Gegnern nicht einmal den Schein des Rechtes überlassen. Er machte es ihnen außerordentlich schwer, einen rechtmäßigen Grund für seine Verurteilung zu finden. Hochbefriedigt schrieb er an Meg: „Ich jubele, daß man mich wegen meines Verhaltens gegenüber dem König nie bestrafen kann, außer man ginge ungerecht gegen mich vor."

Noch wichtiger aber ist dies: More hatte oft geschrieben und gesagt, man dürfe sich nicht zum Martyrium drängen, wenn man es vermeiden könne. Das sei vermessenes Vertrauen auf die eigene Standhaftigkeit. Er wiederholte es vor seinen Richtern: „Man fragte mich, warum ich nicht offen gegen das Gesetz spreche . . . Es kommt ihnen so vor, als hinge ich entgegen allen meinen Aussagen doch noch sehr am Leben. Worauf ich der Wahrheit gemäß antwortete, ich hätte nicht einen so heiligen Lebenswandel geführt, daß ich mich kühnlich dem Tode stellen dürfe. Gott könne mich wegen einer solchen Anmaßung zu Fall kommen lassen. Deshalb dränge ich mich nicht vor, sondern halte mich zurück. Wenn Gott mich jedoch sterben lassen wolle, dann vertraue ich auf seine Barmherzigkeit, die mich in meiner letzten Stunde nicht ohne Gnade und Stärke lassen werde." Natürlich wäre es wirkungsvoller, ja herrlich mitreißend gewesen, wenn More mit kräftigen Worten die Heuchelei und Lügenhaftigkeit seiner Gegner bloßgestellt und das ihm zugedachte Schicksal aus eigener Initiative auf sich genommen hätte. Dieser Versuchung ist er nicht erlegen. Bis zuletzt blieb er besonnen, fest und demütig.

Auf einen dritten Grund, warum More bis zuletzt seine unverwüstliche Ruhe bewahrte und sich jeder heftigen Ausfälligkeit gegen den König und seine Kreaturen enthielt, macht Chambers aufmerksam: Respekt vor der Obrigkeit, selbst vor der ungerechten Obrigkeit. More unterwarf sich der Disziplin. Das kennzeichnet sein Martyrium. Es gab Märtyrer, die vergaßen, dem Kaiser zu geben, was des Kaisers ist, sie wurden getötet weniger wegen ihres Glaubens, sondern mehr wegen ihrer Unhöflichkeit. More dagegen war der höflichste der Märtyrer. Ordnung, Disziplin, Unterordnung sind seine Ideale. More selbst hat in *Utopia* die Autorität des Staates stark betont. Er gesteht ihm das Recht zu, gefährliche Meinungen zum Schweigen zu bringen. Doch weitere Zugeständnisse macht er nicht. Auch die staatliche Autorität hat ihre Grenzen. Es gibt Dinge, die der Staat nicht befehlen kann. So heilig die Gesetze des

Staates sind, es gibt Gesetze, die über dem Staate stehn. Dazu gehört das Recht und die Freiheit des Menschen, nicht gezwungen zu werden, etwas zu sagen, das er nicht glaubt. Das ist zwar ein niedriges Ideal der Freiheit, More gibt es zu. Aber daran hielt er fest bis zum Äußersten. Selbst dieses niedrige Freiheitsideal konnte er nur auf Kosten seines Lebens verwirklichen.

More vertritt nicht eine Gewissensfreiheit, die keine Autorität über dem Gewissen anerkennt. Mores Gewissen erkennt die Autorität des Staates an und beansprucht eine Freiheit von dieser Staatsautorität nur da, wo es sich der höheren Autorität Gottes unterworfen weiß. Es hat sich an den theologischen Autoritäten der gesamten Tradition gebildet. More war mehr als bloß ein Märtyrer der Gewissensfreiheit.

Wofür denn starb More? Der protestantische Historiker R. W. Chambers erklärt: „Zuerst und eigentlich gab More sein Leben überhaupt nicht für die Freiheit, sondern für die Einheit, ‚in und für den Glauben der heiligen katholischen Kirche'." Einheit des Ganzen verlangt Unterordnung des einzelnen unter eine Autorität. Diese Autorität muß von Gott sein. More sah sie im Papst verkörpert. Er ist der Märtyrer des Papsttums. Um Mores Haltung recht würdigen zu können, muß man bedenken, daß er unter den schlimmsten Renaissance-Päpsten lebte, die sich mehr als weltliche Machthaber denn als geistliche Hirten benahmen. Als Alexander VI. starb, war More 25 Jahre alt. Sein Glaube wurde durch diesen furchtbaren Pontifex nicht verwirrt. Er war klarsichtiger als die meisten Zeitgenossen und sah, daß der Mißbrauch der päpstlichen Gewalt nicht diese selbst in Frage stellt. Er war trotz der Laster des päpstlichen Hofes davon überzeugt, daß mit der Anerkennung der Obergewalt des Papstes in geistlichen Dingen der ganze katholische Glaube steht und fällt. Er versicherte, die Meinung, der Bischof von Rom sei nicht der oberste Lehrer, Hirte und Richter der Kirche, genüge, „auch alle übrigen Glaubenssätze aufzugeben, denn der Primat hält alles zusammen." Für diese Überzeugung hielt er den Kopf hin.

So ist es denn höchst sinnvoll, daß Thomas More an jenem Tage starb, den er selbst als „sehr passend" für seine Hinrichtung gewünscht hatte: Es war die Vigil der Translatio des heiligen Thomas Becket, seines Namenspatrons, der wie er als Lordkanzler einem englischen Könige diente und im Auftrag dieses Königs als Verteidiger der päpstlichen Autorität ermordet wurde; zugleich der Oktavtag von Sankt Peter, der ebenfalls im Konflikt starb mit einem Staate, der sich anmaßte, was nur Gott gebührt.

GIROLAMO SAVONAROLA

(1452–1498)

„Verzerrt sah ich das Antlitz der Welt und überall erloschen jede Sitte und Tugend. Ich finde nirgends ein lebendiges Licht und keinen, der sich seiner Laster schämt." Diese Worte des Weltschmerzes schrieb im Jahre 1472 ein zwanzigjähriger Italiener in einem Gedicht *De ruina mundi*. Wenig später machte der Melancholiker seinem bedrückten Herzen Luft in einer Schrift *Über die Verachtung der Welt*. Hier entwarf er von der moralischen Zerrüttung seiner Zeitgenossen ein furchtbares Bild: „Niemand ist mehr da, kein einziger, der das Gute will. Wir müssen bei Kindern und einfältigen Weibern lernen, denn nur in ihnen ist noch eine Spur der Unschuld geblieben." Diese pessimistischen Äußerungen wirken übertrieben. Doch das Gefühl ist echt und stark. Der junge Girolamo Savonarola mußte erschüttert sein von einigen Begebenheiten, die seinen Idealen ins Gesicht schlugen. In einer frommen und sittenreinen Familie aufgewachsen, zeigte er früh eine starke Religiosität und den entschiedenen Willen, sich durch eiserne Zucht in der Tugend zu festigen. Er nahm es ernst mit den Forderungen Christi. Höchst abstoßend mußte daher auf ihn wirken, was er im Alter von acht Jahren erlebte: Seine Heimatstadt Ferrara bereitete dem Papst Pius II. einen pompösen Empfang, der ihm wie ein heidnischer Spuk vorgekommen sein wird: Ein symbolischer Reigen halbnackter olympischer Götter und Göttinnen begrüßte den Stellvertreter Christi. Der Einundzwanzigjährige wurde Zeuge der mit unerhörter Prachtentfaltung begangenen Hochzeit des Herzogs Ercole I. mit Eleonora von Aragon. Aus diesem Anlaß gab sich Ferrara wochenlang hemmungslosen Festen hin. Der Taumel öffentlicher Ausschweifungen erfüllte den jungen Mann mit lebhaftem Abscheu. Angewidert zog er sich zu humanistischen, philosophischen und medizinischen Studien zurück. Seine Biographen berichten, er habe nach einem Besuch im prunkvollen Schlosse des Herzogs nie mehr dorthin zurückkehren wollen, obwohl er dank der Stellung seiner Eltern leicht regelmäßigen Zugang zum Hofe der d'Este gefunden hätte.

Der Ekel vor einer Welt, die in Schamlosigkeit hinabgeglitten war, trieb Savonarola zu einem beherzten Schritt. Im Frühjahr 1475 floh er heimlich aus dem Elternhaus und trat als Novize in das Dominikanerkloster zu Bologna ein. Von hier schickte er seinem Vater einen Abschiedsbrief, „aus dem die ruhige Überlegung eines Geistes redet, der völlig mit sich selber im reinen ist. Er belehrt seinen Vater mehr, als daß er sich entschuldigt" (Herman Grimm).

„Mein geehrter Vater! Ich zweifle nicht daran, daß meine Abreise Euch viel Leid verursacht hat, um so mehr, da ich Euch heimlich verlassen habe. Aber ich wünsche, daß dieses Schreiben Euch meine Gesinnung und meine Absicht klarmachen möge und daß Ihr inne werdet, daß es sich bei mir nicht um einen Jungenstreich handelt ... Vor allem aber wünsche ich, daß Ihr nach Vernunftgründen entscheidet, ob ich recht daran tat, die Welt zu fliehen ... Der vornehmste Grund, der mich bewog, in den Orden zu treten, ist das Elend der Welt und die Schlechtigkeit der Menschen ... Ich sah die Tugend bis auf den Grund ausgerottet, das Laster aufgeschossen. Jeden Tag flehte ich zu unserem Herrn Jesus Christus, er wolle mich aus diesem Schlamm erlösen ... Ist es nicht tugendhaft, daß der Mensch den Schmutz und die Schlechtigkeit dieser Welt fliehe, um wie ein vernünftiges Wesen zu leben und nicht wie ein Tier unter Schweinen? Wäre es nicht arge Undankbarkeit gewesen, wenn ich, nachdem ich zu Gott gebetet, mir den richtigen Weg zu weisen, und er mich gewürdigt, ihn mir zu zeigen, ihm dann nicht gefolgt wäre? . . . Ihr aber, liebster Vater, sollt vielmehr dem Herrn Jesus danken als weinen. Er hat Euch einen Sohn geschenkt, hat ihn Euch bis zu seinem zweiundzwanzigsten Jahre in gutem Stande bewahrt und überdies ihm die Gnade verliehen, sein streitbarer Ritter zu werden . . . Ich muß einen harten Kampf kämpfen, soll der Teufel sich nicht auf meinen Rücken schwingen . . ."

Der Brief zeigt klar, daß der unmittelbare Beweggrund des Ausreißers die Sorge um sein eigenes Seelenheil war, das ihm in der Welt bedroht zu sein schien. Hier spricht ein Mensch, der schwer um seine persönliche Vollkommenheit ringt. Doch klingt in seinen Zeilen schon deutlich ein anderes Motiv an: Savonarola ist entschlossen, nicht nur gegen sein eigenes Fleisch zu kämpfen, sondern auch gegen die Welt zu Felde zu ziehen. Er will ein „streitbarer Ritter" Christi werden. Sein Schritt über die Klosterschwelle ist nicht nur Weltflucht. Savonarola wählte einen Orden, der sich apostolisches Wirken durch Predigt zur besonderen Aufgabe machte. Das war es, wonach er sich sehnte. Ein Gedicht *Von dem Verfall der Kirche*, das er im ersten Jahre seines Klosterlebens verfaßte, bezeugt diese Sehnsucht: Nachdem Savonarola feststellt, daß „stolze Ehrsucht in Rom eindrang und alles befleckte", und daß Hoffart, Augenlust und Fleischeslust die Kirche grausam verwundet haben, ruft er aus: „Könnte ich doch so großer Bosheit steuern!" Es entbrannte in ihm der Wunsch, die verkommene Kirche zu reformieren.

Ehe Savonarola ans Werk gehen konnte, mußte er sich gründlich vorbereiten. So vergingen seine ersten Jahre im Predigerorden mit eingehenden Studien. Nachdem er sich eine solide theologische Bildung erworben, schickten seine Oberen ihn zum Predigen nach Florenz. Der dreißigjährige hagere Mönch betrat eine Stadt, in der er Dinge sah, die alles in Ferrara Erlebte übertrafen und ihn zutiefst entsetzten.

Gerade damals fand dort die junge Renaissance im Guten wie im Bösen ihre großartigste Entfaltung. Ein Kunsthistoriker schreibt: „Es hat sich wohl in der Geschichte der Menschheit kaum ein zweites Mal ereignet, daß zur gleichen Zeit in einer einzigen Stadt so viele verschiedenartige Künstlerpersönlichkeiten nebeneinander gearbeitet haben, wie dies etwa um das Jahr 1480 in Florenz der Fall war." Diese Feststellung gewinnt noch ein besonderes Gewicht, wenn man hinzufügt, daß gerade die großen Florentiner Meister des fünfzehnten Jahrhunderts für die Malerei, Plastik und Architektur der Renaissance bahnbrechend wurden. Mit den Künsten standen die Wissenschaften im Florenz jener Zeit in vollster Blüte. Byzantinische Gelehrte, vor den Türken aus Konstantinopel geflohen, hatten mit ihren griechischen Manuskripten bei der Familie Medici Zuflucht gefunden und Italien zur Wiedergeburt antiker Bildung verholfen. Mit freudigem Erstaunen zog man verschollene Handschriften griechischer und römischer Schriftsteller ans Licht und verbreitete sie durch die eben erfundene Buchdruckerkunst in kostbar geschmückten Ausgaben. Unter dem großzügigen Patronat der Medici wurden die griechischen Studien gefördert, Schulen errichtet, eine Akademie für platonische Philosophie gegründet und eine große Bibliothek im Dominikanerkloster San Marco gestiftet. Bedeutende Gelehrte, Philosophen und Dichter suchten einander in edlem Wettstreit zu übertreffen. Kurz, Florenz lebte in einem Rausch des Geistes und der Schönheit.

Die Werke, die damals in der Arnostadt entstanden, erregen noch heute unser Entzücken. Und doch finden wir in ihnen manches Bedenkliche. Die Kunst war weithin vom Geist des Christentums abgefallen, und selbst da, wo sie religiöse Themen darstellte, vermenschlichte, ja profanierte sie das Heilige in einer Weise, die, auch vom ästhetischen Standpunkte aus gesehen, kaum gebilligt werden kann. Die Bilder in den Kirchen dienten nicht mehr der Andacht, sondern dem Genuß, nicht mehr der Verehrung Gottes und der Heiligen, sondern der Ruhmsucht stolzer Menschen. Ghirlandajo fügte seinen Fresken im Chor von S. Maria Novella nicht weniger als 21 Porträts von Mitgliedern der beiden Stifterfamilien ein. Benozzo Gozzoli läßt auf seinem „Zug der Heiligen Drei Könige" in der Kapelle des Palazzo Riccardi die Medici und andere florentinische Adelige als jene biblischen Gestalten durch die toskanische Landschaft reiten. Botticelli brachte in seiner „Anbetung der Könige" die Köpfe der Medici an. Donatello nahm einen fragwürdigen Mann wie Poggio, einen Kleriker mit Familie, den Verfasser der obszönen Fazetien, zum Modell für seine Statue eines Propheten. Ja, der Malermönch Filippo Lippi malte immer wieder seine Geliebte als Madonna. Es war allgemein Brauch geworden, lasterhafte Menschen mit einer Gloriole in den Himmel zu heben, und kaum jemand fand etwas dabei, stadtbekannte Dirnen im Heiligenschein auf den Altären zu sehen. Wie sehr die Gotteshäuser zu Tempeln menschlichen Ruhmes geworden waren, zeigt die Tatsache, daß man im Florentiner Dom die Bildnisse von Männern anbrachte, denen Name und Nimbus des Heiligen nicht zustand, so des berüchtigten Condottiere Hawkwood und des Feldhauptmanns Niccolò da Tolentino. Anstößig war auch die lüsterne Zurschaustellung des Nackten im sakralen Raum. Man ließ etwa Sankt Maria Magdalena kokett ihre körperlichen Reize enthüllen, als sei sie nicht eine Büßerin, sondern immer noch eine Prostituierte. Bartolomeo della Porta stellte den heiligen Sebastian in einer solch aufreizenden Weise dar, daß das Bild auf Grund der üblen Erfahrungen der Beichtväter aus der Kirche entfernt werden mußte. Viele Künstler ließen an geweihter Stätte entblößte Götter und Göttinnen, Faune und Nymphen sich tummeln und scheuten sich nicht, die heiligen Geheimnisse des christlichen Glaubens mit Gegenständen des heidnischen Mythos zu vermengen. So sehr hatte der Geist des Heidentums die Oberhand gewonnen, daß die Grabmäler der Medici von Verrocchio und Donatello in S. Lorenzo nicht ein einziges christliches Symbol zeigen. Die Wahrheiten des Glaubens bestanden für die Kunst nicht mehr. Sie waren einer Haltung gewichen, der das Diesseits genügte.

Von diesem unchristlichen Geist waren auch die florentinischen Schriftsteller jener Zeit erfüllt. Ihnen galten die heidnischen Autoren des Altertums mehr als die Heilige Schrift, die Kirchenväter und die christlichen Philosophen und Dichter. Wo noch christliche Gedanken fortlebten, waren sie überwuchert von heidnischen Vorstellungen. Manchen Schöngeistern gefiel es, Venus und Madonna in einer Gestalt zu sehen. Marsilio Ficino, der Gründer der platonischen Akademie zu Florenz, vermischte das Christentum mit dem Platonismus in gefährlicher Weise. Obwohl Priester, ließ er vor Platons Bild wie vor einem Heiligen eine Lampe brennen und redete seine Zuhörer statt mit dem alten Gruß „Geliebte in Christo" als „Geliebte in Platon" an. Auch Ficinos Schüler, der vielseitig begabte Graf Giovanni Pico della Mirandola, blieb von Überspanntheiten und Verirrungen nicht frei. Diesem Philosophen, der viele Sprachen beherrschte und als ein Weltwunder angestaunt wurde, stieg der Ruhm zu Kopf. In hochtrabenden Worten machte er sich anheischig, über alles Wißbare reden zu können. Als er eine öffentliche Disputation zu Rom ankündigte, bei der er durch die Verteidigung von 900 Thesen aus allen Wissenschaften glänzen wollte, wurde die Veranstaltung, da einige seiner Lehren widerchristlich waren, vom Papst verboten. Pico unterwarf sich, entsagte der Ruhmsucht, gab fast sein ganzes Vermögen den Armen und lebte nur noch dem Gebete und den Studien. Er wurde ein Freund Savonarolas. Als er, erst 31 Jahre alt, auf dem Sterbebette lag, nahm er aus dessen Hand das Dominikanerhabit.

Im Mittelpunkt dieser schillernden Gesellschaft von Künstlern und Literaten, von ihnen allen bewundert und gefeiert, stand der Beherrscher der Stadt, Lorenzo de' Medici, genannt „il Magnifico" (der Prächtige). Er zog sie an seinen Hof, gab ihnen Aufträge, bezahlte und inspirierte sie. Seine Familie war durch skrupellose Verwegenheit, tückischen Mord und unverschämtes Glück zum angesehensten Fürstenhaus Italiens emporgestiegen. Souverän beherrschte er die Kunst, sich populär zu machen: Er warf mit vollen Händen Dukaten unters Volk und scheute keine Kosten für öffentliche Feste. Nur wenige wußten, daß er dazu Staatsgelder in Anspruch nahm. „Heute disputierte er in der Platonischen Akademie über Tugend und Unsterblichkeit und schrieb fromme Gedichte, um am andern Tage in liederlicher Gesellschaft seine unsittlichen Karnevalslieder anzustimmen" (L. v. Pastor). Fortwährend in Liebesabenteuer und Ehebrüche verwickelt, wirkte sein Beispiel auf die Florentiner zersetzend. Besinnungslos stürzte sich das Volk in den Taumel rauschender Feste, um allen Trieben die Zügel schießen zu lassen. In Schauspielen, Karnevalsfeiern und Maskenzügen lebten die Frivolitäten des Altertums wieder auf. Für solche Veranstaltungen schufen die Künstler verschwenderische Dekorationen, schrieben die Poeten anzügliche Verse. Die guten Sitten waren nur noch ein Gegenstand lockerer Witze.

Savonarola beschloß, das Verderben aufzuhalten. Doch fanden seine ersten Predigten in San Lorenzo fast gar keinen Anklang. Er hatte anfangs mit Sprachschwierigkeiten zu kämpfen und fühlte sich sehr gehemmt. Zudem mochten die Florentiner seine ungewählten Ausdrücke, seinen rauhen lombardischen Akzent und seine hastigen Gesten nicht leiden. Sie zogen die genußreich gedrechselte Rhetorik anderer Prediger vor. Savonarola aber verschmähte den Glanz solcher Kanzelberedsamkeit. Um den ausgehöhlten Glauben zu lebendiger Fülle zurückzuführen, bedurfte es anderer Mittel. Es sollten jedoch noch einige Jahre vergehen, bis Savonarola diese Mittel so vollkommen beherrschte, daß er eine größere Wirkung erzielen konnte. Während dieser Zeit wirkte er außerhalb der Stadt Florenz. In dem sienesischen Bergstädtchen San Gimignano wagte er zum ersten Male sein prophetisches Programm auszusprechen, das er in drei Sätzen zusammenfaßte: „Die Kirche wird gezüchtigt werden – und dann erneuert – und das wird bald sein." In verschiedenen Städten der Lombardei drohte er mit dem Zorne Gottes und rief zu allgemeiner Buße auf. Der wachsende Erfolg schenkte ihm das Selbstvertrauen wieder, das er in Florenz fast verloren hatte. Die Wucht seiner Rede nahm zu, das Wort löste sich leichter von den Lippen, und wie angestaute Wasser brach sein heiliger Zorn hervor. 1489 schrieb er an seine Mutter: „Ich bin mehr denn je entschlossen, Seele, Leib und alles Wissen, das mir Gott geschenkt, aus Liebe zu ihm und für das Heil des Nächsten dahinzugeben."

Im gleichen Jahre wurde er wieder nach Florenz berufen. Der Zulauf zu seinen Predigten in der Klosterkirche San Marco wurde so groß, daß man ihm bald die Domkanzel einräumte. Mitten im Winter standen Tausende nach Mitternacht auf und strömten zur Kirche, um dichtgedrängt stundenlang betend zu warten, bis der kleine Mann mit dem bleichen Antlitz, der durchfurchten Stirn, der kühnen Adlernase und den feurigen schwarzen Augen erschien. Alle Blicke richteten sich wie gebannt auf seine Lippen, die sich nun öffneten, um Worte von apokalyptischer Gewalt auf sie niederfahren zu lassen. Savonarola redete, wie man auf der Straße spricht, natürlich, rasch, verständlich, anschaulich, in kurzen Sätzen, ohne schmückende Beiwörter. Seine kühnen Bilder, sein plastischer Ausdruck, seine glühende Inbrust rissen die Menge hin. Die Erschütterung des Volkes machte sich oft in lautem Weinen Luft.

In ständiger Wiederholung hämmerte er immer wieder dieselben Gedanken ein. Wie Peitschenhiebe sausten seine Worte, wenn er den Schönheitskult als eitle Wollust verdammte, die Schamlosigkeit der Bilder rügte, den Materialismus der Zeit anprangerte und gegen die Vergötzung der Sinneslust, des Mammons und der Macht wetterte. „Ihr seid gierig nach Reichtum, verliebt in das Geld und glaubt, mit dem Golde das Himmelreich zu erkaufen." Obwohl er den Florentinern rücksichtslos Dinge sagte, die gerade in ihren Ohren bitter klingen mußten, stieg er beständig in ihrer Achtung. Man spürte, daß seine Kritik nicht niederreißen, sondern aufbauen wollte. Savonarola selbst erklärte: „Wir wollen niemals den Sünder verurteilen, sondern höchstens seine Sünden, und wir sollen für ihn Mitleid haben. Denn solange es den freien Willen gibt und die Gnade Gottes, besteht für ihn immer die Möglichkeit, sich Gott zuzuwenden und sich zu ihm zu bekehren."

Auch gegen die Priester und Bischöfe schleuderte Savonarola Anklagen: „Die Prediger speisen heutzutage das Ohr mit Aristoteles, Vergil, Ovid, Cicero, Dante und Petrarca und kümmern sich nicht um das Heil der Seelen. Warum lehren sie nicht statt so vieler Bücher das eine, in dem das Gesetz und das Leben enthalten ist? Das Evangelium, o Christen, solltet ihr stets bei euch tragen; ich meine aber nicht das Buch, sondern dessen Geist. Denn hast du den Geist der Gnade nicht, und trügest du den ganzen Band bei dir, es würde dir nichts nützen. Um wieviel törichter sind nun gar jene, die sich den Hals mit Breven und Ablaßzetteln vollhängen, daß sie aussehen wie Krämer, die zum Jahrmarkt ziehen! Die christliche Liebe wohnt nicht in den Papieren, den Büchern. Die wahren Bücher Christi sind die Apostel und die Heiligen, und das wahre Leben besteht in der Nachahmung ihres Lebens. Aber heute sind die Menschen, besonders die Geistlichen, zu Büchern des Teufels geworden. Sie sprechen gegen den Hochmut und Ehrgeiz und stecken doch bis über die Ohren selber darin. Sie predigen Keuschheit und halten sich Konkubinen und Lustknaben. Sie befehlen, die Fasten zu halten, und leben dabei im Luxus ... Die Prälaten brüsten sich mit ihren Würden und verachten die andern; sie verlangen, daß man vor ihnen sich bückt und kriecht ... Seht, wie jetzt die Prälaten und Prediger ihren Sinn nur auf die irdischen Dinge gerichtet haben; die Sorge für die Seelen liegt ihnen nicht mehr am Herzen. In der ersten Zeit der Kirche waren die Kelche von Holz und die Prälaten von Gold; heute hat die Kirche Kelche von Gold und Pälaten von Holz."

Wir sind geneigt, solche Ausbrüche für sehr übertrieben zu halten. Doch verstehen wir die Heftigkeit Savonarolas, wenn wir uns die Zustände in der damaligen Kirche vor Augen führen. An der römischen Kurie hatte sich eine Protektionswirtschaft übelster Sorte breitgemacht. Papst Sixtus IV. ernannte unwürdige Verwandte zu Kardinälen und erhob den Nepotismus zum System. Zwar förderte er großzügig Kunst und Wissenschaft, vernachlässigte aber in erschreckendem Ausmaß seine kirchlichen Aufgaben. Noch skandalöser wurden die Dinge unter seinem Nachfolger Innozenz VIII. Dieser lasterhafte Mann auf Petri Stuhl stattete die eigenen unehelichen Söhne mit weitgehenden Machtbefugnissen aus und ließ sie in Reichtum und Müßiggang schwelgen. Durch die Heirat eines seiner Söhne mit einer Tochter Lorenzos und durch die Erhebung des zwölfjährigen Sohnes Lorenzos zum Kardinal verbündete er sich mit den Medici. Die Korruption kannte keine Grenzen. Skandale jeder Art häuften sich. So tat sich eine Gruppe päpstlicher Beamten zusammen und trieb einen schwungvollen Handel mit gefälschten Bullen. Spottgedichte und Pamphlete verbreiteten diese Ärgernisse über ganz Italien. Wenn Savonarola von ihnen sprach, sagte er nichts Neues. Die Spatzen pfiffen es von allen Dächern. Begreiflich, daß er angesichts solcher Verlotterung ausrief: „Warum schläfst du, Herr? Erhebe dich! Komm, deine Kirche zu befreien aus den Händen der Teufel, aus den Händen der Tyrannen, aus den Händen unwürdiger Priester! Siehst du nicht, daß sie voll ist von Bestien aller Art, die sie zugrunde gerichtet haben? ... Komm und strafe die Unwürdigen! Vernichte sie! Demütige sie! ... Laß uns nicht zu lange auf deine Strafe warten und auf die Heimsuchungen, damit wir bald wieder zu dir zurückfinden ... Ergieße deinen Zorn über die Völker!"

Savonarola begnügte sich nicht mit Worten, sondern schritt tätig zur Besserung der Verhältnisse in jenem Bereich, der ihm unterstand. 1491 war er einstimmig zum Prior von San Marco gewählt worden. Er führte in seinem Haus eine strenge Reform durch. Um die bedingungslose Armut, welche die Regel des heiligen Dominikus forderte, wieder zu verwirklichen, verkaufte er Klostergüter und verbot den Mönchen, Wertgegenstände zu besitzen, und seien es auch goldene Kruzifixe. Auch hielt er darauf, daß die theologischen Studien als unerläßliche Vorbereitung apostolischen Wirkens wieder gründlicher betrieben wurden. Er selbst gab allen ein lebendiges Vorbild der Grundsätze, die er einschärfte. Er trug nur den gröbsten Stoff. Seine zwei Zellen waren die kleinsten im Haus. Man kann sie heute noch sehen: Jede hat nur vier Schritt im Geviert und nur ein zwei Fuß hohes Fensterchen. Der eine Raum diente als Studierzimmer, der andere als Schlafkammer. Ein hartes Bett genügte als Lager. Dieses Beispiel ließ die Mönche in sich gehen. Savonarola überwand die größten Widerstände, um die Voraussetzung zur Reform auch der anderen Klöster Toskanas zu schaffen, nämlich die Toskanische Dominikaner-Kongregation aus der Vormundschaft der laxen Lombardischen Kongregation zu befreien. Er siegte über alle Intrigen und setzte es durch, daß eine päpstliche Bulle die Unabhängigkeit der Toskanischen Kongregation bestätigte. Die Dominikaner dieser Reformkongregation wählten Savonarola zu ihrem Oberen.

Wie in seinem Kloster, so erreichte Savonarola auch in der Stadt eine völlige Umwandlung. Zerknirscht verließen die leichtlebigen Florentiner seine donnernden Sittenpredigten. Damen legten ihren Schmuck ab und kleideten sich bescheiden und züchtig. Bankiers und Kaufleute erstatteten freiwillig unrechtmäßiges Gut zurück. Todfeinde umarmten sich. Die ausschweifenden jungen Stutzer wurden mit einem Mal religiös. Statt schlüpfriger Karnevalsschlager vernahm man geistliche Gesänge, und wer bisher Vergnügen am Austausch zotiger Witze fand, erging sich nun in frommen Gesprächen. Feste und Spiele wurden eingestellt. Die Kirchen waren überfüllt. Nie gingen so viele zu den Sakramenten. Die Summen, die bisher für Luxus und Prasserei verschwendet wurden, flossen jetzt Hilfswerken für die Armen zu. Savonarolas Eroberungen unter dem einfachen Volke waren vielleicht weniger erstaunlich. Überraschenderweise bekehrten sich aber auch viele Gebildete, die bei ihrer Vorliebe für die heidnische Antike am wenigsten dazu geneigt zu sein schienen. Söhne vornehmer Familien, reife Männer, die einen Ruf in Literatur, Wissenschaft oder Politik genossen, traten als Mönche in San Marco ein, dessen Konvent von 50 auf 238 Mitglieder anwuchs.

Das erstaunlichste Ereignis erlebte die Stadt im Karneval 1496. Auf dem Markt vor der Signorie, der sonst zu dieser Zeit vom Trubel der Maskenzüge widerhallte, sollten zum Zeichen der Buße alle Ärgernisse und Gelegenheiten zur Sünde verbrannt werden. Savonarolas Aufruf fand ein weites Echo. Auf einer hohen Stufenpyramide von Holz schichtete das Volk die Eitelkeiten auf: Künstler brachten ihre gemalten oder in Elfenbein geschnitzten weiblichen Akte. Andere opferten erbarmungslos Teppiche, Lauten, Gitarren, Flöten, Schachbretter, Spielkarten, Würfel, Spiegel, Parfumflakons, Puderdosen, Schminken, Masken, falsche Haartouren, wieder andere prachtvoll ausgestattete Bücher. Dann legte man brennende Fackeln an, während die Signorie auf den Balkon trat, und unter Gesang, Trompetenschall und Glockengeläute sank das Ganze in Asche. Ein Ausländer hatte vergeblich 22 000 Kronen für den Haufen geboten, um das Wertvolle aus dem Feuer zu retten. Nachher zog alles auf den Platz vor San Marco, wo man in drei konzentrischen Kreisen einen Reigen tanzte: zuinnerst Mönche abwechselnd mit Engelknaben, dann junge Geistliche und Laien, zuäußerst Greise, Bürger und Priester, mit Olivenzweigen bekränzt.

Das ganze Spektakulum will uns reichlich theatralisch vorkommen, und es fehlte auch unter den Zuschauern nicht an solchen, die jene Frommen offen verhöhnten oder ihrem Ärger in groben Worten Luft machten. Zweifellos haftet der Veranstaltung ein Zug von überspannter Schwärmerei an. Doch muß man, um nicht ungerecht zu werden, bedenken, daß dieses „Fest der höheren Tollheit", wie Savonarola es nannte, die naive Schaulust und Spielfreude der Italiener auf eine sinnvollere Weise befriedigen wollte als die Karnevalszüge von einst. Savonarola wandte hier die gleiche Methode an wie die früheren Missionare, welche die heidnischen Feste nicht ausrotteten, sondern im christlichen Sinne umprägten. Seine religiösen Reigen knüpften übrigens an uraltes Brauchtum an: Kultische Tänze waren im Altertum bei Griechen und Römern ebenso beliebt wie bei den Israeliten. Auch im Christentum gab es schon früh sakrale Tänze. Die Vorstellung der ewigen Seligkeit als ein Tanz ist uralt. Noch der Malermönch Fra Angelico, der nicht lange vor Savonarola in San Marco wirkte, stellte die Freuden des Paradieses als Reigen dar, in denen Engel abwechselnd mit Mönchen Hand in Hand lange Ketten bilden und singend emporschweben. Von Savonarola wird berichtet, er sei gern mit seinen Mönchen ins Freie gezogen und habe sie, nachdem sie im Walde sitzend über theologische Dinge disputiert hatten, einen Tanz aufführen lassen. Die unbeschwerte Heiterkeit dieser Szene spricht dafür, daß der Bußprediger alles andere als ein finsterer Geselle war. Seine Freunde sagten von ihm, er sei im persönlichen Verkehr sanft wie ein Lamm gewesen, stets bereit nachzugeben. In seiner Gegenwart habe man sich wohlgefühlt. Ranke schreibt, ihm sei „eine gewisse Urbanität, ... eine den Zeloten ungewohnte Toleranz" zu eigen gewesen: „Er war zugänglich für jedermann, auch für seine Feinde, von denen man bemerkte, daß sie nicht selten als Freunde und Verehrer von ihm schieden."

Auch ist es falsch anzunehmen, Savonarola sei ein Feind von Kunst und Wissenschaft gewesen. Im Gegenteil: Er förderte in seinem Kloster das Studium der griechischen und orientalischen Sprachen und beschäftigte zahlreiche Maler und Architekten. Er rettete die herrliche Bibliothek der Medici. Auf sein Drängen wurde 1495 der Saal für den Großen Rat ausgebaut, wobei man Michelangelo hinzuzog. Unter den Künstlern hatte Savonarola viele Freunde. Er selbst schrieb Gedichte, obwohl ihm der Sinn für das Wesen der Dichtung fehlte. „Es ist mir nie in den Sinn gekommen", schrieb er, „die Dichtkunst zu verdammen, sondern nur den Mißbrauch, den viele mit ihr treiben ... War es nicht Plato, den man heute so gern in den Himmel erhebt, der erklärte, es sei ein Gesetz erforderlich, das jene Dichter aus den Städten vertreibe, die mit dem Beispiel und der Autorität verruchter Götter und mit dem Kitzel schändlicher Gedichte die schmählichsten Begierden wachriefen und den moralischen Verfall beschleunigten? Was tun dagegen unsere christlichen Fürsten? Warum verschleiern sie diese Übel? Warum geben sie nicht ein Gesetz, das diese falschen Dichter aus den Städten verbannt und ihre Bücher und jene Schriften der Alten, die von unzüchtigen Dingen handeln und die falschen Götter loben, dem Feuer übergibt? Es wäre ein großes Glück, wenn diese Schriften verbrannt würden und nur jene übrigbleiben, welche die Tugend fördern."

Eine solche Bücherverbrennung, wie Savonarola sie vorschlug und im Autodafé der Eitelkeiten auch tatsächlich verwirklichte, dünkt uns heute barbarisch. Doch wenn man einmal zugegeben hat (und wer wollte es leugnen?), daß viele Erzeugnisse der Literatur, ungeachtet ihres ästhetischen Wertes, mehr Schaden als Nutzen stiften, kann man eine so radikale Maßnahme nicht völlig unvernünftig finden. Niemand hält es für unrecht, einen Menschen daran zu hindern, seinen Leib zu vergiften. Doch wenn ein Mensch seine Seele vergiftet, sehen viele unbekümmert zu; ja sie protestieren im Namen einer falsch verstandenen Freiheit und einer falsch verstandenen Kultur, wenn ein Besonnener ihm das Gift aus den Händen reißt.

Die gleiche Haltung wie den Büchern gegenüber nahm Savonarola zu den Werken der bildenden Kunst ein. Er verdammte sie nicht insgesamt, sondern nur die schädlichen. Das Naturstudium als Ausgangspunkt aller Kunstübung erkannte er an, doch wandte er sich gegen den Naturalismus in der religiösen Kunst. Das Nackte solle nicht in aufreizender Weise zur Schau gestellt werden. Sakrale Kunst müsse ausdrucksvoll und erhaben sein und dürfe das Heilige nicht profanieren. Mit warmen Worten machte sich der Prediger zum Anwalt der wahren Schönheit: „Betrachtet die Sonne: Sie ist schön, weil sie Licht ist. Betrachtet die seligen Geister: Sie sind schön, weil sie Licht sind. Und weil Gott die höchste Fülle des Lichtes ist, ist er die Schönheit selbst, und die Schönheit eines jeden Wesens ist um so vollendeter, je mehr sie der Schönheit Gottes gleicht. Auch der Leib ist schön in dem Maße, wie die Seele schön ist ... Was soll ich euch sagen, christliche Maler, die ihr so unziemliche Gestalten schafft? Ich mahne euch, tut es nicht mehr! ... Wie eure Kurtisanen kleidet und schmückt ihr die Gottesmutter und gebt ihr die Züge eurer Liebsten ... Da sagen dann die jungen Leute von diesem oder jenem Weibe: Das ist die Magdalena, das ist Sankt Johannes, das ist die Madonna. Denn ihre Porträts sind es, die ihr in den Kirchen malt, und das untergräbt die Ehrfurcht vor den heiligen Dingen. Ihr tut großes Unrecht, ihr Künstler, und wenn ihr wüßtet, wie ich es weiß, welch Unheil ihr damit stiftet, so würdet ihr es gewiß nicht tun. Alle Eitelkeiten führt ihr in die Kirchen ein. Oder glaubt ihr etwa, die Jungfrau Maria sei so aufgeputzt einhergegangen, wie ihr sie malt? Ich sage euch, sie kleidete sich wie eine arme Frau aus dem Volke." Viele Maler haben die Kritik Savonarolas anerkannt. Sandro Botticelli, Pietro Perugino und viele andere wurden Anhänger des Predigers und bekehrten sich zu seinen Auffassungen. Manche, wie Bartolomeo della

Porta, wurden sogar Mönche in San Marco. Bei einer Reihe von damals entstandenen Kunstwerken zeigt sich Savonarolas Einfluß. Noch Raffael und Michelangelo standen im Banne des Frate.

So sehr man des Predigers Angriff auf die Auswüchse der Kunst und Literatur jener Zeit als berechtigt ansehen muß, so wenig läßt sich leugnen, daß seine Polemik zuweilen über das Ziel hinausschoß. Die feierlich inszenierte Verbrennung der Eitelkeiten, Symbol eines außerordentlichen Erfolges, erfüllt uns mit Bewunderung, zugleich aber auch mit Schrecken. Was uns am meisten an diesem großen Manne abstößt, ist die Strenge seiner Methoden, mögen sie auch zu jener Zeit gang und gäbe gewesen sein. Öffentliche Spieler sollten mit Tortur, Gotteslästerer mit Durchstechung der Zunge, Homosexuelle mit Verbrennung bestraft werden. Aktionsgruppen von Jugendlichen mußten in der Stadt umherstreifen, um die Lasterhaften unerbittlich zu verfolgen. Es fragt sich allerdings, ob Savonarola die ganze Schuld an diesen Exzessen trägt. Feststeht, daß einige Florentiner Beamte unduldsamer waren als der, in dessen Geist sie zu handeln glaubten. Savonarola war klug genug, um zu sehen, daß solche Maßnahmen Erbitterung hervorrufen mußten, und erhob Einspruch. Doch konnte er die Geister, die er gerufen, nicht mehr loswerden. Die krankhafte Überspannung führte notwendig zur Erschöpfung. So plötzlich die Bekehrung der Stadt erfolgte, so kurz war ihre Dauer. Die überhitzte Stimmung konnte nicht währen, und der Versuch, sie gewaltsam zu erhalten und zu steigern, beschwor eine ebenso heftige Reaktion herauf. Schon von Anfang an hatte der lästige Mahner neben Bewunderung auch Feindschaft geerntet. Jetzt steigerte sich diese Feindschaft zu erbittertem Haß. Es bildeten sich zwei Parteien in der Stadt, die sich gegenseitig mit Leidenschaft verfolgten. Die Arrabiati (d. h. die Wütenden) bekämpften Savonarolas Anhänger, die Frateschi (d. h. die Brüderlichen), die sie höhnend wegen ihrer ständigen Klagen über die verderbte Zeit Piagnoni (d. h. Heuler oder Wimmerer) nannten. Der Kampf zwischen diesen beiden Gruppen wurde um so schärfer, als Savonarola sich inzwischen in die Politik eingemischt hatte und zu beträchtlicher Macht aufgestiegen war. Seine Unerbittlichkeit und der Haß seiner Feinde steigerten sich gegenseitig und trieben den Reformator unaufhaltsam seinem Untergang entgegen.

Man hat oft behauptet, Savonarolas Leben hätte nicht mit einer Katastrophe geendet, wenn er sich nicht in die außen- und innenpolitischen Händel eingelassen hätte. Wahr daran ist, daß es vor allem Savonarolas aktive Haltung zu bestimmten Fragen der Innen- und Außenpolitik war, weshalb seine Feinde ihn vernichteten. Auch kann man mit guten Gründen diese Haltung als unklug, Savonarolas politische Ziele als verkehrt ablehnen. Doch ist es richtig zu sagen, der Prior von San Marco hätte sich überhaupt nicht mit Politik beschäftigen sollen? Schon Zeitgenossen erklärten, und viele Historiker haben es ihnen nachgesprochen, daß es nicht seines Amtes war, sich als Priester zu politischen Fragen zu äußern. Dieser Kritik liegen zugrunde die moderne Überzeugung, die Kirche habe ihre Wirksamkeit auf das „rein Religiöse" zu beschränken, und die Lehre, die Politik sei vom Sittengesetz unabhängig, jene Theorie also, die bald nach Savonarolas Tod der Florentiner Machiavelli formulierte. Savonarola dagegen war der Ansicht, daß Politik und Religion keineswegs getrennte Bereiche seien, die gar nichts miteinander zu schaffen haben. Eine politische Reform schien ihm für die Reform der Kirche unerläßlich zu sein. Denn die Erneuerung der Sitten konnte kaum gedeihen, wenn nicht zuvor die sozialen und staatlichen Verhältnisse besser geordnet waren. Umgekehrt setzte die politische Neuordnung eine Wandlung der Geister voraus. So waren Staatsreform und Sittenreform untrennbar, und der Moralprediger wurde konsequenterweise politischer Propagandist. Doch verlor er seine eigentliche Aufgabe, der das Politische nur ein Mittel war, nie aus den Augen: die sittliche Erneuerung aus dem Geist des Evangeliums.

Schon zu Beginn seiner Florentiner Tätigkeit sah sich der Reformator genötigt, zur innenpolitischen Lage einige kräftige Worte zu sagen. Es blieb nicht aus, daß seine Beziehungen zum Herrscher der Stadt recht gespannt wurden. Zwar suchte Lorenzo de' Medici den einflußreichen Prediger für sich zu gewinnen. Er selbst hatte, auf Picos Empfehlung hin, ihn nach Florenz berufen. San Marco war sein Lieblingskloster, das seine Vorfahren erbaut und mit einer kostbaren Bibliothek ausgestattet hatten, und er fuhr fort, das Haus auffallend zu begünstigen. Das freilich konnte Savonarola nicht dazu bewegen, sich dem Diktator unterwürfig zu zeigen. Es fiel ihm nicht einmal ein, als neugewählter Prior von San Marco im Palaste Medici den herkömmlichen Antrittsbesuch zu machen. Er habe, so äußerte er, sein Amt von Gott und schulde keinem Menschen Dank dafür. Trotzdem überhäufte Lorenzo das Kloster nach wie vor mit Geschenken. Savonarola erklärte dazu in einer Predigt, wenn einem wachsamen Hunde ein Stück Fleisch zugeworfen werde, beiße er wohl hinein und verstumme eine Weile, doch bald lasse er es fallen und belle um so kräftiger gegen die Räuber und Unterdrükker der Freiheit.

Dieses Urteil über den Herrscher war nicht unberechtigt. Wohl hatte Lorenzo durch geschickte, rücksichtslose Staatsführung Parteihader in Florenz für eine Zeit erstickt. Doch war die Harmonie zwischen Regierung und Volk, zwischen Führern und Geführten, nur scheinbar. Unter der Oberfläche gärte es. Viele einst einflußreiche Familien fühlten sich an die Wand gedrückt. Als die Unzufriedenheit 1478 in der Verschwörung der Pazzi zum Ausbruch gekommen war, hatte Lorenzo die Revolution zwar blutig zerschlagen und die Opposition durch Gefängnis, Verbannung und Folter zum Schweigen gebracht. Die Mißstimmung in den Adelskreisen aber wurde dadurch nur noch vertieft, und manche sannen insgeheim auf Rache. Auch die niederen Schichten kamen sich verwahrlost und ausgebeutet vor. Tatsächlich mußte die Stadt Florenz, nachdem sie unter Zwang jahrelang den Luxus des Potentaten finanziell gedeckt hatte, 1490 den Bankrott erklären.

Savonarola öffnete jetzt den Verführten die Augen. Seine Predigten wurden ein Weckruf: „Die Tyrannen sind unverbesserlich. Sie panzern sich mit Stolz und dürsten nach Lobpreisungen. Sie geben nie zurück, was sie sich zu Unrecht angeeignet haben. Sie lassen üble Beamte schalten und walten. Stets bereit, Schmeicheleien ein williges Ohr zu leihen, verschließen sie sich auf der anderen Seite der Stimme des Elends. Sie verurteilen niemals die Reichen und verlangen, daß die Bauern und Armen für sie unentgeltlich arbeiten oder sich widerspruchslos dem Zwange ihrer Bevollmächtigten fügen. Sie verfälschen die Wahlen, verschachern Steuerämter und bürden dadurch dem Volke immer schwerere Lasten auf." Mit seinen Anklagen gegen die Tyrannen, ihre Willkür, ihre Ausschweifungen und ihre Verschwendung auf Kosten des Volkes wurde Savonarola der heftigste Widersacher der Medici.

Lorenzo nahm die Vorwürfe Savonarolas gelassen hin. Wenigstens ließ er sich nicht zu auffallenden Schritten hinreißen. Er versuchte es auf anderem Wege. Eines Tages ließ er einen Franziskaner Savonarolas Prophezeiungen von der Kanzel widerlegen. Der Dominikaner griff den Fehdehandschuh auf und verteidigte sich so glänzend, daß er Lorenzos Anhänger Pico und Ficino auf seine Seite zog. Ein andermal veranlaßte Lorenzo einige Adelige, dem Prediger Zurückhaltung in politischen Dingen zu empfehlen, da er sonst das Volk beunruhige. Savonarola entgegnete, er tue nichts anderes, als was in den frühesten Zeiten der Kirche üblich gewesen, nämlich in Gottes Namen die Ungerechtigkeit anzugreifen. Er merke wohl, woher die Herren kämen: „Sagt dem Herrn Lorenzo de' Medici, er möge in sich gehen, denn Gott werde ihn wegen seiner Sünden ins Gericht nehmen. Sagt ihm ferner, ich sei hier fremd und er ein Bürger der Stadt; ich aber würde bleiben und er davongehen." Lorenzo ging bald davon. 1492 lag er auf dem Sterbebett und ließ Savonarola zu sich rufen. Niemand weiß, was die beiden Gegner im Angesichte des Todes miteinander gesprochen haben.

Unter Berufung auf göttliche Offenbarungen, die er empfangen zu haben glaubte, prophezeite Savonarola 1494 die Ankunft eines neuen Cyrus, der Italien ohne Widerstand siegreich durchziehen werde. Er sah die Schrecken voraus, begrüßte sie aber als ein notwendiges läuterndes Heilmittel. Tatsächlich machte sich bald darauf Karl VIII. von Frankreich mit einem starken Heere auf, das Königreich Neapel zu erobern. Gestützt auf Savonarolas Prophezeiungen, gebärdete er sich wie einer, der von Gott gesandt war, ein gutes Werk in Italien zu vollbringen. Unaufhaltsam rückten die französischen Truppen vor. Ihre schwere Artillerie und ihre Greueltaten verbreiteten lähmendes Entsetzen. Ende Oktober 1494 lieferte der Sohn Lorenzos ohne Gegenwehr dem Eroberer die Festungen seines Landes aus. „Das Schwert ist gekommen", rief Savonarola von der Kanzel des Domes, „die Prophezeiungen gehen in Erfüllung, die Strafen beginnen. Der Herr ist's, der diese Heere heranführt." Der Rat sandte den Prediger mit einer Gesandtschaft nach Pisa, damit er mit dem Franzosenkönige verhandle. Savonarola begrüßte ihn als vom Herrn gesandt, um Italien von seinen Leiden zu befreien und die Kirche zu reformieren. Doch ermahnte er ihn, gegen Florenz Barmherzigkeit zu üben, sonst werde Gott ihn furchtbar züchtigen. Tatsächlich gelang es ihm, den König zu einer erheblichen Einschränkung seiner Ansprüche zu bewegen. Indessen war in Florenz die Revolution ausgebrochen. Am 9. November erhob sich das Volk, vertrieb die Medici und plünderte ihren Palast. Savonarola eilte zurück, die aufgeregten Menschen zu beruhigen.

Die Stadt empfing den König festlich und verlieh ihm den Titel eines Beschützers und Wiederherstellers der florentinischen Freiheit. Das Volk hoffte, nun werde eine bessere Zeit anbrechen. Doch schon bald machten sich die Befreier unbeliebt, indem sie die Bevölkerung schikanierten. Savonarola nahm die Florentiner in Schutz und erreichte es in wiederholten Gesprächen mit Karl, daß er von seinem Vorhaben, eine Besatzung in Florenz zu lassen, abstand und die Stadt eher verließ, als er beabsichtigt hatte. Der Franzosenkönig nahm Rom, zwang dem Papst Alexander VI. einen Diktatfrieden auf und zog nach raschem Siegeszug in Neapel ein. Nun hätte er darangehen können, die Kirche zu reformieren. Doch dazu war er keineswegs geeignet, und er dachte auch nicht daran. Während er und seine Soldaten in Lüsten schwelgten und die „Franzosenkrankheit", die Syphilis, verbreiteten, verbündeten sich italienische und europäische Mächte mit Alexander VI. zu einer antifranzösischen Liga und zwangen die Fremden zum Rückzug.

Als Karl VIII. wieder in die Toskana kam, trat ihm Savonarola entgegen: „Du hast den Zorn des Herrn herausgefordert, indem du die Reform seiner Kirche unterließest, die dir der Herr durch meinen Mund so oft angekündigt und für die er dich mit so untrüglichen Zeichen auserwählt hat. Für dieses Mal wirst du der Gefahr entrinnen. Aber wenn du den Befehlen, die dir der Herr durch seinen unwürdigen Knecht jetzt noch einmal wiederholt, nicht gehorchst, so verkündige ich dir, daß Gott in seinem Zorne dir noch viel größeres Unglück senden und einen andern an deiner Statt erwählen wird."

Inzwischen war in Florenz die Monarchie durch eine republikanische Verfassung abgelöst worden. Savonarola hatte zu dieser Umwälzung durch Rat und Tat entscheidend beigetragen. In einer Predigt riet er den Florentinern: „Schafft gewisse Dinge ab, die sich für euch nicht ziemen. Am besten nehmt ihr euch die Verfassung von Venedig zum Vorbild, dann würde hier mehr Friede herrschen als bisher. Die Erfahrung hat gezeigt, daß bei den Bürgern von Venedig, die doch nicht besser waren als andere, in der langen Zeit ihrer Geschichte nicht so viele Streitigkeiten und Umwälzungen vorgekommen sind, wie es hier der Fall war. Deshalb, Florenz, solltest du das Alte abschaffen, das bisher so viel Unheil gebracht hat. Es ist der Wille Gottes, daß es nicht mehr so weitergeht wie bisher. Das Volk soll herrschen!" Für die Anhänger der früheren Regierung bat er um Schonung: „Unsere Stadt ist ganz krank, beginnen wir darum mit dem Frieden, heilen wir sie von der Wunde des Hasses und der Feindschaft! Beginnen wir mit dem Frieden, alles andere wird folgen ... Laßt ab von dem tiefen Groll gegeneinander, der sich wegen längst vergangener Dinge in euren Herzen festgesetzt hat, ich meine damit allen Parteihader von eurer letzten Umwälzung an und weiter zurück – all das soll endlich vergeben und begraben sein und nicht mehr aufgetischt werden. Wenn aber in Zukunft jemand eine Schuld auf sich lädt, soll er bestraft werden; nur soll man keinen mehr wegen vergangener Dinge bestrafen. Das soll aber nicht heißen, daß die Schulden an die Gemeinde nicht mehr beglichen zu werden brauchen. Solch einen Säumigen soll man zur Bestrafung zwingen, aber nicht mit Foltern und grausamen Methoden, sondern nach Gesetz und Recht und ohne Blutvergießen, denn so will es Gott ... Wer andere bestrafen will, muß zunächst selbst ohne Tadel sein. Erforsche dein Gewissen, dann wirst du sehen, was du verdienst: zu strafen oder selbst gestraft zu werden. Verlange nicht die Gerechtigkeit bei den andern, sondern wende sie auch gegen dich selbst an! Schließe Frieden! Wenn du dies ehrlich tust, kann dir selbst eine Welt von Feinden nichts anhaben! ... Ihr Behörden, ihr seid von Gott eingesetzt und habt die Pflicht, einen jeden zum Frieden anzuhalten, denn ihr seid Diener Gottes und keine Herren und habt die Pflicht, Gottes Ehre und das Wohl eurer Stadt zu fördern." Indem Savonarola für die Anhänger der gestürzten Herrschaft eine Amnestie erwirkte, verhütete er einen Bürgerkrieg. „Unter der Leitung seines heiligmäßigen Mönches gab Florenz das erste italienische Beispiel von Schonung der besiegten Gegner, während die ganze Vorzeit ihm nichts als Rache und Vertilgung predigt" (J. Burckhardt).

Savonarola forderte eine neue Regierung auf breitester Grundlage. Alle Bürger sollten an ihr teilhaben. Die Vorschläge des Frate erhielten Gesetzeskraft. Der Große Rat, eine Versammlung der stimmberechtigten Bürger, wie er ihn nach dem Vorbild Venedigs angeregt, konstituierte sich. Die Steuern wurden reformiert, das Justizwesen neugeordnet. Um die Notleidenden vor Wucherern zu schützen, gründete die Stadt auf Savonarolas Drängen ein Pfandamt. Dem selbstsüchtigen Gebaren mancher Personen und Kreise wurde ein Riegel vorgeschoben. Gemeinnutz vor Eigennutz! Diesen Grundsatz des heiligen Thomas von Aquin verfocht auch Savonarola: „Ihr alle solltet viel mehr auf das Wohl der Gesamtheit bedacht sein als auf euer eigenes; ihr aber tut das Gegenteil, jeder denkt nur an seinen persönlichen Vorteil und an sich selbst... Wer sich nicht um das Gemeinwohl kümmert, ist kein echter Christ... Aus Liebe zum Gemeinwohl und zur Gesamtheit müßt ihr bei dieser Reform eher einen persönlichen Schaden auf euch nehmen, als daß ihr eine Gefährdung oder Vereitelung der Reform zulaßt. Denkt daran: Am Anfang ist es fast unmöglich, es jedem einzelnen recht zu machen."

Mit- und Nachwelt haben des Frate Verdienste um die Neuordnung der Verfassung anerkannt. „Wenn die größten florentinischen Politiker die italienische Geschichte überdachten, um die für ihre Landsleute geeignetste Verfassung zu ergründen, so gelangten sie immer wieder zu dem Ergebnis, die Verfassung von 1494 und der Große Rat seien verhältnismäßig doch immer noch das Beste gewesen" (J. Schnitzer).

Der Form nach war Savonarolas Verfassung demokratisch, dem Geist nach aber theokratisch. Nachdrücklich lehrte der Mönch, ein guter Staat sei auf Gott gegründet. Das weltliche Wohl müsse dem sittlichen und religiösen Wohl dienen. Aller politische, soziale und wirtschaftliche Fortschritt nutze dem Volke nichts, wenn es weiter den Lastern fröne. Nachdem die politische Freiheit errungen sei, gelte es, die sittliche Freiheit zu gewinnen. Obwohl Savonarola kein staatliches Amt bekleidete, war er doch der geistige Lenker der Republik. Er ließ Christus zum König von Florenz proklamieren: Gott selber sollte die Herrschaft führen und durch den Mund des Mönches seinen Willen kundtun. Diese Theokratie wurzelte im Geist des Alten Testamentes und des Mittelalters und war der Staatsidee der Renaissance schnurstracks entgegengesetzt. Es scheint daher nur zu natürlich, daß sie schon bei Zeitgenossen auf energischen Widerspruch stieß. Man beschuldigte Savonarola persönlichen Ehrgeizes und verdächtigte ihn klerikaler Machtgier. 1495 luden die Gegner Savonarola vor eine Versammlung von Politikern und Theologen in den Palast des Herrenrates, um ihn in öffentlicher Diskussion zu dem Geständnis zu bringen, ein Geistlicher dürfe nicht zugleich Staatsmann sein. Savonarola erwiderte, es sei falsch zu behaupten, weltliche Angelegenheiten könnten nur von Laien behandelt werden. Im Gegenteil: gerade die Vertreter der Kirche seien dazu berufen, an der geistigen Grundsteinlegung eines Staates mitzuwirken und dem sozialen Leben zu dienen. Da alle Lebensbereiche eine Einheit bilden, dürfe man auch Staat und Kirche, Politik und Religion nicht trennen.

Diese Auffassung enthält zweifellos einen wahren Kern. Doch wenn man die Einheit aller Lebensgebiete und ihre Gestaltung aus dem Glauben überbetont, gerät man in Gefahr, die relative Eigenständigkeit der Kultur und Politik zu verkennen. Dieser Gefahr ist Savonarola nicht entgangen. Indem er mit Recht die volle Unabhängigkeit der Politik von der Religion als falsch bekämpfte, geriet er in das entgegengesetzte, ebenso falsche Extrem: Er hätte am liebsten jedes Gebot der Kirche und der Religion zu einem Staatsgesetz gemacht und jedes Staatsgesetz zu einem religiösen Gebot. Seine Theokratie trägt, trotz einzelner demokratischer Elemente, im Grunde totalitären Charakter. Sie fegte eine Diktatur hinweg, um eine andere an deren Stelle zu setzen.

Es ging den Gegnern Savonarolas allerdings im Grunde keineswegs darum, die Eigenständigkeit der Politik zu verteidigen. Savonarola hätte ihnen sagen können, daß sie selbst bis hinauf zum Papst ja ebenfalls als Geistliche Politik trieben. Tatsächlich war es ein scheinheiliges Argument, mit dem die Gegner den Lästigen zur Strecke bringen wollten. Denn den Arrabiati und den Anhängern der Medici wie auch später dem Papst Alexander VI. war es völlig gleichgültig, daß Savonarola als Geistlicher für eine politische Partei kämpfte. Was sie ärgerte, war nur der Umstand, daß er nicht die richtige, nämlich ihre Partei genommen. Und dieser Umstand brach Savonarola den Hals.

Die politischen Auseinandersetzungen, in die Savonarola sich begeben hatte, steigerten sich, als der Papst eingriff, zu einem letzten, furchtbaren Konflikt. Der Kampf des großen Predigers gegen Alexander VI. wirkt wie der Schlußakt eines erschütternden Dramas, wie die Katastrophe, die den Helden tragisch zugrunde gehen läßt.

Unter den schlechten Päpsten ist Alexander Borgia der berüchtigtste. Von stattlichem Wuchs, robuster Natur und imposanter Erscheinung, in Geschäften gewandt, in Geldsachen umsichtig, redebegabt und verschlagen, besaß er zwar viele Eigenschaften, die einen Herrscher zieren, doch kaum eine, die ein Priester haben muß. Es war bekannt, daß er seine Würde durch Bestechung der Wähler erkaufte und daß er vier Kinder aus ehebrecherischem Umgang hatte, die er in maßloser Liebe mit Würden und Reichtümern überhäufte. Sein Traum war es, seiner Familie zur Herrschaft über ganz Italien zu verhelfen. Den Lieblingssohn Cesare Borgia, eine dämonische Verbrechernatur von kolossalem Ausmaß, machte er als Siebzehnjährigen zum Erzbischof und Kardinal, später, nachdem Cesare seine kirchlichen Würden hingeworfen hatte, um eine politische Ehe eingehen zu können, zum Herzog der Romagna. Vater und Sohn umgab eine Atmosphäre von Gift, Blut und heimtückischen Morden.

Begreiflich, daß Savonarola seine alte Forderung nach Reform der römischen Kurie energischer als je zuvor erhob. Unerschrocken geißelte er die Laster und Verbrechen des Papstes. Der Borgia ließ die Angriffe des Priors ungerührt über sich ergehen. Was ihn aber schließlich doch zum Einschreiten veranlaßte, war die Politik. Nicht der leidenschaftliche Sittenrichter, sondern der unermüdliche Propagandist für das Bündnis mit Frankreich erschien ihm gefährlich. Savonarola sah in Karl VIII. auch nach dessen mißglückter Invasion immer noch das Werkzeug Gottes zur Reform der Kirche. Entschieden bekämpfte er den vom Papst gewünschten Anschluß der Florentiner an die antifranzösische Liga: Florenz müsse Karl treu bleiben. Gott selbst habe es ihm so geoffenbart.

1495 erließ Alexander ein Breve, in dem er Savonarolas seelsorgliche Arbeit anerkannte, ihn aber aufforderte, sofort nach Rom zu kommen, um über die Prophezeiungen, die er als göttliche Offenbarungen verkündete, Rechenschaft abzulegen. In seinem Antwortschreiben bejahte Savonarola die Pflicht des Gehorsams, aber seine geschwächte Gesundheit und die Nachstellungen seiner Feinde erlaubten ihm zur Zeit keine Reise. Das war keine Ausflucht, da er gerade zu jener Zeit besonders schwer an seinem Darmleiden litt und da er im damaligen Rom, in dessen Straßen fast jeden Morgen die Leichen meuchlings Erdolchter gefunden wurden, als politischer Gegner des Papstes höchst gefährdet gewesen wäre.

Alexander erließ ein zweites Breve. Darin verbot er Savonarola unter Strafe der Exkommunikation jede Art von Predigt. Savonarola wußte, daß seine zahlreichen und mächtigen Feinde, die Medici und deren Anhang, die Gegner seiner Theokratie und die antifranzösischen Staaten Italiens, in Rom gegen ihn hetzten. Einem Ordensbruder schrieb er: „Wenngleich alle diese Dinge von jenen ausgehen, welche die Freiheit von Florenz und mich tödlich hassen, so bin ich trotzdem entschlossen, wenn ich anders mein Gewissen nicht retten kann, zu gehorchen." Und in einem Brief an Alexander beklagte er sich darüber, daß seine Feinde den Papst getäuscht: „Was meine Lehre betrifft, so habe ich mich stets dem Urteil der Kirche unterworfen ... Ich habe alle gegen mich erhobenen Anklagen als falsch erwiesen. Also erwarte ich ... einen Freispruch." Alexander hielt das Predigtverbot aufrecht, und Savonarola gehorchte zunächst. Ein Unternehmen der Medici, die Macht in Florenz wieder an sich zu reißen, und das Drängen der Signorie, seine Predigten im Dom fortzusetzen, veranlaßten den Prior jedoch, trotz des Verbots wieder die Kanzel zu besteigen. Zu seiner Rechtfertigung erklärte Savonarola damals: „Sobald kein Zweifel darüber besteht, daß Befehle der Oberen den Befehlen Gottes und besonders dem Gebot der christlichen Liebe widersprechen, darf niemand gehorchen. Denn es steht geschrieben: Du sollst Gott mehr gehorchen als den Menschen ... Ich habe mein Gewissen erforscht und meine Wege vollkommen rein gefunden ... Die von Rom erlassenen Breven sind ungültig, weil sie auf lügenhaften Berichten beruhen ... Ich möchte mich stille halten und nicht sprechen, aber ich kann nicht: Denn das Wort Gottes brennt in mir wie Feuer und verzehrt mir das Mark in den Knochen, wenn ich ihm nicht Luft mache. Wohlan denn, Herr, weil du es willst, daß ich auf dieser hohen See umhertreibe, so soll dein Wille geschehen."

Ein weiteres Breve des Papstes bildete aus sämtlichen Dominikanerklöstern im Toskanischen und Römischen eine neue Kongregation. Damit war die Toskanische Reformkongregation zerschlagen, Savonarola seines Amtes als Generalvikar enthoben. Der Eintritt in die neue Kongregation bedeutete für Savonarolas Kloster die Annahme einer laxen Regel. Der Prior sah darin einen Bruch seiner Gelübde und eine Vernichtung des Reformwerkes. Er verweigerte dem Befehl des Papstes den Gehorsam und begründete seinen Widerstand mit diesen Worten: „Die vom Papst befohlene Vereinigung ist unmöglich, unvernünftig, schädlich, da durch sie eine Verschlimmerung der Disziplin eintritt ... Die Mönche von San Marco können nicht dazu gezwungen werden, weil die Oberen nichts befehlen dürfen, was gegen die Konstitution des Ordens, gegen die christliche Liebe und das Heil unserer Seelen verstößt. Wir müssen also annehmen, daß sie durch falsche Berichte irregeleitet sind, einstweilen aber einem Befehl, der die christliche Liebe verletzt, widerstehen. Wir dürfen uns durch keine Drohungen oder Exkommunikationen einschüchtern lassen, sondern müssen uns lieber dem Tode aussetzen als einer Maßregel unterwerfen, die Gift und Verderben für unsere Seelen wäre."

Die Angriffe des Predigers auf die römische Kurie steigerten sich jetzt zu heftigsten Ausfällen: „Tritt her, verruchte Kirche! Höre, was der Herr zu dir spricht: Ich habe dir die schönen Gewänder gegeben, und du hast Abgötterei mit ihnen getrieben. Mit den Prachtgefäßen hast du den Stolz genährt. Die Sakramente hast du durch Simonie entweiht. Die Wollust hat aus dir eine schamlose Dirne gemacht. Du bist schlimmer als ein Vieh. Du bist ein abscheuliches Ungeheuer ... Früher schämtest du dich wenigstens deiner Sünden; jetzt aber tust du auch das nicht mehr. So hast du, feile Kirche, deine Schande vor der ganzen Welt enthüllt, und dein Pesthauch ist zum Himmel aufgestiegen."

1497 sprach Alexander endlich die Exkommunikation aus. Savonarola erklärte dazu in einer Epistel an alle Christen: „Diese Exkommunikation ist ungültig vor Gott und vor den Menschen. Denn sie beruht auf Gründen und Anklagen, die von unseren Feinden fälschlich erfunden sind. Ich habe mich immer dem Urteil der Kirche unterworfen und unterwerfe mich auch jetzt noch, und nie werde ich die Pflicht des Gehorsams versäumen. Aber einem Befehl, welcher der christlichen Liebe und dem Gesetz des Herrn widerspricht, darf man nicht gehorchen. Denn dann vertreten unsere Obern nicht mehr die Stelle Gottes." Gedeckt von der florentinischen Regierung, wagte es der Exkommunizierte, die Messe zu lesen und weiter herausfordernde Predigten zu halten. Alexander drohte der Stadt mit dem Interdikt: Es sei unerhört, daß die Signorie es dulde, wie dieser Mann ihn öffentlich schmähe und seine Autorität mißachte. Als seine Vorstellungen vergeblich waren, verlangte Alexander die Auslieferung Savonarolas; andernfalls werde er alle in Rom weilenden Florentiner verhaften und ihre Güter konfiszieren lassen.

Savonarola aber plante eine europäische Fürstenkoalition zum Sturz des Papstes. Er schrieb einen Brief „an alle christlichen Könige Europas", die er aufforderte, ein Konzil einzuberufen, das den Papst „als Simonisten, Ketzer und Ungläubigen" absetzen solle: „Dieser Alexander ist kein Papst und darf auch nicht dafür gelten. Ganz abgesehen von der verdammenswerten Sünde der Simonie, durch die er den päpstlichen Stuhl erkauft hat und jeden Tag Pfründen an jene vergibt, die am besten zahlen, abgesehen von all seinen andern Lastern, welche die ganze Welt kennt, behaupte ich, daß er gar kein Christ ist und gar nicht an Gott glaubt, was das Maß jeder Treulosigkeit übersteigt."

Als Savonarola dies schrieb, hatte er längst in Florenz den Boden unter den Füßen verloren. 1497 waren fünf Anhänger der Medici, die einen Umsturz vorbereitet hatten, als Hochverräter enthauptet worden. Fortan stellten ihre Verwandten dem Frate als Bluträcher nach. Die Arrabiati gewannen im Rat die Oberhand. Ausbrüche des Predigers erschreckten sogar viele seiner Anhänger. Die Aufregung in Florenz wuchs so sehr, daß die Signorie allen Mönchen das Predigen verbot. Trotzdem bestieg Savonarola noch einmal die Domkanzel und rief: „Wer mich verfolgt, der verfolgt Gott. Auch wenn die Signorie das Predigen verbietet, so läßt sich sehr darüber streiten, ob ich einer solchen Tyrannei Folge zu leisten habe."

Es kam zu blutigen Zusammenstößen in den Straßen. In der Nacht stürmten die Massen San Marco. Unbeschreibliche Szenen spielten sich ab. Savonarola hatte anfangs an bewaffneten Widerstand gedacht. Als aber Beamte der Stadt ihn aufforderten, sich der Signorie zu stellen, folgte er ihnen. Bei Fackelschein wurde er unter dem Schutz der Palastgarde durch die johlende Menge geführt und in einen der Türme des Regierungsgebäudes eingekerkert. Es war der Palmsonntag des Jahres 1498.

Savonarola trug sein Geschick mit Würde. In der Einsamkeit des Kerkers schrieb er zu den Psalmen Miserere und In te Domine speravi ergreifende Kommentare. Er sah sich von allen verlassen, selbst von seinen Mitbrüdern. Nur durch Folter konnte das florentinische Gericht ihm einen Widerruf entreißen, nur durch Fälschung der Protokolle die Ehre rauben. In Gegenwart päpstlicher Delegierter verurteilte es ihn als Ketzer und Empörer zum Tode. Am Himmelfahrtstage wurde Savonarola mit zwei Gefährten hinausgeführt auf jenen Platz, der vor nicht allzulanger Zeit seinen größten Triumph gesehen hatte. Jetzt war das Hosianna der Menge zu einem Cruzifige geworden. Mutig und gefaßt betrat der gestürzte Prophet das Gerüst. Er wurde gehenkt, seine Leiche verbrannt, seine Asche in den Arno gestreut. Florenz aber fiel wieder in den Zustand zurück, in dem es vor seinem Auftreten gewesen war.

Savonarola hatte seinen Untergang vorausgewußt. In Predigten und Briefen sprach er davon mit Gewißheit. 1496 schrieb er einem Fürsten: „Da Gottes Gnade mir das Unheil, welches das unbußfertige Italien zu überfluten droht, enthüllt hat, habe ich es zur Buße ermahnt ... Ganz Italien hat meine Stimme vernommen, aber es hat sich nicht gebessert. Im Gegenteil, es ist noch schlimmer geworden ... Weder von Euch noch von andern Fürsten begehre ich Gold oder Silber, Gunst oder sonstigen vergänglichen Lohn. Im Gegenteil erwarte ich von meinen Worten nichts als Schmach und Verfolgung und endlich den Tod, dem ich als meiner Erlösung mit Verlangen entgegensehe."

Man kann der Unerschrockenheit Savonarolas seine Bewunderung nicht versagen. Nicht ein einziges Mal ist er auch nur einen Fingerbreit von der Linie abgewichen, auf der sich sein Leben bewegte. Gleichwohl blieb seine heroische Gestalt stets umstritten. Noch heute beschäftigen uns dieselben Fragen, über die Savonarolas Zeitgenossen sich erhitzten: War dieser Mann ein Ketzer, ein Prophet oder ein Heiliger?

Ranke und andere Historiker des neunzehnten Jahrhunderts haben in Savonarola einen Vorläufer der protestantischen Reformatoren gesehen, und in dieser Meinung hat man die Gestalt des Gewaltigen von Florenz am Wormser Luther-Denkmal angebracht. Diese unhistorische Anschauung wird heute von keinem Forscher mehr aufrechterhalten. Der geistig ganz im Mittelalter verwurzelte Reformator war, wenn man schon diese Begriffe anwenden will, eher ein Reaktionär als ein Revolutionär. Er hat am katholischen Dogma stets festgehalten. Während er mitten in der erbitterten Auseinandersetzung mit Alexander VI. stand, verfaßte er seine Schrift *Der Triumph des Kreuzes*. Darin sagt er: „Wer von der Einheit und Lehre der römischen Kirche abweicht, irrt ohne Zweifel durch Abwege einher und entfernt sich von Christus." Er zitiert die Worte Jesu: „Du bist Petrus, der Fels, und auf diesem Felsen will ich meine Kirche bauen." Und er folgert daraus, „es sei nicht angängig, zu behaupten, daß diese Autorität nur dem heiligen Petrus zustehen sollte und nicht auch den anderen Männern, die nach ihm kommen würden. Immer müsse ein Oberhaupt der Kirche da sein, um Christus auf Erden zu vertreten, und zwar mit den gleichen Vollmachten ausgestattet wie Petrus. So sind die Bischöfe von Rom Nachfolger Christi, und die römische Kirche ist demnach Führerin und Meisterin aller anderen, und alle treuen Christen haben sich um den römischen Papst als ihr Oberhaupt zu scharen". Mit seinen Angriffen auf Alexander VI. wollte Savonarola nicht das Papsttum selbst bekämpfen. In einem Brief an Lodovico Sforza il Moro, den Herzog von Mailand, der gegen ihn in Rom intrigiert hatte, schrieb er: „... daß ich mich nicht im geringsten zu beschweren habe, wenn Ihr tadelt, was zu tadeln sein würde, nämlich daß ich grundsätzlich ausgesprochen haben soll, man brauche dem Papst nicht zu gehorchen. Das widerstreitet allen heiligen Canones, nach denen ich mich stets zu richten bestrebt habe." In einer Predigt sagte der Frate: „Immer bin ich zum Gehorsam gegenüber der römischen Kirche bereit und unterwerfe mich jeder Anordnung von ihr und erkläre, daß jeder verdammt sein wird, der der heiligen römischen Kirche nicht gehorcht." Dann aber betonte er auch die Grenzen des kirchlichen Gehorsams: „Ich bin zu jedem Gehorsam gegenüber der römischen Kirche entschlossen, ausgenommen, wenn sich ihre Befehle gegen Gott oder gegen die Liebe richten sollten, was ich nicht glaube. Aber wenn sie es täten, dann würde ich erklären: Du bist nicht die römische Kirche. Du bist ein Mensch und kein Hirte, denn der Hirte befiehlt nichts gegen Gott und gegen die Liebe. Und ich würde sagen: Du bist im

Irrtum ... Ich bin dem Papst keinen Gehorsam schuldig, wenn er ohne Grund etwas gegen unser Ordensgelübde gebietet." Vom Standpunkt der Theologie und des damaligen Kirchenrechtes aus hatte Savonarola mit dieser Ansicht recht. Thomas von Aquin lehrt: „Manchmal sind die Befehle der kirchlichen Oberen gegen Gott. Darum darf man den Vorgesetzten nicht in allem gehorchen." Der heilige Erzbischof Antonin von Florenz schreibt: „Wenn jemand dem Gebote des Oberen aus einem gerechten Grund nicht nachkommt, kann man nicht von ihm behaupten, er lehne sich auf." Und der Kirchenlehrer Robert Bellarmin erklärt, man dürfe dem Papst widerstehen, „wenn er die Kirche zu zerstören sucht ... Man darf ihm Widerstand leisten, indem man seine Befehle nicht vollzieht und indem man ihn an der Durchführung seines Willens hindert ... Die Kirche wäre ja in der bedauernswertesten Lage, wenn sie einen offenkundigen wütenden Wolf als Hirten anerkennen müßte."

Savonarolas Lehre, auch über Kirche und Papst, entsprach ganz dem katholischen Glauben. Seine Schriften fanden später die Billigung der Kirche. „Die kirchliche Reform hat seinen Ansichten und Forderungen in betreff der Disziplin Rechnung getragen" (A. v. Reumont). Ein Ketzer war er also nicht.

Aber war Savonarola wirklich ein von Gott erleuchteter Prophet? Manche Zeitgenossen zogen seine Visionen ins Lächerliche. So parodierte Leonardo da Vinci seine Prophezeiungen. Selbst Savonarolas begeisterter Anhänger Domenico Benivieni warf die Frage auf, ob der Prior ein Gottbegnadigter oder der größte Betrüger und Verführer sei. Heute bestreitet niemand mehr Savonarolas guten Glauben und Redlichkeit. Doch wenn er kein Betrüger war – kann er nicht selbst ein Betrogener gewesen sein? Ein Opfer seiner überhitzten Phantasie? Waren die Visionen, auf die er sich berief, übernatürliche Eingebungen oder Ausgeburten eines kranken Gehirns? Die Frage ist nicht mehr eindeutig zu beantworten. Zweifellos war Savonarola kein „normaler" Mensch. Aber welches Genie, welcher Mystiker, welcher Heilige ist „normal"? Für uns sind Birgitta, Caterina, Johanna, Teresa, Filippo Neri, ja alle Mystiker, alle Heiligen unnormale Erscheinungen, die von je das Interesse der Psychologen und Pathologen auf sich zogen. Nicht selten sind mystische Phänomene mit seelischen Krankheitserscheinungen gekoppelt, und es ist manchmal schwer zu unterscheiden, was in einem solchen Fall natürlichen, was übernatürlichen Charakters, was Ursache, was Wirkung ist. Warum sollen die Visionen Savonarolas nicht ebenso echt sein wie die Caterinas oder Teresas?

Selbst wenn seine Visionen auf Selbsttäuschung beruhten, kann Savonarola doch ein Heiliger gewesen sein. Denn die Heiligkeit hängt nicht von Visionen ab. Tatsächlich wurde der Bußprediger von vielen als ein Heiliger verehrt. Die heilige Caterina von Ricci ließ ihn mit der Märtyrerpalme in der Hand darstellen, und der in seinem Wesen völlig anders geartete Filippo Neri zeichnete um sein Haupt einen Heiligenschein. Seit dem Ende des sechzehnten Jahrhunderts wurde sogar seine Heiligsprechung angestrebt. Das alles beweist freilich noch nichts. Andere Persönlichkeiten gaben zwar zu, daß Savonarola zahlreiche Tugenden in hohem Grade besaß, behaupteten aber, daß ihm wesentliche Tugenden fehlten, zum Beispiel Demut und Gehorsam. Man könnte entgegnen, daß auch Heilige wie Bernhard, Birgitta, Caterina von Siena und Filippo Neri kühn den Papst getadelt, daß auch Heilige wie Jeanne d'Arc und Hildegard von Bingen sich geistlichen Obrigkeiten widersetzt haben. Savonarola war von der Richtigkeit seines Handelns überzeugt. Selbst *wenn* sein Gewissen objektiv irrte (was noch nicht völlig geklärt ist), hatte er nach katholischer Lehre die Pflicht, seinem Gewissen zu folgen. Hätte er anders gehandelt, so hätte er gesündigt.

Der katholische Forscher Josef Schnitzer urteilte 1924 über Savonarola: „Als Christ verkörperte er den christlichen Liebesgeist in einem Maße, das ihm einen Ehrenplatz unter den heiligen Männern der Christenheit sichert ... Zwar ward er weder selig noch heilig gesprochen, aber auch seine Stunde wird schlagen, wie die des Mädchens von Orleans schlug, und die Zeit wird nicht ausbleiben, da die Christenheit eine Höhe sittlicher Betrachtung erklommen haben wird, auf welcher sie den heldenmäßigen Widerstand, welchen er in der Ausnahmezeit höchster kirchlicher Not einem verworfenen Oberen entgegensetzte, als das anerkennen und werten wird, was er tatsächlich war, als sein höchstes Verdienst und seinen strahlendsten Ruhm."

Es scheint, daß diese Voraussage sich erfüllt. Im Jahre 1952 rief Emmanuel Suárez, der Generalobere des Dominikanerordens, den zum Provinzialkapitel in Genua Versammelten zu: „Die Stunde Savonarolas ist angebrochen!" Im gleichen Jahre bat der Bürgermeister von Florenz, Giuseppe de la Pira, den Dominikaner Savonarola an seiner Hinrichtungsstätte öffentlich um Verzeihung für das Unrecht, das die Stadt Florenz ihm, ihrem großen Wohltäter, zugefügt hatte. Im Jahre 1955 begann in Rom eine auf zwanzig Bände berechnete kritische Ausgabe der Werke Savonarolas zu erscheinen. Im gleichen Jahre wurde auf dem Generalkapitel in Rom der Antrag gestellt, unter den Dominikanern, deren Seligsprechung angestrebt werden soll, Savonarola an die erste Stelle zu setzen. Allmählich setzt sich die Meinung durch, daß dieser lautere Mönch wirklich ein Prophet war, den Gott wie die Propheten des Alten Testamentes gesandt hatte, um die Priester, die Herrscher und das Volk zurechtzuweisen, und der heroisch seinen Auftrag erfüllte – bis zum Martyrium.

KLAUS VON FLÜE

(1417–1487)

Klaus von Flüe war ein urwüchsiger Sohn der schweizerischen Erde, ein Bauer. In harter Arbeit mußte er der Scholle das Brot abringen. Seine Hände hatten Schwielen, und sein Kittel roch nach Jauche. Der ständige Kampf gegen die Elemente machten diesen Mann kernig, herb und unsentimental. Als Sohn eines Ackerbürgers in einfachen Verhältnissen und ohne Schulbildung erzogen, blieb er sein Leben lang ein schwerfälliger Analphabet. Er baute sich selbst ein schlichtes, stabiles Holzhaus, das heute noch steht. Er heiratete eine hübsche Frau, die anscheinend kaum achtzehn war und, nachdem sie ihm fünf Söhne und fünf Töchter geboren, immer noch „ein säuberliches Angesicht und ein glattes Fell" hatte. Er kam zu Ansehen und stieg zu hohen Ämtern empor. Kurz, er hat von den sieben Jahrzehnten, die ihm beschieden waren, die ersten fünf wie die andern Menschen zugebracht.

Aber die beiden letzten Jahrzehnte seines Lebens sind es, weshalb die Eidgenossen Klaus von Flüe schon bald nach seinem Tode als ein nationales Symbol neben Wilhelm Tell sahen und wiederholt beide Helden zusammen darstellten, weshalb seit 1540 Regierung und Volk des Kantons Nidwalden jährlich eine feierliche Prozession zu seinem Grabe veranstalten, weshalb die Schweizer ihm ein Standbild im Berner Bundespalast errichteten, weshalb die Kirche ihn nach einem halben Jahrtausend heilig sprach und weshalb heute Tausende aus aller Welt zu jenem Kristallsarkophag pilgern, der unter einer Silbermaske seine Gebeine birgt und die Inschrift trägt: pater patriae, Vater des Vaterlandes.

Das Jahr 1467 brachte die entscheidende Wende in seinem Dasein. Es war ein Skandal: Der Politiker legte alle Ämter nieder, der Bauer verließ seinen Hof, der Vater seine Familie, um fortan unter unnatürlichen Bedingungen als Einsiedler zu leben. Der Entschluß zu diesem aufsehenerregenden Schritt kam dem bedächtigen Mann nicht von heut auf morgen. Er ist in vielen Jahren langsam gereift. Um Klausens Charakter richtig würdigen zu können, müssen wir uns deutlich machen, wie es zu diesem radikalen Bruch kam. Dabei werden wir einige Erlebnisse zu betrachten haben, welche die Seele dieses schwerblütigen Bauern tief bewegten. Doch werden wir einsehen, daß eine bloß psychologische Deutung seiner inneren Entwicklung außerstande ist, das Rätsel seines Lebens aufzuhellen. Denn dieser Mensch der späten Gotik, getrieben von den dunklen Bedrängnissen seines Herzens, wurde zugleich mächtig gezogen vom Lichte Gottes.

Es ist schon manchem Biographen aufgefallen, daß Klaus nicht in seiner zuständigen Pfarrkirche zu Sachseln, sondern in der Kirche des Nachbarortes Kerns getauft wurde. Das lag daran, daß die Sachselner damals überhaupt keinen Pfarrer hatten. Der Grund dafür wieder waren einige jener kirchlichen Übelstände, die das große Konzil, das gerade in Klausens Geburtsjahr im nahen Konstanz tagte, zu beseitigen bemüht war. Klaus hatte noch bis zu seinem dreißigsten Lebensjahr Gelegenheit genug, sich über sie zu wundern, da die Sachselner bis 1446 ohne Pfarrer blieben. Das Konstanzer Konzil hatte die kirchlichen Mißstände nicht beseitigt, und Klaus sollte bald Anlaß haben, sich eingehender mit ihnen zu befassen.

Die Pfarre zu Sachseln gehörte zu den vielen Pfründen in der Urschweiz, deren Besetzung sich die Herzöge von Österreich vorbehielten. Es war im Mittelalter nicht selten, daß weltliche Herren das Recht hatten, kirchliche Stellen zu besetzen. Dieser Brauch, an sich schon den religiösen Belangen oft wenig förderlich, wirkte sich in unserem Falle doppelt unerfreulich aus. Denn die Schweizer bekamen meist landfremde Seelsorger vorgesetzt. Da die Sachselner sich gegen solche Bevormundung durch den österreichischen Erbfeind ihres Landes wehrten, blieb ihre Pfarrkirche seit 1415 verwaist. Als sie nach einunddreißigjähriger Vakanz wieder einen Priester erhielten, war es einer, der alle Eigenschaften besaß, die geeignet waren, ihn unbeliebt zu machen. Er stammte aus Siebenbürgen und war offenbar einer der vielen Pfründenjäger, die damals der Kirche großen Schaden zufügten. Die Unterwaldner sahen in ihm einen Eindringling, der den österreichischen Landvögten nachgelaufen sei, um auf deren Empfehlung die Stelle zu erlangen. Jedenfalls war der neue Geistliche sehr auf seine Einkünfte erpicht und forderte einen „nassen Zehnten", d. h. eine Abgabe von Birn- und Apfelbäumen. Die Gemeinde weigerte sich, und der Streit endete dramatisch, indem die Obrigkeit den Pfarrherrn im Rathaus gefangensetzte und zum Verzicht auf seine Stelle zwang. Als sein Nachfolger die Ansprüche auf den nassen Zehnten aufgriff, kam es 1457 zu einem Gerichtsverfahren. Der vierzigjährige Klaus von Flüe führte als erster Vertrauensmann der Sachselner Gemeinde diesen Prozeß gegen den eigenen Pfarrherrn und gewann. Daß Klaus bis zu seinem Tode auch mit den folgenden Pfarrern von Sachseln in schlechtem Verhältnis stand, darf uns nicht wundern. Es handelte sich ebenfalls um unwürdige Priester, die das Ihre suchten und nicht das Heil der ihnen anvertrauten Menschen. Kirchen galten damals als einträgliche Vermögensobjekte. So hatte sich das reiche Kloster Engelberg die Einkünfte der Stanser Pfarre gesichert, ohne indes immer in der Lage zu sein, die seelsorglichen Verpflichtungen zu erfüllen. Die Gegensätze zwischen den demokratischen Interessen der Landleute und den grundherrlichen Tendenzen der fürstlichen Abtei waren dem religiösen Leben nicht günstig. Wieder war es Klaus, der mithalf, das Recht des Klosters Engelberg auf Besetzung der Pfründen an der Pfarrkirche Stans zugunsten der Gemeindemitglieder einzuschränken. Er scheute dabei nicht vor „einem Übergriff der weltlichen Gewalt in die kirchliche Rechtssphäre" zurück (Robert Durrer). Natürlich hat die kirchliche Obrigkeit solche Maßnahmen nicht immer einfach hingenommen. Über die Gemeinde Sachseln wurde wegen des Konflikts mit ihrem Pfarrer das Interdikt verhängt. Dabei scheint unser Heiliger als der Anführer im Streite sogar exkommuniziert worden zu sein.

Diese Vorgänge erwecken den Eindruck, Klaus sei ein führender „Antiklerikaler" gewesen. In Wirklichkeit aber hegte er, trotz seiner üblen Erfahrungen mit dem Klerus, eine große Ehrfurcht vor dem Priesteramt. Er selbst bekannte: „Vor allen Menschen schätzte und ehrte ich das königliche Geschlecht, die Priester Christi. Sooft ich einen Priester sah, schien es mir, ich sähe einen Boten Gottes." Klaus war klug genug, um zwischen Amt und Person zu unterscheiden. Wie sein Zeitgenosse Gundelfingen berichtet, lehrte er seine Landsleute, „sich ganz auf die Predigten ihrer Priester zu stützen, auch wenn diese schlechtes Beispiel gäben ... Wie man aus einem und demselben Brunnen, der verschiedene – bleierne, kupferne, silberne und goldene – Röhren hat, dasselbe Wasser der Frische und dem Geschmacke nach trinke, so genieße man auch von guten und bösen Priestern, die das Sakrament der Eucharistie am Altare vollziehen, die gleiche Gnade." Übrigens kannte der Heilige auch gute Geistliche. Mit Heimo am Grund, dem Pfarrer zu Stans, pflegte er ein inniges Verhältnis, und von seinem Beichtvater Oswald Isner, dem Pfarrer zu Kerns, empfing er manche Anregung. Seinen jüngsten Sohn ließ er Priester werden. „Niemals befand sich der Gottesfreund in einem wirklichen Gegensatz zur Kirche, da er zu ihr allezeit in einem Ehrfurchtsverhältnis stand" (W. Nigg). „Interessant aber ist, daß er, die spätere Glaubensspaltung vorausschauend, dem Volke den Rat gab, in jenen kommenden Zeiten nicht auf die Priester zu hören, sondern auf die Väter" (A. Stiefvater). Wir dürfen sicher sein, daß Klaus, gerade weil er so hoch von der Würde des Geweihten dachte, unter der Sittenlosigkeit vieler Priester seiner Zeit sehr gelitten hat, und daß diese schmerzlichen Erfahrungen für seine innere Entwicklung bedeutend wurden.

Leider blieben die Enttäuschungen mit Klerikern nicht die einzigen, die seine Seele niederdrückten. Schwere Kriegserlebnisse ließen ihn weitere Einblicke in menschliche Verworfenheit tun. Vermutlich nahm er an verschiedenen Unternehmen im Kriege zwischen Zürich und Schwyz, an der Schlacht von Ragaz und am Thurgauer Feldzug teil. Jedenfalls wissen wir, daß er Fähnrich, Rottmeister, vielleicht sogar Hauptmann war. Er zog nur bei obrigkeitlichen Aufgeboten ins Feld, aus Pflichtbewußtsein, nie aus Abenteuersucht. Ein rauflustiger Bursche, wie viele Schweizer damals, war er nicht. Kameraden bezeugen, er habe „in Kriegen seinen Feind wenig beschädigt, vielmehr so gut er konnte beschützt". Von den Landsleuten, denen das Schwert locker in der Scheide saß und die Beutegier aus den Augen glomm, distanzierte sich Klaus, ja, er tat alles, was in seiner Macht stand, um Ausschreitungen der Soldaten zu verhindern. Der lange Bürgerkrieg mit Zürich zerrüttete die Moral so sehr, daß die militärische Disziplin zerbrach. Mochte der Sempacherbrief, die erste humane Kriegsordnung in Europa, den Schutz der Kirchen und der Zivilbevölkerung garantieren, er wurde oft genug durch die plündernden Truppen verletzt. Klaus mußte furchtbare Greuel erleben. War es für den Friedliebenden schon bitter, die Eidgenossen sich gegenseitig zerfleischen zu sehen, so erschütterte ihn vollends die Grausamkeit, mit der es geschah. An einem Orte wurden sechzig Kriegsgefangene niedergemetzelt. Klaus aber sorgte dafür, daß Flüchtlinge und Gefangene bald wieder heil am heimischen Herde saßen.

Auch im politischen Bereich wurde Klaus Zeuge, wie ungezügelte Leidenschaften die Ordnung verwirrten. Er war freilich nicht der Mann, der sich darauf beschränkte, über die Mißstände zu schimpfen. Vielmehr übernahm er, in der Hoffnung, so wirksamer für die Gerechtigkeit eintreten zu können, verantwortungsvolle Ämter, wurde Gemeinderat, Bürgermeister, Kantonsrat und Ständerat, d. h. Vertreter des Kantons bei der Tagsatzung, dem obersten Gremium der Eidgenossenschaft. Als ihm aber schließlich das höchste Amt des Landammanns mehrmals angeboten wurde, schlug er es jedesmal aus. Wahrscheinlich war ihm die Atmosphäre von Haß, Machtgier, Korruption, Intrigen und Schiebungen, in der sich die politischen Auseinandersetzungen abspielten, inzwischen zuwider geworden. Jedenfalls rückte er deutlich genug von dem Gebaren vieler Kollegen ab und bekannte später: „Ich war mächtig in Gericht und Rat und in den Regierungsgeschäften meines Landes. Dennoch erinnere ich mich nicht, mich jemandes so angenommen zu haben, daß ich vom Pfade der Gerechtigkeit abgewichen wäre." Auf die Dauer freilich waren die Verhältnisse stärker als er. Es bedurfte nur noch eines Vorfalls, und Klaus zog als rechtschaffener Mann die Konsequenzen und ging. In Sarnen wurde ein Prozeß zwischen einem Reichen und einem Armen um ein Gartengrundstück geführt. Der Reiche hatte die Richter bestochen, die denn auch ein

Urteil wider alles Recht fällten. Klaus hatte als einziges Mitglied des Gerichtes gegen diesen Spruch gestimmt. Sofort legte er ostentativ alle Ämter nieder. Die Unmöglichkeit, als Richter ein durch Gunst und Geld beeinflußtes Urteil zu verhindern, war der unmittelbare Anlaß für seinen Rücktritt nicht nur aus dem öffentlichen Leben, sondern aus der Welt überhaupt.

Es wäre allerdings eine vereinfachende Betrachtungsweise, wollten wir die Ursache für Klausens sensationelle Weltflucht einzig in seinem Ekel vor der Niedertracht im politischen Leben sehen. Denn in den Quellen gewahren wir neben jener Reihe äußerer Erfahrungen deutlich eine zweite Reihe innerer Erlebnisse. Beide Reihen liefen zeitlich parallel, standen aber in Wechselwirkung zueinander und trieben gemeinsam die seelische Entwicklung des Heiligen voran. Seine besinnliche Natur mußte die Konflikte mit der Kirche, die Kriegserlebnisse und die Enttäuschungen im politischen Getriebe doppelt schwer empfinden, und umgekehrt ließen all diese bitteren Erfahrungen Klaus immer ernster werden.

Von Natur hatte er schon einen Hang zur Absonderung und Eigenbrötelei. Sein eigener Sohn bezeugte, „solange er gedenke, habe sein Vater immer die Welt geflohen und ein einsiedlerisches Wesen gehabt". Auch andere seiner Bekannten heben sein „eingezogenes Wesen" hervor. Ein Nachbar weiß aus seiner gemeinsam mit Klaus verbrachten Jugendzeit zu berichten: „Wenn wir vom Acker oder von anderer Arbeit heimkamen, entfernte sich Bruder Klaus stets allein hinter einen Gaden oder sonst an einen einsamen Ort. Da betete er und ließ die anderen Burschen laufen, wohin sie wollten . . . Als ein noch sehr junger Knabe begann er schon zu fasten . . ., so daß er nichts aß als täglich ein kleines Stückchen Brot oder ein wenig gedörrte Birnen. Das tat er ganz heimlich." Diesen frühen Zug zur Innerlichkeit mußten die trüben Erlebnisse draußen in der Welt verstärken. Das bestätigt sein Sohn: „Am Abend ist er stets mit seinem Hausvolk zur Ruh gegangen. Aber jede Nacht, wann immer ich erwachte, hörte ich, daß mein Vater wieder aufgestanden war und in der Stube beim Ofen betete." Was sich in solchen Stunden in seiner Seele abspielte, läßt ein Bekenntnis ahnen, das Klaus später einem Dominikaner anvertraute: „Als es Christus gefiel, um mich zurückzukaufen, seine Barmherzigkeit gegen mich vollzumachen, wandte er die reinigende Feile und den antreibenden Sporn an, d. h. eine schwere Versuchung, so daß er weder tags noch nachts duldete, daß ich ruhig war. Ich war vielmehr so niedergedrückt, daß mir selbst meine liebe Frau und die Gesellschaft der Kinder lästig ward." Sein Jugendfreund erklärte, „daß ihm Bruder Klaus oft gesagt habe, wie ihm der Teufel täglich viel zu leid täte". Die Quellen wissen von gewaltigen Kämpfen Klausens mit dem bösen Feind. Wie er aus diesem Ringen hervorging, verriet er ebenfalls jenem Dominikaner: „Während ich in diesem Zustand verharrte, kam jener innig Vertraute und Freund (Heimo am Grund) . . . Ihm enthüllte ich meine Beängstigung und Beschwernis. Er brachte darauf verschiedene heilsame Ratschläge und Mittel vor, durch welche er meine Versuchung zu heben hoffte, aber ich erwiderte ihm: dies und ähnliches hätte ich versucht und keinen Trost gefunden, und es hätte nicht im geringsten genützt. Dann erst fügte er noch jenes beste und heilkräftigste Mittel bei: Es bleibe noch die andächtige Betrachtung des Leidens Christi. Ganz erheitert erwiderte ich, *das* sei mir unbekannt."

Man kann dem Niedergedrückten die lebhafte Freude nachfühlen, mit der er dieses ihm neue Heilmittel ergriff. Heimo lehrte ihn die Methode der Betrachtung, und fortan vereinigte Klaus täglich seinen Schmerz über die Ungerechtigkeit der Welt mit den Qualen des Erlösers. Freilich war es seiner Natur nicht gegeben, in der Weise des heiligen Ignatius oder der heiligen Teresa, Aktivität und Kontemplation zugleich zu vollziehen. Sein Gebet bedurfte der Einsamkeit: „Weil ich in viele Geschäfte und Amtsobliegenheiten verwickelt war, sah ich, daß ich in der Gesellschaft der Menschen dies weniger andächtig vollbringen könne. Darum zog ich mich häufig an diesen heimlichen und nahen Ort meiner Leidensbetrachtung zurück; nur meine Frau wußte darum."

Außer von Heimo wurde Klaus wohl noch von anderer Seite in seiner religiösen Entwicklung gefördert. In Wolfenschießen, woher Klausens Mutter stammte, lebte gerade damals ein Einsiedler, der hohes Ansehen genoß. Klaus hat ihn wahrscheinlich gekannt und von ihm gelernt. Durch ihn kann er von den Straßburger „Gottesfreunden" gehört haben. Das war ein Kreis von Laien, der unter dem Einfluß spätmittelalterlicher Mystik die religiöse Innerlichkeit pflegte. Er wurde von der kirchlichen Autorität mißtrauisch beobachtet, wirkte aber in einer Zeit, in der ein Teil des Klerus unsittlich lebte und mehr auf Geldgewinn als auf Seelsorge bedacht war, für die Frömmigkeit wie eine Zisterne in der Wüste. Was die Frommen im Elsaß übten, kam Klausens mystischer Veranlagung und seinem innersten Sehnen entgegen. Sollte er nicht auch die schnöde Welt einfach verlassen und ein Gottesfreund werden?

Visionen mit bald drohenden, bald lockenden Bildern, die ihn mitten in der alltäglichen Arbeit auf seiner Alm überfielen, zerrissen seine Seele. Immer deutlicher glaubte er zu erkennen, was Gott von ihm wollte. Es war nichts Geringeres als die Zumutung Christi im Evangelium, Seinetwegen alles zu verlassen: „Wer Sohn oder Tochter mehr liebt als mich, ist meiner nicht wert" (Mt 10, 37). „Wer Weib und Kinder ... nicht haßt, kann mein Jünger nicht sein" (Lk 14, 26). „Wer nicht allem, was er hat, entsagt, kann mein Jünger nicht sein" (Lk 14, 33). „Jeder, der zurückläßt Haus, Bruder, Schwester, Vater, Mutter, Gattin, Kinder oder Acker um meines Namens willen, der wird Hundertfältiges erhalten und das ewige Leben besitzen" (Mt 19, 29). Klaus spürte, daß diese Forderung an ihn ganz persönlich gerichtet sei und daß er sein ewiges Heil verliere, wenn er ihr nicht buchstäblich folge. Dem Ruf Gottes schuldete er Gehorsam. Aber schuldete er nicht auch Treue seiner vor Gott ihm angetrauten Frau? War es nicht seine Pflicht, für seine Kinder zu sorgen, indem er seine angestammte Scholle bebaute? Der seßhafte Bauer rang unter namenlosen Qualen. Endlich stand sein Entschluß fest: Am 16. Oktober 1467, wenn seine dreißig Kühe von den Almen in die Ställe zurückgekehrt, die Ernte wohl geborgen und die Seinen für den nächsten Winter versorgt sein würden, wollte er Haus, Hof und Heimat auf immer verlassen, um als armer Pilger durch fremde Länder zu wandern.

Seine Familie war entsetzt, als er den Plan bekanntgab. Der älteste Sohn war im Begriff, in die ersten öffentlichen Ämter einzurücken, der zweite stand vor der Vermählung. Ein solcher Schritt ihres Vaters mußte ihrer Laufbahn höchst abträglich sein. Man kann sich lebhaft vorstellen, wie die jungen Burschen ihren absonderlichen Vater in heftigen Worten von dieser „wahnwitzigen" Idee abzubringen versuchten. Noch weniger erbaut war die Mutter, die erst vor einigen Wochen ihr zehntes Kind geboren hatte. Sie war keineswegs gewillt, ihren Mann preiszugeben und sich zur Witwe machen zu lassen. Mit der ganzen Leidenschaft einer liebenden Frau bäumte sie sich auf gegen die Vernichtung ihres häuslichen Glücks. Wie Wölflin schreibt, „gab Klaus sich die größte Mühe, sie zu überreden, was aber lange, weil mit den häuslichen Sorgen eng verknüpft, umsonst war ... Als er sie immer wieder drängte, gab sie schließlich, widerstrebend und unter vergeblichem Flehen, ihre Zustimmung". Hinter diesen dürren Worten verbirgt sich eine Tragödie.

Klaus war fünfzig Jahre alt, als er sich von den Seinen losriß und ins Ungewisse hinausschritt. Seine Trennung von der Familie erregte Aufsehen. Schon zu Lebzeiten erschien der ausführliche Traktat eines scholastischen Gelehrten über die Frage: „Durfte er Weib und Kind verlassen und in die Einsamkeit gehen?" Bis heute ist die Diskussion darüber nicht zur Ruhe gekommen. Dieses Ereignis geht über den bürgerlichen Horizont hinaus. Klausens Angehörige, Nachbarn und Landsleute konnten damals nur eine unfruchtbare, asoziale Haltung darin erkennen, die Weltflucht eines vom Leben Enttäuschten, der in religiöser Innerlichkeit und Einsamkeit Trost suchte. Der Augenschein gab ihnen recht, denn zweifellos trugen die äußeren Einflüsse und seine einsiedlerischen Neigungen wesentlich zu Klausens Entschluß bei. Aber der eigentliche Antrieb kam weder aus der Welt noch aus seiner Seele, sondern, wie Klaus selber sagte, von Gott. Die Leute verspotteten diesen Ruf Gottes als eine Einbildung. Später, als die Folgen offenbar wurden, erkannten sie jedoch, daß Klaus weder ein Betrüger noch ein Betrogener war. Heute ahnen wir in den tiefgefühlten Enttäuschungen seines öffentlichen Lebens ein Mittel der Vorsehung, Klaus auf einen Weg zu führen, der ihn der Gemeinschaft scheinbar entfremdete, in Wirklichkeit aber aufs innigste verband.

Klaus hatte erfahren, wie sehr die Korruption des Klerus, der Armee und der politischen Körperschaften die gesamte Ordnung zerrüttete. Alle Übel entquollen einer einzigen Quelle: der Habgier. Immer war es das Geld, weshalb Geistliche die Seelsorge vernachlässigten, weshalb Soldaten die Bürger mordeten, weshalb Richter das Recht brachen. Oft gesellten sich zur Habgier die Wollust und der Stolz. Gegen diese Laster hatte Klaus vergeblich angekämpft. Der Mißerfolg war wohl der Gegenstand seines jahrelangen Grübelns. Vielleicht verstand er eines Tages Christi Wort: „Diese Art von Bösem wird ausgetrieben nur durch Gebet und Fasten" (Mk 9, 29). Jedenfalls wurde Klaus ein großer Beter und Faster. Er kam dazu, jene Mittel anzuwenden, mit denen seit zwölfhundert Jahren unzählige Eremiten und Mönche Stolz, Habsucht und Wollust bekämpften, nämlich die jenen drei Lastern radikal entgegengesetzten drei evangelischen Räte zu verwirklichen: Er verzichtete auf alle Ehren, seinen ganzen Besitz und jeden Umgang mit seiner Ehefrau. Während andere Menschen ihren Trieben frönten und gottvergessen nur noch sich selbst suchten, tötete Klaus seine Bedürfnisse so total ab, daß er selbstvergessen nur noch Gott lebte. Es war ein Sühneakt, der in der Kraft Christi die moralische Ordnung der Welt wieder ins Gleichgewicht rückte. Die Wirkungen dieser Tat kamen seinem Volk geheimnisvoll zugute, was sich später auch auf sichtbare Weise zeigte. Wahrscheinlich war Klaus, der sein Lebtag kein Buch gelesen hat, außerstande, sich diese Zusammenhänge rational bewußt zu machen. Entscheidend ist, daß er sie im Gehorsam gegen Gott existentiell verwirklichte.

Klaus wanderte zum Elsaß hin, dem Ausgangspunkt jener Gottesfreunde, die seine Gedanken wohl seit langem beflügelt hatten. Er war schon nicht mehr weit von Basel, als sich ihm ein unerwartetes Hindernis in den Weg legte. Ein Bauer sagte ihm ziemlich grob, „er solle wieder heimgehen zu den Seinen und dort Gott dienen. Das würde Gott angenehmer sein, als wenn er fremden Leuten zur Last falle". Außerdem seien die Schweizer im Auslande verhaßt, und es könne leicht geschehen, daß man ihn jenseits der Grenze als Spion verhafte. Klaus wurde stutzig. Als er in der folgenden Nacht unter einer Hecke schlief, mahnte ihn eine Vision, in die Heimat zurückzukehren. Klaus folgte der Stimme des Himmels. Unbekümmert um den zu erwartenden Spott der Obwaldener kehrte er die gleiche Straße zurück, die er gekommen war, ließ aber sein Haus links liegen und ging ins Melchtal, wo er Grundbesitz hatte.

Dort wurde er nach einigen Tagen durch Zufall von Jägern zwischen Dorngestrüpp entdeckt. Man meldete es im Dorf. Sein Bruder kam und beschwor ihn, doch vernünftig zu sein und zur Familie zurückzukehren. Die Nachbarn eilten herbei und gafften. Einige bedauerten den armen Narren, andere tippten sich an die Stirne, zuckten die Schultern und sahen sich mit vielsagenden Blicken an. Anschaulich schildert ein Zeitgenosse, wie Klaus, der unbedingt von den Menschen fort in die Einsamkeit strebte, auf den Zulauf reagierte: „Weil die Landleute in hellen Scharen an jenen Ort liefen und ihn durch den Lärm immer mehr belästigten, suchte er im selben Tale entlegenere und unzugänglichere Einöden, durchwanderte viel Klüfte und grausige Schluchten" und nächtigte unter einem Felsen in der Nähe einer Quelle. Doch bald brach der Winter mit seinen Schneemassen herein und trieb ihn von der Klüsterlialp hinunter in den Ranfttobel. In dieser dunklen Schlucht ließ Klaus sich ein und für allemal nieder, um dort ein Leben zu beginnen, das mit seinem früheren Dasein kaum noch etwas Gemeinsames hatte.

Im tannenumsäumten Ranft vernimmt man nur das Rauschen der Melchaa. Hier verliert man jedes Gefühl für die Zeit, und um so stärker richtet sich der betrachtende Geist auf die Ewigkeit. In dieser Wildnis, in der man zu jener Zeit noch Steinböcke und Gemsen, selten aber einen Menschen sah, fand Klaus endlich die ersehnte Einsamkeit. Hier war er allein mit seinem Gott.

Wir dürfen uns sein Leben in der freien Natur nicht zu idyllisch vorstellen. Wohl errichteten ihm die Obwaldener bald im Ranft auf Landeskosten eine Kapelle mit angebauter Klause („unter Widerspruch seiner Blutsverwandten", die wohl immer noch auf Klausens Rückkehr hofften). Doch diese Blockhütte war alles andere als komfortabel. Der Zeitgenosse Mykonius schrieb: „Seine Zelle war zweieinhalb Schritt lang, anderthalb Schritt breit und so hoch, daß sein Scheitel an die Decke rührte. Sie hatte zwei handbreite Fenster. Man sah darin nichts anderes als armselige Schemel." Die einzige Bequemlichkeit war ein Ofen. Tisch und Eßgeschirr waren überflüssig, da er keine Mahlzeiten einnahm. Die armselige Klause, worin der hochgewachsene Mann kaum aufrecht stehen konnte, ist heute noch zu sehen. Was er aber in dieser martervollen Enge in dunklen Nächten durchgemacht hat, können wir nur ahnen. Er sprach wenig darüber, und nur seinen vertrautesten Freunden, deren schriftliche Berichte wir noch besitzen, machte er einige Andeutungen. Zwischen diesen ungefügen Balkenwänden arbeitete sich Klaus in stundenlangen Gebeten und Betrachtungen immer tiefer in die Geheimnisse des dreifaltigen Gottes hinein. Hier rang er mit den Dämonen. Hier empfing er aber auch himmlische Gesichte. Manchmal verschwand er für einen oder zwei Tage in den Wäldern. Sonntags pflegte er zur Pfarrkirche nach Sachseln zu wandern, um die Messe zu hören und, wie es damals üblich war, viermal im Jahr an den hohen Festen zu kommunizieren. Ab und zu unternahm er eine Wallfahrt nach Einsiedeln oder nahm am Musegger Umgang in Luzern teil. Sonst aber blieb er die letzten zwanzig Jahre seines Lebens in seiner Klause. Obwohl sein früheres Wohnhaus nur eine Viertelstunde entfernt war, hat er es nie wieder betreten.

Wir fragen uns, von was der Waldbruder eigentlich lebte. Seine früheren Bekannten stellten sich dieselbe Frage. Einige behaupteten, er esse nichts. Bald verbreitete sich das Gerücht von seiner völligen Nahrungslosigkeit und wurde zur Sensation der Zeit. Nicht als ob man es ohne weiteres als bare Münze hingenommen hätte. Auch im späten Mittelalter glaubte man nicht alles. Im Gegenteil, die Leute zweifelten, argwöhnten, munkelten von Schwindel. Die weltliche und die kirchliche Obrigkeit untersuchten die unerhörte Sache, anscheinend in der Absicht, Klaus des Betruges zu überführen und unmöglich zu machen. Wir müssen bedenken, daß Klaus sich durch seine Rechtschaffenheit in den Ämtern nicht nur Freunde, sondern auch zahlreiche Feinde erworben hatte, ja daß seine eigenen Verwandten seine Gegner waren. Auf Befehl des Rates beaufsichtigten ihn einige Männer Tag und Nacht. „Als sie diese Bewachung einen ganzen Monat lang mit größter Strenge durchgeführt hatten, fanden sie nichts, was religiöse Heuchelei aus eitler Prahlsucht verriet." So schreibt Wölflin, und auch der gelehrte Trithemius bezeugt: „Die Eidgenossen haben ihn mit größter Sorgfalt, Aufmerksamkeit und Klugheit bewacht, zuerst insgeheim, ohne daß er es merkte, dann öffentlich, mit seinem Wissen, so daß es unmöglich war, ihm durch irgendwen und durch irgendwelche Mittel und Schliche Speisen zuzuführen, ohne daß ihr Spürsinn darauf gekommen wäre. Und die Wildheit dieses Volkes und der Zorn der Landleute sind bekannt: Hätten sie an dem Manne Betrug, Täuschung und Heuchelei gefunden, sie würden ihn auf der Stelle getötet haben. Auch der Erzherzog Sigismund von Österreich hat seinen Leibarzt Dr. Burkhard von Horneck, einen ebenso gelehrten Mann wie scharfsinnigen Kritiker ungewohnter Erscheinungen, der jetzt noch ... in unserer Nähe lebt, zu diesem Nikolaus geschickt, um zu beobachten, ob der Ruf seines unablässigen Fastens wahr oder falsch sei. Mit sorgfältigstem Interesse überwachte er ihn mehrere Tage und stellte mit absoluter Gewißheit fest, daß er nichts esse." Doch damit waren noch nicht alle Zweifler überzeugt. Wohl gingen jetzt viele Gläubige zur Einsiedelei, um den wunderbaren Faster ehrfürchtig anzustaunen. Aber gerade dies machte die kirchliche Behörde mißtrauisch. 1469 gab der Bischof von Konstanz seinem Weihbischof den Auftrag, die in der ganzen Schweiz umgehende Fama vom Wunderfasten Klausens auf die Wahrheit hin zu prüfen. Die Urkunde beschreibt das Gerücht und seine Wirkung, den großen Zulauf des Volkes zu Bruder Klaus, und fährt dann fort: „Da aus Erwägungen und Wahrscheinlichkeitsgründen sich der lebhafte Verdacht aufdrängen könnte, daß hinter all diesen vorgenannten Tatsachen ehrgeizige und betrügerische Machenschaften stecken, und da zu befürchten ist, daß, wenn nicht mit raschen und geeigneten Mitteln eingegriffen wird, die einfältigen Schäflein Christi verführt werden und in Irrtum und Aberglauben versinken ... könnten, und weil es unsere Pflicht ist, solches nach Vermögen zu verhüten, so sind wir begierig, über all dieses die Wahrheit zu erfahren und genau zu untersuchen." Der Weihbischof erschien im Ranft und erklärte dem Klausner, falls er sich weigere zu essen, sei das ein Zeichen dafür, daß er mit dem bösen Geiste im Bunde sei. Wiederholt flehte Klaus, dies möge ihm erlassen sein, da es ihm schwerfallen und schmerzen werde, mußte sich aber schließlich fügen. Das Experiment bekam ihm sehr schlecht. Er würgte und brach und bot einen so jämmerlichen Anblick, daß der Weihbischof ganz bestürzt war. Nach langen Gesprächen mit dem Heiligen war der Examinator überzeugt, daß er nicht simuliere.

Niemand konnte Bruder Klaus Betrug nachweisen. Bezeichnenderweise pflegte der Eremit fremder Neugier über sein Fasten auszuweichen. Er hing es nicht an die große Glocke, und wenn man fragte, antwortete er in scheuer Zurückhaltung nur: „Gott weiß.“ Einmal rempelte ihn ein Abt an: „Du bist also jener, der sich rühmt, in so vielen Jahren nichts gegessen zu haben?“ Klaus erwiderte: „Ich habe nie gesagt und sage nicht, daß ich nichts esse.“

Die Mitwelt, davon geben die Quellen überwältigende Kunde, war von der Tatsache der Nahrungslosigkeit überzeugt. Selbst die protestantischen Autoren des folgenden Jahrhunderts äußerten keinen Zweifel, hielten vielmehr das absolute Fasten Klausens für ein sicher feststehendes Phänomen. Der Humanist Trithemius stellte etwa zwei Jahrzehnte nach Klausens Tod fest: „Es ist öffentlich bewiesen und beinah die gewisseste Überzeugung bei allen Deutschen, daß dieser Einsiedler Nikolaus in den letzten zwanzig Jahren vor seinem Tode nicht das Geringste aß.“ Die Tatsache ist also nicht zu leugnen, daß die Zeitgenossen allgemein an die totale Abstinenz Bruder Klausens glaubten. Ein Irrglaube, wird der moderne Rationalist sagen. Er weiß es besser als die Mitlebenden des Eremiten und lächelt verächtlich über ihre Diskussionen, die nicht die Tatsächlichkeit des Fastens zum Gegenstand hatten, sondern die Frage, welchen Ursachen es entstamme. Ist es eine natürliche Wirkung der würzigen, fetten Alpenluft oder ein übernatürliches Wunder? Diese Fragestellung formulierte der Humanist Conrad Celtes in einem lateinischen Distichon. Der Theologe Petrus Numagen aus Trier verfaßte eine umfangreiche Abhandlung darüber und kam zu dem Ergebnis, Klausens Enthaltsamkeit sei ein Wunder. Der ungläubige Moderne wird beide Erklärungsversuche ablehnen: die Fette-Luft-Theorie, weil sie physiologisch unmöglich ist; die Annahme eines Wunders, weil es keine Wunder gebe.

Doch selbst der Christ, der das Wunderfasten Klausens als möglich annimmt, fragt sich, was denn sein Sinn sei. Schon der humanistische Dichter Bonomi aus Triest äußerte diese Frage in einem burlesken Epigramm:

„Der dickbäuchige Westfale bringt einen vollen Bierhumpen dem
traurigen Bildnis des Klaus:
Trink doch, nimm einen Schluck, einen tiefen und stärke den Körper!
Warum quälst du, o Klaus, die langen Gedärme mit Durst?“

Die Antwort auf dieses „Warum?“ würde den dickbäuchigen Westfalen, der hier den Typ des feuchtfröhlichen Lebensgenießers vertritt, wahrscheinlich überraschen: Das Fasten Klausens ist keine menschliche Rekordleistung, sondern ein Wunder, das *Gott* wirkte, und zwar als ein Beispiel und Mahnzeichen für eine Welt, die hemmungsloser Freßsucht verfallen war. In dieser Auffassung stimmen die zeitgenössischen Autoren Numagen, Gundelfingen und Trithemius überein. Ein auffälliges Zeichen war in jenem unbeherrschten Säkulum, in dem die Gefräßigkeit Triumphe feierte, zweifellos angebracht. Daß selbst Klöster von dieser Gier nicht frei waren, bezeugt eine Predigt, in der Trithemius als Abt von Sponheim seinen üppig tafelnden Mönchen den noch lebenden Einsiedler als ein Beispiel hinstellt und ausruft: „Essen wir nicht, soviel wir können, sondern soviel wir nach dem Bedürfnis der Natur müssen!“ Klaus gestand einem Vertrauten, nur die Stärkung durch die Eucharistie befähige ihn zu solcher Enthaltsamkeit. Er lebte aus der Kraft des Himmels, dessen Geheimnisse er schauen durfte. „Das sakramentale Essen befreite diesen Erwählten Gottes von dem gewöhnlichen Essen" (W. Nigg). Dieses Ereignis veranschaulichte einer dem Gaumenkitzel frönenden Zeit in eindringlicher Weise das Bibelwort: „Der Mensch lebt nicht vom Brot allein, sondern von jedem Wort, das aus dem Munde Gottes kommt."

Das Zeichen wurde gesehen, die Botschaft gehört. Das Fastenwunder machte Klaus zum hochangesehenen Mann. Er ist der Einsiedler, „der als heilig gilt, weil er nichts ißt". Sein Ruf ging weit über die Landesgrenzen hinaus. Im Jahre 1473 sprach man auf dem Markt zu Halle über sein Fasten, und 1486 konnte Trithemius sagen: „Seine Enthaltsamkeit hat die Bewohner ganz Deutschlands in Bewunderung versetzt. Heute wird ihm in aller Mund der Titel eines Heiligen beigelegt... Ich spreche von Allgemeinbekanntem. Ich glaube, es lebt kein Mensch in Deutschland, der die Kunde dieses Wunders nicht vernommen." Auch in Österreich und Italien wurden die Menschen auf ihn aufmerksam. Von überallher kamen Besucher in den Ranft. Fuhren Ausländer auf ihren Reisen durch die Schweiz, so versäumten sie nicht, diese Sehenswürdigkeit aufzusuchen. Unter denen, die Klaus empfing, waren viele humanistische Gelehrte, die sich für den merkwürdigen Analphabeten interessierten, so Geiler von Kaisersberg, katholischer Reformator und Theologieprofessor der Universität Basel, der von Klaus so tief beeindruckt war, daß er noch 32 Jahre später auf der Domkanzel zu Straßburg davon sprach; so Petrus Schott, Doktor der Rechte und Kanonikus zu Straßburg; so der wegen seiner Gelehrsamkeit berühmte Abt Johannes Trithemius (aus Trittenheim an der Mosel), der in seinen Werken öfters auf Bruder Klaus zu sprechen kommt; so der Schriftsteller Albrecht von Bonstetten, Dekan aus Einsiedeln, später Hofkaplan des Kaisers und Pfalzgraf, der noch zu Lebzeiten Klausens einen Bericht über seinen Besuch im Ranft veröffentlichte und an seine erlauchten Freunde in Europa schickte; so Heinrich von Gundelfingen, Professor der Universität Freiburg im Breisgau, der Klausens Leben schrieb.

Sah einer des Einsiedlers hagere Gestalt zum ersten Mal, so erschrak er. Der ungewöhnlich große und kerzengerade Mann trug weder Hut noch Schuhe und hatte seinen dürren Leib nur mit einem grauen Kittel bedeckt, aus dem die Glieder lang und mager hervorstachen. Ungekämmtes schwarzes Haar hing in sein wettergebräuntes Gesicht, das ein struppiger Bart noch länger erscheinen ließ, als es ohnehin schon war. Mit seiner runzeligen Haut, den vorstehenden Backenknochen, eingefallenen Wangen und ausgetrockneten Lippen machte er zunächst einen unheimlichen Eindruck. Es sah aus, als ob er nur aus Gebein, Haut und Adern bestehe, und die Halsadern schienen nicht mit Blut, sondern mit Luft gefüllt zu sein. Begreiflich, daß dieses wandelnde Skelett die Besucher bestürzte. Vor allem der Glanz der tiefschwarzen Augen mit ihrem furchtbaren Ernst wirkte erschütternd. Die Zeitgenossen bestätigen übereinstimmend diesen Eindruck. Wölflin schreibt: „So viele auch zu ihm kamen, alle wurden beim ersten Augenblick von großem Schrecken befallen. Er selber gab als Grund dieses Schreckens an, daß er einst einen riesigen Lichtglanz gesehen, der ein menschliches Antlitz umgab, bei dessen Anblick sein Herz, in kleine Stücke zerspringend, vor Schreck erschauerte. Völlig betäubt und den Blick abwendend, sei er zur Erde gestürzt. Aus diesem Grunde komme sein eigener Anblick andern Leuten schreckbar vor." Gewaltige Visionen trafen diesen Entrückten und prägten sein Antlitz, so daß die Menschen vor ihm zurückbebten. Wer erwartet hatte, einen harmlosen Kauz zu sehen, wurde eines Schrecklicheren belehrt.

Doch umgekehrt staunten viele Besucher, die mit der Vorstellung gekommen waren, Klaus sei ein mumienhafte Reliquie, daß sie einen Menschen fanden, der voll Anteilnahme auf ihre Anliegen einging. Wer nämlich seinem ersten schaudererregenden Anblick standhielt, erlebte bald einen Menschen von beseligender Heiterkeit. Hans von Waldheim, ein Adeliger aus Halle an der Saale und Erster Ratsmeister seiner Stadt, spürte bei seinem Besuch sofort dieses Erquickende in Klausens Wesen und äußerte lebhaft seine Überraschung: „Eh ich zu Bruder Klaus kam, wurde mir gesagt, er habe keine natürliche Wärme, vielmehr Hände so kalt wie Eis; auch sei sein Antlitz gelber und bleicher als bei einem Toten vor der Bestattung; außerdem sei er dauernd traurig gestimmt und niemals fröhlich. Ich muß dagegen sagen, daß ich nichts dergleichen an ihm fand. Denn erstens war er natürlich warm. Auch seine Hände waren so natürlich warm wie bei einem andern Menschen, denn mein Knecht Kunz und ich haben sie je vier- oder fünfmal berührt ... Sein Antlitz war auch weder gelb noch bleich, sondern von rechter Leibfarbe wie bei einem andern lebendigen, natürlichen, sich wohlbefindenden, gesunden Menschen. Er war auch nicht traurig gestimmt, vielmehr fanden wir ihn in all seinem Gespräch, Umgang und in der Behandlung seiner Gäste leutselig, mitteilsam, gefällig, fröhlich und zu allen Dingen freundlich ... Als wir zu ihm in seine Klause kamen, da empfing uns Bruder Klaus mit fröhlichem und lachendem Angesicht und gab jedem von uns seine Hand ... Er bat uns, daß wir ein wenig warteten, er wolle zu dem Volke sprechen. Also ging er auf die zur Kapelle hin liegende Wand zu, öffnete ein Glasfenster und sprach: ‚Gott gebe euch einen guten, seligen Morgen, ihr lieben Freunde und ihr liebes Volk!'" Dieser Eindruck Hans von Waldheims wird auch von andern bestätigt: „In seiner Zelle wurden nur die Töne des Frohlockens, kein Seufzer und Wehklagen gehört, solche Trauer war seiner Wohnung fremd." So schreibt Gundelfingen, und in Hartmann Schedels Weltchronik heißt es von Bruder Klaus: „Er wurde nie traurig, sondern stets fröhlich gesehen."

Dieser zugleich erschreckende und beseligende Mann schien ein Abbild zu sein des mysterium tremendum et fascinosum der Gottheit. Seine Anziehungskraft war gewaltig. Aus seinem Munde glaubte man Gottes Willen zu vernehmen. Arm und reich pilgerte vertrauensvoll zu ihm, um Rat zu holen in allen möglichen Sorgen. Sie nannten ihn den „*Bruder* Klaus". Er ermutigte Schüchterne, tröstete Schwermütige, heilte körperlich Leidende. Wortkarg war er nur in Dingen, die ihn selbst betrafen; sonst sprach er bereitwillig, wie es bezeugt wird: „Mit solchen, deren Gewohnheit es ist, viel zu fragen, hat er viel gesprochen." Realist, der er war, erteilte er keine unausführbaren Ratschläge, sondern handfeste Anweisungen. Ein junger Mann berichtet: „Als ich das erste Mal zu ihm kam, tat ich eine einzige Frage, nämlich: Ob es mir erlaubt sei, in dieser Gegend zu verbleiben, obgleich meine Eltern nichts davon wüßten . . . Der Gottesmann erwiderte kurz: ‚Wenn du Gott dienen willst, mußt du dich um niemanden kümmern. Wenn du aber hierbleiben wolltest, um gute Tage zu verleben, bleibst du besser bei den Deinen zu deren Unterstützung.'" Dieser Rat wirkte um so überzeugender, als Klaus ihn selbst befolgt hatte. Derselbe Mann erzählt von einem zweiten Besuch: „Ich fragte ihn: ‚Auf welche Weise soll der Mensch das Leiden Christi betrachten? Soll er sich Christum gleichsam in der Gegenwart vor seinen Augen leidend vorstellen und mit ihm leiden, als wenn sein Bruder solches erlitte, oder soll er darüber als an etwas Vergangenes denken, in dem Sinne, daß Christus dies alles schon überwunden habe und in Herrlichkeit herrscht ...?' Er antwortete: ‚Nach welcher Art du es machst, so ist es gut. Denn Gott weiß es zu machen, daß dem Menschen eine Betrachtung so schmeckt, als ob er zum Tanz ginge, und umgekehrt weiß er ihn eine Betrachtung so empfinden zu lassen, als ob er im Kampfe streite.' Als er aber vom Tanz sprach, sah ich ihn ein wenig an, als ob ich daran Ärgernis nähme, daß ein solcher Mann von Tanzen rede. Er bemerkte es alsbald und wiederholte den Ausdruck: ‚Ja, als solt es an ain dantz gon.'" Die letzten Worte gibt der sonst lateinische Text in Klausens alemannischer Mundart wieder. Er verdeutlicht, daß des Einsiedlers Ratschläge in einer Weisheit gründeten, die nicht aus Büchern stammte, sondern aus einer tiefen Kenntnis der menschlichen Natur und aus einer gnadenhaften Einsicht in die Geheimnisse der Übernatur. In dieser Weisheit war der schlichte Waldbruder den Intellektuellen überlegen, und manchen Akademiker hat er in Erstaunen gesetzt. Der Wissenschaftler Trithemius bezeugt: „Er ist ein Mann von scharfem Verstande, der, obwohl des Lesens und Schreibens völlig unkundig, ... aufs beste den Sinn der Heiligen Schrift erfaßt. Wir sahen, wie beredt er mit einem Magister über das Altarssakrament disputierte, worüber sich dieser, der aus lauter nachdenkendem Studium den kirchlichen Erklärungen keinen Geschmack abzugewinnen vermochte, nicht genug verwundern konnte."

Nicht immer aber erweckten Bruder Klausens Worte ehrfürchtige Bewunderung. Es kamen auch streitbare Theologen von jener Sorte, die alles besser weiß, um unberufen die Rechtgläubigkeit des Einsiedlers zu versuchen. Wie Klaus diese unerfreulichen Herren durchschaute und auch Prälaten gegenüber nicht auf den Mund gefallen war, zeigt folgende von Trithemius überlieferte Episode: „Wir kennen einen Abt unseres Ordens, einen durchaus gelehrten und frommen Mann, der aber ein bißchen zu sehr nach irdischen Dingen und den Reichtümern dieser Welt strebte, haushälterisch und geizig war (Georg von St. Stephan zu Würzburg) ... Dieser wollte, mehr aus Neugier als aus Frömmigkeit, auch diesen wunderbaren Einsiedler sehen ... Er begann, ihn mit vielen Reden zu versuchen und über verschiedene Streitfragen der Heiligen Schrift auszufragen, obwohl er wußte, daß jener nicht lesen konnte. Der Einsiedler beantwortete jede Frage schlagfertig, gab sich in allem sehr bescheiden und äußerte kein Zeichen der Ungeduld, obschon er vom Abte sehr bedrängt wurde, der unbedingt erfahren wollte, was hinter ihm stecke. Der äbtliche Versucher ärgerte ihn auf mancherlei Weise ... Um den Sanftmütigen zu reizen, fragte er den Eremiten: ‚Was ist Geiz?' Jener erwiderte: ‚Was fragst du mich ungebildeten Habenichts über den Geiz? Du als gelehrter und reicher Herr weißt doch besser als ich, was das ist; ja, du hast auch schon selber erfahren, was im Herzen des habsüchtigen Menschen vorgeht. Denn im Vorjahr kauftest du aus Spekulationswut 27 Fuder besten Weines für ein Spottgeld und schlugst es nach einem Jahr mit großem Profit wieder los. Aber dein Bischof (Rudolf von Scherenberg) hat deine Raffgier gestört und durch seine eigene Begehrlichkeit gestraft. Er hat gegen deinen Willen und trotz deiner Reklamation die ganzen 27 Fuder dir und dem Käufer weggenommen und mit Gewalt in seinen Keller geführt, und er hat dir dafür keinen Heller bezahlt und wird dir auch keinen bezahlen. Diese Zeichen des Geizes stehen dir auf der Stirne geschrieben, sie wurzeln in deinem Herzen und sind zu deinem Leidwesen offenbar geworden.' Über diese Worte erschrak der Abt, wurde ganz verwirrt und konnte nichts erwidern."

Unter den Theologen, die zum Ranft kamen, gab es aber auch gefährlichere Leute. Die Obwaldener Regierung sah sich 1482 sogar veranlaßt, gegen Belästigung des Bruder Klaus Maßregeln zu treffen. Aufgeregt berichtete die Landesregierung in einem Schreiben an den Rat von Luzern, „daß unlängst ein fremder Priester bei ihm gewesen sei, der ihn nachdrücklich und stark über die Heilige Dreifaltigkeit, über den heiligen christlichen Glauben und andere christliche Satzungen angelassen, versucht und getadelt habe und ihn, wie wir erfahren, . . . nicht anders befunden habe als handfest, gerecht und vollkommen. Aber wegen solcher Dinge, in denen er ihn nicht hat überwinden können, hat der Fremde ihm gedroht und gesprochen, er wolle ihm einen andern auf den Hals schicken, der ihn dann besser erproben oder versuchen müsse. Solches und noch mehr haben wir jetzt und noch öfters von Bruder Klaus vernommen, was uns nicht wenig verdrossen und geärgert hat." Anscheinend wollte man den Einsiedler durch Inquisitoren zu Fall bringen. Jedenfalls beantragte die Obwaldener Behörde bei der Regierung von Luzern eine Art Paßkontrolle, da „von solchen fremden Schelmen dem guten Bruder Klaus Roheit angetan werden könnte, womit wir in noch größere Unruhe kämen". Nur wer durch einen Bekannten von Luzern eingeführt wurde oder sich beim Landammann von Obwalden gemeldet hatte, sollte zu einer Audienz bei dem Heiligen gelangen können. Während anfangs der Zutritt zu Klaus jedermann offenstand, nötigten ihn die schlimmen Erfahrungen mit unangenehmen Eindringlingen, sich nur noch zu bestimmten Sprechstunden zur Verfügung zu stellen. Leute, die aus bloßer Neugier zu ihm wollten, hielt er sich vom Leibe. Daß solche Beschränkungen nötig wurden, beweist, wie stark der Besucherstrom angewachsen war.

Klausens Existenz als Einsiedler war ein Paradox. Er floh die Welt – da kam die Welt zu ihm. Er legte alle seine Ämter nieder – da wurde er erst recht in die politischen Händel verstrickt. Anscheinend mußte Klaus von Flüe erst in die Wildnis gehen, um sich zum Staatsmann zu entwickeln. Einen so starken politischen Einfluß, wie er ihn nach seinem Fortgang aus dem bürgerlichen Leben ausübte, hätte er wohl nie gewonnen, wenn er in seiner Karriere bis zur Stellung eines Landammanns fortgeschritten wäre. Das Eremitendasein bot ihm nämlich Vorteile und Möglichkeiten, die er als höchster Beamter des Kantons kaum gehabt hätte. Als Klaus sich in der Meinung, fortan nichts mehr mit der Politik zu tun zu haben, im Ranft niederließ, dachte er gewiß nicht an diese Möglichkeiten; sie lagen aber offensichtlich im Plane der göttlichen Vorsehung. Bruder Klausens Sendung war es, der ruhende und bestimmende Pol zu sein in dem Auf und Nieder, dem Hin und Her seiner Tage. Das setzte innere wie äußere Ruhe voraus. Denn nur der zur Einsamkeit Fähige kann der Gemeinschaft als Führer dienen. Nur in der Stille bereiten sich große Dinge vor. Und nur der Unbewegte vermag eine Welt zu bewegen.

Als er noch Bauer war, sah Klaus in einer Vision an der Stelle seiner späteren Einsiedelei einen mächtigen Turm ragen. Er selbst wurde dieser Turm, der in den Stürmen der Zeit unverrückbar stand und seinem unruhigen Volk als geistige Landmarke diente. Deshalb wollte die Vorsehung, daß er nicht als Pilger umherschweifte, sondern an diesem Orte für dauernd Wurzel faßte. Es liegt ein tiefer Sinn darin, daß Klaus nach Gottes Willen der zuerst erstrebten Pilgerschaft schließlich die Seßhaftigkeit vorzog. Und es ist bezeichnend, daß er einmal äußerte, die Franziskaner möge er weniger gern „wegen ihrer Unstetigkeit, d. h. weil sie von Provinz zu Provinz geschickt werden . . . Der Orden der Kartäuser sage ihm besser zu, wegen seiner Seßhaftigkeit". Im Ranft genoß Klaus den Vorzug dieser stabilitas loci, deren Mangel bei so vielen modernen Politikern, die rastlos geschäftig von Ort zu Ort jagen, vermutlich eine entferntere Ursache ihrer Mißerfolge ist. Jedenfalls läßt sich nicht leugnen, daß die Leistungen mancher Politiker von heute im umgekehrten Verhältnis zu ihrer Betriebsamkeit stehen. Das war auch damals schon so. Es handelt sich um ein Übel, dem sich nur Ausnahmemenschen entziehen können. Klaus als der berühmte heilige Faster hatte es nicht nötig, die Mächtigen aufzusuchen, um mit ihnen zu konferieren, denn sie kamen zu ihm. Er brauchte nicht zu den Brennpunkten des politischen Geschehens hinzueilen, um Einfluß auf den Gang der Ereignisse zu nehmen, denn sein bloßer Name genügte. Den größten politischen Erfolg seines Lebens errang er, ohne persönlich anwesend zu sein.

Was die angestrengtesten Bemühungen der Politiker nicht zustande brachten, erreichte Klaus, weil er noch über eine andere Eigenschaft verfügte, die jenen fehlte: die innere Ruhe des Herzens, die weltüberlegene Heiterkeit. Da sie im lärmenden Getriebe des Alltags, in den Interessenkämpfen der Welt leicht verlorengeht, war Klaus als Eremit in einer günstigeren Lage. Die Einsamkeit mit Gott wirkte als ein unerschöpfliches Kräftereservoir, aus dem er seine unerschütterliche Gelassenheit immer wieder speisen konnte. Er war den Interessen überlegen, von Parteien unabhängig, von Ehrgeiz und Machtgelüsten unberührt.

Man kann den Staatsmann Klaus von Flüe nicht vom Mystiker Klaus trennen, denn seine Politik entsprang seiner Mystik. Das Symbol dieser Mystik ist das Rad, das Bild der Bewegung, die um eine unbewegte Mitte kreist. Im Zentrum des Rades ruht die Gottheit, von der alle Kräfte ausstrahlen und zu der alle wieder zurückströmen. Dieses Visionsbild Klausens könnte auch das Symbol seiner Politik sein.

Der Heilige, der aus unbewegter Mitte sprach und handelte, war der geeignetste Vermittler in den heftigen Auseinandersetzungen jenes bewegten Jahrhunderts. Die Zeitgenossen erkannten das und wandten sich in politischen Schwierigkeiten an ihn. Was zahlreiche noch erhaltene Urkunden im einzelnen belegen, faßt Trithemius in dem Satz zusammen: „Bei den Schweizern stand dieser Bruder Klaus in großer Autorität, sie nahmen in allen Zweifeln und verzwickten Fragen zu jener Zeit ihre sichere Zuflucht zu ihm, und die Ratschläge und Mahnungen dieses Mannes galten ihnen nicht anders als einst ein Orakel des pythischen Apollo." Bald ging der Ruf der Staatsklugheit Klausens über die Landesgrenzen hinaus. Agenten fremder Fürsten und Mächte kamen zum Ranft: der venezianische Gesandte Albert Cavallazzo della Bancha, der den politischen Einfluß Klausens für seine Unternehmen einzuspannen suchte; der Kanzler der Grafen Borromei; Vertreter des Erzherzogs Sigismund von Österreich, der Klaus wiederholt mit Geschenken umwarb. Die politische Tätigkeit Klausens nahm schließlich solche Ausdehnung an, daß der Einsiedler sich für seine politische Korrespondenz ein eigenes Siegel zulegte.

Mancher Unterhändler, der zum Ranft geschickt wurde, mochte sich auf dem Weg dorthin fragen, was ein ahnungsloser Waldbruder zu einem verwickelten politischen Problem denn anderes zu sagen habe als ein paar mit Bibelsprüchen garnierte Gemeinplätze. Mit um so größerer Verblüffung wird er dann von Klaus ganz konkrete Weisungen entgegengenommen haben. Viele Besucher mußten feststellen, daß dieser ungepflegte Klausner kein hinterwäldlerischer Ignorant, vielmehr ein durch weitgespannte Verbindungsfäden vorzüglich informierter Mann war. So äußerte Bernardino Imperiali, der als Gesandter des Herzogs von Mailand bei den Eidgenossen auch Klaus seine Aufwartung machte, er sei überrascht über seine Vertrautheit mit der politischen Lage.

Die Periode der Freiheitskämpfe war zu jener Zeit für die Eidgenossenschaft abgeschlossen. Die staatliche Selbständigkeit des demokratischen Staatenbundes war nach außen gegen die Monarchien ringsum gesichert und durch den Kaiser anerkannt. Doch blieb die Einheit und Unabhängigkeit der Schweiz von innen her bedroht. Viele Schweizer traten um Geld in den Dienst fremder Herren und schlugen deren Schlachten. Wenige eidgenössische Politiker gab es, die nicht von Frankreich oder von Österreich oder gar von beiden Mächten zugleich Pensionen erhielten. Mit unbestechlichem Blick erkannte Klaus die Reisläuferei und das Pensionswesen als das Krebsübel im Staate und warnte schon früh davor, sich aus Habgier an auswärtige Mächte zu binden. 1480 soll er veranlaßt haben, daß die Unterwaldener und Schwyzer dem Könige von Frankreich die angeforderten Truppen verweigerten. Hier wie auch sonst zeigte er sich als ein Vorkämpfer gegen jede Einmischung in fremde Händel und gegen auswärtige Bündnisse. „Die Neutralität als Maxime der eidgenössischen Außenpolitik geht auf den großen Eidgenossen vom Ranft zurück" (Bundespräsident Dr. Etter).

Sein größtes Anliegen war der Friede. In seinem Brief an Bern vom Jahre 1482 hat er dieses Ziel religiös begründet: „Friede ist allweg in Gott, denn Gott ist der Friede; im Frieden kann nicht zerstört werden, im Unfrieden aber wird zerstört. Darum sollt Ihr schauen, daß Ihr auf Frieden stellet." Zugleich macht der Brief deutlich, daß Klaus auch aus politischen Gründen den Krieg nicht als ein Mittel zur Lösung von Konflikten geeignet hielt. Der Heilige war sich darüber im klaren, wie verderblich jeder Waffengang, ob er im Innern oder nach außen geführt wird, für die gedeihliche Entwicklung des Staates sein muß. In seinen Soldatenjahren hatte er ja selbst die niederreißenden Wirkungen des Krieges erfahren. Das konkrete Wissen um Ursprünge, Erscheinungsformen und Folgen des Krieges gab seinen Mahnungen zum Frieden eine besondere Inbrunst.

Seine Arbeit um Frieden und Einheit erntete schon zu Lebzeiten einen einzigartigen Erfolg. Kaum hatte die Eidgenossenschaft nach dem erfolgreichen Burgunderkrieg internationales Ansehen gewonnen, als eine schwere Krisis ihren Fortbestand in Frage stellte. Die Schweizer zeigten sich, indem sie sich um die Beute stritten, dem Siege nicht gewachsen. Die Lage war um so heikler, als das Bewußtsein der Zusammengehörigkeit sich noch nicht gefestigt hatte. Noch waren nicht alle Kantone untereinander verbündet, und die Schweiz stellte mehr einen geographischen als einen staatsrechtlichen Begriff dar. Zwar trafen sich Vertreter der Kantone öfter auf Tagsatzungen, um gemeinsame Interessen zu beraten. Doch fehlte diesem losen Gefüge eine Zentralgewalt, die eine Minderheit von Orten zur Beobachtung der Mehrheitsbeschlüsse der Tagsatzung hätte zwingen können. So war es möglich, daß sich zwischen Stadtkantonen und Landkantonen unüberbrückbare Gegensätze bildeten. Als die Städte untereinander 1477 einen Sonderbund schlossen, kam die Krise zum offenen Ausbruch.

Es nutzte nichts, daß eine Tagsatzung nach der andern einberufen wurde: Der Konflikt blieb ungelöst. Statt dessen prallten die Meinungen heftiger aufeinander, die aufgeputschten Gemüter erhitzten sich mehr und mehr, Zündstoff sammelte sich an, und alles drängte zur Explosion, während im Westen Frankreich und im Osten Österreich nur darauf lauerten, daß die Eidgenossenschaft in einem Bürgerkrieg auseinanderbreche. In dieser höchsten Gefahr, als das Schicksal des Landes auf Messers Schneide stand, griff Klaus ein.

Von Anfang an war er über die unheilvolle Entwicklung der Dinge unterrichtet gewesen. Obwohl er als gebürtiger Unterwaldener zur Gegenpartei gehören konnte, hatte Luzern seine Hilfe gesucht. Wenigstens sieben offizielle Ratsbotschaften und mehrere Läufergänge in den Ranft sind urkundlich bezeugt. Offenbar hatte Klaus schon auf die Vorverhandlungen und Vorentwürfe zur Einigung Einfluß genommen. Eine vorbereitende Tagung zu Stans war auf seine Initiative einberufen worden. Doch nun, als die Abgeordneten wieder zu Stans versammelt waren, schien alles umsonst gewesen zu sein. Mit wachsendem Entsetzen beobachtete der Stanser Pfarrer und Freund Klausens, Heimo am Grund, wie die Verhandlungen endgültig zu scheitern drohten. Hören wir über den Ausgang einen Augenzeugen:

„Herr Heimo verstand und merkte so viel, daß nichts anderes als ein Krieg daraus entstehen wollte. Er stand in der Nacht auf und begab sich schnell zu Bruder Klaus" (das war ein Weg von vier Stunden, mitten im Winter über vereiste Bergpfade), „legte ihm die Dinge dar und blieb so lange, bis man sich gänzlich veruneinigt hatte und jedermann am Nachmittag entschlossen war, heimzufahren und zu jenem Mittel zu greifen, von dem allein er sich noch Nutzen erhoffte, denn jeder machte sich auf Krieg gefaßt. Als man nun hastig abreisen wollte, kam Herr Heimo von Bruder Klaus gelaufen, daß er schwitzte, lief allenthalben in die Wirtshäuser, bat die Gesandten mit Tränen in den Augen, sich um Gottes und Bruder Klausens willen wieder zu versammeln und Bruder Klausens Rat und Meinung zu vernehmen. Das geschah denn auch. Was er aber brachte, wurde nicht jedem mitgeteilt, vielmehr war Herrn Heimo von Bruder Klaus verboten, es einem andern als den Gesandten kundzutun" (wahrscheinlich, um jede Beeinflussung durch außerparlamentarische Interessenvertreter auszuschließen). „Und also gab Gott das Glück. So böse auch die Sache am Vormittag stand, wurde sie doch durch diese Botschaft viel besser und in einer Stunde ganz und gar erledigt."

Welch gewaltige Autorität bei allen Parteien muß dieser Heilige genossen haben! Ohne selbst anwesend zu sein, gelang ihm, was keiner mehr zu hoffen wagte: Frieden und Eintracht waren wiederhergestellt. Daß die entscheidende Wende dem Eingreifen des Einsiedlers zuzuschreiben ist, wurde offiziell anerkannt. Das Tagsatzungsprotokoll trug den Abgeordneten auf, daheim zu erzählen „die große Treu, Müh und Arbeit, so der fromme Mann Bruder Klaus in diesen Dingen getan hat, ihm dessen treulich zu danken". Freiburg und Solothurn schickten dem Friedensstifter Dankschreiben. In großem Jubel wurde das Tedeum gesungen, und im Lande läuteten die Freudenglocken.

Dieses erstaunliche Ereignis wäre gewiß nicht eingetreten, wenn Klausens Botschaft sich nur in begütigenden Redensarten ergangen hätte. Ein beschwörendes „Seid einig, einig, einig!" genügte nicht, die Stiernacken der Schweizer zu beugen. Dazu bedurfte es konkreter Vorschläge, die alle überzeugten. Klaus empfahl eine praktische Lösung, die zugleich von einer überragenden Idee getragen war. So wurde der durch ihn inspirierte Vertrag von 1481 mehr als bloß eine momentane Versöhnung. Er stellt als „Stanser Verkommnis" einen Markstein in der Schweizer Geschichte dar, ja gewann welthistorischen Rang. Auf Klausens Antrag wurden die Einzelbünde aufgehoben und durch einen Bund ersetzt, der Städte wie Länder als gleichberechtigte Partner umfaßte. Zum ersten Male schlossen die acht alten Orte ein gemeinsames Bündnis. Es überdauerte die Spaltung der Reformation und blieb für mehr als drei Jahrhunderte das staatsrechtliche Gerüst der alten Schweiz bis zur Französischen Revolution. Die innere Bedeutung dieser Regelung lag darin, daß sie den partikularistischen „Kantönli-Geist" überwand zugunsten einer universalen Gemeinschaftsidee.

Noch bedeutsamer war der zweite von Klaus angeregte Beschluß, der den Weitblick des genialen Staatsmannes verrät: Die acht Orte nahmen die französisch sprechenden Kantone Freiburg und Solothurn in ihrem Bund auf und erweiterten die Eidgenossenschaft ins Zweisprachige. Damit wurde der Grundstein gelegt zur heutigen viersprachigen Schweiz mit ihren zweiundzwanzig Kantonen, die trotz aller sprachlichen und konfessionellen Verschiedenheiten ein Vorbild echter Staatengemeinschaft darstellt. Sollte nicht ein Bund der Völker Europas auf ähnlicher Grundlage möglich sein? Das Stanser Verkommnis eröffnet in der Tat kühne Perspektiven. Mit Recht nennt Peter Dörfler Bruder Klaus den „Bannerträger des Friedens über alle nationalen Grenzen hinweg. Sein Name könnte auf der Flagge eines europäischen Staatenbundes stehen. Denn Kantone sind heute auch die größten Länder Europas". Klausens Friedenswerk zu Stans war eine große Tat, weil sie den engstirnigen Haß des Nationalismus überwand im Geiste umfassender Bruderliebe.

Als Bruder Klaus wenige Jahre später starb, betete das Volk nicht für ihn, sondern zu ihm. Sofort nach seinem Tode galt er als „der eigentliche Nationalheilige des Schweizerlandes". Sein Name war „ein politisches Programm schlechthin. Seine Ratschläge lebten diesseits und jenseits des Grabens, den die Reformation zwischen den Bundesgliedern ausgeworfen, fort. In allen entscheidenden Stationen der alten Eidgenossenschaft ist der Geist Bruder Klausens von beiden Seiten zitiert worden" (R. Durrer). Auch außerhalb der Schweiz beriefen sich hervorragende Vertreter beider Konfessionen auf die Autorität des Heiligen: Zwingli und Luther ebenso wie Thomas Murner und Petrus Canisius. So stark und allgemein war das Ansehen des Gottesfreundes im Volke. Auch unserem materialistischen, von Kriegen erschütterten Jahrhundert könnte Klaus von Flüe eine lebendige Mahnung sein.

JEANNE D'ARC

(1412—1431)

Wohl keine Frau hat die Geschichte ihres Landes auf Jahrhunderte hinaus so stark bestimmt wie Jeanne d'Arc, die als siebzehnjähriges Mädchen auszog, das von den Engländern besetzte Frankreich zurückzuerobern, und nach unvergleichlichen Siegeszügen als Neunzehnjährige auf dem Scheiterhaufen starb. Ihre einzigartige Persönlichkeit, faszinierend und rätselhaft zugleich, hat durch alle Epochen Dichter, Denker und Historiker beschäftigt. Das gesteigerte Interesse moderner Autoren an der Jungfrau von Orléans erklärt sich aus der merkwürdigen Tatsache, daß dieses Mädchen, das 1431 von einem kirchlichen Gericht als Ketzerin und Hexe verurteilt worden war, von der höchsten kirchlichen Autorität 1909 selig- und 1920 heiliggesprochen wurde.

Lange genug blieb das Bild der Jungfrau durch kritiklose Verherrlichung oder durch gehässige Verleumdung verzerrt. Schon zu Lebzeiten war Jeanne eine legendäre Figur. Das von ihr begeisterte Volk erzählte sich wunderbare Geschichten von ihr, die oft nur wenig mit den Tatsachen übereinstimmen. Anderseits versuchten die Engländer, solange sie in Frankreich noch etwas zu sagen hatten (das waren immerhin noch zwanzig Jahre nach Jeannes Hinrichtung), den Ruf ihrer Todfeindin durch eine lügnerische Propaganda zu vernichten. Zwischen diesen Extremen schwankte das Urteil über Jeannes Erscheinung lange Zeit hindurch. Die einen verehrten sie als ein göttliches Wesen, die andern verfluchten sie als ein dämonisches Weib. Dichter stellten sie bald sentimental, bald satirisch dar. Shakespeare schmähte die Feindin seiner Nation als Zauberin und Hure. Voltaire überschüttete sie mit ätzendem Hohn. Schiller machte aus ihr eine rührende, opernhafte Figur, die nichts mit der historischen Jeanne gemein hat. Der Zugang zur wirklichen Johanna wurde erst möglich, nachdem Quicherat 1849 die noch sämtlich erhaltenen Prozeßakten in fünf Bänden veröffentlicht hatte. Als Reaktion gegen ästhetische oder fromme Stilisierung, die Jeanne verhimmelte, setzte bald darauf eine skeptische Kritik ein, die sie verkleinerte. Anatole France leugnete ihre militärischen und politischen Fähigkeiten und behauptete, sie sei nur eine vorgeschobene Strohpuppe gewesen. Bernard Shaw dagegen sagte, sie habe Napoleons Realismus in der Kriegführung vorweggenommen und zum ersten Male praktiziert. Beides ist schief und geht am Entscheidenden vorbei. Völlig falsch wäre es, wollte man mit Shaw in ihr „eine Vorläuferin der abendländischen Kirchenspaltung", „eine der ersten protestantischen Märtyrer", „eine der ersten Apostel des Nationalismus" oder mit Bert Brecht nur „die Stimme des Volkes" sehen. Autoren wie Brecht, France oder Shaw bekommen die wahre Jeanne nicht zu Gesicht, weil sie ihren Blick verschließen vor den überirdischen Kräften, die in der Jungfrau wirkten: Sie können nicht glauben, daß Jeanne wirklich von Gott gesandt war, weil sie nicht an Gott glauben. So versuchen sie, alles Außerordentliche in diesem Leben zu verharmlosen und das, was nur als etwas Übernatürliches zu begreifen ist, entweder zu leugnen oder psychologisch zu erklären. Sie gestehen der Jungfrau höchstens eine nur menschliche Größe zu, während die eigentliche Größe Jeannes doch darin lag, daß sie eine Heilige war.

Will man ihre Gestalt recht verstehen, so darf man, was von ihr überliefert ist, weder leichtgläubig schlucken noch ungläubig von vornherein ablehnen. Man muß vielmehr alle legendenhaften und tendenziösen Verfälschungen entschlossen beiseiteschieben, zugleich aber die Augen selbst dem Fremdartigen und Unbegreiflichen gegenüber unbefangen und liebevoll offenhalten. Nur dann gewahrt man die Jungfrau von Orléans, wie sie wirklich war, und kommt aus dem Staunen nicht heraus über diesen prachtvollen Menschen, den man einfach liebhaben muß, und über diese Heilige, die alle gewohnten Vorstellungen von Heiligkeit über den Haufen wirft.

Die weltgeschichtlich bedeutsame Tat der Jeanne d'Arc besteht darin, daß sie dem Hundertjährigen Krieg kurz vor der drohenden Katastrophe zur allgemeinen Überraschung die entscheidende Wende gab. Der Krieg war entstanden durch die Ansprüche des englischen Königs auf die französische Krone. Seit Wilhelm von der Normandie die britischen Inseln eroberte und König von England wurde, hatte der englische König stets Teile Frankreichs in seinem Besitz gehabt. 1339 begann er, ganz Frankreich mit Waffengewalt zu erobern. Seine Truppen brachten den Franzosen blutige Niederlagen bei. Sie stürzten Land und Leute in namenloses Elend. Neun Jahrzehnte tobte jetzt schon der Krieg und wollte immer noch kein Ende nehmen. Ein großer Teil des Königreiches war in Feindeshand. Die Menschen waren verwildert, die Finanzen heillos zerrüttet, und die Äcker blieben unbestellt. Von Söldnerhorden gebrandschatzt, von Hungersnöten und Seuchen heimgesucht, lagen ganze Landschaften verödet. Zu allem Unglück war das Reich politisch zerrissen. Ein Bürgerkrieg brachte Metzeleien und maßlose Leiden. Mit Meuchelmord und Blutrache räumten sich die französischen Herzöge gegenseitig aus dem Wege. König Karl VII., ein Schwächling und Sohn eines Wahnsinnigen, war nicht gekrönt. Seine eigene Mutter, die berüchtigte Königin Isabeau, bestritt seine legitime Geburt und hielt zu den Engländern, deren König sich König von Frankreich nannte. Karl selbst hatte zu seiner Sache nicht das geringste Vertrauen und gab sich selbst verloren. Der Feind stand schon vor Orléans. Not und Verzweiflung stiegen ins Ungeheure. Falls die Engländer auch diese Stadt nahmen, hielten sie den Schlüssel zu den wenigen Karl noch verbliebenen Besitzungen in der Hand. Das erschöpft am Boden liegende Frankreich war drauf und dran, eine englische Provinz oder gar eine englische Kolonie zu werden. Das Volk stöhnte in seiner Erniedrigung. Unter der Asche glomm zwar der Geist des Widerstandes, doch niemand schien da zu sein, der die schwelende Glut zu machtvoll lodernder Flamme entfachte.

In diesem Augenblick trat Jeanne hervor, um in wenigen Monaten die politische und militärische Lage Westeuropas entscheidend zu verändern. Was Fürsten, Staatsmännern und Feldherrn in vielen Jahrzehnten nicht gelungen war – sie schaffte es mit einem Elan ohnegleichen in kürzester Zeit. Dabei war sie nur ein einfaches Bauernmädchen aus einem kleinen Dorf in Lothringen. Sie hatte nie eine Schule besucht und konnte weder lesen noch schreiben. Sie strickte, nähte, spann und pflügte. Gelegentlich hütete sie die Schafe und Kühe. Sie war ein frisches, natürliches Mädchen, das an Dorffestlichkeiten teilnahm und mit Freundinnen unter der Buche bei Domrémy tanzte und sang. Sie konnte so schnell laufen, daß – wie eine Gespielin sich später erinnerte – „ihre Füße den Boden kaum zu berühren schienen". In nichts unterschied sie sich von den andern Mädchen, außer durch eine starke Frömmigkeit, die aber frei von jeder Überspanntheit blieb. Bekannte von ihr, die täglich mit ihr verkehrt hatten, gaben später in bestimmtesten Ausdrücken vor Gericht zu Protokoll, sie sei nicht abergläubisch gewesen und habe auch keinen Hang zum Geheimnisvollen und Übernatürlichen gezeigt.

Doch eines Tages, an einem Sommermittag, widerfuhr ihr ein merkwürdiges Ereignis, das sie aus dem normalen Alltag heraushob und ihr Leben in eine ungewöhnliche Bahn lenkte. Die Dreizehnjährige stand im Garten ihres Elternhauses, als sie plötzlich zu ihrer Rechten eine helle Stimme vernahm. Sie konnte zunächst nichts sehen, da strahlendes Licht sie blendete. Dann erkannte sie, von Schrecken durchzuckt, eine überirdische Gestalt, die sich als jener gewaltige Erzengel offenbarte, der den Drachen besiegt hatte und der am Ende aller Tage seinem Volk in größter Bedrängnis wieder zu Hilfe kommen sollte. Sankt Michael, Frankreichs und des Hauses Valois Schutzpatron, kündigte ihr an, die heilige Katharina und die heilige Margareta würden ihr erscheinen. Tatsächlich besuchten die beiden Märtyrinnen sie bald und sprachen zu ihr. Sie kamen immer wieder, oft täglich, bis ans Ende ihres Lebens, und gaben ihr Weisungen, was sie tun sollte.

Dieses Vorkommnis ist keine Erfindung der Legende. Jeanne selbst verfocht später vor Gericht die Wahrheit ihrer Visionen und ging für sie in den Tod. „Alles, was ich getan, habe ich auf Befehl der Stimmen getan", beteuerte sie wiederholt den Richtern. Über die Wirklichkeit der Erscheinungen besaß sie eine absolute Gewißheit, die nichts zu erschüttern vermochte: „Ich habe sie mit den Augen meines Leibes gesehen, geradeso gut, wie ich euch jetzt vor mir sehe!" Für sie gab es nicht den geringsten Zweifel: „Ich weiß es durch Offenbarung und so sicher, wie ich weiß, daß ihr da vor mir sitzt." Gleichwohl glaubten ihr die Richter nicht. Sie erklärten sie als eine vom Wahn erfüllte Phantastin und Betrügerin und ihre Visionen als Vorspiegelungen des Teufels. Daß Jeannes Stimmen dämonischer Trug seien, nehmen die modernen rationalistischen Forscher zwar nicht an, weil sie nicht an die Existenz des Teufels glauben. Aber im übrigen behandeln auch sie die Stimmen als Hirngespinste. Sie sprechen von Autosuggestion, Halluzination oder Hysterie und geben sich zufrieden, wenn sie die beunruhigenden Phänomene mit einem wissenschaftlichen Etikett versehen haben. Doch solche Deutungen vermögen das Problem nicht zu lösen. Natürliche Erklärungen kommen dem Übernatürlichen nicht bei, da es auf einer ganz anderen Ebene liegt, die der menschlichen Vernunft unzugänglich bleibt. Weit sachlicher ist das demütige Eingeständnis, daß es sich hier um Dinge handelt, von denen unsere Schulweisheit sich nichts träumen läßt.

Übrigens sprechen alle Tatsachen gegen die Hypothesen atheistischer Kritiker. Erstens: Jeanne war, wie Ärzte urkundlich versicherten, ein körperlich und geistig gesundes Bauernmädchen. Sie war mit hellem Verstand begabt, pflegte keine besonderen Fasten und asketischen Übungen, litt auch nicht an nervösen Störungen. Wachträume passen nicht zu ihrer kühlen Überlegungsfähigkeit und ihrem nüchternen, jeder Schwärmerei abholden Charakter. Einer visionären Betrügerin wie Catherine de la Rochelle begegnete sie mit äußerstem Mißtrauen: Jeanne tat ihren Bericht von ihren angeblichen Offenbarungen mit der bestimmten Feststellung ab, das alles „sei dummes Zeug, es sei nichts daran", und riet ihr, „sie solle lieber heimgehen zu ihrem Manne, die Haushaltung besorgen und ihren Kindern zu essen geben". Hier wie in allem, was sie sagte und tat, bewies sie gesunden Menschenverstand und Lebenstüchtigkeit. — Zweitens: Jeannes Offenbarungen enthielten konkrete Aufträge: Sie sollte Orléans entsetzen und den Dauphin zur Krönung führen. Man kann nicht annehmen, Jeannes Unterbewußtsein habe sich dies gewünscht, denn das Gegenteil ist der Fall. Die Rettung des vom Untergang bedrohten Frankreich war eine so ungeheure Aufgabe, daß dieses halbwüchsige Landmädchen vor ihr zurückbebte. Erschreckt lehnte sie die an Wahnsinn grenzende Zumutung ab: „Ich bin ja nur ein armes Mädchen und verstehe nichts vom Reiten und Kriegführen." Noch später im Felde erklärte sie: „Ich würde lieber neben meiner armen Mutter spinnen, denn dies hier ist nichts für mich." Dieses anfängliche Zurückschaudern vor dem Auftrag des Himmels beweist, daß Jeanne nicht von sich aus auf diese Gedanken verfiel. – Drittens: Wenn es einen Weg zur Befreiung Frankreichs gab, dann war es dieser: Strategisch mußte man unbedingt bei Orléans den Hebel ansetzen, und dem sich ausbreitenden Zweifel an der Legitimität des Dauphin, folglich an der Berechtigung seines Anspruchs, König von Frankreich zu sein, konnte man nur durch die vollzogene Krönung begegnen. Indem Jeanne beides ausführte, leistete sie nach Shaw „militärische und politische Meisterstücke, die Frankreich retteten". Ein Staatsmann und Feldherr hätte kein besseres Mittel finden können. Es ist ausgeschlossen, daß es dem Kopfe eines unwissenden Mädchens vom Lande entsprungen war. Daß Jeanne diese Aufgabe klar erkannte, beweist wiederum den Einfluß einer höheren Macht. – Viertens: Die Entschiedenheit, mit der sie das Unternehmen durchführte, und der Erfolg, von dem es gekrönt war, lassen jede Deutung als unmöglich erscheinen, die in ihr so etwas wie eine ehrgeizige Hochstaplerin oder eine anmaßende Phantastin sehen wollen. Mit Halluzinationen erobert man keine Festungen. – Fünftens: Jeanne wußte sich von Gott zu einer Sendung berufen, ausgewählt als sein Werkzeug. Trotzdem schwieg sie über ihr Geheimnis. Eine Hysterikerin hätte sofort alle Welt mit ihren Visionen bekanntgemacht. Jeanne aber zog trotz ihres jugendlichen Alters weder ihre Mutter noch ihren Beichtvater ins Vertrauen. Vier Jahre hat sie ihre Visionen in ihrem Herzen verschlossen, und Karl VII., dem sie dann endlich, wie ihr die Stimmen befahlen, den ganzen Inhalt ihrer Offenbarungen mitteilte, blieb der einzige Mensch, der sie erfuhr. Denn auch später schwieg sie darüber, und selbst die Richter, die sie mit unaufhörlichen Fragen nach ihren Stimmen quälten und Antworten erzwangen, konnten ihr nur Bruchstücke aus ihrer Offenbarungswelt entreißen. Sie selbst sagte den Richtern, ihre übernatürlichen Erscheinungen könnten Menschen nicht erklärt werden, und gab widerwillig nur einige Umschreibungen und Andeutungen. – Sechstens: Jedem versicherte Jeanne, sie habe eine Sendung zu erfüllen, und nur ihr und niemandem sonst sei diese Mission aufgetragen. Aus dem Auftrag Gottes nahm sie das Recht, Königen, Bischöfen und Generälen Befehle zu erteilen. Dabei sah sie nur darauf, daß man gehorchte; ob man von ihrer göttlichen Sendung auch überzeugt war oder nicht, kümmerte sie wenig. „Ich weiß nicht, ob die von unserer Partei das glauben und überlasse das ihrem Herzen. Aber auch wenn sie es nicht glauben, so bin ich halt doch von Gott gesandt." Jede Verehrung ihrer Person, die das begeisterte Volk ihr entgegenbrachte, wies sie bald mit Humor, bald mit Entrüstung zurück. Ihr ging es einzig um die Erfüllung des göttlichen Auftrags, nicht um ihren Ruhm. Das unterscheidet ihr Sendungsbewußtsein von dem Geltungsdrang eines Psychopathen.

Nachdem die himmlischen Mächte sie jahrelang mit ihrer Sendung vertraut gemacht und immer dringender zum Handeln gemahnt hatten, war die Zeit gekommen, ans Werk zu gehen. Doch ein Hindernis nach dem andern türmte sich ihr in den Weg. Vater d'Arc hatte angstvolle Träume, seine Jeannette würde mit dem Kriegsvolk fortziehen. Er hielt sie unter strenger Aufsicht und versuchte, sie mit einem jungen Manne zu verheiraten. (Als dieser sie vor Gericht zog mit der Anklage, sie habe ihm ein Eheversprechen gegeben und es gebrochen, bestritt sie das. Sie hatte nach der ersten Erscheinung Jungfräulichkeit gelobt, „und zwar für so lange, als es Gott gefallen würde".) Ihren Brüdern erklärte der Vater, ehe er seine Tochter verwilderten Söldnerhaufen überlasse, würde er sie lieber mit eigener Hand in der Maas ertränken. Von ihrem Elternhaus konnte Jeanne also statt Unterstützung nur heftigsten Widerstand erwarten. Nach einem bitteren Gewissenskampf verließ die Siebzehnjährige ohne Abschied ihre Familie, getreu dem Herrenwort: „Wer Vater oder Mutter mehr liebt als mich, ist meiner nicht wert." Als die Richter ihr später vorhielten, diese heimliche Flucht sei Ungehorsam und Ehrfurchtslosigkeit den Eltern gegenüber, also ein Verstoß gegen das vierte Gebot gewesen, beteuerte sie: „Gott hatte ja Befehl dazu gegeben. So war es nicht mehr als recht, daß ich es tat. Weil Gott es befohlen, wäre ich gegangen, auch wenn ich hundert Väter und hundert Mütter gehabt hätte."

Die Stimmen wiesen Jeanne nach Vaucouleurs. Von dem Kommandanten dieses Platzes, dem Hauptmann Baudricourt, solle sie ein Empfehlungsschreiben für ihren Weg zum Dauphin bekommen. Zunächst wandte sie sich an einen älteren Vetter, den sie Oheim nannte und der in der Nähe von Vaucouleurs wohnte. Sie eröffnete ihm ihre Aufträge und bat ihn, sie beim Hauptmann anzumelden. Der Bauer mochte sie mit aufgerissenen Augen angestarrt haben, ging aber auf ihr stürmisches Drängen ein. Baudricourt empfing ihn übel genug, lachte über die Zumutung dieses Kindes wie über einen schlechten Witz und riet dem Mann, die Ausreißerin durch ein paar Ohrfeigen zur Besinnung zu bringen und nach Hause zu schicken. Jeanne aber, durch diesen neuen Widerstand keineswegs eingeschüchtert, drang selbst zum Kommandanten vor. Der ließ sich jedoch nicht erweichen, und bald war die Entlaufene wieder zu Hause. Ihr Vetter beruhigte die aufgebrachten Eltern und nahm Jeanne schließlich, als eine Stütze für seine Frau, wieder mit.

Es war in den ersten Tagen des ereignisreichen Jahres 1429, im tiefen Winter, als sie zum zweiten Male in Vaucouleurs anlangte. Sie diente bei einem Schmied und gewann bald das Herz der Einwohner. Ging nicht die Sage, eine Jungfrau aus dem Lothringischen werden das Reich retten? Dieses forsche Mädchen mochte die verheißene Befreierin sein. Wieder trat Jeanne vor Baudricourt. Dem kam die Angelegenheit jetzt nicht mehr ganz geheuer vor; er ließ den Pfarrer kommen und über die anscheinend Besessene einen Exorzismus sprechen. Jeanne aber ließ nicht locker. Nach langem Sträuben gab sich der Offizier geschlagen und bewilligte ihr, was sie verlangte.

Sofort vertauschte sie den roten Rock des Landmädchens mit männlicher Kriegstracht: Sie legte Reithosen, Beinschienen und Sporen an und ließ sich ihr schwarzes Haar nach Pagenart kurz schneiden. Für eine Frau, die fortan im Felde unter Kriegern leben sollte, war dieser Anzug nicht nur zweckmäßig, sondern zum Schutz vor zudringlichen Belästigungen seitens der Soldaten, mit denen sie oft Seite an Seite übernachten mußte, geradezu geboten. Trotzdem erschien ihre Mannskleidung damals als etwas Unerhörtes, Unanständiges, ja, Gotteslästerliches, erregte Aufsehen und war später vor Gericht einer der Hauptanklagepunkte. Jeanne verteidigte sich mit dem Hinweis, Gott habe ihr diese Tracht befohlen.

Mit zwei Rittern, einem Herold und drei Knappen brach sie zu Pferd auf. Es war noch kalter Winter. Der Weg führte mitten durch feindliches Gebiet. Man mußte sich weitab von Straßen und Brücken halten und die Flüsse an seichten Stellen im Schutze der Nacht überschreiten. Schon bei diesem ersten Abenteuer zeigte sich Jeanne allen

Strapazen gewachsen. Obwohl sie das Reiten eben erst gelernt hatte, hielt sie sich wacker. Am elften Tage des verwegenen Rittes traf sie in Chinon ein. Dort residierte der Dauphin.

Jeanne ließ sich sofort bei ihm melden: Sie bringe eine Botschaft von Gott. Doch erst nach einigen Tagen wurde ihr die Audienz im Schloß gewährt. Baudricourt hatte den Hof schon informiert. So bemächtigte sich der dreihundert Anwesenden eine erwartungsvolle Spannung, als Jeanne in den gewaltigen, von fünfzig Fackeln erleuchteten Prunksaal geführt wurde. Unbefangen schritt das Bauernkind durch die fürstliche Gesellschaft. Ein Augenzeuge berichtet, daß „sie in großer Demut und Einfachheit vor den König trat, wie ein armes, kleines Hirtenmädchen". Sie verbeugte sich vor Karl und redete ihn mit diesen Worten an: „Très illustre seigneur dauphin! Ich bin gekommen und gesandt von Gott, um dem Königreich und Ihnen selbst Hilfe zu bringen."

Diese Begegnung zählt zu „den großen Augenblicken der französischen Geschichte" (S. Stolpe). Welch ein Gegensatz! Hier Karl, dessen degenerierte Gestalt mit der häßlichen Nase, den blöden, wimpernlosen Augen und den dünnen, krummen Beinen so gar nichts Königliches an sich hatte – dort Jeanne, deren gut gewachsener, federnder Körper jugendliche Anmut ausstrahlte. Hier der Lebemann, der die Tage in den Armen einer Mätresse vertändelte, während gleichzeitig die Stadt Orléans, an der die Zukunft seines Reiches hing, unsägliche Leiden erduldete – dort die unberührte Jungfrau, die auf sinnliche Liebe verzichtete, um frei zu sein zur Rettung des Vaterlandes. Hier dumpfe Trägheit – dort kühner Tatendrang.

Es war nur zu natürlich, daß Karl zunächst keineswegs von Jeanne überzeugt wurde. Dieses Mädchen sollte eine Botin des Himmels sein? Ausgerechnet sie sollte ihm Hilfe bringen? Selbst ein gescheiterer Mensch als dieser dekadente und gelangweilte Prinz hätte dafür kaum Verständnis aufgebracht. Daß Frankreich ein heiliges Königreich sein müsse, überstieg den Horizont dieses entnervten Lüstlings. Mit tausend Bedenken hielt der Unentschlossene die Wagemutige noch wochenlang hin. Angesichts dieser Verzögerung riß ihr schließlich die Geduld, und sie sagte dem Zauderer deutlich, er möge sich beeilen; länger als ein Jahr bleibe sie nicht. Doch erst wollte Karl sich vergewissern, ob Jeanne keine Betrügerin oder Hexe sei. Sie nannte sich programmatisch „die Jungfrau". War sie wirklich jungfräulich? Dann konnte sie nach mittelalterlicher Ansicht auch kein Werkzeug des Teufels sein. Jedenfalls mußte Jeanne sich von der Königin von Sizilien und einigen Matronen auf ihre Unberührtheit untersuchen lassen. Nach dieser intimen Prozedur wurde sie zu Poitiers einem regelrechten theologischen Examen unterzogen. Eine Kommission von Bischöfen und Theologieprofessoren unter dem Vorsitz des Erzbischofs von Chartres prüfte sie in einem Kreuzverhör auf Herz und Nieren. Die Fragen dieser Scholastiker beantwortete das ungebildete Mädchen mit Mutterwitz, Freimut und Unerschrockenheit. Wegen ihrer verbotenen Mannskleider zur Rede gestellt, erklärte sie furchtlos: „Gott will es so. In den Büchern unseres Herrn steht mehr als in den Euren!" Ein Doktor, der einen argen Dialekt sprach, erkundigte sich, welche Sprache denn die Engel redeten. Sie versetzte schlagfertig: „Eine bessere als die Eure." – „Glaubst du überhaupt an Gott?" wollte er dann wissen. Sie warf ihm die kecke Antwort an den Kopf: „Vielleicht mehr als Ihr!" Und als ein anderer noch verfänglicher fragte: „Wenn dir deine Stimmen verkünden, daß Gott Frankreich erlösen werde, wozu bedarf es dann noch der Soldaten?", entgegnete sie ebenso sicher: „Die Soldaten werden kämpfen, aber Gott wird den Sieg verleihen." Nach drei Wochen hatte das tatendurstige Mädchen die Fragerei satt: Sie sei nicht zum Disputieren hierher gekommen, sondern verlange, zur kämpfenden Truppe geführt zu werden. Dort werde sie das von ihr als Beglaubigung geforderte Zeichen wirken. Die Gelehrten, mehr betroffen als überzeugt, gestanden, nichts Verdächtiges an ihr gefunden zu haben, und ließen sie los. „Ich danke unserm Herrn", äußerte sie später, „daß er mich befreite von den Quälereien der Kleriker aus unserer Partei."

Nachdem auch diese Hindernisse überwunden, ging Jeanne endlich mit Karls Genehmigung ans Werk. Sie gab eine Stelle neben dem Altar der Katherinenkirche zu Fierbois an, wo das Schwert Karl Martells im Boden liege. Man grub nach, und tatsächlich fand man die verrostete Klinge. Die Erfüllung ihrer Aussage steigerte ihr Ansehen. Mit diesem Schwert an der Seite, eine selbstentworfene Standarte mit dem Symbol der göttlichen Weltherrschaft in der Hand, geharnischt und hoch zu Roß erschien sie im Lager zu Blois, angestaunt von den dort versammelten Truppen. Bald hatte die Siebzehnjährige die fluchenden und zechenden Haudegen in der Hand. Sie schickte die ruppigen Männer zur Beichte und Kommunion, ließ Predigten und Andachten halten und jagte die herumlungernden Dirnen davon. Nur einem frommen Heer könne Gott den Sieg verleihen. Selbst mitten im rauhen Lagerleben vergaß Jeanne keinen Augenblick, daß überirdische Mächte sie ihres Umgangs würdigten. Eine unerklärliche Hoheit strahlte von ihr aus. Dabei war Jeanne keineswegs zimperlich. Unter Umständen konnte sie recht derb reden und eine Sprache führen, welche die Krieger verstanden. Ihre Zeit teilte sie zwischen Gebet und Waffenübungen.

Am 25. April brach das Heer nach Orléans auf. Als Jeanne vor der Stadt angekommen war, schlug der Wind plötzlich um. Darin sah man das versprochene Zeichen. Die Truppen konnten mit Booten über die Loire setzen. Am Abend des 29. April zog Jeanne auf einem weißen Pferd in voller Rüstung unter dem unbändigen Jubel der Bevölkerung in die Stadt ein. Der Ruf war ihr vorangeeilt. Doch niemand von den Einwohnern ahnte, daß diese Jungfrau, die Orléans zu befreien versprach, eben von einem heftigen Wortwechsel kam und auch in den nächsten Tagen von eigener wie von feindlicher Seite noch viel Verdruß erleben sollte. Gleich bei der ersten Begegnung mit Dunois hatte Jeanne dem Feldherrn erbitterte Vorwürfe gemacht, daß er den Truppen einen andern Weg befohlen als sie wollte. Sie wäre am liebsten schnurstracks gegen die englischen Schanzen im Westen der Stadt marschiert, um erst nach deren Eroberung in die Stadt einzuziehen. Militärisch gesehen wäre das unvernünftig gewesen. Dunois hatte einen Umweg vorgezogen, so daß die Streitkräfte sich von Osten her der an dieser Stelle noch zugänglichen Stadt näherten. Zu Jeannes weiterem Ärger hatte er das Gros der Vorhut zurückmarschieren lassen, damit es sich mit der nachfolgenden Hauptarmee vereinige. Nur 200 Mann sollten mit Proviant für die ausgehungerte Stadt den Fluß überqueren. Jeanne hatte sich entschieden geweigert, die meisten Soldaten zurückzulassen, mußte sich aber schließlich fügen. Die Freude des Einzugs ließ sie für einen Augenblick diese Enttäuschung vergessen. Doch schon am nächsten Tage, als sich die Offiziere in Jeannes Quartier versammelten, kam es wieder zu einer stürmischen Auseinandersetzung. Jeanne wollte sofort mit den schwachen zur Verfügung stehenden Kräften angreifen. Dunois dagegen wollte erst die Entsatzarmee abwarten. Wieder sah Jeanne ihre Vorschläge verworfen.

Auch die Engländer nahmen sie nicht für voll. Jeanne war entschlossen, möglichst wenig Blut zu vergießen. Darum ersuchte sie die Gegner wiederholt, aus freien Stükken abzuziehen. In einem diktierten Schreiben, das später in die Prozeßakten aufgenommen wurde, heißt es: „König von England! ... Gebt dem König des Himmels Sein Recht! Liefert der Jungfrau, die von Gott hierher gesandt ward, die Schlüssel aus von allen festen Städten in Frankreich, die Ihr genommen und geschädigt habt! ... Sie möchte nichts lieber als Frieden schließen, wenn ... Ihr von Frankreich laßt und Entschädigung dafür gewährt, daß Ihr es innehattet ... Im Namen Gottes, zieht ab in Euer Land! ... König von England, handelt Ihr nicht so, dann wißt: Wo immer in Frankreich ich auf Eure Leute stoße, werde ich sie von dort verjagen, ob sie wollen oder nicht ... Wollen sie jedoch gehorchen, so werde ich sie in Gnaden aufnehmen. Ihr dürft nicht meinen, es komme anders. Ihr werdet das Königtum Frankreich nie von Gott ... innehaben. König Karl wird es innehaben, als rechtmäßiger Erbe. Denn ... Gott will es so ... Wenn Ihr die Botschaft nicht glauben wollt, die durch Gott und die Jungfrau ergeht, so werden wir dreinschlagen, wo immer wir Euch treffen. Und wenn Ihr nicht Vernunft annehmt, werden wir ein Kriegsgeschrei erheben, wie man es seit tausend Jahren in Frankreich nicht gehört hat ..." Die Engländer antworteten mit Spott und Hohn: Ob sie voraussetze, sie würden sich einem Frauenzimmer ergeben? Sie solle nur schleunigst nach Hause gehen und wieder ihre Kühe hüten. Man überschüttete sie mit Schimpfnamen wie Hure und Hexe. Darüber regte sie sich sehr auf.

Am 4. Mai begann die Schlacht. Der Oberbefehlshaber hatte keine Veranlassung gesehen, Jeanne von dem geplanten Angriff zu unterrichten. Schon waren die Franzosen auf dem Rückzug, als Jeanne, vom Lärm erwacht, sich an die gefährdetste Stelle der Kampflinie stürzte. „Im Namen Gottes, auf zum Sturm!" Mit diesem anfeuernden Ruf rannte sie gegen die feindliche Bastion, stellte selbst die Leiter an und bestieg als erste die Mauer. Die Franzosen, durch den Anblick Jeannes entflammt, faßten neuen Mut und nahmen ein Festungswerk.

Der Sieg war zweifellos dem Eingreifen der Jungfrau zu verdanken. Trotzdem zogen die Truppenführer Jeanne bei dem folgenden Kriegsrat nicht hinzu. Diesmal aber warf das Mädchen alle Pläne der Militärs über den Haufen. Ein paar Tage schwiegen die Waffen, dann hielt es sie nicht länger. Mit dem Ruf: „Ich will euer Hauptmann sein!" setzte sie sich auf eigene Faust an die Spitze einer Einheit und stürmte tollkühn mit ihr zur Stadt hinaus. In das entbrennende Gefecht wurden nach und nach 4000 Mann verwickelt. Artillerie wurde in Stellung gebracht, und bald war die Schlacht wieder in vollem Gange. Die Franzosen eroberten eine Schanze nach der andern. Die Heldin in Helm und Harnisch stürzte sich stets in das dichteste Getümmel. Als ein Pfeil ihre Schulter durchbohrte, weinte sie im ersten Schrecken, zog aber tapfer mit eigener Hand den Bolzen aus ihrem Fleisch und wich trotz der Verwundung nicht von der Seite ihrer Soldaten. Wo ihr Banner auftauchte, packte die Engländer Furcht. In panischem Entsetzen flohen sie über die Brücke, die brennend unter der Last zusammenbrach. Unter den Ertrinkenden befand sich der englische Befehlshaber. Der Rest des feindlichen Heeres zog sich hastig zurück. Die Belagerung war beendet. Die Stadt Orléans huldigte Jeanne mit glanzvollen Festen und schenkte ihr zum Dank ein Haus.

Der erste Auftrag war erfüllt. Doch Jeanne gönnte sich keine Pause. Noch galt es, den zweiten Auftrag auszuführen. Unaufhaltsam drängte sie vorwärts, getrieben von ihren Stimmen. Begeistert folgte ihr das Heer. Den mächtigen Herren am Hofe dagegen paßte es gar nicht, daß „diese hergelaufene, arrogante Bauerndirne" ihnen die Führung aus der Hand nahm. Sie lagen dem Dauphin in den Ohren, er solle die Armee nicht in

Richtung auf Reims, sondern in die Normandie vorstoßen lassen. Jeanne aber setzte ihre Meinung, erst müsse der König in Reims gekrönt werden, energisch durch. Gleichwohl empfing sie auf ihren weiteren kühnen Feldzügen bloß mangelhafte Unterstützung von Karl, der sich nur langsam bequemen wollte, ihr zu folgen. Um so erstaunlicher ist es, daß sie trotz all dieser Quertreibereien der ihr mißgünstigen Kamarilla in einem atemberaubenden Blitzkrieg von Sieg zu Sieg eilte. Die einst so gefürchteten englischen Langbogenschützen desertierten in hellen Scharen. Stadt um Stadt fiel. Die Jungfrau schien unwiderstehlich.

Am 12. Juni erstürmten die Franzosen die Burg Jargeau, wobei Jeanne wieder verwundet wurde. Am 17. Juni nahmen sie Beaugency. Am 18. Juni besiegten sie den Feind in offener Feldschlacht bei Patay und nahmen den englischen General Talbot gefangen. Gleich danach fiel die Festung Auxerre. Am 10. Juli kapitulierte Troyes. Am 14. Juli ergab sich Châlons. Am 16. Juli endlich war Reims erobert. Am nächsten Tag wurde Karl in der Kathedrale gekrönt und gesalbt. Jeanne stand unmittelbar neben dem König, in einem prächtigen Gewande, ihre Standarte in der Hand. Der Wille Gottes war erfüllt. Frankreich hatte wieder einen König.

Man hat angesichts dieser unerhörten Erfolge vom Feldherrngenie der Jeanne d'Arc gesprochen. Das ist zweifellos übertrieben. Zwar war ihr ein persönlicher Stab zugeteilt, aber nie hat sie ein militärisches Kommando besessen. Vor Gericht hat sie später ausdrücklich geleugnet, sich als Oberbefehlshaber (chef de guerre) bezeichnet zu haben. Wir sahen schon, daß die französischen Feldherrn sie nur selten zu Besprechungen hinzuzogen und oft das Gegenteil von dem taten, was Jeanne vorschlug. Wohl bezeugte ihr bester Waffenkamerad, der Herzog von Alençon: „Sie war im Kriegswesen sehr erfahren ... Sie wußte die Armee zu formieren und einen Aufstellungsplan zu entwickeln, besonders was die Artillerie betraf. Jeder staunte, wie sie all das mit Sicherheit und Umsicht regelte, so, als hätte sie seit zwanzig oder dreißig Jahren Krieg geführt." Und auch Ritter de Termes, der während des Feldzugs an Jeannes Seite focht, versicherte: „Sie konnte die Truppen einsetzen, führen und zur Schlacht aufstellen und die Männer ermutigen wie der geübteste Hauptmann der Welt und wie der größte strategische Sachverständige der Zeit." Doch sie selbst bekannte: „Ich verstehe nichts vom Kriegführen." Die glücklichen Unternehmen, die von ihrer Initiative ausgingen, verdanken ihren Erfolg nicht strategischen Kenntnissen, sondern ihren „Stimmen". Dunois traf den Nagel auf den Kopf, als er urteilte: „Ihre Heldentaten entsprangen nicht menschlichem Denken, sondern göttlicher Eingebung." Gerade die Tatsache, daß ein siebzehnjähriges Mädchen ohne fachliches Wissen, ohne führende Stellung und ohne Hilfe vom Hofe so gewaltige Taten vollbrachte, unterstreicht den übernatürlichen Charakter ihrer Sendung. Merkwürdig ist auch, daß sie immer wieder Ereignisse, auch kleinste Vorkommnisse, voraussagte.

Schon zu ihrer Zeit waren Freunde wie Feinde sich darüber einig, daß Jeannes beispiellose Leistung mehr als bloß Menschenwerk war. Ein Unterschied bestand nur insofern, als ihre eigene Partei glaubte, *Gott* habe seine Hand im Spiel, während die Gegner behaupteten, es gehe mit dem *Teufel* zu. Diese verabscheuten Jeanne als eine Hexe, jene feierten sie als eine Heilige. Schon vor dem Fall von Reims erfüllte ihr Ruhm Europa. Überall erregte ihre Gestalt Staunen und wurde als etwas Außerordentliches empfunden. Als der große Theologe Gerson, der sonst Privatoffenbarungen gegenüber äußerst skeptisch war, von ihren Siegen hörte, erklärte er: „Das hat der Herr getan. Die Gnade Gottes ist in dem Mädchen aufgegangen." Die Dichterin Christine de Pisan begrüßte sie mit den überschwenglichen Worten: „Im Jahre 1429 begann die Sonne wieder zu scheinen, aus Trauer wurde Freude, aus Winter Frühling, und das alles durch ein Mädchen, das Esther, Judith und Deborah in den Schatten stellt." Ein Geistlicher zu Speyer nannte sie die Sibylle von Frankreich und verglich sie mit denen des Altertums. Die Universität Köln hielt erregte Disputationen über sie. Kaiser Sigismund ließ sich über das Wunder Bericht erstatten. Auf dem Jahrmarkt in Regensburg zeigte man schon 1429 das Bildnis des Mädchens von Orléans. Und ein Gelehrter in Rom, der eben eine Geschichte der Welt von der Schöpfung bis zum Jahre 1428 beendet hatte, holte noch einmal sein Manuskript hervor und schrieb: „Während ich mich nach Abschluß dieser Arbeit in Rom aufhalte, ragt unter den neuesten Ereignissen, die in der Welt vorgekommen sind, eines hervor, das so groß, so bemerkenswert und unerhört ist, daß ich nicht glaube, seit Erschaffung der Welt könne etwas Ähnliches schon einmal geschehen sein. Ich muß daher einen Zusatz in meinem Buche machen und einige Worte darüber sagen. Im Königreich Frankreich ist eine Jungfrau, Johanna genannt, aufgetreten ... Dieses junge Mädchen führt Handlungen aus, die mehr göttlich als menschlich zu sein scheinen ..."

Zweifellos war Jeanne eine faszinierende Persönlichkeit, und dies erklärt zum Teil die ungeheure Wirkung, die von ihr ausging. Welchen Eindruck sie auf ihre Kriegskameraden machte, bezeugt anschaulich ein Brief der zwei Herren von Laval: „Als wir sie in ihrem Quartier besuchten, ließ sie Wein kommen und sagte, sie hoffe, wir würden bald mit ihr in Paris anstoßen. Wir sahen sie in ihrer hellen Rüstung mit unbedecktem Haupte und einer kleinen Streitaxt in der Hand. Ein großer, schwarzer Hengst stand ungestüm scharrend vor der Tür und wollte nicht leiden, daß sie aufsitze. Da sagte sie: ‚Führt ihn zum Kreuz!' Ein solches befand sich nämlich an der Straße, vor der nahen Kirche. Als sie dann dort in den Sattel stieg, stand das Pferd so unbeweglich, als ob es angebunden gewesen wäre. Dann wandte sie sich gegen die Kirchtür und sagte mit klarer Frauenstimme: ‚Ihr Priester, betet für uns!' Worauf sie ihren Rappen herumwarf und rief: ‚Vorwärts!' Ein Page trug ihr zusammengerolltes Banner."

Unentwegt drängte sie voran. „Habt Ihr gute Sporen?" fragte sie einmal den Herzog von Alençon. „Wozu?" wollte er wissen. „Etwa um den Rücken zu wenden?" — „Keineswegs!" sagte sie lachend. „Wir brauchen gute Sporen, um die fliehenden Engländer zu verfolgen." Ein andermal feuerte sie Alençon mit den Worten an: „Ah, mein kleiner Herzog, hast du Angst? Weißt du nicht, daß ich deinem Weib versprochen habe, dich heil und gesund zu ihr zurückzuführen?" Derselbe Alençon erklärte später vor Gericht: „Viele Leute des Königs waren furchtsam ... Jeanne aber sagte: ‚Im Namen Gottes, wir müssen sie schlagen. Und wenn sie sich an die Wolken hängen: Wir werden sie kriegen!'" Ihr Page erzählt: „... La Hire hatte die Vorhut. Darüber war die Jungfrau sehr erzürnt, weil sie selbst sehr gern die Avantgarde befehligen wollte." Wieder ein anderer berichtet, Jeanne sei einmal so ungeduldig geworden, daß sie sich plötzlich mit einer kleinen Abteilung auf den Weg machte, ehe die Armee endlich in Bewegung kam: „Ärgerlich ritt sie fort und schlug ihr Lager auf freiem Feld auf, zwei Tage, bevor der König aufbrach!"

Sie verfügte über alle guten Eigenschaften eines Soldaten, was auch von ihren Kameraden mit Bewunderung anerkannt wurde. Als der Herzog von Alençon von einer Mahlzeit, die der König mit Jeanne in kleinstem Kreise einnahm, Jahre später erzählt, kann er sich an die theologischen Gespräche während jener Tafel kaum noch erinnern. Aber *ein* Bild, das ihn schon damals hingerissen, hat er nicht vergessen. Er schreibt: „Nach dem Frühstück ging der König ein Stück zu den Wachen hinaus spazieren. Dort tummelte sich Jeanne mit ihrer Lanze, und als ich sah, wie gewandt diese Jeanne die Lanze führte und mit ihr dahinlief, da schenkte ich ihr ein Pferd." – Ein anderer guter Bekannter von ihr erklärte: „Eins beherrschte sie mit Meisterschaft: Pferde und Waffen. Sie stieg zu Pferde und handhabte die Lanze wie der geschickteste Ritter. Die ganze Armee bewunderte sie."

Sven Stolpe findet „in ihr das höchste Männliche und das höchste Weibliche, Willenskraft und Opferbereitschaft, Führerbegabung und Zartheit, vereint". Trotz ihrer männlichen Kleidung und Rüstung war sie kein robustes, burschikoses Mannweib. Ihr Auftreten war, wie ihr Knappe versichert, „von einer vollkommenen Eleganz". Ihre Stimme klang, wie Zeitgenossen öfters hervorheben, frauenhaft hell und weich, und ihre Tränen flossen oft und reichlich. Sie hatte ein Herz für Notleidende, Kriegsgefangene und Verwundete. Wo sie es vermochte, verhinderte sie Grausamkeiten. Ritter Beaucroix bezeugte: „Während der Kampagne duldete Jeanne nicht, daß ihre Leute je ein Dorf plünderten. Sie weigerte sich, Fleisch zu essen, von dem sie wußte, daß es gestohlen war." Nach ihrer eigenen Aussage hat sie nie einen Menschen getötet. Sie verabscheute Blutvergießen und weinte über die ohne Sakrament Gefallenen. Diese gepanzerte Jungfrau war keine Amazone. Nicht aus Lust am Soldatenspiel, wie Shaw meinte, zog sie in den Krieg, sondern gegen ihre Neigung, einzig, weil Gott es befohlen hatte.

Daher mischte sich in die Bewunderung, mit der die Armee zu ihr aufblickte, Ehrfurcht und heilige Scheu. Man spürte, daß Jeanne eine Auserwählte Gottes war. Ein Hauch von Hoheit umgab sie, und das Gemeine wagte sich nicht an sie heran. Obwohl sie, wie ihr Stallmeister d'Aulon angab, „schön und wohlgestaltet" war, begehrte sie niemand. Thibault, Oberstallmeister des Königs, berichtete: „Oft, wenn die Krieger während des Feldzugs untereinander mit den Sünden des Fleisches prahlten oder Zoten rissen, um die Begierde zu stacheln, verstummten solche Reden, wenn die Jungfrau sich näherte." D'Alençon gestand: „Sie schalt mit mir, denn ich fluchte manchmal. Aber vor ihr hielt ich an mich." Auch ihr Page Louis de Contes beteuerte: „Niemand wagte, vor ihr zu lästern oder zu fluchen."

Ihre bloße Anwesenheit hob die Siegeszuversicht der Franzosen. Die beispiellose Begeisterung, die sie im Heere auslöste, war göttlicher Enthusiasmus, der wie eine Sturmflut mit elementarer Gewalt hereinbrach und alles mit sich riß. Diese Bewegung konnte nicht von einem Menschen ausgehen, der nur groß und heldisch war. Sie zu entfachen, bedurfte es eines Menschen, der außerdem heilig war. Jeanne war heilig in hohem Grade. Nicht weil sie Visionen hatte. Ihre „Stimmen" spielten für die Heiligsprechung keine Rolle. Wenn eine Person übernatürliche Erscheinungen hat, so beweist das nicht ihre Heiligkeit. Wohl ist umgekehrt die Heiligkeit einer Person ein Beweis für die Echtheit ihrer Erscheinungen. Jeanne war heilig, weil sie Gott gehorsam war. Sie lauschte und hörte den Befehl: „Tochter Gottes, geh!" Und sie ging ohne Zaudern. Mit großartiger Einfachheit und Demut, ohne Stolz und Verblendung schritt sie durch eine prunkende, intrigierende und verlogene Welt, ganz ein Werkzeug Gottes. Sie wollte nichts anderes als den Willen Gottes verwirklichen, und sie tat es in heroischer Weise, allen Hindernissen zum Trotz und bis zur Hingabe ihres Lebens. Durch sie hindurch hat Gott gehandelt. Das ist das eigentliche Geheimnis ihrer Persönlichkeit und Wirkung.

Wen Gott zu einer Sendung auserwählt, den pflegt er nicht als seinen Liebling zu verwöhnen. Oft springt er grausam mit seinen Werkzeugen um. Die Krönungsfeier in Reims war der glorreiche Höhepunkt der irdischen Laufbahn Johannas. Danach begann ihr schmerzensreicher Niedergang, ein jäher Sturz, der erschütternd wirkt. Sie wurde in hoffnungslose Intrigen verstrickt. Militärische Unternehmungen mißglückten. Zum erstenmal mußte die Jungfrau Niederlagen einstecken. Es war offenkundig, daß Jeanne ihre untrügliche Sicherheit verloren hatte. Sie gab selbst zu, daß sie einige Male, wenn schon nicht gegen ihre Stimmen, so doch ohne sie vorher zu hören, handelte. Manchmal überkam sie Heimweh. Am liebsten wäre sie wieder nach Hause gegangen zu Vater und Mutter.

Nach Reims forderte Jeanne, sofort auf Paris zu marschieren, ehe der Feind sich fassen und seine Stellung wieder festigen konnte. Militärisch wäre es richtiger gewesen, die bisherigen Erfolge in dieser Weise auszunützen. Doch es geschah nicht. Statt dessen verlor der König, getäuscht durch Friedensangebote des mit England verbündeten Herzogs von Burgund und gelähmt durch seine Ratgeber, Monate mit zwecklosen Operationen, die mit ihrem Vor und Zurück den Eindruck von Ratlosigkeit und Unentschlossenheit erwecken. Der Sommer war schließlich vorüber, als man sich doch zum Sturm auf Paris entschloß. Jeanne nahm persönlich am Angriff teil. Dabei wurde sie zum drittenmal verwundet. Sofort begann die Energie der Franzosen zu erlahmen. Es kam der Befehl, den Kampf einzustellen. Jeanne wehrte sich verzweifelt dagegen, vergebens. Die Armee zog sich zurück und wurde an der Loire kurzerhand aufgelöst. Dunois, La Hire, d'Alençon verschwanden. Von ihren Freunden verlassen, fand Jeanne sich allein am Hof.

Nur einmal noch erzielte sie Ende Oktober einen Erfolg bei Saint-Pierre-le-Moustier. Die ersten Angriffe mißlangen. Schon führten die Franzosen ihre Artillerie fort und bereiteten alles für den Rückzug vor. D'Aulon, am Fuß leicht verwundet, saß nicht weit von den Wällen und beobachtete den Abbruch der Belagerung. Plötzlich vermißte er Jeanne und wurde unruhig. Er ließ sich von Soldaten aufs Pferd heben, ritt nach vorn und fand Jeanne, von einer Handvoll Krieger umgeben, am Wallgraben. Er fragte sie, was in aller Welt sie hier noch tue und warum sie sich nicht wie die andern zurückgezogen habe. Jeanne schob den Helm zurück und antwortete: „Ich bin nicht allein. Ich habe 50 000 meiner Männer um mich! Und ich werde von hier nicht weichen, bis die Stadt unser ist." (Sven Stolpe bemerkt dazu: „Es ist offenbar, daß Jeanne hier von überirdischen Mächten spricht, die ihr zur Verfügung standen. Sie fühlt sich von den Menschen verlassen. Ihre fast paradoxe Antwort soll darauf hinweisen, daß Gott stärker ist als alle Armeen.") D'Aulon zuckte die Schultern und rief ihr zu, sie solle sich schleunigst davonmachen. „Im Gegenteil!" erwiderte sie. „Die Soldaten sollen Material heranschaffen und den Graben ausfüllen, damit wir ihn übersteigen können." Das geschah auch, und die Stadt, die sich erst so erfolgreich zur Wehr gesetzt hatte, wurde im Nu genommen.

Im Frühjahr 1430 zogen sich die düsteren Wolken über dem Haupt der Jungfrau dichter zusammen. Sie sah ihr Schicksal voraus. Vor Gericht erklärte sie später: „Als ich in der letzten Osterwoche vor den Gräben von Melun stand, wurde mir durch die Stimmen von Sankt Katharina und Sankt Margareta verraten, ich würde noch vor dem Johannistag gefangengenommen. Es müsse so kommen. Ich solle darüber nicht erstaunt sein, sondern es willig annehmen. Gott werde mir beistehen ... Ich habe die Stimmen gebeten, nach meiner Gefangennahme bald sterben zu dürfen, ohne lange Kerkerqualen. Sie erwiderten mir, ich solle alles willig annehmen, es müsse so kommen."

Im Mai war sie in Compiègne, das von den Burgundern belagert wurde. Mit einem kleinen Trupp unternahm sie einen Ausfall zu einer gewaltsamen Erkundung. Im Verlauf des Gefechts wurden die Franzosen zurückgedrängt. Schon war Jeanne am Graben der Festung angelangt, als der Kommandant aus Angst die Brücke hochziehen ließ. Von den Ihren abgeschnitten, von den Feinden umzingelt, versuchte Jeanne sich noch zu wehren. Umsonst. Sie wurde gefangen. Die Stadt unternahm nichts, um jene zu retten, die Frankreich gerettet hatte. Als Herzog Philipp von Burgund die sensationelle Meldung empfing, warf er sich auf sein Pferd, um die berühmte Gefangene so schnell wie möglich zu sehen.

Die Engländer jubelten und versuchten, Jeanne aus den Händen der Burgunder in ihre Gewalt zu bekommen. Der englische Regent bearbeitete Cauchon, den Bischof von Beauvais, der zur englischen Partei hielt. Cauchon fügte sich seinem Drängen um so lieber, als Jeanne es war, die ihn aus seiner Bischofsstadt vertrieben hatte. Er begab sich zum Herzog von Burgund und erklärte, das Mädchen sei auf dem Gebiet seiner Diözese gefangengenommen worden und gehöre als Ketzerin und Hexe vor seinen Richterstuhl. Der Bischof bot dem Herzog die gewaltige Summe von 10 000 Goldstücken, wenn er Jeanne ihm ausliefere.

Als die Jungfrau erfuhr, daß die Burgunder sie an ihre Todfeinde verkaufen und die gesamte Bevölkerung von Compiègne niedermetzeln wollten, stürzte sie sich in einem tollkühnen, fast selbstmörderischen Fluchtversuch von der Zinne eines zwanzig Meter hohen Turmes hinab. Sie kam mit dem Leben davon. Später bereute sie die Tat. Die Stimmen hatten ihr den Sprung verboten. Dieses einzige Mal hatte sie ihnen nicht gehorcht. – Die Engländer warfen sie nun in einen Turm des Schlosses von Rouen. In einem Eisenkäfig, Tag und Nacht an Hals, Händen und Füßen mit schweren Ketten gefesselt, mußte sie Furchtbares erdulden. Fünf englische Kriegsknechte bewachten sie und behandelten sie auf roheste Art. Jeanne wurde geschlagen, und oft versuchten die Unmenschen, sie zu vergewaltigen. Die Sakramente blieben ihr versagt, so sehr sie darum auch flehte.

Es kann nicht überraschen, daß die Engländer alles daransetzten, die Seele des französischen Widerstandes, den Schrecken ihrer Heere und die Hauptursache ihrer Niederlagen moralisch und physisch zu vernichten. Sie wollten Jeanne unbedingt als Hexe, ihre Visionen als Teufelswerk und ihre Taten als Zauberei bloßstellen. Wenn dies gelang, dann war Jeanne dem Tod verfallen, die Krönung Karls VII. ungültig und ihr Feind des göttlichen Nimbus beraubt. Das mußte im französischen Lager den Glauben an die Retterin und damit an die eigene Sache erschüttern. Um dieses propagandistisch-politische Ziel zu erreichen, forderte der König von England, Jeanne vor ein kirchliches Inquisitionsgericht zu stellen. Sorgfältig bereitete Cauchon den Prozeß vor, um die Verurteilung von vornherein sicherzustellen. Dafür hatten ihm die Engländer das Erzbistum Rouen versprochen. Er suchte lauter Beisitzer aus, die Pfründen von Englands

Gnaden besaßen oder erhofften, und machte sie durch Drohungen oder Versprechungen gefügig. „König Heinrich VI. von England schrieb an die Richter, falls Jeanne nicht ... verurteilt werde, behalte er sich vor, sie trotzdem weiter im Kerker zu lassen. Die Richter ihrerseits verlangten zu ihrer Sicherheit vom englischen König Schutzbriefe und bekamen sie auch" (Heiligsprechungsbulle). Der Prozeß wurde von den Engländern finanziert.

Neun Monate schon lag Jeanne im Kerker, als das Verfahren endlich, am 21. Februar 1431, begann. Es dauerte über drei Monate. Mehr als hundert Theologen, Juristen und Mediziner bildeten unter dem Vorsitz Cauchons das Tribunal. Es war „ein großaufgezogener Schauprozeß, ... dessen Ausgang eine ausgemachte Sache war" (J. Bütler). Die Regie klappte vorzüglich. Zwar machten sich einige Beisitzer, denen die Sache nicht mehr ganz geheuer war, aus dem Staube; der Inquisitor ließ sich nur widerwillig einspannen; und der Gerichtsschreiber weigerte sich mehrmals erfolgreich, das Protokoll, wie Cauchon es von ihm verlangte, zu fälschen. Doch im übrigen zogen alle Beteiligten, durch listige Intrigen gewonnen oder durch massive Drohungen eingeschüchtert, am selben Strick. Was diese Richter kennzeichnet, ist außer ihrer Parteilichkeit ihr Pharisäismus. Obwohl entschlossen, dieses Mädchen skrupellos zu vernichten, gaben sie sich den Anschein peinlichster Gewissenhaftigkeit. Mit umständlicher Gründlichkeit beachteten sie alle Formalitäten, die bei einem solchen Verfahren vorgeschrieben waren. In langwierigen Verhören taten sie so, als ob sie sorgfältig der Wahrheit auf den Grund kommen wollten, während sie in Wirklichkeit erpicht waren, die Angeklagte in den Schlingen und Fallen tückisch gestellter Fragen zu fangen. In eingehenden Mahnreden begegneten sie der Eingekerkerten mit gespielter Güte und Liebe, angeblich besorgt um ihr Seelenheil, während sie in Wirklichkeit voll Haß ihr jene Geständnisse zu entreißen trachteten, die sie brauchten, um ihrer Person und ihrer Sache den Garaus zu machen. Und wenn die Geschundene eine kühne Antwort gab, fielen die selbstgerechten, verlogenen Herren in „jene Pose der Entrüstung, mit der die Schriftgelehrten und Pharisäer über Christus zu Gericht saßen" (J. Bütler). Diesem Gerichtshof, dem prominente Männer der Kirche, des Staates und der Wissenschaft angehörten, stand die Neunzehnjährige gegenüber. Bald antwortete sie mutig, bald schwieg sie beharrlich. Ungebeugt von den Qualen des Kerkers, verteidigte sie entschlossen und standhaft ihre Sendung. In ihrem Männeranzug war sie an sich schon eine herausfordernde Erscheinung. Wie sehr mußten erst ihre kecken Erwiderungen die Wut der Richter reizen! Jeanne benahm sich nicht wie ein verschüchtertes Mägdlein, mit dem man beliebig umspringen konnte. Gleich zu Beginn kam es zu einem scharfen Zusammenstoß, als sie den Eid schwören sollte, auf alle Fragen der Wahrheit gemäß zu antworten, und sie den Vorbehalt machte: „Ich weiß ja nicht, was Ihr mich fragen werdet. Kann sein, daß Ihr von mir etwas haben wollt, was ich Euch nicht sagen werde." Als man ihr die Fluchtversuche vorwarf, entgegnete sie: „Freilich wollte ich früher entkommen und will es auch jetzt. Jeder Gefangene hat das Recht, zu fliehen." Auf die Frage, ob ihre Stimmen von Lichtschein begleitet gewesen seien, antwortete sie: „Das ist nicht mehr als geziemend. Ihr müßt nicht meinen, Ihr hättet alles Licht gepachtet." Spitzfindigen Fragen, mit denen man sie nur verwirren wollte, wich sie mit der Bemerkung aus: „Geht auf etwas anderes über!" Als Cauchon ihr vorhielt, welche Befugnisse er über sie habe, schleuderte sie ihm mit blitzenden Augen entgegen: „Ihr wollt mein

Richter sein, Herr Bischof. Seht Euch vor, was Ihr tut, denn ich bin in Wahrheit von Gott gesandt, und Ihr begebt Euch in große Gefahr."

Vergebens versuchte man, Jeanne der Zauberei und des Aberglaubens zu überführen. Alle ihre Antworten bezeugten eindrucksvoll das Gegenteil. Schließlich spitzte sich der Prozeß in dramatischer Weise auf die eine Frage zu: „Wollt Ihr in allem, was Ihr gesagt und getan habt, Euch dem Urteil der Kirche auf Erden überlassen" – „In allem, was man von mir verlangt, unterwerfe ich mich der streitenden Kirche, vorausgesetzt, daß man nicht Unmögliches verlangt." – „Was versteht Ihr unter Unmöglichem?" – „Unmöglich nenne ich es, wenn ich das, von dem ich ... erklärt habe, ich hätte es im Namen Gottes auf Grund von Gesichten und Offenbarungen vollbracht, widerrufen müßte. Um keinen Preis werde ich es widerrufen. Das zu vollbringen, was Gott mir befahl oder befehlen wird, davon werde ich ... nicht ablassen ... Und wenn die Kirche etwas von mir getan wissen möchte, was gegen den Befehl Gottes ist, so werde ich es um keinen Preis tun." – „Wenn Euch aber die streitende Kirche sagt, daß Eure Offenbarungen Illusionen und teuflisches Blendwerk sind, werdet Ihr Euch dann der Kirche unterwerfen?" – „Ich werde mich meinem Herrn unterwerfen und seinem Gebot stets gehorchen ... Falls mir die Kirche das Gegenteil befähle, würde ich vor keinem Menschen zurückschrecken – nur vor unserm Herrn, dem ich stets gehorcht habe." – „Ihr glaubt also nicht, der Kirche auf Erden unterworfen zu sein? Also dem Papst, den Kardinälen, Erzbischöfen, Bischöfen und andern Prälaten der Kirche?" – „Doch! Aber zuerst muß ich Gott gehorchen."

Jeanne „widerspricht und widersteht, aber sie ist nicht ungehorsam". Sie „ist überhaupt keine Revolutionärin. In ihr steht der absolut gehorsame Mensch, der für sich selbst ... keine Ausnahme fordert, zwischen zwei Befehlen" (I. F. Görres), dem unmittelbar geoffenbarten Befehl Gottes und dem gegensätzlichen Befehl einer kirchlichen Behörde. Für Jeanne besteht kein Zweifel, wem sie sich unterwerfen muß. Ihr Gewissen ist klar, und ihm muß sie folgen, auch wenn es der Autorität widerspricht. Die Kirche hat diese Haltung Jeannes schließlich durch ihre Heiligsprechung als katholisch und kirchlich anerkannt. Papst Benedikt XV. rühmte „ihren Gehorsam gegenüber den Geboten Gottes, um deren Beobachtung willen sie alles, selbst einen grausamen und ungerechten Tod erlitten hat." Jeannes Einstellung zur geistlichen Obrigkeit unterscheidet sich deutlich von der Anmaßung des Empörers und der Selbstherrlichkeit des Ketzers. Jeanne bleibt zwar beharrlich dabei, daß *dieser* besondere kirchliche Gerichtshof in *dieser* besonderen Frage irre, ja gar nicht zuständig sei (der Revisionsprozeß hat diese Auffassung als richtig bestätigt). Aber sie hütet sich, die kirchliche Autorität im allgemeinen anzufechten. Der Protestant Walter Nigg stellt fest: „Gewiß war sie keine Kirchenstürmerin ... Vom Geist eines Wiclif und Hus hatte sie nichts in sich. Sie zu einer Protestantin vor dem Protestantismus machen zu wollen, würde eine fatale Verzeichnung bedeuten." Klar bekannte sie: „Ich glaube, daß die streitende Kirche niemals irren oder versagen kann." Doch dieser Glaube hatte bei ihr die schwerste Belastungsprobe zu bestehen. Um so bewunderungswürdiger, daß sie trotz allem ihrem Glauben an Kirche, Priesteramt und Papstgewalt unwandelbar treu blieb. Sie bat die Geistlichen um ihr priesterliches Gebet, flehte sie an um Beichte, Kommunion und kirchliches Begräbnis, wünschte im Angesichte des Kirchenkreuzes zu sterben. Einer ihrer Richter erklärte im Revisionsprozeß: „In meiner Gegenwart hat Jeanne sich der Entscheidung des Papstes und der Kirche unterworfen." Als man ihr die Artikel der Anklageschrift vorlas und zu der Stelle kam: „Sie lehnt die Unterwerfung unter die streitende Kirche ab", da unterbrach sie, was sie sonst kaum getan hatte, und rief: „Nein, ich hege aus vollem Herzen Ehrfurcht und Achtung vor der streitenden Kirche. Ich appelliere an den Heiligen Vater, den Papst, und an das heilige Kirchenkonzil zu Basel. Denn Ihr seid meine Feinde!" Cauchon fuhr ihr wütend ins Wort und schrie dem Protokollführer zu, diese Dummheiten wegzulassen. Darauf sagte Jeanne: „Warum schreibt Ihr bloß das auf, was *gegen* mich, nicht aber auch das, was *für* mich spricht? Führt mich zum Papst, so werde ich Antwort geben!" Man erwiderte: „Das läßt sich jetzt nicht machen, daß jemand, so weit weg, unsern Herrn, den Papst, aufsucht." Die Berufung Jeannes auf den Papst wurde unterschlagen, damit man die erwünschte Klage auf Häresie aufrechterhalten konnte.

Ohne eine Grundlage dafür in den protokollierten Aussagen Jeannes zu haben, ja oft im Widerspruch zu ihnen, beschuldigte die Anklageschrift Jeanne einer Menge schwerer Verbrechen. Die Jungfrau wurde hingestellt „als Hexe und Zauberin, Wahrsagerin, falsche Prophetin, böse Geister anrufend und mit ihnen im Bunde, abergläubisch, die Schwarze Kunst betreibend; in Sachen unseres katholischen Glaubens falsch denkend, schismatisch, ... Gotteslästerin, Apostatin, ... ärgerniserregend, aufständisch, den Frieden störend und ihn verhindernd, Kriegshetzerin, grausam nach Menschenblut durstig und zu dessen Vergießen anspornend, die Ehrbarkeit und Schicklichkeit ihres Geschlechtes verletzend und unpassend Kleid und Beruf von Kriegsleuten annehmend, deswegen und auch sonst bei Gott und den Menschen verabscheuungswürdig, Verächterin des göttlichen und menschlichen Rechtes und der kirchlichen Zucht, Verführerin von Fürsten und Völkern, zur Beleidigung und Verächtlichmachung Gottes es zulassend, daß sie verehrt und angebetet werde, Hand und Gewand zum Kusse darbietend, sich göttliche Ehre und Kult anmaßend, ketzerisch ..."

Jeanne stritt alles ab. Um ein Geständnis zu erlangen, führte man sie in die Folterkammern und zeigte ihr die schauerlichen Martergeräte. Sie aber beteuerte auf alles Drohen und Mahnen: „Wahrhaftig, auch wenn Ihr mir die Glieder auseinanderreißen und die Seele vom Leibe trennen laßt, ich werde Euch trotzdem nichts anderes sagen. Und sollte ich daraufhin Euch etwas sagen, so werde ich immer erklären, Ihr habt es gewaltsam aus mir herausgepreßt."

In dieser unerschütterlichen Haltung vor Gericht bewies Jeanne eine noch erstaunlichere Tapferkeit als im Felde vor dem Feind. Sie blieb fest, bis man sie auf den Richtplatz schleppte. Im Angesicht des Scheiterhaufens und der gaffenden Menge verlor sie plötzlich die Fassung. Ein Tumult entstand. Man las ihr hastig einen Widerruf vor und drängte sie mit falschen Versprechungen, zu unterschreiben. Zerrüttet, verweint, zerzaust setzte sie tatsächlich ihr Zeichen unter den Zettel. Dafür wurde sie zu lebenslänglicher Haft begnadigt. Sie, die ihre Sendung und den göttlichen Ursprung ihrer Stimmen tapfer und entschlossen gegen die monatelangen Angriffe eines gelehrten und mächtigen Gremiums verteidigt hatte, war endlich mürbe und schwach geworden und verriet ihre Sendung plötzlich aus purer Angst vor dem Flammentode.

Doch damit war ihre Passion noch nicht zu Ende. Gewissensbisse quälten sie im Kerker. Jeanne widerrief ihren Widerruf und erklärte: „Gott hat mir durch Sankt Katherina und Sankt Margareta mitteilen lassen, es sei jammerschade, daß ich jenem großen Verrate beigestimmt habe, indem ich Abschwörung und Widerruf leistete, um mein Leben zu retten ... Würde ich erklären, Gott habe mich nicht gesandt, so würde ich mich selbst verdammen. Es ist wirklich wahr, daß Gott mich gesandt hat ... Widerrufen habe ich nur aus Angst vor dem Feuer ... Ich habe das, was auf dem Zettel mit der Abschwörung stand, gar nicht begriffen. Ich hatte nicht im Sinn, etwas zu widerrufen, außer wenn es Gott gefalle." Mit dieser Erklärung war Jeannes Schicksal besiegelt. Das Gericht sprach sie als rückfällige Ketzerin schuldig.

Am 30. Mai 1431 in der Morgenfrühe traten zwei Priester in ihr Gefängnis und teilten ihr mit, sie müsse in zwei Stunden durch Feuer sterben. Jeanne schrie entsetzt auf und fand es schrecklich, daß ihr unberührter Leib verbrannt werden sollte. Dann aber faßte sie sich und bat um die Sterbesakramente, die man ihr auch gewährte. Unter Bedeckung von achthundert Mann Militär wurde sie zum Marktplatz von Rouen gebracht. Nach der Verlesung des Urteils kniete sie nieder, betete und verzieh ausdrücklich ihren Feinden. Noch aus den Flammen rief sie, Gott habe sie wirklich gesandt und durch seine Heiligen zu ihr gesprochen. Der Henker wurde noch am selben Tag von Reue gepackt, und der Sekretär des englischen Königs rief: „Wir sind alle verloren, denn wir haben eine Heilige verbrannt."

Wie Jeanne es vorausgesagt hatte, wurden die Engländer nach ihrem Tode völlig aus Frankreich vertrieben. Nach dem endgültigen Siege bemühte sich Karl VII., die Ehre der Jungfrau wiederherzustellen. Er konnte nicht dulden, daß man jene, der er Krone und Sieg verdankte, für eine Hexe hielt. So veranlaßte er die Mutter und die Brüder Jeannes, denen die Rehabilitation ihrer Tochter und Schwester natürlich ebenfalls am Herzen lag, eine Bittschrift an den Papst einzureichen. Dieser verordnete eine Untersuchung über den Prozeß. Das Revisionsverfahren enthüllte durch ein großes Aufgebot von Augenzeugen die bösartigen Machenschaften der Richter Jeannes, erwies klar, daß die Jungfrau einem Justizmord zum Opfer gefallen war, und brachte die heroischen Tugenden der Märtyrerin ans Licht. Fortan hat ganz Frankreich seine Heldin wie eine Heilige verehrt, und die Weltkirche hat sie schließlich in ihren Kalender aufgenommen. Heute gehört sie nicht mehr allein ihrem Lande, sondern der ganzen Christenheit. So dürfen auch wir, die wir nicht zu ihrem Volke gehören, uns fragen, welche göttliche Botschaft sie uns zu verkünden hat.

Was uns an Jeanne d'Arc am meisten in Erstaunen setzt, ist, wie sehr bei ihr Anlage und Aufgabe auseinanderfallen. Auf dem sonst Männern vorbehaltenen Gebiet der Politik und der Kriegsführung wirkte dieses Mädchen so Übermenschliches, daß man in ihr ein Werkzeug Gottes sehen muß. Warum aber erwählte Gott zur Lösung einer schier unlösbaren militärisch-politischen Aufgabe, mit der die Menschen einen alten, erfahrenen und hochgebildeten Mann beauftragt hätten, ausgerechnet ein Kind, eine Analphabetin, ein Bauernmädchen, dessen Handeln jeder rechnenden Vernunft Hohn sprach und die Theorien der Gelehrten wie die Abmachungen der Praktiker beiseite schob? Um durch das Schwache das Starke zu beschämen; um zu offenbaren, daß der Mensch nichts aus sich selbst hat, sondern alles aus Gott; um zu zeigen, daß der eigentlich Handelnde Er ist, der Herr der Geschichte.

Jeanne war „berufen, jenes garstige Stück Welt heimzuholen, das dem Zugriff göttlicher Herrscherrechte am meisten zu widerstreben scheint: die Welt des Politischen und Militärischen" (J. Bütler). Durch die Jungfrau sollte eine Verbindung von Religion und Politik wieder sichtbar werden, die sich sehr unterschied von jener Verquickung des Religiösen mit dem Politischen, der Jeanne schließlich zum Opfer fiel: Nicht sollte die Religion der politischen Gewalt als unterwürfige Sklavin zu Diensten stehen, sondern es sollte die Politik sich der Religion unterordnen. Nicht sollten die Diener der Religion sich dazu hergeben, die Ungerechtigkeit der politischen Machthaber zu sanktionieren, vielmehr sollte der Herrscher ein Vertreter der göttlichen Gerechtigkeit auf Erden sein. Jeannes Standarte mit dem Symbol des Weltenherrschers bekannte: *Gott* ist der König der Könige, der Herr der Heerscharen. *Ihm* gehört das Reich, und es gibt keine legitime Macht, die nicht in Ihm ihren Ursprung hätte. Wie der Herzog von Alençon als Augenzeuge berichtet, forderte Jeanne in Chinon vom Dauphin, „er solle sein Reich dem König des Himmels darbringen, und der König des Himmels werde nach dieser Schenkung mit ihm verfahren wie mit seinen Vorvätern und ihn in seinen früheren Stand wieder einsetzen". Sie wußte, daß Karl der gottgewollte Herrscher Frankreichs war, der rechtmäßige Erbe Karls des Großen und Ludwigs des Heiligen. Sie erblickte ihn im sakralen Glanze dieser Könige, die vom Himmel her für sein Land eintraten: „Die Hilfe kommt auf das Gebet des heiligen Ludwig und des heiligen Charlemagne", versicherte Jeanne. Es ist erstaunlich, daß die Jungfrau die körperlichen, geistigen und sittlichen Gebrechen Karls überhaupt nicht zu bemerken schien, vielmehr stets voll tiefster Ehrfurcht zu ihm und über ihn sprach. Sie scheute sich nicht, dem Herzog von Lothringen seinen Ehebruch vorzuhalten und einen Prinzen aus königlichem Geblüt, den Herzog von Alençon, scharf zu tadeln. Aber Karl war ihr unantastbar. Sie sah nicht die Person, sondern das Amt, dessen Würde durch die Unwürdigkeit des Trägers nicht geschmälert werden konnte. Die Heiligkeit dieses Amtes sollte sichtbar zum Ausdruck kommen in der Königsweihe zu Reims: Der gesalbte König ist Stellvertreter Christi, des „Gesalbten", von dem er sein Reich zu Lehen hat.

Das war im fünfzehnten Jahrhundert keineswegs mehr so selbstverständlich wie im frühen Mittelalter. „Seitdem die päpstliche Kirchenrevolution des elften bis dreizehnten Jahrhunderts den Titel eines Stellvertreters Christi dem Papst reserviert hatte, konnte kein Herrscher es mehr wagen, das Monopol dieses Stellvertreters Christi zu brechen ... Daß der französische König im Ernst als Stellvertreter Christi angesprochen wird, macht die ganze Kirchen- und Weltgeschichte des Mittelalters rückgängig ... Das Unerhörte ist, daß dieser alte Anspruch der Könige plötzlich beim Wort genommen wird ... Diese Legitimation gehört nicht schon zur Herrschaft als solcher, zur bestehenden Institution, sondern wird ihr durch einen außerordentlichen Beauftragten auf Grund eines ausdrücklichen Herrschaftsverzichts seitens des Rechtsinhabers verliehen. Dieser neue Christus läßt sich also nicht zum Attribut einer ohnehin schon legitimen Herrschaft entmachten, sondern er behält sich auch der legitimen Herrschaft gegenüber den ausdrücklichen Akt christlicher Legitimation, und dazu auf eine in der bisherigen Geschichte unerhörte Weise, vor ... Johanna entzieht das weltliche Handeln dem Zugriff des Klerus und stellt es unter die direkte Hoheit Jesu Christi. Aber diese .. Tat vertieft nur, nein, sie begründet eigentlich erst den christlichen Charakter einer mündig gewordenen Politik" (A. Mirgeler).

Wie das Amt des Lehnsträgers ein heiliges Amt ist, so ist sein Land ein heiliges Land. Es hat von Gott seine besondere Sendung, die es aus den andern Völkern auserwählt und zugleich in die Gemeinschaft der Nationen einordnet. Daß Jeanne diese Sendung Frankreichs wieder offenbar machte, ist noch bedeutsamer als die Tatsache, daß sie die physische und moralische Einheit ihres Landes wiederherstellte und sicherte. Mit Recht sind die Franzosen auf ihre Jungfrau von Orléans stolz und verehren in ihr das Sinnbild und die Patronin ihrer Nation. Freilich ist es ein Mißverständnis, wenn

Nationalisten unter ihnen glaubten, Jeanne sei ihres Geistes. Gewiß war Jeanne Patriotin, die ihr Vaterland liebte. Sie war aber keine Nationalistin, die fanatisch und egoistisch nur ihr eigenes Land gelten ließ und jedes andere Land verachtete. Auch andere Länder haben ihre göttliche Sendung und ihren Wert. Nie flehte Jeanne Gottes Zorn auf ihre Feinde herab. Vor Gericht erklärte sie: „Von Liebe oder Haß Gottes gegenüber den Engländern ... weiß ich nichts." Mit den gefallenen Feinden hatte sie großes Mitleid. Ein verwundeter Engländer starb, von ihr getröstet, das Haupt in ihren Händen. Vielen englischen Kriegsgefangenen, die beinah von ihren Soldaten niedergemacht worden wären, rettete sie das Leben. Sie war von dem Bewußtsein durchdrungen, daß das heilige Frankreich eingefügt war in die große Ordnung Gottes, in der nicht der Haß, sondern die ewige Liebe regiert. Sie wußte aber auch, daß Frankreich seiner Sendung unwürdig geworden war und der Sühne bedurfte. Vielleicht hat sie im Augenblick des Todes erkannt, daß sie selbst das Sühnopfer sein sollte, und „daß ihr Tod ein notwendiger Teil ihrer Mission war" (Heiligsprechungsbulle). Hatten nicht die Stimmen ihr gesagt, „es müsse so kommen"?

Irdisch gesehen ist Jeannes Passion ein Abstieg, übernatürlich gesehen aber ein Aufstieg. Denn in diesem Schicksal erfüllte sie (wie Bütler darlegte) auf vollkommene Weise die Aufgabe eines Jüngers Christi: Sie nahm ihr Kreuz auf sich und folgte ihm nach. Wie von Christus sagte man von ihr, sie wiegele das Volk auf und stehe mit Beelzebub im Bunde. Wie Christus hörte sie erst des Volkes „Hosanna", dann sein „Crucifige". Wie Christus erlitt sie Ölbergangst, wurde von den Ihrigen im Stich gelassen und an die Feinde verkauft. Wie Christus stand sie allein ihren Richtern gegenüber, ohne Verteidiger, von den Soldaten mißhandelt, bald freimütig redend, bald königlich schweigend. Auch Jeannes Richter waren Hohepriester, Schriftgelehrte und Vertreter der Besatzungsmacht, die allein das Todesurteil fällen und vollstrecken durfte. Auch dieses Tribunal legte es darauf an, die Angeklagte zu verderben, brach in Entrüstung aus über ihren Anspruch, von Gott zu sein, verdrehte ihre Aussagen und verurteilte sie auf Grund falscher Zeugen wegen Gotteslästerung und Hochverrat zum Tode. Auch dieses Urteil wurde mitbestimmt von der Furcht, es mit dem Herrscher zu verderben, „kein Freund des Kaisers mehr" zu sein. Wie Christus erlitt Jeanne die Gottverlassenheit, wie Christus blieb sie gehorsam bis zum Tode. Wieder schlugen Henker reuig an die Brust. Wieder wurden die sterblichen Reste der Verehrung entzogen: Vor Christi Grab wälzte man einen Stein; Jeannes Asche streute man in die Seine. Und wieder folgte der Schmach die Verherrlichung. So wurde Jeanne in einzigartiger Weise ihrem Meister gleichförmig und vollzog, was nach Paulus die Aufgabe jedes Christenmenschen ist: Sie litt und starb mit Christus, um mit Christus wiederaufzuerstehen. Noch im Tode umarmte sie Sein Kreuz, hatte sie Seinen Namen auf den Lippen.

CATERINA VON SIENA

(1347–1380)

Als Caterina von Siena das Licht der ziemlich aus den Fugen geratenen Welt erblickte, konnte die Familie des Färbers Benincasa ein Jubiläum feiern: Caterina war nämlich ihr fünfundzwanzigstes Kind. Die Mutter, Monna Lapa, eine einfache Frau aus dem Volke, arbeitsam, materialistisch, redselig und rauh, sollte an dieser Tochter noch viel Verdruß haben.

Bis zu ihrem sechsten Lebensjahr war Caterina ein Kind wie andere auch. Dann aber warf eine Christusvision sie aus der Bahn, in der sie sich wie ihre Eltern, Geschwister und die anderen Menschen bewegt hatte, hob sie aus dem Alltag heraus und riß sie in eine zugleich beseligende und bestürzende Wirklichkeit hinein, die der Umwelt verborgen blieb. Wir brauchen nicht zu prüfen, ob die Erscheinung echt war. Tatsache ist, daß sie dem Kind den ersten Anstoß gab, seinen eigenen Weg zu gehen, und dies vor den verständnislosen, ja feindlichen Augen ihrer Familie. Unbekümmert um befremdete Blicke, um Schelte und Schläge der Mutter begann Caterina, viel zu beten und sich abzutöten.

Die frommen Übungen ließen indes nach, als Caterina unter den Einfluß ihrer verheirateten Schwester Bonaventura geriet. Sie suchte es der zärtlich Geliebten gleichzutun, fand Gefallen an Schmuck und schönen Kleidern, bleichte ihr Haar und puderte es mit Goldstaub, wie es die Mode verlangte, schminkte ihr Gesicht, schloß sich Tanzvergnügen an und lernte, mit einer gewissen Koketterie aufzutreten. Die Eltern atmeten auf, daß ihre eigenwillige Tochter wieder „normal" geworden war. Doch diese Entwicklung brach plötzlich ab, als Bonaventura im Wochenbett starb und die erschütterte Caterina mit einemmal die Lust der Welt eitel und vergänglich fand.

Die Eltern gerieten in neue Besorgnis, die sich zu hellem Zorn steigerte, als das Mädchen ihren Plänen trotzte. Monna Lapa hatte bereits einen künftigen Gatten für sie gefunden. Doch die Widerspenstige erklärte dem angehenden Bräutigam vor der ganzen Familie, sie denke nicht daran zu heiraten. Die Halsstarrige durfte kein eigenes Zimmer mehr haben und wurde zum Aschenbrödel erniedrigt. Mit Demütigungen und Sticheleien versuchte man ihr beizubringen, welche Schande sie der Familie zugefügt. Eines Tages gab sie den Ihren bekannt, sie sei entschlossen, nur noch für Gott und nicht für die Welt dazusein: „Laßt mich leben, wie ich will!" Der Vater meinte: „Es ist etwas an ihr, das nicht in unsern engen bürgerlichen Rahmen paßt." Mit seiner Hilfe setzte sich Caterina durch und erhielt eine Mansardenkammer, in der sie ungestört beten und betrachten konnte.

Doch bald gab's neue Aufregung. Caterina aß fast nichts mehr und schlief kaum noch. Die Mutter sah sie immer magerer werden und geriet in Sorge um ihre Gesundheit. Entsetzt bemerkte sie, wie das Mädchen die drastischen Methoden mittelalterlicher Askese anwandte, um sich zu kasteien. Es nutzte nichts, daß Lapa die Büßerin nötigte, bei ihr im Zimmer zu nächtigen, um sie besser beaufsichtigen zu können, oder daß sie die Überspannte in den mondänen Badeort Vignone mitnahm, um sie wieder zu Kräften kommen zu lassen und auf „vernünftigere" Gedanken zu bringen. Sie stand dem entschiedenen Willen ihrer Tochter, der ihr nur Eigensinn zu sein schien, machtlos gegenüber.

Caterina, die sich hartnäckig ihrer Verheiratung widersetzte, ging aber auch nicht in ein Kloster. Sie bedurfte zu ihrer Sendung einer größeren Freiheit, als Ehe oder Ordensstand erlaubten. Darum bewarb sie sich um Aufnahme in den Dritten Orden des heiligen Dominikus. Dessen Mitglieder, Frauen aus dem Laienstande, folgten unter der Leitung von Predigermönchen der dominikanischen Regel, soweit es sich mit ihren alltäglichen Pflichten vereinbaren ließ. Da diese Terziarinnen das weiße Habit der Dominikaner mit schwarzem Mantel trugen, nannte man sie Mantellaten. Caterinas Aufnahmegesuch wurde zuerst abschlägig beantwortet. Doch wieder setzte sich das Mädchen durch.

Damit war die erste Etappe ihres Lebens abgeschlossen. Bisher hatte sie gegen äußere Widerstände kämpfen müssen, um den Kampf gegen sich selbst ungestört führen zu können. In diesem Zweifrontenkrieg hatte sie an der äußeren Linie einen entscheidenden Sieg errungen, der zu einem (wenn auch nur vorübergehenden) Waffenstillstand führte. Mit um so größeren Kräften konnte sie jetzt die Schlacht gegen den inneren Feind fortsetzen. Die nächsten drei Jahre lebte sie zurückgezogen im Elternhaus, kümmerte sich aber kaum um ihre Familie. Endlich war sie allein mit ihrem Gott. Um dem himmlischen Geliebten ganz wohlgefällig zu sein, reinigte sie ihre Seele durch Härte gegen sich selbst. Wie es bei jeder jungen Liebe zu gehen pflegte, führte ihre Leidenschaft sie zu Übertreibungen. Später erkannte sie Maß und Grenze der Askese und schrieb: „Buße darf nur ein *Mittel* zur Entfaltung der Tugenden sein. Sie soll stets dem Bedürfnis des einzelnen und seinen seelischen Möglichkeiten entsprechen. Wenn eine Seele ihre Grundlage ausschließlich in Bußübungen sucht, wird ihre Vollkommenheit beeinträchtigt, weil diese Übungen nicht im Licht der Erkenntnis getan werden."

Als sie etwa neunzehn Jahre alt war, erschien ihr Christus und sprach: „Tu von nun an, meine Tochter, mannhaft und ohne zu wanken, was meine Vorsehung in deine Hände legen wird. Du bist mit der Kraft des Glaubens gestärkt worden. So wirst du alle deine Widersacher siegreich überwinden." Gott befahl ihr, unter den Menschen zu wirken. Caterina aber widerstrebte: „Jetzt, da du mir alles bist, sagst du mir, ich solle gehen und zu den Menschen zurückkehren? Aber dabei werde ich gewiß das Licht verlieren, das ich besitze." Der Herr antwortete: „Sei ruhig, du sollst handeln, um den andern zu nützen. Ich will mich keineswegs von dir trennen, vielmehr möchte ich dich durch die Liebe zum Nächsten noch enger an mich binden. Du mußt die Menschen zu Teilhabern des Heils machen, das du genießt." Sie entgegnete: „Ich bin eine Frau, und es kommt den Frauen nicht zu, zu lehren und Apostel zu sein. Vor ihnen haben die Männer keinen Respekt. Außerdem gehört es sich nicht, daß eine Frau sich mit Männern unterhält." Auch diese letzten Widerstände wurden überwunden. Wie jeder Mystiker hatte Caterina zuerst den Drang gefühlt, sich einzig und allein Gott hinzugeben und alles andere abzuweisen. Jetzt aber begann sie zu verstehen, daß auch die übrigen Menschen als Gottes geliebte Geschöpfe einen Wert haben. Darin gleicht sie ebenfalls den andern Mystikern, daß ihre Liebe zu Gott, um sich nach außen kundzutun, auf die Mitmenschen überströmte.

Die Terziarin trat aus ihrer Einsamkeit heraus und fing wieder an, sich an den gemeinsamen Mahlzeiten der Familie und an den häuslichen Arbeiten zu beteiligen. Es kam geradezu eine Arbeitswut über sie, der das eigene Haus bald nicht mehr genügte. Sie besuchte Kranke in Spitälern und betreute verschämte Arme in der Nachbarschaft. Sie zögerte nicht, ihr Gebet zu unterbrechen, um einem Menschen in dringender Not sofort zu helfen. Bald sehnte sich ihr heroischer Geist nach außergewöhnlichen Taten. Die durchschnittlichen Fälle überließ sie ihren Mitschwestern, um selbst Geschöpfe pflegen zu können, die von allen gemieden wurden, hier eine Prostituierte, dort eine Aussätzige. Ihr beschauliches Leben erlitt bei dieser Tätigkeit keine Einbuße. Mystik und Aktivität förderten sich bei Caterina gegenseitig so sehr, daß sie eine ungeahnte Steigerung erfuhren.

In ihrem vierundzwanzigsten Jahre erlitt Caterinas Gesundheit einen vollständigen Zusammenbruch. Vier Stunden lag sie leblos auf dem Lager. Ihre Freunde hielten sie für tot und umringten sie weinend. Als sie wieder zu sich kam, erklärte die Heilige, sie sei gestorben, damit Christus in ihr lebe, doch auf Befehl Gottes zur Erde zurückgekehrt, um ihr apostolisches Wirken zu erweitern. Tatsächlich entfaltete sie, die bisher kaum über den Bereich der Stadt Siena hinausgekommen war, seit ihrem mystischen Tode eine intensive Tätigkeit, die weit über Italiens Grenzen hinausgriff und weltgeschichtliche Folgen haben sollte.

Es konnte nicht ausbleiben, daß die kleine Terziarin, die sich in die große politischen Auseinandersetzungen einmischte, in manchen Kreisen beträchtliches Ärgernis erregte. Wer in dieser Welt Außerordentliches vollbringen will, wird immer auf starken Widerspruch stoßen, um so mehr, wenn er sein verrottetes Jahrhundert in die Schranken fordert. Zeitlebens war Caterina eine heftig umstrittene Persönlichkeit. Es gab begeisterte Caterinaten, die der Heiligen die Hand küßten, aber auch Anticaterinaten, die daran Anstoß nahmen und über „diese arrogante Person" die Nase rümpften. Oft genug gab ihr Tun Anlaß zu Tadel, Kritik, ja Entrüstung.

Schon ihre Tätigkeit zu Siena wurde bei kleinen Geistern Gegenstand boshaften Geschwätzes. Was sollte man von dieser sonderbaren Mantellatin halten, die man bald stundenlang in der Kirche, bald in unbefangenem Gespräch mit Mönchen und jungen Männern sah? Die beschränkten Beghinen konnten sich nicht vorstellen, daß es bei den vertraulichen Unterredungen nur um geistliche Fragen ging. Sie war eine junge Frau. Warum sollte sie nicht in einen Pater verliebt sein können? Geflüsterte Verdächtigungen und Bosheiten machten heimlich die Runde und wuchsen schließlich zu lauten Beschuldigungen an. Ausgerechnet die Aussätzige, die von Caterina aufopfernd gepflegt wurde, machte sich zum Sprachrohr des Stadtklatsches und schleuderte ihr die tückische Verleumdung ins Gesicht: „Da kommt die Königin, nachdem sie den ganzen Tag mit den Mönchen in der Kirche war. Man möchte schier glauben, daß sie von diesen Mönchen nie genug bekommen kann." Caterina beherrschte ihre Empörung und diente der Beleidigerin mit verdoppelter Hingabe. Sie holte die Kranke in ihre eigene Wohnung, die alsbald von entsetzlichem Gestank erfüllt war, und pflegte sie tapfer, mochte Monna Lapa auch zetern ob der Ansteckungsgefahr. Tatsächlich infizierte sich Caterina. Doch was bedeutete das gegenüber der Freude, die sie empfand, als ihre Feindin sich zu Gott bekehrte!

Auch unter den Mönchen gab es manche, die Caterina nicht leiden konnten, sie für eine Scheinheilige oder für eine Hysterikerin hielten und ihr feindselig gegenübertraten. Einige ihrer eigenen Ordensbrüder und -schwestern verfolgten sie mit unbeschreiblicher Gehässigkeit. Man schlug ihr die Tür vor der Nase zu, warf sie aus der Kirche auf die Straße, trat sie mit Füßen, verweigerte ihr die Sakramente und beschimpfte sie. Sogar von einem Mordanschlag gegen sie wird berichtet. Sie mußte vor der Priorin der Mantellaten erscheinen, um ihre angezweifelte Jungfräulichkeit zu beweisen. Der Dominikanergeneral zitierte sie vor das Generalkapitel des Ordens zu Florenz, wo sie über ihr Leben und Tun Rechenschaft ablegen sollte. Aus all diesen Prüfungen ging Caterina innerlich und äußerlich siegreich hervor: Sie wuchs an Liebe und Kraft und wurde glänzend gerechtfertigt. Sie, deren Ungewöhnlichkeit dem Durchschnittsmenschen ein Skandal sein mußte, war in Wirklichkeit ein religiöses Genie, vor dessen Größe sich selbst ihre Feinde schließlich erschüttert beugten.

Man könnte meinen, dieses magere, blasse, kränkliche Mädchen, das unaufhörlich betete, fast nichts aß, sich selbst zerfleischte und oft in Ekstasen erstarrte, habe recht abstoßend gewirkt. Überraschenderweise ist das Gegenteil der Fall. Die Mantellatin besaß eine unerhörte Anziehungskraft. Dem Zauber ihrer Persönlichkeit verfiel eine große Zahl von Menschen. In dem Kreis ihrer Bewunderer befanden sich keineswegs nur fromme Frauen. Manche waren gelehrte Ordensmänner, die sich anfangs ihr gegenüber meist sehr skeptisch verhalten hatten.

Fra Lazzarino da Pisa, ein franziskanischer Theologe und gefeierter Prediger, bemühte sich, Caterina erst im geheimen, dann öffentlich von der Kanzel anzuschwärzen. Als er sie aufsuchte, um sie des Irrtums und des schlechten Lebenswandels zu überführen, wurde er von ihr so beschämt und erschüttert, daß er sein Leben völlig änderte und ihr Jünger wurde.

Ähnlich erging es zwei Theologieprofessoren, dem Franziskanerprovinzial Volterra und dem Augustinerprior Dr. Terzo, die ihr als offizielle Inquisitoren auf den Zahn fühlen wollten. Als sie der Heiligen gemeldet wurden, erklärte sie den Anwesenden in aufgeräumter Stimmung: „Bald werdet ihr zwei dicke Fische im Netz zappeln sehn." Ein adeliger Sieneser berichtet als Augenzeuge: „Wie zwei wilde Löwen stürzten sich die beiden Männer auf Caterina und überschütteten sie mit einer Unmenge theologischer Streitfragen. Caterina aber antwortete mit solcher Gelassenheit, daß Tausende solcher Gelehrter vor ihr verstummt wären. Dann schritt sie zum Gegenangriff über. In strengen Worten tadelte sie die beiden wegen ihrer weltlichen Gesinnung und warf ihnen ihren Mangel an Bescheidenheit, ihre großartigen Bibliotheken, ihre vornehmen Zellen, ihre prächtigen Betten und Reichtümer vor ... Der Franziskaner bekehrte sich auf der Stelle, übergab seine Schlüssel einem Begleiter Caterinas und befahl ihm, alle bewegliche Habe mit Ausnahme des Breviers aus seiner Zelle fortzuschaffen. Der junge Mann tat, wie ihm aufgetragen, und die Inquisitoren kehrten als getreue Jünger der Heiligen in ihre Klöster zurück."

Raimund von Capua, Sproß einer alten Adelsfamilie, Professor der Theologie, später Reformator und General des Dominikanerordens, stand Caterina anfangs kritisch gegenüber, wurde aber bei näherer Bekanntschaft von wachsender Bewunderung für sie ergriffen. Dieser Mann außergewöhnlichen Formats war später ihr Beichtvater, Mitarbeiter und Biograph.

Auch mit vielen Männern des öffentlichen Lebens verband Caterina ein freundschaftliches Verhältnis, so mit Andrea di Vanni, einem Meister der Sieneser Malerschule, welcher der Regierung angehörte und mit zahlreichen Ämtern und diplomatischen Aufgaben betraut wurde. Caterina schrieb ihm mehrere Briefe, und er malte ihr Bild.

Ser Christofano di Gano Guidini, ein nüchterner Rechtsanwalt und Politiker, Mitglied der Regierung und gelehrter Schriftsteller, kam von anfänglichem Mißtrauen gegenüber der Heiligen zu heller Bewunderung. Er schloß sich ihrer geistlichen Familie an, übersetzte ihren *Dialog* ins Lateinische und ließ ihr Bild malen.

Neri di Landoccio dei Pagliaresi, Aristokrat, Dichter und Ratsherr, wandelte sein Leben unter Caterinas Einfluß völlig um und wurde ihr erster Sekretär.

Der reiche Francesco Malavolti wurde trotz heftigen Widerstrebens von der Jungfrau in Bann geschlagen. Dieser Aristokrat war wegen seines zügellosen Lebens berüchtigt. Caterina verstand es, ihn zur Besinnung zu bringen. Er faßte heroische Vorsätze, fiel aber immer wieder in seine alten Gewohnheiten zurück, um dann jedesmal zerknirscht die Heilige aufzusuchen. Stets nahm sie ihn voll Verständnis für menschliche Schwäche liebevoll auf und tröstete ihn. So flatterhaft er auch war, sie kannte sein im Grunde großmütiges, gutes Herz und nannte ihn ihren Allerliebsten. Sie verlor die Hoffnung auf seine endgültige Rettung nicht: „Du kommst oft zu mir, und dann fliegst du, einem Zugvogel gleich, deinen verschiedenen Lastern nach. Fliege jetzt nur hin, wo du willst. Aber am Ende werde ich dir mit Gottes Hilfe eine Schlinge um den Hals legen, daß du nicht mehr mit den Flügeln schlagen kannst." Tatsächlich hörte er später mit dem Herumflattern auf und wurde ein guter Mönch.

Es ließen sich noch viele Namen von adeligen Politikern anführen, die Caterina an sich zu fesseln wußte. Daß Leute dieses Schlages, kultivierte Männer von Welt, ehrgeizige Tatmenschen und empfindsame Künstler, von dem gebrechlichen Menschenkind derart fasziniert wurden, ist bezeichnend. Alle verehrten sie als ihre geistige Führerin, hingen mit Liebe an ihr und nannten sie ihre „mamma". Einer der maßgebenden Politiker Sienas erklärte: „Diese kleine Frau kann uns alle um den Finger wickeln."

Wie erklärt sich diese erstaunliche Anziehungskraft? Nun, die Visionärin und Büßerin war keineswegs das unerquickliche, überspannte Frauenzimmer, für das manche sie hielten, die sie bloß vom Hörensagen kannten. Nach den Aussagen von Zeitgenossen war sie nicht ohne Anmut und hatte ein entzückendes Lächeln. Ein Blick aus ihren Augen machte ihre Unansehnlichkeit vergessen. Sie verfügte über einen starken Verstand, dachte klar und logisch. Den Rang und die Klarheit ihres Geistes bezeugen heute noch ihre Schriften: der *Dialog* und 380 Briefe. Sie gehören zur besten italienischen Prosa jener Zeit. Caterinas geistige Selbständigkeit stellte einer ihrer gelehrten Beichtväter ausdrücklich fest: „Neidische glaubten, wir Brüder unterrichteten die Jungfrau. Es fand aber das Gegenteil statt: Sie belehrte uns." Dies ist um so erstaunlicher, als sie ein ungeschultes Mädchen aus dem Volke war, das erst im zwanzigsten Lebensjahre lesen und erst im dreißigsten schreiben lernte.

Eine weitere Gabe, die unsere Mystikerin im hohen Grade besaß, war ihre Geschäftstüchtigkeit in der Behandlung weltlicher Angelegenheiten. Ihre Briefe sind gebieterische Sendschreiben, die stets mit „ich will" beginnen. Einer so zielbewußten Person konnte man schwer widerstehen. Diese geborene Führernatur verstand es, mit dem Feuer ihrer Rede zu hohen Zielen mitzureißen: „Gebt euch nicht mit Kleinem zufrieden! Gott erwartet Großes!" Ihre Sprache war manchmal grob, wenn es galt, einen Menschen aufzurütteln. Doch die Adressaten solcher Ausbrüche spürten, daß es nicht Haß war, der hier die Feder führte, sondern selbstlose Liebe.

Die Macht dieser Liebe veranschaulicht die Begegnung der Jungfrau mit Niccolò di Toldo. Dieser junge Edelmann war aus politischen Gründen zum Tode verurteilt worden. Er konnte es nicht fassen, daß er sein junges Leben verlieren sollte, tobte wild im Kerker und wehrte sich verzweifelt gegen sein Schicksal. Mit der Kirche zerfallen, lehnte er geistlichen Beistand ab. Caterina hörte davon und ging ihn besuchen. Sie bewirkte, daß er beichtete und sich vollkommen faßte. Am folgenden Morgen führte sie ihn zur Messe, und er empfing die heilige Kommunion, zu der er nie gegangen war. Sie begleitete ihn auf den Richtplatz, half ihm den Hals auf den Block legen und erinnerte ihn an Christus. Niccolò starb gefaßt.

Das vierzehnte Jahrhundert war von Unruhen erschüttert. Schon in ihrer Jugend hatte Caterina in Siena Straßenkämpfe erlebt. Ihre Angehörigen wurden in eine blutige Fehde verwickelt. Einige ihrer Brüder mußten als politische Flüchtlinge in Florenz Wohnsitz nehmen. Die Menschen, voll Haß und Feindschaft, waren nicht gewillt, Beleidigungen zu verzeihen. Im Rathaus zu Siena lag ein schwarzes Buch, in dem man alle der Republik zugefügten Kränkungen aufzeichnete, um sie in Ewigkeit nicht zu vergessen und stets an die Rache zu denken. Städte, Stände und Familien wurden gegeneinander gehetzt und suchten sich zu vernichten.

Caterina aber eilte von Burg zu Burg, von Stadt zu Stadt, um Entzweite zu versöhnen. Man berief sie in hoffnungslosen Fällen, und sie kam, vermittelte, schlichtete und stiftete Frieden. Schon 1374 war sie berühmt. Der Diktator von Mailand schickte Boten zu ihr und suchte ihren Beistand. Der Regent von Pisa lud sie herzlich ein, seine Stadt zu besuchen. Kirchenfürsten gingen sie um Rat an. Selbst nach Avignon drang ihr Ruf: Der Papst ließ sie bitten, besonders inbrünstig für ihn und die Kirche zu beten. Als sie 1375 nach Pisa kam, erschienen zu ihrem Empfang am Stadttor das Staatsoberhaupt, der Erzbischof und Herren der Regierung. Getragen von so hohem Ansehen, entfaltete Caterina von Pisa aus eine rege und weitreichende Tätigkeit.

Die politische Lage Italiens war verworren und von fragwürdigen Figuren beherrscht. In Mailand regierte Bernabo Visconti. Dieser Tyrann pflegte seine Bauern wegen der geringsten Jagdfrevel zu blenden, zu foltern und zu hängen. Mönche, die ihm Vorwürfe machten, ließ er verbrennen. Seit Jahren führte er Krieg gegen den Papst und verfolgte die Kirche. Zeitweise focht der englische Kondottiere Hawkwood für ihn, der sich mit seinen Söldnerbanden dem jeweils Meistbietenden verkaufte und ganz Italien in Schrecken setzte. Man sagte ihm furchtbare Greueltaten nach. In Neapel herrschte Königin Johanna, die Zeitgenossen als „die große Hure" schildern. Die Heilige scheute sich nicht, diesen skrupellosen Machthabern ins Gewissen zu reden. Dem Visconti hielt sie seine Übergriffe gegen die Kirche, dem Hawkwood seine Gewalttaten, der Königin von Neapel ihre Sünden vor. Alle drei suchte sie von den italienischen Händeln abzulenken, indem sie sie zum gemeinsamen Abwehrkampf gegen die Türken aufrief.

1375 empfing die Heilige den Gesandten des Königreiches Zypern, das vor dem Untergang stand und um Hilfe gegen die aggressiven Türken rief. Diese unmittelbare Gefahr gab ihr den Anstoß zu einer ausgedehnten Propaganda. In flammenden Briefen beschwor sie Könige, Fürsten, Regierungen, Feldherrn und Kardinäle, sich zur Abwehr der Türken zu vereinigen. Sie sah die christlichen Staaten sich gegenseitig zerfleischen, während die Mohammedaner immer weiter vordrangen und das von Kriegen zerrissene Europa bedrohten. Die Feindseligkeiten zwischen den christlichen Mächten banden die Truppen an die europäischen Kriegsschauplätze und verhinderten eine geschlossene Front des Abendlandes gegen seinen ärgsten Feind.

Dem König von Frankreich schrieb Caterina: „Mein dringendstes Anliegen ist, Sie möchten in Liebe und Güte mit Ihrem Nachbarn (dem König von England) leben, mit dem Sie so lange schon Krieg führen. Kümmern Sie sich nicht um den Verlust irdischer Dinge ... Es erstaunt mich in höchstem Maße, daß Sie angesichts der Zerstörung von Seelen und Leibern und der großen Zahl von Ordensleuten, Frauen und Kindern, die mißhandelt und durch diesen Krieg aus ihren Heimstätten vertrieben wurden, nicht zum Frieden bereit sind. Überlegen Sie sich denn nicht, welch große Verantwortung für das Böse auf Sie fällt, wenn Sie sich weigern zu tun, was in Ihren Kräften steht? ... Ich flehe Sie an, nicht länger so viel Schaden zu verursachen ... Darüber sollten Sie sich schämen, Sie und die andern christlichen Regenten. Welche Verwirrung in den Augen der Menschen, welch teuflisches Machwerk in den Augen Gottes ist doch dieser Krieg zwischen Brüdern, während der Feind ungeschoren bleibt! Hören Sie auf mit diesen Dummheiten und dieser Verblendung! Ich mahne Sie im Namen des Gekreuzigten, nicht mehr zu zögern und Frieden zu schließen!"

Es war vergeblich; dieser englisch-französische Krieg hörte noch lange nicht auf. Und in Italien begann ein neuer Krieg. Florenz verbündete sich mit anderen italienischen Staaten zu einer antipäpstlichen Liga. Bald schlossen sich viele Städte, darunter Siena, der Liga an. Hauptursache des Krieges war das Gebaren der französischen Geistlichen, die als päpstliche Legaten die Städte des Kirchenstaates verwalteten. Sie preßten das Volk aus und machten sich durch ihre Willkür sehr verhaßt. Ihr Treiben war nur dadurch möglich geworden, daß der Papst in Avignon residierte. Italiens Kampf gegen den Papst war ein nationaler Kampf gegen die französische Fremdherrschaft.

Klar überschaute Caterina die Lage: Der Friede konnte nur zustande kommen, wenn der Papst zuvor die französischen Legaten und Bischöfe absetzte und ihre Ämter würdigeren Männern übertrug. Dazu wieder war es erforderlich, daß er Avignon verließ. Ohne Rückkehr nach Rom keine Reform, ohne Reform kein Friede. Daraus ergab sich Caterinas Aktionsprogramm.

Sie eröffnete ihren Kampf mit einem Frontalangriff auf die Zitadelle und diktierte an Papst Gregor XI. ein Schreiben: Aus Angst, „Anstoß zu erregen und Widerstand heraufzubeschwören", und aus Sorge um seine Bequemlichkeit unterlasse es der Papst in sträflicher Weise, die Schandtaten seiner Untergebenen zu tadeln und zu strafen. Was der Kirche not tue, sei die rechte Auswahl ihrer Führer. Deutlich äußert Caterina dem Papst ihr Mißfallen über die letzte Kardinalsernennung: Von neun Kardinälen waren sieben Franzosen, davon drei Verwandte des Papstes! „Sorgen Sie für gute Hirten und Vertreter in Ihren Städten! ... Wählen Sie immer würdige Männer! Tun Sie das nicht, so wäre das ein großes Vergehen gegen Gott und ein Verderben für die heilige Kirche." Die päpstlichen Legaten trügen die Schuld an der Rebellion der italienischen Städte. Der Papst solle sofort nach Rom zurückkehren und Frieden mit Italien schließen. „Zögern Sie nicht länger! Denn dadurch haben sich viele Nachteile ergeben ... Auf denn, Vater, keine Nachlässigkeit mehr! ... Mut, Mut, und kommen Sie! ... Lassen Sie sich nicht einschüchtern durch diese Rebellen! Fürchten Sie sich nicht! ... Wenden Sie Ihre Liebe ab von sich selbst und von den Geschöpfen, ohne Rücksicht auf Freunde und Verwandte und weltlichen Besitz, und wenden Sie sie der Tugend und den geistlichen Dingen zu!"

Weitere Briefe Caterinas an Gregor folgten. Die Heilige kannte den willensschwachen Charakter dieses Zauderers. Immer wieder rüttelte sie ihn auf: „Seien Sie doch nicht furchtsam, sondern ein beherzter Mann!" „Seien Sie kein ängstlicher Säugling, sondern ein Mann, fest und unerschütterlich! Lassen Sie sich nicht umwerfen durch

Stürme, Teufelslist oder Ratschläge!“ Sie beschwor ihn, durchzugreifen: „Sie sollen im Garten der heiligen Kirche die stinkenden Blumen ausrotten ... Das sind die schlechten Hirten, die diesen Garten verpesten ... Reißen Sie diese Blumen aus und werfen Sie sie hinaus! ... Pflanzen Sie wohlriechende Blumen hinein, Hirten und Regenten, die nur die Ehre Gottes und das Heil der Seelen im Auge haben und wahre Väter der Armen sind! Ach, wie sehr muß man sich schämen, wenn man jene, die ein Vorbild in freiwilliger Armut sein und das Kirchengut an die Armen verteilen sollten, in den Kostbarkeiten, im Pomp und in der Eitelkeit der Welt schwelgen sieht ..., reißende Wölfe, die Gott die Ehre stehlen, um sie sich selbst umzuhängen ... Zu Schmarotzern und Blutsaugern sind sie geworden, statt zu Bekehrern!“

Der Papst trage die Verantwortung für die schlechten Oberhirten: „Bischöfe sollen Gott, seinen Ruhm und seine Ehre suchen, statt von Stolz aufgeblasen zwischen den Reichtümern und Eitelkeiten der Welt hin und her zu schwanken und wie Schweine zu leben.“

Trotz der Mahnungen Caterinas zum Frieden verschärfte Gregor die Situation, indem er über Florenz das Interdikt verhängte und die Regierung exkommunizierte. Das bedeutete nicht nur Entzug der heiligen Messe und der Sakramente, sondern zugleich den wirtschaftlichen Ruin der Handelsstadt. Schon begannen die Bewohner zu verarmen, schon stand zu Avignon ein bretonisches Heer bereit zum Marsch gegen Florenz, als Caterina mit den Häuptern der Republik zusammentraf und sich bereit erklärte, den Frieden zu vermitteln. Die Aufständischen waren ihr eigenes Volk, das sie liebte und dessen Abneigung gegen Fremdherrschaft und Korruption sie teilte. Anderseits sah sie im Papst nicht nur einen weltlichen Herrscher, sondern vor allem das geistliche Haupt der Kirche, gegen das sich zu empören verhängnisvoll war. So machte sie sich in ihren Briefen an Gregor zum Anwalt der papstfeindlichen Städte, in den Briefen an die Städte dagegen zur Verteidigerin des Papsttums. Beide Parteien wies sie nachdrücklich darauf hin, daß die Kirche keine politische Institution sei, sondern wesentlich „ein mystischer Leib, durchpulst vom Blute Christi“, und daß die Kraft des Papsttums nicht im Kirchenstaat liege, sondern in seinem geistlichen Amt.

An Gregor: „Angenommen, Sie seien verpflichtet, die Herrschaft über die verlorenen Städte der Kirche zurückzuerobern und zu bewahren, so sind Sie doch viel mehr verpflichtet, die verlorenen Schafe zurückzuholen ... Wägen Sie die beiden Übel gegeneinander ab: den Verlust weltlicher Größe und Herrschaft und den Verlust so vieler Seelen. Dann werden Sie einsehen, wieviel mehr Sie gehalten sind, die Seelen heimzuholen.“ Abermals an Gregor: „Gott gestattet, daß man seiner Braut Länder und Besitz wegnimmt, um zu zeigen, daß die heilige Kirche zu ihrer ursprünglichen Armut zurückkehre, zu jener heiligen Zeit, als die Hirten nichts anderes im Auge hatten als die Ehre Gottes und das Heil der Seelen und statt um weltliche um religiöse Anliegen sich kümmerten. Als dann aber die Kirche mehr zur Welt als zum Geist sich wandte, wurden die Dinge immer schlimmer. Sehen Sie, deshalb hat Gott in voller Gerechtigkeit Verfolgungen und Wirren über sie kommen lassen ..., um ihr die alte Vollkommenheit wiederzugeben.“

Während Caterina den Papst anflehte, seinen Söhnen gegenüber die Liebe eines wahren Vaters zu zeigen, forderte sie die abtrünnigen Städte auf, ihrem Vater den Gehorsam wahrer Söhne zu zollen: „So stark ist dieser Stellvertreter Gottes, so groß seine Kraft und Macht, daß er das Tor zum ewigen Leben öffnen und schließen kann.

Und da wollen wir ... so töricht sein, uns gegen ihn zu erheben?" An die Stadt Lucca: „Die Kirche wird ewig sein, diese herrliche und verehrungswürdige Braut! Wenn Ihr mir entgegnet, es habe vielmehr den Anschein, daß sie an Auszehrung leide und sich nicht mehr helfen könne, so sage ich Euch: Nein, es scheint nur von außen so! Schaut ins Innere, und Ihr werdet jene Kraft finden, die ihren Feinden fehlt." An die Signorie von Florenz: „Wir können unser Heil nicht anders erlangen als im mystischen Leib der heiligen Kirche, dessen Haupt Christus ist und dessen Glieder wir sind. Wer dem Christus auf Erden, der den Christus im Himmel vertritt, nicht gehorcht, der nimmt am Blute des Gottessohnes nicht teil. Denn Gott hat es so eingerichtet, daß durch dessen Hände Christi Blut und alle Sakramente der Kirche zu uns kommen." Die Unwürdigkeit des Amtsträgers entschuldige nicht den Ungehorsam gegen das Amt: „Die Verfolger der Kirche und ihrer Hirten verteidigen sich mit dem Hinweis auf deren Bosheit und Schlechtigkeit. Ich aber sage Euch: Es ist Gottes ausdrücklicher Wille: Selbst wenn die Hirten und der Papst eingefleischte Teufel wären, müßten wir uns doch ihm unterwerfen, nicht seinetwegen, sondern Gottes wegen, der will, daß wir seinem Stellvertreter gehorchen." Als ihre Briefe die Lage nicht entspannten, machte sie sich als Gesandtin der Florentiner Regierung an den Papst auf den Weg nach Avignon. Gregor empfing sie bald. Doch die Verhandlungen blieben ergebnislos, da Florenz nicht ernsthaft den Frieden wollte. Um so eifriger warb Caterina jetzt beim Papst, bei Kardinälen, Bischöfen und Fürsten für ihre anderen Ziele: Reform, Rückkehr nach Rom, Abwehr der Türken.

Dem Papst hatte sie schon bei der ersten Audienz ins Gesicht gesagt, der Hof von Avignon, der das Paradies der Tugenden sein sollte, sei ein Gefäß höllischer Laster. Als Gregor spitz entgegnete, wie sie das wenige Tage nach ihrer Ankunft in Avignon wissen könne, versetzte sie, den Gestank der kurialen Sünden habe sie schon in Siena gerochen. Das Auftreten der scharfzüngigen Heiligen mochte Gregor an die vor kurzem gestorbene heilige Birgitta erinnert haben, deren letzte Prophezeiung an ihn gerichtet war. Jedenfalls kam der Papst der Nachfolgerin Birgittas mit großem Respekt entgegen.

Seine Umgebung aber nahm der Reformatorin gegenüber eine weniger freundliche Haltung ein. Die Damen des Hofes belästigten sie mit aufdringlicher Neugier. Eine Nichte des Papstes durchstach Caterinas Fuß mit einer langen Nadel, um sich von ihrer physischen Unempfindlichkeit während der Ekstasen zu überzeugen, und verwundete sie so, daß sie tagelang hinkte. Gefährlicher wurden ihr die Würdenträger der Kurie. Man stellte die Heilige vor eine Kommission, die sie auf ihre Rechtgläubigkeit zu prüfen hatte. Welches Schicksal ihr zugedacht war, deutet eine Bemerkung an, die einer der Inquisitoren am folgenden Tag einem Begleiter Caterinas gegenüber fallen ließ: „Ich kann Ihnen versichern, falls man Caterinas Lehre nicht als gut begründet beurteilt hätte, wäre nie eine verhängnisvollere Reise unternommen worden."

Der tiefste Grund dieser Schikanen war wohl Caterinas Bemühung, Gregor zu überreden, die Stadt, in der das Papsttum seit siebzig Jahren residierte, zu verlassen. Alles hielt den Heiligen Vater zurück: Seine Avignoneser, die sich besorgt fragten, was aus ihrer Stadt ohne den päpstlichen Hofstaat werden sollte; seine Kardinäle, von denen nur jeder Fünfte kein Franzose war; seine französischen Kurialbeamten, die ihre Heimat nicht verlassen wollten; seine vier Schwestern; seine Eltern; sein König; dazu seine eigene Scheu vor einem Lande, dessen Sprache er nicht einmal verstand. Kein

Mittel ließ man unversucht, den Papst vom Weggang abzuhalten. Einige prophezeiten ihm eine düstere Zukunft in dem von Aufruhr gärenden Italien. Andere erinnerten ihn an den unglücklichen Urban V., der nach vorübergehendem Aufenthalt in Rom enttäuscht nach Avignon zurückgekehrt war. Wieder andere hielten ihm die Annehmlichkeiten Avignons vor Augen. Die Kardinäle erklärten, der Papst dürfe in einer so wichtigen Angelegenheit nichts gegen ihren Rat tun. Caterina aber, von Gregor um Rat gebeten, widerlegte diese Behauptung und zerstreute alle Bedenken. Schließlich legte man Gregor einen Brief vor, angeblich von einem Heiligen, der ihn warnte, nach Rom zu gehen, wo das Gift für ihn schon bereitet sei. Auch diesen Brief schickte Gregor an Caterina, die mit beißender Ironie die Fälschung entlarvte und erklärte, für das Heil der Seelen müsse man bereit sein, sogar zu sterben. Sie machte Gregor keine Illusionen: „Sie haben viele Widerstände zu erwarten, viele Mühen und Wirren, welche die Gegner entfachen, um mit Ihnen und der Kirche zu kämpfen. Stellen Sie sich diesen gefährlichen Stürmen entgegen als ein Mann, mit Starkmut, Geduld und Ausdauer, ohne je aus Überdruß, Furcht oder Schmerz den Rücken zu drehen. Harren Sie aus, freuen Sie sich der Stürme und Schlachten! ... Denn in Widerwärtigkeiten erfüllen sich die Taten Gottes. Das war nie anders. Auf jede Verfolgung der Kirche folgt der Friede ... Die Kirche geht immer daraus hervor mit der Krone der Glorie."

Caterinas Einfluß war entscheidend. Ihrer Beharrlichkeit ist es zuzuschreiben, daß Gregor trotz allem tatsächlich nach Rom zurückkehrte.

Die Rastlose gönnte sich nach diesem gewaltigen Erfolg keine Ruhe und arbeitete sofort wieder für den Frieden. Trotz ihrer Mahnungen zeigten sich beide Parteien unnachgiebig. Ein furchtbares Ereignis beleuchtet schlaglichtartig die Lage. Der Papst hatte seine bretonischen Söldnerheere in die Toskana einrücken lassen. An der Spitze der Truppen stand Graf Robert von Genf, einer der unwürdigsten Kardinäle, dem alle Hauptsünden und dazu eine „tierische Grausamkeit" nachgesagt wurden. Das unbeschreibliche Verhalten der in Cesena einquartierten Soldateska erregte unter der Bevölkerung einen Aufruhr. Als der Kardinal völlige Schonung zusagte, beruhigten sich die Leute wieder. Der Kirchenfürst aber schickte heimlich nach Hawkwood und befahl ihm, mit seinen Banden unter dem entwaffneten Volk „Gerechtigkeit" zu üben. Selbst der hartgesottene Condottiere zögerte zuerst. Schließlich aber, auf den wiederholten Befehl des Kardinals, taten Engländer und Bretonen gemeinsam ihr gräßliches Werk. Ein Chronist berichtet, „daß sie jeden Mann, jede Frau, jeden Säugling niedermetzelten". Ein Jahr darauf fand man zwei große Brunnen mit Leichen gefüllt. „Das Volk", schreibt der Chronist, „wollte weder an Papst noch an Kardinäle mehr glauben. Denn das waren Dinge, um den Glauben zu verlieren." Caterina aber schrieb nach dem Blutbad von Cesena einen Brief an Gregor: „Gott will nicht, daß Sie sich so sehr um Herrschaft und weltlichen Besitz kümmern, daß Sie die Zerstörungen an den Seelen nicht mehr sehen, die doch Folgen dieses Krieges sind ... Der Krieg ist ein Hindernis für die Reform der Kirche ... Solange Sie Krieg führen, werden Sie dazu Fürsten und Herren nötig haben, und dann sind Sie gezwungen, Bischöfe aus diesen Kreisen zu bestellen, anstatt solche, wie Sie sie eigentlich haben sollten. Es macht schlechten Eindruck, wenn aus solchen Rücksichten Hirten eingesetzt werden, die nicht würdig sind."

In Rom sah man, daß der Krieg weder militärisch noch diplomatisch beendet werden konnte. Die Florentiner Regierung war hartnäckig, befahl, das Interdikt zu mißachten, und hatte eben wieder die päpstlichen Truppen geschlagen. Doch stand ihr in der Guelfenpartei eine immer stärker werdende Opposition gegenüber, die unbedingt Frieden wollte und den Sturz der Regierung vorbereitete. Diese Kreise zu stärken, schickte der Papst die in Florenz angesehene Heilige mitten in die Hochburg seiner Feinde. Hier wirkte Caterina für die Geltung des Interdikts, den Sturz der Regierung und den Friedensschluß. Ein zeitgenössischer Chronist, der zu Caterinas Gegnern gehörte, beschreibt ihre Tätigkeit: „Diese Frau erhob sich und tadelte mit scharfen Worten die Widersacher der Kirche. Die Führer der Guelfenpartei hießen sie freudig willkommen ... und lobten sie bis zu den Himmeln. Tatsächlich wußte sie Bescheid ... Auch sprach und schrieb sie sehr gut ... Sei es aus freien Stücken, aber nicht ohne eine Spur von Boshaftigkeit, sei es, daß sie von diesen Männern dazu veranlaßt wurde – jedenfalls nahm sie viele Male an den Zusammenkünften der Partei teil, wo sie erklärte, daß sich die Zuhörer ihre Ermahnungen wohl gefallen lassen müßten, weil es dringend notwendig sei, durch jedes erlaubte Mittel dem Kriege Einhalt zu gebieten."

Der Papst bot schließlich den Florentinern selbst den Frieden an. Sein religiöses Bewußtsein siegte über seine politischen Pläne. Die Friedensverhandlungen waren schon weit gediehen, als plötzlich die Nachricht kam, daß Papst Gregor gestorben war. Sofort wurde der Kongreß abgebrochen. In Florenz aber zettelten, trotz Caterinas Bemühungen, die Parteizwistigkeiten zu besänftigen, die abgesetzten Ratsmitglieder einen Aufstand gegen die Guelfen an. Die Häuser der guelfischen Führer wurden niedergebrannt, einige Klöster überfallen und mehrere Personen ermordet.

Die Wut der aufgeputschten Menge richtete sich auch gegen Caterina, deren politische Rolle nicht unbekannt geblieben war. Ein bewaffneter Haufen, der die Heilige zu verbrennen oder zu vierteilen drohte, drang in ihr Haus ein und schrie: „Wo ist Caterina?" Furchtlos ging sie dem Pöbel entgegen und sagte: „Ich bin Caterina. Macht mit mir, was Gott will, doch laßt meine Begleiter in Ruh!" Das von ihrer Hoheit eingeschüchterte Gesindel zog ab.

Die Stadt blieb einige Wochen ein Hexenkessel. Niemand war seines Lebens sicher. Trotzdem weigerte sich Caterina, Florenz zu verlassen, bevor mit dem neuen Papst der Friede geschlossen sei. Er kam schon bald zustande und wurde mit unerhörtem Jubel gefeiert. Kaum waren die Freudenfeuer erloschen, als abermals eine Revolte ausbrach. Die Wollschlägerzunft stürmte den Palast des Bürgermeisters und nahm sich mit Gewalt, was man ihr vorenthielt: die Teilnahme an der Regierung.

Jetzt verließ Caterina die Stadt, „schmerzerfüllt und mit Traurigkeit", wie sie an die Regierung schrieb. Schonungslos warf sie in ihrem Abschiedsbrief den Machthabern vor, sie dächten egoistisch nur an ihre eigenen Interessen und nicht an „das allgemeine Wohl der ganzen Stadt". Caterina hatte ihr Ziel erreicht, die Beendigung des äußeren Krieges; doch verließ sie die Stadt im Zustand des Bürgerkrieges.

Als Gregor XI. gestorben war, verlangte das Volk von den Kardinälen stürmisch einen Römer oder wenigstens einen Italiener zum Papst. Es unterstrich die Forderung auf drastische Weise: Man stellte auf dem Petersplatz einen Richtblock mit einer Axt auf, und am Vorabend des Konklaves drang der Mob gewaltsam in die Sitzungsräume ein. Als nach der Wahl verkündet wurde, der Erzbischof von Bari sei der neue Papst, verstand die aufgeregte Menge nicht recht und glaubte, die Kardinäle hätten Italien verraten und den verhaßten französischen Prälaten de Bar gewählt. Ein ungeheurer Tumult brach los. In der Meinung, die Wahl des Erzbischofs von Bari habe Mißfallen erregt, warfen die bestürzten Kardinäle hastig dem greisen Kardinal Tebaldeschi, einem Römer, die päpstlichen Gewänder über, inthronisierten ihn vor dem Volk und flohen. Der entsetzte Kirchenfürst protestierte vergebens und wurde mehr tot als lebendig davongeschleppt. Als der Sturm verebbt war, wurde der Erzbischof von Bari rechtmäßig als Urban VI. inthronisiert und gekrönt. Das Volk gab sich zufrieden, und kein einziger der Kardinäle äußerte Bedenken gegen die Rechtmäßigkeit der Wahl. Vielmehr haben die Kardinäle vier Monate lang durch Teilnahme an Regierungshandlungen und durch Bitten um Benefizien Urban in voller Freiheit anerkannt.

Der neue Papst war ein sittenstrenger Mann und haßte Simonie, Nepotismus und Liederlichkeit. Caterina hörte es voll Freude, daß er selbst bei den Kardinälen durchzugreifen wagte, und war glücklich in der Hoffnung, ihre Sehnsucht nach Reform bald erfüllt zu sehen. Natürlich schrieb sie unmittelbar an Urban selbst, um ihn in seinem Eifer zu bestärken. „Reformieren Sie ohne alle Menschenfurcht!" Doch enthält ihr erster Brief schon die Mahnung: „Gerechtigkeit ohne Gnade ist eher ungerecht als gerecht." Hatte Caterina schon von Urbans Entgleisungen gehört? Sein Eifer nahm bald grobschlächtige Formen an. Hochfahrend beleidigte er Bischöfe, Fürsten und Kardinäle. Die Taktlosigkeiten des ungeschliffenen Mannes und sein maßloses Machtbewußtsein erweckten den Anschein, als habe die Erhöhung zum Papst ihm den Kopf verwirrt.

Als einer ihrer Freunde von ihm getadelt wurde, lernte Caterina die Schärfe kennen, mit welcher Urban seinen Zorn entlud. Sie schrieb dem Papst: „Ich bitte Sie, handeln Sie ohne große Aufregung, wenn Sie tadeln ... Lassen Sie sich nicht in Erregung bringen ... Wenn Hirten zu ernennen sind, sollen es Persönlichkeiten sein, die Gott und nicht Pfründen suchen ... Haben Sie Geduld, wenn man von diesen Dingen zu Ihnen spricht ... Der Autorität nach vermögen Sie alles, aber sehen können Sie auch nicht mehr als andere Menschen. Deshalb ist es notwendig, daß Ihre Söhne mit aufrichtigem Herzen, ohne knechtische Furcht dafür besorgt sind, was zur Ehre Gottes, zu Ihrer Ehre und Ihrem Heil und zum Heil der unter Ihrem Hirtenstab vereinigten Schafe dient. Und ich weiß, daß Ew. Heiligkeit sehr nach solchen Helfern verlangt. Aber dann geziemt es sich auch, sie in Geduld anzuhören."

Sie schickte dem Papst fünf goldgelbe, eingemachte Pomeranzen und schrieb in ihrem Begleitbrief: „Ich will von Ihnen alle Bitterkeit genommen sehen ..., wie es mit der Pomeranze, die an sich ganz bitter ist, geschehen mag: Man entfernt den Gröps und legt sie in kochendes Wasser, und siehe, ihr Aroma wird kräftig angenehm und ihr Äußeres ganz golden ... Feuer und Wasser ziehen die Bitterkeit heraus, nachdem zuvor der Gröps, d. h. die Eigenliebe, entfernt worden, und erfüllen die Seele mit einer Geduld, die vereint ist mit dem Honig tiefer Demut und Selbsterkenntnis ... Ist die Frucht wieder gefüllt und geschlossen, so erscheint sie außen als goldene Hülle ... Dieses Gold gibt sich nach außen kund in wahrer Geduld gegen den Nächsten, ohne Laune, in Herzensmilde ... So, Heiliger Vater, werden wir süße Frucht bringen ohne falsche Erbitterung."

In dieser Weise sprach Caterina zum Papst durch die Pomeranze, doch ohne Erfolg. Der Starrsinn und die Leidenschaftlichkeit des blinden Eiferers zeigten krankhafte Züge. Als ein Gesandter ihm verschiedene Bitten seines Herrschers vortrug, brach der Papst unvermittelt los: „Die Könige sollen der Kirche dienen, sonst werde ich sie absetzen!" Als seine Kardinäle ihn unter Kuratel stellen wollten, kam er ihnen zuvor, indem er sechs verhaften, foltern und fünf davon hinrichten ließ. Kein Wunder, daß die Kardinäle einer nach dem andern Rom verließen. Selbst die Treuesten wandten sich, vor den Kopf gestoßen, von Urban ab. Der Papst befand sich schließlich allein in seiner Stadt. Da schrieb Caterina an den Kardinal von Aragon: „Ich habe gehört, daß zwischen dem Stellvertreter Chrsti und seinen Jüngern Zwistigkeiten entstanden sind. Das erfüllt mich mit unerträglichem Kummer, da ich mich vor jeder Spaltung fürchte ... Ich flehe Sie an: Trennen Sie sich nie von Ihrem Oberhaupt!" Caterina ahnte das drohende Unglück und suchte es in letzter Stunde noch aufzuhalten — vergeblich.

Am 9. August 1378 erklärten die außerhalb des päpstlichen Hoheitsgebietes versammelten Kardinäle die Wahl Urbans VI. für erzwungen, daher ungültig. Über ihre Beweggründe äußerte sich später Caterina: „Man konnte eben Urbans Worte nicht ertragen, nicht seinen bitteren Tadel und nicht seine Lehnsentziehung." Am 20. September wählten sie den Kardinal von Genf, den „Schlächter von Cesena", einen Verwandten des französischen Königs, zum Gegenpapst Clemens VII., der später seinen Sitz in Avignon nahm. So begann das abendländische Schisma, das vierzig Jahre lang die Kirche zerriß. Es war die schwerste Heimsuchung, die je über die Christenheit gekommen ist. Es gab zwei Päpste zugleich. Beide erhoben den Anspruch, der rechtmäßige Statthalter Christi zu sein. Beide führten Gründe dafür an. Jeder bannte den andern als den Antichrist und bekämpfte ihn mit geistlichen, politischen und militärischen Waffen. Jeder hatte eine stattliche Zahl von Theologen und Heiligen, Bischöfen und Königen auf seiner Seite. Die Verwirrung war ungeheuer.

Caterina warf sich sofort in den Kampf zugunsten Urbans, obwohl ihr eigener Ordensgeneral zur Gegenpartei hielt. Die Kardinäle hätten Urban aus Angst gewählt? Das ist nicht wahr! Der Kardinal Tebaldeschi war es, den sie aus Angst wählten; die Wahl Urbans aber geschah ganz in Ordnung. Wenn sie das jetzt bestreiten, so geschieht das aus Selbstsucht. Caterina sagte es allen, ob sie es hören wollten oder nicht. Auf Wunsch des Papstes kam sie nach Rom, um näher am Brennpunkt des Geschehens zu sein. „Diese kleine Frau beschämt uns alle." So äußerte sich Urban über seinen ersten persönlichen Eindruck von ihr. Caterina schrieb Brief um Brief, „flehende, ermahnende, zürnende, drohende Briefe, wahre Brandbriefe" (H. Hofmiller). Sie rief die Frommen auf zu einem Gebetskreuzzug für Urban und die Kirche, denn „jetzt ist es Zeit zu wachen, nicht zu schlafen". Sie beschwor die abtrünnigen italienischen Kardinäle, zu ihrem rechtmäßigen Oberhaupt zurückzukehren. Sie wandte sich an die Regierungen von Florenz, Perugia und Siena um militärische und finanzielle Unterstützung des Papstes. Sie drängte die schwankende Königin von Neapel, sich für Urban zu entscheiden oder doch wenigstens neutral zu bleiben. Sie versuchte, den König von Frankreich, der sich als erster Fürst auf die Seite der Clementisten gestellt, für Urban zu gewinnen. Sie forderte den König von Ungarn und Polen auf, nach Süditalien zu marschieren und die Schismatiker zu bekriegen. Sie hielt Konferenzen ab, sorgte für einen gut funktionierenden Nachrichtendienst und arbeitete fieberhaft. „Nur reden und nicht handeln hilft nichts", schrieb sie in jenen Tagen.

Wurde sie denn gar nicht müde? Hatten die vielen Enttäuschungen und Mißerfolge ihre Tatkraft nicht gelähmt? In einem Brief schrieb Caterina: „Nicht selten überkommt den Menschen Ekel und Traurigkeit, wenn trotz seiner aufreibenden Mühen die Dinge nicht den gewünschten Lauf nehmen. Dann kommen einem Bedenken, und man sagt sich: Es ist doch besser, du läßt die Finger davon. So lange hast du daran gearbeitet, und noch ist kein Ende abzusehen. Suche lieber den Frieden und die Ruhe deiner Seele. Da muß sich die Seele kraftvoll entgegenstemmen mit ihrem Hunger nach der Ehre Gottes und dem Heil der Seelen, auf das eigene Glück verzichten und sich sagen: Ich will der Mühe nicht aus dem Wege gehn ... Nein, ich will ausharren in meiner Berufung."

Das ist der eigentliche Motor dessen, was man Caterinas „politische" Tätigkeit nennt: „Hunger nach der Ehre Gottes und dem Heil der Seelen." Während viele Politiker – heute wie damals – in ungeheuerlicher Verachtung der menschlichen Seele handeln (von der Verachtung Gottes ganz zu schweigen), stellte Caterina die unsterbliche Seele des Menschen entschieden in den Mittelpunkt ihres Tuns, so sehr, daß ihr Land daneben eine untergeordnete Rolle spielte. In erster Linie kämpfte sie nicht für nationale Interessen, obwohl sie sich in ihrer Propaganda auch patriotischer Motive bediente. Nicht um Italien gegen die Angriffe aus dem Osten zu schützen, rief sie zum Zug gegen die Türken, sondern um Seelen zu retten. Nicht um ihr Vaterland von ausländischer Bevormundung und Ausbeutung zu befreien, drang sie auf Absetzung der französischen Legaten in Italien, sondern um ein Ärgernis für viele Seelen beseitigt zu sehen. Nicht um die italienische Nation zu einigen, vermittelte sie den Frieden zwischen Florenz und dem Heiligen Stuhl, sondern um die Seelen, die das Interdikt in Not stürzte, zu retten. Nicht um den Italienern das Papsttum und damit Macht und Ansehen wiederzugewinnen, führte sie Gregor nach Rom, sondern um den sittlichen Verfall der Kirche, der Millionen Seelen verdarb, zu beenden. Nicht aus nationalen Gründen kämpfte sie gegen den französischen Papst zu Avignon für den italienischen Papst zu Rom, sondern weil Urban der einzige „Zugang zum Blute Christi" war und der Abfall von ihm unzählige Seelen gefährdete. Wenn Caterina auch in all ihren *Taten* das Wohl ihres Landes förderte, in all ihren *Gedanken* standen zuoberst die Seelen.

Weil sie mit jeder Faser ihres Herzens glaubte, daß die einzelne Seele nur in der Gemeinschaft der Kirche gerettet werden könne, blieb Caterinas Sorge um die Seelen unlöslich verbunden mit der Sorge um die Kirche. Christus selbst, wie sie in einem Briefe bezeugt, offenbarte ihr: „Du kannst kein Verlangen nach dem Heil der Seelen verspüren, wenn du es nicht zur heiligen Kirche hast. Denn sie ist der universale Leib aller Menschen, die am Lichte des heiligen Glaubens teilnehmen. Sie können nicht das Leben besitzen, wenn sie meiner Braut nicht gehorchen ... Ich will deshalb, daß du ... bereit bist, dein Leben hinzugeben für den mystischen Leib der heiligen Kirche, für die Reform meiner Braut. Denn aus ihrer Reform wird der ganzen Welt Nutzen erwachsen." Caterina, die mit unerhörtem Freimut den Führern der Kirche ihre Laster und Verbrechen ins Gesicht schleuderte, stand treu in dieser Kirche und verteidigte sie gegen deren politische Gegner stets mit der ganzen Inbrunst ihrer Überzeugung. Obwohl sie wie wenige unter der ärgerniserregenden Gestalt der Kirche litt, hörte sie dennoch nie auf, an die innere göttliche Herrlichkeit dieser Kirche zu glauben. Schonungslos deckte sie jegliche Korruption auf, doch rebellierte sie nicht gegen die Kirche, sondern liebte sie mit glühender Liebe. Und wo immer sie sich in die politischen Händel der Zeit mischte, geschah es im Dienste der heiligen Kirche.

Wir müssen in Caterina ein „religiöses, kein politisches Genie" sehen (K. v. Hase). In ihren „politischen" Briefen nehmen die religiösen Betrachtungen den breitesten Raum ein. Aus ihnen leitet sie die praktischen Forderungen zur Politik ab, die oft nur wie ein Anhängsel der Schreiben wirken. Caterina war so sehr von ihren religiösen Zielen ergriffen, daß sie auf nichts Rücksicht nahm, weder auf ihre eigene Person noch auf die Denkweise der andern. Souverän setzte sie sich über alle Werte hinweg, an denen ihre Adressaten hingen, ja, sie machte sich nicht einmal die Mühe, sich in deren Empfindungswelt einzufühlen. Die feine psychologische Anpassungsfähigkeit, welche die Briefe des heiligen Ignatius von Loyola auszeichnet, fehlte ihr. Alles andere als diplomatisch, ließ sie keine Entschuldigungen gelten, duldete keine Kompromisse und schob Gegengründe einfach beiseite. Ohne Anbiederung, ohne Verbeugung sagte sie nackt heraus, was sie dachte und wollte. Sie handelte unbekümmert darum, ob sich solche Einmischung für eine Person ihres Geschlechtes, ihres Standes und ihrer schwachen Gesundheit schickte. Weder Krankheiten noch Verleumdungen noch Mißerfolge vermochten sie abzuhalten, das zu verwirklichen, was sie als Willen Gottes erkannt. Obwohl sie nie eine offizielle Stellung einnahm, trat sie auf wie jemand, der Macht hat. Ihre einzige Beglaubigung war ihre Heiligkeit, die denn auch oft genug von ihren Gegnern bezweifelt wurde. Sie aber wußte sich von Gott gesandt. Was scherten sie da Taktik oder Beziehungen? Statt sich mit untergeordneten Beamten herumzuplagen, wandte sie sich unmittelbar an die Machthaber selbst. Diese Methode setzte große Einfalt oder große Dreistigkeit voraus. Caterina besaß beides.

Sie ist vor den Großen dieser Welt nie gekrochen, hat sie vielmehr oft mit herrischen Worten angefahren. Ihre Haltung entspricht keineswegs dem landläufigen Demutsbegriff. Und doch war sie demütig in hervorragendem Maße. Nach Thomas von Aquin „gründet Demut darin, daß der Mensch sich so einschätzt, wie es der Wahrheit entspricht". Sie entspringt der Selbsterkenntnis und der Einsicht des Menschen, daß er vor Gott „nichts" ist und alles Gute, das in ihm ist, einzig Gott verdankt. Dieses Bewußtsein war in Caterina höchst lebendig und vertrug sich mit ihrer selbstbewußten Haltung andern Menschen gegenüber. Gerade weil sie sich bedingungslos dem Willen Gottes unterwarf, unterwarf sie sich nicht dem Willen jener Menschen, die dem Willen Gottes zuwiderhandelten.

Ihren Zielen entsprechend, waren Caterinas Mittel in erster Linie religiös: Gebet und sühnende Buße. Wichtiger als die unzuverlässige Hilfe schwacher Menschen erschien ihr die Hilfe des allmächtigen Gottes. Doch war Caterina realistisch genug, um politische und militärische Macht nicht zu unterschätzen, und suchte sich ihrer im Kampf für die gute Sache zu bedienen.

In der Anwendung menschlicher Mittel wie in der Beurteilung der politischen Lage bewies sie freilich manchmal keinen guten Instinkt. Gradlinig, wie sie war, neigte sie dazu, verwickelte Sachverhalte in gefährlicher Weise zu vereinfachen. Nicht immer unterschied sie klar genug zwischen der geistlichen Autorität des Papstes und seiner weltlichen Macht. Man muß ihr zugute halten, daß dies damals keineswegs leicht war: Die Grenze pflegte von Anhängern wie Gegnern der päpstlichen Politik übersehen zu werden. Die Päpste griffen zu Kirchenstrafen, um ihre machtpolitischen Absichten durchzudrücken, und die Gegner des Kirchenstaates mißachteten Bann und Interdikt – ein gordischer Knoten, den Caterina mit kühnem Schwerthieb entwirren zu können meinte. Wo sie zu schieben glaubte, wurde sie oft selbst geschoben und zu vordergründigen parteipolitischen Zwecken mißbraucht. Auf diese Schwäche Caterinas weist auch Ferdinand Strobel hin: „Weil sie nichts von routinierter Politik verstand, erlag sie in ihrer naiven Leichtgläubigkeit auch immer wieder raffinierten Täuschungen. Sie wußte eben nichts von den Schlichen und Ränken einer längst vor Machiavelli machiavellistischen Renaissancepolitik."

Arrigo Levasti bemerkt ebenfalls, Caterina sei „als politische Ratgeberin zu naiv" gewesen, stellt aber nachdrücklich fest, daß „sie in ihrer Einfalt manche Ereignisse ihrer Zeit schon damals so beurteilte, wie wir sie heute nach Jahrhunderten im Spiegel der Geschichte und Kritik sehen". Diesen Weitblick kann man nicht vielen nachrühmen. Mag Caterina in manchem geirrt haben – sie schlug sich während der Kirchenspaltung auf die richtige Seite. Mag es ihr nicht gelungen sein, das Schisma zu verhindern oder gar rückgängig zu machen – sie erwarb dem rechtmäßigen römischen Papst eine genügend starke Anhängerschaft, um durch die wirren Jahrzehnte der Spaltung hindurch die ununterbrochene apostolische Nachfolge zu sichern, bis wieder ein gemeinsamer Hirte die Kirche lenken konnte. Mag sie als Politikerin oft genug gescheitert sein – die Beendigung des Avignoneser Exils der Kirche war der große Erfolg ihres Lebens. Noch bedeutender war ihre Wirkung als Heilige: Sie hat unzählige Sünder zu Gott zurückgeführt.

All ihre Leistungen wurden durch die bitteren Erfahrungen am Ende ihres Lebens für ihr Bewußtsein in den Schatten gerückt. Eine Enttäuschung folgte der andern. Raimund wurde zu Karl von Frankreich gesandt, um den König auf Urbans Seite zu ziehen. Doch aus Angst vor feindlichen Anschlägen zog er es vor, die Reise auf halbem Wege abzubrechen. Caterina tadelte ihn: „Sie sind nicht würdig, an der Front zu stehn, sondern haben wie ein Kind in der Etappe Zuflucht gesucht." Noch ein zweites Mal erhielt Raimund den Auftrag, mit König Karl zu verhandeln. Diesmal trat er, da der Weg ihm zu gefährlich schien, die Reise gar nicht erst an. Frankreich blieb auf der Seite des Gegenpapstes.

Urban beschloß, Caterina als Botschafterin an den Hof von Neapel zu senden. Aus der geplanten Gesandtschaft wurde nichts, und Caterinas Briefe verhinderten nicht, daß Neapel abfiel.

Die Mystikerin schlug dem Papst vor, einige heiligmäßige Männer in Rom zu versammeln, die seine Sache mit Rat und Tat unterstützen sollten. Tatsächlich verfaßte Urban in diesem Sinne eine Bulle. Jedem der Aufgerufenen schrieb Caterina: „Kommt schnell! Die Kirche kann sich keine Verzögerungen mehr leisten. Schiebt alles andere beiseite, was immer es sein mag! Zaudert nicht!" Die frommen Einsiedler aber weigerten sich, ihre Waldeinsamkeit zu verlassen und die beschauliche Ruhe preiszugeben, um sich in das Getümmel einander bekämpfender Parteien zu stürzen. Caterina sagte ihnen deutlich, was sie von dieser Eigenliebe hielt. Sie hatte kein Verständnis für jene Sorte Christen, die ihre Bequemlichkeit und ihre persönlichen Neigungen vor die dringenden Bedürfnisse der Allgemeinheit stellten.

Ihre Jünger zu Siena versagten ebenfalls und fielen, da ihre Führerin nicht mehr bei ihnen weilte, auseinander. Sie trieb sie zu größerem Eifer an: „Wenn Ihr das seid, was Ihr sein sollt, werdet Ihr ganz Italien in Brand setzen." Doch ihre Söhne konnten sich am Feuer ihrer Mutter nur erwärmen, nicht es ausbreiten.

Urbans Sieg in der Schlacht von Marino schien ein Lichtblick zu sein. In den päpstlichen Kriegern sah Caterina nicht die gewerbsmäßigen Söldner, die für den kämpften, der sie am besten bezahlte, sondern Idealisten, die ihr Leben für eine erhabene Sache in die Schanze schlugen, ja, christliche Märtyrer, und in diesem Sinne sprach sie den Führer in einem Briefe an. Welche Enttäuschung, als sie erfuhr, daß ein Teil der Truppe des höheren Soldes wegen zum Gegenpapst übergelaufen war!

Die von Urban neuernannten Kardinäle waren nicht besser als die alten. Voll Schmerz schrieb die Heilige dem Papst: „Die Kirche ist ausgesaugt von den alten Schmarotzerpflanzen, die in den Lastern Stolz, Wollust und Geiz und in ärgsten Simonien alt geworden sind. Doch die neuen Pflanzen, die durch die Tugend jene Laster vernichten müßten, beginnen jetzt selbst zu wuchern und zu schmarotzen nach der alten Weise."

Der Papst selbst war ihre größte Enttäuschung. Welche Hoffnungen hatte sie auf ihn gesetzt! Jetzt mußte sie erkennen, daß seine unglückliche Persönlichkeit selbst bei den Besten seine Sache in Verruf brachte und eine Einigung unmöglich erscheinen ließ. Trotzdem wurde sie nicht müde, ihn zur Vernunft zu mahnen: „Arbeiten Sie mit Maß! Nicht maßlos, sondern wohlwollend und ruhigen Herzens! Denn das Tun ohne Maß verwüstet mehr, als daß es ordnet... Mäßigen Sie ein wenig diese plötzlichen Ausbrüche Ihrer Natur!" Die untreuen Untertanen des Papstes aber wies sie darauf hin, daß sie, wenn der Träger des Amtes unwürdig ist, dem Amte selbst deshalb nicht weniger Gehorsam schulden: „Ihr sucht nach Ausflüchten und sagt: ‚Man sieht ja der Prälaten Laster! Der Papst ist unserer Hilfe und Ehrfurcht gar nicht wert. Wir würden uns ja selbst beschmutzen. Ja, wenn er wäre, was er sein sollte, und auf die geistlichen Dinge achten wollte statt auf die irdischen!' ... Diese Begründung ist falsch. Denn ob der Papst gut oder schlecht ist, wir dürfen uns auf keinen Fall zurückziehen und unsere Pflicht beiseiteschieben. Unsere Ehrfurcht gilt ja nicht ihm, dem Menschen, sondern dem Blute Christi, der Autorität und Würde, die Gott ihm für uns verliehen hat. Diese Autorität und Würde wird durch keinen seiner Fehler geringer ... Also darf auch unsere Ehrfurcht und unser Gehorsam nicht geringer werden."

Die Caterina der letzten römischen Monate hatte jenen sieghaften Optimismus, der den Höhepunkt ihrer Laufbahn beglänzte, verlernt. Nach so vielen Fehlschlägen hielt sie die Möglichkeit des Mißlingens jetzt nicht mehr für ausgeschlossen. Aber war das ein Grund, die Hände resigniert in den Schoß zu legen? „Und wenn jetzt unser hauptsächlichster Erfolg nicht erreicht wird, so wird doch wenigstens der Weg bereitet. Und wenn nichts erreicht würde, so haben wir im Angesichte Gottes und der Kreatur gezeigt, daß wir unser Möglichstes getan haben, und unser Gewissen ist entlastet, so daß es auf alle Fälle gut ist."

Dann aber mehrten sich die Anwandlungen tiefer Niedergeschlagenheit. War nicht all ihr Mühen vergebens? Gewiß, sie hatte den Papst nach Rom zurückgeführt – doch in Avignon saß ein Gegenpapst. Sie hatte Frieden gestiftet – doch jetzt tobten Kriege wilder denn zuvor. Sie hatte nicht ohne Erfolg gegen die Verweltlichung der Kirche gekämpft – doch jetzt wucherten die Laster schlimmer als je. In ihrer Trostlosigkeit machte sie sich bittere Vorwürfe. Sie gab sich selbst die Schuld, „daß die Werke, die zu vollbringen Gott mir befahl, vereitelt wurden".

Die seelischen Depressionen verschlechterten ihren körperlichen Zustand. Leiden zermarterten ihren ausgemergelten Leib. Unter unaufhörlichen Schmerzen siechte sie dahin. Bald warfen Krämpfe sie zu Boden, bald lag sie in Erschöpfung. Doch noch in ihrer Schwäche raffte sie sich auf, um einen Brief an Urban zu schreiben. Während sie von infernalischen Schrecken heimgesucht wurde, tobte durch die Straßen draußen ein Aufruhr der Römer. „Das Volk drohte offen, den Papst zu töten", schreibt Raimund. Die Heilige vereinigte ihre Leiden mit denen der Kirche: Diese Wehen seien die Vorboten der Wiedergeburt. Aus Schmerzen werde die Kirche erneuert hervorgehen.

Trotz ihrer Qualen schleppte sich Caterina jeden Morgen eine Meile weit zum Sankt Petersdom, um dort zu beten. „Am liebsten würde ich diesen Ort weder bei Tag noch bei Nacht verlassen, bis ich dies Volk ein wenig beruhigt sehe und geeinigt mit dem Papst ... Ich sann nur noch darüber nach, wie ich mich Gott zum Opfer für die heilige Kirche darbringen könne. Darauf brüllten die Dämonen furchtbar wider mich auf ... Ich aber schrie: ‚O ewiger Gott! Empfange das Opfer meines Lebens in dem mystischen Leib der heiligen Kirche ... Nimm mein Herz und drück es aus über dem Angesichte deiner Braut!'"

In Sankt Peter betrachtete sie gern das Mosaik, das darstellt, wie Christus das Schiff der Apostel rettet und dem auf den Wassern schreitenden Petrus hilft. Eines Tages glaubte sie, dieses Schiff der Kirche sei dem Untergang nahe. Sie wollte es retten, fühlte sich aber von aller Kraft verlassen. Das Schiff schien auf sie zuzukommen, sie spürte die übergroße Last auf ihren Schultern und brach unter ihr zusammen. Man trug sie nach Haus, wo sie regungslos liegen mußte. Die geringste Bewegung verursachte ihr Pein. Doch ihre Augen blieben heiter, und kein Wort der Klage kam über ihre Lippen. Die Dreiunddreißigjährige war nur noch Haut und Knochen. An ihrer Seite wachten die Freunde, bis das Ende kam. Ein Abschiedswort an jeden ihrer Schüler, ein Segen für ihre alte Mutter Lapa, die schluchzend am Lager ihrer Tochter kniete, noch einmal ein Bekenntnis zu Urban als dem rechtmäßigen Papst, ein letztes inbrünstiges Gebet für die Kirche – und Caterina hatte ausgekämpft.

BIRGITTA VON SCHWEDEN

(1303—1373)

Birgitta von Schweden ist „die merkwürdigste Frau der Geschichte" (Friedrich Heiler). In ihrer Person vereinigen sich drei Ausformungen des Menschentums, die geistig und zeitlich weit auseinander zu liegen scheinen: die Heldin der altgermanischen Sagas, die Heilige des Mittelalters und die hohe Dame der italienischen Renaissance.

Sie entstammte dem nordgermanischen Adel. Ihr Gatte war Lagman der Provinz Närke. Als solcher führte er den Vorsitz im Landesthing, war für seinen Bezirk der oberste Richter und Verwaltungsbeamte und stand dem König als Ratgeber zur Seite. Auch Birgittas Vater Birger Persson war Lagman, und zwar der Provinz Upland. Unter seiner Leitung wurde das Uplandsrecht ausgearbeitet. Sein Vermögen war so groß, daß er dem König Darlehen geben konnte. Er heiratete Ingeborg Bengtsdotter aus dem Geschlecht der Folkunger, das Schweden seit 1250 regierte. Die schwedischen Adeligen jener Zeit führten auf ihren Landsitzen ein bäuerliches Leben, das sich mit der kriegerischen Tradition verband. Auf einem solchen Herrenhof, auf Finstad bei Upsala, wuchs Birgitta heran. Und auf einem Hof waltete sie später als Herrin. Sie gehörte also jener Gesellschaftsschicht an, die ihren besten Ausdruck in der altnordischen Dichtung fand. Birgitta kommt aus der Welt der Edda, die nur eine oder zwei Generationen vor ihr aufgeschrieben wurde, und der Sagas, deren Entstehungszeit sich noch bis in die Zeit nach ihrem Tod erstreckt. Der Stil dieser germanischen Dichtung ist realistisch, sachlich, ohne unmittelbare Äußerung des Gefühls, von keuscher Verhaltenheit; ihre Ideale sind heroisch ertragenes Leid und tragisch endender Kampf. Dem entsprach Birgittas Charakter und Leben: Sie war „vom Geist und Blut der Wikinger" (K. Adalsten). Als „tapfer" und „unerschrocken" rühmen sie die Akten des Kanonisationsprozesses. Furchtlos reiste sie durch Länder, in denen Krieg und Pest wüteten und Räuber die Wege unsicher machten. Kühn wies sie die Mächtigen der Welt zurecht. Und doch ist sie in jedem ihrer Kämpfe gescheitert.

Diese herbe Heldin aus jener altgermanischen Welt, die uns noch vor dem Mittelalter zu liegen scheint, nahm schon das nachmittelalterliche Frauenideal vorweg. Denn sie war zugleich die erste große Dame der italienischen Renaissance, ein Mensch von zugleich weiblicher Empfindsamkeit und männlich-harter Tatkraft, von edlen Umgangsformen und gelehrter Bildung, naturfroh, musisch empfänglich und mit den Großen Europas im Gespräch. Ihre Lebenszeit deckt sich mit der des humanistischen Dichters Petrarca, und ihre letzten vierundzwanzig Jahre verbrachte sie in Italien. Sie sah die Welt des Mittelalters politisch, gesellschaftlich, geistig und religiös auseinanderbrechen. Wie sehr sie auch dem Geist einer untergehenden Welt verbunden war, mächtig wies sie in die heraufkommende Epoche.

Schon früh verriet Birgitta hohe Intelligenz und lebhafte Phantasie. Nach dem Tode ihrer Mutter wurde sie ihrer Tante Karin auf Aspanäs anvertraut. Die resolute Frau machte mit ihrer Nichte wenig Federlesens. Eines Nachts überraschte sie Birgitta, die sie schlafend im Bette glaubte, auf den Knien vor einem Kruzifix. Aufstehn um Mitternacht, um in der Eiseskälte des Winters zu beten — das schien ihrem gesunden Menschenverstand ein bedenkliches Zeichen von Überspanntheit. Mit einer Tracht Prügel suchte sie so etwas für die Zukunft zu unterbinden. Sie nahm Birgitta in eine harte

Schule und beschäftigte sie mit schwierigen Handarbeiten. Um es der Tante recht zu machen, mußte das Kind sich gewaltig anstrengen. In dieser Atmosphäre lernte Birgitta, selbständig zu werden und sich in einer fremden Umwelt zu behaupten. Sie liebte Einsamkeit und Stille und beabsichtigte, unverheiratet zu bleiben, um ungestörter ein frommes Leben führen zu können.

Wie so oft noch in ihrem Leben kam alles anders, als sie es sich gewünscht. Birger Persson beschloß nämlich, sich aus politischen Gründen mit Gudmar, dem Lagman von Närke, zu verbinden. Die beiden Herren kamen überein, Gudmars zwei Söhne mit Birgers zwei Töchtern zu vermählen. Die dreizehnjährige Birgitta fügte sich schweigend. Gehorsam schien ihr wichtiger als Jungfräulichkeit. Später bestätigte ihr Christus: „Eine demütige und fromme Verehelichte ist mir angenehmer als eine hochmütige Jungfrau. Es kann eine in der Furcht des Herrn lebende Verheiratete von gleichem Verdienst sein wie eine keusche und demütige Jungfrau. Die in Gottesfurcht zusammengefügt werden, im Willen, Kinder zu Gottes Ehre zu zeugen und aufzuziehen, die sind mein geistiger Tempel, in dem ich als der Dritte neben ihnen wohnen will." 1316 wurde die Doppelhochzeit nach den Bräuchen des Nordens festlich begangen. Birgitta hielt ihren Einzug als Herrin auf Ulfåsa unweit des Vätter-Sees. Ihr achtzehnjähriger Gatte Ulf Gudmarsson war der Durchschnittstyp eines schwedischen Ritters. Er liebte laute Feste und war ein leidenschaftlicher Pferdefreund. Die beiden jungen Menschen gewannen sich sofort lieb und führten eine Ehe, die nicht ohne Krisen, aber doch glücklich war.

Birgitta gebar vier Söhne und vier Töchter. Auch eine Totgeburt hatte sie. Sie stillte alle Kinder selbst und überließ auch die Erziehung nicht den Mägden. Abends versammelte sie ihr Gesinde in der Spinnstube, um vorzulesen. Sie tadelte und strafte ungern. Später warf sie sich vor, aus Mangel an Strenge manche Unterlassungssünde begangen zu haben. Ihre mütterliche Sorge um das leibliche und geistige Wohl aller Menschen auf dem Gut gestattete ihr keine Muße. „Sie haßte Faulenzerei", versichert ein Zeitgenosse.

Ulf Gudmarsson wurde einer der reichsten Grundbesitzer Schwedens und Eigentümer von Bergwerken und Eisenhütten. Birgitta wußte um die Gefahren des Reichtums: „Die Ausschweifungen in Speise und Trank ..., der Überfluß an Gold und Silber, an Geschirren, Kleidern und Einkünften ..., auch der Überfluß an Dienern, Pferden und Tieren ist der Annäherung des Heiligen Geistes im Wege." Freilich – auch das steht in Birgittas Schriften – „schaden irdische Güter nicht, wenn man sie *in Vernunft* besitzt; es sei denn, das Begehren ist *falsch* gerichtet", nämlich auf die irdischen Güter als *Zweck*, nicht als *Mittel*. „Die Reichtümer der Welt gehören dir nur zum Bedürfnis deines Lebensunterhaltes. Denn die Welt ist dazu gemacht, daß der Mensch ... zurückkehre zu Gott." Besorgt, daß sie nicht Schaden nehme an ihrer Seele, fragte Birgitta: „Wie muß ein Reicher beschaffen sein, der in den Himmel eingehen will, da doch Gott gesagt hat, es sei leichter, daß ein Kamel durch ein Nadelöhr gehe, als daß ein Reicher in den Himmel komme?" Sie erhielt die Antwort: „Jener Reiche muß so beschaffen sein, daß er Furcht davor hat, etwas auf üble Art zu gewinnen; er muß besorgt sein, seinen Reichtum nicht unnütz und nicht so anzuwenden, daß es Gott mißfällt; er muß besitzen wider seinen eigenen Willen und gern auf seinen Besitz und auf die Ehre der Welt verzichten."

Das zu verwirklichen, fiel Birgitta nicht leicht. Es dauerte geraume Zeit, bis sie so weit war. Eins aber vollzog sie von Anfang an: die Freigebigkeit, die Tugend der *liberalitas*, wie Thomas von Aquin sie nennt. In dieser Tugend begegnen sich germanisches und christliches Ethos. Birgitta faßte ihren Besitz nur als ein Lehen auf, das Gott ihr zur Verwaltung anvertraute: „Alles, was man über seinen Bedarf hinaus besitzt, ist Überfluß und sollte andern mitleidsvoll mitgeteilt werden." Nach germanischer Art kannte ihre Gastfreundschaft keine Grenzen. Am liebsten öffnete sie ihr Haus Bedürftigen, von denen sie keine Gegeneinladung erwarten konnte. Täglich speiste sie zwölf Arme. Sie stiftete und verbesserte Hospitäler, deren Patienten sie selbst pflegte, baute Kirchen, so die Holzkirche bei Ulfåsa, und unterstützte großzügig Klöster und Schulen. Eine ausgedehnte Wohltätigkeit war bei einer steinreichen Dame an sich nichts Besonderes und im Mittelalter allgemein üblich. Doch muß Birgitta hierin das herkömmliche Maß überschritten haben, denn eines Tages warf der Verwalter Birgitta vor, ihre Freigebigkeit sei zu großzügig und wirtschaftlich nicht mehr tragbar. Sie antwortete: „Wir müssen geben, solange wir haben; denn auch wir haben einen großmütigen Geber. Ich bin für die Armen da, weil sie keinen andern Trost haben."

Wie alle Heiligen war auch Birgitta ein Mensch aus Fleisch und Blut, behaftet mit den Schwächen und Fehlern, die ihrem Stand und ihrer Rasse besonders eigentümlich sind. Sie war von Natur keine demütige Seele. In ihr lebte der Stolz des Germanen auf Sippe und Ahnen, Besitz und Ehre. Sie selbst sagte von sich, sie sei eins der stolzen Weiber im Reiche: „Als uns die wahre Demut gepredigt wurde, sprachen wir: Unsere Väter haben uns ausgedehnte Besitzungen und feine Lebensart vererbt; weshalb sollten wir sie nicht nachahmen? Auch unsere Mutter saß unter den Vornehmsten, war prachtvoll gekleidet, hatte sehr viele Diener und zog uns, umgeben von irdischer Ehre, auf. Weshalb sollte ich dergleichen nicht auch meiner Tochter, die ich erzogen habe, sagen? Sie möge sich mit edlem Anstand benehmen, in Freuden leben und in großen Ehren und im Glanze der Welt sterben." Birgitta liebte herrliche Gewänder und Prachtentfaltung. Noch später, in ihren Offenbarungen, schilderte sie Edelsteine mit Liebe und Sachkenntnis. Stolz zeigte sie Gästen ihre vollen Truhen, den kostbaren Familienschmuck und das Prunkbett, das alles Gewohnte übertraf. Sie empfand später dieses Protzentum als einen schlimmen Fehler und betete zu Gott, er möge sie befreien von Hoffart, von der irdischen Liebe zu ihrer Sippe und von der Lust an der Welt. Gott hat ihr Gebet später gründlich erhört. Ihren Charakter verrät auch ein anderes Gebet Birgittas: „Wenn ich mich nicht auf Deine Hilfe stütze, kann ich mich selbst nicht regieren. Denn mein Leib ist wie ein ungebändigtes Füllen, das zügellos läuft, wohin es Lust hat. Und mein Wille ist wie ein wilder Vogel, der dauernd flüchten will. So bitte ich Dich: Leg dem Füllen einen Zaum an, sobald es springen will, wohin es nicht soll. Leg dem Vogel ein Band an, damit er nicht weiter fliegt, als es Dir gefällt." In dieser Frau lebte der echt germanische Drang nach Freiheit und Weite. Sie war sehr impulsiv und ließ sich oft genug von Zorn und Ungeduld hinreißen. „Ich bin viel zu ungeduldig zum Gehorchen und nicht fröhlich genug zum Leiden."

Planmäßig kämpfte Birgitta gegen ihre Fehler an. Sie nahm sich in strenge Zucht, härtete ihren Körper ab und gewöhnte sich früh an Entbehrungen aller Art. Sie kam dabei so weit, daß in ihrem späteren Leben ihre Unempfindlichkeit gegen Hunger und Kälte ihre Bekannten ebenso in Staunen setzte wie ihre Sanftmut und Geduld. In dieser Gleichgültigkeit gegen jede Art von Schmerz ist Birgitta den idealen Helden der

Sagas verwandt. Doch wächst die Haltung der Heiligen aus einem tieferen Grunde: Der Germane reißt sich zusammen der Ehre wegen, der Christ aber aus Liebe zu Gott.

Trotz ihrer mannigfachen häuslichen Pflichten nahm sich Birgitta Zeit, ihre intellektuellen Fähigkeiten zu entwickeln. Gemeinsam mit ihrem Gatten las sie Bücher und diskutierte deren Probleme. Aus wissenschaftlichem Interesse erlernte sie noch als reife Frau die Sprache der Gelehrten, die allein den Zugang zu den Quellen ermöglichte, und studierte lateinische Grammatik. Es wirft ein bezeichnendes Licht auf ihre Persönlichkeit, daß sie die bedeutendsten Geister des Landes anzog und einen Kreis gelehrter Männer um sich scharte.

Im Alter von zweiunddreißig Jahren wurde Birgitta nach Stockholm an die königliche Residenz berufen, um dort das Amt der Oberhofmeisterin zu übernehmen. Weder ihr noch ihrem Gemahl lag etwas am höfischen Leben. Auch bedeutete der Wechsel für sie ein schweres Opfer. Trotzdem gehorchten sie dem Ruf und vertauschten die Zurückgezogenheit des Landsitzes mit dem lauten Treiben der Hauptstadt. Am politischen Leben teilzunehmen, hielt Birgitta für eine Pflicht. König Magnus II. Erikson, damals zwanzig Jahre alt, war ein Vetter Birgittas. Er kam ihr mit Hochachtung entgegen und bestimmte sie zur Patin seines ersten Sohnes Erik. Trotz seiner Hulderweise fühlte sich Birgitta nicht wohl am Hofe. Denn der charakterschwache Magnus, von Schmeichlern umgeben, führte ein leichtfertiges Leben in Luxus und Ausschweifungen. Seine verwöhnte Gattin Blanche von Namur bestärkte ihn noch in diesem unverantwortlichen Lebensstil. Unersättlich nach rauschenden Festen, trieb sie ihn von einem Exzeß zum andern. Seine Regierungspflichten vernachlässigte Magnus darüber. Birgitta hat sich manches Mal über dieses „Kind", dieses „Hasenherz", diesen „gekrönten Esel" entrüstet und ihm ernst ins Gewissen geredet. Die verantwortungsbewußte Frau handelte nach dem Grundsatz, den sie auch dem Könige einschärfte: „Alles, was du zu verbessern imstande bist, aber aus irdischen Beweggründen zu tun unterläßt, wird dir zur Verurteilung dienen und als Sünde angerechnet werden." Doch ihre Mahnungen blieben vergeblich. Um jeden Preis verschaffte sich Magnus die Genüsse, in denen sich für ihn der Sinn des Daseins zu erschöpfen schien.

Die Staatskasse war durch den Erwerb der Provinzen Schonen, Halland und Bleckinge schon stark belastet. Unmöglich konnte man die Schulden an Dänemark abtragen und gleichzeitig die Kosten der üppigen Hofhaltung bestreiten. Magnus nahm daher neue Schulden auf. Treue Bürger, die dafür gutgesagt hatten, wurden ins Exil transportiert. Da trat Birgitta mit ihren Söhnen Karl und Birger vor den König und sprach: „Herr, tut das nicht! Nehmt meine beiden Söhne und stellt sie als Geiseln, bis Ihr werdet bezahlen können, und beleidigt nicht Gott und eure Untertanen!"

Als Birgitta ihre Ohnmacht am Hof erkannte, verließ sie 1338 Stockholm und reiste mit Ulf nach Drontheim. In fünfunddreißig Tagen legte sie zu Fuß die weite Strecke über das Hochgebirge zurück. Sie wollte in Drontheim nichts anderes als am Grabe des heiligen Olaf beten. Jener König, der die skandinavischen Länder dem Christentum erobert hatte und als Märtyrer gefallen war, sollte für seinen Nachfolger Magnus und für das bedrohte Land Fürsprecher sein bei Gott. Wo Menschenhilfe versagte, mußte der Himmel helfen.

Da sie die Dinge in Stockholm nicht zu bessern vermochten, verließen Birgitta und Ulf abermals und endgültig den Hof und begaben sich auf eine Wallfahrt nach Santiago in Spanien. Es war das Jahr 1341. Wieder gingen die Gatten zu Fuß, arm gekleidet, die Pilgermuschel am Rock, mitten in der Menge und die üblichen Bußübungen verrichtend. Der Weg führte durch Deutschland, wo Birgitta vielleicht Tauler hörte, sicher aber zu Köln den Dreikönigsschrein sah, dann durch Frankreich, wo sie in Marseille an den Heiligtümern verweilte.

In dieser Weise zog sie fortan noch öfters durch die Länder Europas. Von den italienischen Wallfahrtsstätten gibt es wenige, die sie nicht aufgesucht. Manchen heiligen Ort hat sie wiederholt gesehen. Sie ging nach Assisi zum heiligen Franz, nach Ortona zum heiligen Thomas, nach Amalfi zum heiligen Andreas, nach Bari zum heiligen Nikolaus, nach Benevent zum heiligen Bartholomäus, nach Salerno zum heiligen Matthäus. Sie bestieg den Monte Gargano, wo einst Sankt Michael erschienen sein soll. Am Ende ihres Lebens pilgerte sie noch ins Heilige Land.

Diese zahlreichen und weiten Wallfahrten bestimmen einen großen Teil des Lebens unserer Schwedin. Sie sind eine charakteristische Äußerung ihrer Frömmigkeit. Wir verstehen Birgitta nicht, wenn wir nicht begreifen, was Pilgerfahrten ihr bedeuteten.

Das Wallfahrtswesen entfaltete sich zwar im Mittelalter besonders reich, beschränkt sich aber keineswegs auf jene Epoche, auf das Abendland oder auf den Katholizismus. Wir finden es zu allen Zeiten, in allen Weltgegenden und in außerchristlichen Religionen. Diesem allgemeinmenschlichen Brauch liegt die urtümliche Anschauung zugrunde, daß Gott sich an bestimmten Orten dem bittenden Menschen besonders geneigt zeige. Rationale Beweise für diese Anschauung gibt es nicht. Sie stützt sich auf Erfahrung. Die Christen suchten die heiligen Stätten aus verschiedenen Beweggründen auf. Die einen erhofften Heilung von Krankheit, die andern Erleuchtung vor wichtigen Entschlüssen. Wieder andere unternahmen die Beschwerden einer Pilgerfahrt, um zu sühnen und zu büßen. Manche trieb auch einfach die Verehrung eines bestimmten Heiligen, dessen Leben man an der Stätte seines Wirkens betrachten wollte. In Notzeiten ging es vor allem darum, den Himmel zu bestürmen. Für Birgitta waren all diese Motive bedeutsam. Meist sind es Gräber von Aposteln, die sie anzogen: Diese Boten Christi müssen der apostolisch gesinnten Frau als Vorbilder vor Augen gestanden haben.

Unter den vielen Gnadenorten des Mittelalters ragten drei hervor: Jerusalem, Rom und Santiago. Schon die frühen Christen waren zum Heiligen Land gefahren, um andächtig dort zu verweilen, „wo Seine Füße gestanden haben". Im siebenten Jahrhundert eroberten die Araber das Land, doch schloß Karl der Große mit Harun al Raschid einen Vertrag zur Sicherung der christlichen Jerusalemfahrer. Zahlreiche Hospize und Ritterorden dienten der Pflege und dem Schutze der Pilger. Auch Rom wurde früh Wallfahrtsort: Dort sind die Gräber der Apostelfürsten, dort starben die vielen Märtyrer, dort schlägt das Herz der Christenheit. An dritter Stelle stand Santiago de Compostela, dessen Kathedrale angeblich den Leib des heiligen Apostels Jakobus des Älteren birgt, der in Spanien gepredigt haben soll. Die Straßen dorthin aus fast allen Ländern Europas waren von Jakobskapellen umsäumt.

Diese drei Orte Jerusalem, Rom und Santiago hatten schon seit vier Generationen Birgittas Vorfahren besucht. Birgitta setzte die Familientradition fort und wallfahrtete zu allen drei Heiligtümern. Und sie selbst wurde darin wieder Vorbild für die folgenden Generationen. Noch 1520 sagt Luther von dem übereifrigen Christen: „Er läufet zu St. Jacob, Rom, Jerusalem, hie und da, betet St. Birgitten Gebet, diß und das, fastet den und disen Tag, beichtet hie und da, fraget disen und jenen." Luther hielt von alledem nichts. Die Reformatoren leugneten die Möglichkeit, Gott könne seine Gnaden durch bestimmte Personen, Orte und Dinge vermitteln, und lehnten mit Heiligenverehrung, Reliquien- und Bilderkult auch die Wallfahrten ab.

Auswüchse und Mißbräuche bei Wallfahrten erregten schon lange vor Luther Kritik. Man überschätzte den Nutzen der Wallfahrten, veräußerlichte die religiösen Übungen und verquickte sie mit derbem Aberglauben. Arbeitsscheue und asoziale Leute bevölkerten die Pilgerherbergen und tarnten ihre Landstreicherei durch den Schein der Frömmigkeit. Krämer, Quacksalber und Beutelschneider schröpften die Scharen. Mancher Wallfahrtsort glich einem Rummelplatz oder einem Jahrmarkt. Solches verurteilten alle Einsichtigen. Doch gab es schon zu Birgittas Zeit manche, die das Wallfahren überhaupt als abergläubischen Götzendienst verwarfen: die Katharer und Waldenser, Wiclif und Hus. Gott sei Geist, folglich müsse man ihn, wie der Herr lehrt, im Geiste anbeten. Sichtbare Dinge könnten keine Gnaden vermitteln.

Diese Ansichten werden Birgitta nicht unbekannt geblieben sein. Wir wissen nicht, ob sie in Deutschland oder Südfrankreich Anhängern dieser Lehren begegnete. Sie würde ihnen gesagt haben, auch sie glaube, daß die äußere Handlung nichts nutzt, wenn die rechte Gesinnung fehlt, und daß stets Gott die Ursache einer Gnade ist, nicht ein Bild oder eine Reliquie; doch schließe das die Berechtigung von Wallfahrten nicht aus. Wenn ein Bedrängter vor einem Heiligenbilde betet und erhört wird, wenn ein Kranker eine Reliquie berührt und geheilt wird, dann ist es Gott, der erhört und der heilt. Gott verknüpft die Mitteilung seiner Gnade nur äußerlich mit einem stofflichen Ding, nicht seinetwegen, denn er ist nichts als Geist, sondern des Menschen wegen, der aus Geist *und* Leib besteht und dessen Natur von den Einflüssen der Sinnenwelt abhängig ist. Darum vermittelte Christus Heilung durch seinen Speichel oder durch den Saum seines Kleides, betonte aber stets, daß der *Glaube* dem Geheilten geholfen hat. Und darum wollte Christus seine Sakramente mit Wasser, Brot, Wein und Öl gespendet wissen. Obwohl er wußte, daß Gott als allgegenwärtiger Geist an keinen Ort gebunden ist, wallfahrtete er mehrmals nach Jerusalem und ging, wenn er beten wollte, auf einen Berg oder in eine Synagoge. Denn er wußte auch, daß der Mensch der Einsamkeit und Stille und der sinnlichen Anregung bedarf, um sich seinem Gott nähern zu können, und daß bestimmte Orte ihm diese Voraussetzungen in besonderer Weise bieten. Des Herrn Beispiel ist für den Christen maßgebend. So ging auch Birgitta zu heiligen Orten, in der Gesinnung Christi. Sie war durchdrungen von dem Bewußtsein: Gott kann dem Menschen an jedem Orte nahe sein, aber der Mensch kann nicht an jedem Orte Gottes Nähe gleich stark empfinden. An Stätten, deren Atmosphäre geladen ist mit heiligen Erinnerungen, die sich an sichtbare Dinge knüpfen, vermag sich die Seele leichter zu Gott zu erheben. Das Aufsuchen solcher heiligen Orte ist jedoch nicht Selbstzweck, sondern nur ein Mittel. Das Entscheidende bleibt die Gesinnung. Augustinus sagte: „Zu Christus kommt man, indem man ihn liebt, nicht indem man eine Seefahrt unternimmt." So gesehen, sind Wallfahrten nicht heilsnotwendig, wohl aber, wenn sie im rechten Geiste geschehen, nützlich.

Freilich war eine Wallfahrt im Mittelalter mit Gefahren für Leib und Seele verbunden, besonders für Frauen. Schon Gregor von Nyssa sprach sich deshalb gegen die Fernwallfahrt nach Jerusalem aus: Sie sei unter den damaligen Verkehrsverhältnissen für junge Frauen unpassend. Der heilige Bonifatius beklagte es, daß viele, die auf dem

Wege nach Rom waren, das Ziel nicht erreichten und nun, namentlich Frauen, sittlich gestrandet seien. Thomas von Kempen erklärte sogar: „Wer viel auf Wallfahrt geht, gelangt selten zur Heiligkeit." Die Frau von Bath, die Chaucer unter seinen Canterbury-Pilgern darstellt, ist ein im vierzehnten Jahrhundert weitverbreiteter Typ: Sie pilgerte dreimal nach Jerusalem, außerdem nach Rom, Santiago de Compostela und anderen Wallfahrtsorten, erwärmte sich auf ihren heiligen Reisen aber mehr für lebendige Männer als für tote Märtyrer. Genau zur gleichen Zeit, als Birgitta nach Jerusalem segelte, schrieb der selige Giovanni delle Celle an eine Nonne einen Brief, um ihr davon abzuraten, „über das Meer zu gehn". Er nennt die Fahrt ins Heilige Land „Feind aller Ehrbarkeit, Tor des Verderbens, Zerstörung aller Tugenden, Verlust aller Unschuld und Reinheit". Ihre Gefahren seien zahlreicher als die Segnungen. Sie sei nichts für junge Frauen und nur für starke, heilige Seelen. Diese Worte wurden durch Birgittas Jerusalemfahrt bestätigt: im Positiven durch den gerade auf dieser Fahrt bewiesenen Starkmut und heiligen Wandel Birgittas, im Negativen durch das Schicksal ihres Sohnes Karl, der sich unterwegs in Laster verstrickte und das Ziel nicht erreichte. Birgitta war sich ihrer äußeren Gefährdung auf den Pilgerreisen bewußt. Deshalb wallfahrtete sie immer nur in Begleitung von Verwandten und Priestern. Gegen die innere Gefährdung schützte sie ihre Tugendkraft. So bereiteten die häufigen Wallfahrten dieser Frau nicht nur keinen Schaden, sie waren sogar ein Mittel, das ihre Seele inniger mit Gott verband. Immer war sie unterwegs in der Welt, aber unterwegs zu Gott. Daß der Mensch hienieden im Stande des Wanderers lebt, daß er auf Erden keine bleibende Stätte hat, daß sein ganzes Leben eine Pilgerschaft ist – diese alten Worte hatte Birgitta nicht nur gehört, sondern wirklich begriffen. Bald sollte sie ihre Wahrheit durch eine schmerzliche Erfahrung bestätigt finden.

Auf dem Rückweg von Compostela erkrankte Ulf in Arras lebensgefährlich. Bald darauf starb er im Zisterzienserkloster Alvastra. Birgitta streifte den Trauring vom Finger: „Auf daß meine Seele sich zu Gott allein erheben möge, will ich den Ring und meinen Gatten vergessen und mich Gott anvertrauen." Die Zweiundvierzigjährige stand allein. Eine unbekannte Zukunft lag vor ihr. Sollte sie auch, wie Ulf, ihr Leben im Kloster beschließen? Ihre Kinder brauchten sie nicht mehr, sie waren versorgt. Sie wandte sich an Magister Matthias von Linköping um Rat. Der ordnete an, sie möge vorerst in Alvastra bleiben und abwarten. Der Zustand der Ungewißheit war für eine Frau von ihrer Aktivität eine harte, aber notwendige Probe. Jetzt wurde sie vorbereitet auf ihre Berufung.

Eines Tages vernahm Birgitta zu Alvastra in Ekstase eine Stimme: „Weib, höre mich!" Sie mißtraute sich selbst und befürchtete Trug. Aber noch zweimal widerfuhr ihr das gleiche, und die Stimme sprach weiter: „Ich bin der Herr, dein Gott . . . Ich habe dich erwählt und zu meiner Braut angenommen, um dir meine Geheimnisse zu zeigen . . . Wisse, daß ich nicht deinetwegen allein rede, sondern zum Heile aller Christen. Du wirst mein Kanal sein." Was Gott mit ihr vorhatte, blieb noch verborgen. Zunächst tappte Birgitta in undurchdringlichem Dunkel. Sie litt an Leib und Seele und machte eine ernste Krise durch. Erst als Magister Matthias sie von der Echtheit ihrer mystischen Erfahrung überzeugte, gesundete sie von den Zweifeln und zugleich von der Krankheit.

Gott befahl ihr jetzt, an den schwedischen Hof zu gehen und Magnus zu warnen, diesmal nicht als Hofdame und Verwandte, sondern als Prophetin Gottes. Wieder schrak sie zurück: „Ein Gedanke kommt geflogen und spricht: Wenn *du* gerecht bist, laß dir daran genügen. Wie kommt es dir zu, andere zu richten und zu bekehren! Das gehört nicht zu deiner Bestimmung und Aufgabe." Antwort: „Der Teufel hindert gute Menschen daran, den Bösen zu verkünden, daß sie bereuen und sich bessern sollen." – „Aber ich bin ja nicht gut! Ich habe in allen Dingen gesündigt. Wie soll ich da andern ihre Sünden vorhalten? Man wird mich nicht hören wollen." – Antwort: „Fürchte nichts! Ich bin bei dir."

Birgitta erschien also in ihrem schäbigen Bußkittel inmitten des eleganten Hofstaates. Man staunte, spottete, reckte neugierig die Hälse. Da öffnete sie den Mund, doch statt ihrer sanften, diplomatischen Sprache von einst vernahm man nun Worte des Zornes. Sie geißelte die Verbrechen der Herrschenden, schonte weder König noch Adel noch Klerus, gab konkrete Weisungen, was zu tun sei, und stieß apokalyptische Drohungen aus, die sich verwirklichen würden, falls man nicht hören wolle. Es war ein Kampf gegen die Raffgier der Reichen für die Rechte der Armen, gegen die Tyrannei der Mächtigen für den Schutz der Wehrlosen. Dem König warf Birgitta vor, er führe sich auf wie ein Wegelagerer, der die Reisenden ausplündert „und zuläßt, daß an den Küsten seines Landes die Schiffbrüchigen ihrer letzten Habe beraubt werden". Um seinen Gelüsten frönen zu können, belastete Magnus seine Untertanen mit drückenden Steuern. Die Folge davon war, daß weite, fruchtbare Gebiete öde und ungenutzt lagen. Warum sollten die Bauern auch arbeiten? Den Ertrag ihrer Arbeit verschlang ja doch die Staatskasse. Der König solle, so forderte Birgitta, diese ungerechten Steuern aufheben und alle, die sich um die Kultivierung des Bodens bemühten, durch Steuervergünstigungen und Prämien ermutigen. Sie prangerte das Raubritterwesen an, die Grausamkeit der Vögte, die Schändung des Sonntags durch Frondienste und jegliche Verletzung der Menschenwürde. In heiliger Entrüstung griff sie das unsittliche Leben der höheren Geistlichkeit Schwedens an: „Kein Priester lebt in seinen Taten nach seinen Worten, und darum ist das Wort wie tot geworden ... Die Sakramente werden zum Spott oder gegen Bezahlung erteilt. Wo ist der Bischof, der nicht um weltlicher Ehre und Herrschaft nach Macht trachtet, sondern um den armen Menschen mit seiner Arbeit zu helfen? ... Die Priester dieser Zeit nehmen die zehn Gebote und drängen sie in das eine Wort zusammen: Gib Geld!" Birgitta brachte den König dazu, sein Unrecht öffentlich zu bekennen. 1346 veröffentlichte er eine Abbitte für die Sondersteuern, die von den Bauern gefordert worden waren, und versprach jedem, der seinen eigenen Grund und Boden hatte aufgeben müssen, seine Hilfe.

Um des Gemeinwohls willen politische Verantwortung zu tragen, erschien Birgitta eine selbstverständliche Pflicht. Als ein Adeliger trotz vieler Bitten des Königs es ablehnte, ein Amt in der Regierung des Reiches zu übernehmen, erklärte sie: „Wenn jene, welche die Gerechtigkeit kennen, erstreben und zu verwirklichen imstande sind, sich weigern, um Gottes willen Bürde und Arbeit auf sich zu nehmen, wie soll das Reich dann stark und gesund bleiben können? Wehe ihm! Da ist es ja kein Reich, sondern eine Räuberhöhle und Zuflucht für Tyrannen, wo die Ungerechten herrschen und die Gerechten zertreten werden. Deshalb soll sich ein guter und rechtschaffener Mann von der Liebe zu Gott leiten lassen und sich aus gutem Eifer anerbieten, an der Regierung teilzunehmen, damit er vielen anderen nützen möge. Aber die, welche Würden und Regierungsaufträge um ihrer weltlichen Ehre willen erstreben, sind nicht die wahren Fürsten, sondern die schlimmsten Tyrannen. Mein Freund soll das Amt also um Gottes Ehre willen annehmen und die Worte der Wahrheit im Munde und das Schwert der Gerechtigkeit in der Hand haben, und er soll nicht auf die Gunst der Menschen oder auf Freunde sehen oder sich davon oder vom Ansehn der Person beeinflussen lassen."

Auf die Dauer freilich blieb Birgitta der Erfolg versagt. Die Übel wurzelten zu tief. Die innen- und außenpolitische Lage Schwedens war schließlich so unhaltbar geworden, daß Magnus, wie alle Katastrophenpolitiker, nur noch einen Ausweg wußte: Krieg mit Rußland. So glaubte er das unruhig gewordene Volk ablenken, die Opposition ausschalten und die leeren Kassen durch Beute in Feindesland auffüllen zu können. Nach außen hin freilich hieß es, der König wolle einen „heiligen Krieg" führen, um die Heiden und Schismatiker zum rechten Glauben zu bringen. Birgitta sollte mit ihrer Autorität diese Propaganda fördern und das Volk zum Krieg begeistern. Nun war zwar Birgitta stets für eine Wiedervereinigung der russisch-orthodoxen Kirche mit der römischen Kirche eingetreten und einem Kreuzzug mit geistigen Waffen nicht abgeneigt. Doch diese Zumutung lehnte sie entrüstet ab. Sie durchschaute das Spiel hinter den Kulissen und wies den König scharf zurecht.

Magnus, enttäuscht und verärgert, nahm Birgitta gegenüber eine unfreundliche Haltung ein. Eines Morgens empfing er sie mit den Worten: „Nun wollen wir sehn, was meine Cousine heute nacht wieder von uns geträumt hat." Diese Verhöhnung ihrer Visionen gab das Signal zu schallendem Gelächter der umstehenden Hofschranzen. In der folgenden Zeit wurde Birgitta mit Beleidigungen überschüttet. Man schimpfte sie Närrin und unverschämte Person, ja verleumdete sie als Zauberin und Hexe, die auf den Scheiterhaufen gehöre. Ein Priester nannte sie in seiner Sonntagspredigt „schwachsinnig" und „besessen"; nur Narren glaubten ihren Reden. Erzbischof Hemming erklärte, ihre Offenbarungen seien überflüssig. Ein Adliger schüttete, als sie durch eine Gasse Stockholms schritt, vom Fenster seines Hauses einen Kübel schmutzigen Wassers über sie aus. Das war die Rache derer, die Birgitta sich zu Feinden gemacht, als sie den König bewog, ihr Einkommen zu schmälern. Wie ihre Tochter Karin bezeugt, trugen sich manche, deren Pfründe auf Birgittas Veranlassung eingezogen worden war, sogar mit Mordplänen. Kränkungen, die ihre Söhne in Harnisch brachten, ertrug sie jetzt mit Gelassenheit. Auf ihre hohe Abkunft bildete sie sich nichts mehr ein: „Weshalb soll ich stolz sein? Das Fleisch einer Königin ist nicht besser als das einer Magd."

Trotz aller Demütigungen blieb Birgitta am Hofe, um zu retten, was zu retten war. Vielleicht konnte sie doch noch das Schlimmste verhüten. Krieg war ihr ein Greuel. Sie hat es immer wieder gesagt. Doch Magnus stürzte sich wie ein Besessener auf die Russen. Nach anfänglichen Erfolgen wurde er vernichtend geschlagen. Birgitta erklärte ihm: „Deine Soldaten kamen um, weil du sie aus Eroberungssucht ausschicktest." Alle Züchtigungen, die Birgitta vorausgesagt hatte, sind später über Schweden herabgekommen. König Magnus verlor die teuer erkauften Provinzen. Als er, um damit seine Schulden zu tilgen, Kirchenvermögen beschlagnahmte, wurde der Bann über ihn verhängt. Er überwarf sich mit dem Adel, der ihm in einer Anklageschrift die gleichen Vorwürfe machte wie vorher Birgitta. Die Heilige war inzwischen längst in Rom, ließ aber auch in der Ferne nicht ab, sich um den unglücklichen Herrscher zu bemühen. Bald gebrauchte sie Worte des Flehens, bald Worte des Zornes: „Ihr seid ein Räuber der Krone und der Güter des Reiches ..., ein Verräter Eurer Diener und Untertanen."

Es kam zum Bürgerkrieg, und der eigene Sohn wandte sich gegen Magnus. Der König verlor den Thron, lag sieben Jahre im Kerker und ertrank vor der norwegischen Küste. Seine Gemahlin Blanche wurde vergiftet.

Doch wir sind den Ereignissen vorausgeeilt. Im Frühjahr 1346 erhielt Birgitta in einer Ekstase den Auftrag, einen neuen Orden zu gründen, da die alten zur Reform der Kirche nicht mehr taugten. Die Regel wurde ihr bis in alle Einzelheiten offenbart. Sie fordert die gleichzeitige Hingabe an Studium, Gebet und Karitas. Sie verbietet jedes Eigentum; nur „Bücher mögen sie so viele haben, wie sie wollen". Jedes Kloster soll zwei durch hohe Mauern geschiedene Konvente haben, den einen für Schwestern, den andern für Brüder. Vorsteherin soll eine Äbtissin sein, die auch über die männlichen Ordensleute gebietet. Das erste Kloster sollte zu Vadstena errichtet werden. Birgitta wandte sich an den König. Der schenkte ihr Schloß Vadstena mit seinen reichen Liegenschaften und Einkünften. Alles schien großartig zu gedeihen: Die Regel war geschrieben; die Bischöfe approbierten sie. Noch im gleichen Jahre wurde der Grundstein zum Kloster gelegt. Birgitta hatte die architektonischen Pläne der Kirche und der Konventsgebäude bis in die Einzelheiten selbst entworfen. Sie überwachte die ersten Bauarbeiten, wählte die Mitglieder der neuen Gemeinschaft aus und sah sich schon als Klosterfrau in diesen Mauern leben.

Gott hatte es anders bestimmt: „Die Blüten sind da. Die Frucht wird reifen, wenn ihre Zeit gekommen ist. Geh du nach Rom und bleibe dort, bis du den Papst und den Kaiser gesehen und ihnen mitgeteilt, was ich dir sagen will." Nach Rom? Der Papst residierte doch in Avignon! Wie sollte sie ihn in Rom treffen können? Sollte sie Volk und Heimat verlassen, um in eine ungewisse Zukunft zu gehen, nur auf Grund einer Verheißung, deren Erfüllung nach menschlichem Ermessen unmöglich war? Birgitta gehorchte und ging. Sie hat ihre Gründung Vadstena und die schwedische Heimat nie wieder gesehn. Die letzten vierundzwanzig Jahre ihres Lebens verbrachte sie unter der Sonne des Südens, in der Fremde, in der sie die riesigen Wälder und Seen des Nordens schmerzlich vermißte. Um diesen Preis trat Birgitta in die Weltgeschichte.

Fortan entfaltete sie eine rege politische Tätigkeit, die das ganze Abendland umspannte. Sie brachte dazu einige natürliche Voraussetzungen mit. Als Tochter eines Lagman und Gattin eines Lagman war sie ja früh in die Welt der juristischen und politischen Fragen hineingewachsen. Am Hof zu Stockholm hatte sich ihr Blick geweitet. Sie hatte beobachten können, welche Mächte hinter den Kulissen die Drähte zogen. Was sie im Zentrum der schwedischen Politik gelernt, kam ihr nun zustatten, als sie sich in die Weltpolitik begab.

Man darf ihre öffentliche Wirksamkeit nicht abgelöst von ihrem mystischen Leben betrachten. Denn ihre Aktionen waren die Früchte ihrer Visionen. Sie sprach und handelte nicht aus eigener Autorität, sondern im Auftrag Gottes. Ihr letztes Ziel war das Heil der Seelen. Die Ordensgründerin, die selbst nie Nonne wurde und weder die ewigen Gelübde abgelegt noch das Habit getragen hat, entwickelte ein großzügiges Laienapostolat, das sich des Politischen als eines Mittels bediente.

Birgittas Politik verfocht keine Einzelinteressen. Es ging ihr ums Ganze, dem das einzelne sich unterzuordnen hat, um Frieden und Einheit. In einer Zeit, deren Hauptkennzeichen die Spaltung war, bemühte sie sich um Einheit auf allen Gebieten. Ihre Ziele waren die Eintracht der sozialen Stände, der Friede zwischen den Nationen, die Wiedervereinigung der in Ost- und Westkirche zerrissenen Christenheit, die Eintracht zwischen Papst und Kaiser. Sie wollte das staatliche, soziale und kirchliche Leben in Einklang sehen mit den Geboten Gottes.

Für diese Ziele setzte Birgitta sich mit ihrer ganzen Existenz ein. Sie scheute niemanden und nichts. Richtend und warnend, Gottes Gebote verkündend und seine Strafgerichte voraussagend, war sie eine Prophetin wie die des Alten Testamentes, das Gewissen ihrer Zeit. In ihrem Prophetenamt war sie erbarmungslos hart, und die Forderungen, die sie im Namen Gottes aussprach, waren unerbittlich. Doch mit dieser Hoheit verband sie den ganzen Zauber einer liebenswürdigen Menschlichkeit. Sie wollte die Sünde, nicht den Sünder vernichten. Darum war sie keine unnahbare Größe, sondern umgänglich und gewinnend, großmütig und warmherzig. Zeitgenossen berichten, sie habe sich gegen alle sanft und freundlich betragen und stets ein lächelndes Gesicht gezeigt. Allenthalben erwarb sie sich Zuneigung und Liebe, wie die Menge ihrer Freunde beweist. Ihre Sendung machte sie nicht stolz. Es ging ihr um die Sache, nicht um ihre Person: „Ich bin ja nur wie ein niedriger Läufer, der die Briefe eines großen Herrn voll wichtigen Inhalts überbringt."

Die Lage der Menschheit, an die sie ihre Botschaften zu richten hatte, war trostlos. Im Geburtsjahr Birgittas hatte Papst Bonifaz VIII. im Kampf mit Philipp dem Schönen eine entscheidende Niederlage erlitten. Seitdem war das Papsttum von Frankreich abhängig. Nur noch Franzosen wurden Papst. Und auf französischem Boden, nämlich in Avignon, residierte das Haupt der Christenheit. Das Exil hatte die innere Kraft des Papsttums geschwächt. Während der in Unordnung zerfallende Kirchenstaat sich seiner Macht entzog, wurde es ein willenloses Werkzeug in der Hand des machthungrigen französischen Königs. Auch das äußere Ansehen des Papsttums war gesunken. Wer respektierte noch einen Fürsten, der in seinem eigenen Staat keine Macht mehr hatte? Und mehr als ein Herrscher neben andern schien der Papst nicht zu sein, an dessen Residenz sich ein weltliches Treiben breitmachte. Um das Geld für die verschwenderische Hofhaltung zu Avignon aufzubringen, wurden geistliche Ämter verschachert und die einträglichsten Pfründen Verwandten zugeschoben. Angesichts der Habgier und Bestechlichkeit der päpstlichen Hofgeistlichen scheuten sich selbst papsttreue Ordensmänner nicht, die Führer der Kirche mit reißenden Wölfen zu vergleichen, die sich vom Blute der Gläubigen nähren. Man blickte nicht mehr in Liebe auf zum Papst als dem Vater aller christlichen Völker, sondern bekämpfte ihn, da er den Interessen einer einzelnen Nation zu dienen schien. Und während die Türken in immer heftigeren Angriffen gegen Westen vordrangen und das Abendland bedrohten, lagen die christlichen Nationen im Krieg gegeneinander.

Schon von Schweden aus schrieb Birgitta einen Brief an Papst Clemens VI.: Er solle Frieden zwischen England und Frankreich stiften, nach Rom zurückkehren und dem Sittenverfall innerhalb der Kirche entgegenarbeiten. Die Heilige drohte mit Strafgerichten, die hereinbrechen würden, falls der Papst nicht hören wolle. Peter Olafsson und Bischof Hemming von Åbo überbrachten das Schreiben nach Avignon und wurden gut empfangen, denn Birgittas Ruhm ging bereits über Schwedens Grenzen hinaus. Clemens schickte die beiden Botschafter tatsächlich weiter nach Calais, wo sie in seinem Namen zwischen Edward III. von England und Philipp VI. von Frankreich vermitteln sollten. Aber die Gesandtschaft schlug fehl: Der Krieg ging weiter, brachte alle Schrekken, die Birgitta vorausgesagt hatte, und wurde erst nach hundert Jahren beendet. Der Papst dachte nicht daran, Birgittas Appell zu folgen, und blieb in Avignon.

Als die Heilige in Rom eintraf, bot ihr die einst so herrliche Stadt ein erschütterndes Bild. Massen von Armen lungerten auf schmutzigen Straßen und in verkommenen Quartieren. Aus dem Meer des Elends ragten als üppige Inseln die Paläste des Adels, der sich aber in brutalen Machtkämpfen Haus gegen Haus zerfleischte. Die Würdenträger der Kirche kümmerten sich nur um ihre Vergnügungen. Da der Papst weit weg war, scheuten seine Untertanen vor keiner Gewalttat zurück. Kaufleute und Pilger wurden erschlagen und beraubt, Mädchen geschändet. Viele Kirchen waren verfallen, und vor verödeten Altären weideten Ziegen im Grase.

In einem Brief schildert Birgitta den Verfall in Rom: „Es ist ein schwerer Mißbrauch entstanden, da man Kirchengut Laien gibt, die sich keine Ehefrau nehmen, aber schamlos Konkubinen am Tage in ihren Häusern und nachts in ihren Betten haben, wobei sie frech erklären: ‚Es ist uns nicht erlaubt, ehelich zu leben, weil wir Kanoniker sind.' Auch Priester, Diakone und Subdiakone ... freuen sich offen darüber, daß ihre Konkubinen mit schwellendem Mutterleib unter anderen Frauen gesehen werden. Ja, sie schämen sich nicht einmal, wenn ihre Freunde zu ihnen sagen: ‚Sieh, Herr, bald wird euch ein Sohn oder eine Tochter geboren werden!' Solche Leute sollten mit größerem Recht Kuppelknechte des Teufels genannt werden als geweihte Priester des höchsten Gottes ... Klöster zu besuchen, ist jetzt eine Qual, denn man sieht zu den Gottesdienstzeiten nur sehr wenige oder sogar überhaupt keine Mönche im Chor ... An manchen Tagen gibt es keine Messe ... Viele Mönche haben eigene Häuser in der Stadt ... Man kann bei ihnen kaum ein einziges Kleidungsstück finden, das ihren Stand andeutet ... Die Nonnenklöster halten sogar in den Nächten ihre Tore offen, weshalb sie mehr Bordellen gleichen ... Wenn die Beichtväter mit dem Mund die Absolution erteilen, schämen sie sich nicht, mit ihren Händen Geld in die Börse zu stopfen ... Reiche schicken an Feiertagen ihre Tagelöhner los, damit sie in Weingärten arbeiten, Äcker pflügen, Holz in den Wäldern fällen und Dinge heimbefördern ... Christen treiben Wucher wie die Juden, ja, die christlichen Wucherer sind geradezu gieriger als die Juden ... Es ist zu fürchten, daß der katholische Glaube bald untergeht, wenn nicht jemand kommt, der ohne Heuchelei Gott über alles liebt und seinen Nächsten wie sich selbst, um alle Mißbräuche abzuschaffen."

Sofort ging Birgitta ans Werk. Es galt die Reform der Kirche. Sie schrieb Briefe an Bischöfe und Kardinäle und teilte ihnen ihre apokalyptischen Visionen mit. Durch ihren Mund rief Christus: „Höret, alle Geistlichen, Erzbischöfe und Bischöfe! ... Höret, ihr Könige und Fürsten und Richter der Erde ... Ich beklage mich, daß ihr abgefallen seid von mir ... Eure Hoffart ist so groß, daß wenn ihr euch über mich erheben könntet, ihr es gern tätet. Eure Fleischeslust ist so groß, daß ihr mich lieber entbehren als eure ungeordnete Lust fahren lassen wollt. Eure Begehrlichkeit ist unersättlich wie ein durchlöcherter Sack, weil es nichts gibt, das eure Begierde sättigen kann ... Und dann vernahm ich von der Erde die Stimme von zahllosen Tausenden, die riefen und sprachen: O Gott, gerechter Richter, halte Gericht über unsere Könige und Fürsten und sieh an das Vergießen unseres Blutes und die Schmerzen und Tränen unserer Ehefrauen und unserer Söhne. Schaue an unsere Hungersnot und unsere Schmach, unsere Wunden und Einkerkerungen, das Abbrennen unserer Häuser und die Gewalttätigkeiten und die Schande der Mädchen und Weiber. Sieh an das Unrecht der Kirchen und des ganzen Klerus und schaue die trügerischen Versprechungen der Fürsten und Könige und die Verrätereien und Erpressungen, die sie mit Zorn und Gewalt betreiben; wie viele Tausende sterben, wenn sie nur ihrer Hoffart Raum geben können!" Birgitta nannte die Fürsten Mörder, die Prälaten Tiere. Einen lasterhaften Kardinal verglich sie mit einem Affen, einen Bischof mit einer im Schlamm liegenden Schildkröte, und von einem Abt sagte sie: „Er sollte ein Spiegel der Ordensleute sein und ist ein Haupt der Huren." Ihre kühne Sprache erregte bei manchen Entrüstung. Eine Frau, die nicht einmal Nonne war, erdreistete sich, die höchsten geistlichen Würdenträger zurechtzuweisen! Sagte Paulus nicht: „Das Weib hat in der Kirche den Mund zu halten?" Ein Mönch hielt erregte Predigten gegen sie und erklärte, wer sich so scharf gegen den Klerus äußere, könne die Kirche nicht lieben. Birgitta sei eine Rebellin.

Um so lauter lobten Pilger, Arme, Sieche und Bettler die Schwedin, deren Haus ihnen als eine Zuflucht offenstand. Birgitta hatte Rat und Hilfe für alle. Nirgends waren ihrer mütterlichen Anteilnahme Grenzen gesetzt. An den Straßenecken las sie die Prostituierten auf und gab sie einem besseren Leben zurück. In den Elendsquartieren verteilte sie Lebensmittel. Ihre Freigebigkeit war so groß, daß ihr Vermögen rasch zusammenschmolz. Obwohl Petrus Olafsson ihre Ausgaben überwachte, kam es so weit, daß er für sie betteln gehen mußte. Auch wurde sie gezwungen, tagelang obdachlos umherzuirren. Wie stolz war die junge Birgitta auf ihren Reichtum! Die spätere Birgitta dagegen begnügte sich mit dem einfachsten Lebensunterhalt. Die ehemalige Herrin auf Ulfåsa und Oberhofmeisterin zu Stockholm stapfte bei sengender Hitze wie bei strömendem Regen durch den unbeschreiblichen Schmutz der Straßen Roms, wo jeder, der auf sich hielt, ein Pferd oder eine Sänfte nahm, um dem Staub und Kote möglichst zu entgehen. Nachts schlief sie, die einst so stolz auf ihr Prunkbett war, nur wenige Stunden auf dem flachen Boden. Diese Frau wollte nichts für sich. Sie verzichtete nicht nur auf irdische Bequemlichkeiten, sondern sogar auf geistliche Freuden, um dem Nächsten dienen zu können.

Anfang Dezember 1352 empfing Birgitta in Ekstase die Botschaft: „Die Stunde des Zornes ist gekommen. Ich werde diesen Papst richten, weil er die Herde Petri zerstreut hat." Noch im gleichen Monat starb Clemens VI. Dem Nachfolger Innozenz VI. legte Birgitta eindringlich die Gründe dar, warum er unbedingt nach Rom kommen müsse. Doch auch der neue Papst erwies sich als zu schwach, den Widerstand seiner Kardinäle zu brechen. Überdies waren die römischen Zustände alles andere als einladend. Wieder gab es blutige Wirren zwischen den Adelshäusern der Colonna und Orsini. Durch ihre freundschaftlichen Beziehungen zu den Orsini stand Birgitta sofort im Brennpunkt des Konflikts. Vergebens bemühte sie sich zu schlichten. Cola di Rienzo wollte die Macht der Adelsfamilien brechen und den Kirchenstaat neu ordnen. Der Volkstribun versprach Frieden, Freiheit und Gerechtigkeit. Aber er verscherzte sich durch tyrannisches Auftreten die Gunst der Römer. Bei einem vom Adel angezettelten Aufstand wurde er gelyncht. Birgitta wurde von diesem Aufstand mitbetroffen. Eine laute Demonstration richtete sich gegen sie. Ihre Beziehungen zu den Orsini, ihre Offenbarungen über die Sünden der Römer und ihre Strafandrohungen hatten ihr die Feindschaft gewisser Kreise eingetragen. Man streute aus, sie sei eine Hexe, die man verbrennen müsse. Ihre Sicherheit war bedroht, und sie überlegte schon, ob sie der Ihren wegen nicht lieber die Stadt verlassen solle. Doch im Gebet gestärkt, blieb sie.

1362 wurde Urban V. Papst. Wieder suchte Birgitta den Stellvertreter Christi zur Rückkehr nach Rom zu bewegen. Diesmal hatte ihr Aufruf Erfolg. Urban V., ein frommer und allem Luxus abholder Mann, verlegte seine Residenz nach Rom. Adel und

Volk erkannten seine Macht an. Er ließ die heiligen Stätten wiederaufbauen und begann die Reform des Klerus mit Verordnungen gegen Simonie, Wucher, Pfründenhäufung und Weltsinn. Der oströmische Kaiser Johannes Paläologus kam nach Rom und trat zum katholischen Glauben über. Auch Karl IV. traf in der Ewigen Stadt ein, jener hochgebildete Kaiser, der zu Prag die Universität und das Erzbistum gegründet und Brücke, Dom und Hradschin erbaut hatte. Er hatte sich für die Rückkehr von Avignon und die Reform der Kirche eingesetzt und zeigte sich jetzt in nachdrücklichster Weise als Freund des Papstes. All diese Ereignisse geschahen innerhalb eines Jahres. Birgitta jubelte: Sah es nicht so aus, als ob eine neue Epoche der Kirchengeschichte anbreche? Die Ostkirche schien zur römischen Mutterkirche heimkehren zu wollen. Das Papsttum war in Eintracht mit dem Kaisertum. Alle Hoffnungen schienen der Erfüllung nahe.

Die Enttäuschung war ungeheuer. Die Konversion des oströmischen Kaisers blieb ohne Wirkung, die Ostkirche verharrte weiter im Schisma. Dem deutschen Kaiser mußte Birgitta in einer Audienz Stolz, Vergnügungssucht, Luxus und Simonie vorwerfen. Auch der Papst enttäuschte sie bitter. Er war nicht ausdauernd genug, und so war die Besserung der Sitten im Klerus nur vorübergehend. Die Ordensregel Birgittas bestätigte er erst nach jahrelangen Verzögerungen mit erheblichen Einschränkungen. Schließlich schickte er sich an, nach Avignon zurückzukehren. Sogleich sandte Birgitta ihm eine Botschaft und beschwor ihn, zu bleiben und die Kirche zu reformieren. Falls er nach Avignon ziehe, werde er kurz nach seiner Ankunft sterben und vor Gott „Rechenschaft ablegen müssen für das, was er unterließ und zur Ehre Gottes hätte tun sollen.“ Die Mahnung hielt den schwachen Mann nicht mehr zurück. Er reiste nach Avignon und starb dort wenige Wochen später.

Birgitta wurde nach Neapel gerufen. Königin Johanna I. hatte von ihr gehört und wollte sie sehen. Die Herrscherin war ebenso berühmt wegen ihres Geistes und ihrer Schönheit wie berüchtigt wegen ihrer Frivolität. Was sollte unsere Heilige an diesem lasterhaften Hofe? Sie ging, um apostolisch zu wirken. Scharf tadelte sie den unersättlichen Machthunger des Hauses Anjou, die Gleichgültigkeit der Königin gegenüber der Kirche, ihre ungesetzlichen Heiraten und das sittenlose Treiben ringsum. Wieder waren alle Mahnungen umsonst.

Im Frühjahr 1372 schiffte sich die fast siebzigjährige Witwe mit ihrer Begleitung in Neapel ein, um in das Heilige Land zu reisen. Nach einer stürmischen Fahrt warf das Schiff vor Famagusta Anker und wartete günstigeren Wind ab. So hatte Birgitta zwei Wochen Zeit, die Hauptstadt Zyperns kennenzulernen. Sie sah Reichtum und Verderbnis. Königin Eleonore bat die Heilige in ihren Palast, um mit ihr persönliche und politische Angelegenheiten zu besprechen. Sie hatte ein verworrenes und an Skandalen reiches Leben hinter sich und wollte sich aus dem politischen Leben zurückziehen. Birgitta aber ermahnte sie, sich vor ihren Pflichten nicht zu drücken, sondern an der Besserung des Landes zu arbeiten.

Unter günstigem Wind segelte ihr Schiff auf Palästina zu. Doch vor Jaffa wurde es leck und war am Absinken. Alle Habe der Reisenden ging über Bord. Inmitten der Panik zeigte Birgitta, wie ein Augenzeuge berichtet, „kein Zeichen von Furcht, jammerte und weinte nicht, saß mild und friedlich auf dem Boden, ohne Ungeduld und ohne Klage über den Verlust ihres Eigentums“. Wir dürfen diese Haltung nicht mit jener apathischen Gleichgültigkeit verwechseln, die stets ein Zeichen von Schwäche ist.

Hier war seelische Kraft, ausgebildet in einem langen Reifeprozeß, die sich im Ertragen ebenso bekundete wie im Handeln. Die Reisenden retteten ihr nacktes Leben. Arm kamen sie in das Land, in dem der Herr arm gelebt hatte, und das freute Birgitta sehr.

Auf dem Heimwege erfolgte wieder eine Zwischenlandung in Famagusta. Drei Monate blieb die Heilige dort. Als sie erfuhr, daß ihre Offenbarungen für Zypern auf die Kamarilla wenig Eindruck machten und dem Volke vorenthalten wurden, stellte sie sich auf die Stufen der Kathedrale und schleuderte ihre Worte wie Geschosse in die Menge, um die Gewissen aufzurütteln: „Du wirst zugrunde gehen, neues Gomorrha, zugrunde gehen durch das Feuer der Wollust, durch das Übermaß deines Reichtums und deiner Ehrsucht. Deine Paläste werden zu Ruinen verfallen, deine Einwohner weit von dir fliehen, und man wird in fernen Ländern von deiner Züchtigung sprechen." Der Widerhall ihrer Rede war Hohngelächter. Im folgenden Jahre wurde die Insel von Genua erobert und verlor ihre Selbständigkeit. Später wurde sie von den Türken genommen und verwüstet. Wieder hatte sich eine der Schreckensprophezeiungen Birgittas erfüllt.

In Neapel verkündete die nordische Sibylle in Gegenwart des Erzbischofs dem Volk die Botschaft Gottes. Christi Worte und Taten seien jetzt beinah ganz vergessen, und niemand habe dazu so viel beigetragen wie die Vorsteher der Kirchen, voll Hochmut, Habgier und Verdorbenheit. Birgitta nahm eine Einladung der Königin Johanna an. Immer noch hoffte sie, die Herrscherin zur Umkehr zu bewegen. Doch auch hier blieb der Erfolg aus. Neapel geriet in den nächsten Jahren in Kriege, Johanna wurde abgesetzt und fand im Kerker ein gewaltsames Ende.

Birgitta hat darunter gelitten, daß sie die künftigen Schrecken voraussehen und voraussagen und doch immer wieder erleben mußte, wie ihre Warnungen in den Wind gesprochen waren. Doch unentwegt nahm sie wieder den Kampf auf für die Beendigung des Avignoneser Exils. Schon gleich nach seiner Wahl hatte sie dem neuen Papst Gregor XI. einen Brief geschrieben: Wenn er nicht nach Rom komme, gebe es keine Entschuldigung für ihn. Jetzt hörte sie von Orsini, niemand glaube mehr an die Rückkehr des Papstes, denn er habe es in Avignon allzu gut. Birgitta entgegenete: „Und ich sage dir, Robert, daß der Papst nach Rom *kommt*, und du selbst wirst zugegen sein." Fünf Jahre später ging auch diese Voraussage in Erfüllung.

Noch einmal schickte die Prophetin eine scharfe Botschaft Christi nach Avignon: „Weshalb hassest du mich so? Weshalb sind deine Kühnheit und Vermessenheit wider mich so groß? Dein weltlicher Hof plündert meinen himmlischen ... Du eignest dir die Güter der Armen an und verteilst sie an deine Reichen ... Komm so schnell als möglich nach Rom, aber komm nicht mit der gewöhnlichen Hoffart und weltlichen Pracht, sondern mit Demut und heißer Liebe ... Beginne meine Kirche zu erneuern! Denn jetzt wird ein Bordell mehr in Ehren gehalten als die heilige Mutter Kirche."

Als der Frühling des Jahres 1373 ins Land zog, spürte sie ihr Ende nahen. Die äußere Fruchtlosigkeit aller ihrer Bemühungen packte sie so sehr, daß Niedergeschlagenheit sie befiel. War nicht alles umsonst? Was hatte sie denn erreicht? Ihr Ordensplan, ihre Friedensvermittlung zwischen Frankreich und England, ihre Mahnungen an König Magnus, ihre Bitten an die Päpste, ihre Versuche, Rom, Neapel und Famagusta zu bekehren – alles war gescheitert. Mußte sie nicht mit leeren Händen vor den ewigen Richter treten und bekennen: Ich habe versagt? Sicher konnte die Welt, für die allein der Erfolg zählt, ihr Leben nur als eine Kette von Mißerfolgen beurteilen. Gott aber mißt mit anderen Maßstäben. Einst war Birgitta offenbart worden: „Wisse, daß die Freunde Gottes für jedes Wort und Werk, das sie um Gottes willen und für die Besserung der Seelen reden und tun, und für jede Stunde der Trübsal, welche sie um Gottes willen ertragen, gekrönt werden – mögen sie viele oder keinen bekehrt haben." Nach den Monaten voll Versuchungen und Dunkelheiten schenkte ihr Gott wenige Tage vor ihrem Tode wieder diese tröstende Gewißheit, daß die Treue, mit der sie ihr Leben lang wider alle Hoffnung gehofft und den Befehlen Gottes gehorcht hatte, belohnt werde. Die Heiligen siegen im Untergang. Auch ihr Vorbild Christus hat mit seinem Verbrechertod den Sinn seines Erdenlebens nicht verfehlt, sondern in vollkommener Weise erfüllt. Eine tiefe Bedeutung liegt darin, daß Birgitta während einer Messe starb. Als in der Wandlung das Kreuzesopfer gegenwärtig gesetzt wurde, vereinigte sie ihren eigenen Tod mit dem Tod des Herrn, indem sie Jesu letztes Wort als ihr eigenes letztes Wort sprach: „Vater, in deine Hände befehle ich meinen Geist."

Birgittas Leichnam wurde im Triumph von Rom nach Vadstena überführt. Ihr Grab wurde bald ein Wallfahrtsziel für viele Christen. Die Frau, die einen großen Teil ihres Lebens durch viele Länder pilgerte, zog nach ihrem Tode aus vielen Ländern Tausende von Pilgern an. Jetzt stellten sich die Früchte ihres Wirkens ein. Noch im gleichen Jahre 1373 nahm Caterina von Siena Birgittas Mission auf und setzte sie erfolgreich fort. Drei Jahre später war das Exil des Papsttums zu Avignon endgültig beendet. Birgittas Tochter Karin erlangte die Bestätigung der birgittinischen Regel und wurde die erste Vorsteherin des Klosters Vadstena.

Der Orden breitete sich in alle Länder Europas aus, zählte im fünfzehnten Jahrhundert schon dreißig Klöster und wirkte segensreich. Die Offenbarungen Birgittas gewannen mit ihrer Symbolik und ihrer Darstellung biblischer Szenen, namentlich der Geburt Christi und der Kreuzigung, Einfluß auf die christliche Kunst und regten bis ins neunzehnte Jahrhundert die Erbauungsliteratur und Predigt an. Vadstena entwickelte sich zum Hauptort der Kultur des Nordens im ausgehenden Mittelalter. Es verbesserte die Landwirtschaft und war die erste Hochschule Skandinaviens. Hier wurde die bedeutendste Bibliothek des mittelalterlichen Schweden gesammelt und die erste Druckerei in Schweden errichtet. Hier wurde die vollständige schwedische Bibelübersetzung, die man auf Birgittas Initiative angefangen hatte, erfolgreich fortgeführt. Hier entstanden wichtige literarische Werke.

Von dem alten Klosterbau stehen heute nur noch einige Teile. Doch immer noch legt die schöne Kirche in ungeschwächtem Glanze Zeugnis ab vom Geiste ihrer Architektin Birgitta. Immer noch birgt dieses Heiligtum den Schrein mit Birgittas Gebeinen. Blumen und Kerzen umgeben das Heiligengrab, denn Birgitta steht auch im evangelischen Schweden von heute in hohem Ansehen. Alljährlich feiert man das Fest der Birgittenminne. „Unzählige Kranken- und Siechenhäuser, Heime und Asyle sind nach ihr benannt. Eine protestantische Societas St. Birgittae müht sich um ihren Kult und pflegt ihr Erbgut. ‚Schwedens größte Frau', deren Name einer der beliebtesten unter den Töchtern ihres Landes ist, hat den seltenen Ruhm, die Nationalheilige eines protestantischen Volkes zu sein" (K. Adalsten).

Sankt Birgitta sollte uns mehr sein als bloß eine ehrwürdige Gestalt der Geschichte. Sie sollte uns das sein, was sie dem tüchtig in Politik und Wirtschaft wirkenden Florentiner Notar Ser Lapo Mazzei war, der sich in einem langen Brief vom 13. 11. 1395 begeistert über sie äußerte und sie seinem gerade damals mit Bausorgen überlasteten Freund Francesco Datini, einem der reichsten Kaufleute der Zeit, als Vorbild hinstellte. In diesem Brief heißt es unter anderem: „Es ist rund zwanzig Jahre her, seit Birgitta in Rom starb. Die Welt füllt sich immer mehr mit der neuen Liebe, die Christus ihr durch sie offenbart hat ... Diese Frau war eine Sonne und ein erwähltes Werkzeug Christi ... Und diese wunderbare Frau hatte Mann und Kinder, und ich könnte Euch Dinge von ihr berichten, die zu vernehmen Ihr wohl Eure Maurer stehenlassen würdet, mit denen Ihr Euch mehr als mit dem Heiland befaßt. Eure Ehefrau möge sich an diesem Beispiel ermutigen. Ja, wir alle sollten von ihr lernen. Wenn wir ihr auch nur in einem Teile folgen, werden wir das Heil erlangen."

LUDWIG IX. VON FRANKREICH

(1214–1270)

„Paris! Land des Friedens und der Fülle, Sitz des Königtums und der Wissenschaft, Paris, mit Recht genannt Paradies!“ Diese begeisterten Worte eines Autors aus dem dreizehnten Jahrhundert sind kaum übertrieben. Damals umfaßten die Mauern der Seinestadt auf jedem Gebiet das Beste, das es im Abendland gab: den Triumph der Hochgotik, nämlich die Heilige Kapelle; die maßgebende Universität, die Hochburg der Scholastik, wo ein Thomas von Aquin und andere Lehrer die Jugend aller Länder herbeizogen; die Elite der Ritterschaft, deren Ideale und Manieren in der europäischen Gesellschaft den Ton angaben; vor allem die Residenz jenes Herrschers, der Frankreich zu einem vorzüglich geordneten Musterstaat und zur führenden Großmacht des Westens formte und dessen bezaubernde Persönlichkeit allenthalben als das Vorbild eines Königs und Ritters bewundert wurde, Ludwigs des Heiligen. Die Hochblüte von Kunst, Wissenschaft und gesellschaftlicher Kultur bildet nicht lediglich einen großartigen Hintergrund zum Leben dieses Meisters der Staatskunst, er war ihr vielmehr als Gründer und Stifter, als Auftraggeber und Gönner, als Vorbild und Souverän eng verbunden. In Ludwigs strahlender Gestalt vereinigen sich die edelsten Kräfte jenes unerhört lebendigen Zeitalters.

Ludwig war, als sein Vater Ludwig VIII. starb, erst zwölf Jahre alt. So übernahm seine Mutter Blanka die Führung des Königreiches. Eine Frau regierte im Namen eines Kindes, während an der bretonischen Küste ein englisches Heer landete. Da schien den Baronen die Stunde gekommen zu sein, den Machtzuwachs, den die Krone errungen hatte, rückgängig zu machen und ihre alte Unabhängigkeit wiederzugewinnen. Die kluge und tatkräftige Regentin erkannte, daß ihr Sohn Ludwig so schnell wie möglich gekrönt werden müsse, damit er den Treueeid der Großen empfangen könne. Erst dann war ihm der Thron, den er von seinem Vater geerbt hatte, rechtlich gesichert. Die Königin schrieb Briefe an Bischöfe und Barone und lud sie zur Krönung nach Reims. Die Antworten waren nicht ermutigend. Manche Herren lehnten ihr Erscheinen ab. Etliche forderten, daß die feudalen Rechte der Barone, die unter den beiden letzten Königen zugunsten der Krone eingeschränkt worden waren, wiederhergestellt wurden. Trotz allem wurde der junge König am festgesetzten Tage zu Reims gekrönt.

Durch kluge militärische, diplomatische und politische Maßnahmen konnte Blanka die aufsässigen Barone eine Zeitlang in Schach halten. Die Rebellen waren indes keineswegs versöhnt. Daß sie sich einer Frau beugen mußten, wurmte sie. Schließlich verschworen sie sich, den jungen König, wenn er mit seiner Mutter von Orleans nach Paris reiste, in ihre Macht zu bekommen. Vom Grafen der Champagne gewarnt, beschleunigte Blanka ihre Reise, doch als sie Montl'héry erreichte, erfuhr sie, daß die Straße bereits besetzt war. Da sandte sie Boten nach Paris und zu den umliegenden Höfen. Die Ritter rundum verbanden sich mit der Bürgerwehr von Paris, um dem König beizustehn. Unter ihrem Schutz konnte Ludwig die Reise fortsetzen. Mit wehenden Bannern marschierte die stattliche Heerschar voran, und die Soldaten der Barone, die im Hinterhalt lauerten, wagten nicht, eine so überlegene Streitmacht anzugreifen. Rechts und links der Straße stand das Volk Spalier und rief, Gott möge dem König langes Leben geben und ihn vor seinen Feinden retten – ein Erlebnis, von dem Ludwig bis an sein Ende gern erzählte.

Der Friede blieb nicht lange gewahrt. Die Barone erhoben sich im Norden, wo sie mit dem König von England im Bunde standen, und im Süden des Landes, wo sie mit den Albigensern gemeinsame Sache machten. In mehreren Feldzügen, in denen Ludwig seinen persönlichen Mut und seine militärische Geschicklichkeit bewies, wurden sie besiegt. Auch der Einfall Heinrichs III. von England in die Bretagne konnte nichts ausrichten. Noch ein zweites Mal versuchte der englische König, seine kontinentalen Gebiete zu erweitern, indem er im Bunde mit einigen französischen Grafen einen Krieg gegen den Kapetinger vom Zaune brach. Er wurde von Ludwig, der seine Armee persönlich führte, geschlagen. „Von da an", so schreibt ein Zeitgenosse, „unternahmen die Barone Frankreichs nichts mehr gegen ihren gesalbten Herrn, denn sie sahen, daß Gott mit ihm war."

Der König hatte seine Herrschaft befestigt, im Innern gegen die Barone, nach außen gegen England. Fortan brauchte er seine Autorität nicht mehr mit Waffen zu behaupten. Von Kindheit an hatte er zu viel Krieg erlebt, um nicht den Segen des Friedens hochzuschätzen. Er sah die Glorie seiner Herrschaft keineswegs darin, fruchtbare Provinzen zu verwüsten, Städte und Burgen zu plündern und zu zerstören. Vielmehr war er der Ansicht, es sei in diesen Fehden zwischen Christen kein Ruhm zu holen. Um so lieber widmete er sich friedlicher Arbeit für das Wohl seines Reiches.

Mit neunzehn Jahren heiratete Ludwig die vierzehnjährige Margarete, die älteste Tochter des Grafen der Provence. Blanka hatte die Wahl getroffen; die beiden sahen sich am Tage vor der Hochzeit zum ersten Mal. Von der zärtlichen Liebe des blutjungen Paares und der Eifersucht Blankas auf ihre Schwiegertochter sind einige amüsante Geschichten überliefert, mit denen wir uns hier nicht aufhalten wollen. Margarete schenkte ihrem Gatten sechs Söhne und fünf Töchter. So großen Einfluß Ludwig seiner Mutter in den staatlichen Angelegenheiten einräumte, seine Frau ließ er nicht mitregieren, und kaum einmal duldete er, daß sie sich in politische Dinge einmischte.

Ludwig war ein treuer Sohn der Kirche und zugleich ein rechtlich denkender Monarch. Bei Streitigkeiten zwischen Geistlichen und Laien fiel ihm nicht ein, von vornherein die Partei der Geistlichen zu ergreifen, wohl wissend, daß auch der Klerus sich zu manchen Ungerechtigkeiten hinreißen ließ. Er achtete die Bischöfe, aber lehnte es ab, ihr gefügiges Werkzeug zu sein.

Bischof Milo von Beauvais, ein lebenslustiger Verschwender und Haudegen, meinte, der König habe seine Rechte in der Stadt verletzt, indem er von sich aus einen Bürgermeister einsetzte und, als dieser durch eine Revolte vertrieben wurde, die Aufrührer bestrafte. Als der Prälat sich weigerte, die Kosten des königlichen Aufenthaltes zu Beauvais zu bezahlen, wurden seine Güter sofort beschlagnahmt. Der Erzbischof von Reims und seine Suffragane unterstützten die schlechte Sache ihres Amtsbruders. Eine Provinzialsynode verlangte vom König die Wiedereinsetzung Milos in sein Lehen. Ludwig antwortete, die Angelegenheit beträfe die zeitlichen Rechte des Bischofs, und in dieser Hinsicht sei der Bischof, wie jeder andere Baron, dem Gerichtshof des Königs unterworfen. Die Prälaten antworteten mit dem Interdikt, worauf ihre Domkapitel ihnen den Gehorsam verweigerten und an den Papst appellierten. Rom mißbilligte das übereilte, unvernünftige Verhalten der Bischöfe und befahl, das Interdikt aufzuheben.

Der Klerus beanspruchte, daß jede Klage, bei der ein Geistlicher beteiligt sei, vor einen kirchlichen Gerichtshof gehöre, selbst wenn der Fall rein weltliche Dinge betraf. Damit stand dem Mißbrauch geistlicher Strafgewalt Tür und Tor offen. Man schleuderte den Bann gegen jeden, der wegen materieller Interessen mit einem Kleriker in Konflikt geriet. Dadurch stand ein Laie von vornherein im Nachteil. Daß eine Kirchenstrafe wie das Interdikt auch alle unschuldigen Bewohner eines Bezirkes schädigte, bereitete immer großes Ärgernis. Im Jahre 1235 verhandelte eine Versammlung der Großen in Gegenwart des Königs diese Fragen. Sie richteten eine Beschwerde an den Papst über das Verhalten von Bischöfen und Äbten, die sich weigerten, über ihre Lehnsgüter dem Lehnsherrn Rede und Antwort zu stehn. Sie baten den Papst, ihre Rechte zu bestätigen, wie sie ihrerseits gewillt seien, die Privilegien der Kirche zu wahren. Falls die Unordnung anhalte, wollten der König und die Barone Maßnahmen treffen, sie zu beenden. Dem Protest folgte ein königlicher Erlaß, der bestimmte, daß Vasallen ihre weltlichen Angelegenheiten nicht vor kirchliche Gerichtshöfe bringen dürfen; daß ein aus materiellen Interessen verhängter Bann mit der Beschlagnahme von Land und Gut des Klerus beantwortet werden soll; daß Geistliche nicht im Hinblick auf ihre Person, sondern im Hinblick auf ihre Lehnsgüter vor weltliche Gerichte gehören. Diese Forderungen veranlaßten den Papst zu bitteren Briefen an Ludwig und an die Barone. Gregor IX. forderte Zurücknahme des Erlasses, drang aber mit seinen Vorstellungen nicht durch.

Ludwig wollte keineswegs den Klerus unterdrücken, stand er doch – fromm wie er war – ihm sehr wohlwollend gegenüber. Nur beharrte er darauf, daß die weltlichen Angelegenheiten der Geistlichen vor weltliche Gerichte gehörten. Es bestand keine Gefahr, daß die Geistlichen in ihm einen voreingenommenen Richter fänden. Das zeigte sich in der Angelegenheit des Erzbischofs von Reims. Dieser Prälat hatte einen Streit mit den Bewohnern seiner Stadt und exkommunizierte sie alle. Als sie sich nicht unterwarfen, rief er den Beistand des Königs an. Ludwig wollte die Sache untersuchen, der Erzbischof aber lehnte eine solche Nachprüfung entrüstet ab. Es genüge, daß seine Gegner im Banne seien; sie sollten als bereits Verurteilte behandelt werden. Er rufe die weltliche Macht an, nicht damit sie richte, sondern damit sie bestrafe. Ludwig dagegen wollte kein Urteil sprechen und keine Strafe verhängen ohne vorangegangene Untersuchung. Da berief der Erzbischof eine Provinzialsynode, die sieben Bischöfe zum König abordnete mit der Forderung, Reims zu bestrafen. Ludwig lehnte abermals ab. Nun verhängten die Bischöfe das Interdikt über ihre Diözesen, die doch mit der Sache überhaupt nichts zu tun hatten. Auch dies konnte die Stadt Reims nicht beugen. Notgedrungen ließ der Erzbischof dann doch den ganzen Fall vor dem königlichen Gericht verhandeln, und fast in allen Punkten bekam er Recht.

Die Strafe der Exkommunikation war von der Kirche schon seit geraumer Zeit so häufig verhängt worden, daß sie auf denkende Christen kaum noch Eindruck machte. Die französischen Bischöfe beschwerten sich beim König darüber und verlangten von ihm, durch staatliche Druckmittel die Widerspenstigen so gefügig zu machen, daß sie die Kirche zufriedenstellten. Joinville erzählt als Augenzeuge von der Audienz, die Ludwig den Prälaten in seiner Pariser Hofburg gewährte: „Der Bischof Gui von Auxerre sprach zum König im Namen aller folgendermaßen: ‚Sire, die hier versammelten Erzbischöfe und Bischöfe haben mich beauftragt, Euch zu sagen, daß die Christenheit unter Euren Händen zugrunde geht.' Der König bekreuzigte sich und sprach:

‚Ach, sagt mir doch, wieso denn?' — ‚Sire', antwortete jener, ‚man kümmert sich heutzutage so wenig um den Kirchenbann, daß die Leute lieber im Banne sterben als sich lossprechen lassen und der Kirche Genugtuung leisten wollen. Die anwesenden Herren ersuchen Euch deshalb, daß Ihr Euren Landrichtern und Amtmännern befehlt, alle, die Jahr und Tag im Bann verharren, durch Einziehung ihrer Güter zu zwingen, sich lossprechen zu lassen.' Darauf entgegnete der König, er werde anstandslos diesen Befehl erteilen, wenn man ihn davon überzeugte, daß die Betreffenden Unrecht hätten. Darauf berieten sich die Herren und erklärten dann, sie würden um keinen Preis zugeben, daß der König kirchliche Gerichtsurteile überprüfe. Der König gab zurück, anders tue er es nicht. Das wäre ja wider Gott und Vernunft, wenn er das Volk zwänge, sich lossprechen zu lassen, wenn die Geistlichen ihnen Unrecht tun. ‚Ich will Euch ein Beispiel nennen', fügte er hinzu, ‚nämlich den Grafen der Bretagne. Er war volle sieben Jahre lang von den bretonischen Bischöfen exkommuniziert und appellierte dagegen an den römischen Stuhl. Der Papst sprach ihn los und verurteilte die Bischöfe. Hätte ich ihn genötigt, nach einem Jahr Absolution zu suchen, so hätte ich gegen Gott und gegen ihn gesündigt.' Da standen die Prälaten ab, und nie habe ich gehört, daß später noch ein Antrag in diesen Dingen gestellt worden wäre."

Wiederholt hatte Ludwig auch Auseinandersetzungen wegen seines Rechtes, Kirchenstellen zu besetzen. Nun war freilich dieses königliche Recht problematisch, doch in der Hand dieses heiligen Herrschers gereichte es der Kirche zum Segen. Bei der Verleihung von Kirchenämtern war Ludwig besorgt, daß nur geeignete Personen ernannt wurden. Deshalb führte er eine Liste verdienter Kleriker, deren Gelehrsamkeit oder Frömmigkeit ihm aufgefallen war. Er lehnte es ab, einem ein Benefizium zu geben, wenn er nicht sein bisheriges Benefizium aufgab: Pfründenhäufung duldete er nicht. Sein Amt als „Verteidiger der Kirche" nahm er ernst. Ungerechtigkeiten und Gewalttätigkeiten gegen die Geistlichkeit bestrafte er, und manchesmal hat er Bischöfe und Priester gegen Übergriffe seiner Barone geschützt.

Die Streitigkeiten des Königs von Frankreich mit seinen Bischöfen blieben, wenn auch dergleichen in andern Ländern vorkam, von lokaler Bedeutung. Auf ganz anderer Ebene ereignete sich damals jener Zusammenprall von geistlicher und weltlicher Macht, von dem der Erdkreis widerhallte. Mehr als zwei Jahrzehnte suchten Papst und Kaiser den Geltungsbereich ihrer Gewalt gegenseitig zu beschränken. Es war ein Kampf auf Leben und Tod.

Friedrich II. von Hohenstaufen, ein zynischer Freigeist, hatte als Gebannter einen Kreuzzug unternommen und ohne Schwertstreich, nur durch einen Vertrag mit dem Sultan, Jerusalem gewonnen. Er hatte sich selbst am Heiligen Grabe zum König von Jerusalem gekrönt, doch am nächsten Tag eine Moschee besucht und den Mohammedanern Komplimente über ihre Religion gemacht. Dieser Kreuzritter ohne Kreuz war ein herausforderndes Rätsel. Während er an seinem sizilischen Hof in sarazenischer Kleidung ging, mit arabischen Ärzten und Philosophen diskutierte und einen Harem hielt, begründete er in Ravenna die Inquisition und forderte eine Reform der Kirche. Nachdem der ketzerische Ketzerverfolger mit den lombardischen Städten Krieg begonnen, wurde er wieder vom Papst gebannt. Zur allgemeinen Erbauung des Abendlandes traktierten sich das weltliche und das geistliche Haupt der Christenheit gegenseitig mit Schimpfwörtern wie „Tier der Apokalypse", „Antichrist" und „brüllender Löwe".

Während Gregor IX. von einem Konzil Unterstützung erhoffte, rief Friedrich II. die Fürsten um Hilfe.

In dieser heiklen Lage nahm Ludwig einen gradlinigen Weg, nämlich den der strikten Neutralität. Obwohl Gregor ihm zwei Briefe schrieb, um ihn für den Kampf gegen Friedrich zu gewinnen, ließ er sich nicht von diesem Wege abbringen und tat alles, damit sein Land nicht in die Auseinandersetzung verwickelt wurde. In den Jahren, da Friedrich sich mit dem Papst vorübergehend versöhnt hatte und noch nicht wieder gebannt war, hatte Ludwig mit dem Kaiser ein Bündnis geschlossen, und daran hielt er sich auch jetzt noch gebunden, mochte ihm der Vertragspartner persönlich sympathisch sein oder nicht. Als der Papst den Hohenstaufen für abgesetzt erklärte und die Kaiserkrone dem Grafen von Artois, dem Bruder Ludwigs, anbot, nannten die versammelten französischen Barone diesen Schritt eine unerhörte Anmaßung, und Ludwig erlaubte nicht, daß sein Bruder sich zum Gegenkaiser machen ließ. Anderseits bedeutete Ludwig dem Hohenstaufen, er möge seinen Krieg nicht über die Grenzen tragen, und als Gregor ein Konzil berief, um für seine Verdammung des Kaisers die Zustimmung der ganzen Kirche zu erhalten, gestattete Ludwig den französischen Prälaten, der päpstlichen Einladung zu folgen.

Friedrich versuchte, die Zusammenkunft der Bischöfe zu vereiteln. Im Golf von Genua griff seine Flotte 25 Schiffe an, die auf dem Wege nach Rom waren, versenkte drei, eroberte die übrigen mit drei Legaten und mehr als hundert Erzbischöfen, Bischöfen und Äbten an Bord und führte sie nach Neapel, wo er die geistlichen Würdenträger ins Gefängnis steckte. An die Fürsten Europas schrieb er, sie möchten mit ihm jubeln über diesen Schlag, der dem Angriff auf die Rechte der Könige versetzt worden sei. Ludwig aber empfand wenig Neigung, tatenlos zuzusehen, wie die Prälaten seines Reiches gefangen wurden, weil sie zu einem Konzil wollten, zu dem sie rechtmäßig von der höchsten kirchlichen Autorität berufen worden waren. Er forderte vom Kaiser in einem Briefe ihre Entlassung, und als Friedrich sich weigerte, schrieb er ihm: „Das Königreich Frankreich ist nicht so schwach, daß es sich von Euren Sporen drücken ließe." Daraufhin gab Friedrich, der die besten Gründe hatte, es mit Frankreich nicht zu verderben, die französischen Prälaten frei.

Der Vorfall verrät, von welchen Grundsätzen sich Ludwig in dem Kampf der beiden höchsten Gewalten leiten ließ. Wie ganz Europa fand er, daß der Papst seine Macht mißbrauchte. Er teilte nicht die Meinung, der Pontifex sei berechtigt, einen Kaiser abzusetzen. In dem Streit gegen den Kaiser wollte er nicht der Vorkämpfer des Papstes sein. Anderseits duldete er keineswegs, daß die Kirche oder ihre Vertreter ungehörig behandelt wurden. Ludwigs Haltung war hier wie auch sonst nicht von Nützlichkeitserwägungen bestimmt, sondern von seiner Achtung vor bestehenden Rechten.

Innozenz IV., der Gregor IX. auf dem Stuhle Petri folgte, erneuerte den Bann über Friedrich II. Ludwig suchte zwischen den beiden unbeugsamen Gegnern zu vermitteln, brachte aber keinen Frieden zustande. Innozenz war noch hartnäckiger als sein Vorgänger, und Friedrich wußte sich an militärischer und politischer Macht zu überlegen, um sich durch die Flüche päpstlicher Rundschreiben beeindrucken zu lassen. Vor den kaiserlichen Heeren in der Lombardei und in Süditalien flüchtete der Papst nach Genua und von dort nach Lyon. Die Stadt war ein Lehen des Kaisers, wurde von ihrem Erzbischof regiert und lag verhältnismäßig sicher; doch wollte Innozenz sich lieber weiter westlich niederlassen. Der König von England und der König von Aragon lehnten es ab, einem so kostspieligen und gefährlichen Gast Asyl zu gewähren. Auch Ludwig konnte, obwohl 500 Äbte zu Citeaux ihn kniefällig darum anflehten und päpstliche Gesandte das Gesuch offiziell wiederholten, sich nicht dazu entschließen, dem Heiligen Vater auf seinem Hoheitsgebiet Unterschlupf zu bieten. Die französischen Barone äußerten sich einstimmig dagegen. Die Sache des Papstes war offensichtlich weithin unbeliebt.

Im Advent dieses Jahres 1244 wurde Ludwig auf den Tod krank. Schon versammelten sich Barone und Prälaten um sein Bett, um seine letzten Worte zu hören. Das Volk strömte in die Kirchen und betete für die Erhaltung eines so gerechten Königs. Blanka gelobte schluchzend, wenn er gesunde, werde er zum Heiligen Grabe nach Jerusalem pilgern. Da rührte der König sich wieder, ließ den Bischof von Paris kommen und befahl ihm, das Kreuz an seine Schulter zu heften, zum Zeichen der versprochenen Fahrt ins Heilige Land. Jetzt bereute Blanka ihr Gelübde und beschwor ihren Sohn, den unwiderruflichen Schritt nicht eher zu tun, als bis er wieder zu Kräften gekommen sei. Ludwig aber bestand auf seinem Willen, bekam das Kreuz und genas von seiner Krankheit. Diese plötzliche Wende zur Gesundung erschien ihm als ein Zeichen vom Himmel. „Gott hat mich nicht umsonst gesund gemacht", pflegte er zu sagen, wenn man ihm vom Kreuzzug abriet.

Bald trafen Meldungen ein, daß Jerusalem wieder in die Hände der Sarazenen gefallen sei und daß die Ordensritter bei Gaza eine vernichtende Niederlage erlitten hätten. Diese Nachrichten bestärkten Ludwig in der Überzeugung, er müsse dem Heiligen Lande zu Hilfe eilen. Begeisterung fand er nicht, als er seine Kreuzzugspläne kundtat. Der Enthusiasmus war längst nicht mehr so heiß wie anderthalb Jahrhunderte zuvor und vermochte vernünftige Überlegungen kaum noch so ohne weiteres zu überwältigen. Die Barone äußerten allerlei Einwände; der König von England meinte, er habe im eigenen Lande zu viel zu tun, um sich einen Kreuzzug leisten zu können; der Kaiser zeigte sich interessiert, ließ es aber vorerst bei guten Worten bewenden. Der Papst segnete das Unternehmen, hoffte er doch, er könne es für seinen Kampf gegen den Kaiser ausnutzen.

Anfang 1245 berief Innozenz ein Konzil, das drei Gegenstände behandeln sollte: die verhängnisvollen Ereignisse im Orient, die Tatarengefahr und — das war der wichtigste Punkt — den Streit des Papstes mit dem Kaiser. Das Konzil trat zu Lyon zusammen, fast nur von französischen und spanischen Bischöfen besucht. Eine Flut von Anklagen ergoß sich über Friedrich. Man erinnerte an seine Gewalttaten gegen die Kirche, seine Eroberung des Kirchenstaates, seine Eidbrüche und seine ketzerischen Äußerungen. Die Verdammung des Kaisers war eine ausgemachte Sache, doch beantragte Ludwig durch seinen Vertreter ihre Verschiebung, damit der Beklagte Gelegenheit habe, persönlich zu erscheinen und sich zu verteidigen. Wirklich wurde eine Frist von zwei Wochen gewährt, die freilich zu knapp war, als daß der Kaiser hätte kommen können. So wurden seine Untertanen von ihrem Gehorsam entbunden, das Kaiserreich für vakant erklärt, die Fürsten zur Neuwahl aufgefordert und das Königreich Sizilien dem Papst zur Verfügung gestellt.

Das Konzil hatte auch Beschlüsse für die Vorbereitung eines Kreuzzugs gefaßt, was Ludwigs Begier, dem Heiligen Lande zu Hilfe zu kommen, nur bestärken konnte. Allen Widerständen zum Trotz begann er, sein Vorhaben zu verwirklichen. Damit die Heilige Fahrt nicht behindert werde, beschloß er mit seinen versammelten Großen für alle

Fehden im Königreich einen Waffenstillstand auf fünf Jahre. Zu Cluny traf er zweimal mit dem Papst zusammen, um über den Kreuzzug und die Versöhnung Friedrichs zu verhandeln. Ludwig wollte Frieden zwischen den beiden Universalmächten. Er wies den Heiligen Vater darauf hin, daß der Kaiser die größte Macht habe, den Kreuzzug zu unterstützen oder zu behindern, denn er beherrsche die Meere, Häfen und Inseln und habe gute Beziehungen zum Orient. Innozenz wird über den König ungehalten gewesen sein, der sich weigerte, alle seine Maßnahmen gegen Friedrich zu billigen; jedenfalls lehnte er die Friedensvorschläge hartnäckig ab. Ludwig aber ging, wie ein Chronist schreibt, entrüstet fort, weil er wenig von der Demut und Versöhnungsbereitschaft gefunden hatte, die er in dem Diener der Diener Gottes erwarten zu können glaubte. Gleichwohl gab er seine Bemühungen um Frieden nicht auf. Er sandte den Bischof von Senlis nach Lyon mit weiteren Vorschlägen. Des Papstes Antwort aber zeigte kein Verlangen nach einem Ausgleich. Innozenz ließ vielmehr einen Kreuzzug gegen den Kaiser predigen, und dieser Zug zur Vernichtung seines Todfeindes war ihm offenkundig wichtiger als die Befreiung Jerusalems. Friedrich holte zum Gegenschlag aus und ließ seine Truppen das Rhonetal hinabmarschieren. Der bedrohte Papst sandte einen Hilferuf an Ludwig, der sofort eine Armee in Richtung Lyon in Marsch setzte. Die Demonstration genügte, Friedrich zum Rückzug zu bewegen. Der Kaiser wagte nicht, den König von Frankreich zu nötigen, seine Neutralität aufzugeben.

Daß Ludwig trotz allem, was ihn von dem Staufer trennte, sich Friedrich gegenüber nicht unfreundlich erwies, zeigt ein Brief, den er ihm wegen des geplanten Kreuzzugs schrieb. „Der Stil der Botschaft ist bezeichnend, denn er scheint über die gewöhnlichen Formen der Höflichkeit und Ehrerbietung hinauszugehen, zu einer Zeit, als der Papst unerbittlich auf Friedrichs Absetzung bestand und ihm seine königlichen oder kaiserlichen Titel absprach" (F. Perry). Der Brief beginnt mit den Worten: „Seinem erlauchtesten und sehr lieben Freund Friedrich, dem stets erhabenen Kaiser der Römer von Gottes Gnaden, dem König von Jerusalem und Sizilien, Gruß und aufrichtige Liebe!" Ludwig dankt dem Kaiser, daß er ihm ermöglichte, aus seinen Gebieten Proviant für den Kreuzzug zu beschaffen. Er werde die vom Kaiser gewährten Vergünstigungen nicht dazu mißbrauchen, seinen Feinden Vorschub zu leisten.

So freundlich Ludwig dem Ketzer Friedrich gegenüber sein konnte, so entschiedene Töne fand er, unbeschadet aller geziemenden Ehrfurcht, wenn es galt, dem Papste die Übergriffe des Apostolischen Stuhles vorzuhalten. Seit langem hatte Rom es verstanden, bei allen möglichen Gelegenheiten und unter allen möglichen Vorwänden riesige Summen Geldes aus den christlichen Ländern, nicht zuletzt aus Frankreich, herauszupressen. Anfangs zahlten die Völker gutwillig, doch wurden die römischen Forderungen immer häufiger und immer höher, und was anfangs freiwillige Gabe war, entwickelte sich zu einer Steuerlast, die man als ungerecht empfand und der man sich zu entziehen suchte. Unter Innozenz IV. hatte die „römische Habgier" ein Ausmaß angenommen, das für Jahrhunderte dem Haß gegen das Papsttum Nahrung gab. Der Zorn der französischen Nation über diese Ausbeutung war berechtigt, und Ludwig teilte ihn. Das Geld, das die vom Papst geschickten Bettelmönche den französischen Bischöfen und Äbten abpreßten, war großenteils für den Kampf gegen den Kaiser bestimmt und wurde dem von Ludwig geplanten Kreuzzug entzogen.

In einem langen Schreiben an Papst Innozenz IV. protestierten Ludwig und seine versammelten Barone. Der König habe schon geraume Zeit mit Unwillen die drückenden Lasten getragen, die der gallischen Kirche und folglich ihm und seinem Reich auferlegt werden. Das Vorgehn des Papstes rufe in Frankreich allgemeine Unruhe hervor. Die Zuneigung, die man hier zur römischen Kirche zu haben pflege, sei durch die Schamlosigkeit päpstlicher Geldeintreiber so gut wie ausgelöscht und habe sich in Haß und Groll gewandelt. Der Papst führe Neuerungen ein, die dem Herkommen und dem Recht widersprächen. Noch nie bisher habe man vernommen, daß die römische Kirche von der gallischen Kirche Abgaben eingezogen habe mit der Drohung: „Gib mir so viel, oder ich exkommuniziere dich!" Auch nach dem kanonischen Recht schulde die französische Kirche die Abgaben von den zeitlichen Gütern niemand anderem als dem König. Ferner habe man noch nie gehört, daß jemals von Priestern Abgaben erhoben worden seien. Solche Neuerungen, die altes Recht brächen, erregten Ärgernis, und durch Ärgernis werde der Friede gestört. „Innere und äußere Unruhe, die Feinde des Friedens, sind die Folgen solchen Tuns. Es macht die empörten Gewissen zur Hinneigung zu Gott unfähig, weil dazu der innere Friede notwendig ist ... Um den Frieden zu wahren, den das Handeln des Papstes zu vernichten droht, griff der König ein ... Unter diesem Gedanken standen auch die Argumente, die sich gegen die Art der Verleihung der Benefizien des Königreiches durch den Papst richteten" (L. Buisson).

Das kanonische Recht verbietet ausdrücklich, einem ein Benefizium zu versprechen, bevor es durch Ableben des bisherigen Inhabers frei wird, „damit es nicht so aussieht, als wünsche man den Tod des Nächsten". Darauf stützt Ludwig sich, wenn er dem Papst entgegenhält: „Es ziemt Euch nicht, jemand Gelegenheit zu geben, den Tod seines Nächsten zu wünschen." Es kam ihm verkehrt vor, wenn der Papst so handelt, daß er den Zweck seiner Macht, nämlich die Seelen zu Gott zu führen, selber vereitelt. „Wenn Ihr dies und anderes wegen einer gewissen Machtvollkommenheit tut, muß diese im Hinblick auf den Sinn des Amtes eingeschränkt und durch mäßigende Verminderung begrenzt werden." Die Bestimmungen des Kirchenrechts verlangen ja vom Papst, daß er die Menschen stärkt und sich um Verbesserung, Predigt und Seelsorge kümmert, statt den Menschen wegzunehmen, was ihnen gehört, und Ärgernis zu erregen. Weil der Papst französische Benefizien Italienern und andern Ausländern verleiht, die nie in ihren Kirchen anwesend sind, wohl aber die Einkünfte aus diesen Stellen einstreichen, werden die Benefizien dem Zweck, den ihre frommen Stifter beabsichtigten, nämlich dem Gottesdienst und der Seelsorge, entfremdet. Jetzt sei dem Klerus noch eine zusätzliche Last aufgebürdet worden: Er solle dem Papst mit Soldaten gegen den Kaiser helfen. Des Königs Vorfahren hätten die Kirchen Frankreichs gegründet und ausgestattet, ihre Besitztümer unterständen deshalb allein dem König. Darum wolle er, solange er lebe, nie und nimmer zulassen, daß die Kirche unter das Joch des Unrechtes, der Verarmung und der Knechtschaft gerate, da sie sonst ihren Dienst an Gott und den Menschen nicht mehr versehen könne. Das französische Königreich dürfe nicht derart ausgeplündert werden, daß es außerstande ist, die Kosten für den Kreuzzug aufzubringen. Die Botschaft schließt mit den Worten: „Der König liebt Euch aufrichtig, wie Ihr wißt, und hat Mitleid mit Eurer Not. Aber er muß Freiheiten und Herkommen des ihm von Gott anvertrauten Königreiches bewahren ... Deshalb bittet er Euch, seinen sehr lieben Vater in Christus, innigst um Gottes Ehre und Eurer eigenen Ehre willen, das Ärgernis zu entfernen, die Frömmigkeit Frankreichs und seine Kirche zu bewahren, fortan von jener unerträglichen Bedrückung zu lassen und das bereits verübte Unrecht wiedergutzumachen."

Als dieser Protest nichts fruchtete, verbanden sich die französischen Barone zu einer Organisation der Selbsthilfe gegen klerikale Raffgier und Anmaßung. Ludwig unterstützte sie offen und nachdrücklich. Das scharfe Manifest, das die Barone veröffentlichten, trug Siegel und Unterschrift des Königs. Der Papst, erzürnt über diese unerwartete Rebellion, antwortete mit Bannflüchen gegen die Mitglieder der Liga. Er glaubte von den Bischöfen Frankreichs Unterstützung gegen die Barone zu erhalten. Doch er täuschte sich. Eine Abordnung des Episkopats, der Domkapitel und der niederen Geistlichkeit beschwerte sich ebenfalls über die Bedrückung durch römische Steuereintreiber und über die Entfremdung französischer Benefizien. Die römische Kirche, so heißt es in der Denkschrift des französischen Klerus, scheine sich nicht mehr ihrer ursprünglichen Einfachheit zu erinnern. Sie ersticke in Reichtümern, die in ihr Habgier erweckt hätten. „Möge die erste aller Kirchen ihren Vorrang nicht dazu mißbrauchen, andere zugrundezurichten!"

Nicht immer stand der französische Klerus mit dem König an derselben Front. „Die Beispiele sind in Fülle da, wo der König und die Großen durch ihr Verhalten die Geistlichkeit zwingen, in Rom Schutz zu suchen" (U. Bünger). Es kam auch wiederholt vor, daß Papst und König gegen den französischen Episkopat zusammenstanden. Wie auch immer der König sich bei kirchenpolitischen Streitigkeiten verhielt, stets ließ er sich ausschließlich von den Pflichten seines Amtes und von der Gerechtigkeit der Sache leiten.

Die Gewissenhaftigkeit des Königs zeigte sich unter anderem in der Tatsache, daß er nicht nur die ungerechte Besteuerung seitens kirchlicher Stellen zu verhindern suchte, sondern auch jede ungerechte Bedrückung seitens seiner eigenen Beamten. Um die gleiche Zeit, als er mit seinen Bischöfen und Baronen beim Papst gegen die päpstlichen Geldeintreiber protestierte, ließ er im ganzen Lande durch Ausrufer bekanntmachen, daß jeder Mann, der sich im Hinblick auf Steuern oder Requisitionen von königlichen Beamten ungerecht behandelt fühlte, sich beschweren solle, damit ihm Gerechtigkeit werde. Die Feststellung etwa begangenen Unrechts sollte sich nicht auf seine Regierungszeit beschränken, sondern die seines Vaters Ludwig VIII. und seines Großvaters Philippus Augustus einbeziehen. Alles nachweisbare Unrecht der letzten vierzig Jahre sollte, soweit wie möglich, wiedergutgemacht werden. „Es dürfte der erste Fall in der Geschichte gewesen sein, daß ein König sich verpflichtet fühlte, die Schuldrechnung seiner leiblichen Vorfahren anzuerkennen und zu begleichen" (F. M. Stratmann).

Diese praktische Form, sein Gewissen zu reinigen, gehörte zu Ludwigs geistigen Vorbereitungen des Kreuzzugs. Ehe er ins Heilige Land fuhr, sollte daheim alles wohl geordnet und geregelt sein. Der König rüstete sich zum Kreuzzug wie zum Empfang eines Sakramentes. Er machte große Stiftungen für Klöster, damit die Ordensleute für ihn und sein Unternehmen beteten. Ihm war der Kreuzzug in erster Linie nicht eine militärische, politische oder wirtschaftliche Angelegenheit, sondern ein religiöses Ereignis, eine Wallfahrt, eine besondere Art von Gottesdienst. Diese Haltung schloß natürlich nicht aus, daß für Ludwigs Kreuzzug auch politische Erwägungen eine Rolle spielten. Theodor Michaux hat gezeigt, daß die Hauptentscheidungen des Kreuzzugs politisch bedingt waren; er schreibt über Ludwigs Haltung: „Die Grundprinzipien seiner Politik können wir unter zwei Gesichtspunkten zusammenfassen: 1. Übernahme der Vertretung der gesamtchristlichen Interessen, die von ihren berufenen Fürsprechern, Kaiser und Papst, infolge des politischen Konflikts notwendig hatten vernachlässigt werden müssen. 2. Absolute Neutralität im Kampf der zwei Universalmächte bei ständigen Versuchen, sie zum Kompromiß zu nötigen."

1247 erklärte Ludwig vor dem Parlament zu Paris feierlich, daß er binnen einem Jahre zum Kreuzzug aufbrechen wolle. Noch einmal wurde versucht, ihn von seinem waghalsigen Vorhaben abzubringen. Der Bischof von Paris, unterstützt von vielen Baronen, stellte ihm die ernste politische Lage Europas vor Augen und die Gefahr, die seine Abwesenheit für Frankreich bedeute. Blanka fürchtete, seine schwache Gesundheit werde der Seereise und dem Feldzug nicht gewachsen sein, erklärte ihm, sein Gelübde sei nicht bindend, da er das Kreuz im Fieber genommen habe, und schloß sich den Bitten des Bischofs an. Darauf sagte Ludwig: „Ich tue, wie Ihr wollt. Herr Bischof, ich gebe Euch das Kreuz zurück." Schon begannen die Umstehenden sich zu beglückwünschen; doch Ludwig sprach weiter: „Jetzt bin ich jedenfalls nicht im Fieberwahn. Gebt mir mein Kreuz zurück! Gott weiß, daß ich nicht eher Speise zu mir nehme, als bis ich aufs neue mit ihm bezeichnet bin." Auch der Papst bat Ludwig, seine Reise aufzuschieben, bis man sehe, wie Gott den ketzerischen Hohenstaufen bestrafe; übrigens brauche der König nicht übers Meer zu fahren, um für den Glauben zu kämpfen, da es in Italien genug Häretiker gebe. Innozenz lag daran, gegen die kaiserlichen Heere auf alle Fälle einen mächtigen Beschützer zur Hand zu haben. „Aber er mühte sich vergebens ab", schrieb ein Mönch seines Hofes, „denn er konnte den König von seinem Verlangen, übers Meer zu fahren, nicht abbringen."

Die Zeit zur Abfahrt nahte. Eine große Flotte lag ausgerüstet im Hafen von Aigues Mortes, bereit in See zu stechen. Ludwig empfing die Oriflamme, das Banner Frankreichs, und den Pilgerstab, übergab die Regierung des Königreiches seiner Mutter und nahm Abschied von ihr. Auf seinem Wege zur Küste besuchte er zu Lyon noch einmal den Papst, um ihn anzuflehen, gegen Friedrich milder zu sein, wenigstens des Kreuzzugs wegen. Es war sein letzter Versuch, zwischen Kaiser und Papst Frieden zu stiften. Doch Innozenz blieb unerbittlich und erklärte, er werde keinen Friedensvertrag schließen, der nicht die Ehre der Kirche völlig herstelle, die Sicherheit ihrer Parteigänger gewährleiste und Friedrich mit allen Hohenstaufen vom Kaiserthron ausschließe. Traurig entließ Ludwig die Gesandten, die der Kaiser, obwohl er kaum auf Frieden hoffte, auf sein Ersuchen geschickt. Fortan hatte Ludwig keinen Anteil mehr an der Geschichte Friedrichs II. Aber im Orient sollte er noch von dem Niedergang des stolzen Staufers hören, von den Revolten und verlorenen Schlachten, von dem Verlust seiner besten Freunde, von seinem Wahnsinn und seinem Tod.

Mit seiner Gemahlin, seinen Brüdern, dem apostolischen Legaten und der Elite seiner Armee schiffte sich der König ein. Bei gutem Wind und unterm Gesang des *Veni creator spiritus* stach die Flotte in See. Ludwigs Ziel war, das Zentrum der sarazenischen Macht anzugreifen, Ägypten zu unterwerfen und von Kairo aus Jerusalem zu erobern. Auf Zypern überwinterte der König. Dort schlossen sich viele Trupps von Kreuzfahrern aus Frankreich und andern Ländern ihm an. Als die Streitmacht im Frühling aufbrach, zählte sie 1800 Schiffe und 3000 Ritter, von denen jeder sein Gefolge hatte. Der Start mißglückte zuerst, ein Sturm zerstreute die Flotte gleich nach der Abfahrt – ein böses Vorzeichen.

Vor der Landung bei Damiette am Nildelta hielt Ludwig eine Ansprache an seine Soldaten: „Gottes Wille hat uns hierher geschickt. Ich bin nicht König von Frankreich,

ich bin nicht die heilige Kirche. Ihr, ihr alle, seid König und Kirche. Ich bin nur ein Mensch, dessen Leben, wenn es Gott gefällt, wie das eines anderen geopfert wird. Wie es auch ausgehn mag, wir sind sicher. Entweder werden wir siegen und Gottes Ruhm und Frankreichs Ehre steigern, oder wir werden als Märtyrer fallen. Es wäre Wahnsinn zu denken, der Herr habe mich vergeblich gesund gemacht."

Des Sultans Heer stand auf dem Strande. Von ihren Schiffen sahen die Kreuzfahrer die goldenen Waffen in der Sonne blitzen, und sie hörten die sarazenischen Hörner, Trommeln und Zimbeln. Ludwig konnte nicht schnell genug an Land kommen. Mit Todesmut sprang er in seiner Rüstung ins Wasser, watete hindurch und griff den Feind an. Die Festung Damiette wurde genommen.

Wie schon in den Feldzügen gegen die Engländer und gegen die Barone bewies Ludwig auch in Ägypten draufgängerischen Mut. Doch von der Umsicht in Planung und Truppenführung, die ihn früher auszeichnete, war jetzt nichts mehr zu spüren. Fast sah es so aus, als verlasse sich der König während der Heiligen Fahrt ausschließlich auf die Führung Gottes und verzichte auf eigenes Überlegen. Aber Gottvertrauen macht Vorsicht und Umsicht nicht überflüssig, und Schneid kann Strategie nicht ersetzen. Von den möglichen Wegen nach Kairo wählte Ludwig den ungünstigsten: den mitten durch das Gewirr von Wasserläufen des Nildeltas hindurch, wobei ein Flußarm nach dem andern mühsam zu überqueren war. Außerdem zögerte er monatelang in Damiette, ehe er den abenteuerlichen Zug nach Süden antrat. Napoleon hat Ludwig alle strategischen Fehler nachgerechnet und bekannt, wenn er selber solche Fehler begangen hätte, wäre sein ägyptischer Feldzug gescheitert.

Bei Mansura, etwa sechzig Kilometer nilaufwärts von Damiette, kam es zu einer Schlacht. Ludwig war mitten im Getümmel. „Nie sah ich einen so tüchtigen Ritter", schreibt Joinville, der neben ihm kämpfte. „Er überragte um Haupteslänge alle seine Leute, den Goldhelm auf dem Kopf, ein doppelhändiges Schwert in der Hand." Unter großen Verlusten gewannen die Kreuzfahrer einen zweifelhaften Sieg. Hungersnot und Seuchen lähmten bald ihre Angriffslust. Das Heer schmolz zusammen, die Leichenberge häuften sich, eine niederdrückende Stimmung nahm den Überlebenden die letzte Zuversicht. Rundum stand der Feind und zermürbte sie mit Pfeilen und Phosphorbomben. Der einzige Mann, der in dieser verzweifelten Lage noch Mut und Tatkraft behielt, war Ludwig. Er besuchte die Kranken, stärkte die Sterbenden und heiterte die Niedergeschlagenen auf. Es wurde beschlossen, nilabwärts nach Damiette zurückzuziehen. Die Kranken wurden zu Schiff transportiert. Ludwig war erschreckend abgemagert und so schwach, daß er nicht gehen konnte und ein paarmal in Ohnmacht fiel. Auch ihn hatte die Seuche gepackt. Trotzdem lehnte er es ab, wie die anderen Kranken beschleunigt in Sicherheit gebracht zu werden: „Ich habe meine Leute hierhergebracht, und ich will sie mit mir zurückbringen oder mit ihnen sterben." Er ließ sich auf ein Pferd heben und nahm seinen Platz in der Nachhut, der gefährlichsten Stelle. Die Sarazenen stießen bald nach. Die Kreuzfahrer waren zu erschöpft, um sie zurückzuschlagen. Aus dem Rückzug wurde eine Flucht und dann ein Blutbad. Die Überlebenden wurden gefangengenommen, und manchem Ritter kamen die Tränen, als er seinen König in Ketten sah.

Die nächsten Wochen waren furchtbar. In einem der Gefangenenlager wurden die Christen einzeln hinausgeführt und gefragt, ob sie den Islam annähmen; wer sich weigerte, seinen Glauben abzuschwören, wurde sofort geköpft. Dem sterbenskranken

König retteten sarazenische Ärzte das Leben. Keine einzige Klage kam von seinen Lippen. Er verbot den Baronen, auf eigene Faust für sich selbst Lösegeld anzubieten, damit nicht die Reichen freikämen und die übrigen in Sklaverei gerieten. Persönlich führte er mit den Mohammedanern Verhandlungen wegen der Gefangenen. Er wollte keinen Frieden schließen, der nur ihm, nicht aber der ganzen Armee die Freiheit gebe.

Die Lage war nicht ganz aussichtslos. Noch befand sich Damiette in christlicher Hand, verteidigt von der Königin Margarete, die bei dieser Gelegenheit außerordentliche Tapferkeit und Tatkraft bewies. Die Nachricht von ihres Gatten Niederlage und Gefangennahme drückte sie so nieder, daß sie dem Sohn, den sie damals gebar, den Namen Tristan gab. Ihr staatsmännisches Verhalten rettete die Stadt und mit der Stadt den König und alle Gefangenen.

Der Sultan wünschte schnellen Frieden, da er gegen die Mameluken ziehen wollte. Er ließ Ludwig mit der Folter drohen, konnte ihn aber nicht gefügig machen. Die Emire staunten, daß der besiegte und gefangene König keineswegs verzagt war und sich seiner Sicherheit gegenüber völlig gleichgültig verhielt. Dieser Gleichmut im Unglück erregte die Bewunderung auch der Gegner. Ludwigs Festigkeit erreichte verhältnismäßig günstige Bedingungen. Gegen Auslieferung Damiettes und ein Lösegeld von einer Million byzantinischer Goldstücke sollten alle freigelassen werden. Sobald dieser Vertrag zustandegekommen war, zog der Sultan mit Ludwig und den Gefangenen nach Damiette und lagerte vor der Stadt.

Plötzlich stürzten Mohammedaner in Ludwigs Zelt und schwangen blutige Krummsäbel über seinem Haupt. Ludwig mußte glauben, es gehe ihm ans Leben. Bald wurde alles geklärt. Die aufgeregten Eindringlinge waren Mameluken, die soeben ihren Sultan ermordet hatten und nun vom König Belohnung dafür wünschten. Mehrmals in den nächsten Tagen stand das Leben des Königs und der Gefangenen auf Messers Schneide. Die unberechenbaren Emire befanden sich in einem Zustand von Tollheit und waren drauf und dran, die Christen in einem allgemeinen Massaker zu vernichten. Doch plötzlich wurden sie freundlich, erneuerten den Vertrag und gaben den Gefangenen reichlich zu essen. Damiette wurde übergeben, und mit Mühe brachte man die erste Hälfte des Lösegeldes zusammen. Endlich durfte Ludwig mit einem Teil der geschlagenen Kreuzfahrer sich einschiffen. Der andere Teil mußte so lange in Gefangenschaft bleiben, bis die zweite Hälfte des Lösegeldes bezahlt sein würde. Auch alle Kranken wurden an Land zurückgehalten; sie wurden von achtzig sarazenischen Bogenschützen erbarmungslos niedergemacht.

Wie vereinbart, wurde die erste Hälfte des Lösegeldes noch vor der Abfahrt des Königs ausgehändigt. Das Abwiegen der Goldstücke dauerte zwei Tage. Durch ein Versehen der Sarazenen zahlten die Franzosen zehntausend Pfund zu wenig. Ludwig hörte davon, als sich ein Ritter dessen brüstete, und wurde wegen des Betruges zornig. Er befahl, sofort das Fehlende nachzuzahlen. Nicht einmal den blutrünstigen Feinden gegenüber wollte er sein Wort brechen. Erst als er den Vertrag erfüllt hatte, ließ er die Anker lichten. 2700 Ritter blieben tot oder gefangen zurück, dazu all die Soldaten, die elend zugrundegegangen. Nichts war gewonnen, und der Weg nach Jerusalem blieb blockiert wie zuvor.

Trotz allem dachte Ludwig noch nicht daran, in die Heimat zurückzufahren. Er segelte mit dem Rest seines Heeres nach Akkon, einer der wenigen Festungen an der Küste des Heiligen Landes, die, zusammen mit einem schmalen Gebietsstreifen, als letzte Überbleibsel des lateinischen Königtums Jerusalem noch von Kreuzrittern gehalten wurden. Im Heiligen Lande angekommen, hielt der König Kriegsrat. Was sollte nun weiter geschehen? Blanka hatte geschrieben, Ludwig müsse rasch zurückkehren, es drohe Gefahr von den Engländern. Ludwigs Brüder und fast alle Barone wollten nach Haus, da ihnen weitere Kreuzzugsabenteuer sinnlos zu sein schienen. Der König ließ sie ziehen und blieb mit wenigen Getreuen, darunter Joinville, zurück. Nicht eher wollte er die Heimreise antreten, als bis die letzten seines Heeres aus ägyptischer Gefangenschaft entlassen waren. In der Tat gelang es ihm schon nach wenigen Monaten, durch einen Vertrag mit dem neuen Sultan von Ägypten zweihundert Ritter mit ihrem Gefolge aus der Gefangenschaft zu befreien und so insgesamt dreitausend Christen ihrer Heimat wiederzugeben.

Ludwig hoffte, den Rest des Königtums Jerusalem zu retten. Würde sich nicht durch die Rivalität zwischen dem Sultan von Kairo und dem Sultan von Aleppo die Lage der Christen im Heiligen Land verbessern? Es war eine trügerische Hoffnung. Mit seiner kleinen Schar von weniger als hundert Rittern war Ludwig zu schwach, um aus dem Streit der sarazenischen Staaten politischen oder militärischen Gewinn ziehen zu können. Sein phantastischer Wunsch, bei der geplanten Eroberung Jerusalems die Mithilfe der Mongolen zu gewinnen, wurde natürlich nicht Wirklichkeit, obwohl es ihm tatsächlich gelang, durch den von ihm entsandten Dominikaner Wilhelm von Rubruk mit dem Khan am andern Ende der Welt in Verbindung zu treten.

Aus Europa kam keine Verstärkung. Ludwigs Brüder, die wieder in der Heimat weilten, lehnten es ab, Unterstützung zu schicken. Wohl erhoben sich die Bauern und Schäfer Frankreichs in hellen Scharen, um dem christlichen König zu Hilfe zu eilen, der, wie sie behaupteten, durch Schuld des Papstes und der Priester ins Unglück geraten war; aber nur wenige von ihnen nahmen das Kreuz, und die revolutionäre Bewegung verlief im Sande. Kaiser Friedrich II. war gestorben. Innozenz IV. ließ einen Kreuzzug gegen die Söhne des Staufers predigen, für den er größeren Ablaß gewährte als für den Zug ins Heilige Land. Blanka zog die Besitztümer jedes königlichen Lehnsmannes ein, der dem Aufruf des Papstes zu *diesem* Kreuzzug folgte. Nach Palästina aber konnte sie keine Verstärkung schicken, da sie innenpolitische und außenpolitische Schwierigkeiten hatte. Wohl sandte sie die Summe, die Ludwig am Lösegeld noch fehlte, außerdem Geld für die Fortifikationen des Heiligen Landes.

Die den Christen verbliebenen Festungen zu verstärken, war Ludwigs Haupttätigkeit während seines Aufenthaltes im Kreuzfahrerstaat. Gleichwohl vermochten die Burgen massierten Angriffen nicht standzuhalten. Sidon fiel einem Ansturm des Heeres von Damaskus zum Opfer. Zweitausend Einwohner wurden von den Krummsäbeln niedergemacht. Ludwig kam herbei, als es zu spät war. Ihm blieb nur übrig, für die Bestattung dieser Leichenberge zu sorgen. Da wegen des Gestanks, den die Verwesenden verbreiteten, niemand bereit war, die Toten zu begraben, ging der König persönlich vor, hüllte die verfaulenden Leichen in Tücher, hob sie auf Kamele und Maultiere und beerdigte sie in fünftägiger Arbeit. Bei aller Mühsal und Enttäuschung blieb er gelassen. Solange er glaubte, nichts als den Willen Gottes zu erfüllen, konnte kein Unglück seinen Geist erschüttern. Dieser Friede im Herzen des Heiligen könnte auf die leidvolle Geschichte seines langen Aufenthaltes in Palästina einen versöhnlichen Schimmer werfen. Aber wie sah es im Herzen seiner Leidensgefährten aus?

Im Jahre 1252 starb die Königinmutter Blanka, die während Ludwigs Abwesenheit mit ihrer gewohnten Tatkraft Frankreich regiert hatte. Wie ein Chronist schreibt, trauerten die kleinen Leute um sie, denn die Regentin hatte sie stets vor der Bedrückung der Reichen beschützt. Nach ihrem Tode fehlte dem Reiche die starke Hand. Wirren entstanden, die Ludwigs Heimreise erforderten.

In langwieriger, an Unglücksfällen und Aufregungen reicher Seefahrt kehrte der König zurück – ein gebrochener und geschlagener Mann. Bei der Landung war er so schwach, daß Joinville ihn auf seinen Armen ans Ufer tragen mußte. Das Volk feierte seine Heimkehr in ehrlicher Freude, ihn selbst aber erfüllte eine unsägliche Traurigkeit. Sechs Jahre hatte er verschwendet, ein riesiges Vermögen verbraucht und eine ganze Armee geopfert – und das Ergebnis war der Triumph der Sarazenen. Jerusalem hatte er nicht einmal gesehn. Einem Bischof klagte er sein Leid: „Wenn ich allein die Schande zu tragen hätte, könnte ich es ertragen. Aber ach, die ganze Christenheit ist durch mich in Verwirrung gestürzt worden!" Nach einiger Zeit aber gewann Ludwig seine gewohnte Heiterkeit wieder. Der Kreuzzug war gescheitert, doch um so mehr war der König entschlossen, seine anderen Aufgaben gewissenhaft zu erfüllen.

In den sechzehn Friedensjahren nach seinem ersten Kreuzzug vollbrachte Ludwig die wichtigste Leistung seines Lebens: den Aufbau einer gerechten Ordnung in seinem Reiche. Dauernd war er auf Reisen, um überall nach dem Rechten zu sehn. So wurden die Provinzen nicht vernachlässigt, und das Volk merkte, daß der König sich um es kümmerte. „Er machte sich die größte Mühe, zuverlässige und kluge Männer zu finden, die wortgewandt und guten Rufes waren und reine Hände hatten. Solche ernannte er zu seinen Vögten und Seneschals; und wenn sie sich in ihrem Amt bewährten, beförderte er sie zu seinen Räten" (Joinville).

Sofort nach seiner Rückkehr aus Palästina erließ er eine Reihe von Verordnungen, die Mißbräuche in der Verwaltung abstellen sollten. Jeder Beamte mußte bei Amtsantritt öffentlich einen Eid ablegen, daß er keine Geschenke von solchen annehmen wolle, die von ihm abhingen, daß er auch seiner Frau, seinen Kindern, Verwandten und Dienern verbiete, solche Geschenke anzunehmen, daß er selbst den königlichen Räten, den Rechnungsprüfern und seinen Vorgesetzten keine Geschenke machen wolle und daß er seine Untergebenen bestrafen werde, wenn sie schuldig wären, und nicht gewillt sei, sie zu decken. Höhere Beamte durften in ihrem Verwaltungsgebiet weder Land erwerben noch ihre Kinder verheiraten noch einem Sohn ein kirchliches Benefizium verschaffen. Durch Kommissare, die durchs Land reisten, ließ der König die Amtsführung seiner Beamten überwachen. Fanden sie einen, der Unrecht tat, so setzten sie ihn ab und bestraften ihn.

Das Amt des Oberrichters von Paris pflegte früher dem Meistbietenden vergeben zu werden, der sich dann schadlos hielt, indem er sich für dienstliche Gefälligkeiten von den Begünstigten Bestechungsgelder zahlen ließ. Ludwig erkannte, daß ein geringes Gehalt eine zusätzliche Versuchung für einen Beamten ist, seine Einkünfte auf unredliche Weise zu vergrößern. Deshalb setzte er dem Oberrichter von Paris ein hohes Gehalt aus und verbot die Käuflichkeit des Amtes. Er ernannte einen gerechten und unbestechlichen Mann für diesen Posten. Bald ging die Kriminalität in der Hauptstadt zurück. Weder Beziehungen noch Geld noch Rang konnten fortan Übeltäter vor Bestrafung retten.

„Die Barone", schreibt Wilhelm von Chartres über Ludwig, „fürchteten ihn, weil er gerecht war." Fast könnte man den Eindruck haben, die gute Ordnung des Königreiches sei lediglich ein zeitweiliges Zugeständnis an den persönlichen Geschmack des mächtigen Monarchen gewesen. Das wäre aber ein Irrtum. Es hatte sich unter Ludwig IX. nicht nur die persönliche Beziehung zwischen König und Vasallen geändert, es gab auch einige grundlegende Veränderungen in der wirtschaftlichen, sozialen und rechtlichen Struktur des Landes.

Im wirtschaftlichen Bereich schuf Ludwig durch eine Münzreform die Grundlage für Ordnung und Gerechtigkeit. Als er von seinem Kreuzzug zurückkehrte, war die Entwertung des Geldes alarmierend. In Frankreich hatten bisher achtzig Herren das Recht, eigene Münzen zu prägen, und jeder bestand darauf, daß in seinem Gebiet einzig und allein sein Geld umlaufe. König Ludwig entzog vielen Adeligen das Münzrecht und befahl, die königlichen Münzen im ganzen Reich anzuerkennen.

Überall im Lande machte sich der Einfluß der königlichen Beamten bemerkbar, denen juridische, finanzielle und militärische Aufgaben anvertraut waren. Unter einem starken König wie Ludwig konnten diese Beamten jenen alten Feudalherren, die immer noch Freude an Privatkriegen und selbstherrlichen Gewalttaten hatten, wundervoll lästig fallen. Der König hatte andere Ansichten von Recht und Gerechtigkeit als die Barone, und „gerade in dieser Beziehung erscheint Ludwig am deutlichsten als Staatsmann und Reformer, als ein Kämpfer gegen den Drachen des Feudalismus" (W. F. Knox). Die Barone handelten bisher nach dem Grundsatz: „Macht ist Recht." Als der einfachste und beste Weg, Rechtsstreitigkeiten zu schlichten, erschien ihnen die Selbsthilfe mit Waffengewalt. Ludwig lehnte dieses primitive Faustrecht ab und verbot die Fehden. Nicht mit kriegerischen Mitteln sollten die Herren ihr Recht suchen, sondern durch Klage vor dem Gericht des Oberherrn.

Aber selbst an den Gerichten pflegten bisher Macht und Recht verwechselt zu werden. Die beliebteste Form der Gerichtsverhandlung war, den Streit vor Zuschauern mit Waffen ausfechten zu lassen. Man hegte dabei den naiven, aus dem germanischen Heidentum stammenden Glauben, Gott werde auf diese Weise Schuld und Unschuld offenbaren: Das Recht sei auf des Siegers Seite. Diese handfeste Methode enthob die Richter jeder Mühe des Prüfens, Abwägens und Urteilens und bot ihnen stattdessen ein farbenprächtiges Schauspiel. Seit Jahrhunderten hatten Päpste, Bischöfe und Theologen diesen Wahn als eine Versuchung Gottes verworfen und immer wieder den Zweikampf vor Gericht verboten, blieben aber gegen die primitive Gewohnheit machtlos. Der Unfug der Gottesurteile konnte bislang nicht ausgerottet werden, obwohl Religion und Vernunft dagegen sprachen. Nur ein starker König hatte Aussicht, diese Unsitte mit Erfolg zu unterdrücken. Ludwig sah, daß der gerichtliche Zweikampf die kleinen Leute von vornherein benachteiligte, denn die Reichen und Mächtigen konnten bei Prozessen mit armen und einflußlosen Gegnern die besten Kämpfer für sich mieten. Im übrigen hing der Ausgang nicht von der Gerechtigkeit einer Sache, sondern von der Geschicklichkeit im Waffengebrauch oder gar vom Zufall ab. Auch der Unschuldige konnte im Duell verwundet oder getötet werden. Deshalb war der herkömmliche Zweikampf kein geeignetes Mittel der Wahrheitsfindung vor Gericht. Ludwig verbot ihn 1258 und ersetzte ihn durch die Beweismittel der Zeugenaussage und der Urkunden.

Als letzte Instanz bei Rechtsstreitigkeiten galt der Hof des Königs. Da war zunächst die Konferenz der Großen, das sogenannte Parlament, das unter Ludwig IX. drei- oder viermal jährlich in Paris zusammenkam, um Staatsangelegenheiten zu beraten und Rechtsfälle zu entscheiden. Der König war bei den Sitzungen des Parlaments stets anwesend. Neben den Bischöfen und Baronen saßen jetzt auch juristisch geschulte Beamte, Geheimräte und Sekretäre in der Versammlung. Diese gesetzeskundigen Legisten gewannen mehr und mehr an Einfluß. Sie sorgten dafür, daß der König theoretisch und praktisch als höchster Richter anerkannt wurde und als Quelle der Gerechtigkeit ins allgemeine Bewußtsein einging.

Auch außerhalb der Parlamentssitzungen war Ludwig ständig damit beschäftigt, Rechtsstreitigkeiten und Beschwerden zu untersuchen und zu entscheiden. Zweimal die Woche hielt er Audienz, wo er auch den kleinen Leuten zugänglich war. Joinville erzählt: „Oft geschah es, daß er im Sommer nach seiner Messe in den Wald von Vincennes ging. Dort lehnte er sich an eine Eiche, und wir mußten im Kreis herum sitzen. Und jeder, der ein Anliegen hatte, kam unbehindert von Türstehern oder andern, um mit ihm zu sprechen. Dann fragte er selbst: ‚Ist hier jemand, der eine Klage hätte?' Und wer Klagen hatte, erhob sich. Und dann sagte er: ‚Schweiget alle still, und man wird einen nach dem andern bescheiden.' ... Ich sah ihn einige Male im Sommer, wo er, um seinem Volke zum Recht zu verhelfen, in den Garten von Paris kam, angetan mit einem Unterrock von Camelot und einem ärmellosen Oberrock von Tiretaine, um die Schultern einen Mantel von schwarzem Zindeltaft, sorgfältig gekämmt und ohne Käppchen, auf dem Haupt einen Hut mit weißen Pfauenfedern. Er ließ Teppiche ausbreiten, daß wir uns um ihn herumsetzten, und wer vor ihm zu tun hatte, stand um ihn herum. Und dann verhalf er ihnen zu ihrem Recht."

Daß die Mächtigen unter Ludwig nicht mehr ungestraft ruchlose Gewalt üben konnten, zeigte folgender Fall: Ein Graf ließ drei Schuljungen, die bei der Verfolgung eines Kaninchens unversehens die Grenze zu seinen Waldungen übertreten hatten, ohne Verhandlung aufknüpfen. Die Eltern erhoben Klage beim König, und Ludwig ließ ihn verhaften und ohne Rücksicht auf seinen Rang in den Kerker werfen. Der Prozeß erregte ungeheures Aufsehen. Die Adeligen versuchten den brutalen Baron zu retten. Ludwig aber sagte zu dem Unmenschen: „Falls Gott von mir fordert, Euch so zu behandeln, wie Ihr jene drei unschuldigen Jungen behandelt habt, würde kein Verwandter von Euch Euren schmachvollen Tod abwenden, denn den Tod habt Ihr wohl verdient. Ich werde auf Eure Geburt oder auf die Zahl Eurer Verwandten und Freunde keine Rücksicht nehmen." Es war juristisch nicht sicher, ob der König hier ein Todesurteil fällen durfte. Das Urteil lautete: Drei Jahre Verbannung nach Palästina, Verlust der Gerichtsbarkeit und des Forstrechts und eine Geldbuße von 10 000 Pfund. Außerdem sollte der Graf auf seinem Grund und Boden zwei Kapellen errichten und Messen für die Opfer seines Zornes stiften. Einer der Adeligen, die sich insgesamt mit dem verurteilten Standesgenossen solidarisch fühlten, machte seinem Unwillen Luft, indem er rief: „Der König will uns alle hängen!" Ludwig entgegnete: „Nein, aber ich werde die Herren züchtigen, wenn sie verruchte Taten begehn."

War Ludwig wirklich ein verkleideter Despot, der bewußt oder unbewußt mit seinen Juristen daran arbeitete, eine absolute Monarchie aufzubauen? Gewiß, er sagte: „Es darf in Frankreich nur einen König geben." Aber er wollte nicht die Selbständigkeit des Adels brechen; er wollte nur die Sklaverei beenden, die der Adel andern auferlegte. Im Unterschied zu Ludwig XIV. war Ludwig IX. ein König des Volkes. Die Liebe zu seinem Volk und sein Gerechtigkeitssinn bewahrten ihn davor, ein Tyrann zu werden. Er fühlte mit den Unterdrückten und handelte nach dem Grundsatz: „Sei stets eher auf der Seite eines Armen als eines Reichen, bis du die Wahrheit weißt!" Bei vielen Gelegenheiten dämpfte er den Eifer seiner Beamten, wenn er meinte, sie dehnten ihre Jurisdiktion zu weit aus oder sie behaupteten gegen einen Baron, einen Prälaten oder eine Stadt ein zweifelhaftes Recht der Krone. Gewissenhaft hielt er sich innerhalb der Grenzen der Legalität.

Einmal geschah es, daß Ludwig und eine große Gemeinde, die auf dem Friedhof von Vitry der Predigt eines Bettelmönchs lauschte, durch Lärm und Gegröle von einer nahen Taverne gestört wurden. Der König ärgerte sich, fragte aber zuerst, wer auf diesem Grundstück Gerichtsherr sei. Ehe er sich vergewissert hatte, daß er selbst es sei, unternahm er nichts, um das Hindernis für seine Lieblingserholung zu beseitigen. Es hätte illegal sein können.

Als ein Seigneur Ansprüche auf die Grafschaft Dammartin erhob und zum Beweise eine Urkunde vorlegte, sagten Ludwigs Ratgeber, der König sei nicht verpflichtet, diese Urkunde anzuerkennen, da infolge einer Beschädigung des Siegels ihre Echtheit formal nicht nachgewiesen werden könne. Ludwig prüfte die Bruchstücke und erkannte den Abdruck seines Siegels vor dem Kreuzzug. Er sagte, er würde es nicht mit gutem Gewissen wagen, die genannte Grafschaft zurückzubehalten, und überließ dem Seigneur das Seine. Das Gewissen trieb ihn, über die starre Form hinaus dem Recht zum Siege zu verhelfen.

Ludwigs Handeln richtete sich auch nach der öffentlichen Meinung. Skandal sollte möglichst vermieden werden, damit der Friede nicht gestört wurde. Schon Augustinus sagte, man solle nicht immer auf dem reinen Rechtsstandpunkt verharren, wenn dadurch ein unberechtigtes Ärgernis vermieden werden könne, vorausgesetzt, daß die Wahrheit nicht darunter leide: Auch bei reinstem Gewissen solle man doch bei seinem Tun auf die Fama der Mitmenschen achten. So war Ludwig sehr auf die Wirkung seines Handelns bedacht. Oft fragte er seinen Beichtvater und andere Männer, ob das, was sie sahen oder von anderen hörten, ihm zum Vorwurfe gereichen könne. Er bat sie, ihm alles zu erzählen und ihn nicht zu schonen, und nahm Mahnungen wohlwollend und geduldig entgegen.

König Ludwig, „der die Entwicklung des Rechts zielsicher steuerte und an entscheidenden Stellen eingriff, ... hat in mannigfachen Formen dem Friedensgedanken und seiner Sicherung durch die Justiz in seinem Königreiche Bahn gebrochen. Überlieferte Formen, die sich durch ihre rechtliche Eigenart dazu eigneten, wurden sorgsam weitergebildet und dem Friedensgedanken dienstbar gemacht. Hierher gehört das Versprechen oder der Eid, Frieden zu halten und keinem Schaden zuzufügen" (L. Buisson). Bei verwickelten Rechtsstreitigkeiten unterwarfen sich beide Parteien manchmal freiwillig einem Schiedsgericht, dessen Richter sie selbst in beiderseitigem Einvernehmen gewählt hatten, und versprachen, sich dessen Urteil zu fügen. Ludwig hat sich oft solchen Schiedssprüchen unterworfen, auch wenn sie gegen ihn ausgefallen waren.

Durch Ludwigs Friedensarbeit erreichte die französische Monarchie den Gipfel ihrer Macht. Daß sie in ganz Europa geachtet wurde, war Ludwigs persönlicher Erfolg. Die offenbare Unantastbarkeit seiner Taten und die Tadellosigkeit seiner Gesinnung erwarben ihm allenthalben ein außerordentliches Vertrauen. Seit dem Tode Kaiser Friedrichs II. war Ludwig an Ansehn und universaler Stellung „der ungekrönte Kaiser des

Abendlandes, ... der erkorene Schiedsrichter Europas" (W. Kienast). „König der Könige der Erde" nennt ihn Matthew Paris, der führende englische Geschichtsschreiber der Zeit.

Ein deutscher Historiker urteilt über Ludwig IX: „Sein Verhältnis zu den benachbarten Fürsten und Königen ist durch eine ehrliche Friedens- und Gerechtigkeitsliebe beherrscht. Er hat manche Gelegenheit, die sich zur Vermehrung seiner Macht, zur Erweiterung seiner Grenzen bot, nicht beachtet oder doch nicht voll ausgenutzt ... Die auswärtige Politik Ludwigs ist durch eine kluge Mischung von Billigkeitsstreben und Wahrung der Staatsinteressen gekennzeichnet ... So warf er seine Machtmittel nicht rücksichtslos in die Waagschale. Statt einer französischen Hegemonie, wozu nach dem Tode des Staufers die Voraussetzungen gegeben waren, herrschte eine Art politischen Gleichgewichtes in Europa ... An den Namen des Königs hätte sich nicht der Ruf des gerechten Mittlers geheftet und in den Nachbargebieten hätte man sich nicht in ein vollkommenes Gefühl der Sicherheit vor französischen Herrschaftsgelüsten eingelebt, würde Ludwig jemals eine gewaltsame Eroberungspolitik betrieben haben" (W. Kienast).

Wie leicht hätte Ludwig die Streitigkeiten anderer Herrscher mit ihren Untertanen oder miteinander zur eigenen Machterweiterung ausnutzen können! Statt wie andere Potentaten solche auswärtigen Händel zu schüren und Vorteil daraus zu ziehen, suchte Ludwig uneigennützig Frieden zu stiften. Wenn er von einem drohenden oder bereits ausgebrochenen Kriege außerhalb Frankreichs hörte, scheute er keine Kosten, um kluge Gesandte als Vermittler zu schicken. Einer seiner Ratgeber meinte, er solle doch die andern Mächte nicht daran hindern, sich zu bekämpfen, denn dadurch würden sie sich gegenseitig schwächen und um so unfähiger sein, ihn anzugreifen. „Nein", antwortete der König, „denn sehen die Fürsten, meine Nachbarn, daß ich sie unbekümmert einander bekriegen lasse, so könnten sie sich besinnen und sagen, ich überließe sie aus Bosheit ihrem Kriege. Das Ergebnis wird sein, daß sie mich hassen und angreifen, und ich bin der Verlierer – ganz abgesehn davon, daß ich Gott gegen mich aufbringe, der sagt: ‚Selig sind die Friedensstifter.'"

Ludwig wußte, daß unredliches Verhalten sich auch in der Politik auf die Dauer keineswegs bezahlt macht. Ehrlich währt am längsten. Unrecht Gut gedeihet nicht. Von diesen Wahrheiten war Ludwig ganz durchdrungen. Was er seinem Sohn riet, vollzog er selbst mit Leichtigkeit als etwas Selbstverständliches: „Wenn Du hörst, daß Du etwas zu Unrecht in Deinen Händen hast, selbst von der Zeit Deiner Vorfahren her, so gib es sogleich zurück, mag die Sache noch so groß sein, sei es in Land, Geld oder etwas anderem. Wenn die Sache aber unklar oder dunkel ist, weil Du die Wahrheit nicht zu wissen vermagst, so mache solchen Frieden durch den Rat weiser Männer, daß Deine Seele ganz von dem Unrecht befreit ist."

Angesichts dieser Haltung begreift man, daß Ludwig oft in auswärtigen Konflikten als Schiedsrichter angerufen wurde. Joinville erzählt: „Die Burgunder und Lothringer, die er miteinander ausgesöhnt hatte, liebten ihn und gehorchten ihm so sehr, daß ich sie vor den Richterstuhl des Königs ihre Händel, die sie untereinander hatten, bringen sah, an den königlichen Hof nach Reims, Paris und Orleans." Auch zwischen dem König von England und dem König von Navarra, zwischen dem griechischen Kaiser Michael Paläologus und dem Papst und zwischen dem König von England und seinen

Baronen hat Ludwig auf Ansuchen der Parteien erfolgreich vermittelt und Frieden gestiftet.

Zwischen Frankreich und Aragon gab es beiderseits alte Gebietsansprüche. Sollte man deshalb Krieg führen? 1258 erklärten beide Könige Verzicht auf ihre gegenseitigen Forderungen, erkannten die Pyrenäen als Grenze an und stärkten den Friedensschluß durch einen Ehevertrag zwischen Ludwigs Sohn Philipp, dem Thronfolger, und Isabella, der Tochter des Königs Jakob von Aragon. Dem König von Navarra verheiratete Ludwig seine Tochter Isabella, dem Erben von Brabant seine Tochter Margaret, der Jolande von Burgund seinen Sohn Jean. So stärkte und sicherte Ludwig die Grenzen seines Reiches.

Auch mit England machte er Frieden. Uralter Streit wurde begraben. Die Versöhnung begann damit, daß Ludwig gleich nach seiner Rückkehr aus Palästina seinen alten Kriegsgegner, den englischen König Heinrich III., nach Paris einlud und glänzend bewirtete. Ein Waffenstillstand wurde vereinbart, und drei Jahre lang verhandelte man über einen Friedensvertrag. Was Heinrich zu Beginn der Verhandlungen forderte, war so monströs, daß man hätte meinen können, eine friedliche Regelung sei ausgeschlossen. Der englische König, der nicht ein einziges Mal in einer Schlacht auf französischem Boden siegreich gewesen, beanspruchte alle Gebiete, die sein Vater verloren hatte. Als Heinrichs Gesandte diese Forderungen vorlegten, brachen Ludwigs Brüder, Barone und Räte in Gelächter aus. Ihre Lustigkeit schlug in Entsetzen um, als Ludwig sich geneigt zeigte, die Angelegenheit ernsthaft zu behandeln. Ihm lag an einem dauerhaften Frieden, und er wußte, daß ein solcher nicht durch das Schwert, sondern nur durch Gerechtigkeit, Vernunft und Liebe zustande kommt.

In dem Vertrag, der nach langen Verhandlungen geschlossen wurde, trat Ludwig an England einige Gebiete ab, die Frankreich erobert hatte, während Heinrich III. von England seinen Anspruch auf die Normandie aufgab und für seine französischen Besitzungen den König von Frankreich als seinen Lehnsherrn anerkannte. Der Vertrag fand bei den französischen Baronen keine Zustimmung, vergeblich suchten sie sein Zustandekommen zu verhindern. Ihre Argumente sind uns überliefert: „Sire, wir wundern uns sehr, daß Ihr gewillt seid, dem König von England einen so großen Teil Eures Gebietes abzutreten, den Ihr und Eure Vorfahren erobert haben und den sein Vater durch Richterspruch verwirkt hat. Falls Ihr der Ansicht seid, Ihr hättet kein Recht auf diese Gebiete, meinen wir, daß die Rückgabe nur dann sinnvoll wäre, wenn *alle* Eroberungen zurückgegeben werden. Und wenn Ihr glaubt, Ihr hättet Recht auf sie, meinen wir, daß die Rückgabe ein Verlust für Euch ist." Ludwigs Antwort zeigt, wie sehr er sich für die zukünftige Generation verantwortlich fühlte: „Ich weiß, daß der König von England kein Recht auf dieses Land hat, und wenn ich es ihm zurückgebe, dann tue ich es nicht in dem Sinne, als ob er einen Rechtsanspruch darauf hätte. Ich tue es nur, um Liebe zu stiften zwischen meinen Kindern und seinen Kindern, die ja Vettern sind. Es gehört sich, daß zwischen ihnen Frieden herrscht, daß die Königreiche nicht mehr verwüstet werden und daß die Männer sich nicht mehr gegenseitig verderben und erschlagen und allesamt zum Teufel gehn. Übrigens gewinne ich durch diesen Friedensschluß große Ehre, denn der König von England huldigt mir und wird mein Vasall, was er vorher nicht war."

Nicht nur die französischen Barone, auch die englischen Lords waren über den Friedensvertrag ergrimmt, was zeigt, daß die Bedingungen für Frankreich doch nicht so völlig ungünstig gewesen sein können. Daß Heinrich III. für seine französischen Besitzungen dem französischen König als seinem Lehnsherrn huldigte, war ja keine leere Förmlichkeit, sondern bedeutete praktisch, daß Ludwig und seine Nachfolger in Heinrichs Territorium, der Gascogne und Guyenne, ihre französischen Seneschals amtieren lassen und Appellationen von ihres Vasallen Gerichtsbarkeit in ihrem Parlament entgegennehmen konnten. Es gab keinen unabhängigen Territorialherrn mehr in Frankreich, und Ludwig war überall anerkannter Souverän. Natürlich hätte er im Augenblick mehr für sich herauspressen können, aber das hätte für die nächste Generation Krieg bedeutet. Zu einem dauerhaften Frieden müssen beide Seiten etwas aufgeben, und Ludwig machte die richtigen Zugeständnisse. „Der Verzicht auf Randgebiete, die weder reich noch bevölkert waren, wurde aufgewogen durch die förmliche Anerkennung der Rechte des Königs auf fast alle Eroberungen seiner Vorgänger, durch die Unterwerfung der Gascogne und Guyenne unter seine Oberherrschaft" (F. Perry). Die Normandie und andere nordfranzösische Gebiete waren, solange England Ansprüche darauf erhoben hatte, für Ludwigs königliche Domäne eine Gefahrenquelle gewesen. Die Gefahr war nun beseitigt, da England auf diese ihm sozusagen vor der Haustür liegenden Gebiete endgültig verzichtete. Frankreich konnte eher das Gebiet nordwestlich der Pyrenäen entbehren, denn eine lange Seereise trennte den König von England von den Besitzungen dort, die der Vertrag ihm überlassen. Ludwigs Friede war weise: Er beendete einen Krieg, der ein halbes Jahrhundert gedauert, und er hielt siebzig Jahre. Er schuf eine Atmosphäre des Vertrauens, in der es möglich wurde, daß der König von England den König von Frankreich zweimal um einen Schiedsspruch in politischen Zwisten bat.

Ludwigs Außenpolitik war erfolgreich, obwohl der König kein großer Diplomat und Taktiker war. Aber er war gerecht, uneigennützig und aufrichtig. Allen, die meinen, ohne Ungerechtigkeiten, Rücksichtslosigkeiten und Lügen könne man in der praktischen Politik nicht erfolgreich sein, hat Ludwig das Gegenteil bewiesen.

Es gibt wenige Menschen, denen nicht nur ihre Freunde, sondern selbst ihre Feinde Achtung und rückhaltlose Bewunderung entgegenbringen. Ludwig war einer von ihnen. Er war allgemein beliebt. Sein Kampfgefährte Joinville, obwohl nicht blind für seine Mängel und voller Kritik über seine Fehlentscheidungen, verehrte ihn leidenschaftlich. Friedrich II. von Hohenstaufen, der brillante Freigeist, zollte ihm Respekt. Heinrich III. von England liebte ihn wie seinen Bruder. Karl von Anjou, der kaltherzige Eroberer, weinte wie ein Kind bei seiner Leiche. Sein Diener Gaugelm konnte nicht sterben, bis er ihn besucht. Sein Schreiber und sein Koch bauten jeder eine Kapelle zu seinem Gedächtnis. Die Sarazenen, die den Gefangenen zu bewachen hatten, wurden bei seinem Anblick von Mitgefühl bewegt. Als er sterbenskrank lag, weinte das Volk und bangte um sein Leben. Sein Beichtvater, der zwanzig Jahre bei ihm lebte, bezeugte: „Es war etwas so Göttliches an ihm, daß er die Geplagtesten beruhigte und die Heiligsten erbaute." Seine Krieger liebten ihn abgöttisch. Selbst seine ehemaligen Gegner unter den Baronen wurden seine Freunde und gingen für ihn durchs Feuer.

Schon in seiner äußeren Erscheinung wirkte Ludwig anziehend. Er war hochgewachsen, schlank und zart gebaut, hatte helle Haut, blondes Haar und blaue Taubenaugen, deren heitere Ruhe seine Untertanen liebten. Seine raschen und anmutigen Bewegungen und seine angenehme Stimme vollendeten den Charme seiner Persönlichkeit. Mochte nach dem ersten Kreuzzug seine Gestalt gebeugt und schwach erscheinen, mochte er an Blutarmut und Rose leiden, immer übte er, ohne es zu beabsichtigen, auf alle einen unwiderstehlichen Zauber aus.

Jeder, der in seine Nähe kam, begeisterte sich alsbald an seinen natürlichen Tugenden. Dieser König war von hinreißender Tapferkeit und draufgängerischem Mut. Todesfurcht schien er nicht zu kennen. So kühn er im Angriff war, so geduldig erwies er sich in der Not. Seine Selbstlosigkeit schlug jeden vernünftigen Rat für seine persönliche Sicherheit in den Wind. Noch tönt seine Stimme von den Ufern des Nil über die Jahrhunderte hinweg: „Graf von Anjou, Graf von Anjou, ich will mein Volk nicht im Stich lassen!" Als auf der Rückreise vom Kreuzzug sein Schiff bei Zypern auf eine Sandbank lief und schwer beschädigt wurde, riet man ihm, auf ein anderes Schiff umzusteigen. Er blieb aber, denn, so erklärte er, wenn *er* von Bord gehe, täten es auch die andern fünfhundert Passagiere, die ihr Leben ebenso liebten wie er das seine; sie würden auf Zypern bleiben und hätten vielleicht nie mehr eine Gelegenheit, nach Haus zu kommen. Lieber wolle er das Risiko auf sich nehmen und mit dem notdürftig reparierten Schiff die Seefahrt fortsetzen, als so vielen Unrecht tun.

Mit hoch und niedrig fand er schnell Kontakt. Er hatte jene ungezwungene, leutselige, ja herzliche Art, die Menschen anzureden, die so viele Wolken der Reserviertheit und des Mißverstehens zerstreut. Im Umgang war er unzeremoniell. Er pflegte seine Herren an seine Seite zu rufen und sie einzuladen, frei nach Herzenslust mit ihm zu plaudern. Oft machte er sich einen Spaß daraus, Ritter und Magister mit einer ausgefallenen Frage zu einem lebhaften Streitgespräch zu reizen. Und als der Disput einmal zu hitzig wurde, beendete er ihn, indem er die Partei des Scholastikers ergriff und später dem Ritter lächelnd gestand: „Ich hatte nicht recht, als ich vorhin den armen Magister Robert verteidigte, aber ich sah ihn so in die Enge getrieben, daß er meine Unterstützung brauchte." Ludwigs Gutmütigkeit und sein Wohlwollen ließen jeden gern in seiner Nähe weilen. Nach der Mahlzeit zog er ein munteres Gespräch einem Buche vor, und er verstand es, auf angenehme Weise seine Rede mit Witz zu würzen.

Er hatte einen prächtigen Humor. Ein anderer Monarch hätte jede Anspielung auf die Schande eines gescheiterten Feldzugs vermieden; Ludwig dagegen liebte es, über jede Einzelheit der ägyptischen Katastrophe zu sprechen und zu lächeln. Pilger aus Armenien auf dem Wege nach Jerusalem baten Joinville, ihnen den heiligen König zu zeigen, von dessen Anwesenheit in Palästina sie gehört hatten. Der Ritter ging zu Ludwig, der in seinem Zelt gegen den Zeltstock gelehnt auf dem Boden hockte, teilte ihm den Wunsch der Armenier mit und fügte hinzu: „Aber vorerst wünsche ich noch nicht, Eure Gebeine zu küssen." Ludwig lachte laut und tat den Pilgern den Gefallen. Immer wieder klingt in Joinvilles köstlichen Memoiren Ludwigs unbekümmertes Lachen auf. Es ist das Lachen eines Mannes, der die Dinge dieser Welt nicht wichtiger nimmt als sie sind, einer Situation gern die komische Seite abgewinnt und den tierischen Ernst, der einem Erlösten so wenig ansteht, ein für allemal verbannt hat. Wie oft belustigte sich Ludwig über die schmollenden Bemerkungen des Seneschals der Champagne! Und als Joinville ihn nach seinem Tode im Traume sah, lachte sein Herr über seine treuherzigen Worte, wie er es so oft auf der Erde getan hatte.

Der König, der die Aufrichtigkeit in Person war, liebte Freimut auch bei andern. Er selbst nahm kein Blatt vor den Mund, und manchmal riß ihn sein feuriges Temperament zu Zornausbrüchen hin. Seinen Vertrauten war dieses Aufbrausen wohl bekannt. Er stammelte vor Wut, als er Karl von Anjou während der Seereise nach Palästina an Deck beim Würfeln antraf, und schleuderte das Spiel ins Meer. Einen Diener, der ihm sein Pferd verspätet brachte, fuhr er heftig an. „Ihr seid immer wütend, wenn jemand Euch mit Fragen belästigt", wagte ihm Joinville eines Tages zu sagen. Der König mußte ihm versprechen, ein Jahr lang mit ihm nicht die Geduld zu verlieren, und als der Seneschal ihn eines Tages darauf aufmerksam machte, jetzt habe er sein Versprechen doch gebrochen, lachte Ludwig und gelobte, es nicht wieder zu tun. Und wirklich bemühte er sich, sein reizbares Wesen zu bändigen. Als seine Kammerdiener einmal den Dienst versäumten und der Palast auf einen Ausbruch des königlichen Zorns gefaßt war, sagte er zu den Schuldigen nur: „Na ja, ihr bereut euren Fehler. Ich verzeih euch, aber laßt es nicht noch einmal geschehen." Als ein tolpatschiger Diener von einer Kerze brennendes Wachs auf das Bein tröpfeln ließ, das sein Arzt gerade behandelte, murmelte Ludwig mit humorvoller Resignation: „Jean, Jean, mein Großvater hätte dich dafür entlassen!" Einen halbbetrunkenen Ritter, der ihn bei Tisch beleidigte, übersah er, und einer hysterischen Frau, die ihn auf der Straße mit Schmähungen überschüttete, redete er begütigend zu.

In Kleidung und Mahlzeiten liebte Ludwig Einfachheit. Als junger Mann trug er die üblichen lebhaften Farben, und bei festlichen Anlässen war er sein Leben lang, wie es sich für einen König gehört, in goldenen, scharlachfarbenen oder purpurnen Taft gekleidet. Doch nach seinem ersten Kreuzzug pflegte er alltags nur grünes, braunes oder schwarzes Baumwolltuch zu tragen. Nie kaufte er teure Pelze, ihm genügte Hasen- oder Kaninchenfell. Seine eisernen Sporen waren unvergoldet, sein Sattel ungefärbt. Tafelsilber hielt er für überflüssig. Seiner Gattin mißfiel diese Anspruchslosigkeit. „Madame", sagte er lächelnd zu ihr, „Ihr wollt, daß ich mich kostspieliger kleide? Gut, es geschehe. Aber da nach dem Eherecht die Frau dem Manne und der Mann der Frau gefallen soll, müßt Ihr Eurerseits so freundlich sein und all Euren Putz ablegen. Ihr paßt Euch meiner Art an und ich mich Eurer."

Von Knickrigkeit war Ludwig weit entfernt. Wenn es ratsam war, etwa beim Besuch des englischen Königs, trat er glanzvoll auf. Seine Freigebigkeit kannte keine Grenzen. Die Quellen nennen große Summen, die er an Arme verschenkte. Bei einem König ist man geneigt zu sagen, das sei für ihn kein großes Opfer. Doch haben wir Vergleichszahlen. In den Jahren 1256–1257 gab Ludwig 5099 Pfund für Almosen aus und nur 132 Pfund für seine Kleidung. Wer seine riesigen Ausgaben für Liebeswerke für zu hoch hielt, bekam von ihm die Antwort: „Lieber verschwenderisch für die Armen als verschwenderisch für eitle Repräsentation." Täglich wurden 120 Arme von seiner Tafel gespeist. Im Advent und in der Fastenzeit bediente er eigenhändig dreizehn Arme, ehe er selbst speiste. Außerdem verschenkte er viel Kleidung, Speisen und Geld an Spitäler, Altersheime, Bettelmönche, Witwen, Invaliden, arme Wöchnerinnen, gefallene Frauen und Waisenkinder. Armen Mädchen verhalf er zur Aussteuer, damit sie heiraten konnten. Er baute vier Krankenhäuser, stattete sie mit allem aus, dessen sie bedurften, und kümmerte sich persönlich um sie: Aussätzige pflegte er mit eigener Hand. Ferner gründete er ein Haus für dreihundert Blinde in Paris und ein Heim für bekehrte Dirnen. Insgesamt baute er siebzig Klöster und Spitäler.

Viel tat Ludwig für die Wissenschaft. Er ordnete Wirren an der Pariser Universität, gründete die Universität Toulouse, unterstützte Gelehrte, stiftete eine öffentliche

Bibliothek, gab Aufträge zum Kopieren von Büchern und gründete Kollegien für arme Studenten. An seiner Tafel sah er gern Professoren, mit denen er sich über gelehrte Fragen unterhielt. Er selbst hatte eine beachtliche Bildung, beherrschte die lateinische Sprache, was damals für einen Laien ungewöhnlich war, und las jede Nacht, wenn seine Hausgenossen schon schliefen, bei Kerzenlicht in den Werken der Kirchenväter. So war er in der Lage, bei theologischen Disputationen mitzureden und aus dem Gedächtnis die Belegstellen bei Augustinus oder Hieronymus anzugeben. An seinem Hofe verkehrten Koryphäen wie der Franziskaner Bonaventura, und Robert de Sorbon, der Gründer des ältesten Kollegs der Universität Paris, war sein Hofkaplan. Eine reizende Geschichte läßt uns einen Blick in die Gelehrtenrunde im Louvre tun. Da saß eines Tages auch ein beleibter Dominikaner an des Königs Tafel, schenkte aber den Speisen und Gesprächen wenig Aufmerksamkeit, denn er war in Nachdenken versunken. Plötzlich schlug er mit der Hand auf den Tisch und rief: „Jetzt sind die Manichäer erledigt!" Alles blickte verwundert den Professor an. Es stellte sich heraus, daß der Denker ein vernichtendes Argument gegen die Häretiker gefunden und ganz vergessen hatte, wo er war. Er hieß Thomas von Aquin. Ludwig hatte Verständnis und ließ einen Schreiber kommen, damit er den Gedankenblitz festhalte.

Täglich nahm der König an zwei Messen und am Chorgebet teil. Wie ein Mönch übte er Fasten und alle Formen mittelalterlicher Askese, um in der Selbstverleugnung fortzuschreiten. Als einige Herren sich beklagten, er vergeude zu viel Zeit mit seinen Gebeten, entgegnete er: „Warum sollte ich dafür getadelt werden, daß ich so viele Stunden dem Gebet widme? Wenn ich doppelt so viel Zeit auf die Jagd oder aufs Würfelspiel verwenden würde, nähme niemand es mir übel." Er war es, der die Kniebeuge beim *Incarnatus* im Credo und beim *Expiravit* in der Karwoche zum allgemeinen Brauch machte. Als einen Schrein für die Reliquie der heiligen Dornenkrone baute er die wunderbare Sainte-Chapelle zu Paris, die heute noch Zeugnis ablegt von seiner glühenden Frömmigkeit.

Nicht, als ob er keine intellektuellen Schwierigkeiten und keine Versuchungen zu Glaubenszweifeln gekannt hätte. Es ist ein großer Irrtum zu meinen, den mittelalterlichen Menschen sei das Glauben leichter gefallen als den modernen. In Gesprächen mit Joinville hat Ludwig sich offen darüber ausgelassen: „Der Teufel ist so schlau, daß man, wenn er einen versucht, sofort sagen muß: ‚Geh weg! Nie sollst du mich so versuchen, daß ich nicht mehr alle Artikel des christlichen Glaubens fest für wahr halte. Du magst mir Glied um Glied vom Körper reißen, aber ich werde leben und sterben in meinem Glauben.'" Mit Zustimmung zitierte Ludwig die Meinung des Bischofs von Paris, so wie der König einem Vasallen, der ein Schloß an der Grenze gegen den Ansturm des Feindes erfolgreich verteidigt, größeren Dank wisse als einem Vasallen, der ein Schloß im friedlichen Innern des Landes hütet, so schätze Gott jenen, der trotz aller Anfechtungen gegen den Glauben ihm treu bleibt, höher als einen, der solche Anfechtungen nie erlitten.

Seinen Kindern erzählte er vor dem Zubettgehn Geschichten von guten Kaisern und Königen, die sie sich zum Vorbild nehmen sollten, und von ruchlosen Fürsten, die durch Üppigkeit, Raub und Habgier ihren Thron verloren. Seiner Tochter Isabella, der Königin von Navarra, schrieb er: „Ich wünsche, daß Du andächtig alles betrachtest, was der liebe Gottessohn für unsere Erlösung getan hat. Verlange nichts so sehr, liebe Tochter, als ihm zu gefallen, und vermeide sorgfältig alles, von dem Du meinst, es könnte ihm mißfallen. Besonders mußt Du Dich bemühn, keine Todsünde zu begehn, denn weit besser wäre es, Deine Glieder würden Dir vom Leib gerissen, als daß Du eine Todsünde begingest." Sein letzter Brief an seinen Sohn Philipp enthält neben Anweisungen für die Regierung eine Reihe von Ratschlägen für das geistliche Leben.

Immer wieder drängte er die Ritter an seinem Hof, ihr Leben mit den Augen Gottes zu betrachten. Den biederen Joinville fragte er, ob er lieber an Aussatz erkranken oder in schwere Sünde fallen möchte, und als der Ritter gestand, er würde lieber zehn schwere Sünden tun als aussätzig werden, belehrte ihn Ludwig eines Besseren. Joinvilles Buch ist voll von solchen Gesprächen. „Er fragte mich, ob ich in diesem Leben geehrt sein und im Tode das Paradies erlangen wollte; und ich sagte ihm: ‚Ja'; und er sagte mir: ‚Hütet Euch also, daß Ihr kein Ding wissentlich tut oder sagt, daß, wenn die ganze Welt es erführe, Ihr nicht gestehen dürftet: Das hab ich getan, das hab ich gesagt.'" Eine goldene Regel, namentlich für Politiker! Hätte sich jeder König, jeder Minister an sie gehalten, so hätte es nie die folgenreichen Skandale gegeben, an denen die Geschichte bis in unsere Gegenwart hinein so reich ist.

Man kann sagen, es sei Ludwigs allgemein bewunderter Charakter gewesen, der Frankreich in Ordnung hielt und auf das übrige Europa Frieden stiftend wirkte. Doch das ist nur ein Teil der Wahrheit. Ludwig war keine Herrscherpersönlichkeit im Sinne der Renaissance und des Barock. Er machte sich nicht zum vergötterten Mittelpunkt und Zweck des Staates. „Viele Leute wunderten sich", schreibt ein Chronist, „daß ein Mensch wie er so sanft, so freundlich, körperlich nicht stark und in der Arbeit nicht kräftig, ein so großes Königreich und so viele mächtige Herren friedlich regieren konnte." Das eigentliche Geheimnis von Ludwigs erfolgreichem Wirken verraten die unter seiner Regierung geprägten Goldgulden. Sie tragen nicht das Kopfbild des Herrschers, obwohl sonst „der Kopf auf der Münze eins der vornehmsten Propagandamittel der Staatsgewalt" (Kurt Lange) war, sondern auf der Vorderseite das Lilienwappen mit der lateinischen Umschrift: „Ludwig, von Gottes Gnaden König der Franzosen", und auf der Rückseite das Kreuz mit der Umschrift: „Christus siegt, Christus regiert, Christus herrscht." Die Person des Herrschers tritt zurück, es zählt nur das Amt, und das ist „von Gottes Gnaden". Im Mittelpunkt steht der Imperator, der am Kreuze siegte.

Der Gedanke an das Kreuz war die eigentliche Antriebskraft für Ludwigs ganzes Wirken. Das Kreuz gab seiner Regierung Sinn und Ruhm. Im Kreuzzug sah der König immer noch die letzte Krönung seines Lebens. Als er von seinem ersten Unternehmen geschlagen zurückkehrte, sagte er: „Der Kreuzzug ist nur unterbrochen, nicht beendet." Und als der Papst zu einem neuen Kreuzzug aufrief, zögerte Ludwig nicht, abermals die Verwirklichung seines Lebenstraumes zu versuchen.

Die Franzosen waren keineswegs begeistert davon, viele äußerten sich erbittert oder klagend über diesen politischen und militärischen Wahnwitz. Vorahnend fürchtete das Volk, mit diesem guten König auch die segensreichen Früchte seines Waltens zu verlieren. „Wenn der König das Kreuz nimmt", so sprach man in den Kreisen der Ritter, „wird das einer der tränenvollsten Tage, die Frankreich je gehabt." Das Befürchtete traf ein, zur Bestürzung der Barone und des Volkes. Joinville, Ludwigs treuester Gefährte auf seinem ersten Kreuzzug, erwiderte die drängende Werbung des Königs mit einem glatten Nein: Er wolle den König nicht begleiten, denn Gottes Wille sei, daß er in seinem Lande bleibe und sich um sein Volk kümmere; es sei offensichtlich, daß seine Leute Schaden leiden, wenn er sich auf der Pilgerfahrt von ihnen entferne; er habe das ja schon einmal bei dem ersten Kreuzzug erlebt. Noch vierzig Jahre später, bei der Niederschrift seiner Erinnerungen, hält Joinville mit seiner entschiedenen Mißbilligung nicht hinterm Berg: „Es ist meine Meinung, daß jene, die dem König zu dieser Fahrt rieten, eine Todsünde begingen; denn solange er in Frankreich weilte, erfreute sich das ganze Reich guten Friedens im Innern und mit all seinen Nachbarn; sobald er aber ging, wurde es schlimm und schlimmer im Lande. Ja wahrlich, schwere Sünde taten jene, die zu seiner Abfahrt rieten, wo sie doch sahen, wie ungewöhnlich schwach sein Körper war. Er konnte ja nicht einmal Reiten oder Fahren aushalten. So groß war seine Schwäche, daß er zuließ, daß ich ihn von dem Haus des Grafen von Auxerre, wo ich mich von ihm verabschiedete, bis zu den Barfüßern auf meinen Armen trug. Aber so hinfällig er auch war, er hätte noch lange leben und viel Gutes leisten können, wenn er nur daheim geblieben wäre."

Der Zauber von Ludwigs Persönlichkeit und seine Überredungsgabe bewogen doch manche, wider bessere Einsicht das Kreuz zu nehmen und den König auf seinem verwegenen Abenteuer zu begleiten. Unentschiedenheit und monatelange Verzögerung ließen schon zu Beginn den Erfolg des Unternehmens fragwürdig erscheinen. Noch im Hafen von Cagliari auf Sardinien war man sich über das Ziel nicht einig. Wo es um Gottes Sache ging, wollte Ludwig nicht rechnen und klügeln. Wartete er auf einen Fingerzeig von oben? Karl von Anjou intervenierte und suchte den Kreuzzug für seine eigenen politischen Pläne einzuspannen. Es geschah die Tragödie, daß der selbstlose Idealismus eines Heiligen von der Eigensucht eines Gewaltmenschen mißbraucht wurde. Der kalte Anjou, der seinem heiligen Bruder wenig ähnlich sah, hatte Neapel und Sizilien erobert und, um sich dieses Königreich zu sichern, Konradin, den letzten Hohenstaufen, enthaupten lassen. Sein Ehrgeiz flog noch höher: Ganz Italien und Konstantinopel sollten ihm zufallen, er träumte von einem Mittelmeerreich unter seiner Herrschaft. Die Eroberung von Tunis schien ihm ein wünschenswerter Schritt zu diesem Ziel zu sein; zugleich würde sie eine mögliche Gefahr für sein sizilisches Reich ausräumen. Er riet also seinem Bruder Ludwig, den Kreuzzug nach Tunis zu führen. Natürlich bediente er sich dem heiligen König gegenüber, der, halb Parzival, halb Don Quichotte, seinem gesunden Menschenverstand den Abschied gegeben hatte, völlig anderer Argumente: Der Emir von Tunis sei „bereit, sich bekehren zu lassen. Ein wenig Waffengeklirr werde ihn in die christliche Gemeinschaft einbringen, und die Christenheit werde eine neue Provinz erhalten an einer Stelle, die für jeden neuen Kreuzzug von größter strategischer Bedeutung sei" (St. Runciman). Ludwig glaubte seinem Bruder. Schon sah er in seinem Geiste das christliche Afrika erblühen wie einst zu Zeiten des von ihm so geliebten Augustinus. Er befahl, nach Tunis zu segeln.

Das Ende ist schnell erzählt. Wider Erwarten widerstand die Stadt Tunis. In den Ruinen des alten Karthago brach unter dem Kreuzheer die Ruhr aus. Der Tod hielt reiche Ernte. Auch Ludwig wurde von der Seuche gepackt. Nachts sang er, im Fieber liegend, das französische Lied: „Wir gehen nach Jerusalem." Er hatte recht. Aber es war nicht das irdische Jerusalem, der Ort, wo Christus einst den Tod erlitten, zu dem er auf dem Wege war, sondern das himmlische Jerusalem, die Stadt der Verheißung, wo Christus herrscht in der ewigen Glorie. Am Morgen schlief er eine Weile. Als er gegen Mittag aufwachte, sprach er den Psalmvers: „Ich will eintreten in dein Haus. Ich will dich anbeten in deinem heiligen Tempel und will deinen Namen bekennen." Das waren seine letzten Worte. Er starb drei Uhr nachmittags, am 25. August 1270, mit gekreuzten Armen und friedlich lächelnd.

Im Jahre 1297 trug der Papst den Namen König Ludwigs in das Verzeichnis der Heiligen ein. In seiner Predigt zur Feier der Kanonisation erklärte er: „Er war in Wahrheit ein König, der sich selbst und seine Untergebenen wahrhaft, gerecht und heilig regierte . . . Weil Ludwig gerecht war gegen sich, gegen Gott und gegen seinen Nächsten, deshalb hatte er Frieden." Joinville schrieb über die Heiligsprechung seines Freundes: „Drob große und herzliche Freude im ganzen Land. Welch hohe Ehre auch für sein ganzes Geschlecht, will es ihm nachstreben in der Tugend, und welch tiefe Schmach für alle die Könige seines Blutes, die ihm durchaus nicht nachfolgen in guten Werken, tiefe Schmach, sage ich; jawohl, man wird mit Fingern auf sie weisen und sprechen, daß der heilige König, von dem sie doch ihren Ursprung genommen, solche Laster wie ihre weit von sich gewiesen hätte."

Die Erinnerung an Ludwigs feine Gestalt forderte die Kritik an der gegenwärtigen Zeit und ihren Machthabern geradezu heraus. Schon sehnte man sich zurück nach seinen Tagen, und durch fünf Jahrhunderte der Monarchie wartete man vergeblich auf einen König, wie er war. „König, Ritter und Heiliger zugleich zu sein, das haben viele Herrscher des Mittelalters versucht; manche sind dem Ziele nahegekommen. Aber keiner hat es so vermocht wie Ludwig IX., den die Kirche als ihren Heiligen, Frankreich als einen seiner größten und erfolgreichsten Herrscher zählt und das mittelalterliche Rittertum des ganzen Abendlandes als die Verkörperung seiner Ideale verehrte . . . Dadurch gab er der Welt ein neues Maß, an dem fortan Könige gemessen wurden" (P. E. Schramm).

ALBERTUS MAGNUS

(1193–1280)

Albertus Magnus war das Urbild des Doktor Faust. Er galt als ein Erzzauberkünstler und Fürst der Magie. Von ihm erzählte man die seltsamsten Geschichten. Vor König Wilhelm von Holland, der den Mönch in Köln besuchte, habe er mitten im Winter einen Garten mit blühenden Bäumen, warmem Sonnenschein, reifen Früchten und singenden Vögeln hervorgezaubert und dazu ein üppiges Mahl, dessen Speisen und Getränke sich in den Händen der zugreifenden Gäste unversehens in allerlei Spuk verwandelten. Er habe mit einem Zauberbecher Kranke geheilt, sei zu Sankt Peter in Rom als Schlangenbeschwörer aufgetreten und bei einer anderen Gelegenheit vor vielen Zuschauern an einem in die Luft geworfenen Seil emporgeklettert. Die Legende läßt ihn das Schießpulver, das Feuergewehr, den Zeitmesser und ähnliche Dinge erfinden und will wissen, er habe sogar einen Roboter konstruiert, der reden und arbeiten konnte wie ein richtiger Mensch. Er zähmte Teufel, flog durch die Luft über ganze Länder und besaß den Stein der Weisen. Er soll auch in Liebesabenteuer verstrickt gewesen sein und die Tochter des Königs von Frankreich unsichtbar gemacht und entführt haben. Diese phantastischen Erfindungen der Sage schienen eine Bestätigung zu finden in einer Anzahl von Büchern über die schwarze Kunst, in abstrusen, sogar obszönen Schriften, die fälschlich unter dem Namen Alberts gingen. Diese weitverbreiteten Erzeugnisse tauchten Alberts Namen in ein Gebrodel von Schleim, Qualm und Nebel, mit dem der historische Albert nicht das Geringste zu tun hat.

In Alberts echten Werken gibt es Stellen, die gewisse Praktiken der Magie und Astrologie ausdrücklich ablehnen. Daß Albert trotzdem schon zu Lebzeiten in den Ruf eines Schwarzkünstlers kommen konnte, hatte Ursachen, die in seiner Umwelt, aber auch in ihm selbst lagen. Wer sich im Mittelalter wie Albert so eingehend mit der Erforschung der Natur beschäftigte, wer dazu in einem Laboratorium geheimnisvolle Experimente unternahm, war in den Augen des Volkes der Magie verdächtig. Selbst unter Alberts Schülern wird zuweilen ein ängstliches Raunen umgegangen sein über die ungewöhnlichen Wege, die der bewunderte Lehrer im Suchen nach Erkenntnis einschlug. Bei manchen freilich stand Albert gerade deshalb um so höher. Als Ulrich Engelberti von Straßburg, Alberts Lieblingsschüler und Ordensgenosse, in seiner Summa dem geliebten Meister noch zu dessen Lebzeiten dankbar ein rühmendes Wort widmen wollte, schrieb er: „Mein Lehrer, der Herr Albert, vormals Bischof von Regensburg, ist so gottbegnadet in jeglicher Wissenschaft, daß er ein staunenerregendes Wunder unserer Zeit genannt werden kann", und fügte mit besonderer Betonung hinzu: „bewandert auch in der Magie." Tatsächlich ist Albert nicht ganz von astrologischen, alchemistischen und magischen Anschauungen freigeblieben. „Albert steht hier im Banne einer übermächtigen antiken Tradition. Er glaubt die Naturwirklichkeit nicht in ihrem ganzen Umfang erfassen zu können ohne die Annahme eines Bereiches, der sich der streng exakten Methode der eigentlichen Naturwissenschaft entzieht und in der Magie als einer eigenen Wissenschaft erforscht werden kann" (B. Geyer).

Eine belgische Chronik nennt „Albert den Großen groß in der Magie, größer in der Philosophie, am größten in der Theologie". Damit sind, wenn wir „magia" mit Naturforschung übersetzen, die drei Bereiche angegeben, in denen Albert wissenschaftlich tätig war. Ob freilich die rhetorisch eindrucksvolle Steigerung der Wirklichkeit entspricht, ist fraglich. Im Hinblick auf Alberts Einfluß wenigstens müßte die Stufenfolge umgekehrt lauten. Auf dem Gebiet der Naturwissenschaft ist er auch am originellsten, denn im Unterschied zum Brauch jener Zeit schöpfte er seine Naturkenntnis zunächst nicht aus Büchern, sondern aus der Erfahrung.

Ihm war die Natur von Kindesbeinen an vertraut. Er wuchs auf an der schwäbischen Donau, die damals noch so fischreich war, daß man, wie Albert erzählt, zur Zeit des Herbstzuges die Fische mit Händen fangen konnte. Die Einwohner seines Heimatortes Lauingen lebten von der Landwirtschaft, dem Fischfang und der Jagd, und schon früh beteiligte sich Albert gern an diesen Tätigkeiten. Alle Jugenderinnerungen, die er uns erzählt, beziehen sich auf Erlebnisse in Wald und Feld. Jäger, Vogelsteller, Falkner, Bauern, Fischer, Schäfer und Winzer waren seine ersten Lehrer, und noch der Universitätsprofessor ließ sich auf seinen Wanderungen von ihnen über Pflanzen und Tiere belehren. Mit offenen Augen durchzog der junge Mann Europa, um möglichst viel an Wirklichkeit unmittelbar kennenzulernen. In seiner „Gesteinslehre" spricht Albert von Reisen zu Bergwerken, die er studienhalber unternommen hat. Als später andere Aufgaben ihn auf die Straßen Europas schickten, blieb seine Aufmerksamkeit doch auch noch auf die Merkwürdigkeiten der Natur gerichtet. Er sammelte Kuriositäten, und manchmal beglückte ein Freund oder Schüler, der Alberts Steckenpferd kannte, den geliebten Meister mit einem seltsamen Fund, einer wunderbar geformten Muschel oder einem eigenartigen Stein. Gern zeigte Albert seine Raritätensammlung den Besuchern, die aus aller Welt zu ihm kamen, und wenn er jemand besonders schätzte, dann schenkte er ihm ein Stück. In Köln hat er anscheinend ein richtiges Treibhaus für fremde Pflanzen angelegt, auch ein Laboratorium, in dem er Versuche anstellte. In Köln befindet sich auch Alberts Buch über die Tiere in der schönen und klaren Handschrift des Verfassers.

Was der modernen Naturwissenschaft selbstverständlich ist, hat Albert als einer der ersten im nachantiken Europa theoretisch gelehrt und praktisch vollzogen: daß nämlich das Studium der Natur sich auf Experiment und Beobachtung stützen muß. Die mittelalterlichen Gelehrten verließen sich mehr auf die Angaben des Aristoteles, Plinius und Hippokrates als auf ihre eigenen Augen. Albert dagegen erklärte in seinem Buch über die Mineralien: „Aufgabe der Naturwissenschaft ist es, nicht Berichte anderer einfach zu übernehmen, sondern die in den Naturerscheinungen wirkenden Ursachen zu erforschen." In seinem Buch über die Pflanzen schreibt er: „Was wir bringen, haben wir teils durch eigene Beobachtung erwiesen, teils stützen wir uns auf Angaben anderer, die unserer Erfahrung nach nicht leicht eine Behauptung aufstellen, ohne sie durch Beobachtung zu erweisen. In diesen Dingen gibt nämlich nur Beobachtung Gewißheit, weil für solche Fälle das deduktive Verfahren (das vom Allgemeinen aufs Besondere schließt) nicht vollzogen werden kann." Albert geht kritisch zu Werke: „Viel Zeit ist erforderlich, um eine Beobachtung so zu erweisen, daß jede Täuschung ausgeschlossen ist ... Man muß nämlich eine Beobachtung nicht nur in *einer* Weise prüfen, sondern für alle Umstände, damit die wahre Ursache der Erscheinung mit Sicherheit ermittelt werden kann."

Natürlich finden sich bei Albert noch viele Deutungen, die von der späteren Naturwissenschaft überwunden wurden. Doch hat er selbst schon manchen Irrtum überwunden, der zu seiner Zeit noch allgemein gelehrt wurde, und mit phantastischen Erklärungen einzelner Naturvorgänge, die aus dem Altertum übernommen waren oder in der Heimat umliefen, entschieden aufgeräumt. Als erster beschreibt er genau die Staubfäden und den Nektar der Blüten. Als erster erwähnt er den Bauchnervenstrang der Insekten. Als erster bespricht er die dreifache Lage des Pflanzenkeimes im Samenmehl. Als erster stellt er den Einfluß von Licht und Wärme auf Höhe und Breite der Bäume fest. Er versucht die verschiedenen Arten der Geschöpfe auf eine morphologische Struktur zurückzuführen. Er begründete die Kugelgestalt der Erde und die Bewohnbarkeit der südlichen Halbkugel. Durch seine Forschungen auf den Gebieten der Astronomie, Erdkunde und Meteorologie schuf er die wissenschaftlichen Voraussetzungen für die Entdeckung Amerikas: In Sevilla befindet sich eine Albertus-Handschrift mit Randbemerkungen von Christoph Columbus.

„Wäre die Entwicklung der Naturwissenschaft auf der von Albertus eingeschlagenen Bahn weitergegangen, so wäre ihr ein Umweg von drei Jahrhunderten erspart geblieben" (H. Stadler). In dem Jahrtausend zwischen dem Untergang der antiken Welt und dem Anbruch der Neuzeit ist Albertus der größte Naturforscher des Abendlandes. Er bearbeitete alle Gebiete der Naturwissenschaft: Sternkunde, Physik und Chemie sind ihm ebenso vertraut wie Zoologie, Botanik und Medizin. „Wenn wir die großen deutschen Naturbeobachter nennen, dann kann auch der stille Dominikanermönch einen Platz unter ihnen beanspruchen, der als erster die gesamte Tierwelt mit seinen Augen aufnahm" (H. Balss).

So bewundernswert es an sich schon ist, daß Albert die mannigfachen Erscheinungen der Natur in ihrer ganzen Breite beobachtet und beschreibt, — seine eigentliche Größe als Naturforscher liegt in dem Drang, das zerstreut Wahrgenommene in seinem Zusammenhang zu erfassen und zu erkennen, „was die Welt im Innersten zusammenhält". Er setzt nicht allein den Zusammenklang aller Naturerscheinungen voraus, sondern glaubt auch an den Zusammenhang der Natur mit den Bereichen jenseits der Natur. Er ist sich dessen bewußt, daß die Natur aus sich selbst nicht völlig zu verstehen ist, vielmehr überall auf das Metaphysische hinweist. Wohl besteht er auf strenger Scheidung der Methoden und lehnt es ab, in der Naturwissenschaft theologische Gesichtspunkte und theologische Beweisführung anzuwenden. Doch meint er mit der kausalen und empirischen Denkweise die Wirklichkeit nicht vollständig erfassen zu können. Daher sein Interesse für Magie, daher auch seine gleichzeitige Arbeit in der Philosophie und in der Theologie. Auch für ihn sind, wie für Roger Bacon, „alle Wissenschaften Augen, mit denen man Gott ansieht". Deshalb hält er einen echten Widerspruch zwischen der Theologie und der Naturwissenschaft für ausgeschlossen: „Wenn jemand die Naturwissenschaft *gründlich* beherrscht, sind ihm die Worte des Herrn kein Anlaß zum Zweifel."

Fastnacht 1229 tobte durch Paris ein unerhörter Studentenkrawall. Polizei griff ein, es gab Tote und Verwundete, und als sich der Aufruhr gelegt hatte, behaupteten Professoren und Schüler, die Stadt habe die Vorrechte der akademischen Bürger verletzt. Genugtuung wurde gefordert und abgelehnt, und schließlich zogen Lehrer und Schüler empört aus der Stadt. Das Bestehen der Universität war in Frage gestellt. Da berief der Bischof von Paris neue Dozenten. Zwei Lehrstühle kamen an Mitglieder des jungen Predigerordens, der bald eine führende Stellung in der europäischen Wissenschaft einnahm.

Einen dieser beiden Dominikaner-Lehrstühle erhielt 1245 Albert. Er war damals zweiundfünfzig Jahre alt und in der gelehrten Welt kaum bekannt. Er hatte sich spät entwickelt und bietet selbst ein Beispiel für seinen Satz: „Die Deutschen sind ungeschickt zum Studium. Aber wenn sie es beginnen, dann halten sie aus und werden besser als andere." Tatsächlich sollte dieser zähe Schwabe, der erste deutsche Professor an der Universität Paris, seine Kollegen bald in den Schatten stellen.

Es ist immer ein Glücksfall, wenn ein strebender Mensch einem überragenden Lehrer begegnet (sei es ein Lebender, sei es ein längst verstorbener Autor), der dem Anfänger zu zeigen vermag, wie weit er seine Geistesschwingen ausbreiten kann, und der dem noch Unsicheren jenes Selbstbewußtsein verleiht, das nötig ist, um auch in gefährlichen Höhen zuversichtlich alle Kräfte regen zu können. Einen solchen Meister fand Albert in Aristoteles. Damals waren, durch die Vermittlung arabischer, griechischer und jüdischer Philosophen, die Schriften dieses großen Denkers in Europa bekannt geworden. Freilich hatten die orientalischen Übersetzer und Erklärer seine Lehre so sehr entstellt, daß die Bezeichnung „Aristoteliker" als ein Schimpfname galt, der soviel bedeutete wie Ketzer, Freigeist, Nihilist. Es war für Albert kein geringes Wagnis, trotz jener Vorurteile sich in das Werk des Aristoteles zu versenken. An den Schriften, die Albert in Paris verfaßte oder vorbereitete, läßt sich verfolgen, „wie er sich an dem Riesen Aristoteles aufgerichtet hat und selbst zum Riesen geworden ist" (H. Chr. Scheeben). In wenigen Jahren wurde Albert der berühmteste Gelehrte des Kontinents. Aus allen Ländern strömten die Studenten herbei, um ihn zu hören.

Albert zeigte der Jugend einen Aristoteles, den er von allen verfälschenden Zutaten befreit hatte, und verstand es, sie für diesen gereinigten Aristoteles zu begeistern. Er machte ihnen klar, daß manche Lehren dieses heidnischen Philosophen sich mit dem christlichen Verständnis der Welt durchaus vereinbaren lassen. Dabei geriet Albert keineswegs in sklavische Abhängigkeit vom Stagiriten. Nachdrücklich wies er schwärmerische Überschätzung zurück: „Wer sich einbildet, Aristoteles sei ein Gott gewesen, der muß glauben, er habe sich nie geirrt. Da Aristoteles aber ein Mensch war, konnte er irren wie wir." Wahrscheinlich hat Albert darüber gelacht, daß man bald den bislang verachteten Aristoteles laut pries als den Vorläufer Christi in Sachen der Natur, wie Johannes Baptista der Vorläufer Christi war in Sachen der Gnade. Aber daß man von 1254 an immer stärker in Aristoteles die Verkörperung wissenschaftlicher Wahrheit und die höchste philosophische Autorität erblickte, daß Aristoteles überall als „der Philosoph" schlechthin zitiert wurde, ist diesem deutschen Dominikaner zu verdanken. Er war der Bahnbrecher der Scholastik. Deren Verbindung von hellenistischer Weisheit und christlichem Denken ist „die großartigste Ausgleichung weltbewegender Gedankenmassen, welche die Geschichte gesehen hat. Ihr geistiger Urheber ist Albert" (W. Windelband).

Seine Bemühungen, so fruchtbar sie auch waren, blieben nicht ohne Gegnerschaft. Er mußte sich sogar gegen Widerstände im eigenen Orden zur Wehr setzen: „Es gibt Leute, die nichts wissen, aber auf jede Weise die Verwendung der Philosophie (zur Glaubensbegründung) bekämpfen, besonders bei den Predigerbrüdern, wo ihnen keiner entgegentritt. Sie sind wie unvernünftige Tiere, die begeifern, was sie nicht kennen." Alberts heftige Worte gegen unsachliche Kritiker lassen ahnen, mit welcher Gehässigkeit die Kämpfe zwischen den Gelehrten ausgefochten wurden: „Ich sage das wegen einiger Faulen, die, um sich über ihre eigene Unfähigkeit hinwegzutrösten, in den Schriften anderer nur schnüffeln, um etwas bekritteln zu können. Sie sind vor lauter Trägheit lahm, doch wollen sie nicht allein lahm erscheinen. Deshalb suchen sie denen, die sich auszeichnen, eins anzuhängen. Solche Leute haben den Sokrates umgebracht, den Plato aus Athen in die Akademie vertrieben und durch ihre Machenschaften auch den Aristoteles fortgeekelt. Sie sind in der Arbeitsgemeinschaft der Wissenschaft, was die Leber im Körper ist. In jedem Körper ist ja die Gallenflüssigkeit; fließt sie aus, so macht sie den ganzen Körper bitter. So gibt es in der Wissenschaft immer einige überbittere und gallige Menschen, die allen andern das Leben verbittern und sie nicht in wohltuender Zusammenarbeit die Wahrheit suchen lassen." Albert war zu großherzig und zu sachlich, um wissenschaftliche Meinungsverschiedenheiten in persönlichem Zank auszutragen. Es kam ihm nie auf sein persönliches Ansehen, sondern auf die Wahrheit an. Darum hat er die Verdienste anderer stets mit warmen Worten anerkannt. Nicht von jedem Gelehrten läßt sich sagen, was Petrus de Prussia an Albert rühmt: „Er ist in der Wissenschaft ohne Neid gewesen."

Diese Haltung bewies Albert besonders in seinem Verhältnis zu Thomas von Aquino, der in Köln sein Schüler war. Albert hatte früh das Genie des um dreiunddreißig Jahre jüngeren Ordensbruders erkannt. Den Studenten, die ihren sehr schweigsamen und sehr dicken Kommilitonen mit dem Spitznamen „stummer Ochse" bedachten, entgegnete Albert: „Er wird einmal so laut brüllen, daß die ganze Christenheit aufhorchen wird." Es ist Alberts Verdienst, Thomas entdeckt und ihm den Weg gebahnt zu haben. Er führte ihn ins Lehramt ein, machte ihn zu seinem Assistenten an der Kölner Hochschule und bemühte sich allen Hindernissen zum Trotz mit Erfolg, dem erst Siebenundzwanzigjährigen eine Professur in Paris zu verschaffen. Als Thomas sich von seinem Lehrer verabschiedete und mit einiger Beklommenheit fragte, wie er wohl vor den Größen der Universität Paris bestehen könne, versicherte ihm Albert: „Du bist wahrlich ein größerer Gelehrter als ich." Bald sah Albert, wie der Stern seines Schülers zu steigen und sein eigenes Licht zu überstrahlen begann; er sah es nicht nur ohne Neid, sondern sogar mit Freude. Im Kölner Kloster ließ er die Werke des Aquinaten vorlesen und hielt eine begeisterte Lobrede auf ihn. Um so größer war sein Schmerz, als Thomas bereits im Alter von 49 Jahren starb. Beim Eintreffen der Todesnachricht soll Albert geweint haben. Als drei Jahre später der Bischof von Paris und der Bischof von Oxford eine Reihe von Lehrsätzen des heiligen Thomas verurteilten, machte sich Albert, trotz seiner 84 Jahre und obwohl seine Brüder abrieten, von Köln aus auf den Weg nach Paris, wo er vor versammelter Universität die Schriften seines Schülers Thomas verteidigte.

Die neuere Forschung hat festgestellt, daß Thomas von Albert oft wörtlich abhängig und ihm viel stärker verpflichtet ist, als man bisher annahm. Durch Thomas hat Albert seine größte Wirkung ausgestrahlt. Deshalb sieht Dante beide im Sonnenhimmel gleichrangig nebeneinander.

Liebe und Erkenntnis bedingen und fördern sich gegenseitig. Um etwas lieben zu können, muß der Mensch es zuerst erkennen; um etwas erkennen zu können, muß er es lieben. Nicht die Liebe macht blind, sondern der Haß. Je mehr man liebt, um so besser erkennt man; und je besser man erkennt, um so inniger liebt man. Das gilt in den Wissenschaften, die sich mit der Natur befassen, mehr noch in den Wissenschaften, die sich den Menschen und ihren Werken widmen, am meisten aber in der Wissenschaft, die Gott zu erkennen sucht. Ein Theologe, der Gott nicht liebt, ist ein Unding. Liebe äußert sich nicht in Worten, sondern im Vollzug. Die größten Denker in der Theologie waren daher jene, die heilig lebten. Zu ihnen gehört Albertus Magnus.

In seinem Kommentar zum Lukas-Evangelium schreibt er: „Der Mensch, der Gott ‚Vater' nennt, muß ihn darin nachahmen, daß er die Wahrheit erkennt und liebt wie Gott und die Güte erkennt und liebt wie Gott." In seinem Kommentar zum Johannes-Evangelium heißt es: „Heiligkeit ist die Tugend, die uns wissen läßt, was vor Gott recht ist ... Heiligkeit ist von jeder Befleckung freie und vollkommene Reinheit." Und in der Matthäus-Erklärung führt Albert aus: „So steht es mit der Klarheit der Gotteserkenntnis: Wir müssen das Hindernis beseitigen, wenn das Licht uns erleuchten soll, und dieses Hindernis ist der widerspenstige Wille ... Wenn die Befleckung der Sünde, die Ansteckung der irdischen Dinge, die Schwäche der Gebrechlichkeit entfernt wird und wir hingerissen werden zum Glanz der Wahrheit, dann ... erglänzt über uns Gott der Vater im vollen Lichte der ewigen Schönheit, Wahrheit und Güte ..., auf daß der dreifaltige Gott selbst in uns das strahlende und geistige Licht unserer Seele sei wie der heitere Tag aus dem Lichte, welches strahlt aus der Majestät des Vaters, und die Seele selbst wie der feste Sitz sei, auf dem thronen alle Schönheiten der göttlichen Schau und Wahrheit und Güte."

Immer wieder in seinen Schriften betont Albert den inneren Zusammenhang von Gottesliebe und Gotteserkenntnis, von Heiligkeit und Theologie. Was ihm theoretisch klar war, hat er auch praktisch vollzogen. Wir besitzen Alberts Gebet: „O Herr, ich wollte, daß ich wäre ein Mensch nach deinem allerliebsten Willen." Wir besitzen ferner das Zeugnis des Thomas von Brabant: „Ich weiß aus eigener Beobachtung – denn ich war lange Zeit sein Hörer –, daß der verehrungswürdige Meister, Bruder Albert aus dem Predigerorden, viele Jahre hindurch neben seiner reichen Lehrtätigkeit Tag und Nacht das Gebetsleben pflegte, und zwar so sehr, daß er fast täglich das ganze Psalterium betete. Wenn Chorgebet, Vorlesungen und Disputationen beendet waren, widmete er sich stets der Betrachtung. Was Wunder also, daß dieser Mann alle Menschen in der Wissenschaft überragte, der im Streben nach Tugend so große Fortschritte gemacht!"

Die Theologie, so lehrt Albert, „bezieht sich auf das, woran die Vernunft nicht heranreicht. Darum muß die Erkenntnis solcher Dinge von einer höheren Natur unter Teilhabe an deren Licht empfangen werden. Das Gebet ist das Mittel, durch das wir zum göttlichen Licht aufsteigen. Es ist der Aufstieg des Geistes zu Gott. Darum ist zu solcher Wissenschaft Gebet notwendig". Man erfasse göttliche Dinge „mehr durch Beten als durch Disputieren".

Wie die Theologie das Streben nach Heiligkeit voraussetzt, ist sie umgekehrt ein Mittel, zu größerer Heiligkeit zu gelangen. Der heilige Albert faßt die Theologie nicht als eine bloß spekulative Wissenschaft auf: Sie beschäftigt und bereichert nicht nur den Verstand, sondern auch Willen, Gemüt, Herz, also den ganzen Menschen, um ihn mit Gott, seinem beseligenden Ziel, zu vereinigen. Theologisches Erkennen hat eine den Menschen verwandelnde Kraft. Wer sich immer wieder in Gott vertieft, wird immer mehr Gott ähnlich werden. So war es auch bei Albert.

Die *Liebe* erschließt uns den Himmel. Darum nahm Albert das vergilische „omnia vincit amor et nos cedamus amori" zu seinem Wahlspruch, doch mit der charakteristischen Variante: „Alles besiegt die *göttliche* Liebe, lassen auch wir uns überwinden von der Liebe!" Albert gilt als der „Vater der deutschen Mystik". Wir wissen nicht, ob Meister Eckhart den greisen Albert noch persönlich gesehen hat (er war zwanzig Jahre alt, als Albert starb). Jedenfalls hat er an dem Kölner Generalstudium (das Albert gegründet) studiert und gelehrt und Alberts Schriften gelesen und verwertet. Auch Tauler, Seuse und Nikolaus von Kues zitierten Albert oft. Zahllose Predigten und Schriften der deutschen Mystik berufen sich wieder und wieder auf ihn mit den Worten: „bischof Albrecht sprichet."

„Ein Geist, der mit Sorgen für das Notwendige umgeben ist, kann nicht philosophieren und betrachten." Dieser Satz Alberts trifft im allgemeinen zu, doch nicht in seinem Fall. Sein gewaltiges literarisches Werk, das in der Kölner Gesamtausgabe vierzig Bände in Großquart umfassen wird, ist großenteils nicht in der Gelehrtenstube, sondern unterwegs auf Reisen entstanden. Albert besaß eine wunderbare Konzentrationsfähigkeit, die es ihm ermöglichte, inmitten mannigfacher Sorgen und Geschäfte jede kleine Pause zum Studieren und Schreiben auszunutzen. Dieser dauernde Wechsel zwischen Meditation und Aktion, dieses Nebeneinander und Ineinander von gedanklicher und praktischer Arbeit hat weder seiner Wissenschaft noch seiner äußeren Tätigkeit geschadet: Sein Denken blieb vor Weltfremdheit, sein Handeln vor Unbesonnenheit bewahrt. Alberts praktische Wirksamkeit als Erzieher, Ordensprovinzial, Bischof, Diplomat und Staatsmann war ebenso bedeutend wie sein Schaffen als Naturforscher, Philosoph und Theologe.

Als Professor wählte Albert für sein Wappensiegel die Gestalt eines Engels, der die Posaune bläst. So sah er selbst seine Sendung: Die Schlafenden zu wecken, die geistig Toten zum Leben zu rufen. Indem er dieser Sendung folgte, wurde er einer der großen Reformatoren seines Jahrhunderts.

Schon die Tatsache, daß es der Predigerorden war, in den er als junger Mann eintrat, ist bezeichnend. Der heilige Dominikus hatte diesen Orden gegründet, um die Seelsorge zu reformieren. Sein Ziel war (und ist) die missionarische und apostolische Arbeit, sein Mittel vor allem die Predigt, die durch gründliches Studium vorbereitet und durch ein Leben der Armut überzeugend gemacht werden soll. In einer Zeit, in der ein großer Teil des Weltklerus statt zu predigen in Reichtum schwelgte und schweres Ärgernis erregte, in einer Zeit auch, in der aus dem mangelhaft unterrichteten Volke allerlei Sekten hervorwuchsen, war die Verwirklichung dieses Programms ein Werk, das die Kirche rettete. So wurden die Dominikaner neben den Franziskanern die wichtigste Kraft in der kirchlichen Reformbewegung des hohen Mittelalters.

Nach dem Tode des heiligen Dominikus wurde Jordan von Sachsen zum Ordensmeister gewählt. Dieser Deutsche, ein kluger Organisator, ein hinreißender Prediger und eine Führernatur von unwiderstehlicher Anziehungskraft, hat dem Orden über tausend Studenten gewonnen – die Elite der Universitäten Europas. Einer davon war Albert, der nach kurzen Seelenkämpfen und gegen den Widerstand seiner Verwandten das weiße Habit der Predigerbrüder nahm. Er wurde ein echter Sohn des heiligen Dominikus und genoß schon nach wenigen Jahren im Orden ein so hohes Ansehen, daß nach dem Tode Jordans von Sachsen ein großer Teil des Generalkapitels Albert für würdig hielt, Nachfolger des heiligen Dominikus in der Ordensleitung zu werden. Doch sollte Albert seinem Orden und der Kirche einen wichtigeren Dienst leisten.

Den Dominikanern und den Franziskanern erwuchsen innerhalb der Kirche mächtige

Gegner. Universitätsprofessoren und Pfarrer erhoben sich gegen sie, neidisch auf ihre Privilegien und eifersüchtig auf ihre Erfolge im Lehramt und in der Seelsorge. Der Kampf wurde so heftig, daß der Bestand der neuen Orden ernstlich bedroht war. Da erschien in höchster Gefahr Albert am päpstlichen Hof zu Anagni, um die braunen und die schwarzen Brüder gegen ihre Feinde zu verteidigen. Er erzielte sofort einen durchschlagenden Erfolg. „Ihm vor allem war der Fortbestand der Bettelorden zu danken" (J. Bernhart). Mehr noch: Da Predigerbrüder und Minderbrüder die Träger der kirchlichen Erneuerung waren, rettete Alberts Tat die Kirche selbst vor dem drohenden Verderben.

Die Bedeutung dieses Sieges wurde sehr schön in einer symbolischen Erzählung ausgedrückt, die hier so wiedergegeben sei, wie sie Thomas von Brabant berichtet: „Zwei Jahre vor dieser Auseinandersetzung kam der Propst eines Augustinerstiftes in Bayern in geistlichen Geschäften an den päpstlichen Hof. Eines Tages betete er in der Peterskirche und geriet in Verzückung. Er sah die Kirche voll von Schlangen, deren Gezische die Kirche und ganz Rom erfüllte. Der heiligmäßige Mann erschrak. Er sah dann einen Mann im Habit der Predigerbrüder die Kirche betreten. Während er den Unbekannten anstaunte, wurde ihm von Gott die Aufklärung, dieser Mann heiße Albert. Die Schlangen fielen den Bruder mit heftigem Gezische an, umschlangen seine Füße und Arme, die Brust und den ganzen Körper. Er aber machte sich mit kräftigem Griff frei und trat an das Pult, an dem an Feiertagen das Evangelium gelesen wird. Er las das Evangelium des heiligen Johannes bis zu der Stelle: ‚Und das Wort ist Fleisch geworden und hat unter uns gewohnt.' Da verstummte das Gezisch der Schlangen; sie flohen, und es herrschte wieder allgemeine Stille ... Das Bild der Vision war prophetische Wahrheit. Es erfüllte sich alles, wie es die Vision gezeigt hatte."

Albert hat seinen Orden nicht nur gegen äußere Feinde verteidigt, er hat auch wesentlich dazu beigetragen, daß der Orden im Innern seinen Geist bewahrte und mit der Ausdehnung in die Breite nicht an sittlicher Höhe verlor. Seitdem Albert zum Provinzial der deutschen Ordensprovinz gewählt worden war, unterstanden ihm über tausend Dominikaner in mehr als vierzig Klöstern, verteilt über ein Gebiet, das sich von Brügge bis Riga, von Stralsund bis Wien und Friesach in Kärnten erstreckte. Welche Vielfalt von Sorgen und Pflichten ihm sein Amt auferlegte, läßt sich hier nur andeuten. Im Februar 1255 war Albert Zeuge bei einem Schenkungsvertrag in Köln. Wenig später predigte er bei der Einweihung des Dominikanerinnenklosters Paradies bei Soest. Anschließend besuchte er die Konvente in Bremen, Hamburg und an der Ostsee, hielt im Spätsommer das Provinzialkapitel in Regensburg und visitierte Klöster in Österreich und Süddeutschland. Im Januar 1256 weilte er wieder in Köln, durchzog dann Holland und Belgien, nahm Pfingsten an dem Generalkapitel in Paris teil, hielt im Sommer das Provinzialkapitel in Erfurt ab und befand sich Ende September schon in Italien am Hof des Papstes zu Anagni.

Alle Wege legte er zu Fuß zurück, bei jeder Jahreszeit, bei spärlicher, oft zusammengebettelter Kost. Von seinem Ordenseintritt bis zu seinem Tode ist er dauernd unterwegs gewesen, von Hamburg bis Rom, von Paris bis Prag. Bald tauchte er in Polen und Litauen, bald in Kärnten oder Frankreich auf. Längere Aufenthalte von zwei oder drei Jahren gab es nur in Paris, Köln, Regensburg, Würzburg und Straßburg, und selbst diese wurden von Reisen unterbrochen. Krank ist Albert nie gewesen. Er blieb rüstig bis in höchste Alter hinein.

Da er mit seinem Beispiel voranging, durfte er auch von seinen Ordensbrüdern strenge Beobachtung der evangelischen Armut fordern. Auf einem Kapitel zu Worms wurde unter seinem Vorsitz beschlossen: „Wer innerhalb der Grenzen das Predigtamt ausübt, darf sich zum Reisen durchaus keines Wagens bedienen, und ohne gerechte Ursache darf er sich auch von keinem fahrenden Wagen oder Karren mitnehmen lassen. Gerechte Ursache aber nennen wir, wenn es durch eine Wildnis geht, wo es weder Herbergen noch Lebensmittel gibt, oder wenn man zu einem Kranken eilen muß, wo Gefahr in Verzug ist, oder wenn man einen auswärts erkrankten Bruder zu Wagen nach Haus bringen muß, oder wenn eine Obrigkeit uns zu einem bestimmten Termin an einen Ort beruft." Als zu einer Kapitelversammlung zu Augsburg, bei der Albert den Vorsitz führte, die Prioren von Krems und Minden zu Pferd oder zu Wagen gekommen waren, bestrafte Albert sie schwer. Die Prioren von Hildesheim und Freiburg wurden sogar abgesetzt, weil sie gegen die Armut gefehlt hatten.

Als Lehrer an den Klosterschulen in Hildesheim, Freiburg, Regensburg und Straßburg und als Gründer und Leiter der Ordenshochschule zu Köln übernahm Albert die Aufgabe, den Priesternachwuchs auszubilden und den Seelsorgeklerus fortzubilden. Im Sinne des Predigerordens, der die Wissenschaft nicht um ihrer selbst willen pflegen wollte, richtete er seine eigenen Forschungen und die Studien seiner Schüler auf das Ziel der Seelsorgearbeit aus. Die meisten seiner Hörer sollten ja später nicht auf einem Katheder, sondern auf den Kanzeln und in den Beichtstühlen der Stadtkirchen wirken. Darum wollte Albert mehr sein als bloß Vermittler von Fachwissen. Er sah sich vor allem als Erzieher, und tatsächlich hat er durch das Beispiel seiner heiligen und priesterlichen Persönlichkeit eine ganze Generation seeleneifriger Geistlicher herangezogen. „Die Priester sollen nicht allein durch ihr Wort, sondern auch und vor allem durch ihr Beispiel das Volk, das ihnen anvertraut ist, belehren und erbauen." Das war der Grundsatz, nach dem er die künftigen Seelsorger erzog.

Seine Arbeit war gerade damals notwendig wie nie zuvor. Albert sah, wie das Volk weithin die Achtung vor seinen Priestern verloren hatte. Besonders schmerzlich empfand er es, daß viele Geistliche habgierig Pfründe auf Pfründe einheimsten und daß das Volk durch diesen Mißbrauch sehr vernachlässigt wurde. „O weh", so rief er aus, „heutzutage gibt niemand dem Volke!" Als ein Kölner Kanoniker in Gegenwart Alberts sich brüstete, er sei an der Kurie gewesen und habe Dispens erhalten, mehrere Pfründen zu besitzen, meinte Albert: „Jetzt könnt Ihr wenigstens mit Erlaubnis zur Hölle fahren."

Mit scharfen Worten wies er jene Prälaten zurecht, die für sich selber sorgten, doch kein Herz für die Nöte des Volkes hatten. In einer Vorlesung über das Lukas-Evangelium machte er seiner Entrüstung über gewisse Führer der Kirche Luft: „Die Sonne verdunkelt sich, wenn jene, die dem Erdkreis das Licht bringen sollten, dunkel werden, wie etwa ein Papst, Kardinäle, Erzbischöfe und Bischöfe ... Diese Leuchten sind nämlich noch dunkler als anderes Dunkel, einmal durch Unwissenheit, dann auch durch ein dunkles Leben. Sie sind es auch, die nur dastehen und sich nicht rings umtun, weil sie nichts von Sorge für die Untergebenen im Sinne haben, sondern in der Erhabenheit ihrer Ehrsucht hochnäsig und müßig dastehen ... Nichts ist leichter als in Demut und Milde die Untergebenen zu leiten, solange die Zeiten es gestatten. Sobald aber die Übermacht des Bösen einen zwingt, mit Ernst und Strenge einzuschreiten, wird einem Hirten der Kirche, wie einst dem Moses, sein Amt unerträglich scheinen, es sei denn, daß einer sich in stolzer Kälte gefällt und seinem Wohlleben zuliebe die Bösen dulden, ja sogar hegen will, wie Prälaten unserer Zeit es halten, die eher des Sardanapal als Christi Stelle vertreten." (Sardanapal war ein Assyrerkönig, der mit den Töchtern seiner erschlagenen Feinde seinen Harem füllte.)

Ein drastisches Beispiel für jene verweltlichten Kirchenfürsten bot Albert von Pietengau, der Bischof von Regensburg. Er hatte sich kaum um sein Bistum gekümmert, statt dessen aber viele Kriege geführt, die zu finanzieren er sich an Kirchengut vergriff. Alle Mittel, selbst Meuchelmord, waren ihm recht. Er hatte so schändlich gehaust, daß Stadt und Domkapitel sich gegen ihren Bischof erhoben und bei der päpstlichen Kurie einen Prozeß gegen ihn anstrengten. Das Klagematerial war gewichtig, und Rom hätte ihn, wie gefordert, abgesetzt, wenn er nicht dieser Maßregel zuvorgekommen wäre: Er verzichtete auf sein ausgeplündertes Bistum und zog sich in ein Kloster zurück. Das Regensburger Domkapitel wählte einen Nachfolger, der aber angesichts der zerrütteten Diözese es ablehnte, ein so böses Erbe anzutreten. Nun lag es beim Papst, einen Nachfolger zu bestimmen. Seine Aufmerksamkeit fiel auf Albert, den er in früheren Jahren kennengelernt hatte. Alexander IV. wußte, daß dieser Schwabe ein glänzender Kopf und ein tatkräftiger Oberer war. Wenn einer das Zeug hatte, die durcheinandergeratenen Dinge in Regensburg wieder ins Lot zu bringen, dann Albert.

Als der Ordensgeneral von der bevorstehenden Erhebung Alberts Wind bekam, fürchtete er ernstlich, Albert könnte als Bischof und Reichsfürst seinen guten Charakter verlieren und auf die abschüssige Bahn der anderen Fürstbischöfe geraten. In einem Brief warnte er ihn davor, das Regensburger Bistum anzunehmen: „Wer möchte Euch zutrauen, daß Ihr gegen Ende Eures Lebens Euren Ruhm und Euren Orden, den Ihr zu so hohem Ansehen gebracht habt, mit solchem Makel behaften werdet? Um Himmels willen, wer von den Bettelmönchen würde künftig der Versuchung, zu hohen Würden aufzusteigen, widerstehen, wenn es so weit kommt, daß Ihr unterliegt? Wird man nicht vielmehr Euer Beispiel als Entschuldigung für sich anführen? . . . Überlegt Euch wohl, wie viel Verwirrung, wie viel Schwierigkeiten die Regierung einer deutschen Diözese mit sich bringt und wie schwer es ist, dort bei Gott oder den Menschen nicht anzustoßen! Wie endlich wird Eure Seele es ertragen können, tagaus tagein in weltliche Geschäfte und in die Gefahren einer sündigen Umgebung verstrickt zu sein! . . . Lieber hörte ich, mein vielgeliebter Sohn liege auf der Totenbahre, als daß ich vernähme, er sitze auf einem Bischofsthron! . . . Auf den Knien beschwöre ich Euch, den Stand der Demut nicht zu verlassen!"

Kaum hatte Albert diesen Brief gelesen, als ihm ein zweiter übergeben wurde, der von Papst Alexander kam: „Da Du aus dem Quell des göttlichen Rechtes solche heilsamen Ströme der Wissenschaft getrunken hast, daß seine Fülle in Dir wohnt, und da Du in allem, was Gott betrifft, ein verständiges Urteil hast, so hoffen wir sicher, daß die Wunden jener Kirche, die im Geistlichen und Weltlichen sehr zerrüttet sein muß, durch Dich geheilt und alle Schäden durch Deine Umsicht und Mühe behoben werden können. Darum befehlen wir Dir, daß Du unserer oder vielmehr der Anordnung Gottes Dich fügst, diese Ernennung annimmst und Dich zu der genannten Kirche begibst und sie nach der Dir von Gott gegebenen Klugheit zu ihrem Wohle verwaltest." Wem sollte Albert folgen, seinem Ordensoberen oder dem Papst? Der Siebenundsechzigjährige entschied sich für das Schwierigere und übernahm das verlotterte Bistum, das niemand haben wollte.

Von der Mißwirtschaft seines Vorgängers gibt ein Chronist ein anschauliches Bild: „Als Bruder Albert . . . sein Bistum in Besitz nahm, fand er im Getreidespeicher nicht *ein* Korn. Nahrung für sich und sein Gesinde gab es nicht, auch kein Futter für die Pferde. Es war nichts vorhanden, was auch nur den Wert von einem Ei gehabt hätte. Für die Bestellung der Weinberge, die damals bevorstand, für Anschaffung von Mist und allem übrigen war nicht ein Pfennig vorhanden." Aber ein Berg von Schulden war abzutragen. Der neue Bischof ging beherzt ans Werk. Er verkleinerte den Haushalt, forderte von sich und seinen Mitarbeitern größte Einfachheit und Sparsamkeit und stellte zuverlässige Laien als Vermögensverwalter an. Es gelang ihm, innerhalb eines Jahres alle Schulden zu begleichen und die Vermögensverhältnisse des Bistums wieder auf eine gesunde Grundlage zu stellen.

Wichtiger noch war die Wiederherstellung der guten Sitten bei Klerus und Volk. Von einem unwürdigen Bischof und von schlechten Priestern war der Sittenverfall ausgegangen, von einem guten Bischof und von guten Priestern sollte die Reform ihren Ausgang nehmen. Albert ging mit seinem Beispiel voran. Er wollte nicht Reichsfürst sein, sondern Nachfolger der Apostel. Darum trat er nicht mit dem Pomp seiner Standesgenossen auf, sondern trug weiterhin das dürftige Ordenskleid. Nur das Brustkreuz verriet seine Würde. Im betonten Gegensatz zu den geharnischten und hoch zu Roß sitzenden Fürstbischöfen seiner Zeit wanderte Albert zu Fuß durch seine Diözese, im Bundschuh der Bauern, visitierend, firmend, predigend. Ein Esel trug die liturgischen Gewänder und Bücher. Bald gab das Volk seinem Bischof den Namen „der Bundschuh".

Alberts vorbildliches Auftreten weckte überall die Kräfte, die sich für eine Reform einzusetzen bereit waren. In seinem Auftrag haben Abt Hermann von Niederaltaich und Abt Poppo von Oberaltaich ihre Benediktinerklöster reformiert. Da die Abteien zahlreiche Pfarreien zu besetzen hatten, war diese Reform auch für das Bistum von Bedeutung. Albert hat auch mit dem größten Volksprediger der Zeit zusammengearbeitet, mit dem Minoriten Berthold von Regensburg. Ein Teil der Briefe, welche die Reformatoren wechselten, ist noch erhalten. Berthold hat in packenden Predigten Tausende zur Besserung geführt. Er bekämpfte soziale Ungerechtigkeit und Unterdrückung der Schwachen. Er verurteilte die Auswüchse der Zeit wie Geißlerfahrten, Turniere und Judenverfolgungen. Bei alledem durfte er der Zustimmung Alberts gewiß sein.

Bischof Albert hat auch selbst gern und oft gepredigt. Seine Worte prägten sich dem Geist des Volkes tief ein und wurden noch nach Jahrhunderten gehört. Einzelne Kernsätze aus seinen Predigten malte man mit verdeutlichenden Bildern auf große Holztafeln, die in den Kirchen aufgehängt wurden, damit man die Sprüche des Bischofs immer wieder vor Augen habe. Viele solcher „Alberttafeln" sind vom vierzehnten bis zum siebzehnten Jahrhundert in Kirchen der Erzdiözese Salzburg, aber auch Westfalens bezeugt. Einige blieben erhalten bis heute. „Diese Sentenzen sollen den oft äußerlich gehandhabten guten Werken die innere christliche Gesinnung entgegensetzen" (W. Stammler). Da heißt es zum Beispiel gegen übertriebene Askese: „Wer ein hartes Wort geduldiglich erträgt in der Liebe unseres Herrn, das ist Gott wohlgefälliger denn daß er zerschlüge auf seinem Rücken so viel Besen als auf einem ganzen Acker gewachsen sind." Gegen Überschätzung der Wallfahrten: „Daß du Gott stete Reue bietest in deiner Seele mit seiner Gnade, das ist Gott wohlgefälliger denn du renntest von einem Ende der Welt bis an das andere." Gegen Überbewertung mystischer Gaben: „Empfange mit Geduld, was Gott über dich verhängt! Das ist Gott wohlgefälliger denn daß du verzückt wirst bis in den dritten Himmel wie Sankt Paulus." Gegen die Gefahr, die Mitte des Glaubens aus dem Auge zu verlieren: „Geh selber zu Gott! Das ist dir nützer denn daß du alle die Heiligen und alle die Engel hinsendest, die im Himmel sind." Wahrlich lauter Sätze, deren Gültigkeit nicht auf Alberts Zeit beschränkt bleibt.

Nachdem Albert seine Hauptaufgabe in Regensburg erfüllt hatte und die Verhältnisse des Bistums wieder einigermaßen geordnet waren, durfte er daran denken, seine Bürde anderen Schultern zu überlassen. Sobald er einen geeigneten Nachfolger gefunden hatte, bat er den Papst, ihn von seinem Bischofsamt zu befreien. Nach seinem Verzicht auf die Diözese ernannte ihn Urban IV. zum päpstlichen Nuntius und zum Kreuzzugsprediger in Deutschland und Böhmen. Die Zeit der Kreuzzüge aber war eigentlich schon vorüber, und so lag der Schwerpunkt der Predigtreise auf der inneren Mission. Durch einen Papstbrief sicherte sich Albert die Mitarbeit Bertholds von Regensburg. Wieder wanderte er durch ganz Deutschland. Er war schon über die Siebzig. Doch das größte Werk seines Lebens lag noch vor ihm.

Den sozialen und politischen Verhältnissen hat Albert sein Leben lang Aufmerksamkeit geschenkt. „Er wußte, daß Ordnung im sozialen und politischen Leben eine wichtige Voraussetzung ist für die Blüte von Religiosität und Seelsorge. Diese Erkenntnis führte ihn zum Dienst an der Gemeinschaft und schließlich zur Politik. Sozialer und politischer Friede als Voraussetzung für die Seelsorge sind das Programm seines Wirkens in der Öffentlichkeit" (H. Chr. Scheeben).

Albert „nahm lebhaften Anteil an dem politischen Geschehen seiner Zeit, ohne ihm jedoch in seiner jeweils fragwürdigen Bedingtheit verhaftet zu bleiben" (R. Liertz). Daß er das konnte, verdankte er zunächst der Unbestechlichkeit seines Charakters und der Überlegenheit seines Geistes, dann aber auch seiner tiefen Einsicht in die wesenhafte Ordnung des staatlichen und gesellschaftlichen Lebens. Unter seinen Aristoteles-Interpretationen stellt die Bearbeitung der aristotelischen *Politik* die selbständigste Leistung dar. Auch in anderen seiner Werke bringt Albert wesentliche Gedanken zur Staats- und Soziallehre. „Seinen Überlegungen liegt die Lehre vom Naturrecht zugrunde" (H. Kühle), weshalb sie heute besondere Beachtung finden. Die obersten Prinzipien sind zwei Sätze der Bibel: „Alles, was ihr wollt, daß euch die Menschen tun, das tut auch ihr ihnen" (Mt 7, 12). „Was du nicht willst, das man dir tu, das füg auch keinem andern zu" (Tob 4, 16). Das Naturrecht, das dem Willen Gottes entspringt, ist im Gewissen verankert. Ihm darf das positive Gesetz, das aus dem Willen des Gesetzgebers entspringt, nicht widersprechen, sonst ist es Unrecht. „Ein Betrüger, der Gesetze erläßt, um die Sanftmütigen und Unschuldigen zu verderben und auszuplündern, ist ein Tyrann. Ein wahrer Fürst trifft nur solche Anordnungen, die dem Volk nützen, und befiehlt den andern nur das, was er selber tut ... Ein Reich zuschanden macht der Tyrann, der sich nicht um die Zwecke und das Wohl der verschiedenen Volksschichten sorgt, sondern alle Entscheidungen trifft, um sich selbst zu nutzen und die Menschen zu unterdrücken und zu schikanieren."

Daß bei Alberts theoretischen Ausführungen über Staat und Recht der gesunde Menschenverstand nicht zu kurz kommt, zeigt zum Beispiel seine Erörterung der Frage, ob jemand sein Recht suchen dürfe: „Wenn es ohne böses Aufsehen und Streit geschehen kann, darf jeder es wahren, genau wie sein Eigentum. Denn wer zurückfordert, was ihm gehört, tut niemand Unrecht – es sei denn, daß einer weiß, durch seine Forderung entstehe ein größeres Übel –: also in obigem Fall mache er von seinem Recht Gebrauch. Wenn aber weithin Händel entstünden, so hat er zu verzichten, wie man ja auch sonst verzichten muß wegen des Anstoßes der Menschen, das Ärgernis genannt wird. Wohl gemerkt, es muß sich aber um ein öffentliches Ärgernis handeln, nicht um ein privates, sonst könnte man gar nichts zurückfordern, weil es doch unverschämte und ungerechte Menschen gibt, die immer sagen, sie nähmen Anstoß."

Die politische Weisheit und die Gerechtigkeitsliebe Alberts wurden von allen Zeitgenossen anerkannt. In vielen Kämpfen und Zwisten zwischen geistlichen und weltlichen Herren, zwischen Klöstern und Städten, Geschlechtern und Zünften und ihren Territorialfürsten wurde der Predigerbruder als Schiedsrichter gerufen, und jedesmal kam er und stiftete Frieden. Mochte es sich um gewichtige oder um geringfügige Dinge handeln, nie hat sich Albert gedrückt, wenn man ihn bat zu helfen. Es war für den hohen Geist gewiß nicht erfreulich, in die oft kleinlichen Zänkereien erhitzter Parteien hineingezogen zu werden, und niemand hätte es ihm übelnehmen können, wenn er sich unter Hinweis auf seine vielen anderen Verpflichtungen von diesen unerquicklichen Händeln ferngehalten hätte. Doch Albert gehörte nicht zu jenen Salbadern, die dauernd Worte wie „Frieden" und „Liebe" im Munde führen, sich aber aus dem Staube machen, wenn aus des Nachbarn Haus die Flammen schlagen. Er scheute keine Mühe, selbst weite Reisen nicht, wenn er seinen Mitmenschen einen Dienst tun konnte.

„Die Schiedssprüche des Heiligen zeichnen sich aus durch ausgeprägtes Verständnis für geschichtlich Gewordenes und einen sicheren Blick für praktische Bedürfnisse" (H. Ostlender). Wenn man bedenkt, wie schwer es für einen Schiedsrichter ist, es allen Leuten recht zu machen, wundert man sich um so mehr, daß man über Alberts Entscheidungen nie ein Murren hörte. Im Gegenteil, man rief den bewährten Friedensstifter immer wieder. 1258 wurde er nach Lüttich geholt, um einen Streit über das Patronat der Pfarrkirche zu Dortrecht beizulegen. 1259 wirkte er mit bei dem Vertrag zwischen den Städten Köln und Utrecht, der Streitigkeiten über den Handelsverkehr beseitigte. 1260 beendigte er durch einen Schiedsspruch einen Zwist zwischen der Stadt Köln und der Abtei Deutz, den vorher acht Schiedsrichter und zwei Vermittler nicht hatten beilegen können. Im gleichen Jahre entwirrte er die verfahrene Angelegenheit des Dechanten Garsilius im Bistum Lüttich und erreichte, was weder ein Urteil des päpstlichen Gerichtshofes noch Kirchenstrafen erzwingen konnten. 1263 schlichtete er einen Streit zwischen dem Bischof Hartmann von Augsburg und dem Grafen Ludwig von Öttingen, 1264 einen Streit zwischen dem Stift St. Johann zu Würzburg und Gottfried von Hohenlohe wegen der Propsteirechte in Hopferstadt und Rudershausen, 1265 einen Streit zwischen demselben Stift und Kraft von Hohenlohe. Am 1. Juli 1265 bestimmte er, daß die Mauer eines Stalles in Würzburg nur so hoch sein dürfe, daß einem benachbarten Haus das Licht nicht genommen werde. Am 26. August des gleichen Jahres trat er als Zeuge auf in einem Vertrag, der eine Fehde zwischen Bischof Iring von Würzburg und den Bürgern der Stadt beendete. 1267 entschied er in einem Streit zwischen dem Johanniterkomtur von Würzburg und Ritter Marquard Crusen wegen einiger Malter Korn. 1267 beauftragte ihn Papst Clemens IV., den Frieden zwischen dem Bischof und der Stadt Straßburg zu vermitteln. 1268 weilte Albert im Auftrage des Papstes in Mecklenburg, um den Händeln zwischen den Johannitern und dem Slawenherzog Barnim ein Ende zu machen. 1271 fällte er einen Schiedsspruch in der Auseinandersetzung zwischen Propst Wolfram und dessen Kapitel in Kerpen. 1273 versöhnte er das Reuerinnenkloster in Köln mit dem Propst Wittiko. 1275 wurde er in einem Vertrag zwischen Erzbischof Siegfried von Köln und Gräfin Mathilde von Sayn, 1277 in Streitigkeiten zwischen Abt und Konvent der Abtei Brauweiler zum Schiedsrichter bestellt.

Die größten Verdienste erwarb sich Albert durch die erfolgreiche Beendigung dreier Kriege zwischen der Stadt Köln und dem Erzbischof von Köln. Diese Friedenstaten ließen einen zeitgenössischen Chronisten ausrufen: „Selig bist du, Köln, weil du den Albertus besessen, der durch seine Beredsamkeit den inneren Krieg und Aufstand beigelegt hat."

Der erste Kampf, in den Albert eingriff, geschah schon lange vor seiner Erhebung zum Bischof, auch noch vor seiner Wahl zum Provinzial. Damals trat Albert als schlichter Predigermönch einem der mächtigsten Herrscher der Zeit gegenüber und setzte Geistesmacht gegen Schwertgewalt. Sein Gegenspieler war Konrad von Hochstaden, der Königmacher. Zeitweise war er der erste Fürst in Deutschland, förderte aber weniger den Nutzen des Reiches, sondern mehr die Ausdehnung seines eigenen Territoriums. Gemessen am Erfolg, waren seine Taten bewundernswert. Nietzsche hätte in ihm eine großartige Verkörperung seines Ideals vom Herrenmenschen erblickt. Liest man die Geschichte Konrads von Hochstaden, so wird man kaum daran erinnert, daß es sich um das Leben eines Erzbischofs handelt. Konrad selbst empfand sich wohl fast ausschließlich als Fürsten und Feldherrn. Die Priester- und Bischofsweihe empfing er erst zwei Jahre nach seiner Erhebung auf den Kölner Erzstuhl, anscheinend bloß der Form halber. Am geistigen Aufschwung Kölns, der mit der Gründung einer Hochschule durch Albertus Magnus einsetzte, nahm er keinen Anteil. Nicht einmal für seine oberhirtlichen Aufgaben hatte er Zeit, da er dauernd im Krieg lag gegen Nachbarfürsten. Man versteht, daß dieser gewalttätige, skrupellose und verschlagene Kirchenfürst von andern Bischöfen als „Blutmensch" verabscheut und auch von seinen Untertanen alles andere als geliebt wurde. Mit den Kölnern geriet er in Streitigkeiten, die sich bis zum Ausbruch eines Krieges steigerten.

Die Bürger von Köln hatten schon im Laufe des zwölften Jahrhunderts im Zusammenhang mit dem wirtschaftlichen Aufschwung der Stadt nach und nach die Selbstverwaltung erlangt und die landesherrliche Gewalt des Erzbischofs eingeschränkt. Praktisch war Köln am Anfang des dreizehnten Jahrhunderts eine freie Stadt. Bei seinem Regierungsantritt hatte Konrad von Hochstaden den Bürgern feierlich ihre Rechte garantiert. Trotzdem versuchte er, das Rad der Geschichte zurückzudrehen. Entschlossen, das Bürgertum sich zu unterwerfen, griff er in die Zoll- und Münzrechte der Stadt ein. Die Stadtverwaltung sandte eine Abordnung an den Erzbischof und verlangte, er solle seine Maßnahmen widerrufen und die Freiheit der Stadt achten. Der Erzbischof entgegnete ziemlich heftig, er denke nicht im mindesten daran, sammelte bei Andernach vierzehn Kriegsschiffe und fuhr damit den Rhein hinunter, um die Stadt zu zwingen. Doch weder Belagerung noch Bombardierung hatten Erfolg. Der Versuch, die Kölner Flotte durch Feuer zu vernichten, schlug fehl. Die Schlappe bewog den Erzbischof, Frieden zu schließen. 1252 wurde Albert von beiden Parteien als Schiedsrichter anerkannt. Der Dominikaner fällte seinen Spruch zugunsten der Stadt: Dem Erzbischof legte er auf, sich nicht in die Münzangelegenheiten einzumischen, die von ihm errichteten neuen Zollschranken aufzuheben und die Freiheiten der Bürger von Köln zu achten. Der Spruch wurde von beiden Parteien angenommen und vom Papst bestätigt. Der Mönch hatte den machthungrigen Fürsten in seine Schranken gewiesen.

Es spricht für Alberts Ansehen, daß Konrad von Hochstaden trotz dieser Abfuhr den Predigerbruder wiederholt zu Rechtsgeschäften heranzog. Eine Zeitlang herrschte Frieden in Köln. Doch 1257 nahm der Erzbischof einen durch Familienzwist hervorgerufenen Überfall auf einen Domherrn zum willkommenen Anlaß, mit der Stadt abzurechnen. Er begab sich nach Bonn, ließ ausstreuen, die Kölner hätten einen Anschlag auf ihn verübt, und rüstete ein Heer. Aber auch diesmal mußte er eine Niederlage einstecken: Bei Frechen wurden seine Truppen von den Kölnern geschlagen.

Bald fand Konrad von Hochstaden einen anderen Weg, sein Ziel zu erreichen. Geschickt begann er, die sozialen Spannungen innerhalb der Kölner Bürgerschaft auszunutzen. Seit einiger Zeit waren die politischen Rechte auf eine Kaste beschränkt. Verwaltung und Rechtsprechung lagen in den Händen der reichen Kaufleute. Die Zünfte blieben ausgeschlossen. Wenige Familien teilten sich in die Macht. Wichtige Ämter vererbten sich vom Vater auf den Sohn. Manche Patrizier fühlten sich jeder Kontrolle überhoben und glaubten, nach Gutdünken regieren zu können. So hatten sich in die Stadtverwaltung Mißstände eingeschlichen, welche die Unzufriedenheit des Volkes hervorriefen. Um so leichter konnte der Erzbischof die Zünfte gegen die Patrizier aufhetzen. Konrad klagte die Stadtverwaltung der Korruption an, legte Klagen gegen die Amtsführung der vornehmen Bürger vor und erklärte, er sei kraft seiner Herrschergewalt verpflichtet, gegen diese Übelstände vorzugehn. Die regierenden Geschlechter antworteten dem Erzbischof mit Beschwerden gegen ihn selbst.

In dieser Lage wurde wiederum Albert zum Schiedsrichter bestellt. 1258 fällte er seinen Spruch: „In diesem Aktenstück hat Albert ... das schönste Zeugnis seines Charakters hinterlassen. Die ganze Urkunde atmet Ernst, Würde, Unabhängigkeit, unbestechlichen Gerechtigkeitssinn. Das Unrecht straft sie, wo sie es findet, ohne Ansehen der Person. Bürgerliche Mißwirtschaft wie fürstliche Willkür haben hier in gleicher Weise ihren unerbittlichen Richter gefunden" (H. Cardauns).

Es lag nicht an Albert, daß der Friede nicht von Dauer war. 1259 verlangte Konrad von den regierenden Geschlechtern, sie sollten sich mit ihm verbinden, er werde sie mit Geld und Gut reichlich entschädigen. „Aber die Geschlechter", so berichtet der Chronist Gottfried Hagen, „taten seinen Willen nicht, da es gegen die Freiheit der Stadt ging. Da sandte der Bischof zu den Reichsten unter den Webern und von der Gemeinde und bewirkte, daß sie sich vereinten und ihm schwuren und huldigten, daß sie alle ihm helfen wollten wider die Patrizier der Stadt." Die Patrizier wurden aus ihren Ämtern entfernt und durch Zünftler ersetzt. Obwohl das Vorgehen des Erzbischofs dem von ihm beschworenen Schiedsspruch von 1258 Hohn sprach, haben mehrere Schiedsrichter es mit ihrem Namen gedeckt. Doch Alberts Name fehlt unter den Urkunden, die das Friedenswerk von 1258 zerstörten.

Als Konrads Nachfolger, Engelbert von Falkenburg, die Stadt mit Geldforderungen bedrängte, verbanden sich die Zünfte wieder mit den Patriziern, stürmten die Festungswerke und vertrieben die bischöfliche Besatzung. Engelbert sah sich 1262 gezwungen, jene Verhältnisse wiederherzustellen, die der Schiedsspruch von 1258 festgelegt hatte. Damit war Alberts Schiedsspruch wieder in Kraft. Der Papst hatte wohl das Gefühl, das geistliche Wohl der Erzdiözese Köln liege bei dem kriegerischen Erzbischof Engelbert nicht gerade in guten Händen, und ernannte Albert zu seinem Vikar für die geistlichen Angelegenheiten in Stadt und Bistum Köln. 1263 wurde zwischen Engelbert und der Stadt ein neuer Vertrag besiegelt, den Albert als Zeuge mitunterzeichnete.

Albert war noch nicht drei Monate fort von Köln, als der Erzbischof alle Abmachungen brach. Wieder zwang er die Kölner bei Neuß zur Verzollung ihrer Waren und setzte Kaufleute gefangen. Er ließ sich sogar in eine Verschwörung der Zünftler gegen die Stadtobrigkeit ein, der jedoch die Ratsherren zuvorkamen, indem sie den Erzbischof kurzerhand in Haft setzten. Erst 1266 wurde diese Fehde beigelegt.

1267 erhob Engelbert wieder Zollschranken. Einen gegen ihn ausgefallenen Schiedsspruch beantwortete er mit einem Feldzug gegen den Grafen von Jülich, der gemeinsam mit der Stadt Köln gegen die ungerechten Zölle protestiert hatte. Engelbert besetzte Sinzig, brach raubend und brennend in die Grafschaft Jülich ein, erlitt aber in der Schlacht bei Zülpich eine Niederlage. Mit dem Schwerte in der Hand wurde der Erzbischof gefangengenommen und auf Burg Nideggen in Haft gesetzt. Die Bürgerschaft von Köln, ihre Verbündeten, die Grafen von Jülich, Berg und Geldern, und die kölnischen Prälaten und Kapitel hielten in einer Urkunde fest, daß der Kampf gegen den Erzbischof sich nicht gegen kirchliche Interessen wandte, sondern nur ein Reichsrecht verteidigen und einen räuberischen Überfall abwehren wollte. Der Papst schickte einen Nuntius, der die Streitigkeiten beilegen sollte. Der Nuntius kam aber nicht nach Köln, sondern ließ sich in der erzbischöflichen Pfalz in Bonn nieder. Von hier aus forderte er den Grafen von Jülich auf, den Erzbischof freizulassen; er werde dann über alle Streitpunkte eine Entscheidung fällen. Der Graf von Jülich, durch die Erfahrungen der letzten Jahre gewitzigt, schlug eine andere Reihenfolge vor: erst Verhandlung und Einigung, dann Freilassung des Erzbischofs. Da sprach der Nuntius über die Grafen von Jülich und von Geldern sowie über die Richter, Schöffen und Ratsherrn von Köln den großen Bann aus und verhängte über die Stadt Köln das Interdikt. Sofort erhoben die Kölner und der Graf von Jülich Protest und appellierten an den Papst. Als es einigen Bundesgenossen Engelberts durch Verrat gelungen war, bei Nacht mit ihren Truppen in die Stadt einzudringen, gab es eine Straßenschlacht, die beinah mit einer Niederlage der Kölner geendet hätte, wären nicht plötzlich die Zünftler, früheren Hader vergessend, dem Bürgeradel im Abwehrkampf zu Hilfe geeilt. Nach diesem Sieg hatte Köln fast zwei Jahre Ruhe. Engelbert lag nach wie vor gefangen auf Burg Nideggen, und das Interdikt wurde vom Klerus nicht beachtet.

1270 aber holte der Nuntius zu einem neuen Schlage aus. Er ließ in den westdeutschen Diözesen verkünden: Wer mit den exkommunizierten Grafen von Jülich und von Geldern verkehrt, spricht, speist oder Handel treibt, ist ohne weiteres aus der Kirche ausgeschlossen. Über die Orte, an denen sich die Grafen aufhalten, wird das Interdikt erneuert und verschärft. Wer von den Untergebenen der Grafen seinem Herrn gehorcht, verfällt dem Banne. Alle Geistlichen müssen innerhalb zweier Monate die Stadt Köln verlassen. Wer mit Kölner Bürgern Handel treibt, ist exkommuniziert. Der Bischof von Münster wird, weil er sich nicht genügend um die Freilassung des Erzbischofs bemüht hat, exkommuniziert. Seine Diözese wird mit dem Interdikt bestraft. Wieder legten die Kölner Berufung an den Papst ein. Sie konnten es aber nicht verhindern, daß sich die Folgen der schweren Kirchenstrafen bald bemerkbar machten. Die größte Stadt Deutschlands sah sich in wirtschaftliches und seelisches Elend gestoßen.

Sie hatte hundert Kirchen, aber in keiner gab es Gottesdienst und Sakramentenspendung. Sie hatte tausend Schiffe, aber der Handel lag gelähmt und Hungersnot drohte.

In dieser Not erinnerten sich die Kölner ihres Albert, der seit Jahren nicht mehr bei ihnen gewesen war. 1270 erhielt Albert von seinem Ordensmeister einen Brief, in dem er las: „Ich bitte Euch dringend, nach Köln zu gehen, da der Klerus dieser Stadt Eure Anwesenheit sehnlichst wünscht." Der ehemalige Bischof von Regensburg kam sofort. Aber wie sollte er in einen Rechtsstreit eingreifen, für den der Papst bereits einen Nuntius bestellt hatte? Der Weg, den der Heilige einschlug, ist bezeichnend für ihn. Er verhandelte weder mit dem Nuntius noch mit dem Grafen von Jülich. Er ließ das ganze bisherige Verfahren außer acht. Er begab sich unmittelbar zu dem, der das Unheil auf dem Gewissen hatte, zu Erzbischof Engelbert auf Burg Nideggen. Statt mit dem Kirchenfürsten um Paragraphen zu rechten, hielt er ihm mahnend das Bild eines idealen Bischofs vor Augen.

Er wird ihm das Elend einer Stadt ohne Priester und Sakramente geschildert und die Frage erhoben haben, ob Zölle, gegen alles Recht gefordert, ein Grund seien, so viele Menschen in solche Seelennot zu stürzen. Er wird ihm gesagt haben, was er in einem seiner Bücher schrieb: „Besser als ein Städteeroberer ist, wer sich selbst bezwingt."

Das Unerwartete geschah: Der harte Engelbert bekehrte sich und entschloß sich zum Frieden. Er vertraute Albert alle nötigen Verhandlungen an und erklärte sich im voraus bereit, seine Vereinbarungen anzunehmen. Nachdem ein Vertrag zwischen dem Erzbischof von Köln und dem Grafen von Jülich zustande gekommen war, wurde der Kirchenfürst freigelassen. Am 16. April 1271 erließ Engelbert von seiner Pfalz in Köln eine feierliche Kundgebung: „Wir, Engelbert, durch Gottes Gnade der heiligen Kölner Kirche Erzbischof, des Heiligen Reiches in Italien Erzkanzler, verkünden . . ., daß wir uns mit den geliebten Söhnen, unseren Bürgern von Köln, vollkommen ausgesöhnt haben. Wir sagen uns los von allen Ungerechtigkeiten und Feindseligkeiten gegen die Stadt und verzichten auf jeden Schadenersatz und Durchfechtung der Streitigkeiten. Vor allem verzeihen wir von Herzen den Tod unseres Bruders Dietrich von Falkenburg, der während der Fehde getötet worden ist." Engelbert gelobt, keine Festungswerke in der Nähe der Stadt zu errichten, stimmt mit allem überein, was Alberts Schiedsspruch von 1252 über die Zölle verfügt hatte, und erklärt, er werde sich nicht in die inneren Streitigkeiten der Bürger einmischen. Die Kirchenstrafen, die im Namen des Erzbischofs über die Kölner verhängt worden sind, werden aufgehoben. „Da wir in jeder Weise mit unseren Bürgern von Köln in Eintracht leben wollen und damit wir nicht irgendwie in den Verdacht der Hinterhältigkeit kommen, haben wir in voller Freiheit bestimmt, daß der ehrwürdige Bruder Albert aus dem Predigerorden, vormals Bischof von Regensburg, der Chorbischof Winrich von Köln, der Graf Wilhelm von Jülich und der Edelmann Gerhard von Landskron, unsere Getreuen, eine Entscheidung fällen, sooft es notwendig wird, über alle Streitpunkte zwischen uns und der Stadtgemeinde, die diesen Frieden zwischen uns und der Stadt irgendwie stören könnten. Wenn sie dann uns die Schuld geben, diesen Frieden gebrochen zu haben, werden wir ohne Umschweife und ohne Zögern Genugtuung leisten, keinen Krieg gegen die Stadt führen oder sonstwie ihr unsere Ungnade zeigen. Wird die Stadt für schuldig erklärt, so soll sie uns Genugtuung leisten. Damit aber der Schiedsspruch nicht hinausgezögert wird, sollen die erwähnten Männer . . . innerhalb zwei Wochen ihren Spruch fällen. Damit aber alles und jedes einzelne unumstößlich sei, haben wir dies alles durch persönlichen

Eid auf uns genommen und versprochen, es getreulich zu beobachten. Zur Urkund dessen und zur ewigen Gültigkeit haben wir diesen Brief mit unserem Siegel versehen und außerdem die vorgenannten Herren, den Bruder Albert aus dem Predigerorden usw., gebeten, das Schiedsamt zwischen uns und unserer Stadt Köln zu übernehmen und ihre Siegel dieser Urkunde anzuhängen. — Wir aber, Bruder Albert aus dem Predigerorden, vormals Bischof von Regensburg usw., nehmen das vorgenannte Amt an und haben unser Siegel dieser Urkunde angehängt, weil wir bei den vorstehenden Erklärungen zugegen waren. Gegeben im Jahre des Herrn 1271, am Donnerstag nach der Oktav von Ostern."

Albert hatte den Gegnern des Erzbischofs, für die es nur völlige Unterwerfung zu geben schien, einen völligen Sieg verschafft. Er hatte diesmal auch für Sicherungen gesorgt, die für die Zukunft eine Wiederholung der Vertragsbrüche und der blutigen Fehden unmöglich machen sollten. Und wirklich hielt das Friedenswerk stand. Nach seiner Aussöhnung mit der Stadt erklärte der Erzbischof dem Klerus, er habe gegen die Befehle, Strafen und Prozesse des Nuntius beim Apostolischen Stuhl Berufung eingelegt und sei ferner der Berufung des Klerus von Köln und des Grafen von Jülich gegen die Verfügungen des Nuntius beigetreten. Diese Berufungen seien gesetzmäßig. Er befahl dem Klerus, die Verfügungen des Nuntius nicht zu beachten. Die römische Kurie aber ignorierte den Friedensvertrag völlig. Am 23. Juni 1272 wandten sich daher Albert und der Prior Edmund der Predigerbrüder in Köln in einem Brief an Papst Gregor X.: „Zu Füßen Eurer Heiligkeit bitten wir Eure väterliche Klugheit, diesen Vertrag so, wie er abgeschlossen ist, als gültig anzuerkennen. Dies wird dem ewigen Frieden der Stadt Köln und des ganzen Landes dienen. Wenn dies aber nicht geschieht, was ferne sei, so fürchten wir, daß es dem ganzen Lande und der Stadt Köln zu schwerer Verwirrung und zum Schaden ausschlagen wird." Alberts Stimme wurde in Rom nicht gehört. Am 6. September 1272 erklärte der Papst den Vertrag zwischen Erzbischof Engelbert und dem Grafen von Jülich für null und nichtig. Am 14. Oktober 1274 erneuerte die Kurie sogar die Strafverfügungen des Nuntius, obwohl ihre Anlässe schon vor dreieinhalb Jahren aus der Welt geräumt waren und alles in Frieden lebte. Erzbischof Engelbert zog es vor, den Vertrag zu halten. Gleichsam als ein Garant des Friedens lebte Albert seit 1271 in der Stadt. Erst 1275, nach Engelberts Tode, wurde auch in Rom der Prozeß erledigt und der Friede, der de facto seit langem bestand, auch de jure anerkannt.

Inzwischen waren Ereignisse eingetreten, die nicht nur Köln, sondern das ganze Abendland angingen und in denen Albert wiederum eine Rolle zu spielen berufen war. 1273 wurde Rudolf von Habsburg zum König gewählt. Die „kaiserlose, die schreckliche Zeit" war vorüber. Nach seiner Krönung zu Aachen begab sich Rudolf nach Köln, wo er im Dominikanerkloster Bischof Albert besuchte. Wahrscheinlich hat der König den Ordensmann gebeten, seine Ansprüche gegen die des Königs Alfons von Kastilien auf dem Konzil zu Lyon zu verteidigen. Tatsächlich begab sich der greise Bischof nach Lyon und hielt vor der Kirchenversammlung eine Rede. Mit warmen Worten setzte er sich für Rudolf ein, der bei seiner Wahl gelobt hatte, „ein Freund des Friedens" zu sein, und der den Willen und die Voraussetzungen mitbringe, dieses Gelöbnis zu halten. Seine Worte machten Eindruck, und der Papst entschied sich für Rudolf, den er als deutschen König bestätigte und anerkannte. Der neue Kaiser blieb Albert herzlich verbunden und nannte ihn seinen „innigstgeliebten Freund".

Albert hatte die Achtzig schon überschritten, blieb aber weiter im Dienst an den Seelen tätig. „In der Kölner Erzdiözese scheint er förmlich die Geschäfte eines Weihbischofs wahrgenommen zu haben" (G. v. Hertling). Er weihte Kirchen und Altäre in Konstanz, Basel, Freiburg, Straßburg, Colmar, Antwerpen, Löwen, Utrecht, Nymwegen, Maastricht, vor allem an Orten des Kölner Bistums, wie Xanten, Gladbach und Werden an der Ruhr. In Fulda regelte er eine zwiespältige Abtswahl, und noch wiederholt amtierte er als Schiedsrichter und Gutachter. Sein Siegel begegnet an zahlreichen Urkunden jener Zeit, zuletzt auf einer Urkunde von August 1279. Ein Jahr später schloß der Siebenundachtzigjährige die Augen für diese Welt.

Als Alberts Grab in der Andreaskirche zu Köln 1932 geöffnet und die Gebeine des Heiligen untersucht wurden, stellte man fest, daß der große Mann an Gestalt klein und schmächtig und im Alter von Gicht gekrümmt war. Dieses Ergebnis bestätigt die Bemerkung einer alten Lebensbeschreibung: „Unser Albertus war sehr klein." Dazu wird eine hübsche Anekdote erzählt: Als Albert bei einem neuen Papst zu seiner ersten Audienz erschien, forderte der Heilige Vater ihn wohlwollend auf, sich von den Knien zu erheben. Da sagte der kleine Mann: „Ich steh ja schon!"

Wegen seiner Leistungen als Forscher und Lehrer gab ihm die Nachwelt den ehrenden Beinamen „der Große". Der eigentliche Rang des Albertus Magnus aber liegt in seiner Heiligkeit, in der Übereinstimmung all seines Tuns mit seiner christlichen Lehre. „Wer lehrt *und vollbringt,* der darf der Große heißen im Himmelreich" (Mt 5, 19).

FRANZ VON ASSISI

(1182–1226)

„Geh hin und baue mein Haus wieder auf, denn du siehst, es ist ganz zerfallen." Diesen Befehl glaubte der junge Franz von Assisi vom Kreuze her zu hören, als er in Sankt Damian kniete. Er bezog die Worte zunächst auf das baufällige Kirchlein. „Wie der Geist Gottes ihn später belehrte und wie er selbst den Brüdern mitteilte, meinte die göttliche Stimme vor allem die Kirche, die Christus mit seinem Blute erkauft hat" (Bonaventura). Diese Symbolik kehrt wieder in einer anderen Erzählung, die durch Giottos Darstellung berühmt geworden ist. Papst Innozenz III. „sah in einem Traum, wie die Kirche des heiligen Johannes vom Lateran vom Einsturz bedroht war und wie ein geringer und verachteter Ordensmann sie mit eigener Schulter stützte ... Als wenige Tage darauf der selige Franz kam und ihm sein Vorhaben kundtat, ... sagte er sich: ‚Wahrhaftig, dies ist jener heilige Ordensmann, durch den die Kirche Gottes aufgerichtet und gestützt werden wird'" (Drei Gefährten). Man mag zweifeln, ob diese beiden Vorgänge sich wirklich so ereignet haben; sicher ist, daß beide Erzählungen zeigen, worin Franz selbst und seine Zeitgenossen die geschichtliche Bedeutung seines Wirkens sahen: Er war der Mann, der die zusammenbrechende Kirche rettete.

Diese Deutung, die Franz und seine Jünger seinem Lebenswerk gaben, überrascht. War nicht damals, zu Anfang des dreizehnten Jahrhunderts, die Kirche mächtig wie nie zuvor und wie nie mehr später? Der Papst beherrschte die Welt, setzte Könige ein und setzte Könige ab; der Klerus prägte die gesamte Kultur; die Kirche stand auf dem Gipfel ihrer Macht. Wie konnte man behaupten, sie sei vom Zusammenbruch bedroht? Wenn man in der Kirche nichts anderes sieht als die Hierarchie, die Organisation des Klerus vom Papst bis zum letzten Träger der Tonsur, mag man allerdings „die Kirche" jener Zeit von Glanz umgeben sehen. Wenn man aber die Kirche versteht als den in den Gläubigen fortlebenden Christus, erscheint das Wort vom drohenden Zusammenbruch nicht übertrieben. Gerade die weltliche Herrlichkeit der Kirche war die Ursache ihres inneren Verfalls.

Selbst der äußere Glanz der Kirche des Hochmittelalters entsprach keineswegs den Vorstellungen, die man sich oft davon macht. Zwar gilt mit Recht Innozenz III. als der Repräsentant höchster klerikaler Machtentfaltung. Aber dieser Papst wurde mehrmals aus seiner Hauptstadt vertrieben; der Turm, den er sich als festen Zufluchtsort erbaut hatte, wurde ihm von den Römern genommen; und 1204 mußte er monatelang machtlos zusehen, wie seine Feinde Rom verwüsteten. Innozenz erzählt selbst, wie er am Karsamstag 1203, als er, die Papstkrone auf dem Haupt, von Sankt Peter nach dem Lateran zog, vom römischen Volk mit groben Schimpfworten überhäuft wurde. Auch im Kirchenstaat war seine Macht gering. Viele Städte trotzten offen seinen Verboten und Drohungen; Interdikt und Bann prallten an den aufrührerischen Gemeinden ab. Assisi durfte es ungestraft wagen, eine vom Papst rechtmäßig erworbene Burg, noch ehe er von ihr Besitz ergreifen konnte, zu erobern und zu vernichten: Ihre Ruine ragt heute noch über der Stadt als eine Erinnerung an jene gewalttätige Zeit. Kaum war Innozenz gestorben, als schon in der nächsten Nacht seine Leiche, die ohne jede Wache in einer Kirche Perugias lag, beraubt wurde. Wahrhaftig: „Das Zeitalter Innozenz' III. befand sich im vollen Aufruhr gegen die päpstliche Autorität" (J. Jörgensen).

Schlimmer war, daß sich in der kirchlichen Verwaltung die materiellen Interessen in den Vordergrund geschoben hatten. Der französische Prälat Jakob von Vitry schrieb 1216: „Bei meinem Aufenthalt am päpstlichen Hof habe ich viele Dinge gesehen, die mich lebhaft betrübten. Man ist dort so sehr mit weltlichen und irdischen Angelegenheiten, mit Königen und Reichen, Streitigkeiten und Prozessen beschäftigt, daß es fast unmöglich ist, von religiösen Dingen zu sprechen." Es ist bezeichnend für die Veräußerlichung, daß damals das Kirchenrecht wichtiger zu werden begann als die Theologie. Diese Entwicklung geschah fast zwangsläufig, seit die Kirche sich mit der feudalen Gesellschaftsordnung vereinigt hatte. Da geistliche Ämter an Grundbesitz gebunden und mit weltlichen Hoheitsrechten ausgestattet waren, wurden sie von allen begehrt, die keine Aussicht hatten, auf andere Weise zu Macht und Reichtum zu kommen. Im Unterschied zu den weltlichen Territorien, die normalerweise an den Erben fielen, wurden die geistlichen Güter beim Tode des zölibatären Inhabers jeweils neu vergeben. In diesen Verhältnissen lag eine ständige Versuchung zur Simonie. Tatsächlich war der Verkauf kirchlicher Ämter, oft von weltlichen Herren an weltliche Herren, damals weit verbreitet. Pfründen wurden gleichsam dem Meistbietenden versteigert. Innozenz selbst erklärte, diese Wunde könne nur mit Feuer und Schwert geheilt werden. Wie sehr die Habgier die Atmosphäre des Mittelalters verpestete und alles Heilige in den Schmutz zerrte, zeigt sich drastisch in den Kreuzzügen. Gewiß waren diese erstaunlichen Unternehmungen von religiösem Enthusiasmus getragen; aber es ist handgreiflich, wie sehr schnöde Gewinnsucht sich einmischte. Die italienischen Städte sahen in den Kreuzzügen willkommene Gelegenheiten, sich zu bereichern. Reeder verdienten durch den Transport der Ritterheere, Kaufleute durch den Handel mit der Levante Riesensummen. Die Gier nach Reichtum trieb einige Schiffsherren sogar dazu, Scharen von kreuzzugsbegeisterten Jugendlichen an Bord zu nehmen, um sie dann an orientalische Sklavenhändler zu verkaufen. Nicht allein die „Kriegsgewinnler", auch viele Kreuzfahrer waren besessen von der Jagd nach dem Mammon. 1204 plünderten die christlichen Ritter in schamloser Weise Konstantinopel; ganz Griechenland wurde ein Schauplatz abendländischer Raffsucht. Diese Haltung stand im schroffen Gegensatz zur Armut dessen, der in einem Stall geboren und in einem fremden Grabe bestattet wurde und in dessen Namen man zu kämpfen vorgab. Gerade jene, welche die Armut des Heilands am meisten nachahmen sollten, schienen am weitesten davon entfernt zu sein, die Bewohner der reichen Abteien und der hohe Klerus.

Sechs Jahrhunderte lang hatte die Kirche keine Häresien erlebt, jetzt aber, um 1200, wimmelte es allenthalben von häretischen Bewegungen. Diese Sekten wurden hauptsächlich von Laien der unteren Stände getragen. Ihr Ursprung war das Ärgernis an den Lastern des Klerus, ihr Ziel eine reine Kirche. Die Sekte der „Armen Leute" zum Beispiel, die gegen Ende des zwölften Jahrhunderts in Italien entstand und sich an die Bestrebungen Arnolds von Brescia anschloß, behauptete, die Sakramente seien nicht wirksam, wenn sie von unwürdigen Händen ausgeteilt werden. Radikaler waren die Katharer, die durch ihre außerordentliche Breiten- und Tiefenwirkung eine gefährliche Sprengkraft gewannen. Die Katharer verwarfen die Ehe, lehnten jedes Eigentum ab und empfahlen den Selbstmord. Ihre im Manichäismus wurzelnden Lehren trugen anarchistische und nihilistische Züge. In ihrer Lebensfeindschaft waren sie dem christlichen Europa fremd. Aber ihre Kritik kirchlicher Mißstände führte ihnen Anhänger in allen Ländern zu. Trotz drakonischer Maßnahmen waren sie schwer zu unterdrücken. Selbst in Italien wurden viele Städte von ihnen beherrscht. Piacenza blieb, nachdem sie die Geistlichkeit vertrieben hatten, drei Jahre lang ohne Priester. Assisi wählte 1203 einen Katharer zum Bürgermeister und behielt ihn, trotz aller Warnungen des Papstes, bis zum Ende seiner Amtszeit. Daß solch unmenschliche und widerchristliche Lehren so viele in Bann schlugen, bezeugt eindringlich, wie weit die Unzufriedenheit mit dem Klerus um sich gegriffen hatte.

Derselben Unzufriedenheit verdankten Laienbruderschaften ihre Entstehung, die im Unterschied zu den Katharern von echt christlichen Antrieben bewegt waren, anfangs von der Kirche gebilligt wurden und erst später sich zu häretischen Sekten entwickelten. Zu ihnen gehören die Waldenser. Ihr Gründer, der Kaufmann Peter Waldes zu Lyon, entsagte seinen Reichtümern und begann mit Gefährten ein Leben der evangelischen Armut und der Predigt. Die „Armen von Lyon", wie sich die Anhänger Waldes' zuerst nannten, riefen ihre Umwelt zur Nachfolge Christi auf, die sie selbst beispielhaft verwirklichten. Sie wurden vom Papst wegen ihrer freiwilligen Armut gelobt und erhielten die Erlaubnis, Sittenpredigten zu halten. Als die Waldenser, die sich bald nach Italien verbreiteten, öffentlich den Klerus schmähten, setzten sich die Angegriffenen zur Wehr, indem sie den sittenrichtenden Laien das Wort verboten. Daraus entstanden schärfere Konflikte, als die Betroffenen sich der Autorität widersetzten und Priestertum und Kirche als Institutionen überhaupt ablehnten. „Das Schlimmste dabei war, daß ihre im Ausgangspunkt berechtigten Bestrebungen damit kompromittiert wurden, daß man mißtrauisch wurde gegen die von solchen Laiengenossenschaften erhobene Kritik" (G. Schnürer).

Es sah so aus, als sei der Ruf „Reform durch Armut" wirkungslos verhallt. Die Kirche war bedroht wie nie zuvor. Ihr Bau geriet ins Wanken. Man kann sich vorstellen, daß die Sorgen Papst Innozenz den Dritten bis in die Träume hinein verfolgten und daß der Pontifex bestürzt nach einem Retter ausschaute. Man kann auch Thomas von Celano verstehen, wenn er in überschwenglichen Tönen schreibt: „Die Welt war veraltet, schmutzig und räudig vom Lasterleben, die Orden waren von den Spuren der Apostel abgewichen, und die Nacht der Sünden hatte ihren Höhepunkt erreicht. Siehe, da betritt plötzlich ein neuer Mensch die Bühne dieser Welt. Er stellt eine neue Mannschaft auf. Mit großem Staunen sehen die Völker die Zeichen aus Apostelzeiten wiederkehren, und die schon begrabene Vollkommenheit der Urkirche steht zu neuem Leben auf." Es ist Franz von Assisi, durch den „die Welt gemahnt, angeeifert und aufgeschreckt wurde", der die „Neugeburt ganzer Völker" bewirkte.

Bevor Franz Reformator wurde, mußte er selbst reformiert werden. Er stammte aus jenen Kreisen, für die das Geld im Mittelpunkt allen Denkens und Strebens stand. Sein Vater, der Tuchhändler Bernardone, war der reichste Mann in Assisi. Seine Geschäfte erstreckten sich bis nach Frankreich. Früh begann Franz, seinem Vater im Laden zur Hand zu gehen. Er zeigte gute Anlagen für den Handel. Nur *eine* kaufmännische Tugend fehlte ihm: die Sparsamkeit. „Mit seinem Reichtum war er nicht knauserig, sondern verschwenderisch. Er häufte das Geld nicht an, sondern warf es hinaus mit vollen Händen ... Er übertrumpfte noch seine Altersgenossen in jeglichem Leichtsinn, reizte andere zu bösen Streichen und war dabei selbst eifersüchtig auf ihre Tollheiten. Von allen bewundert, richtete er seinen Ehrgeiz darauf, seine Kameraden zu überflügeln in ausgelassenem Prunk, in lustigen Einfällen, Possen und allerlei Späßen, in leichten Liedern und weichlichem Kleiderschmuck" (Celano). Seine Freigebigkeit zeigte sich aber nicht bloß, wenn es galt, mit Freunden das Leben zu genießen; er hatte auch für Notleidende eine offene Hand und war die Hilfsbereitschaft selbst. Als er in Rom bemerkte, daß die Pilger nur Kupferpfennige am Grabe der Apostelfürsten opferten, zog er seine wohlgefüllte Börse und schüttete mit Schwung ihren ganzen Inhalt durch das Gitter, daß die Münzen hüpften und klangen.

Eine Krankheit brachte dem Stutzer eindringlich zum Bewußtsein, wie schal das von ihm geführte Leben war. Eine längere Kriegsgefangenschaft weckte in ihm Gedanken an höhere Dinge: Er wollte nicht mehr Kaufmann, sondern Ritter werden und träumte schon von Ruhm und Ehre. Bald ritt er auf einem Feldzug nach Unteritalien, doch der Traum zerfloß, und enttäuscht kehrte er wieder heim.

Noch einmal triumphierte er als Symposiarch, umjubelt von den Freunden, die auf seine Kosten aßen und tranken. Nach üppigem Gelage zogen sie „mit ausgelassenen Liedern durch die Straßen der Stadt". Franz beschloß den Zug, „einen Stab in der Hand zum Zeichen seiner Herrschaft" (Celano). Auf einmal vermißte die lustige Gesellschaft ihren Anführer, ging ein Stück zurück und fand Franz in Gedanken verloren mitten auf der Straße stehen. „Er denkt an eine Frau, die er heiraten will!" rief stichelnd einer der Burschen, applaudiert von lautem Gewieher. „Jawohl!" gab Franz mit Feuer zurück, „eine Frau – edler, schöner und reicher habt ihr noch keine gesehen!" Der Schwarm hielt das für eine der gewohnten Aufschneidereien ihres Träumers und quittierte mit schallendem Gelächter. Sie konnten nicht ahnen, daß wieder einmal die Hand Gottes Franz gepackt hatte. „Seine Braut war jenes wahre Leben der Gottesverehrung, dem er sich hingeben wollte, durch Armut edler, reicher und schöner als jedes andere" (Drei Gefährten).

Noch unternahm der junge Herr Spazierritte über Land, deren Genuß nur eines störte: Wenn er das Leprosenhaus vor der Stadt schon von weitem erblickte, mußte er sich die Nase zuhalten, so sehr erfüllten ihn die Aussätzigen mit Ekel. Abscheulicheres als die verfaulten Glieder dieser Kranken gab es nicht. Welches Grauen packte den vornehmen Reiter, als plötzlich einer dieser schauerlich zerfressenen Menschen vor ihm auf dem Wege stand! Schon wollte Franz sich zur Flucht wenden – da überwand er sich, stieg vom Pferd, umarmte den Aussätzigen und küßte ihn. – In den nächsten Monaten weilte der frühere Weltmann oft im Leprosenhaus, wo er den Eiter von den schwärenden Wunden der Aussätzigen wusch. Viele Jahre später bekannte Franz: Hier „wurde mir, was mir bitter schien, in Süßigkeit des Geistes und des Körpers verwandelt".

Das ist die Frucht seiner heroischen Selbstüberwindung: Fortan fand er in allem, was die Menschen verabscheuen, seine Freude: in Armut, Schmerz und Verachtung. Umgekehrt konnte er von dem, was er bisher wie die anderen Menschen erstrebt hatte, nichts mehr ausstehen: Kleiderluxus, üppiges Essen, die Bequemlichkeiten des Lebens, Ruhm und Ehre. So sehr hatte Gott ihn ergriffen, daß seine Bekehrung sich in einer radikalen Änderung seines Lebensstils äußerte. Sie führte zu einem Zusammenstoß mit seiner Umwelt, zunächst mit seinem Vater.

Bernardone hatte sich schon manches von seinem Sohn gefallen lassen. Aber daß Franz eines Tages ohne Abschied mit einem Pferd und etlichen Ballen Tuch aus dem Haus verschwunden war, schlug dem Faß den Boden aus. Der Vater fahndete nach ihm, kam schließlich auf die Spur und eilte wutschnaubend mit zusammengerufenen Freunden und Nachbarn nach Sankt Damian. Doch inzwischen war Franz an einen anderen Ort entwichen. Daß er sich wie ein scheues Tier in einer Höhle versteckt hielt, konnte Bernardone nicht ahnen. Entsetzen ergriff ihn, als er einen Monat später auf einer Straße Assisis in einem ausgemergelten und zerlumpten „Verrückten", den die Gassenjungen johlend umsprangen und mit Kot und Steinen bewarfen, seinen eigenen Sohn erkannte. „Mit wildem Blick und verzerrter Miene" rannte er auf ihn zu, schleppte ihn in sein Haus, schlug ihn und sperrte ihn gefesselt in den Keller. Von einer mehrtägigen Geschäftsreise zurückgekehrt, stellte er fest, daß seine Frau den Gefangenen hatte laufen lassen. Jetzt verklagte der Erbitterte seinen mißratenen Sohn auf Zurückgabe seines Geldes, zuerst beim Rat der Stadt, dann, als er dort nichts erreichte, beim Bischof. Die öffentliche Gerichtsverhandlung endete in schockierender Weise: Franz erschien splitternackt, legte seine Kleider und seinen Geldbeutel dem Bischof zu Füßen und rief: „Hört es alle: Freudig gebe ich meinem Vater sein Eigentum zurück, nicht nur das Geld, sondern auch die Kleider. Fortan will ich nicht mehr sagen: ‚Vater Pietro Bernardone', sondern ‚Vater unser, der du bist im Himmel'."

Das nackte Auftreten ist eine der vielen Symbolhandlungen im Leben des heiligen Franz. Es wiederholte sich so oft, daß der Betrachter gezwungen wird, über seinen Sinn nachzudenken. Nackt predigte Franz von der Kanzel des Domes zu Assisi. Mehrmals blieb er eine Weile nackt, weil er seine Kutte verschenkt hatte. Einmal ließ er sich mitten im Winter nackt mit einem Strick um den Hals auf den Marktplatz von Assisi führen, um vor versammeltem Volk seine Sünden zu bekennen. Nackt auf dem Erdboden liegend starb er. Diese Nacktheit veranschaulicht, was Franz erstrebte: die schutzlose Armut, die hüllenlose Wahrhaftigkeit und die totale Preisgegebenheit an Gott. Das war der Zustand, zu dem Gott selbst ihn führte, indem er ihm gleichsam Stück um Stück die Hüllen nahm, die sein Ich abkapselten vom Leben in Gott.

Franz hatte die Welt verlassen, um Gott allein zu dienen. Sein Dienst bestand zunächst darin, verfallene Kirchen wieder instandzusetzen. Er stellte sich als Bänkelsänger auf den Markt, und wenn er mit seinen Liedern die Leute herbeigelockt hatte, bettelte er sie an, ihm doch Steine zu schenken. Froh schleppte er das Baumaterial an den Arbeitsplatz. Dort handhabte der ehemalige Textilkaufmann die Kelle wie ein alter Maurer. Zur Nahrung begnügte sich der einstige Feinschmecker mit Speiseresten, die er von Tür zu Tür in einem Napf einsammelte.

Die Reparaturarbeit konnte nur eine vorläufige Aufgabe sein. Gott hatte mit Franz Größeres vor. Was er anfangs im materiellen Bereich leistete, sollte er später im Geistigen wirken; was lokal begann, sollte sich ausweiten ins Universale; und was im vorbereitenden Stadium geschah, sollte sich wiederholen auf höherer Ebene und in anderen Dimensionen. Bonaventura schreibt, anspielend auf die drei Ordensgemeinschaften, die Franz später gründete: „Wie Franz drei Gotteshäuser wiederherstellte, so sollte auch unter Führung des heiligen Mannes ... die Kirche Christi erneuert und eine dreifache siegreiche Kriegsschar für den Himmel herangebildet werden."

Eines Tages hörte Franz im Gottesdienst den Aussendungsbefehl Jesu an die Jünger: „Geht und predigt: Das Gottesreich ist nahe. Macht die Kranken gesund, reinigt die Aussätzigen, weckt die Toten auf, treibt die Teufel aus. Umsonst habt ihr es empfangen, umsonst gebt es auch. Verschafft euch weder Gold noch Silber noch Kupfergeld in eure Gürtel, auch keine Reisetasche, keine zwei Röcke, keine Schuhe, keinen Stab."

Franz fühlte sich persönlich angesprochen. Buchstäblich führte er den Befehl aus: Fortan wanderte er barfuß und mit einem Strick um den graubraunen Rock durch das Land, um überall zu predigen, Krankes zu heilen, Totes zum Leben zu erwecken und Teuflisches auszutreiben.

Bald schlossen sich ihm andere Männer an, um seine Lebensweise nachzuahmen. Im Vertrauen darauf, daß Gott ihnen so seinen Willen kundtue, öffnete Franz dreimal aufs Geratewohl das Evangelienbuch, und nach den Sätzen, die er so fand, handelten sie: „Willst du vollkommen sein, so gehe hin, verkaufe alles, was du hast, und gib es den Armen, so wirst du einen Schatz im Himmel haben, und komm und folge mir nach ... Nehmt nichts mit auf den Weg, weder Stab, noch Tasche, noch Brot, noch Geld, noch sollt ihr zwei Röcke haben ... Wer mir nachfolgen will, verleugne sich selbst, nehme sein Kreuz auf sich und folge mir nach." Die ersten Gefährten des heiligen Franz lebten wie die Apostel: „Am Tage durchwandern sie Städte und Dörfer, um Seelen zu gewinnen und zu arbeiten; des Nachts suchen sie Einsiedeleien oder abgelegene Orte auf, um sich der Betrachtung hinzugeben" (Jakob von Vitry). Manchmal sah es so aus, als ob die Liebe zu beschaulicher Einsamkeit die Oberhand gewänne: Auf Wochen verschwanden Franz und die Seinen in Höhlen hoch oben im Gebirge oder auf eine Insel im Trasimenischen See. Der Zug zum Einsiedlerleben sollte aber nicht so stark werden, daß der apostolische Eifer erlahmte. Deshalb sagte Franz seinen Jüngern: „Gott hat uns nicht nur zu unserem, sondern zu vieler Heil berufen."

Wir dürfen uns das Leben der ersten Franziskaner keineswegs idyllisch vorstellen. Es war ein Leben strengster Askese. Oft entbehrten sie das Notwendigste. Sie litten Hunger und Frost und nächtigten unter Torbögen oder auf freiem Felde. Zu alledem wurden sie verhöhnt und mißhandelt. Man schimpfte sie Narren, Betrunkene, Irrsinnige, behandelte sie als Landstreicher und Gauner. „Alle, die sie sahen, erstaunten aufs höchste, weil sie in Kleidung und Lebensweise allen Menschen unähnlich waren und Waldschrate zu sein schienen ... Die jungen Mädchen flohen zitternd, wenn sie die Brüder nur von ferne sahen, um ja nicht von ihrem Wahnsinn mitgerissen zu werden" (Drei Gefährten). Die eigenen Eltern und Verwandten verfolgten die Büßer. Bürger schmähten sie und verweigerten ihnen Almosen, weil „sie ihr eigenes Besitztum hätten fahrenlassen, um nun von Fremden zu zehren ... Man nahm ihnen oft sogar ihre völlig wertlosen Kleider ... Manche bewarfen sie mit Unrat. Andere legten Klötzchen in ihre Hände und fragten, ob sie nicht spielen wollten. Andere wieder ergriffen sie von hinten an den Kapuzen und trugen sie schwebend auf ihrem Rücken ... Alles das ertrugen sie mit Standhaftigkeit und Geduld, und sie betrübten sich nicht, noch fluchten sie den Menschen, wenn sie ihnen Böses taten" (Drei Gefährten).

Die unendliche Geduld der „Büßer aus Assisi" setzte das Volk in Erstaunen. Man sah, daß sie kein Geld annahmen, und ließ den Verdacht, sie seien Diebe, fallen. Ihre Frömmigkeit, ihre Demut, ihre Fröhlichkeit und ihre rührende gegenseitige Liebe ergriffen viele Leute. Manche taten erschüttert Buße, verschenkten ihre Habe und schlossen sich ihnen an. So wuchs die Zahl der Brüder mit erstaunlicher Schnelligkeit. Franz sandte sie paarweise aus zur Wanderpredigt. Zweimal im Jahr kamen sie regelmäßig bei der kleinen Kirche Portiunkula wieder zusammen, um in der Wiedersehensfreude gemeinsam zu beten und zu essen und neue Aufträge von Franz entgegenzunehmen.

Was Franz seinen Jüngern vor allem immer wieder einschärfte, das war die Demut und die Armut. Sie sollten sich selbst für gering halten, Verachtung lieben und nichts besitzen. Sie sollten sich ganz der Vorsehung Gottes überlassen, sich nicht schämen, wenn es sein muß, zu betteln, doch nach Möglichkeit ihr Brot verdienen. In diesem Punkte konnte der sonst so sanfte Franz unbeugsam streng sein. Arbeitsunlustige Schmarotzer jagte er als unnütze Drohnen fort. Noch in seinem Testament schrieb er: „Ich arbeitete mit meinen Händen und will darin fortfahren. Und ich will entschieden, daß auch alle anderen Brüder arbeiten und ein ehrsames Handwerk ausüben. Und wer noch keins kann, soll eins lernen, nicht aus Gier nach Arbeitslohn, sondern wegen des guten Beispiels und um dem Müßiggang zu entgehen. Und wenn man uns den Arbeitslohn verweigert, dann wollen wir unsere Zuflucht nehmen zum Tisch des Herrn und Almosen heischen von Tür zu Tür." Als Arbeitslohn oder als Almosen durften die Brüder nur Naturalien nehmen. Geld verabscheute Franz wie den Teufel, und er wurde zornig, wenn ein Bruder solchen „Eselsdreck" nur berührte. Nach diesen Grundsätzen verdingten sich die Brüder als Dienstboten, wie es die Regel von 1221 ausdrücklich verlangte. Sie taten Dienst in Leprosenhäusern oder halfen den Bauern bei der Feldarbeit. Bruder Ägidius, der nichts aß, als was er verdient hatte, übernahm selbst unterwegs auf Reisen jede Art von Arbeit, war Korbflechter, Totengräber, Wasserträger, Erntearbeiter, Winzer, Küchenhelfer. Bruder Juniper trug auf seinen Wanderungen stets eine Ahle bei sich, um durch Schuhreparaturen sein Brot zu erarbeiten.

Die Hauptaufgabe, die Franz seinen Gefährten stellte, war die Predigt. „Ich bin der Herold eines großen Königs", sagte er von sich selbst, und seine Brüder sollten ebenfalls Friedensboten Christi sein. Deshalb gab er ihnen Richtlinien, was und wie sie predigen sollten, und ging ihnen selbst mit gutem Beispiel voran. Unter freiem Himmel, an Straßenecken und auf Plätzen predigte er in der Sprache des Volkes. Er redete nicht hochtrabend, gelehrt oder scharfsinnig, sondern aus der Inbrunst des Herzens: schlicht, klar und praktisch. Seinen Jüngern schärfte er ein: „Zuerst muß der Prediger im geheimen Gebete schöpfen, was er später in heiliger Rede ausgießen will; zuerst muß er selbst erwärmt sein, sonst wird er nach außen nur kalte Worte vorbringen." Franz verließ sich mehr auf die Eingebung von oben als auf seine eigene Vorbereitung und brachte es fertig, „ohne Scham vor dem Volke zu bekennen, er habe vieles überlegt, aber alles vergessen. Und dann begann er auf einmal so ergreifend zu reden, daß die Zuhörer in größtes Staunen versetzt wurden" (Celano).

Das Ziel seiner Predigt war Bekehrung: Tu Buße! Gib unrechtmäßig erworbenes Gut zurück! Versöhne dich mit deinem Feind! Das war der ständig wiederholte Inhalt seiner Predigten. „Er verzichtete auf Schmeichelei. Er rührte nicht nur an die Schuld der Sünder, sondern wußte sie scharf zu packen. Weil er selbst zuerst tat, was er andere lehrte und keinen Tadler zu fürchten hatte, sagte er immer mit größtem Mute die Wahrheit" (Celano). Er war ein unerbittlicher Moralist, dessen Worte „wie ein Schwert die Herzen durchbohrten". Doch im Unterschied zu anderen Wanderpredigern des Mittelalters verzichtete er bewußt darauf, Worte des Spottes oder gar des Hasses zu verwenden. Er griff niemand an, auch nicht die in Luxus schwelgenden Reichen und harten Unterdrücker. Vom Hochmut der Katharer und Waldenser, die ihre Lebensform für die einzige wirklich christliche hielten und voll Verachtung auf die übrige Menschheit hinabblickten, blieb Franz völlig frei. Nie hat er Idee und Recht des Eigentums angegriffen, nie die Armen gegen die Reichen aufgehetzt. Vielmehr ermahnte er seine Brüder, niemand stolz zu verurteilen und die in Üppigkeit Lebenden nicht zu verachten, denn „Gott ist ihr Herr wie unser Herr, und er hat die Macht, sie zu sich zu rufen und sie gerecht zu machen". Franz hat seine eigene Jugendzeit, als er „noch in Sünden war" und ihm „Gott gab, mit der Buße anzufangen", nie vergessen. Wie ihre Brüder und Herren sollten seine Anhänger die Reichen ehren: „Keiner von euch lasse sich zum Zorn oder zum Ärgernis verleiten, wohl aber möge jeder durch seine Milde andere zum Frieden, zur Güte und zum Mitleid bewegen. Dazu sind wir berufen: die Verwundeten zu heilen, die Bresthaften zu stützen, die Irrenden zurückzuführen. Viele scheinen uns Glieder des Teufels zu sein, die einmal noch zu Schülern Christi umgewandelt werden."

Der Erfolg gab ihm recht. Notorische Geizhälse und Raffer nahmen die Kutte. Wo Franz sich sehen ließ, bestaunte man ihn als „den neuen Menschen eines neuen Zeitalters" (Celano). Hier war einer, der radikal ernst machte mit dem Evangelium und der genau das Gegenteil von dem tat, womit andere das Jahrhundert verpesteten. „In ihrer Sehnsucht, den Heiligen zu sehen, erdrückten sich die Leute fast ... Wenn er in eine Stadt kam, wurden die Glocken geläutet, die Männer frohlockten, mit ihnen freuten sich Frauen und Kinder und jubelten ihm zu. Nicht selten gingen sie ihm entgegen, mit Zweigen in den Händen und Psalmen singend" (Celano). Thomas von Spalato erzählt: „Als ich in Bologna studierte, sah ich den heiligen Franz auf dem Markt vor dem Rathaus predigen, wo fast die ganze Stadt zusammengeströmt war ... Er sprach so gut und klug, daß viele Gelehrte voll Bewunderung für die Rede dieses ungebildeten Mannes waren. Dabei schien er weniger zu predigen, als sich mit der Menge zu unterhalten ... Sein Anzug war ärmlich, seine Gestalt unansehnlich, sein Gesicht nicht schön; Gott aber gab seinen Worten eine gewaltige Wirkung ... Die Verehrung, die man ihm zollte, war so groß, daß Männer und Frauen sich haufenweise über ihn stürzten und versuchten, einen Zipfel seines Gewandes zu rauben oder nur den Saum seiner Kutte zu berühren." Viele Studenten und auch einige Professoren der Universität erbaten das graue Kleid der Minderbrüder. So war es überall, wo Franz predigte: Die von ihm entfachte Bewegung schwoll stromgleich an.

Es wird berichtet, Franz habe einen Besen bei sich getragen und, wo er eine Kirche in verwahrlostem und unsauberem Zustand fand, allen Schmutz hinausgefegt. Wie der Wiederaufbau verfallener Kapellen wirkt auch diese Reinigung als ein Symbol seiner Reformarbeit: Der Laie sprang ein, wo die Priester versagten. Der französische Prälat Jakob von Vitry erklärte sogar von den Minderbrüdern: „Ich glaube wirklich, daß der Herr durch diese einfachen, armen Leute viele Seelen vor dem Weltende retten will, zur Schande der Prälaten, die wie stumme Hunde nicht bellen können." Auch Franz selbst war überzeugt, „die Minderbrüder seien in letzter Stunde von Gott gesandt worden, damit sie den von der Finsternis der Sünden umdüsterten Menschen das Beispiel des Lichtes geben". Aber er wollte mit seinen Brüdern nicht *gegen* die kirchliche Hierarchie, sondern *mit* ihr arbeiten: „Der Herr hat uns gerufen, seinem Glauben und den Kirchenfürsten und Klerikern der heiligen Kirche zu helfen. Und so müssen wir diese, soviel wir können, immer lieben, ehren und achten."

Fast übereinstimmend überliefern Thomas von Celano und Bruder Leo diese Worte des heiligen Franz: „Zum Heil der Seelen sind wir den Geistlichen als Hilfe gesandt, damit wir einspringen, wo jene versagen ... Es ist dem Herrn höchst angenehm, Seelen für ihn zu gewinnen. Wir können das aber leichter im Frieden als im Streit mit den Priestern. Wenn sie das Heil des Volkes hindern, wird Gott es richten, und er wird es ihnen einst vergelten. Unterwerft euch also den Prälaten, und soviel an euch liegt, laßt keine Eifersucht aufkommen! Wenn ihr Söhne des Friedens seid, werdet ihr Klerus und Volk für Gott gewinnen. Das gefällt Gott weit besser als nur das Volk zu gewinnen und den Klerus zu ärgern. Decket die Fehler der Priester zu, ersetzt ihre Mängel, ertragt ihre zahllosen Unvollkommenheiten!" In seinem Testament bekannte Franz: „Der Herr gab mir und gibt mir noch immer einen so großen Glauben zu den Priestern, die nach der Regel der heiligen römischen Kirche leben, daß, auch wenn sie mich verfolgten, ich dennoch, ihrer Weihe wegen, meine Zuflucht zu ihnen nähme. Und selbst wenn ich soviel Weisheit hätte wie Salomo, wollte ich doch, wo ich armselige Priester träfe, nicht ohne ihre Erlaubnis in ihren Pfarreien predigen. Und diese und alle anderen Priester werde ich achten, lieben und ehren als meine Herren. Und ich will ihre Sünden nicht sehen, denn ich sehe den Sohn Gottes in ihnen, und sie sind meine Herren. Und ich tue so, weil ich hier auf Erden körperlich nichts anderes vom Sohn des höchsten Gottes sehe als seinen heiligsten Leib und sein heiligstes Blut, die nur die Priester konsekrieren und an andere austeilen."

Franz und die Seinen wußten, anders als die abtrünnigen Irrlehrer, das Amt von der Person zu unterscheiden: „Sie beichteten oft einem Weltpriester, der in übelstem Rufe stand und wegen seiner Laster von jedermann verachtet wurde. Obschon viele Leute den Brüdern von seinem schlechten Lebenswandel erzählten, . . . unterließen sie es nicht, bei ihm ihre Beicht abzulegen und ihm die schuldige Ehrfurcht zu zollen . . . Den Priesterhänden, denen die göttliche Gewalt gegeben ist, den Leib des Herrn zu bereiten, wollte Franz größte Ehrfurcht erweisen. Oft sagte er: ‚Wenn ich einem Heiligen, der vom Himmel kommt, und einem armseligen Priester zugleich begegnete, werde ich sagen: Heiliger Laurentius, warte ein wenig! und erst dem Priester die Hände küssen'" (Celano).

Es war für Franz selbstverständlich, daß er sich im gleichen Augenblick, in dem er aus der bürgerlichen Welt austrat, sich der Kirche, das heißt seinem Bischof, unterordnete. Bischof Guido von Assisi, der seinen Mantel um den Entblößten geschlagen und ihn mit diesem Symbol in seinen Schutz genommen hatte, war Franz und den Brüdern wohlgesinnt, und Franz ließ sich gern von ihm beraten. Doch sein Gehorsam dem Bischof gegenüber schloß die Selbständigkeit seines Gewissens nicht aus. Als der Bischof Bedenken darüber äußerte, daß die Brüder auch gemeinsam nichts besitzen wollten, entgegnete ihm Franz: „Hätten wir Eigentum, so müßten wir Waffen haben, es zu beschützen. Denn aus Eigentum erwachsen Rechtsstreit und Händel, und hierdurch pflegt die Liebe Gottes und des Nächsten vielfältigen Abbruch zu leiden. Darum wollen wir in dieser Welt durchaus kein zeitliches Eigentum haben." Diese Äußerung traf den Kern des Übels in der Kirche. Der Bischof, der selbst in güterrechtliche Prozesse mit einer Benediktinerabtei verwickelt war, konnte ihr nichts entgegensetzen.

Wie selbständig Franz handeln konnte, zeigt auch die Tatsache, daß er ohne Wissen seines Bischofs sich mit den ersten elf Brüdern nach Rom begab, um die junge Bruderschaft vom Papst gutheißen zu lassen. Zugleich aber beweist dieser selbe Umstand auch, daß Franz von sich aus das Bedürfnis empfand, den Segen des Oberhauptes der Kirche zu holen: Er war nicht von seinem Bischof geschickt worden. Auch war die Bestätigung von Ordensregeln durch Rom damals noch nicht vorgeschrieben; erst das Laterankonzil von 1215 bestimmte dies. Franz suchte also ganz aus eigenem Antrieb die Billigung der kirchlichen Obrigkeit.

Der Bischof von Assisi, der gerade in Rom weilte, zeigte sich sehr erstaunt über die Ankunft der Brüder und meinte zuerst erschrocken, sie wollten sein Bistum verlassen. Als er aber ihr Vorhaben vernahm, billigte er es freudig und machte sie mit dem Kardinal Colonna bekannt. Dieser Kirchenfürst überzeugte sich von der Echtheit ihres Strebens, fand aber ihre Lebensform zu schroff und empfahl ihnen den Anschluß an einen der alten Orden. Doch davon wollte Franz nichts wissen: Gott hatte ihm einen anderen Weg gezeigt.

Der Kardinal führte Franz bei Innozenz III. ein mit den Worten: „Er ist es, so glaube ich, durch den der Herr in der ganzen Welt den Glauben der heiligen Kirche erneuern will." Der Papst empfing die Brüder freundlich, meinte aber: „Allzu hart und rauh erscheint uns euer Leben. Wenn wir auch an eurer Glut nicht zweifeln, müssen wir doch auch an jene denken, die euch künftig folgen werden." Franz aber vertrat seine Sache mit Feuer, und ein Kardinal bemerkte: „Dieser Mann wünscht nur, daß wir ihm erlauben, dem Evangelium nachzuleben. Wenn wir nun erklären, das übersteige die menschlichen Kräfte, dann erklären wir es für unmöglich, das Evangelium zu befolgen, und verspotten also Christus, den Urheber des Evangeliums." Da umarmte Innozenz den Heiligen, segnete ihn und seine Gefährten und erlaubte ihnen zu predigen. Franz versprach dem Papst und seinen Nachfolgern Gehorsam und Ehrerbietung und empfing mit seinen Brüdern die Tonsur.

Man hat die Begegnung des Armen von Assisi und des weltbeherrschenden Papstes gern in bengalisches Licht getaucht, und es wurde behauptet, hier hätten sich die Exponenten zweier völlig verschiedenen Welten für einen flüchtigen Augenblick ins Angesicht gesehen, ohne daß es zu einer tieferen Berührung gekommen wäre. Die Begegnung von Franz und Innozenz ist in der Tat von weltgeschichtlichem Rang. Doch ihre Bedeutung liegt darin, daß sich hier der Führer der Reform von unten und der Führer der Reform von oben zu gemeinsamem Wirken vereinigten. Franz' Gang zu Innozenz III. ist ebenso folgerichtig, wie des Papstes Billigung der franziskanischen Predigt. Beide, der Mann aus dem Volk und der Mann auf dem Thron der Welt, sahen die Mängel; beide wollten sie beseitigen. Innozenz erklärte, alles Übel komme vom Klerus, und entwarf auf dem vierten Laterankonzil mit der langen Reihe der Reformbestimmungen ein Programm zur Erneuerung der Kirche. Und Franz sagte unumwunden: „Zuerst will ich in Demut und Ehrfurcht die Kirchenfürsten bekehren."

Daß die Kirchenfürsten es nötig hatten, bekehrt zu werden, schrien seit langem Katharer und Waldenser in alle Welt hinaus. Selbst von Kirchenkanzeln dröhnten öffentliche Anklagen gegen den reichen Klerus. In der Sache stimmte Franz mit jenen Kritikern überein, doch hielt er ihre Handlungsweise nicht für angebracht. Er vertrat dieselbe Ansicht, die der Bischof Marbod von Rennes äußerte, als er dem Reformprediger Robert von Arbrissel seine Polemik vorhielt: „In den Predigten für das ungebildete Volk tadelst Du nicht allein die Laster der Anwesenden, was ganz in Ordnung ist, sondern Du zählst auch mit scharfen, bissigen Worten — was sich nicht geziemt — die Sünden der abwesenden Inhaber kirchlicher Weihen und Würden auf . . . Welcher Nutzen oder welche geistliche Frucht bei dem Tadel abwesender Personen herauskommen soll, sehe ich nicht ein. Ich glaube vielmehr, daß ungebildeten Zuhörern damit der Weg zur Sünde geöffnet wird, wenn Du ihnen die Beispiele ihrer Obern vorlegst, auf deren Autorität sie sich berufen könnten. Denn Vorgesetzte scheinen durch ihre Taten zu lehren. Die Abwesenden aber werden sich durch Deine üble Nachrede eher zur Beschwerde als zur Besserung veranlaßt sehen." Auch Franz wollte Priester und Kirchenfürsten bekehren, aber „in Demut und Ehrfurcht". Deshalb verzichtete er darauf, in öffentlichen Reden gegen den Klerus zu wettern. Aber jedesmal, wenn er in einer Stadt zum Volke gepredigt hatte, versammelte er nachher die Priester der jeweiligen Kirche in einem abgelegenen Raum, „damit die Laien ihnen nicht zuhörten", und sprach zu ihnen von ihren seelsorglichen Pflichten. Vor allem ermahnte er sie, das Gotteshaus nicht in Schmutz verkommen zu lassen und die Altäre und die heiligen Geräte stets sauber zu halten.

Franz hat sich nie gescheut, selbst geistliche Würdenträger persönlich zurechtzuweisen. Wie Celano berichtet, sagte er unverhohlen dem Domherrn Gedeon von Rieti, „einem durch und durch weltlichen Sinnenmenschen", der sich „der Unzucht ergeben" hatte: „Du lebst nach den Begierden des Fleisches. Das Gericht Gottes hast du nicht gefürchtet." In wahrhaft katholischer Weise verband der Heilige Gehorsam und Selbständigkeit, Unterordnung und Freimut. Als er nach Imola kam, bat er den Bischof jener Stadt um Predigterlaubnis. Der Bischof erwiderte: „Es genügt, wenn ich predige." Franz ging, kam aber bald wieder und sagte: „Herr, wenn der Vater seinen Sohn zur Türe hinausjagt, soll er zur andern wieder hereinkommen." Da erhielt er, was er wollte.

Bemerkenswert ist sein Verhältnis zum Bischof Hugo von Ostia, den er selbst vom Papst zum Kardinalprotektor seines Ordens erbeten und erhalten hatte. „So sehr Franz sich als dessen gehorsamer Sohn erwies, so sprach er ihm doch, getrieben vom Heiligen Geist, gelegentlich wie ein Vater zu" (Celano). Es heißt, Hugo habe einen ordentlichen Schrecken bekommen, als Franz ihm eines Tages erklärte, er wolle vor dem Papst Honorius und dem Kardinalskollegium predigen. Er kannte die ungeschminkte Geradheit seines Schützlings, und er „bangte angesichts seiner lauteren Einfalt". Um zu verhindern, daß Franz sich im Eifer vergaloppierte, ließ er ihn eine aufgesetzte Rede einstudieren. Als der Heilige aber endlich vor dem Papst stand, hatte er alles vergessen. Franz entschloß sich, aus dem Stegreif über das Wort des Psalmisten zu predigen: „Den ganzen Tag hat die Scham meines Angesichtes mich bedeckt." Und er „begann seine Predigt vor den hohen Kirchenfürsten ohne Furcht und Zagen". Er sprach von der Anmaßung der Prälaten und ihrem schlechten Beispiel, und wie die Kirche dadurch zugrunde gerichtet würde. Hugo von Ostia wäre wohl am liebsten in Grund und Boden versunken. Doch sein Schützling „redete mit solchem Eifer, daß er vor Begeisterung sich gar nicht halten konnte, und während sein Mund am Reden war, bewegten sich auch seine Füße so schnell wie die eines Tänzers, freilich nicht sinnlich erregend, sondern brennend vom Feuer göttlicher Liebe, und nicht zum Lachen reizend, sondern tief erschütternd. Viele waren ganz ergriffen und bewunderten die Kraft der göttlichen Gnade und die Unerschrockenheit des Predigers" (Celano).

Die öffentlichen Donnerpredigten der Ketzer konnten die Kirche nicht retten. Man reformiert die Kirche nicht, wenn man gegen sie lästert, erst recht nicht, wenn man sich von ihr trennt. Das hatte Franz klar erkannt. Er begann die Reform an sich selbst, indem er mit seinen ersten Jüngern die Nachfolge Christi, die evangelische Armut und die apostolische Predigt verwirklichte, und zwar vollkommener als jene in die Irre gegangenen Waldenser. Er enthielt sich, im Gegensatz zu den Sektierern, jeden Angriffs auf den Klerus und schloß sich eng an die Autorität der Kirche an. Dadurch bewahrte er die von den Laien ausgehende Reformbewegung vor dem fruchtlosen Untergang und führte sie *innerhalb der Kirche* zu Erfolgen.

Als Otto IV. mit stattlichem Pomp nahe bei Rivotorto vorüberzog und alles Volk herbeiströmte, lehnte Franz es ab, mit der Masse gaffend Spalier zu stehen, und er wollte auch nicht, daß die Brüder sich das Gepränge ansahen. Nur einen schickte er, der den Kaiser an die Vergänglichkeit irdischen Ruhms erinnern sollte.

Diese Begebenheit könnte den Eindruck erwecken, als habe Franz sich zum Staat und zur Politik völlig ablehnend verhalten. Es wäre aber falsch, in Franz einen Anarchisten zu sehen. Wohl hat der Arme von Assisi auch noch bei anderen Gelegenheiten seinen Unwillen über das Verhalten gewisser Machthaber geäußert und sich scharf davon distanziert: „Ich mag nicht ein Henker sein, der da schlägt oder straft wie die politischen Herrscher." Doch wie bei den kirchlichen Obrigkeiten hütete Franz sich auch bei den weltlichen Behörden, Amt und Person zu verwechseln. Er dachte nicht daran, aus den Sünden der Herrschenden den Schluß zu ziehen, Herrschaft an sich sei böse. Grundsätzlich bejahte er die Ordnungsmacht des Staates. Er war kein Revolutionär, der die Regierenden stürzen wollte. Aber er verlangte, daß die Ordnung nicht unmenschlich oder gar widergöttlich sei. Er fühlte sich verpflichtet, immer wieder darauf hinzuweisen, daß die Ordnung der irdischen Reiche ein Abbild der Ordnung des himmlischen Reiches sein müsse. So mahnte er in seinem Rundschreiben an „alle Bürgermeister, Konsuln, Richter und Gouverneure": „Alle, die als Obrigkeit verordnet sind, mögen ihr Amt mit Barmherzigkeit ausüben, gleichwie sie von Gott mit Barmherzigkeit gerichtet zu werden wünschen." Der Brief entsprang „dem Eifer des heiligen Franz, auch auf die ganze menschliche Gesellschaft einzuwirken. Die Religion war für ihn keine Privatsache, sie war ihm eine Sozialangelegenheit" (J. Jörgensen).

Der Heilige begnügte sich nicht mit allgemeinen Mahnungen. Er hat oft in konkrete politische Situationen eingegriffen, und zwar mit beachtlichem Erfolg. Italien war damals von zahllosen Kriegen erschüttert. Bald kämpfte Stadt gegen Stadt, wie in der Fehde zwischen Assisi und Perugia, in welcher der neunzehnjährige Franz zu Felde zog; bald fochten Stadtrepubliken gegen tyrannische Burggrafen, wie in dem Angriff Assisis gegen Konrad von Urslingen, den Franz erlebte. Oft auch erhob sich eine Gesellschaftsklasse gegen die andere, wie es ebenfalls in Assisi geschah, wo ein scharfer Konflikt zwischen dem reichen Adel und dem besitzlosen Volk ausbrach. Meist fehlte es an einer Autorität, die beiden Parteien überlegen war und von beiden Parteien anerkannt wurde. Nur eine solche Autorität wäre in der Lage gewesen, die Kämpfenden zu versöhnen. Hier sah Franz seine Aufgabe: Er wurde der große Friedensstifter.

Schon in dem eben erwähnten Kampf zwischen Majores und Minores zu Assisi bewährte er sich als ein kluger Schiedsrichter. Ihm war es zu verdanken, daß am 9. November 1210 auf dem Marktplatz Assisis „der ewige Vertrag" beschworen und unterzeichnet wurde. Die Urkunde ist noch erhalten. Die Parteien verpflichteten sich, kein Bündnis und keinen Vertrag mehr abzuschließen ohne gegenseitiges Einverständnis. Der Adel verzichtete gegen einen bescheidenen Grundzins auf seine Lehnsrechte. Die Bewohner der zu Assisi gehörenden Dörfer wurden den Städtern gleichgestellt, die Leibeigenen befreit. Den Fremden wurde Schutz, den aus politischen Gründen Verbannten Amnestie zugesagt.

So hat der Heilige im Bußgewand noch manches Mal die zerrüttete politische Ordnung wiederhergestellt: nicht, indem er die Dinge zum früheren Zustand zurückführte, sondern indem er an die Stelle des überholten Alten schöpferisch etwas Besseres setzte. In Siena war eine blutige Auseinandersetzung im Gange, die schon einige Tote gekostet hatte. „Als aber Sankt Franz dort ankam, predigte er ihnen so fromm und heilig, daß er den Frieden wiederherstellte und sie alle zu großer Eintracht versöhnte" (Fioretti). Auch Arezzo „war durch einen Bürgerkrieg erschüttert und dem Untergang nahe". Franz nahm Herberge vor der Stadt. Es gelang ihm, die „Geister des Aufruhrs", welche „die verwirrten Bürger zum gegenseitigen Morden anfachten", zu verjagen. „Alsbald kehrte Friede in die Stadt zurück, und die Bürger ordneten in aller Ruhe von neuem ihre bürgerlichen Rechte" (Bonaventura). Von seiner Rede in Bologna wird berichtet: „Der ganze Zweck seiner Ansprache war, Feindseligkeiten beizulegen und Frieden zu stiften ... Viele adelige Geschlechter, zwischen denen alte Feindschaft und vergossenes Blut war, ließen sich dazu bewegen, Frieden zu schließen" (Thomas von Spalato). In Perugia predigte er auf dem Marktplatz vor einer großen Menge. Da zog berittenes Militär über den Platz und exerzierte mit gewaltigem Lärm, so daß die Predigt behindert wurde. Obwohl die Zuhörer laut über die Störung schimpften, setzten die Soldaten ihre Übungen fort. Franz sprach zu ihnen: „Euer Herz ist hochmütig geworden, und ihr habt das Land eurer Nachbarn verwüstet und viele gemordet. Wenn ihr euch nicht bald bekehrt und Genugtuung leistet, wird Gott zur Strafe euch gegeneinander aufbringen, dann wird es Aufstand und Bürgerkrieg geben." Diesmal waren die Worte des Heiligen vergebens: Ein Blutbad machte bald seine Prophezeiung wahr.

Die Friedensarbeit des Heiligen hat auch in der Legende ihren charakteristischen Niederschlag gefunden. Mögen die legendenhaften Erzählungen noch so phantastisch ausgeschmückt sein, glatt erfunden sind sie nicht, vielmehr bergen sie einen historischen Kern. Das gilt auch von dem berühmten Wolf von Gubbio. Nach der Ansicht mancher Forscher ist er die allegorische Darstellung eines Raubritters, den Franz zum Frieden brachte. Nach den Fioretti hauste „im Gebiet von Gubbio ein großer Wolf, schrecklich und wütend, der nicht nur Tiere, sondern auch Männer und Frauen verschlang, so daß alle Bürger in großer Furcht waren ... Jeder verließ nur bewaffnet die Stadt ... Trotzdem konnten sie sich nicht wehren." Da begab sich Franz, alle Warnungen in den Wind schlagend, zu dem Ungeheuer und sagte ihm: „Du hast große Verbrechen begangen ... Du verdienst als ein Dieb und als ein höchst verruchter Mörder den Galgen ... Die ganze Stadt ist dein Feind. Aber ich möchte Frieden stiften zwischen dir und ihnen." Der fürchterliche Wolf ging in sich und folgte Franz zur Stadt. Auf dem Marktplatz, vor versammeltem Volke, wurde feierlich der Friedensvertrag geschlossen. Die Stadt versprach, für den Unterhalt des Wolfes zu sorgen, während der Wolf beschwor, die Bürger nicht mehr zu bedrängen. „Alle waren voll Freude und Staunen." Fortan hatten die Leute keinen Grund zur Klage mehr. Das Verhältnis der Städter zu dem Wolfe wurde so freundschaftlich, daß er leutselig in ihren Häusern verkehrte und sie ihn gern bei sich empfingen.

Noch als Franz schon auf den Tod darniederlag, stiftete er in einem politischen Zwist Frieden. Der Bischof von Assisi, der streitlustige Guido, war mit dem Podesta in Händel geraten. Der Hader steigerte sich dermaßen, daß der Bischof den Gouverneur exkommunizierte, der Gouverneur dagegen einen wirtschaftlichen Boykott über den Bischof und seinen Klerus verhängte. Die ganze Stadt litt unter diesen Wirren. Sobald der kranke Franz davon hörte, bat er durch einen Bruder den Gouverneur, sich mit möglichst vielen Notablen vor den bischöflichen Palast zu begeben. Das geschah auch. Als der Bischof aus dem Portal kam, traten zwei Brüder vor und sprachen: „Bruder Franz hat zum Lohn Gottes und der Erbauung des Nächsten ein Lied gemacht, und er bittet Euch, es andächtig anzuhören." Und sogleich stimmten sie den Hymnus auf die Sonne an mit einer neuen Strophe, die Franz zu diesem Anlaß eigens gedichtet hatte:

„Preis dir, Herr, durch jene, die verzeihen aus Liebe zu dir
und Mühsal ertragen und Leid.
Selig, die verharren im Frieden,
denn du, Allerhöchster, wirst sie krönen."

Die Wirkung schildert Bruder Leo mit diesen Worten: „Der Gouverneur erhob sich sogleich, und mit gefalteten Händen und unter vielen Tränen hörte er so aufmerksam und so andächtig zu, als höre er das Evangelium des Herrn, denn er war dem seligen Franz mit großem Vertrauen ergeben. Und als das Lied beendet war, sprach der Gouverneur vor allem Volke: ‚Ich verzeihe dem Herrn Bischof, den ich als meinen Herrn anerkennen will und muß.' Dann warf er sich zu den Füßen des Bischofs nieder und sprach zu ihm: ‚Ich bin bereit, Euch in allem Genugtuung zu geben, wie es Euch gefällt, aus Liebe zu unserm Herrn Jesus Christus und seinem Knecht, dem seligen Franz.' Der Bischof aber ergriff seine Hände, hob ihn auf und sprach zu ihm: ‚Mein Amt sollte mich demütig machen; weil ich aber von Natur zum Zorn geneigt bin, mußt du Nachsicht mit mir haben.' Und sie umarmten und küßten sich mit großer Güte und Freude." Welche moralische Macht muß der Arme von Assisi besessen haben, daß die Nennung seines Namens genügte, um die erbittertsten Gegner zu versöhnen!

„Der Herr gebe euch den Frieden!" Mit diesem Wunsche pflegte Franz alle, die er traf, zu grüßen. Er wollte, daß auch seine Jünger diesen Gruß sprachen, wohin sie kamen. So wurden seine Minderbrüder Friedensboten, sein Orden eine Friedensbewegung. In einer Zeit, die von Kämpfen zwischen den etablierten Ständen und den nach oben drängenden Schichten durchtobt war, wirkte schon die bloße Existenz des Franziskanerordens beispielhaft: Denn in diesem Orden war die ständische Trennung, die für die mittelalterliche Gesellschaft grundlegende Bedeutung hatte, aufgehoben. Die ersten Gefährten des heiligen Franz kamen aus allen Kreisen: Bernhard von Quintavalle war Kaufmann, Pietro dei Cattani Rechtsanwalt, Rufino ein Adeliger, Johannes ein simpler Bauer, Angelo Tancredi ein Ritter, Silvester ein Priester, Johannes Parenti Doktor der Universität Bologna, Guglielmo Divini ein lorbeergekrönter Dichter (diesen nannte Franz „Bruder Pacificus", das heißt: Friedensstifter). Trotz dieser verschiedenen Herkunft, auch trotz der Unterschiede zwischen solch originellen Charakteren, lebten sie alle als wahre Brüder in bewundernswerter Eintracht. Wenn sie sich bei Portiuncula zum Generalkapitel versammelten, boten sie das schönste Bild des Friedens. In Gruppen ließen sie sich um das Kirchlein auf freiem Felde nieder und errichteten Lauben aus Rohr- und Binsenmatten, in denen sie für ein paar Nächte auf Stroh schlafen konnten. Die Bewohner der umliegenden Orte brachten auf Eseln, Maultieren und Pferden Brot, Wein, Käse und Gemüse heran, mehr als zum Unterhalt der Versammlung nötig war, und alle erbauten sich an der Eintracht der Brüder.

Der Orden bestand erst wenige Jahre, da waren es schon fünftausend Brüder, die zum Generalkapitel zusammenkamen. Inzwischen hatte die franziskanische Bewegung auch die Frauenwelt erfaßt, nachdem Klara, die erste Jüngerin des Heiligen, das Mutterkloster des Zweiten Ordens gegründet hatte. Selbst Eheleute fühlten sich vom Beispiel der Brüder getrieben, in der Welt nach den Grundsätzen des heiligen Franz zu leben: Für sie stiftete der Heilige seinen Dritten Orden. Von dessen Mitgliedern forderte er, untereinander in Eintracht zu leben, nie einen Bruder oder eine Schwester vor Gericht zu verklagen, alles unrecht erworbene Gut zurückzugeben, beizeiten ein Testament zu machen, um Streitigkeiten unter den Erben vorzubeugen, keine öffentlichen Ämter anzunehmen und keine Waffen zu tragen. Diese Bestimmungen trugen auf die Dauer entscheidend dazu bei, den Frieden in den Staaten zu wahren. Da die Tertiarier sich weigerten, den Waffeneid zu leisten und auf Befehl der Obrigkeit zu den Waffen zu greifen, stießen sie freilich zunächst in ganz Italien mit den städtischen Obrigkeiten zusammen. Doch die Päpste Honorius und Gregor IX. nahmen den Dritten Orden gegen die kommunalen Behörden in Schutz, und so wurde in den streitsüchtigen Stadtrepubliken wenigstens teilweise abgerüstet. Die Gründung des Dritten Ordens war „ein Ereignis von unabsehbarer Bedeutung. Mit ihm ergoß sich die evangelisierende Bewegung weit und tief ins soziale und politische Leben der Zeit ... Demokratische Gegensätze zum Feudalismus, religiöse zu weltfeistem Parasitismus in der Kirche taten das ihrige zur raschen Ausbreitung der Tertiarier. Es war eine friedliche, aber den Bau der Gesellschaft tief erregende Revolution ... Das Banner einer armgesinnten Kirche ... wurde ohne Haß und Aufruhr zur öffentlichen Macht" (J. Bernhart).

Die franziskanische Bewegung beschränkte sich nicht auf Italien. Sie erstreckte sich schon gleich zu Beginn auf fremde Länder. Als der Kardinal Hugo von Ostia diese Ausdehnung zum Vorwurf machte, erwiderte ihm Franz mit großer Glut: „Glaubt Ihr, der Herr habe die Brüder nur wegen dieser Provinzen hier berufen? Wahrlich, ich sage Euch, daß der Herr die Brüder zum Fortschritt und zum Heile der Seelen aller Menschen dieser Welt erwählt und ausgesandt hat. Und sie werden nicht nur in den Ländern der Gläubigen, sondern auch in den Ländern der Ungläubigen aufgenommen werden und viele Seelen gewinnen." Franz machte sich sogar selbst auf den Weg zu den Moslim. Er wollte den Kreuzzügen ein Ende machen und den Islam nicht mit dem Schwert vernichten, sondern mit apostolischer Predigt gewinnen. Um die Mohammedaner zu bekehren, wollte er nach Syrien, doch das Schiff wurde nach Slavonien verschlagen, so daß er als blinder Passagier nach Italien zurückkehren mußte. Auch eine zweite Reise nach Marokko schlug fehl: Er kam nur bis Spanien, wo eine Krankheit ihn zur Umkehr zwang. Ein dritter Versuch, zu den Sarazenen zu kommen, gelang: In Ägypten erlebte Franz die Niederlage des Kreuzfahrerheeres vor der Nilfestung Damiette, drang aber trotz der gefährlichen Lage zum Sultan vor. Der Fürst bewunderte den Prediger als einen außerordentlichen Menschen, dachte aber nicht daran, sich taufen zu lassen.

Franz sah noch seinen Orden in Frankreich, Spanien, Portugal, Deutschland, Ungarn, Syrien, Marokko und Tunis Fuß fassen. Schon wenige Jahre nach seinem Tode konnte der Kanzler Kaiser Friedrichs II., Peter de Vineis, schreiben, die ganze Welt scheine franziskanisch geworden zu sein. Und noch vor Ende des dreizehnten Jahrhunderts sah man Minderbrüder in Südrußland, Armenien, Persien, Ägypten, auf dem Balkan, im Baltikum, in Finnland, Lappland, Island, Äthiopien, Ostindien, sogar in der Mongolei und in China: eine Armee des Friedens.

„Du bist kein schöner Mann. Du bist nicht sehr gelehrt. Du bist nicht edel. Was ist es denn, daß alle Welt dir nachläuft?" So fragte Bruder Masseo einst den heiligen Franz. Die gleiche Frage stellt auch der moderne Mensch: Wie war es möglich, daß dieser kleine, unansehnliche Mann mit der niedrigen Stirn und den abstehenden Ohren so weite und so tiefe Wirkungen ausstrahlen konnte?

Man hat gesagt, Franz habe die Menschen durch seine Einfalt bezaubert. Er konnte in der Tat unglaublich naiv sein, und er hörte es gern, wenn man ihn einfältig nannte. Doch je länger man sich mit diesem Heiligen beschäftigt, um so rätselvoller erscheint seine Gestalt. Das Kindliche, Einfältige gibt nichts zu raten, dort liegt alles offen zutage. Franz aber wirkt hintergründig, geheimnisvoll. Er kann verwirren. Er kann sogar erschrecken. Sein Leben ist voller Überraschungen. Sein Wesen ist eben nicht einfältig, sondern verwickelt vielfältig. Man wird dieser Tatsache inne, wenn man versucht, die für ihn bezeichnendste Eigenschaft zu finden. Man könnte vieles nennen: seine Naturliebe, seine Heiterkeit, seine Milde, seine Freiheit, seine Demut. Das alles ist da, aber man spürt, daß keiner dieser Züge die Mitte seiner Persönlichkeit trifft, ja man glaubt neben jedem Charakterzug auch sein Gegenteil wahrzunehmen.

Seine Demut war nicht zu übertreffen. Er wollte stets der Geringste sein, und es machte ihm Freude, getreten und beschimpft zu werden. Er haßte Scheinheiligkeit und machte groteske Anstrengungen, damit die Leute ihn nicht für besser hielten als er war. Als er seine Tugenden rühmen hörte, rief er einen Bruder: „Kraft des heiligen Gehorsams befehle ich dir, mich gröblich zu beschimpfen und gegen die Lügen dieser Menschen die Wahrheit zu sagen." Als der Guardian ihm ein Fuchsfell anbot, damit er es seines Leidens wegen unter der Kutte auf der Magengegend trage, bestand Franz darauf, daß, wie auf der Innenseite des Kleides, auch außen ein Stück Fell aufgenäht werde, „damit er äußerlich nicht anders erscheine als er inwendig ist". Eine Predigt begann er mit den Worten: „Ihr haltet mich für einen heiligen Mann und seid deshalb mit solcher Andacht hierhergekommen. Aber ich gestehe euch, ich habe diese ganzen Fasten hindurch mit Speck bereitete Speisen genossen." Während einer Krankheit hatte er etwas von einem Hühnchen gegessen. „Als er nach der Genesung gen Assisi ging und zum Stadttor gelangt war, befahl er dem begleitenden Bruder, ihm einen Strick um den Hals zu legen. So mußte der Bruder unsern Heiligen durch die Stadt führen und mit lauter Stimme rufen: ‚Seht da den Schlemmer! Heimlich hat er sich mit Hühnerfleisch gemästet, ohne daß ihr es wußtet'" (Celano).

Es sind von Franz noch drastischere Beispiele von Verdemütigung überliefert. Angesichts solcher Exzesse fühlt man sich daran erinnert, daß eine Tugend aufhört, Tugend zu sein, wenn sie maßlos auf die Spitze getrieben wird. Doch verblüfft stellt man dann fest, daß diese außerordentliche Demut ein Gegengewicht findet in einem ebenso starken Selbstbewußtsein. Es zeigte sich schon beim jungen Franz. Während seiner Kriegsgefangenschaft in Perugia fiel er seinen Leidensgenossen durch seine ungewöhnliche Lustigkeit auf, die ihnen in dieser Lage recht unangebracht zu sein schien. Auf ihre verwunderte Frage, warum er denn so fröhlich sei, verkündete er strahlend: „Die ganze Welt wird mich einmal verehren." Diese überschwengliche Selbsteinschätzung ließ nach seiner Bekehrung keineswegs nach, sie steigerte sich sogar. „Heute gibt es auf Erden einen Diener Gottes, dem zuliebe Gott, solange er lebt, keine Hungersnot auf Erden wüten läßt", behauptete er einmal mit deutlicher Beziehung auf sich. Ein andermal frohlockte er: „Ich habe die königliche Würde und den erhabenen Adel, jenem Herrn nachzufolgen, der uns zuliebe arm geworden, da er reich war." Einem Bruder schlug er die Bitte, ein Brevier besitzen zu dürfen, mit der Begründung ab: „*Ich* bin dein Brevier!" Ein höheres Selbstbewußtsein ist nicht denkbar: Ein Mensch setzt sich selbst zur sittlichen Norm für andere Menschen. Das darf nur ein Heiliger. Franz war heilig, und er wußte es. Er hielt es für seine Pflicht, andern durch sein Beispiel den Weg zu weisen: „Der Knecht Gottes muß in seinem Leben derart von Heiligkeit glühen und leuchten, daß er durch das Licht seines Beispiels und das Wort seiner heiligen Rede allen Gottlosen ein Vorwurf ist." Franz wollte, daß seine Jünger sich sein Leben zum Vorbild nahmen. Der einfältige Bruder Johannes nahm es mit der Nachahmung seines Meisters sogar sehr genau: „Wenn der Heilige ausspuckte, spuckte auch er. Hustete jener, so hustete auch er. Seufzte Franz, so entwand sich auch ihm ein Seufzer. Weinte Franz, so kamen auch ihm die Tränen. Hob der Heilige seine Augen zum Himmel, so tat es auch er." Franz sah diese Imitation seiner selbst halb gerührt, halb unwillig: Er „freute sich, verbot es aber". Immerhin erklärte er seinen Jüngern nach dem Tode des Einfältigen, er sei durch seine Nachfolge heilig geworden, und „stellte sein Leben oft als Vorbild hin" (Celano).

Man fragt sich bestürzt, wie ein so gesteigertes Selbstbewußtsein neben äußerster Demut zugleich bestehen kann: Sind das nicht unvereinbare Gegensätze? Die Antwort wird durch folgende Begebenheit nahegelegt: Der Bischof von Rimini sprach auf der Kanzel über den heiligen Franz und sagte, es sei wunderbar, welch große Werke Gott durch diesen ungebildeten und gewöhnlichen Mann vollbringe. Als Franz das hörte, freute er sich sehr, ging zum Bischof und sagte: „Ihr habt als kluger Mann das Kostbare vom Minderwertigen unterschieden: Gott habt Ihr das Lob, mir aber die Verachtung gezollt." Mit einer Klarheit, wie sie nur den Heiligen gegeben ist, erblickte Franz den Abgrund seiner Sündhaftigkeit und zugleich den Glanz seiner Begnadung. Er mußte der einen wie der anderen Wirklichkeit gerecht werden, der Schwäche unten und der Kraft von oben, und so war er zugleich von tiefer Demut und von hohem Selbstbewußtsein durchdrungen. Die eine Haltung war ebenso realistisch wie die andere. Nur wer das Miteinander und Ineinander beider scheinbar so gegensätzlichen Haltungen betrachtet, wird jede in ihrem rechten Licht sehen und nicht der Versuchung erliegen, Demut mit Minderwertigkeitskomplexen, Kriecherei und Speichellecken zu verwechseln, oder Selbstbewußtsein mit Hochmut, Anmaßung und Größenwahn. Tugend ist immer realistisch, der Wirklichkeit gemäß, ihr Widerspiel dagegen nie. Den heiligen Franz erfüllte die Gewißheit, von Gott gesandt zu sein, und als Gottes unwürdiges Werkzeug wagte er, demütig und selbstbewußt zugleich, den Papst wie den Kaiser zu ermahnen. Besonders schön zeigt sich die Einheit von Demut und Selbstbewußtsein in Franz' Brief an „alle frommen Christen, Geistliche und Laien, Männer und Frauen, und alle, die auf der weiten Welt wohnen". Er beginnt mit den Worten: „Als Diener aller fühle ich mich verpflichtet, allen auch dadurch zu Diensten zu sein, daß ich ihnen die wohltuende Lehre meines Herrn vortrage."

Die Verbindung entgegengesetzter Haltungen zu einer spannungsvollen Einheit macht die Gestalt des heiligen Franz in faszinierender Weise lebendig. Man rühmt Franz wegen der großartigen Freiheit, mit der er sich bewegte. Doch man darf dabei nicht übersehen, daß er zugleich sich streng an die Autorität band. Mit gewissem Recht sagt Reinhold Schneider von Franz: „Wenn eine einzelne Tugend als seine bezeichnendste hervorgehoben werden sollte, so müßte es der Gehorsam sein." Auch diese Haltung verwirklichte Franz so radikal, daß manche sich abgestoßen fühlten. Zumal an dem „Kadavergehorsam", dessen Idee er seinen Jüngern anschaulich nahebrachte, nahm man Ärgernis. Doch statt den Inhalt dieser Gleichnisrede zu pressen, sollte man das

Motiv des franziskanischen Gehorsams beachten, das unser Heiliger so formulierte: „Der Untergebene soll in seinem Vorgesetzten nicht den Menschen sehen, sondern jenen, dem zuliebe er untergeben ist. Je verächtlicher der Vorgesetzte, um so gottgefälliger die Demut des Gehorchenden." So sah auch Franz in seinen Oberen Christus, und um Christi willen gehorchte er ihnen. Weil er sich unbedingt von Christus führen ließ, wurde er eine große Führerpersönlichkeit.

Auf diesem Hintergrund gewinnt seine Freiheit einen noch strahlenderen Glanz. Es ist die wahre christliche Freiheit vom Gesetz, aber nicht gegen das Gesetz. In dieser Freiheit gestattete er sogar Ausnahmen von den Vorschriften der Regel. Jakoba von Settesoli, eine adelige Dame aus Rom, die sich die besondere Liebe des Heiligen verdient hatte, kam mit ihren Söhnen und stattlichem Gefolge vor das Kloster, in dem der Heilige krank lag, um ihm eine Art Zuckergebäck zu bringen, das er besonders gern hatte. Da rief der Heilige: „Öffnet die Türen und führt sie herein, denn für Bruder Jakoba hat das für Frauen erlassene Gesetz keine Geltung." Seine überaus zarte Liebe zum Nächsten stand über dem Buchstaben des Gesetzes. „Den Brüdern, die krank wurden oder sonst Not litten, erlaubte er, eine Kutte aus weichem Stoffe auf der Haut zu tragen" (Leo). Als in einer Fastenzeit ein Bruder mitten in der Nacht laut aufstöhnte und vor Hunger zu sterben meinte, stand Franz auf, gab ihm zu essen und brach, um ihn nicht zu beschämen, auch selber das Fasten. Nach dem Mahl warnte er alle vor zu strenger Enthaltsamkeit. Ein andermal führte er einen kranken Bruder, dem er etwas Gutes tun wollte, auf einen Weinberg „suchte einen Weinstock, an dem die Trauben reif waren, setzte sich mit jenem Bruder neben den Weinstock und begann, von den Trauben zu essen, damit der Bruder sich nicht schäme, allein zu essen" (Leo).

Diese Begebenheiten offenbaren zugleich die liebenswürdige Milde des heiligen Franz. Keineswegs mutete er seinen Jüngern die gleiche ingrimmige Askese zu, die er selber übte, vielmehr warnte er sie immer wieder davor, dem Leib zu viel zu entziehen, da sie sonst zum Dienste Gottes untauglich würden. Als einige Brüder erkrankten, weil sie unter der Kutte auf der bloßen Haut Bußgürtel, härene Gewänder und Panzer trugen, verbot er solche Bußübungen. „Zeitlebens war er gegen die Brüder nachsichtig und voll Schonung . . ., doch mit seinem eigenen Leibe sehr streng" (Leo). Man ginge indessen fehl, wollte man des Heiligen oft weitgehende Milde mit schwacher Nachgiebigkeit verwechseln. Seine Großzügigkeit stand in lebendiger Spannung mit einer Strenge, deren Äußerungen oft von einer schreckenerregenden Härte waren. Einen Bruder, so berichtet Celano, habe Franz „furchtbar gescholten: Er gebrauchte dabei Worte, die ich mir hier gar nicht niederzuschreiben getraue". Nur weil er Geld angefaßt hatte, strafte Franz einen anderen Bruder dermaßen, daß die Anwesenden ihre Bestürzung nicht verbergen konnten. Alles andere als Schlaffheit verraten jene Bestimmungen im Testament des Heiligen, in denen er befiehlt, Brüder, die nicht „gute Katholiken" sind, gefangenzuhalten und der Kirche auszuliefern. Franz als Handlanger der Inquisition? Das ist eine Vorstellung, die mancher Freund des Heiligen von Assisi als unmöglich abweisen wird. Tatsächlich war Franz ein scharfer und notorischer Gegner der Katharer und Waldenser. In den Städten, denen er sich näherte, machten sich die Häretiker schleunigst aus dem Staube. „Sein Hauptbestreben war, daß der Glaube der römischen Kirche bewahrt und hochgehalten werde" (Celano).

Was Franz in neuerer Zeit besonders beliebt gemacht hat, was aber auch am häufigsten mißverstanden wurde, das ist seine alles überwältigende Heiterkeit. Seine

Freude brach immer wieder in Gesang hervor. Sie ist der Grundton seines Dichtens. Er war ein Troubadour, ein Joculator, und er wollte, daß auch seine Jünger als solche „Freudenbringer" durch das Land zogen: „Wir Minderbrüder, was sind wir anderes als die Sänger und Spielmänner Gottes, die suchen, die Herzen aufwärts zu ziehen und sie mit geistiger Freude zu erfüllen!" Doch gerade der vertrauteste Freund des Heiligen warnt ausdrücklich vor einer falschen Auffassung der franziskanischen Heiterkeit. Bruder Leo schreibt: „Man denke oder glaube aber nicht, daß man nach dem Willen unseres Vaters, der in allem reife Weisheit und ehrfürchtige Zucht liebte, diese Heiterkeit durch Lachen oder gar durch müßige Worte zeigen könne; denn dadurch offenbart man nicht Heiterkeit des Geistes, sondern Eitelkeit und Albernheit. Ja, er verabscheute an einem Knecht Gottes ganz besonders das Lachen und müßige Reden, und er wollte nicht nur selber nicht lachen, sondern auch anderen möglichst wenig Gelegenheit zum Lachen geben."

Tatsächlich melden die Quellen nirgendwo von einem Lachen des Heiligen. Wohl berichten sie sehr oft von den Tränen. Damit stimmt die Tatsache überein, daß keines der ältesten Bilder den heiligen Franz lächelnd zeigt. Alle stellen ihn mit ernstem Gesicht dar, die meisten sogar mit schmerzzerfurchter Stirn. Die Mär von dem sonnigen Bruder Immerfroh findet in den ältesten Zeugnissen keine Stütze.

Einmal hörte ein Mann den Heiligen laut schluchzend einhergehen und dachte, er sei krank und weine vor körperlichen Schmerzen. Doch Franz antwortete auf seine teilnahmsvolle Frage: „Ich bejammere das Leiden Jesu Christi, meines Herrn, für den ich mich nicht schämen darf, in lautem Weinen durch die ganze Welt zu gehen" (Celano). „Oft schien sein Auge voll Blut zu sein, weil er so bitterlich weinte" (Drei Gefährten). Manche Forscher vermuten, die Augenkrankheit, die Franz in den letzten Jahren seines Lebens so viel zu schaffen machte, sei durch sein vieles übermäßiges Weinen entstanden.

Wieder stehen wir vor einem Rätsel: Überschwengliche Heiterkeit paart sich mit abgrundtiefem Schmerz. Manchmal nahm Franz, von Freude durchströmt, ein Holzscheit, legte es gegen die linke Schulter und fiedelte auf ihm mit einem Stock eine unhörbare Melodie, bis er plötzlich die Hölzer fortwarf und der stumme Jubel unterging in einer Flut von Tränen. Das Paradox läßt sich nicht dadurch erklären, daß man auf das sanguinische Temperament oder die überreizten Nerven des Heiligen hinweist, denn es gründet tiefer als in den Schichten, mit denen sich die Psychologie befaßt. Bei einem Kapitel ließ Franz als allgemeine Mahnung niederschreiben: „Die Brüder sollen sich hüten, nach außen schwermütig und traurig zu erscheinen. Sie sollen auftreten sich freuend im Herrn, fröhlich, liebenswürdig und geziemend gefällig." Und wiederum: „Wenn der Knecht Gottes sich bemüht, die innere und äußere Heiterkeit des Geistes zu bewahren, ... dann können ihm die Dämonen nicht schaden ... Der Teufel Anteil ist die Trauer, uns aber steht es zu, immer fröhlich zu sein und uns im Herrn zu freuen." Und wiederum zu einem mürrischen Gefährten: „Es schickt sich nicht, daß ein Diener Gottes sich den Menschen traurig oder beunruhigt zeigt, sondern immer in ehrbarem Frohsinn. Über deine Sünden magst du in der Zelle nachdenken und weinen und seufzen vor deinem Gotte. Kommst du aber zu den Brüdern, so lege alle Trauer ab und sei fröhlich mit den Fröhlichen!" Er selbst litt unter furchtbaren Dämonenkämpfen. Bruder Leo berichtet von einer „überaus schweren Versuchung", die ihn „mehr als zwei Jahre" bedrängte: „Er litt dadurch so sehr an Leib und Seele, daß er sich oft von der

Gemeinschaft der Brüder absonderte, denn er konnte sich ihnen nicht so heiter zeigen, wie er es gewohnt war ... Er vergoß viele Tränen, damit der Herr ihm in einer so großen Heimsuchung seine Hilfe gewähre ... In ähnlicher Weise wurde er auf dem Berge La Verna von den Dämonen so sehr versucht und gepeinigt, daß er sich nicht so heiter zeigen konnte, wie es seine Gewohnheit war. Da sprach er zu seinem Begleiter: ‚Wenn die Brüder wüßten, mit wieviel Leiden und Heimsuchungen mich die Dämonen verfolgen, würde es keinen unter ihnen geben, der nicht Mitleid mit mir hätte.'" Nur wer vor dem schmerzzerrissenen Antlitz des großen Büßers von Assisi nicht zurückbebt, gewinnt den Zugang zum Geheimnis der franziskanischen Heiterkeit: Sie ist durch einen Abgrund von Qual hindurchgegangen, und nur deshalb gewann sie jene Gewalt, die sie als einen Abglanz der himmlischen Seligkeit erscheinen läßt.

Demütig und selbstbewußt, gehorsam und frei, mild und streng, qualvoll und heiter, war Franz ein lebendiges Paradox. Diese spannungsgeladene Einheit der Gegensätze gewahrt man auch in seinem oft fehlgedeuteten Verhältnis zur Welt, zur Schöpfung, zur Natur: Es ist Flucht und Umarmung zugleich. Franz hat auf dieser Erde nie etwas anderes als ein Fremdling sein wollen, und doch hat er diese Erde geliebt. Sehr schön zeigt Celano, wie diese beiden Haltungen bei Franz einander nicht ausschlossen, sondern sinnvoll ergänzten: „Ein rechter Pilger, sehnte sich Franz allzeit, die Welt, diesen Ort der Verbannung, bald verlassen zu können. Von allem, was in der Welt war, schöpfte er Anregung in diesem Sinn. Gegenüber den Fürsten der Finsternis betrachtete er die Welt als Kampffeld, Gott gegenüber als einen reinen Spiegel seiner Güte. Er freute sich an allen Werken, die der Herr geschaffen. Der Anblick des Schönen führte ihm dessen Urgrund und Ursache vor Augen; er erkannte darin den Allerschönsten ... Mit unerhörter, andächtiger Liebe umfaßte er jedes Ding, redete mit ihm vom Herrn und forderte es zu seinem Lob auf ... Alle Lebewesen waren ihm Bruder und Schwester" (Celano).

Das Naturverhältnis unseres Heiligen hat nichts mit Pantheismus zu tun, denn Franz blieb sich des Unterschiedes zwischen Schöpfung und Schöpfer bewußt. Es ist auch nicht mit der Naturfreude der Renaissance oder mit dem Naturgefühl der Romantik zu vergleichen. Franz brachte es fertig, ein Rotkehlchen zu verfluchen, weil es Schwachen das Futter fortnahm, und eine Sau zu verdammen, weil sie ein Lämmchen anfiel. Ameisen mochte er nicht, weil sie, Vorräte für den Winter sammelnd, zu wenig auf die Vorsehung vertrauen. Daß er nicht alle Geschöpfe liebte, zeigt auch seine Gewohnheit, gewisse Tiernamen als Schimpfworte zu verwenden: Klatschbasen nannte er „beißende Flöhe", und einen Faulenzer tadelte er als den „Bruder Mücke". Münzen hieß er verächtlich „Fliegen", wahrscheinlich, weil die Fliege als Sinnbild des Teufels galt. Wir finden überhaupt das Verhältnis des heiligen Franz zu den Geschöpfen stark von jener moralisch-mystischen Natursymbolik geprägt, die schon die Bibel durchzieht und die durch den Physiologus Gemeingut des Mittelalters geworden war. Franz liebte besonders jene Geschöpfe, „in denen er in irgendeiner Weise ein Sinnbild Gottes oder des Ordens sah" (Leo). Die Haubenlerche war ihm Symbol des Mönchs, das Wasser Symbol der Reue und Buße. Ein Fels erinnerte ihn an den heiligen Petrus, ein Baum an das Kreuzesholz, ein Schaf an das Lamm Gottes. „Die Sonne war ihm das schönste aller Geschöpfe, und er hielt sie für das beste Gleichnis Gottes, weil auch in der Schrift Gott ‚die Sonne der Gerechtigkeit' genannt wird" (Leo).

Der Hinweis auf die symbolischen Züge vermag freilich nicht zu erklären, warum

Franz brüderlich mit den Tieren sprechen konnte, so daß sie ihn verstanden und ihm gehorchten. Sein Verhältnis zu den Geschöpfen war von wunderbarer Innigkeit. Es steht in der Geschichte der Menschheit einzigartig da. Es scheint für eine kurze Weile jenen paradiesischen Zustand vorweggenommen zu haben, den die Heilige Schrift für den künftigen Äon verheißt: daß nämlich die ganze Schöpfung, die „bis jetzt seufzt und in Wehen liegt" und deren „ungeduldige Sehnsucht auf die Offenbarung der Söhne Gottes wartet", – daß diese „Schöpfung selbst von der Sklaverei der Verwesung befreit werden wird zu der Freiheit der Herrlichkeit der Kinder Gottes" (Röm 8, 19–22).

Franz suchte zuerst das Reich Gottes, und alles übrige wurde ihm obendrein gegeben, auch die Natur, und zwar Natur, die herrlich war wie am ersten Tag. Der Arme von Assisi gewann alles, weil er zuerst alles verlassen hatte. Seine äußerste Weltbejahung wurde nur möglich durch seine äußerste Weltflucht. Er veranschaulichte das Wort: „Alles gehört euch, denn ihr gehört Christus." Und er machte die Wahrheit auch dieses Wortes deutlich: „Wer sein Leben liebt, wird es verlieren, wer sein Leben aber um meinetwillen verliert, wird es gewinnen." In diesem Paradox sind alle anderen Paradoxe im Leben des heiligen Franz aufgehoben – im doppelten Sinne aufgehoben. Die verwickelte Vielfalt wird zu einer *höheren* Einfalt. Es ist das Paradox des Kreuzes, welches das höchste Opfer und der höchste Sieg zugleich ist. Von jenem Augenblick in Sankt Damian an, in dem Franz sich vom Kreuz angesprochen fühlte und das Kreuz in seine Seele aufnahm, wurde es ihm ohne Verkrampfung möglich, Bitteres in Süßes zu verwandeln, Armut in Reichtum, Bindung in Freiheit, Schmerz in Wonne, Entsagung in Gewinn. Wie sehr die Beziehung des heiligen Franz zur Natur in seiner Beziehung zum Gekreuzigten gründete, macht Bonaventura deutlich, wenn er schreibt: Seine Güte „erhob ihn durch Andacht zu Gott, gestaltete ihn durch Mitleiden in Christus um, neigte ihn durch Herablassung zum Nächsten hin, flößte ihm Wohlwollen gegen alle Geschöpfe ein und stellte wieder den Urzustand der paradiesischen Unschuld dar". Wer Franz sah, glaubte Christus zu sehen. Man folgte ihm nach, weil er Christus nachfolgte. Seine Nachfolge war so radikal, daß offenkundig, paulinisch gesprochen, nicht mehr er lebte, sondern Christus in ihm. Franz war „der Spiegel der Vollkommenheit".

Es konnte nicht ausbleiben, daß dem Reformator von Assisi namentlich in jenen Kreisen, die aus den Mißständen Nutzen zogen, Widerstand entgegengesetzt wurde. Selbst in Rom traten nicht alle auf die Seite des Heiligen. Kardinal Hugo von Ostia gestand Franz: „Es gibt in der römischen Kurie viele Kirchenfürsten, die dem Heil des Ordens im Wege sind." Schlimmer als diese Gegnerschaft von außen empfand Franz die Tatsache, daß sich innerhalb des Ordens selbst Widersacher gegen ihn erhoben. Die Opposition machte sich zum erstenmal bemerkbar, als der Ordensstifter abwesend war: Franz weilte im Heiligen Lande, in Italien hatte man nichts mehr von ihm gehört, Gerüchte wollten von seinem Tod wissen. Da glaubten seine Stellvertreter die Zeit gekommen, endlich dem Orden eine feste Gestalt zu geben. Sie hatten es schon längst bedauert, daß die Minderbrüder nicht über eine ausführliche Satzung verfügten, wie sie die alten Orden besaßen. Anfangs, als die Zahl der Brüder noch klein war, hatten ein paar Sätze aus dem Evangelium und das persönliche Vorbild des Gründers genügt. Wozu brauchten die vom Geist Erfüllten Paragraphen und Papiere! Als Franz dem Papst seine Regel vorlegte, waren es nur einige Stellen aus dem Neuen Testament, und er machte sich nichts daraus, daß Innozenz III. sie bloß mündlich bestätigte. Überhaupt verabscheute und verbot er das Heischen nach päpstlichen Briefen und Urkunden. Ihm fehlte jedes Verständnis für Privilegien, für Repräsentation und für Organisation. Das hatte jene Brüder, die sich nach der Reputation eines etablierten Ordens sehnten, schon immer geärgert. Die Zeit des schlichten Beginns war längst vorüber, der Orden zählte Tausende Mitglieder, es mußte endlich etwas geschehen. Die Stellvertreter begannen damit, eine ausführliche Fastenordnung zu erlassen, die strenger war als Franz' Vorschriften. Ferner wurde ein Studienhaus zu Bologna gegründet, denn der junge Orden sollte dem gelehrten Predigerorden des heiligen Dominikus an wissenschaftlichem Ruhm nicht nachstehen. Man wollte durch strengere Askese und höheres wissenschaftliches Niveau den Orden heben.

Als Franz in Palästina von solchen Vorgängen erfuhr, sah er sein Werk bedroht. Schleunigst kehrte er nach Italien zurück. Die neuen Fastenvorschriften erklärte er für ungültig, denn er hielt sie für zu streng und meinte, sie seien für einen Orden von Wanderpredigern unmöglich zu beobachten. Die Bestrebungen um eine Regel nach der Art der alten Orden wies er zurück, denn er sah sich berufen, „ein neues und geringes Volk zu sammeln, das unterschieden ist von allen, die vorausgegangen sind" (Leo). Aus diesem Grund hatte er ebenso eine Verschmelzung mit den Dominikanern wie die Annahme einer der alten Ordensregeln abgelehnt. Die Bemühungen der Minderbrüder um die Pflege der Wissenschaft sah er mit größter Besorgnis.

Er selbst war kein wissenschaftlicher Kopf, und auch wenn er gewollt hätte, wäre nie ein Gelehrter aus ihm geworden. Seine Schriften beweisen, daß ihm das diskursive Denken überhaupt nicht lag. Sein Erkennen war ein Vollziehen, sein Wissen ein Innesein der Wahrheit. Ihn belehrte nicht das Denken, sondern das Tun. Als er vor seiner Bekehrung nach Rom kam, tauschte er mit einem Bettler die Kleider, setzte sich in Lumpen auf die Kirchentreppe und heischte Almosen, um zu erfahren, was Betteln ist. In Greccio baute er in der Weihnacht im Freien eine lebende Krippe auf mit Ochs und Esel und Hirten, um leibhaftig zu sehen, wie es damals im Stall von Bethlehem war. Es schien ihm wichtiger, das Evangelium zu verwirklichen als es zu lesen: Deshalb brachte er es fertig, die einzige Bibel, welche die Brüder hatten, einer armen Frau zu verschenken, die von dem Erlös des Buches Brot kaufen konnte. Er war tatsächlich außerstande, einen bestimmten Bibelvers aufzuschlagen. Trotzdem hatte er sich den Geist der Bibel und auch manches von ihrem Inhalt angeeignet wie wenige. Gelehrte Theologen staunten über seine Auslegung schwieriger Stellen, und ein Doktor aus dem Dominikaner-Orden gestand, daß die Erkenntnisweise des Heiligen der Methode der Wissenschaft überlegen war: „Die Theologie dieses Mannes gleicht durch ihre Reinheit und durch die Tiefe ihrer Betrachtung dem Fluge eines Adlers, unsere Wissenschaft aber kriecht mit dem Bauche auf der Erde dahin."

Die Abneigung des Heiligen gegen den Plan, seine Jünger am Wettstreit der Gelehrten teilnehmen zu lassen, rührte aber nicht von seiner eigenen unwissenschaftlichen Natur her. Noch in seinem Testament befahl er seinen Jüngern: „Wir sollen festhalten und verehren alle Gottesgelehrten und alle, die das allerheiligste Wort Gottes predigen, denn sie spenden uns Geist und Leben." Er hat auch den Minderbrüdern das Studium keineswegs verboten. Da sie predigen sollten, mußten sie dazu auch ausgebildet sein. Doch wollte er die Wissenschaft nie anders denn als Vorbereitung auf die Predigtpraxis betrieben sehen. Darum ermahnte er seine Brüder, „daß der Wissenschaft das

Werk folgen muß". Nur jene Wissenschaft sei etwas wert, die zu guten Werken führt. „Es wird eine Trübsal kommen, in der die Bücher nichts nützen. Man wird sie zum Fenster hinaus und in die Ecke werfen." Thomas von Celano fügt diesen Worten des Heiligen hinzu: „Nicht als ob ihm das Studium der Schrift mißfallen hätte. Er wünschte nur, seine Brüder seien reicher an Liebe als an Kenntnis." Einem Bruder erklärte Franz sehr deutlich, daß die Taten der Heiligen wertvoller seien als die Reden und Schriften darüber. Seine größte Angst war, die Brüder könnten durch akademische Studien aufgeblasen werden, die Demut verlieren und aufhören, wahre Minderbrüder zu sein.

Hinzu kam ein anderer Grund, der Franz veranlaßte, allen wissenschaftlichen Ambitionen ein entschiedenes Nein entgegenzusetzen: Forschung auf breiter Grundlage setzt Bibliotheken voraus, Bibliotheken setzen Gebäude voraus, beides aber ist gegen den Grundsatz der völligen Eigentumslosigkeit. Er gestattete seinen Minderbrüdern nicht einmal gemeinsames Eigentum, wie es alle früheren Orden erlaubten. Buchstäblich und ohne Deutelei sollten sie das Wort des Evangeliums befolgen und ohne Schuhe wandern, ohne Geld, ohne Proviant, ohne Kleidung zum Wechseln, natürlich erst recht ohne Bücherranzen. Wie sollten sie sonst die am Reichtum erkrankte Kirche erneuern, wenn nicht durch das Beispiel heiliger Armut! „Die Füchse haben ihre Höhlen und die Vögel ihre Nester, aber der Menschensohn hatte nichts, wo er sein Haupt hätte hinlegen können." Wie sollten sie Christus nachfolgen, wenn ihre Unterkünfte nicht in ihrer Dürftigkeit die Unbehaustheit bezeugten! Es mußten die armseligsten Holzhütten sein, und sie durften dem Orden nicht *gehören*, sondern nur von den Eigentümern *geliehen* sein. Als dem Heiligen zu Ohren kam, die Leute von Bologna sprächen von der neuen Ordensniederlassung als vom „Haus der Brüder", befahl er den Seinen, sofort das Haus zu verlassen. Und als die Stadt Assisi zu Portiunkula in Abwesenheit und ohne Wissen des Heiligen einen Steinbau für die regelmäßigen Ordensversammlungen errichtet hatte, stieg er wütend aufs Dach, riß Ziegel und Latten herunter und forderte die Brüder auf, ihm zu helfen, das „armutwidrige Ungeheuer" niederzureißen. „Er hätte das Haus bis auf den Grund zerstört, wenn nicht Soldaten seinem Eifer Einhalt geboten und ihn darauf aufmerksam gemacht hätten, daß dieses Haus nicht den Brüdern, sondern der Stadtgemeinde gehöre" (Celano).

Ein schweres Ringen um die innere Gestalt des Ordens setzte ein. Nur eine kleine Minderheit hielt zu Franz. Die meisten, voran die Provinzialminister, wollten jene Neuerungen, die Franz als dem Geist des Evangeliums zuwider ablehnte. Sie wurden unterstützt von der offiziellen Kirche in der Person des Kardinals Hugo von Ostia. Als der Protektor des Ordens auf dem Pfingstkapitel des Jahres 1220 den Heiligen beiseite nahm und ihn, auch im Namen der Provinziale, dringend bat, nachzugeben, faßte Franz den Kardinal bei der Hand, führte ihn vor die Versammlung und rief erregt: „Meine Brüder, meine Brüder! Der Herr rief mich auf den Weg der Einfalt und der Demut, und diesen Weg zeigte er mir in Wahrheit für mich und für jene, die mir glauben und nachfolgen wollen. Und deshalb will ich nicht, daß ihr mir irgendeine Regel nennt, weder die des heiligen Benedikt, noch die des heiligen Augustinus, noch die des heiligen Bernhard, noch irgendeine andere Lebensform außer jener, die mir vom Herrn gnädig gezeigt und geschenkt worden ist. Und der Herr sagte mir, ich solle ein Tor sein in dieser Welt, und er wolle uns keinen anderen Weg führen als den Weg dieser Weisheit. Aber durch eure Weisheit und Wissenschaft möge Gott euch vernichten, und ich vertraue auf die Henker des Herrn, die Teufel, daß durch sie Gott euch züchtige, und dann werdet ihr reuig zu eurem Stand zurückkehren, ob ihr es nun wollt oder nicht." Alle standen bestürzt. Das waren Forderungen eines Menschen, der nicht auf menschliche Klugheit baut, sondern sich bedingungslos auf das Wort Gottes verläßt. Die Mehrheit konnte ihnen nicht folgen. Deshalb legte Franz noch im gleichen Jahre 1220 die Leitung des Ordens nieder.

Blutigen Herzens willigte er ein, die neuen Satzungen zu schreiben. Wieder gab es schwere Kämpfe. Gegen den Willen des Heiligen wurde seine Regel abgeändert, und sogar das Wort des Evangeliums: „Nehmt nichts mit auf den Weg, weder Stab noch Tasche, weder Brot noch Geld", sogar dies wurde aus der Regel gestrichen. Die Quellen haben uns manchen erschütternden Aufschrei überliefert, der sich der gequälten Brust des Heiligen entrang. „Oft sprach er zu uns, seinen Gefährten: ‚Darin besteht mein Schmerz und meine Betrübnis, daß in dem, was ich mit viel Mühe des Gebetes und der Betrachtung zum gegenwärtigen und künftigen Heile des ganzen Ordens von der Barmherzigkeit Gottes erhalte und worin er mich bestärkt hat, daß es seinem Willen entspreche, daß mir darin einige Brüder aus der Autorität ihrer Wissenschaft und ihrer falschen Besorgnis widersprechen und meine Worte leer machen, indem sie sagen: Dieses ist zu halten und zu befolgen und jenes nicht'" (Leo). Als man ihn fragte, warum er die Leitung des Ordens aus der Hand gegeben habe, antwortete er: „Ich liebe alle Brüder, so viel ich kann. Aber wenn sie immer meinen Fußstapfen folgten, würde ich sie noch mehr lieben und wäre von ihnen nicht entfremdet worden. Es gibt unter den Oberen einige, die ... sie auf weniger gute Wege weisen und meine Mahnungen geringschätzen. Aber das Ende wird erweisen, was sie getan haben." Auf seinem Krankenlager richtete er sich auf und brach in die Worte aus: „Was sind das für Leute, die meinen und meiner Brüder Orden meinen Händen entrissen haben? Wenn ich zum Generalkapitel komme, werde ich ihnen schon zeigen, was mein Wille ist!"

Franz erlitt den furchtbarsten Seelenkonflikt, den es gibt. Er stand zwischen zwei Befehlen: Hier die Stimme Gottes, dort das Wort der heiligen Kirche. Beiden schuldete er Gehorsam, beiden wollte er folgen. In dieser Lage bewies Franz seine heroische Größe: Er wurde an der Kirche nicht irre. Er beugte sich ihr in Demut und Gehorsam. Sein Gewissen hatte er entlastet: Er hatte widerstanden und gewarnt, solange es ging. Jetzt blieb ihm nur noch übrig, für sich persönlich das Evangelium zu befolgen, buchstäblich, ohne Deutelei.

Man hat gesagt, es habe nicht anders kommen können, als daß Franz' Weg in Enttäuschung endete. Seine „Ideale" seien so hoch gewesen, daß sie nur von ganz wenigen angestrebt werden konnten. Unmöglich sei zu erwarten gewesen, alle Minderbrüder hätten die Glut des heiligen Franz in ihrem Herzen getragen. Man hat auch gesagt, „daß die Kirche mit ihren Einschränkungen, die sie am Ideal des Heiligen vornahm, eben dieses Ideal rettete" (J. Lortz). Trotzdem bleibt die Tatsache, daß Franz das Schicksal seines Werkes als einen Mißerfolg empfand und erlitt.

Und doch war das Scheitern des Heiligen keine Tragödie. Denn die tiefste Ursache seines Mißerfolges ist dieselbe wie die Ursache seiner Erfolge: die Gleichförmigkeit mit Christus. Franz endete ebensowenig tragisch wie Christus, dessen Offenbarung vom auserwählten Volke zurückgewiesen und der wie ein Verbrecher hingerichtet wurde. Das Kreuz ist nicht das Zeichen des Untergangs, sondern des Sieges. Das mindert freilich nicht die Qual dessen, der es tragen muß und der an ihm hängt. Franz folgte Christus nach auch in seinem bitteren Leiden. Nach seiner Bekehrung war sein ganzes Leben ein Mit-Gekreuzigt-Sein mit Christus. In seinen letzten schweren Jahren steigerte sich dieses Mit-Gekreuzigt-Sein zu einem solchen Grade, daß die Wundmale Christi sichtbar an seinem Leibe erschienen. Die Stigmatisierung des heiligen Franz ist von der kritischen Wissenschaft als eine historische Tatsache erwiesen worden. Doch ihr inneres Geheimnis liegt jenseits wissenschaftlicher Erkenntniskraft und kann nur vom Glauben geahnt werden. Angesichts dieses außerordentlichen Ereignisses ist klügelndes Gerede nicht am Platz. Es genügt festzustellen: Indem Franz das Scheitern seines Ideals erlitt, wurde er dem Gekreuzigten ähnlich.

Schon hienieden, mitten in der äußersten Qual, erglänzte das Kreuz als Zeichen des Triumphes. Franz war auch körperlich ein zerschlagener Mann, krank an Leber, Milz und Magen. Seine Beine schwollen an von Wassersucht. Seine Augen versagten den Dienst. Wie er selbst gestand, war seine Krankheit schlimmer als jedes Martyrium. Ärzte kamen, doch statt zu lindern, vergrößerten sie die Qualen. Mit glühenden Eisen brannten sie seine Schläfen, durchbohrten sie seine Ohren. Nachts lag er schlaflos in einer Lehmhütte, blind und blutbrechend, und über seinen zuckenden Leib liefen zahllose Ratten. Doch am folgenden Morgen dichtete er voll Heiterkeit zum Preise Gottes und seiner Schöpfung den Sonnengesang. Dieses jubelnde Lied mußten ihm die Gefährten immer wieder vorsingen, und oft stimmte er ein in den Gesang, während sein Körper sich der Auflösung näherte. „Er hatte kein Glied mehr, das nicht ohne die empfindlichsten Schmerzen war. Seine natürliche Wärme ward immer geringer ... Die Ärzte staunten, daß sich der Geist überhaupt noch in einem so erstorbenen Körper aufhalten konnte. Das ganze Fleisch war aufgezehrt, und die Haut hing am bloßen Gebein" (Celano). Doch singend ging er dem „Bruder Tod" entgegen.

BERNHARD VON CLAIRVAUX

(1090–1153)

Der rotblonde und blauäugige Bernhard, der Sohn des Ritters Teskelin, war ein ungewöhnlich charmanter junger Mann. Jeder freute sich, ihn zu sehen, wie er mit Anmut seinen feingliedrigen Körper bewegte, jeder lauschte entzückt, wenn ihm „honigsüße" Worte in beredtem Strom vom Munde flossen. Überall in Burgund sang man seine weltlichen Lieder, die er in der Weise Ovids gedichtet hatte. Nach der alten Vita „umgab sein ganzes Wesen etwas so Liebenswürdiges und Anziehendes, daß er noch gefährlicher für die Welt war als die Welt für ihn". Frauen schwärmten für ihn, und die alten Quellen berichten sogar, wie eine Dame ihn wiederholt in seinem Schlafgemach aufsuchte, freilich jedesmal vergeblich.

Bald sollte diese nach amourösen Abenteuern begierige Damenwelt höchst überrascht, ja entsetzt sein. Bestürzt stellten sie eine unerwartete Wandlung an dem bewunderten Junker fest, von der Bernhards Freund Wilhelm von St. Thierry erzählt: „Er wurde der Schrecken der Mütter und der jungen Frauen; die Freunde fürchteten, ihre Freunde an ihn zu verlieren." Die Anziehungskraft Bernhards wirkte sich nun nämlich so aus, daß ein Mann nach dem andern sich ihm anschloß, um mit ihm ein hartes Büßerleben zu führen, bis eines Tages dreißig Ritter, die geistige Elite des burgundischen Adels, darunter seine vier Brüder, einige Vettern und ein Onkel, dem Zweiundzwanzigjährigen in das strengste Kloster folgten, das es damals gab, um auf immer den Freuden der Welt abzusterben.

Vierzehn Jahre vorher hatte sich der Abt Robert von Molesme, angewidert von dem Niedergang der verweltlichten Klöster, mit einigen gleichgesinnten Mönchen mitten in den Wäldern und Sümpfen von Cîteaux niedergelassen. Hier wollten sie finden, was sie in den reichen Benediktinerabteien vergeblich suchten: Einsamkeit, Armut, Gebet und Arbeit. So wurde Robert der Gründer des Zisterzienserordens. Unter seinem Nachfolger, dem Engländer Stephan Harding, nahmen die Reform-Mönche das weiße Habit, um sich von den schwarzgewandeten Benediktinern auch äußerlich zu unterscheiden. Das Leben in Cîteaux war so streng, daß niemand mehr dort eintreten wollte. Das Kloster drohte auszusterben. Schon dachte der niedergedrückte Abt daran, das Werk aufzugeben, als plötzlich Bernhard mit seinen Gefährten an die Pforte klopfte.

Mit dem Eintritt dieser hochgemuten Schar blühte Cîteaux wieder auf. Die laubbedeckten Hütten in der Rodung, die lange leerstanden, waren wieder bewohnt; aus der Holzkapelle erscholl lauter das Gotteslob; und aus dem Walde hallten die Schläge der Äxte. Sechs Stunden des Tages widmeten die Mönche dem Gebet, sechs Stunden der geistigen Arbeit, dem Betrachten, Lesen und Schreiben, wieder sechs Stunden schwerer körperlicher Arbeit im Wald und auf dem Felde, die restlichen sechs Stunden dem Schlaf auf dem Strohsack. Die Mahlzeiten waren kurz und karg, es gab weder Fleisch noch Eier noch Milch. Tagsüber herrschte Stillschweigen, erst am Abend gestattete man sich ein Gespräch.

Selbst körperlich robuste Naturen hätten auf die Dauer unter einem solchen Leben zusammenbrechen können. Daß der zarte Bernhard es aushielt, zeugt von seiner gewaltigen Willenskraft, von der außerordentlichen Herrschaft seines Geistes über den Leib, vor allem aber von seiner glühenden Liebe zu Gott. Aber auch sie hätte ihn nicht befähigt, die unausbleiblichen seelischen und körperlichen Niedergeschlagenheiten zu überwinden und in dieser freiwillig angenommenen Lebensweise zu verharren, wenn ihm nicht von oben die Kraft Gottes reichlich zugeströmt wäre.

Die Gemeinschaft der weißen Mönche wuchs so sehr, daß der Abt von Cîteaux zwei Filialklöster ins Leben rief und den fünfundzwanzigjährigen Bernhard mit zwölf anderen Brüdern aussandte, um eine dritte Zweigniederlassung zu gründen. Die Schar ließ sich im wilden Wermutstal von Clairvaux nieder. Es war ein Beginnen im Nichts, ein Wagnis auf Gott. Wohnung, Nahrung, Ackergerät – alles fehlte. Doch hilfreiche Bauern brachten den Mönchen Brot und Werkzeug. Wald wurde gerodet, Hütten entstanden, der Grundstein des Klosters wurde gelegt. Die Arbeit war erbarmungslos hart. Die Brüder freuten sich, wenn sie dunkles Gerstenbrot und Hirsebrei bekamen. Manchmal konnten sie nichts als Eicheln essen. Einige fielen vor Schwäche um. Bernhard erbrach sich dauernd und mußte sich legen. War nicht das ganze Unternehmen heller Wahnsinn? Einige wollten zurück nach Cîteaux. Doch Bernhard, der einst so sanfte, zeigte sich von unerbittlicher Strenge: „Der Kohl, die Bohnen, die Gemüsesuppe, das Haferbrot und das klare Wasser ekeln den Faulen an, schmecken aber köstlich dem, der arbeitet." Der junge Abt erhob sich wieder und setzte mit unverdrossener Zähigkeit das Begonnene fort. Je schwerer die Last auf seinen Schultern drückte, um so fröhlicher leuchteten seine Augen: „Oh, es ist ein glücklicher Kampf, den man für Jesus und mit Jesus besteht. Da können weder Wunden noch Stiche noch Hiebe noch tausend Tode, wenn sie möglich wären, mit einem Wort: nichts könnte uns des Sieges berauben, außer eine schimpfliche Flucht. Man verliert ihn, wenn man flieht; man gewinnt ihn, wenn man stirbt."

Als der Bau des Klosters vollendet war, wählte Abt Bernhard für sich die kleinste Zelle. Eigentlich war es nur ein Verschlag auf einem Treppenabsatz. Eine kleine Luke ließ nur wenig Licht herein. In der Treppenkrümmung stand eine strohgefüllte Bretterlade, sein Bett. Das schräge Dach gegenüber ruhte auf einem Mauerabsatz, in den der einzige Sitzplatz der Zelle ausgehauen war. Nur gebeugt konnte man sitzen oder stehen. Hier wohnte Bernhard dreißig Jahre lang. Seine Gleichgültigkeit gegen die leiblichen Bedürfnisse kannte keine Grenze. In maßloser Askese wurde sein Körper so zerrüttet, daß eines Tages die anderen Zisterzienser-Äbte beschlossen, Bernhard eine Kur von einem Jahr zu befehlen und ihn so lange von seinen Pflichten zu entbinden. Wilhelm von St. Thierry, der den ausgemergelten Kranken in dieser Zeit besuchte, erzählt: „Wir fragten ihn, wie es ihm gehe und wie er in seiner Krankenzelle lebe. Er antwortete mit jenem gütigen Lächeln, das ihm so eigen war: ‚Ich fühle mich vollkommen wohl hier; denn früher gehorchten vernünftige Menschen mir, während jetzt ich, durch ein gerechtes Gericht Gottes, einem Menschen ohne Vernunft gehorche.' Damit meinte er den eingebildeten Arzt, der sich gerühmt hatte, ihn heilen zu können, und dessen Händen er anvertraut worden war."

Von Bernhards Gleichgültigkeit gegen Irdisches sind manche Geschichten überliefert. Er hatte schon ein Jahr im Noviziat verbracht und wußte nicht, ob der Saal gewölbt oder flach war. Nach Monaten war er ganz erstaunt, zu hören, daß im Chor der Kirche nicht ein, sondern drei Fenster waren. Als ein befreundeter Abt, den Bernhard besuchte, ihn mit sanfter Entrüstung auf das prachtvolle Geschirr seines Reitpferdes hinwies, wunderte sich auch Bernhard über diesen Luxus: Ein Onkel hatte ihm das Pferd geliehen, und der Prachtaufwand war ihm gar nicht aufgefallen. Einen ganzen Tag ritt er am Ufer des Genfer Sees entlang, und als die Gefährten ihm abends die Schönheit der Landschaft rühmten, stellte sich heraus, daß er überhaupt nicht gemerkt hatte, daß er an einem See war. Es handelt sich hier nicht um hochgradige Zerstreutheit, sondern im Gegenteil um höchste Gesammeltheit. Bernhards Blick war in schweigender Betrachtung nach innen gewandt. Einen solchen Menschen pflegen rastlose Aktivisten als einen „Träumer" milde zu belächeln. Und doch zeigt sich ein solcher Träumer Situationen gewachsen, in denen betriebsame Tatmenschen den Kopf verlieren. Bernhard selbst hat darauf hingewiesen, daß die Beschaulichkeit den Menschen nicht unpraktisch macht, sondern im Gegenteil zu sinnvollem Handeln befähigt: „Was ist so nützlich zu allem wie die Betrachtung? Sie gibt unserem ganzen Leben Würde und Richtung und verschafft uns reiche Kenntnis in göttlichen wie in menschlichen Dingen. Sie entwirrt die Verwirrung, überbrückt die Abgründe und sammelt das Zerstreute ... Der Betrachtung muß ein Teil deines Selbst, deines Herzens und deiner Zeit vorbehalten sein. Sie macht all unser Handeln in mütterlich vorauseilender Sorge zu ihrer eigenen Angelegenheit. Sie bearbeitet alles schon im voraus und ordnet es, bevor es noch zur Ausführung kommt. Sie reinigt den Quell, aus dem sie fließt, nämlich den Geist. Sie lenkt die Gesinnung und leitet das Handeln. Sie beschneidet alles Übermaß und bringt Ordnung in unseren Wandel." Den Stoff zur Betrachtung nahm Bernhard aus den Schriften der Kirchenväter, aus dem Leben der Heiligen und besonders aus der Bibel. Er liebte das geistige „Wiederkauen der Schriftworte", liebte die einsame Natur, die der Beschaulichkeit förderlich ist: „Alle meine Kenntnis und alles Verständnis der Schrift, das tiefere Eindringen in ihren oft so verborgenen Sinn habe ich zumeist in Wäldern und auf den Feldern durch Betrachtung und Gebet erlernt. Hierin hatte ich keine anderen Lehrer als Eichen und Buchen."

Es hat immer wieder Staunen erregt, daß Bernhard von Clairvaux, dieser ganz in Gott versunkene Mönch, eine rege Tätigkeit entfaltete, die sich auf verschiedene Bereiche erstreckte und über das ganze Abendland ausdehnte. Nicht lange war es dem Liebhaber der Einsamkeit vergönnt, im Tale von Clairvaux zu bleiben. Die Gemeinschaft wuchs, bald zählte sie siebenhundert Mönche, der erste Klosterbau mußte durch einen bedeutend größeren ersetzt werden, Tochterklöster entstanden, und plötzlich sah sich Bernhard an der Spitze nicht nur eines Klosters, sondern eines Ordens, der sich äußerst schnell über ganz Europa verbreitete bis nach Portugal, Irland und Schweden hin und weit in den Osten hinein. Zwar war Bernhard weder Gründer noch amtliches Oberhaupt der Zisterzienser, doch sein Einfluß dominierte. Als er starb, waren von Clairvaux allein 67 Tochterklöster gegründet worden, von denen viele wieder weitere Filialen gegründet hatten. Insgesamt zählte der Zisterzienserorden im Jahre 1153 schon 343 Klöster.

Immer wieder wurde der Abt von Clairvaux zu Predigten in anderen Abteien aufgefordert. Bernhard sträubte sich dagegen, aber, so seufzte er, „man macht mir einen Vorwurf daraus, daß ich für mich lebe, während ich vielen draußen nützen könnte. Soll ich mich darin einlassen? Selbst um den Preis, daß ich mich verlöre?" Er ging. „Zuweilen erfahre ich, daß einige unter euch durch meine Ermahnungen gefördert wurden, und ich bedaure in diesem Augenblick nicht, die Sorge für das Predigen der eigenen Ruhe und Muße vorgezogen zu haben." Auf Einladung des Bischofs Wilhelm von

Champeaux predigte Bernhard auch im Dom zu Châlons. Bald drang der Ruf des wortmächtigen Zisterziensers in alle Lande.

Das wachsende Ansehen der weißen Mönche erweckte die Eifersucht des Klosters Cluny. Einst Ausgangspunkt einer gewaltigen Reformbewegung, war Cluny unter der Regierung des Abtes Pontius tief gesunken. Dem Unwürdigen folgte Peter, der sich bemühte, den Niedergang des Klosters aufzuhalten, und später zu Recht den Beinamen „der Ehrwürdige" erhielt. Er schrieb an Bernhard und die Zisterzienser einen offenen Brief: „Ihr Pharisäer, ihr habt Nachkommen gefunden! ... Eure Söhne dünken sich unvergleichbar und erheben sich über andere. Sie sprechen mit dem Propheten: Rührt mich nicht an, denn ich bin heilig! O ihr gestrengen Beobachter der Regel, wißt ihr denn nicht, daß sie dem Mönch einschärft, sich für den niedrigsten und letzten Menschen zu halten ...? O ihr Heiligen, die ihr die einzig wahren Mönche zu sein wähnt, ihr tragt mit Stolz ein auffälliges Gewand und stellt eure weißen Kleider inmitten der schwarzen Kutten zur Schau, um euch von allen Mönchen der Welt zu unterscheiden. Dieses schwarze Gewand hatten unsere Väter aus Demut angenommen, ihr aber verwerft es, haltet euch also für besser als unsere Väter."

Den Schlag zu parieren, schrieb Bernhard eine Apologie, die zu einer gepfefferten Kritik des verweltlichten Mönchtums wurde: Nach ehrenvollen und freundlichen Äußerungen über Cluny verteidigt er das Recht der Verschiedenheit der Orden, tadelt aber scharf jene, die sich über andere erheben: „Gewiß, es gibt auch bei uns einige, die ... andere Orden beschimpfen. Solche sind nicht unseres Ordens. Sie gehören keinem Orden an. Ihr Leben mag regeltreu sein, ihre Sprache aber entstammt dem Stolze ... Sie nähren ihren Leib mit Bohnen und ihren Geist mit Stolz. Demut und Liebe sind wertvoller als Fasten und Bußwerke." Nach diesen Zugeständnissen aber läßt Bernhard seinem Zorn über die Schlaffheit der Cluniazenser freien Lauf: „Nie ist in den Gesprächen von der Heiligen Schrift die Rede, nie von der Rettung der Seelen. Man hört nur wertloses Zeug, das zum Lachen reizt, Geschwätz, das der Wind verweht. Ein Gericht nach dem andern tischt man auf. Um euch für die Abstinenz von Fleischspeisen zu entschädigen, bringt man euch zweimal hintereinander stattliche Fische. Seid ihr von den ersten gesättigt, so bietet man euch andere, die euch die vorher gekosteten vergessen lassen. Der Gaumen wird durch pikante Brühen neuester Erfindung gereizt ... Die Mannigfaltigkeit der Speisen verhindert den Widerwillen ... Drei- oder viermal bei jeder Mahlzeit bringt man euch einen halbgefüllten Pokal. Ihr beschnüffelt und kostet den Wein, und mit ebenso schnellem wie unfehlbarem Geschmack wählt ihr immer das vortrefflichste Gewächs ... Man erhebt sich von diesen Mahlzeiten mit geschwollenen Adern und schwerem Kopf, um dann nichts anderes zu tun als zu schlafen. Wenn man in diesem Zustand zum Chordienst gehen muß, wird man dann singen können? Wie soll man das jämmerliche Gegröhle bezeichnen, das aus solcher Brust kommt? ... O ich unglücklicher Mönch! Mußte ich es erleben, den Orden in diesem Grade verfallen zu sehn? Kauften die Apostel sich Kleider aus kostbaren Stoffen, aus Galebron und Isambron? Würden sie mit Katzen- oder Berkanpelzen gefütterte Bettdecken benützt haben? Das Kleid, das ein Merkmal der Demut sein sollte, wurde ein Abzeichen des Stolzes ... Ritter und Mönch nehmen von demselben Tuch, jener zum Kriegsmantel, dieser zur Kutte. Abgesehn vom Zuschnitt, würde ein Weltmann, ein Adeliger, ein König, sogar der Kaiser diese Kleidung nicht verschmähen. Ihr würdet dem Leibe keine so große Sorge zuwenden, wenn ihr nicht schon die Sorge für eure tugendlose

Seele vernachlässigt hättet ... Ist das Salz der Erde schal geworden? Jene, die den Weg des Lebens zeigen sollten, geben das Beispiel der Prahlerei und Prunksucht. Es sind Blinde, die Blinde führen. Wie, ist es ein Zeichen von Demut, mit so großem Gepränge zu reisen, hoch zu Roß und umgeben von einer dienstbeflissenen Menge langhaariger Lakaien? ... Ich sah wahrhaftig einen Abt, der mehr als sechzig Pferde hinter sich herschleppte. Wenn man sie vorbeiziehen sah, mußte man nicht an Klosterhirten, sondern an Schloßherren denken, nicht an Seelenführer, sondern an Oberbefehlshaber von Provinzen. Sie führen in ihrem Reisegepäck allerlei höchst entbehrliches Gerät mit sich wie Tafelgedeck, Becher, Wasserkannen, Leuchter, Riesenkoffer mit allem Komfort für ihr Bett. Selbst wenn sie nur vier Stunden von ihrem Haus entfernt sind, schleppen sie ihre ganze Einrichtung mit, als wenn sie zum Heere ziehen oder eine Wüste durchqueren müßten. Wozu dieser Pomp? ... Was soll das Gold im Heiligtum? Etwas anderes ist es bei Bischöfen, etwas anderes bei Mönchen. Jene müssen das fleischlich gesinnte Volk mit materiellen Mitteln zur Andacht bringen, da sie es mit geistigen nicht können. Doch wir, die wir uns von der Menge losgemacht haben, die wir alles, was die Welt an Glanz und Pracht bietet, um Christi willen verlassen haben, die wir alles, was den Sinnen schmeichelt, für einen Dreck ansehen –, wodurch sollen wir denn zur Andacht bewegt werden? Wollen wir mit diesem Tand die Bewunderung der Toren, das Ergötzen der Dummen? Seien wir doch ehrlich! Hinter all dem steckt nur die Besitzgier, dieser Götze! Wir wollen weniger den Vorteil der Gläubigen als ihre Gaben ... Vor verschwenderischem, staunenerregendem Flitter wird der Mensch eher zum Geben entflammt. So kommt Gold zu Gold. Man bringt seine Spenden lieber dorthin, wo es mehr zu sehen gibt. Vor goldstrotzenden Reliquienschreinen öffnen sich die Beutel. Man zeigt die ach so herrliche Figur irgendeines Heiligen, je farbenfroher, desto heiliger. Alles strömt herbei, sie zu küssen. Die Leute werden zu Gaben aufgefordert. Sie bewundern mehr die schöne Statue als den Heiligen. Auch mit edelsteinfunkelnden Kronleuchtern wird die Kirche ausstaffiert. Es sind schon mehr Wagenräder, besetzt mit Lichtern, die mit den Steinen um die Wette glänzen. Wir sehen wahre Kandelaberbäume sich aufrecken, schwer von Erz, kunstvoll gearbeitet, voll glitzernder Edelsteine, welche die Kerzen zu überstrahlen suchen. Wozu dient das alles? Zur Zerknirschung reuiger Herzen? oder zum Anstaunen müßiger Gaffer? O Eitelkeit der Eitelkeiten! Torheit mehr noch als Eitelkeit! Die Kirche glänzt in ihren Bauten, doch in den armen Menschen stirbt sie. Wände bekleidet sie mit Gold, doch ihre Kinder läßt sie nackt ... Sodann in den Kreuzgängen, dicht vor den Augen der betenden Brüder, was tun da die lächerlichen Fratzen, die gestaltlosen Gestalten, die verbildeten Gebilde, diese dreckigen Affen, diese wilden Löwen, diese Centaurenungeheuer, diese Halbmenschen, gefleckten Tiger, kämpfenden Männer, die ins Horn stoßenden Jäger? ... Es ist unterhaltsamer, in solchen Steinbildern als in Büchern zu lesen und den ganzen Tag hierüber, anstatt über das Gesetz des Herrn zu grübeln. Bei Gott, schämt ihr euch nicht dieser Albernheiten? Dann scheut wenigstens die Kosten!"

Der Brief wurde überall in den Klöstern gelesen, abgeschrieben und verbreitet, erregte Aufsehen und bewirkte zahlreiche Bekehrungen selbst unter den feudalen Prälaten am Hofe des Königs. Geradezu sensationell wirkte die plötzliche Sinnesänderung des Abtes Suger, des Herrn der reichen Kronabtei St. Denis. Als Jugendfreund und nächster Ratgeber König Ludwigs des Dicken nahm er an allen Festen und Jagden des Hofes teil und focht des Königs Fehden gegen aufständische Ritter, mochten dabei ganze Dörfer ausgerottet, Frauen und Kinder getötet und Kirchen in Brand gesteckt werden. Dieser tief ins Weltliche verstrickte Abt bekehrte sich zur allgemeinen Überraschung und begann sofort die Reform seines Klosters. Erfreut schrieb ihm Bernhard: „Diese außerordentliche Umwandlung ist das Werk des Allerhöchsten. Der Himmel freut sich über die Bekehrung eines einzigen Sünders, wieviel mehr über die Bekehrung eines ganzen Hauses, und eines solchen wie das Deinige! Der Erlöser verflucht den, der aus einem Bethaus eine Räuberhöhle macht. Er segnet den, der Gott Seine frühere Wohnstätte zurückgibt, der aus einem Waffenplatz einen Himmel, aus einer Schule Satans eine Schule Christi macht ... Ich muß von diesem Guten Zeugnis geben, da ich mich zuvor kühn gegen das Übel ausgelassen habe. Man soll mir nicht nachsagen können, daß ich lieber beiße als bessere, gegen das Übel belle, doch in Gegenwart des Guten schweige."

Noch größeres Aufsehen als die Bekehrung der „lustigen Mönche von St. Denis" erregte am Hofe zu Paris die Wandlung des Erzbischofs Heinrich von Sens. Dieser hohe Herr, der ein fürstliches Leben gewohnt war, bat Bernhard um Richtlinien für seine Amtsführung. Der Abt von Clairvaux schrieb ihm: „Wem willst Du Hoherpriester des Allerhöchsten gefallen? Der Welt oder Gott? Wenn der Welt, warum bist Du Priester? Wenn Gott, warum bist Du ein Weltkind? Man kann nicht zwei Herren zugleich dienen ... Schickt es sich für den Hirten, wie ein vernunftloses Tier seine Gelüste zu befriedigen, im Staube zu kriechen und der Erde anzukleben, statt nach dem Geist zu leben? ... Die Armen murren ... Eure Pferde, sagen sie, gehen von Juwelen glänzend daher, und wir sind barfuß. Eure Maultiere sind reich aufgezäumt, mit Ringen, Kettchen, Schellen und langen Bändern geziert, und seinem Nächsten gibt man nicht, womit er seine Blöße bedecken kann." Mit deutlichen Worten prangert Bernhard Simonie und Pfründenhäufung an: „Ungemessener Ehrgeiz, unersättliche Habsucht! Wenn man zu hohen Stellen aufgestiegen ist, durch Geld, Talent, Geburtsrang und Beziehungen, gibt man sich keineswegs zufrieden. Man brennt darauf, mehrere Pfründen, und zwar die einträglichsten, zu bekommen. Nicht genug, daß man Dekan oder Archidiakon ist. Man setzt alles in Bewegung, um mehr zusammenzuraffen. Man kann Bischof werden ..., dann will man Erzbischof werden, und die Erzbischöfe gehen nach Rom, um die allerhöchsten Ehren zu erreichen. ... Ein Bischof soll in all' seinen Reden und Handlungen nur die Majestät Gottes und das Wohl seiner Brüder vor Augen haben. Dann wird er ein wahrer Pontifex werden, der eine Brücke zwischen Himmel und Erde baut, indem er als Vermittler Gott die Wünsche des Volkes darbringt, dem Volke dagegen die Gnaden Gottes." Bernhards Hauptgedanke ist: Das Bischofsamt ist Dienst an der Gemeinde für Christus, daher in Liebe, Demut und Selbstverleugnung zu leisten. Mit dieser Lehre stellte Bernhard sich in Gegensatz zu der Auffassung, die in den (vom König ernannten!) Bischöfen nichts anderes sah als Vasallen und Diener der Krone. Daher verfeindete sich der vom Reformeifer ergriffene Erzbischof von Sens mit dem Hof, der ihn zu verderben suchte und schwer belastete.

Ein neuer Konflikt entstand, als Ludwig der Dicke den Erzdiakon und Dechanten Stephan von Garlande zum Kanzler und zum Truchseß erhob und Bernhard gegen diese Ansammlung von weltlichen und geistlichen Ämtern in einer Hand protestierte: „Gibt es einen, dessen Herz nicht entrüstet ist und dessen Mund nicht wenigstens im stillen gegen einen Diakon murrt, der, das Evangelium verachtend, zugleich Gott und dem Mammon dient, der in der Kirche eine Stellung einnimmt, die der eines Bischofs kaum nachsteht, und der gleichzeitig im Heere ein Amt versieht, das ihn über die ersten Offiziere erhebt? Ist es nicht etwas Ungeheuerliches, zugleich als Kleriker und als Soldat auftreten zu wollen, um im Grunde weder das eine noch das andere zu sein? Ist es nicht ein Unfug, daß ein Diakon dem Dienst an der königlichen Tafel vorsteht und zugleich den Geheimnissen des Altares dient? Wer könnte ohne Staunen, ja ohne Abscheu sehen, daß ein und derselbe Mann bald mit einer Rüstung bedeckt, bewaffneten Truppen vorsteht, bald mit Albe und Stola bekleidet in der Kirche das Evangelium singt?" Über diese Auslassungen zeigte sich der König höchst verärgert, doch bald wurde Stephan, der sich in Skandale verwickelt hatte, vom Hof entfernt.

Der Gegensatz zwischen dem Reformator und dem Kapetinger verschärfte sich schließlich so sehr, daß es zu offenem Kampf kam. Den Anlaß gab das Verhalten des Erzbischofs von Paris, Stephan von Senlis, der unter dem Eindruck von Bernhards Schriften den Hof verlassen hatte und das Domkapitel von Notre Dame im Geiste von Clairvaux zu reformieren suchte. Die Domherren leisteten ihm Widerstand und wandten sich an den König als den „natürlichen Beschützer und Verteidiger der Vorrechte ihrer Kirche". Daraufhin verbot Ludwig dem Erzbischof „jedwede Änderung an den Gewohnheiten, Statuten und Einrichtungen der Kirche von Paris". Der Erzbischof sah in dem königlichen Verbot einen Eingriff in seine Rechte und störte sich nicht daran. Jetzt entzog ihm der König sämtliche Hoheitsrechte und Einkünfte. Erzürnt belegte Stephan von Senlis Stadt und Bistum mit dem Interdikt und nahm Zuflucht bei dem Erzbischof von Sens, der wie er von Bernhard für die Reform gewonnen und beim König in Ungnade gefallen war. Beide Kirchenfürsten baten das Generalkapitel der Zisterzienser um Beistand. Die Versammlung der Äbte und Mönche beauftragte den Abt von Clairvaux, in dieser Sache zu vermitteln. Der Brief, den Bernhard an König Ludwig schrieb, zeugt von nicht geringem Machtbewußtsein: „Die Kirche erhebt bei ihrem Herrn und Meister gegen Euch eine Klage, weil sie einen Bedrücker findet in dem, der ihr Verteidiger sein sollte ... Der Bischof von Paris ist bereit, Euch Genugtuung zu leisten, wenn Ihr, wie es die Gerechtigkeit fordert, ihm zurückgebt, was Ihr ihm genommen habt ... Wenn Ihr unsere Vermittlung annehmen wollt, sind wir bereit, Euch überall dort aufzusuchen, wo es Euch beliebt. Sollten aber unsere Schritte übel aufgenommen werden, so werden wir nichtsdestoweniger unserem Freunde beizustehen wissen." Ludwig lenkte ein und gab dem Erzbischof das Seinige zurück. Doch kaum war das Interdikt aufgehoben, als er die Güter des Erbischofs wieder beschlagnahmte. Bernhard mußte die Sache ausfechten. Es kam zu einer stürmischen Zusammenkunft. In heiligem Zorn warf der schmächtige Mönch dem Herrscher seinen Treubruch und seine Ungerechtigkeit vor. Ludwig blieb hart. Da prophezeite ihm Bernhard, Gott werde seinen Frevel an seinem ältesten Sohne rächen. Tatsächlich erlitt zwei Jahre später der junge Kronprinz einen Reitunfall und starb nach wenigen Stunden. Der Abt Suger schrieb: „Der unglückliche König, sich seiner Schuld bewußt, wollte sie wieder gutmachen und sich mit Gott aussöhnen. So wurde der Kirche von Paris der Friede wiedergegeben."

Auch den weltlichen Ständen redete Bernhard ins Gewissen: „Ihr Ritter unserer Zeit, euer Irrtum ist unerklärlich, eure Wildheit unausstehlich: Mit viel Aufwand und Mühe führt ihr Kriege und bezahlt dafür mit Sünde und Tod. Ihr behängt eure Pferde mit Seidendecken und verschwendet Gold, Silber und Edelsteine auf Sporen, Helm und Schild. In dieser pompösen Aufmachung fliegt ihr in den Tod mit einer geradezu frechen und schamlosen Leidenschaft. Sind das Abzeichen des Soldatenstandes oder Weiberschmuck? Glaubt ihr, das Feindesschwert lasse sich von dem Gold abschrecken, verschone die Edelsteine und dringe nicht durch die Seide? ... Ihr pflegt euer Haar wie die Frauen, so daß es euch die Augen verdeckt. Ihr kleidet euch in wallende Kleider, die bis auf eure Füße fallen und wie Flaggen um die Beine flattern. Langherabhängende Ärmel hindern jede Bewegung." Tatsächlich wurde damals auf diese Dinge größter Wert gelegt. Das Protzen mit Kleidung und Ausrüstung kannte keine Grenzen. Die höfischen Epen jener Zeit verschwendeten viele Seiten, um etwa das luxuriöse Zaumzeug eines Pferdes zu beschreiben. Bernhard würde sich über dergleichen kaum aufgehalten haben, wenn er in diesem bis zur Unzweckmäßigkeit abgeschmackten Aufzug der Ritter nicht den Ausdruck ihres Stolzes gesehen hätte. Unter den Folgen dieses Stolzes leidet das ganze Volk: „Ihr führt eure Kriege nur aus unüberlegtem Zorn, aus Ruhmsucht oder aus Gier nach Beute. Aus solchen Gründen kann man seinen Nächsten nicht mit ruhigem Gewissen töten ... Schon Augustinus wandte sich gegen die Eroberungskriege, von denen er sagt: Das sind Raubzüge im großen ... Ihr Ritter, aus wie lächerlichen Gründen werden oft eure Fehden geführt, aus Gründen, deren man sich schämen muß ... Der Kriegsruhm ist nicht zu messen nach der Zahl der ausgeteilten Hiebe, sondern nach der Gerechtigkeit der Sache, die man verteidigt."

Bernhard kam es darauf an, die gewalttätigen Raubritter zu erziehen zu Rittern ohne Furcht und Tadel, welche die Schwachen beschützen und das Recht verteidigen. Daher begrüßte er freudig die Tempelritter: Auf dem Gelände des alten Salomonischen Tempels zu Jerusalem hatten sie ihre Burg gebaut, um die Angriffe der Sarazenen abzuwehren und den christlichen Pilgern die Straßen frei zu halten. Ihr Gründer und Großmeister Hugo von Payns kam nach Frankreich und bat Bernhard um eine Ordensregel. „Die Welt", so rief der Abt von Clairvaux, „ist voll von Mönchen und Rittern. Aber was noch nie war und jetzt werden soll, ist die Verbindung beider Stände ... So hat sich das Gesetzbuch christlicher Ritterehre gebildet als bewaffnete Macht im Dienste der Schwachen und des wehrlosen Rechtes, der Witwen und Waisen und der heiligen Kirche ... Wie herrlich muß erst das Gottesrittertum erblühen, wenn Ritter sich zu einer Klosterregel zusammenfinden und ihren Mut, ihre Waffentaten, ja ihr ganzes Leben unter diese Regel stellen!"

Wie die Zisterzienser mit dem Tempelorden freundschaftlich verbrüdert waren, so fand Bernhard in den Kartäusern Brunos von Köln und den Prämonstratensern Norberts von Xanten Kampfgenossen im Ringen um ein reines Mönchtum und um eine bessere Christenheit. Selbst die Cluniazenser beschlossen auf einer Vertreterversammlung aller schwarzen Mönche eine durchgreifende Reform. Bernhard wurde der anerkannte Wortführer der kirchlichen Erneuerungsbestrebungen. Obwohl er sich dagegen sträubte, lud man ihn zu Konzilien, um seinen Rat zu hören. So stand der kleine, hagere Mönch vor den großmächtigen Kirchenfürsten auf den Synoden von Troyes, Arras, Reims, Trier und Amiens, geißelte die Übel und forderte Abhilfe. Er nannte Personen und Orte mit Namen, die zur Rechenschaft gezogen werden sollten, und veranlaßte etwa, daß die verweltlichten Nonnen eines Klosters zu Laon entlassen wurden, daß der unwürdige Abt Fulbert von Cambrai ausgestoßen und der simonistische Bischof von Verdun abgesetzt wurde.

Manche Prälaten fürchteten, es könnte ihnen ähnlich ergehen, und beschwerten sich in Rom: „Mit welchem Recht führt ein einfacher Mönch die Aufsicht über die ganze

Kirche Frankreichs? Ist es seine Sache, Zwistigkeiten in den Diözesen zu schlichten? Kann ohne ihn nichts Gutes geschehen? Überall hat er seine Hand im Spiele. Er stellt sich über Bischöfe, über Konzilien, ja selbst über den Legaten des Papstes. Bald wird er sich, wenn man nicht auf der Hut ist, die Rechte des Papstes und der Kardinäle anmaßen." Die Gegner hatten zunächst den Erfolg, daß Papst Honorius II. durch seinen Kanzler-Kardinal Aimerich den Abt von Clairvaux energisch zurechtwies: „Du mischst Dich in Dinge, die einen Mönch nichts angehen. Deine Welt ist die Stille des Klosters ... Quakende Frösche sollen nicht aus ihren Sümpfen hervorkommen, um dem Heiligen Stuhl und den Kardinälen lästig zu fallen." Bernhard antwortete: „Ich weiß nicht, ob ich mich beklagen oder beglückwünschen soll, daß ich als ein gefährlicher Mann angesehen werde, weil ich die Wahrheit gesagt und recht gehandelt habe. Warum steinigt und zerreißt Ihr mich? ... Gewiß, ich war auf den Konzilien zugegen, doch hatte man mich dorthin berufen, ja sogar hingeschleppt. Wenn einige durch meine Anwesenheit unangenehm berührt wurden, so war ich es nicht minder ... Wollte Gott, ich brauchte zu derartigen Versammlungen nicht mehr hinzugehn ... Niemand kann mich besser von solchen Aufträgen entbinden als Ihr ... Verbietet den quakenden Fröschen, ihre Löcher zu verlassen und aus ihren Sümpfen hervorzukommen ... Keine Macht zwinge sie von nun an, sich in weltliche Angelegenheiten zu mischen. Vielleicht kann ich so dem Verdacht der Anmaßung und Überheblichkeit entgehen und den Anschuldigungen des Stolzes und Ehrgeizes ein Ende bereiten." Bald sollte der Papst ihn auffordern, sich mitten in die europäische Politik zu stürzen.

Als Eugen III., ein Zisterzienser und Schüler Bernhards, den Stuhl Petri bestieg, mahnte der Abt von Clairvaux den neuen Papst in einem ernsten Brief, die Kirche zu erneuern: „Ich wage nicht mehr, Dich Sohn zu nennen, da sich der Sohn in einen Vater, der Vater in einen Sohn verwandelt hat ... Nachdem Du selbst so verwandelt bist, muß auch die Braut, die Dir anvertraut ist, sich heilsam wandeln. Wenn Christus Dich gesandt hat, so wisse, daß Du nicht gekommen bist, Dir dienen zu lassen, sondern zu dienen ... Ich sehe die Höhe und fürchte den Fall. Ich sehe den Gipfel Deiner Würde und blicke in den Abgrund, der in der Tiefe liegt ... Gib acht, versteige Dich nicht! ... Wohl ist Dir ein höherer Platz eingeräumt worden, aber kein sichererer; ein erhabenerer, aber kein festerer. Furchtbar erhaben ist der Ort, wo Du stehst, denn er ist heiliges Land. Hier wandelte Petrus, der Fürst der Apostel, den der Herr über sein Haus eingesetzt hat, zum Verwalter aller seiner Habe. Er hielt seine Hände rein von jeder Bestechung und sagte mit aufrichtigem Herzen und gutem Gewissen: ‚Silber und Gold habe ich nicht'. Wer wird mir geben, bevor ich sterbe, die Kirche Gottes so zu sehen, wie sie in alten Tagen war, als die Apostel ihre Netze zum Fange auswarfen, nicht um Gold und Silber, sondern um Seelen zu gewinnen? Sei stark und fest! Jeder erwartet von Dir, daß Du aus dem Acker des Herrn das Unkraut der Habsucht ausrottest ... Viele haben bei der Nachricht von Deiner Erhebung gerufen: Endlich wird die Axt an die Wurzel des Baumes gelegt! ... Wenn Du von dem Wege des Herrn abweichst, wird Petrus sich erheben, um Zeugnis wider Dich abzulegen."

Später verfaßte Bernhard für Papst Eugen eine Abhandlung über die Pflichten des Papstes, in der er noch einmal seine Ansichten zur Reform zusammenfaßte: „Jetzt ist das Messer des Winzers nötig, kein Szepter ... Kein Eisen und kein Gift fürchte ich *mehr* für Dich als die Leidenschaft, zu herrschen ... Uns ist ein Dienst auferlegt, keine Herrschaft übertragen ... Nicht wegen der schändlichen Gewinnsucht der Menschen machte sich der Apostel zum Knechte, auch nicht, um Ehrgeizigen, Simonisten, Hurern und dergleichen Ungeheuern aus aller Welt zu geistlichen Ehrenstellen zu verhelfen oder sie ihnen zu erhalten, sondern um die Menschen für Christus zu gewinnen ... In Deinem Haus sollen statt der Gesetze Justinians die Gesetze des Herrn gelten ... Über das Irdische zu richten, sind Könige und Fürsten eingesetzt. Warum greifst Du also in die Grenzen einer fremden Gewalt ein? Nicht daß Du dessen nicht wert bist, sondern daß es Deiner unwürdig ist, Dich mit solchen Dingen abzugeben, da Du mit Höherem beschäftigt bist ... Nicht auf einmal kannst Du alles Schlechte reformieren wollen. Geh klug und stufenweise vor! Nimm Dir Zeit! Verbessere die schlechten Gewohnheiten allmählich! Verschließe den Betrügern den Mund, die gegen das Recht reden und zungenfertig genug sind, das Falsche zu verteidigen! Nichts offenbart die Wahrheit müheloser als ein kurzer und einfacher Bericht. Die Sachen der Witwen und Armen, die nichts geben können, behalte Dir vor; die andern Fälle kannst Du andern überlassen ... Intrigante Geschäftemacher höre nicht an, sondern greife wie Christus zur Geißel, um zuzuschlagen, weil sie das Haus des Gebetes zu einem Warenhaus gemacht haben ... Wenn sich Bosheit und Machthunger der Welt vereinigen, mußt Du übermenschliche Kühnheit zeigen."

Der Fels, auf dem Christus seine Kirche baute, schien im Jahre 1130 plötzlich, wie durch einen Donnerschlag gespalten, in zwei Teile auseinanderzuklaffen und das Gebäude, in dem die Christenheit sich geborgen fühlte, in einem gewaltigen Einsturz zu vernichten. Es gab auf einmal zwei Päpste. Sie bannten sich gegenseitig. Jeder hatte einen Teil des römischen Adels und der Kardinäle hinter sich. Jeder bemühte sich, die europäischen Mächte auf seine Seite zu ziehen. In Rom behielt Anaklet II. die Oberhand. Innozenz II. mußte flüchten.

Um zu einer Entscheidung zu kommen, berief König Ludwig von Frankreich ein Nationalkonzil nach Étampes. Doch die Versammlung konnte sich nicht einig werden. Da holte man Bernhard von Clairvaux. Sein Wort sollte die Streitfrage lösen, welche die ganze Welt in Ratlosigkeit und Unruhe versetzte. Formal gesehen sprachen mehr Gründe für die Gültigkeit der Wahl Anaklets. Doch Innozenz war zweifellos der Würdigere, während der „Papst aus dem Getto" eine zwielichtige Erscheinung war. Das gab für Bernhard den Ausschlag, und auf seinen Rat stellte sich Frankreich auf die Seite des Papstes Innozenz.

Bernhard begann jetzt eine fieberhafte Tätigkeit. Es ging um die Einheit der Kirche. Durch seinen Freund Suger von St. Denis, den Minister des Königs, bewegte er den französischen Herrscher dazu, dem inzwischen in Frankreich gelandeten Papst Innozenz entgegenzuziehen und ihm zu huldigen. Durch seinen Freund Norbert von Xanten, den Erzbischof von Magdeburg und maßgebenden Berater des Kaisers, erreichte er auch die Anerkennung Innozenz' durch Lothar III. und den Reichstag zu Würzburg. Er brachte sogar eine Konferenz zu Lüttich zustande, auf der Bernhard persönlich den Kaiser mit dem Papst zusammenführte. Lothar hielt Innozenz den Steigbügel und versprach, ihn mit seinen Truppen nach Rom zu führen. Allerdings verlangte er eine Gegenleistung: Die Kirche solle auf die Rechte, die das Wormser Konkordat ihr zugestanden hatte, zugunsten des Kaisers verzichten. So drohte der unheilvolle Investiturstreit wieder aufzuflammen. Nur der Beredsamkeit Bernhards war es zu danken, daß Lothar diese Forderung schließlich doch fallen ließ. Auch den schwankenden König

Heinrich I. von England überzeugte Bernhard in persönlicher Unterredung von der Rechtmäßigkeit Innozenz'. Er brachte den englischen Herrscher dazu, sich nach Chartres zu begeben und dort dem Papst zu huldigen.

Trotz des Konzils von Étampes stand ein Drittel Frankreichs, nämlich Aquitanien, auf der Seite des Gegenpapstes. Herzog Wilhelm von Aquitanien war unter den Einfluß des Bischofs Gerhard von Angoulême geraten, dessen Machenschaften und Charakter Bernhard mit vernichtenden Worten charakterisierte: „Warum ist ein so hervorragender Mann wie Gerhard dem Schisma verfallen? Die Ehrsucht hat ihn zugrunde gerichtet ... Er hat Innozenz, den er selbst ‚unsern Heiligen Vater' nannte, verraten und sich dem Urheber des Schismas angeschlossen. Er hat sich in ein Geschäft auf Gegenseitigkeit mit ihm eingelassen, und sie halten zusammen wie die Kletten. In einer tollen Komödie hat Gerhard Anaklet als seinen Papst ausgerufen, und dieser wiederum hat ihn zu seinem Legaten ernannt. Sie trösten, beschützen und empfehlen sich gegenseitig, obgleich sie im Grunde nicht füreinander arbeiten, sondern jeder für sich. Nun schmiedet der Legat unter euch neue Bischöfe, damit es aussehe, als ob der Gegenpapst nicht allein sei. Aber der Legat arbeitete nicht ohne Entgelt. Zu seinem früheren Legationsbezirk Aquitanien hat man Frankreich und Burgund hinzugefügt, und er rühmt sich dessen. Mag er auch noch die Meder und Perser, wenn's ihm gerade einfällt, hinzufügen, es kommt nicht darauf an ... O ebenso schamloser wie verblendeter Mann! Er bildet sich ein, man durchschaue ihn nicht. Er wählt den Papst, der sich dazu hergibt, ihn zum Legaten zu machen. Also wenn Du kein Legat bist, Gerhard, wird Rom keinen Papst haben können ... Solange Du hoffen konntest, die Gunst Innozenz' zu erringen – wir haben's schriftlich von Dir – nanntest Du ihn einen ‚Heiligen' und den ‚wahren Papst'! Jetzt auf einmal ist Innozenz ein Schismatiker! Mit Deiner Hoffnung sind seine Heiligkeit und Rechtmäßigkeit geschwunden. Gestern war er noch katholisch, heilig und Oberhaupt der Kirche; heute ist er ein Elender, ein Schismatiker, ein Aufrührer ... So fließen, wenn das Herz falsch ist, die Widersprüche aus demselben Munde." Erst nach jahrelangem, zähen Ringen gelang es Bernhard, in mehreren persönlichen Aussprachen mit dem eigenwilligen Herzog, ganz Aquitanien dem rechtmäßigen Papst zu erobern. Der erst achtunddreißigjährige Machthaber legte seine Krone nieder, nahm das Gewand eines Pilgers und beschloß sein Leben als Büßer.

Was Bernhard für die kirchliche Einheit geleistet hatte, zeigte überwältigend das Konzil zu Reims. Vertreter aller Länder, die er für Innozenz gewonnen hatte, waren dort erschienen: 13 Erzbischöfe, 263 Bischöfe, zahllose Äbte, der König von Frankreich, Gesandte der Könige von Deutschland, England und Spanien. Bernhard hatte die Canones der Kirchenversammlung ausgearbeitet: Sie befaßten sich mit wichtigen Reformen im Hinblick auf die Sitten des Klerus und die Beziehungen zwischen Staat und Kirche und wurden einstimmig angenommen. Der Papst dankte dem Abt von Clairvaux öffentlich für seine Verdienste und rühmte ihn als „das Orakel des Konzils". Er wollte sich von ihm nicht mehr trennen, besuchte Clairvaux und bat Bernhard, ihm nach Italien zu folgen. Dort sollte er ihm helfen, die noch widerspenstigen Städte zu gewinnen.

Bernhard ging also über die Alpen und predigte in allen großen Städten Oberitaliens den Frieden und die Einheit. Seine Klugheit versöhnte die Stadtstaaten Pisa und Genua, die seit fast fünfzig Jahren verfeindet waren, und einigte sie zu einem Schutz- und Trutzbündnis gegen Anaklet und dessen Parteigänger. 1133 erfüllte Lothar III.

sein Versprechen und eroberte Rom. Papst Innozenz konnte endlich in die Ewige Stadt einziehen. In seinem Gefolge war Bernhard. Die Stadt durchtobten noch Kämpfe, denn Anaklet hielt sich hartnäckig in St. Peter. Ausnahmsweise mußte Innozenz die Kaiserkrönung Lothars im Lateran vornehmen. Ohne den Gegenpapst besiegt zu haben, zog der Kaiser mit seinem Heer wieder nach Deutschland. Innozenz wurde abermals aus Rom vertrieben.

Wie die Kirche, so war auch das Reich gespalten; wie dem Papst ein Gegenpapst, so trotzte dem Kaiser ein Gegenkaiser. Lothar von Supplinburg mußte seine Krone gegen Konrad von Hohenstaufen verteidigen. Da Konrad zu Anaklet hielt, war die Lösung dieser politischen Frage auch für die Kirche von größter Wichtigkeit. Darum freute sich Bernhard, als Lothar die Hohenstaufen militärisch besiegte. Der Kaiser lud seine Gegner vor den Reichstag zu Bamberg, wo sie vor allen Großen des Reiches um Verzeihung bitten sollten. Diese Bedingung war hart. Bernhard begab sich im Auftrage des Papstes nach Bamberg, und was keiner zu hoffen gewagt, erreichte seine Beredsamkeit: Die Hohenstaufen versöhnten sich mit dem Kaiser.

Jetzt galt es, die letzten Widerstände in Oberitalien zu beseitigen. Wenige Wochen später war Bernhard auf dem Konzil zu Pisa die Seele der Verhandlungen. Von Pisa eilte er nach Mailand, dessen Erzbischof dem Gegenpapst und dem Gegenkaiser anhing. Bernhard konnte Lothar einen überwältigenden Erfolg melden: „Was Deine Hoheit uns für Mailand auftrug, haben wir getan ... Immer und überall dienen wir dem Nutzen des Reiches. Die Mailänder wurden nicht eher in die Gunst des Papstes und die Gemeinschaft der Kirche aufgenommen, bis sie öffentlich Konrad abgeschworen hatten. Sie mußten Lothar als ihren König und Herren annehmen und den erhabenen römischen Kaiser anerkennen. Außerdem schwuren sie, ... für das begangene Unrecht Genugtuung zu leisten. Wir sagen Gottes Güte Dank, daß sie ohne Krieg und Blutvergießen Deine Feinde gedemütigt hat. Wir bitten Dich aber bei Deiner bekannten Milde, die Mailänder gütig und gnädig aufzunehmen."

Bernhard kehrte nach Clairvaux zurück, doch konnte er sich keine Ruhe gönnen. Anaklet hatte den Normannenherzog Roger von Sizilien zum König erhoben und sich so seiner mächtigen militärischen Stütze versichert. Innozenz wagte das waffenstarrende Rom nicht zu betreten. In einem Brief beschwor Bernhard den Kaiser, nun, da seine Herrschaft gesichert sei, das Versprechen wahrzumachen und Papst Innozenz in seine Rechte einzusetzen. Lothar brach auf und eroberte im Sturm ganz Süditalien. In Bari begegneten sich Papst und Kaiser. Doch es entstanden Unstimmigkeiten zwischen ihnen. Wieder wurde Bernhard gerufen, den Streit zu schlichten. Es gelang ihm, Lothar und Innozenz zu versöhnen. Noch trotzte Roger in seinem Hauptlager Salerno. Da erkrankte Lothar plötzlich. Er fühlte sein Ende nahen. Ehe er nach Norden zog, um wenigstens auf deutscher Erde zu sterben, beauftragte der Kaiser im Einverständnis des Papstes den Abt von Clairvaux, die Dinge in Süditalien zu einem guten Abschluß zu bringen. Aber auch Bernhard war erschöpft und fühlte sich dem Tode nahe. „Wie ein bleiches Gespenst werde ich mich in Apulien herumschleppen." Doch schon bald stand der Abt im feindlichen Hauptquartier vor dem Normannenkönig, der nach Lothars Fortgang wieder Boden gewonnen hatte. Tagelang verhandelte Bernhard mit Roger. Erst nach einer militärischen Niederlage zeigte sich Roger zugänglicher: „Schicke mir sechs Zeugen der Doppelwahl, drei von jeder Partei, und ich schwöre, daß ich sie anhören und dann mich einem der beiden Prätendenten unterwerfen werde, wie es das

Gewissen mir eingibt." So geschah es. Das Streitgespräch in Salerno wurde von Roger selbst präsidiert. Vier Tage hörte der König die Vertreter Innozenz' und vier Tage die Vertreter Anaklets. Den Abschluß bildete eine öffentliche Sitzung vor Hof, Klerus und Volk. Der berühmteste Kirchenrechtslehrer der Zeit, Kardinal Peter von Pisa, verteidigte in glänzender Rede die Ansprüche des Gegenpapstes. Bernhards Gegenrede überzeugte zwar nicht den König, dem es statt um Entscheidung nur um Aufschub ging, wohl aber zur allgemeinen Überraschung den Kardinal Anaklets, der zu Innozenz überging.

Anaklet überlebte diesen Schlag nicht lange. Die abtrünnigen Kardinäle wählten für den verstorbenen Gegenpapst einen Nachfolger, doch dieser kam bei Nacht heimlich zum Abt von Clairvaux und legte ihm die päpstlichen Insignien reumütig zu Füßen. Die achtjährige Spaltung war beendet, die Kirche wieder eins, die Stadt Rom in Frieden. In St. Peter gelobten alle Anhänger des Gegenpapstes dem wahren Papst Innozenz die Treue. Bernhard wurde als Stifter des Friedens gefeiert, und die dankbaren Römer gaben ihm den Namen „Vater des Vaterlandes".

Die Einheit der Kirche war zwar nach außen wiederhergestellt, blieb aber von innen her bedroht. In Südfrankreich, in Deutschland und in Italien traten revolutionäre Sekten auf, die in betontem Gegensatz zur Lehre der Kirche eine neue gesellschaftliche und politische Ordnung erstrebten. Quellgrund all dieser trüben Strömungen war die Unzufriedenheit mit dem verweltlichten Klerus. Es ist für den Reformator Bernhard charakteristisch, daß er diese Sekten bekämpfte, obwohl er wie sie der Ansicht war, es müsse vieles anders werden. Beide riefen nach Reform, doch während Bernhard sich die Erneuerung nur im Rahmen der bestehenden Ordnung vorstellen konnte und das Lehnswesen unangetastet ließ, wollten die Sektierer einen völligen Umsturz.

In Italien trat der leidenschaftliche Prediger Arnold von Brescia auf und fand stürmischen Beifall, als er lehrte: „Die Kleriker, welche Besitzungen haben, die Bischöfe, welche die Regalien innehaben, die Mönche, welche Güter besitzen, können ihr Heil nicht wirken. Alle diese Güter gehören dem Fürsten, und der Fürst kann darüber nur zugunsten von Laien verfügen." Als der radikale Priester das Volk gegen den eigenen Erzbischof aufstachelte, wurde er des Landes verwiesen. In Paris setzte er seine wütenden Angriffe gegen führende Persönlichkeiten der Kirche fort, bis er auf Bernhards Betreiben aus Frankreich verbannt wurde. Nach manchen Irrfahrten tauchte er in Rom auf, wo der glühende Agitator bald im Volke Anhang fand und zum Führer der Republik aufstieg. Die verhetzten Römer machten einen Aufstand, plünderten Kirchen und Paläste und vertrieben Papst Eugen III. Bernhard warnte die Römer: „Versöhnt euch mit den Lenkern der Welt, bevor die Welt anfängt, gegen euch Wahnsinnige zu kämpfen." Dann schrieb er an Kaiser Konrad: „Wie töricht ist es doch, zu glauben, Wohlfahrt und wachsende Macht des Reiches sei der Kirche schädlich! Gott, der Gründer beider Gewalten, hat sie miteinander verbunden, nicht zum Zerfall, sondern zum Blühen. Wenn Du das weißt, warum stellst Du Dich, als ob Du von der gemeinsamen Schmach und Schande keine Kenntnis hättest? Ist Rom nicht ebenso Hauptstadt des Reiches wie Sitz des Papstes? ... Umgürte Dich mit dem Schwert! ... Dem Kaiser ist es aufgetragen, ebenso seine eigene Krone zu beschützen wie die Kirche zu verteidigen."

Noch gefährlicher als die Anhänger Arnolds wurde eine andere Sekte, die in Südfrankreich und in anderen Teilen Europas breite Massen verführte. Diese Irrlehrer nannten sich programmatisch Katharer, das heißt „die Reinen", denn sie verabscheuten

Kirche und Klerus als Inbegriff des Schmutzigen. In der widerchristlichen Meinung, alle Materie, auch der Leib, sei böse, leugneten sie die Auferstehung des Fleisches und lehnten Ehe, Fleischgenuß und Eigentum ab. Den Albigensern, wie die Katharer auch genannt wurden, trat Bernhard mit der ganzen Macht seiner Rede entgegen. Die Worte, in denen er den Unterschied zwischen seiner christlichen Askese und der falschen Askese der Katharer klarmachte, werfen ein bezeichnendes Licht auf die geistige Haltung des Mönchs und Reformators: „Sie sind irrgläubig, nicht etwa, weil die Enthaltsamkeit etwas Böses wäre, sondern weil sie aus einem falschen Prinzip enthaltsam sind. Auch ich enthalte mich zuweilen, aber meine Enthaltsamkeit ist eine Buße für meine Sünden und nicht das Ergebnis eines gottlosen Aberglaubens ... Warum verwirft der Katharer mit Abscheu die Milchspeise und alles, was dem Fleische entstammt? Wenn ihr es tut aufgrund einer ärztlichen Verordnung, so ist nichts dagegen zu sagen, wir tadeln die Pflege der leiblichen Gesundheit nicht, soweit sie nicht übertrieben ist. Geschieht es aus einem Beweggrund sittlicher Zucht? Dann billigen wir eure Tugend, die das Fleisch bezähmt und die Leidenschaft zügelt. Wenn ihr aber nach eurem Belieben und mit Rücksicht auf die vernunftwidrigen Lehren der Manichäer die Größe und die Wohltaten Gottes einschränkt und einige der von Gott erschaffenen Dinge für unrein erklärt, anstatt sie alle mit Dank anzunehmen, so lobe ich eure Enthaltsamkeit nicht mehr. Ich verabscheue eure Gotteslästerung und erkläre euch selbst für unrein."

Bernhard zog von Stadt zu Stadt, um durch Predigten und Disputationen die Katharer von ihren Irrtümern abzubringen. Wieder errang er große Erfolge. In Narbonne zum Beispiel, wo zwei Tage zuvor der päpstliche Legat „mit Eselsgeschrei und Trommellärm" empfangen worden und in eine menschenleere Kathedrale eingezogen war, strömten die Massen herbei, um den Abt von Clairvaux zu hören. Die meisten bekehrten sich zum katholischen Glauben. Selbst in Albi, der Hochburg der Ketzer, zollte die Menge ihm begeisterten Beifall. Freilich hielten diese Bekehrungen nicht vor. Bernhard mußte sich anderen Aufgaben zuwenden, und es fehlte an Priestern, die fähig waren, seine Wirksamkeit unter diesen Irrenden mit Erfolg fortzusetzen. Hätte es damals mehr Prediger von der Lauterkeit und Liebeskraft Bernhards gegeben, so wäre es wohl nicht zu den blutigen Albigenserkriegen gekommen. Wohl bekämpfte Bernhard die Häresien mit Eifer, da er die Einheit der Kirche erhalten wollte. Aber er wünschte den Kampf nur mit geistigen Mitteln zu führen: „Die Irrlehrer sollen nicht mit Waffengewalt, sondern mit Beweisen gefaßt werden, die ihren Irrtum widerlegen ... Der Glaube ist ein Werk der Überzeugung, er läßt sich nicht erzwingen."

Als einziger Schmuck in der weiten Klosterkirche von Clairvaux ragte über dem Hauptaltar ein riesiges schwarzes Kreuz. Vor ihm kniete Bernhard oft und versenkte sich in das Geheimnis dieses Zeichens. Immer wieder wurde er von dem geliebten Ort seiner Betrachtung fortgerissen, um das Kreuz in seinem Leben zu verwirklichen. So geschah es auch, als der Papst ihn zu einem Unternehmen rief, das Bernhards größter Triumph und zugleich seine größte Schande wurde.

Die Eroberung Edessas durch die Moslim veranlaßte Papst Eugen III., König Ludwig VII. von Frankreich zu einem Kreuzzug gegen die Sarazenen aufzurufen und Bernhard aufzufordern, als Prediger die Männerwelt zu mobilisieren. Ostern 1146 eilten die Ritter Frankreichs nach Vézelay zur Reichsversammlung. Eine gewaltige Menge bedeckte den Abhang des Hügels. Alle blickten auf das Gerüst, von dem der gewaltigste

Redner des Jahrhunderts zündende Worte sprach. Bernhard von Clairvaux rief zur Heiligen Fahrt. Der König nahm als erster das Kreuz und heftete es an seine rechte Schulter. Begeistert schrien die Männer: „Gott will es!" Tausende Arme reckten sich Bernhard entgegen, um das Kreuz von ihm zu bekommen. Unmöglich konnte er die Kreuze einzeln austeilen: Er warf sie mit vollen Händen in die enthusiastische Menge. Vézelay war nur der Auftakt weiterer Kundgebungen an anderen Orten. Schon wenige Wochen später konnte Bernhard dem Papste schreiben: „Du hast befohlen, ich habe gehorcht ... Ich habe den Mund geöffnet und gesprochen, und sofort haben sich die Kreuzfahrer ins Unendliche vermehrt. Die Dörfer, Städte und Burgen wurden leer, auf sieben Frauen kommt höchstens ein Mann, und überall sieht man Witwen, deren Männer noch leben."

Bald aber mußte Bernhard eine trübe Erfahrung machen, die wie ein düsteres Vorzeichen wirkte. Der Zisterziensermönch Radulf versuchte, es dem Abt von Clairvaux gleichzutun, und predigte rheinauf, rheinab mit Erfolg den Kreuzzug. Doch er lenkte die Zuhörer auf eine näherliegende Möglichkeit, der Begeisterung Luft zu machen, nämlich die Juden zu vernichten. Die Folgen waren furchtbar: Gettos gingen in Flammen auf, jüdische Häuser und Läden wurden vernichtet, viele Juden niedergemetzelt. Der Erzbischof von Köln bot den flüchtenden Juden eine Zuflucht in der Wolkenburg, und der Erzbischof von Mainz bestrafte die Verfolger hart. Als Bernhard von den unmenschlichen Ausschreitungen hörte, schrieb er an die rheinischen Bischöfe: „Die Predigt Radulfs kommt nicht von Gott, sondern vom Teufel ... Drei Anklagen erhebe ich gegen diesen schamlosen Menschen: Er maßt sich ohne Berechtigung das Predigeramt an, er trotzt der bischöflichen Autorität, und schließlich, er heißt den Mord gut. Weder die Engel noch die Apostel billigen die Ermordung der Juden. Die Kirche betet für ihre Bekehrung, und sie weiß mit Gewißheit, daß am Ende der Zeiten ganz Israel gerettet wird." Schleunigst eilte Bernhard zum Rhein. Unterwegs schrieb er einen zweiten Brief, den er durch Eilboten an alle Bischöfe am Rhein schickte: „Die Juden sollen nicht verfolgt oder getötet, ja nicht einmal vertrieben werden ... Wo es keine Juden gibt, handeln christliche Wucherer schlimmer als die Juden ... Selbst die Heiden müßte man ertragen und dürfte sie nicht mit dem Schwerte angreifen, wenn gegen sie keine anderen Gründe vorlägen als gegen die Juden. Doch die Heiden sind gegen uns gewalttätig geworden. Daher dürfen wir ihre Gewalt mit Gewalt abwehren. Gute Christen sollen die Übermütigen bekämpfen, die Unterworfenen schonen und denen gnädig sein, von denen Christus dem Fleische nach abstammt." In Mainz beruhigte Bernhard die aufgeregten Massen. Den Fanatiker Radulf wies er in sein Kloster zurück. Einer der überlebenden Juden, Jeschua Ben Meir, hat über Radulfs Wüten und Bernhards Besänftigen ausführlich berichtet und bezeugt vom Abt von Clairvaux: „Ohne diesen Gerechten hätte keiner von uns sein Leben gerettet."

Jetzt predigte Bernhard auch in Deutschland das Kreuz: „Macht der alten Streitlust ein Ende, die euch gegeneinander kämpfen läßt und euch zugrunde richtet. Ihr zerhackt euch gegenseitig und nennt es Mut, doch das ist Torheit. Ihr stoßt euch die Schwerter gegenseitig durch die Leiber und nennt es Tapferkeit, doch es ist Wahnsinn. Wohlan, ihr Krieger! Hier bietet sich eine Gelegenheit, gefahrlos zu kämpfen, ruhmvoll zu siegen und mit Gewinn zu sterben. Auf, ihr Handelsleute! Hier gilt es einen vorteilhaften Handel: Die Sache kostet wenig, hat aber einen hohen Wert. Sie bringt euch das Reich Gottes. Nehmt das Kreuz!" Ein Sturm der Begeisterung brauste durch das Land. Wohin Bernhard auch kam, nach Konstanz, Freiburg, Straßburg, Speyer, Koblenz, Köln, Jülich, Aachen, Lüttich, überall läuteten die Glocken, geriet das Volk in Bewegung, stauten sich die Massen. Alles wollte den Mann Gottes sehen und hören. Kranke wurden bei seinem Anblick gesund. Bernhard konnte kein Deutsch, und doch verstanden alle seine Rede. Es schien wie am ersten Pfingsttag zu sein: Noch eh der Dolmetscher, der neben ihm auf der Kanzel stand, mit seiner Übersetzung beginnen konnte, rief die Menge hingerissen nach dem Kreuz. Im Frankfurter Dom stand das Volk so dichtgedrängt, daß Bernhard nach seiner Predigt nicht hinaus konnte, bis der herkulische Kaiser Konrad den kleinen Mönch auf seine starken Arme nahm und hinaustrug. Der Höhepunkt dieser Fahrt war das Weihnachtsfest 1146 zu Speyer, wo Konrad III. Reichstag hielt. Der Abt von Clairvaux zog feierlich mit dem Kaiser in den Dom ein und nahm über der Gruft der toten Kaiser zwischen den Fürsten des Reiches seinen Platz ein. Konrad hatte bis dahin aus schwerwiegenden politischen Gründen seine Teilnahme am Kreuzzug abgelehnt. Noch einmal versuchte Bernhard die Macht seiner Überredungskunst, indem er den Widerstrebenden in einer öffentlichen Predigt persönlich ansprach. Da wurde der Kaiser weich und nahm unter dröhnendem Beifall das Kreuz. Auch Herzog Welf nahm das Kreuz. Staufer und Welfen versöhnten sich, um die Heilige Fahrt gemeinsam anzutreten. Damit alle Kräfte für den Kreuzzug frei wurden, mußte man den inneren Fehden ein Ende setzen. Darum beschloß ein Reichstag zu Frankfurt einen allgemeinen Reichsfrieden. Zum erstenmal machte sich das Reich in seiner Gesamtheit mit dem Kaiser an der Spitze zu einem Kreuzzug auf.

Nachdem Bernhard Deutschland und Frankreich gewonnen hatte, veranlaßte er von Clairvaux aus durch Briefe England, Dänemark, Bayern, Böhmen, Mähren, Polen, Spanien und Italien, Truppenkontingente zu stellen. Es gelang ihm, das ganze Abendland zu einem gigantischen Unternehmen zu vereinigen. Sogar der griechische Kaiser Manuel schloß sich als Bundesgenosse an. Noch nie hatte man ein so riesiges Heer gesehen wie jenes, das damals die Donau hinab gen Palästina zog. Man machte sich die größten Hoffnungen.

Die Enttäuschung war grenzenlos. Die Kreuzfahrer erreichten zwar den Orient, erlitten aber lauter Niederlagen. Es fehlte an straffer Zucht und einheitlichem Kommando, viele Teilnehmer des Zuges waren keine ausgebildeten Soldaten, mitlaufende Weiber untergruben die Schlagkraft des Heeres, und der Haufen von Abenteurern erwies sich als Ballast. Eine Hiobspost nach der anderen kam nach Clairvaux. Schließlich wurde es zur Gewißheit, daß die Blüte der abendländischen Ritterschaft im Blut erstickt, der Traum eines christlichen Orientreiches zerflossen und die Heilige Fahrt militärisch völlig gescheitert war. Nichts war gewonnen, viel verloren. Das Schlimmste aber kam noch: Was von den Franzosen den Säbeln der Sarazenen entkommen war, segelte nach Sizilien, laut fluchend über den Verrat der Griechen. Tatsächlich war die erhoffte Unterstützung des Kreuzheeres durch griechische Truppen ausgeblieben, weil Manuel seine gesamten Streitkräfte plötzlich im Westen brauchte, um sein Reich gegen Rogers Angriffe zu verteidigen. Die Reste der deutschen Truppen zogen sich nach Konstantinopel zurück, wo Kaiser Konrad mit Manuel einen Vertrag zur Vernichtung Siziliens schloß, während die Franzosen sich mit Roger verbündeten. Die als Waffenbrüder ausgezogen waren, kehrten als Feinde zurück und standen sich mit gezücktem Schwert gegenüber. Das Unternehmen, das die Kräfte des Abendlandes vereinigt hatte wie nie zuvor, drohte Ursache eines europäischen Krieges zu werden. In Deutschland brach ein Bürgerkrieg aus, denn kaum war Welf vom Kreuzzug zurückgekehrt, als er die staufischen Gebiete in Schwaben angriff.

Erschüttert schrieb Bernhard: „Die Heiden rufen: Wo ist der Christen Gott? Die Christen sind in der Wüste umgekommen, mit dem Schwerte erschlagen oder durch Hunger dahingerafft. Zwietracht hat sich unter den Fürsten verbreitet, so daß sie in die Irre gingen ... Wir kündeten den Frieden an, nun aber haben wir Unfrieden. Wir versprachen den Sieg, und nun haben wir die Niederlage. Gewiß, die Urteile Gottes sind gerecht. Hier aber tut sich ein großer Abgrund auf, und selig, wer sich daran nicht ärgert." Doch das Ärgernis war da. In ganz Europa schrie man: Bernhard hat Schuld! Äbte, Fürsten, Kardinäle, vor allem das Volk, die Kinder und Witwen der Gefallenen, schmähten ihn als den Anstifter zum Unheil. Bernhard durchlitt seine schwerste Zeit. Er zog sich zurück in das Schweigen vor dem Kreuz. Erst nach einem Jahr rechtfertigte er sich in einem Brief an Eugen III.: „Habe ich bei diesem Werk leichtsinnig oder vermessen gehandelt? Nein, ich habe mit vollem Vertrauen Deinem Befehl gehorcht oder vielmehr den Befehlen Gottes. In der Not weiß der Mensch nicht mehr, was er im Glück wußte. Moses hatte den Hebräern versprochen, sie in das Land Kanaan zu führen. Sie folgten ihm und sahen doch nicht das Gelobte Land. Ist es nun Vermessenheit ihres Führers, wenn sie in ihrer Erwartung betrogen wurden? Moses tat alles auf Befehl des Herrn, und der Herr bestätigte durch Wunder das Werk seines Gesandten. Aber durch ihre Sünden kamen sie in der Wüste um. Und die Kreuzfahrer? Fragt sie nur selber! Wie konnten die ans Ziel gelangen, die stets rückwärts schauten! ... Also ist es nicht verwunderlich, wenn die Kreuzfahrer für ihre Entartung und Bosheit dieselbe Strafe erleiden mußten. In beiden Fällen bleibt die Verheißung Gottes unberührt; denn die Verheißung Gottes hebt seine Gerechtigkeit nicht auf ... Ich kümmere mich wenig darum, von jenen gerichtet zu werden, die Gut bös und Bös gut nennen ... Lieber will ich, daß die Menschen gegen mich als gegen Gott murren. Ich ertrage gern Verleumdungen und Schmähungen, wenn sie nur gegen mich und nicht gegen Gott gerichtet werden." Bernhard war an seiner Sache nicht irre geworden. Für ihn war der Erfolg oder Mißerfolg kein Maßstab, die Gerechtigkeit eines Unternehmens zu beurteilen. Er durfte sich auf sein gutes Gewissen stützen, und sicher war er subjektiv im Recht. Aber war er es auch objektiv? Hatte Gott es wirklich gewollt? Bernhard dachte über Kreuzzüge anders als wir. Er versuchte sogar noch einmal, einen Kreuzzug zustande zu bringen. „Das Kreuz überschattete sein Leben und trieb ihn aus dem Kloster in die Welt und aus der Welt wieder ins Kloster zurück" (J. Schenk). Persönlich erlebtes Schicksal befähigte ihn, tief in die Geheimnisse der Passion einzudringen und zum Mystiker des Kreuzes zu werden.

„Ihr pflegt Euch zu erheben, wenn ich die Kurie betrete. Nun denn, hier bin ich in meinem Schreiben, erhebt Euch!" So schrieb der Abt von Clairvaux an die römischen Kardinäle. War er ein hochmütiger Mensch? War Stolz der letzte Grund dafür, daß dieser Mönch sich in die Politik einmischte? Derselbe Bernhard von Clairvaux schrieb ein andermal an die Kardinäle der Kurie: „Ich widersetze mich Euch nicht, ich weiche dem Strom und bin bereit, das Urteil, das Ihr fällen werdet, über mich ergehen zu lassen. Wenn ich unklug gehandelt habe, so ist es Eure Sache, meinen Unverstand zu verbessern oder sogar zu bestrafen, wenn Ihr es für besser haltet." War er ein schwacher Charakter, der gedankenlos tat, was andere wollten, ein unselbständiger Befehlsempfänger, ein ferngesteuerter Automat? Die Wahrheit ist, daß Bernhard nicht stolz, aber selbstbewußt, nicht blindlings unterwürfig, aber gehorsam war. Echter Gehorsam unterdrückt das Gewissen nicht, sondern setzt es voraus. Bernhard erklärt: „Ich sage nicht, daß die Befehle der Vorgesetzten von den Untergebenen geprüft werden müssen, wo nichts dem göttlichen Gesetz Widerstreitendes geboten wird; aber ich behaupte, daß auch die Klugheit notwendig ist, wahrzunehmen, wo etwas dem göttlichen Gesetze widerstreitet, und die Freiheit, in diesem Fall den Befehl rücksichtslos zu verachten." Dieser Heilige trat unerschrocken vor Päpste und Kardinäle, Kaiser und Könige, nicht aus Überheblichkeit, sondern aus innerer Einsicht in die Gerechtigkeit der von ihm verfochtenen Sache: „Lieber will ich den Menschen als unbescheiden gelten, als von Gott verdammt zu werden, weil ich die Wahrheit verschweige und das Recht verdunkle." Es ging ihm nicht um sein Ansehen. Hätte er Ruhm und Ehre gesucht, so wäre er besser im Ritterstand geblieben, statt in Cîteaux einzutreten. Verachtung seiner Person ließ ihn kalt: „Möge man mich angreifen. Das ist ein kleines Übel. Ich bin ein armer Mann, der jeder Beschimpfung würdig ist; das ist kein Grund zur Aufregung. Wenn sich aber die Bosheit gegen den Herrn der Kirche richtet, dann weicht meine Geduld, und meine ganze Sanftmut verläßt mich." Daß er in den Ruf eines Wundertäters geriet und das Volk ihn verhimmelte, berührte ihn unangenehm: „Ich kann mich dessen nicht freuen. Ich schäme mich vielmehr. Denn ich fühle es, man verehrt und liebt in mir, nicht was ich bin, sondern an meiner Stelle ein Ich-weiß-nicht-Was, das ich sicher nicht bin." Wenn je ein Politiker frei war von Machtgier und Ehrgeiz, dann Bernhard. Als ihm die Bischofssitze von Langres, Châlons, Reims, Genua und Mailand angeboten wurden, lehnte er ohne Zögern ab. Als einer seiner Schüler Papst wurde, empfand Bernhard statt Freude zuerst Schrecken und machte den Kardinälen Vorwürfe, daß sie einen Mönch gewählt. Und als man ihn zu Châlons einstimmig zum Oberbefehlshaber des europäischen Kreuzheeres wählte, weigerte er sich mit Erfolg, dieses ihm ungemäße Amt zu übernehmen: „Bin ich denn geeignet, an der Spitze einer Armee zu marschieren und im Felde zu befehligen?"

Bernhard hat sich nie zu politischen Aufgaben gedrängt. Er hatte die Welt verlassen, doch die Welt rief ihn immer wieder, gegen seinen Wunsch: „Es ist, sagen sie, eine wichtige Angelegenheit, die uns zwingt, dich zu rufen. Warum aber wenden sie ihre Blicke auf mich? Sind die Geschäfte leicht, so wird man ohne mich damit fertig werden. Sind sie schwer, so komme auch ich nicht damit zurecht. Oder bildet man sich ein, ich sei fähiger als andere? Mein Gott! Hast du dich bei mir geirrt, indem du ein Licht unter den Scheffel stelltest, das du auf einen Leuchter hättest stecken sollen? Warum hast du mich zum Mönch gemacht? Warum hast du im Innern deines Hauses einen Mann verborgen, dessen die Welt bedarf?" An die Kartäuser schrieb er: „Habt Mitleid mit mir, die ihr so glücklich seid, Gott an einem unverletzlichen Zufluchtsort und fern vom Getümmel des Weltlebens zu dienen. Wie unglücklich bin ich, dauernd zu Geschäften verdammt zu sein! Ich komme mir wie ein Vögelchen ohne Federn vor, das fast immer außerhalb seines Nestes den Stürmen und dem Ungewitter ausgesetzt ist." Ergreifend klagt er über sein Kreuz: „Mein Leben hat etwas Ungeheures an sich. Stets ist mein Gewissen in Unruhe. Ich bin die Chimäre meines Jahrhunderts: weder Priester noch Laie. Ich trage das Kleid eines Mönchs, führe aber nicht sein Leben." Aus Italien schrieb er in einem Anfall von Heimweh „unter Tränen" seinen Brüdern: „Ich leide sehr unter der Trennung von euch, und ich werde erst getröstet sein, wenn ich mich wieder in eurer Mitte befinde ... Gezwungen, mein teuerstes Werk zu verlassen, um ein anderes zu besorgen, weiß ich nicht, was mir den meisten Kummer verursacht: dem einen entrissen oder dem andern hingegeben zu sein." Schließlich konnte er sich den wachsenden Ansprüchen, die an ihn gestellt wurden, nur noch durch Hinweis auf seine Krankheit entziehen. Bei Eugen III. entschuldigt er sich: „Ach, man sagt, ich sei der Papst, nicht Du. Von allen Seiten berennt man mich und überhäuft mich mit Geschäften. Und dabei wird meine Gesundheit täglich schwächer, und meine Kräfte nehmen immer schneller ab ... Ich bin gebrochen. Ich habe einen gerechten Grund, nicht mehr in der Welt umherzulaufen, wie ich es gewohnt war. Während der wenigen Tage, die mir noch zum Leben bleiben, will ich schweigend und gefaßt meiner Auflösung entgegenharren ... Mein Leben entschwindet tropfenweise."

Mit Recht hat die Geschichtswissenschaft Bernhard von Clairvaux zu den „Meistern der Politik" gezählt. Aber er war kein Meister der politischen Winkelzüge. Ein Profanhistoriker hat ausführlich dargetan, wie Bernhard als ein „geistlicher Politiker" in keine Doppelzüngigkeit hineingeriet und in seiner Politik stets sauber dastand (E. Caspar). Ebenso urteilt ein protestantischer Kirchenhistoriker: „In der Tat hat sich Bernhard dem Geschehen ehrlich gestellt und sich nicht als graue Eminenz vorsichtig im Hintergrund gehalten. Er suchte dabei auch keine persönlichen Vorteile und ist auf der hierarchischen Leiter nicht eine Sprosse hinaufgestiegen. Einzig das Verantwortungsbewußtsein veranlaßte den Mönch Bernhard, sich in die politische Arena zu begeben. Sein Gewissen gebot ihm, der konkreten Situation nicht auszuweichen ... Wenn ihm dabei auch gelegentlich Mißgriffe unterliefen, verdient dieses Verantwortungsgefühl gegenüber dem Zeitgeschehen Anerkennung. ... Es war nichts Geringeres als Politik aus dem Geist, was Bernhard betrieb, wie sie in der Weltgeschichte selten anzutreffen ist" (W. Nigg).

Bernhards Taten prägten sein Jahrhundert, dem man deshalb seinen Namen gegeben hat. Bernhards Geist wirkte weit über seine Epoche hinaus. Die Schriften, die der Abt von Clairvaux verfaßte, gehörten zum Bildungsgut vieler Jahrhunderte. Kein anderer Kirchenlehrer wurde so oft abgeschrieben und gedruckt. Die größten Geister stimmen in seinem Lobe überein: Hildegard von Bingen sah bewundernd zu ihm auf: „Du wirst nicht umgeworfen. Du stemmst Dich gegen den Baum und bist Sieger in Deiner Seele. Nicht nur Dich selbst, auch andere richtest Du zum Heile auf. Du bist der Adler, der in die Sonne schaut." Thomas von Aquin pries Bernhard als den „Auserwählten Gottes, den goldenen Mund, der mit dem Weine seiner Süßigkeit alle Welt trunken gemacht hat". In Dantes *Paradiso* löst Bernhard die geliebte Führerin Beatrice ab, um den Dichter zur höchsten Stufe der Vollendung zu geleiten. Das Ansehen Bernhards überdauerte sogar die Glaubensspaltung. Luther bekannte in seinen Tischreden: „War je ein wahrer, gottesfürchtiger, frommer Mönch, so war es Bernhard, seinesgleichen ich niemals weder gehört noch gelesen habe, der alle Kirchenlehrer weit übertrifft." Calvin rühmt Bernhard in seiner *Institutio* als „einen frommen und heiligen Schriftsteller, durch dessen Mund die göttliche Wahrheit selber gesprochen hat".

Bernhards Werk wirkte so lange nach, weil in ihm die alte Wahrheit in einer völlig neuen Form erschien, die dem Bewußtsein der Moderne entsprach. Bernhard wollte die göttliche Wirklichkeit nicht bloß als objektive Lehre entgegennehmen, sondern mit allen Gemütskräften ganz persönlich erleben und erfahren. Seine Auslegung des Hohenliedes wurde bahnbrechend: Die alte Deutung des Bräutigams als eines Symboles Christi behielt er bei, aber in der Braut sah er nicht mehr die Kirche, sondern die Seele. Die Gemeinschaft trat zurück, der einzelne mit seinem subjektiven Empfinden rückte in den Vordergrund. Bisher stand der Gläubige in ehrfürchtigem Abstand vor Gott als dem Herrn; jetzt naht sich die Seele vertraulich Jesus als ihrem Freund und Geliebten. Nie erscholl der Preis Mariens inbrünstiger, nie die Klage um den gemarterten Menschensohn ergreifender als von Bernhards Lippen. Das Wort Ottos von Freising, Bernhard sei „aus religiöser Glut ein Eiferer" gewesen, trifft den Kern seiner Persönlichkeit. „Der Aktivist Bernhard ist nur aus dem Mystiker Bernhard zu begreifen" (J. Schenk).

Noch in seinem Todesjahr erschien dieser von Gott trunkene Mann mitten im Kampfgetümmel der Welt. Eine Fehde war ausgebrochen zwischen der Stadt Metz und dem Adel Lothringens. Der Krieg stürzte das Land ins Elend. Vermittlungsversuche schlugen fehl. Da begab sich Erzbischof Hillin von Trier nach Clairvaux, um Bernhard zu bitten, durch sein Wort den Frieden wiederherzustellen. Der todkranke Abt raffte sich auf und schleppte sich den weiten Weg zum Kriegsschauplatz. Die Heere standen sich an beiden Ufern der Mosel gegenüber. Tagelang hielt sich Bernhard bald auf diesem, bald auf jenem Ufer auf und verhandelte mit den Generälen beider Parteien. Die Pausen zwischen den Konferenzen verbrachte er im Gebet. Schließlich erwirkte er eine Zusammenkunft der Heerführer auf einer Moselinsel. Dort wurde der Friedensvertrag beschlossen und unterzeichnet. Der Friede war Bernhards letzte Tat. Sie veranschaulicht und bestätigt sein tiefes Wort, über das man nicht lange genug nachdenken kann: „Aus dem Schweigen kommt alle Kraft. Im Schweigen versinken wir in den Schoß des Vaters und gehen zugleich mit Seinem Ewigen Wort wieder hervor. In Gottes Abgründigkeit zu ruhen, bedeutet Heilung für die Wirrnisse der Welt. Die Ruhe Gottes beruhigt alles."

KAISER HEINRICH II.

(973–1024)

Seine Seele sei mit knapper Not den Klauen des Teufels entronnen, meinten einige Mönche, als sie hörten, daß Kaiser Heinrich gestorben war. 122 Jahre später wurde derselbe Kaiser Heinrich durch Papst Eugen III. in die Zahl jener Heiligen aufgenommen, die kultisch zu verehren sind. Angesichts dieser beiden so gegensätzlichen Urteile fragt man sich, welche Ansicht der Wirklichkeit näherkommt. Ein bekannter Moraltheologe schreibt: „Im persönlichen Auftreten dieses Herrschers gab es einiges, was bei einem Heiligen, wie wir ihn uns vorstellen, befremdet" (F. M. Stratmann). Das ist treffend gesagt. Aber dann meint der gelehrte Pater: „Den Namen ‚der Heilige' dürfte er mehr als Repräsentant einer Idee als wegen persönlicher Heiligkeit tragen." Dem widersprechen wir. Heinrich nimmt seinen Platz im Kalender mit vollem Recht ein. Freilich entspricht dieser wahrhaft heilige Herrscher keineswegs der herkömmlichen Auffassung von Heiligkeit. Dazu war der letzte Sachsenkaiser, der Nachkomme Widukinds, von viel zu knorrigem Wuchs. Das ist auch der Grund, weshalb die spätere Legende seine Gestalt dem gewohnten Heiligen-Schema glättend anpaßte, weshalb sogar einige Männer, die ihm ihren Bischofssitz verdankten, sich höchst kritisch über ihn äußerten, und weshalb mehrere Heilige, die mit ihm zu tun hatten, sich redlich über ihn ärgerten.

Es mußte ja, um nur einen Fall herauszugreifen, in der Tat die Zeitgenossen sehr befremden, daß der Kaiser der Christenheit sich mit einem Heidenvolk verbündete, um gegen ein christliches Volk Krieg zu führen. Als unerhört aber erschien es, daß Heinrich den Liutizen für ihre militärische Hilfe gegen Polen in einem förmlichen Vertrag die ungehinderte Ausübung ihres heidnischen Kultes gewährleistete, obwohl dieser Kult Menschenopfer einschloß. Kein Geringerer als der heilige Brun von Querfurt, der große Missionsbischof, hat in einem langen, freimütigen Brief an Heinrich diese Politik scharf gerügt: „Unbeschadet der königlichen Gnade darf man wohl fragen: Ist es gut, ein christliches Volk zu bekriegen und mit einem heidnischen Volk in Freundschaft verbunden zu sein? Gibt es ein Bündnis zwischen Christus und Belial, eine Übereinkunft zwischen Licht und Finsternis? Wie vertragen sich Zuarasi oder der Teufel mit dem Führer der Heiligen, mit Eurem und unserem Mauritius? An welcher Front geht die Heilige Lanze zusammen mit den Götzenbildern, die von Menschenblut triefen?" Der Polenherzog Boleslaw, so fährt der Brief fort, würde sich nie mit den Liutizen gegen Heinrich verbünden. Im Gegenteil: er würde gern Heinrich die Hand reichen, damit die christlichen Fürsten vereint die Heiden überwinden und zum Christentum bekehren. Brun hat es nicht vermocht, Heinrichs Haltung in diesem heiklen Punkt zu ändern. Er sah seine von Boleslaw geförderten Missionspläne durch Heinrichs Krieg gegen Polen gefährdet und hatte unverhohlen die Absicht, zwischen Boleslaw und Heinrich zu vermitteln. Er war nicht der einzige, der an dem Bündnis mit den Heiden Ärgernis nahm. Auch im Volk rührte sich über diese Verbindung Unwillen, der sich drastisch äußerte, als der Kaiser wieder einmal die Liutizen gen Osten führte. Es war neun Jahre nach Bruns Brief. Wieder marschierte mitten im christlichen Heere ein heidnisches Truppenkontingent, das sich seine Idole vorantragen ließ. Da kam es zu einem heftigen Zusammenstoß: Deutsche Krieger bewarfen die verhaßten Götzenbilder mit Steinen. Die heidnischen Soldaten wurden aufs höchste verbittert. Was tat Heinrich in dieser

Lage? Er beschwichtigte den Zorn seiner heidnischen Verbündeten durch eine Buße von zwölf Pfund. „Je wichtiger dem Kaiser die Bundesgenossenschaft mit diesen kriegerischen Stämmen war, desto mehr mußte er jedem Angriff auf ihr Heidentum wehren: Fast schien es, als ob er es mit scheuer Sorgfalt pflegte ... Als damals Günther, ein vornehmer Thüringer, ... den hochherzigen Entschluß faßte, das Missionswerk unter den Liutizen aufzunehmen, entbehrte er jeder Unterstützung von seiten des Kaisers" (W. v. Giesebrecht). Übrigens hatte sich Heinrich außer mit den heidnischen Liutizen auch mit dem orthodoxen Großfürsten Jaroslaw von Kiew gegen Polen verbündet. Ein anderer Heiliger, nämlich Heinrichs Schwager, der König Stephan von Ungarn, hatte keine Bedenken, dieser merkwürdigen Militärkoalition beizutreten. Offensichtlich fanden nicht alle Zeitgenossen Heinrichs seinen Bund mit den Heiden skandalös. Was soll man aber dazu sagen, daß der Kaiser die Liutizen auch gegen Lothringen einsetzte, wo sie Metz bestürmten und ein Kloster plünderten? Wie soll man es deuten, daß er das Bündnis mit den Liutizen selbst dann nicht aufgab, als sie auf eigene Faust einen Kriegszug an die Ostsee unternahmen und dabei Kirchen plünderten und zerstörten?

Was immer auch man an Belastendem oder Entschuldigendem vorbringen mag, eins steht fest: Heinrich war ein tieffrommer Mann. Er hat die Ausdrucksformen christlichen Glaubens und christlicher Gottesverehrung nicht aus überlieferter Gewohnheit verständnislos übernommen, sondern aus innerster Überzeugung vollzogen. Wie sehr er in der übernatürlichen Wirklichkeit lebte, zeigt die Tatsache, daß er vor jedem großen Unternehmen nach Magdeburg ging und den heiligen Mauritius um Fürsprache für einen glücklichenAusgang bat. Das Sprechen mit Gott und Seinen Heiligen war die Mitte, aus der er handelte. Auch das fürbittende Gebet anderer schätzte er sehr. Mit den Bischöfen der Dortmunder Synode schloß er eine Gebetsverbrüderung ab: Alle Teilnehmer verpflichteten sich, beim Tode eines jeden von ihnen der abgeschiedenen Seele durch Gebete und gute Werke zu Hilfe zu kommen. Als Heinrich sich in die Domkapitel von Paderborn, Magdeburg, Bamberg und Straßburg aufnehmen ließ, kam es ihm nicht auf die Pfründe an, die ein stellvertretender „capellanus" erhielt, sondern auf die Gebetsgemeinschaft. Gewissenhaft erfüllte der kaiserliche Domherr seine religiösen Pflichten. Er war sehr vertraut mit der Heiligen Schrift.

Man hat ihn sogar den „Mönch auf dem Thron" genannt (S. Hirsch). Diese Bezeichnung rückt ihn freilich in ein schiefes Licht. Zwar wollte Heinrich in seiner Jugend Priester werden, und in seinem Alter äußerte er in einer vorübergehenden Anwandlung den Wunsch, in ein Kloster zu gehen. Aber das Charakteristische seiner Frömmigkeit ist, daß es eben nicht die Frömmigkeit eines Klerikers oder eines Mönchs war, sondern die Frömmigkeit eines Politikers, eines Kriegsherrn, eines Ehemanns, der mitten in der Welt stand. Freilich stellt die legendäre Vita ihn als einen halben Mönch dar, der, obwohl verehelicht, das Gelübde der Enthaltsamkeit abgelegt habe. Die Fabel der „Josefsehe" von Heinrich und Kunigunde taucht erst lange nach dem Tode des Kaisers auf, veranlaßt durch die Tatsache seiner Kinderlosigkeit. Es gab auch andere Auslegungen dieser Tatsache. Kardinal Humbert von Silva Candida erklärte 1056 in seinem Buch *Gegen die Simonisten*, Heinrichs Kinderlosigkeit sei die Strafe für seinen Raub von Kirchengut gewesen. „Die Kinderlosigkeit mußte bei Herrschern, die natürlicherweise auf die Nachfolge in ihrem Reiche besonders bedacht waren, äußerst unerwünscht sein, sie wurde nicht selten sogar als Fluch aufgefaßt. Um diesen Makel vom Bilde eines heiligmäßigen Herrschers zu tilgen, konnte die ‚Josefsehe' in die Legende eingeführt werden: Die Kinderlosigkeit wurde aus einem Fluch in Segen verkehrt, sie war nun ein besonderer Akt der Entsagung, der Heiligkeit" (R. Klauser). Es ist sicher, daß Kaiser Heinrich II. keine Josefsehe führte. In einem noch erhaltenen Gebetbuche, das Heinrich für Bamberg anfertigen ließ, finden sich Gebete für den Kaiser, seine Gemahlin und ihre Nachkommenschaft. Auch bei seinem Biographen Thietmar lesen wir, daß Heinrich im Anfang seiner Ehe auf Kinder gehofft hatte. In einer Urkunde von 1017 sagt Heinrich von sich und Kunigunde: „die wir zwei in einem Fleische sind". Daß seine Ehefrau unfruchtbar blieb, war für Heinrich nicht freiwilliger Verzicht, sondern ein gegen seine Sehnsucht von Gott verfügtes Geschick. Er hat „seine Gattin heiß geliebt" (H. L. Mikoletzky). Heinrich gehört also zu jenen kanonisierten Ehemännern, die ihren Heiligenschein weder dem Martyrium verdanken (wie Thomas More) noch dem Eintritt in einen Orden (wie Franz Borgia). Ihre Zahl ist so gering, daß man sich über jeden von ihnen um so mehr freut. Verleiht ja die Seltenheit dem Schönen einen zusätzlichen Reiz. Nicht, als ob den Eheleuten im Himmel nur so wenig Plätze vorbehalten seien wie im Kalender. Ihre Zahl wird kaum geringer sein als die Zahl der Heiligen, die in gottgeweihter Jungfräulichkeit lebten. Doch unter den 117 heiligen Bekennern des römischen Meßbuches, deren Fest die ganze Kirche feiert, sind 111 Priester und nur 4 verheiratete Laien. Einer davon ist der heilige Heinrich. Er vertritt sozusagen die Millionen heiliger Laien, die nicht heiliggesprochen wurden, deren die Kirche aber in allgemeiner Weise am Feste Allerheiligen gedenkt. Er ist *der* Laienheilige Deutschlands.

Die Ehe des heiligen Heinrich gehört zu seinem wahren Bilde, doch ist sie nicht der wichtigste Zug darin. Heinrich ist der einzige Kaiser, dessen Leben die Kirche kanonisierte. Er ist *der* heilige Kaiser schlechthin. Von Anfang an galt das Kaisertum an sich schon als etwas Sakrales; bei Heinrich II. entsprach dem heiligen Amt auch ein heiliger Träger. Wie tief und ernst Heinrich sein Herrscheramt auffaßte, bezeugte er in den Einleitungen seiner Urkunden. Zwar waren manche der gebrauchten Titel und Formeln herkömmlich, doch füllte Heinrich sie mit frischem Leben. Der Stil dieser Urkunden ist oft so persönlich, daß man annehmen darf, der Kaiser habe ihre Abfassung nicht einem Schreiber überlassen, sondern selbst vorgenommen. Auch die Miniaturen der liturgischen Prachthandschriften, die Heinrich für den Bamberger Dom herstellen ließ, sind mehr als bloß hergebrachte Ausdrucksformen der Ideologie des sacrum imperium. Sie sind persönliches Bekenntnis. Eins dieser Bilder, in einem Evangeliar, zeigt auf Goldgrund in der Mitte Christus auf dem Thron, wie er mit der Rechten Heinrich, mit der Linken Kunigunde krönt. Heinrich wird vom heiligen Petrus geleitet, Kunigunde vom heiligen Paulus. Die Länder treten huldigend heran: Germania bietet dem Kaiser die Weltkugel, Roma den Reichsapfel, Gallia den Siegeskranz und die slawischen Stämme bringen in Schalen und Füllhörnern ihren Tribut. Eine leere Allegorie? Heinrich hat sie in die Wirklichkeit übertragen. Auf einem anderen Bilde, in einem Missale, steht Heinrich in der Mitte, angetan mit dem kaiserlichen Krönungsornat, in der Rechten die Heilige Lanze, in der Linken das Schwert des heiligen Mauritius. Er ist übergroß dargestellt, als Herrscher der Welt. Aber zu seinen Seiten stehen die heiligen Bischöfe Ulrich und Emmeram, jeder mit beiden Händen seine Arme hilfreich stützend, und schweben zwei Engel, mit bedeckten Händen die Insignien mithaltend, als wäre der Kaiser zu schwach, sie allein zu heben; und über seinem Haupte wird Christus in der Strahlenscheibe sichtbar, als Allherrscher auf dem Regenbogen thronend, mit der

Rechten segnend und mit der Linken Seinem Stellvertreter auf Erden die Krone aufsetzend. Heinrich der Heilige regierte in dem Bewußtsein, Kaiser von Gottes Gnaden zu sein. Es war ihm klar, daß er die Last seines Amtes nur tragen konnte, wenn Christus, die Heiligen und die himmlischen Mächte ihn unterstützten. Um diese Gnade betete er und ließ er beten. Ihrer würdig zu sein, war das Streben seines in höchster Verantwortung geführten Lebens.

Der schwärmerische Kaiser Otto III., der auf den Siegeln seiner Urkunden als Programm die „Wiederherstellung des römischen Weltreiches" verkündet hatte, mußte die imperialen Träume mit in sein frühes Grab nehmen. Was er hinterließ, war kaum noch der Schatten eines Reiches. Wer in Deutschland, wer außerhalb Deutschlands achtete noch die Krone Karls des Großen? In Frankreich gründeten die Capetinger ihren Thron auf nationale Selbständigkeit. Die Dänen und die meisten wendischen Stämme erkannten die Oberherrschaft des Kaisers nicht mehr an. Was Otto I. östlich der Elbe gewonnen hatte, ging wieder verloren. Im Osten waren zwei große Reiche entstanden: Polen und Ungarn. Boleslaw griff jetzt nach deutschem Besitz. In Italien riß Arduin das Langobardenreich von Deutschland los und ließ sich zum unabhängigen König krönen. Aus allen Himmelsrichtungen waren die Grenzen des Reiches bedroht, während im Innern die dauernden blutigen Fehden zwischen den großen Herren keinen Frieden aufkommen ließen und die Bevölkerung dezimierten. Die mächtig gewordenen Bischöfe, Herzoge, Markgrafen und Grafen fühlten sich dem Kaiser überlegen: Nicht mache der Kaiser sie, sondern sie machten den Kaiser. Ihr Übermut wuchs jetzt um so mehr, als Otto III. keinen Erben hinterlassen hatte, die Thronfolge aber nicht geregelt war. Sofort meldeten sich drei Bewerber um die Krone, aber keiner von ihnen wurde allgemein als neuer Kaiser begrüßt. Das Reich drohte auseinanderzufallen.

Das germanische Thronrecht kannte keine schematische Erbnachfolge des ältesten Sohnes oder des nächsten Verwandten. Nur ein Nachkomme, der von körperlichen und geistigen Mängeln frei und zur Herrschaft tauglich war, konnte König werden. Die Fürsten als Vertreter des Volkes mußten ihm ihre Zustimmung geben. Durch Geblütsrecht und Wahlrecht zugleich erworben, wurde das Königtum unanfechtbar erst durch die kirchliche Weihe, durch Salbung und Krönung. Die deutschen Herrscher empfingen gewöhnlich in Aachen die Königskrone, später in Rom die Kaiserkrone. Die liturgische Salbung und Krönung galt als göttliche Sicherung der königlichen Macht. Deshalb wurde sie von Anfang an von den Königen des Mittelalters angestrebt.

Ein Thronbewerber war also auf die Gunst der Erzbischöfe und des Adels angewiesen. An diesem Umstand scheiterten zum Beispiel die Ambitionen des Herzogs Heinrich von Bayern, den man wegen seiner Aufstände und Fehden „den Zänker" nannte: Als er nach Ottos II. Tod zur Königskrone griff, hatte er den Erzbischof Willigis von Mainz, den Erzkanzler des Reiches, und einen Teil des Adels gegen sich. Auf den deutschen Thron kam Otto III. Dem Zänker folgte bald sein Sohn Heinrich als Herzog von Bayern. Der junge Heinrich bewies eine andere Haltung als sein rebellischer Vater: Er wahrte seinem Vetter Kaiser Otto III. selbst unter schweren Anfechtungen bis an dessen Ende unwandelbare Treue. Zweimal folgte er ihm über die Alpen. „Den Gehorsam, den er von anderen forderte, bewies er zuerst" (W. v. Giesebrecht). Dieser kaisertreue, anscheinend ehrgeizlose und beim Volk beliebte bayrische Herzog war es, der aus den Wirren nach Ottos III. Tod als Kaiser Heinrich II. hervorgehen sollte.

Wer vermutet, der heilige Kaiser habe, wie es von anderen Heiligen berichtet wird, vor lauter Demut nur mit äußerstem Widerstreben und mit Tränen in den Augen sich das höchste Amt aufdrängen lassen, wird einigermaßen überrascht sein, zu hören, daß Heinrich Klugheit, Umsicht und auch Gewalt anwandte, um gegen mancherlei Widerstände das Kaisertum an sich zu reißen. Heiligkeit ist keineswegs mit Mangel an Tatkraft und feiger Unentschlossenheit zu verwechseln. In der damaligen Situation beherzt die Verantwortung des Reiches auf sich zu nehmen, war für einen Mann wie Heinrich christlicher, als in falsch verstandener Demut untätig im Hintergrund zu bleiben.

Seinen Nebenbuhlern in der Anwartschaft auf die deutsche Krone hatte Heinrich eins voraus: Er war dem verstorbenen Kaiser am nächsten verwandt. Um sich aber durchzusetzen, mußte er die Erzbischöfe und die Fürsten gewinnen. Das war nicht einfach. Denn manche der Großen fanden, Heinrich sei „aus verschiedenen Gründen nicht zum König geeignet". Zu diesen Gründen gehörte wahrscheinlich die Tatsache, daß Heinrich ein kranker Mann war. Sein ganzes Leben schleppte er sich unter unsäglichen Schmerzen dahin, für welche die damalige Heilkunst keine Linderung wußte. Später wurde er „Huffehalz", „Heinrich der Lahme" genannt, doch taucht dieser Spitzname erst hundert Jahre nach seinem Tode auf, als kein Augenzeuge mehr lebte. Die zeitgenössischen Quellen erwähnen nichts von Lahmheit. Wohl berichtet Thietmar von einem angeborenen Übel, das sich in Koliken äußerte. Eine andere Überlieferung spricht von einem Steinleiden. Jedenfalls muß Heinrich schon als Neunundzwanzigjähriger einen hinfälligen Eindruck gemacht haben, denn als er schließlich doch König geworden war, trösteten sich seine Gegner mit der Hoffnung auf sein baldiges Ableben: „Nie wird König Heinrich die Kaiserkrone erlangen, auch das Glück der Herrschergewalt nicht lange genießen." Nun, Heinrich hat seine Gegner in dieser Hinsicht enttäuscht: Er regierte zweiundzwanzig Jahre lang. Aber alle seine Leistungen mußte er einem Körper abringen, der von häufigen Anfällen gerüttelt und von Krämpfen geschüttelt wurde. Die sittliche Kraft, die er dadurch bewies, macht ihn allein schon bewundernswert. Auch seine körperliche Kraft kann, trotz allem, nicht gering gewesen sein: Wie hätte er sonst ein Leben im Sattel und im Felde verbringen können, ständig unterwegs von einem Ende Europas zum andern!

Schon in den nächsten Monaten nach dem Tode Ottos III. entfaltete Heinrich eine rege Tätigkeit, die ihn kreuz und quer durch Deutschland führte. Zuerst ritt er dem aus Italien kommenden Leichenzug entgegen und bemächtigte sich der Gebeine Ottos und der kaiserlichen Insignien. Damit jeder sah, daß er des toten Kaisers Vetter war, besorgte er selbst mit größter Feierlichkeit das Begängnis. Durch den Besitz der Reichskleinodien hatte er einen weiteren Vorsprung vor seinen Rivalen gewonnen. Denn diese glanzvollen Symbole *bedeuteten* nicht nur das Reich, nach damaliger Auffassung *waren* sie das Reich, das sie in fast sakramentaler Weise vergegenwärtigten. Nur so kann man den Zorn verstehen, in den Heinrich geriet, als er feststellen mußte, daß vom Kronschatz das wichtigste Stück fehlte, ohne das eine Königskrönung nicht vollzogen werden konnte: die Heilige Lanze. Ottos III. Erzkanzler für Deutschland, der Erzbischof Heribert von Köln, hatte sie heimlich beiseitegeschafft, um Heinrichs Krönung zu vereiteln. Heinrich setzte den Erzbischof kurzerhand gefangen. Nicht eher ließ er ihn frei, als bis ihm die Lanze ausgehändigt worden war. Heribert, der übrigens später auch heiliggesprochen wurde, hat das dem Kaiser Heinrich erst neunzehn Jahre später auf dem Sterbebett verziehen.

Während Heinrich bei Heribert nur mit Druck zum Ziele kam, erreichte er bei andern die Zustimmung mit freundlichen Worten und Versprechungen. Er besaß die Gabe gewinnender Rede in seltenem Maße und war ein „Diplomat von Rang" (H. L. Mikoletzky). So gelang es ihm, nach und nach Parteigänger zu werben. Bald wurde er zu Mainz durch weltliche und geistliche Fürsten gewählt und durch Erzbischof Willigis gekrönt. Ein Teil der Fürsten hielt noch zu Heinrichs Rivalen Hermann von Schwaben. Um den Widerstand zu brechen, zog der König mit seinem Heer bis zum Bodensee. Dann unternahm er einen Umritt durch die deutschen Gaue, um auch die noch Abseitsstehenden für sich zu gewinnen. Er empfing die Huldigung der Thüringer und in Merseburg die der Sachsen. In Paderborn wurde seine Gemahlin Kunigunde von Willigis gekrönt. Zu Duisburg huldigten ihm die geistlichen Fürsten Niederlothringens. Zu Aachen erhoben ihn die lothringischen Großen auf Carolus' Thron. Zu Bruchsal unterwarf sich Hermann von Schwaben. Acht Monate nach dem Tode Ottos III. war Heinrich im ganzen Reich anerkannt. Die Einheit der deutschen Länder und Stämme war zunächst gesichert.

Politik ist die Kunst des Möglichen. Im Gegensatz zu dem phantastischen Otto III., der von einem Weltreich träumte, setzte sich der realistische Heinrich ein bescheideneres Ziel, das zu verwirklichen möglich war. Zu Beginn seiner Regierung ließ er einen Bullenstempel prägen mit der Umschrift „Renovatio Regni Francorum", Wiederherstellung des Frankenreiches. Es galt, verlorene Gebiete wiederzugewinnen, bedrohte zu stärken. Die größte Gefahr war dem Reich im Osten erstanden, wo Herzog Boleslaw der Kühne, der Begründer der polnischen Selbständigkeit, sich großer Reichsteile bemächtigt und die Mark Meißen verwüstet hatte. Da Heinrich noch nicht in der Lage war, den Herzog in seine Grenzen zu weisen, versuchte er zunächst ein freundschaftliches Verhältnis zu wahren. Doch der Kampf war unvermeidlich. Boleslaw unterhielt in Deutschland weitverzweigte Verbindungen mit den Feinden Heinrichs und zog sogar des Kaisers Bruder Brun auf seine Seite. 1003 raubte er Böhmen und vereinigte es mit Polen. Seine Macht reichte jetzt von der Ostsee bis zu den Karpathen, von der Weichsel bis an den Böhmerwald. Um die deutsche Ostgrenze zu sichern, führte Heinrich einen überaus mühseligen Krieg gegen Polen, der den Deutschen manche Schlappen brachte und sich mit vielen Unterbrechungen über fünfzehn Jahre hinzog. Bald drangen die Polen brandschatzend bis zur Elbe vor, bald unternahmen die Deutschen verzweifelt einen Gegenstoß. Einmal stand Boleslaw vor Magdeburg, ein andermal eroberte Heinrich Posen. Oft sah sich der Kaiser durch Kämpfe im Westen gebunden. Häufig lähmten die Fehden der sächsischen Großen untereinander die Widerstandskraft. Boleslaw war ein ausgezeichneter Feldherr. Unter diesen Umständen durfte Heinrich froh sein, daß er Böhmen wiedergewinnen konnte und am Ende des langen Ringens von Boleslaw als Lehnsherr anerkannt wurde, wenn er auch die Lausitz dem tapferen Gegner lassen mußte.

Nachdem Heinrich Böhmen zurückerobert hatte, konnte er 1004 seinen ersten Italienzug unternehmen. Nach dem Tode Ottos III. hatte sich Markgraf Arduin von Ivrea zum König erheben lassen, damit nicht wieder der deutsche König die langobardische Krone nehme. Der erste Versuch deutscher Truppen, Arduin zu unterwerfen, hatte mit einer Niederlage geendet. Jetzt brach Heinrich persönlich nach Italien auf. Mit großem Geschick gelang es ihm, die Alpen zu überqueren und überraschend in der lombardischen Ebene zu erscheinen. Er fand keinen Widerstand. Verona huldigte ihm, Brescia und Bergamo öffneten ihm willig die Tore, und endlich wurde er in Pavia von Bischöfen und weltlichen Großen zum König der Lombarden gewählt und durch Erzbischof Arnulf von Mailand gekrönt. Doch ein Aufstand am Abend des Krönungstages, der gegen den königlichen Palast brandete und einen großen Teil Pavias in Flammen aufgehen ließ, zeigte ihm, wie unsicher noch seine Lage in Italien war.

1005 unterwarf Heinrich in einem kurzen Feldzug die Friesen, die ihre Nachbarn mit räuberischen Überfällen bedrängt hatten. 1006 traf er an der Maas mit König Robert von Frankreich zusammen und schloß einen dauernden Bund mit ihm. 1007 eroberte er Gent, unterwarf den Grafen Balduin Schönbart und begründete Reichsflandern. Nach jahrelangen Kämpfen bezwang er die aufsässigen Luxemburger und stellte 1012 im Frieden zu Mainz die Ruhe im Südwesten wieder her. Einen weiteren Feldzug führte der Kaiser bis an die Rhone. Von übermütigen Vasallen bedrängt, hatte der schwache König Rudolf III. von Burgund Heinrich als seinen Schwestersohn um Unterstützung gebeten. Der Kinderlose versprach ihm in einem Vertrag die Erbfolge, trat ihm Basel ab und überließ ihm später sogar die gesamte Regierung des burgundischen Reiches. Ohne die Eifersucht Frankreichs zu erregen, gelang es Heinrich, die Einverleibung Burgunds in das Reich planmäßig vorzubereiten, die auch schließlich erfolgte. So bewährte er sich nicht nur als ein Wahrer des Reiches, sondern auch als dessen Mehrer.

Während Kaiser Heinrich immer wieder äußere Feinde des Reiches abzuwehren hatte, mußte er zugleich mit den Störenfrieden im Innern fertig werden. Mit allen Mitteln suchte er die Fehdelust des Adels zu dämpfen. Dem Faustrecht trat er streng entgegen. Hartnäckige Störer des Landfriedens ließ er die ganze Schwere seines Zornes spüren. Manche Burg ließ er brechen, manchen Räuber ungesäumt aufknüpfen. Mehr als einen Markgrafen hat er wegen Friedensbruchs abgesetzt. Vielleicht war er gelegentlich zu hart, jedenfalls schrieb ihm Brun von Querfurt: „Du bist kein milder König, was auch nimmer gut wäre, sondern ein gerechter und strenger Regent, wie wir ihn brauchen; aber Du mußt nicht alles mit Gewalt allein betreiben. Versuche einmal mit Güte zu herrschen!" Immerhin gelang es dem Kaiser in fast zwanzigjährigen Kämpfen, den Trotz seiner Vasallen zu brechen und die Macht der Krone wieder zur Geltung zu bringen. Den Frieden im Reiche suchte er durch heilige Eide und geschriebenes Recht zu wahren. Auf jeden Friedensbruch standen strenge Strafen. In einem Edikt sagt Heinrich: „Eins ist es vor allem, was ich auf das Allerernsteste befehle und gebiete: Niemand wage, eine auf dem Rechtswege geschlichtete Sache jemals wieder zum Gegenstand einer Fehde zu machen." Nicht ohne Heinrichs Einfluß sammelte der Bischof Burchard von Worms die kanonischen Gesetze und stellte so die Rechtseinheit im geistlichen Bereich wieder her. Diese Sammlung wurde im ganzen Abendland verbreitet. Burchard erließ auch ein Rechtsbuch für sein Stift, „damit den Armen wie den Reichen dasselbe Gesetz vor Augen gestellt und allen gemeinsam sei." Auch hier sind schwere Strafen angedroht für Selbsthilfe und Friedensbruch. Heinrichs unablässige Sorge für die Begründung eines gesicherten Rechtszustandes in den deutschen Ländern zieht sich wie ein roter Faden durch seine zweiundzwanzigjährige Regierung. „Der Willkür des übermächtigen Adels durch Gesetz und Recht zu steuern, der Unterdrükkung des niederen Volkes zu wehren, das Königtum als schützende Macht über alle und alles zu erhöhen: das ist der große politische Gedanke, der sich von seinem ersten bis zu seinem letzten Regierungsjahre verfolgen läßt" (W. v. Giesebrecht).

Es kam Heinrich nicht darauf an, die Tyrannei des Adels durch eine Tyrannei des Königs zu ersetzen. Er pflegte bei den gesetzgeberischen und richterlichen Geschäften die Herzöge und Grafen hinzuzuziehen. In allen Reichsangelegenheiten machte er seinen Entschluß von ihrer Entscheidung abhängig. Eins seiner Gesetze beginnt mit den Worten: „Es sei allen unsern Getreuen kundgetan, daß wir allezeit in unserer Fürsorge für das Reich das Geziemende bestimmen, nachdem die Genehmigung der angesehenen Männer unseres Reiches erfolgte." Erstaunlich oft beschied er die Großen zu Land-, Hof- und Reichstagen zu sich. Daß er dabei ohne Machtgebot meist doch seine Ansicht durchsetzte, zeugt von der Überlegenheit seines Geistes. Heinrich war nicht bloß gefürchtet, er war auch geachtet. Dabei hatten ihn die Großen des Reiches früher als einen Mann ihresgleichen gekannt. Der ehemalige Herzog von Bayern war weder ein Kaisersohn, noch hatte er über eine größere Macht verfügt als andere Herzoge. Als König stand er allein, ohne Brüder, Vettern und Söhne, Neffen und Schwiegersöhne, die ihm hilfreiche Vasallen oder Bundesgenossen hätten sein können. Sein einziger Bruder Brun war geistlich geworden und hielt es zeitweilig mit seinen Gegnern: Heinrich mußte ihn, „der wirklich den Beinamen des Zänkers zu erben verdient hätte" (S. Hirsch), noch in seinem letzten Lebensjahre in die Verbannung schicken. Die unzuverlässigen Brüder seiner Gemahlin machten ihm jahrelang zu schaffen: Dietrich, den Bischof von Metz, Adalbero, den Erzbischof von Trier, Heinrich, den Herzog von Bayern –, sie alle drei setzte er ab, und als sie ihm Widerstand leisteten, bekämpfte er sie mit politischen, militärischen und geistlichen Waffen.

Der einzige Mensch, auf den er sich ganz verlassen konnte und dem er sein volles Vertrauen schenkte, war seine Gemahlin. Sie war seine beste Mitarbeiterin. Die eheliche Gemeinschaft von Heinrich und Kunigunde war so innig, daß sie auch schweren Belastungen standhielt. Häufige Abwesenheiten konnten das gute Einvernehmen der Gatten nicht trüben. Daß Heinrich auf Grund von Verleumdungen die Treue Kunigundes angezweifelt und die Unschuldige einer Feuerprobe unterworfen habe, ist eine erfundene Erzählung. Den wahren Kern dieser Legende finden wir nicht in dem Verdacht Heinrichs, sondern in der Treue Kunigundes. Nicht einmal die langjährige Fehde Heinrichs mit ihren Brüdern vermochte das Kaiserpaar zu entzweien. Heinrich durfte Kunigunde sogar als seine Statthalterin in Sachsen zurücklassen, während er selbst nach Lothringen zog, um ihre Brüder zu bekriegen. Die Kaiserin bewährte sich, denn vier Jahre später übertrug er ihr noch einmal die Verteidigung des Reiches gegen Osten. Kunigunde vertrat auch sonst ihren Gemahl in seiner Abwesenheit. Wenn es ging, begleitete sie ihn auf seinen Zügen. „Helfend und beratend stand sie an seiner Seite" (M. L. Bulst-Thiele). „Ihr Einfluß war wohl nicht gering" (H. L. Mikoletzky). Zahlreiche Interventionen von ihrer Seite sind urkundlich bekannt. Sie muß eine bedeutende Frau gewesen sein, geachtet von den Fürsten, geliebt vom Volke, ebenbürtig ihren großen Vorgängerinnen auf dem deutschen Thron, der heiligen Mathilde und der heiligen Adelheid. Als Heinrich ohne Erben starb und schwere Kämpfe um die Krone zu befürchten waren, übernahm Kunigunde die Regierungsgeschäfte und führte sie klug und besonnen, bis sie nach zwei Monaten die Reichsinsignien dem gewählten König Konrad II. übergeben konnte. Der heiligen Kaiserin Kunigunde gebührt ein guter Teil der Verdienste Heinrichs.

In der Beurteilung dessen, was Kaiser Heinrich II. für Deutschland leistete, sind sich die neueren Forscher einig. Mikoletzky schreibt: „Er hatte einen zügellosen, um nicht zu sagen zerrütteten Staat übernommen, der sich einer völligen Auflockerung alles Errungenen näherte. Es ist sein Werk, daß es nicht so weit kam: Er hat die Zersplitterung aufgehalten ... Er war kein Freund der Gewalt, und entgegenkommende Verhandlungen waren ihm gemäßer als sofortiges Losschlagen ... Wo er einmal ansetzte, dort ließ er nicht mehr los ... – eine Persönlichkeit, die das einmal als gut Erkannte nicht mehr aus den Augen verlor ... Er weilte durchaus auf dem Boden der Wirklichkeit ... Trotzdem machte er durch zähes Erobern fast ungangbaren Bodens das Unerreichbare möglich ... Heinrich ist der erste Monarch des Abendlandes, der ein Regierungsprogramm besaß und sich bemüht zeigte, es zu verwirklichen." Giesebrecht faßt die politische Leistung Heinrichs in folgende Worte zusammen: „Fast zwanzig Jahre mußte Heinrich für den Bestand des Reiches die Waffen gezückt halten. Wie oft hat er das Schwert gezogen, um die übermütigen Vasallen des Reiches zu züchtigen! Es war sein Verdienst, wenn sich Deutschland damals nicht in eine Anzahl fast selbständiger Lehnsherrschaften auflöste, wie Burgund und das Capetingische Reich. Zugleich war er stets auf dem Plan, wenn äußere Feinde seine Herrschaft bedrohten. Das abgefallene Italien unterwarf er von neuem, im Osten und Westen sicherte er die Grenzen, die Erwerbung Burgunds bahnte er an ... Dieser Kaiser kräftigte durch namhafte Erfolge das Bewußtsein von der Einheit der deutschen Stämme. Immer mehr wuchsen diese, von *einem* Reiche umschlungen, zu *einem* Volke zusammen. Indem es Heinrich gelang, die Kräfte des Reiches an einem bedenklichen Wendepunkt seiner Geschichte von neuem zu sammeln, behauptete er den Prinzipat der Deutschen unter den europäischen Völkern." Nach Bühler war Heinrich „ein ausgesprochener Realpolitiker ... Ein rastloser Arbeiter, eigenwillig und beharrlich, ließ er sich von keiner Schwierigkeit abschrecken ... Alles in allem wahrte Heinrich im wesentlichen den Besitzstand des Reiches und ebnete die Wege für weitere Fortschritte zur Stärkung und Ausdehnung der deutschen Macht." In gleichem Sinne äußert sich Frau Bulst-Thiele: „In Abkehr von den Weltherrschaftsplänen Ottos III. beschränkte sich Heinrich auf das Erreichbare. Er bändigte und sammelte Untertanen und Nachbarn zur Schaffung eines wirklichen Reiches ... Die Macht des Reiches in den folgenden Jahrzehnten hat er begründet. Erst seine Nachfolger ernteten die Früchte seiner Umsicht und Ausdauer." Haller urteilt über die Regierung Heinrichs, sie sei „eine Zeit mühevoller Vorbereitung, planmäßigen Kräftesammelns" gewesen, und meint abschließend: „Die Geschichte kennt Heinrich II. zwar nicht als den glänzendsten und erfolgreichsten, aber als einen der klügsten Vertreter des altdeutschen Kaisertums. Was er gesät hatte, das durften seine Nachfolger ernten."

Wahrhaftig: Heinrich hat das Schwert geführt ganz im Sinne des Auftrags, mit dem es ihm bei der liturgischen Königskrönung überreicht worden war: „Das Verödete wiederherzustellen, das Wiederhergestellte zu erhalten."

Kaiser Heinrich hat nicht nur das Reich wiederhergestellt, sondern auch die Kirche. Er wurde einer der bedeutendsten Reformatoren der Kirchengeschichte.

Schon durch seine Erziehung war Heinrich früh und eindringlich mit kirchlichen Fragen und den neuen Reformbestrebungen bekannt geworden. Sein erster Lehrer war Bischof Abraham von Freising. In seiner Geburtsstadt Hildesheim besuchte Heinrich die Domschule: Dort erhielt er die Ausbildung eines angehenden Geistlichen, denn seine Eltern hatten ihn, wie der Annalist Saxo berichtet, dem Domkloster als Kanoniker versprochen. In der Hauptstadt Bayerns, in Regensburg, wurde die Erziehung des jungen Herzogs vollendet durch Sankt Wolfgang, den Bischof von Regensburg, und Ramwold, den Abt von St. Emmeram. Diese beiden großen Benediktiner, die Führer der Reformbewegung in Bayern, erfüllten Heinrich mit glühendem Eifer für die Erneuerung der Kirche. Wie hoch der Reformator Ramwold von Heinrich geschätzt wurde, zeigte sich nach seinem Hingang: Heinrich ließ es sich nicht nehmen, selbst die Bahre des Toten tragen zu helfen. Mit dem heiligen Odilo, dem Abt des Klosters Cluny und geistigen Haupt einer gewaltigen Reformbewegung, stand Heinrich ebenfalls in enger Beziehung. Schon am Hofe Ottos III. war er ihm begegnet, und noch oft traf er mit ihm zusammen. Odilos Biograph sagt, der Kaiser sei dem Abt sehr zugetan gewesen und habe gern seinen Rat befolgt. Ein weithin sichtbares Sinnbild seines Verhältnisses zu Cluny setzte Heinrich, als er den goldenen Reichsapfel, den er vom Papst erhalten hatte, keinem andern als Odilo schenkte.

Die ersten Regierungshandlungen Heinrichs als Herzog von Bayern, welche der Klosterreform galten, und die Maßnahmen, mit denen er als Kaiser viele Klöster reformierte, standen freilich nicht im Zeichen von Cluny, sondern von Gorze. Dieses Kloster im Bistum Metz war Zentrum und Ausgangspunkt einer von Cluny unabhängigen Reformbewegung, die in Deutschland vor allem von St. Maximin bei Trier und von St. Emmeram in Regensburg getragen wurde. Die Abteien Prüm, Reichenau, Niederaltaich, Lorsch, Fulda, Hersfeld, Korvey und andere wurden von Heinrich im Sinne Gorzes reformiert. Gorze und Cluny waren einig in dem Ziel, die verweltlichten Mönche wieder zu einem wahrhaft geistlichen Leben im Sinne der Regel Benedikts zurückzuführen. Doch ging die Reform in Deutschland andere Wege als in Frankreich. Dort waren die kluniazensischen Klöster weder den Fürsten noch den Bischöfen unterstellt, vielmehr unterstanden sie dem Abt von Cluny als dem Haupt der Kongregation. Hier dagegen bildete sich kein Zusammenschluß der Klöster zu einer Kongregation, die Vogtei blieb bestehen, viele Klöster wurden Bischöfen unterstellt, und der Kaiser verfügte souverän über die Abteien.

Die Art und Weise, wie Heinrich mit den herabgekommenen Klöstern verfuhr, war radikal: Er setzte den alten Abt kurzerhand ab, ernannte eigenmächtig ohne Rücksicht auf das Wahlrecht der Insassen einen Mann der Reform zu dessen Nachfolger und stellte die Mönche vor die Wahl, entweder sich der Reform zu unterwerfen oder das Kloster zu verlassen. Darauf pflegten die meisten zu gehen, kamen aber notgedrungen allmählich wieder zurück. Nach dieser Methode setzte der Kaiser den Mönchen von Niederaltaich, später auch denen von Tegernsee und Hersfeld, den reformfreudigen Gotthard vor. 1006 hatten die Benediktiner von Reichenau ihren Privilegien gemäß einen Mitbruder zum neuen Abt gewählt. Heinrich verwarf ihn und holte aus der von Gorze reformierten Abtei Prüm den Abt Ymmo, der die Reform in Reichenau einführte. 1011 übertrug Heinrich der Äbtissin Sophie von Gandersheim das Stift Essen, obwohl er den Essener Damen noch acht Jahre zuvor das Recht auf freie Wahl der Äbtissin bestätigt hatte. Begreiflicherweise ging es bei diesen gewaltsamen Bekehrungen nie ohne heftigen Widerstand ab. Einen Eindruck von den klösterlichen Tumulten, die Heinrichs Eifer hervorrief, geben die Quedlinburger Jahrbücher: „1014 erschien der Kaiser in Korvey, um das Leben der dortigen Mönche, das ihm mißfiel, zu untersuchen und kraft kaiserlicher Autorität zu bessern. Das veranlaßte verschiedene Mönche, die von ihren Vorgängern her übernommenen Einrichtungen zu verteidigen und mehr als billig gegen das Recht des Kaisers voll Erbitterung zu wüten. Ach, wie töricht waren sie, daß sie ... sich wie Rebellen sinnlos zu schlimmer Widersetzlichkeit rüsteten. Was darauf folgte, darüber mag man sich jetzt mehr wundern als bei dessen Schilderung verweilen: Siebzehn von ihnen wurden gefangen und in Haft gehalten, die übrigen fügten sich den Anordnungen des Kaisers. ... 1015 begab sich der Kaiser zum zweiten Mal nach Korvey und änderte durch Machtspruch verschiedene Privilegien und Gewohnheiten der früheren Mönche, die 230 Jahre durch Verleihung Ludwigs des Frommen Geltung hatten. Er entfernte auch den Abt des Klosters und setzte an dessen Stelle einen Fremden ein, den die Mönche nicht kannten und der vielleicht gut war. Er sollte, als wäre er gebildeter, die Irrungen bessern und die vom rechten Weg Abgekommenen den Pfad der heiligen Regel gehen lehren. Das betrübte die Mönche gar sehr ... Sie redeten sich gegenseitig zu, lieber das Kloster zu verlassen als sich der Gewalt zu fügen. So kam es, daß nur ganz wenige zurückblieben, während die übrigen elend umherirrten und sich mit Weltlichem befaßten. Doch wurden viele durch Gottes Gnade wieder bekehrt, und sie entschlossen sich, doch lieber der Regel sich zu unterwerfen als Eitlem nachzujagen."

Die Widersetzlichkeit der Mönche Korveys und anderer Abteien gegen Heinrichs Reform ist begreiflich: Die meisten von ihnen waren in diese steinreichen Konvente eingetreten, um ein bequemes Leben führen zu können. Jetzt aber entzog der Kaiser ihrem üppigen Dasein die Grundlage, indem er rücksichtslos in die wirtschaftlichen Verhältnisse der Klöster eingriff. So forderte er von Prüm ein Güterverzeichnis an, um der Abtei allen Besitz, der über den wirklichen Bedarf hinausging, zum Nutzen des Reiches zu nehmen. Auf den ersten Blick erinnert dieses Verfahren an die Säkularisationen der Neuzeit; in Wirklichkeit ist es ihnen in Motiv und Wirkung völlig entgegengesetzt. Während neuzeitliche Regierungen aus Kirchenhaß viele Klöster vernichteten, hat Heinrich aus Liebe zur Kirche viele Klöster gerettet. Daß der Heilige die Abteien gewaltig rupfte, gereichte ihnen zu ihrem geistigen Wohl. Die Mönche freilich sahen diese Enteignungen von Klöstergütern in einem anderen Licht. Der Quedlinburger Annalist verklagt den Kaiser als Kirchenräuber, und selbst ein Freund Heinrichs, Thietmar von Merseburg, droht dem Herrscher mit dem göttlichen Strafgericht: das weltliche Gebäude, das auf solchem Kirchenraub begründet sei, könne nicht von Dauer sein. Noch in der folgenden Generation verfluchte ein Chronist den Kaiser als Förderer der „simonistischen Pest".

Eine alte Mönchssage erzählt, ein Einsiedler habe, als der Kaiser im Sterben lag, eine Schar geschwänzter Wichte an seiner Zelle vorüberhasten sehen. Verwundert habe er den letzten gefragt, wer sie seien, und die Antwort bekommen: „Dämonen, die zum Sterben des Kaisers eilen. Vielleicht finden wir dort etwas für uns." Als sie zurückkehrten, habe der Dämon gestanden: „Es ist nichts. Als die Sünden des Kaisers auf der Waage lagen, brachte jener angebrannte Laurentius einen goldenen Hafen von ungeheurem Gewicht herbei, der unsere Seite überwog. Ich griff nach ihm und riß einen Henkel ab." Mit dem Hafen war der Henkelkelch gemeint, den Heinrich dem heiligen Laurentius in die Eichstätter Kirche gestiftet hatte. Es fand sich dann, daß der Kaiser gestorben war und der Kelch nur noch einen Henkel hatte. Diese Geschichte, die Jacobus a Voragine um 1260 in seiner Legenda aurea nach älteren Quellen erzählt, hat

Tilman Riemenschneider auf einem der Reliefs am Grabe Heinrichs im Bamberger Dom dargestellt: Sankt Michael hält die Waage, deren linke Schale drei Teufel mit aller Gewalt herunterziehen wollen; doch der Henkelkelch, den Sankt Laurentius auf die rechte Schale legte, wiegt weit schwerer: Der mit der Dalmatik bekleidete Diakon weist mit der einen Hand auf den Kelch, mit der andern auf den beiseitestehenden Kaiser als den Stifter der Gabe. Diese Legende zeigt zweierlei: In Mönchskreisen machte man kein Hehl aus der Meinung, daß Heinrich allerlei auf dem Kerbholz hatte. Anderseits gab man zu, daß Heinrich weit mehr, als er den Klöstern nahm, der Kirche stiftete.

Tatsächlich ist das, was Zeitgenossen an ihm als unersättliche Habgier tadelten, nur die Voraussetzung seiner außerordentlichen Freigebigkeit. Er baute Kirchen und Klöster, stiftete den Dom zu Basel, erneuerte das Bistum Merseburg und gründete die Bistümer Bamberg und Bobbio. In großartiger Weise entsprach Heinrich dem Ideal, das der deutsche Krönungsritus vom König entwirft: Der Herrscher soll sein „der Fürsorger für die Kirchen und die Klöster in der großen Güte königlicher Freigebigkeit". Heinrich nahm nur ein, um wieder zu schenken. Die eingezogenen Klostergüter schenkte er oft den Bischöfen. Manchem Bistum übertrug er mehrere Klöster. Fraglos erstrebte er die Vergabung aller nicht reichsunmittelbaren Abteien an die Bischöfe. Durch die Aufsicht des Episkopats sollte die Klosterreform gesichert werden. Dieses Ziel stand auch Burchard von Worms vor Augen: Als Dolmetsch des Königs redete er der Unterwerfung sämtlicher Klöster unter die Bischöfe das Wort; die Bischöfe sollten durch häufige Visitationen der Verweltlichung der Äbte entgegentreten. Nie hat Heinrich ein bereits reformiertes Kloster einem Bischof übertragen. Das bestätigt, daß es dem Kaiser in erster Linie um die Reform zu tun war, wenn er (im Gegensatz zu den Bestrebungen Clunys) Abteien von Bischöfen abhängig machte.

Allerdings spielten auch andere Beweggründe hinein: Heinrich wollte Macht und Einfluß des Episkopats stärken. Deshalb gab er den Bischöflichen Stühlen außer Klöstern sogar ganze Grafschaften. Daß es ihm dabei nicht allein um das Wohl der Kirche, sondern auch um den Nutzen des Reiches ging, hat er unverhohlen gesagt: „Die Kirchen müssen Schätze besitzen, denn wem mehr gegeben ist, von dem kann auch mehr verlangt werden." Es war nicht wenig, was der Kaiser von den Bischöfen verlangte: Sie mußten ihm allerlei Dienste leisten, am Hofe und im Felde zur Verfügung stehen, zahllose Abgaben liefern und ihn auf Reisen mit dem ganzen Hofstaat beherbergen und unterhalten. Sie waren des Königs Beamte, Minister, Gesandte und Feldherrn. Mit Recht konnte Heinrich sagen, er habe die Bürde der Regierung sich dadurch erleichtert, daß er sie auf die Schultern der Bischöfe abwälzte.

Die Bischöfe waren für Heinrich, wie schon für die Ottonen, die zuverlässigsten Stützen seiner Herrschaft. Während Herzoge und Grafen immer mehr sich in provinziellen Interessen verloren, sollten die Bischöfe den Zusammenhang des Reiches und die Einheit der Nation gewährleisten. Sie waren dem Reich um so mehr verpflichtet, als sie ihre Territorien nicht durch Erbrecht, sondern unmittelbar vom Kaiser erhielten. Hier sah Heinrich seine große Gelegenheit, sich eine ergebene Schar von Vasallen zu schaffen. Die Zusammensetzung des weltlichen Adels, dessen Lehen erblich waren, stand nicht in seiner Macht, doch die Auswahl der geistlichen Fürsten hatte er in seiner Hand. Daß die Ernennung der Bischöfe Sache des Königs war, wurde damals selbst von Rom nicht bestritten. Heinrich machte von diesem Gewohnheitsrecht rücksichtslos Gebrauch.

Jeden freigewordenen Bischofsstuhl besetzte er mit einem Manne, der ihm genehm war; das jeweilige Domkapitel überging er. Während die Ottonen manchen Kirchen die Wahlfreiheit erteilt und den Krummstab gewöhnlich nach den Wünschen der Stiftsherrn verliehen hatten, kümmerte sich Heinrich um jene Privilegien nicht. So einnahmefreudig er auch sonst war, machten ihm die Angebote von Domkapiteln, die sich durch große Geldsummen den Mann ihrer Wahl erkaufen wollten, nicht den geringsten Eindruck.

Natürlich war eine solche Abhängigkeit der Kirche von der weltlichen Herrschaft höchst problematisch. Welche Folgen sie haben konnte, zeigte drastisch das Papsttum jener Zeit: Es war ein Spielball der römischen Adelsgeschlechter geworden und entsetzlich tief gesunken. Aber gerade die Tatsache, daß nur das Eingreifen der Kaiser das Papsttum rettete, weist darauf hin, wie sehr die Kirche damals auf den Schutz einer starken weltlichen Macht angewiesen war und wie wenig sie die Abhängigkeit vermeiden konnte. Zehn Jahre vor Heinrichs Geburt setzte ein deutscher Kaiser einen unwürdigen römischen Papst ab und erhob auf den Stuhl Petri einen Mann seiner Wahl. Zweiundzwanzig Jahre nach Heinrichs Tod wiederholte sich der gleiche Vorgang. Beide Daten markieren die Epoche der päpstlichen Unselbständigkeit. Der Papst war vom Kaiser ebenso abhängig wie die Reichsbischöfe. Da die Päpste sich offenbar als zu schwach erwiesen, konnten sich die Kaiser im Gewissen verpflichtet fühlen, die Geschicke der Kirche in ihre Hände zu nehmen. Das deutsche Königtum „hat in jener Zeit eine hohe Funktion in der Kirche zu erfüllen gehabt ... Es war damals wirklich das wichtigste Glied in der Kirche neben dem Papsttume und zeitweise berufen, dessen Mängel auszugleichen" (W. Neuß). Aber ein dauernder Zustand konnte diese Abhängigkeit der Kirche vom Kaiser nicht sein. Noch ehe das elfte Jahrhundert zu Ende ging, sollte der große Kampf um die Freiheit der Kirche von jeder Bevormundung entbrennen. Daß Otto I. und nach seinem Vorbild Heinrich II. den hohen Klerus dem Reiche dienstbar machten, mußte die Bischöfe auf die Dauer ihrer eigentlichen Aufgabe entfremden. Jene Staatskunst, die den Bischöfen eine politische Rolle zuwies, führte notwendig zu dem Kampf zwischen Kirche und Staat um die Investitur, der gerade deshalb so furchtbar werden sollte, weil angesichts der seit langem gewohnten Verquickung des Politischen mit dem Geistlichen jede der beiden Parteien lebenswichtige Interessen verfocht. Heinrich einen Vorwurf daraus zu machen, daß sein Reichskirchensystem so böse Folgen hatte, wäre ungeschichtlich gedacht: Der Historiker kennt die Entwicklung der späteren Zeit und hat es leicht, post festum weise Urteile von sich zu geben. Heinrich aber sah die Lage in einer anderen Perspektive. Unstreitig hat seine Politik zu seiner Zeit der Kirche wie dem Reich Segen gebracht.

Heinrich übergab erledigte Bistümer nur Männern, die den Interessen der Kirche und des Reiches am besten entsprachen. Unter den fünfzig neuen Bischöfen, die von ihm ernannt wurden, befand sich nicht ein einziger, der sich unwürdig erwiesen hätte. Alle waren Personen, „deren Auswahl von einer profunden Menschenkenntnis zeugt ... Es wurde hier gleichsam aus dem Nichts ein Klerus geschaffen, fast gänzlich aus einwandfreien, streng orientierten Männern bestehend, deren Ergebenheit für das Königshaus unbedingt war und denen das Wohl ihrer Sprengel, frei von persönlichem Nutzen, über alles ging" (H. L. Mikoletzky). Mit Absicht gab Heinrich die ärmsten Bistümer den reichsten Männern. Meinwerk sträubte sich, als der Kaiser ihm seinen Handschuh zum Zeichen der Verleihung des Bistums Paderborn überreichte, und fragte betroffen, was er mit einem solch armseligen Bistum anfangen solle, er könne mit seinem Besitz ein größeres stiften. Heinrich aber entgegnete, gerade deshalb habe er ihm die Paderborner Kirche anvertraut, damit er ihr sein Vermögen zukommen lasse. Ebenso mußte Thietmar bei seiner Ernennung zum Bischof von Merseburg versprechen, mit seinem Reichtum dem armen Bistum aufzuhelfen. Überhaupt verfuhr Heinrich bei seiner Personalpolitik mit größter Bedachtsamkeit. Niemanden erhob er auf einen Bischofsstuhl, den er nicht auf verschiedene Weise erprobt hatte. Manche der von ihm ernannten Oberhirten hatte er vorher als Äbte eingesetzt, andere mit auswärtigen Gesandtschaften betraut, wieder andere bei militärischen Unternehmungen verwendet. Die meisten waren seine Hofkapläne gewesen. Mit Recht hat man die königliche Kapelle eine Pflanzschule für Bischöfe genannt. Hier bildete Heinrich die künftigen Kirchenfürsten aus, übte sie in mannigfachen Verwaltungsaufgaben und prägte ihnen seine Anschauungen über Kirchenreform und Reichspolitik ein. So erzog er planmäßig eine Elite zu einem ausgezeichneten Episkopat. Welch prachtvolle Charakterköpfe sind doch Bischöfe wie der selige Meinwerk von Paderborn und der selige Tagino von Magdeburg, die aus Heinrichs Hofkapelle hervorgingen, Sankt Gotthard von Hildesheim, der sich zuerst als Reformator von Klöstern, später als feingebildeter Schulmann und Erzieher bewährte, oder der heilige Brun von Querfurt, der 1004 in Magdeburg die Bischofsweihe empfing und fünf Jahre später als Missionar in Preußen ermordet wurde. Unter Heinrich wirkten der heilige Willigis, der rechtschaffene Erzbischof von Mainz und Erzkanzler des Reiches, der heilige Bernward, der vielseitige und tüchtige Bischof von Hildesheim, und der heilige Heribert, der staatskluge Erzbischof von Köln, der trotz seines gespannten Verhältnisses zu Heinrich den König anerkannte, ihn zur Kaiserkrönung nach Rom begleitete und bei der Stiftung Bambergs unterstützte. Alle diese Bischöfe überragten weit das Mittelmaß. Sie bauten Dome und Kirchen und gaben für ein Jahrtausend ihren Städten das Gesicht. Sie gründeten blühende Schulen und prachtvolle Bibliotheken. Sie förderten Künste und Wissenschaften. Sie bildeten einen eifrigen Klerus heran. Die Geschichte zählt sie unter die geistigen Führer, das Volk bewahrt ihnen ein dankbares Andenken, die Kirche verehrt sie als Heilige. „Nie früher oder später hat Deutschland eine solche Schar auserlesener Bischöfe besessen" (J. Haller).

Zu seinen Kirchenfürsten hatte Heinrich ein sehr vertrauliches Verhältnis. Er war der „simmista", der Eingeweihte des Episkopats. Sein Rat galt bei den Oberhirten viel. Wenn er zu ihnen sprach, war es zwar ein Laie, dem sie zuhörten, aber ein theologisch gebildeter und gottesfürchtiger Laie. Diese Tatsache machte ihnen Heinrichs Kirchenregiment erträglich, dessen segensreiche Folgen nicht dem System, sondern der Persönlichkeit des Kaisers zuzuschreiben sind. In einem Staat, in dem der König Herr der Kirche ist, leidet die Kirche Schaden, wenn nicht ein kluger, gerechter und frommer Herrscher auf dem Throne sitzt. In Heinrich II. hatte die deutsche Kirche sogar einen Heiligen zu ihrem Herrn.

Selbstverständlich vertrug sich die Heiligkeit Heinrichs vorzüglich mit einem saftigen Humor. Gerade im Umgang mit den Kirchenfürsten bewies Heinrich seinen kernig-originellen Charakter, von dem ein moderner Historiker urteilt: „In *einem* übertraf er mit Ausnahme Kaisers Friedrichs II. vielleicht alle Kaiser und Könige des Mittelalters: in seiner stark ausgeprägten Eigenart ... Er hat die Schranken der Gedankenwelt seines Zeitalters überschritten. Dazu besaß er einen überlegenen Humor. Auch von andern deutschen Fürsten jener Zeit... ist manch treffendes, witziges Wort überliefert, aber von keinem wissen wir, daß er so wie Heinrich bei allen möglichen Anlässen eine launige Bemerkung bereit hatte, und auch kräftigen Späßen selbst bei heiligen Dingen nicht abgeneigt war" (J. Bühler). Selbst gegenüber Bischöfen leistete er sich robuste Späße. Der Streich, den er Meinwerk spielte, ging freilich zu weit: Er ließ im Missale heimlich zwei Buchstaben ausradieren und bat den Bischof, in der Messe der Verwandten des Kaisers zu gedenken. Nach dem Gottesdienst fragte Heinrich mit gespielter Entrüstung den Bischof, wie er dazukomme, mulorum statt famulorum zu lesen; er sollte doch für die kaiserliche Familie beten und nicht für die Maulesel. Die Anekdote steht in der Vita Meinwerci. Selbst wenn sie erfunden wäre (wie Heinrich Günter annimmt), zeigt sie doch, was man dem Kaiser zutraute. Auch andere Bischöfe wie Bruno von Querfurt und Gunzo von Eichstätt mußten des Königs Scherze über sich ergehen lassen. Heinrich ließ es sich aber gefallen, wenn man ihm mit gleicher Münze heimzahlte, ja er nahm auch Lehre an. Als er sich über einen Gaukler ergötzte, der sich mit Honig bestrich und dann von Bären ablecken ließ, wagte es Poppo von Stablo, dem König klarzumachen, wie wenig eine solche Barbarei sich für einen Christen zieme, und Heinrich ließ diese rohen Spiele abstellen. Meinwerk von Paderborn durfte sich revanchieren, Bruno von Querfurt konnte dem Kaiser offen seine Fehler vorhalten, und als Megingaud von Eichstätt in Gegenwart des Kaisers ostentativ sitzenblieb, da ein Bischof mehr sei als ein Kaiser, nahm Heinrich es ihm nicht übel. So freimütig er andern gegenüber war, so freimütig durfte man auch ihm gegenüber sein.

Das offenherzige Verhältnis Heinrichs zum Episkopat kam der kirchlichen Erneuerung zugute, die das politisch-religiöse Ziel des Kaisers war. Heinrich kannte die Ordnungen und Gesetze der Kirche wie wenige und bestand auf Erfüllung auch der geringsten Vorschriften. Er kümmerte sich sogar um den Ritus der Messe und der Bischofsweihe, und als ihm Abweichungen vom Hergebrachten auffielen, beruhigte er sich nicht eher, als bis den liturgischen Vorschriften entsprochen wurde. Es kam ihm dabei, seinem Einheitsstreben entsprechend, vor allem auf die Gleichheit der gottesdienstlichen Formen an. Den Papst veranlaßte er, in die römische Meßliturgie das Credo einzufügen. Niemals waren früher so viele Synoden in Deutschland abgehalten worden. Meist nahm er selbst teil, drang mit allem Ernst auf die Beobachtung mißachteter alter Vorschriften und beeinflußte maßgebend die neuen Beschlüsse. Auf einer Synode zu Dortmund im Jahre 1005 klagte er laut über die vielfachen Gebrechen des kirchlichen Lebens und suchte mit dem Episkopat Mittel zur Heilung. Er hatte seine Reform bei den Bischöfen begonnen, damit er sie mit den Bischöfen auch in Klerus und Volk durchführen konnte. „Durch seine Erkenntnis, daß die Reform von oben und nicht von unten zu beginnen habe, stellte sich Heinrich II. ganz in die Reihe der großen Reformatoren des elften Jahrhunderts" (H. L. Mikoletzky).

Im Zusammenhang mit Heinrichs Reformplänen ist auch die Stiftung des Bistums Bamberg zu sehen. Dieses ganz von ihm abhängige Bistum sollte eine Musterdiözese und zugleich ein Stützpunkt für seine Reform werden. Daß er seine Stiftung an die Ostgrenze legte, hatte andere Gründe: Wie es in einer Urkunde Heinrichs heißt, stiftete er Bamberg, „damit das Heidentum der Slawen zerstört werde", oder, mit den Worten eines Historikers, „als ein religiös-politisches Bollwerk seines heiligen Reiches, als ein Bollwerk für die Ostkolonisation und -mission" (F. Heer). Doch spielten auch persönliche Motive mit, von denen Thietmar schreibt: „Seit seiner Kindheit hatte der

König die Burg Bamberg in Ostfranken ganz besonders geliebt und mehr als jede andere gefördert. Nach seiner Verehelichung verlieh er sie seiner Gemahlin als Morgengabe. Nachdem ihn Gottes Erbarmung zum König erhoben hatte, sann er im stillen immer darauf, Bamberg zum Bistum zu erheben." Er fing an, alles vorzubereiten, was für einen Bischofssitz nötig war, begann auf dem Burgberg den Bau eines großen Domes mit zwei Unterkirchen und verhandelte mit dem Bischof von Würzburg, der in der Hoffnung, Erzbischof zu werden, in die Abtretung einiger Gebiete einwilligte und zum Unterpfand dessen seinen Stab dem König übergab. Jedes Bedenken, das die Stiftung hätte gefährden können, suchte Heinrich vorsichtig zu beseitigen. Nachdem er für das neue Bistum die Zustimmung der Grafen, Herzoge, Bischöfe, Erzbischöfe und des Papstes erhalten hatte, berief er die stattlichste Synode, die Deutschland je zuvor gesehen, um den Anfängen seiner Gründung eine ganz besondere Weihe zu geben. Am 1. November 1007 traten in Frankfurt sieben Erzbischöfe und achtundzwanzig Bischöfe aus Deutschland, Burgund, Italien und Ungarn zusammen. Nur der Würzburger Bischof fehlte: Da ihm inzwischen klargeworden war, daß seine Erhebung zum Erzbischof nicht in Frage kam, hatte er seinen Kaplan geschickt mit dem Auftrag, gegen die Errichtung des neuen Bistums zu protestieren. Mit einem Schlag schien der Herzenswunsch des Königs vereitelt. Der heißersehnte Augenblick, der seine Hoffnung erfüllen sollte, drohte sie zu vernichten.

In dieser Lage zeigte Heinrich ein ungewöhnliches Verhalten, das beweist, wie sehr ihm das geplante Bistum am Herzen lag. Der König, der mit Bischöfen sonst recht burschikos verkehren konnte, warf sich zum Staunen der Versammlung wie ein Schutzflehender zu Boden. Als Willigis ihn aufgehoben hatte, hielt Heinrich „tief bekümmert" jene ergreifende Rede, von welcher später der Bischof Arnulf von Halberstadt dem störrischen Bischof von Würzburg schrieb: „Wärest Du anwesend gewesen, so hättest gewiß auch Du mit ihm Mitleid gefühlt." Heinrichs Worte, die Thietmar von Merseburg uns überliefert hat, zeugen von starker Frömmigkeit und enthüllen den vielleicht tiefsten Beweggrund für die Gründung: „Da mir keine Hoffnung auf leibliche Nachkommen mehr bleibt, habe ich für künftigen Lohn Christus zu meinem Erben erkoren. Darum brachte ich schon seit langem im Innersten meines Herzens dem ewigen Vater meine beste Habe zum Opfer dar: mich selbst, meine Besitzungen und was ich noch je erwerben werde. Mit Erlaubnis meines Bischofs wünschte ich zu Bamberg ein Bistum zu errichten, und heute will ich mein gerechtes Vorhaben ausführen. So wende ich mich an euch, fromme Väter, und bitte euch: Laßt es nicht dahin kommen, daß wegen der Abwesenheit jenes Bischofs, der von mir erlangen wollte, was ich ihm nicht gewähren darf, meine gute Absicht zuschanden werde. Sein Hirtenstab bezeugt seine Einwilligung. Nicht um Gottes willen, sondern aus Erbitterung über die ihm versagte Erhöhung ist er nicht erschienen. Möge alle Anwesenden erwägen, daß er lediglich aus Ehrgeiz die Förderung unserer heiligen Mutter Kirche durch eine törichte Botschaft zu hintertreiben sucht. Zur Sicherung meiner Stiftung aber trägt die Güte meiner hier anwesenden Gemahlin und meines einzigen Bruders und Miterben bei. Übrigens mögen beide versichert sein, daß ich ihnen alles, was sie abtreten, ganz nach Wunsch ersetzen werde. Selbst jener Bischof soll, wenn er sich hier zeigt und sein Versprechen einlösen will, mich zu jeder Entschädigung bereitfinden, zu der ihr eure Genehmigung erteilt."

Wie Thietmar weiter berichtet, „erhob sich hierauf Beringer, der Kaplan des Bischofs von Würzburg, und erklärte, sein Herr sei aus Furcht vor dem König nicht hierhergekommen; er habe auch nie der Schädigung seiner Kirche zugestimmt. Beringer beschwor alle Anwesenden, in Abwesenheit seines Bischofs nichts zuzulassen, was für sie selbst einen Präzedenzfall schaffe. Dann wurden die Privilegien Würzburgs verlesen. Sooft nun der König die Richter ängstlich schwanken sah, warf er sich demütig zu Boden. Schließlich stellte Erzbischof Willigis die Frage, was in der Angelegenheit geschehen solle. Erzbischof Tagino von Magdeburg antwortete als erster, die Sache könne dem Gesetze gemäß nach des Königs Worten entschieden werden. Alle stimmten dem zu und gaben hierfür ihre Unterschrift. Jetzt wurde Eberhard, der damals Kanzler war, vom König mit dem Bischofsamte betraut, und Erzbischof Willigis weihte ihn noch am gleichen Tage." Gleichzeitig ließ Heinrich eine Anzahl Urkunden ausfertigen, auf Grund deren die Stiftung reich dotiert wurde. Unter anderem wurden dem neuen Bistum sechs Abteien unterworfen.

Der Bischof von Würzburg versagte auch der vollzogenen Gründung seine Zustimmung. Grollend begab er sich in die entlegensten Winkel seiner Diözese. Er weigerte sich, vor dem König zu erscheinen, und lehnte es ab, seine Freunde zu empfangen, die ihn umstimmen wollten. Selbst mahnende Briefe von Mitbischöfen ließ er unbeachtet. Bischof Arnulf von Halberstadt schrieb ihm offen, sein hartnäckiger Widerstand sei nur in Stolz und Habgier begründet: „Die heiligen Väter, unsere Vorfahren, hielten es für äußerst recht und nützlich, in den ihnen anvertrauten Sprengeln, sobald sie ihre wachsenden Gemeinden nicht mehr allein bereisen und beaufsichtigen konnten, sich andere Priester als Gehilfen beizuordnen und aus einem Bistum zwei oder drei zu bilden, damit, was einer allein nicht zu leisten vermochte, zwei oder drei besser ausrichten könnten. Jetzt ist das freilich alles anders und voll Irrtum. Sie verwandten ihren ganzen Fleiß darauf, die Seelen zu retten; wir denken nur daran, die Leiber zu pflegen. Sie stritten um den Himmel, wir streiten um irdisches Gut." Es spricht für Heinrich, daß es ihm schließlich doch gelang, den Widerstand des Würzburgers in Güte zu überwinden: Der König kam selbst nach Würzburg, um dem Bischof über die in Tausch gegebenen Güter eine Urkunde auszustellen und großherzig noch eine neue Schenkung hinzuzufügen. Heinrich hat sich die Verwirklichung seines eigenen Bistums Beträchtliches kosten lassen: Die dem Bischof von Würzburg überlassenen Ländereien waren größer und einträglicher als jene, die er von ihm dafür bekommen hatte.

Die Errichtung Bambergs war folgenreich für die Kirche wie für die Verbreitung deutscher Kultur nach Osten. Vor der Gründung lagen die Gegenden am oberen Main und an der Regnitz zum größten Teil verödet. Die dünne Bevölkerung am Rande der Urwälder war meist slawischen Stammes. Das Bild änderte sich schlagartig, als der erste Bischof auf dem Burgberg seine Residenz aufschlug: Ringsum erblühte der Gau zu einer dichtbevölkerten Landschaft, in der die deutsche Art die Oberhand gewann. „Der ausdauernde Fleiß deutscher Bauern, welche die Kirche in das Land zog, schuf es zu einem gesegneten Erntefelde um. Und nicht allein äußeres Wohlleben gedieh hier, auch geistige Früchte reiften" (W. v. Giesebrecht). Heinrich förderte Kunst und Wissenschaft nach allen Richtungen. Er stattete Bamberg mit einer reichen Bibliothek aus, für die er viele Bücher schreiben und mit königlicher Pracht ausstatten ließ. Aus älteren Bibliotheken gewann er kostbare Kodizes, um sie Bamberg zu schenken. Die Stiftsschule wurde in wenigen Jahren eine der angesehensten Hochschulen Deutschlands. Um den Dom wuchs schnell eine volkreiche Stadt, die 1020 bereits umwallt war. So wurde der entlegene Ort an den Grenzen der Slawen, der noch vor einem Menschenalter kaum bekannt war, in ganz Europa berühmt.

Im Jahre 1012 wurde in Rom nach der Wahl Papst Benedikts VIII. aus dem Hause der Grafen von Tusculum durch die Machenschaften der Crescentier ein Gegenpapst erhoben. Aus heftigen Straßenkämpfen ging Papst Benedikt als Sieger hervor. Der Gegenpapst begab sich an den Hof Heinrichs, fand aber nicht die erhoffte Unterstützung. Der Kaiser nahm ihm die päpstlichen Insignien ab und verbot ihm alle Amtshandlungen. Bald darauf unternahm Heinrich seinen Zug nach Rom. Die italienischen Bischöfe begrüßten ihn als ihren Beschützer gegen die Gewalttaten weltlicher Herren. Der Papst kam ihm nach Ravenna entgegen, wo beide Häupter der Christenheit gemeinsam einer Synode präsidierten. Viele Übelstände in der Kirche wurden gerügt, vergessene Ordnungen in Erinnerung gebracht. Von der Kaiserkrönung in Rom erzählt Thietmar: „Am 14. Februar 1014 wurde Heinrich mit seiner geliebten Gemahlin Kunigunde von zwölf Senatoren – sechs schritten rasiert, sechs andere nach tiefsinnigem Brauch mit lang herabwallenden Bärten, Stäbe in den Händen, einher – zur Kirche des heiligen Petrus geleitet, wo sie der Papst erwartete. Der fragte den König vor dem Eintritt in die Kirche, ob er ein treuer Schild und Schirm für die römische Kirche sein und ihm wie all seinen Nachfolgern in jeglichem die Treue halten wolle. Voll Ergebenheit sagte dies der König zu und wurde mit seiner Gemahlin vom Papst gesalbt und gekrönt. Seine bisherige Krone ließ Heinrich über dem Altare des Apostelfürsten Petrus aufhängen. Am gleichen Tage veranstaltete der Papst für das Kaiserpaar ein reiches Festmahl." Auch in Rom leiteten Papst und Kaiser zusammen eine Synode.

Ostern 1020 hatte Heinrich die Freude, Benedikt VIII. in Bamberg empfangen zu dürfen. Der Papst weihte den vollendeten Dom und die neue Stephansbasilika. Feiern von unerhörtem Glanz veranschaulichten die Eintracht der beiden Häupter der Christenheit. Einen Monat lang berieten Heinrich und Benedikt über Kirche und Reich. Den Bamberger Aufenthalt des Papstes beschloß eine Synode mit 72 Bischöfen. Dann begaben sich Papst und Kaiser nach Fulda, wo Heinrich das Bistum Bamberg und die Abtei Fulda feierlich dem Stuhle Petri übertrug und mit dem Papst einen engen Freundschaftsbund schloß.

Das Bündnis mit dem Papsttum bewährte sich schon im nächsten Jahre, als Heinrich seinen dritten Italienzug unternahm. Es galt nicht allein die Interessen des Reiches zu wahren, sondern den Bestand des ganzen Abendlandes. Die Gefahr aus dem Osten hatte sich in den letzten Jahren wieder stärker bemerkbar gemacht. 1011 war eine arabische Flotte an der Arnomündung erschienen und hatte Pisa verwüstet. 1015 setzten sich die Araber auf Sardinien fest und bedrohten die Toscana. Benedikt VIII. eilte persönlich mit einer Armee in die von den Mohammedanern heimgesuchten Gegenden und besiegte Flotte und Heer des Feindes. Der Papst erwies sich als der tatkräftigste Verteidiger des Westens gegen Araber und Griechen. Mit den Byzantinern, die sich im südlichen Italien breitgemacht und einen Aufstand der Italiener herausgefordert hatten, konnte er freilich nicht allein fertig werden. Seine Truppen erlitten in der Schlacht von Cannä eine vernichtende Niederlage. Daher wandte er sich an den Kaiser. Heinrich folgte dem Hilferuf sofort. In drei Heeressäulen zogen die Deutschen nach Süden. Die von Heinrich selbst geführte Armee nahm die griechische Grenzfeste Troja. Der

Feldzug endete im ganzen günstig: Das alte Reichsgebiet in Unteritalien erkannte die kaiserliche Oberhoheit an.

Auf der Rückkehr nach Norden setzte der Kaiser im verwilderten Kloster Monte Cassino einen würdigen Abt seiner Wahl ein. Dieser Schritt war gleichsam der Auftakt zu jenem gesteigerten Bemühen um die Kirchenreform, das Heinrichs letzte Lebensjahre ausfüllte. Das Bedeutsame an ihm ist das enge Zusammengehen des Kaisers mit dem Papst. Doch war in diesem Bund mit Benedikt VIII. Heinrich „die eigentlich treibende Kraft" (K. Löffler). Der Kampf richtete sich vor allem gegen Simonie und Priesterkonkubinat. Auf der großen Reformsynode zu Pavia 1022 erließ der Kaiser zusammen mit dem Papst Gesetze, welche die Zucht im Klerus wiederherstellen sollten. Der Papst stellte noch weitergehende Vorschriften für eine spätere Synode in Aussicht und erklärte, die Satzungen von Pavia sollten der Anfang einer umfassenden Reform sein. Der Kaiser verkündete die Beschlüsse der Synode als Reichsgesetze.

1023 traf Heinrich mit König Robert von Frankreich zusammen. An der Grenze ihrer Reiche schlossen die beiden Herrscher einen Freundschaftsbund. Im Einvernehmen mit dem Papst planten sie ein allgemeines Konzil zu Pavia, das die französische, burgundische, deutsche und italienische Geistlichkeit vereinigen sollte. Das Programm dieser Versammlung sollte die Reform der Kirche und der Friede im ganzen Abendlande sein. Wie sehr dem Kaiser diese hochgespannten Ziele am Herzen lagen, zeigt die umfassende Tätigkeit, in der er seine letzten Kräfte verzehrte. Es war die Unruhe eines Mannes, der nach zwanzigjährigen Kämpfen endlich die Voraussetzungen für seine eigentliche Aufgabe gewonnen hat, sich anschickt, das Werk seines Lebens zu beginnen, und gewahr wird, daß seine Uhr bald abgelaufen ist: Schon fühlt er seine Kräfte schwinden, und alles bleibt noch zu tun. Die Qual steigert sich, wenn er die schon gelegten Fundamente des geplanten Baus zerbröckeln sieht.

Heinrich mußte es noch erleben, wie in der Kirche schwere Zerwürfnisse ausbrachen. Ein Teil des deutschen Episkopates unter Führung des Erzbischofs Aribo von Mainz geriet in Spannungen mit dem Papst und zugleich mit dem Kaiser. Heinrich, allem Partikularismus abhold, stellte sich bei diesem Zuständigkeitsstreit auf die Seite des universalistischen Papsttums. Die Vorgänge bekümmerten ihn tief. Überdies bedrückte es ihn, zu sehen, wie der Tod rasch nacheinander viele Männer dahinraffte, die ihm besonders wertvolle Helfer gewesen waren und die er jetzt in der Krise sehr vermißte. Es wurde einsam um ihn. Einige Monate verbrachte er in Bamberg, bemüht, die Lücken im Kreis seiner Paladine zu schließen. Der Chronist Adalbold schreibt, eine „sehr schwere Krankheit" habe ihn damals aufs Lager gezwungen. Es war wohl das alte Steinleiden mit den unerträglichen Koliken.

Sobald Heinrich sich wieder erheben konnte, verließ er Bamberg, Palmsonntag 1024 weilte er in Allstädt, Karfreitag in Nienburg, Ostern in Magdeburg. Er besuchte Halberstadt und Goslar, eilte nach den westlichen Gegenden, um noch einige Reichsgeschäfte zu erledigen, kehrte nach dem östlichen Sachsen zurück und bezog die Pfalz Grona bei Göttingen. Hier scheint ihn noch die Nachricht erreicht zu haben, daß Papst Benedikt im April gestorben war. Am 13. Juli gab der zweiundfünfzigjährige Kaiser das Reich, das er als ein vom Himmel übertragenes Lehen verwaltet hatte, in die Hand des höchsten Herrn zurück.

ALFRED DER GROSSE

(849—899)

Sie kamen in langen, offenen Booten übers Meer, verwegene Piraten, von Abenteuerlust und Raubgier getrieben. Kaum knirschten die flachen Kiele auf dem Strand, als sie schon Ruder und Segel fahren ließen, zu Speeren und Streitäxten griffen und landeinwärts schwärmten. Noch wehte der Rauch von brennenden Höfen und Klöstern über dem Gau, da waren die Räuber schon wieder übers Wasser verschwunden. Bald tauchten sie an anderer Stelle auf, fuhren flink die Flüsse hinauf, machten überraschende Überfälle und entwichen mit Beute und Gefangenen so schnell, wie sie gekommen. Wenn der Schrei erscholl: „Die Dänen sind da", war es für Gegenwehr zu spät. Die Einwohner Englands sahen sich außerstande, eine wirksame Verteidigung einzurichten. Schutzlos lagen die Schätze der Kirchen und Klöster dem Zugriff der Heiden preisgegeben. Gegen Ende des achten Jahrhunderts waren die skandinavischen Seeräuber zum ersten Male an der Westküste Nordenglands erschienen und hatten Sankt Cuthberts Abtei Lindisfarne und Sankt Bedas Abtei Jarrow verwüstet. Dann suchten sie die Shetland-Inseln heim, die Orkneys, die Hebriden, Schottland, Irland, Ost-Anglia, Kent und Somerset. Auch nach Frankreich kamen Horden von Dänen und plünderten das Gebiet an der Loire und um Paris.

Bis zu seinem sechzehnten Lebensjahre kannte Alfred, der Bruder des Königs Aethelred von Wessex, die sporadischen Raubzüge der Dänen nur vom Hörensagen. Traf die Meldung eines neuen Überfalls ein, so konnte man sicher sein, daß die Bande bereits wieder auf und davon war. Man schlug ein Kreuz, betete für die Erschlagenen, und damit war die Sache abgetan. Aber eines Tages langte eine Schreckensnachricht an, die Bestürzung und anhaltende Unruhe hervorrief: Die Wikinger, skandinavische Seekönige, waren gelandet, nicht mit kleinen Trupps, sondern mit einem riesigen Heere! Sie überschwemmten Ost-Anglia und setzten sich fest. Ein Jahr später kamen neue Nachrichten: Die dänische Armee hatte sich mit den Pferden Ost-Anglias beritten gemacht, war gegen York gezogen und hatte die befestigte Stadt im Sturm erobert. Nordhumbria wurde ebenso ausgeplündert wie Ost-Anglia. Die Uneinigkeit zwischen den christlichen Königreichen Englands und innere Zwiste begünstigten die Angriffe der Wikinger. Raffte sich ein König zur Gegenwehr auf, so fand er nur wenige Gefolgsmannen, die sich um ihn scharten. König Edmund von Ost-Anglia wurde nach tapferem Widerstand von den Heiden gefangen, an einen Baum gebunden und mit Pfeilen zu Tode gemartert.

Die Eroberer schienen entschlossen, sich mit Kind und Kegel auf Englands Erde niederzulassen. Schon hatten sie weite Landstriche besiedelt; doch noch mehr Bodengewinn lockte. In Massen griffen sie Mercia an. Jetzt war auch das benachbarte Wessex bedroht. Der König von Mercia, der eine Schwester Aethelreds und Alfreds geheiratet hatte, bat seine Schwäger um Hilfe. Damals vermählte sich Alfred mit Ealhswith, der Tochter eines mercischen Grafen, die ihm fünf Kinder schenken sollte. Als zweiter Befehlshaber zog der neunzehnjährige Alfred mit König Aethelred ins Feld. Den ersten großen Sieg über den Feind, der auch in Wessex eingebrochen war, errang Alfred: Er gab das Signal zum Angriff, ehe der Befehl dazu kam, und gewann die Schlacht. Drei

Monate später starb Aethelred, wahrscheinlich an Kriegswunden. Alfred, erst 21 Jahre alt, war nun König von Wessex.

Noch acht weitere Schlachten folgten in diesem einzigen Jahre 871. Einige endeten mit einer Niederlage Alfreds. Das ganze nächste Jahrzehnt war wechselvoll. Bald trieb Alfred die Dänen von einem Ort zum andern über ganz England hin, bald wurde er von ihnen verfolgt. Kaum hatte er den Feind aus einem Gebiet verjagt, da tauchte er in einem anderen auf. Henry of Huntingdon, ein englischer Historiker des zwölften Jahrhunderts, beschreibt die Lage anschaulich: „Wenn die englischen Könige sich beeilten, um dem im Osten gelandeten Feind zu begegnen, ehe er mit seinen Scharen heranrücken konnte, stürzte wohl ein atemloser Meldeläufer herein mit dem Ruf: ‚König, wohin marschierst du? Die Heiden sind im Süden gelandet, eine gewaltige Flotte! Städte und Dörfer stehn in Flammen! Feuer und Gemetzel überall!‘ Noch am gleichen Tag kommt vielleicht ein zweiter gerannt: ‚König, warum bist du auf dem Rückzug? Ein schreckenerregender Feind ist im Westen gelandet. Falls du ihn nicht schleunigst zurückschlägst, wird er meinen, du seiest auf der Flucht, und dir mit Feuer und Schwert folgen.‘ Am nächsten Morgen stürzt wieder einer herbei: ‚Wohin, Feldherren? Im Norden haben die Dänen einen Einfall gemacht. Schon haben sie eure Häuser verbrannt. Im Augenblick sind sie dabei, eure Besitztümer hinwegzufegen, eure Säuglinge auf ihre Speere zu spießen, eure Frauen zu schänden und sie in Gefangenschaft zu schleppen.‘“

Niederlagen nötigten Alfred mehrmals zu einem Waffenstillstand, den die Dänen trotz ihrer Eide brachen. Im zwölften Jahrhundert schreibt William of Malmesbury: „Noch heute zeigen die Landleute die Orte im Gelände, wo sein Unglück am schlimmsten war und das Glück ihm abhold. Doch mit Alfred mußte man kämpfen, selbst wenn er eine Niederlage eingesteckt hatte.“

Schließlich kam es dahin, daß alle angelsächsischen Gebiete bis auf einen Rest von Wessex in den Händen der Dänen waren. Mercia, Nordhumbria und Ost-Anglia hatten ihre Unabhängigkeit verloren. Englands Freiheit hing jetzt allein davon ab, ob Wessex noch die Kraft hatte, auszuhalten. Es schien nicht so. Schon flüchteten viele Westsachsen vor dem Wüten der Feinde übers Meer oder ergaben sich. Schon schickten die Dänen sich an, das eroberte Land unter sich zu verteilen und sich dort seßhaft zu machen. Alfred aber zog sich mit den letzten Getreuen, die bei ihm ausharrten, ins Marschland Somersets zurück. Die Gegend war damals eine pfadlose Wildnis mit stehenden Gewässern, Binsengestrüpp und Buschwald. Nur an wenigen Stellen hatten Ackerbauer begonnen, dem Ödland fruchtbaren Boden abzugewinnen. Zwischen den Sümpfen lag am Zusammenfluß zweier Flüsse die Insel Aethelney. In deren dichtem Erlenwald fand Alfred einen Schlupfwinkel, wo er mehrere Wintermonate versteckt blieb. Während er draußen im Lande als verschollen galt, warf er mit seinen Gefährten Verschanzungen auf, plante heimlich die kommenden Aktionen und befahl den Männern der Umgebung, sich bereit zu halten. Eine Kernmannschaft bildete er in militärischen Übungen zu höchster Kriegstüchtigkeit aus.

Dieser Winter in der Verborgenheit war Alfreds heroische Zeit. Kein Wunder, daß die Legende gerade diese Monate in Alfreds Leben mit allerlei Anekdoten ausgeschmückt hat. So wird erzählt, Alfred habe als wandernder Barde verkleidet die Zelte der Dänen betreten und die Feindlage ausgekundschaftet. Nach einer anderen Geschichte rastete Alfred auf seinen Streifzügen einmal in der Hütte eines Kuhhirten.

Dessen Frau ließ ihn neben dem Herde, auf dem Pfannkuchen brutzelten, Platz nehmen und ging für eine Weile hinaus. Alfred flickte seinen Bogen und merkte darüber nicht, daß die Kuchen anbrannten. Die zurückkehrende Hausfrau, die den König nicht erkannte, fuhr ihn deshalb grob an und schimpfte, er sei wohl begierig, die Kuchen zu essen, aber zu faul, sie zu wenden. Weiter hören wir von Strapazen und Hunger, und es heißt, daß Alfred damals von Fischfang und Dänenbeute sich ernährte. Die Erinnerung an diesen entbehrungsreichen Winter wurde wieder lebendig, als man Jahrhunderte später bei Aethelney ein kostbares Juwel fand, das die Inschrift trägt: AELFRED MEC HEHT GEWYRCAN. „Alfred ließ mich anfertigen." Es ist der einzige Gegenstand aus dem Besitz Alfreds, der auf unsere Zeit gekommen ist.

Der Frühling weckte neue Hoffnung. Im Mai 878 brach Alfred aus seinem Versteck auf. Aus den umliegenden Grafschaften strömten ihm die Waffenfähigen zu, und sie „freuten sich mächtig, ihn zu sehen". Er führte sie gegen den Feind und brachte den Dänen eine entscheidende Niederlage bei. Nach dieser Schlacht bei Chippenham ließ der besiegte dänische Befehlshaber Guthrum, unter allen Wikingern in England bei weitem der mächtigste, dem Könige anzeigen, daß er geneigt sei, zum Christentum überzutreten. „Es findet sich keine Spur davon, daß Alfred diesen Entschluß zur Friedensbedingung gemacht habe; der erste Gedanke daran, wenn auch kein aufrichtiger und allein von der gegenwärtigen Not eingegeben, scheint in der Seele des Heiden aufgestiegen zu sein. Er selbst herrschte über christliche Untertanen, deren Glaubensmut stärker als ihr kriegerischer gewesen war" (R. Pauli). Außerdem stellte Guthrum in Aussicht, Wessex zu verlassen und jede geforderte Anzahl von Geiseln zu stellen. Alfred war, wie Roger von Wendover schreibt, „mehr darauf erpicht, den Heiden die Seele zu retten, als darauf, sie zu vernichten". Er schloß zu den genannten Bedingungen Frieden. Wie wenig ihn Haß gegen seinen Feind erfüllte – nach immerhin zwölf Jahren Krieg gegen die Dänen –, zeigt die mehr als freundliche Art, mit der er den besiegten Guthrum behandelte. Alfred war bei seiner Taufe als Pate zugegen. Als nach acht Tagen Guthrum das weiße Stirnband der Neugetauften ablegte, wurde der Sitte nach groß gefeiert, und zwölf Tage lang war der Dänenkönig Alfreds Gast, von seinem Besieger mit reichen Geschenken als ein König und Krieger geehrt.

Guthrum führte, wie versprochen, seine Dänen aus Wessex und siedelte sich in Ost-Anglia an. Doch wenige Jahre später kamen andere Dänen über den Kanal und belagerten Rochester. Guthrum witterte Morgenluft, brach seinen Vertrag mit Alfred und schlug auch seinerseits los. Wieder stand für Alfred alles auf des Messers Schneide. Sieg und Niederlage wechselten. Schließlich gab Alfred dem Feldzug die entscheidende Wendung, indem er London eroberte. Ein neuer Friedensvertrag kam zustande. Ganz England wurde in zwei Teile geteilt: der Südwesten blieb unter Alfreds Herrschaft, der Nordosten wurde Guthrum überlassen. In diesem dänischen Gebiet, Danelage genannt, sollten die englischen Einwohner den dänischen Ansiedlern rechtlich gleichgestellt sein. Viel war verloren, doch viel wurde gerettet. Alfred hatte bewiesen, daß es möglich war, von den Dänen erobertes Gebiet zurückzugewinnen. Das stärkte die Hoffnung auf eine künftige Befreiung ganz Englands und machte König Alfred zum anerkannten Führer aller, die solche Hoffnungen hegten. Die angelsächsische Chronik schreibt, daß „alle Engländer Alfreds Oberherrschaft anerkannten, außer denen, die unter dänischer Macht standen".

Der Friede währte nur sechs Jahre. Ein starkes Dänenheer kam, nachdem es Frankreich und Deutschland heimgesucht hatte, mit 250 Schiffen über den Ärmelkanal und landete in Kent. Eine andere dänische Flotte von 80 Schiffen segelte in die Themsemündung hinein. Nach vierjährigem Krieg hatte Alfred die Gefahr, daß die Dänen ihr Gebiet ausdehnten, beseitigt.

„Alfred war nicht nur ein großer Feldherr, er war auch ein guter Stratege. Sein Erfolg beruhte auf seiner Fähigkeit, die wesentlichen Eigentümlichkeiten der dänischen Offensive als Ganzes zu sehen und neue Arten der Verteidigung zu entwerfen" (W. E. Lunt). Als erste wichtige Neuerung befestigte Alfred strategisch wichtige Punkte und versah sie nach einem klug erdachten System mit einer ständigen Garnison. Als zweite Neuerung hat Alfred die Miliz neu organisiert. Vorher waren planmäßige Feldzüge schier unmöglich, da es nie gelang, die Miliz ständig als militärische Einheit zusammenzuhalten. Die Männer des alten England waren wohl bereit, dem Ruf des Königs zu den Fahnen zu folgen und gegen den Feind ins Feld zu ziehn; doch sobald die Schlacht vorbei war, wollte jeder wieder nach Hause, um die Landwirtschaft zu besorgen. Die Ernährung des Landes stand seiner Verteidigung im Wege. Alfred löste diese Schwierigkeit, indem er die Wehrfähigen jedes Bezirks in Bataillonen zusammenschloß, die im Ernstfall abwechselnd auf befristete Zeit einberufen wurden. Wenn der Gestellungsbefehl kam, wußte jeder Mann seinen Platz in dieser Landwehr. So war die ununterbrochene Landesverteidigung ebenso gesichert wie die ungestörte Produktion. Alfreds militärische Operationen haben nicht nur, wo immer möglich, auf Erntearbeit Rücksicht genommen, sondern gelegentlich sogar die Mahd auf den Feldern überhaupt ermöglicht. So heißt es in der angelsächsischen Chronik: „Den folgenden Herbst hindurch, während die Leute beim Mähen waren, kampierte der König in der Nähe der Festung, damit die Dänen sie am Einbringen der Ernte nicht hindern konnten."

Die dritte Neuerung Alfreds war die Flotte. Obwohl fast ein Jahrhundert vergangen war, seit die Schiffe der Dänen zum ersten Mal nach England kamen, scheint vor Alfred niemand den Gedanken gehabt zu haben, ihnen auf hoher See zuvorzukommen und sie zu schlagen, ehe sie an der englischen Küste landen konnten. Hier schuf Alfred Wandel, wie die Chronik berichtet: „König Alfred befahl, Kriegsschiffe zu bauen, mit denen man die dänische Flotte abwehren könne. Sie waren fast doppelt so lang wie die der Dänen, schneller, sicherer und zugleich höher. Einige hatten 60 Ruder, andere noch mehr. Sie waren weder wie die friesischen noch wie die dänischen konstruiert, sondern so, wie es ihm am zweckdienlichsten zu sein schien." Noch im Baujahr wurden die ersten neun Schiffe in einer Seeschlacht eingesetzt. So wurde Alfred der Begründer der englischen Marine.

Zweiundzwanzig Jahre lang hat Alfred gegen die Dänen Krieg geführt. Es ist ihm gelungen, die südwestliche Hälfte Englands von den heidnischen Eindringlingen zu befreien und politisch zu einigen. So hat er das englische Christentum vor dem Untergang gerettet und zugleich das Kernland für die künftige Vereinigung aller Angelsachsen geschaffen. Zum Dank für diesen Erfolg gründete er Klöster, so eins auf der Insel Aethelney, wo er verborgen gelebt, als das Glück ihn verlassen zu haben schien.

So bedeutend die militärischen Taten Alfreds waren, seine größere Leistung vollbrachte er auf anderen Gebieten. Die Künste des Friedens lagen ihm mehr am Herzen als jene des Krieges. Zwar blieb nur ein Drittel seiner Regierungszeit von Kampflärm verschont, aber was Alfred in diesen neun Friedensjahren geleistet hat, bleibt immer erstaunlich. Mehr als ein halbes Jahrhundert lang war sein Königreich von den Invasionen der Dänen erschüttert worden. Seine Städte Southampton, Exeter, Rochester, Reading und London hatten die Macht des Feindes erfahren. Aber auch die Dörfer und Gehöfte von Wiltshire, Berkshire, Dorset, Hampshire und Kent hatten unter Besetzung, Raubzügen und Gefechten schwer gelitten. Allenthalben schrien Ruinen nach Wiederherstellung. Alfred baute die im Kriege zerstörten Städte wieder auf und gründete neue Städte, Kirchen und Klöster. Einige seiner eigenen Häuser ließ er Stein um Stein abbrechen und an günstigeren Orten wieder aufbauen. An all diesen architektonischen Plänen hat er selbst mitgearbeitet, wobei er sich nicht nur um das Technische, sondern auch um das Künstlerische kümmerte. Kunstwerke in Holz oder Edelmetall entwarf er mit Geschmack.

Alfred regierte mit einer Autorität, die kein angelsächsischer König vor ihm ausgeübt hat. Dem Brauche der Zeit entsprechend, hatte er keine feste Residenz, sondern zog im Lande umher, bald in dieser, bald in jener königlichen Burg weilend. So blieb er ständig mit allen Teilen seines Reiches in unmittelbarer Fühlung und konnte überall persönlich nach dem Rechten sehen. Er hielt Rat mit seinen „Witan", zu denen neben den Grafen seine Bischöfe gehörten, nämlich die von Winchester, Sherborne, London, Rochester und Dorchester mit dem Erzbischof von Canterbury an ihrer Spitze.

Rege Beziehungen unterhielt Alfred mit dem Auslande. Daß sein abseits gelegenes Inselreich politisch und kulturell von der übrigen Welt abgeschnitten wurde, suchte er nach Kräften zu vermeiden. Er hielt die Horizonte offen, ja erweiterte sie noch. An seinem Hofe empfing er Iren, Waliser, Franzosen, Italiener, Norweger und Friesen. Er wechselte Briefe mit Fürsten und Prälaten des Kontinents und erhielt Geschenke von Elias III., dem Patriarchen von Jerusalem. Selbst nach Indien knüpfte er Fäden, was wie ein Märchen klingt, aber eine historische Tatsache ist. Er hörte davon, daß der Apostel Thomas in Indien das Evangelium verkündet hatte und daß die von ihm gestiftete Kirche noch bestand, wenn auch von Heiden umgeben und bedrängt. So schickte er Gesandte mit reichen Geschenken an jene Christen im fernen Osten. Wie die zeitgenössische angelsächsische Chronik berichtet, erreichten die Gesandten tatsächlich ihr Ziel. Sie kehrten mit Gewürzen und Juwelen zurück, die noch lange in den Kirchen aufbewahrt wurden und die Vorstellungen der Engländer von dem Wunderlande Indien nährten.

Ein inniges Band verknüpfte den König mit Rom. Als Kind hatte Alfred zweimal zu längerem Aufenthalt in der Ewigen Stadt geweilt und war von Papst Leo IV. gefirmt und als Adoptivsohn angenommen worden. Unauslöschliche Eindrücke senkten sich damals in sein empfängliches Gemüt. Die Berührung mit den Zeugnissen einer imperialen Kultur und einer universalen Denkart bewahrte ihn ein für allemal vor geistiger Enge. Jahr für Jahr, selbst in den aufgewühltesten Zeiten, schickte er Gesandtschaften an den Apostolischen Stuhl, die dem Papst die Almosen der Westsachsen brachten und mit Segenswünschen, Privilegien und Reliquien zurückkehrten. So regelmäßig waren diese Delegationen, daß die angelsächsische Chronik es für der Mühe wert hält, für 889 als einzige Nachricht zu melden: „In diesem Jahre ging keine Gesandtschaft nach Rom, außer daß König Alfred zwei Läufer mit Briefen dorthin schickte."

Bei aller Liebe zu seinem Land war Alfreds Blick nicht nationalistisch verengt. Alfred dachte und handelte in europäischen, ja weltgeschichtlichen Zusammenhängen. Das wird besonders deutlich an dem Werk, das ihm den Namen eines Gesetzgebers eintrug. Sein Kodex, aus dem das englische „common law" erwuchs, ist noch in angelsächsischer Sprache erhalten. Die originelle Einleitung enthält eine kurze Geschichte des Gesetzes Gottes durch die Jahrtausende und bringt Jüdisches, Christliches und Germanisches als gewachsene Einheit. Um zu zeigen, daß seine Gesetze letztlich auf göttlicher Satzung beruhen, eröffnet Alfred seinen Kodex mit dem Dekalog und der Goldenen Regel aus Mt 7, 12: „‚Alles, was ihr wollt, das euch die Leute tun, das sollt auch ihr ihnen tun.' Nach diesem einen Gebote soll der Mensch sich richten, damit er über jeden gerecht urteile, dann bedarf er keines anderen Gesetzbuches." Dann schreibt Alfred: „Ich sammelte die Gesetze meiner Vorfahren, und viele, die mir nicht gefielen, verwarf ich mit dem Rate meiner Weisen, und jene, die mir am wichtigsten schienen, die sammelte ich." Es folgt das Ergebnis dieser sammelnden Arbeit. Das Ganze hat Alfred an manchen Stellen behutsam durch eigene Gesetze ergänzt: „So kühn wagte ich freilich nicht zu sein, daß ich viel Eigenes niedergeschrieben hätte, denn ich konnte nicht wissen, wie es denen gefallen würde, die nach uns kommen." Alfreds Verfahren war denkbar konservativ. Er stellte sich bewußt in die Tradition. Zugleich aber bedachte er die Bedürfnisse der Gegenwart und blickte über sie hinaus in die Zukunft. Er schuf kein neues Landrecht, sondern erneuerte altes Recht, verbesserte und ergänzte es. Gleichwohl war das Neue in Alfreds Sammlung nicht unerheblich. „Seine Beweggründe bei diesem reformatorischen Verfahren waren zweierlei: der umgestaltete höhere Wirkungskreis der königlichen Gewalt und das Bedürfnis seines eigenen Herzens, den alten, aus dem Heidentume überkommenen Volksrechten christliche Überzeugungen einzuflößen" (R. Pauli). Daher die Bestimmungen zum Schutz des Königs, der Gottes Stellvertreter auf Erden sei; daher die ungewohnten Gesetze, mit denen Alfred gleich zu Beginn seiner Sammlung die Heiligkeit des Eides einschärft: „Höchst notwendig ist, daß jeder Mensch getreu seinen Eid und sein Wort hält." Sollte einer sein Wort, das er einst vor Zeugen ablegte, brechen, so kann sein Bischof ihn mit vierzig Tagen Gefängnis bestrafen. Sollte er angeklagt sein, einen von der Kirche bezeugten und gesegneten Vertrag gebrochen zu haben, so muß sein Ankläger die Anklage in vier Kirchen laut verkünden lassen, und der Angeklagte, der seine Unschuld behaupten will, muß sie in zwölf Kirchen unter Eid erklären. Wer von den beiden Parteien schließlich der Lüge überführt wird, verfällt der Strafe nicht nur für sein erstes Vergehen, sondern obendrein noch für Meineid und Entweihung des Gotteshauses.

Wie sehr Kirche und Staat, Religion und Gesellschaft verbunden waren, erhellt auch aus anderen Gesetzen Alfreds. An kirchlichen Feiertagen durfte kein Freier seinem Herrn Dienstpflicht leisten, und auch die Leibeigenen durften an Sonntagen nicht zur Arbeit herangezogen werden. „Wenn ein Leibeigener sonntags auf Befehl seines Herrn arbeitet, soll er frei sein und der Herr dreißig Schillinge Strafe zahlen. Wenn er ohne Befehl arbeitet, laßt ihn schwitzen. Wenn ein Freier sonntags arbeitet, soll er seine Freiheit verlieren oder sechzig Schillinge zahlen. Priester sollen doppelt büßen."

Lang ist die Liste von Strafen, die für die verschiedenen Arten der Körperverletzung vorgesehen sind. „Alfred tat alles, was er konnte, um Faustrecht und Blutrache durch ordentliches Gerichtsverfahren zu ersetzen" (E. Duckett). Es galt, die schwächeren Glieder der Gesellschaft gegen Unterdrückung und Ausbeutung zu schützen und durch entsprechende neue Bestimmungen germanisch-heidnische Ansichten zurückzudrängen. Daß Alfred die Königsgewalt stärkte, war in dieser Lage schlechthin notwendig. Ihm deshalb autokratische Neigungen nachzusagen, wäre uneinsichtig. Alfred regierte mit fester Hand, war aber alles andere als ein Tyrann. Er appellierte weniger an die Furcht vor schierer Gewalt, sondern mehr an die Vernunft seiner Untertanen und an ihren guten Willen. „Mit inniger Freude muß man in seinem Verfahren eine milde, aber darum nicht weniger fruchtbare Richtung erkennen, mit der er die Umgestaltung der bisherigen Verhältnisse vornahm und ein ganz anderes, wahreres Königtum, als das seiner Vorfahren gewesen, vorbereiten half. Seine neuernden Bestrebungen sind viel weniger politischer als ethischer Art gewesen. Es erregt Erstaunen, wie sehr er nach der Auflösung aller staatlichen Bande die Verfassung seines Volkes beim alten gelassen, während er zum Heile desselben mit richtiger Erkenntnis der drohenden Gefahren die Bahn der sittlichen Erziehung einschlug" (R. Pauli).

Alfred begnügte sich nicht damit, Gesetze zu erlassen; er sah auch darauf, daß sie ausgeführt und in Verwaltung und Justiz angewandt wurden. Das Gerichtswesen im damaligen England war nicht so beschaffen, daß es Gerechtigkeit hätte gewährleisten können. Klagen auf kleinere Vergehen wurden von den Gutsherren gehört und entschieden. Streitigkeiten über wirtschaftliche Angelegenheiten wurden von den königlichen Sheriffs behandelt. Verbrechen wurden von den Grafen und Bischöfen auf der Volksversammlung gerichtet. Über all diese Richter führte Alfred strenge Aufsicht. Asser, sein langjähriger Vertrauter, berichtet darüber: „Viel Mühe machte er sich mit der Justiz. Für die kleinen Leute setzte er sich ebensosehr ein wie für die Großen. Die Streitigkeiten an den Gerichtshöfen der Grafen und Sheriffs gingen oft einen so verkehrten Gang, daß, wie auch immer das gefällte Urteil lauten mochte, kein Mensch damit einverstanden war . . . Alle legten Berufung an den König ein, und beide Parteien eilten zum Königshof. Denn selbst wer sich der Ungerechtigkeit seiner Sache bewußt war, erschien doch, durch das Gesetz gezwungen; freiwillig wäre er nie vor dem Stuhl eines solchen Richters erschienen, denn er wußte wohl, daß er dort keinen einzigen Augenblick für seine Untaten Verständnis finden würde . . . Wenn unser König einen Fall zu entscheiden hatte, suchte er den wahren Sachverhalt genauestens zu ergründen. Fast jedes Urteil, das im Reich in seiner Abwesenheit gefällt wurde, prüfte er persönlich auf seine Rechtmäßigkeit. Falls er in einem Urteilsspruch etwas Ungerechtes entdeckte, pflegte er die Richter vorzuladen und sie nach den Gründen ihres falschen Urteils zu fragen. Wenn die Richter schließlich gestanden, daß sie ihr Urteil aus Unwissenheit, Bosheit, Befangenheit, Furcht, Haß oder Geldgier gesprochen hatten, hielt er ihnen vernünftig und ruhig ihre Unfähigkeit vor: ‚Angesichts eurer Unbesonnenheit wundere ich mich nicht, daß ihr Amt und Würde der Witan übernehmt, aber nicht daran denkt, zu studieren und Kenntnisse zu gewinnen. Ich befehle euch, entweder ernsthafter den Studien zu obliegen oder sofort euer Amt niederzulegen.' Bei solchen Worten zitterten Alderman und Sheriff . . . Sie gaben sich gewaltig Mühe, die Rechtswissenschaft zu studieren. Es war ein komischer Anblick, wie fast alle diese ungebildeten Aldermänner, Sheriffs und Thane sich an die Bücher machten. Lieber nahmen sie ungewohnten Unterricht, so schwer er ihnen fiel, als daß sie ihr Amt aufgaben."

Man muß einmal lange Zeit versucht haben, einem fünfzigjährigen analphabetischen Älpler das Lesen und Schreiben beizubringen, dann wird man ahnen, welche unendliche Geduld und Zähigkeit Alfred brauchte, einem ganzen ungeschulten Volke Bildung beizubringen. Die Notwendigkeit, sich dieser mühevollen Arbeit zu unterziehen, lag für Alfred auf der Hand. Er fand es hart, ein Volk regieren zu müssen, das so ungebildet und unwissend war. Nicht immer hatte das geistige Niveau in England so tief gelegen. Im siebenten und achten Jahrhundert nahm die englische Gelehrsamkeit im ganzen Abendlande eine führende Stellung ein. Jetzt aber waren Theodor, Aldhelm, Beda, Biscop und Alcuin schon lange tot. Die Dänen hatten Lindisfarne, Jarrow, Canterbury und York heimgesucht, Klöster, Schulen und Bibliotheken vernichtet, Bischöfe und Mönche vertrieben. Viele Bischofssitze waren verwaist, manche gingen für immer ein. Jene Bischöfe, die bei ihren Kathedralen bleiben konnten, wurden in dieser Notzeit so sehr von ihren politischen Pflichten in Anspruch genommen, daß ihre geistigen und geistlichen Aufgaben darunter litten. Kein Wunder, daß die Kirchenzucht sank und mit ihr Bildung und Frömmigkeit. In einem Brief an Bischof Werferth klagt Alfred darüber, „daß einst Ausländer in unser Land kamen, um hier zu studieren, während wir heute Gelehrte aus dem Ausland holen müssen, wenn wir überhaupt welche haben wollen. So sehr verfallen ist die Wissenschaft in England, daß, als ich zu regieren begann, nur sehr wenig Geistliche diesseits des Humber ihren lateinischen Ritus verstehen oder einen Brief aus dem Lateinischen ins Englische übersetzen konnten, und jenseits des Humber vermutlich auch nicht sehr viele. Ich kann mich nicht eines einzigen südlich der Themse erinnern ... Bevor alles zerstört und verbrannt wurde, sah ich die Kirchen in ganz England mit Kleinodien und Büchern gefüllt; wir hatten auch eine große Menge von Gottesdienern, doch sie wußten mit den Büchern nicht umzugehen und verstanden keinen einzigen Satz daraus, da diese Bücher nicht in ihrer eigenen Sprache geschrieben waren. Sie sagten: ‚Unsere Vorgänger im Amt liebten die Wissenschaft, erwarben durch sie Reichtum und hinterließen ihn uns. Hier kann man ihre Spur noch sehen, doch wir vermögen ihr nicht zu folgen!'"

In dem Verfall der Bildung erkannte Alfred die Hauptursache für die Schäden in der englischen Kirche. Wie sehr er sich darüber Sorgen machte, zeigt sein Briefwechsel mit Erzbischof Fulko von Reims. Alfred hatte diesem Prälaten englische Hunde geschenkt, die er gegen die Wölfe, die damals noch in Frankreich hausten, einsetzen sollte. Fulko dankt in seinem Antwortschreiben überschwenglich für die Gabe und wünscht sodann der Reformarbeit Alfreds für die englische Kirche Erfolg: „Die Ordnung und die Kraft der Kirche sind, wie Ihr sagt, in mancher Hinsicht zusammengebrochen, sei es durch häufige Invasionen und Angriffe der Heiden, sei es durch die Nachlässigkeit des höheren Klerus und durch die Unwissenheit ihrer Untergebenen; mögen sie durch Euren Fleiß und Eure Sorgfalt wiederhergestellt, veredelt und vermehrt werden!"

Alfred war entschlossen, alles zu tun, um den Bildungsstand seines Volkes zu heben, ja selber der Lehrer Englands zu werden. Er begann damit, seine eigenen Bildungslücken zu schließen. „Von früher Kindheit an", so erzählt Asser, „wuchs in seiner hochgesinnten Seele die Sehnsucht nach Weisheit. Leider blieb er durch die Nachlässigkeit seiner Eltern und Erzieher bis zu seinem zwölften Lebensjahr oder länger unfähig, richtig zu lesen. Doch lernte er viele sächsische Lieder auswendig, denn er hörte sie gewöhnlich tagsüber und abends von andern wiederholt, und er war kein schlechter Zuhörer. Er war auch ein tüchtiger Jäger und ein fleißiger und geschickter Förster. Im Jagdrevier kam ihm keiner gleich, er war stets der erste und erfolgreichste. Hier und auch sonst war er hochbegabt, wie wir uns selbst oft mit eigenen Augen überzeugt haben. Einmal zeigte seine Mutter ihm und seinen Brüdern ein Buch mit sächsischen

Liedern, das sie in ihrer Hand hielt, und sagte: ,Wer von euch diesen Band am schnellstern lernt, dem will ich ihn schenken.' Entzückt von der Schönheit der ersten Initiale dieses Buches, sagte er begeistert zu seiner Mutter: ,Willst du wirklich dieses Buch einem von uns schenken? Dem, der es am frühesten versteht und vor dir aufsagen kann?' Als sie lächelte und voll Freude bejahte, nahm er ihr das Buch sofort aus der Hand, ging zu seinem Lehrer und las es. Als er es gelesen hatte, brachte er es seiner Mutter zurück und trug das ganze Werk auswendig vor. Danach lernte er das Stundengebet, bestimmte Psalmen und viele Gebete, die er in einem Buch sammelte, das er stets bei sich trug, um zwischen allen Geschäften dieses Erdenlebens daraus zu beten; niemals trennte er sich von diesem Buch. Doch wonach er sich am meisten sehnte, nämlich nach einer Ausbildung in den sieben freien Künsten, das erreichte er nicht so, wie er wollte. Denn wie er zu sagen pflegte, gab es in ganz Wessex damals keine guten Lehrer. Oft beteuerte er mit vielen Klagen und mit manchem Seufzer aus seinem tiefsten Herzen, daß unter all den Hindernissen seines Lebens dieses das größte war: daß ihm zu der Zeit, als er alt genug war und Zeit und Kraft zum Lesen hatte, die Lehrer fehlten."

Als er König war, blieb ihm nichts anderes übrig, als Lehrer aus dem Ausland zu berufen, da er in England keine fand. Aus Wales holte er den Mönch Asser, der ihm Lateinunterricht gab und ihn in der Literatur unterwies. Aus Mercia rief Alfred vier Gelehrte an seinen Hof: Aethelstan und Werwulf, die er zu Priestern an seiner königlichen Kapelle ernannte; Plegmund, den er später zum Erzbischof von Canterbury erhob; und Werferth, dem er das Bistum Worcester gab. Aus Frankreich von der Abtei Saint-Bertin in Saint-Omer kam auf Bitten Alfreds der gelehrte und heilige Mönch Grimbald, der an der Klosterreform in England Anteil nahm. Aus Deutschland, vielleicht aus dem Kloster Korvey, kam an Alfreds Hof der Mönch Johannes, dem der König eine seiner Neugründungen, die Abtei Aethelney, anvertraute. Wenn wir Simeon von Durham, einem Autor des zwölften Jahrhunderts, glauben wollen, befand sich unter Alfreds Gelehrten auch „die erste bedeutende wissenschaftliche Persönlichkeit des Mittelalters" (W. Windelband), der scharfsinnige Denker Johannes Scotus Erigena.

Alfred war bereits 38 Jahre alt, beschlagen in vielen praktischen Künsten und Handwerken, ein ruhmbedeckter Feldherr und Herrscher eines großen Reiches, und doch hielt er es für nötig, wie ein Sextaner lateinische Vokabeln und grammatische Regeln zu lernen. Eine dieser Unterrichtsstunden hat sein Lehrer Asser selbst beschrieben: „Wir saßen zusammen, der König und ich, in seinem Zimmer und sprachen wie gewöhnlich über verschiedene Themen. Es traf sich, daß ich ihm eine Stelle aus einem Buche vorlas. Er hörte aufmerksam mit beiden Ohren zu und dachte darüber nach. Plötzlich zog er aus seiner Tasche ein kleines Buch und zeigte es mir. Es enthielt das Offizium und andere Psalmen und Gebete, die er von Jugend an gelesen hatte. Er sagte, dieses Buch trage er stets bei sich. Er bat mich, die eben vorgelesene Stelle dort hineinzuschreiben. Ich dankte Gott im stillen, daß er dem König solchen Eifer für die Weisheit eingegeben. Ich fand aber keine freie Seite mehr in dem Buch, es war ganz vollgeschrieben. Ich zögerte eine Weile, um das Verlangen des Königs noch zu steigern. Und als er mich drängte, sagte ich: ,Möchtet Ihr, daß ich es auf ein besonderes Blatt schreibe? Ich weiß nicht, ob wir noch mehr Stellen finden, die Euch gefallen. Wenn ja, wollen wir sie auch gesondert aufschreiben.' ,O ja!' sagte er. Froh beeilte ich mich, ein

Notizbuch zu machen. Als erstes schrieb ich den gewünschten Auszug hinein. Am gleichen Tag trug ich auf seinen Wunsch noch drei weitere Zitate ein ... Sogleich machte er sich daran, das Eingetragene zu lesen und ins Sächsische zu übersetzen ... Und so fuhren wir Tag um Tag fort, spürten während unserer Stunden weitere ihn ansprechende Stellen auf, bis das Buch voll war ... So wuchs diese Blütenlese, ohne bestimmten Plan von allen Feldern eingeheimst, allmählich zum Umfang eines Psalters. Der König nannte das Werk sein Encheiridion oder Handbuch, weil er es stets zur Hand hatte und, wie er zu sagen pflegte, nicht geringen Trost daraus zog." Wie sehr Alfred wissenschaftliche Bildung schätzte, verriet er nicht nur durch seinen Lerneifer, sondern auch durch seine Dankbarkeit dem Lehrer gegenüber. Er überhäufte Asser mit zahllosen Geschenken und verlieh ihm neben zwei Abteien ein Bistum.

Alfred wollte sein erworbenes Wissen nicht für sich behalten, sondern dem Volke zukommen lassen. Er dachte vor allem an die Laien, die kein Latein konnten und deshalb bislang von der Bildung ausgeschlossen blieben, aber auch an den Klerus, dem die Kenntnis der lateinischen Sprache weithin abhanden gekommen war, so daß selbst in diesen Kreisen die Bildung sehr zu wünschen übrig ließ. Darum beschloß Alfred, wesentliche Werke der belehrenden Literatur aus dem lateinischen Original ins Angelsächsische zu übertragen und zu verbreiten; mit Alfreds eigenen Worten: „jene Bücher, die allen Menschen am ehesten bekannt sein müssen, in die Sprache zu übersetzen, die wir alle verstehen können." Diese Aufgabe übernahm der König höchstpersönlich. In den letzten zwölf Jahren seines Lebens hat er die ganze freie Zeit, die ihm die Feldzüge und die Regierungsgeschäfte übrig ließen, den Übertragungen gewidmet. Um die sprachlichen Schwierigkeiten dieses Unternehmens meistern zu können, bedurfte er der Mitarbeit seiner Gelehrten; doch die Auswahl der Bücher ist seine eigene Entscheidung. Sie konnte aus dem verfügbaren Bestand im Hinblick auf das pädagogisch-praktische Ziel nicht besser getroffen werden: eine Sammlung von Heiligenleben, ein Buch über die Aufgaben der Seelsorge, eine Geschichte der englischen Kirche, eine Weltgeschichte und Weltgeographie, ein philosophisches Werk und ein theologisches Werk. Wie sehr es Alfred auf erzieherische Wirkung ankam, zeigt auch die Tatsache, daß er die lateinischen Originale recht frei behandelte. Er veränderte den Text, raffte ihn oder fügte Ergänzungen hinzu, ja schrieb ganze Kapitel selbst. Was auf diese Weise entstand, ist eher freie Bearbeitung als getreue Übersetzung zu nennen. Indem Alfred jene lateinischen Autoren des vierten, fünften, sechsten und achten Jahrhunderts sich ganz persönlich aneignete, sich anverwandelte und umgestaltete, hat er sie zugleich den Bedürfnissen seiner eigenen Zeit angepaßt und der Nachwelt ein Zeugnis seines Geistes und seiner Herzensfrömmigkeit hinterlassen.

Das Übersetzungswerk begann mit den *Dialogen* Gregors des Großen, die Bischof Werferth auf Alfreds Bitte ins Angelsächsische übertrug. Alfred mochte dieses Buch zunächst seines Verfassers wegen gewählt haben, denn Papst Gregor I. hatte jenen Benediktiner Augustinus als Missionar nach England geschickt, der zu Canterbury der erste Bischof auf der Insel wurde. Auch der Inhalt mußte Alfred bedeutend und erzieherisch wertvoll erscheinen, enthalten die *Dialoge* ja zahllose Geschichten von heiligen Männern, unter anderen das Leben des Mönchsvaters Benedikt von Nursia, dessen Regel alle englischen Klöster befolgten. Die erzieherische Absicht und die Lage, aus der er schreibt, macht Gregor einleitend selbst deutlich. Da klagt er seinem Diakon Peter gegenüber: „Ich gleiche einem angeschlagenen Boot, das sich durch turmhohe Meereswogen kämpft. Hin- und hergerissen bin ich von den Wirrnissen dieser Welt, gepeitscht von Stürmen im Schiff meiner Seele." Was Gregor im aufgewühlten Rom des sechsten Jahrhunderts empfand, das mochte Alfred besonders angesprochen haben, fühlte er im England der Dänenkriege doch ähnlich. Aber er konnte wie Gregor sprechen: „Mein Elend ist um so größer, wenn ich an jene Heiligen denke, die Gott inmitten der Leiden und Sorgen ihrer Zeit so gut dienten. Ich betrachte ihren Edelsinn, ihre Tugend, und denke, wie ich selbst hier liege: niedergeschlagen und auf den Boden hingestreckt zwischen diesen niedrigen und gemeinen Dingen meines Lebens." Die angelsächsische Fassung von Gregors *Dialogen* hat folgendes Vorwort: „Ich, Alfred, durch Christi Gabe mit der Ehre des Königtums begnadet, habe klar begriffen . . ., daß wir, denen Gott im irdischen Bereich eine so hohe Stellung zugewiesen hat, es sehr nötig haben, von Zeit zu Zeit inmitten der Sorgen dieser Welt unsere Herzen dem göttlichen und geistlichen Gesetz zu öffnen und zu ergeben. Deshalb bat ich meine Getreuen, für mich aus frommen Büchern die hier gebotenen Lehren über Leben und Wunder der Heiligen aufzuschreiben, so daß ich, durch Mahnung und Liebe im Geiste erquickt, inmitten dieser irdischen Trübsale das Himmlische suchen könne." Wahrlich, „es entsprach dem Charakter des Königs, daß er dieses Buch zur Belehrung seines Volkes herausgab als eines, das für seine eigenen religiösen Bedürfnisse geschrieben worden war . . . Was er als gut für sich fand, das war gut und passend für alle in seiner Umgebung" (E. Duckett).

Als nächstes Buch wurde, diesmal von Alfred persönlich, Gregors des Großen *Cura pastoralis* übersetzt, ein Werk, das den Oberhirten ein leuchtendes Bild des idealen Bischofs, seines Lebensstils und seiner Amtsführung anspornend vorhält. Alfred wird besonders jene Stellen der *Cura pastoralis* geschätzt haben, die von der Verantwortung des Bischofs für die Unterweisung der Laien handeln. Er hoffte, die Bischöfe würden ihm bei der Erziehung des Volkes helfen, und schrieb in dem Begleitbrief, mit dem er die *Cura pastoralis* an jeden Bischof sandte, Gott habe dem Bischof deshalb seine Kenntnisse verliehen, damit er sie dem Volke mitteile.

Alfred wünschte, daß jeder Engländer sich in der Geschichte des englischen Christentums auskenne. Darum übersetzte er die *Kirchengeschichte des englischen Volkes* von Beda Venerabilis. So vermittelte er seiner Zeit ein historisches Standardwerk, das den Gang der politischen und kulturellen Entwicklung Britanniens darstellte und zugleich die großen Heiligen Englands schilderte, heilige Könige, Priester und Dichter. Der Horizont der Engländer sollte aber über ihre Küsten hinausreichen. Alfred, der in seiner Kindheit bereits Italien und Frankreich gesehen hatte, dachte universal und wollte etwas von seinem weiten Geiste seinem Volke mitgeben. Darum übersetzte er das Werk des Orosius, eines Schülers des Kirchenvaters Augustinus: die erste *Weltgeschichte*, die vom christlichen Standpunkte aus geschrieben wurde, verbunden mit einer Abhandlung über Erdkunde. Alfred fügte ein eigenes Kapitel hinzu, und das ist das anziehendste des ganzen Buches. Es bietet eine geographische Beschreibung Deutschlands und Skandinaviens. Der Bericht über den hohen Norden nimmt in der Geschichte der Entdeckungen eine bedeutende Stelle ein. Er mußte damals in England besondere Anteilnahme hervorrufen, schilderte er doch die Heimat der Invasoren, die jetzt englischen Boden besiedelten. Alfred stützt sich auf das, was zwei Seefahrer ihm selbst erzählten. Der Norweger Ohthere, ein begüterter Walfänger, der in Alfreds Dienste trat, entdeckte das Nordkap und das Weiße Meer und erforschte finnische Völker. Der Engländer Wulfstan segelte von Schleswig durch die Ostsee bis in den Finnischen Meerbusen und lieferte die älteste Beschreibung der Esten.

Den Sachbüchern, die historische und geographische Tatsachen berichten, ließ Alfred spekulative Werke folgen. Er wählte zunächst den *Trost der Philosophie* des Boethius. Dieser römische Staatsmann unter Theoderich wurde als Opfer einer politischen Intrige ins Gefängnis geworfen und wegen Hochverrats hingerichtet. Im Kerker schrieb er sein berühmtestes Werk, das tausend Jahre lang zu den beliebtesten Büchern Europas gehörte: das Zwiegespräch zwischen dem Erdulder unverdienten Leids und der Frau Philosophie. Alfred prägt das neuplatonische Buch um in eine warme und schlichte Darstellung christlichen Glaubensmutes und knüpft an die Bemerkung des Boethius, er habe sich nie von Ehrgeiz leiten lassen, aus Eigenem eine weitläufige Darstellung seiner Grundsätze über die Herrschaft. Unter anderem schreibt er da, jeder Stand müsse im Lande stark vertreten sein: Beter, Kämpfer und Arbeiter. Aufgabe des Königs sei es, jedem Stand das zu geben, wessen er bedarf: Ländereien, Waffen, Nahrung, Kleidung. Nur dann können die Stände gedeihen, und nur mit kräftigen Ständen könne der König sein Amt versehen. Alle Tugend und alle Macht seien nichts ohne die Weisheit. „Das kann ich jetzt wahrhaftig sagen, daß ich, solange ich lebe, gestrebt habe, würdig zu leben und nach meinem Tode den Nachkommen mein Andenken in guten Werken zu hinterlassen."

Das zweite spekulative Werk, das Alfred bearbeitete, nannte er selbst *Blütenlese*. Es enthält eine freie Übersetzung der *Soliloquien*, jenes neuplatonisch getönten Frühwerks des heiligen Augustinus, das um die Frage der Unsterblichkeit der Seele kreist, ferner eine Anzahl von Stellen aus anderen Schriften des großen Kirchenvaters. Alfred ließ eine Menge von Augustins dialektischen Erörterungen aus und fügte eigene schlichte Gedanken hinzu. Dem Ganzen stellte er ein Vorwort voran, in dem er auf seine bisherigen literarischen Arbeiten zurückblickte. Es bekundet die weise Beschränkung Alfreds, sein Bewußtsein, wie viel noch zu tun übrig bleibt, und die Auffassung seiner Arbeit als Gottesdienst. Sie läßt in ihrer Bescheidenheit kaum die gigantische Mühe ahnen, die der König geleistet. Auch „kann eine bloße Beschreibung von Alfreds Schriften keinen wahren Eindruck geben von der heroischen Qualität seiner Arbeit. Um Gedanken und mehr als nur den elementarsten Wissensstoff auszudrücken, hatte man das Instrument der englischen Prosa noch nicht versucht, als er zu schreiben begann. Das sorgfältige Fügen eines Satzes war ein Experiment ... Alle Bücher, die seinen Namen tragen, vermitteln den Eindruck eines individuellen Autors, der mit einer widerspenstigen Sprache ringt. Seine Bücher blieben eine alleinstehende Leistung ... Aber sein Werk zeigte späteren Schriftstellern von größerem Können die Möglichkeiten und Grenzen englischer Prosa" (F. M. Stenton).

Angelsächsische Texte herzustellen, handschriftlich zu vervielfältigen und nach allen Orten hin zu verbreiten, um das Volk zu unterrichten, hatte nur dann einen Sinn, wenn das Volk lesen konnte. Diese Voraussetzung war zu Alfreds Zeit noch nicht gegeben. Der König suchte sie zu schaffen. In einem Brief an Bischof Werferth äußert er seine Pläne: „Ich denke, wenn Gott uns hilft und wir Frieden haben, können wir es sehr leicht zustandebringen, daß alle jungen Männer im heutigen England, die freigeboren und begabt sind, sich ganz dem Studium widmen und während dieser Zeit von allen anderen Arbeiten freigestellt werden, bis sie englische Texte gut lesen können.

Dann mögen jene, die mehr lernen und einen höheren Grad der Bildung erreichen wollen, die lateinische Sprache lernen." Nun, „sehr leicht", wie es dem König in seinem Optimismus zuerst erschien, sollte das Unternehmen der Volksbildung nicht werden. Aber Alfred packte es beherzt an.

Er gründete und förderte natürlich Klosterschulen, schuf aber daneben auch eine Hofschule und verpflichtete die Söhne des Adels, sie zu besuchen. Aus dieser Hofschule gingen später ausgebildete Geistliche hervor, die ihrerseits Wissen und Bildung weiterverbreiteten, und kultivierte Laien, die tüchtige Verwaltungsbeamte wurden. Alfred sollte die Früchte seiner Gründung nicht mehr erleben. Er ahnte es wohl und wollte schon bei den Lebenden die Erfolge seines Bildungseifers sehen. Deshalb ordnete er an, daß nicht nur die Knaben, sondern auch die Graubärte studieren sollten, mochten sie noch so viele Verdienste in der Justiz, in der Verwaltung oder auf dem Schlachtfeld aufzuweisen haben. Wir hörten schon, wie Alfred seine Witan vor die Wahl stellte, entweder zu studieren oder abgesetzt zu werden. Jeder Mann in führender Stellung sollte sich in der Grammatik, Rhetorik, Dialektik, Arithmetik, Geometrie, Musik und Astronomie auskennen.

Wie Asser berichtet, duldete der König keine Ausflüchte: „Wenn jemand seines hohen Alters oder seiner geistigen Schwerfälligkeit wegen im Studium der sieben freien Künste nicht vorwärtskam, mußte er sich von seinem Sohn, Verwandten oder sogar von seinem Leibeigenen Bücher in seiner Muttersprache vorlesen lassen ... So hatten die Alten nicht weniger Mühe als die Jugend, sich dem Befehl unseres Königs entsprechend zu bilden."

Nicht nur die Erziehung des Adels lag Alfred am Herzen. Wenn er verheißungsvolle geistige Anlagen in einem Menschen der untersten Schichten entdeckte, förderte er sie. So soll er einen Schweinehirten, dessen geistige Regsamkeit ihm auffiel, auf seine Kosten ausgebildet und später zum Bischof von Winchester ernannt haben. Umgekehrt duldete er nicht, daß ein ungebildeter Mann zu einer kirchlichen Würde aufstieg, mochte er auch vom Adel sein. Neben der wissenschaftlichen Schulung lag Alfred auch an der handwerklichen und künstlerischen Bildung der dafür Begabten. Seine Vielseitigkeit kam ihm hier zustatten. Höchstpersönlich bildete er Jäger, Falkner, Goldschmiede und Baumeister aus.

Von Johannes Scotus Erigena, dem Helfer Alfreds im Bildungswesen, heißt es, er habe sein Leben dadurch eingebüßt, daß die Jungen, die er unterrichtete, ihn mit ihren Griffeln durchbohrten. Anscheinend handelt es sich um eine Wanderlegende, denn sie wurde früher und andernorts auch von anderen Lehrern erzählt. Immerhin ist es bezeichnend, daß man einen solchen Vorfall in England für möglich hielt. Zu solchem Ausbruch des Hasses konnte sich die Abneigung der Trägen und Unfähigen gegen Wissenschaft und Bildung steigern. Auch Alfred, dem unerbittlichen Erzieher und strengen Schulmeister der ganzen Nation, mochte etwas von diesem äußersten Widerwillen entgegengeschlagen haben. Alfred hatte gewiß nicht von Anfang an das Herz seines Volkes gewonnen. Höchstwahrscheinlich wurde er erst nach seinem Tode „England's darling". Das liegt nicht an Mängeln seines Charakters, sondern in der Natur der Sache. „Reformatoren ernten anfangs stets mehr Haß als Entgegenkommen. Überdies war er ein junger Reformer, und er führte, wie wir gern glauben, seine Reformen mit der kompromißlosen Strenge der Jugend durch" (E. Conybeare). In Assers Darstellung erscheint das unsägliche Bemühen des Königs um eine geistige, sittliche und politische Erziehung seines Volkes als eine Sisyphusarbeit, und man spürt des Mitarbeiters ohnmächtigen Zorn in den Worten mitschwingen. Welcher Staatsmann, welcher Volkserzieher kennt nicht solche Stunden der Enttäuschung, in denen alle Arbeit für die Nation vergebens zu sein scheint? Alfred hat diese tragische Einsamkeit bis zur Neige gekostet.

Asser schreibt: „Großen Verdruß und Ärger hatte er mit seinem eigenen Volk. Die Leute waren wenig oder überhaupt nicht bereit, freiwillig Mühen für die gemeinsamen Bedürfnisse des Reiches auf sich zu nehmen. Ganz einsam stand er an der Spitze des Reiches. So bringt ein Kapitän, obwohl fast seine ganze Mannschaft faulenzt, sein Schiff mit seiner reichen Fracht sicher in den Heimathafen. Auch Alfred duldete inmitten der Wirbel und Wogen dieser Welt an sich selbst kein Schlaffwerden, kein Schwanken. Seine Bischöfe, Grafen und Sheriffs ... suchte er mit Sorgfalt und Klugheit seinem Willen gefügig und dem Allgemeinwohl dienstbar zu machen: durch sanfte Belehrung, durch freundliche Worte, durch Ermahnung, durch Befehl. Wenn das alles nicht half, bestrafte er die Ungehorsamen hart und zeigte ihnen seinen Ekel vor ihrem Stumpfsinn und ihrer Widerspenstigkeit. Doch der König mochte noch so viel mahnen, das Volk blieb träge. Seine Befehle wurden überhaupt nicht ausgeführt, oder so spät, daß es nichts mehr nutzte. Einige Festungen – ich könnte ihre Namen nennen – hat er zu errichten oder instandzusetzen befohlen: Bis heute hat man noch nicht mit der Arbeit begonnen, oder man begann zu spät, so daß man nicht fertig wurde."

Man spürt, wie es in dem Kelten Asser kocht, wenn er auf die politische Schlafmützigkeit der damaligen Angelsachsen zu sprechen kommt. Mit Worten voll Ironie und bitteren Hohns erklärt er, wenn die Feinde eingebrochen seien und alles verwüstet hätten, sei es zu spät zur Reue. Bis man schmerzlich erkennt, wie vernünftig die Erlasse des Königs waren, nützt es nichts mehr, nachträglich gute Vorsätze zu fassen und die versäumten Arbeiten zur Landesverteidigung und für das allgemeine Wohl des Reiches nachholen zu wollen. „Was hilft solch vergebliche Reue? Die Erschlagenen macht sie nicht lebendig, die Gefangenen nicht frei." Von den Mächtigen im Land heißt es: „Jeder war mehr auf seinen eigenen materiellen Gewinn erpicht als auf das Allgemeinwohl." Vielleicht hat Asser, der die Angelsachsen mit den Augen eines Kelten und die Laien durch die Brille eines Mönchs sah, in rhetorischer Verallgemeinerung und Zuspitzung die Dinge übertrieben dargestellt. Wer seiner Entrüstung Luft macht, greift gern zu Superlativen. Will man seine Klagen wörtlich verstehen, so müßte man annehmen, alle Unternehmungen Alfreds seien völlig gescheitert. Doch einen wahren Kern bergen Assers empörte Worte zweifellos. Die Angelsachsen waren von all den Dänenkriegen zermürbt und wollten, als der Friede kam, endlich ihre Ruhe haben; und nun forderte ihr König auf allen Gebieten neue Mühen, Anstrengungen und Opfer, deren Nutzen ihnen nicht einleuchtete! Ihr Widerstand macht begreiflich, warum Alfreds Erfolge nicht imposanter waren, warum bei seinem Tode halb England noch in Händen der Dänen war und die geistige Kultur, die er anstrebte, erst in den Anfängen steckte. „Ach, wieviel hängt davon ab, in welche Zeit das Wirken auch des besten Mannes fällt!" Alfred konnte nur säen, Spätere ernteten; er konnte nur die Fundamente legen, Spätere bauten darauf. Erst sein Sohn Edward und seine Enkel sollten auch das Danelage erobern; erst Dunstan und dessen Mitarbeiter sollten die englische Kirche reformieren; erst Aelfric sollte die angelsächsische Prosakunst, die Alfred begründete, zur Vollendung führen.

Denken wir gleichwohl nicht gering von Alfreds Leistung! Angesichts der Schwierigkeiten und der Kürze der Zeit ist sie gewaltig zu nennen. Erwägen wir, daß sie einem schwer leidenden Körper abgerungen wurde, so wächst sie ins Heroische. Asser erzählt, der König habe oft darüber geklagt, daß ihm in seiner Jugend, als er genügend Zeit und Kraft zum Lernen hatte, keine Lehrer zur Verfügung standen. Später, als Erwachsener, hatte er Lehrer, „aber in vorgerücktem Alter war er Tag und Nacht ein Opfer unaufhörlicher Schmerzen, denen die Kunst aller Ärzte zwischen den vier Meeren machtlos gegenüberstand. Auch zehrten an ihm äußerlich und innerlich all die Sorgen, die das Königsamt und die Raubzüge der Heiden mit sich brachten. Drum waren seine Lehrer so abgelenkt, daß er nicht studieren konnte. Trotzdem hat er unter den Beschwernissen dieses Lebens von Kindheit an bis heute nicht aufgehört, sich von Herzen nach Bildung zu sehnen."

Über Alfreds Krankheiten führt Asser folgendes aus: Auf seinem Hochzeitsfeste, „mitten unter zahllosen Herren und Damen, selbst dort wurde er plötzlich vor der ganzen Gesellschaft von jähem Schmerz gepackt, der unbeschreiblich war und jeder Heilkunst spottete. Es war ein Leiden, mit dem die Geschicklichkeit aller damals Anwesenden und auch aller, die es seit jenem Tag untersucht haben, nicht fertig werden konnte. Das Schlimmste dabei ist, daß dieser Schmerz so lange, von seinem zwanzigsten bis über sein vierzigstes Jahr hinaus all die Jahre pausenlos anhielt. Woher kam diese Qual?" Asser weist alle Mutmaßungen zurück, denn er weiß es besser, von Alfred selbst unterrichtet: „Von den Hämorrhoiden (die ihn von Kindheit an quälten) hatte Gott ihn bereits befreit, und zwar an einem bestimmten Tag, als er nach Cornwall zur Jagd gekommen war und sich beiseite wandte, um in einer dortigen Kirche zu beten ... Lange lag er hingestreckt in stillem Gebet und flehte des Herrn Erbarmen an: Der allmächtige Gott möge in seiner unendlichen Güte die Qualen seines peinlichen Gebrechens gegen ein leichteres Leiden tauschen, doch solle dieses Leiden nicht äußerlich an ihm sichtbar sein, damit er nicht verachtet und unbrauchbar wäre. Denn er fürchtete Aussatz, Blindheit oder ähnliche Heimsuchung, die, sobald sie kommt, den Menschen verachtet und unbrauchbar macht. Nachdem er sein Gebet verrichtet, setzte er seinen Weg fort, und nur wenig später spürte er, daß er, wie er erfleht, von jener Plage geheilt war ... Doch ach, als jene fortgenommen war, befiel ihn eine andere, noch schlimmere, und zwar, wie wir sagten, auf seiner Hochzeit: Von seinem zwanzigsten bis zu seinem fünfundvierzigsten Jahre hat sie ihn unaufhörlich Tag und Nacht gepeinigt, und wenn jemals durch Gottes Erbarmen dieses Leiden für einen einzigen Tag, eine einzige Nacht oder auch nur für eine Stunde schwand, verließ ihn doch nie die schreckliche Angst vor jenem fürchterlichen Schmerz, und es schien ihm, als sei er zu jeder Pflicht Gott oder Menschen gegenüber ganz und gar untauglich ... Und dennoch – durch die ganze Zeit hindurch, mitten im Krieg, unter der ständigen Belastung durch seine irdischen Pflichten, ja unter den Angriffen der Heiden und den täglichen Angriffen seiner Krankheit, hat der König niemals einer Schlaffheit nachgegeben: Unermüdlich regierte er das Reich, kümmerte sich um die Forstwirtschaft, unterwies alle seine Goldschmiede, Handwerker, Falkner und Jäger; errichtete nach eigenen neuartigen Plänen Bauten, die stattlicher und kostspieliger als alles früher Gewohnte waren;

las sächsische Bücher vor; lernte selbst mit Fleiß und großer Hingabe sächsische Lieder auswendig und ließ andere das gleiche tun."

An einer anderen Stelle kommt Asser abermals auf das Leiden des Königs zurück: „Er war durchbohrt von den Nägeln mancher Pein. Denn 25 Jahre lang wurde er unaufhörlich verzehrt durch die furchtbaren Attacken einer unbekannten Krankheit, so daß er nie eine ruhige Stunde kannte, in der er nicht entweder den Schmerz auszuhalten gehabt hätte oder durch die Furcht vor ihm fast bis zur Verzweiflung niedergedrückt worden wäre. Obendrein machten ihm die ständigen Attacken der Dänen zu schaffen . . ."

Anscheinend hat Alfred, bei aller Ergebenheit in Gottes Willen, der ihm diese Krankheit schickte, sich um Linderung bemüht. Eine Sammlung von Rezepten für Heilmittel, *Balds Leechbook*, wurde vielleicht auf Alfreds Anregung hin zusammengestellt. In dieser Sammlung finden sich etliche Verschreibungen, die dem König von Elias III., dem Patriarchen von Jerusalem, geschickt worden sein sollen. Hier liest man über die Heilkraft des Balsams, über Petra-Oleum, über Kreide, besonders über Theriak, das ursprünglich aus Schlangenfleisch als Gegengift, später aus Pflanzensaft zusammengebraut, als ein Mittel für viele Krankheiten galt und hier nützlich bei Alfreds Leibesbeschwerden empfohlen wird.

Alfred hat seine Krankheit innerlich dadurch überwunden, daß er sie als Buße erduldete. Schon sein früheres Leiden hatte Alfred, wie Asser berichtet, als Sühne für seine Sünden aufgefaßt: „Denn als er in der ersten Blüte seiner Jugend war, noch bevor er eine eigene Frau hatte, wollte er zwar gern Gottes Gebote erfüllen, sah aber, daß er sich der fleischlichen Lüste nicht enthalten konnte. Aus Furcht, Gott zu mißfallen, wenn er etwas gegen Seinen Willen täte, stand er oft beim Hahnenschrei auf und besuchte in aller Frühe, ohne daß jemand davon wußte, die Kirchen und Heiligengräber. Und dort habe er lange und demütig gebetet, daß der Allmächtige . . ., damit er Ihm um so lieber diene, seinen Geist festige und stärke, und zwar durch eine Krankheit, die er aushalten könne, ohne für seine weltlichen Pflichten untauglich zu werden. Nach kurzer Zeit schickte ihm Gott die schon erwähnte Krankheit."

Es wird berichtet, der leidende Jungmann habe nur schüchtern und zögernd die Last des Königtums auf sich genommen. „Es schien ihm, daß er nie ganz allein, ohne den Bruder an seiner Seite, eine so drückende Last aushalten könne." Diese Nachricht berührt uns um so tiefer, als wir wissen, daß er erst kurze Zeit vor dem Tode seines Bruders auf dem Schlachtfeld draufgängerischen Mut bewiesen hatte. Die Dänen schien Alfred weniger zu fürchten als seine Unzulänglichkeit. Doch mit stiller Tapferkeit begann er, zugleich seine körperliche Schwäche und seine Bildungsmängel zu überwinden. Der Sieg, den er hier in seinem Innern erkämpfte, wiegt nicht geringer als sein Sieg über die Landesfeinde.

Der Geist, in dem Alfred seine Krankheit ertrug, sein Volk regierte, Gesetze gab, Recht sprach, Bücher schrieb und Schulen gründete, war der Geist des Rates, des Verstandes, der Wissenschaft, der Weisheit, der Stärke, der Frömmigkeit, der Furcht des Herrn. Trotz des Andrangs der Geschäfte nahm er sich noch Zeit für Betrachtung und Gebet. Asser bezeugt: „Von Kindheit an pflegte er oft Kirchen und heilige Orte aufzusuchen, um dort zu beten und Almosen zu geben." Täglich nahm er andächtig an der heiligen Messe teil und erflehte Gottes Segen für seine Regierungsarbeit. Außer verschiedenen Gebeten verrichtete er privatim noch die Horen des Breviers, die zwei Stunden in Anspruch nahmen und die zu beten nur Geistliche verpflichtet waren. Selbst zu nachtschlafender Zeit pflegte er Kirchen zu besuchen, „ohne daß dies im Volk bekannt war", also nicht des guten Beispiels wegen, sondern dem Zug seines Herzens folgend.

Daß der König so viele Stunden dem Gebete widmen konnte, ohne die Pflichten seines Amtes zu vernachlässigen, war nur durch strenge Zeiteinteilung möglich. Wilhelm von Malmesbury berichtet: „Von 24 Stunden widmete der König acht Stunden den Studien, der Schriftstellerei und dem Gebete, acht dem Schlaf und der körperlichen Erholung, acht den Geschäften der Regierung." Wie genau es Alfred mit dem Tagesplan nahm, ersieht man aus seinen Bemühungen, die Zeit zu messen. Er konstruierte eine Laterne, in der täglich nacheinander sechs zwölfzöllige Kerzen mit je vier Stunden Brenndauer abbrannten; durchsichtige Hornplatten schützten die Flammen vor Zugluft. Es wirkt wie ein Symbol, daß diese Kerzenuhr über einem Reliquienschrein brannte. Alle Zeit war Gott geweiht, gleich, zu welcher Beschäftigung sie verwendet wurde. Die Stunden der Arbeit waren für den König nicht minder Gottesdienst wie die Stunden der Andacht, und das Beten gehörte für ihn zum Regieren. Auf dem Betstuhl kniend gedachte er der Sorgen seines Reiches, und auf dem Throne sitzend sprach und handelte er vor dem Angesichte Gottes. In Alfreds Bewußtsein gab es keine Spaltung: hier ein privates Kämmerchen, in das sich die Religion zurückzog – dort der Raum politischer Tätigkeit – zwischen beiden eine undurchlässige Wand. Dienst an Gott und Dienst an der Welt waren für diesen christlichen König aufeinander bezogen und bildeten einen unlöslichen Zusammenhang. Was späteren Zeiten problematisch wurde, erschien ihm selbstverständlich, und nie hätte er die Trennung von Politik und Religion begriffen.

Wie seine Zeit, so verwandte er auch sein Geld gewissenhaft. Er nahm sich vor, die Hälfte seines Einkommens dem unmittelbaren Dienste Gottes zu weihen, und führte diesen Vorsatz aus, so gut er konnte. Im einzelnen sah der Finanzplan so aus: Was an Geld von den königlichen Gütern, aus Steuern und anderen Quellen einkam, teilte er in zwei gleiche Teile, die eine Hälfte für Weltliches, die andere für Religiöses. Das für weltliche Zwecke bestimmte Geld wurde abermals in drei gleiche Teile aufgeteilt: der erste war für die Soldaten, Minister und Beamten, der zweite für die Architekten und Handwerker, der dritte für ausländische Gäste und Pilger. Die Summe, die in den Dienst der Religion gestellt werden sollte, wurde in vier Teile geteilt: für die Armen, für die Klöster, für die Knabenschulen und für die Kirchen. Ähnlich umsichtige Verfügungen trifft Alfred in seinem Testament: Neben Vermächtnissen an seine Kinder und Familienangehörigen, Grafen, Beamten und Dienstmannen bestimmt er auch solche an die Bischöfe und Priester, für sein Seelenheil und für die Kirche zu Winchester, in der er bestattet sein wollte. Der Schluß des Testamentes sieht Erleichterungen für seine Leibeigenen und Freigelassenen vor: Die Unfreien sollen freigelassen werden; jeder kann gehen, wohin es ihm beliebt, und niemand soll dafür eine Entschädigung von ihm erpressen. Im Namen Gottes und seiner Heiligen bittet Alfred seine Verwandten und Testamentsvollstrecker, über die Ausführung dieser menschenfreundlichen Bestimmungen mit aller Sorgfalt zu wachen.

König Alfred ist keine fünfzig Jahre alt geworden. Sein Volk hat erst nach seinem Tode seine volle Größe erkannt und durch mehr als ein Jahrtausend dankbar gerühmt. „Das lebendige Bild von Alfred, das Chronisten und Dichter überlieferten, gehört zu jenen Dingen, die in den drei Jahrhunderten nach der Niederlage von Hastings den englischen Geist rege hielten" (R. W. Chambers). Zur Normannenzeit dichtete Henry von Huntingdon ein Preislied auf den „Sprecher der Wahrheit"; Florence von Worcester nannte Alfred den „Liebling seines Volkes"; Simeon von Durham stellte ihn als ein Muster für den Klerus seiner Zeit auf. Im zwölften Jahrhundert entstand die Versdichtung *Wahrsprüche König Alfreds*, die das ganze Mittelalter hindurch, auch in andern Ländern, weit verbreitet war. Alfred ist nicht der Verfasser, sondern der Held dieses Gedichtes. Es beginnt mit der Beschreibung eines feierlichen Witenagemot, auf dem der König den versammelten Bischöfen, Grafen, Gelehrten und Rittern präsidiert. Dann folgt eine Reihe von Abschnitten, die mit den Worten beginnen: „So sprach Alfred." Sie ermahnen zu Gottesfurcht, Gehorsam, Weisheit, Enthaltsamkeit und andern Tugenden. Wie ein zweiter Salomo erscheint hier der königliche Held, vom Throne her goldene Sätze sprechend, die, von Mund zu Mund die Geschlechter hindurch überliefert, als Sprichwörter im Volke weiterleben. In Wirklichkeit verhielt es sich wohl so, daß man alles, was weise, klug und edel klang, dem König in den Mund legte, so das Ansehen bezeugend, dessen er sich allgemein erfreute.

Auch die Neuzeit noch, in welcher der Glanz des Königtums von Gottes Gnaden verblich, hielt Alfreds Andenken in Ehren. Im siebzehnten Jahrhundert rühmte ihn der Republikaner Milton als „den Spiegel der Fürsten". Im achtzehnten Jahrhundert erklärte James Thomson in seinen *Jahreszeiten* Alfred für „den besten der Könige". Für die Romantiker Blake, Wordsworth, Shelley und Keats war Alfred ein Symbol der Freiheit Englands. Im zwanzigsten Jahrhundert verherrlichte Chesterton den heldischen König in seiner *Ballade vom Weißen Pferd*. Auch deutsche Dichter haben den angelsächsischen Heros gefeiert. Im achtzehnten Jahrhundert stellte Albrecht von Haller in seinem Roman *Alfred, König der Angelsachsen* die beschränkt-monarchische Staatsform dar. Im neunzehnten Jahrhundert haben Friedrich Leopold Graf Stolberg und Theodor Körner, im zwanzigsten Reinhold Schneider über Alfred geschrieben. Gogol begann ein Alfred-Drama.

Nicht zu Unrecht hat man Alfred den Großen mit Karl dem Großen verglichen. Beide ernteten Ruhm als Krieger wie als Gesetzgeber. Beiden gelang es, verschiedene Gebiete zu einem Reich zusammenzuschließen. Beide fühlten sich als Herrscher von Gottes Gnaden. Sie sorgten leidenschaftlich für die eigene Bildung und für die Bildung ihrer Untertanen. Sie lernten Latein, umgaben sich mit einem Kreis von Gelehrten und gründeten Schulen. Durch die Geistlichkeit suchten sie das Volk geistig und sittlich zu heben, die Heiligung des Sonntags einzuschärfen und heidnische Unsitten auszurotten. Beide förderten die Geschichtsschreibung, indem sie offizielle Annalen begründeten. Gemeinsam ist ihnen die Liebe zur muttersprachlichen Dichtung, die Begeisterung für Wissenschaft, Kunst und Architektur, die Neugier, mit der sie Ausländer empfingen, und das Bestreben, mit fernen, selbst asiatischen Ländern Verbindung zu halten. Beide trugen den Titel Patricius Romanorum, ehrten den Papst und stärkten die Kirche. Der Parallelen sind noch mehr, und fast sieht es so aus, als habe Alfred den großen Karl bewußt nachgeahmt. Der bereits von Sagen umwobene Kaiser galt ja im ganzen Abendland als das Ideal eines christlichen Herrschers. Alfred war gewiß mit seiner Gestalt vertraut. Sein Vater hatte eine Urenkelin Karls des Großen zur Frau genommen; sein Großvater, König Egbert von Wessex, hatte Karl den Großen auf dem Kontinent persönlich kennengelernt und seine Regierungsweise studiert. Vom großen Kaiser, dem Vorbild, Freund und Beschützer Egberts, wird in Alfreds Familie oft erzählt worden sein. So ist es nicht ausgeschlossen, daß die ragende Gestalt Karls für Alfreds Leben und Wirken das Leitbild war. Freilich hat der angelsächsische König bei weitem nicht die weltgeschichtliche Bedeutung des Kaisers erreichen können; aber an Persönlichkeitswerten, an Tugend und, soweit wir das sagen können, an Heiligkeit hat er ihn übertroffen. Beide Herrscher genießen – wieder eine Gemeinsamkeit! –in ihrem Lande kultische Verehrung. Karl wurde von einem Gegenpapst kanonisiert und wird heute noch in Aachen als Beatus liturgisch gefeiert. Alfred wurde in zwei angelsächsischen Kalendern unter den Heiligen genannt, und sein Fest wird in England am 28. Oktober begangen. Die Gestalt Alfreds erscheint vom Lichtglanz der Heiligkeit umflossen, was man von Karl, der Tausende besiegter Feinde hinrichten ließ und wie ein Sultan mit vielen Frauen lebte, kaum behaupten kann. Bei Karl muß man schon sehr scharf hinsehen, um die Heiligkeit zu entdecken, während sie bei Alfred offenkundig ist.

Die kritische Geschichtsschreibung, die manchen Helden der Vergangenheit seines Ruhmes beraubte, hat Zug um Zug die Größe bestätigt, die Alfred in den Gesängen der Dichter gewann. Reinhold Pauli, der als liberaler Protestant gewiß nicht in Verdacht steht, eine katholische Gestalt schönfärberisch über Verdienst zu loben, schreibt über Alfred: „Kein König und kein Held des Altertums und der neueren Zeit ist ihm in der Reinheit so vieler ausgezeichneter Eigenschaften zu vergleichen: Bei aller Macht und Gewalt berühmter Fürsten, die über viel größere Völker herrschten, steht immer irgendein Mangel in ihren sittlichen Anlagen dem hohen Gepräge ihrer geistigen Eigentümlichkeiten grell entgegen; und mögen sie mit ihren erhabenen Gestalten vor Alfred, der im kleinen Wessex herrschte, bis in die Sterne zu ragen scheinen, so bleibt doch sein Bild in eben diesem kleinen Maßstabe eines der vollendetsten, das die Hand Gottes der Welt und ihren Herrschern zum Spiegel vorgehalten ... Unter den vielen großen Geistern wird stets Alfreds Name genannt werden, solange die Menschen noch ihre Vergangenheit ehren, doch wird keiner der übrigen in Harmonie der Tugenden und als Erretter aus völligem Untergange dem Westsachsen an die Seite treten dürfen." Ähnlich urteilt ein anderer protestantischer Historiker: „Ein Heiliger ohne Aberglauben; ein Gelehrter ohne Eitelkeit; ein Krieger, der nur zur Verteidigung seines Landes kämpfte; ein Eroberer, dessen Lorbeeren nie mit Grausamkeit befleckt wurden; ein Fürst, den das Unglück niemals zu Boden warf, den der Triumph niemals zum Hochmut reizte – die Geschichte kennt keinen, der ihm gleich wäre" (Freeman). „Es war ein sehr gesunder Instinkt, der diesem Mann als einzigem von allen Königen Englands den Titel Der Große verlieh" (Hunter Blair).

WINFRIED BONIFATIUS

(672—754)

Die Gründe, mit denen der christliche Glaube abgelehnt wird, sind gewöhnlich der Ideologie entnommen, die gerade Mode ist. Im Deutschland der Dreißiger Jahre hieß es, das Christentum sei den Germanen artfremd. Mancher, der noch etwas nachdachte, wunderte sich freilich darüber, daß die meisten Missionare, die das Evangelium nach Deutschland brachten, selbst germanischen Blutes waren. Der größte aus einer unübersehbaren Schar angelsächsischer Glaubensboten, Winfried Bonifatius, war Westsachse. Die Angelsachsen hatten eben erst das Christentum empfangen, und schon zogen ihre tüchtigsten Männer zu den germanischen Stämmen auf dem Festland, um auch ihnen, denen sie sich verwandt wußten, den neuen Glauben zu bringen. Keine Macht hatte sie gezwungen, Christen zu werden; keine Macht trieb sie, andere zu Christen zu machen. Land zu erobern, hatten einst die heidnischen Sachsen vom Kontinent her ihre Schiffe gegen die britischen Inseln gesteuert; christlich geworden, verließen sie jetzt England, um unter den heidnisch gebliebenen Sachsen des Kontinents Seelen zu erobern.

Der erstaunliche Vorgang bezeugt, mit welch atemraubender Schnelligkeit und Inbrunst diese Germanen das Kreuz ergriffen hatten. Sie waren Christen geworden, ohne aufzuhören, Germanen zu sein. Der neue Glaube hatte ihre Art in keiner Weise vergewaltigt oder verstümmelt, sondern veredelt und befruchtet. Freilich hatten die römischen Benediktiner mit der christlichen Religion auch die Werte der antiken Kultur nach England gebracht, und begierig lernten die Angelsachsen Künste, die sie bisher nicht kannten. Doch ließen sie sich nicht „römisch überfremden", sondern wahrten (stärker als andere Germanenstämme) ihre Eigenart.

Die Christianisierung der Angelsachsen, die mit der Taufe Ethelberts von Kent begann, hatte schon nach wenigen Jahrzehnten ein solch blühendes religiöses und geistiges Leben hervorgerufen, daß jene Epoche mit Recht als „das goldene Zeitalter" der altenglischen Kultur gerühmt wird. Das Inselvolk am Rande Europas, vor drei Generationen noch völlig heidnisch, war die geistig führende Macht des Westens geworden.

Von allen Angelsachsen hat Winfried Bonifatius das meiste für Europa getan. Doch seine Leistung wurde erst möglich durch die vielen Angelsachsen, die vor ihm, mit ihm und nach ihm eine christlich-germanische Kultur verwirklichten und verbreiteten. Als er geboren wurde, waren seit dem Tode Ethelberts von Kent noch keine sechzig Jahre vergangen. Doch schon hatte die angelsächsische Kirche eine erstaunlich große Zahl von Heiligen hervorgebracht, darunter den König Edwin, den König Oswald, den Abt Benedikt Biscop und den Bischof Cuthbert von Lindisfarne. Klöster und Schulen blühten bereits allenthalben im Lande. Sankt Caedmon, der gottbegnadete Dichter, verfaßte in Stabreimversen religiöse Gesänge in seiner Muttersprache, und viele taten es ihm nach. Auch lateinische Dichtung gedieh. Der heilige Aldhelm entfaltete seine Tätigkeit als Gelehrter und Poet, aber auch als Architekt, Musiker, Jurist und Bischof. In seinem Zeichen stand Winfrieds Erziehung in den Benediktinerklöstern Exeter und Nursling im Königreich Wessex, und noch der siebzigjährige Bonifatius erbat sich aus England Aldhelms Schriften. Trotz der heidnischen Reaktion unter König Penda von Mercien und trotz der heftigen Auseinandersetzung mit dem iroschottischen Mönchtum war der Aufbau der angelsächsischen Kirche zur Zeit der Geburt Winfrieds zu einem gewissen Abschluß gelangt: Winfried wuchs auf in einer straff organisierten Landeskirche, die im Erzbischöflichen Stuhl von Canterbury ihr Zentrum hatte und mit Rom fest verbunden war. Schon strahlte das angelsächsische Christentum Kräfte aus in andere Länder: Wenige Jahre nach Winfrieds Geburt begann der heilige Wilfrid die angelsächsische Mission bei den Friesen, die später vom heiligen Willibrord fortgesetzt wurde. Winfried war ein Jüngling, als die beiden Ewalde bei den Sachsen predigten und der heilige Suitbert als Missionar an Lippe und Ruhr wirkte. Der heilige Willibald, der spätere Mitarbeiter des Bonifatius, wurde der Wiederhersteller der Abtei Monte Cassino, die seit mehr als einem Jahrhundert verlassen und in Trümmern lag. Winfrieds genauer Altersgenosse war der heilige Beda Venerabilis, der erste große Theologe des Mittelalters, der Vater der englischen Wissenschaft, der Lehrer Europas, ein klassischer Dichter, glänzender Schriftsteller von erstaunlicher Vielseitigkeit, Historiker und Bibelübersetzer. Bonifatius hat seine Werke gelesen und gerühmt: Das ganze angelsächsische Volk solle Gott dafür danken, daß er einen so wunderbaren Mann aus ihm hervorgebracht habe. Als Bonifatius starb, war bereits das herrliche Epos von Beowulf, dem christlichen König und Drachentöter, entstanden; war bereits Cynewulf, der größte angelsächsische Dichter, der eine Reihe tieffrommer Epen und Hymnen verfaßte, hervorgetreten; war die durch Egbert gegründete Schule von York, die mit ihrer reichen Bibliothek, ihrem Stab ausgezeichneter Lehrer und ihrem systematischen Studiengang in ganz Europa berühmt wurde, schon zwanzig Jahre alt; war Alkuin, der Erasmus des achten Jahrhunderts, welcher der Führer des abendländischen Bildungswesens unter Karl dem Großen werden sollte, schon ein junger Mann von fünfundzwanzig Jahren.

Winfried Bonifatius, der die erste Hälfte seines Lebens in England, die zweite Hälfte auf dem Kontinent verbrachte, stand geistig mitten in dieser angelsächsischen Kultur. Er nahm sie in sich auf, als er in der Klosterstille von Exeter und Nursling studierte, und sein Lerneifer ließ nicht nach, als er rastlos durch Europa wanderte: Immer wieder ließ er sich Bücher aus der Heimat schicken, stets begleitete ihn ein Koffer mit Pergamentbänden, und der Tod traf ihn mit einem Buch in der Hand. Zugleich war er von einem starken Bildungswillen erfüllt. Seinen Drang, geistige Werte andern mitzuteilen, bezeugen die Lehrbücher der Grammatik und der Verskunst, die er als Lehrer in Nursling verfaßte, die Gedichte und Briefe, die er an Schüler und Freunde schrieb, und die Bildungseinrichtungen, die er im Frankenreich ins Leben rief.

In den Briefen des Bonifatius nach England kehrt eine poetische Wendung immer wieder, die ein Licht auf die Elemente seines Geistes wirft. In einem Brief an Bischof Pehthelm von Whithorn vergleicht er sein Leben mit einer Fahrt „in einem brüchigen Schiff auf sturmbewegter See". Ähnlich heißt es in seinem Schreiben an den Erzbischof Cuthbert von Canterbury: „Wir haben, wie ich fürchte, gleichsam ein Schiff durch die Fluten des wilderregten Meeres zu leiten." Und wiederum an die Äbtissin Eadburg von Thanet: „Ich werde durch die Stürme des gefahrdrohenden Meeres umhergeworfen." Das Gemeinte ist klar: Der Heidenmissionar Bonifatius spürt in seiner Lage die Ungesichertheit des menschlichen Daseins besonders scharf. Er fühlt sich „nach Germanien verschlagen", aus einem Lande hoher Kultur in kulturarme Gebiete „verbannt". Es ist ein echtes Opfer, das er mit seiner „Pilgerschaft" bringt. Freiwillig verzichtet er auf die Heimat, an der er mit ganzem Herzen hängt. Diese Haltung wurzelt im Geiste mönchischer Askese. Doch spielt germanischer Fernendrang und Pionierwille mit, die Lust, etwas zu wagen, und die Entschlossenheit, im Kampf gegen die Elemente zu siegen. All das bündig auszudrücken, ist das Bild „vom gebrechlichen Schiff" denkbar geeignet. Es liegt dem Sohn eines Seefahrervolkes, der selbst wiederholt das Meer befuhr, natürlich nahe. Es ist in der angelsächsischen Literatur häufig. Bonifatius kennt es sicher aus den Werken Aldhelms. Dieser aber übernahm es aus der antiken Literatur. In Winfried Bonifatius haben sich Antike, Germanentum und Christentum zu einer harmonischen Einheit gefunden. Auf dieser Einheit beruht die angelsächsische, die deutsche, ja die abendländische Kultur. Sie liegt auch dem Satz zugrunde, mit dem der heilige Bonifatius den Abt Aldher um Gebetshilfe bittet: „daß der barmherzige Herr, der die Ursache unserer Pilgerfahrt ist, unser gebrechliches Schiff mit seiner Rechten beschütze, damit es nicht in den germanischen Sturmfluten untergehe, und es unversehrt leite zu dem stillen Gestade des himmlischen Jerusalem."

Als Winfried sich entschloß, als Missionar übers Meer zu gehen, war er kein junger Mann mehr. Er stand bereits in seinem fünften Jahrzehnt, hatte als Lehrer und Prediger in weiten Kreisen Ansehen gewonnen und als Gesandter des Königs Ine von Wessex beim Erzbischof von Canterbury auch in kirchenpolitischen Auseinandersetzungen seiner Heimat eine Rolle gespielt. Er wußte, was er wollte.

Sein Wunsch war, die noch völlig heidnischen Sachsen zu bekehren. Die Gefährlichkeit des Unternehmens lockte ihn eher, als daß sie ihn abschreckte. Er wußte wohl, daß schon zwei seiner Landsleute, die beiden Ewalde, von den Sachsen als Missionare erschlagen worden waren. Aber er kannte auch das Wort Tertullians: „Das Blut der Märtyrer ist Saat für neue Christen." Außerdem zog ihn das Gefühl der Verwandtschaft, dem er später in seinem Sendschreiben an das gesamte Angelsachsenvolk Ausdruck gab: „Betet, daß unser Herr Jesus Christus die Herzen der heidnischen Sachsen zum christlichen Glauben bekehre ... Erbarmet euch ihrer, die ja selbst zu sagen pflegen: Wir sind mit euch von gleichem Blut und gleichem Bein." Bonifatius hat die Erfüllung seines Wunsches nicht mehr erlebt. Er selbst ist nie ins Land der Sachsen gekommen, sondern immer nur an seine Grenzen. Aber er hat, indem er die westlich und südlich angrenzenden Gebiete missionierte, wichtige Voraussetzungen zur Sachsenbekehrung geschaffen.

Zunächst wandte Winfried sich zu den stammverwandten Friesen. Dieses Bauern-, Fischer- und Händlervolk war seit dem siebenten Jahrhundert bereits unter einem König politisch geeint. Wilfrid von York, durch Zufall in ihr Gebiet verschlagen, war der erste Angelsachse, der den Friesen das Evangelium predigte. Sein Aufenthalt war zu kurz, um dauernde Erfolge zu erzielen. Doch im Kloster Ripon erzog er Willibrord, der das Christentum in Friesland begründen sollte. Dieser große Missionar übte als erster jene Methode der Heidenbekehrung, die später für Winfried Bonifatius beispielhaft wurde: Er sicherte sich den Schutz des fränkischen Machthabers, der den südlichen Teil Frieslands erobert hatte, holte sich in Rom die apostolische Vollmacht und den Segen des Papstes und gründete in ständiger Zusammenarbeit mit den höchsten Autoritäten in Staat und Kirche als Kraftzentren und Stützpunkte der Mission Bistümer und Klöster.

Als Winfried 716 mit einigen Gefährten an der friesischen Küste landete, hatte er von dieser Vorarbeit freilich keinen Nutzen. Denn das so hoffnungsvoll begonnene

Missionswerk war soeben zusammengebrochen. Die Friesen hatten die Franken geschlagen, die Missionare vertrieben, die Kirchen verwüstet. Willibrord war nach Echternach geflüchtet. Trotzdem erschien Winfried vor dem Friesenkönig Radbod, um die Erlaubnis zur Predigt zu erwirken. Der Herrscher meinte, er könne es ja versuchen, ob er jemanden fände, der sich taufen lassen wollte. Natürlich versuchte Winfried es, hatte aber nicht den geringsten Erfolg. Die Friesen wollten vom Christentum nichts wissen, weil es die Religion ihres fränkischen Landesfeindes war. Noch im Herbst des gleichen Jahres segelte Winfried nach England zurück.

Der völlige Fehlschlag seines ersten Missionsunternehmens entmutigte ihn keineswegs. Der Unentwegte war in die Heimat zurückgekehrt, nur um sich für einen neuen Missionszug zu rüsten. „Ich habe vor, wieder nach jenen Gegenden zu gelangen", schrieb er einem Freund. Zunächst sah es freilich so aus, als sollte aus seinen Plänen nichts werden. Denn bald nach seiner Rückkehr starb der Abt von Nursling, und der Konvent wählte einstimmig Winfried zu seinem Nachfolger. Doch auch dies konnte Winfried nicht davon abhalten, seiner erkannten Berufung zu folgen. Er scheint das Kloster eine kurze Zeit geleitet zu haben, sorgte dann aber für eine Neuwahl und verließ die Insel. Er sollte seine Heimat nie wiedersehen.

Mit einem Empfehlungsbrief des Bischofs Daniel von Winchester reiste er nach Rom, um, wie vor ihm Willibrord es schon getan hatte, vom Papst die Sendung zur Missionsarbeit zu erhalten. Dieser Schritt ist um so bemerkenswerter, als eine päpstliche Vollmacht damals noch nicht vorgeschrieben war und das Papsttum in jener Zeit kein großes Ansehen genoß. Die griechische Kirche war seiner Autorität ebenso entglitten wie die fränkische Kirche, und seine Verwaltungshoheit blieb praktisch auf seine italienische Provinz beschränkt. Ihm fehlte am Anfang des achten Jahrhunderts die Kraft, aus eigenem Antrieb die Germanenwelt zu gewinnen. Sein Blick, ganz nach Byzanz gerichtet, nahm die Existenz der germanischen Völker kaum wahr. Trotzdem zeigten sich als die treuesten Anhänger des Heiligen Stuhles die fernen Angelsachsen, die zahlreich nach der Ewigen Stadt pilgerten, um dem heiligen Petrus ihre Ehrfurcht zu erweisen und um die römischen Gebräuche kennenzulernen, nach denen sich die angelsächsischen Kirchen und Klöster richten wollten. Damals knüpfte nicht das Papsttum die Fäden zu den Germanen, „vielmehr begann umgekehrt die germanische Welt den Weg nach Rom zu suchen" (Th. Schieffer).

Winfried blieb ein halbes Jahr in der Stadt des Papstes. Nach mehreren Audienzen bei Gregor II. erhielt er die schriftliche Missionsvollmacht. Die wichtigste Stelle dieses Dokumentes lautet: „Feuer auf die Erde zu bringen ist der Herr gekommen. Dieses heilbringende Feuer lodert in Dir. Wir beauftragen Dich, mit ihm zu den Völkern zu gehen, die noch im Irrtum des Unglaubens gefangen sind." Es fehlt in dieser Urkunde die Bezeichnung eines Missionsgebietes; nicht einmal die Germanen werden ausdrücklich genannt als die zu bekehrenden Völker. Die römische Kurie wäre wohl auch kaum in der Lage gewesen, genaue Angaben zu machen. Was wußte sie von den nebligen Urwäldern nördlich der Alpen? Noch etwas anderes ist an diesem Schreiben bemerkenswert: Zum erstenmal wird Winfried hier Bonifatius genannt. Der Namenswechsel bedeutet die Aufnahme in die engste Gemeinschaft der römischen Kirche. Fortan führte Winfried den Namen jenes römischen Märtyrers als Symbol seiner römischen Sendung.

Nach einer kurzen Umschau im halbheidnischen Thüringen begab er sich nach Friesland. Der Tod Radbods weckte in ihm neue Hoffnung. In Utrecht schloß er sich

Willibrord an. Zwei Jahre widmete er sich unter den Augen des erfahrenen Erzbischofs der Friesenbekehrung. Es war eine Lehrzeit, für die er immer dankbar blieb. Als aber Willibrord, der auf die Siebzig zuging, ihn zum Bischof weihen wollte, damit er sein Nachfolger auf dem Stuhl von Utrecht werden konnte, lehnte er ab und verließ Friesland. Bonifatius sehnte sich nach selbständigem Wirken auf einem größeren Felde. Im oberen Lahngau wählte er zum Stützpunkt seiner Arbeit Amöneburg. Hier gründete er sein erstes Kloster auf deutschem Boden, ein Bollwerk der christlichen Mission. Predigend und taufend durchwanderte er Hessen, sich dem Wald- und Sumpfland an der Sachsengrenze nähernd.

Im Jahre 722 reiste er wieder nach Rom und ließ sich vom Papst zum Bischof weihen. Gregor II. gab ihm einige Empfehlungsschreiben mit. Eins wandte sich an fünf mit Namen genannte getaufte Magnaten in Thüringen: Bisher hätten sie jedem Versuch der Heiden, sie zum Abfall zu bringen, getrotzt; nun möchten sie zur weiteren Kräftigung ihres Glaubens ihrem Bischof Bonifatius in allen Stücken folgen. Wichtiger war Gregors Brief an Karl Martell: Der Papst teilte dem Hausmaier mit, daß er Bonifatius zum Bischof geweiht, in den Satzungen des Apostolischen Stuhles unterrichtet und zur Missionierung gewisser rechtsrheinischer Germanenvölker ausgesandt habe. Er empfahl den Überbringer dem Wohlwollen Karls und bat für ihn um Hilfe und Schutz. Froh begab sich Bonifatius an den fränkischen Hof. Karl Martell war offensichtlich erfreut, daß der Papst seinen Bischof nicht an den Merowingerkönig, das offizielle Staatsoberhaupt, sondern an ihn gewiesen hatte. Im Vollgefühl seiner Macht und seines Ansehens tat er jetzt etwas, das er weder vorher noch nachher je zu tun wagte: Er ließ das Dokument, das er Bonifatius gab, in der Form der merowingischen Königsurkunde abfassen. Der Vorgang ist symbolisch: Sollte doch Bonifatius den Karolingern den Weg zum Königtum ebnen. Vorerst freilich war es der Missionar, der sich auf die Unterstützung des Machthabers angewiesen sah. Das Schreiben Karls, das alle Bischöfe, Herzöge, Grafen und sonstige Hoheitsträger von der rechtlichen Sonderstellung des Bonifatius in Kenntnis setzte, leistete ihm gute Dienste. Bonifatius selbst gestand: „Ohne den Frankenfürsten kann ich das Kirchenvolk nicht leiten, die Priester, Kleriker, Mönche und Nonnen nicht schützen. Wenn ich mich nicht auf seinen Auftrag berufen könnte und das Volk ihn nicht fürchtete, wäre ich außerstande, Heidenbrauch und Götzendienst in Germanien zu unterdrücken."

Die Schutzbriefe, so nützlich sie auch waren, konnten allerdings nicht verhindern, daß Bonifatius auf manche Widerstände und Hemmnisse stieß. Seine Erfolge brachten bald einen fränkischen Bischof gegen ihn auf. Gerold von Mainz, der sich nie um die Heiden in Hessen gekümmert hatte, wollte nun ernten, wo er nicht gesät, und nahm die von Bonifatius gegründeten Gemeinden für seinen Sprengel in Anspruch: Nicht Bonifatius, sondern er sei der zuständige Bischof für die neubekehrten Hessen. Bonifatius beschwerte sich beim Papst, der sofort Karl Martell ersuchte, Gerold in die Schranken zu weisen. Höchst unerfreulich waren auch die Erfahrungen, die der Heilige in Thüringen machte. Hier arbeiteten vier Priester, die in Unzucht und Irrlehren gefallen waren, ihm entgegen und hetzten das Volk gegen ihn auf. Die Strapazen, die das Leben im Sattel und im Zelt mit sich brachte, hielt Bonifatius für gering; aber daß überall, wo er seinen Samen auswarf, ein Feind Unkraut säte, bereitete ihm einen Schmerz, der nur in der Kraft Gottes zu ertragen war.

Hilfe kam ihm aus der fernen Heimat, mit der er durch Briefe verbunden blieb. Immer wieder bat er seine angelsächsischen Bekannten, Äbte, Äbtissinnen, Bischöfe und Könige, ihn mit ihrem Gebet zu unterstützen, und sie versicherten den tapferen Streiter Christi dieses Beistandes. Viele Mönche und Nonnen kamen übers Meer herüber, um seine Mühen zu teilen. Mit welcher Freude Bonifatius sie empfing, erfahren wir aus einem Brief des Priesters Wiehtbert, der mit einer Schar von Missionaren von Glastonbury gekommen war: „Gepriesen sei Gott! ... Er hat uns nach seinem Willen hierhergeführt, in das Grenzland der Hessen und Sachsen. Glücklich ging die Reise über Land und Meer ... Als unser Erzbischof Bonifatius von unserem Nahen vernommen hatte, eilte er uns eine weite Strecke Weges entgegen und nahm uns äußerst gütig auf ... Unsere Arbeit im Herrn ist nicht vergeblich, sondern bringt reichen Gewinn ... Allerdings ist sie höchst gefährlich und mühsam, ein Leben unter Hunger, Durst und Kälte und unter Überfällen der Heiden. Daher bitte ich Euch: Betet für uns, daß der Herr uns Kraft der Rede verleihe, Ausdauer im Werke und Frucht der Arbeit."

Während der Islam, der dem Christentum bereits seine ältesten Provinzen, das Heilige Land, Kleinasien, Nordafrika und Spanien, entrissen hatte, sogar über die Pyrenäen hinweg ins Frankenreich vorstürmte, bis ihm Karl Martell bei Poitiers Halt gebot, während unter den bilderstürmerischen Kaisern von Byzanz die Ostkirche sich mehr und mehr von Rom löste, gewann Bonifatius der Kirche neue Gebiete. Die letzten Inseln des Heidentums im Frankenreiche, die er beseitigte, machen auf der Landkarte freilich keinen großen Eindruck. Waren sie nicht seine einzigen Eroberungen? Gewiß: Schon vor Beginn seiner Missionsarbeit hatte das Christentum bei allen deutschen Stämmen mit Ausnahme der Sachsen Fuß gefaßt: Die Rheinlande waren seit Römerzeiten christlich; die Alamannen und Bayern waren von fränkischen und iroschottischen Priestern missioniert worden; auch bei den Hessen, Thüringern und Friesen gab es schon Christen. Und als Bonifatius starb, waren die Sachsen noch unbekehrt. Doch diese Feststellungen mindern keineswegs die Größe des Bonifatius. Sie beruht nämlich nicht so sehr auf der Heidenbekehrung, vielmehr müssen wir seine Hauptleistung auf einem anderen Gebiete sehen. Das ist den meisten Deutschen eine ungewohnte Vorstellung. Das volkstümliche Bild des „Apostels der Deutschen" wird fast ausschließlich durch die zwei Ereignisse bestimmt, welche auch die Kunst für die Darstellung des Bonifatius stets bevorzugte: die Fällung der Donareiche bei Geismar und der Märtyrertod bei Dokkum. Beide Geschehnisse enthalten eine echte Dramatik. Doch sie veranschaulichen nicht das eigentliche Werk des Heiligen. Durch ihn und seine Mitarbeiter wurden zwar Tausende von Heiden getauft, aber Hunderttausende von Getauften zu bewußten Christen gemacht. Mochten die heidnischen Germanen, mit drastischen Mitteln von der Ohnmacht ihrer Götter überzeugt, sich dem stärkeren Christengotte beugen und massenweise zur Taufe strömen, ihr Leben änderte sich nur in seltenen Fällen. Denn von den Inhalten des christlichen Glaubens hatten diese „Bekehrten" oft keine Ahnung. Nicht nur lebten am gleichen Ort Getaufte und Ungetaufte nebeneinander, selbst in der gleichen Seele vermischte sich Heidnisches und Christliches zu krausem Durcheinander. Ohne darin etwas Unrechtes zu sehen, trugen Getaufte Amulette, übten Zauber und nahmen an Opfermahlzeiten teil. Es gab Priester, die bald Christus, bald Wodan Opfer darbrachten. In manchen Gegenden waren die Christen von den Heiden kaum zu unterscheiden.

Hier lag die große, noch ungelöste Aufgabe. Es galt, die äußerlich für die Kirche gewonnenen Germanen auch innerlich zu gewinnen. Der raschen elementaren Bekehrung mußte die langsame Erziehung folgen. Für diese innere Mission waren erst einmal die organisatorischen Voraussetzungen zu schaffen. Hier, in der Befestigung und Vertiefung des Christentums im fränkischen Reiche, liegt die eigentliche Leistung des Bonifatius.

Die Klöster, für Benedikt noch Orte der Weltflucht, waren längst Mittel der Welteroberung geworden. Mission und Wissenschaft, von denen die Benediktinerregel schweigt, wurden in den Jahrhunderten nach der Völkerwanderung fast ausschließlich von den schwarzen Mönchen getragen. Welch ein Segen von den Abteien ausging, hatten die Angelsachsen erfahren. So war es für Bonifatius selbstverständlich, daß er in Germanien als Stützpunkte der Mission und als Zentren erzieherischer Arbeit Klöster gründete. Auf Amöneburg folgten die Niederlassungen in Fritzlar und Ohrdruf. Auch Frauenklöster entstanden: Tauberbischofsheim, Kitzingen, Ochsenfurt und andere. Als Leiterin dieser Schwesternhäuser und der mit ihnen verbundenen Schulen machte sich hochverdient eine Verwandte und Freundin des Bonifatius, die geistvolle und anmutige Lioba. Dieser Heiligen verdankt Deutschland die Anfänge der höheren Mädchenbildung. Überhaupt waren die Abteien von unschätzbarer Bedeutung für die Grundlegung der deutschen Kultur. Was damals in Deutschland auf den Gebieten der Wirtschaft, der Baukunst, der Malerei, der Plastik, der Musik, der Literatur, der Wissenschaft und der Erziehung geleistet wurde, entstand ausnahmslos in den Klöstern.

Die kulturschöpferische Leistung des Bonifatius wird besonders deutlich am Beispiel Fuldas, das er im Herzen Germaniens gründete. Nachdem in seinem Auftrag der Bayer Sturmi in der Buchonia, dem Urwald an der oberen Fulda, einen Platz gefunden und gerodet hatte, kam Bonifatius mit vielen Werkleuten, legte den Grundstein für die Klosterkirche und überwachte die Bauarbeiten. Im nächsten Jahre konnte er den Hochaltar weihen. Fulda blieb seine Lieblingsgründung, für die er alles tat. Auf jede Weise suchte er die Zukunft des Klosters zu sichern. Die ganze Liebe des Heiligen für diese Stiftung kommt in seinem Brief an Papst Zacharias zum Ausdruck:

„In weltverlassener, weitgedehnter Einöde, aber mitten zwischen den Völkern meines Missionsgebietes liegt ein Waldland. Dort habe ich ein Kloster gegründet und Mönche nach der Regel des heiligen Vaters Benedikt hinverpflanzt, Männer von strenger Enthaltsamkeit, ohne Fleisch und Wein, ohne Met und Knechte, und bei der Arbeit ihrer eigenen Hände zufrieden. Diesen genannten Ort habe ich von frommen und gottesfürchtigen Männern, vor allem vom ehemaligen Frankenfürsten Karlmann, durch redliche Bemühung erworben und zu Ehren des heiligen Erlösers geweiht. Mit Erlaubnis Eurer Huld habe ich den Wunsch, hier meinen durch hohes Alter ermatteten Körper in längerer oder kürzerer Rast zu erfrischen und nach meinem Tode hier zu ruhen. Denn vier Völker, denen wir mit Gottes Gnade das Wort Christi verkündeten, siedeln im Umkreis um diesen Ort. Ihnen kann ich mich mit Eurer Gunst, solange ich noch lebe und geistig wirken kann, nützlich machen. Denn es ist mein Wunsch, begleitet durch Euer Gebet von der Gnade Gottes, in enger Gemeinschaft mit der römischen Kirche und in Eurem Dienst bei den Völkern Germaniens, zu denen ich gesandt worden bin, zu verharren."

Der Papst erfüllte den Wunsch des Heiligen und stellte Fulda unter den unmittelbaren Schutz des römischen Stuhles. Das Kloster, das schon unter seinem ersten Abt Sturmi vierhundert Mönche zählte, wurde der strategische Ausgangspunkt für die Eroberung des sächsischen Nordens, eine Pflanzschule für Missionare und ein Kulturzentrum ersten Ranges. Ringsum rodeten die Mönche die Wälder, entwässerten die Sümpfe und regelten die Wasserläufe. Bald sah man Ödland und Wildnis in Felder und Gärten verwandelt. Schon nach wenigen Jahrzehnten stand die Abtei in dem Ruf, eine Hochburg für Wissenschaft und Kunst zu sein. Die Geschichte der Anfänge deutscher Literatur und Gelehrsamkeit ist weithin die Geschichte der ersten Lehrer und Schüler von Fulda. Diese Gründung des heiligen Bonifatius trug entscheidend dazu bei, die Deutschen innerlich zu Christen zu machen.

Nachdem Bonifatius die äußere Missionierung sämtlicher Germanenstämme innerhalb des fränkischen Reichsgebietes abgeschlossen hatte, ging er daran, sein Missionsgebiet in Diözesen aufzuteilen. Die Gründung von Bistümern war noch wichtiger als die Gründung von Klöstern. Die iroschottischen Missionare hatten diese Aufgabe versäumt, deshalb haftete ihren Leistungen etwas Improvisiertes, Unbeständiges an. Manche dieser keltischen Mönche mögen schwungvoller, genialer, vielleicht auch frömmer als Bonifatius und die andern Angelsachsen gewesen sein. Doch es fehlte ihnen oft der Blick für die Notwendigkeit fester Institutionen, die Fähigkeit zu vorausschauender Planung, kurz: das Organisationstalent. Es war gut, daß nach den phantasievollen und eigenbrötlerischen Iroschotten die nüchternen und gemeinschaftsbewußten Angelsachsen zu den Germanen des Festlandes kamen. Nur so konnte die Kirche in diesen Ländern Festigkeit und Dauer gewinnen.

Bonifatius begann die Einrichtung einer Hierarchie in Bayern. Mit Zustimmung des Herzogs Odilo und im Anschluß an die politische Gliederung teilte er das Land in vier Diözesen: Salzburg, Freising, Regensburg und Passau. In den nördlicheren Gauen gründete er die Bistümer Eichstätt, Würzburg, Buraburg und Erfurt. Die beiden letzten ausgenommen, haben sich alle diese Gründungen durch mehr als zwölf Jahrhunderte bis heute erhalten. Die neuen Bischofsstühle besetzte Bonifatius mit tüchtigen Oberhirten, meist Angelsachsen. Würzburg vertraute er seinem Schüler Burchard an, Eichstätt seinem Gefährten Willibald. Durch Visitationen und Synoden sicherte er den inneren Aufbau der neuen Bistümer. Die Beschlüsse einer bayrischen Synode, die wahrscheinlich unter seinem Vorsitz tagte, sind noch erhalten. Sie empfehlen Eintracht zwischen Klerus und Laien: Die Laien sollen sich ihren Bischöfen und Priestern anschließen und ihnen Ehre erweisen, und die Bischöfe sollen die einflußreichen Laien an sich zu ziehen suchen und ihnen sogar zu Diözesanversammlungen Zutritt gewähren.

Das Wichtigste an diesem organisatorischen Aufbau der deutschen Kirche durch Bonifatius war die Tatsache, daß er im engsten Anschluß an das Papsttum erfolgte. Von Rom hatte Bonifatius das Pallium empfangen, das Abzeichen der Würde eines Erzbischofs und Metropoliten. Und als er zum dritten Male am Grabe des heiligen Petrus weilte, ernannte ihn der Papst zum „Legaten des Apostolischen Stuhles für Germanien" und gab ihm den Auftrag zur Ordnung der kirchlichen Verhältnisse. Alles, was Bonifatius für Deutschland und für das Abendland tat, sah er an als einen Dienst für die römische Kirche und für den Nachfolger des heiligen Petrus. Ihm wollte er stets in Gehorsam ergeben sein. Niemand nötigte ihn dazu. Erst recht fehlte dem Papst jede äußere Macht, seiner Autorität im Gebiet jenseits der Alpen Geltung zu verschaffen. In Kämpfe mit dem byzantinischen Kaiser verstrickt und schutzlos dem Ansturm der Langobarden preisgegeben, war die Lage des Papsttums verzweifelt. Es ist gewiß, „daß die Päpste im ganzen nicht anders konnten als dem Missionar und Organisator Bonifatius freie Hand zu lassen. Es hing von seinem Entschluß, von seiner Gewissenhaftigkeit ab, ob und wann er sich nach Rom um Bescheid wandte. Es ist charakteristisch für ihn, daß er dies so oft tat" (Th. Schieffer). Tatsächlich war seine Vollmacht uneingeschränkt. Als Stellvertreter des Papstes in den Ländern nördlich der Alpen durfte er Entscheidungen von größter Tragweite aus eigenem Ermessen treffen. Trotzdem erbat er selbst in geringfügigen Angelegenheiten die Weisung des Papstes. Manche seiner Briefe nach Rom erwecken den Eindruck von Ängstlichkeit. Man darf aber nicht vergessen, daß es damals noch keine amtliche Sammlung des Kirchenrechts gab. Für manchen Fall, den jeder Pfarrer heute durch Nachschlagen im Codex juris canonici klären kann, gab es damals für einen Missionsbischof kein anderes Auskunftsmittel als Anfrage in Rom. Bonifatius scheute keine Mühe, sich Abschriften bestimmter Canones zu beschaffen. Doch geriet er in Situationen, die der Gesetzgeber nicht vorgesehen hatte. Bonifatius war rechtsbewußt, aber nicht paragraphenhörig. Immerhin wagte er es, als die erbetenen päpstlichen Richtlinien ausblieben, auf eigene Faust zwei Synoden abzuhalten. Mehr als einmal äußerte er über Maßnahmen der römischen Kurie Worte freimütiger Kritik. So beschwerte er sich bei Papst Zacharias, daß fränkische Bischöfe und Priester, die als „Ehebrecher und Hurer" lebten, aus Rom kommen und behaupten, der Papst habe ihnen die Ausübung ihres geistlichen Amtes erlaubt. Auch scheute er sich nicht, dem Papst unverblümt mitzuteilen, daß alemannische, bayrische und fränkische Rompilger in der Ewigen Stadt Sitten beobachten müßten, die nicht eben als christliches Vorbild gelten können; solche Ärgernisse erschwerten nur seine Arbeit. Ja er fühlte sich gedrängt, dem Heiligen Vater sein Befremden darüber auszudrücken, daß an der Kurie, wie die Rede ging, simonistische Praktiken geübt würden. Papst Zacharias wies diesen letzten Vorwurf entrüstet zurück: „In Deinem Schreiben fanden wir Dinge, die unseren Gleichmut störten, da Du derartig an uns schreibst, als wären wir Fälscher der kirchlichen Satzungen ... Wir ermahnen Dich, uns nicht noch einmal etwas Derartiges zu schreiben. Denn es wird als mäkelnd und beleidigend von uns empfunden, wenn uns das vorgeworfen wird, was wir durchaus verabscheuen. Fern sei es von uns und unserer Geistlichkeit, eine Gabe, die wir durch die Gnade des Heiligen Geistes empfangen haben, um Geld zu verkaufen ... Wir verwahren uns daher, daß von Dir auch nur dem Namen nach der Vorwurf der Simonie gegen uns erhoben wird."

Wahrlich, Bonifatius war alles andere als ein serviler Untertan. Oft genug gab es Reibungen zwischen ihm und dem Heiligen Stuhl. Der Legat empfand es sicher als ärgerlich, wenn er gelegentlich mehr als ein Jahr warten mußte, ehe er auf dringende Fragen das Antwortschreiben des Papstes bekam. Manche seiner Wünsche wurden abgelehnt, so seine wiederholte Bitte, doch zu den Sachsen gehen zu dürfen. Wohl den peinlichsten Zwischenfall erlebte er, als überraschend ein anderer Legat in Bayern auftauchte und Bonifatius in Rom anfragen mußte, ob seine Legatenbefugnis für dieses Land noch gelte. Die Unkenntnis der Lage im germanischen Missionsgebiet, die zuweilen aus den Erlassen der Kurie sprach, wird Bonifatius nicht verletzt haben, wußte er ja, daß man am Tiber damals kaum anders als in altrömischen oder byzantinischen Vorstellungen denken konnte. Doch daß im Kampf mit seinen Gegnern die gewünschte Rückendeckung von Rom mitunter ausblieb, konnte verbittern. Um so bewundernswürdiger ist, daß er trotz aller Mißhelligkeiten dem Heiligen Stuhl in unwandelbarer Treue ergeben blieb. Bonifatius sah im Papst den Vater der gesamten Christenheit. Der Gehorsam und die Verehrung, die er ihm zollte, war der Gehorsam und die Verehrung des Sohnes für seinen Vater. Durch seine Treue zum Stuhle Petri gab Bonifatius seinem Werk die letzte Festigung. Alle Arbeit an der Kirche, soll sie Frucht bringen, muß im Einklang stehen mit ihrem gottgewollten Mittelpunkt, damit die Einheit der Kirche gewahrt bleibt. So gewinnen die vielen Anfragen des Bonifatius in Rom über Dinge des kirchlichen Alltags einen Sinn, der sie nicht mehr als kleinliche Pedanterie erscheinen läßt. Wenn Bonifatius sich brieflich über liturgische Vorschriften, Fastenbestimmungen, Ehegesetze, Kirchenstrafen und andere disziplinäre und kirchenrechtliche Fragen unterrichtete und wissen wollte, „wie die heilige apostolische römische Kirche es damit halte und lehre", so geschah es mit der Absicht, in allem die Einheit zu wahren. Seine Sorgfalt hat mitgebaut an der Einheit Europas.

„Damit das Abendland sich formen konnte, mußte ein umfassender Integrationsprozeß das Zeitalter der Völkerwanderung abschließen. Politischer Machtfaktor dieser Verschmelzung wurde das Frankenreich; ihr geistiger Kristallisationskern wurde die römisch-lateinische Kirche; das treibende Ferment der Integration, der Vermittler zwischen diesen Kräften des Alten und des Neuen wurde Bonifatius – als Vorläufer Karls des Großen" (Th. Schieffer). So sieht der Historiker des zwanzigsten Jahrhunderts die weltgeschichtliche Bedeutung des Bonifatius.

Dem germanischen Legaten zeigten sich die Dinge in einer anderen Perspektive. Für ihn handelte es sich darum, die Kirche im fränkischen Reich zu reformieren. Sie hatte es bitter nötig. Die fränkische Kirche war zwar hundert Jahre älter als die angelsächsische Kirche, doch keineswegs so hoch entwickelt wie diese. Wohl hatte auch sie etliche heilige Menschen hervorgebracht, doch insgesamt konnte von einer sittlichen Veredelung der Franken noch nicht die Rede sein. „Die elementare Christianisierung war nur ein Beginn. Zur tieferen christlichen Durchdringung bedurfte es immer neuer Impulse, neuer religiöser Kraftströme. Auch dies ist wesentlich, um die geschichtliche Sendung eines Bonifatius zu bestimmen. Denn die Bewegung, an deren Anfang er steht, setzt sich in stets erneuerten Wellen fort mit Benedikt von Aniane im neunten, den Cluniazensern und Gorzern im zehnten und elften, den Zisterziensern und Prämonstratensern im zwölften, den Bettelmönchen im dreizehnten Jahrhundert. Schon die Erwähnung dieser Namen zeigt, welche geistige Stoßkraft immer wieder vom Mönchtum als dem Träger dieser Erneuerungsbewegungen ausging" (Th. Schieffer).

Die Mißstände in der fränkischen Kirche beruhten nicht allein darauf, daß die fränkischen Germanen erst oberflächlich christianisiert waren. Sie rühten auch daher, daß mit der Christianisierung der Germanen auch eine Germanisierung des Christentums erfolgte. Vor allem der äußere Aufbau der Kirche wurde von diesem Prozeß ergriffen. Während die römische Kultur städtisches Gepräge trug, lebten die Germanen in einer bäuerlichen Ordnung. Ihre agrarische Wirtschaft, verbunden mit der germanischen Auffassung vom Recht des Grundherrn, führte zu neuen kirchlichen Organisationsformen, die für das ganze Mittelalter charakteristisch wurden.

Besonders verhängnisvoll war das Eigenkirchenwesen. Wegen der zerstreuten Siedlungsweise auf dem Lande fehlte es im germanischen Gebiet an Gotteshäusern. Darum stifteten reiche Grundbesitzer Kirchen, die sie mit Grund und Boden ausstatteten. So wurde ein Übelstand beseitigt, doch statt dessen trat ein anderer auf. Die Stifter pflegten nämlich die von ihnen gegründeten Kirchen nebst Einkünften als ihr Eigentum anzusehen, über das sie frei verfügen konnten. Zum Priester stellten sie an, wer ihnen gefiel oder zulief, einen von ihren Leibeigenen oder einen jener fragwürdigen Vaganten, deren Weihen und Vergangenheit nicht nachzuprüfen waren. Diese Geistlichen wurden als Dienstleute behandelt und verwendet. Die Folgen des Systems waren, daß der niedere Klerus in völlige Abhängigkeit von den Grundherren geriet und der Aufsicht der Bischöfe entzogen war, daß sein geistiges und sittliches Niveau beträchtlich fiel und daß die zentrale Regierung der Diözesen unmöglich wurde. Unglücklicherweise blieb das Eigenkirchenwesen nicht auf die Pfarreien beschränkt, sondern erstreckte sich auch auf die Klöster und Bistümer. So gerieten auch die höheren Ämter der Kirche in die Verfügungsgewalt von Laien, der Magnaten und Könige. Da mit der agrarischen Ordnung Naturalwirtschaft verbunden war, konnte der Herrscher die Dienste nur durch Verleihung von Grund und Boden entlohnen. Oft mußten Kirchengüter dazu herhalten. Die Belehnten aber waren zu Kriegsdiensten verpflichtet. Als die Hausmaier mehr als fünfzig Jahre lang erbitterte Kämpfe um die Oberherrschaft führten, belohnten sie ihre Parteigänger am bequemsten mit Bistümern und Abteien. Vor allem Karl Martell griff auf kirchlichen Grundbesitz zurück, um seine Heere aufzubringen. Brutal beseitigte er Bischöfe und Äbte, die auf der Seite seiner Gegner gekämpft hatten, und verlieh ihre Stellen seinen Anhängern. Ob die Begünstigten für ein kirchliches Amt geeignet waren, kümmerte ihn nicht. Manchmal übertrug er einem Vasallen mehrere Pfründen zugleich.

Die fränkische Kirche stand am Rande des Verderbens. Sie hatte ihre Selbständigkeit eingebüßt. Der Wille des weltlichen Machthabers trat an die Stelle des kirchlichen Rechts. Viele Bischöfe waren verheiratet und vererbten ihre Bistümer wie Familiengut. Im Jahre 741 zeichnete Bonifatius dem Papst Zacharias ein erschütterndes Bild von den Zuständen: „Seit sechzig oder siebzig Jahren ist die kirchliche Ordnung aufgelöst und mit Füßen getreten. Nach der Aussage bejahrter Männer haben die Franken seit mehr als achtzig Jahren weder eine Synode abgehalten noch einen Erzbischof gehabt, noch irgendwo das kanonische Recht der Kirche begründet oder erneuert. Die Bischofssitze sind jetzt größtenteils habgierigen Laien oder eingedrungenen Klerikern, die der Unzucht oder dem Gelderwerb frönen, lediglich zu weltlichem Genuß ausgeliefert. Es finden sich Leute, die sich Diakone nennen, dabei aber von Jugend auf in Unzucht und jedem Schmutz lebten, trotz solchen Rufes zum Diakonat gelangten und jetzt als Diakone ihr lasterhaftes Leben fortsetzen, ohne dabei zu erröten oder sich zu scheuen, das Evangelium vorzulesen. Unter solchen Sünden steigen sie zur Priesterwürde empor ... Endlich werden sie, was dem Übel die Krone aufsetzt, obwohl sie Sünden auf Sünden häufen, zu Bischöfen geweiht. Es gibt Bischöfe, die dem Trunk, der Händelsucht, der Jagd und dem Kriegshandwerk verfallen sind und mit eigener Hand Menschenblut vergossen haben." Immer wieder klagt Bonifatius über „falsche, eingedrungene, unzüchtige Priester und Heuchler", über „Priester, deren Herkunft niemand kennt, die aber doch geweiht wurden", über „Bischöfe und Priester, die in den Krieg ziehen und daheim ganz weltlich leben, ehebrecherisch oder allzu trinkfest sind und sich nur als Grundherren fühlen". Diese ungeistlichen Geistlichen waren ihm so zuwider, daß er sogar den Papst fragte, „ob es erlaubt sei, sich mit Priestern und Bischöfen, die in viele Laster verstrickt sind, an einen Tisch zu setzen". Schon 722 hatte er in seinem Bischofseid geschworen, das nicht zu tun. Er hatte der herkömmlichen Eidesformel folgenden Satz eingefügt: „Mit Bischöfen, von denen ich weiß, daß sie gegen die hergebrachten Satzungen der heiligen Väter verstoßen, will ich keine Gemeinschaft oder

Verbindung haben. Vielmehr will ich, wenn ich kann, sie in ihrem Treiben hindern. Sollte ich dazu nicht imstande sein, so will ich es getreulich sofort meinem Herrn, dem Papst, berichten."

Die Lage der fränkischen Kirche bewies, daß die Kirche ohne geregelte Institutionen, ohne gesetzmäßige Ordnung, ohne Verbindung mit ihrem Mittelpunkt in Rom nicht gedeihen kann. Seit mehr als hundert Jahren gab es keine Fühlung mehr zwischen dem Frankenreich und dem Papst. Jeder amtliche Verkehr war eingestellt. Päpstliche Versuche, wieder Beziehungen anzuknüpfen, blieben vergeblich. Hier sah Bonifatius seine Aufgabe: „Es soll das alte kirchliche Recht der höchsten kirchlichen Autorität dem gesamten kirchlichen Auf- und Ausbau für alle Zeiten zugrunde gelegt werden." Ebenso klar war er sich über die Bedeutung der weltlichen Macht für die Reform: „Nur in enger Zusammenarbeit mit den Fürsten ist es möglich, das Volk geistlich zu führen, die Kirche zu regieren, die Priester und Bischöfe in Zucht zu halten, sie in ihr Amt einzusetzen und die kirchliche Organisation aufzubauen." Durch dieses Programm, die Reform im Anschluß an den Papst und im Zusammenwirken mit dem Fürsten zu vollziehen, wurde Bonifatius das Bindeglied zwischen der römischen Kirche und der politischen Großmacht der Zukunft.

Solange Karl Martell lebte, ließ sich die Reform nicht durchführen. Ihre Stunde schlug, als mit dem Tode des Hausmaiers das Reich an seine Söhne kam: Karlmann erhielt Austrasien, den östlichen Teil, Pippin Neustrien, den westlichen Teil. Bonifatius sandte an Karlmann ein Schreiben, in dem er ihn um Schutz und Förderung bat. Als Antwort erhielt er eine Einladung an den Hof. Das Ergebnis der Unterredung meldete er sogleich dem Papst: „Karlmann, der Frankenfürst, ließ mich kommen und verlangte, ich möchte Anstalten treffen, in dem Teile des Reiches, der seiner Gewalt untersteht, eine Synode zu versammeln. Er versprach, die schon seit langer Zeit zerrüttete kirchliche Ordnung zu bessern und wiederherzustellen." Bald konnte Bonifatius das Concilium Germanicum, zu dem auch Karlmann mit seinen Optimaten erschienen war, feierlich eröffnen. Von den Bischöfen waren allerdings nur die reformwilligen gekommen. Sie konnten um so einschneidendere Beschlüsse fassen. „Falsche Priester und ehebrecherische und unzüchtige Diakone und Kleriker" sollten von ihren Ämtern abgesetzt werden. Wanderbischöfe und -priester durften nur nach ausdrücklicher Billigung durch die Synode ein kirchliches Amt ausüben. Allen Geistlichen wurde Jagd, Waffentragen und Kriegsdienst, das Anlegen weltlicher Kleidung und das Zusammenwohnen mit einer Frau untersagt. Ferner schärfte die Synode den Bischöfen ihre Pflichten und Rechte ein und unterstellte alle Priester, auch die der Eigenkirchen, der Aufsicht und Disziplinargewalt des zuständigen Diözesanbischofs, dem sie regelmäßig über ihre Amtsführung Rechenschaft ablegen sollten. Die austrasische Kirche wurde zu einem Metropolitanverband zusammengefaßt und dem Erzbischof Bonifatius unterstellt. Zugleich wurde Bonifatius als päpstlicher Legat anerkannt. Jedes Jahr sollte in Zukunft unter seinem Vorsitz eine Synode abgehalten werden. Karlmann versprach, der Kirche die geraubten Güter zurückzuerstatten. Indem der Hausmaier die Beschlüsse der Synode bestätigte und durch ein Kapitulare verkündigte, machte er sie zu staatlichen Gesetzen.

Eine zweite austrasische Synode im folgenden Jahr bekräftigte und ergänzte die Reformbeschlüsse. Bald folgte Pippin dem Beispiel seines Bruders und lud Bonifatius ein, auch in Neustrien die Kirchenreform durchzuführen. Auf der Synode von Soissons wurden ähnliche Vorschriften erlassen wie auf den Synoden Austrasiens. Das Land wurde in drei Kirchenprovinzen eingeteilt und die Bistümer Reims, Sens und Rouen zu Erzbistümern erhoben. Unterstützt von Karlmann und Pippin, erbat Bonifatius vom Papst für die neuernannten Metropoliten das Pallium. Papst Zacharias beglückwünschte seinen Legaten zu diesen Erfolgen, stimmte allem zu und dehnte die Legatenrechte des Bonifatius auch auf die Kirche Neustriens aus. Durch Wort und Beispiel gewöhnte Bonifatius die fränkischen Fürsten und Bischöfe daran, kirchliche Angelegenheiten im Einvernehmen mit Rom zu regeln. Jetzt „bestand tatsächlich eine Gemeinschaft zwischen der fränkischen Kirche und Rom, von der man ein halbes Jahrhundert vorher nichts wußte ... Das Ansehen des Papstes hatte ein ganz anderes Gewicht als früher. Das Bewußtsein, daß nur in der Gemeinschaft mit Rom die Kirche gedeihen könne, hatte unter dem fränkischen Episkopate kräftige Wurzeln geschlagen" (A. Hauck).

Bonifatius hatte die Genugtuung, diese Überzeugung in der feierlichsten Form bestätigt zu sehen, und zwar auf der großen Synode, zu der er 747 im Auftrag des Papstes und auf Wunsch der beiden Frankenfürsten die Bischöfe des gesamten Reiches berufen hatte. Über diesen Höhepunkt seiner Reformtätigkeit berichtete er seinem Freund, dem Erzbischof Cuthbert von Canterbury: „Wir beschlossen, daß der durch das Pallium ausgezeichnete Metropolit die Bischöfe ermahnen und anspornen und dabei nachforschen soll, wer von ihnen um das Heil des Volkes Sorge trägt und wer es vernachläsigt. Den Dienern Gottes untersagten wir das Jagen und das Abstreifen der Wälder mit Hunden sowie das Halten von Habichten und Jagdfalken. Wir beschlossen, daß jährlich zur Fastenzeit jeder Priester seinem Bischof über seine Amtsführung Rechenschaft ablegen soll, über den Glauben, über die Taufe und über jede andere Amtshandlung. Wir beschlossen, daß jeder Bischof jährlich seine Diözese gewissenhaft bereisen, das Volk befestigen und belehren und heidnische Gewohnheiten aufspüren und unterdrücken soll, als da sind Zauberei, Losdeuterei, Wahrsagerei, Amulette, Beschwörungen und jeden Greuel des Heidentums. Wir untersagten den Dienern Gottes, in Prunkgewändern oder Kriegsmänteln einherzugehen oder Waffen zu tragen ... Und wenn ein Bischof etwas in seiner Diözese nicht ändern und bessern kann, dann soll er es auf der Synode offen vor dem Erzbischof und allen als verbesserungsbedürftig mitteilen."

Im gleichen Jahre 744 versammelte sich auch die Kirche Süd- und Mittelenglands in Cloveshoe zu einer großen Synode. Ihre Veranlassung waren zwei Mahnschreiben, die Bonifatius nach England gesandt hatte. Das eine wies Erzbischof Cuthbert von Canterbury auf Schäden und Mängel hin, die sich in die angelsächsische Kirche eingeschlichen hatten und die durch eine Synode beseitigt werden sollten: Räuberischen Laienäbten, trunksüchtigen Bischöfen und ärgerniserregenden Wallfahrern „wollen wir mit der Posaune Gottes ins Ohr schmettern, damit wir nicht ob unseres Stillschweigens verdammt werden". Der zweite Brief redete in einer Sprache, die an Deutlichkeit nichts zu wünschen übrig ließ, dem König Äthelbald von Mercia ins Gewissen: Die Skandale, die der hemmungslose Herrscher durch seine wüsten Ausschweifungen erregte, waren Tagesgespräch selbst auf dem Festland geworden. Äthelbald gelobte Besserung, leistete Sühne und präsidierte zusammen mit dem Erzbischof von Canterbury der angelsächsischen Reformsynode. Die dreißig Canones, die zu Cloveshoe beschlossen wurden, verraten bis in den Wortlaut hinein die Wirkung der Schreiben des Bonifatius.

Der germanische Legat, der im ganzen Abendland eine Erneuerungsbewegung entfacht hatte, gab sich keiner Täuschung darüber hin, daß die guten Vorsätze und Beschlüsse der austrasischen, neustrischen und angelsächsischen Synoden nicht mit einem Schlage verwirklicht werden konnten. Als unmöglich erwies sich die Rückgabe des Kirchenvermögens, das früher an Laien vergeben worden war. Karlmann hatte sie etwas vorschnell versprochen. Wäre sie durchgeführt worden, so hätten die Hausmaier ihre ganze Anhängerschaft verloren. Man löste die Schwierigkeit, indem man die Ländereien den Inhabern ließ, der Kirche aber das Eigentumsrecht daran und einen Zins dafür zuerkannte. Doch schon diese Zinsverpflichtung genügte, manche Magnaten gegen die Kirchenreform einzunehmen.

Die heftigste Gegnerschaft erfuhr Bonifatius von seiten einiger Bischöfe, die sich allen Synodalbeschlüssen widersetzten. Gegen sie mußte der Legat einen jahrelangen, zermürbenden Kampf führen. Da war zum Beispiel Aldebert, einer von jenen Schwärmern und Abenteurern, denen es nie schwerfällt, ihre Dummen zu finden. Dieser Betrüger wies einen Brief vor, den Christus selbst geschrieben und vom Himmel auf die Erde geworfen habe, gebärdete sich, als stehe er in unmittelbarem Verkehr mit den himmlischen Mächten, und behauptete, ein Engel habe ihm vom äußersten Ende der Welt Reliquien von unerhörter Heiligkeit überbracht, mit denen er jedes Wunder wirken könne. Er umgab sich mit Schmarotzern, die sich gegen Bezahlung lahm oder blind stellten und sich von ihm „heilen" ließen. Scharen von Einfältigen, vor allem Frauen, folgten ihm. Sogar ungebildete Bischöfe gewann er für sich, durch die er zum Bischof geweiht wurde. Nun schaute er auf die heiligen Apostel, denen er sich hoch überlegen dünkte, mit Verachtung hinab. Gern weihte er Kirchen und Kapellen auf seinen eigenen Namen. Er ließ sich als einen Heiligen verehren, verbreitete seine selbstgeschriebene Vita und verteilte seine abgeschnittenen Nägel und Haare als Reliquien.

Etwas seriöser als Aldebert wirkte Clemens, ein keltischer Wanderbischof. Doch predigte er abscheuliche Irrlehren und verwarf Kirchengesetze und Kirchenväter. Er bestritt den Zölibat, lebte mit einer Frau zusammen und hatte zwei Kinder. Wiederholt schritt Bonifatius gegen Aldebert und Clemens ein, jedesmal ohne Erfolg. Er setzte sie in Klosterhaft – sie entflohen. Er ließ sie durch eine Synode verurteilen – sie predigten weiter. Eine neue Synode setzte sie ab – sie störten sich nicht daran. Anscheinend hatten sie starke Beschützer. Schließlich sprach der Papst Suspension und Bann über sie aus.

Auch andere abgesetzte Bischöfe weigerten sich, im Kloster Buße zu tun. Sie verschafften sich Kirchengüter, um mit deren Einkünften ihr weltliches Leben fortzusetzen, oder reisten im Lande umher und behaupteten überall, in Rom absolviert worden zu sein. So hoch war das Ansehen des Papstes bei den Franken inzwischen gestiegen, daß selbst die Gegner des Bonifatius sich auf ihn beriefen. Von solchen hartgesottenen Sündern erfuhr der Legat viel Unglimpf. Seinem Widersacher Milo, der Bischof von Reims und Trier zugleich war, gelang es allen Gesetzen zum Trotz, seine Stellung zu behaupten, bis er, Jahre nach Bonifatius' Tod, auf einer Eberjagd starb. Wie Milo, so hatte auch Gewilip von Mainz sein Bistum von seinem Vater geerbt. Dem rohen Kämpen war das germanische Gesetz der Blutrache verbindlicher als die Gebote des Evangeliums: Hinterlistig und eigenhändig brachte er den Mörder seines Vaters um. Wenigstens diesen Bischof konnte Bonifatius durch einen Konzilsbeschluß von seinem

Amt entfernen. Doch vernahm er später, daß es dem Abgesetzten gelungen war, einige Kirchengüter zu behalten, auf denen er behaglich den Rest seines Lebens verbrachte.

Die größte Enttäuschung für Bonifatius war, daß die geplante Metropolitanverfassung nicht zustande kam. Schon hatte der Papst die erbetenen drei Pallien abgesandt, als er einen Brief von Bonifatius erhielt, in dem der Legat nur noch für Rouen das Pallium wünschte. Zacharias war „höchlich überrascht, ja verblüfft", wie er selbst schreibt, und verlangte Aufklärung. Bonifatius gab sie ihm erst sieben Jahre später: „Für das, was ich früher, gestützt auf die Versprechungen der Frankenfürsten, Eurer Heiligkeit wegen der Erzbischöfe und der Pallien mitgeteilt habe, bitte ich dringend um Verzeihung. Denn sie haben ihr Versprechen erst hinausgeschoben und dann unerfüllt gelassen. Und immer noch zaudern und überlegen sie, und man weiß nicht, was sie von ihren Versprechungen ausführen wollen. Wenn es nach mir ginge, wäre das Versprechen längst erfüllt." Pippin, der nach Karlmanns Eintritt ins Kloster Alleinherrscher im Frankenreich geworden war, mußte auf den Adel Rücksicht nehmen. Er wagte es nicht, gegen einen so mächtigen Herren wie Milo vorzugehen. Wie aber hätte Bonifatius den von ihm geweihten Erzbischof auf den Reimser Stuhl bringen sollen, solange Milo nicht wich? Seine Feinde waren mächtig genug, auch die geplante Erhebung Kölns zur Metropole zu verhindern und an die Stelle Bonifatius', den der Papst schon zum Erzbischof von Köln ernannt hatte, einen andern auf den Kölner Stuhl zu bringen. Um endlich einen festen Sitz zu haben, übernahm Bonifatius das Bistum Mainz. Doch seine Hoffnung, daß statt Köln nun Mainz zur Metropole erhoben würde, erfüllte sich nicht. Er persönlich war seit langem Erzbischof, aber für die Zeit nach seinem Tode war die zentrale Führung der deutschen Bistümer durch einen Metropoliten nicht gesichert. Mit schweren Sorgen blickte Bonifatius in die Zukunft. Sollte seinem Reformwerk die Dauer versagt bleiben?

Über den letzten Jahren des Bonifatius liegt eine herbe Trauer ausgebreitet. Trotz aller Erfolge hatte ihn das Leben doch sehr mitgenommen. Wie Paulus, der erste Missionsbischof, konnte er von sich sagen: „Ich war auf Reisen häufig in Gefahren von Flüssen, Gefahren von Räubern, Gefahren vom eigenen Volk, Gefahren von Heiden, Gefahren in den Städten, Gefahren in der Wildnis, Gefahren auf dem Meere, Gefahren von falschen Brüdern; in Mühe und Beschwerde, in vielfältigen Nachtwachen, in Hunger und Durst, in vielem Fasten, in Kälte und Blöße; dazu der tägliche Andrang zu mir, die Sorge für alle Gemeinden."

Bonifatius spürte es an seinem Körper. Schon der Sechzigjährige schrieb an Abt Duddo: „Ich werde alt und hinfällig." Den Bischof Daniel von Winchester bat er um einen Kodex, der „in deutlich und gesondert stehenden Buchstaben geschrieben ist. Du kannst mir keinen besseren Trost für mein Greisenalter schicken, denn hierzulande kann ich eine solche Handschrift nicht erwerben, und bei der Schwäche meiner Augen kann ich kleine, ineinandergeschriebene Buchstaben schlecht lesen." Die Altersbeschwerden empfand er nicht einmal als das Drückendste, wie er der Äbtissin Bugga gestand: „Ich werde von vielen Widerwärtigkeiten heimgesucht und mehr noch durch geistige Anfechtung und Bekümmernis als durch leibliche Mühsal bedrängt."

Schon ging er auf die Achtzig zu, und doch kam es ihm so vor, als läge fast seine ganze Aufgabe noch unbewältigt vor ihm: „Alles, was ich erreicht habe, scheint mir nichts im Vergleich mit dem, was noch zu tun bleibt." Das Gefühl beschlich ihn, versagt zu haben, und er machte sich Vorwürfe, daß er in seiner Ohnmacht den Angriffen der Opposition nicht gewachsen war. Erschütternd kommt diese Qual zum Ausdruck in seinem Brief an Cuthbert von Canterbury: „Ich habe den Weingarten umgegraben, habe eine Ladung Dünger herbeigetragen, aber ich habe ihn nicht behütet. Während ich wartete, daß er Trauben trüge, brachte er Wildlinge ... Welcher Schmerz! Der Verlauf meines Bemühens läßt sich wohl am besten mit dem Gebaren eines Hundes vergleichen: Er bellt und muß sehen, wie Diebe und Räuber das Haus seines Herrn erbrechen, durchwühlen und ausplündern. Doch weil ihm Helfer zur Verteidigung fehlen, bleibt ihm nichts übrig, als traurig zu winseln und zu knurren."

An Äbtissin Eadburg schreibt er: „Überall Mühe, überall Kummer ... Die Feindseligkeit der falschen Brüder ist schlimmer als die Bosheit der ungläubigen Heiden." So durchzieht der Ton der Klage seine späte Korrespondenz. Aber es ist keine müde Entsagung. Trotz allem ließ sein Tatendrang nicht nach. Neue Schicksalsschläge brachen herein, doch statt ihn zu beugen, feuerten sie seinen Eifer an: „Ich war mit der Wiederherstellung von Kirchen beschäftigt, welche die Heiden niedergebrannt hatten. Von unsern Pfarreien und Klöstern haben sie über dreißig Kirchen geplündert und eingeäschert." So schrieb der greise Erzbischof 752 an Stephan II., den vierten Papst, mit dem er Briefe wechselte. Seine Treue war unentwegt wie sein Eifer unermüdlich: „Ich bitte ... in derselben Weise Euer treuer und ergebener Diener bleiben zu dürfen, wie ich zuvor unter Euren drei Vorgängern dem Apostolischen Stuhle diente ... Wenn ich in dieser meiner römischen Sendung, der ich sechsunddreißig Jahre hindurch oblag, irgendeinen Nutzen für die Kirche geschaffen habe, dann will ich dies weiter vollbringen und mehren."

Und ob er „Nutzen für die Kirche geschaffen" hatte! Ein evangelischer Historiker urteilt: „Alles, was später in politischer, kirchlicher und geistiger Beziehung in Deutschland erwachsen ist, steht auf dem Fundament, das Bonifatius gelegt hat ... Bonifatius hat uns mehr gebracht, als uns irgendeiner unserer großen Kaiser und Könige zu bringen vermocht hat" (Leo). Ja, Bonifatius ist der geistige Vater sogar Europas.

Mochten auch die einzelnen Niederlagen den unerschrockenen Vorkämpfer bedrükken, noch vor seinem Tode durfte er den Sieg seiner Sache erleben. Seiner Sache, nicht seiner Person. Denn es sah so aus, als habe man keine Verwendung mehr für ihn. Pippin verhandelte unmittelbar mit dem Papst, den germanischen Legaten umgehend. Die einst lahme fränkische Kirche, der Bonifatius auf die Beine geholfen hatte, konnte nun allein gehen und bedurfte seines stützenden Armes nicht mehr. Selbständig geworden, löste sie sich von fremder Führung. Die Reformbewegung, anfangs nur von Angelsachsen getragen, schlug Wurzeln auch bei fränkischen Kirchenmännern. Geistiger Führer der zusehends stärker werdenden fränkischen Reformpartei wurde der Bischof Chrodegang von Metz. Es war wohl an der Zeit, sich zurückzuziehen, und so bat Bonifatius den Papst, einen andern Priester zur Abhaltung von Synoden zu entsenden. Davon wollte Rom nichts wissen, und offiziell blieb Bonifatius germanischer Legat. Aber er stand jetzt nicht mehr im Mittelpunkt des Geschehens. Selbst als die beiden Mächte der Zukunft, die er zusammengeführt hatte, sich in feierlicher Form die Hände zum weltgeschichtlichen Bunde reichten, war er abwesend. Doch dieser Bund konnte ihn wieder hoffen lassen: bot er doch eine einzigartige Möglichkeit, das Werk der Heidenmission und Kirchenreform zu vollenden.

Machtpolitisch war Pippins Alleinherrschaft im Frankenreiche festgegründet, die merowingische Dynastie dagegen nur ein Schatten. Trotzdem wagte der Karolinger nicht ohne weiteres, den letzten Merowingerkönig zu verdrängen. Nicht allein das gute alte Recht stand einem Staatsstreich entgegen, sondern vor allem die religiöse Ehrfurcht vor dem sakralen Königtum, das schon die heidnischen Germanen mit mythischem Glanz umgeben hatten und das vom Christentum durch die sakramentale Salbung zu einer einzigartigen Würde erhoben worden war. Der König galt als der von Gott eingesetzte Vertreter des Himmelskönigs auf Erden. Den gesalbten Merowinger konnte deshalb nur ein Mann stürzen, der durch militärische Macht überlegen und zugleich durch kirchliche Weihe legitimiert war. Pippin wandte sich also an den Papst und erhielt den Entscheid, es sei besser, derjenige heiße König, der die Macht ausübe, als jener, der ohne Königsgewalt bleibe, damit die Ordnung nicht gestört werde. Jetzt konnte sich der Wechsel der Dynastie ohne Blutvergießen vollziehen. Die zeitgenössische Chronik meldet, daß fränkische Bischöfe Pippins Königsweihe vollzogen. Bonifatius wird nicht erwähnt. Erst die Reichsannalen aus der Zeit Karls des Großen berichten, der erste Karolingerkönig sei von Bonifatius gesalbt worden. Mag die unmittelbare Beteiligung des germanischen Legaten fraglich sein, unzweifelhaft ist die Tatsache, daß „diese Königssalbung aus dem Werk des Bonifatius zu erklären ist, gipfelt doch sein Mühen um die sittliche Veredelung, die christliche Durchdringung von Volk und Staat in einer Heiligung des Herrschertums" (Th. Schieffer).

Die Salbung des Jahres 751 war nur der Auftakt noch größerer Ereignisse. Pippin hatte den Beistand des Papstes nötig; bald bedurfte der Papst der Hilfe Pippins. Als wieder die Langobarden vor Rom standen, suchte das Papsttum den Schutz, den der oströmische Kaiser nicht mehr geben konnte und wollte, bei den Franken. In eigener Person kam Stephan II. nach Gallien. Pippin sandte ihm seinen ältesten Sohn Karl, den späteren Kaiser, entgegen und holte ihn mit seinem Gefolge in Ponthion ein. Zu St. Denis salbte der Pontifex den König noch einmal, dazu seine Söhne, und ernannte ihn zum Schutzherrn der römischen Kirche. Noch im gleichen Jahre zog Pippin nach Italien, besiegte die Langobarden und schenkte die eroberten Gebiete dem Stuhle Petri. Diese weltgeschichtlichen Ereignisse des Jahres 754 besiegelten endgültig „den schicksalsschweren Bund zwischen Papsttum und fränkischem Königtum, dem Bonifatius geistig wie kein anderer vorgearbeitet hatte" (M. Tangl). Europa hatte begonnen.

Während geschah, was er als den Triumph seines Lebens hätte genießen können, hielt der germanische Legat sich wie ein Unbeteiligter abseits. Nicht einmal den Papst hat er gesehen. Er weilte an der entferntesten Grenze des Reiches und hatte seinen Blick schon der Ewigkeit zugewandt. Was lag noch an ihm? Sein Werk war getan. Er hatte den Baum gepflanzt, mochte der nun wachsen. Das Beiseitetreten des alten Bonifatius hat nichts Tragisches an sich. Es entspricht ganz seiner sachlichen Natur.

„Das Wesen des Bonifatius war Dienen. In höchst lehrreicher Weise fehlt in seinem ganzen Leben jede Hervorkehrung des eigenen Ich. Bonifatius ist groß als Funktion von etwas Universalem, das ihn formt. An ihm kann man verstehen lernen, daß historische Größe weltgeschichtlichen Ranges keineswegs an geistige Genialität gebunden ist" (J. Lortz). „Er war ein gerader und wahrer Mann, der bei seiner Arbeit nicht sich suchte, sondern dem es auf die Sache ankam, der er diente. Dem, was er für seine Pflicht hielt, ging er nie aus dem Wege, auch wenn er eigenen Wünschen deshalb entsagen mußte. Stets entsprach sein Verhalten seinen Überzeugungen. Man kann in seinem ganzen

Leben nicht *eine* Handlung entdecken, bei der er seine Grundsätze dem Erfolg geopfert hätte" (A. Hauck).

Das ergreifendste Zeugnis dieser selbstlosen Haltung besitzen wir in einem Brief an den König, in dem der Greis sich für seine meist angelsächsischen Mitarbeiter und für den Fortbestand seines Werkes einsetzt: „Es sieht so aus, als ob ich dieses zeitliche Leben und den Lauf meiner Tage ob meiner Gebrechen bald beenden müsse. Deshalb bitte ich im Namen Christi unseres Königs Hoheit, er möge mir, solange ich noch lebe, gnädig mitteilen, welche Fürsorge er meinen Gefährten später zukommen lassen will. Denn fast alle sind sie Fremdlinge. Manche wirken als Priester an verschiedenen Orten im Dienst der Kirche und des Volkes. Andere leben in unseren Klöstern als Mönche oder stehen als Knaben noch in der Ausbildung. Wieder andere sind betagte Männer und haben lange Zeit mit mir gelebt, gearbeitet und gekämpft. Um sie alle bin ich besorgt, daß sie nach meinem Tod nicht Schaden leiden, sondern den Beistand Eurer Fürsorge und den Schutz Eurer väterlichen Hoheit genießen, daß sie nicht wie verlorene Schafe ohne Hirten seien und daß die Völker so nahe am Gebiet der Heiden das Gesetz Christi nicht wieder verlieren. Daher wende ich mich an Euch, Ihr möget dort Sorge tragen, meinen geistlichen Sohn, den Chorbischof Lul, zum Dienst an den Völkerschaften und Kirchen . . . einzusetzen und zu bestallen. Ich hoffe dabei zu Gott, daß die Priester an ihm einen Führer, die Mönche einen im Geist der Regel waltenden Lehrer und das christliche Volk einen treuen Prediger und Hirten haben werden. Um dies alles bitte ich Euch vor allem deshalb, weil meine Priester nahe der Mark der Heiden ein recht armseliges Leben führen. Brot können sie sich zur Not noch verschaffen, aber Kleidung ist dort nicht aufzutreiben, es sei denn, sie hätten von anderer Seite, so wie ich sie unterstützte, Beistand und Hilfe, um auf ihrem Posten im Dienst des Volkes aushalten und bestehen zu können."

Pippin gewährte die Bitte. Nun durfte Bonifatius beruhigt scheiden. Aber er wollte keinen Strohtod. Der heilige Ordensvater Benedikt war stehend gestorben, und so war es auch seinem germanischen Sohn gemäß. Der Achtzigjährige entschloß sich, das Bekehrungswerk in Friesland, das seit Willibrords Tod ins Stocken geraten war, wieder aufzunehmen und zu einem glücklichen Ende zu führen.

Schon war er mit den Vorbereitungen für die Reise beschäftigt, als ein Streit seine Pläne zu vernichten drohte. Der Bischof von Utrecht, Willibalds Nachfolger, war gestorben. Nun beanspruchte der Bischof von Köln das Utrechter Gebiet und duldete nicht, daß Bonifatius einen neuen Bischof für Utrecht ernannte. Der Heilige mußte erst den Papst und König Pippin anrufen, ehe die Frage in seinem Sinne entschieden wurde.

Es nahte die Stunde des Abschieds. Bonifatius wußte, daß er Mainz nie wieder sehen würde, und so trug er Lul auf, außer den Büchern auch ein Leichentuch in seinen Reisekoffer zu packen. Bevor er das Schiff bestieg, das ihn rheinabwärts bringen sollte, bat er die herbeigeeilte Lioba, ihr Werk in Deutschland fortzusetzen. Es sei sein letzter Wille, daß sie einst an seiner Seite in Fulda bestattet werde.

Bonifatius wirkte erfolgreich unter den heidnischen Friesen am Zuidersee. Während des Winters hielt er sich in Utrecht auf. In der Klosterschule dort sah ihn einer der jungen Friesen: Noch nach vielen Jahren erzählte er begeistert von seiner Begegnung mit Bonifatius, dessen Haar silberweiß, dessen Körper abgezehrt und von Alter gebeugt gewesen sei. Es war der heilige Ludger, der die Sachsen bekehren und der erste Bischof von Münster werden sollte.

Im Frühjahr 754 zog Bonifatius wieder nach Norden. Viele Gefährten begleiteten ihn. Unweit der Meeresküste schlugen sie ihre Zelte auf. Die Ernte war reich. Am fünften Juni erwartete Bonifatius die Neugetauften zur Firmung. Statt ihrer stürzten Banditen ins Lager und machten alle nieder. Eine Augenzeugin wußte später zu berichten, Bonifatius habe, als die Mörder auf ihn eindrangen, schützend ein Buch über seinen Kopf gehalten. Dieses Buch kam mit dem Leichnam des Heiligen nach Fulda, wo man es heute noch sehen kann. Es ist ein Pergament-Codex theologischen Inhalts und zeigt deutliche Spuren von scharfen Schwerthieben.

AURELIUS AUGUSTINUS

(354–430)

Augustinus wurde 354 als Sohn eines Landbesitzers und Magistratsmitglieds zu Thagaste geboren, einer Kleinstadt in der numidischen Provinz, im heutigen östlichen Algerien. Wahrscheinlich war er Berber, aber seine Muttersprache war Lateinisch. Als römischer Bürger wuchs er in der Kultur des späten Römerreiches auf. Der älteste Biograph, Possidius, nennt beide Eltern Christen, und Augustinus sagt, sein Vater sei Katechumene gewesen. In der Tat hatte Patricius sich – wohl seiner frommen Frau Monnica zuliebe – in die Liste der Taufbewerber aufnehmen lassen und auch kurz vor seinem Tode die Taufe empfangen. Monnica ließ ihren Sohn nicht taufen. Es geschah damals häufig, daß auch Söhne christlicher Eltern erst als Erwachsene die Taufe empfingen. Augustinus sollte erst nach gründlichem Unterricht in der christlichen Lehre mit klarer Einsicht und freiem Willensentschluß in die Kirche eintreten. Er hätte sich statt dessen auch an einem der vielen heidnischen Kulte beteiligen können, die noch kräftig florierten. Und wenn er sich für das Christentum entscheiden wollte, hätte er zwischen verschiedenen Kirchen die Wahl gehabt, denn die Christenheit war schon im vierten Jahrhundert in verschiedene Richtungen und Kirchen zerrissen, die sich gegenseitig erbittert bekämpften. Die Beschlüsse des Konzils von Nicäa (325) wurden nicht von allen Christen angenommen. Nicänischen Bischöfen standen arianische Bischöfe gegenüber. In Afrika gab es neben dem katholischen einen donatistischen Episkopat, und am Ende seines Lebens kann Augustinus schon 88 Häresien aufzählen. Augustinus hätte sich der arianischen Gemeinschaft anschließen oder in die donatistische Kirche eintreten können. Er tat zunächst nichts von alledem. Als Student war er weder Heide noch Katholik noch Arianer noch Donatist. Er war für ein Jahrzehnt Manichäer.

Natürlich hatte Monnica dem kleinen Augustinus von Jesus erzählt, aber als der Junge größer wurde, traten diese frühen religiösen Eindrücke hinter anderen Erlebnissen zurück. In den *Confessiones* berichtet Augustinus von seinen Jugendsünden: wie er sich dem Zwang der Schule entzog, wie er log und Birnen stahl, wie er schlechte Bücher las, sich für fragwürdige Theaterdarbietungen begeisterte und sich in sexueller Hinsicht gehen ließ. Moderne Autoren finden das noch nicht interessant genug und legen Augustinus, in phantasievoller Ausdeutung einiger allgemein ausgedrückter Selbstbeschuldigungen in den *Confessiones*, noch weitere Laster zu. Das Aufregende an den Jugendsünden des Augustinus liegt aber keineswegs darin, daß es sich etwa um absonderliche Perversitäten gehandelt hätte, sondern darin, daß diese Sünden durchaus „normal", „phasentypisch" waren und doch von Augustinus als schuldhafte Verkehrtheiten mit heißen Tränen bereut wurden. Der junge Augustinus war nicht anders als alle anderen Jugendlichen, und doch hat er unter dem Angesichte Gottes nur mit äußerstem Abscheu auf sein Tun zurückblicken können.

Wie die meisten intelligenten jungen Männer wurde Augustinus besonders von zwei Leidenschaften bewegt: von Frauenliebe und von Ehrgeiz. Monnica mahnte den Sohn zwar, nicht die Frauen anderer zu verführen, nahm es aber nicht allzu gewichtig, als der Sechzehnjährige sich in erotische Abenteuer stürzte. Wenn unter den Eltern das Treiben des Jungen zur Sprache kam, hieß es beschwichtigend: „Laß ihn, er ist ja noch nicht getauft." Eine frühe Heirat hielt man nicht für ratsam, da sie die Laufbahn behindert hätte. Nachdem die Sinnlichkeit des Jungen ein Jahr lang zügellos schweifte, wurde sie gebunden. Der Siebzehnjährige nahm eine Konkubine; für die Augen der damaligen Gesellschaft hatte das nichts Anstößiges. Vierzehn Jahre lang hielt Augustinus seiner Geliebten die Treue. Nach einem Jahr bekam er von ihr einen Sohn. Das Kind kam, wie er schreibt, unerwünscht, doch gab er ihm den Namen Adeodatus, das heißt „Von Gott geschenkt".

Als Augustinus schon über dreißig war, hielt Monnica es für richtig, daß er sich jetzt verehelіche. Es hätte nahegelegen, daß er die Mutter seines Sohnes heiratete. Warum hat er es nicht getan? Weil die kaiserliche Gesetzgebung einem Manne vom Stand des Augustinus verbot, eine Frau niederer Herkunft zu ehelichen, und weil auch Monnica dagegen war. Sie hatte eine gute Partie für Augustinus ausfindig gemacht und verlangte jetzt, daß er seine Konkubine entlasse und sich mit jener Dame verlobe. Augustinus war schwach genug, darauf einzugehen. Obwohl es ihm durchs Herz schnitt, trennte er sich von seiner Gefährtin. Da er seine Verlobte erst nach Ablauf von zwei Jahren heiraten konnte, es ihm aber unmöglich zu sein schien, ohne Frau zu leben, nahm er, um diese Wartezeit zu überbrücken, eine neue Mätresse.

Welchen Kummer ihm diese Liebesangelegenheiten bereiteten, hat er in den *Confessiones* selbst erzählt. Noch größer war der Kummer, den ihm seine andere vorherrschende Leidenschaft, der Ehrgeiz, bereitete. Seiner Liebesleidenschaft haben die Eltern kaum Hindernisse in den Weg gelegt; seinen Ehrgeiz haben sie geradezu gefördert. Selbst um den Preis großer Opfer wollten sie dem begabten Sohn jene Bildung zuteil werden lassen, die ihm unbegrenzte Aussichten auf hohe Ämter und politische Machtstellung eröffnete. Sie ließen ihn in Madaura, später in Karthago Rhetorik studieren, denn so konnte er am ehesten Ansehen gewinnen, nützliche Beziehungen anknüpfen und ein Sprungbrett erreichen für die politische Karriere. Bei allem Vergnügungshunger war er ein fleißiger Student. Es gelang ihm, sich auszuzeichnen und einen Preis für Dichtkunst zu erringen. Unter der studentischen Jugend der afrikanischen Hauptstadt galt er als der glänzendste Kopf. Aber trotz seiner Erfolge war er nicht zufrieden. Er eröffnete eine Schule in Thagaste, aber dann lockte es ihn wieder nach Karthago, wo er den städtischen Lehrstuhl für Rhetorik annahm. In Karthago hatte er anhängliche Schüler, aber allmählich wurden ihm die randalierenden Studenten zuwider, und er wechselte nach Rom. Dort waren die Studenten zwar ruhiger, aber sie drückten sich, sobald es ans Bezahlen des Honorars ging. Sein Ehrgeiz fand in Rom keineswegs die erhofften Möglichkeiten. Eine neue Gelegenheit, sein Glück zu machen, bot sich ihm, als der Lehrstuhl für Rhetorik in Mailand frei wurde. Augustinus bewarb sich und hatte Erfolg. Von neuen Hoffnungen beschwingt, trat er die Professur an. Jetzt war er kaiserlicher Beamter mit einem stattlichen Einkommen, genoß gesellschaftliches Ansehen, hatte eine wachsende Schülerzahl und wurde auch in politischen Kreisen ernst genommen. Doch weit entfernt, mit dem Erreichten zufrieden zu sein, trachtete er nach höheren Würden. An den vorlesungsfreien Nachmittagen machte er Besuche bei einflußreichen Herren, um seine Karriere zu fördern. Er hoffte, das Amt eines Statthalters zu erhalten, und fieberte dem Tag entgegen, an dem er dem Kaiser vor versammeltem Hofe eine Lobrede halten sollte. Wie er später selbst bekannte, war er krank vor Ehrgeiz „an jenem Tage, da ich mich zu einer Lobrede auf den Kaiser vorbereitete, in der ich Lügen sagte, damit dem Lügenden die Gunst derer werde, die um die Lüge wußten. Keuchend unter der Last dieser Sorgen, glühend im Fieber verzehrender Gedanken, ging ich durch eine Straße Mailands und sah einen armen Bettler, der, glaub ich, betrunken war und scherzte und sich lachend freute." Augustinus verglich sich mit dem armen Schlucker und fand, daß jener der Glücklichere war. „Was jener mit einigen erbettelten Pfennigen schon erreicht hatte, nämlich die Freude zeitlichen Glücks, dahin suchte ich auf krummen Wegen und Umwegen noch zu gelangen ... Er war wenigstens froh, ich aber hatte Angst; er sorglos, ich voll Unruhe ... Er hatte für seine guten Wünsche Wein gespendet erhalten, während ich mit Lügen die Freude leeren Ruhms erstrebte."

In seinem Verlangen nach Macht und Ehre hatte Augustinus im Grunde nichts anderes angestrebt als auch in seinem Verlangen nach Frauenliebe, nämlich Glück. Und nun mußte er feststellen, daß er keineswegs glücklich geworden war. Das machte ihn betroffen. Er zog nun aber nicht den Fehlschluß, die irdischen Werte, zu denen ihn seine beiden Hauptleidenschaften drängten, seien eben überhaupt nichts wert. Auch später hat er diesen Fehlschluß nicht gezogen, und noch lange nach seiner Bekehrung schreibt er in den *Confessiones*: „Irdische Ehre und die Macht des Herrschers und des Siegers haben ihren Wert ..., doch darf man, um dies alles zu erlangen, sich nicht von dir, Herr, entfernen und dein Gesetz übertreten. Auch unser irdisches Leben hat seinen Reiz wegen seiner eigenen Schönheit und wegen seiner Harmonie mit all dem Schönen hier auf Erden. Auch die Freundschaft der Menschen mit ihrem Liebesband ist süß wegen der Einheit der Herzen. Dies alles aber veranlaßt uns zur Sünde, wenn wir in ungeordneter Begierde nach diesen niederen Gütern die besseren und höheren lassen, nämlich dich, Herr, unsern Gott, deine Wahrheit und dein Gesetz. Zwar geben auch jene niedrigeren Güter echte Freude, doch nicht so große wie du, mein Gott." Ein Glücksstreben, das Gott ausläßt, muß ins Unglück führen. „Du hast es so eingerichtet, Gott, daß jeder ungeordnete Geist sich selbst zur Strafe wird." Allmählich begriff Augustinus, warum er „in viele Schwierigkeiten verwickelt" worden war, warum finanzielle Nöte seinen Ehrgeiz behinderten, Enttäuschung in der Freundschaft seinen Geist verbitterten, Mißverständnisse in der Liebe sein Herz zerrissen. „Für dich, Gott, hast du uns erschaffen, und unruhig ist unser Herz, bis es ruhet in dir."

Augustinus griff zur Heiligen Schrift, fand aber ihren Stil nicht nach seinem rhetorisch geschulten Geschmack und schob sie verächtlich wieder zur Seite. Zwei Dinge behagten ihm ganz und gar nicht am Christentum, weil sie seinen Hauptleidenschaften schnurstracks zuwiderliefen: erstens die Forderung der Keuschheit, die anzuerkennen eine Einschränkung seines Liebeslebens bedeutet hätte; zweitens die Forderung, auf Autorität hin höchst sonderbare Dinge zu glauben, was dem Stolz dieses Intellektuellen, der herrschen und nicht sich beugen wollte, als eine unerträgliche Zumutung erschien. Sympathischer wirkte da der Manichäismus, der religiöse Erkenntnis ohne Autoritätsglauben anbot. Er wollte Offenbarungsreligion und rational beweisbare Lehre zugleich sein und versprach, die religiösen wie die intellektuellen Bedürfnisse Augustinus' zu stillen. Außerdem ermöglichte er, höchste sittliche Ideale mit bequemster Lebensweise zu vereinigen. Seine Askese war strenger als die des Christentums, denn er forderte, auf Geschlechtsverkehr, Arbeit, Fleisch und Wein völlig zu verzichten – freilich nur von den wenigen „Erwählten". Für die Masse der andern, für die „Hörenden", genügte es, den „Erwählten" Dienste zu leisten und dadurch sich würdig zu machen, in einem späteren Leben im Körper eines „Erwählten" wiedergeboren zu werden. Die Fleischessünden der „Hörenden" seien nicht schlimm, da der Körper nun einmal sündhaft sei. Man begreift, daß Augustinus sich dieser Sekte gern anschloß, natürlich als „Hörender". Er konnte ihr anhängen, ohne sich bewogen zu sehen, sein Leben zu ändern.

Fast zehn Jahre blieb Augustinus bei den Manichäern. Dann aber wandte er sich, nach unbefriedigend verlaufenen Diskussionen mit führenden Köpfen der Sekte, enttäuscht vom Manichäismus ab. Hier war die Wahrheit nicht zu finden. In Rom meinte er, angesteckt vom Skeptizismus der Akademiker, man müsse an der Möglichkeit, die Wahrheit überhaupt zu erkennen, verzweifeln. In dieser Stimmung kam Augustinus nach Mailand – geistig ausgebrannt, unbefriedigt von irdischen Gütern, und doch sich sehnend nach etwas, das sein leeres Innere erfüllen könne. Er fand es auch, aber nicht in einem gelehrten System, sondern in der Begegnung mit einem großen Heiligen.

Schon in Rom muß Augustinus von Ambrosius, dem Bischof von Mailand gehört haben. Ein Jahrzehnt vorher war dieser hochbegabte Römer aus adeligem Geschlecht noch Statthalter für die Provinz Liguria und Aemilia gewesen. Wie so viele Männer der damaligen Zeit aus der politischen oder militärischen Laufbahn heraus in den Kirchendienst gezogen wurden, war auch Ambrosius gegen seinen Wunsch durch die Stimme des Volkes auf den Bischofsstuhl von Mailand gekommen. Es verstand sich, daß der neue Rhetorikprofessor Augustinus dem politisch einflußreichen Mann einen Antrittsbesuch machte. Er wurde von Ambrosius väterlich empfangen. „Ich faßte Liebe zu ihm", erzählt Augustinus später, „doch liebte ich an ihm anfangs nicht den Lehrer der Wahrheit, weil ich von der Kirche gar nichts erhoffte, sondern den mir wohlwollenden Mann." Es tat dem ehrbegierigen Augustinus gut, von einer solchen Persönlichkeit anerkannt zu werden, und er dachte wohl auch, Ambrosius könne ihm für seine weitere Karriere nützlich sein. Er war eingenommen von der Liebenswürdigkeit dieses Bischofs und bewunderte ihn: „Ich hielt ihn für einen glücklichen Mann, weil hochstehende Personen ihn ehrten. Nur seine Ehelosigkeit schien mir beschwerlich." Gern hätte Augustinus mit ihm eine persönliche Aussprache gehabt. Mehrmals versuchte er es, doch vergeblich. Zwar stand die Türe des Bischofs jedem offen, und man durfte unangemeldet eintreten; aber entweder war er von vielen Menschen umlagert, in deren Gegenwart Augustinus nicht Herzensdinge besprechen wollte, oder er hatte sich gerade in ein Buch vertieft, und dann wollte Augustinus nicht stören.

Augustinus hörte aber seine Vorträge. Berufsmäßige Neugier trieb ihn, sich selbst davon zu überzeugen, ob die Fama von der bestrickenden Beredsamkeit des Bischofs nicht übertrieb. Als Fachmann konnte der Rhetorikprofessor nicht umhin, dieser meisterlichen Redekunst Bewunderung zu zollen. Sie war in der Tat so groß, daß sie nach und nach ihn dazu brachte, nicht mehr auf den Stil dieser Reden zu achten, sondern auf ihren Inhalt. Wie Schuppen fiel es Augustinus von den Augen, als er den Erklärungen der Heiligen Schrift lauschte. Bisher hatte er den manichäischen Lehrern geglaubt, die Bibel sei ein ungereimtes Machwerk, das ernst zu nehmen keinem Gebildeten zugemutet werden könne. Jetzt aber lösten sich die Schwierigkeiten durch die Auslegung des Ambrosius. Wie so manchen, der lange die Kirchenlehre verachtet, verhöhnt oder gar bekämpft hatte, ohne sie richtig zu kennen, überraschte auch Augustinus die Entdeckung, daß die Kirche gar nicht jene Albernheiten lehrte, die er ihr bisher unterstellt oder zugetraut. Beim Anhören der Predigten und Hymnen des heiligen Ambrosius näherte sich Augustinus allmählich christlichen Überzeugungen. Die Wahrheit, die langgesuchte, erschien ihm, eingekleidet in Wortmächtigkeit, doch nicht auf sie angewiesen; eine absolute Wahrheit, die den Flitter der Rhetorik nicht nötig hatte, um auf ihn Eindruck zu machen. Wahrheit der Rede war ihm jetzt wichtiger als Schönheit der Rede, und in der Heiligen Schrift spürte er jetzt jene ewige Wahrheit, die nicht nur den Geist, sondern auch das Herz befriedigt, ja, die allein den Menschen glücklich machen kann.

Letzte intellektuelle Hindernisse, die dem Glauben noch im Wege standen, fielen zusammen, als Augustinus einige neuplatonische Schriften las. Der Überzeugung nach war er jetzt Christ geworden. Er las die Bibel und besuchte, sooft er konnte, die Kirche. Was zu seiner Bekehrung noch fehlte, war der beherzte Schritt in ein neues Leben. Was die Erkenntnis erfaßte, mußte auch der Wille ergreifen. Der Einsicht mußte die Tat folgen.

Wieder waren es die Beispiele lebendiger Christen, die Augustinus bewegten. Er hörte, daß der römische Gelehrte Victorinus, in dessen lateinischer Übersetzung er soeben Plotins Enneaden gelesen hatte, katholischer Christ geworden sei und unter Kaiser Julian lieber auf seine Professur als auf seinen Glauben verzichtet habe. Was Augustinus vom neuen Leben dieses mutigen Bekenners erfuhr, entflammte ihn mit Begier, es nachzuahmen. „Der neue Wille aber", so erzählte Augustinus später, „der sich in mir regte, dir um deinetwillen zu dienen, Gott, und dich zu genießen, du einzig sichere Lust, der war noch nicht stark genug, den alten, durch lange Gewohnheit stark gewordenen zu überwinden. So stritten zwei Willen, ein alter und ein neuer, ein fleischlicher und ein geistiger, miteinander, und ihr Zwiespalt zerriß meine Seele."

Eines Tages machte ihm ein Herr vom kaiserlichen Hofe, ein Afrikaner namens Ponticianus, einen Besuch. Zufällig bemerkte er auf dem Spieltische ein Buch, öffnete es und bemerkte zu seiner Verwunderung, daß es sich um eine Ausgabe der Paulus-Briefe handelte. Es stellte sich heraus, daß Ponticianus gläubiger Christ war. Als Augustinus ihm nun sagte, auch er studiere Paulus, entspann sich ein Gespräch, das bald auf den heiligen Einsiedler Antonius kam. Dieser sei zufällig im Evangelium auf die Stelle gestoßen, wo Jesus dem reichen Jüngling sagt: „Geh hin, verkaufe alles, was du hast, gib es den Armen, und du wirst einen Schatz im Himmel haben; dann komm und folge mir nach!" Antonius habe die Worte auf sich selbst bezogen und ihnen sofort gehorcht. Er sei in die ägyptische Wüste gegangen und habe dort ganz für Gott gelebt. Augustinus lebte schon, als dieser Mann Gottes starb, die Ereignisse lagen also noch nicht sehr weit zurück. Und doch hatten Augustinus und sein ebenfalls anwesender Freund Alypius noch nie davon gehört. Ponticianus wunderte sich darüber und holte nun weiter aus. Mit wachsendem Staunen lauschten Augustinus und sein Freund dem Bericht über Antonius und über viele andere Mönche und Klöster. Auch in Mailand bestehe ein Männer-Kloster, das von Ambrosius gefördert würde. Gespannt hörten sie, wie zwei Freunde des Ponticianus, kaiserliche Beamte in Trier, auf die Lektüre der Antonius-Vita hin ihre Bräute und ihre Karriere fahren ließen und Mönch wurden. Alle diese Menschen hatten um Gottes willen auf Ehe, Besitz und Weltehre verzichtet. Das gab Augustinus zu denken. Das Ideal der Ehelosigkeit um des Himmelreiches willen, das Jesus seinen Jüngern vor Augen stellte, war schon dem Achtzehnjährigen als erstrebenswert erschienen. Damals hatte er gebetet: „Gib mir Keuschheit, aber noch nicht bald!" Jetzt schämte sich der Einunddreißigjährige, daß er sich all die Jahre seitdem noch nicht von seinen Leidenschaften lösen konnte. Er schämte sich um so mehr, als er sich verglich mit so vielen, die auf Ehre, Reichtum und sinnliche Genüsse verzichteten.

Den Kampf, der damals, nach dem Besuch des Ponticianus, in einem Mailänder Garten seine Brust durchtobte, hat er selber ausführlich geschildert. Seinem Freund rief der aufgewühlte Augustinus heftig zu: „Ungebildete stehn auf und reißen den Himmel an sich, und wir mit all unserer Geistesbildung, wir wälzen uns in Fleisch und Blut herum! Schämen wir uns, ihnen nachzufolgen?" Der Singsang einer Kinderstimme aus dem Nachbargrundstück („Nimm und lies! Nimm und lies!") gab ihm ein, die Paulus-Briefe zu öffnen und, nach dem Vorbild des heiligen Antonius, das erste Wort, auf das sein Blick fiel, als Lebensregel für sich selbst anzunehmen. Er las: „Schluß mit Schlemmereien und Trinkgelagen! Schluß mit Ausschweifung und Unzucht! Schluß mit Zank und Neid! Zieht vielmehr den Herrn Jesus Christus an."

Sofort legte sich der Sturm in seinem Herzen. Mit der ruhigen Sicherheit dessen, der nach langem Suchen das Ziel seines Lebens gefunden, teilte er Alypius und Monnica seinen Entschluß mit. Seine Bekehrung war radikal. Er löste sich völlig von dem, was sein Herz bislang so sehr erfüllt hatte, daß es für ihn ein Hindernis der Liebe zu Gott wurde: von der Liebe zu weltlicher Ehre und Macht und von der Liebe zur Frau. Er wußte natürlich, daß man auch in weltlichen Ämtern und in der Ehe ein christliches Leben führen könne, und sah auch für diese Möglichkeit anziehende Vorbilder in Ponticianus, Monnica und anderen. Für *ihn* aber, darin erkannte er Gottes Willen, gab es nur noch dies zu tun: seine Professur niederzulegen, auf weltliche Karriere zu verzichten, seine Mätresse zu entlassen, seine Verlobung zu lösen, sich mit gleichgesinnten Freunden zu einem religiösen Gemeinschaftsleben von der Welt zurückzuziehen und in der nächsten Osternacht die Taufe zu empfangen.

Das neue Leben, das Augustinus nun begann, war von Anfang an ein Leben der Gemeinschaft, und das blieb es, solange er lebte. Von Natur hatte Augustinus ein starkes Bedürfnis nach Freundschaft, stets waren Freunde um ihn, mit denen er seelischen und geistigen Austausch pflegte, und die Schönheit edler Freundesliebe haben wenige Schriftsteller so fein zu schildern gewußt wie er. Schon vor seiner Bekehrung hatte er mit seinen Freunden den Plan gefaßt, eine Gemeinschaft von zehn Männern zu gründen, die in ländlicher Abgeschiedenheit und unbelastet von Amtspflichten sich in Muße der Philosophie widmen könne. Geld war genug vorhanden gewesen. Der Plan war lediglich daran gescheitert, daß einige der Freunde verheiratet waren oder im Begriff zu heiraten standen. Augustinus selbst hatte damals erklärt, ohne eine Frau an seiner Seite könne er nicht leben. Inzwischen konnte er es doch. Aber was er nicht konnte, war, ein Leben ohne seine Freunde zu führen. Mit Freunden hatte er über philosophische und religiöse Fragen diskutiert, Freunde waren ihm auf seinem Weg durch den Manichäismus und andere Ismen gefolgt, und er freute sich, daß ihm einige dieser Freunde wie Alypius auch auf seinem letzten Schritt in das christliche Leben folgten und daß es ihm, nach dem Vorbild der monastischen Gemeinschaften, möglich war, seine Liebe zur Freundschaft in sein christliches Leben mitzunehmen. Weltehre, Reichtum, Frauenliebe – diese Werte opferte er. Aber die Freundschaft pflegte er weiter, sie war ihm kein Hindernis auf dem Wege zu Gott, sondern sogar ein förderndes Mittel: „Unsere Freundschaft wird wahr und ewig sein und uns nicht nur gegenseitig, sondern auch mit dem Herrn selbst vereinigen."

Einem von Augustins Freunden gehörte das Landgut Cassiciacum, dreißig Kilometer nördlich von Mailand in den Hügeln von Brianza gelegen. Es wurde Augustinus und den Seinen zur Verfügung gestellt. Zu Beginn der Weinlese (386) siedelte er, nachdem er sich von seinen Mailänder Bindungen gelöst hatte, mit einigen Verwandten, Freunden und Schülern nach diesem Gut über. Von Ambrosius ließ er sich Lektüre angeben, die er zur Vorbereitung auf die Taufe lesen könne. Der Winter verging mit philosophischen Gesprächen, die auch aufgezeichnet wurden und in den Dialogen der augustinischen Frühschriften erhalten geblieben sind. In Cassiciacum konnte Augustinus zugleich seinen Hunger nach Wahrheit, sein Bedürfnis nach Freundschaft, seinen pädagogischen Eros und seinen schriftstellerischen Drang befriedigen. Eine eigenartige, herzerfreuende Atmosphäre erfüllte dieses gemeinsame Leben, gemischt aus Fröhlichkeit und Ernst. Man hat Cassiciacum das erste Landerziehungsheim genannt. Eher ließe sich dieses Leben der Einkehr, des Studiums und des Gebetes eine Synthese nennen zwischen dem „philosophischen Leben" der Griechen, der „freien Muße" Ciceros und dem christlichen Klosterleben. In betontem Gegensatz zum antiken Brauch, der Frauen von philosophischen Gesprächen ausschloß, ließ Augustinus auch seine Mutter an den Unterredungen teilnehmen. Die frühen Dialoge legen die entscheidenden Diskussionsbeiträge Monnica in den Mund, von der Augustinus, wie später in den *Confessiones*, mit Worten höchster Achtung und Verehrung spricht.

Im Frühjahr 387 kehrte Augustinus nach Mailand zurück, um in der Osternacht aus der Hand des Bischofs Ambrosius zusammen mit seinem Sohn Adeodatus und seinem Freund Alypius die Taufe zu empfangen. Dann schickte er sich an, mit den Seinen in die Heimat zurückzukehren. Doch unterwegs, als sie in Ostia auf das Schiff warteten, mußte seine Mutter Monnica sich niederlegen. Glücklich, ihre heißen Gebete erhört zu sehen und zu wissen, daß der „Sohn so vieler Tränen" nun doch gerettet war, sah sie den Sinn ihres Erdenlebens erfüllt. Sie starb in Augustinus' Armen und wurde in Ostia begraben. Nach einem letzten Aufenthalt in Rom verließ Augustinus Italien auf immer.

Als ein neuer Mensch betrat er wieder den Boden seiner afrikanischen Heimat. Ein neuer Mensch – das heißt nicht: ein perfekter Heiliger. Es tut der Größe des Augustinus keinen Abbruch, gibt uns aber eine hilfreiche Lehre, wenn wir feststellen, daß dieser Mensch auch nach seiner Bekehrung nicht fehlerlos war, daß nicht nur der Professor von Mailand, sondern auch der Bischof und Kirchenlehrer gelegentlich eine irrige Meinung vertreten, daß nicht nur der Student von Karthago, sondern auch der Heilige von Hippo hier und da etwas verkehrt gemacht hat. Auch die Größten hören nicht auf, Menschen zu sein, und auch die Heiligen sind, solange sie auf der Erde leben, erst auf dem Wege und noch nicht am Ziel. Augustinus selbst hat uns in den *Confessiones* nachdrücklich darauf hingewiesen. Diese ungemein aufrichtige Selbstdarstellung, psychologisch so wahr und theologisch so richtig, kann uns davor bewahren, uns über das Wesen der Bekehrung einer Täuschung hinzugeben. Augustinus hat seine Bekehrung dargestellt als einen Willensakt, in dem er seine ganze Liebe, die er vorher an geringere Güter verschwendet hatte, dem höchsten Wahren, Guten und Schönen zuwandte; als eine Wiedergeburt, in der er Christus anzog und ein neuer Mensch wurde. Er betont, daß er auch nach dieser Bekehrung weiter nach tieferer Erkenntnis des Wahren forschte, weiter um bessere Verwirklichung des Guten rang, immer noch der Möglichkeit des Irrens und Fehlens ausgesetzt. Oftmals bezeichnet er seine Bekehrung nicht als das Ereignis eines Augenblicks, sondern als einen fortlaufenden Vorgang. Der Entschluß in jenem Garten in Mailand, ein neues Leben zu beginnen, und die Taufe in der Osternacht des Jahres 387 waren nur der Anfang seines Weges zu Gott.

Als Augustinus die *Confessiones* schreibt, sind seit seiner Taufe fast zwölf Jahre vergangen, Jahre des Betens und Arbeitens, der Buße und Läuterung, und immer noch glaubt er erst am Anfang zu stehn. „Du, Herr, hast meine Bekehrung begonnen . . . Du läßt nie ab von dem, was du begonnen; führe, was an mir noch unvollendet ist, zur Vollendung." Im zehnten Buch der *Confessiones* legt er ausführlich dar, wie sehr sich der alte Adam noch bemerkbar macht. Freimütig und offen bekennt er, immer noch von allerlei Versuchungen belästigt zu werden. Er zählt seine Schwächen, Mängel und Sünden auf, beschreibt sein Versagen, schildert sein Elend. „Das Gewohnte verschlingt mich und hält mich fest. Ich weine so sehr und kann mich doch nicht frei machen. So schwer lastet auf uns die Gewohnheit." Ist also doch nach dem Entschluß, ein neues Leben in Christus zu beginnen, alles beim alten geblieben? Nein. Er weiß jetzt etwas, das er vorher nicht wußte, und er geht jetzt – wenn auch noch so langsam – in einer anderen Richtung. „Du hast mich laut gerufen und meine Taubheit zerrissen; du hast geblitzt und geleuchtet und meine Blindheit verscheucht . . . Ich habe dich geschmeckt, und nun hungere und dürste ich nach dir." Augustinus kennt jetzt das rechte Ziel und ist auf dem Wege dorthin. Aber er hat das Ziel noch nicht erreicht: „Wenn ich erst einmal ganz dir anhangen werde mit meinem ganzen Ich, dann wird mich kein Schmerz, keine Mühsal mehr bedrücken. Dann erst wird mein Leben, ganz von dir erfüllt, wahres Leben sein. Da du aber nur den aufrichtest, den du erfüllst, bin ich mir vorläufig noch zur Last. Ich bin ja noch nicht ganz von dir erfüllt. Noch streiten in mir beweinenswerte Freuden mit erfreulicher Trauer, und ich weiß nicht, auf welcher Seite der Sieg sein wird. Erbarm dich meiner, Herr!" Augustinus stöhnt, aber zugleich hofft er: „Wir zeigen dir unsere Liebe, indem wir dir unser Elend und dein Erbarmen bekennen, auf daß du uns völlig befreist, da du mit der Befreiung nun einmal begonnen hast; auf daß wir aufhören, unglücklich zu sein, und die Seligkeit erlangen in dir." Nach dauerhaftem Glück sehnte Augustinus sich von Anfang an, nur suchte er es zuerst an falscher Stelle. Seit seiner Wiedergeburt sucht er es nicht mehr in den Geschöpfen, sondern im Schöpfer, und von ihm erhofft er, daß er ihm dazu verhilft.

In seinem Elternhaus zu Thagaste gründete er mit seinen Freunden, seinem Sohn und einigen Schülern eine Gemeinschaft, die der von Cassiciacum ähnlich war. Wieder wurde abseits vom Gewühl der Welt disputiert, studiert und gebetet; wieder verfaßte Augustinus eine Reihe Bücher. Man besaß alles gemeinsam und suchte dem Ideal der urchristlichen Gemeinde, wie die Apostelgeschichte es beschreibt, nachzuleben. Das Tun und Lassen war nicht von Gelübden, sondern von Vorsätzen bestimmt. Das Zueinander von Freiheit und Gebundenheit regelte die Liebe. Diese Zeit in Thagaste war wohl die glücklichste im Leben des Augustinus: Einklang mit Gott und den Mitmenschen, Freiheit von Amtspflichten, Freiheit zu schöpferischer Geistesarbeit – was wollte er mehr? Nur *ein* Schmerz trübte dieses Glück: Sein Sohn, dessen hohe Begabung ihm so viel Freude bereitete, starb im siebzehnten Lebensjahr. Den Frieden und die Gelassenheit konnte indes auch dieser Verlust nicht stören.

Nach der großen Wende seiner Bekehrung hatte Augustinus diese Lebensform gefunden, die so ganz den Bedürfnissen seines Herzens und seines Geistes entsprach. Er glaubte, dies sei die endgültige Form, und nie hätte er sich träumen lassen, daß ihm eine zweite große Wende bevorstehe, die seinem Leben eine andere Prägung geben sollte. Wäre es nach seinem Wunsch gegangen, so hätte er dieses stille und beschauliche Leben bis an sein Ende fortgesetzt. Doch nur drei Jahre lang war ihm der Friede des abgeschiedenen Daseins vergönnt. Ihm war anderes bestimmt: aufregende Kämpfe in der Welt gegen allerlei Widersacher. Diese äußeren Kämpfe sollten die zweite Hälfte seines Lebens nicht weniger dramatisch werden lassen, als es die erste mit ihren inneren Kämpfen war.

Trotz seines weltabgeschiedenen Lebens war Augustinus weit über Thagaste hinaus bekannt. Viele Afrikaner erinnerten sich noch gut des glänzenden Rhetorik-Lehrers von Karthago. Mit manchen Damen und Herren stand Augustinus in Briefwechsel, und seine Schriften begannen, ihm in gebildeten Kreisen Ansehen zu verschaffen. Gelegentlich verreiste er, um einen entfernt wohnenden Freund zu besuchen. So ist es nicht erstaunlich, daß seine Anwesenheit nicht verborgen blieb, als er eines Tages in Hippo Regius, einer Stadt an der Küste des Mittelmeeres (dem heutigen Bône), weilte, um einen seiner Briefpartner, einen kaiserlichen Beamten, in mündlichem Gespräch religiös zu beraten.

Während des Gottesdienstes, den er dort besuchte, teilte der bejahrte Bischof von Hippo der Gemeinde mit, daß er zu seiner Unterstützung einen Priester benötige. Einige Gemeindemitglieder hatten Augustinus erkannt, dessen Fähigkeiten sie sehr schätzten, packten ihn und führten ihn vor den Bischof: Diesen wollten sie zum Priester haben. Augustinus sträubte sich heftig mit allen Zeichen der Bestürzung. Man suchte ihn zu beruhigen: Sie könnten ihn verstehen, das Priesteramt sei für einen Mann wie ihn zu wenig, aber Bischof würde er eines Tages auch noch werden. Ach, man hatte seine Abwehr mißverstanden, Augustinus wollte überhaupt kein Amt, und der Hinweis auf das Bistum, das man ihm später noch dazu aufbürden wolle, konnte sein Entsetzen nur noch steigern. Eh er sich's versah, hatte der Bischof ihm die Hände aufgelegt und ihn zum Priester geweiht.

Augustinus war tief betrübt, doch gab er sich dem Rufe ganz hin, der von ihm eine völlige Änderung seines Lebens verlangte. Er, der geistige Mensch, der Philosoph, Schöngeist und Literat, stellte seine persönlichen Neigungen zurück, um dem Volk zu dienen. Dies ließ ihn Christus erst ganz erkennen und lieben: der Dienst an den geringsten seiner Brüder. In diesem Dienst stieg er zur Heiligkeit empor.

Die fast vierzig Jahre, die Augustinus noch zu leben hatte, verbrachte er im Dienst der Kirche von Hippo, die ersten fünf als Priester, die übrigen als Bischof. Er nahm keine Schlüsselstellung in der katholischen Hierarchie ein, war in seinem Amt „kaum mehr als ein bischöflicher Dechant und Pastor einer zweitrangigen Hafenstadt" (F. van der Meer). Daß sein Einfluß sich weit über die Grenzen seiner Diözese erstreckte, daß er der geistige Lenker der afrikanischen Kirchenpolitik wurde, ja, daß man sein Wort in der ganzen Christenheit hörte, verdankt er nicht einem amtlichen Rang, sondern seiner überragenden geistigen Persönlichkeit. Über den historisch wichtigen Diensten, die Augustinus der Gesamtkirche leistete, vergißt man zu leicht, daß er in erster Linie für das Volk von Hippo arbeitete. So häufig er auch auf Reisen war, um an andern Orten zu predigen oder an Synoden, Konferenzen und Disputen teilzunehmen, die meiste Zeit weilte er in Hippo, um seinen Gläubigen zur Verfügung zu stehen.

Die Bevölkerung von Hippo Regius hatte viele Juden, eine Minderheit von Heiden, eine große Gemeinde von Donatisten und eine kleinere von Katholiken. Es gab zwei

Kathedralen, eine donatistische und eine katholische. Die katholische war die bescheidenere, ohne großartige Vergoldungen. Auch den Bischof dürfen wir uns nicht in Chormantel und Mitra, mit Krummstab, Ring und Brustkreuz vorstellen, wie ihn die Maler und Bildhauer späterer Zeiten dargestellt haben, sondern in einer weißwollenen, weitärmeligen Tunika, mit Sandalen und einem dunklen Birrus. Als der Priester Augustinus Bischof wurde, brauchte er an der Kleidung nichts zu ändern. Es gab keine besonderen Abzeichen für den Bischof. Er saß auf der Kathedra, und das genügte, ihn äußerlich seiner Stellung entsprechend hervorzuheben.

Seiner Körpergestalt fehlte das Imposante. Er war klein und hager, kahlgeschoren und glattrasiert, von zarter Konstitution, nervös und sensibel, oft von Schwächegefühl und Brustbeklemmung gequält, von Magenschmerzen und Atembeschwerden behindert. Außerdem hatte er eine gewisse Schüchternheit zu überwinden. Man sollte meinen, das Reden vor großen Versammlungen sei ihm außerordentlich schwer gefallen, und zu Zeiten war es das offensichtlich. Trotzdem hat Augustinus oft und gern gepredigt, nicht selten bis zu drei Stunden lang, manchmal mehrmals am Tage. Rund fünfhundert Predigten sind von ihm noch in Nachschriften erhalten.

Sah Augustinus von seinem Ambo, später von seiner Kathedra aus die Menge vor sich, diese Fischer, Seeleute, Hafenarbeiter, Weber, Gemüsegärtner, Händler, Soldaten, Beamte, ihre Frauen und Kinder, so kam ihm nicht der Gedanke, sein Genie sei für dieses zumeist analphabetische Volk zu schade. Er sah hinter jedem dieser Gesichter, und war es das vulgärste, die unsterbliche, von Christus erlöste Seele, die des Wortes Gottes bedurfte, das zu verkünden seine Pflicht war. Er wußte, daß es sich lohnte, diesen Menschen so gut wie möglich zu predigen. Ihnen gab er sein Bestes, eine Fülle inneren Reichtums, dargeboten in schlichter Form, seine tiefsten Erkenntnisse, zugeschnitten auf das alltägliche Leben. Augustinus' Predigten waren volkstümlich und zugleich von erstaunlicher Höhenlage, geistvoll, doch nicht verstiegen. Kein Wunder, daß man ihm gern zuhörte. Mußte man auch stundenlang stehen, bis die Predigt zu Ende war (Bänke oder Stühle gab es in den Basiliken nicht), man gähnte nicht. Denn die Rede des Augustinus verbreitete nicht Müdigkeit und Langweile, sondern Freude und geistige Bewegtheit. Die Zuhörer folgten aufmerksam, oft gespannt den Ausführungen. Sie gingen voll südländischer Lebhaftigkeit mit, unterbrachen die Rede nicht selten durch Zwischenrufe, die Augustinus schlagfertig parierte, oder taten laut ihren Beifall kund. Einen Bibelvers, den Augustinus zu zitieren begonnen hatte, sprach das Volk laut zu Ende. Er selbst war fast nie mit seinen Predigten zufrieden, und doch holten ihn auch auswärtige Kirchen auf ihre Kanzel. Das Geheimnis seiner Wirkung liegt in seiner Fähigkeit, sich den Zuhörern anzupassen. Er verstand es, allen alles zu werden, aber nie auf Kosten der Wahrheit und der göttlichen Gebote. Nie versuchte er, sich durch Abstriche und Zugeständnisse beliebt zu machen.

Wie Ambrosius von Mailand förderte Augustinus den Kirchengesang. Er wollte, daß die Gläubigen die Texte, die sie singen, auch in ihrer Bedeutung verstehen. Deshalb erklärte er ihnen die liturgischen Texte und Zeremonien, zeigte den Symbolgehalt der einfachen Gebärden, die durch Gewohnheit leicht zu Reflexhandlungen werden, bei denen man nichts mehr empfindet: Neigen des Kopfes, Kniebeugen, Schlagen an die Brust, Kreuzzeichen. Was nützt es, sich gedankenlos zu bekreuzigen? „Gott sucht nicht Menschen, die seine Zeichen malen, sondern solche, die sie ausführen."

Für die Verwaltung verlor Augustinus nicht viel Zeit; diese Arbeiten überließ er einem Buchhalter. Als Bischof wollte er in erster Linie nicht Verwaltungsmann sein, auch nicht Liturge, sondern Seelsorger. Er hielt die Leute nicht auf Abstand, sondern war allen leicht zugänglich. Und sie kamen auch und nahmen ihn in Anspruch. Am Jahrestag der Weihe zählte er in der Predigt auf, was man alles von ihm verlangte: „Unruhestifter zurechtweisen, Kleinmütige trösten, Schwachen unter die Arme greifen, Gegner widerlegen, sich vor Ränkeschmieden hüten, Ungebildete lehren, Faule wachrütteln, Streitlustige bremsen, Eingebildete auf ihren Platz weisen, Krakeeler beruhigen, Armen helfen, Unterdrückte befreien, Gute ermutigen, Böse ertragen und – ach – alle lieben ... Immer wieder predigen, disputieren, ermahnen, erbauen, für jeden bereit stehen – das ist eine große Last, ein schwerer Druck, ein mühseliges Werk ... Niemand kann sich mehr danach sehnen als ich, von Sorgen und Mühen frei zu sein. Denn nichts ist besser, nichts angenehmer als fern von jedem Lärm die göttlichen Schätze zu durchforschen ... Ich könnte sagen: Was habe ich davon, die Menschen zu langweilen, die Bösen zu ermahnen: tut dies nicht, tut jenes wohl, hört auf damit? Wie kommt es, daß ich mich für andere verantwortlich fühle? Es ist das Evangelium, das mich schreckt."

Auch in Briefen klagt er öfters über den verwirrenden Kleinkram fremder Angelegenheiten, der ihm die Zeit und Ruhe beschneidet, die er lieber dem Gebete und dem Studium widmen würde. Seine Briefe selbst, durch die sich seine Seelsorge weit über seine Gemeinde hinaus erstreckte, sind ja voll davon. Erasmus fand sie unbedeutend, weil sie sich mit allerlei Alltagsdingen und kleinen Sorgen der Leute befaßten, und Papini meinte, die Banalitäten der Praxis hätten sein Genie aufgezehrt. Diesem gewaltigen Geist aber war nichts belanglos und unbedeutend, was anderen Menschen auf der Seele lag. Wir haben noch 218 Briefe von ihm, Briefe an Bischöfe, Priester, Laien, Staatsmänner, Frauen und Gemeinden. Mag er, wenn er an Männer wie Paulinus von Nola oder Hieronymus schreibt, auch theologische Probleme erörtern, meist äußert er sich zu Fragen des praktischen Lebens, die ihm vorgelegt worden waren. Hier zeigt er sich als ein aufmerksamer Berater der verschiedenartigsten Seelen. Man darf sich diesen Kirchenvater nicht als einen weltfremden Büchergelehrten und versponnenen Denker vorstellen. Er kannte die Welt und die Menschen. Der Verkünder einer innerlichen Frömmigkeit, die Gott im eigenen Herzen sucht, nahm mit der gleichen Innigkeit, mit der er seinen eigenen Seelenregungen lauschte, an den Menschen seiner Umwelt, an ihren Sorgen und Fragen, ihren Zweifeln und Ängsten Anteil.

Man muß staunen, daß der so sehr in Anspruch genommene Pastor noch Zeit zu wissenschaftlicher und literarischer Tätigkeit fand. Pläne umfangreicher Werke freilich, die nur in einem geruhsamen Gelehrtenleben geschaffen werden können, wagte er nur vor und unmittelbar nach seiner Priesterweihe zu fassen, so den einer enzyklopädischen Wissenschaftslehre. Er begann ihre Durchführung, mußte aber im Drange der Geschäfte diese Versuche bald wieder aufgeben. Andere großangelegte Werke warteten lange auf ihren Abschluß, das dogmatische Hauptwerk *Über die Dreifaltigkeit* zwanzig Jahre, das geschichtstheologische Hauptwerk *De civitate Dei* vierzehn Jahre, der Genesis-Kommentar vierzehn Jahre, das andere exegetische Hauptwerk, die Psalmenerklärung, sechsundzwanzig Jahre. Wie *De civitate Dei*, so entstanden viele seiner Bücher aus aktuellem Anlaß, als Stellungnahme zu einem politischen oder kirchlichen Ereignis oder als Antwort auf eine Frage, die der Tag unabweisbar aufgeworfen oder Freunde ihm vorgelegt hatten. Immer wieder wollten Streitfragen gelöst, mußten Irrtümer zurückgewiesen werden. Ein guter Teil des augustinischen Denkens hat sich an der Auseinandersetzung mit theologischen Gegnern und Irrlehrern entzündet und vertieft. Viele seiner Schriften erwuchsen aus seiner seelsorglichen Arbeit. Ordensfrauen heischten Führung, Mönche und Amtsbrüder baten um Rat, Laien in Weltämtern suchten Wegweisung. Keinem Anruf hat sich Augustinus entzogen. So verfaßte er Abhandlungen über praktische Themen des christlichen Lebens: *Über die Lüge, Der Nutzen des Fastens, Die ehebrecherischen Verbindungen, Das Gut der Ehe, Das Gut der Witwenschaft, Vom ersten katechetischen Unterricht.* Auch seine Schriften zur Auslegung biblischer Texte entsprangen nicht — wie die des heiligen Hieronymus — philologischem Interesse, sondern entstanden im Zusammenhang mit seiner Tätigkeit als Seelsorger.

Eine wichtige Aufgabe des Seelsorgers Augustinus war der Kampf gegen heidnische Bräuche, die selbst unter den Christen noch fortlebten: gegen Gladiatorenspiele und unzüchtige Theatervorstellungen, gegen den ausgelassenen Trubel der Saturnalien, gegen Amulette, Wahrsagerei, Zauberei, Sterndeuterei. „Doppelt genäht hält besser", dachten manche Getaufte und riefen neben Christus auch die alten Götter um Hilfe an.

Augustinus begnügte sich nicht damit, die ihm Anvertrauten darauf hinzuweisen, daß sie nicht zugleich Christus und Belial dienen könnten. Er suchte ihnen auch den Blick dafür zu schärfen, was an der Religion wesentlich ist. Das menschliche Beiwerk in der Religion sei überflüssig. In seiner *Christlichen Wissenschaft* sagt er, manches von dem, was von Menschen eingesetzt wurde, sei Aberglaube, weil man da etwas Geschöpfliches als Gott verehre oder weil man da mit den Dämonen paktiere, auch wenn es unbewußt aus dummer Anhänglichkeit an unsinnige Bräuche geschehe. Der Aberglaube müsse ausgerottet werden; hier kennt Augustinus keine Zugeständnisse. Im Hinblick auf andere menschliche Einrichtungen, die nicht abergläubisch sind, macht er Unterschiede: Einige seien nützlich, andere wertlos. Das Wertlose sei in der Kirche unzulässig. Vor allem jene lokalen Bräuche, deren Sinn niemand mehr kennt, möchte er „ohne Zögern abschneiden". Weil dies nicht immer sofort möglich sei, würden sie vorläufig geduldet, „denn die Kirche duldet viel". Augustinus meinte, die Bischöfe sollten als wirkliche Aufseher die üppige Entwicklung der Volksfrömmigkeit eher mäßigen als anfeuern.

In Afrika war vor allem der Märtyrerkult ins Kraut geschossen und hatte Formen angenommen, die den Spott der Nichtchristen und den Abscheu besonnener Christen erregten. Als Augustinus noch nicht Priester war, erhielt er schon einen Brief von dem heidnischen Philosophen Maximus von Madaura, in dem der Märtyrerkult mit Hohn überschüttet wurde. Überall an Feldern und Wegen waren Memoriae, Kapellen und Altäre zu Ehren der Märtyrer, errichtet worden. Maximus stieß sich daran, daß Menschen religiös verehrt wurden, obendrein noch solche, die als Verbrecher hingerichtet worden waren. „Solcher Personen Grabmäler besuchen nun die Toren, die unsere Tempel verlassen." Augustinus entgegnete: „Von katholischen Christen wird kein Toter angebetet, wird nichts von Gott Erschaffenes wie eine Gottheit angerufen, sondern Gott allein, der alles geschaffen und ins Leben gerufen hat."

Das Sammeln von Reliquien der Märtyrer war schon zu Anfang des vierten Jahrhunderts eine Manie geworden. Jede Kirche legte Wert darauf, möglichst viele Reliquien zu besitzen, und auch Privatleute setzten ihren Stolz darin, Eigentümer von Heiligengebeinen zu sein. Daß ein Priester zu Karthago den Zorn einer steinreichen und einflußreichen Dame erregte, indem er ihr verbot, vor jedem Kommunionempfang einen Knochen zu küssen, der angeblich von einem heiligen Märtyrer stammte, trug zur Entstehung des verhängnisvollen donatistischen Schismas bei. Von solchem Fanatismus hebt sich die Nüchternheit des Augustinus und seiner katholischen Amtsbrüder angenehm ab. Vor Mönchen, die mit falschen Reliquien hausieren gingen, hat Augustinus ausdrücklich gewarnt. In keiner seiner Predigten über die Märtyrer fehlt eine Äußerung gegen verkehrte Auffassungen und Praktiken. Keinem Märtyrer dürften Opfer dargebracht, Altäre errichtet und Kirchen erbaut werden, sondern nur dem Gott der Märtyrer. Wohl sollen wir die Märtyrer verehren, „damit wir zu ihrer Nachfolge angeregt, ihrer Verdienste teilhaftig und durch ihre Gebete unterstützt werden". Die Bischofskonferenz von Karthago erließ 401 strenge Verordnungen gegen Leichtgläubigkeit und Aberglauben auf diesem Gebiete: Altäre, von denen man nicht beweisen könne, daß sie Reliquien enthalten, sollten von den Bischöfen zerstört werden.

Den größten Kampf führte Augustinus gegen die Totenmähler. Es handelte sich um eine Sitte, die noch aus der heidnischen Zeit stammte. Am dritten und siebten Tag nach dem Begräbnis, ferner am Jahrestag kamen die Verwandten am Grabe zusammen, um dort des Verstorbenen zu gedenken und über seinem Grab ein gemeinsames Mahl zu halten. Die reicheren Gräber waren für diese Familienfeiern mit allem Komfort eingerichtet: Sie hatten Tische, Liegebänke, eine Küche mit Tellern und Gläsern, Wasserleitung, Abflußrohr, Öfen und Beleuchtung, so daß man hier ganz gemütlich essen und trinken konnte. Der Ton bei diesen Feiern war allerdings recht ausgelassen geworden. Was die Familien für ihre Toten zu tun pflegten, taten die christlichen Gemeinden für ihre Märtyrer. Die stille Verehrung der Anfänge wich nach der Verfolgungszeit einem lärmenden Massenbetrieb. Scharen von Pilgern zogen am Jahrestag zu den Gräbern der Märtyrer, über denen sich herrliche Basiliken erhoben hatten, und hielten dort die Feier, die mehr und mehr zu einem Trinkgelage ausartete. Die Kirche wurde zur Kneipe, man sang dort lockere Lieder zur Zither, und es wurde lustig getanzt. Unter dem Vorwand der Frömmigkeit und der Tradition betrank man sich.

Für Nichtchristen waren diese Feste ein Ärgernis. Der Manichäer Faustus warf den Katholiken vor, sie betränken sich auf den Gräbern und glaubten, „den Schatten der Toten mit Wein und Speisen schmeicheln zu können". Augustinus erwiderte ihm, daß er diese Mißbräuche nicht billige. Schon früher hatte er in einem Buch gegen die Manichäer geschrieben: „Du darfst nicht nach der Menge mangelhaft Unterrichteter urteilen. Diese sind entweder noch in der wahren Religion abergläubisch oder so sehr den sinnlichen Vergnügungen versklavt, daß sie vergessen, was sie Gott versprochen haben. Ich weiß es wohl, es gibt viele, die angestrichene Figuren und Grabmäler anbeten. Viele gibt es, die ausgelassen auf die Toten anstoßen und die den Leichen ihre Speisen vorsetzen. Damit begraben sie sich selbst auf den Gräbern und bedecken ihre Gefräßigkeit und Trunksucht mit dem Deckmantel der Religion."

Der junge Presbyter konnte den Anblick ausgelassener und betrunkener Christen in der Kirche nicht mehr ertragen. Bereits ein Jahr nach seiner Priesterweihe schrieb er an den Metropoliten von Karthago einen freimütigen Brief: „Hurerei und Unzucht hält man für ein so großes Verbrechen, daß keiner des Kirchendienstes, ja sogar der Sakramentsgemeinschaft für würdig erachtet wird, der sich mit dieser Sünde befleckt hat.

Mit vollem Recht. Aber warum wird allein diese Sünde so schwer bestraft? Werden doch Fressereien und Trinkgelage in solchem Grade für erlaubt angesehen, daß sie auch zu Ehren der heiligen Märtyrer stattfinden, nicht bloß an Festtagen, sondern täglich." Karthago möge den Anfang machen, diese Zustände abzustellen, denn solange sie dort herrschten, wäre es für jeden anderen afrikanischen Bischof eine Verwegenheit, in seinem Bistum abschaffen zu wollen, was in der Kirche zu Karthago Sitte ist. Andererseits würden die Bischöfe folgen, wenn die Metropole mit der Reform vorausschritte. „Soweit ich es beurteilen kann, sollten wir diese Dinge nicht schroff, nicht mit Härte oder in gebieterischem Ton abschaffen, sondern mehr durch Belehrung als durch Befehl, mehr durch Ermahnung als durch Drohung." Augustinus geht nicht so weit, ein Verbot aller Totenmähler zu fordern. Im kleinen Kreis der Familie außerhalb der Kirche möge man weiter Totenmähler halten. Auch könne man es gestatten, daß die Leute auf die Gräber Speisen und Getränke hinstellen, vorausgesetzt, daß es mit Maß geschehe und als Spende für die Armen gedacht sei. Augustinus weist freilich auf die Gefahr des Aberglaubens hin: „Das unwissende Volk glaubt, daß es mit seinen Trinkgelagen und Fressereien auf den Friedhöfen die Verstorbenen erquickt." Die Gelage in den Kirchen seien unentschuldbar. Dieses „Fressen und Saufen" innerhalb der Kirchenmauern müsse verboten werden, denn das sei „eine der vielen Mißbildungen und Krankheiten, an denen die afrikanische Kirche leidet", ja, eine Schande.

Von Augustinus gedrängt, verbot Bischof Aurelius von Karthago, die Grabeskirche des heiligen Cyprian mit Musik zu betreten, und er ersetzte das Trinkgelage am Vorabend des Festes durch einen Vigilgottesdienst. Diese Änderungen lösten einen Aufruhr aus. Trotzdem verbot ein Jahr später, 393, wie Augustinus es gewünscht hatte, ein Plenarkonzil zu Hippo die Totenmähler in der Kirche. Aber da Verbote allein nichts nützen, suchte Augustinus das Volk in Predigten davon zu überzeugen, daß es schlecht wäre, einen solchen Unfug beizubehalten. „Die Märtyrer hassen eure Krüge, hassen eure Kessel, hassen eure Prassereien!" Auch das Trinken auf Familiengräbern sei eine Torheit und helfe den Verstorbenen keinen Deut. Als in Hippo einige Tage vor dem Fest des sehr beliebten Heiligen Leontius das Gerücht umlief, Augustinus wolle jetzt die Feier des Totenmahls in der Kirche abschaffen, entstand eine große Aufregung unter den Leuten. Augustinus hörte davon. In seiner Predigt kam er auf die Trinkgelage in der Kirche zu sprechen, so daß die Zuhörer sich schämen mußten und recht betroffen waren. Die Neuigkeit verbreitete sich wie ein Lauffeuer durch die Stadt, und „es kamen viele Proteste". An einem Tage, der die Gemeinde fast vollzählig in der Kirche versammelt sah, hielt Augustinus eine große Rede: „Der Apostel Paulus stellt die Trunksucht in *eine* Reihe mit den schlimmsten Lastern, die vom Reiche Gottes ausschließen. Und mit unmäßiger Zecherei wollt ihr Gott und die Heiligen ehren? An ihren Früchten sollen die Christen erkannt werden; soll man sie an der Trunkenheit erkennen? Bedenkt doch, welche Schande ihr der Kirche zugefügt, wenn ihr den ganzen Raum dieser großen Basilika mit Scharen von Tafelnden und betrunkenen Zechern ausfüllt!" Die Leute von Hippo wurden schließlich von Augustinus doch dazu bewogen, die Trinkgelage in der Kirche aufzugeben und statt dessen Gottesdienste zu halten.

In seinem oben erwähnten Brief an Bischof Aurelius von Karthago schreibt Augustinus nicht nur über Mißstände im Volk, sondern auch über Mängel im Klerus. Er stellt fest, daß auch Amtsträger der Kirche nicht immer frei von Ehrsucht seien, und beklagt sich über „die Streitsucht und Überlistung im geistlichen Stande". Gegen die besonderen Versuchungen des Klerikers sah Augustinus ein Mittel in der monastischen Lebensform. Er hatte sie schon vor seiner Priesterweihe in seiner Vaterstadt Thagaste geübt, nach seiner Weihe setzte er sie in Hippo mit einigen Gleichgesinnten fort. Als er Bischof wurde und an die Spitze des Klerus von Hippo trat, schlug er den Priestern und Diakonen vor, auf ihr persönliches Eigentum zu verzichten und mit ihm ein gemeinsames Leben zu führen, in Armut und Enthaltsamkeit. Sie stimmten diesem Vorschlag zu, wohnten fortan mit ihm bei der Kathedrale zusammen und hatten wie die urchristliche Gemeinde alles gemeinsam. Diese Einführung des gemeinsamen Lebens zu Hippo war eine wichtige Reform. So etwas hatte es in Afrika bis dahin noch nicht gegeben: eine Verbindung von klösterlicher Zucht mit seelsorglicher Arbeit. Augustinus war nicht der erste, der diesen Gedanken verwirklichte, aber er war es, der ihn in der Kirche durchsetzte. Was er in Hippo gründete, wurde vorbildlich für die Domherren-Gemeinschaften und Kollegiatkirchen des Mittelalters, und die auf Augustinus zurückgehende Klosterregel wurde später von vielen religiösen Gemeinschaften übernommen. Das Apostolat war im Domkloster zu Hippo die Hauptsache; was diesem Ziel entgegenstand, wurde geopfert. Es gab keine langen Gebetszeiten, wohl aber Klausur. Nur des Bischofs Tür blieb offen, da er für jedermann zugänglich sein wollte.

Augustinus mahnte die Mönche auf der Insel Capraria, sie sollten sich dem Ruf der Kirche, wenn diese ihrer bedürfe, nicht entziehen und ihr geruhsames Leben nicht der mühevollen Arbeit für die Menschen vorziehen. Er durfte das sagen, weil er mit gutem Beispiel vorangegangen war. In seiner Schrift *Von der Arbeit der Mönche* äußert er sich scharf gegen die „Faulen und Geschwätzigen" unter den Mönchen, die ihren Lebensunterhalt nicht von ihrer Hände Arbeit bestritten, sondern von Gaben der Gemeinde lebten, gegen die „Asketen", die umherwanderten, um den Aberglauben der Leute für sich auszuschlachten; gegen Mönche, die Beschaulichkeit mit Nichtstun verwechselten. Diese Schrift dürfte der erste Lobpreis der Handarbeit sein und damit der Anfang der geistigen Bemühung um die Wertschätzung der Arbeit überhaupt im christlichen Europa, eine deutliche Abkehr von der Mißachtung der körperlichen Arbeit, wie sie in der Antike und in allen nichtchristlichen Kulturen üblich war.

Augustinus verabscheute üble Nachrede über Abwesende, nicht aber ein freimütiges Wort ins Gesicht dessen, den es angeht. Über allem solle die Liebe stehen, auch wenn es nötig sei, zu mahnen und zu tadeln. Innerkirchliche Kritik müsse sein und solle von niemandem übel ausgelegt werden. Der Bischof sprach auch vor der Gemeinde von den Sünden der Priester, denn er war der Überzeugung, daß sie nichts Privates seien, sondern auch das Laienvolk angehen. Als 404 in Hippo ein Bruder aus seinem Kloster und ein Priester wegen schändlicher Taten ins Gerede kamen, hat Augustinus die Sache nicht zu vertuschen oder zu beschönigen versucht, sondern in einem Hirtenbrief öffentlich behandelt. Einer Frau Felicia, die an schlechten Priestern in ihrer Nähe Anstoß genommen hatte, schrieb Augustinus: „Betrüben Sie sich nicht allzusehr wegen der Ärgernisse! ... Der Herr selbst hat solches vorausgesagt. ... Der Herr gibt hinsichtlich der schlechten Hirten die Mahnung: ‚Was sie sagen, tut; was sie aber tun, tut nicht!'" Wegen der schlechten Hirten dürfe sie nicht die Herde verlassen. Sie solle ihre Hoffnung nicht auf die Knechte setzen, sondern auf den Herrn.

Aus leidvoller Erfahrung wußte Augustinus, wie wahr es ist, daß das Netz der Kirche gute und schlechte Fische enthält, daß auf dem Acker der Kirche neben Weizen auch Unkraut wächst. Und ebenso wußte er aus eigener Erfahrung, daß die Bekehrten bei ihrer Wiedergeburt nicht in *dem* Sinne „neue Menschen" werden, daß sie fortan keine einzige ihrer alten Versuchungen mehr erführen und alle ihre Charaktermängel und bösen Neigungen wie fortgeblasen wären. Von daher war er davor bewahrt, sich ein enthusiastisches Bild von der Kirche zu machen, als ob sie aus lauter vollendeten Heiligen in makelloser Reinheit bestehe. So schwärmerisch stellten sich die Donatisten die Kirche auf Erden vor. Augustinus dachte nüchterner. In seinem Kommentar zu Psalm 99 schreibt er: „Man lobt die Kirche Gottes: ‚Großartige Menschen sind die Christen, nur die Christen! Groß ist das Katholische! Sie lieben einander, wenden sich gegenseitig zu, was sie können. In Gebeten, Fasten, Hymnen feiert man über den ganzen Erdkreis, in friedlichem Einklang lobt man Gott.' Das hört wohl einer, der nicht weiß, daß man über das dazwischen gemischte Übel geschwiegen hat. Er kommt, eingeladen durch das Lob, und findet die dazwischen gemischten Schlechten, von denen man ihm vorher nichts gesagt hat. Er stößt sich an den falschen Christen, flieht fort von den wahren Christen ... Niemand täusche euch, Brüder! Wenn ihr nicht getäuscht sein wollt, und wenn ihr die Brüder lieben wollt, so wisset: Jeder Stand in der Kirche hat Heuchler."

Die Bischöfe jener Zeit mußten sich nicht nur um das Seelenheil ihrer Diözesanen kümmern, sondern auch um die weltlichen Angelegenheiten, die an sie herangetragen wurden. Die Mahnung des Apostels Paulus, Rechtsstreitigkeiten mit Brüdern nicht vor heidnische Richter zu bringen, hatte die Christen dahin geführt, ihr Recht bei den Bischöfen zu suchen. Die Kaiser Konstantin und Honorius hatten die Gerichtsbarkeit der Bischöfe ausdrücklich anerkannt. So war der Brauch, der einem religiösen Bedenken entsprungen war und die freiwillige Unterwerfung der Beteiligten unter den Schiedsspruch des Bischofs voraussetzte, eine gesetzliche Einrichtung geworden. Auch Heiden nahmen sie in Anspruch, weil die Bischöfe menschlichere Richter waren und die Folter, die sonst allgemein angewandt wurde, ablehnten. Strafen, die mit Blutvergießen verbunden waren, wurden von ihnen nicht verhängt.

Viele Bischöfe empfanden dieses zusätzliche Amt als eine Last. Auch Augustinus stöhnte, wenn er ganze Tage damit verbringen mußte, Erbschaften zu teilen oder Grundstücksgrenzen zu ziehen, oder wenn er, von einer Vormundschaft bedrängt und um einen Ehemann für die Waise bemüht, seine kostbarste Zeit verlor. Einmal mußte er sich um die Beachtung des Asylrechtes kümmern, dann wieder um einen unschuldig Verhafteten. Jeden Morgen nach der Liturgie nahm er seinen Richterstuhl ein und entschied bis zum Mittag alle möglichen Rechtsstreitigkeiten. Er wäre nicht Augustinus gewesen, wenn er nicht auch bei dieser Tätigkeit jede Gelegenheit nutzte, um in wunde Seelen ein Heilswort zu werfen. Immer wieder wurde Augustinus angegangen, bei den Behörden für Unterdrückte einzutreten oder für einen Verurteilten ein Gnadengesuch einzureichen. Wenn er sich darauf einließ, erlebte er oft genug, daß die Behörden hart und unerbittlich waren und es ihm übelnahmen, wenn er als Bischof sich in solche Dinge mischte, ja, daß man auch in der Gemeinde darüber redete. Dies veranlaßte ihn, in einer Predigt zu bemerken: „Oft wird von uns gesagt: Er war wieder bei dieser oder jener Behörde, was sucht der Bischof bei den Behörden? Trotzdem wißt ihr alle, daß es eure eigenen Nöte sind, die uns zwingen, dorthin zu gehen, wohin wir nicht wollen. Sie zwingen uns, uns an bestimmte Stunden und Formen zu halten; vor den Türen zu stehen und zu warten, während Würdige und Unwürdige hineingehen, bis wir angemeldet werden, bisweilen kaum zugelassen; Erniedrigungen zu ertragen; flehentlich zu bitten, um das eine Mal etwas zu erreichen, das andere Mal traurig wegzugehen ... Befreit uns lieber davon! Erspart uns diese Interventionen! *Wir* wollen nichts mit den Behörden zu tun haben!"

Trotz allem ließ sich Augustinus immer wieder herbei, als Fürsprecher aufzutreten. Er fand im Umgang mit Behörden den richtigen Ton, der am ehesten zu Erfolg führt. Für verurteilte Verbrecher hat Augustinus manches Mal ein Gnadengesuch eingereicht. Einem Strafrichter, der in einem Brief seine Verwunderung darüber ausgesprochen hatte, antwortete Augustinus: „In keiner Weise billigen wir die Verbrechen. Wir wollen, daß sie gesühnt werden ... Da wir Mitleid mit dem Menschen tragen, dessen Vergehen wir verabscheuen, wollen wir um so weniger, daß er ohne Besserung in seinem Laster sterbe, je mehr uns eben dieses Laster mißfällt. Leicht und gewöhnlich ist es, die Bösen zu hassen, weil sie böse sind; selten aber und ein Werk der Frömmigkeit ist es, sie zu lieben, weil sie Menschen sind ... Menschenliebe treibt uns, für Schuldige Fürsprache einzulegen, damit sie ihr Leben nicht durch die Todesstrafe enden und obendrein auch noch eine endlose Strafe erleiden müssen. Zweifle nicht, daß diese Art unserer Pflichterfüllung in der Religion begründet ist, da Gott, bei dem sich keine Ungerechtigkeit findet, trotz seiner Allmacht und Allwissenheit, wie das Evangelium sagt, ‚seine Sonne aufgehn läßt über Gute und Böse und regnen läßt über Gerechte und Ungerechte' ... Wenn Gott die Ungerechten und Lasterhaften schont und ihnen Leben und Gesundheit schenkt, selbst solchen, von denen er weiß, daß sie sich nicht ändern werden, um wieviel mehr müssen wir barmherzig sein gegen jene, die Besserung versprechen und von denen wir nicht wissen, ob sie ihr Versprechen halten werden ... Die Richter mögen bedenken, daß sie wegen ihrer eigenen Sünden auf Gottes Barmherzigkeit angewiesen sind, und nicht meinen, sie versündigten sich an ihrem Amte, wenn sie gegen jene Barmherzigkeit walten lassen, über deren Leben und Tod sie nach den Gesetzen Gewalt haben. Denn als die Juden eine im Ehebruch ertappte Frau vor den Herrn führten, ihm erklärten, sie müsse nach dem Gesetz gesteinigt werden, und ihn dann nach seinem Urteil fragten, da antwortete er ihnen: ‚Wer von euch ohne Sünde ist, werfe den ersten Stein auf sie.'"

Oft genug waren es nicht Kriminelle, für die Augustinus eintrat, sondern politisch Verfolgte. Vergessen wir nicht, daß jene Zeit voller Umstürze, Verschwörungen, Attentate und Revolten war, deren sich die Machthaber durch Geheimpolizei und Blutjustiz zu erwehren suchten. Wir blicken in eine Welt der Lüge, der Verstellung und des Argwohns, in der keiner dem anderen mehr traut und jeder von jedem verdächtigt werden kann. „Wie oft erscheint nicht in der Biographie Augustinus' das beunruhigende Gesicht der *agentes in rebus*, was unsere Humanisten unschuldigerweise mit ‚Beauftragte' übersetzen. Es kann kein Zweifel herrschen, daß es sich um Gestapo-Agenten handelt. Es ist bereits die Welt des Terrors: Die Gruppe an der Macht personifiziert die Allmacht des Herrschers, aber sie kann rasch in Ungnade fallen; dann beginnt der große Verräterprozeß, die Unterdrückung, die allmählich Tausende von Unschuldigen in die Sache verwickelt" (H. Marrou).

Ein Fall dieser Art hat Augustinus besonders aufgewühlt. Heraklianus, Statthalter von Afrika, hatte sich 410 mit seinen Truppen gegen den Kaiser erhoben, war aber von Marinus besiegt worden. Der durch seinen Erfolg zu unerhörter Macht aufgestiegene Marinus begann in Afrika ein Schreckensregiment. Alle angeblichen Anhänger des Rebellen wurden aufgespürt und verhaftet, viele hingerichtet. Manchem bot sich erwünschte Gelegenheit, seine Rachgier zu befriedigen und in dem allgemeinen „Aufräumen" auch seine persönlichen Feinde über die Klinge springen zu lassen. „Es war damals leicht möglich", so schreibt Augustinus, „einen Mann zu verleumden. Jemanden zu finden, der alles bezeugte, was man ihm befahl, war nicht schwer; man brauchte ihm nur zu versprechen, sein eigenes Leben zu schonen. Die ganze Lage war damals dazu angetan, um auf die Zeugenaussage eines einzigen Menschen hin jede beliebige Person, als wäre sie eines argen Verbrechens überführt, aus dem Wege zu schaffen."

Auch der edle Tribun Marcellinus und sein Bruder, der Prokonsul Apringius, beide Christen und mit Augustinus befreundet, wurden plötzlich verhaftet. Augustinus befand sich gerade auf der Bischofskonferenz in Karthago, als er die Nachricht vom Unglück seiner beiden Freunde erhielt. Man war der Meinung, nur die Fürsprache der Kirche könne sie noch retten. Sofort begab sich Augustinus als Sprecher des Episkopats zu Marinus und beschwor ihn, „sein Gewissen nicht durch ein solches Verbrechen zu töten". Marinus beruhigte die Bischöfe mit Versprechungen. Die Synode hielt es für angezeigt, einen Bischof aus ihrer Mitte übers Meer an den kaiserlichen Hof zu senden, um für die Verhafteten Gnade zu erlangen. Daraufhin erging von dort der Befehl, die beiden Verhafteten ohne weitere Belästigung sofort auf freien Fuß zu setzen. Doch als der Befehl in Karthago eintraf, war es zu spät. Inzwischen war nämlich folgendes geschehen:

Ohne Furcht, sich dadurch zu kompromittieren, besuchte Augustinus die beiden Brüder im Gefängnis, um ihnen die Sakramente der Buße und der Eucharistie zu spenden und sie geistig zu stärken. Über die ergreifenden Gespräche, die er in der Kerkerzelle mit dem trotz allem gelassenen und heiteren Marcellinus führte, hat er später selbst berichtet. Als den Bischöfen in bestimmtester Form berichtet wurde, Marinus wolle den beiden Gefangenen das Leben schenken, schöpften sie Hoffnung, ihre Fürsprache werde Erfolg haben. Um so furchtbarer wirkte der Schlag, den sie am nächsten Morgen erhielten. Ohne Gerichtsverfahren waren Marcellinus und Apringius in aller Frühe in nächster Nähe des Gefängnisses enthauptet worden.

An den Präfekten Cäcilianus, des Marinus engen Freund, der sich den Bischöfen gegenüber den Anschein gegeben hatte, als unterstütze er ihre Fürsprache für Marcellinus und Apringius, nachher aber in begründeten Verdacht geriet, an deren Ermordung mitschuldig zu sein, sie vielleicht sogar veranlaßt zu haben, — an diesen undurchsichtigen Politiker schrieb Augustinus von Hippo aus einen unerschrocken freimütigen Brief. Darin tritt er tapfer für die Ehre seines hingerichteten Freundes ein, rühmt in hohen Worten seine edle Persönlichkeit, stellt fest, daß der Tyrann nicht jenen schade, die er umbringe, sondern sich selbst, und droht dem Mörder Marinus mit dem Gericht Gottes. Dem Cäcilianus selbst legt er einige gezielte Fragen vor, die verraten, daß Augustinus ihm nicht mehr traute.

Was an diesem zwölf Druckseiten umfassenden Brief an Cäcilianus auffällt, ist die merkwürdige Behutsamkeit im Ausdruck an jenen Stellen, die das dunkle Verhalten des Adressaten berühren. Augustinus möchte offensichtlich nicht alle Türen zwischen sich und Cäcilianus zuschlagen. Man fragt sich, was er mit diesem Schreiben, dessen Schluß verloren ging, bezweckte. Marcellinus konnte dadurch nicht wieder lebendig werden. Marinus, sein Mörder, war bereits beim Kaiser in Ungnade gefallen und hatte, um sein Leben zu retten, das Asylrecht der Kirche in Anspruch genommen. Was hätte Cäcilianus in dieser Sache noch tun können?

Der Zweck des Briefes ist nicht im Politischen zu suchen, sondern im Seelsorglichen. Sein Schwerpunkt liegt in jenen Stellen, an denen Augustinus den Adressaten beschwört, an das Heil seiner Seele und der Seele des Marinus zu denken: „Wer es bei den Bösen dahin bringt, daß sie ihre Bosheit bereuen, der versteht auch durch seine Entrüstung zu wirken. Denn wie die Bösen durch ihr Schmeicheln schaden, so nützen die Guten durch ihren Widerstand." Augustinus war groß genug, um sogar für das Seelenheil seiner Gegner zu sorgen und zu bangen. Einen Widerstand, der politisch nicht mehr nötig war, hielt er immer noch für sinnvoll im Hinblick auf die Seele des Tyrannen.

Marcellinus wurde bereits im Jahre nach seinem gewaltsamen Tode durch ein kaiserliches Edikt, das ihn „einen Mann vortrefflichen Andenkens" nennt und seine Verordnungen bestätigt, rehabilitiert. Die Kirche hat ihn als Heiligen verehrt.

Die größten Aufregungen und Sorgen während der ersten zwei Jahrzehnte seiner Tätigkeit in Hippo bereiteten Augustinus die Donatisten. Deren Kirche bestand bei seinem Amtsantritt bereits achtzig Jahre.

Während der letzten Christenverfolgung waren manche Bischöfe und Priester schwach geworden und hatten, um ihr Leben zu retten, den Feinden der Kirche die heiligen Schriften oder die Kultgeräte ausgeliefert. Allgemein herrschte die Ansicht, daß diese „Traditores" mit ihrem Verrat eine schwere Sünde begangen hatten. Als ein neuer Bischof von Karthago geweiht worden war, focht ein Teil des Klerus und der Gemeinde diese Weihe an, weil sie von einem „Traditor", einem Verräter, gespendet worden sei, ein Todsünder aber nicht gültig weihen könne. Diese Partei stellte einen Gegen-Bischof auf, der von numidischen Bischöfen geweiht wurde und bald großen Anhang fand. Weitere Gegen-Bischöfe wurden geweiht, und es entstand eine eigene, von der katholischen abgespaltete Kirche. Um in dem Streit Recht zu bekommen, wandten sich die Donatisten (wie die Partei später nach ihrem Haupte Donatus genannt wurde) an den soeben christlich gewordenen Kaiser Konstantin. Dieser berief eine Bischofskonferenz nach Rom, die unter dem Vorsitz des Papstes gegen die Donatisten entschied: Die Behauptung der Donatisten ist im Hinblick auf die Tatsache wie im Hinblick auf das Dogma falsch. Die angefochtene Weihe wurde nicht von einem Traditor gespendet, und selbst wenn der Weihende ein Traditor gewesen wäre, hätte das die Gültigkeit der Weihe nicht beeinträchtigt, da sie von der Würdigkeit des Spenders unabhängig ist. Die Eiferer, weit entfernt, sich diesem Spruch zu beugen, wandten sich ein zweites und noch ein drittes Mal an den Kaiser, ohne ihr Ziel zu erreichen. Eine abendländische Synode bestimmte, daß die von einem Traditor erteilte Weihe gültig sei, und der Kaiser verfügte, daß die donatistischen Bischöfe verbannt und ihre Kirchen geschlossen würden. Überzeugt, das zu verteidigen, wofür die Märtyrer starben, und die Heiligkeit der Kirche vor Besudelung zu schützen, blieben die Donatisten standhaft und hielten sich nun selbst für Märtyrer. Da die Zwangsmaßnahmen das Schisma nicht schwächten, sondern stärkten, hob Konstantin sie nach einigen Jahren wieder auf.

Bald gab es fast in jeder Stadt Afrikas neben dem katholischen Bischof einen donatistischen Bischof, neben der katholischen Basilika eine donatistische Basilika. An jedem Ort standen sich zwei christliche Gemeinden gegenüber, die sich oft mit einer Gehässigkeit befehdeten, die auch bei Nichtchristen Anstoß erregte. Die Donatisten nannten sich selbst stolz „die Reinen", und wie so manche katharische und puritanische Sekten späterer Zeiten blickten sie voll Verachtung auf die Katholiken, die mit Sündern Sakramentsgemeinschaft hielten. Gesellschaftlicher Umgang oder geschäftlicher Verkehr zwischen Donatisten und Katholiken war manchenorts unmöglich. In Hippo wollten die donatistischen Bäcker den Katholiken nicht einmal das Brot backen. Als Kaiser Konstans neue Maßnahmen gegen die Donatisten ergriff, brach ein wilder Fanatismus aus. Erregte Banden, sogenannte Circumcellionen, stürmten mit Keulen die Wohnungen von Katholiken, setzten sie in Brand, plünderten Kirchen und blendeten Priester mit einer Mischung von Kalk und Essig. Wie Wahnsinnige warfen sie sich Reisenden in den Weg. Viele Jahre lang machten diese Sturmtruppen des Donatismus die Straßen und Dörfer Afrikas unsicher. Bei all ihren Terrorakten fühlten sie sich als Kämpfer des Himmels gegen irdische Verderbnis. Hier und da führten donatistische Priester sie an, Räuber und allerlei Gesindel stieß hinzu. Die Gewalttaten der Circumcellionen und die Abwehrmaßnahmen des Staates steigerten sich gegenseitig.

Angesichts des Hochmutes, der Halsstarrigkeit und der Gewalttätigkeit der Donatisten ist die Milde des Bischofs Augustinus ihnen gegenüber um so bewundernswerter. Sie entsprang der Liebe des Seelsorgers, der auch bei den schlimmsten Sündern die Hoffnung nicht aufgibt, sie würden sich bekehren. Augustinus hatte ja selbst geirrt und gesündigt. Konnten nicht auch die Donatisten, wie er, durch Belehrung und durch das sanfte Wirken der Gnade auf den rechten Weg zurückkommen? Darum sagte er ihnen: „Mögen jene gegen euch rasen, die nie erfahren haben, wie schwer es ist, die Wahrheit zu erringen." Anderseits führte gerade seine eigene Erfahrung der Sünde und der Gnade ihn dazu, den Irrtum der Donatisten entschieden zu bekämpfen. Anmaßend und stolz seien jene, die sich als vermeintlich Gerechte von der Kirche lostrennen, weil sie mit Sündern Sakramentsgemeinschaft hält. Sie nähmen sich heraus, was Christus nicht einmal den Aposteln gestattete, nämlich vor der Zeit das Unkraut zu sammeln und zu verbrennen. „Wir verlassen nicht wegen der Spreu die Tenne des Herrn, zerreißen nicht wegen der schlechten Fische das Netz des Herrn, sprengen nicht wegen der Böcke, die erst am Ende abgesondert werden sollen, die Herde des Herrn."

Augustinus unterschied sorgfältig zwischen dem Irrtum, den es in Wahrheitsliebe zu bekämpfen galt, und dem irrenden Menschen, den man in Bruderliebe gewinnen mußte. Wie er selbst sagt, berücksichtigte er den Umstand, daß die Andersgläubigen ihren Glauben von den Eltern überkommen hätten und deshalb nicht Schuld an dem Schisma trügen, das schon fast ein Jahrhundert währte. Da die meisten die Gründe, die zur Kirchenspaltung führten, gar nicht kannten, klärte er sie darüber auf. Er sehnte sich nach einer Wiedervereinigung der getrennten Christenheit Afrikas, doch wollte er den Irrtum nicht mit Gewalt, sondern mit Beweisen besiegen, damit nicht, wie er sich ausdrückt, „aus aufrichtigen Häretikern gezwungene Katholiken würden". Im Jahre 396 erklärte er: „Ich beabsichtige nicht, jemand wider seinen Willen zur Gemeinschaft mit der katholischen Kirche zu zwingen." Er möchte die Donatisten lieber in Gesprächen überzeugen.

Gelegentlich kam auch eine solche Unterredung mit einem einzelnen Donatistenbischof zustande, dem Augustinus auf seinen Dienstreisen einen Besuch machte. So besuchte er den Donatistenbischof Fortunius in seiner Wohnung und führte mit ihm ein friedliches Gespräch. Ein verbindlicher Brief, mit dem er den Donatistenbischof von Hippo zu einem Religionsgespräch einlud, blieb dagegen ohne Erfolg. An den donatistischen Bischof von Sinitum schrieb er einen versöhnlichen Brief, in dem er eine öffentliche Aussprache vorschlägt. Damit kein Schein von Einmischung kaiserlicher Macht entstehe, solle die Garnison vorher zurückgezogen werden. „Ich will das nicht veranstalten, solange das Militär da ist ... Erst nach dem Abzug der Besatzung soll es geschehen, damit alle Zuhörer einsehen, daß wir nicht vorhaben, Menschen gegen ihren Willen zur Gemeinschaft mir irgendwem zu zwingen, sondern nur, den Suchenden in voller Ruhe die Wahrheit erkennbar werden zu lassen. Aufhören soll von unserer Seite der Schrecken der weltlichen Gewalt. Möge aber auch von eurer Seite der Schrekken aufhören, den ihr mit den Banden der Circumcellionen zu verbreiten pflegt. Wir wollen sachlich verhandeln, mit Gründen und mit Beweisen aus der Heiligen Schrift."

Immer wieder bemühte sich Augustinus, öffentliche Diskussionen zwischen Donatisten und Katholiken zu veranstalten. Dabei legte er Wert darauf, daß Stenografen alles Gesagte protokollierten und aktenkundig machten. Er war seiner Sache sicher, während die Donatisten spürten, daß sie bei einem solchen Verfahren den kürzeren ziehen würden. Deshalb ließen sie sich auf solche öffentlichen Diskussionen, wie sie Augustinus mit Manichäern und Arianern wiederholt führte, gar nicht erst ein. Auch Religionsgespräche in kleinen Kreisen, wie Augustinus sie anregte, kamen kaum einmal zustande. Augustinus schlug vor, solche Gespräche in Landhäusern abzuhalten, die sich im gemeinsamen Besitz von Angehörigen beider Kirchengemeinschaften befanden. Ferner wünschte er, daß man dort die kanonischen Bücher und die einschlägigen Akten zur Hand habe, daß man sich die gewalttätigen Ausschreitungen, die beide Seiten sich hatten zuschulden kommen lassen, nicht gegenseitig zum Vorwurf mache und daß man um die Wiederherstellung des Friedens und der Einheit der Kirche bete.

Augustinus reiste an viele Orte, um überall in Vorträgen und Predigten die donatistischen Irrtümer zu widerlegen und denen, die ihn dazu einluden, über den katholischen Standpunkt Rechenschaft zu geben. Auch viele Donatisten kamen in diese Vorträge, schrieben sie mit oder nahmen sich einen Schreiber, der jedes Wort aus Augustinus' Mund in Kurzschrift festhalten sollte. Diese Nachschriften wurden in Donatistenkreisen lebhaft diskutiert. Possidius berichtet: „Seine beim Vortrag mitgeschriebenen Worte hinterbrachten die Donatisten, besonders die aus Hippo und Umgegend, ihren Bischöfen. Diese hörten es sich an und suchten ihn zu widerlegen. Doch stießen sie auf Widerspruch bei ihren eigenen Leuten." Manche traten zur katholischen Kirche über, die, lange dem Donatismus gegenüber in der Minderheit, bald die donatistische Kirche an Mitgliederzahl überflügelte.

Wo mündliche Verhandlungen nicht möglich waren, suchte Augustinus durch persönliche Briefe an Bischöfe oder führende Laien der Donatisten, Vorurteile gegen die katholische Kirche zu zerstreuen und die getrennten Gemeinden einander näherzubringen. Die donatistischen Bischöfe redete er in seinen Briefen mit den gleichen ehrerbietigen Titulaturen an wie seine katholischen Mitbrüder im Episkopat. Der friedliche Ton dieser Briefe entspringt weniger taktischer Berechnung, sondern eher der Achtung vor der Freiheit und Würde auch des irrenden Gewissens.

Immer wieder erlebte Augustinus, wie sehr die Glaubensspaltung das Leben vieler Familien belastete. Wiederholt schrieb er, wie traurig es sei, wenn Eheleute, die sonst alle Dinge in Eintracht gemeinsam tun, beim Gang zur Eucharistiefeier getrennte Wege gehen. An einen katholischen Freund, der mit einer Donatistin verheiratet war, schrieb Augustinus einen Brief, in dem er seinen innigen Gebetswunsch ausdrückt, daß die Frau des Freundes bald zur Einheit des Glaubens kommen möge. Er appelliert nicht an das im römischen Reich geltende Befehlsrecht des Gatten gegenüber der Gattin, sondern bittet den Freund, seiner Gattin den Unterschied zwischen der katholischen Kirche und einer Sekte klarzumachen. Als ein katholischer Bauer seine zu den Donatisten übergetretene Tochter mit väterlicher Autorität und Strafen zur katholischen Kirche zurückführen wollte, hat Augustinus ihm das sofort und entschieden verboten.

Auch in Schriften bemühte sich Augustinus, die Donatisten von ihren Irrtümern zu überzeugen und so die Voraussetzungen zu einer Kirchenunion zu schaffen. Gegen ihren religiösen Subjektivismus, der an die Stelle der Heilsmittel Christi die eigene Leistung setzt und die Gültigkeit der Sakramente von der sittlichen Reinheit und Rechtgläubigkeit des Spenders abhängig macht, wies er auf den objektiven Charakter der Sakramente hin: Taufe und Weihe seien gültig, auch wenn der Spender ein Sünder oder ein Irrgläubiger sei, denn Christus sei es, der tauft und weiht. Die katholische Kirche lehre ihre Gläubigen, ihr Vertrauen nicht auf einen Menschen, sondern auf Gott zu setzen; deshalb erkenne sie die von Donatisten gespendeten Taufen und Weihen als gültig an, während die Donatisten jeden Getauften, der von der katholischen Kirche zu ihnen übertrete, wiedertaufe und, falls er Priester sei, wiederweihe. Dieses Wiedertäufertum verabscheute Augustinus am meisten. Für die Donatisten waren die Katholiken Ungetaufte und die katholischen Bischöfe und Priester keine Bischöfe und Priester; die donatistischen Bischöfe und Priester dagegen, die zur katholischen Kirche übertraten, durften ihre Ämter behalten.

Auch den religiösen Individualismus, der den Leib Christi um persönlicher Ansichten willen zerreißt, verurteilte Augustinus in seinen Schriften. Er führte den afrikanischen Kirchenvater Cyprian, auf den sich die Donatisten gern beriefen, gegen sie selbst ins Feld. „Außerhalb der Kirche gibt es kein Heil", sagte Cyprian, der trotz theologischer Meinungsverschiedenheiten die Kirchengemeinschaft mit andersgesinnten Bischöfen nicht aufgab. Wer sich von der Kirche trenne, trenne sich von Christus.

Schließlich stellte Augustinus den Partikularismus der Schismatiker bloß, indem er sie fragte, ob sie allen Ernstes glaubten, ihre auf Afrika beschränkte Sekte sei die wahre Kirche Christi, während die in allen Weltgegenden verbreitete katholische Kirche des Teufels sei. Mochte der Donatismus zeitweilig zahlenmäßig stärker sein als der afrikanische Katholizismus, verglichen mit der katholischen Kirche aller Länder war er nur eine Splittergruppe.

Der wichtigste theologische Ertrag der Auseinandersetzung Augustinus' mit dem Donatismus liegt in der Klärung des Kirchenbegriffs. Die Kirche auf Erden, so lehrt Augustinus, besteht nicht nur aus Heiligen, sondern auch aus Sündern; selbst die Heiligen sind auf Erden in ihrer Heiligkeit noch nicht vollendet, sondern schlagen sich mit Recht als Sünder an die Brust. Gute und Böse, Spreu und Weizen leben in der Kirche nebeneinander, solange sie im Zustande der Pilgerschaft ist. Erst im Zustand des endzeitlichen Triumphes hat die Kirche keine Unheiligen mehr in ihrer Gemeinschaft. Aber auch die pilgernde Kirche, aus Heiligen *und* Sündern gemischt, ist heilig, weil sie über die Heilsmittel verfügt und vom Heiligen Geiste erfüllt ist.

Obwohl Augustinus in friedfertiger Gesinnung alles mögliche unternahm, die Wiedervereinigung der getrennten Kirchen herbeizuführen, wurde er immer wieder von

Donatisten verleumdet und angegriffen. Daß seine praktischen Bemühungen, Donatisten zu gewinnen, nicht selten Erfolg hatten, steigerte die Wut der Wiedertäufer. Mehrmals warf man ihm seine Vergangenheit vor, was nicht schwer war, da die *Confessiones* von aller Welt gelesen wurden. „Seht ihr", sagte Augustinus dann seiner Gemeinde, „gegen die Sache können sie nichts vorbringen, jetzt greifen sie die Person an." Von der Kanzel her forderten donatistische Priester ihre Zuhörer auf, Augustinus totzuschlagen wie einen Wolf, der die Herde gefährde. Man dürfe nicht daran zweifeln, daß Gott denen, die den Mut zu dieser Tat aufbrächten, alle Sünden erlasse. Tatsächlich versuchten donatistische Rotten wiederholt, den geistig nicht zu besiegenden Augustinus, wenn er auf einer seiner vielen Reisen war, unterwegs auf der Landstraße zu überfallen und zu ermorden. Doch da er jedesmal einen anderen Weg einschlug, als man vermutete, entkam er den Verschwörern.

Ein Konzil zu Karthago im Jahre 403, auf dem Augustinus anwesend war, beauftragte jeden katholischen Bischof, der an einem Sitz einen Donatistenbischof neben sich hatte, er solle diesem durch die Stadtbehörde eine Einladung zu einer friedlichen donatistisch-katholischen Konferenz überreichen lassen, damit man sich endlich verständige und die Wiedervereinigung einleite. Die Antworten der donatistischen Bischöfe waren voll Hochmut und Starrsinn. „Weichen sollen von mir die Gottlosen, ich will nichts von ihren Wegen wissen", schrieb der donatistische Bischof von Calama, und der donatistische Erzbischof von Karthago antwortete dem katholischen Primas: „Es wäre unwürdig, an demselben Ort die Kinder der Heiligen und das Gezücht der Verräter zu versammeln."

Dem vergeblichen katholischen Annäherungsversuch von 403 folgten neue Gewalttaten der Circumcellionen. Als Possidius, der katholische Bischof von Calama, ein Freund und langjähriger Hausgenosse des Augustinus, in einer Gemeinde seines Bistums weilte, stürmten Bewaffnete im Auftrag des Donatistenbischofs Crispinus das Haus, in dem er sich befand, verwüsteten es und schonten auch ihn nicht. Schlimmer erging es dem katholischen Bischof von Baghai. Mit Schwertern und Knüppeln drang man in seine Basilika ein, verwundete ihn, schleifte ihn nackt über das Steinpflaster und warf ihn dann von einem Turm herab. Augustinus selbst entging nur durch einen Zufall einem Anschlag auf sein Leben.

Als die katholischen Bischöfe 404 wieder zu Karthago versammelt waren, sahen sie sich angesichts solcher Gewalttaten genötigt, das Eingreifen der Staatsmacht zu fordern. Augustinus versuchte auch jetzt noch mäßigend auf seine Amtsbrüder einzuwirken. Er sagte, man dürfe trotz der donatistischen Rotten, die überall wüteten, vom Kaiser kein Verbot der Irrlehre selbst erwirken, das Widerspenstigen Strafen androhe. Man solle sich auf solche Maßnahmen beschränken, die die Katholiken vor Überfällen und Gewalttaten ihrer Gegner schützen konnten. Mit Augustinus' eigenen Worten: „Auf die Beschwerde von Katholiken, die solche Übergriffe ausgestanden haben, sollen die Behörden dafür sorgen, daß den donatistischen Bischöfen und Diakonen die Geldstrafe auferlegt werde. Wir sind der Ansicht, daß auf diese Weise die Donatisten von solchen Gewalttaten abgeschreckt werden und daß infolgedessen die katholische Wahrheit frei gelehrt und geübt werden kann. So würde niemand zu ihr gezwungen, sondern jeder könnte sie nach seinem Willen annehmen und ohne Furcht ausüben, und wir hätten keine falschen Katholiken und keine Scheinkatholiken." Die Mehrheit der

Bischöfe stimmte diesem Vorschlag zu. Nicht um die Donatisten zu verfolgen, verlangten die Bischöfe die Hilfe der Staatsgewalt, sondern um die eigenen Gläubigen zu schützen.

Unabhängig von dem Verlangen der Synode von Karthago erließ Kaiser Honorius 405 eine Reihe von Gesetzen, die über die Vorschläge der Bischöfe hinausgingen und die Unterdrückung des Donatismus und die Wiederherstellung der Kircheneinheit bezweckten. Die Wiedertäufer wurden mit Güterkonfiskation und Geldstrafen bedroht. Die donatistischen Bischöfe sollten verbannt, ihre Kirchen an die Katholiken zurückgegeben werden. Die Donatisten machten wieder die Circumcellionen mobil. Als sich die Störungen katholischer Gottesdienste und die Mißhandlungen katholischer Bischöfe häuften, erließ Honorius 409 ein scharfes Edikt: Die Anstifter des Aufruhrs sollten mit Deportation, Güterkonfiskation und Zwangsarbeit in den Bergwerken bestraft werden.

Damals schrieb Augustinus einen offenen Brief an die Donatisten, in dem es heißt: „Ihr seid mit uns unzufrieden, weil ihr durch kaiserliche Verordnungen zur Wiedervereinigung gezwungen werdet. Das aber habt ihr selbst verschuldet. Ihr habt ja durch eure Gewalttaten und Terrorakte nirgends, wo wir die Wahrheit predigen wollten, zugelassen, daß jemand sie in Ruhe höre und in Freiheit annehme ... Erinnert euch an die Taten eurer Circumcellionen und der Kleriker, die immer ihre Anführer waren ... Denkt nur an eure jüngsten Taten! Weil der Priester Markus von Casphalia freiwillig katholisch geworden war, habt ihr ihn verfolgt und beinah getötet ... Weil Restitutus von Victoriana ohne irgendwelchen Zwang zur katholischen Kirche übergetreten war, wurde er aus seinem Hause geschleift, geschlagen, im Wasser herumgewälzt, mit einem Spottgewand bekleidet und ich weiß nicht wie viele Tage in Gefangenschaft gehalten, und man hätte ihn nicht in Freiheit gesetzt, wenn nicht Proculejanus (der Donatistenbischof in Hippo) erkannt hätte, daß ihm wegen dieser Sache Verhaftung drohe. Weil Marcianus von Urga sich aus freiem Willen für die katholische Einheit entschieden hat, schlugen eure Kleriker seinen Subdiakon tot und überschütteten ihn mit Steinen ... Jetzt habt ihr einen Herold geschickt, der zu Siniti ausrufen sollte: ‚Wer immer mit Maximinus (dem ehemaligen donatistischen und jetzt katholischen Bischof von Siniti) Kirchengemeinschaft hält, dessen Haus wird angezündet werden.'"

Daß man donatistische Verbrechen ahnden mußte, leuchtet jedem ein. Problematisch aber war es, ob man die Staatsgewalt auch gegen solche einsetzen dürfe, die persönlich kein Verbrechen begangen hatten, aber mit Verbrechern in Gemeinschaft lebten. Modern ausgedrückt: War die Donatisten-Kirche eine „verbrecherische Organisation"? War bloße Mitgliedschaft in ihr bereits strafbar? Die kaiserlichen Gesetze gegen die Donatisten gingen jedenfalls weit über berechtigte Maßnahmen zum Schutz von Leben und Eigentum der katholischen Bürger hinaus. Es lag ihnen wohl auch das Motiv zugrunde, das frühere katholische Kaiser zu Gesetzen gegen Heiden, Arianer und andere Häretiker bewogen hatte: Herstellung der Religionseinheit als ein Mittel, die Reichseinheit zu sichern. Was sagte Augustinus dazu?

Anfangs war er für Gewissensfreiheit und gegen Glaubenszwang. Er hatte das oft genug gesagt und geschrieben, und er hatte sich auch entsprechend verhalten. Nachdem bereits alle seine Mitbischöfe in dieser Frage anderer Meinung waren, änderte auch er seine Haltung. Er sah, daß unter dem Eindruck der gesetzlich angedrohten Strafen Scharen von Donatisten zur katholischen Kirche übertraten. Die meisten waren

Donatisten gewesen, weil ihre Eltern und Großeltern es schon waren. Von den Gründen der Trennung hatten sie keine Ahnung. Sie glaubten an denselben Christus wie die Katholiken, hörten dasselbe Evangelium, feierten dasselbe Osterfest; und doch gingen sie in eine andere Kirche und hatten einen anderen Bischof. Für sie erwies sich der staatliche Druck als heilsam. Sie ließen sich informieren und traten dann, von niemand mehr behindert, aus Überzeugung über. Von manchen ehemaligen Donatisten hörte Augustinus: „Wir wußten nicht, daß hier die Wahrheit ist, und wollten sie auch nicht kennenlernen. Aber die Furcht hat uns dazu angetrieben, denn wir wollten nicht ohne Gewinn für die Ewigkeit zeitlichen Schaden dulden. Gott sei Dank, daß wir Zaudernde angestachelt wurden, eifrig über das nachzuforschen, um das wir uns früher nicht bekümmert hatten." Wieder andere sagten: „Wir wurden durch falsche Gerüchte am Eintritt in die katholische Kirche gehindert, und wir hätten nicht erfahren, daß sie falsch sind, wenn wir nicht eingetreten wären. Wir wären aber nicht eingetreten, wenn man uns nicht gezwungen hätte."

In einem Brief schrieb Augustinus zu den Massenübertritten von Donatisten: „Hätte man sie nur geschreckt und nicht belehrt, so wäre das eine unredliche Vergewaltigung gewesen; hätte man sie umgekehrt nur belehrt, nicht auch geschreckt, so hätte man sie, die durch lange Gewöhnung verhärtet waren, nur schwer dazu gebracht, den Weg des Heils zu betreten." Die Erfahrung also führte Augustinus dazu, die staatlichen Zwangsmaßnahmen, gegen die er sich zuerst gesträubt hatte, nachträglich zu verteidigen. Wenn die Donatisten dagegen protestierten, daß man gegen sie in Glaubensfragen Zwang anwende, entgegnete er, sie hätten selbst immer wieder Zwang angewandt, um andere wiedertaufen zu können; es komme nicht darauf an, ob Zwang angewandt würde, sondern darauf, wozu gezwungen würde, zu Gutem oder zu Bösem. Und wenn sie sich darüber beklagten, daß man die Macht des Staates gegen sie zu Hilfe rufe, erinnerte er sie daran, daß die Donatisten selbst es waren, die ihre Sache als erste dem Kaiser vorbrachten und eine Einmischung des Staates in eine religiöse Streitfrage verlangten. Das sind natürlich keine theologischen Argumente. Um das Eingreifen der staatlichen Gewalt in religiöse Dinge grundsätzlich zu rechtfertigen, mußte Augustinus sich anderes einfallen lassen. Er hat sich die Sache nicht leicht gemacht; die Schützenhilfe des Staates im Kampf gegen die Donatisten bereitete ihm viel Kopfzerbrechen. Über die Ergebnisse seines Nachdenkens war er selber wohl nicht ganz glücklich.

In einem Brief erklärt er, es gebe zwei Arten von Menschen: Die einen tun das Gute aus Einsicht und Liebe, die andern aus Angst und unter Druck. „Es ist zweifellos besser, wenn die Menschen sich durch Unterweisung zur Verehrung Gottes führen lassen, als wenn sie durch Furcht vor Strafe oder durch Schmerz dazu angetrieben werden müssen ... Aber wie es die besseren sind, die die Liebe leitet, so sind es die zahlreicheren, die die Furcht bessert." Man dürfe die größere Gruppe der Menschen nicht vernachlässigen. Wessen Seele nach dem lebendigen Gott dürste, der brauche keine zeitlichen Strafen, keine kaiserlichen Gesetze, nicht einmal die Furcht vor der Hölle. Von den andern aber gelte das Wort der Heiligen Schrift: „Du sollst ihn mit der Rute schlagen, aber seine Seele sollst du vom Tode retten" (Spr. 23, 14).

Man hielt Augustinus entgegen, der wahre Glaube sei eine Gnade, könne also niemals durch Zwang dem Menschen eingeflößt werden. Wer wüßte das besser als Augustinus, der bei seiner eigenen Bekehrung so lebhaft das Wirken der Gnade verspürt hatte und der Pelagius bekämpfte, weil dieser lehrte, es hänge vom menschlichen Willen ab, ob er ein Freund Gottes werde! Aber, so entgegnet Augustinus, die Gnade schließe den freien Willen nicht aus, sondern ein, und menschliche Beweggründe könnten auf ihn einwirken, auch die Furcht. Oft genug bediene sich die Gnade auch ihrer. Gewiß übten die kaiserlichen Gesetze einen Druck auf manches Gewissen aus, das bisher guten Glaubens der donatistischen Sekte anhing; aber sie brächten es nun zum Nachdenken und oft zu einer wirklichen Gesinnungsänderung, der eine freie Annahme des katholischen Glaubens folge. Übrigens hätten die Gesetze viele Gewissen auch vom entgegengesetzten Druck befreit, nämlich jene, die nur der donatistische Terror vom Anschluß an die katholische Kirche fernhielt.

Nachträglich glaubte Augustinus in Jesu Gleichnis vom Gastmahl (Lk 14, 16 ff.) eine Bestätigung des staatlichen Glaubenszwangs durch die Autorität der Bibel zu finden. Der Gastgeber vernimmt lauter Entschuldigungen von den Geladenen; nach der sinnbildlichen Auslegung sind das die Juden, die dem Ruf des Herrn nicht folgen wollen. Da wendet sich der Gastgeber an die Armen, Lahmen, Blinden und Krüppel; das sind die Heiden. Diese kommen, aber es bleibt noch Platz. Da spricht der Herr zu seinem Diener: „Geh an die Hecken und Zäune und *nötige sie hereinzukommen*, denn mein Haus muß voll sein!" Nach Augustinus sind hier die Häretiker und Schismatiker gemeint, die mit Gewalt in das Haus der Kirche gebracht werden sollen. Diese fragwürdige Deutung steht im Widerspruch zur Meinung früherer Kirchenväter, die jeden Zwang gegen Irrlehrer ablehnen und die völlige Freiheit der Glaubensentscheidung betonen. Trotzdem „sollte sie jahrhundertelang das Credo aller Ketzerjäger werden" (G. Combès).

Wo es sich um die praktische Durchführung handelte, hat Augustinus immer für Milde plädiert und Scharfmacher unter seinen Amtsbrüdern gebremst. Verstümmelung oder Todesstrafe für Häretiker lehnte er ab, auch nachdem Kaiser Honorius sie 414 den Donatisten androhte. Eine Hinrichtung schnitte die Möglichkeit zur Bekehrung unwiderruflich ab, und das glaubte der Seelsorger Augustinus nicht verantworten zu können. Deshalb schrieb er 412 an Marcellinus, den kaiserlichen Kommissar, der mit der Strafverfolgung der Donatisten beauftragt war, folgenden Brief: „Ich habe erfahren, daß Eure Exzellenz jene Circumcellionen und donatistischen Kleriker verhört haben, die die Polizei von Hippo wegen ihrer Verbrechen Ihrem Gericht überwiesen hatte; ferner, daß die meisten von ihnen den Mord an dem katholischen Priester Restitutus gestanden haben, ebenso die Körperverletzung an dem katholischen Priester Innozenz, dem sie ein Auge ausgestochen und einen Finger abgeschlagen hatten. Diese Angelegenheit beunruhigt mich sehr, weil ich fürchte, daß Eure Exzellenz diese Menschen nach der ganzen Strenge des Gesetzes bestrafen will, so daß ihnen das gleiche geschieht, was sie andern getan. Deshalb beschwöre ich Sie bei Ihrem Glauben an Christus und bei der Barmherzigkeit Christi des Herrn, dies nicht zu tun und in keiner Weise zuzulassen. Denn so sehr wir uns auch für unbeteiligt halten könnten am Tode dieser Menschen, über die jetzt verhandelt wird – offenkundig nicht auf Anklage von unserer Seite, sondern auf Weisung der staatlichen Sicherheitspolizei –, so wollen wir doch nicht, daß die Leiden der Diener Gottes nach dem Gesetz der Vergeltung durch Verhängung der gleichen Pein gerächt werden. Nicht als wollten wir verhindern, daß man Verbrechern die Möglichkeit nimmt, neue Verbrechen zu begehen; aber wir wünschen, daß es für hinreichend erachtet werde, wenn sie, lebend und unverstümmelt, durch eine gesetzliche Überwachung von ihrem unvernünftigen Toben weg zu einem vernünftigen, ruhigen Leben angeleitet oder von ihrer üblen Aktivität einer nützlichen Arbeit zugeführt werden ... Christlicher Richter, üben Sie Ihr Amt wie ein guter Vater! Vergessen Sie in Ihrem Zorn über das Verbrechen nicht die Pflicht der Menschlichkeit!" In der gleichen Angelegenheit schrieb Augustinus auch an den Prokonsul Apringius. Auch ihn bat er um Milde den Verbrechern gegenüber. Keine Todesstrafe, nur Zwangsarbeit solle verhängt werden. Während andere, wenn ihre überführten Feinde zu milde verurteilt werden, gegen das Urteil Berufung einlegen, erklärte sich Augustinus entschlossen, Berufung einzulegen, falls das Urteil gegen die Feinde der Kirche zu streng ausfallen sollte.

Theologen späterer Zeiten setzten sich über solche Einschränkungen bedenkenlos hinweg und benutzten die Aussprüche Augustinus' über die Pflicht der Staatsgewalt und über die wohltätigen Wirkungen der Zwangsmittel, um jedes Eingreifen der weltlichen Macht zu Gunsten der Kirche und gegen die Häretiker, auch Folter und Todesstrafe, zu rechtfertigen. Nachdem der Weg des Zwangs einmal beschritten war, gab es kein Halten mehr. Die Strafen wurden immer schärfer, und in Zeiten, in denen bereits einfacher Diebstahl mit dem Galgen bestraft wurde, hielt man es für angemessen, das Verbrechen der Ketzerei mit dem Scheiterhaufen zu ahnden.

In seinen *Retractationes* bekennt Augustinus, nur die Erkenntnis, daß die Irrlehren auch eine Gefahr für die Gesellschaft darstellen, habe ihn das Recht staatlicher Ketzerbekämpfung bejahen lassen. Vermutlich hätte sich Augustinus nie dazu verstanden, wenn die Donatisten nicht so aggressiv gewesen wären. Augustinus hat die Irrlehre des Pelagianismus nicht weniger als die des Donatismus bekämpft, aber da die Pelagianer sich keine Gewalttätigkeiten zuschulden kommen ließen, sah er keinen Grund, auch gegen sie die Hilfe des Staates anzurufen.

Selbst wenn eine konkrete Gewaltmaßnahme gegen bestimmte Donatisten völlig im Rahmen der Gesetze blieb, fand sie nicht die Billigung des Augustinus, falls sie aus Gehässigkeit und anderen niedrigen Beweggründen durchgeführt wurde. An den Donatistenbischof Vincentius schrieb Augustinus: „Jeder, der euch nur wegen dieses kaiserlichen Gesetzes und aus Feindseligkeit bedrängt, nicht aus Liebe, um euch zu bessern, der mißfällt uns ... Wer von euren Gütern und Kirchengebäuden nicht aus Gerechtigkeit, sondern aus Habgier Besitz ergreift, der mißfällt uns." Das Gebot der Liebe sollte auch für die Auseinandersetzung mit den Gegnern der katholischen Kirche gelten. Selbst nach Beginn der staatlichen Zwangsmaßnahmen bemühte sich Augustinus immer noch, durch liebevolle Briefe an einzelne Donatisten für die Kircheneinheit zu werben: „Aus der Heiligen Schrift lernen wir Christus, aus ihr lernen wir die Kirche kennen. Die Heilige Schrift haben wir gemeinsam. Warum behalten wir nicht auch Christus und die Kirche gemeinsam?" Auch jetzt noch redete er, wie er es gewohnt war, die Donatistenbischöfe mit ihren Ehrentiteln und als seine Brüder an, immer höflich und verbindlich, gewinnend und versöhnlich.

Da die Donatisten die Einladungen der katholischen Bischöfe zu Religionsgesprächen immer wieder ablehnten, erließ Kaiser Honorius 410 den Befehl, der gesamte donatistische und katholische Episkopat solle sich zu einem Unionskonzil in Karthago einfinden. Diesem Befehl konnten sich die Donatisten nicht entziehen. Damit der Geist des Friedens sichtbar wurde, erhielten die Donatisten sogar ihre Basiliken zurück. Vor Beginn der Konferenz predigte Augustinus in den Kirchen der Stadt und beschwor die katholische Bevölkerung, den Donatisten gegenüber sanft zu sein: „Ihr habt es mit Kranken zu tun. Ihre Augen sind entzündet und verlangen eine vorsichtige und behutsame Behandlung. Niemand darf jetzt Streit suchen, nicht einmal seinen Glauben in einer Diskussion verteidigen, denn es könnte ein Funke daraus aufspringen. Vielleicht hört ihr Schimpfworte; erduldet sie, tut, als ob ihr sie nicht hörtet, geht weiter ... – Aber ich dulde es nicht, sagst du, daß jemand so die Kirche schmäht. – Aber gerade die Kirche verlangt in diesem Augenblick von dir, daß du es erträgst, wenn die Kirche geschmäht wird! – Aber er zieht über meinen Bischof her, erzählt Übles von meinem Bischof; soll ich da schweigen? – Laß ihn! ... Bete lieber für ihn! ... Sorgt, daß niemand unerwartet in den Konferenzsaal kommt, vermeidet es möglichst, dort überhaupt vorbeizugehen ... Vermeiden wir jeden Auflauf! Vielleicht sagt ihr: Wir sind gespannt, was wir überhaupt noch tun dürfen. Nun denn, sollen wir euch etwas vorschlagen? Wir disputieren für euch; ihr betet für uns."

In die Basilika, in der die Verhandlungen stattfanden, zogen 288 katholische und 279 donatistische Bischöfe ein. An den beiden ersten Tagen inszenierten die Donatisten eine ganz modern anmutende parlamentarische Obstruktion, deren Zweck es war, das Zustandekommen des Gespräches zu vereiteln oder wenigstens zu verhindern, daß jene Fragen behandelt wurden, auf die es eigentlich ankam. Trotzdem begann die sachliche Diskussion am dritten Tage. Punkt für Punkt wurden die Donatisten widerlegt. Nach der Konferenz mahnte Augustinus seine Gläubigen in einer Predigt: „Laßt uns den Besiegten mit Sanftmut Rede und Antwort stehen. Wir wollen nicht stolz in Jubel ausbrechen über den Sieg."

Die Niederlage des Donatismus auf dem Konzil von Karthago 411 hatte keine Folgen. Obwohl den Donatistenbischöfen angeboten worden war, sie könnten ihre Sitze behalten, wenn sie zur katholischen Kirche überträten, verharrten sie im Schisma. Noch nie gelang es der Gewalt, eine Irrlehre oder eine Sekte auszurotten. Obgleich der Donatismus theologisch überwunden und politisch entmachtet war und obgleich er sich selbst in zahlreiche Splittergruppen gespalten hatte, bestand er noch, bis der Sturm des Islam das ganze afrikanische Christentum hinwegfegte.

Im Spätsommer des Jahres 410 sahen die Bewohner von Hippo aus den Schiffen, die von Italien her in den Hafen eingelaufen waren, Scharen von Flüchtlingen an Land gehen, in armseligem Aufzug und verstörten Blicks. Sie hörten sie erzählen von dem Falle Roms im Sturm der Goten Alarichs, von den Greueln in der Stadt, von den verbrannten Palästen und den Karren, die, mit geraubten Schätzen vollgestopft, nach Süden rasselten. Gottgeweihte Jungfrauen waren geschändet, Senatoren ermordet, ganze Familien ausgerottet worden. Die Leute von Hippo trauten ihren Ohren nicht. Rom, seit vielen Jahrhunderten von keinem Feind erobert, war gefallen, die „Ewige Stadt" verwüstet! Sie standen entsetzt darüber, daß etwas so Furchtbares eingetreten war, das niemand für möglich gehalten hatte.

Die Christen murrten. Wie konnte Rom gerade jetzt fallen, behütet von den Grabeskirchen der Apostel und den Katakomben der Märtyrer? Augustinus erwiderte in Predigten, Gott habe wie ein Arzt gehandelt, der mit dem Messer das faule Fleisch unserer Kultur wegschneidet, oder wie ein Schmied, der Gold im Ofen läutert. Diese Welt sei eine Presse, die das Öl vom wertlosen schwarzen Olivensatz scheide.

Noch bitterer sprachen die Heiden. Rom sei groß und unüberwindlich gewesen, solange es die alten Götter verehrt habe. Es breche zusammen, weil der Staat christlich geworden sei. Das sei die Rache der beleidigten Götter. An dem Untergang der Weltstadt seien die Christen schuld, denn sie hätten den Zorn der alten Götter heraufbeschworen. Diesen Vorwurf abzuwehren, begann Augustinus sein größtes Werk: *De civitate Dei*. Die Behauptung, die Christen seien als Bürger unzuverlässig, ja, staatsgefährlich, war nicht eben neu. Die frühchristlichen Apologeten versuchten solchen Anklagen gegenüber nachzuweisen, wie brav und staatstreu auch die Christen seien. Augustinus verfährt ganz anders. Er verschmäht es, die Gegner zu beschwichtigen, sondern greift sie scharf an. Statt in den allgemeinen Jammer über Roms Zerstörung einzustimmen, beginnt er mit einer Anerkennung der Eroberer: Im Unterschied zu den heidnischen Kriegssitten hätten sich die aus dem Norden gekommenen Barbaren, die Christen waren, menschlich benommen und die in Kirchen Geflüchteten geschont. Und das Römerreich, die römische Kultur – sei sie wirklich so wertvoll, daß man über den Zusammensturz untröstlich sein müsse?

Manche zeitgenössischen Leser des Kirchenvaters werden bei diesen Ausführungen ähnlich schockiert gewesen sein wie Europäer, die nach den Weltkriegen die zynische Bemerkung lasen, daß so viel an Kulturwerten in Schutt sank, sei doch eigentlich eine erfreuliche Gepäckerleichterung. Unbekümmert um möglichen Widerspruch erklärt Augustinus, Roms Zusammenbruch sei im Grunde nicht von außen, sondern von innen verursacht worden: Die Sittenverderbnis habe das Reich unterhöhlt. Augustinus spricht darüber mit beißender Satire und Ironie. Grimmig geißelt er den Götterkult mit seiner Vernunftwidrigkeit, seinem Betrug und seiner Unzucht und erinnert an die Bruderkriege und die politischen Morde. Aus der Geschichte des Imperiums weist er nach, daß die Götter weder irdisches noch ewiges Glück verleihen. Andererseits erhebe die christliche Religion gar nicht den Anspruch, vor irdischem Unglück zu bewahren; sie mache aber den Menschen den Wechselfällen des Lebens gegenüber innerlich frei, indem sie ihn auf das Ewige und Unzerstörbare blicken lasse.

Der Sturz der hochzivilisierten Weltstadt, dieses Roms, das sich ewig glaubte, enthüllte mit einem Schlag die Vergänglichkeit der Kulturen und Reiche. Aber diese Einsicht erfüllte Augustinus nicht mit Verzweiflung. Denn er blickte durch diese Vergänglichkeit hindurch voll Hoffnung auf das ewige Ziel, zu dem die Menschheit berufen ist und das der Weltgeschichte ihren Sinn verleiht. Um den vom Leid geblendeten Menschen für diese Hoffnung die Augen zu öffnen, begnügte sich Augustinus nicht mit der Abwehr der heidnischen Vorwürfe gegen das Christentum, sondern entwarf eine großartige christliche Geschichtsschau. In dem soeben neu entbrannten Kampf des Heidentums gegen das Christentum sah er nur eine kleine Episode des großen Kampfes zwischen Gottesreich und Satansreich, der alle Zeiten durchzieht.

Augustinus' Blick auf die Geschichte ist realistisch. Er verschließt sich nicht vor der Tatsache, daß der Weg der Menschheit ein Weg des Irrens, des Fehlens und des Leidens ist. Die Geschichte sei voll von Krieg, Elend und Sklaverei, eine Serie von Katastrophen und Verbrechen. Die „civitas Dei" bahne sich ihren Weg durch die Ängste, Qualen, Schrecken, Gefahren und Versuchungen der Zeiten hindurch. Ihre eigene Geschichte sei voll Blut, Bitternis, Verfolgungen und Häresien. Augustinus weiß, daß sich das Böse überall stark macht, daß so oft die Schlechten siegen, das Recht mit Füßen getreten wird, brutale Gewalt zum Erfolg führt und edelste Unternehmungen scheitern. Ursache sei die sündige Natur des Menschen, die stets zum Bösen neige. Gäbe es nur sie und keine erlösende Gnade, so müßte man verzweifeln. Dann wäre die Menschheitsgeschichte nichts anderes als ein unaufhörliches Fressen und Gefressenwerden; ein dauernder Kampf aller gegen alle, in dem der Mensch des Menschen Wolf ist und jeder sich selbst der Nächste; eine endlose Wiederkehr des immer Gleichen; ein Kreislauf von Geburt und Tod, von Aufstieg und Niedergang, aus dem es kein Entweichen gibt in ein bleibendes, ewiges Sein; kurz — dann hätte die Geschichte keinen Sinn.

Von dem Pessimismus antiker Denker, für die das Weltgeschehen ein sinnloses Kreisen ohne Transzendenz war, oder heutiger Philosophen, die es für eine rotierende Hölle von Absurditäten halten, ist Augustinus weit entfernt. Für ihn ist die Weltgeschichte kein naturhafter, in sich geschlossener Prozeß, kein sinnloses Sich-um-sich-selbst-Drehen, sondern eine Bewegung auf ein Ziel hin, das nicht im Irdischen liegt, aber allem irdischen Geschehen Sinn gibt. Sie hat eine Richtung zum Guten, zum Glück, zum Heil. Es ist ein übernatürliches Ziel, zu dem Gott die Menschheit aus Gnade berufen hat, und sie wird dieses Ziel auch erreichen. So verbindet Augustinus die realistische Betrachtung der Geschichte mit einem Optimismus, der im Übernatürlichen wurzelt. Es ist eine Geschichtsschau nicht der Verzweiflung, sondern der Hoffnung.

Die „civitas Dei" ist nicht identisch mit allen Menschen, die sichtbar zur sichtbaren Kirche gehören. Es gibt auch in der Kirche solche, die einst verworfen werden; es gibt umgekehrt außerhalb der Kirche und selbst unter ihren Verfolgern „zum ewigen Heil bestimmte Freunde Gottes, die es selbst noch nicht von sich wissen". „Nur durch die Liebe lassen sich die Kinder Gottes von den Kindern des Teufels unterscheiden. Wer die Liebe hat, ist aus Gott geboren; wer sie nicht hat, ist nicht aus Gott geboren. Das ist das große Unterscheidungsmerkmal."

Der Staat existiert für Augustinus nicht in einer amoralischen Sphäre. Im Gegenteil: Das gleiche Sittengesetz gelte für Staaten wie für einzelne. Es gebe keine doppelte Moral, eine für das private und eine für das öffentliche Leben. Die zehn Gebote, die alle sozialen Charakter haben, gelten nicht nur für die Familie, sondern auch für das große politische, wirtschaftliche und gesellschaftliche Leben. Der Staat werde nur dann wahrhaft gerecht sein, wenn er sich unter Gottes Gebote stelle. Ein Machthaber, der sich keinem Höheren verpflichtet wisse, werde zum Tyrannen. Einem römischen General schrieb Augustinus, auch dem Kriegsgegner gegenüber müsse er sich an Vereinbarungen halten, auch mitten im Kampfe müsse er sich friedfertig und menschlich zeigen, und gegen Besiegte und Gefangene solle er barmherzig sein.

Grundsätzlich, so meinte Augustinus, sei eine Anwendung christlicher Ethik im politischen Leben dem Gemeinwohl keineswegs schädlich, sondern nützlich. Hier ist aufschlußreich sein Briefwechsel mit dem römischen Staatsmann Volusianus, der noch dem Heidentum anhing. Volusianus vertrat die Ansicht, die christliche Religion sei dem Wohl des Staates abträglich. Sie verbiete Rache und befehle, Böses mit Gutem zu vergelten; sie sei eine Religion der Milde und Versöhnung. Darum schließe sie die kriegerische Tugend aus, damit zugleich aber die Möglichkeit, einen Staat gegen äußere Feinde wirksam zu verteidigen. Indem sie Herrscher und Untertanen zur Resignation erziehe, verzichte sie auf das, was die notwendige Voraussetzung nicht nur der Macht, sondern der Selbständigkeit und Unabhängigkeit jeden Staates bilde. Augustinus läßt das nicht gelten. In seiner Antwort erinnert er daran, daß auch die alten Römer Milde und Versöhnlichkeit als Tugenden schätzten. Anderseits untersage das Christentum nicht den Waffendienst. Nicht gegen den Beruf der Soldaten, sondern gegen ihre Ausschreitungen wende sich Johannes der Täufer. Gäbe es nur ein Heer, das der christlichen Sittenlehre folgt, und wollten nur alle Könige und Statthalter, Obrigkeiten und Richter, Gatten und Gattinnen, Herren und Diener sich nach den Vorschriften des Evangeliums richten, so würde der Erfolg bald die Vorwürfe verstummen machen, das Christentum sei dem Wohl des Staates hinderlich.

Auch in *De civitate Dei* lehrt Augustinus, es sei eine Aufgabe der Kirche, Staat und Gesellschaft mit christlichen Grundsätzen zu erfüllen und zu durchdringen und so als Sauerteig, als Salz der Erde, als Licht der Welt zu wirken. Sie allein lehrt die Menschen die übernatürliche Liebe, die sie zu Bürgern des himmlischen Vaterlandes macht und ihnen hilft, im irdischen Vaterland menschlicher miteinander zu leben.

Wenn Augustinus es auch ablehnt, daß die Kirche jene Angelegenheiten, welche Aufgaben des Staates sind, in ihre Hand nimmt, so hat er es doch sehr begrüßt, wenn die einzelnen Laienmitglieder der Kirche sich aktiv am politischen und gesellschaftlichen Leben beteiligten. Man dürfe sich der Verantwortung für die Gesellschaft nicht entziehen, auch in einem politischen Amt könne man für das Reich Gottes arbeiten. „Es kommt jedoch darauf an, das Streben nach Wahrheit mit dienstbereiter Liebe glücklich zu vereinen. Man soll nicht so ganz der Muße leben, daß man in seiner Zurückgezogenheit auf die Förderung des Mitmenschen gar nicht Bedacht nimmt. Anderseits soll man auch nicht so völlig im öffentlichen Dienste aufgehen, daß man die Betrachtung der göttlichen Dinge nicht für nötig hält ... Beim öffentlichen Dienste soll man nicht die irdische Ehren- oder Machtstellung lieben, weil ja doch alles unter der Sonne eitel ist, sondern die Leistung, die man in dieser Stellung in rechter und nutzbringender Weise zum gottgewollten Besten der Bürger vollbringen kann." Selbstsüchtiges Machtstreben verwirft Augustinus, aber aus Verantwortungsbewußtsein ein Regierungsamt auszuüben, hält er für gut: „Eine führende Stelle, wie sie zur Regierung des Volkes notwendig ist, kann man geziemenderweise innehaben und verwalten, doch gehört es sich nicht, danach zu streben ... Die Liebe zum Mitmenschen drängt einen, die Mühen eines Amtes auf sich zu nehmen ... Wird einem eine solche Last auferlegt, so soll man sie auf sich nehmen aus Liebe zum Mitmenschen."

Politische Tätigkeit sollte Dienst am Bruder sein. Wer zu ihr berufen ist, darf sich ihr nicht entziehen. Dem Statthalter Bonifacius, der, vom Tode seiner Gemahlin erschüttert, die Welt verlassen und in ein Kloster gehen wollte, riet Augustinus dringend von diesem Schritte ab, weil das öffentliche Wohl es erfordere, daß er weiter in seinem weltlichen Dienste verbleibe. Immer wieder hat Augustinus in Briefen Politiker zu ihrer verantwortungsschweren und enttäuschungsreichen Arbeit ermutigt und geistig gestärkt. Er freute sich, wenn einer seiner beamteten Freunde befördert wurde, weil er so die Möglichkeit erhalte, noch mehr für das Reich Gottes zu tun. In den *Confessiones* legt er ausführlich dar, warum er sich um so mehr über eine Konversion freue, je einflußreicher auf Grund seiner öffentlichen Stellung der Konvertit ist: nicht, weil ein bekehrter Prominenter in Gottes Augen wertvoller wäre, sondern wegen der segensreichen Folgen für einen großen Kreis von Menschen.

An den Präfekten Cäcilianus schreibt Augustinus: „Eins tut mir leid bei Ihnen: daß Sie in Ihrem Alter und bei Ihren Tugenden Katechumene bleiben wollen, als ob die Gläubigen nicht um so treuer und besser den Staat verwalten könnten, je gläubiger und besser sie sind. Denn welchen Vorteil haben Sie im Auge bei Ihren so großen Sorgen und Mühen, als daß es den Menschen gut gehe? Wenn dies nicht Ihr Bestreben wäre, so wäre es besser, Tag und Nacht zu schlafen, als bei Staatsgeschäften zu wachen, die den Menschen doch nichts nützen."

In einem Briefe an den Prokonsul Macedonius legt Augustinus dar, wie töricht es sei, wenn die heidnischen Philosophen glauben, die Glückseligkeit aus eigener Kraft und schon in diesem Leben erlangen zu können. Er zeigt, daß dies nur durch Gottes Gnade und vollkommen erst im anderen Leben möglich sei. Dies gelte nicht nur für den einzelnen, sondern auch für den Staat. „Denn der Staat wird durch das gleiche glücklich wie der einzelne Mensch." Es könne nützlich sein, wenn er irdische Reichtümer besitze, doch bestünde nicht in ihnen das wahre Glück. Besser dran sei er, wenn er Tugend habe, doch auch dann habe er sich noch nicht über alle Eitelkeiten und Torheiten erhoben, denn – wie die Heilige Schrift sage – „verflucht ist jeder, der seine Hoffnung auf einen Menschen setzt". Der Psalmist lasse Reichtum und Selbstvertrauen als trügerisch hinter sich und zeige, worin das wahre Glück besteht: „Glücklich das Volk, dessen Herr sein Gott ist." Weiter schreibt Augustinus an Macedonius, wenn alle seine politischen Tugenden, seine Klugheit, Tapferkeit, Mäßigkeit und Gerechtigkeit, sich darin erschöpften, seinen Untergebenen materielle Wohlfahrt zu sichern, seien sie nicht viel wert und ebensowenig das Glück seiner Leute. Seine ganze politische Tätigkeit nütze nichts, wenn sie sich kein anderes Ziel setze, als daß die Menschen in leiblicher Beziehung kein Ungemach leiden, und wenn er meine, es gehe ihn nichts an, ob sie die ihnen verschaffte Ruhe zur Anbetung Gottes benützen, in dem allein die wahre Glückseligkeit bestehe. Er möge seine Kräfte mit Dank gegen Gott, der sie ihm gegeben, auch in seinem Amte zu Gottes Ehre gebrauchen und die Menschen durch ein vorbildliches Leben leiten. Gerade als Politiker könne und solle er die Gottesliebe in der Nächstenliebe bewähren, im Dienst an den Menschen, die alle seine Brüder seien.

Einen der mit ihm befreundeten Staatsmänner, den kaiserlichen Kabinettssekretär und Reichskommissar Marcellinus, einen feingebildeten und bibelkundigen Christen, Vater einer vorbildlichen Familie, hat Augustinus, nachdem er ein Opfer seiner politischen Tätigkeit geworden war, in einem ehrenden Nachruf gerühmt: „Wie trefflich war er in seinem Verhalten, wie treu in der Freundschaft, wie eifrig bemüht um die Kenntnis des Glaubens, wie aufrichtig in seiner Frömmigkeit, wie ehrbar in seiner Ehe, wie maßvoll als Richter, wie duldsam gegen seine Feinde, freundlich zu seinen Freunden, demütig gegenüber den Heiligen und liebevoll gegen alle! Wie schnell bereit, wenn es galt, einen Dienst zu erweisen, wie bescheiden, wenn er selbst darum bat! Wie freute er sich über eine gute Tat, wie schmerzlich trafen ihn Verfehlungen! Wie herrlich rechtschaffen, wie strahlend liebenswürdig, wie erfüllt von sorgender Liebe, wie barmherzig im Helfen, wie wohlwollend im Verzeihen, wie vertrauensvoll im Gebet!" Diesem prachtvollen Christen in der politischen Welt, einem Heiligen in Chlamys und Sporen, der heiter dem Henkertod entgegensah, weil sein Gewissen rein war, diesem Marcellinus widmete Augustinus sein Werk *De civitate Dei*.

Augustinus ist immer von zarter Gesundheit gewesen und hat sein Leben lang unter allerlei körperlichen Schwächen zu leiden gehabt. Trotzdem zwang seine ungeheuer zielstrebige Willenskraft seinem Körper und seinem Geiste erstaunliche Leistungen ab. Vom Frühling bis zum Herbst des Jahres 418 zum Beispiel, in dem er 64 wurde, reiste er zuerst zur Generalsynode nach Karthago, eilte dann, um eine Mission zu erfüllen, nach Mauretanien, begab sich wieder nach Karthago, wo er predigen mußte, und schließlich zurück nach Hippo, wo eine öffentliche Diskussion mit dem Arianer Maximus, die diözesane Verwaltungsarbeit und wissenschaftliche Aufgaben auf ihn warteten. „Das sind mehr als zweitausend Kilometer, die er, ohne Zweifel zu Pferd, auf den unbequemen römischen Straßen zurückgelegt hat" (H. Marrou).

Als er älter wurde und die Kräfte nachließen, sah er sich doch zu einer Einschränkung seiner Aktivität genötigt. Der Zweiundsiebzigjährige ernannte – mit Zustimmung des Volkes – den Priester Heraklius zu seinem Nachfolger und übertrug ihm sofort seine „allzu zeitraubenden Geschäfte", um wenigstens in den letzten Jahren seines Lebens ohne dauernde Unterbrechungen Zeit zu haben für seine schriftstellerischen Arbeiten. Er verfaßte die *Retractationes*, eine kommentierte Bibliographie seines literarischen Werkes. Er durfte mit Genugtuung auf das Geleistete zurückblicken: 113 Bücher, nicht eingerechnet Hunderte von Predigten und Hunderte von Briefen (von denen viele die Länge einer Abhandlung haben) nennt der Katalog. Doch verraten die *Retractationes* nichts von Selbstgefälligkeit, wohl viel Selbstkritik. Sein Leben lang hat dieser Kirchenlehrer nicht aufgehört, ein Lernender zu sein, seine früheren Ansichten neuen Erkenntnissen anzupassen oder sie gar, wenn nötig, ganz aufzugeben. Deshalb war er mit manchen Äußerungen in seinen früheren Schriften jetzt nicht mehr einverstanden. Mit fast pedantischer Gewissenhaftigkeit ging er daran, solche Irrtümer und Schiefheiten richtigzustellen. Diesem überlegenen Geist ist die Sache immer wichtiger gewesen als sein Prestige, und nie fiel es ihm schwer, zuzugeben, daß er sich in einer Frage geirrt habe.

Als 429 die Vandalen und Alanen in Afrika einfielen und plündernd und mordend auf Hippo vorrückten, schrieb Augustinus unbeirrt seine Abhandlung *Über die Gabe der Beharrlichkeit*. Ringsum sanken Städte in Schutt und Asche, und viele rüsteten zur Flucht. Augustinus lehnte es ab, die ihm Anvertrauten im Stich zu lassen, und blieb in der Stadt. Als die Barbarenheere Hippo eingeschlossen hatten, sprach er den Belagerten Mut zu und stärkte den Widerstandsgeist der Verteidiger. Im dritten Monat der Belagerung befiel ihn ein Fieber. Die letzten Tage seines Lebens verbrachte er mit Gebet. Den Fall Hippos hat er nicht mehr erlebt.

BIBLIOGRAPHISCHER HINWEIS

Gisbert Kranz hat in anderen Büchern noch weitere große Christen dargestellt:
Elisabeth von Thüringen, wie sie wirklich war, 5. Auflage, Friedrich Pustet, Regensburg 1970.

Herausgefordert von ihrer Zeit. Sechs Frauenleben, Friedrich Pustet, Regensburg 1976 (Hildegard von Bingen, Hedwig von Schlesien, Vittoria Colonna, Johanna Franziska von Chantal, Mary Ward, Amalie von Gallitzin).

Engagement und Zeugnis. Elf Lebensbilder, Friedrich Pustet, Regensburg 1977 (Nikolaus von Kues, Filippo Neri, Petrus Canisius, François Fénelon, Clemens Maria Hofbauer, Johann Michael Sailer, John Henry Newman, Wilhelm Emmanuel von Ketteler, Papst Leo XIII., Papst Pius X., Clemens August von Galen).

Europas christliche Literatur von 500 bis 1500, Schöningh, Paderborn 1968 (u. a. Boethius, Benedikt von Nursia, Gregor d. Gr., Beda Venerabilis, Alkuin, Hrabanus Maurus, Caedmon, Cynewulf, Erigena, Hrotsvith von Gandersheim, Petrus Damiani, Anselm von Canterbury, Abälard, Joachim von Fiore, Thomas von Celano, Jacopone da Todi, Thomas von Aquin, Bonaventura, Raimundus Lullus, Duns Scotus, Mechthild von Magdeburg, Mechthild von Hackeborn, Gertrud die Große, Angela von Foligno, Berthold von Regensburg, Dante, Eckhart, Seuse, Tauler, Ruysbroeck, Rolle, Hilton, Juliana von Norwich, Gerson, Thomas von Kempen, Dionysius von Ryckel, Pico della Mirandola, Katharina von Genua, Wiclif, Hus, Cheltschizki, Bernhardin von Siena, Geiler von Kaiserberg).

Lexikon der christlichen Weltliteratur, Herder, Freiburg 1978 (u. a. Luther, Melanchthon, Zwingli, Calvin, Erasmus, Paracelsus, Juan de la Cruz, Luis de León, Calderón, Vondel, Spee, Johann Arndt, Jakob Böhme, Angelus Silesius, Paul Gerhardt, Gryphius, Comenius, Awwakum, Hugo Grotius, Donne, Herbert, Milton, Bunyan, Franz von Sales, Pascal, Abraham a Sancta Clara, Leibniz, Philipp Jakob Spener, August Hermann Francke, Gottfried Arnold, Tersteegen, Zinzendorf, Wesley, Cowper, Young, Klopstock, Hamann, Vico, Emmanuel Swedenborg, Alfons von Liguori, Jung-Stilling, Lavater, Matthias Claudius, Novalis, Chateaubriand, Lamennais, Lacordaire, Manzoni, Rosmini, Pellico, Friedrich Schlegel, Schleiermacher, Baader, Möhler, Görres, Brentano, Eichendorff, Johann Peter Hebel, Jeremias Gotthelf, Annette von Droste-Hülshoff, Kierkegaard, Gogol, Dostojewskij, Tolstoj, Leskow, Solowjew, Gezelle, Hopkins, Thompson, Hügel, Hilty, Hello, Bloy, Therese von Lisieux, Claudel, Bernanos, Wust, Barth, Emil Brunner, Guardini, Theodor Haecker, Chesterton, C. S. Lewis, Reinhold Schneider, Unamuno, Papini, Berdjajew, T. S. Eliot, Teilhard de Chardin, Adrienne von Speyr).